谨以此书纪念北京大学国际关系学院比较政治学系成立

THE OXFORD HANDBOOK OF
COMPARATIVE POLITICS

牛津比较政治学手册

（上）

［美］罗伯特·E.戈定　主编

［美］卡尔斯·波瓦克斯　　［美］苏珊·C.斯托克斯　编

唐士其等　译

人民出版社

目　录

（上）

作者简介 …………………………………………………………………………… 1

第一部分

第一章　导　论 ……………………………………………………………… 003

　一、理论和方法 …………………………………………………………… 003

　二、国家、国家形成与政治同意 ………………………………………… 008

　三、政治制度及其变迁 …………………………………………………… 009

　四、政治动荡与政治冲突 ………………………………………………… 011

　五、大众政治动员 ………………………………………………………… 012

　六、处理政治诉求 ………………………………………………………… 015

　七、比较视野中的治理 …………………………………………………… 017

　八、前瞻 …………………………………………………………………… 020

第二部分

理论与方法

第二章　多重因果、环境约束与内生性 ………………………………… 025

　一、引言 …………………………………………………………………… 025

　二、观察对象与信息缺乏的问题：定性还是定量？ …………………… 029

三、多重因果:几乎什么事都很重要 ······································· 034

四、环境约束:几乎任何因素的作用都取决于其他所有因素的影响 ··········· 042

五、内生性:几乎任何因素都是其他几乎所有因素的原因 ········· 059

六、结论:环境很重要,所以对其进行建模! ························· 065

第三章　历史研究与比较政治学 ·· 072

一、因果分析方法 ··· 073

二、时间分析方法 ··· 076

三、使用历史数据 ··· 080

四、结论 ··· 084

第四章　案例研究:性质与目的 ·· 089

一、定义 ··· 093

二、案例研究的长项:案例研究与跨案例研究的对比 ··············· 095

三、提出与检验假设 ··· 097

四、内部与外部有效性 ··· 100

五、因果机制与因果效应 ··· 100

六、命题范围的深度与广度 ··· 103

七、案例的异质性与同质性 ··· 105

八、因果联系的强与弱 ··· 107

九、有效变动的多与少 ··· 109

十、可得数据的集中与分散 ··· 110

十一、结论 ··· 113

第五章　田野调查 ··· 122

一、詹姆斯·斯科特:《弱者的武器》 ····································· 126

二、田野调查中的案例比较 ··· 128

三、自然和田野实验 ··· 131

四、不同方法的结合 ··· 134

五、田野调查面临的挑战 ··· 136

六、结论 ··· 140

第六章　比较政治科学可能吗? ·· 146

一、引言 ··· 146

二、问题 ··· 147

三、数据类型 ··· 148

　　四、可能的误差 ·· 153

　　五、历史研究 ··· 157

　　六、结论 ·· 166

第七章　从案例研究到社会科学:政治学研究的一种策略 ············· 172

　　一、认识的不同形式 ·· 173

　　二、例证 ·· 177

　　三、离开样本 ··· 180

　　四、结论 ·· 183

第八章　集体行动理论 ·· 186

　　一、会影响集体行动可能性的结构变量 ································ 187

　　二、探索更具普遍性的人类行为理论 ··································· 194

　　三、使结构变量与人际关系的核心要素相联系 ····················· 200

　　四、结论 ·· 202

第三部分

国家和国家形成——政治同意

第九章　战争、贸易和国家的形成 ·· 211

　　一、导论 ·· 211

　　二、国家形成的动力机制 ··· 213

　　三、差异与选择 ·· 218

　　四、国家形成与政体类型 ··· 220

　　五、现代的国家形成和国家失败 ·· 222

　　六、帝国的制度遗产 ·· 228

第十章　服从、同意和合法性 ··· 236

　　一、概念背景 ··· 237

　　二、神权合法性 ·· 239

　　三、契约合法性 ·· 241

　　四、结果主义的合法性 ·· 244

五、权威与支配 ·· 246

六、总结和评论 ··· 250

第十一章 民族认同 ·· 256

一、民族主义和民族认同:定义问题 ················· 256

二、民族主义兴起的历史解释 ······················· 261

三、民族主义的类型及其政治影响 ·················· 267

四、结论 ·· 270

第十二章 族群与族群冲突 ······························· 273

一、概念 ·· 276

二、不同的研究传统 ·································· 278

三、结论 ·· 290

第四部分

政治制度及其变迁

第十三章 大众信仰与民主制度 ························ 297

一、导论 ·· 297

二、一致性理论 ··· 298

三、民主与威权人格 ·································· 298

四、民主发展的心理学理论 ·························· 299

五、公民文化研究的影响 ····························· 301

六、对个人主义谬误的忽视 ·························· 302

七、对生态谬误的误解 ································ 303

八、个人层面信仰之间的累积关系 ·················· 304

九、有关大众民主化信仰的研究 ···················· 305

十、大众信仰与制度 ·································· 311

十一、结论 ·· 311

第十四章 什么导致了民主化? ························ 316

一、过程研究:什么导致了发展与民主的相关性? ··········· 318

二、精英与公民策略互动的民主化模型 …………………………………… 320

三、区分各不相同的民主化 …………………………………………… 328

四、结论 ………………………………………………………………… 333

第十五章 民主化和公民文化 …………………………………………… 339

一、从文化到公民文化 ………………………………………………… 340

二、积累知识面临的挑战 ……………………………………………… 343

三、对关键变量重新界定 ……………………………………………… 346

四、社会资本:研究公民文化的新路径? …………………………… 352

五、结论 ………………………………………………………………… 355

第十六章 独裁统治:不同的分析路径 ………………………………… 362

一、导论 ………………………………………………………………… 362

二、独裁者的行为 ……………………………………………………… 364

三、民主与独裁 ………………………………………………………… 378

四、结论 ………………………………………………………………… 388

第五部分

政治不稳定与政治冲突

第十七章 反思革命:新托克维尔主义的视角 ………………………… 395

一、定义革命 …………………………………………………………… 396

二、现代化与革命 ……………………………………………………… 397

三、人口与革命 ………………………………………………………… 398

四、关键因素:国家的现代化 ………………………………………… 401

五、国家现代化在何时引发革命? …………………………………… 406

六、开放和封闭的结果 ………………………………………………… 407

七、结论 ………………………………………………………………… 409

第十八章 内战 …………………………………………………………… 413

一、什么是内战?为何研究内战? …………………………………… 413

二、宏观发现与争论 …………………………………………………… 415

　　三、乡村维度 ··· 419

　　四、战争的发端与冲突的类型 ····················· 422

　　五、未来的研究议程 ·································· 426

第十九章　抗争政治与社会运动 ······················ 432

　　一、抗争政治 ·· 434

　　二、抗争剧的剧情与剧目 ··························· 437

　　三、社会运动 ·· 439

　　四、抗争的动力机制 ·································· 441

　　五、机制与过程 ······································· 442

　　六、抗争、运动与民主 ····························· 445

　　七、抗争政治中的北方和南方 ···················· 446

　　八、政治暴力与社会运动 ··························· 448

　　九、抗争政治的未来 ·································· 449

　　十、运动社会 ·· 449

　　十一、抗争政治的结果 ····························· 450

　　十二、全球化与抗争政治 ··························· 451

第二十章　全球抗议运动的机制 ······················ 457

　　一、引言 ··· 457

　　二、宏观层次的机制 ·································· 459

　　三、中观层次的机制 ·································· 474

　　四、微观层次的机制 ·································· 482

　　五、结论 ··· 485

（下）

第六部分

大众政治动员

第二十一章　政党和政党制度的产生 ························· 495

一、问题:什么政党,哪种政党制度? ···················· 496

二、当前的理论研究 ······························· 497

三、关于政党制度形成的理论:分析步骤 ············· 503

四、历史解释 ································· 506

第二十二章　政党制度 ································ 516

一、政党制度的概念 ······························· 517

二、不同的政党制度 ······························· 519

三、静态比较:政党体制中的策略选择 ··············· 528

四、政党体制的历史变迁 ··························· 532

五、结论 ···································· 537

第二十三章　选民与政党 ······························ 548

一、政党—选民关系重组或解体 ··················· 548

二、选民政策偏好的变化 ··························· 554

三、政党—选民关系的组织性变化 ················· 559

四、选举竞争、组织变化以及传统政党的表现 ··········· 562

五、结论 ···································· 567

第二十四章　新兴民主国家的政党与选民 ················ 575

一、新兴民主国家的选民动员:挑战的强度 ··········· 577

二、通过选民动员策略解释政党归属 ··············· 581

三、纲领、个人能力或施惠:制度与结构的作用 ········· 584

四、从结构和制度到策略:政党竞争、结构变化和政治代表之间的联系 ··· 587

五、结论 ···································· 590

第二十五章　政治中的裙带关系 ······················ 597

一、定义 ···································· 597

二、裙带关系研究的两次浪潮 ····················· 600

三、裙带关系与诚信 ······························· 603

四、受惠者:铁杆支持者还是摇摆不定的选民? ········· 608

五、原因与后果 ································· 610

六、结论 ···································· 616

第二十六章　政治行动主义:新的挑战与机遇 ············ 622

一、政治参与的标准社会心理学模型 ··············· 623

二、投票结果与规则的重要性 ····················· 624

三、政党:成员不断减少的组织 ………………………………………………… 628

四、社会资本、自发团体与社会信任 ………………………………………… 629

五、结果导向的行动主义的兴起 …………………………………………… 632

六、结论:未来的研究议程 ……………………………………………………… 635

第七部分

处理政治需求

第二十七章　政治偏好的聚集与代表 ……………………………………… 647

一、导论 ……………………………………………………………………………… 647

二、社会选择分析的挑战 …………………………………………………………… 648

三、代议民主和偏好聚集的条件 ……………………………………………… 649

四、偏好聚集与多重议题的一致性 ……………………………………………… 650

五、作为偏好聚集的单维议题一致性 ………………………………………… 655

六、以选票反映偏好:偏好聚集与票决一致性 …………………………… 659

七、结论 ……………………………………………………………………………… 664

第二十八章　选举体系 ………………………………………………………… 671

一、选举体系为何重要 ………………………………………………………… 671

二、对选举体系的研究 ………………………………………………………… 673

三、杜维吉尔议题的宏观层面 ………………………………………………… 677

四、宏观问题 ……………………………………………………………………… 687

五、选举体系是政治科学的核心吗? ……………………………………… 691

第二十九章　分权 ……………………………………………………………… 697

一、导论 ……………………………………………………………………………… 697

二、定义 ……………………………………………………………………………… 698

三、分权与政府的"决断性"和"坚定性" …………………………………… 699

四、内阁:分权研究中"缺失的一环" ………………………………………… 702

五、政体危机:该归咎于分权吗? …………………………………………… 707

六、分权、代表性与回应制 ……………………………………………………… 712

七、结论 …………………………………………………………………… 714

第三十章　比较司法政治 ……………………………………………………… 720

一、导论 …………………………………………………………………… 720

二、司法独立的含义 ……………………………………………………… 722

三、对司法独立的解释 …………………………………………………… 724

四、现实中的政治分裂 …………………………………………………… 728

五、独立性的经验测量 …………………………………………………… 735

六、结论 …………………………………………………………………… 738

第三十一章　联邦制 …………………………………………………………… 745

一、定义联邦制 …………………………………………………………… 746

二、联邦制的影响:应对幻灭 …………………………………………… 751

三、联邦起源重探 ………………………………………………………… 760

四、结论 …………………………………………………………………… 766

第三十二章　联盟理论和政府形成 …………………………………………… 774

一、联盟谈判、政府形成和代议民主 …………………………………… 774

二、稳定的还是暂时的联盟? …………………………………………… 775

三、政府类别 ……………………………………………………………… 777

四、谈判理论与政府形成 ………………………………………………… 779

五、对联盟形成和政府类别的解释 ……………………………………… 784

六、参政 …………………………………………………………………… 786

七、结论 …………………………………………………………………… 788

第八部分

比较视野下的治理

第三十三章　经济和投票比较研究 …………………………………………… 797

一、美国理性经济投票研究的理论遗产 ………………………………… 799

二、美国理性经济投票研究的经验遗产 ………………………………… 801

三、比较经济投票中的未解之谜 ………………………………………… 804

四、希望之地：多国比较研究？ …………………………………… 806

五、经济投票：一种人为的测量结果吗？ ………………………… 810

六、调适回溯性模型 ……………………………………………… 814

七、理性以及对经济投票的再思考 ……………………………… 816

八、总结 …………………………………………………………… 828

第三十四章　环境约束下的政治预算周期 …………………………… 835

一、环境约束下的政治预算周期：理论与证据 ………………… 837

二、数据、方法和结果 …………………………………………… 844

三、测量结果 ……………………………………………………… 848

四、结论：回应与执行 …………………………………………… 853

第三十五章　全球视野下的福利国家 ………………………………… 858

一、基础性结构条件：工业化和经济开放程度 ………………… 859

二、权力资源的视角 ……………………………………………… 862

三、跨阶级联盟 …………………………………………………… 864

四、国家中心的视角 ……………………………………………… 867

五、结论 …………………………………………………………… 870

第三十六章　不良民主国家的不良表现 ……………………………… 875

一、穷国以及其政策 ……………………………………………… 876

二、解释民主与增长关系中的含混之处 ………………………… 881

三、政治市场的不完善以及不同的民主表现 …………………… 887

四、信任、民主化及历史的作用 ………………………………… 891

五、信任及民主研究中的未解之谜 ……………………………… 892

六、政治市场其他方面的不完善性：信息不完全 ……………… 893

七、结论 …………………………………………………………… 894

第三十七章　回应与政府的存续 ……………………………………… 899

一、导论 …………………………………………………………… 899

二、选举与对政治家的回溯式控制 ……………………………… 901

三、一些经验证据 ………………………………………………… 905

四、回应论的局限 ………………………………………………… 907

五、非选举的威胁：选民对政治家 ……………………………… 911

六、结论 …………………………………………………………… 922

第三十八章　经济转型与比较政治 …………………………………… 929

一、经济转型 930

二、中层理论与经济改革：政体类别 934

三、利益集团：好赢家、坏赢家，以及经济改革 936

四、治理、国家角色与经济改革 939

五、欧洲联盟 943

六、中层理论与因果联系的深度 945

七、结论和未来研究的领域 949

译后记 957

作者简介

James E.Alt　哈佛大学 Frank G.Thomson 讲席教授

Robert H.Bates　哈佛大学政治学 Eaton 讲席教授

Pablo Beramendi　杜克大学政治学副教授

Carles Boix　普林斯顿大学政治学与公共事务教授

Matthew E.Carnes　斯坦福大学政治学博士生

Helma G.E.de Vries　拉法叶特学院政治与法律系教师

Raymond M.Duch　牛津大学努菲尔德学院数量政治学教授和教授会成员

Jonathan Eastwood　华盛顿大学社会学副教授

John Ferejohn　斯坦福大学 Carolyn S.G.Munro 政治学讲席教授、商学院胡佛研究所资深研究员、纽约大学法学院访问教授

Robert J.Franzese,Jr.　密西根大学政治学副教授

Timothy Frye　哥伦比亚大学政治学系教授

Barbara Geddes　加州大学政治学教授

John Gerring　波士顿大学政治学系副教授

Liah Greenfeld　波士顿大学教授、政治学和社会学教授、社会科学高级研究所所长

Frances Hagopian　圣母大学政治学系拉丁美洲研究 Michael P.Grace 二世讲席副教授、凯洛格国际研究所研究员

Russell Hardin　纽约大学政治学教授

Ronald Inglehart　密西根大学政治学教授、世界价值观协会主席

Stathis N.Kalyvas　耶鲁大学政治学 Arnold Wolfers 讲席教授,秩序、冲突和暴力研究项目主任

Philip Keefer　世界银行发展研究组首席经济学家

Herbert Kitschelt　杜克大学政治学系国际关系 George V.Allen 讲席教授

Mark I.Lichbach　马里兰大学政治学系教授

Kenneth M.McElwain　斯坦福大学国际、比较和区域研究博士后

James Mahoney　西北大学政治学和社会学副教授

José María Maravall　马德里居安·马赫学院社会科学高级研究中心主任

Isabela Mares　哥伦比亚大学政治学副教授

Pippa Norris　纽约联合国发展计划署民主治理中心主任、哈佛大学 Maguire 讲席教授

Benjamin Nyblade　加拿大英属哥伦比亚大学政治学副教授

Elinor Ostrom　印地安纳大学政治学 Arthur F.Bentley 讲席教授、政治理论和政策分析工作坊联合主任、亚利桑那州立大学制度多样性研究中心创会主任

Steven Pincus　耶鲁大学历史学教授,主要研究领域为近代英国史

G.Bingham Powell,Jr.　纽约罗切斯特大学政治学 Marie C.and Joseph C.Wilson 讲席教授

Adam Przeworski　纽约大学政治学系 Carroll and Milton Petrie 讲席教授

Shanna S.Rose　纽约大学罗伯特·R.瓦格纳公共服务研究生院副教授

Frances Rosenbluth　耶鲁大学政治学教授、比较和国际政治经济学 Georg W.Leiner 项目主任

Filippo Sabetti　蒙特利尔麦吉尔大学政治学教授、印地安纳大学政治理论和政策分析工作坊研究员

David Samuels　明尼苏达大学政治学系 Benjamin E.Lippincott 讲席副教授

Charles Shipan　密西根大学社会科学 J.Ira and Nicki Harris 讲席教授与公共政策教授

Hendrik Spruyt　西北大学国际关系 Norman Dwright Harris 讲席教授、政治学系主任

Susan C.Stokes　耶鲁大学政治学 Jon S.Saden 讲席教授

Kaare Strøm　加州大学圣迭戈分校政治学教授

Rein Taagepera　加州大学欧文分校、爱沙尼亚塔图大学研究教授

Sidney Tarrow　康奈尔大学政治学 Maxwell M.Upson 讲席教授、社会学教授

Charles Tilly　哥伦比亚大学社会科学 Joseph L.Buttewieser 讲席教授

Ashutosh Varshney　密西根大学政治学教授

Celso M.Villegas　布朗大学社会学系研究生

Christian Welzel　布来梅大学政治学教授、世界价值观协会执行委员会委员

Ronald Wintrobe　西安大略大学经济学教授

Elisabeth Jean Wood　耶鲁大学政治学教授、圣塔菲学院研究教授

Anne Wren　斯坦福大学政治学副教授、都伯林三一学院国际整合研究所高级研究员

第一部分

第一章 导 论

卡尔斯·波瓦克斯(Carles Boix)

苏珊·C.斯托克斯(Susan C.Stokes)

为何威权国家会走向民主化？如何解释民族国家的形式、动力和意识形态？在什么情况下内战和革命会爆发？当代民主国家的政治代表为何必须通过政党实现？为何一些政党致力于政治规划，而另一些则致力于裙带关系？公民能否通过选举和法庭让政府承担责任？

这就是比较政治学者关注的核心问题。本书的编写，将围绕着这些以及其他一些问题展开。我们邀请了比较政治学领域的一系列顶尖学者，就他们专门研究的学术问题撰写重要的概述。本书的编排遵循以下两项原则：第一，尽可能让政治学理论知识有一个系统的结构（这也是我们的希望）。我们认为，学科的发展，就在于理论的发现与创新。第二，在比较研究的方法论问题上采用兼容并包的立场。因此，在以下就作者们的贡献进行概述的文字中，会不时加入一些评论，说明未来的研究应何去何从。其中有些出自我们自己的思想，有些则参考了其他学者的看法。

一、理论和方法

上面提及的以及本书作者们所涉及的问题都太过复杂，而且非常重要，要尝试回答它们，就不能把我们自己局限于一种或另一种方法。用方法论的语言来说，并非随便什么方法都可以解决问题，一些研究设计与收集和分析证据的方法就不是那么有效。当然，本书的作者们解释了比较研究学者采用的一系列技术的优势和缺陷，从计量经济学的跨国数据库分析方法到使用观测数据以突破实地调查的限制。他们使用了多样化的研究工具让政治过程和结果变得具有意义。

在比较政治学领域,过去二十年的最大变化就是在大量国家里都兴起了统计研究。在20世纪60年代到80年代之间,绝大多数从最优秀的院系毕业的比较政治学学生都被培养为单一国家或地区的研究者。实际上,比较这个词在绝大多数场合具有误导性,因为比较政治学常常不涉及比较,而是去研究另外一个国家的政治。夸张一点说,人们可以将此类比为美国国务院对比较政治学的理解:某位学者供职于"日本研究",而另一位则供职于"智利研究"等等。当然也有重要的例外。其中一个就是阿尔蒙德(Almond)和维巴(Verba)的《公民文化》,这本书比较了五个国家公民的态度。但是,在70年代甚至80年代,人们还是难以想象,比较政治学会在多大程度上成为进行大样本的、跨国研究的主导形态。

本书特意收录了两项研究。它们证明,如果彻底抛弃传统的、强调对一个国家或者地区的语言、历史、文化进行深入了解的比较方法,以及支撑这种方法的研究活动,即长时段的田野研究,我们将会失去什么。约翰·盖林(John Gerring)认为,无论案例研究还是大样本的比较研究,都并非尽善尽美,它们都需要折中,需要取长补短。因此我们遵从了这样的建议,在全部的研究成果中保留了这两种研究手段。盖林指出,案例研究更适合于构建理论和深化观点,而大样本比较研究更适合验证或否弃理论。案例研究能够提供内部有效性,大样本比较研究则能够提供外部有效性。案例研究使学者们去探索因果机制,大样本比较研究则让他们能够确证实际结果。

伊丽莎白·伍德(Elisabeth Wood)的章节提醒我们,作为一名教授,如果放弃田野调查将会危险地失去什么。对于一个假想的问题"为什么你离开某人的办公室",她给出了不同的回答。在研究对象自己的环境中与他们面对面进行的互动,也许是把握许多重要问题的唯一办法。比如在许多可能的政治认同中人们会选择哪一个,他们自己定义的利益又是什么。当然伍德也解释了,田野调查在思想中和人际交往中都存在危险。面谈的对象有可能采取回避态度,甚至有可能进行策略性的掩饰;而田野调查者也可能会对他们的研究对象产生或者积极、或者消极的强烈的个人反应,进而使他们的研究结果带上感情色彩;而且,田野调查还是一种孤独的努力,具有可以预见的优势与缺陷。伍德也对如何处理这些困难提供了相应的方法。

詹姆斯·马奥尼(James Mahoney)和赛尔索·维勒加斯(Celso Villegas)讨论了定性研究的另外一种研究变体:比较历史研究。他们认为,这种研究的目的不同于跨国研究。比较历史研究的学者"针对个别案例造成某些重要结果的原因提出问题",并试图据以解释"他们讨论范围之内的每一个案例"。相反,大样本比较研究的学者"着眼于在大规模的人口中总结一般化的因果关系……他们通常不会去解释特殊案例的特殊结果"。马奥尼和维勒加斯讨论了近来比较历史研究在方法论方面的进展,如确定必要和充分的条件环境,使用布尔代数揭示因果互动关系,还有对模糊逻辑的使用。他们还回应了一些针对比较历史研究的批评,如历史记录的可靠性和可概括性。与占有一手资料的研究相比,他们对于依据二手资料的研究并不持任何轻视的态度。

人们或许会要求马奥尼和维勒加斯进一步澄清他们对占有一手资料的历史研究的定义。他们所谓的一手资料,指的是"政府文件、报纸、日记,以及事件刚刚发生时对它们加以叙述的简报"。但是,除了日记之外,这些印制文件都不符合历史学家对于手稿作为资料的要求。未出版的手稿或者档案资料(如内部备忘录、在有组织的讨论中的个人记录、政治行为体之间的通信、间谍的报告)对于历史学家来说,与田野调查者的个人访谈在功能上相当,它们(如伍德所说)是了解行为者的认同、策略性计算和利益所在的最好窗口。至于政府文件、报纸、出版的简报虽然也有用,但它们毕竟只是为公众消费而制造的、"所发生事件"的一种版本。这一特别的批评提出了一些更为广泛的问题,即对众多从事历史研究的社会科学家而言,什么才是充分的训练。

罗伯特·弗兰杰斯(Robert Franzese)所撰写的一章为大样本定量研究技术进行辩护,并且反驳了本手册另一些作者的批评观点。比较政治科学家与从事经验研究的社会学家和经济学家一样,为四个问题所苦恼:数据收集方面质与量的取舍、多重因果关系、环境约束,即变量的所有结果都受到其他变量的约束,以及内生性问题。但是,正如弗兰杰斯所说,这些障碍是我们研究中固有的事实,因而不能让我们避开定量研究。对大量观测数据进行处理,并给出一个简单、大致的计算,确实有可能导致准确性的缺失,但这并不意味着我们必须回到针对少数案例的定性研究,因为对于少量样本来说,即便我们掌握了相当准确的知识,也不能得出非常可靠的推论。同样的,案例研究也不能轻易地解决多重因果的问题(虽然好的过程追踪能够减轻这类问题)。最后,定性的案例研究同样不可能免于内生性问题。弗兰杰斯认为,当我们从相关性分析转移到因果推论时,必须采用更为先进的技术,比如变量计量法①、匹配法或矢量回归。但是甚至这些技术也存在其缺陷。在此,我们需要补充说明的是,在某些宏观经济学家和政治经济学家的影响下,比较政治学的某些领域已经近于毫无保留地采用了变量计量方法,以避免人们对于内生性问题所提出的批评。事实上,只有极少数(如果说真有)计量是真正外部性的,而且它们主要是地理学意义上的外部。它们的应用,也会带来研究者几乎难以想见(例如气候在某种孟德斯鸠的意义上决定了政体),也难以避免(他们一方面表

---

① Variable instrumentation,指用可观测、可计量的方式对某些过程变量进行描述和统计的方法,比如用钟表计量时间,用压力计表示压力变化等等。——译者

示变量计量只不过是一种统计事实,并没有任何理论价值;另一方面又坚持认为它是利益变量的良好替代品)的重大理论影响。所以,我们想和弗兰杰斯一同强调,只有理论构建,才能真正让我们减少内生因果带来的问题。

亚当·普列泽沃斯基(Adam Przeworski)对于观测研究不采取乐观的态度,无论是大样本研究还是别的什么。在观测研究中,研究者不能(也不可能完全)保证我们比较的案例在不经我们"处理"的情况下,在各方面相互匹配,所以它不能充分解决内生性带来的诸多问题。他写道,"我们既要研究造成结果的真正原因","也要研究原因带来的结果"。某些协变量(某单元在得到研究之前已经存在的特征)没有得到观测。这些未被观测的协变量可能是某个单元内得到研究的原因,也可能是导致某些结果的原因。但由于它们没有得到观测,我们不能验证到底是它们,还是我们所采取的研究方法,抑或是我们所推定的原因,真正造成了某些结果。

普列泽沃斯基既讨论了传统的,也讨论了新兴的处理内生性问题的手段,但是他倒向了悲观主义。"要确定因果关系我们需要假设,而一些这样的假设是不能被检验的。"比较学者要对观测研究相对于实验或准实验研究方法的优势和局限作出判断时,他提供的章节具有重要的参考价值。

当然,也许这一章体现出来的悲观情绪有些过头。理论应该能够帮助我们区分内生性确实显现出来的案例和没有显现出来的案例。要解决普列泽沃斯基提出的问题,一个重要的研究方法,就是把关键的协变量从未被观测的领域转移到可被观测的领域。普列泽沃斯基通过一个假设的例子暗示了这一方法。假设一个研究者希望测量政治体制对经济增长的影响。一些国家的未来领导人在上大学时成为民主制的支持者,并学习如何管理经济;而另一些国家未来领导人的大学生涯则使他们倾向于专制,而且对管理经济一无所知。这两类人都回到自己的国家成为领导者,并且运用他们学到的知识管理社会和经济。这看起来像是民主带来了经济增长。但普列泽沃斯基指出,对领导们的培养是一个我们无法系统观测的变量。不过,未被观测不等于不可观测。即使我们的理论(以及我们封闭的、由案例得到的知识)提醒我们要加倍谨慎,但也没有明显的证据表明这个变量永远都不能得到系统观测。

罗伯特·贝茨(Robert Bates)认为,无论是研究大量的还是较少数目的案例,无论研究者是采用计量经济学还是其他技术,博弈论会帮助他们把理论研究做得更为出色。实际上,不同程度和形式上博弈论模型的应用,是近年来比较政治学一个大的潮流。贝茨以他最近对咖啡生产和销售的政治学研究为例,对他的方法论立场加以说明,而这种研究策略贯穿了本手册第二部分的所有章节。研究的第一步是理解,是在某时某地对某事的深入的认识和把握。理解(Verstehen)之后是解释,研究者要将他所了解的事情归置于"原因或结果之间",然后尝试提出"某种联系它们的逻辑链条"。在贝茨看来,解释始于理性假设(或原则),并且用博弈理论为我们所观测的现象赋予某种结构。这一博弈结构使我们从个别事件上升到更广阔的、能够得到有效性检验的理论建构。理论解释的建构必须接受确实性的检验,即逐渐从小样本的比较推进到更多样本的数据库,在此过程中研究者可以通过大量的变异和控制来检验他们的理论。

"理论与方法论"部分的最后一位作者同样探讨了比较研究领域中理性假设所扮演的角色。埃莉诺·奥斯特罗姆(Elinor Ostrom)的出发点是:"政治科学的核心主题就是集体行动理论",而集体行动的问题则植根于交往困境(用博弈论的术语说就是囚徒困境)。正如我们所熟知的那样,理性个体对最佳结果的追求会以拒绝合作告终,即便他们能够在合作中获利。奥斯特罗姆对早期的集体行动进行了评价。这些研究重点关注那些能够增进合作的结构性条件(如参与者的数量、取得利益的形式、参与者的异质性、他们之间交流的程度以及博弈重复的次数)。奥斯特罗姆认为,这样的研究尚存在缺陷,因为理性模式只能解释人类行为的一部分。她因此呼吁转向一种立足于有限理性的、以规范为基础的人类行为理论。我们需要考虑的因而不是理性的个体,而是原本就生活在一种信息不确定的环境之中的行为体,他们在自己身处的社会和制度环境中建构自己的行为,选择他们的行为规范,并且获得相应的知识。在这一关于人类行为的更宽泛的理论中,人是一种"适应性的生物。虽然他们受到自己置身于其中的(或者他们选择的)环境的约束,但他们仍然试图尽其所能,以获得更好的结果"。他们"在相互之间的互动中、从世界的反馈中和从他们自己的反思中学到规范、得到启发,并且获得完整的分析策略。不论目的好坏,他们有能力设计出新的工具——包括制度——来改变他们所面临的世界的结构。他们既会从短期的视角、也会以长远的眼光看问题,具体情况则取决于他们所面临的机会结构"。

总的来说,她的方法涵盖了人类行为的多种形式,一端是"完全理性"的个人(一般来说,在这种环境下,他们过的是一种重复的、高度竞争的生活),另一端是作为"社会行为体"的个人,他们的行为规则来自共同的规范。从某种意义上说,比较政治学因这一贡献似乎完成了一个圆满的循环,即从基于现代化理论的文化研究出发,走向制度主义学者的理性人假设,现在又回到一个更为丰富(也许更为松散,但与我们的经典思想家对人性本质的理解更为接近)的对人类行为的理解。这个旅程并非没有意义的。相反,当我们从一个阶段走向另一个阶段时,我们认识到,一种好的政治理论必须建立在坚实的微观基础之上,也就是说,建立在对个体利益、信仰和行为特征的可靠理解的基础之上。

二、国家、国家形成与政治同意

现代民族国家的制度及其意识形态基础的形成是比较政治学的核心论题。亨德里克·斯普路特(Hendrik Spruyt)考察了国家形成的制度层面。他鸟瞰了近来国家形成方面的贡献,这是一个在过去30年间迅猛发展的研究领域。斯普路特回顾了现代国家通过对某一特定领土和人群宣称绝对主权,形成并取代其他一切统治形式的过程。这一过程回应了战争技术的变化、商业资本主义的发展以及关于合法政府的新观念。斯普路特同时还考察了一些关于现代世界是什么因素导致了不同的宪法和行政体制的争论,它们影响深远,而且至今悬而未决。关于国家建设的大多数研究集中于现代欧洲,它们并未充分说明欧洲之外新兴独立国家的形成。正如斯普路特所说,20世纪的国家形成,使我们能够衡量国际体系、经济和殖民地遗产在何种程度上影响了主权和合法性在全球范围内的扩展。

其他章节讨论了国家形成以及国内的认同冲突的意识形态层面。罗素·哈定(Russell Hardin)指出了把合法性作为民族国家意识形态基础的困难。他提醒我们警惕这样一种错误假定,即一种政治安排的存在本身,就表明这一安排之下的人们必定认可其"合法性"。哈定对合法性这一兼具实证和规范意义的概念的研究表明,这个概念存在其局限性,至少比较政治学者对它的使用存在缺陷。哈定解释道,社会科学家和政治理论家主要是根据某种政体"如何产生、为我们做了什么,或者过去和现在我们与它之间的关系"为其赋予合法性。但是,这些评价的基础都不稳固。在哈定看来,主流的、韦伯式的定义把合法性等同于国家维持权力的能力。但是这一方法,会让我们将合法性赋予那些无论是在其统治之下、还是以旁观态度对其加以研究的人看来,都缺乏合法性的政府。

现代国家的意识形态基础也是拉尔里阿·格林菲尔德(Liah Greenfeld)和乔纳森·伊斯特伍德(Jonathan Eastwood)讨论的主题。他们把国家认同定义为一种公民对自身及其归属的世俗理解、一种把整个世界视为相互分离的共同体的图景,以及一种人民主权的概念。一般来说,人们或者强调民族主义的永恒性,或者强调它的现代起源。与此相对,格林菲尔德和伊斯特伍德认为,兴起于近代的民族主义是对传统等级制的崩溃的回应。面对旧的身份概念的瓦解,个人将他们自己重新定位为属于一个国家的平等公民。在这一新的视角之下,格林菲尔德和伊斯特伍德考察了民族主义的关键特征:它是国家的一员的标准,也是共同体建构的集体与个体之间关系的模式。他们正是根据这两个维度提出了一种民族主义的类型学。

当今世界的民族主义国家常常被争端分裂,这些争端刺激了诸多的理论构建和比较政治学领域的研究。阿舒托什·瓦什尼(Ashutosh Varshney)对关于族群认同和冲突的文献进行了梳理,并且展示了在严肃回应寻找因果机制的需要以及解释经验变异的需要的过程中,一个新的研究领域如何产生并不断发展。他提供的章节回顾了几个连续的理论层面上,学者之间卓有成果的对话。一是本质主义,它一度是这一领域的主导思想,但现在几乎被一种将国家视为现代建构的观念所取代;二是工具主义,它将族群和民族视为来自物质利益和个人私利的概念;三是建构主义和制度主义。瓦什尼充分讨论了每一种学说的优势和缺陷,而且就如何融合各种学说中的相关因素,以进一步推进该领域的研究提出了自己的看法。

三、政治制度及其变迁

由于过去25年的民主革命,民主已经非常自然地成为比较政治学的一个聚焦点,也许是唯一的聚焦点。克里斯丁·韦尔泽尔(Christian Welzel)和罗纳德·英格尔哈特(Ronald Inglehart)的目标是恢复大众信仰在民主化进程中的地位。在此过程中,他们提供了一个重要的方法论视角。他们认为,某些形式的大众信仰使民主化(和威权主义)更为易行,特别是"社会主导"的民主化。在民主化程度各不相同的国家公众群体中所进行的调查证明了这一点。然而,由于社会科学家担心出现生态学错误,所以他们一直避免从这些数据中得出进一步的推论。韦尔泽尔和英格尔哈特认为,这种担忧基于一种同样经不起推敲的"个人主义错误"。如果研究者们认为,累积层面的相关性不能应用于个人层面,因而断言这种相关性没有意义时,他们就犯了个人主义的错误。

韦尔泽尔和英格尔哈特坚持,这是一个错误,因为对潜在的生态学错误的发现本身就可能具有理论上的启发性。民主价值在个人层面和社会层面相关性的差异就是一个这样的例证。他们认为,人群中某些价值高水平的存在,能够在整个人群中造成一种赞成民主的气氛,即使这种价值在个人层面不如此强烈地同时共变。这些价值在累积层面的存在使有效的民主可以预期。虽然一些读者可能仍旧怀疑大众信仰和民主制度之间最后的关联,但是两位作者的方法论立场以及他们的基本结论,对从事比较民主化研究的诸多学者来说仍然具有启发意义。

笼而统之的大众态度和信仰在芭芭拉·吉德斯(Barbara Geddes)的民主理论,以及她所评介的理论中都几乎不起任何作用。这些理论关注的,是一些得到更为精确定义的行为者,比如富人和穷人,或者寻求政治控制最大化的政体与充当富人最佳代理人的政体。吉德斯认为,尽管比较政治学者对于民主化几乎痴迷,但对民主的原因我们几乎没有可靠的、确实的结论。而且,我们在这一领域的经验成果也远不如人们希望的那么丰富,而且随着所研究的国家样本、时间范围,以及采取的标准的性质(比如,模型是包括还是排除与特定国家相关的因素?)而发生在理论上并非无足轻重的变化。吉德斯认为,导致问题出现的并不是理论的匮乏,因为我们在民主化方面的理论已经逐渐准确和清晰;问题更可能出现在民主化这一有待解释的事物的异质性。从绝对君主制到立宪君主制或共和制的转变,与从现代军事独裁向大众民主的转变,可能具有根本性的不同。在她看来,区分这些各不相同的现象并且对其加以分析,以提出与之相应的不同理论,才是获得关于国家为何民主化的可靠知识的关键。

除霍布斯之外,公民文化与政体之间的关系是所有现代政治理论家都会考虑的核心问题之一。第二次世界大战之后出现的新的、自觉的经验政治科学的基本特征是它的新方法。阿尔蒙德与维巴采用这种方法,在20世纪60年代他们影响巨大的、关于公民文化的著作中,再次探讨了这一世俗的关切。但正如萨贝蒂所言,这一把对这种关系的研究置于坚实经验基础之上的尝试并不成功,这是一个中肯的判断。这一研究的问题主要并不在于(至今)仍然充满争论的"文化"概念,而在于研究者对民主和政治文化加以界定的方法。他们满足于一种太过狭隘的民主概念,把民主限定为在国家层面决定治理形式的制度机制,因而忽视了活跃于地方和中层社会团体中的大量民主实践。他们对政治文化的定义,则是一套针对某种政治对象的信仰和倾向。这个概念并不令人满意,因为这些信仰和态度在支持民主生活与实践方面的作用并不清楚,它们的来源不为人所知,并且从纯经验的角度来看,也没有清晰的证据表明某种独特的民主文化保障了民主的稳定性。然而,正是在政治文化研究开始"走下坡路"的时候,研究者们通过强调文化概念明显的关系特性,挽救了这个概念及其政治影响的问题。20世纪80年代末,甘贝塔(Gambetta)重新把信任带回了研究日程。一些学者强调必须通过了解人际网络理解特定的行为。科尔曼(Coleman)在博弈论的基础上提出了社会资本的概念。帕特南(Putnam)通过他对意大利地方政治的著名研究,改变了我们对治理和文化的理解。正如萨贝蒂所言,这一新的研究仍处于幼年阶段,我们(在理论和经验方面)对社会资本与善治之间的因果机制仍然知之甚少,而对于公民道德产生、维持和衰落的机制则近乎一无所知。我们之中的一些人认为,信任而非介入型的怀疑主义,才是适合民主政治的公民态度。无论如何,新的方法也许将我们带向了"理解民主与公民文化之间复杂关系"的正途。

30多年前,胡安·林茨(Juan Linz)为弗雷德·格林斯坦(Fred Greenstein)和尼尔森·波尔斯比(Nelson Polsby)主编的《政治科学手册》撰写了一个关于独裁政体的词条,影响非常巨大。林茨的方法主要是概念上的,也是社会学意义上的,他主要依据的

第一章 导 论 011

是二战以来关于极权主义和威权主义的研究文献。林茨认为,可以根据内部多元化的程度、意识形态以及对公民的政治动员水平,对非民主政体加以定义。罗纳德·温特洛布(Ronald Wintrobe)则是从经济人或理性人的假设出发,对独裁政体得以维持的机制,以及独裁者及其臣民的选择作出了不同的说明。他认为,独裁者为了进行统治,必须实施某种程度的压迫,但也需要构建政治上的忠诚。以压迫和忠诚两个变量为基础,结合独裁者所能发挥的客观功能,温特洛布区分了昏君(使消费最大化和压迫程度最小化)、极权统治者(力图使权力最大化)、僭主(实施压迫而得不到太多"忠诚"),以及开明专制者(投资于制造忠诚且获得了公众的爱戴)几种不同类型。为支持这样的类型学划分,温特洛布给出了专制统治者行为的证据,并且探讨在经济增长和经济政策制定方面对民主制与专制统治进行对比的方式。

四、政治动荡与政治冲突

革命、内战与社会运动是比较政治研究的焦点问题。史蒂文·平卡斯(Steven Pincus)把自己受到的历史学训练与其对比较分析的热切兴趣结合起来,考察了催生革命时代的历史环境。他追问,为什么会发生革命,为什么它们产生了截然不同的结果?有学者认为,革命无一例外是社会与经济现代化的直接后果(如司考切波和亨廷顿)。最近,戈德斯通(Goldstone)又提出了一种颇具影响的观点,认为革命的爆发,乃是人口增长与其环境之间马尔萨斯式失衡的结果。与此相反,平卡斯认为,革命的先决条件始终是国家的现代化。国家的现代化方案同时使新的社会群体和地区与国家发生直接关联,并且使改革的意识形态合法化。这两个方面的变化为革命运动提供了社会基础与理论支持。革命导致了非常不同的政治结果。平卡斯部分赞同巴林顿·摩尔(Barrington Moore)的观点,认为当国家依赖商业社会和国际贸易时,革命会导致开放、民主的政体;而如果没有国际贸易,革命将会导致权威政体的降临。

如果说普列泽沃斯基强调的是无所不在的内生性问题的话,卡里瓦斯(Kalyvas)则提醒我们注意,在内战这一现实为比较政治学者提出的核心议题中,内生性问题所处的中心地位。卡里瓦斯回顾了对内战不计其数的研究,它们又提出了不计其数的独立变量,如内战爆发前社会的特征,或者战争参与者战前的特征,等等。内战爆发前社会和战争参与者的这些特征,表面上可以解释战争爆发的可能性、内战爆发后所延续的时间,或者战争所释放的暴力的强度。但是卡里瓦斯认为,这种外部解释可能具有方向性错误,因为随着内战的进程,很多因素会发生变化,包括人口分布、主要行为者的偏好,以及战争参与者们寻求控制的资源的价值。这些随战争而新出现的条件本身就会塑造值得关注的结果。卡里瓦斯写道:"在战争进程中,从最具意识形态色彩的问题到最具地方性的问题,各方面的裂痕都会全面加深,与此同时,集体与个人的偏好、策略、价值观和认同等,都会不断得到形塑与重塑。"

西德尼·塔罗(Sidney Tarrow)和查尔斯·梯利(Charles Tilly)考察了抗争政治(阶段性的公共集体行为)和社会运动(持续性的对掌权者的挑战)。他们对抗争政治和社会运动以一种动态顺序发生的方式进行了分析。作者们发现,现代化与民主制的扩展催生了社会运动。同时,社会运动发生的时间和地点(即它们与政治制度、社会和文化实践的互动)也决定了它们出现的形式。塔罗和梯利最后总结了全球化对政治和社会动员过程可能产生的影响。他们提出的问题是:全球化能否"或多或少自动地将世界范围内潜在的行动主义者联系在一起,是否使其面临相似的挑战,并因此使社会运动的集体行动超越地方和国家的范畴"。答案可能是否定的,因为国内政治因素和国际组织中民族国家的介入才是参加"国际抗争"最好的征兆。

李希巴赫(Lichbach)和德·伏里斯(de Vries)所撰写的章节考察了近来全球抗议运动背景下有关抗争政治的理论,因而补足塔罗和梯利的研究。他们认为,为全面理解抗争政治的现象,必须在三个层面上进行考察。在宏观层面,研究者们已经提出了大量解释性理论,包括严格的经济结构理论(如贸易对国民福利的影响)、各种文化假说(如现代化对欠发达国家精英认知的影响),以及认为全球公共社会或者全球性机构的出现,使得广泛性的抵抗与行动成为人们关注的焦点的看法,等等。这类宏观层次的研究,必须得到使抗争成为可能的中层因素的补充,策略政治机遇理论在这方面尤有助益。最后,理解抗争政治也需要理解微观层面的行为要素,如把个人推向前台的动机、他们所依赖的资源、他们的首要诉求,以及他们在政治中赖以行动的网络等。

五、大众政治动员

为什么政党制度是我们现在所看到的样子? 如何通过它们的起源解释它们在当下的动力机制? 怎样理解各政党在选举中为动员选民支持而采用的策略之间的巨大差别? 本手册的这一部分将重点研究以上问题。

卡尔斯·波瓦克斯(Carles Boix)对欧洲北美政党和政党制度的演变进行了简明扼要的叙述,说明了它们如何从 19 世纪早期一些仅服务于极少数选民的、松散的政治家网络,转变为 20 世纪这种以大众为基础的、组织良好的竞选机器。这一章不像大多数分析那样,仅仅满足于解释有多少政党在进行有效竞争,而且说明了哪些政党持有哪些意识形态。波瓦克斯从潜在的偏好结构解释政党和政党制度的性质,它们可能是一维的也可能是多维的。随后,他揭示了这些偏好或者政治维度如何通过一些重要的附加因素被动员起来。这些因素包括政党对哪一种选举策略能够使它们成功的机会最大化的判断,以及投票者的选择转变为国会中席位分配方式的选举制度等(波瓦克斯在其早期著作中指出,这些选举制度本身也是政党策略行动的结果)。从某种意义上说,这一章也可以被理解为对该领域两种主要研究方法的回应。一种是制度主义模型,它们把政治结果视为某种均衡,而且这种方法多多少少受制于对博弈论的静态运用,因而基本上忽视了制度的起源,而制度在这些模型中是对行为者的制约因素。另一种方法是历史性的叙述,它强调一切政治现象的偶然性与路径依赖的作用,而不愿对其进行任何理论建构。与之相反,波瓦克斯认为,我们应该有可能通过历史性的说明揭示以下两个方面的问题:一,政治行为者如何依据一套有关其信念与利益的普遍假设进行策略选择;二,他们的选择如何影响未来政治行为者的选择项。

波瓦克斯为不同政党制度的起源构建了一个统一的模式,赫伯特·基切尔特(Herbert Kitschelt)则对学者们关于政党制度提出的问题,以及他们回答这些问题的方式进行了比较全面的总结。为什么民主在绝大多数情况下是塑造政党特性最主要的原因?为什么在一些民主国家中有多个政党竞争,而另一些国家中只有两个主要政党(或者是两个大党和一个小党)?为什么一些政党因纲领问题,另一些因价值问题,还有一些政党则为裙带主义①和施受惠关系②而相互竞争?为什么在一些制度下选举结果永远很接近,而在另一些制度下则相当不同?基切尔特回顾了学者们发现的、有助于回答这些问题的衡量标准,如政党制度的分裂、政党的有效数量、选举波动,以及断层等。基切尔特指出,影响政党政治的问题也因地域而不同。在发达工业国家中的学者关心的是政党与选民之间联系的弱化,而新兴民主国家的学者则担心这种联系是否能够真正建立起来。

在关于大众政治动员的这一部分,作者们还探讨了以下问题:在什么环境下政党会采用不同的政治策略?竞选策略可能诉诸政治认同和民族主义,可能诉诸强调个人能力的、关系和以媒体为中心的竞选,可能诉诸纲领性的承诺,也可能诉诸裙带关系。安尼·雷恩(Anne Wren)和肯尼斯·M.麦克尔韦恩(Kenneth M.McElwain)发现,在波瓦克斯和基切尔特所分析的阶段,西欧政党的竞选策略主要立足于组织基础之上,而现在已经转向了注重个人能力且倚重媒体的竞选策略。20世60年代,比较政治学家的一

---

① Clientelism,中文通常译为裙带关系、庇护关系、依持主义等,本书一律译为"裙带关系"或者"裙带主义"。——译者

② Patronage,中文翻译各不相同,包括赞助、庇护、恩宠等等,本书一律译为"施受惠关系"。——译者

个重要发现,就是在西方,自民主化之后,党派归属和政党制度一直没有任何改变。但是,这一章的研究却表明,在过去40年间,政党—选民关系明显弱化。导致这一变化的部分原因是经济增长、阶级差别的缩小,以及后物质主义价值观的出现。选民结构及其偏好的改变,需要政党官僚花费一段时间适应。新兴政党则借老政党适应性较慢的契机迅速成长,并吸引了不满现状的选民。

然而,即使那些原本能够稳定选举市场的新政党进入了政党体系,但政党分化与选举波动并未减少。因此,为了解释持续的选举波动性,我们必须在选民偏好结构的变化之外考虑其他因素。雷恩和麦克尔韦恩强调,政党与选民关系的削弱,必须联系人口教育水平及新技术(如收音机和电视)的变化加以认识。随着政党作为便捷信息来源重要性的下降,竞选政治日益以候选人为中心,政党精英已经可以不必依赖旧有的政党机器参加竞选。如果雷恩和麦克尔韦恩是正确的,那么我们旧有的、以政党为中心的民主模式和直觉,就应让位于一种更加"美国化"的民主概念,也就是说,候选人个人和电视竞选决定了政治家们如何被选出,也决定着政策如何被制定。

弗朗西斯·哈戈皮安(Frances Hagopian)和苏珊·斯托克斯(Susan Stokes)在他们提供的章节中考察了政党与选民之间裙带关系的起源和影响。哈戈皮安处理了如下问题:为何一些政党仅仅与选民形成松散而异质的联合,而另一些政党则以由宗教情感或纲领偏好联系起来的少数选民为基础? 政党的选择又造成了什么样的结果? 她问道:"在谁被动员、如何动员,以及动员策略的稳定性和成效之间,是否存在某种关联?"她非常具有启发性的回答,进一步提出了有关成长中的民主国家政党制度的稳定性以及选举进程的前景的问题。

过去20年,无论是作为规范性的理想还是作为事实,民主已经成为世界范围主流的政府形式。但并非所有名义上的民主国家都拥有负责、廉洁的政府。苏珊·斯托克斯通过对裙带主义的实践、原因和结果的研究,探讨民主制功能障碍的一种可能的原因。随着新兴国家的出现,裙带主义,或者"(施惠者)提供物质好处以回报(受惠者)的选举支持"的情况,在20世纪60年代到70年代成为一个研究热点。当时,研究者们通过社会学的方法,把裙带主义解释为以一整套互惠规范为基础的实践。但是斯托克斯令人信服地表明,最好把裙带主义理解为一种博弈,其中施惠者和受惠者都采取策略行为,他们了解,在具备某些外部条件的情况下(比如一定的发展水平,或能够对另一方实行有效监控的组织条件),他们可以通过长期维持这种交换关系而获利。这样一种理论上的说明使我们能够推断,什么样的制度会滋生裙带主义、施惠者会采取什么样的竞选策略,以及裙带主义潜在的政治和经济后果,即它是否阻碍了经济增长与政治竞争,这些推断已经在实践中得到检验。

皮帕·诺里斯(Pippa Norris)考察了大量关于政治行动主义的文献。她回顾了维巴(Verba)和奈依(Nie)提出的政治参与的社会和心理学模型,以及从理性选择理论角度出发的批评,然后考察了学术界和政治界的重要进展如何影响了我们看待这一领域的方式。她注意到,对于制度在一般意义上形塑参与,以及在特殊意义上决定结果的作用,人们的兴趣在增加。与雷恩和麦克尔韦恩一样,她也把我们的注意力引向了党员情况的变化,这一变化在发达民主国家广泛而深刻,但其影响逐渐式微,而对其导致的后果学者们还在广泛争议。由科尔曼和普特南率先提出的信任和社会资本的建设问题,也与我们对参与水平的期望相关。诺里斯并且把目标导向的行动主义形式视为参与的一个特殊类别,它包括游行示威与抗议、消费者政治、职业利益群体,以及更分散的新社会运动和跨国倡议网络等。她认为,所有这些形式的政治参与都在扩展,并且已经在某种程度上使过去占统治地位的、以政党和工会为基础的、更为制度化的参与机制落入了边缘。

六、处理政治诉求

在前文提到的30年前出版的五卷本权威著作《政治科学手册》中,"回应"①(accountabiity)这一术语一次也没有出现过。"代表"这个术语则零星出现过几次,在关于政治理论的那一卷之外,还出现过十来次。30年后,在本手册中,"回应"成为比较政治学中标志性的概念,"代表"则紧随其后。本手册关于"处理政治诉求"的各章,就与这两个概念具有不可分离的关系。

在民主国家,公民的偏好如何转化为对某个而非另一个公共政策的需求?这是G.宾汉姆·鲍威尔(G.Bingham Powell)要解决的根本问题。当然,如果社会中每一个人都具有相同的偏好,那么这就不成问题,但在现实中这种情况永远不会出现。正如鲍威尔所言,对偏好累积的研究必须参考社会选择理论,后者让我们怀疑,在任何一个多维的政治系统中,公民能否具有稳定的政治偏好集合。主流的研究都把不同类别偏好的聚合集作为其考察内容,虽然它们中有一部分接受了社会选择理论的挑战,另一部分则忽视了它的存在。一些对偏好聚集的研究关注选民偏好与其代表的议题立场之间的

---

① 即"accountability",一般翻译为"问责"或"问责制",似不全面。其实 accountability 这个词原本的含义就是"能够加以说明",在政治上指要求政府必须就其政策和行为对选民加以说明、解释或者回应的一套制度,如果无法说明、无法解释、不能回应,则必须承担相关的责任。因此,最根本的回应形式就是民主选举。它与政府的责任"responsibility"不同。因此,本书一律把"accountability"译为"回应"、"回应性"或者"回应制"。——译者

吻合程度。另一些则关注选举结果与职位分派之间的匹配程度,同时如鲍威尔所指出的,假定公民的选票能够完全表达其政治偏好。还有一些偏好聚集的研究考察相同政党的支持者,包括属于同一政党的政治精英与普遍民众之间议题立场的一致性,并且倾向于认为在前者中这种一致性要高于后者。最后一类偏好聚集的研究考察选举纲领和竞选承诺与政府政策之间的一致性。鲍威尔关注的核心问题是民主体制下回应性和代表性的潜力,以及通过何种制度安排和政治环境使这种潜力得以充分实现。

瑞恩·塔杰帕拉(Rein Taagepera)进一步从制度,特别是选举规则的视角,考察选举能否表达公民偏好的问题。他首先提出了一种选举制度的类型学,并据此考察了选举规则中的"杜维吉尔议题",即分析选举制度影响选民投票行为的途径(机械的和心理学意义上的),以及在此影响下对候选人的选择、政党和政党制度的结构,以及民主国家建立联盟的政治学。

下面的章节从投票行为与选举转向制度政治学。戴维·萨缪尔斯(David Samuels)考察了我们熟悉的分权对回应性的影响。美国传统的观点认为,分权对民主回应制至关重要,甚至被等同于民主制。萨缪尔斯对这一观点进行了经验性考察。他本人的研究以及他所回顾的其他学者的观点,对回应制、代表制以及分权对政策过程与政体稳定性的影响提出了质疑。他的主要结论之一就是,总统制会导致一些有害的后果,因为行政权和立法权的分离增加了出现政策僵局和民主崩溃的风险。

司法制度的设计及其与政府其他部门的关系,意在形成水平的而非垂直的回应性(O'Donnell 1994)。约翰·弗里基(John Ferejohn)、弗朗西斯·罗森布鲁斯(Frances Rosenbluth)和查尔斯·施潘(Charles Shipan)关于法律政治学的章节,考察了司法独立,特别是其相对于行政和立法权的独立的制度和政治背景。在奥多那(O'Donnell)及其他一些研究者看来,这种独立是垂直回应性的必要条件。弗里基、罗森布鲁斯和施潘也解释了国家之间存在的不同情况,比如为何并非每个国家的法庭都能行使司法审查权,以及为何法院在立法过程中有时活跃而有时消极,等等。

正如作者们所言,对司法独立进行判断并不容易。他们提出了两项测评指标,分别是法院反对政府的频率,以及法院反对政府将部分经济国有化(或这么做的企图)的频率。作者们注意到,两种测评指标都有一个共同的缺陷,原因在于法院(除其他目标之外)要保证自己的判决不被推翻,可能只会在预期其判决不会遭到政府反对时,才会反对政府。因此,这两项测评指标都会高估法院的独立性。另一个困难是,当法院认为政府行动合法,或者当它们自发认同政府行动的时候,就会作出有利于政府的判决。这样,对政府不利的判决固然可以体现司法独立,但偏向政府的判决就不大能够表明司法的独立性(参见 Helmke 2002,2005)。

这一部分的最后两章,考察了对不论是垂直的还是水平的回应制都会产生重要影响的政府结构。帕布罗·贝拉门蒂(Pablo Beramendi)概述了联邦制的概念。他指出,联邦制的引入首先是为了协调联盟的军事和经济事务中边远地区的利益。但联邦制必定是一个复杂的、流动的制度形式。这一发现是其他观点的基础。就我们所知,民主与联邦制之间的联系可能取决于联邦制特殊的内部结构;而联邦结构对经济的影响,则取决于联邦制度怎样在中央和地区政府之间分配权力和责任。自然,这又回到了联邦制起源的问题。在缺乏一种强有力的理论,以说明怎样以及何时会采用联邦制度的情况下,很难对联邦制本身的作用作出评价。

卡雷·斯特罗姆(Kaare Strøm)和本杰明·奈布雷德(Benjamin Nyblade)对有关联盟形成特别是议会制民主国家政府形成的文献进行了批判性考察。根据新制度主义特别是交易成本理论,他们揭示了谈判成本和选民监督政党行为的要求如何缩短了谈判周期,并推动政治家们努力达成相对稳定的联盟。他们指出,联盟形成的理论始于威廉姆·里克尔(William Riker)对"规模原则"的运用,这一原则认为政党会尽量减少联盟中行为体的数目。虽然里克尔的研究在理论上有一定的影响,但在经验方面却并不令人满意。因此,斯特罗姆和奈布雷德放宽了里克尔关于报酬、信息的作用,以及决策规则和制度影响等方面的基本假设,以提出一套更为丰富、同时也更切合实际的理论。

七、比较视野中的治理

数十年前对经济投票的"发现",改变了对选举行为和政党竞争的比较研究。人们认为,经济投票理论揭示了选民在决定是否为当政者投票时会采用、而且事实上也的确采用了的简单的拇指法则:如果在他们眼中经济表现良好,那么就留住当政者;如果相反,就换掉他们。近来的学术发展将经济投票置于制度环境之中,并且更为细致地揭示了选民要进行"简单的"经济投票所需要了解的信息。雷蒙·杜赫(Raymond Duch)回顾并推进了这一新出现的研究。杜赫提出一系列命题,以说明变动中的制度环境、联合政府以及信息状况如何在经济结果与选民对这些结果的评价之间发挥中介作用。杜赫认为,可能影响经济投票的因素,包括政党体系的规模、政府的规模、联合政府、贸易开放程度,以及立法机构中执政党与反对党的力量对比。杜赫并且为这些中介性因素的作用提供了经验证据。

诺德豪斯(Nordhaus)1975年发表的一篇论文标志着政治商业周期研究的开端。但是,研究选举对政策制定的影响,却一直面临着一些理论上的根本矛盾(为何选民会接受政策操纵,并且听任政府逍遥法外),以及经验上明显的巨大分歧。学者们大致会同意的一点是,由政治手段导致的经济周期,其出现毫无规律可言。以这些问题为背景,詹姆斯·阿尔特(James Alt)和莎娜·罗斯(Shanna Rose)试图达到两个方面的目标。他们认为,应该把政治商业周期视为民主政体下政治回应制这一更宽泛的政治现象里的一个特例。政治家固然力图让人们产生他们是有能力的政策制定者的印象,但政治商业周期并不仅仅是这种形象博弈的结果。相反,选民们愿意让政治家得到某些好处,以换取有能力的政策制定者当选,而政治家对经济政策及其结果的操控则是这一交易不可避免的代价。阿尔特和罗斯在对美国各州的经验研究中运用了一套模型,它表明,当具备以下的制度和社会条件时,就会出现对经济的政治操纵:选举结果非常接近、选民信息不畅,以及约束政策制定者腾挪空间的预算规则缺位,等等。

马修·卡尼斯(Matthew Carnes)和伊莎贝拉·马尔斯(Isabela Mares)考察了对福利国家的研究的演进,无疑这是一个相当丰富多彩的领域。作为对阿曼塔(Amenta)和斯考奇波尔20年前著名文章的回应,卡尼斯和马尔斯出色地回顾了这一领域另一些不同的理论贡献。第一批关于这一论题的论文和专著是在现代性理论的框架内写成的①,此后,福利国家的研究者们转而考察权力政治(通过政党和工会)对不同类型福利国家建设的影响。但是,除几个具有高水平的工会动员能力和强大的左翼政党的典型案例之外,这种阶级导向的研究解释力有限。因此,研究者们进而对跨阶级联盟(因而关乎中产阶级、农业生产者,以及移民的作用)的影响展开探讨。如此一来,他们使我们的注意力,从福利国家纯粹的再分配结构转向了社会政策领域;前者是纯粹以阶级为基础的、权力政治叙事的核心,而后者则是处理经济中风险与波动问题的保障性工具。与这一视角转变相联系,福利国家的研究者正在把越来越多的精力用于厘清国际经济对社会政策的影响。卡梅隆(Cameron)和卡赞斯坦(Katzenstein)两篇开创性的论文表明,经济开放与福利国家之间呈正相关的关系。这两篇文章在学者中引起了非常具有启发性的争论。反对者或者认为,福利国家建设与开放程度完全无关,而仅仅是政府对高风险(因为开放经济具有更大的波动性)加以回应的结果,或者呼吁提出一种考虑到开放性与社会政策之间相互制约关系的模型。正如卡尼斯和马尔斯所揭示的,对福利国家的研究从其开始之日起,已经走过了一段相当遥远的路程。而且在它的前方,还有相当令人兴奋的研究议程。首先,它应该是真正全球化的,需要把它根据欧洲北美的经验得到的发现(和问题)延展到整个世界;其次,它应该建立一些能够综合该领域连续几代人的研究所采用的方法的分析模式;再次,它应该认真对待世界各国选民的偏好和信仰

---

① 本处原文为"After the first papers and books on the topic were written…",疑为"after the first papers and books on the topic which were written…"之误。——译者

(以及我们所观察到的不同文化对正当的国家角色的理解);最后,它应该把福利国家的结果(我们在这方面的知识比我们应该掌握的要少得多)与促成这些结果的力量统一起来加以理解。

最近几十年大批发展中国家向民主制的转型,是否真正转向了一种负责任的、有效的政府,这是很多比较政治学研究者关注的问题。菲利普·基弗(Philip Keefer)在对有关发展和民主的大量文献加以回顾之后,指出虽然这一领域的研究者和提出的理论在数量上都成倍增长,但我们对经济增长与政体类别之间的关系依然知之甚少。他特别指出,事实上在民主国家之间,政策与政府表现也差异巨大。与富裕的民主国家相比,贫穷的民主国家增长速度较慢,公共政策质量也比较差。一般来说,在贫穷的民主国家,虽然形式上具有那些理应能够增加政治回应和公众福利的机制,但公共品的提供与经济上的表现都极为低效。由于民主制与再分配的关键指标(精英与平民之间的不平等及其对政治控制权的争夺)并不能为这一结果提供解释(因为低度增长和民主化被认为是互相矛盾的),基弗转而通过政治市场的不完善来解释民主国家政府表现的失败。在年轻而又贫穷的民主国家,政治家缺乏足够的信誉在竞选中承诺为人们提供普遍的利益和公共品。因此,他们把主要精力用于建立自己的人际网络,并提供某些特殊利益。这样一种选举联系方式,加之选民因信息匮乏而不可能对政客们施以监督,结果造成了严重的腐败和糟糕的治理。

经济投票的前提①,是选民会把经济状况作为评价政府成败的标准,而对这种评价的预期则会推动政治家们在选民关注之下改善经济状况。经济投票因而能够加强政治回应性。但是,如约塞·玛丽亚·马拉瓦尔(José María Maravall)所指出的,"在议会制民主国家,有一半的首相失去职位并非出于选民的决定,而是政治家的阴谋"。如果总理们是因其阁僚为防止选举失败而被赶下台的,或者用马拉瓦尔的话来说,如果"选民和政治家……处罚总理的标准是一样的",那么这一事实还算不上可怕。但情况并非如此。虽然很可能总理们会因经济状况不佳而被选民赶下台,但他们更可能会在经济状况良好的时候被自己的同僚赶下台。因此,能使其同僚进行回应的政治家似乎演出了一场反向的"经济投票"。马拉瓦尔的这一章提醒我们,不要对民主制、回应制及经济投票过分乐观。

如果(像经济投票所表明的那样)带来糟糕经济结果的掌权者会面对选民们的愤怒,那么为何他们甘冒其险,推动代价高昂的经济自由化?无论是在"向市场跨越"的后共产主义国家还是在世界上其他面临放弃国家主义政策压力的发展中国家,这个问

---

① 此处原文为"promise",疑为"premise"之误。——译者

题都存在,它已经在数十年间成为比较政治学和政治经济学关注的焦点之一。蒂莫西·弗莱(Timothy Frye)回顾了关于东欧经济转型的文献,发现有一些因素,包括内部治理的质量与欧盟成员的资格等,有助于推动政府走向并坚持改革。但是,我们对市场化改革决定因素的认识仍然存在一些空白,包括过去的制度遗产和当下的社会制度(如网络、商业联盟、信誉机制)、国家机构(如法庭、官僚机构和立法机关等)的作用,以及它们之间的相互关系,等等。

八、前 瞻

通过批判性地回顾比较政治学家各专业研究领域的现有文献,我们可以看到,本手册大多数(如果说不是全部的话)作者已经指出了该学科仍待解决的问题和困难,对此无须赘述。我们所要做的,只是提请读者认真阅读和思考他们的建议,它们应该能够激发相当一部分学者在尚未穷尽的领域继续探索。不过,在结束这篇已经足够长的导论之前,我们仍希望简单地总结一下我们所面临的大量问题。

在过去几十年,或者说,在投身比较政治学领域的三代学者的研究历史中,这一学科的研究发生了至少两个方面的变化。首先,建构理论的方式明显改变了。可能是受当时居于支配地位的结构主义社会学和马克思主义方法的影响,过去的比较政治学者往往通过一些系统化的、广泛的理论框架解释政治结果。最初的政治现代化理论、早期关于民主与发展的关系的研究论文,以及20世纪60年代关于政党形成的研究都反映了这一特点。在今天,大多数理论构建都以建立在(或者也许更谦虚地说,是宣称建立在)"微观基础"之上,即从个人及其利益与信念出发,对累积性的结果加以推测。我们认为,这一转变促成了政治科学领域实质性的进步。通过认真思考模型分析的最后单元,亦即每一个个体(及其动机和行为),我们就能够建构一些更明晰的(即人们可以对其融贯性和假设的可靠程度加以明确判断的)也更容易被证伪的理论。

在此必须强调的是,接受方法论个人主义的原则,并不必然意味着接受纯粹工具性的、合理性的人类行为模型。众所周知,我们对微观基础的日益偏重,在很大程度上是数学和博弈论工具的流行,以及该领域内经济模型影响的结果。但是,正如摩恩(Moon)在30年前的《格林斯坦—波尔斯比手册》中所指出的,一些模型的基础,是关于个体行为者在某种环境下会如何行动的命题,但它们可能已经暗含了各式各样关于行为者本身的利益与信念的假设。实际上,他的观点(以及我们的预感)是,要证明理性人假设的错误,唯一的方法就是建构一些关于意向性行为者(他们的行动目标不完全是工具性的)的模型,而且证明这些模型比理性选择论者提出来的更为优越。总的来说,提出关于意向性行为者的理论,与建构(严格的)理性主义个人的模型,是两件不同的事情。后者需要前者,但前者不必依赖后者。意识到这一区别,我们方能避免陷入无穷无尽的争论和混乱。

注重个人及其动机的作用,对比较政治学也具有非常积极的影响。它让我们更加接近这一领域那些伟大的奠基者。从亚里士多德和马基雅维利到霍布斯、洛克、卢梭和尼采,所有经典的政治理论都以对人性的某种特殊把握作为出发点。同样,所有上面提到的这些(微观)模型从根本意义上说,也都建立在对人类行为的某种特殊假定基础之上,虽然它们使用的工具和数据有所不同(比如我们现在多少能够了解真正的民主制实际上是如何运行的)。当然,在比较政治学领域,针对这些假定还存在激烈的争论。有人从一种纯工具的角度理解政治行为者,其目的是维持生存,并且使自己的权力最大化;有人则认为,人们会追求某种特定的政治结构,并且需要与他人合作;最后,还有人认为,政治植根于人固有的社会性。这样的争论不可避免。我们的想法是,只要研究者们都转而建构各种意向性的政治模型,在不同的出发点之间加以调整就不是一件困难的事情。

这一学科所发生的第二个方面的变化,是大多数研究者逐渐认识到,无论对于各种形式的政治,还是对于采用标准的科学实践暂时性地证明这些政治形式的价值(直到它们被证伪),都有必要进行更宽泛的、更一般性的理解。有意思的是,随着共识的增加,疑问也在增加。这种疑问是有益的,它怀疑比较政治学者们通常采用的准实验方法到底能够发挥什么作用。可能使问题更加复杂化的是这样一个事实,即比较政治学不可能依赖类似微观经济理论那样的方法,建构一个又一个模型(虽然注重经验研究的学者们会就使用什么方法,以及如何检验他们提出的各种命题而争论)(之所以说"可能",是因为面对明显与理性人假设相冲突的人类行为的多样性,某种类似微观经济理论的东西只会限制我们的视野,并且使我们顾此失彼)。

上述问题与内生性密切相关,因此要暂时解决这一问题,我们再次建议读者参考本手册第一部分的文章。我们把这个问题视为机遇而非困境。近年来,比较政治学在对某些政治结果(特别是政治均衡)建模方面取得了重大进展。比如杜维吉尔法则(Duverger's Law)就通过策略合作模型得以澄清并形式化;对公民品性的研究让位于通过持续互动维系的信任模型;施惠政治则可以被更准确地理解为施惠者与受惠者相互咬合的一场博弈。但是,对于政治制度、社会实践、规范以及各种政治利益是如何产生、又如何衰落的,我们仍然知之甚少。在数十年前发表的广义的社会学文献中,历史是一个重要的因素,但人们对历史的处理方式既零乱又不成体系;制度主义者则断然摈弃了历史研究。我们认为,借助我们手中新的工具,我们已经有可能重新处理这一问题。在某种程度上,要克服我们所面临的内生性因果关系,此类工作已经刻不容缓。

参考文献

HELMKE,G.2001.The logic of strategic defection:judicial decision-making in Argentina under dictatorship and democracy.*APSR* 96(2):291-30.

——2005.*Courts under Constraints:Judges,Generals,and Presidents in Argentina*.Cambridge:Cambridge University Press.

O'DONNELL,G.1994.Delegative democracy.*Journal of Democracy*,5:55-68.

第二部分

理论与方法

第二章　多重因果、环境约束与内生性

小罗伯特·J.弗兰杰斯（Robert J.Franzese，JR.）

一、引　言

当代的学术评论者认为，战前以及战后初期的比较政治研究具有法条主义的特点；①这指的是，当时的学者热衷于分类枚举各种宪法制度的细节，而较少对其进行实证性的理论研究。此外，当时的比较政治研究还被认为是眼界狭隘的，并且在实际上缺乏比较：无论是研究的主题，还是研究所得出的规范性结论，展示的都是西方（在通常情况下，尤其是美国）的某种偏好，而缺少理论的或经验的比较。

在 20 世纪 50 年代中期，加布里埃尔·阿尔蒙德（Gabriel Almond）及其同辈们开始应用帕森斯式的社会科学研究方法，引发了比较政治学领域的一场政治社会学革命。法西斯主义及极权国家的灾难性兴起，曾将世界拖入战争的深渊，而民主政治在战后却未能巩固与扩大其原本取得的胜利。这一事实刺激了这批学者，使得"在何种条件下，稳定的、民主的政治发展才有可能出现"成为了他们思考的核心问题。受当时科学化的社会学影响，他们试图通过研究作为政权基础的社会结构来获取答案，比如研究社会的同质性及其结构分层（Almond 1956），研究其社会经济发展，或者研究社会政治分化切割人群，且不断增强此种分化的特性（Lipset 1960）。也许这次革命最值得注意的地方，是它标志着一种转变：比较政治不再只满足于描述事实，转而成为一种实证性的科学；它不再仅仅提出描述性的（例如，法国宪法说了些什么？）或是关于历史事实的（例如，谁选出了希特勒？）问题，而是提出一些理论上的问题（如何种社会特性可能有助于

---

① 　这里提供的，是作为一个求知领域的比较政治学学术史。不过，它更像是一幅讽刺漫画，而不是对比较政治学特征的总结。其目的，只在于为以下思想提供背景：比较政治学的核心信条是且永远是环境很重要。

民主的发展及其稳定,它又是如何作用的?);它开始超越纯粹的文化偏见或者规范性的判断,能够提出实证性的理论,提供包含因果关系的答案。然而,如果对这些实证理论进行经验性评价的话,会发现它们依然未能摆脱令人失望的"印象主义"色彩①,而且,与早期的描述性研究一样,它们似乎依旧太过受到地域和文化偏见的影响。

20 世纪 60—70 年代的政治行为主义与政治文化革命,最终完成了比较政治学的从经验描述向实证性科学的转变。阿尔蒙德和维巴(Almond and Verba 1963)的经典著作《公民文化》开启了这两场革命,并且至今看来仍然是这两场革命的最佳体现。因为,当它提出一个实证性的问题——是什么培育了稳定的、运行良好的民主政治(他们对此进行了足够精确的定义)——之后,便继之以逻辑的、实证理论的、假说性质的回答,那就是对政治体制(对此他们也做了足够精确的定义)具有正面的认知、情感以及评价取向的公民。同时,该著作还对论证中的关键因素(变量)进行了相当客观与精确的度量,并基于此提出了一套经验性的测评指标。但是《公民文化》一书也有一个致命的缺陷。它最终要解释的变量(因变量),即稳定的、运行良好的民主政治,其测评指标仍然受到作者的主观印象及认知的影响,并且只参考了 5 种环境(国家)中的情况。因而,这一著作真正坚实可靠的贡献,是它明确了这 5 个国家公民文化的内涵,而非在公民文化与运行良好的民主政治之间建立了某种理论(因果)联系。通过采用卡尔·多伊奇(Karl Deutsch 1971)等人开创的方法,此后基于文化—行为主义传统的研究,如英格尔哈特(Inglehart 1990)的《文化转型》,就较多地避免了上述缺陷。这一方法或许能增强案例的说服力,因为它使用了大样本统计学分析,来进行比较政治学的经验研究。

到 20 世纪 80 年代,对于作为一门现代的、实证的政治科学的比较政治学而言,社会结构、政治文化、公众舆论及行为等已成为其可能的自变量的主要来源。同时,在对此类经验研究的经验检验中,对比较历史数据的统计分析也已成为一项重要的工具。然而,也正是通过运用这一工具,学者们发现,虽然社会结构似乎决定了政治结果——比如社会的同质或异质性影响了政治稳定(Powell 1982),社会分裂和极化状况也会影响政党制度(Sartori 1976),等等——但相较于学者们最初的想法,这种影响实际上并不那么充分、普遍及确定。一批学者一方面认识到,通过社会结构解释宏观政治结果这种方法在逻辑上既不明确也不完整;另一方面可能也不满于在文化、信仰、态度和舆论之间,及其在这些因素与微观行为(如投票选择)之间建立某种简单直接的因果联系,因此,像萨托利、鲍威尔、史密斯(Smith 1972)、伯格(Berger 1981)、莱姆布鲁赫和施密特

---

① 指研究者的主观印象、认知、偏向等等都对研究结果产生了影响;相较而言,后文提到的统计学分析就显得更为客观。——译者

（Lehmbruch and Schmitter 1982），以及李普哈特（Lijphart 1984）等人，将（政治的、社会的、经济的）制度重新引入了分析的核心。通过借鉴理论上和经验上相关的先前研究，例如选举法对政党制度的影响（Rae 1967），及政党和政府体制对联盟政治的影响（Riker 1962；Dodd 1976），这些研究者进而指出社会经济结构需要通过政治、社会和经济制度来发挥作用，以塑造政治行为者（选民、工人和雇主，以及决策者和党派精英）的动机。比较历史研究的统计学分析也从实证角度支持了此类主张。这些研究发现，除社会经济文化条件以外，或者说，假定社会经济文化条件不变，总统制、多数代表制以及代议制会影响政治参与及社会与政府的稳定（Powell 1982）；劳工的制度结构会影响政治经济表现（Cameron 1984）；多数表决或协商一致的制度则会对民主政治的表现产生重要影响（Lijphart 1984）；等等。这些研究把越来越多的社会、政治和经济制度因素纳入关键解释变量的清单（类别）之中。然而，要充分了解通过制度发挥作用的社会经济文化条件，就意味着承认制度作用的效果取决于这些条件，反之亦然，即社会经济文化条件的作用效果也取决于这些制度。但在一段时期内，经验统计研究对这一双向联系仍然缺乏充分的探讨。

　　因而，现代比较政治学的实证—理论研究，在解释所观察到的政治结果中国内的、跨国的、国际的以及（或者）跨时段的变异时，重点关注的还是社会利益结构、政治文化、公众舆论及社会政治经济制度。就此而言，这一领域的发展转了一圈又回到了原点。现代的比较政治学与战前和战后经典的比较政治学一致，其核心信条都是"环境很重要"，所谓的环境包括结构的、文化的、制度的和策略的；社会的、经济的以及政治的；国际的、国内的还有当地的；等等。更准确地说，至少因为三种情况，环境很重要。首先，我们试图去解释、理解或预测的结果通常是由多个原因共同作用所导致，因而在任何一个给定的环境中，许多可能原因的取值都会影响结果，这也就是多重因果（*multicausality*）的问题。其次，在不同环境下，同一原因可能产生不同的结果；这也就意味着，同一原因对结果产生何种影响，也取决于在此环境下一个或多个其他可能原因的取值，这就是环境约束（*context-conditionality*）的问题。① 最后，政治世界中我们尝试去理解的很多结果，以及我们所推想的很多原因，其实在某种程度上都是互为因果的，并非有的因素仅仅是原因，而另外的因素则仅仅是结果，这就是内生性（*endogeneity*）问题（人们也称之为同时性、逆向因果，双向或多向因果，等等）。

　　比较政治学的核心信条"环境很重要"所包括的这三个方面的问题（多重因果性、环境约束性和内生性），同时也对政治科学的经验意义提出了最为普遍也最为严峻的

――――――――――――

　　① 历史也是一种环境，因此环境约束性包含了历史的路径与状态依赖。

三大挑战。事实上,虽然比较政治学的咒语"环境很重要"可能已经足以说明问题,但多重因果性、环境约束性和内生性,加之信息的相对缺乏(亦即过少的观察记录,因为毕竟一般而言我们只拥有一部可供比较的世界历史来得出某些结论),才是所有社会科学(如果不是全部,也是许多自然科学)在经验评价方面面临的核心挑战。①

简而言之,这一挑战的含义包括如下几个方面:首先,几乎所有因素都会发挥决定性的作用(也就是说,社会科学研究的几乎所有 Y 都是由大量的 X 导致的);其次,任何一个 X 的作用都取决于几乎所有其他的因素(即任一因素 X 对某个 Y 产生的影响,都取决于同一环境下许多其他 X 的作用);再次,在社会政治经济的现实中,几乎所有因素都互为因果(即在社会、政治、经济诸领域及其交叉领域中,几乎所有的因素都与其他的几乎所有因素处于内生性因果关系中)。最后,使情况更糟的是,当我们试图理清这些复杂的关系时,我们所拥有的经验信息却少得可怜。

正因此,"环境很重要"时常被特别用来质疑以统计学手段对理论进行实证检验的方法。但是,从逻辑上讲,上述困难是多重因果、环境约束和内生性这三个方面的问题所带来的,因而与(部分地)为解决这些问题而采用的具体的经验研究方法无关。换言之,这些挑战的产生,并非是因为人们采用了某个具体的统计模型,即用公式表达某人的经验结论,并以数学方式对其加以强调和说明;即便有人拒绝这么做,它们也不会就此消失。同样,这些挑战并不来自于某位学者用数字记录自己观察到的结果,再将它们作为观测数据加以统计分析;即便另外的某位学者用定性方法记录他的观察结果,并以某种类似"因果过程观察"的方法对其进行分析,它们也依然存在(Brady and Collier 2004;*Political Analysis* 2006:14(3))。此外,下文将证明,仅仅依靠更准确地分析既有的经验信息,或者简单地收集更多的经验数据,并不足以应对这些挑战,甚至从原则上说也不能。这是因为这些挑战与困难既是经验上的,也是或更是理论上与逻辑上的。因此,这些挑战事关社会科学的经验评价,而非定性或定量的研究方法;同时,如果说我们通过(定性的或定量的)经验分析对事物获得了某种认识②,我们必定已经在某种程度上应对了这些挑战。

人们目前普遍认识到,定量与定性的经验研究都面临着同样的逻辑挑战。学者们已经开始进行一些非常有益的工作(如 King,Keohane,and Verba 1994;Brady and Collier

①　就像一位同行喜欢(正确地)说的那样,*比较政治学是一个主题,而非一种方法论*(W.Clark;私人通信);因而,一部比较政治学手册有关方法论的章节,至少在社会科学的范围内探讨方法论问题,应是完全合适的。

②　"获得了某种认识",以及下文出现的相似表达,都意味着"学到一些对实证理论的一般性经验评价有意义的东西"。一个人当然可以从对实证理论的一般性经验评价没有意义的经验描绘中,学到有关其他方面的许多有用的东西。

2004），探讨如何从这样一个角度出发认识这两种研究方法，以及如何使两方面的研究相互促进。然而，在这些有益的讨论、争论与贡献中，几乎没有什么人从统计学的角度对这两种方法面临的根本挑战表明立场①，也几乎没有人关注这两种方法要从比较历史中获得某些知识，必须作出什么样的选择。这一章余下的部分将提供这方面的详尽讨论。因为准确把握上述挑战，能够帮助采取这两种方法的研究者更全面地理解他们面临的问题，以及为解决这些问题必须作出的选择和取舍。

二、观察对象与信息缺乏的问题：定性还是定量？

在进一步讨论多重因果、环境约束及内生性之前，我们必须先研究一下，当我们运用有关信息作出经验推断时，我们应如何在信息的质量与数量之间进行取舍。受限于时间、能力与信息的可得性，研究者们不得不经常面临如下选择：是尽一切可能进行观察以获得更多的信息②，还是对数量有限的信息进行更充分、更准确的发掘？提出一个一般性的建议以十分精确地确定这一选择应遵循的标准，是绝无可能的。不过，看一下当人们对其感兴趣的某些变量进行评估的时候，在测评方法的质量与其所采用的测评方法的多少之间进行的取舍，大概还是能够为我们把握这一标准提供某些宽泛的指导。

举个例子。让我们假定有一位研究者，他对某些国家民主政治的质量与经济发展水平之间的经验联系感兴趣；再进一步假定，经济发展水平（$EcDev$）与（在任何意义上）民主政治的真实质量（$QualDem^*$）之间的实际关系如下：

$$QualDem^* = \beta \times EcDev + \varepsilon \tag{1}$$

其中 ε 代表某种随机因素，因此它与其方差 σ_ε^2 之间的关系既不确定，也不具有决定意义。③ 我们现在假定现实中的研究者能够测度民主政治真实质量（$QualDem^*$），但是这种测量存在一个误差 γ，其方差为 σ_γ^2，后者可以通过研究者减少其考察的环境因素而降低。这意味着，该研究者只能对以下的关系进行实证检验：

---

① 诚然，对统计模型的有条理的论述，或者对它们的应用的讨论都不少。缺乏的是从统计学的视角，对比较政治学的经验分析所面临的挑战的详细而有条理的分析，以及对采用不同方法的研究者需要采用的取舍标准的讨论。

② 在此，本文有意识地以"信息"一词替换了更为普遍的说法如观察值、案例或国家。因为在此提出并进行讨论的内容，并不依赖于任何国内的、跨国的、案例的或案例间的比较历史分析；并且，这些被收集起来的信息是被称为数据集还是因果过程观察，在目前的讨论中也同样无关紧要。

③ 我们在这里使用了一个极其简单的、含额外可区分的误差成分的双变量线性模型，这仅仅是为了表达的简便。如果放弃这种简化表达，对重质还是重量的取舍的讨论结果也不会发生改变，只是会变得更为复杂。

$$QualDem = QualDem^* + \gamma \Rightarrow QualDem = \beta \times EcDev + \varepsilon - \gamma \tag{2}$$

在一般条件下,这个研究者可以得到 β 的最佳[①]测量值:

$$\hat{\beta} = \frac{Cov(QualDem, EcDev)}{Var(EcDev)} \tag{3}$$

这个对经济发展与民主政治质量之间关系的最佳测量值的方差(即其不确定性)如下:

$$V(\hat{\beta}) \frac{\sigma_\varepsilon^2 + \sigma_\gamma^2}{Var(EcDev)} = \frac{\sigma_\varepsilon^2 + \sigma_\gamma^2}{(n-1) \times \sigma_x^2} \tag{4}$$

因而,要把握在信息数量与信息测量的准确性之间进行取舍的标准,就必须考虑如下几个因素的关系,并且测度它们对不确定性的相对贡献:(一)对误差的测量 σ_γ^2;(二)实际关系中固有的不确定性 σ_ε^2;以及(三)解释变量的变动 σ_x^2,它最终决定了对每项信息测量的确定性的(预期)影响。[②] 诚然,在如何权衡数量与质量上面举棋不定的研究者们,是无法事先知晓这些关键数值的取值的;实际上如若缺乏进一步的理论或假设,也不可能对 σ_γ^2 和 σ_ε^2 分别进行取值;不过我们倒是可以通过某些案例的数据(加上假设),对解释因素 $\sigma_x^{\pm 2}$ 的预期变动获得某种了解。在任何情况下,研究者都可以通过考虑上述等式,代入他们自己对解释变量变动相对强度的实质性—理论性意识、结果中(根据他们的模型)固有的变化(即不确定性和随机性),以及对误差的测量,而获得某些帮助。

表 2.1 给出了一些例子。假设关系中固有的不确定性 σ_ε^2 是 1,当表格中测量的不确定性为 1/10 时,因信息质量欠缺所导致的不确定性仅占整个不确定性的 10% 略低;而测量的不确定性取值为 10 时,信息质量欠缺导致的不确定性占了整个不确定性的 90% 以上。表格中,第一部分考虑的是通过收集大量数据而减少变量变动,即 $\sigma_x^2 = 0.5$ 的情况。此时,自变量的变动仅仅是因变量实际随机成分(ε)方差的 1/2。第三部分则考虑了变动相对较大,即 $\sigma_x^2 = 2$ 的情况,此时自变量的变动是实际随机成分真实方差的两倍。中间的第二部分则反映了自变量的变动等于实际随机成分的方差时的情况。

---

① 最佳在此意味着在一般条件下的 BUE,即最佳无偏估计(并且,因为我们已经规定了真实的联系就是线性联系,所以也无须特别进行线性估计的限定)。

② 在这个例子中,测量误差仅限于因变量,只考虑一个解释因素,忽略了真实关系中的截距,也忽略了随机变量方差与回归量的样本差之间的区别,所以是一个极端简化的情况。这种简化有助于我们洞察有关问题,但必须牢记的是:(一)加入一个常数不会给本讨论增加什么有趣的内容;(二)考虑解释变量的度量误差,则会给本文所讨论的测量误差再加入一个误差,但这个误差的大小与原先的测量成正比;(三)加入一个以上解释因素之后,测量误差的大小会变得相当复杂而难以确定(参见 Achen 1985,2002);(四)巧妙地消除差别,仅仅是为了能避免去详细考虑一个额外的变量会带来何种期望影响,否则这会使得在讨论上述分母 $(n-1) \times \sigma_x^2$ 之前,我们不得不先进行另一长篇讨论。

在每一部分中,样本规模 n(即信息的数量)依序增长,每一行的 n 都是上一行数值的五倍,从上到下依次为 2、10、50、250,每个方格中的数值表示对自变量与因变量之间关系测量的不确定性(即方差)。通过这个表格我们可以发现,比如,假设一种最极端的状况,即信息的质量极低(最后一列, $\sigma_\gamma^2 = 10$),此时如果信息数量①从 50 降到了 10,即降低了 80%,那么为了补偿这一变化带来的损失,我们必须把信息质量提高 90%(即从 $\sigma_\gamma^2 = 10$ 变到 $\sigma_\gamma^2 = 1$)。如果信息数量再降低 80%(即从 10 变到 2),则我们必须把信息质量提高 90 倍。

表 2.1 信息质量与数量之间的取舍示例

	Variation of explanatory variable (σ_x^2):0.5						
	$\sigma_\gamma^2 = 0.1$	$\sigma_\gamma^2 = 0.25$	$\sigma_\gamma^2 = 0.5$	$\sigma_\gamma^2 = 1$	$\sigma_\gamma^2 = 2$	$\sigma_\gamma^2 = 4$	$\sigma_\gamma^2 = 10$
n = 2	2.200	2.500	3.000	4.000	6.000	10.000	22.000
n = 10	0.244	0.278	0.333	0.444	0.667	1.111	2.444
n = 50	0.045	0.051	0.061	0.082	0.122	0.204	0.449
n = 250	0.009	0.010	0.012	0.016	0.024	0.040	0.088
	Variation of explanatory variable (σ_x^2):1						
	$\sigma_\gamma^2 = 0.1$	$\sigma_\gamma^2 = 0.25$	$\sigma_\gamma^2 = 0.5$	$\sigma_\gamma^2 = 1$	$\sigma_\gamma^2 = 2$	$\sigma_\gamma^2 = 4$	$\sigma_\gamma^2 = 10$
n = 2	1.100	1.250	1.500	2.000	3.000	5.000	11.000
n = 10	0.122	0.139	0.167	0.222	0.333	0.556	1.222
n = 50	0.022	0.026	0.031	0.041	0.061	0.102	0.224
n = 250	0.004	0.005	0.006	0.008	0.012	0.020	0.044
	Variation of explanatory variable (σ_x^2):2						
	$\sigma_\gamma^2 = 0.1$	$\sigma_\gamma^2 = 0.25$	$\sigma_\gamma^2 = 0.5$	$\sigma_\gamma^2 = 1$	$\sigma_\gamma^2 = 2$	$\sigma_\gamma^2 = 4$	$\sigma_\gamma^2 = 10$
n = 2	0.550	0.625	0.750	1.000	1.500	2.500	5.500
n = 10	0.061	0.069	0.083	0.111	0.167	0.278	0.611
n = 50	0.011	0.013	0.015	0.020	0.031	0.051	0.112
n = 250	0.002	0.003	0.003	0.004	0.006	0.010	0.022

换一种说法也许会更清楚。如果样本规模从它的最低值 2②,增加到相对来说仍旧很小的 10,在这种情况下,只要样本质量的恶化不超过 9000% 即 90 倍,或者说,只要不

————————

① 原文为 quality,疑有误。——译者

② 只有一条关于自变量与因变量的信息时,我们当然无法作出任何有关这两个变量间关系的推论。如果作图说明,这就相当于让你作一条通过一个定点的直线——无数满足条件的线存在着。

从样本质量非常高即 $\sigma_\gamma^2 = 0.1$ 的情况变动到测量误差导致了约90%的因变量不确定性的情况（$\sigma_\gamma^2 \approx 9$），研究者得出的结论的质量依然能得到提高。从这个表格还可以进一步看出，样本规模从10变动到50，再从50变动到250，同样也是有益的，只要信息质量降低不超过4000%（40倍）即 $\sigma_\gamma^2 = 4$ 以上，也就是说，研究者对因果关系的不确定性不超过80%（但是不能再像前一个例子中那样，变动超过90%、到了接近 $\sigma_\gamma^2 = 10$ 的情况）。进一步说，如果信息数量的下降还带来了有效的自变量变动的减少（即从表格的较下部分上移到较上部分），类似的比较看上去会严重恶化。然而，这些比较假定我们仅需测量一个我们感兴趣的量（参数）；所以，信息的数量和质量，以及推论的确定性间的关系是以每个参数为单位的。同样，表格所反映的关系假定每一项新信息都是独立的。假如信息集之间的相互影响（重叠度）为0.9（90%），上述比较都需要（大约）乘以10。简而言之，在比较研究者们通常面对的 σ_γ^2、σ_ε^2 和 σ_x^2 的变动范围内，大样本中的信息质量必然相当糟糕，且构成了研究者总体不确定性中的主要的部分（即远大于理论缺陷加上观察结果中固有的随机成分导致的不确定性）；而假如以数量换质量的方法能够增加研究者对其试图加以经验性研究的关系的确定性，那么信息数量的减少所需付出的代价仅仅是多样性（即有效变动）的减少，得到的好处则是信息质量的明显提升。但是，仅仅为了提升信息质量而大大减少所考虑的环境因素，这种方法显然也是行不通的。[①]

因此，那些提倡仅对少数几种环境因素进行深度观察的学者，必须看到单纯追求信息质量的缺陷。但他们的观点也得到不少有力的支持。实际上，我们最后的结论是：定性分析是科学事业的一个基本的和极其有价值的部分，对此我们会进行解释。上述讨论仅仅是为了说明：如果有人认为，仅仅是因为可以获得更高的信息质量，研究者们就应该，而且也值得将其研究范围局限于少数几个环境因素，并对此进行更细致的研究的话，那么他们的主张会非常站不住脚。当然，当研究者对少数环境因素进行更细密的研究时，他们也会得到很多信息，并且会大大增加对这些因素的观察（King, Keohane and Verba 1994）；但我们还是必须重申，与对有限几个环境因素的观察和现实的信息数量增长相比，通过研究更多环境因素获得同等的信息量增长，更有助于提高解释因此的可变性（σ_x^2，虽然增加环境因素会引来其他一些挑战，我们将在后文对此进行讨论）。因此，上述金和其他学者提出的观点，即集中对少数几个环境因素进行定性研究，同时尽可能强化和增加对这些因素的观察（同时强调进行严格的案例选择），之所以没有得到太多学者的响应，是因为这种观点似乎是将定性经验分析降格到了统计经验分析的替

---

① 此外，这一结论并不依赖于模型的简洁性或线性特征，也完全不依赖于上述表格的例子中任何的细节（see n.9）。

补地位，即当确实无法进行统计经验分析时，定性经验分析才是一种不得已而为之的替代品；且后者越接近前者，其准确性也就越有保障。① 另外，学者们认为，定性分析还有许多优点，比如能够更有效地进行过程跟踪，以及因而也许能更有效地克服多重因果以及/或者环境约束的问题，或者能更好地厘清因果关系（Hall 2003；Brady and Collier 2004；*Political Analysis* 2006，14（3））。

我们先搁置一下这一讨论，下面会顺序探讨多重因果性、环境约束性与内生性问题。我们先要考虑一下，根据前文所述的内容，我们应该如何理解时常出现的一种观点（如 Rogowski 2004），即与跨案例的多重观察相比，单一案例研究在经验上更为有力，也更为有用。首先，经验上的*有用性*当然不仅仅意味着对有关关系的精确评估。很久之前，人们已经认识到（Przeworski and Teune 1970），单一案例研究显然有助于提出理论推测和假设，以供进一步的探索。正因为如此，所以像罗戈夫斯基（Rogowski 2004）这样的学者就会非常谨慎地以虚拟语态的形式，表达他所有得自显著的个别观察研究的经验性主张。他的立场是，这种对不规则情形的研究，挑战了此前认为经验证据能够支持某些特定理论的观点。但他的立场是否成立，取决于此类个别观察与其他潜在样本的关系：是与这些潜在样本的自变量和因变量彻底无关；还是仅与潜在样本的自变量的平均状态（即多维均值）无关，但与因变量取值相关，也就是说，只要把理论推向极端，就能够预测到它们。罗戈夫斯基所说的极端案例，实际上指的是以下两种情况：或者既有研究根本无法对其加以哪怕是间接的说明，或者无论对既有理论如何加以外推也都无法对其加以预测。发现这种经验上潜在的不规则现象②当然能够推动理论走向完善。就此而言，这种研究确实可能是经验上有力的，也是有用的；但不能（没有也不该）通过它对理论进行一般性的经验验证，后者需要找到统计学上的相关性，以证明多种环境下各要素的变化都服从相关理论的预测。③

---

① 只要进行经验分析的必要条件*逻辑上*得到满足，统计分析与定性分析一样，始终都是可能的。注意到这一点，必定会强化这种感觉。

② 除非人们相信社会经济政治—世界中的事都是已被决定了的，或者说只要人们相信事情的结果至少部分出自偶然，所谓的"*关键案例*（*critical case*）"就不存在。一般来说，在一个不确定的世界中，任何一个不论多极端的观察值都可能随机产生（除非随机性被约束得异常严格，甚于结果的极端性所表现出来的明显异常）。这也意味着，只要有两个观察值，就足以依照密尔（Mill）的方法，通过比较两个相似的观察结果的所有细节，来确定其中的因果关系。但只有在一个决定论的世界而非一个不确定的世界中，才会存在仅有一个推断出来的原因及一个（可能的）推断出来的结果的情况。

③ 在统计学方法论中更恰当的类比是异常分析与灵敏度分析，这也许有助于论证上述内容，即定性分析是科学事业的一个重要部分。然而，这一统计学类比的过程及结果也有助于解释，依赖个别案例，并仅仅潜在地参照某些背景性经验信息集，如何以及为何使得研究者们只能依赖发现远离预期或者正常状态的*极端情况*，以使自己相信，所找到的异常是真正的异常。

三、多重因果：几乎什么事都很重要

在这一部分，我们将转而讨论"环境很重要"这一咒语向经验分析提出的三大基本挑战（之前讨论的"信息不足"问题会使得它们更为普遍且更为严重地出现）中的第一个：多重因果，即确信在一个给定的环境中，许多可能的原因都在发生作用。举一个（不那么极端的）例子，亨廷顿（Huntington 1991）在其作品中至少使用了 27 个解释变量试图说明民主化进程，虽然随后他也指出其中有五个是最重要的：（一）随着民主原则在全球范围内越来越深入人心，威权政权的合法性问题日益严重；（二）经济发展与中产阶级人数的增长；（三）教会（尤其是天主教会）从捍卫现状转向了反对威权主义；（四）外部行为者（尤其是美国与欧洲国家）政策的转变；以及（五）"滚雪球"效应（或曰发散效应）。达尔（Dahl 1971）则列举了民主的 8 个（先决）条件：民主制的和平演化（从而使旧制度的合法性完整让渡给了新制度）、非集中制的经济（从而避免了经济权力的集中）、经济发展、经济平等、社会同质性、精英对民主的信仰（且他们认为社会机构间的理想权威结构也应是民主的）、公众对民主效力的信念、反对派的真诚意图，以及不干预甚或是支持该国民主发展的国际环境。且不论下一节会讨论的这些主张内在的、复杂的环境约束性，各式各样的民主化理论合起来（正向控制）——因为如果把它们分开（或者略去某些重要的控制因素），则可能会因为下文将会讨论的一些原因而导致重大错误[①]——，就为民主化提供了一大堆推断的原因，以及对这些原因的相当复杂的环境性的说明。

让我们再次依照同样的方式进行讨论，即先从计量经济学的角度提供一个简单的例子，并以此揭示多重因果给实证检验带来的挑战，即如何控制那些可能易混淆的、共同发生变动的因素，并确定它们各自相对的（部分）解释作用，以及那些被遗漏变量带来的误差、"纳入变量误差"[②]，还有亚琛（Achen, 2002）提出的"三要素法则"。为了便于展示，我们假设这样一种简化的情况，研究者确定只有两个因素与民主化（Dem）有关：经济发展水平 $EcDev$ 和分配的平均程度 $EqDist$。而且，发展水平和平等程度与民主化结果线性相关（它们之间不相互作用），不存在其他因素，且民主化结果的固有随机因素不受取决于 $EcDev$ 和 $EqDist$ 系统成分的影响：

$$Dem = \beta_1 EcDev + \beta_2 EqDist + \varepsilon \tag{5}$$

---

① 此处原文为"and taking them separately（or omitting important controls）would be dangerous for omittd variable reasons discussed below"，疑有误。——译者

② 这个词后文会给予解释，它借用自我曾十分有幸聆听的加里·金（Gary King）的讲座。

尽管既不全面，也不完美，而且不完全具有普遍性（参照 Ip 2001），但在这个例子中，一个简单的文氏图（图 2.1），就能有效地展现要识别并精确测量经济发展和平等程度各自对民主化的影响有多么困难。在图 2.1 中，X_1 标记的椭圆形区域代表了反映民主化结果的所有观测值的总体变动范围，椭圆区域 X_2 与 X_3 分别代表 *EcDev* 和 *EqDist* 的变动范围。重叠区域则代表相应变量的协同变化。因而，按照上文提到的式（3），X_1 与 X_2 的相关系数即由 [2]+[3]（X_1 和 X_2 协同变化的区域）除以 [1]+[2]+[3]+[4]（反映 X_1 变动的椭圆区域）所得。但一般而言，在多重因果的环境下，这并不能较好地描述 X_1 "因为" X_2 而产生的变动，因为 [3] 体现了结果与 X_3 相关的程度即所谓的协同变化（但以一种不同的方式，因为 [4] 表示的是 X_1 中与 X_2 不相关的变动）。只要不可能创造出仅包含一个潜在原因的信息集——多重因果的存在就意味着没有这种可能①，我们就不得不采取某些方法，把协同变化与由于其他因素的影响而产生的原因导致的变化区分开来。这里存在的一个巨大困难，就是不存在任何经验信息，使得我们可以确定

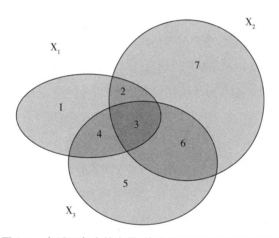

图 2.1　多重回归中的变量、协变量和偏相关系数示意图

[3]，即 X_1、X_3 和 X_2 的协同变化在变量 X_1 和 X_3 之间的位置。理论上说，我们当然可以预先为 [3] 设定一个位置，就像在路径分析或逐步回归中所做的那样，但是仅仅依据经验，我们仍然无从决定如何为其定位。

多元回归和相关的统计分析通过仅仅测量变量的单一变化和协同变化，以解决上述问题。这样得到的是 X_1 与 X_2 的部分协同变化 [2]/([1]+[2])（即 X_2 的*偏回归系数*，在此

---

①　在某种程度上，即使在社会科学实验室中，这种情况也会出现。因为实验对象本身就不可避免地会带来研究者无法控制的许多解释变量。研究者当然可以进行随机抽样（或匹配），但即便如此，他们也只能从可观察值中抽样的结果（以及样本变化与样本规模的结果）进行经验评估。（参见本手册第 5 部分普列泽沃斯基所写章节，以及本章第 5 节）

模型中并根据当前的假定,就是 X_3 不变的条件下 X_1 对 X_2 的影响;或者说排除了 X_3 和 X_2 之间的关系)。这一看起来简单的步骤,恰恰是多元回归对比较经验分析最为重要的贡献。因为在绝大多数情况下,我们都只能通过比较历史来提供数据基础,或者说我们的数据只能来自这个世界上过去与现在发生的事情。因此,要控制多重可能的原因,即除我们主要关心的原因之外排除其他所有原因,就是一件几乎不可能的事情。然而,只要我们能基于一个如同式(5)一样精确表示其他解释变量是如何影响结果的*理论模型*,我们就可以预先部分排除因变量、自变量与其他解释变量之间的协变量,从而在假定其他因素不变的情况下,得到对这一自变量与因变量之间的关系的估计,尽管实际上我们没有也不可能完全控制住其他因素。① 换言之,由于几乎所有因素都在时刻发生变化,所以,即使我们知道某个我们关心的自变量是如何与其他可能的原因协同变化的,以及知道这些原因是如何影响因变量的,我们充其量也只能估算出该自变量与某个因变量间的部分相关性。进一步说,为了排除掉其他原因对因变量的影响,我们必须知道、估计出或者规定某些有关控制变量(及我们关心的自变量)是如何与因变量相关的模型(参见注①)。例如,假设 *EcDev* 和 *EqDist* 都与 *Dem* 相关,若没有什么方式可以排除其中之一的影响,那么不论我们是用定性的还是定量的方法来分析已有信息,我们也无法确知另一方面的影响。

等式(6)清楚展示了在简的单线性三变量回归(5)②中,这种对协同变量的"部分排除"是如何做到的。直接跳到每个左开式等式大括号里的最后一行(第一个除外),我们会发现,为了在控制住一个自变量 *EqDist* 的情况下得出另一个自变量 *EcDev* 与因变量 *Dem* 之间的偏相关关系,我们必须估算出 *EcDev* 与因变量 *Dem* 之间的协变量,再减去 *Dem* 与另一个自变量 *EqDist* 之间的偏相关系数,再乘以两个自变量 *EcDev* 和 *EqDist* 的协变量,最后将所得结果除以 *EcDev* 的变化(见等式(6)的中间部分)。或者,如果人们不能或不愿事先估计另一自变量的偏相关性,那么就必须将 *Dem* 和 *EcDev* 的协变量与 *EqDist* 的变量相乘,再减去 *Dem* 和 *EqDist* 的协变量乘以 *EcDev* 和 *EqDist* 的协变量的积,最后除以 *EcDev* 和 *EqDist* 两个变量的积减去它们的协变量的平方后所得的值。

---

① 倾向评分匹配法(Propensity-Score Matching,PSM)和相关的非参数、准参数方法(non-and semi-parametric techniques)在评估某些特定变量的影响时,通过采用一种特别的经验模型反映控制变量与结果的关系,从而减少了这种必要性。为此,上述方法用其他假定,尤其是与被观察到的和未被观察到的控制变量的分布有关的假定取代了参数模型的假定(参见本手册普列泽沃斯基的章节和下文的讨论)。运用这两种方法,我们都只能通过增加理论上的信息来应对社会科学环境下的多重因果。因而,社会科学的实验,哪怕是实验室中的,更不必说是实地的,都只能部分消除掉这一必要性,因为它都只能部分控制可能的原因。

② 事实上,我们通过假设 *EcDev* 和 *EqDist* 各自样本均值皆为零,使得(第一个等式以后)每个大括号里的最后一行都可以通过样本的变量和协变量表示出来,从而进一步简化了讨论。

$$Min_{b_1,b_2} \sum_{i=1}^{n}(Dem_i - b_1 EcDev - b_2 EqDist_i)^2$$

$$\Rightarrow \begin{cases} (\text{i}) \dfrac{\partial \sum_{i=1}^{n}(Dem_i - b_1 EcDev_i - b_2 EqDist_i)^2}{\partial b_1} = 0 \\[4mm] (\text{ii}) \dfrac{\partial \sum_{i=1}^{n}(Dem_i - b_1 EcDev_i - b_2 EqDist_i)^2}{\partial b_2} = 0 \end{cases}$$

$$(\text{i}) \Rightarrow \begin{cases} \sum_{i=1}^{n} EcDev_i(Dem_i - b_1 EcDev_i - b_2 EqDist) = 0 \Rightarrow \sum_{i=1}^{n} EcDev_i Dem_i \\[2mm] = b_1 \sum_{i=1}^{n} EcDev_i^2 + b_2 \sum_{i=1}^{n} EcDev_i EqDist_i \\[2mm] \Rightarrow b_1 = (\sum_{i=1}^{n} EcDev_i Dem_i - b_2 \sum_{i=\pm 1}^{n} EcDev_i EqDist_i) / \sum_{i=1}^{n} EcDev_i^2 \\[2mm] \Rightarrow b_1 = \dfrac{Cov(Dem, EcDev) - b_2 \times Cov(EcDev, EqDist)}{Var(EcDev)} \end{cases}$$

$$(\text{ii}) \Rightarrow (analogouly) \begin{cases} b_2 = (\sum_{i=1}^{n} EqDist_i Dem_i - b_1 \sum_{i=1}^{n} EcDev_i EqDist_i) / \sum_{i=1}^{n} EqDist_i^2 \\[2mm] b_2 = \dfrac{Cov(Dem, EqDist) - b_1 \times Cov(EcDev, EqDist)}{Var(EqDist)} \end{cases}$$

$$\Rightarrow \begin{cases} b_1 = \dfrac{(\sum_{i=1}^{n} EcDev_i Dem_i)(\sum_{i=1}^{n} EqDist_i^2) - (\sum_{i=1}^{n} EqDist_i Dem_i)(\sum_{i=1}^{n} EcDev_i EqDist_i)}{(\sum_{i=1}^{n} EcDev_i^2)(\sum_{i=1}^{n} EqDist_i^2) - (\sum_{i=1}^{n} EcDev_i EqDist_i)^2} \\[4mm] b_1 = \dfrac{Cov(Dem, EcDev) \times Var(EqDist) - Cov(Dem, EqDist) \times Cov(EcDev, EqDist)}{Var(EcDev) \times Var(EqDist) - [Cov(EcDev, EqDist)]^2} \end{cases}$$

$and, analogously:$

$$\Rightarrow \begin{cases} b_2 = \dfrac{(\sum_{i=1}^{n} EqDist_i Dem_i)(\sum_{i=1}^{n} EcDev_i^2) - (\sum_{i=1}^{n} EcDev_i Dem_i)(\sum_{i=1}^{n} EcDev_i EqDist_i)}{(\sum_{i=1}^{n} EcDev_i^2)(\sum_{i=1}^{n} EqDist_i^2) - (\sum_{i=1}^{n} EcDev_i EqDist_i)^2} \\[4mm] b_1 = \dfrac{Cov(Dem, EqDist) \times Var(EcDev) - Cov(Dem, EcDev) \times Cov(EcDev, EqDist)}{Var(EcDev) \times Var(EqDist) - [Cov(EcDev, EqDist)]^2} \end{cases} \quad (6)$$

需要提醒读者的是,这里讨论的是可能的最简单的情况:纯粹线性相加,只有两个自变量(且其各自样本均值为零),以及一个与之相加的可区分开的随机成分。假如我们放松这些特别严格的假定限制,比如加入非线性关系和/或变量间的相互作用关系,或者不可单独区分出的随机成分(就像普遍存在于二元变量模型或其他产生定性结果的模型中那样),这个表达式就会变得更为复杂。注意,为了得出我们关注的两个系数,b_1 和 b_2,我们需要至少三个观察值(即需要观察三组环境,或需要三组信息)。这反映了一个显明的道理:

一定的自由度对于能够从经验中探求知识是必要条件(就像在下一节会阐明的那样)。①

因而,不论研究者是使用定性还是定量分析,只要多于一个原因可能在发挥作用,且每个原因的取值在不同环境中可能都有所不同,那么他只有计算出这所有的数值,至少是粗略地进行等式(6)中的计算,才可以说他把握了控制住其他原因时某个变量与结果间的关系。当然,进行定性研究时,(潜在地)使用图 2.1 不失为一个好的选择,但这个图并不完美,也不能普遍地运用于多变量回归分析,我们必须至少是粗略地得出所有变量和协变量(或部分协变量),以画出具有恰当大小和比例的椭圆和重合部分。当然,要确切地描绘超过两个自变量的,或非线性的,或者其他更复杂的环境约束情况的图形,即使退一万步说,也是极其困难的。从这些阐述中我们可以明白,在定性研究传统中选择要进行深度观察的环境时,为何要付出如此高昂的代价去寻找那些除了一个或极少数我们感兴趣的可能原因外,其他因素都尽可能不变的案例。更直白地说,我们得出的结论就是,一个人不可能仅靠自己的大脑弄清相互交叉的协变量的复杂性,至少他不能轻而易举或完美地做到这一点,而当发生变化的可能原因超过两个以上时就更不可能。所以在多重因果的情况下,定性的经验分析者们必须(在大多数情况下也是正确地)小心翼翼而又果断地设法区分出一些分析案例,在这些环境中一次只有一个可能的原因会发生变动。由于在这样的环境中很少观察到不确定的效果,因此有很多人偏好这样的案例。总之,就是寻找那些有着显著结果、却只有单个或极少数原因发生变动的环境。

从图 2.1 和等式(6)中我们也可以看出,统计分析中重要且作用巨大的变量一旦缺失会产生的直观影响。② 举例而言,假设除了 $EcDev$ 和 $EqDist$ 之外,一种存在全面但并不至于不断强化的种族—宗教—语言分裂的社会结构,$CCut$,有助于孕育民主化进程;或者实际上是 $CCut$ 而不是 $EcDev$ 和 $EqDist$ 在产生作用;甚或有的理论研究者认为是 $Ccut$ 促进了 $EcDev$ 和 $EqDist$。如果假设成立,那么(5)所得出的评估,或者只考察了 $EcDev$ 和 $EqDist$,而没有或者不能控制住 $CCut$ 的定性研究(即未能在定量研究中"部分

①　实际上,在(6)中,两个观察值就足够我们算出系数了,因为我们已经设定而不是估计出了变量的样本均值。但是,如要估计它们的确定性,我们还是需要再多一个观察值。

②　图 2.1 同时展示了多重共线性(multicolinearity)这一最常为人所注意的问题。若 X_2 与 X_3 两个椭圆形的重叠面积增加,则要估计与 X_2 的偏相关关系,就会更多地需要依赖不是共同协变量的、只与 X_2 有关的那部分协变量。因而,多重共线性导致了更严重的不确定性以及更大的标准差,*但除此之外*,它不会导致任何相关的误差。此时,由于 X_1 与 X_3 的相关性增加,研究者们事实上会更把握不好控制 X_3 时,X_1 与 X_2 的联系。总之,多重共线性引发的问题是它给偏相关关系带来的不确定性,而不是误差。这是与一个人所拥有的信息相关的不幸事实,而不是模型设定或估计策略的失败。只有更多的信息,最好是潜在原因的协变量更低一些的新信息,才会有助于问题的解决。从另一方面讲,在这个问题上,给样本质量相对更多一些重视也会是非常有效的。由于存在随机的和互不相关的测量误差,那些表示单独变化的图形部分,也许再加上有限样本中的某些协变量,随着真实的解释变量间的相互关联和测量误差的增加,会形成严重的干扰。

排除"它的影响,或者未能在定性研究中将其控制为固定不变),就会过高估计 *EcDev* 和
EqDist 的作用。我们可以从下面的等式(7)中最为明白地看到这一点:

$$B_1 = \frac{Cov(Dem, EcDev) - b_2 \times Cov(EcDev, EqDist)}{Var(EcDev)}$$

$$= b_1^{bivariate} - b_2 \times b_{EqDist.on.EcDev} \tag{7}$$

分子中的第一项除以分母后得到的是 *Dem* 对 *EcDev* 进行回归后得到的双变量系
数。减号后的一项表示了从(假设正确的)多变量回归中得出的相对于相应偏相关
系数的双变量系数误差。在一个事实上是三变量的案例中,将被遗漏变量的(正确
的)偏相关系数,乘以将其对未缺失变量进行回归后得到的系数,所得的就是双变量
回归系数的误差。所以在三变量的例子中,只要给出一些有关被遗漏变量如何与因
变量及已纳入分析的自变量相联系的假设、论证或理论,缺失变量导致的误差并不
难被确定。

表 2.2 对三变量关系进行双变量分析时被忽略变量导致的偏差符号

自变量对因变量的三变量回归中被忽略因素偏相关系数的符号			
被忽略变量对被纳入变量进行回归时偏相关系数符号	正	零	负
正	正偏差	无偏差	负偏差
零	无偏差	无偏差	无偏差
负	负偏差	无偏差	正偏差

这里反映出的逻辑很直观。如果一项经验分析遗漏了某些因素,就会使得那些已
经被纳入分析且与被遗漏变量有一定关联的因素获得一个加权份额,这个份额实则来
自于被遗漏变量与因变量的联系,其大小与被遗漏因素和这一被纳入的因素间的协变
量成比。在我们的例子中,缺失的 *CCut* 被认为与因变量和其他自变量都正相关。假如
上述说法意指它与已被纳入的变量都具有正的偏相关协变量,那么我们就可以预计,它
的缺失会导致在研究者的结论中 *EcDev* 和 *EqDist* 两者的影响各自都出现了一个正向的
误差。然而,如果上述说明仅仅意味着 *CCut* 分别与两者正向共变,但在控制住一个自
变量时,它与另一个自变量的偏相关协变量可能是负的,那么逻辑推论的结果就仅仅是
CCut 的缺失会导致 *EcDev* 和 *EqDist* 两者影响的总和会被高估。

在有 k 个回归量的多变量回归中,表示缺失变量误差的一般公式是:

$$[(X_1'X_1)^{-1}X_1'X_2]b_2 = F_{1,2}b_2 \tag{8}$$

其中,$F_{1,2}$ 是将 k_2 个缺失变量的向量对 k_1 个已被纳入的变量的向量进行回归后
得到的偏相关系数的一个 $k_1 * k_2$ 的矩阵,而 b_2 则是缺失变量的偏相关系数的向量。

因而,在我们的例子中,b_2就是被遗漏的 *CCut* 的偏相关系数,根据假设它的符号为正,$F_{1,2}$则是将 *CCut* 对 *EcDev* 和 *EqDist* 做回归后所获得的两个偏相关系数的向量。所以,假如 *EcDev* 的偏相关系数是正的,而 *EqDist* 的则是负的,那么如果 *CCut* 被遗漏或被忽略,*EcDev* 对 *Dem* 的影响就会被过高估计,而 *EqDist* 对 *Dem* 的作用则会被低估。

缺失变量可能导致的误差,以及前文讨论的计算(包括未缺失的和缺失的)多元变量的偏相关关系的固有困难,代表了在这个复杂的、多重因果的社会科学世界进行经验研究会首先遭遇的一些基本挑战。就像我们已经在表 2.2 和等式(6)、(8)中注意到的那样,在三变量的情况下,不论是定性还是定量,缺失变量误差的符号和幅度都比较容易得到确定和计算,但是当重要的可能原因的数目增加时,对它们进行估计的难度系数就会呈指数上升,尤其是对于定性研究而言。此外,如果可以获得被遗漏的可能相关因素的信息,那么对于定量分析来说,将其包括进分析内乍看起来几乎毫不费力(对于定性的经验研究来说,哪怕要部分排除两个变动的解释变量之间的联系都会引发相当的困难,足以让研究者们愿意付出极高昂代价去寻找只有一个或尽可能少的可能的潜在解释变量发生变动的环境)。回到等式(7)或表 2.2,如果我们假设它们中缺失的因素 *EqDist* 事实上与因变量无关,则会出现表 2.2 中间那一列所代表的情况,即等式(7)中 $b_2 = 0$ 时发生的情况。此时引入或排除掉这一个无关因素,其引发的误差都是零。[1] 这一推理思路,导致许多定量经验研究者们产生一种认为谨慎总没有错的倾向,在他们的评估模型中进行一切可能的控制。

考虑并控制大量要素这种看起来谨慎的方法,其实包含着严重的危险性。首先是过度拟合。假如有人引入了过多的解释变量(或是太过宽泛地纳入了一些数据),那么他有可能会发现,在有限样本中的那些因变量与偶然纳入样本中的随机因素发生了关联。因此在这个意义上,引入过多变量的模型在样本之外进行预测时就会表现得极为糟糕。[2] 第二个问题可以被称为纳入变量误差。简单来说,就是你需要控制处于因果链中较前位置的变量而非较后的变量。比如说,假定经济增长通过增进平等而对民主化产生影

---

① 这需要假设被包括进来的这个(在此种意义上)无关的因素是外生的。若它是内生的,则我们得到的它与因变量的关系也许有误(即实际上非零),其他变量的系数估计量也会出现误差(参见 Franzese and Hays 2006)。

② 因此,许多甚至大多数的定量经验分析似乎都有过度拟合的问题,对定性经验分析来说似乎也是如此,虽然导致这一结果的原因不同。也就是说,在有限的环境因素下对事件及其背景的细节进行定性描述时,研究者常常会感到不得不对这些环境因素的所有方面加以解释。假如这个社会政治经济世界有一部分是随机性的,那么这种意义上的全面解释,必然导致对事件或者背景的非系统(或随机)成分进行看似系统说明的错误。因此,如同本章中讨论过的几乎所有内容一样,谨慎地避免过度拟合这一建议,既适用于定量经验分析,也适用于定性经验分析。

响,那么如果你控制住平等状况这一变量,就会低估经济发展对民主化的影响。在图2.1中,[3]+[6]这一区域代表 X_2 和 X_3 共有的协变量,但它又完全源自 X_2 的变化,因而如果想测度 X_2 对 X_1 的全部影响,这一区域就不能被排除。① 第三,在多重因果模型中,即使在定量分析中,各种导致错误推论的因素也会产生复杂的相互影响,尤其是当我们加入了一些不正确的量度方法或者错误设定的时候情况更是如此。所以为了避免这样的复杂性,研究者们应该更加重视理论的简约。在讨论了一些重要而复杂的困难后,亚琛(Achen 2002)建议应该把研究的问题限制在较小范围的环境中,更加重视有助于使我们的经验模型和探究具体化的理论,此外他还提了一个著名的建议即"三要素法则,即解释因素不要超过三个"。遗憾的是,对于那些试图探寻在经验上有效的一般性理论的比较研究者来说,他们并不需要一系列不相关的、仅在各自窄小的环境范围内得到经验证实的部分理论,所以第一个建议并不适用于他们。② 第三个建议虽然以非常吸引人的"重要技巧"的方式表达出来,但如果我们过于简化或僵化地去理解它(建议者本意当然并非如此),那么它显然也不会对我们有所裨益。亚琛讨论的问题及复杂性是真实存在的、非常重要的,但遗憾的是,遗漏变量的问题并没有得到他足够的重视,虽然他说的也没有错,即对遗漏变量的过分重视常常使人们没有注意到他所强调的那些问题。简约性当然很重要,我们也应该遵从亚琛的第二个告诫,即我们要比现在一般所做的更加重视且更直接地依赖那些有助于使我们的经验模型和探究具体化的理论模型与论证(及基础知识),但是并没有任何确定的规则或限制足以概括这些有价值的指导。同时,三个解释变量在实际中常常是不够的,有时候甚至远远不够,只有三个解释

---

① 然而,需要注意在这个例子中简单地排除掉 X_3 是无效的。更确切地说, X_1 的系数测量值的测量方差会比它实际的(正确时)取值要高。这是因为因变量 X_2 的一部分被认为是由概率(随机)决定的,但实际上它们与 X_3 具有系统性联系。因此在这一例子中,我们可能要引入 $X_3|X_1$,即去掉 X_1 影响后的 X_3 ,作为一个回归量。同时请注意,这实际上规定了一个前提条件,即所有的 X_1 和 X_3 与 X_2 的共同协变量归因于 X_1 。在更为复杂(但或许更为常见)的例子中,我们也许不能或是不愿意做如此规定,这样我们就要回到最初的多重因果案例,即没有任何定性或定量的经验信息可以决定共同协变量应如何分配时的案例。任一具体的分配都只能源自某个理论或假说的预先设定。然而由于有关问题是如此复杂,远远超出了这一注释可以承载的讨论范畴,所以对此感兴趣的读者应该去参考一下有关结构方程的优秀著作,比如邓肯的作品(Duncan 1975)。

② 可同时参考本章第二部分有关"单一案例"研究的实证应用及应用策略的讨论。此外吊诡的是,后者即"各自在其窄小的环境范围内实证[有效]",事实上也常常难以仅靠较小环境中的少量信息来判定,尤其是在多重因果的情况下。一个较常见的问题是,由于关注的环境范围狭小,许多可能的原因因素在其中几乎不发生变动或是变动极小;于是相应地,如果这些确实是原因因素,那么我们就无法去衡量它们相对于在此环境中发生变动的那些因素所发挥的影响。再次强调,参阅本章第二部分对于"单一案例"的讨论。

变量有时甚至不够让人在分析中把握那些必不可少的可能的原因。① 关于在经验模型中应该包含多少个因素及如何恰当地设定它们的引入,我们只能总结出如下的一般结论,尽管这可能并没有什么直接的帮助:"引入合宜的个数,使用合宜的方式"。这一陈词滥调的后半部分——重视经验设定——的重要性及完整意义,在我们转向讨论社会科学实证检验中的第二个重要挑战时就会变得十分明了,这涉及比较政治学"环境很重要"这一信条的核心:任一因素的作用都取决于几乎所有的其他因素。

四、环境约束:几乎任何因素的作用都取决于其他所有因素的影响

环境很重要这一观点最主要的含义也许是,具体原因发挥作用的方式,或者说因果进程的整个结构高度取决于环境;换言之,不同环境下,因果进程就会不同,这就是环境约束。此类观点及其引发的关于对理论命题进行一般经验检验的可能性的关切,可能构成了战前比较政治学狭隘的地区观念和非比较性的基础,而这种比较政治学也因此常常被现代的比较研究者们(或许是不公正地)视为前科学的东西。推至极端,环境很重要意味着不同情况下的进程和结果会十分不一样,即在某一时间、某一地点发生的任一特殊事件,都有其独一无二的进程,并与特定的结果相联系。假如确实如此,那么任何比较都会变得毫无根据或几无助益,不论它进行的是单一案例内的比较还是案例间的比较,是时段内比较还是跨时段比较,是同一地点比较还是不同地点的比较,都是如此。在这种情况下,正如我将会在后文用算式表明的那样,我们过去就无法、现在也依然无法从比较、历史或比较历史中学到比单纯描述更多的知识。一些学者也许意识到了这一点,另一些学者甚至认同这一点并意欲如此;但许多学者过去倾向于(一些学者现在仍然倾向于)认为:一个人可以同时既同意在此意义上每个环境都是独特的,又认为人们可以从比较历史中学习。但这在逻辑上是不可能的。

此类论点及关切也构成了早期比较政治学中文化研究和行为研究的基础。在这些研究中,各种客观环境及因素(例如剥夺)会产生什么影响取决于文化的和社会心理的环境(如被感知的或相对的剥夺)。然而,随着这一波的理论进步,与环境相关的变化似乎变得并不排斥比较,反而可以通过比较得到更清晰的认知。同样的,在制度研究路径中,社会利益结构产生的影响,是通过社会的、经济的及政治的制度结构表现出来

---

① 亨廷顿发现的有关民主化的 27 个因素虽然可能在数量上过多了,但却具有启发意义。举例来说,如果一个有关民主化的模型忽略了历史(这一体制之前的状态)、经济发展、社会结构或国际形势,那么就几乎可以确定这个模型的设定错得离奇(而且,上述因素中的每一个,尤其像社会结构,其重要性肯定不止一个方面)。

的,同时也受上述制度结构的*形塑*,所以说,它如何发挥影响取决于这些制度结构。换言之,制度成为了理解环境约束的关键。最晚到 20 世纪 80 年代,几乎所有的比较研究者们都会同意并确信:基于比较历史数据的统计分析,能够富有成效地提供将社会结构、文化、制度与政治结果联系起来的经验性理论,也有助于检验这些理论。但早期采用这两类研究路径的经验研究,不论是定性的还是定量的,都常常未能充分反映出比较政治的论证和现实中多重因果的状况,也极少反映环境约束和内生性的问题。比如,假定文化是一个重要的影响因素,那么它会以极其复杂的方式发挥作用,而且常常是通过影响其他客观条件(如贫困和不发达)与结果(如民主的稳定性)之间的关系来产生影响。此外,文化论者可能会指出,个体对于贫困的认知及相应的态度,受到文化符号与理解的影响。同样,制度往往也是通过改变客观利益与受制度形塑的行为之间的关系发挥作用,即让拥有这些利益的个体或团体认为这些行为是可能的、而且是最有效的。比如,某些政治体分裂的社会结构,会在多大程度上刺激领导人们去建立代表这一结构所划分的社会团体的政党,以及选民们投票支持这些政党,就取决于相应的选举规则及政党制度的策略结构,因为它们塑造了选举与代表产生之间、代表与政府权力之间的关系。

　　X(如制度)对 Y(结果)的影响取决于 Z(文化、结构,等等)。此类复杂的、反映环境约束的命题已是今日经验性比较政治学的标志。用等式表示出来,就是 $\partial Y/\partial X = f(Z)$。早期的经验研究通过首先控制文化和结构等变量、再用结果对制度做回归,确证了除了文化、结构之外,制度也是一个重要的影响因素(这一结论同样可分别适用于文化、结构)。此类研究反映了多重因果性,因而面临前文所讨论的实证推论的困难,但它们并没有反映出情景约束的问题。也就是说,它们只反映出在给定或控制住 Z(文化、结构等)的情况下,X(制度)对 Y(结果)的影响并不为零,而并没有体现出 X 对 Y 所产生的影响取决于 Z:用等式表达,就是它们证明了 $\partial Y/\partial X|_z \neq 0$,而并不能(必然)导出 $\partial Y/\partial X = f(Z)$。

　　对比较政治学中的统计分析持批评态度的人经常引述这样的担忧,即在控制住其他变量的情况下,回归系数为每个自变量确定了一个*固定*的影响效果,而不是根据不同环境发生变动的效果。换言之,他们反对宽泛的统计比较,因为它忽视了处于比较政治中核心位置的环境约束的存在。然而事实上,只有对于最简单的线性相加回归而言,这种批评意见才是正确的。而且,除发现或声称在此类方法中存在的弱点之外,批评者也未能提出其他的、能规避上述局限。(在下一节我们会进一步讨论的那些人当中)霍尔(Hall 2003)也许最谨慎、最微妙也是最好地阐述了这一担忧:

　　　"回归分析是相当灵活的。它可以较好地适应一种信奉概然性因果的本体论,并且,如果拥有足够的案例,它还能将一些相互作用的效果引入分析(参照 Jackson 1996)。但是,一般被比较政治学采用的这类回归分析……假设了单位同质性,也就是说,它假定在其他因素不变时,如果原因变量 x 的值发生变化,会使得结果变量 y 的值出现一个相应变动,而 y 这一变动的幅度在所有的情况下都是一样的。所以,它假设在我们所分析的原因变量与我们忽略的其他原因变量之间不存在任何系统关联。它还假设原因变量间所有相互作用的关系都已被回归中的交互项捕捉到了……"①

正如霍尔所注意到的那样,如果要检验如下的理论主张,即某个(或某些)自变量 X 对某个(或某些)自变量 Y 的作用取决于或受制于另外一个(或另一组)自变量 Z,那么最常用的统计学手段就是线性作用项或相乘项。研究者也许就会简单地引入一个或更多个 $X*Z$ 项作为回归量。对于比较政治学来说,运用这样的交互项并非新事。事实上,它们的确也常被使用,特别是考虑到近来仍在增长的对制度作用的关注,我们认为它们的运用应该更加普遍。此外,正如我们在后文会阐明的那样,还存在很多统计学手段可以将比较(复杂)现象时遇到的环境约束引入经验模型。实际上,如果研究者能够逻辑一贯地主张 Y 与 X(以及随机成分)之间存在着一些被理论所预测的联系,即 $Y=f(X,\varepsilon)$,那他就可以写出一个统计模型来反映这一命题,而且如果具备必要的经验信息的话,他还可以利用这个模型来估计、验证该命题。再次强调,此处面临的挑战,并不来自我们所选择的经验方法,而是逻辑地存在于比较历史中任何对复杂的环境约束进行推导的尝试。它们不会因为我们采用数学公式而产生,也不会因为我们不这样表达就消失。

正如表 2.3(引自 Kam and Franzese,forthcoming)所示,从 1996 年到 2001 年,在主要的政治科学期刊上发表的文章中,54%使用了某种统计学方法②,这部分文章中又有 24%将相互作用引入了分析。在专门的比较研究期刊中,《比较政治研究》有 49%的文章使用了统计方法,其中 25%引入了相互作用;而《比较政治学》的相应数据则为 9%和 8%。其他期刊也都发表了许多比较研究的工作,采用统计分析的文章构成了各个期刊论文总数的 25%到 80%不等,而其中进行了相互作用分析的文章的比例则大致固定在 5%到 25%之间。因而,大约一半发表于顶尖期刊的政治科学论文使用了某些统计学方

---

① 这段引用的最后两句可参考我们在本章第三部分讨论的多重因果和遗漏变量误差;我们必须在此再次强调,这一潜在问题不是回归分析所特有的,而是整个社会科学的经验检验共同面临的。不论是定性还是定量分析,有效的经验推论都基于如下假设或设想之上:我们已经控制了所有其他的可能原因,或者我们已经使其余因素随机分布了(并且已经观察到足够多且充分独立的信息集,确保这种随机化是有效的)。我们也已经讨论了在进行此种控制或随机化时定性和定量研究各自的有效性。

② 即在这些文章中出现了某些确定性评估,如标准差、置信区间或假设检验。

法,这其中大约四分之一的文章(占到总数的八分之一以上)又使用了相互作用分析。①
就比较政治学类的文章而言,如果使用《比较政治研究》(*CPS*)、《国际组织》(*IO*)和
《世界政治》(*WP*)三份期刊的数据来进行评估,则会发现在这些方面,其相应数值处于
整个学科的数据的均值与50%之间。在比较政治学和范围更广一些的学科领域内,相
应的数据可能仍会保持一个缓慢上升的趋势。总的来说,虽然相互作用已经被广泛且
越来越多地引入分析,但是,鉴于比较政治学许多论题的特性,应该有更多的经验研
究采用这种方法,比如大多数的制度研究。霍尔(Hall 1986,19)有一个影响广泛的
说法:

> "政治学中的制度分析……着重关注制度联系,不论是正式的还是俗成的;这种联
> 系使国家的各个部分结为一体,并塑造了国家和社会的关系……制度……指的是那些
> 正式的规则、规范程序和标准的运行方式,它们在各式各样的政治体和经济体中塑造了
> 人与人的关系……制度因素扮演了两个重要角色……首先,它们使不同的行为体集合
> 对政策结果的影响能力不同(……再者,它们……)使得每个行为者形成对其他行为者
> 的联系及责任,从而影响了他对自身利益的界定……通过制度主义的模型,我们会发现
> 政策不仅仅是各社会群体的压力相互激荡的结果。因为,还有一种组织化的(即制度
> 的)力量在其中居间运作……"

表 2. 3　主要政治科学刊物发表的文章类型刊物(1996—2001)

	总文章数	统计分析		使用相互作用分析		
		数量	占总数的百分比	数量	占总数的百分比	占使用统计分析的文章的百分比
美国政治科学评论	279	274	77	69	19	25
美国政治科学杂志	355	155	55	47	17	30
比较政治学	130	12	9	1	1	8
比较政治研究	189	92	49	23	12	25
国际组织	170	43	25	9	5	21
国际研究季刊	173	70	40	10	6	14
政治学杂志	284	226	80	55	19	24
立法研究季刊	157	104	66	19	12	18

---

① 此外,分母中包括了形式理论和政治哲学类文章,而分子中则未包含出现了间接表达相互作
用的函数形式(比如 LOGIT 模型或 PROBIT 模型)的文章。所以,这是非常保守的估计。

续表

	总文章数	统计分析		使用相互作用分析		
		数量	占总数的百分比	数量	占总数的百分比	占使用统计分析的文章的百分比
世界政治	116	28	24	6	5	25
总计	2446	1323	54	311	13	24

所以,在制度分析的研究路径中,制度是重要的干扰变量,它们汇集、调节甚至塑造了有关的政治过程。或者说它们影响了将某种社会利益结构转化为有效的政治压力,再将压力转化为作为回应的公共政策制定、最终产生某种政治结果的过程。而且,正如我们在前文已经论证过的那样,这种影响事实上也存在于其他所有的研究路径中。① 比如,一系列杰出的研究认为,在社会利益结构转化为施于政策制定者的有效政治压力的过程中,选举制度的制度特征发挥了重要作用,因为多数代表制、比例代表制等等会造成不同的结果(如 Cox 1997,Lijphart 1994)。另一系列研究则重点关注政府机构,特别是各机构中关键决策者(否决者)的数目及其极化程度,如何影响了对此类压力的决策回应(如 Tsebelis 2002)。第三类研究重视经济制度结构(例如工资—价格谈判的协调方式)如何影响某些政策(例如货币政策)的效果(如 Franzese 2002b,第4章)。在上述每类研究中,以及对从利益结构到政治结果(然后反过来)的每一步分析中,制度调节、形塑、构造,或作为条件变量决定了其他变量对于我们所感兴趣的因变量的影响。这也就是说,制度论证原本就是对相互作用的分析,但除了相对较少的一些例外(对应前文谈到的几个例子,分别参见 Ordeshook and Shvetsova 1994;Franzese 2002b,第三章;Franzese 2002b,第四章),有关制度的经验研究常常忽视相互作用的问题。

还有一个例子,可以更深入地展现出在比较制度理论中,相互作用或曰环境约束是多么普遍地存在。学者们常认为委托—代理(即代表)的情况既有趣又疑窦丛生,故而十分值得研究。因为如果被赋予全权,则作为对某些因素(集)X的回应,代理人会制定某项政策 y_1,这个过程所依据的机制可以被表示为 $y_1 = f(X)$。但同时,原先的委托人受到另一些也许不同的因素(集)Z的影响,并且这也许是基于一个全然不同的机制 $y_2 = g(Z)$(例如委托人可能是现在的政府,需要回应某些政治经济形势 X,而代理人则是无须回应上述情况的央行,且给定 Z 不为空集,参见 Franzese,1999)。所以,委托人

---

① 用一长串近义词是一个定义相互作用论证的有效方式。当某人说 X 改变(alter)、修正(modify)、放大(magnify)、扩展(augment)、增加(increase)、中和(moderate)、削弱(dampen)、减少(diminish)、降低(reduce)……了(Z)对于 Y 的某些影响时,他正在提供一个相互作用的论证。

需要付出监督成本、强制执行成本以及其他成本 C，来促使代理人执行 $g(Z)$ 而非 f (X)。理论研究者们提供了一些论证，描述制度和其他环境因素如何决定 C 的大小。在这样的情况下，最终实现的政策 y，往往取决于如下等式：$y = k(C) \cdot f(X) + [1 - k$ $(C)] \cdot g(Z)$，且 $0 \leq k(C) \leq 1$，$k(C)$ 斜率平缓。因此，每一 $c \in C$ 对于 y 的影响取决于 X 和 Z，而与此同时，每一 $x \in X$ 与 $z \in Z$ 对 y 的影响又取决于 C。也就是说，所有会影响监督成本和强制执行成本的因素对 y 的作用，取决于分别影响委托人和代理人的所有因素，反之亦然，所有这些因素对 y 的影响取决于影响成本的所有因素。事实上，在任何通过代理或其他方式（例如总统和立法机关分立）分享政策控制权力的情形中，政策和结果往往都可以被描述为类似的凸组合以反映其多重且复杂的相互作用。然而，大多数对委托代理模型和其他分享政策控制模型的应用似乎忽视了这一点。

这种对有关制度相互作用的忽视非常普遍，如果对其程度加以粗略的量化，则结果会相当触目惊心。在表 2.3 中，1012 篇文章未进行相互作用的统计分析，而这其中有一半左右都是提供了某种制度论证的文章。哪怕制度效应只有一半的概率会出现前述的相互作用，那么大约有（1/2 * 1/2 * 1012 =）253 篇文章错误地采用了不含相互关系的经验手段对关于相互作用的假设进行检验，这与采用了相互关系分析的文章即 311 篇在数量上差不多。如果所有的制度研究都必定是对相互作用的研究，而许多其他研究（例如，文化行为理论中的环境因素分析）多半也具有这种性质，那么就约有（｜1/ 2+1/4｜ * 1012 =）759 篇文章做了内含相互作用的论证却未能在实证检验中引入相互作用分析，大致相当于做了相互作用分析的文章的 2.5 倍。

环境约束的复杂性，已经在比较政治经济学中充分表现出其理论上和实质上的有趣之处。弗兰杰斯（Franzese 2002a）在一篇最近的评论中指出，长期存在的选举和党派政治周期可能启发我们对制度的、结构的和策略的条件约束进行理论上和经验上的再思考：

"在考虑经济政策活动的数量、性质和时机时，民主政体中的政策制定者常常受到强烈的党派和选举动机影响。考虑到这些动机，许多观察者希望看到，政府对经济政策的控制会产生在时机上与选举时间表同步的、在特质上与当权党派的党派特性相对应的、清晰的经济变动周期。……然而直到最近，有关选举和党派周期的理性预期研究和自适应预期研究，都对当选在职的党派成员在制定政策时所处的——国际的和国内的、政治的和经济的、制度的、结构的和策略的——环境的重要差别重视不足。但实际上，环境变量约束了政策制定者为选举和党派利益操控经济政策的动机和能力，也影响了其操控的效果，而且，这种作用在不同的民主国家、不同的选举中对于不同的政策是不同的。尽管此种视角相对来说还比较新颖，但对环境约束下的选举和党派周期的研究似乎更能解释一些特异现象,且在更为普遍的意义上,它也能为政治经济学以及比较民主政治研究的理论和经验发展提供一个理想的稳固空间。"(2002a,第 369 页)

举个例子,在小型开放经济体中,国内政策的制定者对于一些政策就不具备那么多的自主性,或者一些政策对经济产生的效果会打折扣,因而这些政策和相应结果所呈现出的选举和党派周期就不如在大型的、较少开放的经济体中那么显著。但在有的政治体中,政策制定的权力集中在相对较少且党派忠诚度更高的行为者手上,这就会导致波动更为剧烈的周期,例如从威斯敏斯特产生的政策①相对其他民主政体就会产生更大的经济波动。有的政策常常更为有效,所以也更为有用,为了选举或党派目的人们会更多地使用它们,但它们在不同的制度、结构或战略环境中也表现不同。比如,按地域和按人口分配政府支出,哪个在政治上获利更多? 不同的选举体系中答案各不相同。比如在每个选区只有一位代表、得票多数者当选(单一选区制)的地方,会偏好前一种分配方式;而在实行比例代表制的地方,后一种方式更为常见。上述的以及其他的环境变量,约束了政策制定者为选举和党派利益操控政策和经济结果的动机和能力,也影响了此类操控的政治和经济效力,并以多种多样的方式在不同的民主国家、不同的选举和不同的政策中产生影响,因而它们都预示了相互作用模型在比较政治学中令人激动的应用前景。另外一些明显关注相互作用的例子,是《资本主义的变体》(Hall and Soskice 2001)及其他学者对全球化的研究,这种研究采用的比较政治经济研究方法强调,不同国家对国际经济一体化产生的回应存在差异,并且这主要取决于不同的国内政治和制度环境(如Boix 1998;Garrett 1998;Swank 2002)。相似的例子也存在于政治经济学以外的领域。例如,在个体选举行为中,人们是偏向(明显的)政治导向投票②还是政策导向投票③,往往取决于选举和政党制度以及它们趋向于产生的政府的类型(参见 Kedar 2002)。

所以,我们有诸多的机会可以探究相互作用(有一些已经进行了,但许多研究仍然忽视这一点),同时相互作用这一特性又是比较政治学理论在逻辑上所固有的,而且建立此种环境约束的量化经验模型可能易如反掌(更全面的讨论参见以下著作:Brambor, Clark, and Golder 2006, Kam and Franzese, forthcoming)。作为第一步,我们必须先了解包含了相互作用假设的经验模型。例如,一个典型的理论观点可能是:X 通常会导致 Y 减少,并且此种效应会因为 Z 的存在或增加而增强。注意这里实际上有两个假设:(a)$\partial Y/\partial X$ 是负值(X 导致 Y 减少);(b)$\partial^2 Y/\partial X \partial Z$ 也是负值(Z 会加强 X 对 Y 的减弱效应,且 Z 值愈高愈能加强这种效应)。在一个包含了 X, Y 和 $X*Y$ 这几个回归量的模型例

---

① 指英国政治。——译者
② Directional voting,选民选择政治立场明确的竞选者。——译者
③ Proximity voting,在其他条件类似时,选民会选择最接近其政策要求的竞选者。——译者

如 $Y = ...aX + bZ + cX*Z...$ 中,我们能直接明了地解读关于(b)假设的结论。在此模型中,$\partial^2 Y/\partial X \partial Z = c$,所以系数 c 能简单直接地使我们了解当 Z 变动一个单位时,X 对 Y 的效应发生变动的幅度,或反过来,当 X 变动一个单位时,Z 的效应变动的幅度。[①] 因此,对系数 c 的标准检验(t)与假设(b)相符。然而,X 对 Y 的作用即 $\partial Y/\partial X$ 并不能简单地等同于 a,Z 对 Y 的影响即 $\partial Y/\partial Z$ 也不是 b,它们甚至不能反映 X 或 Z 对 Y 的"主要"影响。事实上,X 对 Y 的作用即 $\partial Y/\partial X$[②] 等于 a+cZ,所以正如假设所说,其影响取决于 Z 的值(反之,$\partial Y/\partial Z = b+cX$)。故而,X 和 Z 的作用取决于对方的值,而 a 和 b 仅仅是当 Z=0 时 X 增加一个单位产生的效应,或当 X=0 时 Z 增加产生的效应(这显然不必是"主要"情况,甚至可能不存在于样本情况中或根本在逻辑上不可能)。在相互作用模型中,事实上也在任何并非简单线性相加的模型中,变量产生的效应必然不可能直接由一个系数得出;每个变量的效应都取决于与其相互关联的变量的值,而相互作用的理论在一开始就明白指出了这一点。这些效应的标准差(或 t 检验)也不能简单地由某一个系数得出;正如 X 和 Z 的作用取决于各自的取值一样,这些效应的标准差也取决于相互关联变量的值。因而,研究者们展示相互作用所产生结果的最佳方法,是制图或列表,即对应其相关变量的不同取值,用相应函数算出每个变量所产生的效应,并将其列在表中,同时列出这些效应所对应的标准差或置信区间。但是,甚至在对相互作用模型有了较为深刻的理解后,一些学者也仍然对此持相当保留的态度,或是质疑它们到底能在多大程度上反映和测评比较政治学中复杂的环境约束关系。

有人正确地注意到,分辨出 X 的作用并非单一的固定值,而是会随着 Z 而变动(尽管只是线性变动)这一实证工作,会给数据工作带来更繁重的负担。此外,考虑到相互作用模型中回归量 X 或 Z 与 $X*Z$ 之间高度的多重共线性(即相关性),人们也表达了同样的担忧。[③] 在前文我们已经讨论过,对于多重共线性产生的效率问题(而非误差问题)的担忧在相

---

① 这一倒置在逻辑上是同义的,且得到的这一恒等关系在逻辑上是成立的,也就是说,它回归模型的结果。

② 此处原文为 $\partial Y/\partial Z$,当有误。——译者

③ 此外,我们必须纠正一个误解。有的方法论著作建议,将相互作用变量"集中化"(centering)(减去它们的均值)会使上述工作变得轻松一些。但实际上,集中化在数学上没有产生任何重要的改变,更没有在实质上改变问题的分毫。相似地,有一种担忧认为,无法区分不同的相乘项,比如当 $XZ=$ 12 时,我们无法区分 X=3 而 Z=4 与 X=2 而 Z=6 的情况。然而,上述关于 X 和 Z 对于 Y 的影响的模型可以也将会区分出这些情况,只要这些情况确实在逻辑上会产生不同效果。附带说一句,一些盛行的告诫可能产生潜在误导,有的人认为当模型包括 XZ 项时,也需要同时引入 X 和 Z 两项,因为这符合一个通常情况下极为可取的科学哲学指导原则("奥卡姆的剃刀"),且一般来说,这也是极为谨慎和保险的科学实践,至少值得一试以免出错;但事实上这样做在逻辑上和在统计学上都不是必需的(参见 Kam and Franzese, forthcoming)。

当程度上是对的。相互作用分析所产生的这一经验工作确实很费力,而且随着相互作用的数量和复杂性的提升,这种工作也会成倍增加,这是比较政治学复杂的环境约束所要求的。但这些麻烦来自于*逻辑上的必然性*,而不是由我们采用的经验方法。此外,实际上,相互作用相对于用来估计它们的信息集的数目——更准确地说,是其有效的总体变量——在数量和复杂度上的增加,才会导致这一工作难度的增加。

看起来,比较研究者们有四种可能的选择,但每个都有其特定危险性。(一)通过略去相互作用项,在论证中忽略环境约束。根据表2.3来看,绝大多数分析者做了这个选择,但这伤及比较政治中固有的(有趣的)相互作用性,使得对结果的估计事实上会出现遗漏变量导致的误差和低效。(二)通过在经验模型中只引入一个或少量被假设的相互作用,减弱环境约束的复杂性。这使得研究者能够专注于包含在内的相互作用,而且相对(一)那样排除所有相互作用分析,这样做减少了遗漏变量带来的误差和低效;但这么做一方面没有根本消除这些问题,另一方面低估了比较政治中环境约束可能存在的复杂性。(三)运用理论推导出的某种特殊的方程式,限制有关环境约束的经验模型的形式(比如前述委托代理模型;Franzese 1999,2003)。这样在现象的比较中一方面可以减少对经验数据的要求,另一方面又更充分地揭示了复杂的环境约束,从而进一步减少了前述两种方法会遭遇的误差与低效,问题是许多比较理论未必能够相当精确地确定相互作用的形式。这一方法的优势来自它对理论的倚重,它面临的问题是随着能够容许的复杂程度的增加,多重共线性的麻烦会再次显现,虽然在程度上会轻一些。(四)(对少数环境)进行更细致的(定性)分析,作为定量分析的补充甚或替代。通过深挖经验数据的细节,这也许能部分弥补信息缺陷即多重共线性的问题。这样做的问题是,在提高信息质量的同时,通常导致信息数量的严重不足。我们在第二节已经说明,这一选择在许多情况下得不偿失。更重要的是,在缺乏对自变量的精确度量和统计学操作的情况下,试图定性地厘清复杂的相互作用关系,这本质上是一件更为困难的事。事实上,我们在第三节已经指出,即使没有相互作用的环境约束,要对有多于一个或两个可能的解释变量在发生变动的环境进行定性分析,已经超乎寻常得困难;哪怕只有一个线性相互作用,也通常需要分析三个解释变量 X,Z 和 $X*Z$ 的变动,或者说需要分析至少四个信息集。

由此我们可以得出结论。看起来,第三个选项可能是最有效的。总之,复杂的环境约束所引发的问题是逻辑上固有的,所以借助定性分析也难以规避它们,而另两种选项只能通过不深究(有趣的)条件约束问题,而在一定程度上绕过它们。接下来,为了看看第三个选项有几分胜算,我们再回到之前描述过的委托—代理(代表)情形。我们曾指出,一般来说在这种情形下,假如某一方可以全权控制事态,那么代理人会根据函数

$y_1 = f(X)$行动，而委托人则会依据不同的函数$y_2 = g(Z)$来决策。随后我们指出，某些制度的和其他的环境约束条件会决定委托人为促使代理人执行$g(Z)$而非$f(X)$需要付出的监督成本、强制执行成本以及其他成本C。最终实现的政策y，则取决于如下等式：$y = k(C).f(X) + [1-k(C)].g(Z)$，且$0 \leqslant k(C) \leqslant 1$，$k(C)$斜率平缓。如果比较理论能识别$k(C)$，即确定函数$k(.)$和环境条件$C$（它们决定了委托人或代理人有效控制的程度），还能识别函数$f(.)$和$g(.)$以及X和Z[它们规定了一旦拥有了（假设中的）全权，委托人和代理人会受什么因素的什么影响]，且这些函数和/或因子并不相等，那么非线性回归手段在考虑这一比较环境中所预期的*所有*条件约束的复杂作用时（参见Franzese 1999，2003）就十分有效。针对代表问题以外的分享政策控制情形，研究者也能富有成效地运用上述方法考察不同行为体，比如（半）总统制下的行政机关和立法机关，多院制政体中的不同议院，议会制中的首相、普通阁员、核心阁员和政府部长，委员会、内阁、立法议员、后座议员或反对派控制政策的相对能力；甚至能获知多大程度上当选代表在立法活动中会根据其选区选民的关切而行动，或者反过来说，在多大程度上他考虑的是其党派的全国范围内的支持者。最后，更为一般地，对任何因子或因子集合变动时，其他一些因子的作用会相应变动的情况，研究者都可以应用同样的非线性方法来进行考察，这样一来，人们能进行经验研究的包含大量相互作用的理论命题，就远比之前他们设想的要多。制度确实常常以这种方式发挥作用。举例来说，强化党内纪律的制度，会使得立法者活动中的地域特征减少、阶级/意识形态特征增多，从而使他们对一系列政治经济状况的回应相应地发生变化。类似地，便利选民参与的制度，会使得选区内更广泛的选民的利益能够得到代表（进而也在政策中得到体现），这再次意味着选举制度能够相应地改变许多政治经济状况对于政府政策的影响（参见Franzese 2002，第2章）。

如果理解了线性回归的原理，那么非线性回归就不难加以描述。正如前文所指出的那样，实证理论的经验含义通常可以这样表达：一些解释变量x（其中可能有相乘表示的相互作用项或其他复杂项）和随机事件ε，根据某一函数$y = f(x, \beta, \varepsilon)$[其中参数$\beta$依据函数$f(.)$将$x$和$y$联系起来]，得到某一结果$y$。在线性回归中，我们假设函数是线性相加且可分的，于是β只是x的简单系数，即$y = x\beta + \varepsilon$。普通线性回归问题及其解法如下所示：

$$Min_{\beta} \sum_{i=1}^{n} (y_i - x_i \beta^2) = Min_{\beta}(y - X\beta)'(y - X\beta) = Min_{\beta} y'y - y'X\beta - \beta'X'y + \beta'X'X\beta$$

$$\Rightarrow \frac{\partial(y'y - y'X\beta - \beta'X'y + \beta'X'X\beta)}{\partial \beta} = 0 \Rightarrow -2X'y + 2X'X\beta = 0$$

$$\Rightarrow X'y = X'X\beta$$

$$\Rightarrow \hat{\beta}_{OLS} = (X'X)^{-1}X'y \tag{9}$$

如果我们放宽假设,在仍然假设随机成分是加性可分的前提下,允许解释变量 x 和相关联的参数 β 可以依据某种非线性函数 $E(y) = f(x,\beta)$(具体函数形式由理论决定)来确定 y 的非随机成分,我们就得到了如下的非线性回归问题及其解法:

$$Min_\beta(y-f(X,\beta))'(y-f(X,\beta)) = Min_\beta S$$

$$\equiv y'y - y'f(X,\beta) - f(X,\beta)'y + f(X,\beta)'f(X,\beta)$$

$$\Rightarrow \frac{\partial S}{\partial \beta} = 0 = -2\left(\frac{\partial f(X,\beta)}{\partial \beta}\right)'y + 2\left(\frac{\partial f(X,\beta)}{\partial \beta}\right)'f(X,\beta)$$

$$\Rightarrow \left(\frac{\partial f(X,\beta)}{\partial \beta}\right)'y = \left(\frac{\partial f(X,\beta)}{\partial \beta}\right)'f(X,\beta) \tag{10}$$

如果 $f(x,\beta)$ 等于普通回归问题中的线性可加成分 $x\beta$,那么最后一个表达式解开后就正好是等式(9)中我们熟知的 OLS(普通最小二乘法)公式。当然,如果在参数 β 中 $f(x,\beta)$ 是非线性的,那么一般来说等式(10)中最后的表达式就无法进一步化简。但 β_{NLS} 的数值也可以以某种方式(电脑检索)得到:或者通过找到满足最后一个表达式的那些 β 的数值,或是在给定 y 和 X 的前提下,找到能最小化平方误差的和 S 的那些 β 值。事实上,我们将 $f(x,\beta)$ 对 β 求导数[1],得到的结果就是回归量(且其在估计被测评参数的变量时扮演同样的角色),在线性相加例子中这个结果就是 x。简而言之,我们对普通最小二乘回归及其必要假设,以及在此假设下的性质的基本理解,依然适用于非线性回归,只要我们以 $f(x,\beta)$ 求导所得的结果代替 x 即可。[2] 关键性的变化在于解释严格的线性相加模式之外的变动所导致的结果,即系数不再有效。这种变动存在于任何非严格线性相加模型中,甚至包括简单线性相互作用模型、动态模型(即其中的因变量会出现时间或空间迟滞的模型),或者我们熟悉的二元结果(的概率)的 LOGIT 或 PROBIT 模型。X 对 Y 的影响,无论何时何地,都是相对 X 的 Y 的导数或微分(或是相较于 X 的变化幅度,Y 的变化幅度的导数或微分),即 dY/dX;但只有在纯粹的线性相加可分模型中,这些效应或导数才等于问题变量的系数;而在其他模型中,一个变量的效应取决于其他变量的取值,通常不会只是一个系数。换言之,X 的效应取决于环境。重点在于,如果我们可以将 Y 取决于 X 这一关系进行逻辑一致的理论化,那么我们就可以写出一

---

① 实际上,确切地说,由于 β 是一个向量,所以结果项应呈梯级变化,其斜率是多维的。

② 除解析方法之外,这对数量优化通常会带来的其他所有难题(比如需要搜索局部极大值的可能性、平坦区域或突起区域或者"令人不快"的表面,以及随之而来的探究多个初值和搜索灵敏度、搜索程序等)也适用。

个函数①来描述这种关系,然后我们就能利用这个函数来设定我们的经验模型。最终,如果具体的等式能被确定,如果自由度为正、使得对比较历史的经验检验在逻辑上可行,而且如果比较历史确实给出了足够多的可以利用的变动数据,那么我们就能使用这个模型来进行估计、验证和解释。也就是说,事情的复杂性并没有使得统计经验分析变得不可能;相反,本章的全部讨论表明,恰恰是因为复杂性的存在,我们才需要进行此类分析(况且,政治科学家常用的统计软件包现在已经有了用户友好型的 NLS 程序②)。

当然,这一方法并非神乎其神,它有前提条件和限制。最重要的是,研究者需要足够精确的理论去设定经验模型,使之足够可操作。例如在之前讨论的委托—代理模型中,推荐的方法需要研究者们将假设的极端状况下——委托人、代理人拥有全权——的决策模式[即相应反应函数,上文的 $f(\cdot)$,$g(\cdot)$]进行足够的具体化设定,同时也需要这些政策反应函数及描述监督、执行成本的函数的输入数据(即上文的 X, Z 和 C)在样本中有在经验上可观察的变动,并且,只有在样本具有足够解释力的情况下,这种方法才能在经验上发挥作用以求得那些参数的估计值。此外,对估计参数的假设检验通常也需要考虑 x 在如此设定的模型中是否发挥作用。对于线性回归或者任何参数化模型来说,上述内容是同样成立的;但是,例如包含 X, Z 和 $X*Z$ 的线性相互作用模型,其中还包含了线性相加模型的形式,那么经验证据可能就会指出 X 是线性相关、线性相加相关,还是毫不相关。非线性模型则并不一定包含这样复杂的中间模型。虽然有上述种种条件,但比较政治学或更广泛的政治学领域中许多基本问题都包含了复杂的环境约束,而这一方法相对于其他选项,似乎在理论上、方法论上和经验上都提供了一种更有希望解决这些问题的途径。

因而,结论如下:*环境很重要,所以将它放入模型!*在我们将上述句子作为本节的扼要结论之前,让我们再次采取这样的方法,即用公式可能最为简化地表达出对于复杂环境约束这一广泛存在的根本命题的思考,来探究要在经验研究方面获得进展,什么在逻辑上是可能的,而什么则不可能。我们首先考察对"环境很重要"这一命题的最一般、最宽泛的理解,并且说明如果按照这样一种理解,人们通过经验方法,从比较历史(除纯粹描述之外)中根本得不到任何知识。其次,我们试图说明要扭转上述情形,何种假设、理论或论证是必要的或有用的。最后,我们将讨论有关在这些方面定量经验分析能做什么或者可能做什么的一些推测,并十分简略地提及一些适用的统计程序。

---

① 或者至少得到一个对应关系(即针对某一个或某些给出的取值集合,知道相应的 $E(y)$ 的几个取值)。

② 参见 *nl.ado* in Stata™。E-Views™ 的最小二乘运算法则,LS 几乎可以应付任何请求运算的 $f(x, \beta)$。

最一般的对于*环境很重要*这一命题的数学表达式如下：

$$y_{it} = f_{it}(x_{it}, \beta_{it}, \epsilon_{it}); \epsilon \sim (0, \Sigma_{it}); i = 1..N, t = 1..T, n = NT \tag{11}$$

在此模型中，某一时刻 t 和某一地点 i（总起来就是在环境 it 中）出现的某一结果 y 由一个包含解释变量 x_{it}、随机成分 ε 的函数 f_{it} 决定；其中 f_{it} 并不一定是线性相加的或可分的，对应不同的 i 和/或 t 也可能不同；x_{it} 对应不同的 i 和/或 t 取值可能不同或至少有出现波动的可能，且它通过参数 β_{it}（相似地，根据不同的 i 和/或 t 取值可能不同）与结果产生联系（不一定是线性相加或可分；要根据 f_{it} 的情况而定）；ε 取决于某种概率分布，并不一定独立，但其均值为 0 且有包含于某个信息集 Σ_{it} 的明确的变量—协变量矩阵，尽管这个（多变量）分布对应不同的 i 和/或 t 也会发生变化。注意，解释变量 x_{it} 可以包含任何复杂的时间或空间滞后，所以上述模型可以包含例如策略相互依赖和/或路径依赖的可能。因此，等式（11）充分普遍和一般地表明*环境很重要*。从这个公式中我们看出，对应每个函数，此种最广义的阐释需要我们**从每个观察到的信息集**中总共获知 K（β 的数目）加上 $1/2(NT)^2 + 1/2NT$（随机变量对应的每个变量—协变量矩阵中的独立参数数目）个参数。如果我们对于*环境很重要*的理解就是这样，那么我们显然无法从比较历史中获取任何知识，因为我们经验观察的每一部分信息都意味着有数倍、数十倍于此的信息需要我们去研究。因此，社会科学家们必须限制参数化，即赋予上述公式更严格的结构要求。[①] 在理想状况下，这种额外的结构要求来自理论和/或对问题根本特质的理解，或者来自实际操作的可能性；但不管我们采取何种经验方法，也无论我们要分析多少个环境，或无论我们要多么深入地分析它们，在任何情况下我们都必须提出一些前提假设。

首先，我们通常假设 $f_{it}(\cdot) = f(\cdot) \forall i, t$，即在所有环境中，将 X_{it}、$_{it}$ 和 ε_{it} 与 y 联系起来的函数形式都相同，如我们在这一节的前面所描述的那样去参数化不同环境下变量的效应变化。注意，这里的假设包含以下内容：（一）效应可以在环境之间，但不能在环境内部变化（比如，在不同国家效应不同，但在同一国家的不同时刻影响一致；反之亦然），以及（二）相关因素可以在不同环境下不同。同样的，我们总是假设 $\Sigma_{it} = \Sigma \forall i, t$，即在每一环境下，结果中的随机成分产生于依环境而定的变量—协变量分布，但事实上在不同环境中，这个变量—协变量矩阵本身是确定的。我们可以在某种程度上放松其中任何一个假设，只要存在其他限制保证，即使放松假设也不会导致自由度过高。可是即使这样，每 NT 个环境仍有 $K(NT) + 1/2(NT)^2 + 1/2NT$ 个参数，或者说每个环境仍有 $K + 1/2(NT+1)$ 个参数；这仍然太多，以至于我们还是不能从比较历史中获取知识。

[①] 当然，历史学家们也许会说，不从历史中学习的人必然会重演历史的教训，但如果他们同时又全心全意地相信"每个环境都是独特的"，那么他们就必然会错了；因为根据后说，就像这一个公式所表明的那样，每一幕历史都是独一无二的。

如果我们要从对任何事物的经验观察中(除了对与现实无关的过去的描述以外)学到点什么,那么,显然我们要使得每 NT 个环境中我们需要探究的事少于 NT 件。

接下来,我们假设 β 在不同环境中都相同。但这样,每个环境仍有 $K/NT+1/2$ $(NT+1)$ 个参数。虽然这个结果远大于一,但也许已经比我们需要的要好了。考虑到比较政治学中环境约束的核心地位,这肯定已经比我们希望的要好了。实际上,我们可以让 $\beta_{it}=g(z,\gamma,\eta_{it})$,也就是说,可以将变量效应随环境变动的情况模式化,让它由其他的变量 z 及我们之前讨论的参数 γ 通过函数 g 来决定。我们甚至可以在其中加入一个随机成分 η_{it},即加入一个随机波动,这就产生了一个后文还将提及的随机效应或随机系数模型[参见 *Political Analysis* 2005:13(4)]。但是,只有在 g 中需要研究的参数个数(包括随机作用成分的变量—协变量矩阵中的系数,如果有的话),少于 NT(环境数目)减去 $K(\beta$ 的数目)再减去具体识别 Σ^{γ} 和 Σ^{ε} 时需要研究的参数的数目后所得数值的情况下,上述做法才有意义。

然而,不论是单独还是一同采用上述步骤,仍然不足以满足我们的需求。因为哪怕在 NT 个环境中随机成分仅包含一对变量—协变量关系,但 Σ^{ε} 本身就会产生 $1/2$ $(NT)^{\pm2}+1/2NT$ 个独立参数,远远大于 NT[这样每个环境有 $1/2(NT+1)$ 个参数!]。变量—协变量矩阵的结构能详细说明在不同时间和/或地点各个环境是如何相互关联的、每个环境又是如何受所有其他环境影响的。在一个区分不同年份的国别信息集中,法国 1972 年的情况和法国 1971 年的情况的联系,就可能与法国 1971 年的情况与 1970 年情况的联系有差异,而且这种差异是任意的;同样,法国 1986 年的情况与德国 1986 年的情况的联系,也不同于两国 1987 年的情况的联系。所以,自由度是负的,除了进行描述、并且让其尽可能详尽确切外,我们就无法从比较历史中学到任何知识了。在此必须再次强调:我们所面临的挑战、我们不可能搜集更多的经验信息,或对某些环境进行更细致的分析来应对这些挑战,以及不得不提出一些限制性的假定等等,这一切并非我们以形式化的方法写下了某些命题而产生,也不会因为我们不这样做而消失。因此,假如某位学者声称,他通过对某个或少数环境进行细致研究,而获得了不仅关于过往的、与今无涉的情形的知识,而且还获得了在其他环境下同样有意义的知识,他也许是对的,但可以肯定的是,他一定(至少是隐含地)采用了某些假定,以限制环境间变量—协变量的变动范围,否则从逻辑上说就不可能得到任何经验性的推论。也许,详细展示一些在标准统计分析中常见的限制条件是会有所助益。首先,我们介绍一个关于一般性时间截面信息集(这个结构常适用于比较政治研究)的变量—协变量矩阵 Σ^{ε} 的内容:①

---

①　由于简化的目的,等式(12)仅仅给出了一个较小的、二单元 T 时段的例子。变量—协变量的区域结构可以在水平和垂直方向上扩展到 N 个单元。

$$V(\epsilon) \equiv V(y|X) \equiv \Sigma = \sigma^2 \Omega$$

$$= \sigma^2 \times \begin{bmatrix}
\omega_{1,1}^2 & \omega_{1,12} & \omega_{1,13} & \cdots & \omega_{1,1T} & \omega_{12,11} & \omega_{12,12} & \omega_{12,13} & \cdots & \omega_{12,1T} \\
\omega_{1,21} & \omega_{1,2}^2 & & & \vdots & \omega_{12,21} & \omega_{12,22} & & & \vdots \\
\omega_{1,31} & & \omega_{1,3}^2 & & \vdots & \omega_{12,31} & & \omega_{12,33} & & \vdots \\
\vdots & & & \ddots & \vdots & \vdots & & & \ddots & \vdots \\
\omega_{1,T1} & \cdots & \cdots & \cdots & \omega_{1,T}^2 & \omega_{12,T1} & \cdots & \cdots & \cdots & \omega_{12,TT} \\
\omega_{21,11} & \omega_{21,12} & \omega_{21,13} & \cdots & \omega_{21,1T} & \omega_{2,1}^2 & \omega_{2,12} & \omega_{2,13} & & \omega_{2,1T} \\
\omega_{21,21} & \omega_{21,22} & & & \vdots & \omega_{2,21} & \omega_{2,2}^2 & & & \vdots \\
\omega_{21,31} & & \omega_{21,33} & & \vdots & \omega_{2,31} & & \omega_{2,3}^2 & & \vdots \\
\vdots & & & \ddots & \vdots & \vdots & & & \ddots & \vdots \\
\omega_{21,T1} & \cdots & \cdots & \cdots & \omega_{21,TT} & \omega_{21,T1} & \cdots & \cdots & \cdots & \omega_{2,T}^2
\end{bmatrix}$$

(12)

让我们描述一下这个矩阵中的元素,以便更好地理解我们需要对其中的哪些成分作出假定。首先,我们强调这是随机成分(即模型中去掉系统成分后的残量)的变量—协变量矩阵。如果有人从理论出发预期到观察值的某些协变量,那么他第一步要做的就是将这个系统预期置为模型中的系统成分,因而也就不是我们需要在此讨论的对象。其次,我们需要注意主对角线(左上到右下)经过的两个区域(左上部分与右下部分),它们分别是第一单元和第二单元的变量—协变量矩阵。上述子矩阵中的主对角线元素给出了该单元中信息集 1 到 T 的相对变化。这些主对角线区域的非对角元素(即不在对角线上的元素)给出了对应时间段的观察值的协变量,比如,$\omega_{2,4}$ 是第二期观察值和第四期观察值的协变量。整个矩阵和每个区域的子矩阵都是对称的(沿主对角线对称),比如 $\omega_{2,4} = \omega_{4,2}$。对角线未经过的两个区域表示跨单元的协变量。这些区域的对角线表示出了同时期的(即位于同一时间段的)观察值的协变量,而不在它们的对角线上的元素则是不同时期、不同单元的观察值的协变量。例如,$\omega_{21,11} = \omega_{11,21}$ 是两个单元中同处于第一期的观察值的协变量,而 $\omega_{21,13} = \omega_{13,21}$ 则是第二单元第一期的观察值与第一单元第三期的观察值的协变量。如果我们让 $\pm 1/2NT(NT+1)$ 个元素以任意方式彼此不同,那么就可以简单地认为:没有任何发生在某一时间和地点的事件,可以为任何发生在其他时间和地点的事件提供有关的经验信息。

对上述情况进行约束、修正的最严格的常见假设是球形化,即假设我们已将不同环境中产生的所有协变量和非恒定变量都充分置入了模型的系统成分中;这也正是普通最小二乘回归所假设的:$\sigma^2 \Omega = \sigma^2 I$。这使得研究每 NT 个信息集所需参数从 $1/2NT(NT+1)$ 项减到了仅仅一项,因而就给我们提供了 $NT-1$ 个自由度,我们也就可以把有意义的多重因果和环境约束置入模型,丰富系统成分模型的内涵。[1] 然而,这样一个彻底的假设——它意味着在对我们的系统成分模型加以简化之后,每个观察值都独立地取自某一固定分布[2]——通常似乎难以成立。另一个常见假设叫*面板差异化*,这意味着所有协变量都已经充分模型化了,但观察值(有条件地)独立地取自于一些分布,而这些分布的变量在不同环境中可能不同。例如,一个常见的假设是它们会在不同单元中不同,但在同一单元内的不同时间都相同:$V(\varepsilon_{it}) = \sigma_i^2$。这花去了 N 个自由度,留下了 $NT-N$ 个自由度让我们去丰富系统成分模型。在时间维度上,一个常见的参数化方式,是假设各个观察值的随机成分都与下一个直接相关,此时如假设相关性 ρ 在不同单元都相同,那么就得到 $\varepsilon_{it} = p_i\varepsilon_{i,t-1} + v$ 和两个参数;或者,假设 ρ 以任意方式不同,那么就得到 $\varepsilon_{it} = \rho_i\varepsilon_{i,t-1} + v$ 和 $N+1$ 个参数。上述两种方式分别能留出 $NT-2$ 和 $NT-N-1$ 个自由度。帕克斯—科曼塔程序给某一单元具体的 ρ_i 和 σ_i^2 又加上了同期相关的限制,即 $\sigma_{ij} = \sigma_{ji}$ 且对于每两个并置矢量 ij 都成立,这样就会有 $2N+1/2N(N-1)$ 个参数,意味着如果自由度要为正,则 T 需要大于 N,并且,为了获得对参数估计的不确定性的可靠估计,$T \gg 2N$ 看起来也是必需的。[3] 但是,这一程序已经因贝克和凯茨(Beck and Katz, 1995)影响广泛的论证被比较政治研究实践所排除。

　　还有许多我们能够想象,且具可行性的参数化方式。事实上,研究者们可以任意地构造 Σ,也就是说,他们可以假设他们所观察到的信息的相对协变量和变量服从某种理论上的要求,但要满足以下前提:(一)这些假设,加上前面讨论过的模型中的其他因素的有关设定,应使需要研究的参数个数比已有的信息集的数目更小;(二)研究者们理解并且认可,一旦我们允许包含进更大的复杂性,随之而来的就是更多的不确定性以及对于更大量的、更有效的变量信息集的要求。和以往一样需要提醒大家的是,公式化的表达并没有制造出、反而恰恰是清晰展示了经验检验的上述逻辑要求。在此我们还要提一个问题,这既非玩弄文字,亦非蓄意暗讽。这个问题就是:做定性分析的研究者们提出了何种假设? 比如关于在单独一个环境的时序相接的每个时段中所包含的新信息的数量的假设? 答案并不总是清楚的。然而,无论我们采用的是何种方法,只要我们开始利用观察到的信息、考察有关理论命题的经验有效性或效用,那么这样的假设在逻辑上就是必需的。此外,试图终结定性—定量这一分野的方法论研究,也必须首先更好地解答上述问题。

---

　　[1]　然而,就像我们的父母会说的那样,不要把这些自由度都花到丰富系统内涵上面,因为为了让我们的估计具有相当的可靠性,我们需要节约非常多的自由度!

　　[2]　更确切地说,是独立地取自于某一分布或某些具有相同方差的分布。

　　[3]　后者是因为,如同其他标准 FGLS 程序,帕克斯—科曼塔程序忽略了 Σ 中估计的参数。

从最一般的模型开始向下推论,这是我们刚刚采用的方法;但要提出理论和进行经验检验,还有一种相反路径的、偏好简洁性的方法,它会从最简单的模型开始向上完善。在实践中,后一种方法必须获得证据,以支持其不断增加模型的复杂性;而前一种方法则必须获得支持其减少模型复杂性的证据。弗兰杰斯(Franzese 2005,2006)在其著作中讨论了一些一般形式,使其有可能对政治科学中那些从简单模型向上发展的实证理论进行经验检验。采用此种方式进行推理的基本动机和思想与前一种方式相似,但在具体的技术层面会有所不同。有关这方面的观点可以总结如下:如果有人能将造成对古典线性回归模型(CLRM)发生偏离的理论上/实际上的原因引入模型,那么就这么做;如果在一定范围内这么做成功了,那么从任何角度来看这种策略都是首选。所以只要有可能,就把它"模型化!"为一次矩 $E(y)$,亦即系统成分。其理由有二:(一)最通常的情况下,理论的/实际的信息都是有关系统而非随机成分的;(二)在观察上,我们所能获得的有关随机成分(即二次矩)的唯一信息,是基于一次矩的有关信息(即基于系统成分模型)得出的。因此,一阶矩模型的不足,可能会被错误地视为对二阶矩的CLRM 假设的违背,而有关二阶矩关系的经验结论的可信度,则取决于一阶矩模型的相应结论的可靠性。当然,有些理论命题和实际信息确实是直接与二阶矩(变量和协变量)相关的。例如,教育程度的不同可能会使受访者对问题的回答更不确定(二阶矩相关),但不会使之变得不同或更不相同(一阶矩相关)。在这些例子里,"模型化!"仍然是我们的建议;将其放入二阶矩,意味着构建一个减少了参数的 Ω 模型。最后,如果有人发现自己不能将对 CLRM 的理论上的/实际的预期误差充分模型化,那么在最坏的情况下问题是来自于忽略了不该忽略的变量,但这与在其他的许多情况下,不充分或者不正确的标准所犯的错误是一样的。对在实践"模型化!"这一策略时所出现的缺陷和/或不完美的补救方法,有对参数估计的变量—协变量的夹层估计法[比如所谓的稳健标准差,就像贝克和凯茨著名的 PCSE 方法]、FGLS 法(例如帕克斯—科曼塔程序)、固定效果估计法(又被称为虚拟变量回归)、收缩估计法(像随机效果或随机系数模型,也被称为分层模型),等等。

本节的结论是,复杂的环境约束非但没有排除进行一般经验检验时定量方法的使用,反而恰恰需要使用定量方法;因为一般的理论模型都会面对不同环境的作用这一问题,而要对其中涉及复杂的环境约束的理论部分进行经验验证,在逻辑上必然要求对多重偏相关关系进行更为精确的估计,并且需要更大量的、包含更多变动的信息集。对少数环境因素进行更细致的考察,这一方法的优势可能更多在于探究和(有可能)发现此类条件约束,这一过程更接近于理论发展和理论完善,因而在经验上,更接近灵敏度分析而不是一般的经验验证。

五、内生性：几乎任何因素都是其他几乎所有因素的原因

对社会科学实证理论的经验检验的第三个，也是最后一个，同时在许多方面还是最具根本性的挑战，是普遍存在的内生性问题（也可以称之为同时性、选择、双向或多向因果联系），这也是环境很重要的第三种表现形式；[①]即当 X 是 Y 的原因的同时，往往 Y 也构成 X 的原因：$X \leftrightarrow Y$。第二节中我们举了经济发展水平与民主政治质量的关系作为例子，在这个例子中，对于两者的联系，我们就要慎加判断，而不能立即断定何者是因何者是果，因为可能是经济发展影响民主政治，也可能是民主政治影响经济发展，还可能两种因果关系都存在（更不必提一些虚假的可能性了）。随着经济不平等或经济困难的增加，政变的可能性和社会的不稳定性都会提高，甚至可能出现政权更迭；但反过来，社会政治的不稳定，或对不稳定的预期，也会阻碍投资进而导致经济发展迟缓（如 Przeworski et al. 2000；Londregan and Poole 1990）。比较政治中常见的另一组有关例子是在理论中出现的恶性或良性循环。比如，社会信任或社会资本会产生良好运行的社会政治制度，而社会的良好运作又使人们得以理性期望他人或公众会与自己合作，即提升了社会资本（如 Putnam 1993）。再举一个相对来说常被忽视的政治经济学案例：选举日期的临近可能会促使当权者以各种方式操弄政策，诱导在信息方面处于劣势的公众产生对他的支持；另一方面，在一些议会制政体中，公众支持（或预期的支持）对选举活动的时机也会产生重大的影响（如 Smith 2004）。我们很容易再举出更多例子，因为社会、政治和经济中的一个基本事实，就是几乎所有因素引发了几乎其他所有因素，在此仅需指出以下现象是多么常见就足够了：那就是尽管研究者未必明确提及双向或者多向因果关系，但某项研究中的因变量和自变量，到另一个研究中就交换了角色（也可能在同一个研究的后面部分就会出现角色互换，甚至有时会同时讨论这两种情况）。

我们再次采用这样的方法，即将比较政治学核心原则中内在的实证命题用公式加以表达，以使我们更好地理解对它们可能的经验处理方法，以及替代性的经验研究途径。让我们从一个简单的双变量系统开始：$X \leftrightarrow Y$。假定研究者只是知道或希望论证民主政治 X 会促进发展 Y，而发展又能支撑民主政治；并且简化一下（不影响最终结论），

---

① 特别注意，这些定义和这些术语的使用在不同的文本中并不统一，甚至在正式的统计学写作中也不统一。一个通常使用的有用定义方法，是将内生因果定义为一个包括所有带残差的回归量协变量问题（covariance-of-regressor-with-residual problem）在内的集合，这样一来，同时性及其确切的同义词双向/多向因果联系，还有与其意义非常接近的选择（selection），就都被包含在这个集合内，成为其子集了。在本文中，我们在使用这四个词时视之为同义。

假定上述两个关系都是线性的,这就会得出:

$Y = a \times X ; X = b \times Y$

$\Rightarrow Y = a \times (b \times Y)$

$\Rightarrow ab = 1 \ or \ a = b^{-1}$ （13）

假设等式的第一行是我们已知的关于这个系统的所有信息,即 Y 是(取决于) X 的函数,且反之亦然;则关于这个同时性关系,我们就无法再多说些什么,或从比较历史中多获知些什么,因为其参数 a 和 b 是不确定的。等式(13)的最后一行则反映出,如果缺乏进一步的信息,那么*任何*使得 $a = b^{-1}$ 成立的 a、b 取值,都是与循环命题 $X \leftrightarrow Y$ 相容的。有效的 (a, b) 必须满足 $a = b^{-1}$,$X \leftrightarrow Y$,加上等式(13)首行的条件至少已经可以让我们得知,尽管不是任何 a 和任何 b 都能满足上述关系,但满足要求的 (a, b) 集合已是一个无限集。如没有进一步的理论,则无论我们能获得多少个信息集,也无论我们对给定信息集进行多么深入的研究,都不可能朝向构建 X 对 Y 以及 Y 对 X 的(因果)效应(即估计出 a 和 b)这一目标再进一步。因此,我们(在逻辑上)必须要有*超越经验的信息*(常见的有理论、本质或前提假设)。我们可以作出以下散点图,以展现"民主政治"("自由之家"提供的政治与公民自由指标)和"发展"(实际人均 GDP)的关系。在图 2.2 中,向下倾斜的长线表示民主政治与(对)发展的简单线性联系(回归)。然而,这个联系既不反映民主对发展的影响 $Dev = g(Dem)$,也不反映发展对民主的影响 $Dem = f(Dev)$,而只反映在此环境(样本)中碰巧呈现出来的上述两种因果关系的混合。每一个数据点(环境)都是两条线的交点,但这是依据该国家 1980 年碰巧发生的情况决定的(图 2.2 展示了乌干达在 1980 年的两条线),并且由于各种原因(多重因果和环境约

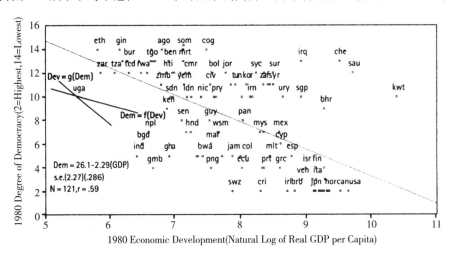

图 2.2 民主与增长之间的经验与因果关系

束），这两条线的位置对于不同的数据来说可能不同。如图 2.2 中所示，如果把观察到的民主政治与发展之间的关系解释成为发展对民主政治单方面的影响，有关的推论误差（即同时性误差）会非常大。由图可见，由于忽略了民主政治对发展的影响（在这个例子中相当大），发展对民主政治的影响就会被夸大，而实际上在这个例子中这影响并不大。如果多个因果联系的斜率差别更大（如反向变动，例如作为价格函数的供给和需求），则这一误差还会增加。将观察到的联系解释为因果效应时所出现的误差，与我们如何观察这一联系无关，也不取决于我们观察的深入细致程度或频繁程度。相应地，所有社会（或其他）科学家使用来厘清因果的方法——从（一）给经验估计模型加上理论推导出的结构（前提假设）；到（二）实验室里的实验、调查，或实地调查；到（三）（倾向指数）匹配法；再到（四）向量自回归模型；最后到（五）"过程追踪"或"因果进程观察"及类似方法——最终都是通过给经验分析增加/施加一些超经验的信息发挥作用，且其能在多大程度上获得成功，就取决于他们是否（正确地）增加/施加了此类信息。[1]而且，逻辑上必需的超经验信息，其正确性不能直接通过经验验证。普列泽沃斯基在本书中讨论了一般的因果分析，并具体讨论了上述五种厘清因果效应的方法的基本内容，其讨论对于我们当前的大多数需要来说，已经十分充分，所以我们在此主要关注在他的讨论中考虑较少的问题。让我们以公式表达普遍存在的内生性所带来的一般挑战——几乎所有因素是其他几乎所有因素的原因，以弄清我们需要多少额外信息，这些信息又能以何种方式得到，同时我们还要简短地讨论一下有助于厘清因果效应的五种基本方法。

考虑这样一个系统，其中有 M 个内生结果 y，每一个 y——为了简化讨论，假设线性相加且可分地——取决于其他的 y 和 K 个外生解释因素 x，以及一个随机误差 ε。用矩阵符号，我们可以将关于某个环境 i 的经验观察的 M 个等式表述如下：

$$\begin{bmatrix} y_1 \\ y_2 \\ \vdots \\ \vdots \\ y_m \end{bmatrix}_i' \begin{bmatrix} y_{11} & y_{12} & \cdots & y_{1m} \\ y_{21} & y_{22} & \cdots & y_{2m} \\ \vdots & \vdots & \vdots & \vdots \\ \vdots & \vdots & \vdots & \vdots \\ y_{m1} & y_{m2} & \cdots & y_{mm} \end{bmatrix} + \begin{bmatrix} x_1 \\ x_2 \\ x_3 \\ \vdots \\ x_k \end{bmatrix}_i' \begin{bmatrix} \beta_{11} & \beta_{12} & \cdots & \beta_{1m} \\ \beta_{21} & \beta_{22} & \cdots & \beta_{2m} \\ \vdots & \vdots & \vdots & \vdots \\ \beta_{k1} & \beta_{k2} & \cdots & \beta_{km} \end{bmatrix} = \begin{bmatrix} \varepsilon_1 \\ \varepsilon_2 \\ \vdots \\ \varepsilon_m \end{bmatrix}_i$$

用矩阵符号，这个系统可以被更简洁地表示为：

$$y_i'T + x_i'\beta = \varepsilon_i \tag{14}$$

———————

[1]　超经验信息是以贝叶斯形式还是以古典形式被加之于分析，并不会太多影响我们的讨论，所以我们可以放心地绕过相关讨论。

在等式(14)中,Γ 是在每个关于 y 的等式中高达 M^2 个 y 的系数的 $M \times M$ 矩阵;B 则是每个等式中 K 个外生变量系数的 $K*M$ 矩阵;ε 则是内生变量随机成分的 $M*1$ 向量,另外各等式中还包含一个对应的关于变量和协变量的 $M*M$ 矩阵。变量—协变量矩阵是对称的,所以 $V(\varepsilon) = \sum$ 有 $1/2\, M^2 + 1/2M$ 个不同元素。因此,经验研究者在观察一个包含 M 个内生变量的信息集时,最一般地来说,他有高达 $M^2 + KM + 1/2M(M+1)$ 个参数需要研究。但幸运的是,在那个信息集中观察到的变量间的联系,虽然不是其寻找的因果效应(事实上,是各种因果效应的某种复杂混合,比如前述简单双变量案例在图 2.2 中所展示的),却能减少他需要用来"束缚住那个系统"(即使其确定)的额外信息的数量。具体来说,如果她将 M 个 y 对 K 个 x 做回归,她会得到 $y = x'\Pi + v$,且 $V(v) = \Theta$,而这会产生 $K \times M + 1/2M(M+1)$ 个信息项——亦即观察到的联系、变量、等式间的协变量,这些都是有用的信息,但不是其寻找的因果效应。因而一般情况下,对于一个有 M 个内生变量的系统,我们需要 M^2 条额外的、超经验的信息项来获得对有关效应的有效(定量或定性)估计,其中最初的 M 条信息基本上是自动获得的。Γ 中的对角线元素是每个 y 在其自己等式中的系数,这就意味着它们是可以任意缩放的系数,所以我们总是会将其设为 1(因为,相对去解释比如 $4y$,解释 y 显然要更为直接)。

所以在实践中,一个 M 个方程式的系统需要 $M(M-1)$ 个超经验的信息项,或曰理论或实质的(经验难以证实的)限制。[①] 例如,我们的系统有两个内生变量,即民主和发展,这就需要两条超经验信息。我们以什么方式得到它们呢？ *恒等式* :如若有的事实是确定无疑的,比如说会计恒等式或其他恒等式,那么就可以直接将其加入分析,而无须尝试去估计它们。*排除* :某些 x 或 y 的集合中的因素可以(通过假设)被排除出一些等式——或者说,这些因素在相应等式中的系数可以被设定为 0。这样的"工具变量"假设是最为常用的计量策略。*系数限制* :"排除法"可以一般化地用来对 x 或 y 变量的系数增加任何种类的参数限制,比如可以假设两个或更多个在不同方程式中的系数是相等的或成比例的。*函数形式* :直觉上看,如何运用函数形式信息来识别系统,以及研究者应该把这一方式运用到什么程度,这都是比较复杂的问题。但从根本上说,只要研究者断定,根据某个等式中某个经特殊处理的函数,以及另外的等式中另外经特殊处理的函数,某个变量都在发挥作用,那么他就可以通过对这些特殊的处理方式加以比较而对系统加以识别。*随机变量—协变量限制* :在实验和匹配法,以及向量自回归中如何以不同的方式处理和运用此类额外添加的信息,也是一个相当复杂的问题。实验和匹

---

① 这仅仅是秩条件;它确保已经加上了足够的信息来确定 M 个等式。更复杂的阶条件则确保可以确定每个等式。秩条件和阶条件合起来才是确定等式的充分必要条件。

配法随机化不可观察的信息,就像普列泽沃斯基在本书中描述的那样。虽然正如他所说,其结果是无法直接检验的,但如果此种匹配或随机化成功了,就意味着变量—协变量矩阵会被限定为独立随机成分的方差这一单一参数。实验还能控制可能的原因,确保可以稳妥地对一个等式应用排除手段,而不影响其他系统等式。一般来说,研究者们添加超经验信息项的基本原则是,通过每个确定的事实或每个假设确定的事实,都能得出一个可以被确定的参数。

如果希望用图形直观地表示出排除法(和其他系数限制)是如何发挥作用的,那么我们可以设想在图 2.2 中还有另外一个变量,比如说气候,并假设它只影响经济发展,而且只通过影响经济发展间接影响民主政治。这样一个解释因素会进入关于发展的等式,但并不直接进入关于民主政治的等式。因而,气候在不同环境中的变动会移动函数 $Dev = g(Dem)$,但不会移动函数 $Dem = f(Dev)$,这样就可以帮助研究者们勾勒出 $Dem = f(Dev)$ 这一因果函数。相反,如果我们发现能直接进入 $Dem-f(Dev)$ 而非 $Dev-g(Dem)$ 的因素,那么因果函数 $Dev = g(Dem)$ 就可以被描画出来了。确定系统中的这两个等式所需要的两个超经验信息项,即是经验难以检验的排除假设。简而言之,在实践中,我们可以将发展对气候做回归,然后用所得预测而非发展本身来作为民主政治等式中的回归量(这是通过两阶段最小二乘法获得的工具变量)。

向量自回归和相关手段则是所谓的"穷人的外部性"(即历史)的复杂应用。换言之,我们假设发生在过去的事件对于后来的事件来说是外生的。在最严格的意义上,这必然是正确的。然而,在社会科学的实践中,对未来的预期能影响今日的结果,因而如果经验模型未能充分包含这些预期,那么今日结果的取值看起来就似乎取决于未来的结果。类似地,对于同期结果或他人行为的预期,也会影响这一期行为者自身的行为,因此,在社会科学中,因果之间并不必然要有时间间隔。同时性的回应也能产生。还有一种相似的情况,如果经验模型未能充分捕捉到时间动态,这一不足会使对未来的观察与现今的观察之间产生条件相关,进而导致内生性。可以说,和不少定性方法一样,工具变量策略的诸多实例都利用了所谓的穷人的外部性原理(即内生变量间有时间间隔,则被断言是外生的)。尽管向量自回归利用时间的方式很复杂,但我们还是简要描述一下这一方法。它将每个内生变量对一些与该变量相关的时间间隔及其他所有内生变量做回归。由于这些回归的残差从结构上说无法为任何内生变量的间隔所(线性地)解释,因而原则上我们可以用这些验证中的动态模型描画出所有内生变量对这些"不可解释的冲击"(被称为革新)的反应(被称为刺激—反应函数)。然而,还有一个问题有待解决,即我们需要确定,不同等式的残差/革新间的协变量要分配给哪些变量。向量自回归(VAR)通过将回应进行时序排序解决了这一问题,即假定一些变量能比其他变量更快地进行调整。这样就限制了联合内生变量间的时序反馈,虽然不能直接识别系统,但却能识别这些刺激回应和相关的估计结果(比如格兰杰因果检验统计或已解释变量分解)。

普列泽沃斯基描述了实验和匹配法如何实现随机化,也谈及了其中包含的一些问题。就目前的讨论而言,我们可能只需要再强调他提到的两个问题。首先,随机化需要大量的样本,以便产生可靠的对我们有益的效果。在进行因果比较时,即使我们相信不可观察的因素是独立随机地从某个分布中抽取的,但如果我们只有一个或极少的比较,那么仍会使得估计的无偏性(根据*许多次抽取的平均*或预期情形,这是对的)变得十分可疑,也不足以使我们从一致性(如果进行*大量的、接近无数次的*抽取,则会发现这是确定无疑地正确的)中获取任何安慰。因此,"准实验"和类似匹配法的逻辑,并不能为依据少数信息集进行因果推论提供坚实的基础。其次,匹配法所隐含的稳定单位处理值假设(SUTVA),特别是(但不仅仅是)SUTVA 的引申,即某一单元接受了某种处理,并不影响其他单元接受这一处理,也不影响其他单元对这种处理的取值,对于比较政治学的很多实例来说似乎并不适用。举例来说,如果要有效验证对政体类型效果的观察研究,匹配法会要求一个国家政体的性质不对其他国家的体制及其效果产生影响,而这几乎是无法想象的事情。

通过"因果过程观察"来追踪各个事件片段(如 Brady and Collier 2004;Bennett and Elman 2006)或相似的深入、细致的定性研究(如 Hall 2003),已作为特别有效的检验(复杂)因果关系的方法而被提倡。在检验或测度因果联系时,逻辑上必需的额外信息的任何潜在来源,都可以同时为定性和定量方法所用,所以上述方法也一样。事实上,由于必要的信息是*超经验的*,所以当添加额外信息时,是采用定性方法还是采用定量的方法在很大程度上并不相关,或者说这一选择本身并不会提供逻辑上所必需的超经验信息。仅仅按时序跟踪某些过程(片段集合),来推断某个活动或事件片段发生的因果,这大概与穷人的外生性问题类似,也面临与后者一样的缺陷和问题,因此研究者必须非常精确和充分地说明这些过程的动态机制。过程追踪还可能与实验或匹配分析有类似之处,比如更深入细致的探查可能会使研究者在理论上或实质上更加确信他们考察的特定因素的变动都是外生的。① 但是,与实验和工具策略相类似的定性方法也明显受到相关缺陷的困扰:在具体设定模型时,有效的工具策略所必需的精确性,恰恰不是定性方法的相对优势;而支持实验和匹配法的随机化,也只能为对较少数环境因素的

---

① 另一方面,要从经验上确证某些因素变动的外生性,这虽然并非不可能,但恐怕也存在某些问题,因为无论观察是深入还是粗略,也无论是有大量环境因素可供观察还是信息不足,任何观察到的联系在因果效应,以及内生和外生问题上都可能具有误导性。

比较提供极其微弱的信心基础。因此，更有前景的类比，可能是用向量自回归法，把革新因素与内生变量原始动态变化中那些可预期的部分分离开来，对那些刺激的发生进行时间上的排序，并追踪相应的反应。假如这样的话，还要将上述识别方法的逻辑转化为定性分析所能领会的内容，这会需要很大的工作量。最后需要注意的是，无处不在的（可能还很复杂的）内生性问题已经是社会科学理论的经验检验中相当令人棘手的挑战，但前面几节讨论的问题——定性—定量方法之间的取舍、多重因果以及确定偏相关关系的困难、模型化和估计（复杂）环境约束的挑战——都与这一挑战互相渗透和混合，从而使问题更加复杂化。换言之，我们必须应对好所有这些挑战，才能从比较历史出发检验因果联系、测评因果效应。所以，我们需要再次强调，与一般意义上的经验检验相比，明白地写下经验检验在逻辑上遭遇的、与环境很重要这一核心要旨相关的挑战——几乎所有因素都是其他几乎所有因素的原因——似乎表明，普遍存在的、复杂的内生性并不排斥定量分析；恰恰相反，定量分析大有用武之地。

六、结论：环境很重要，所以对其进行建模！

在一篇影响广泛的对比较政治研究的评论中，霍尔（Hall 2003）同样强调环境很重要，因而提倡对一些环境因素（即多于当前一个极端的实践中使用的一个或极少数案例，但少于另一个极端所倡导的许多个案例）做深入经验分析的方法，并提出了对比较政治中回归分析的以下担忧：

"……（一）只有当研究者们考察的因果联系符合一系列严苛的前提假设时，在比较政治学研究中通常使用的几类回归分析才能进行有效的因果推论。（二）一般而言，这一方法假设了单位同质性，这意味着在其他条件相同的情况下，因变量 x 的值的一个变动会引起结果变量 y 的值的相应变动，且在不同案例中，这个相应变动的幅度是相同的。（三）它假设被纳入分析的因变量间没有系统关联，且没有遗漏其他因变量。（四）它假设回归中的相互作用项已经捕捉到了因变量间所有相关的相互作用效应。（五）它假设各个案例是完全独立的，所以（六）某个案例中的因变量的值，不受其他案例中的因变量或结果的值的影响。（七）尽管有时会使用工具变量，但大多数回归分析都假设不存在互为因果的情况，即因变量不会受其他因变量影响……"

在本章中，我们运用数学算式，对比较政治中环境很重要这一核心原则所包含的特定的多重因果、环境约束和普遍存在的内生性问题进行了持续讨论，以厘清通过比较历史进行经验检验的一般逻辑要求，以及定量研究为满足这些要求所采用的具体方法。这反过来也许可以帮助澄清在定性研究中可能需要采取什么样的相应步骤，并有助于确定和描述在两种研究路径间进行取舍的条件。由此,我们可以对霍尔的担忧加以回应:(一)不管采用何种方法,为了进行有效的因果推论,严格的前提假设都是必需的;此外,采用任何假设,都必须在减少参数方面及类似问题上达到相同的效果,使得我们能通过比较历史进行有意义的经验推论。(二)只要环境约束命题本身逻辑融贯,且在逻辑上可能存在足够的经验信息来测度它们,那么不论何等复杂,环境约束总可以被模型化,被估计,被定量地解释;①如果在比较历史中实际存在的信息不足以让我们较好地对这些关系作出估计,则不仅缩小研究的环境集合范围不太可能会增加我们所需的环境变量,而且提高信息质量也无助于补偿信息的不充分。(三)、(四)如果潜在的原因因素被分析所遗漏,那不论它是相互作用因素还是简单因素,只要它确实是原因因素并与被纳入分析的因素相关,就会导致推论出现误差,无论所采用的是定性还是定量的方法。然而,我们也需要考虑同样有根据的、关于经验分析的过度复杂性的担忧(Achen 2002)。(五)、(六)我们不必假设不同环境(比如不同时间和/或地点)中结果的独立性②,但不论采用何种分析方法,我们都必须假设某种不同环境因素间的相互关联模式,这会减少我们充分测度和说明结果间的相互依赖时所需的信息数量,并且从可得的比较历史中给我们留下足够多的自由信息,以使我们能推导出有关正在被经验分析的命题的系统方面的内容。③(七)互为因果的情况对经验检验所构成的严峻挑战,需要超经验的信息来解决;因而,没有任何一种特定的实证方法或路径自身就能提供上述信息,也没有任何一种方法在开始运用时就具有内在的优势。但是,如果要利用此类超经验的信息来有效探究内生性问题,则似乎在处理经验和超经验的信息时就需要

---

① 随后,霍尔列出了一些环境复杂性的具体表现,这被认为是对回归分析的挑战。"i.我们发现存在这样的可能性,即 x(经济发展水平)的增加在一些案例中引起了 y 的增加(变得更为民主),但在其他案例中这一效应并未出现,在这些案例中 y 受到完全不同的变量集 w 的影响。ii.我们发现了一些案例,在其中的某个时刻 t_1,x(社会民主治理)的增加与 y(社会支出)的增加相关,但在另一时刻 t_2 这种联系并不存在。iii.我们发现,在一些案例中 x(社会抗议活动)的增加引发了结果 y(政府倒台),但在另一些案例中却引发了完全不同的结果(镇压)。iv.存在这样的情况,某一结果 y(成功的工资协调)取决于其他许多变量的值,包括 v(工会的密度)w(社会民主治理)及 x(社会政策机制),但这些变量的值又都取决于各自的值。v.我们发现,有的案例中,x(对民主的支持)的增加引发 y(民主的稳定性)的增加,但 y 的增加反过来也引起 x 的增加。"每一个上述表现,都可以很容易地被写为一个可估计的经验模型。一些定性分析的结果的开放性,可能会使研究者发现此类环境约束因果的迹象,但以相同的程序(即定性分析),无法对可能出现的任何系统的环境约束命题进行较好的经验检验。

② (对于任何分析方法来说)解释变量是否独立都不是一个问题,除非这些解释变量与结果间也有内生因果联系。

③ 此外,有关数据产生过程的同一性假设,或者统计分析中的独立性假设(如果分析者作出了这些假设的话),都与 Y | X 而非 Y 有关。也就是说,只有先控制住提供的实际经验模型,这些假设才能适用于被比较的结果和情形。所以,假如有人觉得环境会改变某些 X 的效应,他就可以并且应该将这一对效应的修正模型化入 Y | X。

有一定的数学精确性,而这又是定量方法所擅长的;另外定量方法大概也更适合对与多重因果和/或环境约束关系相关的内容进行特定处理。

对比较政治学中经验检验的最根本的挑战——多重因果、环境约束和内生性——逻辑上内在于研究者提出来并将要付诸经验检验的理论过程的本性:*环境很重要*。这意味着,我们无论采取什么样的方法使经验研究富有成效,都必须以某种方式应对这些逻辑上固有的挑战。也就是说,不论我们采取何种方法,如果我们相信,我们能从中得到一些有用的知识,而不是仅仅对某些具体情形进行了详细的、但对于任何其他情形(比如在完全相同的地理、文化、策略等环境中,第二天会出现的情形)全然无用的描述,那么我们就必须或明或暗地应对这些挑战。当然,不论何时何地,这都只能是部分应对。换言之,如果有人声称他从比较历史记录中学到了一些有用的、不仅仅局限于对已逝情景的描述的东西,即对这一情形的解释超越了就事论事的描述,而是通过具体情形的分析,获得了一些对其他相关情形也有用的知识,那么,不论他为了获得此种*超越描述*的认识而对比较历史记录进行的是统计学的还是其他种类的分析,他都必须对以下问题作出或明或暗隐的假设,即某一情形中的多重因果、环境约束和/或内生性,与其他类似环境中的这些现象是种什么样的关系(事实上,如果对这些问题不作出一些最低限度的假设,那么可能甚至连纯粹摄影式的描述也都难以成功)。

对于一个给定的统计模型,我们可以说明需要一些什么样的假定,才能实现我们所必需的参数消减——比如,X 的影响在所有环境下都是一个常量,正如它在样本中展现的那样;或 X 的影响(只以线性相加的形式)取决于 Z;等等。这些必要的假设在定性方法中看似相似,但事实上讨好地说是会更灵活,若略带轻蔑地说是会更*随意*,也许比较公正的说法是会变得更主观。在任何情况下,这种灵活性对于进行一般经验检验而言都不是优点。另外,我们在本章的讨论中越来越清楚地发现,环境复杂性导致的问题,根本不可能通过对少量环境因素进行更深入细致的分析加以解决;相反,对*一般经验检验*的目标而言,无论出于何种角度,这都是一种完全不足取的方法。因此我们需要重申,正如我们一开始就说的那样,定性分析是科学事业的基本组成部分。这一方法有其特殊的优势,然而,要对多重因果、环境约束和普遍存在的内生性联系进行的一般经验验证,却并非其用武之地。定性分析的巨大优势可能更多地体现在确定或确证概念和测量的质量,探究理论的适用性、灵敏度和稳健性,并且对其加以完善。这一优势同样体现在理论发展和经验分析的基础层面,但并不在一般的经验验证中——毕竟,更小范围内更细致的聚焦关切,严格来说不够一般和广义。在理论分析中,理论建构和经验验证之间的循环显得更具有连续性,但在定量分析中则未必如此。定性分析更注重理论建构活动与经验验证之间的融合,但对一般性的经验验证来说就不存在这个问题。

反过来,对提出某些概念和测量方法的理论进行经验验证,尤其是对多重因果、环境约束和内生性联系进行经验验证,恰恰是定性分析的弱点所在。冒昧地用也许过于粗略的语句表达如下:定性经验分析适用于稳健性检验、灵敏度分析、压力测验,和实地测验(当某人制造了一个新的动力工具并在实验室里对其安全性和功效进行了一般测试后,他也需要将其交付给工匠们,并在实践中探查这一工具是否真正有效!)而不是一般检验。此外,这一方法的更大优势还在于其构建和改善理论的潜力。

上文比较了这两种研究路径在广义的科学工作各领域的相对有效性,但不应把这种比较视为两者之间的竞赛。假设我们拥有共同的或非常近似的基本目标——"理论上和经验上有用的认识"也许就是一个合理的、不会引起争议的目标——而且我们都(以自己的方式相当确切地)理解和接受在我们能够达到的边界所必须作出的取舍(虽然我们肯定还会,而且从某种意义上说也应该继续争论取舍的具体条件和取舍边界的具体位置),那么我们大概也就能够同意,研究者具体以何种方式到达取舍的边界,这更多是一个个人偏好的问题;而一项工作的成就或者其有效性,就在于它对这一边界的接近程度,或者把这一边界往前推进了多远,而不在于它抵达这一边界所采取的路线。A 也许不必太过在乎 B 选择的路线;如果 B 沿着他选定的路线往前推进了这一边界,那么 A 也可以沿着他自己的方向走得更远;反之亦然。如果我们拥有某种有效的交流手段、还有一个共同的目标,以及可能的对进步的共同理解或者标准,那么这个令人愉快的前景就能够达到。为达此目的,我希望本章对作者本人之外至少另一位研究者已经产生了些许帮助。

参考文献

ACHEN, C. 1985. Proxy variables and incorrect signs on regression coefficients. *Political Methodology*, 11 (3-4):299-316.

——2002. Towards a new political methodology: microfoundations and ART. *Annual Review of Political Science*, 5:423-50.

ALMOND, G. 1956. Comparative political systems. *Journal of Politics*, 18(3):391-409.

——and VERBA, S. 1963. *The Civic Culture*. Princeton: Princeton University Press.

BECK, N., and KATZ, J. N. 1995. What to do (and not to do) with time-series cross-section data. *American Political Science Review*, 89:634-47.

BENNETT, A., and ELMAN, C. 2006. Complex causal relations and case study methods: the example of path dependence. *Political Analysis*, 14:250-67.

BERGER, S. ed. 1981. *Organizing Interests in Western Europe*. Cambridge: Cambridge University Press.

Boix, C. 1998. *Political Parties, Growth, and Equality.* Cambridge: Cambridge University Press.

BRADY, H., and COLLIER, D. 2004. *Rethinking Social Inquiry: Diverse Tools, Shared Standards.* Lanham, Md.: Rowman & Littlefield.

BRAMBOR, T., CLARK, W.R., and GOLDER, M. 2006. Understanding interaction models: improving empirical analyses. *Political Analysis*, 14(1): 63–82.

CAMERON, D. 1984. Social democracy, corporatism, labor quiescence and representation of economic interest in advanced capitalist society. Pp.143–78 in *Order and Conflict in Contemporary Capitalism*, ed. J. Goldthorpe. Oxford: Clarendon Press.

Cox, G. 1997. *Making Votes Count.* Cambridge: Cambridge University Press.

DAHL, R. 1971. *Polyarchy.* New Haven: Yale University Press.

DEUTSCH, K. 1971. Social mobilization and political development. Pp.384–401 in *Political Development and Social Change*, ed. J. Finkle and R. Gable. New York: Wiley.

DODD, L. 1976. *Coalitions in Parliamentary Government.* Princeton: Princeton University Press.

DUNCAN, D. 1975. *Introduction to Structural Equation Models.* New York: Academic Press.

FRANZESE, R.J., Jr. 1999. Partially independent central banks, politically responsive governments, and inflation. *American Journal of Political Science*, 43(3): 681–706.

——2002a. Electoral and partisan cycles in economic policies and outcomes. *Annual Review of Political Science*, 5: 369–421.

——2002&. *Macroeconomic Policies of Developed Democracies.* Cambridge: Cambridge University Press.

——2003. Multiple hands on the wheel: empirically modeling partial delegation and shared control of monetary policy in the open and institutionalized economy. *Political Analysis*, 11(4): 445–74.

——2005. Empirical strategies for various manifestations of multilevel data. *Political Analysis*, 13(4): 430–46.

——2006. Models for time-series-cross-section data. Lectures at Academia Sinica, Taipei, Taiwan.

——and HAYS, J.C. 2006. Spatio-temporal models for political-science panel and time-series-cross-section data. Paper presented at the 2006 Summer Meetings of the Political Methodology Society, Davis, California. http://polmeth.wustl.edu/retrieve.php? id=626

——and NOORUDDIN, I. 2002. Geographic and partisan bases of representation: distributive politics and the effective number of constituencies. Department of Political Science, University of Michigan—Ann Arbor.

GARRETT, G. 1998. *Partisan Politics in the Global Economy.* Cambridge: Cambridge University Press.

HALL, P. 1986. *Governing the Economy.* Oxford: Oxford University Press.

——2003. Aligning ontology and methodology in comparative research. Pp.333–72 in *Comparative Historical Analysis in the Social Sciences*, ed. J. Mahoney and D. Rueschemeyer. Cambridge: Cambridge University Press.

——and SOSKICE, D., eds. 2001. *Varieties of Capitalism.* Oxford: Oxford University Press.

HUNTINGTON, S.P. 1991. *The Third Wave: Democratization in the Late Twentieth Century.* Lincoln: University of Oklahoma Press.

INGLEHART,R.1990.*Culture Shift in Advanced Industrial Society.*Princeton:Princeton University Press.

IP,E.2001.Visualizing multiple regression.*Journal of Statistics Education*,9(1):www.amstat.org/publications/jse/v9ni/ip.html

JACKSON,J.E.1996.Political methodology:an overview.Pp.717—48 in *A New Handbook of Political Science*,ed.R.Goodin and H.-D.Klingemann.Oxford:Oxford University Press.

KAM,C.D.,and FRANZESE,R.J.,Jr.Forthcoming.*Modeling and Interpreting Interactive Hypotheses in Regression Analysis.*Ann Arbor:University of Michigan Press,www.press.umich.edu/titleDetailDesc.do?id=206871.

KEDAR,O.2002.Policy balancing in comparative context:institutional mediation of voter behavior.Ph.D.dissertation.Cambridge,Mass.:Harvard University.

KING,G.,KEOHANE,R.,and VERBA,S.1994.*Designing Social Inquiry.*Princeton:Princeton University Press.

LEHMBRUCH,G.,and SCHMITTER,P.eds.1982.*Patterns of Corporatist Intermediation.*Beverly Hills,Calif.:Sage Publications.

LIJPHART,A.1971.Comparative politics and the comparative method.*American Political Science Review*,64(3):682—93.

——1984.*Democracies.*New Haven:Yale University Press.f

——1994.*Electoral Systems and Party Systems.*Oxford:Oxford University Press.J

LIPSET,S.M.i960.*Political Man.*Garden City,NY:Doubleday Press.

LONDREGAN,J.B.,and POOLE,K.T.1990.Poverty,the coup trap,and the seizure of executive power.*World Politics*,42(2):151—83.

ORDESHOOK,P.,and SHVETSOVA,O.1994.Ethnic heterogeneity,district magnitude,and the number of parties.*American Journal of Political Science*,38(1):100—23.

*Political Analysis.*2005.Special Issue:Multilevel modeling for large clusters.13(4).

——2006.Special Issue:Causal complexity and qualitative methods.14(3).

POWELL,G.B.,Jr.1982.*Contemporary Democracies.*Cambridge,Mass.:Harvard University Press.

PRZEWORSKI,A.,andTEUNE,H.1970.*The Logic of Comparative Social Inquiry.*New York:Wiley.

——ALVAREZ,M.E.,CHEIBUB,J.A.,and LIMONGI,F.2000.*Democracy and Development:Political Institutions and Well-Being in the World,1950—1990.*Cambridge:Cambridge University Press.

PUTNAM,R.1993.*Making Democracy Work:Civic Traditions in Modern Italy.*Princeton:Princeton University Press.

RAE,D.1967.*The Political Consequences of Electoral Laws.*New Haven:Yale University Press.

RIKER,W.1962.*The Theory of Political Coalitions.*New Haven:Yale University Press.

ROGOWSK I,R.2004.How inference in the social(but not the physical)sciences neglects theoretical anomaly.Pp.75—84 in *Rethinking Social Inquiry:Diverse Tools,Shared Standards*,ed.H.Brady and D.Collier.Lanham,Md.:Rowman & Littlefield.

SARTORI, G.1976. *Parties and Party Systems.* Cambridge: Cambridge University Press.

SMITH, A.2004. *Election Timing.* Cambridge: Cambridge University Press.

SMITH, G.1972. *Politics in Western Europe.* New York: Holmes & Meier Publishers.

SWANK, D.2002. *Global Capital, Political Institutions, and Policy Change in Developed Welfare States.* Cambridge: Cambridge University Press.

TSEBELIS, G.2002. *Veto Players: How Institutions Work.* Princeton: Princeton University Press.

WALLERSTEIN, M.2000. Trying to navigate between Scylla and Charybdis: misspecified and unidentified models in comparative politics. *APSA-CP: Newsletter for the Organized Section in Comparative Politics of the American Political Science Association*, 11(2): 1-21.

第三章　历史研究与比较政治学

詹姆斯·马奥尼（James Mahoney）[①]

塞尔索·M.维勒加斯（Celso M.Villegas）

在比较政治学领域，历史分析一直享有不可或缺的关键地位。从托克维尔和马克斯·韦伯，到阿尔蒙德和李普塞特，再到特达·斯考切波和玛格丽特·列维（Margaret Levi），一代代的学者通过比较两个或更多案例的历史轨迹来解释政治的动态变化。他们的做法启示我们，重大政治结果最为根本的原因常常深埋于可以通过历史发现的因果进程。此外，他们还认为，为了阐明这些因果关系，我们必须细致地观察，在历史的不同时期，各个事件是如何展开、演变的。

进行历史探讨的比较研究者几乎都已涉猎了当今比较政治学中的所有问题；而且，他们对形形色色的问题所作出的各种解释，也几乎穷尽了这一领域的所有理论倾向。因而，试图以研究涉及的主题或理论倾向来界定历史分析势必难以成功。然而，进行历史分析的比较研究者们提出和回答问题的方式，则确实与众不同。最根本的是，这些研究者针对造成特殊事件重大结果的原因提出问题。因此，他们研究的目标，是对落入他们研究视域的每一个案例中的具体历史结果作出充分的解释（Mahoney and Rueschemeyer 2003）。因为采用了这一方法，历史研究者们就与进行跨国统计分析的研究者们区别开来，后者关注的，是对涉及大量案例的平均因果效应加以一般化，他们通常不会在意如何解释特定案例的具体结果。跨国统计分析家感兴趣的，可能是在大量案例中发展对民主的平均因果效应；而历史研究者感兴趣的，则可能是在一个或多个特殊案例中，是哪些原因使得民主政治成为可能，或者结合起来导致了民主制（Mahoney

① 詹姆斯·马奥尼在此课题中的工作受到了美国国家科学基金会的资助，授权书号：0093754。我们还要感谢卡尔斯·波瓦克斯（Carles Boix）和苏珊·斯托克斯（Susan Stokes），他们对初稿的批评指正使我们受益匪浅。

and Goertz 2006）。或者我们也可以举些具体研究的例子。历史研究者会关注在近代初期欧洲的特定案例中,形成差异巨大的国家—政权复合体的原因(Downing 1992;Ertman 1997;Tilly 1990);在发达资本主义国家,形成不同类型的福利国家的原因(Esping-Andersen 1990;Hicks 1999;Huber and Stephens 2001);过去和现在不同类型的国家社会革命的根源(Foran 2005;Goldstone 1991;Skocpol 1979);以及在某些地区,比如中美洲,民主和专制的起源(Mahoney 2001;Paige 1997;Yashar 1997)。在上述每一个领域,研究者的目标,都是对其研究的特定案例集中令他们感兴趣的特定结果加以解释。①

除上述提出和回答问题的基本倾向之外,至少还有与之相关的三个方法论特征,可以帮助我们理解历史研究作为比较政治学领域一种研究方法的独特性。首先,历史研究者们运用他们独有的工具进行因果分析,其中有些涉及分析必要和/或充分原因的技术,另一些则包含了通过案例内分析验证假设的程序。这些类型的方法都与统计分析方法根本不同(Brady and Collier 2004;George and Bennett 2005;Mahoney 2004;Mahoney and Goertz 2006)。其次,历史研究者们特别关注政治解释中的时间维度。在说明一个具体结果如何产生时,他们会十分重视事件的持续性、速度和时机,认为这对于因果关系非常重要(Pierson 2004;Thelen 2003)。最后,历史研究者对其研究的主要案例认识非常之深,对相关史学背景也了如指掌。这种专业素养,对于成功解释具体案例的特定结果必不可少,它是通过对二手和/或一手史料的熟练掌握而获得的(Skocpol 1984;Ragin 1987)。接下来,我们会依次讨论这三个特点。

一、因果分析方法

1.1　跨案例分析

早期历史研究中跨案例分析和假设检验的讨论,通常使用密尔的"契合法"和"差异法"(参见 Skocpol and Somers 1980),以及普列泽沃斯基和透纳(Przeworski and Teune,1970)的"最相似"和"最不同"研究设计。然而近年来,必要和充分条件法、布尔代数和模糊集逻辑已经替代了上述方法的位置(参见 Goertz and Starr 2003 Ragin 1987, 2000)。

密尔的"契合法""差异法"可以用来排除必要和充分条件(参见 Dion 1998;George and Bennett 2005;Mahoney 1999)。"契合法"被用来排除可能的必要条件,而"差异法"

---

① 这里需要强调的是,历史研究者们也会尝试对其理论范围内的所有案例作出概括性的解释。但是,他们的理论范围——被定义为因果同一性有效的领域——通常只包括少量或中等数量的案例(见 Mahoney and Rueschemeyer 2003,第7—10页,及 Goertz 2006)

则被用来排除可能的充分条件。这一方法的使用通常具有决定论的特点,因此某个因素对必要或充分因果关系假设的任何偏离,都足以使研究者认为它(自身)并非所关注结果的必要或充分条件。虽然此种决定论的方法饱受争议①,但方法论研究者一般还是同意,"契合法"和"差异法"的基本作用,是在研究的案例数目较少时系统地排除对立假设。

但是,用来检验必要和/或充分条件的方法并不一定是确定的。我们可以很方便地使用一些定量的尺度来检验某些必要或充分条件,比如,可以说某个条件在 90% 的时间里都构成了必要或充分条件。并且,如果选择的样本数目适中(比如 N = 15),学者们还可以计算出其研究发现的标准统计置信水平。同样,在检验有关必要或充分条件的假设时,也并不一定要使用二元变量。比如,可以对必要条件定义如下:如果连续取值的自变量在某一特定范围的缺失总是(或经常)导致同样连续取值的因变量在某一特定范围的缺失,前者即构成后者的必要条件。

在比较政治学中,一种被广泛使用的跨案例分析方法是类型理论(George and Bennett 2005)。根据这种方法,我们可以把一个分类系统中的不同维度看作不同的自变量;某一维度上的不同取值即自变量的不同取值;分类系统中每个单元格反映的范畴或"类别"就是因变量的不同取值。这样,就可以假设这一分类系统的所有维度合起来(而非单独一个维度)即构成了因变量某一特定取值的充分条件。我们可以举出许多比较政治学研究的例子,它们都或明或暗地采用了此种类型理论——例如,唐宁(Downing 1992)对欧洲政治体制的研究、古德温(Goodwin 2001)对革命的研究,以及琼斯—梁(Jones-Luong 2002)对政党和选举制度动态变化的分析。

还有其他一些方法,以更加形式化的手段来检验必要和充分条件,其中最著名的大概就是布尔代数(Ragin 1987),它被用来检验一些二元变量的组合是否共同构成某一结果的充分条件。因为要素多种不同的组合方式都有可能构成充分条件,所以这一方法允许达成某一结果的多种路径存在,这有时被称为殊途同归。更晚近的时候,拉金(Ragin 2000)将模糊集分析引入在概然性布尔代数框架下的连续取值变量检验。众多比较研究已经使用了拉金的方法,来检验必要和充分条件(参见 www.compass.org/中的引用)。

总而言之,跨案例研究通常要求检验有关必要和/或充分因果联系的假设,而且目

---

① 统计方法论研究者一般假设决定论完全不适合社会科学(参见 Lieberson 1991;Goldthorpe 1997)。一些定性分析的方法论研究者也同意此种假设。然而,如果研究者并不是在概括一个大样本中的情况,而是在解释特定事例,那么决定论就并非不适用,因为此时说某个原因产生的结果是概然性的则是毫无意义的。对于任何特定事例来说,一个原因要么产生了某种结果,要么就没有。

前已经有一系列方法可以用来进行这种检验。但是,正如很多方法论学者(包括定性和定量方法)已经指出的那样,主流的统计手段并不适用于对必要和充分条件的分析(Braumoeller 2003;Goertz and Starr 2003;but see Clark,Gilligan and Golder 2006)。

1.2　案例内分析

在定性方法的研究领域内,有关案例内分析的著作早已有之(如 Barton and Lazarsfeld 1969;Campbell 1975;George and McKeown 1985)。近年来,更是出现了大量的努力,试图对不同模式的案例内分析所采用的特定程序加以规范整理(如 George and Bennett 2005;Brady and Collier 2004;Mahoney 1999)。我们接下来简要地讨论一下此类程序中的一部分。

首先,一些历史研究者运用其案例研究的结论,来确定某个假设的解释变量与某个结果之间的中介机制。他们追随一种方法论,认为因果分析不仅仅是要在解释变量和结果变量之间建立联系,还应该识别出使解释变量与结果变量联系起来的中介机制(Hedstrom and Swedberg 1998;Goldthrope 2000)。所谓中介机制,就是解释变量得以产生某种因果效应的特定过程。通过识别这些机制而推导出因果关系的努力,一般被称为"过程追踪"(George and McKeown 1985;George and Bennett 2005),由此产生的数据则被称为"因果过程观察值"(Brady and Collier 2004)。

过程追踪一般用于小样本研究,它可以帮助分析者避免将某种虚假联系误判为因果关系。特别是一种能够将假设的解释变量与结果变量清楚地联系起来的中介机制,会大大提升研究者对于这一假设的信心。例如,斯考奇波尔(Skocpol 1979,170—171页)对社会革命起源的研究就采用了过程追踪法,发现"受到意识形态鼓动的先锋队思想运动导致了社会革命"这一假说难以成立。虽然在她研究的三个例子中,受意识形态鼓动的先锋队思想运动都表现得十分活跃,但她认为这些运动并没有触发遍及各处的反抗土地贵族和政府的暴动。实际上,这些运动仅处于法国、俄国和中国主流政治革命进程的边缘,它们之所以引人注目,只是因为革命形势使它们凸显出来,而这些形势本身却并非它们的创造。

还有另一些学者运用过程追踪来支持他们自己的解释,而不是排除某些原因要素。例如,R.B.科利尔和 D.科利尔(Collier and Collier 1991)发现劳工组织不同阶段的类型与不同的政党制度之间的联系机制。在对哥伦比亚和乌拉圭情况的分析中,他们系统确定了一系列过程和事件,通过它们,"传统政党选举动员"的组织方式导致了"选举稳定和社会冲突"的政党制度结果。这些过程包括:有一段领导劳工组织的政党短暂地保有政权的时期,保守的反对派随之逐渐产生,接下来是政治严重极化的时期,随后是一场军事政变,最终产生了一种以稳定的选举政治和社会冲突为特征的政党制度。上述每一个事件,都在劳工组织与特定的政党制度结果之间发挥着联系机制的作用。应该说,虽然任何研究都可以通过过程追踪受益,但对于类似上述研究那样,解释变量和结果变量之间相隔很长时期的情况来说,这种方法尤其重要。

如果核心假定正确,那么除主要结果之外,它还应该能够对该案例其他方面的特性有所提示,而这些特性并不一定是中介变量。所以,有的历史研究者使用案例内分析,并不是要识别中介机制,而是要检验是否真的出现了某些被假定的特征。这正是马克斯(Marx 1998)在其对美国、南非和巴西的族群秩序做比较研究中采取的做法。他认为,当白人出现分裂时,比如内战后的美国和布尔战争后的南非,他们就会通过构建一种系统排斥黑人的族群支配体系,塑造并维护白人间的团结与民族主义忠诚。但如果情况像巴西那样,白人间并无重大分歧,他们也无须通过族群排斥获得内部团结,那么就能达成高水平的族群和谐。

如果这一观点有效,那么据此对其他问题的直接或间接的推断也应该有效。马克斯正是通过证明这一点,来为自己的论点提供支持。比如他认为,如果白人间的冲突的确具有决定性作用,那么提高黑人地位的努力,势必加剧美国南北分界线两侧的白人,以及南非英国人与布尔人①之间的冲突。相反,在巴西,族群问题上的渐进改革就不应引发白人间类似的冲突。同样,如果白人间的分歧确实是关键,那么我们就应该看到,持进步立场的白人派别会将政治稳定看得比种族平等更重要。马克斯的历史叙述随后支持了这些论断。他认为,从总体上看,这些次要事实不可能是偶然性的,而是一个有效的主要命题的体现。

二、时间分析方法

比较政治中的历史分析对时间进程十分敏感。研究者们通常将案例视为不同的空间单元,事件则在其中按不同的时间顺序展开,像先后、循环以及突变等。虽然统计研究者们偶尔也会提出包含时间维度的假设,但对于主要关注特定案例中具体结果的历史研究者来说,时间因素极其关键。当人们希望通过量化数据,对大量案例的一般状况加以总结时,他们也许无法理解在个别案例的层面上,时机和顺序问题至高无上的重要性。因此,当某位历史研究者假设"X与Y有因果联系"时,很可能变量X的定义中就有一部分与时间维度相关,例如它的持续性,或其相对于其他变量所处的时间位置。在

①　指17世纪移民南非的荷兰人和胡格诺教徒后裔。——译者

此意义上,对于比较历史研究者而言,"历史很重要"部分成立,因为根据时间定义的概念是其分析中的关键变量。在此,我们将考察历史研究者频繁使用的三个时间概念:路径依赖、持续性与关节点。

2.1 路径依赖

研究者们试图理解,早先的事件如何影响了后续事件,甚或很久以后的历史结果,"路径依赖"的概念与这一努力相关。在经济学、社会学和政治科学领域,已经有大量的文献讨论各种用以研究路径依赖的分析工具(Arthur 1994;David 1985;Goldstone 1998;North 1990;Pierson 2000,2004;Mahoney 2000;另参见 Clemens and Cook 1999;Collier and Collier 1991;Thelen 2003)。我们通过两个例子,来说明这一概念使用的广泛性。

古德斯通(Goldstone 1998,2007)认为,英国工业革命乃是一个路径依赖进程的结果。他指出,英国向现代工业主义的突破性发展"既非必然亦非不可避免"(Goldstone 1998,275 页)。相反,工业化是一系列微小事件的结果,而它们又碰巧都发生在 18 世纪的英国。也许,对工业革命而言最为关键的事件,是 1712 年由托马斯·纽科门(Thomas Newcomen)制作的第一台蒸汽机的出现——它使得后来更高效率的蒸汽机的产生成为可能,从而极大地提高了煤的开采量,从而降低了煤的价格。

低廉的煤价带动了钢铁价格的下降。廉价的煤加上便宜的铁,使得铁路和船只的大规模建造变得可行:它们都用铁建造,以煤为燃料,由蒸汽驱动。铁路和船运使金属工具、纺织品和其他产品得以在全国乃至国际范围内大规模流动,同时,由于有了蒸汽机和金属材质的机器,这些产品本身的制造成本也变得更为低廉。(Goldstone 1998,275 页)

也就是说,导致工业革命的一系列事件最终取决于第一台蒸汽机的发明。然而,纽科门致力于他的发明,并不是为了触发一场工业革命。他不过试图发明一种工具,能将水从煤矿的深井中泵出,蒸汽机正是通过把水变成蒸汽做到了这一点。之所以需要从煤井中泵水,则是因为表层的煤炭已经开采殆尽,所以只好把矿井挖得更深,但这样一来,地下水就会淹没煤矿。至于表层煤炭之所以那么快就会被采光,最根本的原因是英国几乎完全依靠煤炭取暖。再往前追溯,就像古德斯通所做的那样,英国之所以依赖煤炭(而非木材),是因为英国的森林面积狭小,气候又比较寒冷,恰好英国具备这样的地质条件,在滨海地区有很厚的煤层。

奥伦(Orren 1991)的研究《过时的封建主义》提供了一个与前者不同的路径依赖的案例,其中路径依赖与某个特定结果的一再重复有关,这就是基于身份的劳工立法在美国的长期存在。从开始一直到进入 20 世纪,美国以法律的形式,规定所有具备劳动能力又无独立财产的人是工人,如果他们不在市场上出售劳动,则可能受到刑事诉讼。这一"雇主雇员法"①起源于封建时代的英国,但它也漂洋过海来到美国,并且在被认为具有自由主义倾向的美国文化环境中存续了 150 多年。

为解释这一特殊的结果,奥伦重点考察了美国法院在支持该项法律方面所扮演的关键角色。在她看来,虽然该法在内容上已经越来越与美国的社会风俗和规范相冲突,但却一直得到法官的执行,是因为他们相信它的合法性,特别是,"法官们相信,这和事物的道德秩序一样重要",从而支持这一法律(Orren 1991,114 页)。奥伦强调,美国法官之所以遵从先例,并不简单出于个人得失的原因(Orren 1991,90 页)。她指出,尽管雇佣法明显有利于雇主,但法官也并没有一味支持代表经济精英利益的立法(Orren 1991,91 页)。相反,她认为,"劳工关系法运行在其自身的历史轨道上,对商业利益的保护只是其附带的结果"(Orren 1991,112 页)。

在上述两个路径依赖的例子中,古德斯通和奥伦都指出了不同的"关节点",在此时刻发生的事件对后来的事件具有持续的影响,即便最初的原因早已不复存在。使用关节点这一概念的学者们强调这些事件的偶然性——即通过理论无法推断它们的出现,或者,它们也许确实是随机的事件(Mahoney 2000;David 1985)——并且强调根据它们也很难推断事件未来的发展路径。影响了英国工业革命的纽科门蒸汽机的发明,就是一个很好的例证。纽科门无意触发工业革命,他的发明当时也并非一场即将到来的巨大转变的先行者,但它的确引发了一系列的事件,最后使得英国一路走向工业化。

其他研究者则关注关节点上作出的重大政治抉择,虽然其制度含义一时难以预见,但往往在未来造成了重要影响。R.B.科利尔和 D.科利尔(Collier and Collier 1991)对劳工组织的研究提供了一个有关关节点的经典案例——政治精英采用何种方式应对劳工参政(是以强力排除,还是以民粹主义的、传统的,或者种族主义政党的形式,把劳工纳入政治),对这一决定作出很久以后的政党活动机制产生了持续的影响。显然,当智利和巴西的政治精英们在 20 世纪 30 年代镇压劳工时,他们并没有想到,他们的行为分别为 1973 年和 1964 年的军事政变准备了条件。

古德斯通的论证清楚表明了路径依赖中应对—反应对动态机制的作用:某个初始事件触发了某种反应,由此合乎逻辑地导致另一相当不同的事件,后者又触发了某种反应,如此循环前进,直到一个特定结果出现。对于这一系列"时序相接、因果相连的事件",马奥尼(Mahoney 2000,526 页)称之为"反应序列"。在历史研究中,用来描述此种

---

① 此处原文为"Law of master and servant",即"主仆关系法"。——译者

因果环环相扣的序列的叙事分析方法,通常是近乎不间断的:A 导致了 B,B 又导致了C,这又引起了 D,如此递推,最终导致了 Z,或这一序列的逻辑终点。

与此不同,奥伦她关注的那种路径依赖序列中,一个特定结果在某个关键时刻偶然出现,随后这一结果就产生了自我复制机制,使得即使世殊时异、其原有的因由早已消失不见,这一结果还能一次次出现。对于此种某个给定结果在其中稳定地反复再现的序列,学者们称之为"自我复制"(Thelen 2003;Pierson 2004;Mahoney 2000)。自我复制序列的原理也适用于有关效应递增的研究,在这种进程中,向某个特定方向每移动一步,都会引发向同一方向更远的移动(Arthur 1994,1989;Pierson 2000)。

不过,在某些案例中,自我复制和锁定效应只能解释部分路径依赖过程;研究者们可能还需要借用其他概念,比如制度积淀和制度转化,才能说明为何制度的某些方面留存了、而另一些则改变了,以及这是如何发生的。特伦认为,"制度留存常常与制度转型的成分高度混杂在一起,后者使得制度能与变化的社会、政治与经济条件相协调"(Thelen 2003,211 页)。通过制度积淀,行为者选择不将原有制度架构打倒重建,而是在其中添加进新的成分以满足他们的需要。例如,《权利法案》和随后对美国宪法的修正,在不触动核心的前提下,改变了原有的安排。另外,原先为了维护某种社会或政治安排所建立的制度,常常会被"转而"用以实现其他目标。奥伦关于雇主雇员法的研究就提供了一个很好的例子。这一法律在英国设立时,是为了维护地主和农奴之间的封建联系,但经过美国法官们的重新解读后,它转而支持自由劳工政策。

2.2　持续性和关节点分析

历史研究者们也将持续性作为一个关键的时间变量,探究导致某一特定结果的给定过程或长或短的原因(Aminzade 1992,459 页)。米奇和皮尔森认为,"关注持续性,能帮助学者们更清晰地识别出自变量影响结果的机制,也能帮助他们发现新的因果解释"(Mickey and Pierson 2004,7 页)。有些关于持续性的研究,关注在某个长历史时段内重复的过程。例如,休伯和斯蒂芬斯(Huber and Stephens 2000)研究了发达工业国家的福利政策,他们强调:"长时期内的选举胜利"对于福利国家制度的长期维持至关重要(Pierson 2004,85 页)。还有一些持续性研究则探讨了那种可能需要若干年才能完成的、迟缓推进的过程的重要性。比如梯利(Tilly 1990)关于国家建构的分析就希望解释,在也许长达数世纪的时间里,现代国家在欧洲是按照什么样的步骤形成的。

由于许多事件的序列都有一个典型的或正常的持续期,所以,研究者们就可以用"太短""太久"或"正好"来形容各种过程(Mickey and Pierson 2004,15 页)。如果某一进程被压缩,则通常会引发非常不同的结果,因为其中环环相扣的事件发展往往十分迅速。卡尔注意到,石油繁荣往往会加快经济和政治发展的步伐,导致一个紧凑的变动过程。"由于在心理上和实际上,因收入有限导致的固有限制突然被移除了"(Karl 1997, 66页),因此:

原本纠结于如何平衡多样化与平等的决策者们,现在认为他们可以同时满足这两方面的要求。军方要求现代化的武器并提高生活水准;资本家要求信贷和补贴;中产阶级希望有更多的社会支出,劳工希望工资提升,失业者则希望新的工作岗位。(Karl 1997,65页)

官僚机构也随之不受控制地膨胀,"最终导致的是预算增加、贸易赤字和外债"(Karl 1997,65页)。卡尔认为,石油繁荣加速了各种进程,而这最终压垮了国家,导致了经济崩溃。

除此之外,历史研究者也会提出某种关于不同因果进程相互交叉的假设(参见 Aminzade 1992;Pierson 2004;Zuckerman 1997)。如果两个或更多的进程在某一时间和/或空间相遇,就会对后续事件产生极大影响。关节点分析关注的正是两个或更多独立发展序列的相遇点,或像皮尔森所说,"政治中分散的元素或维度在时间通道中的连接"(Pierson 2004,55页)。

奥多纳在其经典之作《现代化和官僚威权主义》(O'Donnell 1979)中指出,阿根廷历史中,一些社会条件在逐渐形成之后,就稳定下来成为某种"常量"。每一个此类条件,"都使得政治体系的有效运行变得越来越困难"(O'Donnell 1979,118页)。到20世纪60年代,三个历史常量,即支持国家统一的政治传统和社会进程、国际经济一体化与政治动员汇聚到了一起(O'Donnell 1979,119—131页)。这些进程的相互交叉或关联,使得政治行为者的政治选择受到了限制,而如果这些过程不在这一特定时刻交叉,这种情况就不会发生。这一关节点最终刺激了现有的政治力量,使它们坚定地"封闭了在政治上活跃起来的城市大众参与政治的任何通道"(O'Donnell 1979,131页)。上述结果又为严厉的官僚威权政体的出现铺平了道路。

三、使用历史数据

历史研究者必须深入了解他们所研究的案例才能获得成功。因为很明显,如果研究者缺乏关于案例的优质信息,他们就不可能对特定案例中的结果作出有效解释。前文所谈的因果分析和时间分析中任何一种方法,若使用了劣质信息,都会引向错误的结论。为了获得有关案例的专业知识,历史研究者进行大量阅读——通常是大量的二手资料,但有时也包括数量不少的一手史料。让我们接下来讨论一下关于历史资料使用的主要方法论问题和相关争论。

3.1　二手史料

比较政治学中作出过卓越贡献的历史研究者,通常都成为与其研究问题相关的二手文献的专家——也就是说,他们非常熟悉历史学家和这些问题上各方面的专家发表的书籍和文章。有时,为了获得此种专业性,还要努力掌握涵盖许多主题、跨越很长时期的广泛史学知识。此种投入的一个极端例子,就是沃勒斯坦的《现代世界体系》,其中前三卷涵盖了 1450 年到 1850 年的全球经济史,参考文献中引用了 4300 种左右的二手史料(Wallerstein 1974,1980,1989)。该领域中其他的杰出成果也都反映出作者对二手文献的广泛深入阅读,如表 3.1 所示:

表 3.1　十部历史著作中参考文献的数量

历史著作	参考文献数量
Bates 1981	249
Collier and Collier 2002	1176
Downing 1992	959
Ertman 1997	695
Esping-Andersen 1990	273
Karl 1997	701
Moore 1966	431
Rueschemeyer, Stephens, and Stephens 1992	596
Skocpol 1979 *	778
* 部分文献	

政治学和社会学领域历史研究者对二手资料的广泛使用,已经成为一些方法论研究者关注的主题(Goldthorpe 1991;Lustick 1996;Isacoff;并参见 Thies 2002)。批评者们指出,历史学并非对对过往事件的无偏叙述;相反,历史学家是在通常很粗糙的理论框架指引下重构了历史,提供的是一系列具有潜在争议的推论。所以,历史学提供的,并非关于过去的唯一"正确"的说法,而只是一些关于过去的不同的、可能会不断变化、也可能会互相矛盾的推论。

持怀疑态度的方法论学者认为,使用二手史料作出错误[1]推论的可能性很大。古德索普指出,历史研究者只能"如此对待他们在二手史料中发现的事实:*仿佛它们是相对独立和稳定的实体,因而可以被'摘取'出来、放在一起考察,以实现某些宏大构想*"

---

[1]　此处原文为"faculty",疑为"faulty"之误。——译者

（Goldthorpe 1991，221—222 页）。对鲁斯提克（Lustick 1996）来说，问题则是选取二手资料时出现的特定误差：历史研究者可能只选取了能支持其特定理论的材料，对其他资料则不予重视或予以忽视。他指出，在历史研究领域中，当二手文献不可避免地出现相互冲突时，的确没有某种清晰的原则，能够用以指导我们的取舍。[1]

从事历史研究的学者事实上通常也明确承认，历史学提供的事件解释往往相互矛盾。比如，在其著作的导言章节中，比较研究者常常会讨论历史学中相互竞争的不同学派提出的其他解释，以及相应的不同理论（如 Gorski 2003；Mahoney 2001；Marx 1998）。同样，在他们的叙事过程中，历史研究者也会频繁地承认，不同历史学家对特定事件或过程的解释存在差异。这是历史研究中经典之作的通例，斯考奇波尔（Skocpol 1979，174—179 页）和沃勒斯坦（Wallerstein 1974，许多脚注）的著作是如此，该领域一些更晚近的研究也是如此，比如 R.B.科利尔和 D.科利尔的研究（Collier and Collier 1991），以及吕施梅尔、E.H.斯蒂芬斯和 J.D.斯蒂芬斯的研究（Rueschemeyer，Stephens，and Stephens 1992，96 页）等。我们确信，实际上大多数比较历史著作都强调了史学中的分歧，而且常常也借助此种分歧激发自己的观点。

历史研究者们常常也会明白地论述，他们如何试图解决史学中的这些分歧。有些时候，研究者会简单地采用历史学中最新的主流观点，而后者则是对之前历史解释中缺陷之处的回应与修正。例如，当斯考奇波尔（Skocpol 1979）批评对法国大革命的"资产阶级革命"解释时，就运用了反对传统马克思主义解释的历史学家搜集的证据来支持她的主张。类似地，在雅沙（Yashar 1997）对中美洲政治体制的研究中，曾提到了早期史学中一种认为 19 世纪的哥斯达黎加拥有民主政体的观点，但更晚近、更严谨的历史研究指出，这种观点具有致命的缺陷。雅沙她大量援引这些新的研究，拒绝了之前的历史解释。历史研究者采用的另一种相关的方法，就是选择那些立足于更严谨、更全面的研究基础之上的历史解释。比如，斯考奇波尔（Skocpol 1979）和雅沙（Yashar 1997）书中的脚注都表明，她们都注意到历史学家们运用的一手史料，而在一些比较细小的问题上，她们有时就选择了那些进行过更严密的、更细微的档案研究的学者的观点。

另一个常用的方法，是探究某个具体的历史学论争与研究者提出的论点之间的关系。在有的争论中，双方的主张对于相关论点都没有实质性影响。这种时候，研究者在了解文献中的不同解释之后，就明确断定，"无论哪一方的观点是正确的，它们对当下正在讨论的问题都不会产生不同的影响"（如 Mahoney 2001，152 页；Skocpol 1979，313—

---

[1] 鲁斯提克（Lustick 1996）提出了他自己的二手材料使用规则，但这些规则依然很成问题（见 Thies 2002，其中对此有很好的论述）。同时参见 Isacoff 2005，其中也提供了可能的解决之道。

314 页注 146,318 页注 4)。当然,在其他情况下,争论可能具有重要意义,并且又会使研究者去做他自己的一手史料研究,以获取充分的信息在不同解释之间作出选择。这我们将在后文继续讨论。

在此需要强调的是,政治科学中的历史研究高度依赖"基本信息",即关于一些众所周知的事件的信息。相对而言,它们无须解释,也较少争议(Thies 2002,353—354页)。在很多情况下,历史研究者使用最基本的信息——或至少是不会引起严重争议的信息——来进行有关因果进程的推论。运用这些信息得到的结论的有效性,更多地与进行推论所使用的具体方法,而非涉及的史实有关。这也有助于解释,为何在偏历史分析的比较政治学研究中,最重要的争论多半与历史事实无关,而是与方法有关,即对于给定的史实,怎样的因果推导才是合理的。

3.2　一手史料

许多历史研究者也使用"一手史料"——即历史性材料,如政府文件、报纸、日记以及新闻公告等,它们的一个共同点,就是与所描述事件几乎同时出现。① 然而在多大程度上、以何种方式运用一手史料,在不同研究中却差异巨大。

当某位社会科学家希望主要借助之前未被发现或利用的史料来对史学作出贡献时,就会出现大量地运用一手史料的情况。相应的社会科学研究会同时吸引社会科学家和历史学家的极大关注。例如,贝奎斯特在《拉丁美洲的劳工:对智利、阿根廷、委内瑞拉和哥伦比亚的比较研究》(Bergquist 1986)中,使用了一手史料来阐明工人们特定的文化、制度和政治体验,以及这些经验如何影响了工人运动的发展。贝奎斯特认为,"20 世纪关于拉美的史学研究存在两大严重缺陷。首先,它忽视了在这一地区的社会演化中,组织起来的劳工和劳工运动所扮演的决定性的历史角色……(其次),它未能解释形形色色的拉美劳工运动非常不同的意识形态和政治轨迹"(Bergquist 1986,1页)。为了克服这些缺陷,贝奎斯特借助了一手史料——通常来源于工人自身——,并通过丰富的细节描述了工人的日常生活。有了这样的信息基础,《拉丁美洲的劳工》看起来非常近似于一部建立在分析基础上的历史学著作。

与之相比,"定向的"一手史料研究所运用的历史文件会稍少一些。这种方法指的是研究者利用一手史料对与其研究主题相关的某些问题进行细致考察。有时,一手史料研究是为了解决史学中的某些具体矛盾。比如,针对 19 世纪中美洲五位主要的自由

---

① 一手史料和二手史料的划分并不总是明晰的。例如,学者们有时说,好的民族志也是历史记录,这就证明了原本被认为是二手材料的史料在后来是如何被视为一手史料的。

主义改革者,马克思主义和非马克思主义的历史学解释存在分歧,为解决这一分歧,马奥尼(Mahoney 2001)就运用了这种一手史料研究的研究方法。特别是,他阅读了对这些领袖的研究通常会引用的核心文献,追溯前辈史家的路径,进而形成他自己的可靠观点。在其他情况下,定向的一手史料研究可以用来弥补因二手材料在某些问题上的缺失而导致的遗漏。例如,在《财富的代价》(Chaudhry 1997)中,乔杜里"使用了迄今为止未被研究过的档案……并且(在沙特阿拉伯和也门)进行了为期两年的实地调查"(Chaudhry 1997,38 页),以搜集有关这些国家制度运行的信息,而这些在二手材料中都是不可能找到的。为了检验有关国家机构发展的各种理论,她还借助了政府文件、皇室法令及对重要官员的访谈。

对于某个问题的开创性研究也会使历史研究者去探究特定的一手史料;而这一探究可能会激发研究者关注另一个新的研究课题,解答新的问题又会需要更多的一手史料研究。例如,"对(美国)19 世纪 70 年代到 20 世纪 20 年代之间社会政策发展中发生了什么、又没发生什么的全新描述激发了"斯考奇波尔(Skocpol 1992,7 页)。具体说,她在为计划中对美国和欧洲福利政策的比较进行背景研究时,发现了艾萨克·马克斯·鲁宾诺夫(Isaac Max Rubinow)对于世纪之交年金政策的研究《社会保险:基于美国情况的考察》。鲁宾诺夫提出,有可能基于内战老兵的年金政策,建立一套类似欧洲那样的全国性年金系统。斯考奇波尔写道:"他对于旧时救助金全面深入的描述强烈吸引了我。我自问,研究美国社会福利的历史学家怎么竟会忽视了它们"(Skocpol 1992,vii 页)。鲁宾诺夫促使斯考奇波尔进一步关注进步时代其他研究内战年金体系的作者,并激发她去研究内战年金制度对于发展欧洲式社会保险体系所造成的阻碍作用。[1]

四、结 论

比较政治学者们总是会被历史吸引,因为他们试图解释的结果和他们所发现的最有趣的因果进程常常处于过去。不过在这一章中,我们强调历史研究绝不仅仅是对过去的研究。相反,历史研究拥有一套独特的方法,包括检验因果假设、研究时间进程以及分析数据的方法。正是这些特性,再加上为具体案例的特定结果提出有效解释的学术追求,才使得历史研究成为比较政治学中一个独树一帜的主要研究领域。

---

[1] 和斯考奇波尔一样,奥伦也因为偶然发现了未被使用的一手史料而开始了一项研究计划。在《过时的封建主义》的序言中,她写道:"当我透过表层、深入探究争论双方援引的法律先例时,我完全无法预知我将会发现什么"(Orren 1991,ix 页)。

参考文献

AMINZADE, R. 1992. Historical sociology and time. *Sociological Methods and Research*, 20: 456-80.

ARTHUR, W. B. 1989. Competing technologies and lock-in by historical events. *Economic Journal*, 99: 116-31.

——1994- *Increasing Returns and Path Dependence in the Economy.* Ann Arbor: University of Michigan Press.

BARTON, A. H., and LAZARSFELD, P. 1969. Some functions of qualitative analysis in social research. Pp. 163-205 in *Issues in Participant Observation*, ed. G. J. McCall and J. L. Simmons. Reading, Mass.: Addison-Wesley.

BATES, R. H. 1981. *States and Markets in Topical Africa: The Political Basis of Agricultural Policy.* Berkeley and Los Angeles: University of California Press.

BERGQUIST, C. 1986. *Labor in Latin America: Comparative Essays on Chile, Argentina, Venezuela, and Colombia.* Stanford, Calif.: Stanford University Press.

BRADY, H. E., and COLLIER, D. eds. 2004. *Rethinking Social Inquiry: Diverse Tools, Shared Standards.* Lanham, Md.: Rowman & Littlefield.

BRAUMOELLER, B. F. 2003. Causal complexity and the study of politics. *Political Analysis*, 11 (3): 209-33.

——and GOERTZ, G. 2000. The methodology of necessary conditions. *American Journal of Political Science*, 44 (4): 844-58.

CAMPBELL, D. T. 1975. "Degrees of freedom" and the case study. *Comparative Political Studies*, 8: 178-93.

CHAUDHRY, K. A. 1997. *The Price of Wealth: Economies and Institutions in the Middle East.* Ithaca, NY: Cornell University Press.

CLARK, W. R., GILLIGAN, M. J., and GOLDER, M. 2006. A simple multivariate test for asymmetric hypotheses. *Political Analysis*, 14: 311-31.

CLEMENS, E. S., and COOK, J. M. 1999. Politics and institutionalism. *Annual Review of Sociology*, 25: 441-66.

COLLIER, R. B., and COLLIER, D. 1991. *Shaping the Political Arena: Critical Junctures, the Labor Movement, and Regime Dynamics in Latin America.* Princeton: Princeton University Press.

DAVID, P. A. 1985. Clio and the economics of QWERTY. *American Economic Review*, 75: 332-7.

DION, D. 1998. Evidence and inference in the comparative case study. *Comparative Politics*, 30 (2): 127-45.

DOWNING, B. M. 1992. *The Military Revolution and Political Change: Origins of Democracy and Autocracy in Early Modern Europe.* Princeton: Princeton University Press.

ERTMAN, T. 1997. *Birth of the Leviathan: Building States and Regimes in Medieval and Early Modern Europe.* Cambridge: Cambridge University Press.

ESPING-ANDERSEN, G. 1990. *Three Worlds of Welfare Capitalism.* Cambridge: Polity.

FORAN, J. 2005. *Taking Power: On the Origins of Third World Revolutions.* Cambridge: Cambridge University Press.

GEORGE, A. L., and BENNETT, A. 2005. *Case Studies and Theory Development in the Social Sciences.* Cambridge, Mass.: MIT Press.

——and MCKEOWN, T. J. 1985. Case studies and theories of organizational decision making. *Advances in Information Processing in Organizations*, 2: 21-58.

GOERTZ, G., and MAHONEY, J. 2005. Two-level theories and fuzzy-set analysis. *Sociological Methods and Research*, 33: 497-538.

——and STARR, H. eds. 2003. *Necessary Conditions: Theory, Methodology, and Applications.* Lanham, Md.: Rowman and Littlefield.

GOLDSTONE, J. A. 1991. *Revolution and Rebellion in the Early Modern World.* Berkeley and Los Angeles: University of California Press.

——1998. The problem of the "early modern" world. *Journal of Economic and Social History of the Orient*, 41: 249-84.

——2007. *The Happy Chance: The Rise of the West in Global Context, 1500-1800.* Cambridge, Mass.: Harvard University Press.

GOLDTHORPE, J. H. 1991. The uses of history in sociology: reflections on some recent tendencies. *British Journal of Sociology*, 42: 211-30.

GOLDTHORPE, J. H. 1997. Current issues in comparative macrosociology: a debate on methodological issues. *Comparative Social Research*, 16: 1-26.

——2000. Causation, statistics, and sociology. Pp. 137-60 in *On Sociology: Numbers, Narratives, and the Integration of Research and Theory*, ed. J. H. Goldthorpe. Oxford: Oxford University Press.

GOODWIN, J. 2001. *No Other Way Out: States and Revolutionary Movements, 1945-1991.* New York: Cambridge University Press.

GORSKI, P. S. 2003. *The Disciplinary Revolution: Calvinism and the Rise of the State in Early Modern Europe.* Chicago: University of Chicago Press.

HEDSTROM, P., and SWEDBERG, R. eds. 1998. *Social Mechanisms: An Analytical Approach to Social Theory.* New York: Cambridge University Press.

HICKS, A. 1999. *Social Democracy and Welfare Capitalism.* Ithaca, NY: Cornell University Press.

HUBER, E., and STEPHENS, J. D. 2001. *Development and Crisis of the Welfare State: Parties and Politics in Global Markets.* Chicago: University of Chicago Press.

ISACOFF, J. B. 2005. Writing the Arab-Israeli conflict: historical bias and the use of history in political science. *Perspectives on Politics*, 3(1): 71-88.

JONES-LUONG, P. 2002. *Institutional Change and Political Continuity in Post-Soviet Central Asia: Power*

Perception, and Pacts. Cambridge: Cambridge University Press.

KARL, T. L. 1997. *The Paradox of Plenty: Oil Booms and Petro States.* Berkeley and Los Angeles: University of California Press.

LIEBERSON, S. 1991. Small N's and big conclusions: an examination of the reasoning in comparative studies based on a small number of cases. *Social Forces,* 70: 307-20.

LUSTICK, 1. 1996. History, historiography, and political science: multiple historical records and the problem of selection bias. *American Political Science Review,* 90: 605-18.

MAHONEY, J. 1999. Nominal, ordinal, and narrative appraisal in macrocausal analysis. *American Journal of Sociology,* 103(4): 1154-96.

——2000. Path dependence in historical sociology. *Theory and Society,* 29: 507-48.

——2001. *The Legacies of Liberalism: Path Dependence and Political Regimes in Central America.* Baltimore: Johns Hopkins University Press.

——2004. Comparative-historical methodology. *Annual Review of Sociology,* 30: 81-101.

——and GOERTZ, G. 2006. A tale of two cultures: contrasting quantitative and qualitative research. *Political Analysis,* forthcoming.

——and RUESCHEMEYER, D. 2003. Comparative historical analysis: achievements and agendas. Pp. 3-38 in *Comparative Historical Analysis in the Social Sciences,* ed. J. Mahoney and D. Rueschemeyer. Cambridge: Cambridge University Press.

MARX, A. W. 1998. *Making Race and Nation: A Comparison of South Africa, the United States, and Brazil.* Cambridge: Cambridge University Press.

MICKEY, R. W, and PIERSON, P. 2004. As long as it takes: duration and the explanation of political outcomes. Paper presented at the Workshop on Comparative Politics, Yale University.

MOORE, B. 1966. *Social Origins of Dictatorship and Democracy: Lord and Peasant in the Making of the Modern World.* Boston: Beacon Press.

NORTH, D. C. 1990. *Institutions, Institutional Change and Economic Performance.* Cambridge: Cambridge University Press.

O'DONNELL, G. 1979. *Modernization and Bureaucratic-Authoritarianism.* Berkeley: Institute of International Studies.

ORREN, K. 1991. *Belated Feudalism: Labor, the Law, and Liberal Development in the United States.* Cambridge: Cambridge University Press.

PAIGE, J. M. 1997. *Coffee and Power: Revolution and the Rise of Democracy in Central America.* Cambridge, Mass.: Harvard University Press.

PIERSON, P. 2000. Increasing returns, path dependence, and the study of politics. *American Political Science Review,* 94: 251-67.

——2004. *Politics in Time: History, Institutions, and Social Analysis.* Princeton: Princeton University Press.

PRZEWORKSI, A., and TEUNE, H. 1970. *The Logic of Comparative Social Inquiry.* New York: Wiley.

RAGIN, C. C. 1987. *The Comparative Method: Moving beyond Qualitative and Quantitative Strategies.* Berkeley and Los Angeles: University of California Press.

——2000. *Fuzzy-Set Social Science.* Chicago: University of Chicago Press.

RUESCHEMEYER, D., STEPHENS, E. H., and STEPHENS, J. D. 1992. *Capitalist Development and Democracy.* Chicago: University of Chicago Press.

SKOCPOL, T. 1979. *States and Social Revolutions: A Comparative Analysis of France, Russia, and China.* Cambridge: Cambridge University Press.

——ed. 1984. *Vision and Method in Historical Sociology.* New York: Cambridge University Press.

——1992. *Protecting Soldiers and Mothers: The Political Origins of Social Policy in the United States.* Cambridge, Mass.: Harvard University Press.

——1999– How Americans became civic. Pp. 27–80 in *Civic Engagement in American Democracy*, ed. T. Skocpol and M. P. Fiorina. Washington, DC: Brookings Institution Press and Russell Sage Foundation.

——and SOMERS, M. 1980. The uses of comparative history in macrosocial inquiry. *Comparative Studies in Society and History*, 22: 174–97.

THELEN, K. 2003. How institutions evolve: insights from comparative historical analysis. Pp. 208–40 in *Comparative Historical Analysis in the Social Sciences*, ed. J. Mahoney and D. Rueschemeyer. Cambridge: Cambridge University Press.

THIES, C. G. 2002. A pragmatic guide to qualitative historical analysis in the study of international relations. *International Studies Perspectives*, 3: 351–72.

TILLY, C. 1990. *Coercion, Capital, and European States, AD 990–1990.* Cambridge: B. Blackwell.

WALLERSTEIN, 1. 1974. *The Modern World-System: Capitalist Agriculture and the Origins of the European World-Economy in the Sixteenth Century*, vol. i. New York: Academic Press.

——1980. *The Modern World-System II: Mercantilism and the Consolidation of the European World-Economy, 1600–1750.* New York: Academic Press.

——1989. *The Modern World-System III: The Second Era of Great Expansion of the Capitalist World-Economy, 1730S-1840S.* New York: Academic Press.

YASHAR, D. J. 1997. *Demanding Democracy: Reform and Reaction in Costa Rica and Guatemala,*

——*1870S-1950S.* Stanford, Calif.: Stanford University Press.

ZUCKERMAN, A. S. 1997. Reformulating explanatory standards and advancing theory in comparative politics. Pp. 277–310 in *Comparative Politics: Rationality, Culture, and Structure*, ed. M. I. Lichbach and A. S. Zuckerman. Cambridge: Cambridge University Press.

第四章　案例研究：性质与目的

约翰·盖林（John Gerring）

　　在勒·普累（Le Play）的开创之作发表两个世纪后的今天，社会科学各部门中仍然在进行大量的案例研究，其中许多已经进入了经典的殿堂。由最近相关学术成果的数量之多可以看出，在人类学、考古学、商学、教育学、历史学、医学、政治学、心理学、社会工作以及社会学中，案例研究都发挥了关键性的作用（Gerring 2007a，第一章）。甚至在经济学和政治经济学这类通常并不认可基于案例的工作的领域，案例研究也已经出现了复兴的势头。例如，最近关于经济增长的研究已经转向对一些特殊国家（比如博茨瓦纳，朝鲜和毛里求斯）的案例分析。[①] 同样，关于贸易和增长以及国际货币基金组织和增长之间关系的争论，也把跨国回归获得的证据与深入的（定性或定量）案例分析结合了起来（Srinivasan and Bhagwati 1999；Vreeland 2003）。对于族群政治和族群冲突的研究，同样引入了一国内部的变动或小样本跨国比较（Abadie and Gardeazabal 2003；Chandra 2004；Posner 2004）。因此，从实践的标准看，案例研究的方法似乎已经拥有不可动摇的地位，甚至还在变得更加炙手可热。也许，我们正在逐渐离开社会科学中以变量为中心的因果研究，而转向一种基于案例的方法。

　　确实，对于许多案例来说，观察数据的统计分析，近年来已经逐步让位于逐渐增多的细致考察。甚至连倾向于普遍性研究的学者，也不再认为从民族国家、城市、社会运动、国内冲突或其他复杂现象中获取的非实验性数据，可以不证自明地以标准回归形式进行处理。相关的批评已经汗牛充栋，且不断出现。[②] 它们包括：（一）在存在过多可用

---

　　① Acemoglu，Johnson，and Robinson（2003），Chernoff and Warner（2002），Rodrik（2003）.同时参见关注特定企业或地区的研究：如 Goase（1959，2000）。

　　② 对于下文提及诸要点的全面讨论，请参考 Achen（1986），Freedman（1991），Kittel（1999，2995），Kittel and Winner（2005），Manski（1993），Winship and Morgan（1999），Winship and Sobel（2004）。

模型的前提下,如何获得一个足够具体的因果模型的问题,以及与之相关的、将协变量的相互作用引入模型的问题;(二)识别问题,这并不总能通过使用工具变量技术加以解决;(三)"极端"虚拟的问题,即从一般模型外推或内推①出了某些结论,但它们与观察数据并不相符;(四)影响过大的案例所带来的(拉偏平均值)问题;(五)标准显著性检验的任意性;(六)在"曲线拟合"模型的环境中,容易误导人的点估计的精确度问题;(七)在混合时间系列中,找到一个合适的估计值并模式化时间自相关的问题;(八)识别因果联系机制的困难;以及最后,但也是很重要的(九)从各种可疑的资源获取了错误数据这一普遍存在的问题。以上问题中的大多数都有一个共同的根源,即原因变量随时间变动太少,以及案例的极端异质性。

使人们对跨案例观察研究愈益不满的一个重要因素,是新近出现的对于社会科学研究实验模型的兴趣。在唐纳德·坎贝尔(Donald Campbell 1988;Cook and Campbell 1979)和唐纳德·鲁宾(Donald Rubin 1974)的开创性工作之后,方法论学者们仔细考察了回归模型,并得到了一些显而易见却又极其重要的结论:由于前文提到的种种问题,此种研究与真正意义的实验相去甚远。当前,匹配检验、自然实验和田野实验所引发的兴奋,可以被理解为是一种朝着近似实验的、而且往往是基于案例的因果联系分析的发展。可以说,上述情况的出现,乃是因为少数彼此相互紧密关联的案例、或者一个能够予以连续观察的单独案例,与由异质单元组成的大样本相比,更接近理想的实验条件。

第三个促使事态朝着有利于案例分析方向发展的因素,乃是对跨案例分析的标准线性/可加模型的一系列替代方案的出现,由此就有了更加多样化的工具可以用来捕捉复杂的社会行为(参见 Brady and Collier 2004)。查尔斯·拉金(Charles Ragin)和他的同事已经向我们表明,如何处理多种因果路径导致同一结果集的情形,他们使用的一系列方法被称为"定性比较分析"(QCA)("Symposium:Qualitative Comparative Analysis"2004)。安德鲁·阿伯特(Andrew Abbott)提出了一种被称为最优序列匹配的方法,可以绘制出案例间的因果联系序列(Abbott 2001;Abbott and Forrest 1986;Abbott and Tsay 2000)。贝尔·布劳姆勒、加里·戈茨、杰克·列维和哈维·斯塔尔强调必要条件论证在社会科学中的重要性,并说明了如何分析此类论证(Braumoeller and Goertz 2000;Goertz 2003;Goertz and Levy forthcoming;Goertz and Starr 2003)。詹姆斯·费伦、内德·莱渤、菲利普·泰洛克及其他学者探讨了个案史分析中虚拟思维实验的作用(Fearon 1991;Lebow 2000;Tetlock and Belkin 1996)。科林·埃尔曼提出了一种分析案例的类型学方法(Elman 2005)。大卫·科利尔、杰克·古德斯通、彼得·霍尔、詹姆斯·马奥尼

---

① 或曰"插值",即通过一个系列中已有的数据得出其中未知的某个数据。——译者

和迪特里希·吕施梅尔(Dietrich Rueschemeyer)的工作则是要复兴比较研究方法和比较历史研究方法(Collier 1993;Goldstone 1997;Hall 2003;Mahoney and Rueschemeyer 2003)。为了能够对案例进行有意义的比较,需要将按时间顺序组织的叙事的相关细节转换为标准形式,但如何实现转换则是个难题,这一点也已经为许多学者所指出(Abell 1987,2004;Abbott 1992;Buthe 2002;Griffin 1993)。严格地说,这些方法并不都是案例研究(因为有时它们会涉及大样本),但只要它们在一定程度上保留了每个案例的细节和特点,它们就能够使我们更接近基于案例的因果联系理解,而这在大样本跨案例分析中是难觅踪迹的。

使得最近出现的理性选择工具①和案例研究分析联姻的第四个因素,有时被称作是"分析性叙事"(Bates et al.1998)。不论是采用定性的还是定量的方法,借鉴了经济学模型的学者现在都越来越多地转向案例研究,以检验其一般模型所得出的理论推断、探究因果机制、并且/或者解释某个关键案例的特征。

最后,最近几十年出现的认识论转变也使得案例研究变得更有吸引力。"实证主义"的解释模型在20世纪大多数时间影响了社会科学的研究。这一方法通常贬低在分析因果关系时研究因果机制的重要性。米尔顿·弗里德曼(Friedman 1953)有个著名的说法,即评价一个模型的唯一标准,在于它是否能对结果作出精确的预期。模型的写实程度,其对现实描绘的精确性,则并不在考虑范围内。然而近年来"现实主义者"们开始挑战这一说法,他们(除了其他主张以外)认为,因果分析应该更注重研究因果机制(如 Bunge 1997;Little 1998)。在政治学和社会学中,识别某种特定的机制——即某个因果路径——逐渐被视为因果分析必不可少的部分,而不论有关模型是否用公式表达,也不论所用证据是定性的还是定量的(Achen 2002;Elster 1998;George and Bennett 2005;Hedstrom and Swedberg 1998)。正因为这一新近出现的(或者至少是最近才自觉的)对于因果机制的兴趣,所以毫不奇怪社会科学家们会转向运用案例分析来进行因果研究。

从上述的任何一个理由中,人们都能直觉地感受到社会科学正转向基于案例理解因果联系。然而,这一变化虽然是事实,却很少被人认可,而且还必然会被许多细致的观察者(包括上文提及的一些学者)所质疑。

事实是,大多数方法论研究者仍然以极其挑剔的眼光看待案例研究法。在他们看来,案值研究存在以下的缺陷:一项只聚焦于某类现象中一个具体事例的研究,大概只能算作是"单纯的"案例研究,其理论基础既薄弱也不系统;案例选择上存在偏向;研究

---

① 此处原文为"rational choice tools"。——译者

设计随意而缺乏规范;经验意义不大(变量太多而案例太少);结论不客观;不可重复;以及因果决定论等。对一些人而言,案例研究简直就是形形色色的"指涉谬误"的代名词。[1]

时至今日,案例研究仍被赋予某种准神秘主义的特性。在心理学领域中,从事跨案例研究的"科学家"和从事临床研究(通常关注的案例较少)的"从业者"之间存在着鸿沟(Hersen and Barlow 1976,21 页)。在政治学和社会学中,案例研究者则被认为是处在"硬"学科的较"软"一面。就各学科领域而言,那些依然具有案例研究倾向的学科,比如人类学、教育学、法学、社会工作以及其他许多领域和分支学科,则被归于学术谱系中不够严谨、不够系统、不够科学且不够实证的一端。

从正统观点来看,案例研究在方法论上的地位仍然是可疑的。即使是为其辩护的人,也难以弄清这一模糊的研究方法利与弊。从业者每天都在从事着他们的工作,但从方法论的角度看,他们却无法清晰说明他们在做什么。案例研究乃是在一种不同寻常的方法论炼狱中维持其生存。

这导致了一个悖论。关于这个经验世界,我们所知道的很多事情都源自于案例研究,而且社会科学各学科中的工作很大一部分也是案例研究,但对这种研究方法的理解却存在着缺失。虽然它对社会科学的许多学科都作出了受到广泛认可的贡献,但在这些学科内部却饱受质疑、处于不利的地位。我们该如何理解这种严重的脱节?如果案例研究在方法论上确有缺陷,它又为何能存续至今?它是应该被恢复名誉,还是继续压制?此类研究成果如何?

在本章中,我为案例研究给出了一个新的定义,并且会特别关注比较政治学领域的情况,这是因为比较政治学自产生以来就与案例研究有关。基于这个定义,我接下来会对案例研究和跨案例研究进行一系列的比较。做这些对比并非是要为其中一方辩护,而是试图阐明两种研究方法各自的优势与劣势。本章将这一为时已久的争论视为是一种权衡问题。两种方法各以不同的方式探究我们这个世界。但是,若能适当地组合,案例研究所得到的结果就可以与跨案例分析所得到的结果一起被综合考量;反之亦然。因此,我在这一章中希望达到的目标,就是多多少少能够破除比较政治学内部造成这两种相互竞争的方法彼此隔阂的那些藩篱。

---

[1] Achen and Snidal (1989, 160 页)。另参见 Geddes (1990, 2003), Goldthorpe (1997), King, Keohane, and Verba(1994), Lieberson(1985, 107—115 页;1992;1994), Lijphart(1971, 683—684 页), Odell (2004), Sekhon(2004), Smelser(1973, 45、47 页)。需要注意的是,这些学者虽然对案例研究的现有形式持批评态度,但他们并不一定反对案例研究本身(即他们不应被归类为案例研究的反对者)。

一、定　义

诚然,尝试定义这一章的核心概念,会遭遇极大困境。说一项研究是个"案例研究"可能意味着以下这些内容:用的是定性方法,考察的是小样本;研究是全面的、细致而深入的(对某个现象进行多多少少广泛综合的考察);研究使用了某种特定类型的论据(像民族志的、临床的、非实验性的、不基于大样本调查的、参与观察的、过程跟踪的、历史的、文本的或实地调查的等等);研究考察的是单一现象的特质;或者,研究考察的是单一现象、事件或案例。显然,当研究者们谈及案例研究时,他们会想到许多内容。加剧这一混乱局面的,是一系列近义词的存在——单一单元、单一主题、单一案例、N = 1、基于案例、案例控制、案例史(如医学中的病史)、案例法、案例记录(如医学中的病历)、案例工作、临床研究,等等。概念和意义过剩导致的一个后果就是:虽然几十年前有关争论就开始了,案例研究的支持者和反对者都已作出了大量论证,但争议却似乎丝毫未减、双方难以达成任何共识。

那么我们能通过重新定义这一概念,使其更明晰、更具可操作性吗?为了做到这一点,我们必须首先明白两个核心概念——案例和案例研究——与相近概念的关系。在这个拥挤不堪的语义场中,任何一个概念都基于与其他概念的关联而得到定义,而且,在一项具体工作或研究的环境中,它们的含义都取决于某个具体的推导过程(读者需要时刻注意,思想过程的任何变化,都可能会导致所有关键概念的意义有所不同)。我的意图是,要给这些概念提供一个单一的、确定的定义。当然,研究者们还可以给它们下许多种不同的定义。但为了便于展开接下来的方法论讨论,确定一个统一的概念还是必要的。

让我们在此规定,一个案例指的是一个具有明确空间界限的现象(一个单元),它既可以在某一个时间点,也可以在某一时间段内被观察到,它所包含的现象可以由某种推论加以解释。因此,在一个试图解释民族国家某些特性的研究中,案例就是(某种时间框架下的)民族国家;在一个试图解释个体行为的研究中,案例就是个体;等等。每个案例可能会提供一个观察或多个(案例内)观察。

对比较政治学者而言,最为典型的案例就是我们目前这个时代最主要的政治单元,即民族国家。当然,对更小一些的社会和政治单位(地区、城市、村庄、社区、社会团体、家庭)或具体机构(政党、利益集团、公司)的研究也在不断增加,同时这些单元也是政治学其他分支的研究对象。无论选取什么样的单位,个案的大小并不影响有关案例研究的方法论讨论。任何现象都可以构成一个案例,只要它具有可识别的边界,并包含了某项研究的主要对象。

要注意的是,一个案例的空间界限往往会比其时间界限更为明显。我们多多少少知道一个国家的疆域范围,但我们可能常常难以解释它为何在某一时刻兴起和消亡。不过,我们还是必须假定某些时间界限。当案例是由单一事件(危机、革命、立法活动,等等)构成时,这一点尤其重要。不过偶尔也有这样的时候,即案例的时间界限会比其空间界限更为显而易见。当被研究的现象是重要的事件、而正在经历此类事件的单位却模糊难辨时,就会出现这种情况。如果我们要研究恐怖袭击,我们就很难确定我们分析的空间单位,但这些事件本身的时间起止却十分清楚。

案例研究可以被理解为对单一案例的细致深入的研究,其目的是为了了解一个范围更大的案例类别(一个总体)。案例研究当然也可能包含几个案例,但是到了某种程度,它就不再能对这些案例进行细致深入的考察。此时,研究重点已经从个案转向包含多个案例的样本,我们就需要称之为*跨案例研究*了。从案例研究到跨案例研究之间显然存在着一个连续谱带,很难确定其明确的界限。一般而言,案例越少,对其研究越细致越深入,就越可能称之为案例研究。但即便存在模糊地带,上述定义仍然作出了一个有用的区分,因为以此为起点可以进行许多讨论。

接下来简要定义一下其他几个相关概念。

*观察*是任何经验研究最基本的元素。习惯上,分析中观察的数目以字母 N 来表示(但可能造成混淆的是,N 也会被用来指代一个研究中案例的数量,因此我会尽量避免这一用法)。观察包含几个维度,其中每一个(在不同观察中)都可以被表示为一个变量。若命题是因果命题,则它们还可细分为*因变量*(Y)和*自变量*(X)。因变量指的是一个研究中的结果,自变量则是解释(原因)因素,也就是假设中会导致结果出现的变量。

注意,一个案例可能只包括一个观察($N=1$)。比如在对多个案例的横截面分析中就会出现这种情况。但在案例研究中,被研究的案例总是会包含不止一个观察,它们可能是历时性的(在一个时段内观察这一案例或由案例中单元组成的某个子集),也可能是共时性的(在某个时间点观察案例内的变动)。这揭示了一个事实,即案例研究和跨案例研究通常适用于不同的分析层次。案例研究基本上关注的是案例内的变动(如果其中有跨案例成分,那可能是次要的)。跨案例研究则恰如其名,关注的主要是案例间的变动、差异(如果其中也有案例内的变动,则那是次要的)。两者目标一致,即解释一组案例,但手段不同。

*样本*包含所有作为分析对象的案例;它们是一项研究或案例研究的直接主题(同样会造成混淆的是,样本还可以指一系列正在被研究的观察,而且还会在许多地方被这

样使用。但在目前的讨论中,我们只认为样本由案例组成)。从技术上讲,案例研究中的样本由正在被深入分析的一个或多个案例组成。不过一般来说,样本这个概念本身就暗示着包含了数目相当多的案例。因而"基于样本的研究"会被理解为大样本跨案例研究,即案例研究的反面。再次说明,唯一可以区别开案例研究和基于样本的(或"跨案例的")研究的,是样本中的案例数目——是一个或几个,还是大量的案例。案例研究和大样本研究一样,其目标都是运用一切与待论证命题相关的手段,反映一组案例的情况。因此,一系列案例研究也可能被当做是一个样本,只要它们相对简要、相对数量众多。所以,这是一个关注重点和程度的问题。某人所进行的案例研究越多,每个个案得到深入细致研究的可能性也就越小,但与此同时,他对这些案例(对一个范围更大的群体)的代表性就越有信心,而且他也越可能将其视为一个样本而非一系列案例研究。出于实际的考虑,除非常冗长的单个个案之外,案例研究一般会将所研究的案例数目限定在十来个甚至十个以下。当然,只研究一个案例的情况也绝非罕见。

样本是给定命题指涉的所有案例集合的子集,因而这一指涉的丰富程度就等同于命题内涵的广度[我使用的这些概念,如命题(proposition)、假设(hypothesis)、推论(inference)或观点(argument),都可以互换]。由于绝大多数样本都难以穷尽整体,所以样本这一概念,意指从整体中取样所得。但偶尔,样本也会等于某项研究的对象整体,即所有可能的案例都已经被研究到了。

对于那些熟悉长方形数据表格的人来说,这样理解上述概念也许会有帮助:不同的行代表不同的观察,不同的列则代表不同的变量,而案例就是一组观察或者单个观察。

二、案例研究的长项:案例研究与跨案例研究的对比

案例研究,即为了理解一类相似的单元(案例组成的整体),而对一个或少数几个单元(案例)进行的细致深入的研究。上文已经指出,这是一种对我们最为有用的定义。事实上,这是一个最小意义上的定义。① 下面我们讨论一下案例研究那些非定义性的属性——即在案例研究中经常、但不是总是可以看到的属性。它们可以被视为由这一概念的最小定义而来的方法论上的附加性质。②

---

① 我的想法是,只在定义中包含了案例研究法普遍存在、且当我们使用这一概念时总是蕴涵在内的那些属性,而排除了那些有时会与这一概念的标准用法相冲突的属性。比如,我并没有把"民族志"作为案例研究的一项特性,因为许多(所谓的)案例研究并不具备此特性。对最小定义的更多讨论,参见 Gerring(2001,第4章),Gerring and Barresi(2003),Satori(1976)。

② 也可以把这些属性视为一种理想型的("最大的")定义的组成部分(Gerring 2001,第4章;Gerring and Barresi 2003)。

相对于大样本跨案例研究,案例研究存在一些优势,同时也存在着一些缺欠。要在这两种方法之间作出取舍,首先要考虑根本的研究目的,例如:(一)这一研究是要提出还是要检验假设?(二)处于优先地位的,是内部还是外部的有效性?(三)研究者更希望发现的,是因果关系的机制还是其效应?以及(四)因果推论是要深入还是要宽泛?这种还取决于经验整体的特性,比如(五)被研究的案例群体是异质的还是同质的?(六)研究的因果联系是强还是弱?(七)关键参数在群体中的有效变动是罕见还是常见?以及(八)可得数据的分布是集中还是分散?

上述每一问中,若取前一选项,则更应选择案例研究;若取后一项,则更适于跨案例研究,如表 4.1 所示。需要澄清的是,这些取舍条件反映的只是方法论上的亲缘性,而非固定不变的法则。上述每一个方面都可以找到例外情况。但即便如此,这些一般趋向还是可以经常在案例研究中发现,且很多年来一再出现在许多学科或分支学科的相关研究中。

表 4.1 案例研究与跨案例研究:亲缘性与取舍

	亲缘性	
	案例研究	跨案例研究
研究目的		
1. 假设	提出	验证
2. 有效性	内部	外部
3. 因果关系	机制	效应
4. 论题的范围	深入	宽泛
经验因素		
5. 案例群体	异质	同质
6. 因果强度	强	弱
7. 有效变动	罕见	常见
8. 可得数据	集中	分散

还需要特别强调,每个取舍条件都有"在其他条件相同的情况下"这一前提。比如说,其他条件相同的情况下,提出新假设最好是通过案例研究。读者必须时刻牢记,其他很多因素也会影响一位学者对研究方法的选择,使其结果与上述条件的指示相反。也就是说,其他条件并不总是相同。我们不能在不经通盘考虑各种相关因素(有些因素可能比其他因素更重要)的情况下就直接得出结论,认为某个研究方法在某种环境下一定适用。

三、提出与检验假设

社会科学既需要提出新理论,也需要检验现有理论;它既"猜想",又"反驳"。[1] 但令人遗憾的是,社会科学方法论关注的几乎完全是后者。社会科学中的猜想被认为是与猜测、灵感和运气相关的事物——某种信念的飞跃,所以也被认为并非方法论思考所应关心的问题。[2] 但是,人们都会承认社会科学的很多著作,包括大多数被公认为经典的著作,都是开创性的而不是确定性的。它们之所以经典,是因为其中提出了新的思想或新的视角,并在随后被进行更严格的(反驳性的)分析。实际上,一个新理论提出后,很难立即有相应的证伪程序。从定义上说,开创性的研究本身就包含了诸多可能性,继之而起的研究则更多是确认性的,因为其主要任务被限定为证实或证伪一个已经存在的假说。因而,根据不同研究最主要的目的,我们可以有效地对社会科学世界加以划分:或是偏重于假设的*提出*,或是偏重于假设的*检验*。它们代表了社会科学中的两个环节,即点亮明灯的环节和质疑的环节,每一个都是社会科学的进步必不可少的。[3]

对于探索性质的研究而言,案例研究具有天然的优势。据信,数千年以前,希波克拉底进行了已知的首次案例研究,其中包括 14 个病例。[4] 在对几个特定地方(比如著名的复活节岛)进行旅行考察后,达尔文提出了有关人类进化过程的思想。弗洛伊德关于人类心理的革命性著作,基于他对不到 10 个临床案例的细致考察。皮亚杰根据他对自己的两个孩子从小到大的成长历程的观察,提出了他的人类认知发展理论。列维·施特劳斯基于对南北美洲几个部落的分析,得出了有关人类文化的结构主义理论。道格拉斯·诺思关于经济发展的新制度主义理论,则主要来自对几个先行发达国家(主要是英国、荷兰和美国)的细致分析。[5] 这类例子还可以举出很多,大量开创性的新思想都是源自对少数关键案例的细致深入研究。

---

[1]　Popper(1969).

[2]　卡尔·波普(引自 King, Keohane, and Verba 1994,14 页)写道:"不存在获取新想法的逻辑路径……发现新想法的活动包含了'某种非理性成分'或某种'创造性直觉'。"最近出版了一个把新想法作为研究主题的论文和评论集(Munck and Snyder 2007),但它是否得出了具有普遍意义的结论则值得怀疑。

[3]　Gerring(2001,第 10 章),在这两种研究类型间如何取舍,参见 Achen and Snidal(1989),其中批评了案例研究在后一方面的缺陷,但也承认在前一方面案例研究具有优势(Achen and Snidal 1989,167—168 页)。赖兴巴赫(Reichenbach)同样区分了"发现的情况"和"证实的情况"。皮尔士的不明推论式(abduction)概念也意识到了科学中生成性因素的重要性。

[4]　Bonoma(1985,199 页)。关于接下来所举例子的讨论,参见 Patton(2002,245 页)。

[5]　North and Weingast(1989);North and Thomas(1973).

显然,某个现象得到研究的案例数目多少,这本身并不会影响理解的深刻性。案例越多,可能困惑也越多。牛顿领会到重力的性质之前,观察了几次苹果坠地?这个例子本身是以讹传讹的结果,但它表明了极其重要的一点:当第一次遇到某个问题或以一种全新的方式重新考察某个问题时,案例研究可能比跨案例研究更有用。一位学者在对医学研究中使用的案例研究法加以回顾之后发现,虽然一般认为病例报告不过是最低级或最无力的证据,但它们同时也是"最直接的证据"。让·范登布鲁克(Jan Vandenbroucke)认为,案例报告最重要的贡献就是"找出曾预料之事"。这正是新发现开始之处。[1]

然而,案例分析在探索性研究中的优势,到了证实/证伪性质的研究中,却恰恰会变成劣势。让我们简要探讨一下为何会如此。[2]

传统上认为,科学方法论的前提,是猜想和反驳的严格区分,一方不能去"污染"另一方。[3] 然而,在现实的社会科学世界,灵感与汗水常常结伴而行。只有对特定案例中的特定事实进行深入细致的考察,才可能会出现"点亮明灯"的时刻。灵感更容易在实验室中、而不像有的故事所说的那样,在洗澡时闪现。

在案例研究中,猜想和反驳不断循环的特质尤其明显。查尔斯·拉金(Charles Ragin)指出,案例研究的每一个环节都是"个案"性质的——包括确定主题、提出主要假设、处理结果、选择能够提供与假设相关的信息的案例集合等。[4] 一项针对法国大革命的研究可能被抽象为对革命、社会革命、叛乱,以及政治暴力的研究,等等,但这些不同的主题,要求不同的事件群体以及不同的原因要素。在确定一个案例研究的主题时,研究者的大量介入是必要的,因为在证据解读方面存在着很大的自由空间。正是由于案例研究具有这种"主观性",所以大量假设和洞见的出现才成为可能;这一点对于跨案例研究来说就不甚明显,因为从事跨案例研究的学者虽然面对众多案例,但由于对案例、变量,以及结果的界定更为严格,所以能够得到的经验信息反而相对较少。案例研究的不确定性恰恰使其在探索阶段具有巨大优势,因为单一案例的研究使人们能够对大量假说进行粗略的检验。就此而言,这也并非是一个全然的"猜想"过程。我们在单一案例中发现的不同因素间的关系,可以被称为初步印象中的因果联系:它们都"在犯罪现场"。这样一种印象对研究者具有启示意义,因为在分析的早期阶段,尚不存在可辨识的"嫌犯",甚至"犯罪"事实本身也难以判别。A、B 和 C 三个因素出现在预期的

---

[1]　Vandenbroucke(2001,331 页)。

[2]　关于经济增长理论中的这种取舍,参见 Temple(1999,120 页)。

[3]　Geddes(2003),King,Keohane,and Verba(1994),Popper(1934/1968).

[4]　Ragin(1992).

(与某一结果相关的)时间和地点,这一事实就足以使研究者将它们视为自变量,此时需要的,只是它们在时空上接近这一证据。因此,人们常常认为案例研究是"可行性探测""领航研究""启发式研究",是"探索性的"和"理论建构性的"实验。①

与之相反,大样本跨案例研究通常只能检验为数不多的假设,但其检验的置信度较高,因此对那些主要目的是检验已有假设的研究比较适合。跨案例分析收集的数据,其自由解读空间并不大,作者介入的程度就相应较小。因此,它也就更为可靠。我们还可以换一种方式说明上述观点,即案例研究倾向于产生统计学的第一类错误(错误地拒绝了无效的假设),而跨案例研究则易于产生第二类错误(未能拒绝错误的无效假设)。这也解释了为何案例研究更适用于建立范式,而跨案例研究则更多是在常规科学单调乏味但又高度严格规整的领域中进行。

但这并不是说,案例研究就从来没有被用来证实或证伪假设。下文将会论述,从单一案例中得到的证据也可以证伪某个必要或充分假设。此外,案例研究通常还有助于阐明因果机制,而这自然会影响到对某个 X—Y 之间关系的可信度。不过,一般性的理论很少对案例内变动作出详尽而确定的预测,因此人们也就很难以通过类型匹配(在没有其他跨案例证据的情况下)拒绝某个假设。总之,验证理论并非案例研究所长。择取"关键"案例原本就是为了尽可能克服样本数量过少所带来的问题。因此,只基于单一案例的研究,人们很难拒绝或确证某个假说。

哈里·埃克斯坦(Harry Eckstein)自己承认,他提出的案例研究也是确证理论的一种方式的观点,在很大程度上是假说性质的。在几十年前他写作的时候,他无法举出任何一个社会科学研究的例子,来证明对某个关键案例的研究完成了它被赋予的英雄使命。② 我怀疑,这一点至今也没有多少变化。事实上,甚至对于自然科学中的实验案例研究来说,情况也是如此。唐纳德·坎贝尔(Donald Campbell)和朱利安·斯坦利(Julian Stanley)指出:

我们必须意识到,连续多次的实验在科学中更为常见,一劳永逸的、确定的实验却实在罕见。我们今日所做的实验如果获得了成功,还需要在其他时间、其他条件下被重复、被交叉互证,然后才可能成为科学的一部分……尽管我们认识到实验构成了证明的基本语言,……但我们不应指望反对相反理论的"关键实验"能得出清晰明白的结果。当我们发现,同样称职的一批观察者提出的观点明显相左时,从逻辑上说,情况很可能是,双方都对自然情形的某些部分进行了有效的观察,都反映了一部分的真理。争议越

① Eckstein(1975),Ragin(1992,1997,Rueschemeyer and Stephens(1997).
② Eckstein(1975).

是严重,实际情况可能越是如此。因此可以预期,此类案例的实验结果很可能混杂了不同理论,或者不同实验所反映的真理成分会有所不同。更成熟的研究……不会太注重关键实验,而是着力研究实验变量不同维度的相互关系,以及它们在不同层面的相互作用。[1]

案例研究毕竟只提供了一个侧面,一个更大现象的实例。

明白创立假说和检验假说的不同要求,有助于我们在案例研究者的热情和批评者的质疑之间求得一条中间道路。他们都是对的,因为案例研究的不确定性,有助于我们进行新的抽象,但也正因为这一特点,所以案例研究一般而言无力证伪某种假说。

四、内部与外部有效性[2]

一般把有效性分为两种:相对于研究样本内部事物的有效性,以及相对于样本以外事物的有效性(即推广到一个范围更大的且未被研究的群体)。只要遵从合理的案例选择程序(比如某种随机抽样的形式),对于我们感兴趣的群体而言,跨案例研究就总是比案例研究更具备代表性。案例研究之所以面临典型性的问题,是因为从定义上讲它就只包含了某种一般现象的少量事例。罗伯特·莱恩(Robert Lane)选取的研究对象能够代表美国白人男性移民中的工人阶级?[3] 米德尔敦(Middletown)能够代表其他的美国城市吗?[4] 此类问题始终困扰着案例研究。这意味着,案例研究的外部有效性要弱于跨案例研究。

相比而言,案例研究的内部有效性就要更胜一筹。虽然不是必然如此,但一般而言,要确认单个案例(或少量案例)中的因果联系,总要比面对一大批案例更容易一些。在这方面,案例研究者和实验工作者有一个共同的倾向,他们更注重样本内部而非外部的有效性。因此,在外部和内部有效性之间的取舍,如同其他几种取舍一样,是选择进行跨案例研究还是单一案例研究时必须考虑的内容。

五、因果机制与因果效应

第三类取舍,涉及研究者希望对因果关系获得何种理解。就此,我们可以区分出两

---

[1] Campbell and Stanley(1963,第 3 页)。

[2] 有效性(validity)是近年来西方学术界用来表示在某种条件下一个陈述在逻辑上自洽,或者在经验上与事实相符的概念,是对传统哲学中"真理性"概念的替代。——译者

[3] Lane(1962).

[4] Lynd and Lynd(1929/1956).

种研究目的。其一,关注对因果效应的估计;其二,关注对因果*机制*(即从 X 到 Y 的作用路径)的探寻。

我所说的因果效应包含两个方面:(一)因果关系的强度(即在一个案例群中,X 的给定变动对 Y 产生的预期影响);以及(二)这一估计的相对精确性或不确定性。显然,如果仅仅考察一个或少量几个案例,则很难对整个案例群中的因果效应作出可靠的估计(存在一种例外情况:某个特定案例可以在实验中被重复检验,且每次检验后都能回归原初状态。但此时研究者还是不能避免这个被再三研究的案例代表性如何的问题)。① 因此,对因果效应的估计总是要依赖跨案例的证据。

现在人们普遍同意,因果论证并不仅仅是度量因果效应,还包括识别因果机制。② X 必须以某种令人信服的方式与 Y 联系起来,否则就无法确认两者之间是否真正存在因果关系,或者两者之间的因果互动如何进行。另外,如果不能清晰了解因果关系中发挥作用的因果路径,就不能准确地设定模型,并选择可能的回归工具(如果有内生性问题的话),也无法解读所得结果。③ 因此,在每个对平均(一般)因果效应的估计中,都假定了某种因果机制的存在。

在探求因果机制方面,跨案例研究常常力不从心。比较普遍的批评认为,大样本跨国研究(如研究增长、民主、内战和其他国家层面的结果的原因)能够证明输入和输出之间存在某种关系,但并未澄清产生此类关系的原因(即清晰的因果作用路径)。例如,我们知道了婴儿死亡率与国家的失败密切相关④,但如何解释这一发现,又完全是另一回事,因为它可以由一系列不同的因果机制所导致。婴儿死亡率的骤然升高,可能源自饥饿、社会动乱、新的传染病媒介,或者政府的镇压,以及其他不计其数的因素。其中有一些因素可能会影响国家的稳定,而其他的因素则更像是国家不稳定导致的结果。

如果能把案例研究较好地组织起来,能使研究者一窥黑箱中因果机制的究竟,确定结构性原因及其可能导致的结果之间的中介因素。理想状态下,它们能让我们"看到"

---

① 注意,对单个案例进行深入研究,是测量这一单元内部的因果效应最合适的方法。因此,如果有人对美国人的福利收益与工作努力程度之间的关系感兴趣,那么他无需进行跨国比较,只要通过研究来自美国的数据就能得到相当准确的判断。但是,因为由此获得的结论不能扩展到所研究的单元之外,所以这并不是通常意义上的案例研究。

② Achen(2002),Dessler(1991),Elster(1998),George and Bennett(2005),Gerring(2005),Hedstrom and Swedberg(1998),Mahoney(2001),Tilly(2001)。

③ 安格里斯特和克吕格在讨论两阶最小二乘方分析中的工具变量时指出(Angrist and Krueger 2001,第 8 页):"好的工具通常来自于对经济机制的深入了解,制度决定了我们感兴趣的回归量。"

④ Goldstone et al.(2000)。

X 和 *Y* 的相互作用——休谟的弹子球越过桌面,击中了第二个球。① 巴尼·格拉斯(Barney Glaser)和安塞姆·施特劳斯(Anselm Strauss)指出:在田野调查中"一般性的联系往往是在现场被发现的,也就是说,实地研究者们亲眼看到了它们。"②在研究决策行为时,案例研究能探究相关的行为者在特定背景之下的动机、推理能力和信息处理的过程。因而,丹尼斯·庄(Dennis Chong)对少数受访者进行了深度访谈,以便更好地理解在公民自由的问题上,人们是如何作出有关决策的。庄(Chong)评论道:

> 与大规模调查相比,深度访谈的优势之一是它能更全面地记录研究对象的观点是如何形成的。虽然我们事实上无法观察他们的回答背后的心理过程,但我们可以目睹许多外在表现。研究对象在回答问题时可能东拉西扯、犹犹豫豫、结结巴巴、漫无边际,而这一切都在提示我们,他们是如何认识和思考政治议题的。③

同样,对单一案例的研究能够让我们对某一理论提出的因果关系加以检验,为某种因果论证提供佐证。这有时被称为类型匹配(Campbell 1988)。

迪特里希·吕施梅尔和约翰·斯蒂芬斯的工作就是个例子,它表明对因果机制的研究,会使研究者置疑基于跨案例证据的一般性理论。他们研究的主题,是英国殖民主义在后殖民政体中培育民主制方面发挥的作用。两位研究者特别考察了所谓的扩散假说,即英国殖民主义把"英国式的统治和代议机构输送到原殖民地国家,并'教会'当地民众适应英式统治方式"。他们在深入分析若干案例的基础上指出:

> 在北美和澳洲的英国殖民地,我们的确发现了支持扩散效应的证据;但在西印度群岛,历史记录表明,英国的统治与民主政治之间存在着不同的关联方式。在那里,英国殖民当局反对扩大选举权,且只有白人精英才能够在代议机关中接受"教育"。不过重要的是通过与中美洲情况的对比,我们发现英国殖民主义确实阻止了本地庄园主控制地方政府,也使其未能以大规模镇压的方式应对 20 世纪 30 年代的劳工暴动。而且,英国殖民统治者不顾当地精英的顽固反对,还是作出了一些让步,使植根于黑人中产阶级和工人阶级的政党—工会复合体得以发展,并且成为日后民主和独立运动的骨干力量。因此,对这些案例的历史叙述表明,英国殖民主义与民主政治之间在统计上的高度相关,只有一部分是扩散效应的产物。为了充分说明统计结果,还必须考虑阶级力量、国家权力和殖民政策之间的相互作用。④

---

① 这涉及下文将要讨论的过程跟踪证据,但并不必然由此类证据所决定。案例研究的另一个对象,即灵敏性时间序列数据也与因果机制问题有关。

② Glaser and Strauss(1967,40 页)。

③ Chong(1993,868 页),其他深度访谈的例子,参见 Hochschild(1981),Lane(1962)。

④ Rueschemeyer and Stephens(1997,62 页)。

我们在此无需关心吕施梅尔和斯蒂芬斯的结论是否正确。对我们来说,关键是要认识到,任何探究因果机制的尝试,都严重地依赖案例研究所提供的证据。在这个例子以及其他许多事例中,因果作用路径的问题都太复杂、需要太多只能粗略度量甚至根本无法度量的变量,因此也就无法进行精确的跨案例分析。①

当然,发现因果机制并不总是需要特别的努力。有的时候,它们可能显而易见;在另一些情况下,通过跨案例研究也能对它们加以检验。比如,有大量文献研究开放贸易与福利国家之间的因果关系。一般的经验发现是,经济越开放,社会福利的支出也就越高。因此问题就是:为何会出现此种显著联系,开放贸易与福利支出之间的内在联系是什么?大卫·卡梅伦(David Cameron)②提出了一个可能的因果路径,认为贸易开放度越高,则国内经济就越易于受到外来冲击的影响(例如,由于贸易条件的变动)。如果这个假说是正确的,那么人们应该可以发现,在一个国家年度贸易条件(经济易损性的一种度量方式)的变动和社会福利支出之间存在着某种显著的关联。然而事实上此种关联并不显著,这就导致很多评论者质疑卡梅伦及其他人提出的这种因果机制是否真的存在。③ 也就是说,如果某个中介变量在大量案例的样本中可以被有效操作,那么就可以不必诉诸案例研究检验因果机制。④

不过一般来说,案例研究毕竟是探查因果路径更合适的形式。我们可以考虑一下,组织针对大量受访者的标准化调查和对一个或者少数对象进行深度访谈(就像丹尼斯·庄所做的那样)之间的区别。后者使研究者能深入细节,而这是标准化调查所无法做到、更无法预期的。而且,案例研究者能更容易地判断受访者回答的真实性和可靠性。追踪因果机制需要提升对某一局部环境的灵敏度,而通常这些环境对跨案例检验至关重要。当然,使得案例研究长于微观分析的那些因素,同时也会让它们在度量平均(一般)因果效应方面相形见绌。这是一个经典的取舍问题。

六、命题范围的深度与广度

案例研究这一分析模式的有效性,部分取决于研究者希望证明的因果论题的范围。追求广度的论题一般需要跨案例研究提供证据;限于少数案例的因果论题,则更适合基

---

① 案例内研究启发了更具普遍性的理论发展的其他例子,参见 Martin(1992);Martin and Swank (2004);Thies(2001);Young(1999)。

② Cameron(1978).

③ Alesina,Glaeser and Sacerdote(2001).

④ 更多例子参见 Feng(2003);Papyrakis and Gerlagh(2003);Ross(2001)。

于单一案例研究。这种宽泛—集约之间的取舍,几乎是众所周知的事情。① 例如,一项关于法国的案例研究,也许能为某个关于欧洲,而非关于整个世界的论题提供更多的有用证据。命题的广度和证据的普遍性通常都是结伴而行。

当然,也存在不同的方式,使单一案例研究能够为范围更广的因果命题提供可信的证据——比如,选取被研究的现象中特别具有代表性的例子("典型"案例),或者选取代表某一命题最复杂的可能性,因而倾向于产生特定结果的案例("关键"案例)。但即便如此,其他条件相同的情况下,案例研究还是更适用于范围较小的命题而非范围较大的命题。因此,某一推论范围的广狭,是决定案例研究这种分析模式的效力的重要因素之一。证明这一点的是如下事实,即很多案例研究者在提出那种具有普遍性的(用科学哲学的惯用词汇来说就是"覆盖律")确定性因果命题时总是非常谨慎。

可以说,案例研究方法的主要优点之一就是其分析的深入。深入可能意味着某种解释对某种结果的叙述能够提供更多的细节、更丰富、更全面、更完整或者能够容纳更多的变化。确实,正如很多案例研究者所抱怨的那样,跨案例分析总是过于单薄;这样的分析对于解释个体案例常常无能为力。换言之,跨案例研究通常只能解释某一特定结果的很小一部分变动,因为它们仅在一个非常一般性的层次着手解释这一结果。比如,一个跨案例研究只希望解释革命的爆发/不爆发,而案例研究则会去研究革命的具体特性,即为何它在那一时刻发生且以这样的方式发生。因而,案例研究是对事件的"全盘"分析和"深描"。②

学术研究到底应该追求深度还是广度,这不是一个能够明确回答的问题。我们能够肯定的,仅仅是研究者必然要面临如下选择:是要对较少的事件获得更多的了解,还是要对更多的事件获得较少的了解? 对案例研究方法的赞誉和批评都可溯源于此。③另外,关于案例研究的"环境敏感性"的论争,其实也可以被准确(和更充分)地理解为研究的深度与广度之争。当案例研究者抱怨跨案例研究对于环境不够敏感时,他们也并不是认为,在被选择的众多案例中没有一点是共通的。他们实际上是在抱怨,如果减少推论的范围,则关于研究对象还有很多东西可说——并且可以说得更准确。④

我相信,传统上与案例研究相关的很多问题,也可被看作是这一根本性的取舍的产物。例如,案例研究观察社会现象时采用整体性的方法,即在自然环境中观察行为,而

---

① Eckstein(1975,122 页)。
② 我用"深描"时这个词的意义,和吉尔茨(Geertz 1973)略有不同。
③ 参见 Ragin(2000,22 页)。
④ Ragin(1987,第 2 章)。不过,赫伯特·布鲁默(Herbert Blumer,1969,第 7 章)的批评要更为深刻一些。

不是对其进行抽象,这一点常常受人称赞。相反,跨案例研究则使用了抽象的变量,它们看起来已经和现象本身没有多少联系。这种被建构出来的、人为的研究方法之所以受到批评,就因为它使社会行为脱离了具体环境。① 这种臧否立场的背后,则是一种自觉的选择,即站在案例研究者一边、重视深度更甚于广度。

七、案例的异质性与同质性

在案例研究与跨案例研究这两种分析模式之间的取舍,不仅取决于上文讨论的研究者的目的,还取决于研究者试图加以理解的经验世界的样态。初学者要注意,跨案例分析的逻辑是建立在不同案例具有一定程度的可比性(单位同质性)基础之上的。要求案例必须在各个方面都彼此类似,这会影响研究者所探究的因果关系;但差异性也需要得到控制,如果不控制差异性,那么案例之间就很可能风马牛不相及,人们纵然对它们的历史加以比较,也得不到任何关于更深层次的因果关系的知识。因为如此一来,人们感兴趣的因素在不同环境下就会产生不同的意义(概念延展);或者说,人们感兴趣的 X—Y 之间的关系在不同环境下就会各不相同(单元异质性)。

案例研究者常常对大样本研究表示不信任,因为他们怀疑后者包含了异质案例,且案例间的差异又很难被模型化。据称,“变量导向”的研究包含了不真实的“同质性假设”。② 例如在国际关系领域,经常以威慑失败和威慑成功来对案例进行分类。然而,亚历山大·乔治(Alexander George)和理查德·斯莫克(Richard Smoke)指出,“将因变量只分为两个子类别,即威慑成功和威慑失败”,忽略了威慑失败的无数种可能性。在他们看来,威慑具有许多独立的因果路径(殊途同归性),如果某一研究把各不相同的案例堆放到同一个样本中,就会忽视这种路径的差异性。③

另一个例子来自心理学的临床研究,关注的是个体样本中的异质性。米歇尔·赫森(Michel Hersen)和戴维·巴洛(David Barlow)解释道:

要证明某种技术的有效性,对 50 个案例的结果加以描述,要比分别描述 50 个个案更具说服力。但这种方法最大的问题,就是对患者加以分类的方法几乎总是面临难以掌控的异质性问题。(比如)“精神病患者”……之间的共同点可能比随机挑选的任何一群人还要少。然而,在个别描述每个案例时,临床医师常常能收集更多的重要信息,

① Orum,Feagin and Sjoberg(1991,第 7 页)。

② Ragin(2000,35 页)。另参见 Abbott(1990);Bendix(1963);Meehl(1954);Przeworski and Teune(1970,第 8—9 页);Ragin(1987;2004,124 页);Znaniecki(1934,250–251 页)。

③ George and Smoke(1974,514 页)。

因为他能够更为详尽地记录具体的问题和具体的过程。如果研究者把这些案例塞进一个随便定义的范畴,那么不仅个案描述不见了,而且由此得到的关于成功率的报告也毫无意义。①

如果案例的异质性极其严重,研究者可能会决定聚焦单个案例,或者相对具有同质性的少量案例。尽管研究者最终关注的是一个较大的案例群体,但案例内分析或对少量相似案例的分析所获得的证据,可能会比跨案例分析得的证据更为有用(假设某个研究者面对一个极度异质化的案例群体,其中一两个案例经历了准实验转换。那么与大样本跨案例分析相比,对这一两个案例进行的细致研究会更有助于研究者理解总体的因果联系模式)。当然反过来,如果这些案例的同质化程度提高,那么跨案例分析的适用性也会相应增强。这种情况下,引入更多案例也不会使研究结果发生变异,因为它们之间的相似性足以为跨案例分析提供有效信息。

所以,群体的异质性/同质性问题可以被理解为在 N(个观察)与 K(个变量)之间的取舍。如果在解释某一特定现象时,每个潜在的案例只能提供一个观察,同时又需要控制一个变量(来中和由此得到的样本中的异质性),那么每多一个案例,研究者就会失去一些自由度。这样一来,跨案例分析就难以进行,或者说,就难以把对两个案例的研究扩展为对更多案例的研究。但如果每个额外案例都相对"廉价"(无需控制变量),或者每个案例提供了多于一个的观察(即不同时刻的观察),那么跨案例研究也就可以实现。② 更简单地说,如果邻近的案例具有单位同质性的话,那么引入更多例子就不会引起太大问题,因为它们不会(或很少)给模型引入异质性。但当邻近案例的异质性很明显时,增加案例就变得"昂贵"起来,因为每个新增加的异质因素都需要被正确地模型化,而对模型的每一次调整都需要一个单独的(且也许是无法验证的)假设。为了进行因果推论所需的背景假设越多,则推论就会越脆弱、越不稳固,这不仅仅是一个多得统计显著性的问题。处于所有因果分析核心地位的"其他条件相同"这一假设也就成了问题。总之,案例研究与跨案例研究之间的争论关注并不是因果关系的复杂性本身(取这一概念通常被使用的意义),而是在某个特定的经验领域中如何在 N 和 K 之间进行取舍,以及通过统计学手段使案例异质性模型化的能力问题。③

在作出结论之前还必须要指出,严格说来研究者们对于案例可比性的判断是难以

① Hersen and Barlow(1976,11 页)。

② Shalev(1998).

③ 无可否认,如果邻近案例是相同的、所研究的现象是不变的,那么研究一个现象再多的事例也不会让研究者学到更多,因为从第一个案例得出的结果会在后面一再重复。然而,实际上社会科学家感兴趣的任何现象都多多少少具有异质性特征(案例不完全一样),也具有某些随机成分。因此,理论上假设的等同的、一致的案例在真实世界中极其罕见。

在经验上得到证实的。当然,我们可以,而且也应该在可能案例中寻找某种经验模式。如果这些模式很明显,那么关于案例可比性的假设就更合理、更稳固,否则的话,这些假设就很可能会被质疑。不过,关于案例可比性的争论通常关注的是临界状况。事实上,社会科学家关注的许多现象都难以严格界定。如果有人研究民主政治,那么就总会有如何定义民主的问题,以及如何决定样本门槛高低的问题。不同的研究者对此有着不同的理解,而这些不同的观念又难以用严格的方式加以检验。类似地,关于把贫穷和富裕的社会放入同一个样本中是否有意义,或者是否应该把它们归于不同的类别,也存在经久不息的争论。问题是穷与富(或"发达"与"欠发达")的界限同样非常模糊,把它们隔离开来分别进行分析的想法本身就有问题,而且实际上也难以实行。因此,不存在安全的(或"保守"的)处理方式。最后谈及的一个难题与社会现象的文化/历史构成有关。很多案例研究者认为,比较具有全然不同的文化背景和历史轨迹的社会毫无意义。但是,许多跨案例研究者认为,将研究范围限制在单一的文化或地理区域内,是一种过于武断的行为,且同样缺乏意义。在这种情况下,问题显然就在于研究者如何理解推论涉及的群体中案例的同质性与异质性。相似案例与不同案例的边界究竟在哪里?

严格地说,由于这一问题并非经验性的,所以它也可以被视为研究设计的本体论组成部分之一。本体论是关于世界真实图景的一种观念,是关于世界运作方式的一系列多多少少融贯的假设,是一种和库恩所说的范式相类似的研究的*世界观*。① 虽然将本体论问题引入社会科学方法论的讨论看似有些奇怪,但之所以谈论本体论,是因为社会科学本来就不是一个纯粹经验性的领域。一个人能发现什么,取决于他在寻找什么;而他会寻找什么,在某种程度上又取决于他期待找到什么。一般来说,案例研究者会认为世界是"不平的",他们认为国家、社会和个人都是高度个体性的现象。相反,跨案例研究者则不会认为世界有那么大的差异,他们更愿意相信,无论在哪里,事情基本上都一样,至少在基本的因果过程方面是如此。当研究者为自己寻找适当的基础时,这些基本假设或者本体论原则决定了他们的大多数选择。

八、因果联系的强与弱

不论群体是同质的还是异质的,如果因果效应较强,则相应的因果联系就比较容易研究。我这里所说的因果关系的"强度",指的是在某个案例群体中 X 对 Y 的影响的幅度和稳定性状况(这和手头证据的形态以及涉及证据解读的相关前提都有关)。如果

---

① Gutting(1980);Hall(2003);Kuhn(1962/1970H);Wolin(1968).

X 对 Y 的影响很大,则这一因果关系就相对容易研究。与之相比,较弱的关系则往往比较难以识别。这一点几乎是众所周知的,也适用于所有的研究设计。

在我们的讨论中,重要的是如果使用案例研究的形式,则较弱的因果关系会更加难以把握。因而从方法论上说,大样本跨案例研究更适用于较弱的因果关系,而案例研究则更适用于较强的因果联系。

在极端情况下这一点更为明显。最强的因果联系是*确定性*的,即 X 被认为是 Y 发生的必要和/或充分条件。如果 X 是充分必要条件,则它可以解释 Y 的所有变动;如果 X 是充分条件,则它可以解释 Y 在某些情况下的全部变动;而如果 X 是必要条件,则它可以独力解释 Y 未发生的原因。在这三种情况下,因果关系都被认为是极其稳定的,或者说,是确定的。不存在任何例外。

很明显,案例研究更适用于处理此类因果联系,因为确定性的因果命题可以被单一案例所*证伪*。① 比如,以往占主流地位的政治稳定理论认为,只有在相对同质化的国家,或异质性被横向分割所中和的国家,社会和平才能长久。② 阿伦德·利普哈特(Arend Lijphart)对荷兰的案例研究则发现,这个国家的社会分裂不断强化,但却很少出现社会冲突,所以通过这一个案例,他就证伪了上述确定性的理论③(原初的理论是否确实是确定性的,关于这一点可能仍会存在一些争议;但如果它是,那么它就被单一案例研究决定性地证伪了)。*证实*一个确定不变的因果论题一般需要更多案例,但并不像证明或然性论题那么复杂,因为人们已经假定因果关系不变。因此,研究中单一案例的分量也就加重了。

因果联系强度的两个组成部分即显著性和持续性通常是个程度的问题。X 和 Y 之间的联系越薄弱,则越难用案例研究的形式来对其加以研究。这是因为,在单一案例中,当 X 对 Y 的总体影响比较微弱或极度不稳定时,X 和 Y 之间的因果联系机制就非常难以识别。所以毫不奇怪,案例研究从一开始就与确定性的因果论题联系在一起;而被认为因果强度较弱和"或然性的"因果关系论题,则更多成为跨案例研究的对象④(严格说来,因果关系的显著性和持续性是两回事。然而,这两个因素倾向于共变,而我们也习惯于将它们放在一起进行讨论,所以我把它们视为同一问题的两个方面)。

我们现在考虑另一种极端状况。政体类型和经济表现之间的联系通常被认为是很

---

① Dion(1998).

② Almond(1956);Bentley(1908/1967);Lipset(1960/1963);Truman(1951).

③ Lijphart(1968);另参见 Lijphart(1969)。关于案例研究证伪确定性的一般命题的更多例子,参见 Allen(1965);Lipset,Trow,and Coleman(1956);Njolstad(1990);以及 Rogowski(1995)中的讨论。

④ Znaniecki(1934)。另参见 Robinson(1951)中的讨论。

弱的。民主如果对经济增长有影响,那在中短期看来可能也只是非常弱的影响,而且也许还存在着许多例外(不符合一般模式的案例)。这是因为民主之外的很多因素也会影响某一国家的增长表现,并且在经济增长中可能还存在着显著的随机成分(无法在一般模型中被模型化的因素)。由于这一因果联系的不确定性,所以仅研究一个案例,就很难对其加以把握。换言之,由一个案例难以观察到较弱的因果联系。需要注意的是,即使在某个国家民主政治和经济增长的联系看似很明显,我们也可以怀疑这一案例在更大的案例群体中是否典型,尤其是在我们已经假定这种因果联系既微弱又不稳定的情况下。当然,对跨案例分析来说,民主与经济增长之间这一假定联系的微弱性也是个难题。此类研究常常遭人非议,因为它们的发现大多经不起推敲。[1] 但即便如此,只要民主政治和经济增长之间*确实*存在着某种关系,那么显然大样本跨案例分析更易于对其加以捕捉。总之,通过研究一个样本而不是一个案例,我们能更好地检验肯定性的假设或者否定性的假设。

九、有效变动的多与少

在分析因果联系时,我们不仅需要考虑 X—Y 之间联系的强度,还需要考虑证据在可得案例中的分布。具体说,我们必须关心有效变动(相关参数在时空中的变动,这会为探究因果关系提供线索)的分布。如果有效变动十分稀少——即只在极少案例中出现——那么案例研究就能显一技之长。反之,如果有效变动比较普遍,则跨案例研究的方法会显得更为适用。

比如,社会革命是一种极少发生的现象。如果我们将每个"国家—年份"记为一个观察,则这一变量的经验分布中,绝大部分将会是 0(无革命),极少数才是 1(革命)。直觉上我们就可以知道,这极少数的"革命"案例是特别值得关注的。我们需要尽可能全面细致地研究它们,因为它们代表了我们能够了解的所有变动。在这种情况下,案例研究的方法就不可避免了,不过有时我们也使会用大样本跨案例分析来协助其研究。由于在此类问题上社会科学家感兴趣的很多结果都极为罕见,所以每个事件都相当重要。[2]

---

① Kittel(1999,2005);Kittel and Winner(2005);Levine and Renelt(1992);Temple(1999).

② 请考虑如下主题及其(极为罕见的)变动实例:早期工业化(英国、荷兰),法西斯主义(德国、意大利),核武器的运用(美国),世界大战(第一次、第二次),不可让渡投票的单一选区制(约旦、台湾、瓦努阿图、改革前的日本),在民主政体中的选举制度改革(法国、意大利、日本、新西兰、泰国)。如果参数是标量性质的,即不具有方向性,则"稀少性"问题就出现较少。但还是存在大量的例子,其分布被少量异常因素扭曲了,比如人口(中国、印度)、个人财富(比尔·盖茨、沃伦·巴菲特)、族群异质性(巴布亚新几内亚)等。

　　相反的情况比如政党更替,即一个执政党或执政联盟在选举中下台。由于政党更替在绝大多数民主国家以有规律的方式发生,因此对这一变量(执政/更替)的观察在"国家—年份"整体中的分布就比较均衡,也就是说,对于两种结果都可以找到大量实例。此时,由于案例间的变动分布比较规则,跨案例研究就显得更为适用。

　　需要注意的另一类变动可能出现在案例内。假设在某个较大的群体中,只有一到两个案例具备准实验性质,即我们特别关注的因素出现了变动,且可能影响结果的其他因素并未相应出现变动。显而易见,我们能从对这一两个案例的研究中了解很多,甚至比研究成百个偏离理想实验状态的其他案例,所得都要多。不过,如果很多案例都具有此种性质,那么集中研究单一案例就意义不大,跨案例研究会更为适用。

　　最后一类变化,涉及与被研究的特定理论相关的案例所表现出来的特质。假设某个案例可以为某一理论提供"关键性"的检验,即它非常完美和准确地符合理论的预期,而任何其他解释都难以对该案例的表现进行合理的说明。在这种情况下,如果没有其他关键性案例出现,那么对这一特殊案例的深入研究就只是一种程序性的要求。当然,如果某个群体中存在大量此类案例,那么也可以(在对相关参数进行某种数学简化之后)一并对其加以研究。

　　这一部分的主要结论就是,在选择是进行案例研究还是跨案例研究时,有效变动在群体中的分布是一个非常重要的参考因素。

十、可得数据的集中与分散

　　我把最为乏味的因素留到了最后。有些时候,研究方法的选择,取决于针对有待研究的问题,当前能够获得的,或者易于收集的信息的质量和数量。这是一个实践性问题,与事物真实(本体论意义上的)状态无关。事实上,这里关注的是在某一给定的时间点,我们对事物的实践状态知道些什么。[①] 这一关于证据的问题可以表达如下:就我们感兴趣的因果关系问题而言,我们对手头可能相关的案例了解多少? 这些数据的准确性、确定性和案例间的可比性如何? 如果所有相关因素都可以度量,如果这些度量都相对准确,如果它们能够被转换为案例间可比的形式,如果研究者对信息的真实性和准确性有足够的信心,那么这就是一个证据丰富的情形;反之,则是证据稀缺的情形。

　　当研究者考虑到可得证据在案例群中的分布时,它就会影响到研究方法的选择。如果相关信息集中在单一案例中,或者分布极不均匀,那么案例分析的方法就几乎是不

---

① 当然,我们对潜在案例的认识不可能与其实际状态无关,但它也不完全由其实际状态所决定。

可避免了。相反,如果信息分布相当均匀(即我们对所有案例都有同样充分的了解),且具备案例间可比性,那么限定一个狭小的研究范围就不那么可取(在这一部分中,数据、证据和信息这三个词是同义的)。

我们来考虑可得信息确实集中于一个或少量案例中的最简单的例子。关于婴儿死亡率和其他人类发展指数的准确历史数据,目前只在少数国家中是可得的(其中包括中国、埃及、印度、牙买加、毛里求斯、斯里兰卡、美国和一些欧洲国家)。[1] 这一数据匮乏的问题在未来若干年也不太可能得到解决,因为除非依靠公共或私人记录,婴儿死亡率极难度量。所以,任何研究这个一般性论题的学者,看来都只能主要依靠以上案例,因为只有这样,深度研究才是可能的,也是有利的。实际上我们不太清楚,在 20 世纪以前,是否有可能进行大样本跨案例分析。可以这样说,此种时候,案例研究是必然的,而跨案例研究则是被禁用的。

其他有关证据的问题则要更为微妙一些。让我们接下来讨论数据可比性的问题。在研究社会安全支出时,穆利根(Mulligan)、吉尔(Gil)和萨拉—伊—马丁(Sala-i-Martin)注意到:

> 尽管我们的支出数据和设计的数据质量都很好,但还是不能把某几个观察包括在内,而即使能包括进所有观察,也难以对老年补助的变化简化为一两个数据。因此,案例研究将会构成我们分析的重要部分,因为案例研究不要求来自众多国家的数据具有可比性。我们的案例分析所使用的数据来自不同的国家,所以我们也就无需将"社会安全"或"民主"简化为一个数字。[2]

在此,证据分布不均使得作者选取了案例分析的形式。反之,如果作者(或后继的分析者)发现了某种编码系统,能够合理且有效地对社会安全、民主和其他相关指标进行跨案例度量,那么,我们关于这一问题的知识状况就会发生改变,跨案例研究也就相应地变得更为可取。

重要的是,某一问题的相关证据并非始终固定不变。研究者可能收集到更多数据,可以重新编码现有数据,或者也可能发现新的数据来源。因此,在讨论证据问题时,研究者必须考虑的是,在具有足够的时间和资源的前提下,关于某一特定问题*能够*收集到的信息的质量和数量。在此应指出的是,收集新的数据和校正已有的数据,通常都是在案例研究而非大样本跨案例研究中更容易做到。如果某个研究中的案例动辄成百上千,那么要校正数据中存在的问题就会相当困难,因为需要涉及的数据点实在太多。

---

① Gerring(2007b).

② Mulligan,Gil,and Sala-i-Martin(2002,13 页).

我们可以以最近关于民主政治的研究为例,来考察上述问题。关于现有的全球性指数(比如自由之家发布的数据和"政体 IV"数据项目的数据)是否能反映"民主"这一复杂概念,学者中普遍存在着置疑。[1] 度量误差、加总问题和概念的有效性问题比比皆是。在处理某个国家或某个大陆的数据时,研究者还可以通过手工重新编码相关数据,部分克服某些上述问题。[2] 案例研究的形式总是能给研究者提供一个机会,以重新检视事实、参考多种资源、回到初始材料,并且纠正可能影响二手文献的误差。但是,如果某项研究包含了世界上所有的国家,那么研究者个人显然就不可能采用这一方法。在通常情况下,他最多只能通过某种形式的聚合验证(比较同一概念的不同指数)或编码微调克服加总问题或度量误差。[3]

出于同样的理由,在跨案例研究中收集原始数据也更为困难,这样做的代价会更高,辨识和编码案例时遇到的困难也会更多,还要学习外语、到处旅行,等等。假如只涉及一个案例,那所需的工作量就会少得多。

要记住的是,人类学家、经济学家、历史学家、政治学家和社会学家关注的许多国家,至今还是未知的领域。除 OECD(经合组织)国家,以及少数大国得到了学者们的细致研究(如印度、巴西和中国)以外,社会科学文献对世界上大多数国家都较少涉及。但是如果研究者只借助二手资料,那么他对像博茨瓦纳这样的国家所做的论述就几乎难以证实。而且,这些(非常有限的)二手资料还不一定可靠。因此,如果有人希望谈论世界上 90% 左右的国家的政治模式,或者希望获得比世界银行、国际货币基金组织和其他组织提供的标准统计数据(在涉及被较少研究的国家时,相关数据依然会很不完整)更多的知识,他就多多少少需要进行案例研究。当然,研究者原则上可以收集所有相关案例中的类似信息,但实际上这一努力会遭遇巨大的实际困难。因而,当研究者面临信息匮乏的环境时,从实践角度看,案例研究有时是最可靠的方式。

不过,这一条规则也很容易发生变化。目前,要研究社会科学关心的很多问题,都有现成的数据库可供利用。因此,为了某本书、某篇文章或论文的写作,也许并不总是需要去收集原始信息。有时深入的单一案例分析费力耗时,不如跨案例分析。如果这样,那么案例研究就不再具备信息方面的优势。运用现有信息进行跨案例分析的确可能是一件更容易的事件,尤其是当案例研究给自己设置了诸多障碍时——比如,到遥远的地方实地考察,冒着疾病伤痛的风险,高昂的费用,等等。所以很有意思的是,也有的

---

[1] Bollen(1993);Bowman, Lehoucq, and Mahoney(2005);Munck and Verkuilen(2002);Treier and Jackman(2005).

[2] Bowman,Lehoucq,and Mahoney(2005).

[3] Bollen(1993);Treier and Jackman(2005).

观察者认为案例研究"相对更耗费时间和资源"。①

无论具体的实际障碍是什么,证据的形态(即当前可得的和研究者可能收集到的数据)会对研究方法的选择产生重大影响,这一点毋庸置疑。如果某些特定案例的证据更丰富更准确,那么聚焦于这些案例的案例研究就更可取。相反,如果相关证据在所有案例中都同等充分,且在案例间可比,那么就没有理由不选择跨案例分析的方法,因为在这种情况下,案例研究的确不可能做得更好。

十一、结 论

本章一开始,我就指出了一种严重的自相矛盾的情况:案例研究的方法饱受批评却应用广泛。人们不认可它,却还是屡屡使用它。事实上,在社会科学的绝大多数学科和分支学科中,它依然是重要的研究工具。对这种方法论理论和实践之间"精神分裂"的症状,究竟应该如何理解?

案例研究的苦恼首先源自于其定义的含混。人们常常把一堆各不相干的方法论特征加诸这一关键概念,然而其中很多并不必然与之相关。因此,我的第一个目标,就是给它一个较严格的、有助于我们的方法论讨论的定义。我认为,最好将案例研究定义为对单一案例深入细致的研究,其目的则是要了解某个更广泛的现象。由这个定义可知,案例研究中观察的数目可以较少,也可以较多;研究可以是定性的,也可以是定量的;可以是实验的,也可以是观察的;可以是同时性的,还可以是历时性的。而且,案例研究与任何的宏观理论框架或范式都不冲突——比如,行为主义,理性选择论,制度主义或解释主义。也就是说,它并不具备认识论特性。使之与跨案例分析区分开来的,只有它们定义观察的不同方式,而不是它们对那些观察的分析,或它们模式化因果联系的方式。案例研究从一个或少量案例中获取观察,而跨案例研究则从大量案例中获取观察。大多数情况下,两者在不同的分析层次上进行。

案例研究的苦恼并不全来自其定义,它也与人们不能充分意识到这种方法所要求的方法论上的取舍有关。事实上,至少有 8 个方面的优劣必须加以考虑。当其他条件不变时,如果研究是探究性的而非证实/证伪性的,如果结论的内部有效性优先于外部有效性,如果希望理解的是因果机制而非因果效应,如果优先考虑的是命题的深度而非其广度,如果案例群体是异质性的而非同质性的,如果因果联系较强而非较弱,如果关于关键参数的有效信息只能来自少数几个案例,如果可得数据是集中的而非分散的,那

---

① Stoecker(1991,91 页)。

么,较之跨案例研究,案例研究就更为可取。

虽然限于篇幅,我在此不能继续讨论其他因素,但需要指出的是,其他因素也会影响研究者在案例研究和跨案例研究之间的选择。不过,这些另外的因素(例如因果关系的复杂性和某一问题的研究状况)并不与某种特定方法相关。它们可能有时需要一种方法,有时又需要另一种。

我贯穿本章的意图就是在一定程度上恢复人们对案例研究方法的意义、目标和完善性的理解。我希望通过对这一方法进行更严格、更精细的定义,将案例研究从长久困扰着它的那些模糊性中拯救出来。我也希望,案例研究的生产者和消费者们能更为清楚地了解这一方法的优势和局限。对某些研究目标而言,案例研究是非常有效的工具,但它也并非无所不能。

参考文献

ABADIE, A., and GARDEAZABAL, J. 2003. The economic costs of conflict: a case study of the Basque Country. *American Economic Review*, 93: 113-32.

ABBOTT, A. 1990. Conceptions of time and events in social science methods: causal and narrative approaches. *Historical Methods*, 23(4): 140-50.

——1992. From causes to events: notes on narrative positivism. *Sociological Methods and Research*, 20(4): 428-55.

——2001. *Time Matters: On Theory and Method.* Chicago: University of Chicago Press.

——and FORREST, J. 1986. Optimal matching methods for historical sequences. *Journal of Interdisciplinary History*, 16(3): 471-94.

——and TSAY, A. 2000. Sequence analysis and optimal matching methods in sociology. *Sociological Methods and Research*, 29: 3-33.

ABELL, P. 1987. *The Syntax of Social Life: The Theory and Method of Comparative Narratives.* Oxford: Clarendon Press.

——2004 Narrative explanation: an alternative to variable-centered explanation? *Annual Review of Sociology*, 30: 287-310.

ACEMOGLU, D., JOHNSON, S., and ROBINSON, J. A. 2003. An African success story: Botswana. Pp. 80-122 in *In Search of Prosperity: Analytic Narratives on Economic Growth*, ed. D. Rodrik. Princeton: Princeton University Press.

ACHEN, C. H. 1986. *The Statistical Analysis of Quasi-Experiments.* Berkeley and Los Angeles: University of California Press.

——2002. Toward a new political methodology: microfoundations and ART. *Annual Review of Political Science*, 5: 423-50.

——and SNIDAL, D. 1989. Rational deterrence theory and comparative case studies. *World Politics*, 41: 143–69.

ALESINA, A., GLAESER, E., and SACERDOTE, B. 2001. Why doesn't the US have a European-style welfare state? *Brookings Papers on Economic Activity*, 2: 187–277.

ALLEN, W.S. 1965. *The Nazi Seizure of Power: The Experience of a Single German Town, 1930–1935*. New York: Watts.

ALMOND, G.A. 1956. Comparative political systems. *Journal of Politics*, 18: 391–409.

ANGRIST, J.D., and KRUEGER, A.B. 2001. Instrumental variables and the search for identification: from supply and demand to natural experiments. *Journal of Economic Perspectives*, 15(4): 69–85.

BATES, R.H., GREIF, A., LEVI, M., ROSENTHAL, J.-L. and WEINGAST, B. 1998. *Analytic Narratives*. Princeton: Princeton University Press.

BENDIX, R. 1963. Concepts and generalizations in comparative sociological studies. *American Sociological Review*, 28: 532–9.

BENTLEY, A. 1908/1967. *The Process of Government*. Cambridge, Mass.: Harvard University Press.

BLUMER, H. 1969. *Symbolic Interactionism: Perspective and Method*. Berkeley and Los Angeles: University of California Press.

BOLLEN, K.A. 1993. Liberal democracy: validity and method factors in cross-national measures. *American Journal of Political Science*, 37: 1207–30.

BONOMA, T.V. 1985. Case research in marketing: opportunities, problems, and a process. *Journal of Marketing Research*, 22(2): 199–208.

BOWMAN, K., LEHOUCQ, E, and MAHONEY, J. 2005. Measuring political democracy: case expertise, data adequacy, and Central America. *Comparative Political Studies*, 38(8): 939–70.

BRADY, H.E., and COLLIER, D. eds. 2004. *Rethinking Social Inquiry: Diverse Tools, Shared Standards*. Lanham, Md.: Rowman & Littlefield.

BRAUMOELLER, B.F., and GOERTZ, G. 2000. The methodology of necessary conditions. *American Journal of Political Science*, 44(3): 844–58.

BUNGE, M. 1997. Mechanism and explanation. *Philosophy of the Social Sciences*, 27: 410–65. BUTHE, T. 2002. Taking temporality seriously: modeling history and the use of narratives as evidence. *American Political Science Review*, 96(3): 481–93.

CAMERON, D. 1978. The expansion of the public economy: a comparative analysis. *American Political Science Review*, 72(4): 1243–61.

CAMPBELL, D.T. 1988. *Methodology and Epistemology for Social Science*, ed. E.S. Overman. Chicago: University of Chicago Press.

——and STANLEY, J. 1963. *Experimental and Quasi-experimental Designs for Research*. Boston: Houghton Mifflin.

CHANDRA, K. 2004. *Why Ethnic Parties Succeed: Patronage and Ethnic Headcounts in India*. Cambridge: Cambridge University Press.

CHERNOFF, B., and WARNER, A. 2002. Sources of fast growth in Mauritius: 1960–2000. Center for International Development, Harvard University.

CHONG, D. 1993. How people think, reason, and feel about rights and liberties. *American Journal of Political Science*, 37(3): 867–99.

COASE, R. H. 1959. The Federal Communications Commission. *Journal of Law and Economics*, 2: 1–40.

——2000 The acquisition of Fisher Body by General Motors. *Journal of Law and Economics*, 43: 15–31.

COLLIER, D. 1993. The comparative method. Pp. 105–19 in *Political Science: The State of the Discipline II*, ed. A. W. Finifter. Washington, DC: American Political Science Association.

COOK, T., and CAMPBELL, D. 1979. *Quasi-experimentation: Design and Analysis Issues for Field Settings.* Boston: Houghton Mifflin.

DE SOTO, H. 1989. *The Other Path: The Invisible Revolution in the Third World.* New York: Harper & Row.

DESSLER, D. 1991. Beyond correlations: toward a causal theory of war. *International Studies Quarterly*, 35: 337–55.

DION, D. 1998. Evidence and inference in the comparative case study. *Comparative Politics*, 30: 127–45.

ECKSTEIN, H. 1975. Case studies and theory in political science. Pp. 79–133 in *Handbook of Political Science*, vii: *Political Science: Scope and Theory*, ed. F. I. Greenstein and N. W. Polsby. Reading, Mass.: Addison-Wesley.

——1975/1992. Case studies and theory in political science. In *Regarding Politics: Essays on Political Theory, Stability, and Change*, by H. Eckstein. Berkeley and Los Angeles: University of California Press.

ELMAN, C. 2005. Explanatory typologies in qualitative studies of international politics. *International Organization*, 59(2): 293–326.

ELSTER, J. 1998. A plea for mechanisms. Pp. 45–73 in *Social Mechanisms: An Analytical Approach to Social Theory*, ed. P. Hedstrom and R. Swedberg. Cambridge: Cambridge University Press.

FEARON, J. 1991. Counter factuals and hypothesis testing in political science. *World Politics*, 43: 169–95.

FENG, Y. 2003. *Democracy, Governance, and Economic Performance: Theory and Evidence.* Cambridge, Mass.: MIT Press.

FREEDMAN, D. A. 1991. Statistical models and shoe leather. *Sociological Methodology*, 21: 291–313.

FRIEDMAN, M. 1953. The methodology of positive economics. Pp. 3–43 in *Essays in Positive Economics*, by M. Friedman. Chicago: University of Chicago Press.

GEDDES, B. 1990. How the cases you choose affect the answers you get: selection bias in comparative politics. Pp. 131–52 in *Political Analysis*, vol. ii, ed. J. A. Stimson. Ann Arbor: University of Michigan Press.

——2003. *Paradigms and Sand Castles: Theory Building and Research Design in Comparative Politics.* Ann Arbor: University of Michigan Press.

GEERTZ, C. 1973. Thick description: toward an interpretive theory of culture. Pp. 3–30 in *The Interpretation of Cultures*, by C. Geertz. New York: Basic Books.

GEORGE, A. L., and BENNETT, A. 2005. *Case Studies and Theory Development.* Cambridge, Mass.: MIT

Press.

——and SMOKE,R.1974.*Deterrence in American Foreign Policy:Theory and Practice*.New York:Columbia University Press.

GERRING,J.2001.*Social Science Methodology:A Criterial Framework*.Cambridge:Cambridge University Press.

——2005.Causation:a unified framework for the social sciences.*Journal of Theoretical Politics*,17(2):163-98.

——2007a.*Case Study Research:Principles and Practices*.Cambridge:Cambridge University Press.

——2007k Global justice as an empirical question.*PS:Political Science and Politics*(forth coming).

——and BARRESI, P. A. 2003. Putting ordinary language to work: a min-max strategy of concept formation in the social sciences.*Journal of Theoretical Politics*,15(2):201-32.

——and THOMAS,C.2005.Comparability:a key issue in research design.MS.

GLASER,B.G.,and STRAUSS,A.L.1967.*The Discovery of Grounded Theory:Strategies for Qualitative Research*.New York:Aldine de Gruyter.

GOERTZ,G.2003.The substantive importance of necessary condition hypotheses.Ch.4 in *Necessary Conditions:Theory,Methodology and Applications*,ed.G.Goertz and H.Starr.New York:Rowman and Littlefield.

——and LEVY,J.eds.Forthcoming.Causal explanations,necessary conditions,and case studies:World War I and the end of the Cold War.MS.

——and STARR,H.eds.2003.*Necessary Conditions:Theory,Methodology and Applications*.New York:Rowman and Littlefield.

GOLDSTONE,J.A.1997.Methodological issues in comparative macrosociology.*Comparative Social Research*,16:121-32.

——GURR,T.R.,HARFF,B.,LEVY,M.A.,MARSHALL,M.G.,BATES,R.H.,EPSTEIN,D.L.,KAHL,C.H.,SURKO,P.T,ULFELDER,J.C,Jr.,and UNGER,A.N.2000.State Failure Task Force report:phase III findings. Available at www.cidcm.umd.edu/inscr/stfail/SFTF%20 Phase%20III%20Report%20Final.pdf.

GOLDTHORPE,J.H.1997.Current issues in comparative macrosociology:a debate on methodological issues.*Comparative Social Research*,16:121-32.

GRIFFIN,L.J.1993.Narrative,event-structure analysis,and causal interpretation in historical sociology.*American Journal of Sociology*,98:1094-133.

GUTTING,G.ed.1980.*Paradigms and Revolutions:Appraisals and Applications of Thomas Kuhns Philosophy of Science*.Notre Dame,Ind.:University of Notre Dame Press.

HALL,P.A.2003.Aligning ontology and methodology in comparative politics.In *Comparative Historical Analysis in the Social Sciences*,ed.J.Mahoney and D.Rueschemeyer.Cambridge:Cambridge University Press.

HEDSTROM,P.,and SWEDBERG, R. eds. 1998. *Social Mechanisms:An Analytical Approach to Social*

*Theory.*Cambridge:Cambridge University Press.

HERSEN,M.,and BARLOW,D.H.1976.*Single-Case Experimental Designs:Strategies for Studying Behavior Change.*Oxford:Pergamon Press.

HOCHSCHILD,J.L.1981.*What's Fair? American Beliefs about Distributive Justice.*Cambridge,Mass.:Harvard University Press.

JERVIS,R.1989.Rational deterrence:theory and evidence.*World Politics*,41(2):183-207.

KENNEDY,P.2003.*A Guide to Econometrics*,5th edn.Cambridge,Mass.:MIT Press.

KING,C.2004.The micropolitics of social violence.*World Politics*,56(3):431-55.

KING,G.,KEOHANE,R.O.and VERBA,S.1994.*Designing Social Inquiry:Scientific Inference in Qualitative Research.*Princeton:Princeton University Press.

KITTEL,B.1999.Sense and sensitivity in pooled analysis of political data.*European Journal of Political Research*,35:225-53.

——2005.A crazy methodology? On the limits of macroquantitative social science research.Unpublished MS.University of Amsterdam.

KITTEL,B.,and WINNER,H.2005.How reliable is pooled analysis in political economy? The globalization-welfare state nexus revisited.*European Journal of Political Research*,44(2):269-93.

KUHN,T.S.1962/1970.*The Structure of Scientific Revolutions.*Chicago:University of Chicago Press.

LANE,R.1962.*Political Ideology:Why the American Common Man Believes What He Does.*New York:Free Press.

LEBOW,R.N.2000.What's so different about a counterfactual? *World Politics*,52:550-85.

LEVINE,R.,and RENELT,D.1992.A sensitivity analysis of cross-country growth regressions.*American Economic Review*,82(4):942-63.

LIBECAP,G.D.1993.*Contracting for Property Rights.*Cambridge:Cambridge University Press.LIEBERSON,S.1985.*Making it Count:The Improvement of Social Research and Theory.*Berkeley and Los Angeles:University of California Press.

——1992.Einstein,Renoir,and Greeley:some thoughts about evidence in sociology:1991 Presidential Address.*American Sociological Review*,57(1):1-15.

——1994.More on the uneasy case for using Mill-type methods in small-N comparative studies.*Social Forces*,72(4):1225-37.

LIJPHART,A.1968.*The Politics of Accommodation:Pluralism and Democracy in the Netherlands.*Berkeley and Los Angeles:University of California Press.

——1969.Consociational democracy.*World Politics*,21(2):207-25.

——1971.Comparative politics and the comparative method.*American Political Science Review*,65(3):682-93.

LIPSET,S.M.1960/1963.*Political Man:The Social Bases of Politics.*Garden City,NY:Anchor Books.

——TROW,M.A.,and COLEMAN,J.S.1956.*Union Democracy:The Internal Politics of the International Typographical Union.*New York:Free Press.

LITTLE,D.1998.*Microfoundations,Method,and Causation.*New Brunswick,NJ:Transaction.

LYND,R. S., and LYND, H. M. 1929/1956. *Middletown: A Study in American Culture.* New York: Harcourt,Brace.

MCKEOWN,T.J.1983.Hegemonic stability theory and nineteenth-century tariff levels.*International Organization*,37(1):73-91.

MAHONEY,J.2001.Beyond correlational analysis:recent innovations in theory and method.*Sociological Forum*,16(3):575-93.

——and RUESCHEMEYER, D. eds. 2003. *Comparative Historical Analysis in the Social Sciences.* Cambridge:Cambridge University Press.

——and GOERTZ,G.2004.The possibility principle:choosing negative cases in comparative research.*American Political Science Review*,98(4):653-69.

MANSKI,C.F.1993.Identification problems in the social sciences.*Sociological Methodology*,23:1-56.

MARTIN,C. J., and SWANK, D. 2004. Does the organization of capital matter? Employers and active labor market policy at the national and firm levels. *American Political Science Review*, 98 (4): 593-612.

MARTIN, L. L. 1992. *Coercive Cooperation: Explaining Multilateral Economic Sanctions.* Princeton: Princeton University Press.

MEEHL,P.E.1954.*Clinical versus Statistical Predictions:A Theoretical Analysis and a Review of the Evidence.*Minneapolis:University of Minnesota Press.

MULLIGAN,C,GIL,R.,and SALA-I-MARTIN,X.2002.Social security and democracy.MS.University of Chicago and Columbia University.

MUNCK,G.L.,and SNYDER,R.eds.2007.*Passion,Craft,and Method in Comparative Politics.*Baltimore: Johns Hopkins University Press.

——and VERKUILEN, J. 2002. Measuring democracy: evaluating alternative indices. *Comparative Political Studies*,35(1):5-34.

NIOLSTAD,0.1990.Learning from history? Case studies and the limits to theory-building.Pp.220-46 in *Arms Races:Technological and Political Dynamics*,ed.O.Njolstad.Thousand Oaks,Calif.:Sage.

NORTH,D.C,ANDERSON,T.L.,and HILL,P.J.1983.*Growth and Welfare in the American Past:A New American History*,3rd edn.Englewood Cliffs,NJ:Prentice-Hall.

——and THOMAS,R.P.1973.*The Rise of the Western World.*Cambridge:Cambridge University Press.

——and WEINGAST, B. R. 1989. Constitutions and commitment: the evolution of institutions governing public choice in seventeenth-century England.*Journal of Economic History*,49:803-32.

ODELL,J.S.2004.Case study methods in international political economy.Pp.56-80 in *Models,Numbers and Cases:Methods for Studying International Relations*,ed.D.F.Sprinz and Y.Wolinsky-Nahmias.Ann Arbor:University of Michigan.

ORUM,A.M.,FEAGIN,J.R.,and SJOBERG,G.1991.Introduction:the nature of the case study.pp.1-26 in *A Case for the Case*,ed.J.R.Feagin, A.M.Orum, and G.Sjoberg.Chapel Hill:University of North

Carolina Press.

PAPYRAKIS,E.,and GERLAGH,R.2003.The resource curse hypothesis and its transmission channels. *Journal of Comparative Economics*,32:181-93.

PATTON,M.Q.2002.*Qualitative Evaluation and Research Methods.*Newbury Park,Calif.:Sage.

POPPER,K.1934/1968.*The Logic of Scientific Discovery.*New York:Harper & Row.

——1969.*Conjectures and Refutations.*London:Routledge and Kegan Paul.

POSNER,D.2004.The political salience of cultural difference:why Chewas and Tumbukas are allies in Zambia and adversaries in Malawi.*American Political Science Review*,98(4):529-46.

PRZEWORSKI,A.,and TEUNE,H.1970.*The Logic of Comparative Social Inquiry.*New York:John Wiley.

RAGIN, C. C. 1987. *The Comparative Method: Moving beyond Qualitative and Quantitative Strategies.* Berkeley and Los Angeles:University of California Press.

——1992.Cases of"what is a case?"Pp.1-17 in *What Is a Case? Exploring the Foundations of Social Inquiry*,ed.C.C.Ragin and H.S.Becker.Cambridge:Cambridge University Press.

——1997.Turning the tables:how case-oriented research challenges variable-oriented research.*Comparative Social Research*,16:27-42.

——2000.*Fuzzy-Set Social Science.*Chicago:University of Chicago Press.

——2004.Turning the tables.Pp.123-38 in *Rethinking Social Inquiry: Diverse Tools, Shared Standards*, ed.H.E.Brady and D.Collier.Lanham,Md.:Rowman & Littlefield.

ROBINSON,W.S.1951.The logical structure of analytic induction.*American Sociological Review*,16(6): 812-18.

RODRIK, D. ed. 2003. *In Search of Prosperity: Analytic Narratives on Economic Growth.* Princeton: Princeton University Press.

ROGOWSKI,R.1995.The role of theory and anomaly in social-scientific inference.*American Political Science Review*,89(2):467-70.

Ross,M.2001.Does oil hinder democracy? *World Politics*,53:325-61.

RUBIN,D.B.1974.Estimating causal effects of treatments in randomized and nonrandomized studies. *Journal of Educational Psychology*,66:688-701.

RUESCHEMEYER,D.,and STEPHENS,J.D.1997.Comparing historical sequences:a powerful tool for causal analysis.*Comparative Social Research*,16:55-72.

SAMBANIS,N.2004.Using case studies to expand economic models of civil war.*Perspectives on Politics*,2 (2):259-79.

SARTORI,G.1976.*Parties and Party Systems.*Cambridge:Cambridge University Press.

SEKHON,J.S.2004.Quality meets quantity:case studies,conditional probability and counter-factuals. *Perspectives in Politics*,2 (2):281-93.

SHALEV,M.1998.Limits of and alternatives to multiple regression in macro-comparative research.Paper prepared for presentation at the second conference on The Welfare State at the Crossroads,Stockholm.

SMELSER,N.J.1973.The methodology of comparative analysis.Pp.42-86 in *Comparative Research Meth-*

ods,ed.D.P.Warwick and S.Osherson.Englewood Cliffs,NJ:Prentice-Hall.

SRINIVASAN,T. N., and BHAGWATI, J. 1999. Outward-orientation and development: are revisionists right? Discussion Paper no.806,Economic Growth Center,Yale University.STOECKER,R.1991.E-valuating and rethinking the case study.*Sociological Review*,39:88−112.

SYMPOSIUM:QUALITATIVE COMPARATIVE ANALYSIS(QCA).2004.*Qualitative Methods:Newsletter of the American Political Science Association Organized Section on Qualitative Methods*,1(2):2−25.

TEMPLE,J.1999.The new growth evidence.*Journal of Economic Literature*,37:112−56.

TETLOCK,P.E.,and BELKIN,A.eds.1996.*Counterfactual Thought Experiments in World Politics.*Princeton:Princeton University Press.

THIES,M.F.2001.Keeping tabs on partners:the logic of delegation in coalition governments.*American Journal of Political Science*,45(3):580−98.

TILLY,C.2001.Mechanisms in political processes.*Annual Review of Political Science*,4:21−41.TREIER, S.,and JACKMAN,S.2005.Democracy as a latent variable.Department of Political Science,Stanford University.

TRUMAN,D.B.1951.*The Governmental Process.*New York:Alfred A.Knopf.

VANDENBROUCKE,J.P.2001.In defense of case reports and case series.*Annals of Internal Medicine*, 134(4):330−4.

VREELAND,J.R.2003.*The IMF and Economic Development.*Cambridge:Cambridge University Press.

WARD,M.D.,and BAKKE,K.2005.Predicting civil conflicts:on the utility of empirical research.MS.

WINSHIP,C,and MORGAN,S.L.1999.The estimation of causal effects of observational data.*Annual Review of Sociology*,25:659−707.

——and SOBEL,M.2004.Causal inference in sociological studies.Pp.481−503 in *Handbook of Data Analysis*,ed.M.Hardy and A.Bryman.London:Sage.

WOLIN,S.S.1968.Paradigms and political theories.Pp.125−52 in *Politics and Experience*,ed.P.King and B.C.Parekh.Cambridge:Cambridge University Press.

YOUNG,O.R.ed.1999.*The Effectiveness of International Environmental Regimes:Causal Connections and Behavioral Mechanisms.*Cambridge,Mass.:MIT Press.

ZNANIECKI,F.1934.*The Method of Sociology.*New York:Rinehart.

第五章 田野调查

伊丽莎白·简·伍德(Elisabeth Jean Wood)①

如今比较政治学者可以足不出户,就能获取关于大多数国家的海量信息。除汇总的经济数据,随手可得的信息还包括许多反叛组织的文告声明、某些社会组织内部通过电子邮件和网上论坛进行的辩论、从最穷到最富的国家的民意数据、议会议程的文本记录、地方选举结果以及诸多全国性的、区域性的或地方性的报纸。即使这些资料无法在网络上获得,图书馆之间越来越多的馆际合作,也能使最好的科研图书馆的资源向别处的学者开放。

前所未有的信息开放,使得本章所讨论的问题愈益成为争论的焦点:有何必要离开办公室? 现今非实地调查的方法成本越来越低,研究者们还有什么必要在实地调查上加大投入? 田野调查对于加深我们的学术理解有何帮助? 是否存在某些特别适用或不适用田野调查方法的特定问题或情形? 我们如何能更好地实践它? 田野调查通常会面临的困难是什么?

"田野调查"意味着研究者要实地与研究对象进行个人性接触。② 田野调查包括对自己邻近社区的居民,或自己所处组织的成员的探访研究,因而,并不一定非要出国才

---

① 作者衷心感谢耶鲁大学和圣塔菲研究所提供的大力支持,感谢卡尔斯·波瓦克斯(Carles Boix)、斯塔蒂斯·卡里瓦斯(Stathis Kalyvas)、埃文·利伯尔曼(Evan Lieberman)、苏珊·斯托克斯(Susan Stokes)、杰里米·温斯坦(Jeremy Weinstein)和比较民族进程实验室的成员们对本文提出的宝贵意见。

② 因此田野调查不同于实验室里的研究。在《牛津英语大词典》(第二版)中,"实地"是这样被定义的:"用来表示在某一材料、语言、动物等所处的自然环境中,而非在实验室、研究室或办公室中所进行的某项调查或研究等"。

能进入"实地"。① 田野研究包括进行调查、正式或非正式访谈、田野实验和被称为"参与观察"的活动（通常包括与居民同住一个社区、对社区生活或组织会议进行持续观察、与工人一起劳动等）。档案研究并非田野研究，虽然当档案并不保存于大学中或其他易得之处的时候，也会出现某种类似"田野"调查的实践问题。对别人、新闻媒体或其他源及数据库的数据加以分析亦非田野研究。有些"自然实验"（通过准实验的方法对外生变动加以解释）需要借助田野调查，但如果研究者与参与者之间没有个人互动，则它们也不构成此处讨论的田野研究。"叙事"可能基于田野调查的，但也可能不是，因为它们可以依据并非来自田野调查的报刊文章或其他数据来源。

田野调查者们面临的方法论质疑众所周知（King, Keohane, and Verba 1994）。通过与政治行为者的访谈所获取的数据，尤其是他们在访谈中所提供的自己的行事理由，既难以解读也难以核实。如果不谨慎地进行研究设计，那么研究者们最后证实的，可能只是他探访实地前就已经带有的先见。利用实地搜集的数据进行因果推论往往面临各种困难，而将归纳结论用于其他情况通常也问题重重。在有些地方，由于统计设施不完备，或者由于贫困、战乱或者民众对政府当局的恐惧，统计数据并不总能反映所有的人口流动，因此它们的人口分布特征并不清楚，在这种情况下，要使一个实验"处理"随机化，或者抽取一个随机样本就很困难。

尽管存在这些挑战，田野调查还是可以，也确实对社会科学作出了贡献，完成了许多通过其他的分析或数据收集方法难以实现的研究。对于在其他文献中并不明晰的社会、经济或政治过程，通常只有通过田野调查才能获得对它们的充分描述。挑选一个好的案例，然后对其进行充分细致的研究，不仅有助于识别关键过程，而且也有助于辨识核心概念和相关行为者。所以，田野调查者们常常能够提出对核心概念更贴切的定义（Adcock and Collier 2001），或者对罕见案例进行新的分析（Mahoney and Goertz 2006）。

田野调查通过一些不同的形式对因果推论作出贡献（George and Bennett 2005；Brady and Collier 2004）。对单一案例的研究常常会以初步的形式呈现某一理论，即提出一种在被研究的案例中有可能成立的因果联系，并暗示这一因果联系在其他情况下也可能成立。对单一案例的田野调查还能证伪某一理论或模型，比如，通过田野调查可能会发现事件发生的时序与理论推断不相符，或者发现推动主要事件出现的并非理论

---

① 在人类学中，"田野调查"的"田野"意指在社区"实地"进行的研究，也就是说，在研究者居住地之外的社区进行研究。历史上，人类学的探访地点一般是文化上相对独立，且既没有市场、也没有国家的地方。自19世纪晚期开始，田野调查愈来愈多地在研究者所在国家的本地社区中进行。城市民族志芝加哥学派的社会学家们，将"实地"扩展到了包括邻里或职业群体在内的国内城区。今天，所谓实地的具体"场所"包括机构、组织、酒吧、职业和街角等。

中确认的行为者,或者发现存在着另一种比假定的因果机制"更有效"的因果机制。特别是,对偶然性事件和路径依赖的分析通常要依靠"过程跟踪"的方法,而如果没有田野调查搜集数据,后者就无从进行(Bennett and Elman 2006)。通过比较相关案例,田野调查能识别因果机制,以及这种因果机制的发生所需的条件。由于田野调查者对政治过程具有更贴近的理解,所以他们中很多人认同这样一种观点,即社会中的因果联系受环境的影响(某一前因产生某种结果,是因为另一组因果关系的存在),而且有时候具有多重性(可能有多种前因导致某种结果),而持这种观点的研究者也更喜欢那种或然的、而非决定性的案例(Ragin 1987,2000;Mahoney and Goertz 2006)。

是从少量案例中获得更深入的知识,还是从更多案例中获取更强的因果推论?部分是为了解决这一顾此失彼的难题,学者们努力增强他们工作的描述或推论能力,比较政治学中的研究设计因此也变得日益复杂。做田野调查的学者开始越来越多地融合不同的田野方法,同时也结合使用非田野的方法,如建立形式化模型,以及对并非实地搜集的数据进行统计分析。田野研究者们可能会识别出某种反映出统计学规律的、潜在的因果机制;也可能会对被统计分析视为例外的现象提出不同的解释方法(Lieberman 2005)。这种识别工作能有助于模型的进一步发展。田野调查和形式化模型的关系也可能翻转过来,即通过田野调查(在某个具体案例中),确认形式模型提出的因果机制的确存在。如果在案例中,因果过程的展开顺序、其作用机制、行为的主体,以及他们本身对事件的理解,都一如模型所预测,那么田野调查就增强了这一模型的可信度。

田野调查者们提出的报告常常会给人以惊异之感,这正是这一研究方法独到贡献的体现。这种惊异之感,往往来自研究者意识到,他们的实地发现,与他们进入实地时带有的先见相冲突。比如,关键问题和原先设想的不是同一个,行为者也与原先预期的不同,或者相关的约束或机会与早先界定的有出入。因而,实地经验能够校正研究者原有的偏差,并使他们意识到现有理论的不完善,认识到新的经验模式或因果机制的存在。特别是,许多田野调查者报告了大量从研究对象那里获得的知识,从受访者对某一特定问题表达的惊异,到随后变成研究者分析核心的主题,不一而足。这种发现有时来自于访谈中得到的数据,有时则得之于访谈中期望信息的明显缺失。

有一类重要的数据,即政治行为者的偏好和信念,只有通过观察或者与研究对象面对面的互动才能获取。工会成员(Lipset 1956)、地方精英(Dahl 1963)、国会议员(Fenno 1978)、政治说客和政治活动分子(Graetz and Shapiro 2005)等行为者,究竟如何理解他们自己的身份定位和利益?要了解这一切,最好是通过为此具体设计的访谈、观察和调查。一般的民意调查可能有助于对某些问题的研究,但通常这类调查提出的,并非适合学术研究的问题,或者说它们的提问方式,就使得其结果不适合用于学术研究。特别是，只有通过面对面的互动，即田野调查，才能了解政治行为者在现实环境中如何认识他们与其他行为者之间的策略互动（他们面临哪些选择；他们如何看待不同选择可能带来的结果；他们对于未被选择的路径的分析）。

在四种情形下尤其如此。第一，政治行为者处于持久的不利状态，这可能是因为他们被压制、被支配，或者缺乏教育，从而使他们接触全球性媒体的渠道严重受限。尽管反叛组织和社会活动组织越来越多地把他们的材料上传至互联网，但对于学术研究而言，这经常还只是杯水车薪。第二，学者们试图了解某一组织中的派系或个体成员的信念和偏好，因为这可能与组织公开的正式立场有诸多不同之处。第三，研究者希望了解某一团体的内部过程，而这只有通过参与观察和访谈才能实现。第四，行为者处于与其他行为者的策略互动中，需要隐瞒自己的真实偏好和信念，因为一旦它们被其他人得知，他就会丧失优势；此种情况存在于几乎所有的政治和经济谈判过程。令人惊异的是，上述几种情况之下的行为者通常并不排斥与学术研究者的交流。

为了理解政治行为者究竟为何作出了某种选择，研究者们必须对他们自己提供的理由进行确切性检验。在面对面的互动（即田野调查）中，自陈的动机能得到最好的检验，此时，选择时的策略环境会得到讨论、不一致性会得到探究、其他的可能动机也会被提及。当然，这些被访问者、被调查者或被观察者也可能与田野调查者进行策略互动。这样做的理由，可能是希望隐瞒被认为是不合法的观念、希望夸大或压低自己所扮演角色的重要性，也可能是希望误导研究者对其对手的看法，等等。第一手的报告还可能会受到形形色色的其他扭曲。所以，一个好的田野调查者既不会完全相信他所得到的信息和观察，也不会认为它能够完全说明正在起作用的因果机制，而只是将其视为在某一特定环境下收集的数据。为进一步解读这种自陈的数据，田野调查者通常会去访问、观察或调查与研究主题相关的其他人员，以探究某种模式是具有一般性，还是只对某些特定的人或环境有关。如果有可能的话，研究者们还会结合其他资源进行"三角对比"，即将报告数据与司法信息、新闻报道、人权报告及相关事件的其他记录进行比较。这样做的目的，可能是希望激起受访者的记忆，或者是让他们相信，访问者已经了解了很多相关知识，所以并不希望后者只是泛泛而谈，而弄虚作假也不大可行。

还有另一种方法可以判断自陈的理由是否可信，那就是假定被观察到的行为能够反映行为者的思想。但是，比如说，即便是在市场环境下，仅通过观察相对价格变动时人们的经济选择，也还是难以判断其经济偏好的序列，并在此基础上确定他们的需要函数。甚至在实验经济学受控的实验条件下，对于行为者动机的不同解读仍然争论不休，一如当下关于社会偏好问题的论争。因此，在复杂的政治环境中，如果不考察自陈的理由，要对动机加以解释几无可能。

除研究对象的偏好和信念之外,田野调查者通常还要识别、定位或生成另外一些如果没有个人互动就无法得到的数据。面对面交流往往能说服信息提供者提供敏感数据。假如一个人第二次、第三次甚至第十次受访,他就可能提供之前还有所保留的名字、文件、照片、档案、地图或预算。同样,个人互动还可以说服行为者为研究者生成新的数据,比如对研究者无法获取的数据进行新的统计分析、绘制新的地图或者在研究者的调查中引入新的问题。

在本章中,我主要通过讨论那些运用了实地调查的典型研究工作,来回答"有什么必要离开办公室"的问题。首先,我将讨论詹姆斯·斯科特(James Scott)的《弱者的武器》,这是比较政治学领域田野调查的经典之作;随后我将讨论一些新近的研究,它们在一定程度上综合使用了访问、调查和参与观察的方法,探讨斯科特引发的一些问题。近来出现的一些研究采用了自然和田野实验的方法,同时结合了田野方法和非田野方法,因此接下来我将从中选择若干研究,并以它们为例讨论其他的田野调查方法。① 最后我将讨论田野调查者无论采取什么样的方法,都会面临的一些挑战,包括伦理的挑战和实践上的两难。在结论部分,我建议在比较政治学研究生的培养中,针对田野调查应进行更多的深入训练。

一、詹姆斯·斯科特:《弱者的武器》

有理论认为,在阶级社会中,统治阶级在意识形态上也占据着主导地位,处于从属状态的阶级则相信这种对主导阶级有利的社会结构是不可改易、不可避免、天经地义、合理合法甚至是正义的。詹姆斯·斯科特的《弱者的武器:农民反抗的日常形式》一书通过大量的田野调查反驳了这一理论。

斯科特在马来西亚西北部慕达(Muda)地区的一个村庄生活了两年(1978—1980年)。在他的实地调查之前几年,即1971年,受惠于新近实行的灌溉计划和其他"绿色革命"政策,这个村庄开始能每年收获两季稻谷。因此,该地区大多数居民的生活都得到了提高(Scott 1985,64 页)。这里发生的事情之所以成为探究阶级关系的关键案例,原因就在于如果在这样有利的情形下,下层阶级依然会抗争主导意识形态,那么在平均收入下降的地方,情况就应该尤其如此。斯科特挑选这一特定村庄的理由之一,则是这个村庄在两季收获的利好情况来临之前已经被其他人研究过。

---

① 本章的讨论并不限于政治科学,也包括其他领域的社会科学家基于实地调查的经典研究。我无意为我们讨论的各种田野调查方法提供一般性的实践建议,仅仅希望为有兴趣的读者提供一些参考。

　　通过参与观察,包括在村庄内不同群体的聚会地点消磨时间、与农民一起在稻谷地里打谷及参加仪式性集会如婚礼和葬礼,斯科特收集了大量数据、了解了人们对于阶级关系的认知。通过更为有组织的访谈,他还收集了关于村中 74 户人家各自的土地使用权、农地大小、土地用途、生产成本、收入和政治归属情况(政党归属以及户主是否是农会成员)的信息。他从政府和其他资料来源那里也收集了众多相关文献和统计数据。将他搜集的数据与多年前一位发展经济学家所收集的(远不如他详细的)数据进行比较后,斯科特发现,两季耕种开始后 6 年到 7 年的时间里,几乎所有家庭的收入状况都得到了根本改善(基本上,那些依靠做工获取薪酬的人有了两倍的工作可做,而拥有土地的人则有了两次收获)。在一个较短的时期里,甚至相对贫穷的家庭也开始举办仪式性的宴会,表明他们在当地的社会地位有了显著提升。然而,到 1978 年左右,土地生产率提高对这些贫困家庭所带来的负面影响显现出来了。由于拥有大片土地的农民开始自己耕种更多的土地,外来者也进入了村庄、租取土地耕种,可供上述家庭租用的土地相应减少了,同时地主越来越多地要求佃农在租地前先一次性支付大笔租金(有时是一次性支付数年的租金)。很多地主和大佃户使用联合收割机收割稻谷,有的还放弃了原来移栽秧苗的方式采用撒种种植法,这都使得对本地劳动力的需求剧减。上述变化使这个村庄的贫富差距快速拉大,并切断了贫困家庭和富裕家庭之间经济上相互依赖的传统,而这种相互依赖又恰恰是传统社会联系的基础。

　　斯科特十分详尽地记录了不同社会群体对上述变化作出的非常不同的理解、他们提出的要求以及他们所采取的策略。村庄中的穷人试图让富人继续维持传统的雇佣和慈善模式,为此他们使用了各种手段,即“弱者的武器”。虽然穷人在与某个富人直接交流时会显得毕恭毕敬,但在私底下,有的穷人会指责富户吝啬小气,谴责他们丢弃了道德和宗教观念中的同胞之情。有的妇女劳力会故意拖延为某些富户移栽秧苗,因为后者使用了联合收割机来收获稻谷(但她们不会进行罢工,否则就要有直接冲突的风险)。虽然斯科特在这个村子中没有听说过破坏联合收割机的事件,但传言在这一地区的其他某些地方,此种行为已经出现。有些贫困家庭的户主拒绝加入执政党,即使这样做可以为他们带来某些物质利益。相反,富者则通常会想办法让他们新的行为方式合法化,他们找出“好”工人作为人们学习的榜样,同时斥责其他的工人懒惰和无能。而且在公共场合,他们会强调虽然自己家里拥有不少田产,但由于生产成本高昂,他们事实上也并不宽裕。

　　斯科特由此得出结论认为,虽然穷人在他们富裕的邻居面前常常毕恭毕敬,但他们实际上在积极抵抗着后者的意识形态主导权。他们不仅不认可富人们关于不得不采用新的生产方式的说法,而且主张旧有方式的道德崇高性;他们以间接的方法来进行抵制,这(在某段时间内、一定程度上)约束了富户的行为。因而,斯科特指出,意识形态霸权理论并不总是成立。主导阶级的观点并没有说服下层群体的人,后者并不相信这一阶级关系是不可避免的、合情合理的和正义的。下层阶级通常会诉诸传统的互惠观念,或者千百年来的宗教思想,积极反抗主导意识形态。由此,斯科特得出了一个极其有说服力的结论:农民、奴隶和劳工的反抗遍及历史;尽管没有公开的反叛活动,阶级关系也一直处于被挑战的状态之中。

通过翔实的民族志式的田野调查,斯科特质疑了早先存在的一个理论,并提出了另一个替代性的关于下层抵抗的理论。这一研究详尽细致的描绘,其收集的关于村庄内不同群体社会动态的大量信息,使其论证具有极强的说服力。更为重要的是,这一研究综合使用了定性和定量的方法,这又使其论证具有很高的可信度。由于斯科特对当地的情况具有细致入微的了解,所以很难想象他会被信息提供者所误导。斯科特之所以能够进行有关调查,特别是能收集到敏感的定量数据(比如家庭收入),则是因为他通过参与观察的方法,获得了村人的信任和接纳(Scott 1985,202—203 页)。此外,斯科特非常明确地表明了他的研究的局限(他发现他无法收集到有关盗窃或暴力活动的数据,且无法评估对村庄内异见者的镇压所带来的恐惧效应),而这一点也增强了读者对他所收集的数据的信任。

所以,这一著作的说服力很大程度上依赖于斯科特所收集的、又为相关统计和文献所支持的民族志数据的内部有效性。下面,我将讨论一些不同的方法,以增强参与式观察研究的外部有效性及其可重复性,包括随机化调查以检验结论、基于更明确的理论或统计学标准选择田野调查地点,以及进行田野实验,等等。

二、田野调查中的案例比较

斯科特的研究是比较政治学的经典之作。他选择了一个案例,在某种理论和其他案例的背景之下,使用众多田野调查方法对其进行非常深入的分析,以对某个理论加以验证。这个理论看来是被证伪了;一个新理论的雏形由此而生。不过,单一案例只能证伪那种宣称某一事件必然发生的理论,但不能证伪认为某一事件可能发生的理论,并且也只能提出替代理论的雏形。所以,斯科特的著作实际上也引出了后续的理论和比较研究任务:是否存在下层阶级认可社会等级的情形? 在什么条件下隐蔽秘密的反抗会转变为公开的集体行动?

苏珊·斯托克斯(Susan Stokes 1995)解答了前一个问题,即被统治阶级是否会心甘情愿地接受统治。她对一个社区(秘鲁首都利马的贫民窟)进行了深入的参与观察,并辅之以抽样调查。参与观察的时间为一年,其间她与当地领袖建立了联系,并且完成了对其中 20 多人的深入访谈。斯托克斯的发现是,在这里广泛存在着两种不同的政治文化模式,其一复制了传统的裙带关系,而另一种新的文化则在挑战这种传统联系。随后,她又对贫民窟中将近一千名居民(从选民名单中随机抽取得到)进行了一次问卷调查,证实在普通人中同样存在这两种政治文化。与对精英的访谈结果不同的是,这个调查显示,与男性相比,女性通常更不灵活——也更保守一些。

斯托克斯在这个案例中得出的结论与斯科特相反。她发现,裙带关系建立在对主导意识形态核心内涵的认可基础之上。所以,综合她和斯科特两人的发现我们可以知道,在有的情况下,富人在意识形态上也统治着穷人,而在有的情况下并非如此。但是,对于精英在什么条件下能够在意识形态上支配,或者不能支配穷人这个问题,这两项研究都没有进行深入的探讨;另外,从这两项研究中我们也无法推知这种控制发生的频率如何。不过,斯托克斯在对非裙带政治的分析中,倒是探讨了穷人意识形态转变的某些原因,比如工会的作用、新的宗教学说和秘鲁改革派军政权统治下的学校教育等。

关于集体行动的文献则解答了斯科特(及其前人)引出的第二个问题,即等级社会中出现公开反抗的条件。借鉴巴林顿·摩尔开创的比较研究方法传统,黛博拉·雅沙(Deborah Yashar 2005)解释了 20 世纪末为何是在拉丁美洲的某些国家而非其他地方出现了本土社会运动。她认为,对地方自治的威胁的增长,加之本地社区组织起来的机会增多,以及发起集体行动的能力的增强,共同引发了玻利维亚和厄瓜多尔声势浩大的本土运动;在墨西哥和危地马拉也出现了类似情况,但程度稍低。尽管秘鲁的地方自治同样面临威胁,但那时就没有出现本土运动,其原因则是持续的内部冲突封闭了地方自治组织联合的空间、并摧毁了其自组织的能力。雅沙采用经典的密尔式的方法,比较、对比了她的案例(包括对一些案例进行了案例内比较),证明她的理论能够解释可被观察到的本土运动而其他理论则不能。她的分析基于对所有这 5 个国家的田野调查(特别是厄瓜多尔、玻利维亚和秘鲁这几个关键案例),包括与 150 位运动领袖的访谈、对几十次会议的观察以及大量的文档收集。哪怕只在一个国家,建立与各种社会运动的联系网络都是一种挑战;而雅沙的研究涵盖之广,足以显现她确有能力说服运动的积极分子与之交谈。

在我自己的研究中(Wood 2003),我探究了为何在萨尔瓦多内战期间,有的农民会甘冒奇险支持叛乱组织。有关这一问题的警方档案很少,而人权组织搜集的数据又很不完整,因而我不得不对五个案例研究区域中的当地居民(包括支持和不支持叛乱组织的人)进行深入访谈,且常常会再三进行。访谈的形式是让他们口述当地社区和他们自己家庭的历史(我还访谈了反叛组织的基层指挥官、政府军军官、政府官员、联合国官员和当地的地主）。

我发现，在非暴力的、基于解放神学的社会运动（这是一场宣扬社会正义乃是上帝意志的天主教运动）被国家机器极为残暴地镇压之后，对于长久以来一直存在的小型叛乱的支持显著增加了。在那些国家控制较弱（偏远的农村地区以及反叛者基地附近）的地方，这种支持已经从隐秘的个体行为（比如提供军事情报）演变为公开的集体行动，包括已经蔓延到三个案例研究区域的占地浪潮。我用一种特别的方法记录占地情况：我要求四个案例研究区域的叛乱分子画出地图，分别表示战前和战争结束时他们邻居的地产权和土地使用情况。每一次绘图的过程，都由至少两位、通常是几位成员协力完成，其间，围绕着某一区域的历史问题会出现大量讨论，不时也有些流言、玩笑与对他人（和我本人）的戏弄穿插其中。最终的地图，反映了叛乱支持者们的合作社如何通过集体行动改写了阶级关系的边界。① 画地图对他们并非易事，因为只有很少一部分人表示他们曾经见过地图（反叛组织的指挥官有一些破旧的、用胶带粘起来的地图）。一位不识字的年老领袖用他的食指描画地产分界线，而他的孙子则顺着他手指划过的痕迹用笔描出线条。每一组的绘制都要花上两天时间，他们都无偿地付出他们的时间和精力。我明白，他们如此热情，是因为他们希望其所在区域的战时历史能被记录下来。

为了解释为何其中四个案例研究区域都有三分之一左右的居民积极支持叛乱，我认真考察了明显出现于他们的口述史中、并为他们绘制的地图中包含的细节所支持的行动主义的理由。我认为，参与此种极为冒险的集体行动，其理由有三：参与建造上帝之国的伟大意义的激励、对暴力镇压后国家不正义权威的蔑视，以及改造历史传统的愉悦，即通过自身努力改造阶级关系、文化和历史。我证明，其他解释都无法说明在案例研究区域被观察到的动员模式：在租赁土地和大商业地产集中的区域都出现了此类动员；阶级地位并不能决定一个人是否参与其中；战前的社区结构同样无法对其加以解释。这样就增强了上述观点的说服力。虽然我也意识到在解读自陈的集体行动理由时会遇到一些困难（Wood 2003，第 2 章），但我还是认为，这种反抗型政治文化中的某些特定因素需要得到解释，而我的解释比其他解释要更为简洁。

雅沙和我都分析了五个案例，这些案例所观察的动员程度个个不同。通过比较这些案例，我们牺牲了一些民族志分析的深度，来换取更大的分析效力。与跨国比较相比，对次国家单元的比较有一些优势，因为当这些单元共有的解释变量不足以说明不同的观察结果时，所需的解释变量相对来说要少一些。当然，通常还有一些实践上的优

① 这些合作社领导人声称，在 1992 年他们已经占据了广阔的土地；通过我自己在这些区域的旅行和观察，以及对战后土地转移过程中反叛组织、政府和联合国持有的土地要求数据的检视，我确认了上述说法的确切性。

势:对次国家单元进行比较一般只需掌握一门语言、构建一个当地关系网和获得一次研究许可。另外,在不同地点间旅行也往往不那么耗时费力。然而,对次国家单元的比较也面临两个特殊的问题(除人们常常提及的单一国家内部有效变动通常不足之外)。首先,正如理查德·施耐德(Richard Snyder 2001)所指出的那样,不同的次国家单元可能并非独立案例,这就会影响被观察到的异同之处可能具有的理论效力。其次,国家层面上的相似性假设可能并不成立。特别是那些初看上去各方面条件都特别适合进行此类研究的对象,比如某个具有丰富的内部多样性的大型联邦国家,其实由于构成单元之间的差异如此之大,以致人们原先设想在整个联邦范围内恒定不变的因素都完全不同了。

三、自然和田野实验

上述比较研究的发现都基于一个假设,即不同案例中因果关系的不同变化能够为研究者充分理解。但实际情况是否真的如此? 通常我们是在断言而非证实了这一点。所以就出现了另一种研究方法,即所谓的"自然实验"法,其中的案例起初并无差异(除一些无关紧要的细节),只是随着某个外生事件的发生,它们才变得彼此不同,而我们则对导致的结果加以分析。

丹尼尔·波斯纳(Daniel Posner 2004)把非洲殖民地边界的随意性作为一个复杂的自然实验的背景。他比较了两个族群(契瓦族和图姆布卡族)在马拉维和利比亚的文化关系。波斯纳进行了一次开放式的问卷调查,并聚焦于边界线两侧两对非常相似的村庄。一对是单一的契瓦族村落,不过一个在马拉维、另一个在赞比亚;另一对则是单一的图姆布卡族村落,也分属两国。波斯纳发现,在赞比亚,两个群体间的关系非常融洽("我们像兄弟一样");而在马拉维,同样的文化差异却引发了明显的政治矛盾。波斯纳先是巧妙地选取了研究的村落、控制了有关变量,使得其他似是而非的解释都难以成立(比如说与市场的接触程度不同或现代化程度不同)。然后,他证明两个族群在每个国家所占的人口比例不同这一个长期被忽视的因素,才是同样的文化差异导致不同的政治后果的根本原因。① 在马拉维,契瓦族和图姆布卡族都占了相对较大的人口比例(分别是28%和12%);而在赞比亚,两个群体加起来也仅占总人口的11%。因此,在马拉维,这两个群体通过与不同的政党结盟竞争政治资源;而在赞比亚,它们则携手加入了同一个联盟。

---

① 波斯纳在2005年的著作通过另一个自然实验(赞比亚从多党制转变为一党制,又再次回到多党制),进一步探究了政治制度、群体规模和族群认同之间的关系。

拉加本德拉·查托帕迪亚和埃斯特·迪弗洛(Raghabendra Chattopadhyay and Ester Duflo 2004)分析了另一种非常不同的自然实验,以探究某一特定的制度改革,即规定女性的代表比例,给印度地方公共品供给带来的影响。从20世纪90年代开始,在印度的村级选举中,每次都要为女性保留村委会(village council)三分之一的席位,而且三分之一的村委会领导人必须为女性。由于女性担任村委会领导人的村庄通过随机选取决定,因而也就控制了除此之外其他变量的影响。查托帕迪亚和迪弗洛以两个地区的村庄为样本,其一在西孟加拉邦,另一个在拉贾斯坦邦,而这些村庄中既有由女性担任领导职位的,也有未实行这一制度的。他们对这些村庄的公共投资进行了调查,目的是分析由女性领导村委会这一点是否影响了地方公共品的供给。他们首先确认,由女性担任领导职位的村庄确实是随机选取的,而且除由女性领导村委会之外,与其他村庄事实上并无显著差异。随后他们发现,规定女性代表比例的制度的确影响了公共品的供给:由女性领导村委会的村庄,公共投资会明显地更多流向女性比较关切的方面,比如清洁的饮水。

这两项研究都对社会科学理论可观察的实际运用进行了检验,第一个案例检验的是波斯纳在自己的论文(及其以后的著作)中提出的关于政治认同的理论;第二个则检验了经典的代议民主学说。自然实验方法的分析效力,取决于外生性事件(将族群区隔开的殖民地边界划分,或女性在某些随机确定的地方担任特定职位的规定)对原本各方面都应该相似的被观察群体进行了不同的"处理"。在这两项研究中,外生性事件的确随机化了后续的"处理"(原先统一的群体中一部分被划进哪个国家;或一项政策是否在某个特定地区实施)。如果外生性事件事实上并非完全是外生性的(例如在处理过程中人口本身也在发生变化),或者在边界两边除假定进程之外,其他事件的发生体现出了不同的因果关系,那么,自然实验法的推论效力就会受到削弱。

在自然实验中,需要外生性事件的随机处理;而与之相反,在田野实验中,则是通过研究设计本身来产生实验控制所需的随机化变动。最常见的方法,是随机选取实验群体进行或者不进行特殊处理(后者称为控制组)。选择的随机性与实验的前提相一致,即这些群体之间原本并无差别(差异性被相互"抵消"了)。①

列奥纳德·万特切肯(Leonard Wantchekon)在贝宁进行了一项田野实验,以探查对选民的裙带式承诺受什么因素的影响、效果如何。2001年的总统大选中,在4个有候选人参选的主要政党的合作之下,万特切肯随机选取了一些得到裙带式承诺的、同一族

---

① Green and Gerber(2002)与Harrison and List(2004)分别讨论了田野实验在政治学中和经济学中的作用。不过,并非所有的田野实验都和本章中所定义的"田野调查"相同。

群的村庄("请为候选人 X 投票,因为他会给你们的地区带来利益 Y"),以得到公共品承诺的村庄("请为投候选人 X 投票,因为他会为所有贝宁人带来利益 Y"),并对它们的选举行为与控制组(即得到一般性混合承诺的村庄加以比较为了避免影响选举结果,同时确保得到各相关政党的合作,受到处理的群体都处于完全由某个政党控制的地区)。万特切肯的研究团队还通过在所有地区进行一项典型样本调查收集有关选举行为的数据,同时记录了受访者的人口分布特征及其受竞选活动影响的程度。他发现,裙带式承诺在各处都取得了一定效果,但是在某些地区效果要更为显著,在职候选人的承诺比挑战者更有效,男性对裙带式承诺的回应比女性更积极。因此,选民对裙带式或公共品承诺的回应如何,取决于政治和人口结构因素,而不仅仅受族群归属的影响。

　　一个由人类学家和经济学家组成的跨学科研究团队,在 15 个"小型"社会中进行了一系列的实验,研究对象包括拉美和非洲的狩猎采集部落与非洲和蒙古的游牧群体,目的是比较在极其不同的田野环境下实验博弈的结果(Henrich et al. 2003, 2005)。[①]之所以要进行这项研究,是因为实验经济学家们困惑地发现,在控制条件的实验室环境下,许多参与实验博弈的学生的表现与标准经济理论的预测不同,即他们的行为并不自私。比如,有一种被称为"最后通牒博弈"的互动,该实验中一位随机选取的参与者会得到一份好处(比如 10 美元),但他需要向第二位学生许诺把好处的一部分分给他(比如 2 美元);回应方可以拒绝也可以接受。如接受,则双方按第一位参与者的许诺分配这笔钱;如拒绝,则这两个参与者都得不到任何东西。在实验室中,回应方往往会拒绝接受承诺过低的方案,这显然是在试图惩戒(虽然自己也要付出代价)提出不公平方案的对方;并且,提出方案的一方在实验中也通常会给同伴一笔远高于最低可能数额的钱(也许是因为预计到如果对同伴太苛刻,自己的方案就会被拒绝)。在世界各地的大学实验室进行的实验都确证了这一结果(和其他相关发现)。

　　随后,研究者们发现,这一发现远远不限于生活在市场社会中的大学生群体。于是,他们决定寻找类型完全不同的社会,以观察这些社会的成员在博弈中是否仍然会重复大学生们的行为。该团队动员了许多经验丰富的民族志学者,他们对各类狩猎采集社会、游牧社会及其他小型社会都相当熟稔,并请他们组织居民在他们所处的实地环境中进行最后通牒博弈和其他博弈。当然,筹码会相应调整,比如在有的地方可能会是比现金更受当地人欢迎的烟草。和大学实验室中一样,角色也是随机赋予的。

　　虽然学生们在各大学实验室的行为大体相似,但在这次的实验中,不同社会的实验

---

　　①　这些实验在某种程度上也可以被理解为实验室试验,因为研究者或多或少都会尝试在每个社会所处的文化环境中,建立与实验室相似的各类条件。然而,我们最好还是将实验中的博弈,视为这些"小型"社会的成员在其自身所处的文化环境下的互动,也正因为此,我才在这里讨论它们。

结果却大相径庭。在有的社会,回应方会接受更低的许诺;而在另一些社会中,提议的一方却会给出极高的许诺(超过原有筹码的一半),更令人诧异的是,这样的提议仍然可能会被拒绝;等等。由于研究包括了 15 个小型社会,所以博弈的结果既可以以个体为单位,也可以以小型社会为单位来进行统计分析——这也是该项研究的一个主要创新之处。实验结果发现,通过个人性的特征,比如性别和财富,并无法预测其博弈行为;相反,不同的博弈模式与群体层次的特征有关。因此,这一团队的发现,不仅基于博弈的结果,也利用了它所收集到的民族志知识,其具体结论是,在最后通牒博弈中每个社会的成员给同伴分配的平均数额大小,与该社会市场整合的程度及其日常生活中人们的合作水平显著正相关。

不过严格说来,田野实验同自然实验、实验室实验一样会面临一些质疑,如处理是否真的是随机的? 除是否受到处理之外,实验对象之间是否就不存在其他差别? 以及,解释是否具有外部有效性? 另外,在上述研究了 15 个社会的案例中,由于研究者使用了不同的方法组织博弈,因此不同社会的成员能否把实验理解为同一种博弈也是个问题。(Henrich et al. 2005,805—806 页)。[1] 同样成问题的是,参与者匿名的条件在这种熟人社会中能否得到满足;如果不能,则其与大学实验室实验结果的可比性就下降了。最后,对上述实验的发现也还存在诸多不同的解释。[2]

四、不同方法的结合

目前,比较政治的研究者们越来越多地组合使用田野调查和非田野调查方法,以期更有力地确证明显的事实性发现、建立某种机制的因果关系,并排除其他可能的解释。比如,有时案例研究会结合对诸多案例的统计学分析(Lieberman 2005)。"不在回归线上"的异常案例也可以被专门挑出来进行研究,以探明为何观察到的统计规律不适用于它,这么做的时候可能会帮助我们识别出另一新的作用机制。或者,我们也可以挑出"在回归线上"的关键案例,以验证观察到的规律是否通过预想的机制出现。

斯蒂芬·威尔金森(Steven Wilkinson 2004)对印度的社区暴力进行了一项研究,其中既对一个关于 1990 年以来印度教教徒和穆斯林教徒冲突骚乱的大型数据库(得之于他和阿苏托什·瓦尔什尼对印度报纸和警方报告的详尽审读)进行了统计分析,也对

---

① 这一研究目前已经进入了第二阶段,此次选取的研究地点更多,而且民族志学者会让当地居民进行形式更为多样的博弈(以更严格地控制文化多样性的解释),还会更精确地度量各种关键因素(比如市场整合度与日常合作水平)。

② 参见对 Henrich et al.(2005)的各种评论。

一个案例研究地区进行了田野调查,以探明选举、动员和治安之间的关系。威尔金森利用这些数据,对他自己的假设,以及其他若干假设进行了检验。在民族学和政治学领域,此种明确的假设检验并不常见,更多见的是叙述式的分析。威尔金森指出,在一个民主政府统治下的分裂社会,当地方选举临近,而控制着警务力量的政府层级(在印度即邦政府)又更看重挑衅者一方而非少数族群的票源时,就不会要求警方预防或者阻止族群暴力行为,也就是说,选举有一种导致暴力的倾向。在这个问题上常见的说法是,分裂社会的政治家会互相"竞价",因而族群极化和动员不可避免。威尔金森的研究则给这种说法加上了限制条件,即它有的时候成立,但并非总是如此。

不过,这些比较都只假设了一个需要估计的量(参数);信息质量和数量之间的关系及推理的确定性对应的也只是这一个参数。相应地,在每一种关系中也假定每个新的信息项都是独立的;而如果信息集的关联(重叠)度是 0.9(90%),那么所需进行的比较也就需要扩大(大约)10 倍。例如,杰里米·温斯坦(Jeremy Weinstein 2006)通过收集数据,以检验他关于叛乱团体面临的组织难题的非形式化模型。这一模型认为,某个团体倾向于征募途程类型的成员(机会主义的或忠诚坚定的),取决于它本身的资源禀赋是经济方面的还是社会方面的;而成员的类型不同,叛乱的组织和暴力情况也就不同。那些在成立初期就拥有较多经济资源的群体会吸引众多的机会主义者,从而导致内部纪律废弛,具体表现包括过度使用暴力、对民众财富的抢掠以及上级无力惩处滥施武力的下级等。相反,只有高度认同组织目标的人才会加入仅仅拥有社会资源的团体。这里的一个基本考虑是,忠诚的个体对叛乱的远期收益抱有信心;他们之间的互动又会强化这种信念,使之成为共同的信仰。这种远景认识和共同的期望,使他们愿意与民众保持良好的合作关系,组织内部也纪律严明,因而他们的武力使用就可能更有选择性,他们也会在一定程度上愿意与文官共同进行治理。

为检验其理论,温斯坦跟踪研究了四个反叛组织的发展轨迹,它们分别是乌干达的"全国抵抗军"、莫桑比克的"莫桑比克民族抵抗运动"、秘鲁的"光辉道路"和后者在上瓦亚加谷地的一个分支。对每个案例,温斯坦都进行了数月的田野调查,探访冲突地区的前游击队员、军事领导人和平民,从大批档案(有的至今未开放)中搜集文件,并从报纸文章中汇集数据以进行统计分析。温斯坦指出,这些组织采用的暴力形式和程度都相差甚大,且它们初始的资源禀赋影响了它们在随后叛乱中的选择,包括征募、治理和武力使用。温斯坦还认为,对于他的样本以外的两个案例(哥伦比亚和安哥拉的反叛组织),他的理论也能适用。此外,他还对 1945 年以来内战中的暴力模式进行了多变量分析,并对其中四个偏离回归线的案例作出了明确的评价。

斯塔蒂斯·卡里瓦斯(Stathis Kalyvas 2006)提出了一种新的关于内战中暴力现象

的理论,其方法论和理论方面的贡献为比较政治学研究树立了一个高水准的标杆。他的理论首先指出,内战几乎总是非常规战争。在内战中,一方对某一区域的控制并不取决于当地民众的偏好,而是取决于他们的行为,即他们是否向另一方提供信息;不同武装团体对所在区域的控制强度,则决定了它们与平民的互动方式及其对暴力的使用情况。因此,是控制的模式决定了暴力的模式,而非相反。卡里瓦斯用一个形式化模型推导出控制和暴力之间的关系,即在不同团体控制程度相近的区域,有选择的暴力活动出现的可能性较小,这是一个与直觉相反的发现。①

卡里瓦斯通过引用几十起内战的传闻证据,展示了这一结论的一般适用性。随后,他利用关于希腊内战的暴力模式的数据,来检验自己的推断。他在伯罗奔尼撒东部阿戈里德地区的田野调查中,汇集了关于这一地区 61 个村庄自 1943 年 9 月起将近 750 位平民死亡情况的数据,采用了希腊军队、共产党、地方刑事法庭的档案,有关的回忆录和自传,以及大量的欧洲档案。多方的档案来源,使卡里瓦斯可以在访谈中激发该地区 200 名居民的回忆。他建立了一个反映其中大多数平民死亡事件的数据库,记录了受害者和加害者的身份、他们之间的关系以及这是选择性暴力还是滥杀无辜的结果。他还提出了界定执政方和反叛者控制的标准,且这一标准明确独立于他对暴力的观察。建立在最终所得数据库基础上的多变量分析在很大程度上确证了他的理论,即他的模型的推断是明显成立的,而关于内战中暴力问题的其他解释作出的推断则未能得到证实。卡里瓦斯随后还进行了一系列样本外检验,包括对另一片族群分裂的区域,以及基于不同的地方史对 136 个希腊村庄内战死亡事件的数据库进行的多变量分析。

此外,卡里瓦斯还清楚叙说了他起初对希腊案例的研究(在阿戈里德以外地区进行的访谈,这个地区后来被他选为田野调查区域),对他的理论和模型的提出发挥了什么样的影响,这也是其研究的一个优点(Kalyvas 2006,14—15 页;并参见其方法论附录)。他随后在田野调查中收集的数据则用来检验其理论。这样,读者就可以清楚地辨明理论和数据之间的互动,并对这一研究的整体观点加以评估。

五、田野调查面临的挑战

在进行田野调查时,因为研究者要与研究对象进行个人交流,所以也会遇到一些特定的挑战。在这一节中,我将会讨论与面对面研究有关的若干问题,但不会涉及前文已

---

① 卡里瓦斯还分析了不加区别的暴力的频繁的(事与愿违的)使用:当行为者无法得到当地的信息以区分对方的战斗人员和支持者时,就会滥杀无辜。

经谈过的、田野调查面临的许多实践难题或方法论难题。①

由于田野调查依赖个人交流,因而研究者在采集样本时可能会不知不觉地产生某种倾向,即与给他们感觉更好的人进行接触,比如,与教育水平更高或同研究者价值观相近的人交流。即使研究者一开始就意识到了此种危险并时时警惕,选择误差还是可能在他毫无知觉的情况下潜入其样本中。举例来说,有的受访者会表现出更大的热情,那么可能他们的观点或参与就更容易被接受、更容易被收集到或令人更愿意去收集。实际上,他们的热情本身就是应收集的数据——为什么他们对这一研究如此感兴趣?为什么他们没有将此视为不相关的杂事?解答这些问题很重要。其他人的冷漠也是重要的数据,但是这一数据就更难被搜集到了。所以,简单的个人好恶,会使有些人的观点更容易被收集到并受到重视,而这又会进一步使研究者的认识受其影响而不自知。

因此,田野调查者必须妥善处理其主观性因素,尽力避免自己的倾向性影响其与研究对象的互动。撰写田野调查日记和日志,并以更正规的形式记录访谈和观察笔记,是应对主观因素的一些好办法,这同时还可以使研究者了解自己对于有关交流和调查结果的认识是如何演变的,况且它们本身也是重要的田野调查数据(Emerson,Frezt and Shaw 1995;Bernard 2002,第 14 章)。

在田野调查中,研究者还会遭遇伦理难题。至少,在进行涉及伦理问题的田野调查之前,必须要让研究对象充分认识到参与进来之后可能的风险和收益(Kelman 1972;Belmont Report 1979②)。为确保研究对象在同意参与之前已经充分了解相关信息,案例研究者们必须以他们能理解的语言陈述研究的目的、告知他们任何可能的风险(和收益)、并向他们保证参与是完全自愿的、他们的隐私也会得到尊重。这一知情同意的程序通常还会包括一些确保研究者对其研究对象负责的信息,比如对该项研究进行制度性监督的委员会的联系方式。然而,研究对象对研究目的及风险的了解,是否已经达到知情同意所要求的程度,常常是一个难以确定的问题。

保证实地收集数据的安全(在实践意义上和在伦理意义上都很重要)可能会很困难;尤其是当研究者需要长期居住在某个社区时,私人空间就可能得不到足够尊重,数据安全就有危险;或者当需要在几个地点之间来回旅行时,数据被盗走、因疏忽大意被

---

①　关于田野调查方法,参见 Lofland et al.(2006);Emerson,Fretz and Shaw(1995);Bernard(2002);Rubin and Rubin(2005);PS Symposium(2002);Qualitative Methods Symposium(2004)。关于访谈,参见 PS Symposium(2002),特别是以下文章:Leech(2002);Goldstein(2002);以及 Berry(2002)。并参见 Weiner(1964);Whyte(1986);Sieber(1986);Bernard(2002,特别是第 9 章和第 13 章)。关于田野调查面临的实践挑战,参见 Barrett and Cason(1997);Devereux and Hoddinott(1993)。

②　参见 National Commission for the Protection of Human Subjects of Biomedical and Behavioral Research(1979),这通常被称为《贝尔蒙特报告》(the Belmont Report)。

丢失,或者被当局及其他人没收的概率就会上升。① 田野调查者们现在越来越多地使用加密或密码来保护电子数据,但有些类型的实地数据(比如手工制品或地图)就无法用这类办法加以保护。一个相关的难题是要不要在出版物中包括敏感的实地材料。有的时候比较容易做决定,因为受访者已经提出相关条件,指定了哪些材料不能出现在出版物中。但有的时候,即使受访人允许,但如果研究者自己认为这些材料太过敏感而不宜公开的话(比如可能会暴露或者暗示受访者的身份),那么他也不应在公开出版的著作中使用它们。

美国学者在进行以人为对象的研究时,必须将他们的研究计划(包括详细的保障参与者知情同意、保护涉密数据的程序)呈交给所在地的科学研究审查委员会进行强制审查;后者必须或者批准计划的程序或者给予豁免,这一研究才能实行。② 比较政治学者也越来越多地被要求提交研究计划以供其研究所在国审查。在某些地方(比如冲突地带),需要细致评估研究对象可能面临的风险,因而对研究计划的审查也就尤为重要。③ 另外,对研究计划的修改(访谈另一批人或研究在进入实地前未想到的问题)也需要审查委员会同意。当然这一规定会导致一个并非故意的后果,那就是由于获得认可也许需要花费数周的时间,田野调查中的创新就会相应地受到限制。

但是,即使计划通过了审查,也并非万事大吉,在田野调查中还是几乎必然会遭遇伦理困境。研究者们很可能会发现,其所遭遇的伦理困境要得到解决,需要他在特定的环境下对一些问题作出自己的判断。

田野调查中还会遇到一些相对次要的困难。比如在工作中听到谎言时,他必须决定是否公开提出质疑。这是一个实践问题,但也具有伦理意义(质疑谎言可能会引发对研究,也有可能是研究对象更大的敌意)。我个人解决这一困难的方法是不去质疑受访者,而是顺水推舟、以温和和天真的模样请他尽情说下去,这样往往会获得一些极为有用的、能够反映他的意识形态、价值观,以及对事件的分析的材料。

没有其他人或团体的合作,你的研究必然难以实现,但如何感谢他们则又是一个难题。对不少研究者来说,这是造成他们持续困扰的根源,因为他们找不到可接受的方法。

---

① 关于实地笔记,参见 Emerson,Fretz and Shaw(1995);Bernard(2002,第 14 章)。

② 由于新研究主题的出现与新的法律标准和研究规范的出台,科学研究审查委员会的标准也在发生变化。最近在争论的话题包括:科学研究审查委员会是否应根据研究类别专门化(比如,社会科学或医学研究)? 知情同意的程序是否已变得太正规、太法条主义了(为研究对象提供制度保障,但理解应相对模糊)? 新信息技术带来的风险与机遇;以及对程序中一个关键阶段"最低风险"的解释等。参见 National Research Council 2003 and National Science Foundation n.d.

③ 关于冲突地带伦理困境的更多讨论,参见 Smyth(2001);Bell(2001);Wood(2006)。对于一般田野调查会遭遇的伦理问题的讨论,参见 Wilson(1993)。

人类学家和其他民族志学家以一种特殊的方式表达他们的礼尚往来之意,即用他们收集的材料回馈被研究的社区。多年前,具体方式是让研究所在国的学术团体也能接触到相关研究成果。不过,越来越多的民族志学者认为,田野调查者的义务不仅限于散播自己的研究成果,还应将实地收集的材料返还当地。不过,相关要求有时候显得太细(有的材料不应返还,比如涉密材料),有时候又显得太粗(返还给谁? 何时返还? 等等)。①

有时研究者会发现,出于一些情绪性的原因,很难持续扮演好自己的角色。在田野调查中,研究者们经常会遭遇预料中的情绪低落期,在此期间他们会不断怀疑自己计划的意义和可行性,并质疑自己是否能胜任。此种"忧郁"通常会发生在进入实地数月以后,此时往往最初的兴奋已经消退激动;在离开实地后,类似情况还会再次发生(这与"实地"和研究者本人所在机构的距离远近无关)。在这段时间,研究者远离亲朋,还需要适应不同的文化环境,他们会感到压力和孤独。在很多时候,缺乏隐私空间也会给研究者带来极大压力。此外,对很多研究者来说,在观察与参与之间保持必要的平衡也是另一种压力的来源,因为他们会感觉到观察和参与所必需的"学者的克制"多多少少有点欺骗的味道。

在冲突地带进行研究的人,会经历很多强烈的情绪,比如恐惧、愤怒、悲痛和遗憾。他会时常追问自己,与单纯的人道主义救助相比,自己的研究工作意义何在。在极端情况下,研究者需要与各方打交道,此时他会发现,要"应付"来自双方的信息、并以一种"移情"的方式与他们交往(尤其是当有一方明显需要为大量暴力行为负责时),都令其倍感压力。有的时候,这类挑战会使研究者感到难于应对,因而只能退而求其次,直接聚焦于冲突的一方,但这显然会导致视野的狭隘和可能的误差。

之所以要提及上述情绪波动的问题,是因为我相信,如果研究者不能充分意识到它们的存在,就可能会导致他们的判断出现误差,进而对研究对象、研究本身,甚至对他们自己产生严重影响(Wood 2006)。② 在容易引发情绪问题的环境中进行田野调查时,大多数人会在长时间内怀疑他们的计划、怀疑他们是否能够按照一个现在看来似乎根本不切实际的时间表完成预期的工作。结果,有的研究者可能会决定删减原来的研究计划,但这将降低其研究的学术价值;另外的研究者则可能会坚持原先过于宏大的计划,导致其成果空泛无奇。另外,研究者可能会禁不住诱惑而与他人分享他们的经验(不可避免地,也会分享他们的数据),或者因为急功近利去承担政策研究或咨询的工作。在更为个人的层面,研究者有时会喜欢和他的新伙伴们谈谈在当地探访来的故事(和

---

① 更多的讨论,参见 Jaarsma 2002。

② 但这并不意味着田野调查者情绪的变化必然会影响到读者。艾丽斯(Ellis 1995)在著作中分析了她的个性如何影响了她在切萨皮克湾所进行的田野调查。另参见 Clark(1975)and Gans(1986)。

数据),但这可能会泄露调查对象的秘密私;或者喜欢建立某些人际关系,而这在有的人看来就损害了原有的计划,而他们也就可能不再愿意继续与研究者分享信息。还有的时候,研究者可能会对自己的研究感到失望,而决定"另辟蹊径",把自己的实地数据"秘密地"交给了一些(被认为是负责任的)组织。

优秀的田野调查者能够有效应对这些挑战,并小心避免自己的情绪变化影响到正在进行的工作。为此,有时他们会与那些同样被置于"局外"的人建立密切的友谊,有时他们则会在研究的间歇返回自己的学术机构寻求建议,并以此保持自己对学术共同体的参与感。通常,比较政治学者在田野调查时会整个地投入一年或两年的时间,但与之相反,有的学者也会在研究计划中给自己预留出离开研究地点的时间段,比如在对一系列不同的研究地点进行探访的过程中,就可以顺便回一趟自己所在的大学。

六、结 论

如果没有田野调查,很难想象本章所讨论的那些研究如何获得相关的数据和发现,又如何能够得到证明。

但是,随着非田野调查方法的成本日益下降,研究者是否已经没有必要为田野调查大费周章了? 由于依赖田野调查和其他类型的调查的数据和分析在产生有用知识的过程中是互补而非替代的关系,所以,非田野调查数据的成本下降与可得性上升,实际上会提高而不是降低投资田野调查的边际产出。我们无法在抽象的讨论中决定研究者应该在这两种方式之间如何分配,因为这完全取决于特定问题上这种互补性有多强。如果互补性很强,那么把更多的学术资源投入到田野调查中去显然是有必要的。

要对实地收集的数据进行有效的因果推论,当然会遇到一些非常大的困难。具体说来,主要依靠参与观察的研究很难复制,这部分是因为这类研究的成果取决于研究者与研究对象之间关系的质量。比如,一个不如斯科特那么训练有素的民族志学者,就可能会完全忽视"弱者的武器"的重要性,从而认为那一村庄中的阶级关系确证了意识形态霸权理论。不过,对于同一人类学环境,很少有民族志学者会在很短的时期内前后相接地进行研究,[①]更常见的情况是在时隔几十年后,(由同一位研究者或另外的研究者)

---

① 民族志"再研究"的一个例子,是对墨西哥中部一个名叫特波茨兰(Tepotztlan)的村庄的研究。奥斯卡·刘易斯(Oscar Lewis)时隔 17 年后对罗伯特·雷德菲尔德(Robert Redfield)曾研究过的这个村庄再次进行了田野调查,他肯定了雷德菲尔德的一些发现,但认为后者没有充分报告村庄中的暴力和冲突程度,而之所以会这样,可能是因为他具有某种将乡村文化视为理想化的"民间文化"的理论和规范倾向(Lewis 1970)。

对同一社区再次进行研究。但这样一来,民族志方面的差异,就既可能是不同技巧和经验的反映,也可能是在此期间相关社会过程的结果。[1] 虽然近年来人类学写作中的主观主义转向常常使研究对象显得模糊不清,但民族志学者的倾向则是提供更多关于他们与研究对象互动的细节,这就使读者能够判断相关民族志研究的质量。当然,如果民族志写得让人感觉观察者不过是走马观花,对研究结果毫无影响,那么这一切也就无从谈起。

如果学术界能够充分认识到田野调查的广阔前景,那么就应该让社会科学的研究生接受更好的田野调查方法训练。因为在目前的情况下,有太多学生是到了调查地点,才第一次接触到田野调查的有关挑战,因而实践上的、伦理上的或方法论上的错误,可能不仅会影响研究计划,而且还会影响甚至危及研究对象。至于那些不具备足够的资源开设专门的田野调查方法课程的学校,则应该允许学生参加"定性研究方法校际联盟"主办的、每年一月定期开设的课程(www.asu.edu/clas/polisci/cqrm)。

所谓田野调查训练,不仅要以一般的研讨班形式让学生对研究设计进行讨论,还要让学生亲身实践各种研究方法。在课程期间,教师应该在当地开展一项研究,让学生锻炼田野调查技能。[2] 很多田野调查者都认为,此种技能只有在实践中掌握,但这并不意味着学习也只能通过论文调查进行。参加课程的学生需要全面细致地思考各种问题,包括进入调查地点、确认关键受访对象和样本结构,以及最小化选择误差。他们也需要实践各种特定的技能,包括参与观察、正式与非正式访谈,以及口述史的写作。面对各种问题和机会,整个班级需要集思广益,有时还需要他们去检审各种类型的田野记录。此外,课堂讨论时,还可以把田野调查中的情绪波动问题明确提出来加以探讨。

城市社会学家经常会开设此类以实践为基础的课程。比较政治学的学生面临的困难,是在学校附近找一个既有意思、又与他的主要研究兴趣发生关联的研究课题。如果某位学生想研究里约热内卢警务政策的演变,那么他就可以先研究他的大学所在地的警务政策。尽管这样一个学期研究并不能作为可资比较的案例,但这个学生至少实践了一次田野调查,并将带着他所获得的经验进入"真实的"调查地点。

––––––––––––––––––

　　[1]　有些经常被视为再研究而提及的例子,事实上并不是在合理的时间段内进行的有意义的新田野调查。比如德里克·弗里曼(Derek Freeman)认为玛格丽特·米德(Margaret Mead)误解了萨摩亚文化的重要方面,特别是青春期女性的性自由程度(对这一争论的回顾,可参见 Orans 1996)。然而,弗里曼和米德的研究相隔半个多世纪,因此他们的不同发现,可能来自当地文化自身的变动。更多例子和讨论,参见 Kemper and Peterson Royce(2002)及 Carmack(1988)。

　　[2]　如果想了解这样一门课程的实例,可以参考我开设的"定性田野调查"课程的大纲,这可以在我的网页上找到:pantheon.yale.edu/~ejw33。

参考文献

ADCOCK, R., and COLLIER, D.2001.Measurement validity: a shared standard for qualitative and quantitative research.*American Political Science Review*, 95(3):529–46.

BARRETT, C.B., and CASON, J.W.1997 *Overseas Research. A Practical Guide.* Baltimore: Johns Hopkins University Press.

BELL, P.2001.The ethics of conducting psychiatric research in war-torn societies.In *Researching Violently Divided Societies: Ethical and Methodological Issues*, ed.M.Smyth and G.Robinson.London: UN University Press and Pluto Press.

BENNETT, A., and ELMAN, C.2006.Complex causal relations and case study methods: the example of path dependence.*Political Analysis*, 14:250–67.

BERNARD, H.R.2002.*Research Methods in Anthropology: Qualitative and Quantitative Approaches*, 3rd edn.Walnut Creek, Calif.: Altamira Press.

BERRY, J.M.2002.Validity and reliability in elite interviewing.*PS: Political Science and Politics*, 35(4): 679–82.

BRADY, H. E., and COLLIER, D. 2004.*Rethinking Social Inquiry: Diverse Tools, Shared Stand ards.* Savage, Md.: Rowman & Littlefield.

CARMACK, R.ed.1988.*Harvest of Violence: The Mayan Indians and the Guatemalan Crisis.* Norman: University of Oklahoma Press.

CHATTOPADHYAY, R., and DUFLO, E.2004.Women as policy makers: evidence from a randomized policy experiment in India.*Econometrica*, 72(5):1409–43.

CLARK, M.1975.Survival in the field: implications of personal experience in field work.*Theory and Society*, 2:63–94.

DAHL, R.A.1963.*Wlw Governs? Democracy and Power in the American City.* New Haven: Yale University Press.

DEVEREUX, S., and HODDINOTT, J.eds.1993.*Fieldwork in Developing Countries.* Boulder, Colo.: Lynne Rienner.

ELLIS, C.1995.Emotional and ethical quagmires in returning to the field.*Journal of Contemporary Ethnography*, 24(1):68–98.

EMERSON, R.M., FRETZ, R.I., and SHAW, L.L.1995.*Writing Ethnographic Fieldnotes.* Chicago: University of Chicago Press.

FENNO, R.1978.*Home Style: House Members in their Districts.* Boston: Little, Brown, and Company.

GANS, H.J.1986.The participant observer as a human being: observations on the personal aspects of fieldwork.Pp.53–61 in *Field Research: A Sourcebook and Field Manual*, ed.R.G.Burgess, 2nd edn. London: George Allen & Unwin.

GEORGE, A.L., and BENNETT, A. 2005. *Case Studies and Theory Development in the Social Sciences.* Cambridge, Mass.: MIT Press.

GOLDSTEIN, K. 2002. Getting in the door: sampling and completing elite interviews. *PS: Political Science and Politics*, 35(4): 669–72.

GRAETZ, M. J., and SHAPIRO, I. 2005. *Death by a Thousand Cuts: The Fight over Taxing Inherited Wealth.* Princeton: Princeton University Press.

GREEN, D.P., and GERBER, A.S. 2002. Reclaiming the experimental tradition in political science. Pp. 805–32 in *Political Science: State of the Discipline*, ed. I. Katznelson and H.V. Milner. New York: W.W. Norton.

HARRISON, G.W., and LIST, J.A. 2004. Field experiments. *Journal of Economic literature*, 42: 1009–55–

HENRICH, J., BOYD, R., BOWLES, S., CAMERER, C, FEHR, E. and GINTIS, H. 2003. *Foundations of Human Sociality: Economic Experiments and Ethnographic Evidence from Fifteen Small-Scale Societies.* Oxford: Oxford University Press.

——et al. 2005. "Economic man" in cross-cultural perspective: behavioral experiments in 15 small-scale societies. *Behavioral and Brain Sciences*, 28: 795–855.

JAARSMA, S.R. ed. 2002. *Handle with Care: Ownership and Control of Ethnographic Materials.* Pittsburgh: University of Pittsburgh Press.

KALYVAS, S. 2006. *The Logic of Violence in Civil War.* Cambridge: Cambridge University Press.
KELMAN, H.C. 1972. The rights of the subject in social research: an analysis in terms of relative power and legitimacy. *American Psychologist*, 27(11): 989–1016.

KEMPER, R.V., and PETERSON ROYCE, A. eds. 2002. *Chronicling Cultures: Long-Term Field Research in Anthropology.* Walnut Creek, Calif.: Altamira Press.

KING, G., KEOHANE, R.O., and VERBA, S. 1994. *Designing Social Inquiry: Scientific Inference in Qualitative Research.* Princeton: Princeton University Press.

LEECH, B. 2002. Asking questions, techniques for semi structured interviews. *PS: Political Science and Politics*, 35(4): 663–88.

LEWIS, O. 1970/1953. Tepoztlan restudied: a critique of the folk-urban conceptualization of social change. Originally published in *Rural Sociology*, 18(2): 121–36. Republished in *Anthropological Essays*, by O. Lewis. New York: Random House.

LIEBERMAN, E.S. 2005. Nested analysis as a mixed-method strategy for comparative research. *American Political Science Review*, 99(3): 435–52.

LIPSET, S.M. 1956. *Union Democracy. The Internal Politics of the International Typographical Union.* Glencoe, 111.: Free Press.

LOFLAND, J., SNOW, D., ANDERSON, L., and LOFLAND, L. 2006. *Analyzing Social Settings: A Guide to Qualitative Observation and Analysis.* Belmont, Calif.: Wadsworth.

MAHONEY, J., and GOERTZ, G. 2006. A tale of two cultures: contrasting quantitative and qualitative research. *Political Analysis*, 14: 227–49.

NATIONAL COMMISSION FOR THE PROTECTION OF HUMAN SUBJECTS OF BIOMEDICAL AND BEHAVIORAL RESEARCH (The Belmont Report). 1979. *Ethical Principles and Guidelines for the Protection of Human Subjects of Research.*

NATIONAL RESEARCH COUNCIL. 2003. *Protecting Participants and Facilitating Social and Behavioral Sciences Research.* Panel on Institutional Review Boards, Surveys, and Social Science Research, ed. C. F. Citro, D. R. Ilgen, and C. B. Marrett. Committee on National Statistions and Board on Behavioral, Cognitive, and Sensory Sciences. Washington, DC: The National Academies Press.

NATIONAL SCIENCE FOUNDATION (n.d.). Interpreting the common rule for the protection of human subjects for behavioral and social science research, www.nsf.gov/bfa/dias/policy/hsfaqs.jsp.

ORANS, M. 1996. *Not Even Wrong: Margaret Mead, Derek Freeman, and the Samoans.* Novato, Calif.: Chandler and Sharp Publishers.

POSNER, D. N. 2004. The political salience of cultural difference: why Chewas and Tumbukas are allies in Zambia and adversaries in Malawi. *American Political Science Review*, 98(3): 529–46.

——2005. *The Institutional Origins of Ethnic Politics: Regime Change and Ethnic Cleavages in Africa.* Cambridge: Cambridge University Press.

PS SYMPOSIUM. 2002. Symposium: interview methods in political science. *PS: Political Science and Politics*, 35(4): 663–76.

QUALITATIVE METHODS SYMPOSIUM. 2004. Symposium: discourse and content analysis. *Qualitative Methods Newsletter*, 2(1): 15–39.

RAGIN, C. C. 1987. *The Comparative Method.* Berkeley and Los Angeles: University of California Press.

——2000. *Fuzzy-Set Social Science.* Chicago: University of Chicago Press.

RUBIN, H. J., and RUBIN, I. S. 2005. *Qualitative Interviewing: The Art of Hearing Data*, 2nd edn. Beverly Hills, Calif.: Sage.

SCOTT, J. 1985. *Weapons of the Weak: Everyday Forms of Peasant Resistance.* New Haven: Yale University Press.

SIEBER, S. D. 1986. The integration of fieldwork and survey methods. Pp. 176–88 in *Field Research: A Sourcebook and Field Manual*, ed. R. G. Burgess, 2nd edn. London: George Allen & Unwin.

SMYTH, M. 2001. Introduction. In *Researching Violently Divided Societies: Ethical and Methodo logical Issues*, ed. M. Smyth and G. Robinson. London: UN University Press and Pluto Press.

SNYDER, R. 2001. Scaling down: the sub-national comparative method. *Studies in Comparative International Development*, 36(1): 93–110.

STOKES, S. C. 1995. *Cultures in Conflict: Social Movements and the State in Peru.* Berkeley and Los Angeles: University of California Press.

WANTCHEKON, L. 2003. Clientelism and voting behavior: evidence from a field experiment in Benin. *World Politics*, 55: 399–422.

WEINER, M. 1964. Political interviewing in social research. Pp. 102–33 in *Studying Politics Abroad*, ed. R. Ward. Boston: Little Brown.

WEINSTEIN,J.2006.*Inside Rebellion：The Politics of Insurgent Violence.*Cambridge：Cambridge University Press.

WHYTE,W.F.1986.Interviewing in field research.In *Field Research：A Sourcebook and Field Manual*,ed. R.G.Burgess,2nd edn.London：George Allen & Unwin.

WILKINSON,S.I.2004.*Votes and Violence：Electoral Competition and Ethnic Riots in India.*Cambridge：Cambridge University Press.

WILSON,K.1993.Thinking about the ethics of fieldwork.Pp.179-99 in *Fieldwork in Developing Countries*,ed.S.Devereux and J.Hoddinott.Boulder,Colo.：Lynne Rienner.

WOOD,E.J.2003.*Insurgent Collective Action and Civil War in El Salvador.*Cambridge：Cambridge University Press.

——2006.The ethical challenges of field research in conflict zones.*Qualitative Sociology*,special issue on Political Ethnography,29：307-41.

YASHAR,D.J.2005.*Contesting Citizenship in Latin America：The Rise of Indigenous Movements and the Postliberal Challenge.*Cambridge：Cambridge University Press.

第六章　比较政治科学可能吗？

亚当·普列泽沃斯基（Adam Przeworski）[1]

一、引　言

　　人们在进行因果推论的时候，需要相关数据的支持；而当这些数据并非通过研究者能够控制的进程获得时，就可能产生某些问题。本章就是对这些问题的概述。如同所有概论一样，本章也只是导论性质的，其中涉及的有关问题，往往已有其他人进行了更深入的研究。所以，本文并无创新之处，但我希望它能够发挥某种"整体大于部分"的效果。

　　比较政治学研究的很多问题关系到某种制度、政策或事件对一些结果或表现的影响。我把前者称为"（可能的）原因"，而把后者称为"结果"。例如：

　　1. 政治制度对经济发展的影响；

　　2. 政治体制对战争起源的影响；

　　3. 选举制度对党派数目的影响；

　　4. 贸易战略对经济表现的影响；

　　5. 签署特定国际条约对于某些表现的影响，比如签署京都议定书对碳排放量的影响；

　　6. 革命对后续的社会变动的影响；

　　7. 维和活动对和平的影响。

　　这个清单可以一直列下去。我只是想强调，原因因素可能是制度，也可能是政策，

　　① 向麦金泰尔（MacIntyre）道歉，因为我盗用了他 1972 年作品的标题。感谢尼尔·贝克（Neal Beck）、费尔南多·科尔特斯（Fernando Cortes）、考斯塔·艾斯平—安德森（Gosta Esping-Anderson）、詹妮弗·甘迪（Jennifer Gandhi）、戴维·拉定（David Laitin）的批评指正，同样也感谢本书的各位编辑。

还可能是事件。另外，此类问题也不只限于国家层面。比如，2004 年美国总统大选后，有人注意到在佛罗里达那些使用电子投票器的县，布什的得票率要比预期的高一些；而在采用传统打卡器的县①，投票结果则比较接近原来的预期。投票器的类型会影响结果吗？这又是一个有关因果效应的问题。

下面讨论的，就是诸如此类的问题。当然，我们会发现，如果不首先探究原因的来历，这些问题至少在某种意义上是无法解答的。要确认政治体制对经济增长的影响，我们就必须了解政治体制是如何产生和消亡的；要确认维和行动对和平的作用，我们就必须了解在何种情况下会采取这种行动；而要确认投票器对布什得票率的影响，我们就必须了解为什么会采用不同的投票装置。因此，我们既需要研究某种原因导致的结果，也需要研究导致某种结果的原因。这就意味着，我们将要面临比较政治学涉及的几乎所有问题。

二、问　题

假设我们有一个如下所示的数据矩阵（见表 6.1）。② T 代表可能的原因，$T=1$ 表示“处理”，$T=0$ 则表示“控制”（或另一种处理）。③ X 和 V 是“协变量”，是个体单位在受处理前具有的特征。X 是研究者观察到的协变量的向量，而 V 则是未被观察到的那些协变量。NA 意为“未知”。$Y=\{Y_0,Y_1\}$ 表示原因可能产生的效应，Y_1 是受处理的单位的状态，Y_0 是未受处理的单位的状态，所以就每个单位 i 而言，我们或是观察到 Y_1 或是观察到 Y_0：

$$Y_i = T_i Y_{1i} + (1-T_i) Y_{0i} \tag{1}$$

每个“单位”都是原因因素可以发挥作用的一次机会。它可能是一个人，或是一个国家，等等。此外，它表示的还可能是同一个个体或国家的不同状态：比如 1950 年的瑞典和 1951 年的瑞典。因此，“单位”是可观察的和不可被观察的协变量的全集：i 和“背景条件”向量 (x_i, v_i) 的范围是相同的。

---

① 此处原文为“countries”，疑为“counties”之误。——译者

② 需要解释一下标记符号。如同文献中通常出现的那样，大写字母表示变量；小写字母表示特殊的值。加粗的字母则表示向量。$E(\ )$ 指“期望值”，$Y \mid X$ 意为“Y 的取值取决于 X 的取值”，所以 $E(Y \mid X)$ 意指“在给定 X 值时 Y 的期望值”。为了简化，在这里我都默认应用了重复期望值定理。

③ 虽然为了简化，我假设原因为二元变量，但这里讨论的内容对于任何离散型或连续型的 T 取值都成立。

表 6.1　实验和准实验

i	T	X_1	X_2	...	X_k	V_1	V_2	Y_0	Y_1
1	0	1	1	1	1	NA	NA	y_{01}	NA
2	1	1	1	1	1	NA	NA	NA	y_{12}
3	0	1	1	1	1	NA	NA	y_{03}	NA
4	1	1	1	1	1	NA	NA	NA	y_{14}
5	0	3	5	1	6	NA	NA	y_{05}	NA
6	1	3	5	1	6	NA	NA	NA	y_{16}
...	...	...	...	...	...	NA	NA	...	...
...	...	...	...	...	...	NA	NA	...	...
$N-1$	0	17	14	6	9	NA	NA	$y_{0,N-1}$	NA
N	1	17	14	6	9	NA	NA	NA	y_{1N}

现在,让我们用 U 来表示 V 对 Y 的作用,并假设总效应线性可分。所以,

$$E(Y\backslash X,V) = E(Y\backslash X) + U \qquad (2)$$

将等式(2)代入(1)(并去掉下标 i),得到

$$Y = E(Y_0|X) + T[E(Y_1-Y_0|X)] + \{T(U_1-U_0)+U_0\}$$
$$= \beta_0(X) + \beta(X)T + U \qquad (3)$$

其中, $\beta(X) = E(EY_1-Y_0)|X) = E(Y_1-Y_0|X)$ 是平均因果效应(这将在后文讨论), $U = T(U_1-U_0)+U_0$ 。

我在开篇就引入了这么多标记符号,可能会让人有些无所适从,但我的目的是为了向大家展示在识别因果效应时需要关注的根本问题,即 $E(U)$ 是否等于 0。一般说来,它是否等于 0 是不可知的,但存在各种可识别的假设帮助我们了解其特性。尽管这些假设本身也不可验证,我们还是可以理性地讨论它们是否合理。至于我们实践的到底是一门艺术还是一种科学,这个问题将留给读者自己来做判断。

三、数据类型

3.1　实验研究

为了方便讨论,假设我们确知 $E(U)=0$ 。事实上,如果处理是随机地加之于各个单位的话,那么这个假设是成立的。

随机分布最重要的条件,就是它对被观察到的,以及未被观察到的协变量都同样成

立。注意，在表 6.1 中，被观察到的协变量是完全随机分布的，这意味着每个向量 x 中 $T=0$ 和 $T=1$ 的观察值出现的概率相等，所以实验组和观察组中每个 X 的均值也相等。另外，下面讨论的大部分内容，在观察值足够"*均衡*"（即对 $T=0$ 和 $T=1$ 的各单元，X 的均值都足够近似）的情况下也成立。当然，要满足随机分布，未被观察到的变量也应足够均衡。并且，由于随机分布意味着原因变量的值独立于所有单元特性，所以，T 也就独立于 U 且 $E(U)=0$。

接下来，要考察对某一特定单元 i 处理的因果效应，即个体处理效应。这个效应的定义是：在一个原因发挥作用和它没有发挥作用这两种情况下，一个单元的状态的区别。例如，乔·史密斯在服用和没有服用阿司匹林的情况下，他的头痛程度的差别；或者，法国发生或没有发生 1789 年大革命，其后法国社会变化程度的差别。用等式表达，就是：

$$ITE_i = y_{1i} - y_{0i} \equiv \beta_i \tag{4}$$

但是，在表 6.1 中，我们只能观察到所有奇数标号的单元未受处理时的状态，和所有偶数标号的单位受处理后的状态。因此，甚至在随机分布的情况下，我们也需要一些假设，以推定一个未受处理（即尚未受到可能原因影响）的单元如果受到处理，或一个受到处理的单元如果未受处理时可能出现的假想状态，否则有关问题仍然难以得到回答。当然，假设中的情形并未实际发生，所以它们是与事实相反或曰*虚拟的*。[1] 由于虚拟事件本身无法被观察到，因而虚拟假设也就难以被直接验证。[2] 这样，我们可以得出第一个结论。

结论 1：*如不进行虚拟假设，就无法确定某个原因对某个个体单元产生的效应。并且，虚拟假设是无法被验证的。*

那么，在随机分布的情况下，什么样的假设能够识别个体处理效应呢？

假设 1：*单位同质性*（*Holland* 1986）。

对于任何 $i, j \in N$，如果 $(x_i, v_i) = (x_j, v_j)$，那么 $y_{0i} = y_{0j}$ 且 $y_{1i} = y_{1j}$。

这一假设说的是，如果两个个体单元的协变量取值相同，那么在未接受处理时，它们的状态应该相同，且在接受处理后，它们的状态也应该相同。如这一假设成立，那么选择程序就可以被忽略。换言之，这两个相同单元哪个要受到处理，哪个要被控制，就

---

① 虚拟的思想可以追溯至帕斯卡（1669，section 162）："如果克娄奥佩特拉的鼻子短一分，世界历史就不得不重写。"关于不同类型的条件命题之间的区别，参见 Edgington（2001）。关于虚拟思考的逻辑问题，参见 Quine（1953）；Lewis（1973）；Mackie（2002/1973）；Goodman（1979）；Stalnaker（1987）。

② 如果希望了解不包含虚拟假设的关于因果联系的统计学观点，参见 Dawid（2000）。戴维认为虚拟假设是形而上学的内容，因而拒斥了它们。

无关紧要。

这一假设可以识别处理产生的因果效应。把这同质性假设应用于表 6.1 中的第 $(i+1)$ 个单元,就会得到:

$$ITE_{i+1} = y_{1,i+1} - y_{0,i+1} = y_{1,i+1} - y_{0,i}$$

其中,$y_{1,i+1}$ 和 $y_{0,i}$ 都可以被观察到。

"识别"的意思是什么? 计量教科书在许多时候都使用了这个术语。直觉上,"识别"意味着在所有可能观察的基础上可以推论出变量间的关系(或者多元分布的参数)(Koopmans 1949;见 Manski 1995,第 6 章)。但通常,只有先作出一些可以验证也可能无法验证的假设,才谈得上进行识别。正如曼斯基(Manski 1995,第 18 章)所观察到的那样:"最不重要的理论往往是可检验的,而我们最需要的理论却恰恰无法检验。在已有 $P(x)$ 的情况下确定条件分布 $P(y \mid x)$ 的理论是最无关紧要的。我们最需要知道的是在未知 $P(x)$ 的情况下如何确定这些分布。"我们已经看到,由于我们在一个时间点只能观察到每个单元的一种状态,因而如果不预先作出某些假设,就无法识别个体因果效应。所以,我们需要类似单位同质性假设那样的识别假设。这个假设无法验证,但它看起来是合理的。

现在我们可以考察平均处理效应 ATE(Average Treatment Effect)了。具体地说,在什么样的假设下,$\beta_{ATE} = E(Y_1 - Y_0 \mid X) = E(\beta \mid X) = \bar{y}_1 - \bar{y}_0 = \bar{\beta}$,即观察到的差异均值与平均处理效应相等? 答案是"条件性均值独立"。

假设 2:条件性均值独立

$$E(Y_1 \mid X, T=1) = E(Y_1 \mid X, T=0) = E(Y_1 \mid X)$$

$$E(Y_0 \mid X, T=0) = E(Y_0 \mid X, T=1) = E(Y_0 \mid X)$$

这个假设的意思是,如果仅有被观察到的协变量发生变化,我们可以期望,未受处理的受控单元如果受到处理,其反应与那些被观察到的受处理的单元是相同的,而受到处理的那些单元如果受控制,其状态与那些被观察到的受控单位也并无二致。[1] 举例来说,假设处理是央行独立性,结果则是通胀率。那么这个假设的意义就可以这样表述:两个国家,其一央行具有独立性,另一个的央行并不独立;只要这两个国家所有可观察的特征都一致,那么,如果央行不独立的国家赋予央行独立性,则这一国家的通胀率会与央行已经具有独立性的那个国家相同。反过来说,同样在这两个国家所有可观察的特征一致的条件下,如果央行独立的那个国家不再让央行具有独立性,则它的通胀率

---

① 再次谈一下符号的问题,$E(Y_1 \mid T=1)$ 读作"当各单元被观察为受到处理时,处理结果的期望取值",$E(Y_1 \mid T=0)$ 则读作"当各单元被观察为未受处理时,处理结果的期望取值"。

也会与央行确实不独立的国家相同。

在随机分布的情况下，这一假设就有条件成立，即被观察到的差异与平均因果效应相等：①

$$\bar{\beta} = E(Y_1 \mid X, T=1) - E(Y_0 \mid X, T=0) \mid \bar{y}_1 - \bar{y}_0$$

结论 2：如果处理是随机分布的，那么被观察到的均值差异等于平均因果效应。

3.2 "准实验"和历史研究

假定表 6.1 的数据是某种不为研究者所知的过程中产生的。注意，"不为所知"并不意味着不能随机分布。虽然研究者无法随机指定处理，但历史却可以这么做。② 如果能找到一个确实被历史随机分布的合适案例，那么我们就得到了一个"自然实验"，而上文所说的所有内容，特别是被观察到的差异等于平均因果效应，也都成立。③ 现在假定随机分布的条件不能得到满足的情况。历史通过某种过程产生了一系列观察，而研究者们所做的就是把数据整理成表 6.1 的形式，这时可能会舍掉那些不能准确匹配或接近随机分布的观察（或只取一般能够得到认可的观察）。有人可能希望能证明此种数据结构是"准实验"性的，因为"虽然它没有把各单元随机分配给不同条件，但其目标与结构特征与随机实验相似"（Shadish，Cook，and Campbell 2002，104 页）。但准实验依然不是自然实验。即使各单元被观察到的协变量完全符合随机分布的条件，也无法保证未被观察到的协变量同样能够随机分布。

---

① 根据 Rosenbaum and Rubin（1983）提出的定理，如果条件性均值独立在本文所说的情况下成立，那么用 $p(X) = Pr(T=11X)$ 来替代 X，这一假设同样成立。其中 $p(X)$ 为"倾向分值"。

② 对研究者进行的随机化与自然的随机化之间存在的区别的讨论，可以上溯至哈维默（Haavelmo 1944）（转引自 Angrist and Krueger 2001，80 页），他认为："我们应该喜欢做的"那些实验和"自然在其浩渺无边的实验室中完成的、我们仅仅作为被动的观察者观看到的那一系列实验"具有相似之处。

③ 要了解这意味着什么，可参见 Banerjee and Iyer（2002）所做的一项绝妙的研究。英国人征服印度时，在不同的地区建立了不同的纳税体系。有一段时间，他们让地主收税，另一段时间他们或者向整个村庄集体征税，或者直接出面向个体农民收税。由于在某个地区建立何种纳税体系只与被征服的时期有关，而与特定区域的特征无关，所以这些制度外生于当地的气候、禀赋以及其他未被观察到的区域特征。班纳吉和艾尔采取的识别策略是选取一些地理上相邻、却碰巧采用了不同税收制度的地区来构建一个有限样本。他们指出，"如果英国人关于建立何种土地税收制度的决定，基于对当地其他特征的系统考虑，那么我们采取的策略就会导致有误差的结果"（Banerjee and Iyer 2002，10—11 页）。但是，这一策略可以假定"没有理由认为在区域层面上建立何种土地税收制度的选择，与该区域的特征密切相关……因此可以合理地假设，如果直接相邻的两个区域边界线两边的两个地区最后却形成了不同的土地税收制度，其原因与这些地区的内部差异无关"。由于制度外生于背景条件，且无论它们产生了何种结果，它们此后（直到印度独立）也都未曾发生变动，所以可观察到的发展差异就可以归因于制度差异了。

社会科学,更具体地说是比较政治学的大多数研究中,研究者都无法控制原因对各单元的分配。我们无法随机分配政治体制、贸易政策、革命或内战到各个国家。在此类的研究中,研究者无法控制可能的原因在背景特征中的分布,所以它们通常被称为"观察性研究"。然而,正如罗森鲍姆(Rosenbaum 2002)的权威论著所指出的那样,这种研究除了数据来源之外,还有方法论方面的独有特征。旨在探究疾病原因的医学研究就是以准实验的方法处理数据,即仿真实验。将原因因素分配给各个单元的过程是自然完成的,比如研究者面对一批病人,记录下他们吸过的香烟数量和他们各自的特征(协变量)。观察性研究首先平衡吸烟者和不吸烟者(或不同程度的吸烟者)可观察的特征,如果达到了足够的均衡,它们就会运用均值独立假设,即假定事实上或者对可观察协变量的平衡同时也足以保证未被观察到的协变量的平衡,或者未被观察到的因素并不会影响结果,比如肺病的发病率。无须赘言,这是比较研究中一种长期以来倍受重视的研究方法,它可以追溯到 J.S.密尔的"差异法",亦被普列泽沃斯基和透纳(Przeworski and Teune 1970)应用于他们的"最相似系统研究法"。

然而,正如赫克曼(Heckman 2004)所发现的那样[1],我认为将观察性研究类比于实验具有误导性。[2] 问题的症结在于,如何在没有随机分布的情况下识别因果效应。尽管它们看上去像是"准实验的",但把历史数据视为"不过是缺乏随机分布的实验",实际上是掩盖了根本问题的自欺欺人之举。最为可笑的例子,是我最近读到的一项研究,它发现不工作的女性更容易患病。假设我们能够让工作和不工作的女性在所有可观察的协变量上面都匹配,我们还会得出上述结论吗? 难道情况不可能是那些容易生病的女性更少会去工作吗?

原因因素对单元的分配具有两个典型特征。随机分布会自然地为每个单位分配协变量,所以单元的所有外生性特征都在事前就被控制住了。"自然"或"历史"的分配也许能、也许不能满足这样的要求,所以必须通过计算协变量的平均取值在事后控制协变量。但是,如果所有的协变量都能够在事后加以控制的话,那么这一区别——事前还是事后"控制"协变量——就不会对识别产生任何影响。关键在于,如果分配不是随机的,那么即使所有被观察到的协变量取值都被"均衡"了,在受到和没有受到某个原因影响的单元之间,未被观察到的协变量仍然可能有差异。波斯纳(Posner 2004)做过一个绝妙的研究,分析了横跨马拉维和赞比亚边境线的两个相同族群之间关系的差异。虽然波斯纳极具说服力地证明,两个同样被边境线分隔的族群除分属不同国家之外并

---

① 赫克曼(Heckman)把我所说的"观察性"研究称为"统计性"的研究,并将它们与"科学的"或"计量的"并列。虽然我使用的术语更为中性一些,但我们各自所做的区分的实质是一样的。

② 对于政治科学中的自然实验的清晰讨论,参见 Dunning(2005)。

无其他差别，但人们总可以基于他未曾观察到的差异因素提出与其对立的假说。这些假说可能多多少少是合理的，但正如邓宁（Dunning 2005）所强调的那样，对其合理性的评估也不可避免地是主观性的。

历史学家（也就是我们）和实验研究者具有同样的目标，即识别因果关系，也使用同样基于虚拟①的概念工具，因而我们必须证明这种虚拟的可能性。实验研究者证明虚拟成立的方法，是证明分配原因的机制应该能够为同一单元分配另一种不同的处理。这一机制的特性即随机性意味着，一种特定的处理可以被分配给任一协变量的集合。然而在比较政治学中，我们得到的观察，即*数据*，来自于某些模糊不清的过程，我们以一种不可知论的态度将它们称为"历史"。因此，如果我们要采用虚拟的方法，我们就必须假定，历史可能产生一个与我们身在其中的世界不同的世界，与实际的历史不同的另一种历史也完全可能。为了构建虚拟事件，我们必须厘清历史，将原因因素分配给不同单元的机制。

我们如何证明此类假设？它们必须有某种规律，否则我们就会天马行空地幻想。霍索恩（Hawthorn 1991，168 页）提出了如下的问题："与事实相反的可能，只能由这一事实出发加以想象吗？还是可以从当时的可能性推知②，或者通过非常细致的比较得到？能否找到某种理论，能够使我们发现非此则永远不被我们所知的可能性？"这些问题没有一般性的答案，关键在于，在进行虚拟推论的时候，我们需要某些系统性的标准。没有这种标准，"我们设想到的可能性就不是事实上的可能性，而只是纯粹的可能。如果这样，那么历史学或者社会科学就将转变为充满想象力的文学"（Hawthorn 1991，167 页；参见 Kundera 2003）。

如果我们愿意接受"事实"的指导，那么就需要利用可观察的世界来识别历史产生各种观察的机制，特别是历史把原因分配给各种协变量的机制。"历史研究"分析的是历史产生的数据，并且与观察性研究不同，它不仅探究原因产生的结果，也研究结果背后的原因。

四、可能的误差

前文已经指出，为了识别因果效应，我们需要保证 $E(U) = E[T(U_1 - U_0) + U_0] = 0$，

---

① 此处的"虚拟"，原文为"counterfactual"，指一种出于逻辑推断的、与实际发生的情形不同、而且也不会发生的假定，比如假定统一中国的是齐国而非秦国就是一种虚拟。作者在这里的讨论，意在说明进行虚拟需要有严格的条件，而不难简单设想某种实际上没有发生，或者并不存在的事件。也有人把"counterfactual"译为"反事实"的。——译者

② 此处原文为"can vassed"，应为"canvassed"之误。——译者

其中 U 是 $Y=\beta_0(X)+\beta(X)T+U$ 中未观察到的因素所造成的影响，$\beta(X)$ 是 X 的平均因果效应。但是，有很多种原因能使这一条件无法得到满足。

4.1 基本误差

首先需要注意，我们感兴趣的因果效应，并不是一般性地加之于某个单元、而是确实被观察到即受到处理的单元的效应。[①] 这一估计值通常被称为被处理单元的平均处理效应，即 ATT，其定义为

$$\beta_{ATT}=E(Y_1-Y_0|X,T=1) \tag{5}$$

这一参数的值表明，处理在多大程度上改变了那些受到处理即观察的单元的结果。注意，$E(Y_1 \mid T=1)$ 是被观察到的，而 $E(Y_0 \mid T=1)$ 则是未出现的虚拟情况。接下来考察被观察到的差异 $\bar{\beta}$（即它与 β_{ATE} 的差异）的误差：

$$\begin{aligned}
\bar{\beta}-\beta_{ATT}&=E(Y_1|X,T=1)-E(Y_0|X,T=0)-E(Y_1-Y_0|X,T=1)\\
&=E(Y_0|X,T=1)-E(Y_0|X,T=0)\\
&=E(U_0|T=1)-E(U_0|T=0)
\end{aligned} \tag{6}$$

最后一个表达式反映的是得到处理和未得到处理的单元在受控状态下的差异，通常这被称为"基本误差"。假设有个被遗漏的变量，比如说人力资本 H，它与所受的处理有关，并且会影响一个国家的发展前景，则 $E(U_0 \mid H=\text{high},T=1)>E(U_0 \mid H=\text{low}, T=0)$。由于在 $T=1$ 的情况下被观察到的国家，在 $T=0$ 的情况下也应该比在 $T=0$ 的情况下实际被观察到的国家发展要快，因此被观察到的差异夸大了 T 所产生的因果效应。这一误差有时会被等同于选择误差，但我们接下来会看到，除了基本误差外，还存在其他的选择误差。

4.2 自我选择误差

现在我们回到 ATE。$\bar{\beta}$ 的误差，即其与 β_{ATE} 的偏离为：

$$\bar{\beta}-\beta_{ATE}=E(Y_1|X,T=1)-E(Y_0|X,T=0)-E(Y_1-Y_0|X) \tag{7}$$

在等式(7)中同时加上和减去 $E(Y_0 \mid T=1)$ 得到：

$$\begin{aligned}
\bar{\beta}-\beta_{ATE}&=\{E(Y_0|X,T=1)-E(Y_0|X,T=0)\}+\\
&\{E(Y_1-Y_0|X,T=1)-E(Y_1-Y_0|X)\}=
\end{aligned}$$

[①] 在对救济政策的研究中，这一效应受到了特别关注。正如赫克曼（Heckman）所一再指出的那样，研究人力资源培训计划对百万富翁会产生何种效应毫无意义；恰恰相反，我们希望知道的是这些计划对那些需要它们并得到了它们支持的人所产生的效用。

$$\{E(U_0|T=1)-E(U_0|T=0)\}$$
$$+\{E(U_1-U_0|T=1)-E(U_1-U_0)\} \tag{8}$$

第一个大括号里的项就是我们已熟悉的基本误差；而第二个大括号里的项，最好称之为"自我选择"误差，它表示事实上受到处理的单元和一般性单元之间效应的不同。但是，为什么处理效应在被处理的单元和未被处理的单元之间会有所不同呢？原因之一是，哪些单元受到处理，取决于某种研究者没有观察到、却被各单元预测到的因素。当个体出于被研究者观察到的 X 个理由之外的原因要求得到处理，或者他们对基于 X 个观察的处理反应不同，这种情况就会发生。假设（当然不必相信这是真的）选择了民主的政治精英同时也了解如何使国家更快地发展，那么对被观察为民主的国家来说，民主对发展的效应就会与它对一般国家的效应不同，这就是自我选择误差。

4.3　后处理误差："可操控性"和"属性"

到目前为止，我们假设 X 和 V 即"协变量"不会因处理而发生变化。这一假设实际上意味着原因因素可以一次一个地被操控。但我们也可以假设其中有些协变量——可以将这一子集 A 称为"属性"——会因处理而变化，这被金和曾（King and Zeng, 2002）称为"后处理效应"。此时处理可能会产生两种效应：直接效应和通过 A 而产生的间接效应。我们需要一些识别假设，才能区分开这两种效应。

我们总能作出这种假设吗？我们现在进入了一个复杂而微妙的领域。霍兰（Holland 1986）认为，某一特定变量要成为可能的原因，就必须能（或可能）被操控。原因这一概念的关键特征，就是它可以在相同的背景条件下出现不同的取值。这就是为何属性（比如种族和性别）不能成为原因的理由。霍兰指出："原因只能是原则上在实验中能够成为处理的因素。"（Holland 1986, 954 页）区分统计关联与因果关联的就是可操控性："在这个意义上，某个学生接受的教育可以是他在某次考试中表现的原因，但他的种族和性别则不是。"说"乔比吉姆少挣赚了 500 美元，因为乔是黑人"毫无意义，因为肤色（在美国被称为"种族"）不能被操控。因果推论关注的是原因因素在特定背景条件下（"对特定单元"）产生的效应，而除非改变这些条件，否则属性就不可操控。

要注意的是，霍兰的观点混淆了两个命题：（一）T 不能被操控和（二）不改变 A 则不能操控 T。第一个命题是说我们无法改变个体的肤色。第二个说的是我们可以改变它，但如果改变了它，我们同时也改变了这一个体的其他特征（或者别人对待这一个体的方式）。我们读到下面的论述时，这种混淆就更明显了："在实验中属性不可能是原因，因为可受操控这个条件并不适用于它。属性改变其取值（原来是可以被改变的！）的唯一方法，是单元在某些方面发生变化，但如此一来它就不再是原来那个单元了"

（Holland 1986，954 页）。问题在于，即使（一）成立，也可能存在另外一些具有同样的背景条件，但 T 取值不同的单元，因而我们可以应用条件均值独立假设来识别因果效应；只有在（二）成立的情况下，识别才不可能进行。

考虑一个和实际联系比较紧密的例子。在很多分析中，似乎一个国家只要位于非洲，它的内部冲突和经济增长就会因此受到某种影响。但说"非洲对经济增长的作用为 β"有意义吗？根据霍兰的定义，"非洲"显然是一个属性，因为它是大量不可观察的相关特征的集合。如果历史学家把津巴布韦放到拉美，它就不再是津巴布韦了，因为它会变得非常不同，而正是这些不同区别了非洲和拉美。因此，希望借助一个与非洲相仿的环境建立"虚拟事件"，就会导致"后处理误差"。

金和曾（King and Zeng 2002，21 页）强调，控制（或匹配）那些与处理有内生性关联的变量会导致误差。对此可以作如下理解。为了简化，假设随机分布成立，所以也就不存在基本误差或自我选择误差，但同时假设 $X_1 = X_0 + \delta T$。然后以 X 为条件进行取值，

$$E(Y_1 - Y_0 \mid X) = E(Y_1 \mid X_0 + \delta T) - E(Y_0 \mid X_0)$$

$$= E(Y_1 - Y_0 \mid X_0) + \{E(Y_1 \mid X_0 + \delta T) - E(Y_1 \mid X_0)\} \tag{9}$$

最后一项就是"后处理误差"。比如，普列泽沃斯基等（Przeworski et al.2000）发现，经济发展的一个源泉——劳动力在专制政权下会增长更快。因而，如果以劳动力增长为条件进行取值，就会导致后处理误差。

4.4 非独立性误差："SUTVA"

最后一个隐含的假设是变量 Y 在单元间的独立性。这一假设被称为 SUTVA，即"稳定单元处理值"（stable unit treatment value）假设。我们假定，单元是个人，而且他们互相学习，则 $y_i = f(y_j)$。这意味着受到处理的个体的表现会影响未受处理的个体，反之亦然。在卢卡斯（Lucas 1988）的增长模型中，年轻的水管工会向有经验的水管工学习。由于这种外部性的存在，如果我们把他们之间的生产率的差异理解为经验不同导致的结果，就会低估经验的作用。或者，用 T 表示"出口导向"的发展战略。韩国较早采用了这种战略，并取得了较高的经济增长率。巴西稍后也采用了这一战略。那么如果巴西采用这一战略的时间更早一些，韩国的经济增长率会有所不同吗？如果真的不同，那么韩国受到处理（采用出口导向战略）后的观察值（比如经济增长率）就取决于巴西是否接受处理（是否采用出口导向战略）。也就是说，韩国的有关取值并不"稳定"。在不能满足 SUTVA 假设的情况下，我们就需要某种均衡模型来识别因果效应。

五、历史研究

5.1　一个例子

让我们来看一个例子，它考察的是从 1950 年到 2000 年间，民主($T=0$)和专制($T=1$)这两种政体对经济发展的影响。①

表 6.2　关于政体与经济增长的部分数据

人均GDP 排序	国家 （地区）	年份	人均GDP	质量	政体	民主之 下的增长	专制之 下的增长
1	扎伊尔	1997	310	NA	民主	N.A.	−5.90
					民主	N.A.	
10	乌干达	1981	443	N.A.	民主	44.36	N.A.
13	乌干达	1980	451	N.A.	民主	0.47	N.A.
69	马拉维	1995	545	N.A.	民主	26.38	N.A.
155	乌干达	1982	630	N.A.	民主	6.90	N.A.
	…	…		N.A.	民主		N.A.
…				N.A.	民主	N.A.	
4,589	台湾地区	1995	14,036	N.A.	专制	N.A.	6.19
				N.A.	民主	N.A.	
	新加坡			N.A.	专制	N.A.	
				N.A.	民主		N.A.
5,079	新加坡	1996	22,642	N.A.	专制	N.A.	14.22
					民主	N.A.	
5,161	卢森堡	2000	41,354	N.A.	民主	7.68	N.A.
平均						3.68	4.27
样本数						2,459	2,702

这里，原因是政治体制。被观察到的协变量 X 是前一年的人均 GDP。未被观察到的变量 V 是"领导质量"。结果变量（表现）Y 是 GDP 总的增长率。

这些"国家（地区）—年份"观察按人均 GDP 从最低到最高进行排序。需要注意的

---

① 这里的经济数据结合了佩恩表(Penn World Tables)5.6 和 6.1 中的数据，根据 1995 年购买力平价，用美元表示。各国政体的归类依据切巴布和甘迪(Cheibub and Gandhi 2004)的研究。6 个中东产油国被排除在外。

是,人均 GDP 最低的 9 个观察都出自专制政权统治下的国家。事实上,直到最贫穷的第 155 号观察中,只出现了 4 个民主"国家(地区)—年份":它们都在表中列出来了。相反,拥有最高人均 GDP 的 82 个观察都来自民主国家:最富裕的专制国家是 1996 年的新加坡,排到了第 5079 位。除新加坡之外,最富裕的专制政权是 1995 年的中国台湾,它排在第 4589 位。在 1982 年的乌干达(人均 GDP 630 美元)和 1995 年的泰国(人均 GDP 14036 美元)之间,既有专制国家也有民主国家,但它们的分布不一样。专制政权多集中在穷国区间,而民主政权则频繁现身于富国行列。实际上,对专制政权的观察中有 90% 人均 GDP 低于 6000 美元线,而对民主国家的观察中只有 42% 低于这一水平。图 6.1 反映了两种政体对应的观察的人均 GDP 分布密度。

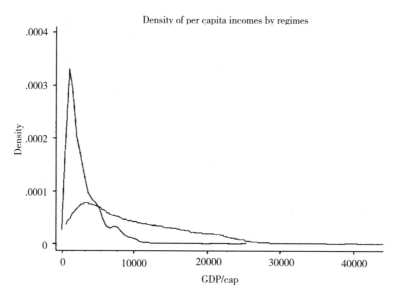

图 6.1　不同政体人均 GDP 分布密度

从表 6.2 中可以得出,$\bar{y}_0 = 3.68$ 且 $\bar{y}_1 = 4.27$,所以 $\bar{\beta} = 0.59$。根据这些增长率数据,专制国家的总收入 16.2 年可翻一番,而在建立了民主政权的国家,总收入 18.8 年才翻一番。因此,看起来专制国家的经济增长率会更高。

5.2　不同类型的测量法

当数据来自历史时,我们如何识别因果效应?[①] 基本上可以采用两种方法:舍弃掉

---

① 关于测量方法的一般讨论,可参见 Angrist and Krueger(1999);Berk(2004,第 5 章);Duflo(2002);Persson and Tabellini(2003,第 5 章);或者 Winship and Morgan(1999)。因篇幅所限,我在此不能讨论双重差分估计量,如需了解,可参考 Woolridge(2002)和 Bertrand,Duflo and Mullainathan(2004)。

不具"可比性"的观察,只根据那些具有"可比性"的数据来进行识别;或者保留所有的观察,并为每一个观察生成虚拟的匹配。仅仅使用具有"可比性"的案例,会排除(或几乎不予考虑)表 6.2 中不能近似匹配的所有观察;而通过生成假想的"虚拟事件",则会填补所有缺乏历史信息的增长率空格。

5.2.1 匹配法

一种解决问题的方法是基于可观察量进行匹配。[①] 假设我们希望研究最低收入保障计划对劳动力供给的影响。我们观察了一些有这类计划的富国(比如法国的最低收入支持计划),以及其他许多没有实行此类计划的国家,后者中有富国也有穷国,因为我们不希望通过控制对穷国的观察而与富国达成匹配。因此,我们将选取那些人均收入可比的国家,并把我们的因果推论限于这些国家。

匹配法依据条件均值独立假设,接受给定的原因分配,并根据由历史进行的原因分配计算因果效应,

$$E(Y_j | X, T=j) = E(Y_j | X) \; \forall j \tag{10}$$

这个等式表明,如果某一单元在状态 T 之下被观察,而 T 又由被观察到的协变量所决定,则任何状态 j 之下 Y 的值都与 T 无关。这和前面介绍的条件均值假设并无区别,只是这里用更一般的形式表达,以强调原因可以是任何取值的集合。

但是,匹配测量法也会面临两大难题。

一、舍弃一些观察会导致推论的普遍性受到限制。有时这无关紧要,就像前面提到的研究最低收入支持计划的例子,因为穷国采用这种计划的可能性为零;由于穷国的财力不足以支持这类计划,所以探讨它们会如何影响相关国家的劳动力供给就没有意义。但是,如果在所有情况下这种可能性都不为零,而且不同情况对应的分布也相当不同,就像关于政体的那个例子一样,我们又该怎么办呢? 换言之,应该如何处理那些不存在近似匹配的观察呢? 从表 6.2 中可以看到,有一些穷困的独裁国家找不到相近的民主国家来匹配,也有富裕的民主国家也找不到相近的独裁国家来匹配。所以,我们只能排除这些观察。或者,我们也可以保留它们,但为它们指定极低的权重,所得结果基本相同。[②] 不论采用何种方法,我们都不清楚,那些相似匹配的观察,与没有近似匹配的观察,其因果效应是否一样。如果我们基于人均 GDP 进行匹

---

① 关于匹配估测量,参见 Rosenbaum(2002);Imbens(2002);Becker and Ichino(2002);更具批评性的论述,参见 Heckman(2004)。

② 根据不同的算法,匹配测量法可以用不同的方法处理不能准确匹配的观察。当匹配只限于得到普遍支持的,或者能达到均衡的观察时,没有匹配的观察就会被忽略。如果采用某种测距算法,但相距较远的匹配的权重就接近于零。

配,我们就需要关注将这一协变量与结果变量即增长率联系起来的函数形式如何。如图 6.2 所示,这一联系是非线性的:

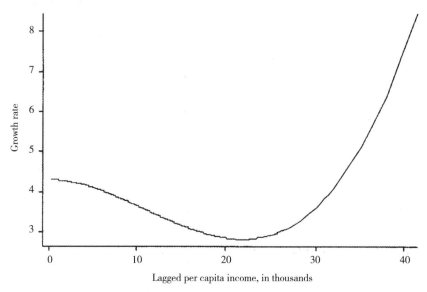

Fractional polynomial smooth

图 6.2　根据人均收入计算的总收入增长率

考虑人均 GDP 分布曲线的上端。我们会发现,在专制国家,只有 10 个"国家(地区)—年份"观察的人均收入超过了 14036 美元,且这些观察都来自新加坡,其增长速度达到了令人难以置信的 7.86%,而与其处于同一收入区间的 562 个民主国家观察的平均增长率只有 2.82%。当然,还有来自民主国家的 82 个观察比最富裕的专制国家还要富。那么我们是否认为在这一区间专制国家会发展得更快一些呢? 不一定。正如金和曾(King and Zeng 2002)所强调的那样,从得到普遍支持的情况进行的外推,对函数的形式具有高度敏感性。

二、我们可以对可观察变量进行匹配。但我们不该关注一下不可观察的变量吗? 假设某些国家的领导人到了剑桥,在那里他们接受了民主政治的理想,同时也学会了如何促进增长。其他国家的领导人则去了美洲学院①,在那里他们学习了如何进行镇压,却未学到任何经济知识。因此,专制政权之所以导致较低的经济增长率,其原因是表 6.2 中标为"未知"的领导质量。由于这是一个无法被系统观察的变量,我们就不能对它进行匹配。但是,这却可能是很重要的。条件均值独立——这个假设认为未被观察到的变量并不重要——是一个很强的假设,在跨国别研究中常常难以成立。

———————————

①　一所美国开设的培养拉丁美洲军人的军事学院。——译者

我们关于匹配所说的一切，都适用于控制了可观察变量的回归模型。匹配就是非参数回归，因为它们都会生成由 X 和 T 决定的 Y 的均值。此外，正如曼斯基（Manski 1995）和亚琛（Achen 1986）分别指出的，由于不可观察变量存在选择的问题，所以匹配法和控制了可观察变量的参数回归都可能在事实上加重误差。

对匹配法和参数回归测量都可以进行灵敏度分析。在给定关于不可观察变量的假设的情况下，研究者就能计算出与可观察数据相符的测量值范围（Manski 1995）。罗森鲍姆（Rosenbaum 2002，第4章）提出了在不同假设情况下量化因果测量灵敏度的多种方法。显然，相关假设越可靠，所涉及的问题越少，测量的可信度就越高。

5.2.2 工具变量

工具变量测量法基于以下等式表达的条件均值独立假设：

$$E(Y_j | X, Z, T=j) = E(Y_j | X, Z) \ \forall j \tag{11}$$

这个公式的含义是：Y_j 不仅取决于 X，还取决于 j，换言之，$cov(T, U) \neq 0$。现在假设存在一个变量 Z，被称为"工具"，它可以使

$$cov(Z, T) \neq 0 \tag{12}$$

和

$$cov(Z, U) = 0 \tag{13}$$

那么只要以 X 和 Z 为条件进行取值，等式（11）就能成立。用回归的术语来说，就是规定 $\dot{Y}=f(Z)$ 和 $\dot{T}=g(Z)$。这样，根据假设（13），$\dot{Y}=\beta T$ 中的 β 就是 T 对 Y 的因果效应中独立于 U 的那一部分。

一项变量要成为工具，就必须和原因且只和原因有联系，这样，它的所有效应就都通过原因得到传递。注意，虽然工具与（受所有外生变量影响的）原因相联系这一假设可以且应该得到检验，但它独立于同样也会影响效应的背景条件这一假设却不可检验。

工具变量必须与原因相关联。弱工具（与处理相互关联较弱）即使在大样本的情况下也会产生测量上的误差。但工具变量与原因的关联也不能太强。推到极端，如果工具和原因完全相同，那么它也就和原因一样成为内生的了，这就是"强工具的诅咒"。这样一来，由于无法区分原因造成的影响和导致原因产生的背景条件造成的影响，我们也就无法识别因果效应了。

反过来，"排除约束"（13）要求工具的所有效应都必须经由原因产生。此外，假定 $U = T(U_1 - U_0) + U_0$，则

$$cov(Z, U) = cov(Z, U_0) + cov(Z, T(U_1 - U_0)) \tag{14}$$

因此，排除约束包括两部分内容。赫克曼（Heckman 1996, 2004）也反复强调，即使 $cov(Z, U_0) = 0$，但由于不可观察到的自我选择的存在，这一等式中的第二个协变量也不

会等于零。

由于排除约束不能被检验,因此就有必要设想工具变量可能影响结果的其他渠道,然后再设法排除它们。例如,阿什莫格鲁、约翰逊和罗宾逊(Acemoglu,Johnson and Robinson 2001)在使用殖民时期拓荒者的死亡率作为制度的工具变量时,就必须首先论证当地人和拓荒者的主要死因并不相同:否则,拓荒者的死亡率就不仅会通过制度,而且会通过当地人的生产率发挥作用。但詹科夫等人(Djankov et al. 2003)依然认为,拓荒者的死亡率不能作为工具变量,因为它还会通过拓荒者人力资本的变动对经济表现产生影响[同时参见格拉斯等(Glaser et al. 2004)的研究]。

因此,证明一个工具变量确实胜任,还需要修辞学。你需要讲一个故事,而且最好是个好故事。有时,数据的结构也有助于识别。不过,工具变量的倡导者在这方面常常夸大其辞。比如,安格里斯特和克吕格(Angrist and Krueger 2001,表 1)区分了"自然实验"和"随机实验",他们未对前者加以定义,但认为后者有助于识别。相反,伍尔里奇(Woolridge 2002,88 页)则认为:"当我们正在研究的体系的某种(通常是未曾预想到的)特征使一个原来的内生的解释变量产生了外生变动时,就出现了一个自然实验"。人们之所以寻找自然实验,是希望"自然"或"历史"能同时使可观察的和不可观察的协变量随机化。然而,只要分配不是随机的,那么我们最多也只能得到"准实验"。我们可以把不同单元匹配给可观察变量,但对不可观察变量却没有把握。① 找到这样的数据可以使得研究者的故事变得更好,但它仍然是个故事。

5.2.3 不可观察变量的选择

匹配法和工具变量测量法都以观察到的协变量为基础,而且都无法避免与处理相互关联的、未被观察到的变量的影响。另一种方法则同时以观察到和未观察到的协变量为基础。此类测量法类似仿真实验,但方式却与匹配法不同。它们并不排除没有观察到匹配的观察,而是通过生成观察来匹配所有观察值。相关假设是,如果能正确调整背景条件,则最终得到的数据结构,与历史进行了一次随机实验,并为所有单元分配不同的处理值一样。由于只要分配是随机进行的,以下等式表达的条件均值独立假设都能成立:

$$E(Y_j \mid X,Z,V,T{=}j)= E(Y_j \mid X,Z,V) \; \forall j \qquad\qquad (\pm 15)$$

所以,这类测量法涉及的唯一问题,就是它们是否正确模拟了随机分布。

基本思路如下。首先,我们描述由历史进行的可观察的原因分配过程:

---

① 工具变量测量难以回避的一种批评,是它至多只能识别"局部"效应。在政治科学领域对这一问题的讨论,参见 Dunning(2005)。

$$T^* = Z\alpha + V, T = 1(T^* > 0), V \sim (0,1) \tag{16}$$

这一等式表明，一项处理被观察到的机率取决于可观察变量 Z 和未被观察到的因素 V，而且如果 $T^* > 0$，则 $T = 1$。接下来，我们用

$$E(Y_j \mid X, T = j) = E(Y_j \mid X) + E(U_j \mid T = j) \tag{17}$$

来表示 $E(U_j \mid T = j)$，则 $\sqrt{\mathrm{cov}(V, U)} \neq 0$ 表示的可能性为

$$E(U_j \mid T = j) = \theta_j E(V \mid T = j) \tag{18}$$

其中后一个期望可以根据等式（16）估算。最终，我们进行替代，得到

$$E(Y_j \mid X, T = j) = E(Y_j \mid X) + \theta_j E(V \mid T = j) \tag{19}$$

这可以通过最小二阶法得到。这样一来，在那些原先未观察到 Y_j 的案例中，它的虚拟值就可以用 $E(Y_j \mid X) = X\beta_j$ 的 OLS 系数来生成，从而填补表 6.2 中的所有的缺失值。最后，对于 $j = \{0,1\}$，$\hat{\beta}_{ATE} = E(Y_1 \mid X) - E(Y_0 \mid X) = (\hat{\beta}_1 - \hat{\beta}_0)X$，就是平均因果效应的测量法。

注意，我们还是必须关注处理的强内生性。原则上，必须保证 $0 < \Pr(T = 1 \mid Z) < 1 \forall Z$。否则，在历史以给定机制分配处理时，上述"虚拟"就难以实现，因而整个过程也就失去了意义。此类测量法的主要缺点，就在于其关于联合分布 (V, U_1, U_0) 的假设不可验证。

5.3　回到例子

为了说明这些方法，让我们回到前面的例子，并把专制政体视为"处理"。我们从两个方面验证测量法的稳健性：（一）选择机制的具体形式；（二）结果方程的函数形式。要测量的模型为

$$p = \Pr(REGIME = 1) = \Pr(Z\alpha + V > 0) = F(Z\alpha) \tag{20a}$$

$$GROWTH = f(GDP/cap) = \beta * REGIME + U \tag{20b}$$

表 6.3 列出了所有结果。

表 6.3　对政体因果效应的测量

6.3a　政体对总收入增长率影响的测量

测量方法	静态线性	动态线性	静态三次函数	动态三次函数
OLS	−0.20 (0.60)	−0.24 (0.60)	−0.22 (0.60)	−0.23 (0.60)
匹配	0.63	0.44	0.74	0.66
	(0.39)	(1.06)	(0.39)	(1.08)

续表

测量方法	静态线性	动态线性	静态三次函数	动态三次函数
IV(pscore)	0.31	0.33	0.33	0.35
	(0.23)	(0.23)	(0.24)	(0.24)
Heckman	0.63	0.59	1.11	1.04
	(0.01)	(0.01)	(0.07)	(0.07)

注:匹配法采用因本斯的 nnmatch 匹配。IV 用独裁政体的概率(pscore)作为工具变量(2SLS 作为离散工具变量得到的是基本相同的结果)。Heckman 指赫尔曼两阶级测量法,对每种政体分别进行回归。在静态指标中,用以生成 pscore 和进行赫克曼第一阶段测量的是 GDP/cap(以其高次方,如表中所示)、ODWPlag(给定年份其他民主国家的比例)和 STRAlag(一国历史上民主轮替的次数)。这些变量在 OLS 中是控制变量,而在 IV 中是工具变量。本表中加入的动态飘拂反映的是上一年的政体及其与外生变量的互动关系。括号中是标准差。

6.3b 政体因果效应的详细测量,动态三次方指标

		假设为		Heckman	Match	N
		独裁	民主			
观察为	独裁	4.39	4.25	ATT	0.14(0.01)	−0.84(1.42)	2,702
	民主	5.74	3.72	ATC	2.02(0.14)	2.01(1.46)	2,459
	总计	5.04	4.00	ATE	1.04(0.07)	0.69(1.08)	5,161

注:表格中的数据为根据赫克曼第二阶段测量预期的经济增长率。

　　我们以两种方式指定选择机制(20a)。"静态"指定包括三个变量:上一年的人均收入,某一特定年份之前一年民主国家占世界国家总数的比例,以及从上一年看一国历史上成功的民主选举轮替的次数。"动态"指定增加了上一年的政体及其与上述三个协变量的相互作用。静态的版本假设,由于协变量的变化,每年都在生成新的政治体制。动态版本则假设,政治体制产生自马尔科夫过程,其中政治变迁的概率取决于协变量(Przeworski 2004a)。在两种情况下,我们都对某政体由协变量决定成为独裁政体的概率 p 进行测量。

　　静态版本拟合得相当好:所以变量的显著性都很高,虚拟 $R^2 = 0.33$。另外,专制政体的概率低于 0.05 或高于 0.95 的观察也相对较少。换言之,在协变量不同取值的大多数情况下,在某一特定年份,几乎每一个国家出现民主和专制政体的概率都是正值。动态指定的结果则有所不同,动态设定更好地预测了政体:虚拟 $R^2 = 0.86$。但是,出现了很多专制政体的概率接近于 0 或 1 的观察。这样,我们就回到了一个哲学问题:在历史几乎以一种近于确定的机制为协变量分配原因的情况下,我们还有必要进行虚拟吗？显然政体是高度内生性的，然而只要 $0<p<1$，概率再小的政体也会在历史中出现。事实上，在那些几乎肯定会出现专制政体的观察中，我们也会发现一些民主政体（印度）。

如表6.3a所示，使用匹配法（在 Stata 软件中运行因本斯的 nnmatch 命令，进行一次匹配）和赫克曼（Heckman）的两阶段测量法（而不是 OLS 和 IV）时，对选择机制的不同指定在测量政体的因果效应时产生了一些差别。使用静态指定时，专制政体的增长率似乎更高，而使用动态指定时，两种政体之下增长率的差异要更小。

匹配法和赫克曼的测量法都对把人均收入与增长率联系起来的函数形式具有敏感性。首先注意，将经济增长率对前一期的人均收入进行非参数回归（分数多项式平滑回归），如图6.2所示，就会发现这是一个三次函数，增长的最高值出现在人均收入1500美元左右，而最低值则出现在人均收入23000美元左右。表6.3a的第三列和第四列反映进行三次函数指定时平均因果效应的测量值。很明显，当高次项被引入时，相关测量值就会更高。

为什么会这样呢？图6.3表示出了代表两种不同政体的娄危思平滑曲线。注意，对应于专制政体的那条曲线之所以急剧上扬，几乎完全是新加坡这个特例造成的。有意思的是，尽管方式各不相同，但所有的测量方法都会将发达民主国家与新加坡的观察放在一起作比较，因为两者匹配度最高。而且它们都预期，如果被观察为民主国家变为

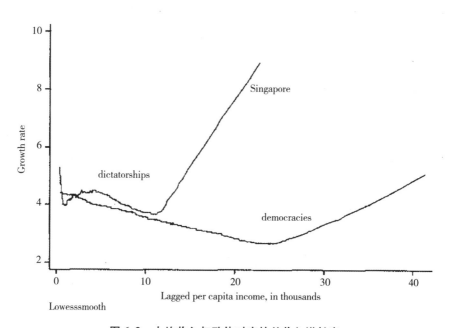

图6.3　人均收入与政体对应的总收入增长率

专制政体,那么它们就会像新加坡一样快速增长。① 如果我们分别考虑专制对确实被观察为专制政体的国家产生的效应(*ATT*)和它对被观察为民主的国家产生的效应(*ATC*),那么富裕专制国家经济快速增长的效应就更明显了。表 6.3b 详细列出了动态三次函数指定时的情况,表明如果被观察为民主的案例转变为专制政权,它们的增长率就会大幅提高;而如果被观察为专制的案例转变为民主政权,则它们的增长就会多少放缓(用因本斯的方法测量),或基本保持不变(用赫克曼的方法测量)。

我举这个例子,是为了说明测量因果效应时会面临的一些基本问题。对因果效应的测量,可能对用来识别模型、纠正可能误差的假设具有敏感性。指定原因的方式会影响对其效应的测量。即使我们对可观察变量进行了匹配,或通过研究不可观察变量的选择问题而生成了虚拟数据,人均 GDP 和增长率之间的非线性联系仍会造成严重的困扰。

六、结　论

当我们无法控制可能原因的分配时,我们只能接受历史的安排。我们能够从大量数据中获取某种信息是一件幸运的事。在不同情况下,运气也会不同。历史可能会非常慷慨,它可能确实随机化了不可观察的因素即背景特征,因此就有了"自然实验"。但不幸的是,绝大多数历史数据的结构和我们例子中的一样;专制政体主要出现于穷国,而富国则多为民主政体。这意味着政治体制与经济发展水平之间存在着内生性关联。我们假设这一联系是稳固的,即高收入是一个国家民主化的充分必要条件。如果所有专制国家都真的穷困不堪,而所有民主国家都真是富国,那我们就永远无法得知,到底是收入水平还是政治制度影响了经济增长率。或者我们假设,政治制度只有在促进经济增长的条件下才能继续生存,那么它们就与经济增长率内生性相关,但对此我们无法识别。所以,内生性会增加识别的难度,而把制度、政策和事件视为内生的又是一件十分自然的事情。

内生性是历史的原动力(Przeworski 2004b)。从某一初始状态起,在某些不变的条件(比如"地理条件")下,财富、财富的分配和政治制度相互依赖、共同演化。由于我们永远无法完全辩明这一过程,我们就肯定会观察到某种随机性。实际上,我们正是利用

---

① 注意,不同测量手段进行测量的方法也不同。考虑数据集中最富裕的观察,即 2000 年的卢森堡。匹配法会把它与最富的专制国家即 1996 年的新加坡的增长率匹配。但是,如果用赫克曼法对两类政体的相关数据分别进行测量,就会用卢森堡的收入乘以专制政体对应的回归的三次系数,这样就会产生一个相对较大的差异。

这一随机性来识别上述过程的特定模型。为此，我们需要观察同一背景条件下原因的不同取值。但此时我们就会遇上一个悖论。我们对模型的设定越好，考虑的内生链条越多，对因果结构的识别就越困难。正如马里斯卡和索科洛夫（Mariscal and Sokoloff 2000，198 页）所说："当变量互相强化或互为因果时，要辨明什么是外生的、什么是内生的就会困难重重。"

让我们再假设历史完全是路径依赖的。从某些初始条件出发，所有的变量都在唯一的路径上演化。这意味着，X、U 和 T 共同变动，因此也就没有任何办法可以单独识别 T 对 Y 的影响。关于这一重要问题，最令人气馁的例子就是班纳吉和迪弗洛（Banerjee and Duflo 2003）对"不平等和增长：数据能说明什么？"这一问题所作出的回答——"不能"。虽然人们进行了不计其数的尝试，但不平等和增长之间的联系似乎就是无法被厘清。当然，我们还是可以进行描述，我们可以说所有这些因素都发挥了作用，但我们无法区分出独立于 X（和 U）的 T 所发挥的作用。也许我们最多也就只能如此。不过我觉得，进行虚拟是一种难以抵挡的诱惑：如果拉美变得更平等一些，它的经济增长率会和美国一样吗？我们追求的也许根本就是不可能的事情，但这就是我们的追求，而且仍会继续追求。

内生性带来的难题，是如何区分原因产生的效应与原因身处其中的背景条件产生的效应。民主国家的经济增长缓慢，是因为它们是民主国家，还是因为它们一般恰好处在无关政治制度，但不利于经济增长的环境下？托克维尔（Toqqueville 1964/1856）认为，法国大革命只带来了很少的社会变动，那么，这是因为革命只带来了很少的社会结果，还是因为革命只会在拒绝社会变动的国家出现？[1]

识别的一个必要条件是*不存在路径依赖*，即同样的背景条件可能导致迥然相异的历史路径。[2] 在印度，由于殖民力量不考虑当地的原始条件，所以随机地把不同的纳税制度分配到了背景条件相似的地区。据雅沙（Yashar 1997）的研究，直到 20 世纪 40 年代，哥斯达黎加和危地马拉政治制度的历史条件都基本相同，但在 20 世纪 40 年代末、50 年代初的民主化时期，由于它们采用了不同的政策，结果走上了不同的发展道路。

本文标题中提出的问题并非是为了修辞之用。显然，如果我们认为科学意味着在进行推论和考察证据时要循合理的程序，如果科学仅仅是关于如何表达不同意见的一致观念，那么比较政治学当然可以成为一门科学。通过合理的程序，我们可以而且确实

---

[1]　费伦（Fearon 1991）认为，小样本不会改变推理的逻辑。

[2]　注意"路径依赖"不像有的人认为的那样是一种研究方法，而是一个待定的历史事实。

得到了可重复验证的结论。然而,为了识别因果效应,我们必须依靠一些不可验证的假设。用赫克曼(Heckman 2004,51页)的话说,就是"没有假设,就没有因果推论"。这是因为,即使我们可以分别观察到可能的原因不同取值时结果的边缘分布,我们也不可能通过某种构建观察它们的联合分布。而且,由于没有一个测量法可以校正所有可能的误差,所以我们并不能确定结论的稳健性如何。

那么,在存在内生性的情况下,我们能做些什么呢? 在我看来,我们能做的,就是尝试不同的假设,并且希望出现的结果不会彼此不同:佩尔森和塔贝里尼(Persson and Tabellini 2003)的研究就是这样的典范。如果结果相同,那么我们就知道,至少就不同的可能误差而言,我们的结论都是稳健的。如果结果不同,那我们就只好认输了。如果历史足够慷慨,在同样的背景条件下为我们生成了不同的原因因素,我们就能了解更多、更好。但历史也会狡黠地生成各种内生的原因因素,此时我们面临的就是几乎不可能完成的任务了。

参考文献

ACEMOGLU, D., JOHNSON, S., and ROBINSON, J.A.2001.The colonial origins of comparative development.*American Economic Review*,91:1369–401.

ACHEN, C.1986.*The Statistical Analysis of Quasi-experiments*.Berkeley and Los Angeles:University of California Press.

AMEMYIA, T. 1994. *Introduction to Statistics and Econometrics*. Cambridge, Mass.: Harvard University Press.

ANGRIST, J.D., and KRUEGER, A.B.1999.Empirical strategies in labor economics.Ch.23 in *The Handbook of Labor Economics*, vol.iii, ed.O.Ashenfelter and D.Card.Amsterdam:North Holland.

——2001.Instrumental variables and the search for identification:from supply and demand to natural experiments.*Journal of Economic Perspectives*,15:69–85.

BANERJEE, A.V., and DUFLO, E.2003.Inequality and growth:what can the data say? *Journal of Economic Growth*,8:267–99.

——and IYER, L.2002.History, institutions and economic performance:the legacy of colonial land tenure systems in India.MS.Department of Economics, MIT.

BECKER, S.O., and ICHINO, A.2002.Estimation of average treatment effects based on propensity scores. *Stata Journal*,7:1–19.

BERK, R.A.2004.*Regression Analysis:A Constructive Critique*.Thousand Oaks, Calif.:Sage.

BERTRAND, M., DUFLO, E., and MULLAINATHAN, S.2004.How much should we trust differences-in-differences estimates? *Quarterly Journal of Economics*,119:249–75.

CAMPBELL, D.T, and STANLEY J.C. 1963. *Experimental and Quasi-experimental Designs for Research*. Chicago: RandMcNally.

CHEIBUB, J.A., and GANDHI, J. 2004. Classifying political regimes. MS. Department of Political Science, Yale University.

DAWID, A.P. 2000. Causal inference without counterfactuals. *Journal of the American Statistical Association*, 95: 407-24.

DTANKOV, S., LA PORTA, R., LOPEZ-DE-SILANES, R, and SHLEIFER, A. 2003. The new comparative economics. *Journal of Comparative Economics*, 31: 595-619.

DUFLO, E. 2002. Empirical methods. Class notes. Department of Economics, MIT.

DUNNING, T. 2005. Improving causal inference: strength and limitations of natural experiments. Paper presented at the Annual Meetings of the American Political Science Association, Washington, DC.

EDGINGTON, D. 2001. Conditionals. Pp. 385-414 in *The Blackwell Guide to Philosophical Logic*, ed. L. Goble. Oxford: Blackwell.

FEARON, J. 1991. Counterfactuals and hypothesis testing in political science. *World Politics*, 43: 169-95.

GLAESER, E. L., LA PORTA, R., LOPEZ-DE-SILANES, R, and SHLEIFER, A. 2004. Political institutions and human capital in economic development. MS. Department of Economics, Harvard University.

GOODMAN, N. 1979. *Fact, Fiction, and Forecast*, 4th edn. Cambridge, Mass.: Harvard University Press.

HAAVELMO, T. 1944. The probability approach in econometrics. *Econometrica*, 12 (suppl.): 1-115.

HAWTHORN, G. 1991. *Plausible Worlds: Possibility and Understanding in History and the Social Sciences*. Cambridge: Cambridge University Press.

HECKMAN, J.J. 1992. Randomization and social policy evaluation. Pp. 201-30 in *Evaluating Welfare and Training Programs*, ed. C. Manski and I. Garfinkel. Cambridge, Mass.: Harvard University Press.

——1996. Instrumental variables: a cautionary tale. Technical Working Paper 185. Cambridge, Mass.: National Bureau of Economic Research.

——1997. Instrumental variables: a study in implicit behavioral assumptions used in making program evaluations. *Journal of Human Resources*, 32: 441-62.

——2004. The scientific model of causality. Working Paper. Department of Economics, University of Chicago.

HOLLAND, P.W. 1986. Statistics and causal inference. *Journal of the American Statistical Association*, 81: 945-60.

IMBENS, G.W. 2002. Semiparametric estimation of average treatment effect under exogeneity: a review. Working Paper. Department of Economics, University of California at Berkeley.

KING, G., and ZENG, L. 2002. When can history be our guide? The pitfalls of counterfactual inference. http://GKing.Harvard.edu.

KOOPMANS, T. C. 1949. Identification problems in economic model construction. *Econometrica*, 17: 125-44.

KUNDERA, M.2003. *The Art of the Novel.* New York: Perennial.

LEWIS, D.1973. *Counterfactuals.* Cambridge, Mass.: Harvard University Press.

LUCAS, R.E., Jr.1988. On the mechanics of economic development. *Journal of Monetary Economics*, 22: 3–42.

MACINTYRE, A.1972. Is a science of comparative politics possible? Pp. 8–26 in *Philosophy, Politics and Society*, ed. P.Laslett, W.G.Runciman, and Q.Skinner. Oxford: Basil Blackwell.

MACKIE, J.L.2002/1973. The logic of conditionals. Pp. 106–14 in *Philosophy of Science: Contemporary Readings*, ed. Y.Balashov and A.Rosenberg. London: Routledge.

MANSKI, C.F.1995. *Identification Problems in the Social Sciences.* Cambridge, Mass.: Harvard University Press.

MARISCAL, E., and SOKOLOFF, K.L.2000. Schooling, suffrage, and the persistence of inequality in the Americas, 1800–1945. Pp.159–217 m *Political Institutions and Economic Growth in Latin America*, ed. S.Haber. Stanford, Calif.: Hoover Institution.

PASCAL, B.1669. *Pensées.*

PEARL, J.2000. *Causality: Models, Reasoning, and Inference.* Cambridge: Cambridge University Press.

PERSSON, T., and TABELLINI, G.2003. *The Economic Effects of Constitutions.* Cambridge, Mass.: MIT Press.

POSNER, D.N.2004. The political salience of cultural difference: why Chewas and Tumbukas are allies in Zambia and adversaries in Malawi. *American Political Science Review*, 98: 529–45.

PRZEWORSKI, A.2004a. Economic development and the transitions to democracy. MS. Department of Politics, New York University.

——2004/j. The last instance? Are institutions the primary cause of economic development? *European Journal of Sociology*, 15: 165–88.

——and TEUNE, H.1970. *The Logic of Comparative Inquiry.* New York: John Wiley and Sons.

——ALVAREZ, M.E., CHEIBUB, J.A., and LIMONGI.F.2000. *Democracy and Development.* New York: Cambridge University Press.

QUINE, W.V.1953. *From the Logical Point of View.* Cambridge, Mass.: Harvard University Press.

ROSENBAUM, P.R.2002. *Observational Studies*, 2nd edn. New York: Springer-Verlag.

——and RUBIN, D.B.1983. The central role of the propensity score in observational studies. *Biometrika*, 70: 41–55.

SHADISH, W. R., COOK, T. D., and CAMPBELL, D. T. 2002. *Experimental and Quasi-experimental Designs for Generalized Causal Inference.* Boston: Houghton Mifflin. STALNAKER, R. C. 1987. *Inquiry.* Cambridge, Mass.: MIT Press.

TOCQUEVILLE, A.DE 1964/1856. *LAncien Regime et la Revolution.* Paris: Gallimard.

WINSHIP, C, and MORGAN, S.L.1999. The estimation of causal effects from observational data. *Annual Review of Sociology*, 25: 659–707.

WOOLRIDGE, J.M.2002. *Econometric Analysis of Cross Section and Panel Data.* Cambridge, Mass.: MIT

Press.

YASHAR, D.J. 1997. *Demanding Democracy: Reform and Reaction in Costa Rica and Guatemala, 18J9S-1950S.* Stanford, Calif.: Stanford University Press.

第七章　从案例研究到社会科学：
政治学研究的一种策略

罗伯特·H.贝兹（Robert H.Bates）①

在撰写本章时，我脑海中想着的是这几类读者：相关领域的专家，比较研究者和那些在政治学研究中应用博弈理论的人。为了同时照顾到这些不同读者的需求，本章主要探究我们认识事物的不同方式。本章的主题之一，就是指出对事实的认识包含着几层不同的意义：

- 理解，或 *verstehen*。

- 解释。

- 确证。

我将简要讨论每一种认识形式，并指出它们在政治学研究过程中分别扮演什么角色。

本章的第二个主题是指出理解、解释和确证之间的相互作用，一方面的成果会影响

① 这一章的写作主要得益于以下研究：Eckstein 1975；Stinchcombe 1968；及 Przeworski and Teune 1970；还有 George and Bennett 1998；King, Keohane, et al.1994；Geddes 2003 这些新近的贡献。此外，Achen1986 和 Sekon2003 的著名论证也影响了本文。本文很大程度上还得益于作者与斯科特·阿什沃思（Scott Ashworth）在哈佛大学共事时的讨论，以及在写作《分析性叙述》（1998）时与阿弗纳·格雷夫（Avner Greif）、玛格丽特·列维（Margaret Levi）、罗森塔尔（Jean-Laurent Rosenthal）和巴里·文加斯特（Barry Weingast）的讨论。文中的不足之处则由作者本人负责。

本章的写作得到了美国国家科学基金会（授权书号：9905568）、卡耐基基金会、国际发展中心和哈佛大学怀特海（Weatherhead）国际事务中心的资助。我在写作时是加州理工学院的"摩尔杰出学者"。

我分别曾于 2005 年 4 月 28 日在杜克大学、2005 年 5 月 5 日在印第安纳大学的"政治学理论与政策分析"研讨会上展示过我的初稿内容。我深深感谢以下学者，他们对我的初稿提出了大量的有帮助的评论：Arun Agrawal, Carles Boix, Geoffery Brennan, Michael MaGinnis, Lesa Morrison, Roger Parks, Michael Schoon, Suzanne Shanahan, and Lihua Yang。此外，帕蒂·拉索特（Patty Lezotte）和大卫·普莱斯（David Price）杰出的编辑工作也功不可没。

其他方面的成果。田野调查和形式化建模、诠释和统计推论、演绎推理和实证测量等也都会在讨论中作为补充内容——提及。

为支持这些论证，我引用了自己对农业在发展政治经济学中发挥的作用进行的研究。

一、认识的不同形式

认识的第一种形式，我称之为理解，而其他人一般称之为 *verstehen*。它产生自经验，能使直觉敏锐，还能引发领悟，而这些都会为后来的因果论证打下基础。

1.1　理解

对于社会科学家来说，很重要的一点是：我们不仅要有理智，能进行抽象和推理；我们还需要有社会智识，能移情与领悟。要解释政治结果，我们必须同时调动起这两种禀赋。

用日常语言说，就是我们必须能"审度"情势，看出"人们从何而来"，并"解码"他们的语言表达和肢体动作。用政治科学家的话说，就是我们必须能"浸入其中刺探究竟"，或者说，我们要把自己融入研究对象的生活中去（Fenno 1990）。人类学家对这一方法十分熟稔，因此，他们不仅使用民族志的研究方法（如 Amit 2000；Brizuela 2000），并且重视诠释的方法（Geertz 1993）。历史学者同样如此，所以他们会从物质、社会和文化等角度深入他们所考察的世界。①

如同其他形式的智识，社会智识可以——而且必须——通过训练来获得，而这就需要我们融入、沉浸于其中。有时候，这种融入自然而然就会发生：那些研究他们"自己的"政治体的学者，通常都与他们自己的文化环境符合若节，但即使是在这种情况下，如果能应用民族志的研究方法，还是会获得更为精细入微的了解。只需要想想当代政治学研究最为重要的创新之一"新制度主义"就可以证明这一点。这种方法的一个重要变体由罗切斯特大学政治科学系的"里克尔派"提出，强调形式化理论。但首倡这一方法的人还是理查德·费诺（Richard Fenno）的学生，费诺让他们对国会委员会制度的习惯传统与旁门左道都了如指掌——这些知识，都是他自己在做关于美国国会的田野调查时得到的（Fenno 1966）。

---

① 尤其是那些年鉴学派的史学家。我忽略了大多数现代的社会史学者，因为他们与布罗代尔（Braudel 1980）不同，在运用博弈论时，一般不愿意进行额外的步骤，比如检验或建模。

　　费诺的田野调查聚焦的是政治舞台,但这是在一种文化环境中运行的,而费诺自己也是其中的一分子。在研究异文化环境中的政治时,融入会变得更为重要。我们这些"外人",必须接受与该文化中的成年人一样实实在在的培养。我们必须在脑海中装入他们的集体记忆,理解他们的隐喻暗示,这样我们才能领会身处这一氛围中的人激活他们政治生活的争论。

　　上述论证可以算是对学习中"柔性"方法的辩护,它们通常被贴上不同的标签,比如直觉,领悟或理解(*verstehen*)。这些方法的研究对象是具体的,可能是一个村庄,一个委员会或一个具体的事件。它们经常被置于"系统的"理解方式的对立面,后者追求一般性,所以会用来研究更抽象的情况。然而,事实上两者绝非势不两立,恰恰相反,它们可以互为补充。

　　观点的形成与研究过程一样,也是分阶段的。第一阶段发生在田野调查时,从某一刻起,研究者开始意识到他不能再频繁地获得发现的惊喜。起初觉得难以解释的行为现在变得平淡无奇,让人困扰或不安的相互作用也变少了。这些变化意味着研究者已经开始尝试理解。当研究者在身心方面都离开田野调查实地时,第二阶段就开始了。此时,他就从理解阶段进入了解释阶段。

　　进入解释阶段后,研究者在第一阶段田野调查中获得的理解仍将持续扮演重要角色。它能帮助我们作出判断,并使我们的直觉变得更加敏锐。用通俗的话说,它为我们提供了一个"测谎仪"。对任何学者来说,这都是很有用的;对研究生来说,这也许也是必不可少的。政治学也和其他学术领域一样,并不能避免讨论问题时常常出现的弊病,或是夸大其辞,或是自命不凡。对此最好的补救药品,就是能够自信地掌握一批证据,以及源自于"曾去过那里"的底气。这样的基础会使得我们具备一种能力,以辨别真正有力的论证和徒有其表的言辞;它还能使我们区别趋势和实质,辨明谁是真正地希望对知识有所贡献,而谁只是想在辩论中占得上风。

1.2　解释[①]

　　从理解到认识,是重新编码和组织已经了解到的那些事情,并逐步走向一种"*所以如此*"的感觉的过程。研究者开始把那些我们已经知道确实无误的事区分为原因和结果,进而试图构建出把它们联系起来的逻辑链条。[②] 为了说明这一过程,让我们考虑解

---

　　① 这一部分是对威登(Wedeen 2002)的研究的扩展和批评。
　　② 注意,此时论证需要逻辑性——也就是一般抽象的——解释。仅指出因果机制(McAdam, Tarrow, et al. 2001)或进行"过程跟踪"(George and Bennett 1998)是不够的。

释的一种形式,即源自博弈论的形式。①

有的博弈——事实上是有些非常重要的博弈——仅仅是为了进行理论论证而被构建出来。比如因徒博弈,它让我们认识到理性选择可能会适得其反,并展示了个体理性和群体理性的区别(Barry and Hardin 1982)。但博弈论也可以用来建模,即用来捕捉人与人之间互动的逻辑。此时,通过田野调查所获得的认识,以及大量描述性的材料,都可以而且应该被纳入此类解释。基于对其他人经验到的现实的了解,解释过程会为研究者带来"所以如此"的感觉。博弈论带来的"所以如此"的感觉是一种确认,即基于某人对政治环境的了解,他试图加以解释的行为,就是他必然期望出现的行为。

处在博弈论环境中的,是具有自己的偏好和预期的行为者,他们可以作出选择,但也面临约束。博弈的一个关键特征,就是其他行为者的存在及其行为所造成的影响;这里的决策者并非市场经济学中原子化的行为体。这些行为被锁定在某些互动模式之中,所以他们得到的结果,不仅取决于他们自己的决策,还取决于其他人的行为。

这些行为体的认同是什么? 他们的决策受什么样的价值观影响? 处于他们现在的位置,他们会对什么样的结果产生合理的期望? 他们可能会有什么样的雄心壮志? 他们具有什么样的预期,特别是他们预期别人会如何行动? 如果从理解到解释的过程应用的是博弈理论,那么上述问题都必须得到回答。因此,这种解释模式要求研究者必须在一定程度上熟悉研究对象,就像民族志学者将他自己融入"他的"村庄时所做的那样,历史学者也会去翻阅某个政治家的家谱或某个政府首脑的档案来做到这一点。

在博弈论中,解释时应用的逻辑是理性选择。也就是说,假定被观察到的行为都出于策略选择,即行为者在了解后续的行为,并预料到其他行为者依据博弈规则会采取的行为的情况下作出的选择。为了解释行为者作出的选择,分析者还必须证明,在给定条件下(行为者能掌控什么因素、他所面临的约束、当时可得的信息),行为者必定认为这些选择会给自己带来可能最好的结果。所以,要获得必要的数据,我们必须重建行为者进行选择时所处的世界,重建他在其中活动的方式,重建行为的次序,以及他对其决策会带来的结果的信念。那么,该如何做到这些呢? 最好的方法就是去观察、阅读和访谈,从而熟悉关键行为者及他们所处的策略环境。

因此,人类学家、社会学家和历史学家所进行的大量描述性工作,就能为抽象的、数学的逻辑推理提供基础,使得研究者能从理解阶段走向解释阶段。只有了解了政治生活的关键特征,我们才能将其重新编码为博弈的形式。博弈理论提供给我们的是一种手段,通过它,我们可以从此类知识中提炼出解释。一旦分析者构建了博弈模型,他就

---

① 有一些精彩的评论,其中最好的参见 Dixit and Skeath(2004)。

可以开始尝试了解为何会产生这样的结果,即为何人们会以他所观察到的方式行动。进行形式化建模后,博弈反映的策略形势可能会达到均衡状态;而如果模型准确捕捉到了行为者在相关策略环境下进行选择的动机,那么这种均衡状态就包含了我们预期应该占上风的选择。

为了论证抽象方法和定性方法之间的互补性,我还必须要指出,"解释"过程中运用的推理方式,在"理解"阶段也能发挥一定的作用。当分析者试图理解某人的行为时,他必须能置身于此人所处的环境,此时,理性假设就可以为他的移情思考提供一种源泉。

理性假设无关被研究者的价值观或偏好的*内涵*。在很多情况下,被研究者的价值观和愿望与研究者的天差地别。但理性假设暗含了这样一种思想:如果分析者自己置身于同样的环境,面临同样的结构特征和行为约束,那么只要他是理性的,他就会与他尝试去理解的那些人一样,作出同样的选择,并得到同样的结果。在有的情况下,结果会与分析者自己的价值规范相冲突,他会怀疑"我真的能和这人一样行动吗?"但在另外的情况下,他会承认"是的,在这样一种情形之下,我也会杀人"。因此,理性假设会改变研究者与研究对象之间的关系,并在其中加入带着同情的认同。它会增强我们的理解能力。

许多社会科学研究者喜欢诠释(interpretation)超过解释(explanation)。他们不运用推理和逻辑,而是通过研究偏好和心理状态来获得认识,从而提出能够带来情感共鸣的解释。但仅仅基于个人价值观来进行解释,就等于主张,一个人之所以这么做,就因为他是这样的人。如果选择是非理性的,那他肯定就不是理性的人。博弈论的优势之一,就在于它提供了一种规避此种同义反复的方法。在策略性相互依赖的情形下,人们可能很容易就陷入形格势禁的境地:策略互动的结果,可能不符合任何一个理性人的愿望。假设我们要解释的是一个残酷的命定结局,我们就可以探究为什么身处其中的人不能超越它。既然人都是理性的,并有能力以复杂精明的方式行事,为什么他们还会不断遭遇此类结局?为解答这一问题,研究者就会从对个体及其偏好的研究,进展到对博弈形式的研究,探查博弈会产生有悖常情的均衡结果的原因。

上述讨论对于关注暴力政治或贫困问题的研究者来说尤为重要。观察表明,许多参与暴力活动或者生活于贫困之中的人本身既非暴徒也非无能者,但他们就是持续地陷于悲惨的境地。因而,研究者面临的挑战,就是要找到那些使他们的个人特质与他们的生活特征相脱节的要素。在一般人的印象中,博弈论强调选择的重要性,但选择之所以被赋予最重要的地位,可能恰恰是因为我们可以通过它,了解约束人类行为的那些力量。

1.3 确证

到目前为止,我们已经讨论了两种认识形式:其一是理解;其二是解释,即建立起逻辑链条,解释我们观察到的行为何以必然如此。本章的要点之一,就是指出这两种认识形式是互补的而不是相互排斥的:认可其中一种认识形式,就同时加强了另外一种形式。

然而,认识进程不能中止于解释阶段。研究者还要做别的工作,来加强其解释的可信度,并使之得到其他人的认可。他的解释还必须被加以确证,即它的结果必须与观察数据一致,特别是要与得到这一解释的过程中未曾使用的其他数据相一致。

为了说明确证的过程,我们要从民族志学者和形式化理论研究者的世界转向方法论学者的世界。我们特别需要注意两种方法:进行"小样本"比较——受控的案例研究应用——和运用"大样本"方法——对定量数据的统计学分析。①

此外,我们还需要借助一个例子来说明确证过程。这样做也能让我们再次认识融入与解释之间的关系,并了解何时一个研究计划才算大功告成:当它完成确证之时,研究者就确认了某个解释的正确性,并可以向其他人证明其有效性。

二、例 证

从 20 世纪 70 年代中期开始,直到 80 年代末,我沉浸在咖啡的世界之中。在接下来的讨论里,我首先会介绍我在东非的咖啡种植区所做的田野调查,以及我如何试图解释这一地区农民的经济行为。

2.1 田野调查介绍

梅鲁(Meru)地区位于肯尼亚山的东北麓;蒙戈拉(Mongolia)地区则横跨乌干达的首都堪培拉。在我对东非的咖啡生产进行研究时,同其他人一样发现当地的农民理论上可以使其生产的利润达到最大化——只要他们有地、有劳动力并有资本,然而在实际生产中并未如此。此外,我注意到对当地农村社区的研究(如 Redfield 1960;Wolff 1966;Scott 1976)中经常有关于各种紧张关系的记录:对邻居的恐惧、嫉妒以及无所不在的平均主义(啤酒、食物、时间、伙伴关系、困难或意外之财)等。

很多人认为这些现象有其文化根源。例如,戈兰·海顿(Goran Hyden 1981)20 世纪

---

① 最好的相关讨论仍然是 King,Keohane,et al.(1994);Przeworski and Teune(1970);以及 Geddes (2003)。

80 年代的研究认为,东非的村民间存在一种"情感经济",在其中,休闲被看得更重要,且伙伴关系所带来的好处被认为要比个人所获更有价值。据这一研究所说,那些不遵守有关规范的人将会被惩罚,他们会成为流言蜚语的攻击目标,甚至很可能会遭受暴力。

文化为这些咖啡种植者的行为提供了一种解释。然而,在"浸入其中并刺探究竟"后,我发现有理由相信咖啡种植者的行为表明了一种选择。我逐渐开始相信,他们的行为并非受到文化因素的规范而不可改变,而是对相关力量的一种策略性回应,因此可以变易。

在肯尼亚和乌干达,咖啡的生产都受到一系列公共机构的影响:合作社、农业银行、政府部门和研究中心。其中最有势力的是咖啡委员会。它们垄断收购了农民种出的咖啡,收购价格也由它们设定。对农民来说,咖啡委员会与税吏并无二致。我走访村舍、与村民一起饮酒聊天。通过交谈我发现,许多种植者觉得自己种得越多、税负就越重。

因而,田野经验使我得出了一种与"文化"理解不同的对东非农民行为的解释。强烈地偏好休闲,当然能使得农民不去追求收益最大化。但是,他们的行为似乎更体现了一种策略。因为预期到政府和同行的行为,农民更多地选择休闲而不是生产活动,这合情合理。

2.2 "小样本"确证方法

我现在所面临的任务是向我自己证明这一解释"有效"。至少对我来说幸运的是,肯尼亚和乌干达不久前都发生了政治变动,因而我就能采用时序比较来检验我的命题。在肯尼亚,权力从乔莫·肯雅塔(Jomo Kenyatta)转移到了丹尼尔·阿拉普·莫伊(Daniel Arap Moi)手里,前者来自于咖啡种植区而后者不是。在乌干达,军事入侵导致了阿明的下台。因此,我就可以利用政治变动前后的数据,来检验我关于农民行为的设想。

乔莫·肯雅塔是咖啡种植者的朋友。在他任总统时,他与 GEMA——来自肯尼亚中部省的基库尤(Gikuyu)、恩布(Embu)和梅鲁社区的富人结成的强大兄弟会——结成了同盟。这一精英团体中的诸多成员不仅自己拥有咖啡种植园,还同时在管理咖啡产业的机构中任职。由于掌权者的利益与小生产者的利益如此紧密地联系在一起,后者自然相信前者的行为会对他们有利。

肯雅塔于 1978 年去世,此后丹尼尔·阿拉普·莫伊就任总统。他来自裂谷省,不是 GEMA 的成员;事实上他害怕 GEMA。为了削弱中部省的政治力量,他给 GEMA 贴上了"部族组织"的标签并取缔了它。他把自己的政治打手扶上重要的立法位置,动用国家权力打压而不是支持咖啡生产的管理机构(Bates 1997)。因此,当我在梅鲁进行研究时,我看到的是一个不再受政府保护的产业。通过研究我得知,咖啡生产——包括其经济上的指标和政治上的地位——的下滑正是始于权力交替之时。肯雅塔统治下欣欣向荣的产业在莫伊统治下却停滞不前了。曾经一度积极进取、追求收益最大化的农民,也转而选择了"得过且过"。

乌干达的总统职位也易手了:米尔顿·奥博特(Milton Obote)在坦桑尼亚军队和一批乌干达政客结成的联盟的支持下,赶走了阿明,使其流亡海外。此后,各方开始在新的政治秩序下竞逐政治权力,上述联盟中的一些成员则征募组建了他们自己的军队。村民们本就惴惴不安于来自邻人的侵犯,现在他们又发现遍地都是武器。当我到那时,蒙戈拉已经军事化了。处于蒙戈拉的冲突旋涡之中,我开始觉得非洲的咖啡种植者绝不仅仅是要在休闲和收入之间做选择,所以文化解释并不准确。实际上,他们还必须在收益最大化和军事活动之间做选择:如果他们富裕起来了,他们同时也就需要准备战斗以保护自己的财产。在蒙戈拉,几乎没有情感经济的任何迹象。①

因此,我在东非进行田野调查时,一开始就发现对村民行为的"文化"解释很难站得住脚。虽然此类解释也许能够说明咖啡种植者不愿意最大化收益的行为,但同时它们认为,这种行为不同随着时间的推移而发生改变。相反,如果把他们的行为视为选择的结果,就意味着此时此地的最佳回应在另外的环境下就一定是最佳的,而他们的表现也会有所不同。这正是我所观察到的:当环境改变时,咖啡种植者的行为也随之改变。在肯雅塔统治下,肯尼亚的咖啡种植者是"积累者"②,而在莫伊统治下,他们就成了闷闷不乐的维持现状者。这就说明,实际上咖啡种植者可以改变他们经营农场的方式。

蒙戈拉的农民也改变了他们的行为,从而同样挑战了文化解释。他们曾被认为是情感经济的参与者,但如今他们变得暴力。他们的村庄被卷入战争的洪流,而他们则变成了攻击者和防御者、机会主义者和英雄、爱国者和叛国者,这种情况从阿明下台后一直持续到约韦里·穆塞韦尼(Yoweri Museveni)上台。

通过交谈和参与欢宴,我觉得有必要将农民视为理性的行为者,这样,我就能理解他们与政府,以及与他们周围的力量进行的博弈。现在,我可以使用博弈逻辑来推导,根据他们关于其他人行为的信念,作为理性的行为者,他们会如何选择。在他们所处的环境下,逆向思考会使这些农民选择更多地休闲、更少地从事很可能劳而无功的咖啡生产,而这就解释了他们的经济行为选择。在和平时代,这使得他们遵循"情感经济"的规范。在战争时代,他们最合适的回应则是战斗。这样,我也理解了他们的政治行为。

① 关于这一论证的形式化,参见 Bates,Greif,et al.(2002)。
② 当地学者用这个词来形容富裕的农民。参见 Kitching(1980)。

利用不同时期出现的变化,我得以进行比较,并找到了支持我的解释的证据。

但是这些证据还不够。因为首先,用来检验我的解释的证据,来自于我构建这一解释时所依据的两个同样的样本。其次,如果这一解释有效,那么就应该还有别的机会可以确证它。或者说,如果这一解释有效,就应该能够从中得出一些引申的结论,并且可以付诸检验。因此,我去了咖啡世界中的另一个地方,并改变了我的研究课题。我从非洲移步到了拉美,这次我关注的是政策制定而不是农业经济。①

三、离开样本

出乎意料的是,我发现虽然哥伦比亚的咖啡也是由小农生产的,但政府却并不盘剥他们。不同于阿明领导下的乌干达、莫伊领导下的肯尼亚以及非洲其他国家的政府,哥伦比亚政府对农民征税的税率较低,同时还为他们提供了高质量的公共服务,并帮助这一产业使其出口收益最大化。农民种植者受到的待遇,让人觉得他们似乎不是哥伦比亚政治经济中的边缘人,而是拥有很大影响力的一支力量。

我继续采用理性选择假设,并试图参照其他相关理论解释这一差异。这些理论当中,有的(如 Olson 1971)关注利益集团政治,有的(如 Downs 1957)则关注政党政治。它们的共同点,是都以理性选择以及政治环境中形塑策略选择的相关动机为基础,从民众的偏好出发,推导出公共政策结果。在 20 世纪 70 年代和 80 年代的非洲,很少有政府能容忍"多党制",大多数非洲国家都由一个政党或军政府统治。在这样的威权环境中,只有组织起来的利益集团才能主导政策过程。但是在哥伦比亚,两大主要政党在竞争选票;政府要获得权力,必须先赢得选举中的多数。根据集体行动的逻辑,如果政策是组织起来的利益群体相互竞争的结果,那么农民——数量众多,难以组织——就必定是受害者。然而在选举政治中,数量就成了一种优势。只要再满足其他一些条件(见下文),农民就会成为政治竞争的关键,并进而获得某种政治优势。因此,比较非洲和拉美的政策制定过程,就可以检验基于理性选择假定的政策形成理论,并进而对理性选择理论本身加以验证。

我在整个非洲都发现了一种系统的政治剥夺模式,而利益集团的逻辑则大概能够为其提供解释。大多数非洲国家的政治经济核心是政府、城市工业和有组织的劳动力;农民和农业处于边缘地位。前一部分利益集体在地理上集中,因而组织成本较低;农民

---

① 这一转移的主要原因之一,是我在经历了后阿明时代的暴力与混乱之后希望能缓和一下。但一到哥伦比亚,我就发现暴力绝不仅为非洲所独有;它是一个与发展有关的问题。

则分散于各处,组织成本很高。城市工业在经济上也是高度集中的,一般会有几家大公司主导整个市场;相反,农业生产依然是高度原子化的,没有一个生产者奢望自己能影响价格。所以,虽然城市企业具有组织起来的动机,但对农民来说,这种动机非常微弱(参见 Olson 1971 and Bates 1981)。

然而,我在哥伦比亚看到的,却是政党竞争的政治。主导这一进程的逻辑,是在一定空间范围内多数统治的逻辑。这就意味着,如果农民在左右选举结果的政治空间中占据一个适当的位置,他们就能够从政府职位的竞争者那里得到有利的政策承诺。

我的直觉告诉我,政策差异的根源在于政治制度结构的差异。这一直觉能否导向一个合理的解释,则主要取决于哥伦比亚的议题空间结构,以及咖啡种植者在其中所处的位置。为探讨这一可能性,我转向了档案材料。我回顾了使哥伦比亚两大政党相互分歧的那些议题:财产权的性质、天主教的地位及中央政府的权力。我发现,某一政党在这些问题上所持的立场是互相关联的,这样我就能将问题简化为同一个维度,从而有可能出现均衡的结果。① 我进一步了解到,来自咖啡种植区的政治家经常会从保守党的左翼中脱离出来,并参加由自由党右翼组织的政府,反之亦然,这使政府不断分分合合。由此看来,哥伦比亚政党竞争的格局,可能使咖啡种植者获得了一种举足轻重的地位。政治家们为了获取政治权力,会有很强的动机提出能够得到他们支持的政策。在非洲,利益集团政治削弱了农民的力量,而至少在哥伦比亚,选举竞争的政治放大了农民的影响力。

我利用原样本之外的数据,并且把理性选择的逻辑运用于与第一次使用这种逻辑不同的领域,这就使我对原先关于东非农民行为的解释有了更强的信心。但我承认,为了说服别人,我还需要做得更多:我需要大量数据,使我能够在统计上控制变量的作用,而在小样本比较中,这可能是无法进行的。所以,我开始寻找大样本数据。运用大样本数据既能对我的想法进行无偏检验,同时也能让我对其有更高的置信度。

3.1 大样本确证方法

从20世纪40年代晚期直到70年代中期,哥伦比亚并没有政党竞争:刚开始是军政权统治,接下来则是"民族阵线",各党派分享每一层级和每一部门的政府权力。到了20世纪70年代中期,政党竞争才重新恢复。

哥伦比亚对咖啡出口贸易征税,这一点和非洲国家一样。但不同的是,在哥伦比

---

① 作为一种验证,我在一次研讨会上向一批对哥伦比亚历史具有很深造诣的学者提出了我的这一构想。我当时感受到的压力就如同参加博士资格考试一样,而最终的感觉也与通过考试一样的轻松。

亚,这一税收大部分会返还给咖啡生产者,供他们用于在咖啡种植区兴修道路、供电设施、学校和诊所。不过,具体返还的比例则时有变动。利用从 1939 年到 1984 年的时序数据,我得以将不同的返还比例与政党竞争的不同格局联系起来。我发现,当政府由政党竞争产生时,返还咖啡种植者的税收的比例平均会提高 12% 以上;否则(即军政府时期)这一比例会下降 20% 多。这一现象十分明显,因而绝非偶然。我控制了其他可能影响税收的因素,以及时序数据因其本身特质会导致的误差,这样,就能对我把政治制度与政府的农业政策相联系的命题加以验证。

在研究了哥伦比亚案例后,我又转回对非洲的研究。在那里,我加入了一支研究者的行列,收集了 46 个非洲国家 26 年间(1970—1995 年)政府政策和政治制度的相关数据,其中还包括对不同政策选择的评估。我们把那些在很大程度上用公共官僚替代了私人市场的政府标记为"控制政体"的创造者,而把此类政府之下未受干预的政策称为"无症状"的政策。有关政治制度的数据,则按无政党、单一政党或竞争性政党制度进行分类记录。

通过分析 1970—1995 年非洲的所有案例,我们会发现,政治竞争的存在与否,与政策选择之间存在密切的统计联系(表 7-1)。

表 7.1 固定效应的分对数测量

	1 控制政体	2 无症状政策	3 控制政体	4 无症状政策
无政党	1.030 (2.53)	−0.169 (−0.35)		
单一政党	2.730 (6.25)	−1.869 (−3.75)		
军政府			2.286 (5.44)	−0.644 (−1.29)
1975—1979 年	1.212 (3.02)	−4.600 (−4.18)	0.475 (1.16)	−3.977 (−4.57)
1980—1984 年	1.222 (3.01)	−4.124 (−4.8)	0.303 (0.73)	−3.440 (−4.41)
1985—1989 年	−0.149 (−0.4)	−1.013 (−2.28)	−1.228 (−3.01)	−0.552 (−1.12)
1990—1994 年	−2.509 (−6.41)	0.925 (2.59)	−1.228 (−3.01)	1.792 (4.23)
>1995 年	−2.579 (−4.00)	1.222 (2.04)	3.749 (−7.94)	2.432 (3.49)
观察数	675 17	525 19	620 14	499 16

注:括号中是 Z 记分,用以表示以国家为单位的标准差。

由于此时采用的是统计学方法，所以我可以控制未被观察到的变量的影响。与小样本研究相反，我通过在统计模型中引入固定效应，消除未被模型捕捉到的那些特征的作用，它们可能会影响某个国家的政策选择，但在另一个国家中并不存在。并且，通过控制时段效应，我就能控制另外一类变量，它们影响到所有国家的政策制定，但会随时间发生变化，比如债务危机、20世纪70年代的油价冲击，或者咖啡价格的变动等。

总之，我的研究关注的是和农民有关的公共政策。通过融入，我确信东非的咖啡生产者是精明的策略运用者。基于这一前提，我得以解释他们的经济行为和他们遭遇的政治命运。不过，为了使我自己和其他人信服，我还必须证明我的解释的逻辑含义与可观察到的数据，特别是那些我在得出初步解释时未曾使用过的数据，是一致的。通过运用得自另一个大陆的经验，我得以证明，政治制度的差异的确与咖啡产业的命运相联系，而且其联系方式也与我提出的逻辑相符。得自咖啡产业政治学的数据，增加了我对农业生产经济学研究的信心。通过从小样本比较转向更适于进行统计学处理的数据，我得以使自己的解释更令人信服。①

四、结　论

本章试图呈现比较研究的一种策略。最初是融入，即对某一时间、某一地点进行深入研究。从理解阶段向解释阶段的过渡，此标示就是理论的形成。我们得到的解释也许能逻辑融贯，与产生它的观察也能保持一致，并且与我们最初的直觉也相吻合。但为了令人信服，我们还必须要证明这一解释，即从经验上对其加以证实。

因此，为了理解我们周遭的政治世界，我们需要进行定性研究，需要构建理论，需要进行小样本比较，还需要应用统计学方法。我们要获得知识，这里的每一步都不可或缺。只有它们都得到运用，我们的努力才能大功告成，我们的智识才能感到满足。

参考文献

ACHEN, C. 1986. *The Statistical Analysis of Quasi-experiments*. Berkeley and Los Angeles: University of California Press.

AMIT, V. 2000. *Constructing the Field : Ethnographic Fieldwork in the Contemporary World*. London : Rout-

---

①　参见 Varshney(1993,1995)。

ledge.

BARRY,B.M.,and HARDIN,R.1982.*Rational Man and Irrational Society? An Introduction and Sourcebook.*Beverly Hills,Calif.:Sage Publications.

BATES,R.H.1981.*Markets and States in Tropical Africa.*Berkeley and Los Angeles:University of California Press.

——1997.*Open Economy Politics.*Princeton:Princeton University Press.

——GREIF,A.et al.1998.*Analytic Narratives.*Princeton:Princeton University Press.

——et al.2002.Organizing violence.*Journal of Conflict Resolution*,46(5):599-628.

BRAUDEL,F.1980.*On History.*Chicago:University of Chicago Press.

BRIZUELA,B.M.2000.*Acts of Inquiry in Qualitative Research.*Cambridge,Mass.:Harvard College.

DIXIT,A.K.,and SKEATH,S.2004.*Games of Strategy.*New York:W.W.Norton.

DOWNS,A.1957.*An Economic Theory of Democracy.*New York:Harper and Row.

ECKSTEIN,H.1975.Case study and theory in political science.In *Handbook of Sociology*,ed.N.Smelser. Beverly Hills,Calif.:Sage.See also Varshney(1993,1995).

FENNO,R.F.1966.*The Power of the Purse:Appropriations Politics in Congress.*Boston:Little Brown.

——1990.*Watching Politicians:Essays on Participant Observation.* Berkeley:Institute of Governmental Studies University of California at Berkeley.

GEDDES,B.2003.*Paradigms and Sand Castles.*Ann Arbor:University of Michigan Press.

GEERTZ,C.1993.*The Interpretation of Cultures:Selected Essays.*London:Fontana Press.

GEORGE, A.L., and BENNETT, A.1998. *Case Study and Theory Development.* Cambridge, Mass.: MIT Press.

HYDEN,G.1981.*No Shortcuts to Progress.*Berkeley and Los Angeles:University of California Press.

KING,G.,KEOHANE,R.,et al.1994.*Designing Social Inquiry.*Princeton:Princeton University Press.

KITCHING,G.1980.*Class and Economic Change in Kenya.*London:Yale University Press.MCADAM,D.,

TARROW,S.,et al.2001.*Dynamics of Contention.*New York:Cambridge University Press.

OLSON,M.1971.*The Logic of Collective Action.*Cambridge,Mass.:Harvard University Press.

PRZEWORSKI,A.,and TEUNE,H.1970.*The Logic of Comparative Social Inquiry.*Malabar,Fla.:R.E. Kreiger Publishing.

REDFIELD,R.i960.*The Little Community, and Peasant Society and Culture.* Chicago:University of Chicago Press.

SCOTT,f.C.1976.*The Moral Economy of the Peasant.*New Haven:Yale University Press.

SEKON,J.2003.Revisiting Case Selection.Cambridge,Mass.:Department of Government,Harvard University,typescript.

STINCHCOMBE,A.L.1968.*Constructing Social Theories.*New York:Harcourt Brace & World.

VARSHNEY,A.ed.1993.*Beyond Urban Bias.*London:Frank Cass and Company.

——1995.*Democracy,Development and the Countryside.*Cambridge:Cambridge University Press.

WEDEEN.L.2002.Conceptualizing culture:new possibilities for political science.*American Political*

Science Review, 96:713-28.

WIDNER, 1.1992.*The Rise of a Party State in Kenya: From "Harembe!" to " Nyayo."* Berkeley and Los Angeles: University of California Press.

WOLFF, E.R.1966.*Peasants.* Englewood Cliffs, NJ: Prentice-Hall.

第八章　集体行动理论

埃利诺·奥斯特罗姆(Elinor Ostrom)

　　我在美国政治科学协会的主席致辞中曾提出:"集体行动理论是政治科学真正的核心论题"(Ostrom 1998,1页)。我之所以下如此大胆的断言,是因为集体行动的问题遍及所有层次的比较政治学研究,从地方社区到国际机制,它无所不在。经验文献中的研究涵盖了发生在各个层次的形形色色的集体行动,包括便利远距贸易的制度的形成(Greif,Milgrom,and Weingast 1944),社区水务公司的组织(Hicks and Pena 2003),国际合作的困难(Snidal 1985;Keohane and Ostrom 1995),对抗议、内战和革命的研究(Lichbach 1995;McGinnis and Williams 2001;McGinnis 2007),国防的供给问题(Wallner 2002),国际援助(Gibson et al.2005),美国国会限制支出的困难(Shepsle and Weingast 1984),以及投票问题(de Matos and Barros 2004)等。

　　"社会两难困境"这一术语,表示的是个人在相互依赖的情况下选择行动的情景。此时,如果每个个体都基于最大化自己短期物质利益的算计选择行动策略,则他们的行动就会产生相对较低的总体收益。换言之,社会两难困境可以被视为一个一次性博弈所达到的纳什均衡,其产生的结果未达到社会最优。之所以称这种情形为*"两难"*,是因为至少存在一个可以为*所有*参与者带来更高收益的结果,但我们预期独立作出选择的理性参与者们并不能达成这一结果。如果参与者们"合作",选择了与纳什均衡的规定中不同的策略,那么他们就能达到一个比原先更好的最优解。但是,由于次优的总体结果是一个均衡值,所以考虑到其他所有人的预期选择,每个个体都没有动机来独立地改变他的选择。

　　虽然经验证据表明,有时候集体行动是能够实现的,而且这也带来了不少乐观主义的情绪,但是集体行动问题依然存在:社会两难困境的参与者,如何能经受住次优均衡解的诱惑,而向最优解靠拢呢?

如何形成一套关于集体行动的融贯理论是一个真实存在的挑战。在个人层次，人们确实会因为考虑到别人的利益，采取对自己而言成本更高的行动。希瓦库马（Shivakumar 2005）和盖拉（Gellar 2005）在索马里兰和塞内加尔发现了地方性或区域性群体成功进行集体行动的例子，在这些例子中，都是先出现了较基础的合作。但在另一方面，人们也可能会因其所处的环境不同，冷漠地忽视甚至恶意地伤害他人的利益（见Fiske，Harris，and Cuddy 2004）。

因此，对所有的社会科学家来说，一项重要任务是去努力获得一套更融贯综合的理论，以厘清那些影响人们采取不同形式的集体行动、并对他人造成或积极或消极的影响的变量。我们必须能解释获取集体行动的努力为何能成功或为何会失败。此外，我们还要认识到，不同形式的集体行动所产生的收益和损害，在群体内和群体外的人群中的分布是不同的。犯罪团伙、黑帮和卡特尔都是集体行动的某种形式，社区联合会、慈善组织、投票活动和组织政党同样也是。

在这一章中，我主要关注三大主题。首先，我将检视不断增加而且不断深化的理论文献，它们提出了一系列可能影响人们采取集体行动、克服社会两难困境的结构变量。① 然而，只要我们仍然把理性模型（人们认为这一模型成功地解释了竞争性市场环境中的行为和结果）当做解释人类行为的*普适理论*，那么这些结构变量就没有一个能够使成功的集体行动成为现实。因而，接下来我就要讨论，为何有限理性的、基于规范的人类行为理论能为解释集体行动提供一个更好的基础，而最大化自身物质收益的模型则无法做到这一点。如果我们认为，通过互惠和声誉的作用，人们能在社会两难困境中建立互信，那么接下来我们就可以尝试解释通过集体行动克服社会两难困境的努力的成功与失败。本章的第三部分将讨论第一部分提到的结构性变量与第二部分谈及的人际关系的核心要素之间的联系。在结论中我将讨论，由于有太多变量会影响结果，政治科学家在检验集体行动理论时会面临什么样的挑战。

一、会影响集体行动可能性的结构变量

大量的理论思考、形式化博弈论模型和模拟演化过程的计算机模型已经形成了一长串结构变量。通常认为，它们能够影响一批参与者获得比次优的纳什均衡更好的结果的可能——或者说，获取合作红利的可能（Lichbach 1996）。让我们首先关注那些基

---

① 因为我接受的任务是写作关于集体行动的*理论*，以及我有关其他形式的经验研究的著作（Ostrom 1990，2005）的章节，所以我首要关注的是有关集体行动的理论文献而非经验研究。

本上与博弈是否重复出现无关的结构变量。它们包括：

（1）参与者的人数；

（2）收益是递减的还是可充分分享的（公共品还是"公共池塘资源"①）；

（3）参与者的异质程度；

（4）是否存在面对面的交流；和

（5）生产函数的形态。

随后，我们再考虑重复博弈使附加的结构变量有可能产生影响的情形，这类变量包括：

（1）关于过往行动的信息；

（2）个体间的联系方式；以及

（3）参与者能否自愿进入或退出。

让我们接下来简要讨论一下这八个主要变量，以及它们会如何影响集体行动的可能性和收益的大小。

1.1 与博弈是否重复无关的情况

无论博弈是否重复进行，在那些影响参与者克服社会两难困境的可能性的变量中，有 5 个变量非常重要。它们是参与者的人数、收益是递减的还是可充分分享的、参与者的异质程度、是否存在面对面交流，以及他们面临的生产函数的形态。②

1.1.1 参与者人数

在曼库尔·奥尔森（Olson 1965）的经典之作《集体行动的逻辑》中，作者认为，一个群体越大，它成功获取公共品的可能性就越低、非最优解出现的可能就越高。奥尔森为了论证这一假说，提出了两个理由。一，随着群体规模增加，单个投入对公共品供给的影响会减少。因而，个体成员很容易就会认为，自己"搭便车"的行为未必受到关注，而且也不会影响公共品的供给。二，在较大群体中，为协调成员策略而通过达成内部共识的交易成本更高。因此，一个核心的理论假设是，参与者人数的增加会降低达成任何形式的集体行动的可能，或至少会减少可能获得的总体收益。

但另一方面，也有一些理论研究者得出了和奥尔森（Olson 1965）完全不同的结论。

---

① 公共品是无竞争性、无排他性的资源，比如海啸警报，我使用了，别人仍然能使用；公共资源是有竞争性、无排他性的资源，比如公海鱼类资源，谁都可以利用，但我的利用会影响他人的利用。——译者

② 这一部分取自 Ostrom（2001）。

在非洲的大部分地方,根据年龄大小结成的组织①常常是公共品——尤其是防卫——的提供者,为理解这一现象,贝兹和谢普索(Bates and Shepsle 1995)建立了一个三阶段世代交叠的公共品博弈模型。这个模型的一条推论表明,公共品的提供与群体规模*正相关*,因为一个年龄集合中的个体越多,它就越易于提供任何特定形式的公共品。阿格拉沃尔(Agrawal 2000)则认为,群体规模与集体行动之间,乃是一种曲线相关的关系。

群体规模的影响已经成为学者之间一个激烈争论的问题。钱柏林(Chamberlin 1974)指出,群体规模的不同,常常会影响其他的关键变量,包括一定量的个体贡献能够产生的边际影响(参见 Frohlich and Oppenheimer 1970;Pecorino 1999)。因此,群体规模会怎样影响合作的可能性,取决于它如何影响其他的结构变量。

1.1.2　递减与可充分分享

奥尔森最初的研究包含了所有难以排除潜在受益者的困境,而不论他们是否对集体作出了贡献。不幸的是,奥尔森混淆了两种情况:一种是某人对利益的获取减少了其他人的利益,另一种是利益从本质上说不具有递减的性质(其特点是供给能够完全正向叠加,见 Ostrom and Ostrom 1999)。所谓公共品就是如此,因为每增加一个参与者就会带来一份额外的资源,它又能被用来提供更多可以被所有人分享的利益。正因为群体的扩大能够带来更多的资源,而且公共品有着不可递减的特性,所以马威尔和奥利弗(Marwell and Oliver 1993,45 页)认为,如果"某一物品的供应具有完全的叠加性,那么群体规模对这种物品的供给会产生正向效应。"②

具有递减性质的物品最好被定义为公共池塘资源(Common-Pool Resources,CPRs,Ostrom,Walker,and Gardner 1992)。与 CPRs 有关的社会两难困境和公共品的供给一样需要面对"搭便车"的问题,但它们还需要面对过度利用和过度拥挤的问题。对 CPR 而言,在其他变量恒定时,参与者人数越多,每个人能够得到的社会收益越少。

韦辛和奥斯特罗姆(Weissing and Ostrom 1991)建立了一个形式化博弈模型,以分析个体数量对 CPR 博弈的影响。其中,每个参与者都有机会或者按规定从灌溉系统中汲取一定量的水,或者采取偷窃的办法;另外也可以选择是否要监督系统中其他人的行为。如果在分析中控制其他变量,那么参与者人数越多,则在均衡点选择偷窃的参与者的比例就越高。然而,增加参与者人数会影响许多变量。对于灌溉者来说,水的边际价值可能会增加(因而偷窃变得更有吸引力)。一个人偷窃造成的损害会被更多人分摊,

---

① 在此种文化中,在某个确定的时间段内出生的所有男性构成一个年龄集,并随着年龄的增长而承担不同的工作,比如战士。

② 这有助于解释前文中贝兹和谢普索(Bates and Shepsle 1995)的发现。

所以某个人偷窃对其他任何农民造成的边际损害会下降(因而采取监督措施的吸引力更小)。不过,参与者人数越多,可能也会产生更大的灌溉系统,从而能提供更多的水,前面列举的结果也许就不会出现。因此,对 CPR 来说,规模产生的效应到底是积极的还是消极的,或者是否会产生某种效应,取决于参与者人数的变动对其他变量的影响。

1.1.3 参与者的异质性

参与者异质性可以表现在很多方面。奥尔森(Olson 1965)认为,如果某个人或少数人在获取某种公共品方面具有比较强烈的动机(换言之,他们面临不同的支付函数),那么这一群体取得公共品的概率就会上升,尽管其供给未必充足。[①] 其他人则认为,资产、信息和支付的异质性,会导致合作者获取的红利下降,主要原因是此时交易成本会上升,而且在如何分配收益和成本方面会引发更多的纷争。实际上,不少文献都认为,异质性是合作的严重障碍(Hardin 1982;Johnson and Libecap 1982;Libecap and Wiggins 1984;Issac and Walker 1988;Kanbur 1992;Bardhan 1993;Seabright 1993)。E.琼斯(E.Jones 2004)认为,在集体行动过程的开端,富有参与者的存在能激发其他参与者对他们的信任,从而促进合作的形成。但在这一进程的后期,收益分配的不平等可能会削弱这种信任并妨碍合作的深入。异质性对集体行动水平的影响,经常与生产函数的形态有关,所以这一点将留待后文进一步讨论。

1.1.4 面对面的交流

由于非合作博弈理论预期是否存在交流并不影响社会两难困境的结果,所以当研究者们一再发现交流与集体行动实验的结果强烈正相关时,就引发了一个重要的理论难题(Sally 1995)。这种结果的产生如此频繁,使得当今的学者不可能无视它的存在。

弗洛里奇和奥本海默(Frohlich and Oppenheimer 1998)认为,在这种情形下,个人有必要相互表达他们愿意为群体利益放弃个人的眼前利益。他们正是联系这种必要性对交流的效果进行了一般性的解释。换言之,交流扮演了"道德劝诫"的角色。而且,与通过书面交流相比,能够在彼此对视的情况下讨论此类道德议题会产生明显得多的效果。克尔和考夫曼—吉利兰(Kerr and Kaufman-Gilliland 1994)结论认为,交流往往能够使一个群体产生"团结"感,而且面对面的交流会提高个人在合作中信守承诺的可能。一般来说,如果人们面对面作出承诺,他们之间的互信就会增加;而当他们反复博弈时,

---

[①] 与特权群体这一概念紧密相关的是国际关系中霸权稳定的理论(Kindelberger 1973;Keohane 1984)。霸权稳定论认为,异质化能促进国际合作,因为此时强大的行为体能够拥有更多的资源(包括强制他者的能力)且更有能力提供公共品(例如国际和平,它的收益为所有国家所共享,而不论它们是否有所贡献)。这一理论推测,如果由少数强大的国家来主导国际关系,则更易于提供和平这一公共品。

还会利用交流的机会以深恶痛绝、充满道德意味的口吻讨论背信弃义的行为。交流之所以有效,可能就与此相关(Ostrom,Gardner,and Walker 1994;Valley,Moag and Bazerman 1998)。

1.1.5 生产函数的形态

在所有的社会两难困境中,相关个人都可以采取对他人(和他们自己)有利的行为,但相关成本需由他们自己承担。把个体行动与群体结果联系起来的生产函数可能有多种不同的形态(见图 8.1),其中之一就是阶梯函数,如图 8.1(b),它表示当参与者少于 k 时,其行动不会影响收益函数,但当参与者大于或等于 k 时,他们的行动就会使收益函数不连续上升。罗素·哈定(Russell Hardin 1976)最早提出,如果某一公共品的生产函数是阶梯函数,解决社会两难困境就比较容易,因为如果参与者得不到足够的投入以达到或超过供应点(k),他们就不会获得*任何*公共品;而且只有这一利益最终被生产出来,否则任何人都不可能搭其他人的“便车”。在这种情况下,每个人可能都会认为自己的参与对公共品的提供十分关键。因此,这一类型的生产函数产生的是“确信

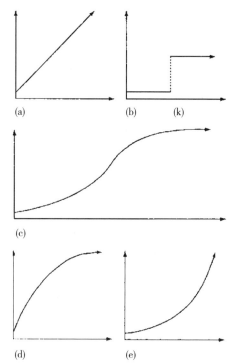

(a)linear; (b)discontinuous, or step; (c)general third order; (d)decelerating; (e)accelerating.

k=number of participants whose participations is necessary to provide the good.

Source:Marwelland Oliver(1993,59).

图 8.1 生产函数的一般类型

(a)线性;(b)不连续,或阶梯状;(c)一般三阶;(d)减速;(e)加速

k=对公共品的供给必不可少的参与者

来源:Marwelland Oliver(1993,59 页)

问题",而非严格意义上的社会两难困境。对那些认为自己的贡献至关重要的人来说,不作出贡献就不再是唯一的纳什均衡选择。

与生产函数的这一特性紧密相关的,是在参与者中可能会形成的分享方案,这一方案能使整个群体,或者特定的作出最小贡献的群体中每一个人都能感觉到自己的付出起到了非常关键的作用(van de Kragt, Orbell, and Dawes 1983)。如果人们同意,为获取某种物品,每一个人都必须承担相关成本中的一个特定部分的话,那么处于这种作出最小贡献的群体之中的个人就会面临一个基本选择:作出贡献(假设在这一群体中的其他人也作出了贡献)、得到收益,或不作贡献、毫无所得。

不过,严格意义上的阶梯函数或离散物品在生产函数中相对来说并不常见。对于联系个人贡献及其产生的总收益的单调递增的、线性和非线性生产函数,马威尔和奥利弗(Marwell and Oliver 1993)进行了广泛的分析。线性生产函数被广泛应用于 n 人囚徒困境和公共品博弈中,相应的预期是,一个同质性群体贡献的资源量为 0。马威尔和奥利弗重点研究了非线性函数,并区分了斜率递减和递增的三阶生产函数。在斜率递减的情况中(图 8.1d),虽然每个人的投入都增加了最终的总体收益,但是随着越来越多的个人加入,投入的边际回报呈递减趋势。如果投入是按次序进行的,那么先期投入的作用就比后期投入大得多。他们用来说明这样一种生产函数的例子是某个社区的路面不平问题,且假设市政当局对市民的支持相当敏感(Marwell and Oliver 1993,62 页)。市民的第一次反映使当局注意到路面不平的问题,并将其列入修缮清单(使路面得到修理的概率从 0 升到了 0.4 或更高)。市民的第二次反映会使路面得到修理的概率进一步上升,但上升的幅度低于第一次。此后的每一次反映都能增加这一概率,但增幅会越来越小。

对斜率递增的生产函数(图 8.1e)而言,最初投入引致的增长较小,但后续投入会使收益渐进上升。"斜率递增生产函数的特点是*正向相互依赖*,因为每一次投入都使下一次的投入变得更为有利可图,因此也就增大了后续投入的可能"(Marwell and Oliver 1993,63 页)。抗议活动要得到积极的回应,就需要组织大规模的行动,这就是斜率递增函数的一个例子。如果一次罢工应者寥寥,那么它可能获得的收益,显然就会远远低于吸引了某一企业或行业中相当比例的工人参与的罢工。

生产函数的形态、参与者是相似的还是拥有不同的资产、个体投入的顺序,以及每次行动产生的信息,都会在很大程度上影响我们的理论预期。对于那些面临斜率递减函数的同质性群体(马威尔和奥利弗认为,很多涉及大量潜在受益者的实际情形均属此类)来说,在得到足够的投入以产生净收益之前,需要先经过一段参与者的回报为负值的时期,因而集体行动往往难以实现。因此,如果任由个体独立行动,那么较大的、相对同质的群体就难以提供生产函数呈斜率递减的集体物品；即便能提供，也如奥尔森所说是在一个次优的水平上。关于同质性群体和斜率递增函数的预期同样令人沮丧。关键在于是否有人能够进行第一次投入，而与同质性群体相比，在异质性群体中这更有可能实现，原因是异质性群体中有的成员可能拥有更大的相关利益，因而更乐于承担第一次投入的任务。

1.2　重复互动

当互动重复进行时，至少还有三个结构变量会影响社会两难环境中的合作水平：关于过往行动的信息；个体间的联系；以及参与者能否自愿进入或退出。

1.2.1　过往行动的信息

在重复博弈中，某个参与者能获得多少关于别人的过往行动的信息，会在很大程度上影响他的策略选择。两人博弈时，参与者清楚博弈的结构，并确切了解已经取得的结果，对方的行为自然尽在预料之中。但是，只要参与者多于两人，则仅仅确切地了解结果，就不足以让参与者判明他人的行动。在家庭和小型社区中，由于互动极为频繁，经过一段时间，就可以建立起类似总是参加投票或者总是为政治竞选捐款的名声，并且群体成员之间也能建立起某种程度的互信关系（Seabright 1993）。在这种环境下，随着时间流逝，合作水平就能不断提升。在较大的群体中，个人行为与名声之间相互脱节的情况更难以克服。某些情况下，人们能通过观察别人的行为了解之前几轮的互动中每个参与者都做了什么。存在多种监督参与者行为的方式，它们可能会提高，也可能会降低个人拥有的关于某些行为者（或某类参与者）特定行为的信息的可得性和准确度（Janssen 2004）。

1.2.2　个体间的联系

社会学家和心理学家强调，在面临各种社会两难困境时，决定个体如何被纳入某个关联网络的因素会产生相当重要的影响（Granovetter 1973；Cook and Hardin 2001）。[1]他们认为，如果在一个关联网络中，A 为 B 提供资源，B 为 C 提供资源，C 再为 A 提供资源（或者任何类似的单向联系），而在另一个网络中，所有人投入的资源都进入一个公共"池塘"，然后每个人再从中获取一份收益，那么，前者会比后者更易于让人们为彼此的福利作出贡献。理由是，处在一个彼此没有区别的群体环境中的个人，有望长期"搭便车"而不致减少自己的收益；而在链式关系中，为了自己最终能够获得收益，每一个

---

① 很多理论家认为，如果关联结构完全是等级制的，那么由于命令和控制机制的作用，社会两难困境就不复存在。

人都必须为其他某个人作出贡献。(同样的理由认为)处于这一链条上的任何人如果停止作出贡献,那么这一收益增强型的链条很可能会就此中断,所有人都将得不到任何好处。因此,建立特定类型的关联网络,就有可能调整博弈的结构,将其从 n 人囚徒困境转变为确信博弈(Yamagishi and Cook 1993)。

1.2.3 能否自愿进入或退出

欧贝尔与道斯(Orbell and Dawes 1991)及霍克与内格尔(Hauk and Nagel 2001)认为,如果人们能够选择是否与其他人进行社会两难博弈,而且能够识别出他们曾经的对手且还保留着对过往情形的记忆,那么他们就会选择那些通过与之合作能够增加收益的人。这就为社会两难博弈中的个体提供了第三个选择。除了选择是否合作,他们还可以决定是否"撤退"。如果某位参与者退出,则该轮博弈即告中止,所有人收益为零。换言之,所有的参与者都能有效地否决整个博弈过程。

詹森(Janssen, in press)建立了一个基于行为者的双人囚徒博弈模型,其中的个体可以选择合作、背叛或退出。每个行为者都具有某些一般性的标志(如长发或特定式样的穿戴)。参与者可以通过这些标志,记住自己曾与什么样的人合作过;并根据这些标志区分其他参与者在过去是采取了合作还是欺骗的态度,进而提高或者降低对他们在未来采取合作态度的信心。如果参与者有 100 人,则因为他们可以识别其他人的可信度,并且能够完全放弃博弈,所以随着时间推移,合作水平会逐渐上升,并且最终达到一个较高的水平。不过,如果参与人数达到了 1000 人,则合作水平就会相对较低,除非用以识别可信赖参与者的标志也相应增加。这是一个与直觉多少相反的结论(另参见 Hauert et al. 2002)。

二、探索更具普遍性的人类行为理论

从上文的讨论可以看出,按照以往的看法,人们会毫无希望地陷于社会两难困境无以自拔,但是在一些理论文献中,这已逐渐为新的观点所替代,即人们有可能避免最坏结果的出现,而且在有的情况下,他们甚至能取得近似最优的结果。当然,那些成功克服内部集体行动困境的群体仍然可能会为他人带来很高的代价。例如,卡特尔和帮会对我们所有人都造成了威胁。早期理论得出的清楚明白的推断已经为范围宽泛的各种预测所替代,其中不乏相当乐观的成分。然而,整个理论图景却变得更加晦暗不明、模糊不清了。

一些人渴望找到某种行为理论,以解释所有环境下的行为结果。对他们而言,上述情形尤其使人困扰。我们虽然拥有一种理论能解释个人在市场中如何获得近似最优的结果(理性选择理论),但它不能解释投票或者为政治竞选自愿捐款的行为,对社会科学来说,这是一种难以令人满意的知识状况。反过来,简单地假设人们能够被成功地社会化、会追求更好的整体结果,则不能解释群体在获得对整体有利的结果方面常常失败这一明显存在的事实(Dietz,Ostrom,and Stern 2003)。

理性选择模型之所以能够作出一些成功的解释,在很大程度上取决于我们如何模型化有关环境的结构(Satz and Ferejohn 1994)。换言之,要解释集体行动的水平,我们不能仅仅依赖传统的非合作博弈理论常常采用的那一个理性行为模型,而是要更为关注人们在面临社会两难时所处的环境(参见 Orbell et al. 2004)。在高度结构化和竞争性的环境中,环境模型和完全理性模型的结合所得出的预期,能得到经验事实的充分印证。正如阿尔钦(Alchian 1950)在很久以前证明的那样,在竞争性市场环境中,不能最大化利润的商家就会被淘汰。并且,市场会产生有限但足够的统计数据供人们作出利润最大化决策。总之,市场的制度结构会使作出理性经济决策的人获益,且由于这些人就如同精确的计算机器一般,我们可以将他们模型化。

然而,更广义的人类行为理论将人视为适应性的生物(Jones 2001)。虽然他们受到自己置身于其中的(或者他们选择的)环境的约束,但他们仍然试图尽其所能,以获得更好的结果(Simon 1955,1957,1999)。人们在相互之间的互动中、从世界的反馈中和从他们自己的反思中学到规范、得到启发,并且获得完整的分析策略。不论目的好坏,他们有能力设计出新的工具——包括制度——来改变他们所面临的世界的结构。他们既会从短期的视角,也会以长远的眼光看问题,具体情况则取决于他们所面临的机会结构。有多个模型能与有限理性的人类行为相容,结合了重复的、高度竞争的情形的完全理性模型就是其中之一。

2.1　感悟学习法和规范

在现实生活中,人们通常难以完全了解可供他们选择的所有可能的行动、可能获得的所有结果和别人可能采取的所有策略。在完全理性模型中,则往往直接假设这些条件成立。大多数日常情况下,人们主要依靠感悟(所谓的"拇指法则"),即长时间内通过在各种特定情形之下能够给他们带来较好(但不一定是最好)结果的应对方式习得的经验。如果反复遭遇类似的环境,人们就能越来越好地悟得与这一特定情形相关的经验。如果相关情形重复出现且牵涉足够大的利益,人们甚至能通过对经验的感悟逐渐接近最佳回应策略(Gigerenzer and Selten 2001)。

很多对集体行动感兴趣的理论家长期关注参与者面临社会两难时,通过简单的感悟取得积极效果的可能性。例如,森川、欧贝尔和伦德(Morikawa, Orbell and Runde

1995)研究了"期望别人采取与我一样的态度"这一简单感悟学习法的效果。他们进行了一个计算机仿真实验,让10000个行为者组成的群体中每一个都与另一个两两配对。那些所获收益高于平均值的仿真行为者被乘以二,而收益低于平均值的则被从仿真中删除。通过仿真,他们预计,与处于两个极端者相比,感悟学习法对那些适度倾向于合作的人最为有效。他们的仿真还得出了一项推断,认为当社会两难在一群非常相似的人当中发生时,感悟学习法最有价值;而且,当参与者规模增大时,出现一些非常合作的群体的概率也会升高。

除了进行工具性的感悟学习,人们还需要学习规范。规范意味着人们赋予某一特定行为或正或负的内部价值。从分析的角度,我们可以设想,人们学习的是相对宽泛、能够适应多种特殊情形的行为规范。克劳福德和奥斯特罗姆(Crawford and Ostrom 2005)认为,上述内部价值是一种对冲参数,它可以增加,也可以减少某一行动或结果的客观成本。安德雷奥尼(Andreoni 1989)模型化了那些"发光发热"的个体,他们在短期内为别人付出的资源比为自己更多。纳克(Knack 1992)认为,负的内部价值就是"义务"。人们关于在未来采取某种行动(诚实、守信)的承诺的可信度可以通过对冲参数的大小反映出来。当人们一再从自己和他人的合作行为中受益后,他们可能会决定在未来总是首先选择合作。[①] 反之,如果一再成为遭受愚弄的"傻瓜",人们就可能会下决心再也不率先单方面选择合作,并在任何可能的时候惩罚不合作者。

詹姆斯·科克斯(James Cox)及其同事认为,在特定环境中影响个人行为的,首先是其初始的情感或规范状态,随后是在具体环境中与他人互动得到的直接经验(Cox 2004;Cox and Deck 2005)。在具体环境下,基本规范和直接经验一起影响了人们对互惠合作的意向。"真正对我们起作用的,是基于现实经验的情感状态,而不是信念或类型估计。我对你所获得的报偿的态度取决于我的精神状态(比如,是宽宏大量还是睚眦必报),而你的实际行为又会系统改变我的情感状态。"(Cox, Friedman and Gjerstad 2004,第1页)

在社会两难困境中,人们采用的另一项规范是公平。一个群体取得最大净收益的方式,在局中人看来,可能是公平的,也可能是不公平的。这里采用的是"公平"这一概念一般的含义,即"平等者平等对待,不同者差别对待"(见 Isaac, Mathieu, and Zajac

---

① 当博弈重复进行时,参与者采用的贴现率也会影响对某一规范(包括互惠的规范)的选择。在有的情况下,人们认为发生在遥远未来的结果也有着较高的现时价值,也就是说他们能认识到合作的长期收益,因此他们就能抵御住不合作带来的即时物质利益的诱惑。反之,如果未来结果的贴现率很低,那么人们通过计算就会趋向即时的物质收益。因此,人们采用的贴现率、可能获得的收益的大小,以及人们愿意接受互惠规范的程度这三者之间存在着微妙的联系(Abreau 1988;Axelrod 1984;Curry, Price, and Price 2005)。

1991)。当参与者在与策略相关的所有方面都相同时,唯一真实的公平问题就只与某人搭别人便车的潜在能力有关(Dawes,Orbell,and van de Kragt 1986)。但在参与者相互差异的情况下,要找到一个被大多数参与者视为公平的分配方案就十分困难(Rawls 1971)。不过,理论家们都认为,在上述两种情况下,只要参与者们认为某种分摊成本和收益的提议是公平的,那么他们作出贡献的积极性就会大大提升(Issac,Mathieu,and Zajac 1991)。

由于规范是习得的,所以它们的作用会因人而异、对同样的人会因事而异、对同样的事还会因时而异。但是,正如布伦南和佩蒂特(Brennan and Pettit 2004)所强调,要解决社会两难困境,规范就必须为所有人接受,只有这样,违反规范的人才会担心声誉受损。一旦某一群体中有一部分人习得了行为规范,其他人的预期就会受到影响。在与那些众所周知对不可信之人施行过惩罚的人交往时,最好的选择就是信守诺言。

2.2　条件策略与互惠规范

许多理论研究者指出,如果假定人们在进入相关环境时,或者基于算计,相信互惠能够带来更好的结果;或者基于规范,相信为人必须如此,从而在一开始就具有互惠互助的可能性,那么我们就能更好地解释他们社会两难困境下的人们的表现(Fehr and Gachter 2000;Bolton and Ockenfels 2000;Falk,Fehr,and Fischbacher 2002;Panchanathan and Boyd 2004)。无论出于哪种情况,人们都是通过以往的教育和经验,才学会采取互惠行为。他们从过去的其他互惠行为中获利越多,则他们一开始就采取互惠行为的倾向就会越明显。同理,他们在过去所受到的惩罚越多,他们就越不大会把“搭便车”作为一种有吸引力的选择。他们是否相信其他人也会采取互惠行为,与他们自己持有的规范固然密切相关,但也会受到其他两个因素的影响,即他们得到的关于其他参与者声誉的信息,以及他们如何估计在特定环境结构下扩大信任范围所面临的风险。

到目前为止,学者们一直以进化的视角研究“一报还一报”这一项最广为人知的条件策略。这些研究从人群中取样出一对对个体,然后让他们以囚徒困境的方式重复博弈。假定每个人与生俱来都会采取某些行动策略,这可能是合作,可能是背叛,也可能是“一报还一报”的策略(先合作,随后根据对方在上一轮博弈中的行为决定自己的应对方式)。阿克斯罗德与汉密尔顿(Axelrod and Hamilton 1981)和阿克斯罗德(Axelrod 1984)指出,如果对人们进行分组,那么他们彼此互动的可能就比在一大群人中大得多,此时,如果预期的互动次数足够多,则像“一报还一报”这样的互惠型策略就能成功地侵入一个由原本信奉宁肯一起倒霉的策略的人组成的群体。不过,由于参与者有犯错误的可能,所以互惠型策略要能存续下去,互动人群的规模必须相对较小(Bendor and Mookherjee 1987)。博伊德和理查森(Boyd and Richerson 1988)曾研究过一个模型，它从一个较大的人群中取样出两个以上的个人，并让他们在一个 n 人囚徒困境中连续互动。他们发现，相关人群的规模越大，则抽选出来的个人采用互惠策略的可能性越低，除非在这一大群人中又形成了内部联系紧密的子群体，且它们之间鲜有互动。

当人们面对不愿合作的人时，互惠策略会限制他们能够采取的行动。"惩罚"背叛的唯一方式就是自己背叛，这会把参与者锁入低效均衡之中。在现实情况下，惩罚不仅意味着自己背叛协定，而且往往还涉及其他行动。由于惩罚别人时，惩罚者通常要自己负担成本，而受益者则是所有人，因此这实际上成为一种次级的社会两难困境(Oliver 1980；Yamagishi 1986)。

赫施拉发和拉斯穆森(Hirshleifer and Rasmusen 1989)部分解决了这一问题。他们将其模型化为一个两阶段博弈，在合作阶段后紧接着惩罚阶段，而且它们将多次重复。通过一种无成本的惩罚策略，他们证明"合作、惩罚不合作者[1]，进而惩罚那些不参与惩罚背叛者的人"这一策略是子博弈的完全均衡状态。赫施拉发和拉斯穆森还发现，如果(一)面对来自单个行为者的惩罚，背叛者的回应是从此以后采取合作，且(二)惩罚者得到的长远利益将会超过他们因惩罚别人而付出的成本，则先合作、再惩罚任何背叛者这一策略在较大的人群中就发展为一种多态均衡。这一策略能与先背叛、如被惩罚就合作的策略共存，在有的情况下也能与合作、但不惩罚的策略共存。不过，随着群体规模的增大，施行大规模惩罚的成本就会上升，该策略促进合作的可能性就会减少。

基于赫施拉发和拉斯穆缪森从较大群体中抽取出一批 n>2 的小组的模型，博伊德和理查森(Boyd and Richerson 1992)建立了一个两阶段演化模型。第一阶段是一个 n 人囚徒困境，参与者将选择合作或者背叛。在第二阶段，任何参与者都可以惩罚任何其他人，不过惩罚者需付出一定的成本，受惩者也会付出一定的代价。同一组是否进行下一轮博弈，则由一个概率函数决定；选择何种策略则被设定为某种类似与生俱来的属性。他们允许在执行合作策略的过程中出现错误，但所有其他策略都能够按照预期实施。如此经过几轮互动，更成功的策略重现的概率就会高于相对于不那么成功的策略。

在博伊德和理查森(Boyd and Richerson 1992)的模型中，群体规模增加时，如果要保持同等的集体行动水平，则互动次数也需相应增加，以抵消规模造成的影响(参见 Richerson and Boyd 2005)。他们还发现，"对背叛者、不惩罚不合作者的人，以及不惩罚不参与惩罚的人都加以惩罚"这样一种道德策略"也能克服次次合作的难题"(Richerson and Boyd 1992,184 页)。在道德策略得到普遍奉行时，人们就不会选择去做

---

① 原文为 non-defector，从正文看，当为 non-cooperator 之误。——译者

背叛者和不惩罚背叛者的合作者,因为这两种人正是惩罚的目标。"这样一来,即使合作的收益不足以补偿个体惩罚者所付出的成本,惩罚也会成为优先的选择"(同上)。这种道德主义的策略事实上可以使任何行为稳定下来,其结果与著名的"大众定理"(Folk Theorem)类似,后者认为,如果采用类似"触发策略"①的惩罚措施,任何均衡都能得到稳定。山岸和高桥(Yamagishi and Takahashi 1994)设计了一个演化仿真实验,以探明如果在合作行动中加入惩罚机制,使合作者得以惩罚背叛者,而背叛者则不能惩罚其他背叛者,这样是否能够解决激进道德策略或元规范所导致的问题。他们发现,此时出现合作的概率近于百分之百。

一些旨在帮助人们获得更多合作红利的感悟学习法或策略,都必须以参与者至少在某种程度上愿意实施惩罚为前提。例如,"一报还一报"的策略要求行为者必须有意愿在当下的博弈中以背叛的方式"惩罚"上一轮博弈中的背叛者。上文提到的"触发策略"则意味着合作过程中一旦有人背叛,则在此后所有的博弈中都以背叛对其施以惩罚(Fudenberg and Maskin 1986)。在通过相互合作能够获得可观的共同利益的重复博弈中,"触发策略"的威胁足以鼓励所有人采取合作行为。不过,如果合作红利相当可观的话,则参与者的微小错误,或者对支付函数的某些外来干扰,都会使这一策略的大规模运用变得十分危险。

古斯和克里门特(Güth and Kliemt 1995)指出,如果参与者能够预知,他们与之博弈的人具有强烈的"良知"或意愿惩罚采取不合作态度的人,那么,有错必罚的情感就能以稳定的方式在演化中存续下去。贝斯特尔和古斯(Bester and Güth 1994)则研究了"利他主义",或可更确切地称为"为他人着想"的偏好,在一个面临社会两难困境的人群中存续下来的可能性。他们通过采用一种间接演化方法,使偏好成为内生性的,并进而证明,把其他人纳入自己的效用函数的前提,是后者对合作动议作出的善意回应。家庭成员特别易于把家庭中别的成员纳入其效用函数,但他们的理由与亲缘选择学说不同。他们所谓的家庭中"利他主义"的演化与基因的传递无关,而是因为家庭成员彼此之间更为熟悉。在一个毫无关联的个人组成的群体中,发出关心他人的信号,例如进行慈善捐助,也可以提高利他主义偏好存在下去并发扬光大的可能性。进一步说,在一个群体中,如果每一个人都拥有可以彼此识别的标志而不致彼此雷同,那么为他人利益考虑的偏好就更有可能得到发展(Ahn,Janssen,and Ostrom 2004)。

2.3 人际关系的核心要素:声誉、信任和互惠对合作的影响

如果在某个环境中,人们能够通过有来有往(无论是互惠还是"一报还一报")获得

---

① Grim-grigger strategy,对局中一方违规一次,则另一方将永久终止与其合作的策略。——译者

某种声誉,并且被认为值得信任,那么其他行为者就能逐渐学会信任拥有这种声誉的人,并开始与之合作——只要别人同样也合作(Fukuyama 1995)。因此,要对成功或不成功的集体行动进行演化视角的理论解释,其核心是某一集体行动环境中的参与者(P_i)对其他人($P_j \cdots P_n$)的信任、其他人为获取值得信任的声誉所付出的投入,以及所有参与者都遵循互惠规范的概率这三者之间的联系(参见图 8.2)。如果一些个体在重复博弈的情形下开始合作,其他人学会了信任他们并且也乐于采用互惠原则,合作的水平就会得到提升。随着越来越多的人采用互惠原则,获取值得信赖的声誉就不仅成为一项有利可图的投资,也成了一种内在的。因此,值得信任的声誉、信任的水平与互惠的原则是正向强化的。这也就意味着,如果它们之中的某一项受到削弱,都会引发反向的连锁效应,从而降低合作水平甚至使合作不复存在。

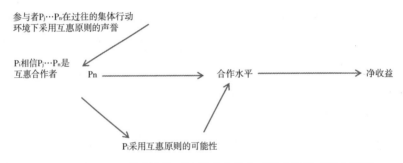

图 8.2　社会两难困境中个体层面影响合作水平的人际关系核心要素

三、使结构变量与人际关系的核心要素相联系

　　我们现在面临的任务,不是直接从处于社会两难困境中的人们的物质动机出发解释合作,而是使外在的结构变量与内在的个体层次的核心变量(声誉、信任和互惠)相联系、并进而说明它们如何反过来影响了合作的水平与得到的净收益。我们已经了解了一些可能的联系。例如,我们可以确信,对一个小型的同质性群体来说,当人们在面对面的会谈中讨论提供生产函数递增的公共品时,达成共识的成本就会比较低,个体信守承诺的概率会比较高。通过先前的街谈巷议,人们已经很清楚,可以相信群体中的哪些成员会信守承诺,排除不可信的参与者的努力也会随之而来。在这一例子中,结构变量对声誉、信任和互惠产生的综合效果,比较容易克服短期物质利益对个体参与者的诱惑。在不同的环境下(比如一个共同使用公共资源,但既缺乏交流,也没有关于谁值得信任的信息的大型异质性群体),人们就会倾向于追逐短期的物质利益,并且有可能毁坏公共资源。

　　因此,一种更宽泛的人类行为理论包含了以下可能性,即处于社会两难困境中的参与者如果信任其他人也"心同此理",就会采用互惠策略并选择进行合作。运用这种理论,学者们有望基于结构变量的综合效应,即它们的相互作用如何增加或减少了合作的可能性与最终获得的净收益,提出一些可资验证的假设(类似的努力,参见 Weber, Kopelman, and Messick 2004)。但是,由于存在太多变量,并且其中相当一部分的效应还取决于其他变量的取值,所以不可能在一个确定的因果模型中把上述所有结构变量关联起来。目前能做的,只是对这个一般性的方法略加说明。请参见图 8.3,它反映了一个大致的框架,把前面讨论过的结构变量与人际关系的核心要素关联起来了。

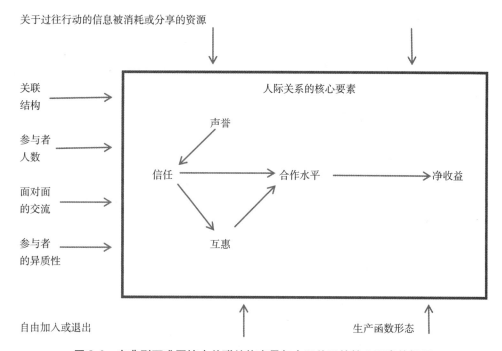

图 8.3　在典型两难困境中关联结构变量与人际关系的核心要素的框架

　　不过,这一方法并不能确定相关联系的具体方向,因为这取决于其他变量在特定的社会两难困境中的组合。例如,一个小型但极端异质的群体通过集体行动能够获得的收益,会非常不同于一个小型且其成员同质性相对较高的群体。而且,在小型的异质群体中,面对面的交流非但不能减少冲突、促进关于新规则的共识的达成,反而会加剧已有的纷争。我们不一定要提出某种大型的、普遍性的因果模型,也可以着眼于上文提到过的那种具体的因果进程(参见 Ostrom 1998)。因此,集体行动理论发展中关键的下一步,就是要更为密切地关注结构变量之间的相互作用。我们不能仅基于群体规模、异质性、阶梯状生产函数或退出的能力这些因素之一(它们都曾被某些学者视为需要首先考察的变量)就提出简单化的解释。这些变量综合起来,才会导致规范的建立,才会推动或阻碍声誉和信任的形成,才会使建设性的或毁灭性的互动和学习得以发生。这一简单而一般的框架提供的重要信息是,在任何时候,声誉、信任和互惠这几个核心变量都会受到诸多变量的复杂影响。

此外,图 8.3 关联起来的变量并没有穷尽能够影响集体行动的所有结构变量,它们仅是上文回顾的一般理论文献中被提及最多的一部分,其中又有很多是通过对中间变量(比如交易成本和共享规范的形成)的作用而对合作的可能性产生了影响。

在更具体的研究中还会识别出其他的变量。比如,根据阿格拉沃尔(Agrawal 2002)的总结,研究与管理公共池塘资源有关的集体行动的学者已经识别出 30 多个变量,它们中有很多都会相互作用。阿格拉沃尔(Agrawal 2002,68—70 页)提出了一些因果链,将其中的一部分变量关联起来,并在实地和实验室环境下对其进行检验。他识别出的一些变量与参与者改变规则的可能性有关,这些规则反过来又会影响结构变量,进而影响人际关系的核心要素。

四、结 论

对集体行动理论的研究得到的一个关键教益是,要认识到多个层次的变量之间复杂的联系,它们共同影响了人们的声誉、信任与互惠,而后者又会影响合作的水平和总体收益。因此,集体行动的经验研究面临重重困难。我们完全不可能通过简单的经验分析,把如同意大利面一般混杂在一起的所有已知变量及其相互作用理清楚。实验研究之所以能成为一种检验理论的重要方法,就因为它在控制诸多变量的情况下,一次只观察一到两个变量(Camerer 2003)。此外,我们也能够通过一系列精心设计的实验,有针对性地研究若干变量之间的互动,而在田野调查中,这几乎不可能。

在相似的、只有一到两个关键变量的环境下进行案例研究,也是一种重要的方法,但这很难设计(Alston 2005)。对集体行动的大样本研究面临两个方面的挑战。一是要确保所得数据的准确性和连贯性,二是任何类型的集体行动都可能会受到诸多变量的影响(Pottete and Ostrom 2004)。因此,阿格拉沃尔(Agrawal 2002)的建议值得重视,即我们需要做的,并非研究所有潜在的变量,而是聚焦于范围更窄,但定义明确的关系链条。我们可以去分析数量有限、但显现出很强的因果关联的变量(可参见 Gibons,Williams,and Ostrom 2005;Hayes and Ostrom 2005 中的例证)。因此,对政治学家们来说,集体行动理论不仅是最重要的课题之一,也是最具挑战性的问题之一。

参考文献

ABREAU,D.1988.On the theory of infinitely repeated games with discounting.*Econometrica*,*80*(*4*):*383-96*.

AGRAWAL,A.2000.*Small is beautiful,but is larger better? Forest-management institutions in the Kumaon Himalaya,India.Pp.57-86 in People and Forests:Communities,Institutions,*

——*and Governance*,ed.C.Gibson,M.McKean,and E.Ostrom.Cambridge,Mass.:MIT Press.

AGRAWAL,A.2002.Common resources and institutional sustainability.Pp.41-85 in *The Drama of the Commons*,National Research Council,Committee on the Human Dimen sions of Global Change,ed.E. Ostrom,T.Dietz,N.Dolsak,P.C.Stern,S.Stonich,and E.Weber.Washington,DC:National Academy Press.

AHN,T.K.,JANSSEN,M.,and OSTROM,E.2004.Signals,symbols,and human cooperation.Pp.122-39 in *The Origins and Nature of Sociality*,ed.R.W.Sussman and A.R.Chapman.New York:Aldine de Gruvter.

ALCHIAN,A.A.1950.Uncertainty,evolution,and economic theory.*Journal of Political Economy*,58(3):211-21.

ALSTON,L.).2005.The"case"for case studies in political economy.*Political Economist*,newsletter of the section on political economy,American Political Science Association,12(4):1,8,10.

ANDREONI,J.1989.Giving with impure altruism:applications to charity and Ricardian equivalence. *Journal of Political Economy*,97:1447-58.

AXELROD,R.1984.*The Evolution of Cooperation*.New York:Basic Books.

——and HAMILTON,W.D.1981.The evolution of cooperation.*Science*,211:1390-6.BARDHAN,P. 1993.Analytics of the institutions of informal cooperation in rural development.*World Development*,21 (4):633-9.

BATES,R.H,and SHEPSLE,K.A.1995.Demographics and institutions.Paper presented at the Frontiers of Economics Conference(in honor of Douglass C.North),Washington University,St Louis.

BENDOR,J.,and MOOKHERJEE,D.1987.Institutional structure and the logic of ongoing collective action.*American Political Science Review*,81(1):129-54.

BESTER,H.,and GUTH,W.1994.Is altruism evolutionarily stable? Working Paper.Tilburg:Tilburg University,Center for Economic Research.

BOLTON,G.E.,and OCKENFELS,A.2000.ERC:a theory of equity,reciprocity,and competition. *American Economic Review*,90:166-93.

BOYD,R.,and RICHERSON,P.J.1988.The evolution of reciprocity in sizable groups.*Journal of Theoretical Biology*,132:337-56.

——1992.Punishment allows the evolution of cooperation(or anything else)in sizable groups.*Ethology and Sociobiology*, 13:171–95.

BRBNNAN, G., and PETTIT, P. 2004. *The Economy of Esteem*. Oxford: Oxford University Press.

CAMERER, C. F. 2003. *Behavioral Game Theory: Experiments in Strategic Interaction*. Princeton: Princeton University Press.

CHAMBERLIN, J. 1974. Provision of collective goods as a function of group size. *American Political Science Review*, 68:707–16.

COOK, K. S., and HARDIN, R. 2001. Norms of cooperativeness and networks of trust. Pp. 327–57 in *Social Norms*, ed. M. Hechter and K.-D. Opp. New York: Russell Sage Foundation.

Cox, J. C. 2004. How to identify trust and reciprocity. *Games and Economic Behavior*, 46:260–81.

——and DECK, C. 2005. On the nature of reciprocal motives. *Economic Inquiry*, 43(3):623–35.

——FRIEDMAN, D. and GTERSTAD, S. 2004. A tractable model of reciprocity and fairness. Working Paper. Tucson: University of Arizona, Department of Economics.

CRAWFORD, S. E. S., and OSTROM, E. 2005. A grammar of institutions. Pp. 137–74 in *Understanding Institutional Diversity*, ed. E. Ostrom. Princeton: Princeton University Press. Originally published in *American Political Science Review*, 89(3)(1995):582–600.

CURRY, O. S., PRICE, M. E., and PRICE, I. G. 2005. Is patience a virtue? Individual differences in discount rates and cooperativeness. Paper presented at the 17th meeting of the Human Behavior and Evolution Society, Austin, Tex.

DAWES, R. M., ORBELL, J. M., and VAN DE KRAGT, A. 1986. Organizing groups for collective action. *American Political Science Review*, 80(4):1171–85.

DE MATOS, J. A., and BARROS, P. P. 2004. Social norms and the paradox of elections' turnout. *Public Choice*, 121(1–2):239–55.

DIETZ, T., OSTROM, E., and STERN, P. 2003. The struggle to govern the commons. *Science*, 302(5652): 1907–12.

FALK, A., FEHR, E., and FISCHBACHER, U. 2002. Appropriating the commons: a theoretical explanation. Pp. 157–92 in *The Drama of the Commons*, National Research Council, Committee on the Human Dimensions of Global Change, ed. E. Ostrom, T. Dietz, N. Dolsak, P. C. Stern, S. Stonich, and E. Weber. Washington, DC: National Academy Press.

FEHR, E., and GACHTER, S. 2000. Fairness and retaliation: the economics of reciprocity. *Journal of Economic Perspectives*, 14(3):159–81.

FISKE, S. T., HARRIS, L. T, and CUDDY, A. J. C. 2004. Why ordinary people torture enemy prisoners. *Science*, 306:1482–3.

FROHLICH, N., and OPPENHEIMER, J. 1970. I get by with a little help from my friends. *World Politics*, 23:104–20.

——1998. Some consequences of e-mail vs. face-to-face communication in experiment.
Journal of Economic Behavior and Organization, 35:389–403.

FUDENBERG, D., and MASKIN, E. 1986. The folk theorem in repeated games with discounting or with incomplete information.*Econometrica*,54(3) :533−54.

FUKUYAMA,F.1995.*Trust:The Social Virtues and the Creation of Prosperity.*New York:Free Press.

GELLAR,S.2005.*Democracy in Senegal:Tocquevillian Analytics in Africa.*New York:Palgrave Macmillan.

GIBSON,C.C,ANDERSSON,K.,OSTROM,E.,and SHIVAKUMAR,S.2005.*The Samaritans Dilemma:The Political Economy of Development Aid.*Oxford:Oxford University Press.

WILLIAMS,J.T.and OSTROM,E.2005.Local enforcement and better forests.*World Development*,33(2):273−84.

GIGERENZER,G.,and SELTEN,R.,eds.2001.*Bounded Rationality:The Adaptive Toolbox.*Cambridge, Mass.:MIT Press.

GRANOVETTER,M.1973.The strength of weak ties.*American Journal of Sociology*,78:1360−80.

GREIF,A.,MILGROM,P.,and WEINGAST,B.R.1994.Coordination,commitment,and enforcement:the case of the merchant guild.*Journal of Political Economy*,102:745−77.

GUTH,W,and KLIEMT,H.1995.Competition or co-operation:on the evolutionary economics of trust,exploitation and moral attitudes.Working Paper.Berlin:Humboldt University.

HARDIN,R.1976.Group provision of step goods.*Behavioral Science*,21:101−6.

——1982.*Collective Action.*Baltimore:Johns Hopkins University Press.

HAUERT,C,D E MONTE,S.,HOFBAUER,J.,and SIGMUND,K.2002.Volunteering as red queen mechanisms for cooperation in public good games.*Science*,296:1129−32.

HAUK,E.,and NAGEL,R.2001.Choice of partners in multiple two-person prisoner's dilemma games:an experimental study.*Journal of Conflict Resolution*,45:770−93.

HAYES,T.M.,and OSTROM,E.2005.Conserving the world's forests:are protected areas the only way? *Indiana Law Review*,37(3):595−617.

HICKS,G.A.,and PENA,D.G.2003.Community acequias in Colorado's Rio Culebra watershed:a customary commons in the domain of prior appropriation. *University of Colorado Law Review*,74(2): 387−486.

HIRSHLEIFER,I.,and RASMUSEN,E.1989.Cooperation in a repeated prisoner's dilemma with ostracism.*Journal of Economic Behavior and Organization*,12:87−106.

ISAAC,R.M.,MATHIEU,D.,and ZAJAC,E.E.1991.Institutional framing and perceptions of fairness. *Constitutional Political Economy*,2(3):329−70.

——and WALKER,J.M.1988.Communication and free-riding behavior:the voluntary contribution mechanism.*Economic Inquiry*,26(4):585−608.

JANSSEN,M.A.2006.Evolution of cooperation when feedback to reputation scores is voluntary.*Journal of Artificial Societies and Social Simulation*,9(1):online,http://jasss.soc.surrey.ac.uk/9/1/ 17.html

——In press.Evolution of cooperation in a one-shot prisoner's dilemma based on recognition of trustworthy and untrustworthy agents.*Journal of Economic Behavior and Organization.*

JOHNSON,R.,and LIBECAP,G.1982.Contracting problems and regulation:the case of the fishery.*American Economic Review*,72:1005−23.

JONES,B.D.2001.*Politics and the Architecture of Choice:Bounded Rationality and Governance.*Chicago: University of Chicago Press.

JONES,E.C.2004.Wealth-based trust and the development of collective action.*World Development*,32 (4):691–711.

KANBUR,R.1992.Heterogeneity,distribution and cooperation in common property resource management. Background Paper for the World Development Report.Mimeograph.

KEOHANE,R.0.1984.*After Hegemony.*Princeton:Princeton University Press.

——and OSTROM,E.,eds.1995.*Local Commons and Global Interdependence:Heterogeneity and Cooperation in Two Domains.*London:Sage.

KERR,N.L.,and KAUFMAN-GILLILAND,C.M.1994.Communication,commitment and cooperation in social dilemmas.*Journal of Personality and Social Psychology*,66:513–29. KINDELBERGER,C.P. 1973.*The World in Depression.*Berkeley and Los Angeles:University of California Press.

KNACK,S.1992.Civic norms,social sanctions,and voter turnout.*Rationality and Society*,4:133–56.

LIBECAP,G.,and WIGGINS,S.1984.Contractual responses to the common pool:prorationing of crude oil production.*American Economic Review*,74:87–98.

LICHBACH,M.I.1995.*The Rebel's Dilemma.*Ann Arbor:University of Michigan Press.

——1996.*The Cooperatore Dilemma.*Ann Arbor:University of Michigan Press.

MCGINNIS,M.2007.*Strategies for Improving Global Response to Conflict:Lessons from the Hornof Africa.* Bloomington:Indiana University,Workshop in Political Theory and Policy Analysis.

——and WILLIAMS, J. T. 2001. *Compound Dilemmas: Democracy, Collective Action, and Superpower Rivalry.*Ann Arbor:University of Michigan Press.

MARWELL,G.,and OLIVER,P.1993.*The Critical Mass in Collective Action:A Micro-social Theory.*New York:Cambridge University Press.

——MORIKAWA,T.,ORBELL,J.M.,and RUNDE,A.S.1995.The advantage of being moderately cooperative.*American Political Science Review*,89(3):601–11.

OLIVER,P.1980.Rewards and punishments as selective incentives for collective action:theoretical investigations.*American Journal of Sociology*,85:356–75.

OLSON,M.1965.*The Logic of Collective Action:Public Goods and the Theory of Groups.*Cambridge,Mass.: Harvard University Press.

ORBELL,J.M.,and DAWES,R.M.1991.A"cognitive miser"theory of cooperatore' advantage. *American Political Science Review*,85(2):515–28.

MORIKAWA,T.,HARTWIG,J.,HANLEY,J.and ALLEN,N.2004."Machiavellian"intelligence as a basis for the evolution of cooperative dispositions.*American Political Science Review*,98(1):1–15.

OSTROM,E.1990.*Governing the Commons:The Evolution of Institutions for Collective Action.*New York: Cambridge University Press.

——1998.A behavioral approach to the rational choice theory of collective action.*American Political Science Review*,92(1):1–22.

——2001.Social dilemmas and human behavior.Pp.21-41 in *Economics in Nature:Social Dilemmas, Mate Choice and Biological Markets*,ed.R.Noé,J.Van Hooff,and P.Hammer- stein.Cambridge:Cambridge University Press.

——2005.*Understanding Institutional Diversity.*Princeton:Princeton University Press.

GARDNER,R.and WALKER,J.1994.*Rules,Games,and Common-Pool Resources.* Ann Arbor:University of Michigan Press.

——WALKER,J.and GARDNER,R.1992.Covenants with and without a sword:self-governance is possible.*American Political Science Review*,86(2):404-17.

OSTROM,V.,and OSTROM,E.1999.Public goods and public choices.Pp.107-18 in *Polycen-tricity and Local Public Economies:Readings from the Workshop in Political Theory and Policy Analysis*,ed.M. McGinnis.Ann Arbor:University of Michigan Press.Originally published as pp.7-49 in *Alternatives for Delivering Public Services:Toward Improved Performance*, ed. E. S. Savas. Boulder, Colo.: Westview Press,1977.

PANCHANATHAN,K.,and BOYD,R.2004.Indirect reciprocity can stabilize cooperation without the second-order free rider problem.*Nature*,432:499-502.

PECORINO,P.1999.The effect of group size on public good provision in a repeated game setting.*Journal of Public Economics*,72:121-34.

POTEETE,A.,and OSTROM,E.2004.Heterogeneity,group size and collective action:the role of institutions in forest management.*Development and Change*,35(3):437-61.

RAWLS,J.1971.*A Theory of Justice.*Cambridge,Mass.:Harvard University Press.RICHERSON,P.J.,and BOYD,R.2005.*Not by Genes Alone:How Culture Transformed Human Evolution.*Chicago:University of Chicago Press.

SALLY,D.1995.Conversation and cooperation in social dilemmas:a meta-analysis of experiments from 1958-1992.*Rationality and Society*,7:58-92.

SATZ,D.,and FEREJOHN,J.1994.Rational choice and social theory.*Journal of Philosophy*,91(2): 71-87.

SEABRIGHT, P. 1993. Managing local commons:theoretical issues in incentive design. *Journal of Economic Perspectives*,7(4):113-34.

SHEPSLE,K.A.,and WEINGAST,B.R.1984.Legislative politics and budget outcomes.Pp.343-67 in *Federal Budget Policy in the 1980's*,ed.G.Mills and J.Palmer.Washington,DC:Urban Institute Press.

SHIVAKUMAR,S.2005.*The Constitution of Development:Crafting Capabilities for Self-Governance.* New York:Palgrave Macmillan.

SIMON,H.A.1955.A behavioural model of rational choice.*Quarterly Journal of Economics*,69:99-188.

——1957.*Models of Man.* New York:Wiley.

——1999.The potlatch between political science and economics.Pp.112-19 in *Competition and Cooperation:Conversations with Nobelists about Economics and Political Science*,ed.J.Alt,M.Levi,and E.Ostrom.New York:Russell Sage Foundation.

SNIDAL, D. 1985. Coordination versus prisoner's dilemma: implications for international cooperation and regimes. *American Political Science Review*, 79: 923-47.

VALLEY, K.L., MOAG, J., and BAZERMAN, M.H. 1998. A matter of trust: effects of communication on the efficiency and distribution of outcomes. *Journal of Economic Behavior and Organization*, 34(2): 211-38.

VAN DE KRAGT, A., ORBELL, J.M., and DAWES, R.M. 1983. The minimal contributing set as a solution to public goods problems. *American Political Science Review*, 77(1): 112-22.

WALLNER, K. 2002. The provision of public goods in international relations: a comment on "goods, games, and institutions." *International Political Science Review*, 23(4): 393-401.

WEBER, J.M., KOPELMAN, S., and MESSICK, D.M. 2004. A conceptual review of decision making in social dilemmas: applying a logic of appropriateness. *Personality and Social Psychology Review*, 8: 281-307.

WEISSING, F.J., and OSTROM, E. 1991. Irrigation institutions and the games irrigators play: rule enforcement without guards. Pp. 188-262 in *Game Equilibrium Models II: Methods, Morals, and Markets*, ed. R. Selten. Berlin: Springer-Verlag.

YAMAGISHI, T. 1986. The provision of a sanctioning system as a public good. *Journal of Personality and Social Psychology*, 51(1): 110-16.

——and COOK, K.S. 1993. Generalized exchange and social dilemmas. *Social Psychology Quarterly*, 56(4): 235-48.

——and TAKAHASHI, N. 1994. Evolution of norms without metanorms. Pp. 311-26 in *Social Dilemmas and Cooperation*, ed. U. Schulz, W. Albers, and U. Mueller. Berlin: Springer-Verlag.

第三部分

国家和国家形成——政治同意

第九章　战争、贸易和国家的形成

亨德里克·斯普路特(Hendrik Spruyt)

一、导　论

　　几十年前,国家研究在政治科学中几近消亡,被排挤到历史研究的领域。行为主义在认识论方法上坚持个人主义,试图通过微观层面的分析理解政治过程。多元主义则颂扬那种由社会参与者而非政府行为决定政治结果的美国政体。

　　面对那些主流观点,一些学者呼吁重新唤起对国家作用和国家形成研究的兴趣(Nettl 1968;Tilly 1975)。政治科学热情地接受了这种呼吁,这在比较政治和国际关系这些次级领域中尤为突出。在今天,我们已经获得了丰厚的学术成果。它们考察了国家的形成、政体类型和国家失败之间的因果关系,任何进一步的讨论都必须建立在对这些成果的总体把握基础之上。

　　对国家形成的学术研究集中于现代国家的几个核心特征,尤其关注其巨大的社会动员和社会资源提取能力,以及行使强制权力的能力。用韦伯的经典话语来说,国家是控制着一片特定地域的"强制性的政治组织","其行政部门通过成功垄断暴力的合法使用而行使权力"。(Weber 1978,i.54 页)。强调现代国家这一特征的理论必然会关注战争的重要性,以及国家对战争的垄断。

　　韦伯的定义将引导我们关注那些与国家形成具有密切关系但截然不同的方面:合理合法的行政管理制度的建立;中央政府提取能力的提升;以及这种权威的合法化。现代国家把私人性的统治、随心所欲的权威管辖转变为法治基础上的、非人格化的公共管理(Collins 1986)。这种变化,要求政府比前现代政府远为深入地管理社会和政治生活的诸多领域。因此,它为经济增长和战争而动员人民的能力与增加税收的能力密切相关(Levi 1988;Webber and Wildavsky 1986)。从逻辑上说,那些采用经济学和管理学观点的学者更感兴趣的,是国家的制度性结构如何受到经济变化的影响,如贸易和资本主义的出现,以及国家又如何反过来影响了阶级结构,资本主义的发展以及公共品的提供等问题(North 1981)。

现代国家的形成不可避免地要为权威和权力创造新的合法性。在早期国家中,新生的政治精英或者替代,或者控制了血亲结构、民族纽带和宗教权威,缔造了对国家权威和公职人员的新认同(Anderson 1991)。现代国家重塑并引导着个人忠诚,使它能够影响个人和社会生活的每一个层面,而不是像古老政体的最高政府,虽然控制着辽阔的地域,却不能在较大程度上影响它们的社会(Gellner 1983)。

除了政府能力的指数型增长,现代国家在另外一个重要方面也与其先驱不同。现代国家权威的独有特征,是在具有确定边界的地域范围内进行统治;因此,在国际关系学和比较政治学研究的交叉处,一批著作一直特别关注现代权威的地域问题(Kratochwil 1986;Ruggie 1986;Spruyt 1994)。地域性主权国家的观念,是如何取代过去那种基于神权正当性(如建立一个统一的基督教欧洲的热望),或基于纯粹的市场交换(如贸易城市网络)的普世雄心(帝国)的权威结构的?可以认为,国家的地域性要先于其他与现代国家有关的特性,诸如理性官僚制,财政能力和国家忠诚等等。从纯粹的地域性视角来看,国家(states)确实先于民族(nations)和高效能的现代官僚几个世纪之久。①

对国家形成中这些因素的研究将会涉及其他的方面。政府只有至少获得部分的合法性,才能实现对暴力的垄断。此外,垄断暴力的能力与中央政府建立多少有效的行政管理的能力,以及提高税收的能力相互关联。因此,尽管国家的每一个方面都可以单独作为一个理想型来研究,但所有分析又都必须包含国家形成的其他层面。不管研究者希望考察国家的哪种具体特征,任何因果解释都不可避免地需要对战争的动力、由商业和财政引起的经济转型,以及国家合法化的意识形态层面予以说明。

国家形成的特殊形态,可以通过两个方面的特性即国家能力和领土划定体现出来,它们决定了政体的类型。一些政府试图通过契约同意动员社会,或者通过让大众认可它们的诉求而获得合法性,其他政府则寻求另外的动员和获得支持的方式。

本章提出以下几个方面的主张。首先,一个研究国家形成的严肃的学者,无论对哪个地理区域感兴趣,都应该将欧洲国家的形成视作参照点。② 正是这样一种特殊的权

---

① 因此,国家的地域问题与主权观念紧密相连。见 Benn(1967),Hinsley(1986)。Krasner(1999)则批评主权的重要性被过分地强调了。

② 两份对欧洲国家形成的最好的研究综述是 Badie and Birnbaum(1983)和 Poggi(1978)。对国家形成和政体类型更广泛的讨论,可见 Bendix(1978)。

威概念化的方式在欧洲成功地替代了其他竞争性的政治组织,并且随后被移植到全世界(Giddens 1987;Strang 1991)。另外,从方法论上来说,这样一种比较研究可以展示出原因变量取值方面最强烈的反差(van Evera 1997)。欧洲之外国家的形成很大程度上受到外部压力的影响,处于截然不同的国际环境下(包括安全和经济方面),并在一个高度压缩的时间跨度中向前推进。对欧洲这一案例中关键性动因的强调,将有助于说明在欧洲之外,国家发展中的外部和内部因素如何以一种截然不同的方式相互影响。

其次,对欧洲国家形成的研究,可以为提出政体发展的一般性因果假设提供有用的样板。理解欧洲国家的形成如何影响了具有绝对主义和宪政主义倾向的政府形式,将有助于解释其他地方的政体转换,尤其在解释历史轨道的变化方面。当我们比较欧洲和非欧洲的案例时,自变量的变化会非常明显,使我们能够对国家形成和政体类型得出不同的预期。例如,丽莎·安德森(Lisa Anderson 1987)用这样的方法研究了北非和中东国家的形成。许田波(Victoria Tin-bor Hui 2004)则比较了早期中华帝国和欧洲国家的形成。

杰弗里·赫伯斯特(Jeffrey Herbst 2000)认为,研究国家形成的著作过分关注欧洲经验,这是确凿无疑的。但即便是他,梯利也还是通过把非洲经验与欧洲发展轨迹进行对比,并利用有关欧洲国家形成的理论,如查尔斯·梯利的理论,作为他自己对非洲国家建设的研究基础。

因此,本章以对欧洲国家形成的简要说明作为开端。它追溯了从中世纪晚期的政府形式向由选举产生的新的权威类型转变背后的生成原因,以及这些不同类型的融合。①

本章随后将讨论,国家形成过程如何影响了诞生于不同国家的政体类型。也就是说,本章的下一部分将概略讨论主权和领土作为欧洲权威的关键特征是如何被确立起来的,随后的一部分则将讨论国家的形成如何导致了绝对主义和宪政主义统治形式的诞生。第四部分着重论述有关欧洲国家形成的理论在当下如何影响了对新兴国家发展问题的研究,尤其要辨明它可以激发哪些深入考察的路径。非欧洲地区与欧洲经验的差异,深刻地影响了这些国家当前的状况,即到底是有效的还是失败的国家,以及是否有可能进行成功的民主转型。

二、国家形成的动力机制

2.1　作为催生婆的战争

欧洲早期国家的形成与战争的频率和模式相关(Bean 1973;Tilly 1975)。大约从

---

① 更进一步的讨论,可见 Spruyt(1994);Tilly(1990)。

14 世纪早期开始,军事的发展开始不利于骑兵,并对封建的社会和政治组织提出了挑战。

首先,大规模的步兵部队(如在金马刺战争/科特赖克战役中)和英国长弓射手(阿金库尔战役)取得了对于重装步兵的巨大成功。因此,经过适当组织并达到一定数量之后,那些社会地位低下、相对缺乏技巧的士兵能够打败技艺远为精湛的骑士。战争的结果使人们转向充分利用步兵,他们个人的装备相对骑士来说更为低廉。经过计算,装备一名带有盔甲和马匹的骑士和装备 500 名平民的花费大致相等。不过,必须将战斗人员聚集起来才能取得战役的胜利,因此新的军队形式需要更多总体上的支出。另外,武装的封建军队建立在个人纽带(类似于某种人为的血亲联系)和相对较短时间(通常来说每年 40 天)的基础上,而新的战争方式要求更大规模的职业军人。在英法百年战争结束之时,法国就此走向了常备军。

在成功招募大量步兵之后,随之而来的另一个变化是火药的引进。对于当时正处于初级阶段的军队来说,引进攻城炮使人们第一次感受到火药的威力(McNeill 1982)。这些火炮虽然相当初级,但仍能破坏在当时最为先进的防御工事,这一点在 1453 年奥斯曼帝国攻陷君士坦丁堡时得以体现。步兵的优势促使防御方构筑更先进、更昂贵的堡垒,即意大利式的棱堡体系。

所有这些军事技术上的发展,反过来需要更多的集中化、官僚化以及中央财政收入。① 财政收入可以通过内部动员和征税获得,或者统治者可以征服领土、扩大地理规模。

因此,军事发展引起了制度创新。制度创新又使人们在战场上拥有更强的战斗力,赢得更多扩张领土的机会。这随即逐渐加剧了领主和国王们之间的竞争,使早期现代官僚成为战争胜利的关键因素。在 1500 年到 1700 年间,许多大国都持续地进行战争或为战争做准备(Parker 1979,1988)。

查尔斯·梯利(Charles Tilly 1985)将国家形成的这一过程视为寻求保护的过程。在不同层级的领主为获得属下的忠诚(和税收)而相互竞争的过程中,国王们成为最有效的保护者,于是一些相对孱弱的领主消亡了,这导向了韦伯定义的以垄断暴力为特征的国家。梯利的观点把对诸多外部变化的描述——战争本性上的变化——与对中央权威增强的契约解释混合起来。中央权威提供保护以换取税收。

梯利对早期国家将大量财政收入投入战争的观点毫无疑问是正确的(可见 Brewer

---

① 对于这一点能找到清晰的历史记录;简要的综述可见 Ames and Rapp(1977),Bean(1973)。Rasler and Thompson(1985)证明,在当今时代,战争导致了国家的扩张。

1989)。另外,他提供的方法论个人主义的说明,即对大规模的、宏观层面的现象进行微观解释,也格外具有吸引力。与之相比,其他很多类似的工作仅仅满足于对现代国家发展过程一种描述的、编年史式的记录。梯利的研究不仅提供了一种可信的历史性解释,而且从逻辑上说,它也意味着臣民与统治精英不同的契约方式会导致不同的权威类型,梯利在其早期的作品中提到了这一点(Tilly 1975),并力图在后期的著作中加以论述(Tilly 1990)。

但是,此类仅仅强调战争重要性的研究也存在一些问题。一批历史学家,尤其是与以约瑟夫·斯特雷耶(Joseph Strayer)为代表的普林斯顿学派有关的研究者,发现了军事技术巨大变革之前的制度创新。诺曼人的管理结构和法国的皇室努力在 13 世纪都取得了相当可观的成就。虽然国家的发展要等几个世纪之后才真正开始,但它确实提出了问题,即军事变化是否真的是主要的甚至唯一的推动力。

其次,契约解释不完全具有说服力。梯利认为,国王是最有效的保护者。但是,如果其臣民(消费者)在不同保护者之间保持中立,那么一旦国王的地位受到削弱,就会有众多的军事领主有望染指王位(当然,如果国王已经比其他领主强大有力得多,这种解释就变得累赘而不当了)。不过历史上这种情况很少发生,王朝世系相当持久。换言之,梯利没有解释,提供保护或其他公共品对于作为契约方的国王有何吸引力。

最后,梯利时而采用基于相对要素禀赋的解释,时而采用政治战略的联合解释。拥有资本(城市中心区)的政治体迫使政治精英和城市订立契约,而市镇则不愿向权威统治交出它们的自由和税赋,因此,在西北欧和北部意大利出现了资本密集型动员。梯利于是把缺乏丰裕的资本禀赋的地区的动员归类为强制性动员。在此基础上,他认为在劳动力或土地充裕的地区,都会出现类似权威路线的政治动员策略。从经验上看,它会表现为有抱负的政治精英与土地贵族结盟的形式,比如普鲁士的第二次农奴制(Rosenberg 1943—1944)。但在理论上,如果劳动力充裕的话,我们不必事先排除农民和精英结盟与土地所有者讨价还价的可能性。事实上,诺斯和托马斯(North and Thomas 1973),以及诺斯(North 1981)对封建秩序衰落的论述从某种程度上就基于这一点,即相对要素禀赋的变换降低了土地贵族强制农民的能力。换言之,资本丰裕可能与立宪政府有关的结论,在逻辑上并不意味着资本稀缺一定与强制性统治形式相关。

2.2 经济转型与作为国家形成促进因素的商业兴起

另一种与之相对的解释虽然承认中世纪晚期军事环境的变化,不过却强调经济上的变化标志着封建制的结束,以及政治上团结一致的国家的逐步形成和资本主义的开端。这些经济变化早于这一时期的军事变革,并使随后出现的大规模雇佣兵战争成为可能。这种对地域性国家诞生的经济学视角,在新马克思主义和新制度主义的分析中得到凸显。

新马克思主义和新制度主义基本上认为,经济变化是个人化的封建统治衰落背后的原因。从 11 世纪开始,有多种因素侵蚀了封建制的经济基础,促成了早期商业资本主义的发端。不过,它们与在这一进程中国家扮演的角色迥然不同。

(新)马克思主义和新制度主义的分析认为,商业的兴起是早期资本主义的预兆(Anderson 1974a,1974b;North and Thomas 1973)。① 城市化和贸易的增长导致了一个在政治上和社会上都不利于封建结构的社会团体的诞生。这些市民(城市居民,后来成为资产阶级)靠生产制造和贸易为生,因而独立于传统上作为封建经济基础的、个人性的物物交换。的确,市民不同于农民,他们在政治上免于主奴关系的束缚(正如中世纪谚语所说的那样,城市的空气使人自由)。

不过,在新马克思主义的论述中,国家是阶级紧张关系的仲裁者。因此,早期资本主义的降临契合于国家组织的成长,甚至使其成为必需。正是国王与城市的联合,或某些情况下国王与农民的联合,使得非集中的封建秩序走向灭亡。

新制度主义承认城市化的作用,以及新经济团体的诞生对现存封建秩序的冲击。但是,国家并没有因其作为统治阶级(正在出现的资产阶级)的代理人而以掠夺的方式行事。它能够在统治者和被统治者的契约之外,并摆脱统治者追求个人私利的欲望,最大限度地增加社会福利。

道格拉斯·诺斯和罗伯特·托马斯(Douglas North and Robert Thomas 1973)首先提出了这种解释。他们认为,气候变化、农业创新(如农作物轮种和深耕)、商业流动的增加、侵略的减少,以及人口的变化改变了拥有土地、劳动力和资本的社会团体的相对权力。环境方面的变化改变了生产要素间的平衡,而这些要素相对议价能力的变化又反过来影响了政治结果。因此,1353 年的瘟疫(而且这种疾病曾多次爆发)减少了的人口,导致了劳动力短缺,从而加强了农民相对于土地所有者(贵族)的谈判地位,最终侵蚀了建立在契约农业基础上的封建经济。

诺斯晚期的作品(North 1981,1990)采取了明确的契约论阐释路径,因而展现了一种更为清晰的新制度主义观点。首先,统治者提供保护来换取税收,而公共品供给的规模效应则巩固了产品提供者的唯一性。其次,居于垄断地位的统治者可以通过分配财产权增加整个社会的收入,再通过征税为个别统治者获取更多的资源。但是,统治者的垄断也不是绝对的。国内会出现其他竞争者,他们能更高效地提供公共品,或者索取更

---

① 在历史学领域中,这个观点被称为"皮朗命题"而广为人知(Pirenne 1952)。

少;而其他的国家作为竞争者也会向这些受保护者提供退出的选择(North 1981,23页)。

因此,新制度主义的解释强调君主制和新兴的商业团体之间在经济利益上潜在的共同性。商业团体需要的只是军事保护,它们并不在意保护者是谁。不过,作为订约的一方,国王拥有的规模效应使之比地方封建领主更具吸引力。另外,商业团体喜欢更为标准化的度量和货币制度,更大程度地减轻封建义务,更清晰地界定财产权,以及成文法典。由于王室的利益在于财政收入最大化,因此上述标准化、经济的货币化,以及王权的法制化(通过引进罗马法)无论对国王,还是对城市阶层都是值得欢迎的事情。

因此,新制度主义和新马克思主义对"王权—市民"的联盟持有相同的观点,认为这是产生更为合理集中的地域性统治的关键。不过,新制度主义并不强调国家是用来解决封建制低效问题和压迫劳动力的强制机器。相反,它认为在打破阻碍封建经济发展的交易和信息壁垒方面,国家扮演了一种制度性解决方案的角色。

2.3 作为意识形态革命的国家

第三种对早期国家形成的解释尤为关注意识形态的作用。非个人的、理性化的官僚制度要得以出现,必须以集体信仰的戏剧性变化为背景。[1] 这种变化一个方面的结果就是个体观念得以诞生。据麦克法兰(Macfarlane 1978)的观察,个人主义在 12 世纪英国的出现,与早期资本主义(以及早期国家)的崛起具有重要的关系。约翰·鲁杰(John Ruggie 1993)同样注意到,观念上的变化导致了一种对机械的、有序的结构的意识。艺术观念的变化,符合并彰显了有关正当政治秩序的观念的变化——这种秩序来自理性筹划而非宗教命令。在不预设某种契约环境的情况下考察意识形态的变化,可以说明在什么样的条件下,人们会把自己理解为原子式的个体(而非更大的社会实体的成员),又是如何把自己视为统治与服从的契约关系中的一方(而不是某种注定的秩序的一部分)的。[2] 对意识形态的反思撬动了被方法论个人主义视为当然的东西(战争或者经济变化改变了统治者与被统治者之间契约关系的条件),并对其加以质疑。

因此,早期国家的诞生意味着对封建集体意识的抛弃。在经典的封建理论中,政治秩序是以天堂秩序为模板的(Duby 1978)。依其规制,应该建立一种三级政治秩序。在尖塔上站着"被祈福者",进行战争的军事贵族侍奉着他们,而"劳作的"农民和平民则

---

[1] 可参见 Corrigan and Sayer(1991)。Pizzorno(1987)认为,国家承担了许多原先由制度化的宗教垄断的意识形态功能。

[2] 诺思(North 1981,45—58 页)等新制度主义者同样关注意识形态的作用,但主要从功能主义的视角,将意识形态视为一种克服集体行动困境的机制,而非偏好和认同的创造者。

依次在其他阶层之下,处于最低等的位置。基于契约的地域性权威的观念挑战了这样一种既定的等级概念。

个人主义国家的诞生同时也挑战了下述观念:欧洲既然同在基督教统领之下,就应该建成一个政治共同体。从封建的观点来看,作为教会的领袖,教皇应得到皇帝的侍奉,后者作为上帝的仆从,是圣灵的剑、圣灵的右手。

然而,皇帝和教皇之间实际上发生了持续几个世纪的冲突。之后,君主政体取得了对基督教和封建制两个概念的胜利,这意味着宗教意义上神权欧洲帝国观念的覆灭。权威的地域性概念战胜其他竞争性的合法化逻辑。国家从皇权与教权为争夺对欧洲的控制而相持不下的困境中诞生。[①]

三、差异与选择

对制度变迁的任何发生学解释都面临一种风险,即研究者以回溯的方式,从功能的角度把他感兴趣的制度结果与另一种制度的消亡联系起来,并在它们之间建立因果关系。但是,在那些旧秩序遭受破坏,制度的创新空间正被打开的临界时刻,人们很难在应该采用哪种新的制度形式方面达成共识。每个人都有不同的偏好,他们可能希望规避风险,或者对他们所做选择的长远后果一无所知。最初的选择也可能最终带来意想不到的结果(Thelen 2004)。

因此,从发生学的角度解释国家的形成,需要说明行为主体从诸多可能中作出这一选择的原因。正如梯利(Tilly 1975)注意到的,在封建秩序走向末路的时候,存在着多种建构政治权威的形式。在欧洲政治空间重建一种等级化的帝国统治秩序的诉求,就以各种各样的形式表现出来。先有德意志皇帝要求复兴罗马帝国,随后又有西班牙统治者以类似的神权政治野心,打着帝国的旗号扩张权势。这些神权政治的要求,只有经过奥格斯堡条约(1555 年)和威斯特伐利亚和约(1648 年)等协议,才被逐渐弃置一边。

此外,在中世纪晚期和近代早期的欧洲历史上,占据着政治舞台中心的还有城邦国家、城市联盟、各种军事和商业同盟(如瑞士联邦),以及奇特的混合国家(如荷兰联合省)。[②] 这

---

① 并非偶然的是,主教续任权之争(Investiture Struggle)也强化了进行地域性统治的国王的权力(Tierney 1964)。

② 努森和罗特施坦在一篇有趣的论文(Knudsen and Rothstein 1994)中认为,丹麦和斯堪的纳维亚地区国家形成的方式上与"西方"模式和"东方"模式都有所不同:前者建立在城市中心和自由农民的基础上,后者则以虚弱的城镇和农民为基础。他们因而提出了国家形成的两种混合形态。普特南(Putnam 1983)则大胆地宣称,中世纪意大利城邦国家的发展,能够为当今意大利各地诸多制度特征提供解释。他认为,对国家发展历史过程的深入研究有助于理解今天的现实。

些政治权威常常为了统治同一片地理空间展开竞争。例如,北欧的很多城市就同时臣服于其附近的土地贵族,以及它们所属的城市联盟。

这些分散的权力中心最终汇集为一个由主权实体构成的体系,主权实体的一个基本特征,就是在确定的领土范围内享有排他性的管辖权。对这一过程的解释,与对封建制度衰落原因的分析类似。那些主要关注军事方面变化的解释倾向于强调自然选择的作用;新制度主义者重视制度设计的有效性,将选择机制与个人偏好联系起来;至于那些注重思想观念变化的学者,则将主权视为社会建构的结果。

具体说,强调战争重要性的解释注重的是达尔文意义上的自然选择机制的作用,事实上,这类观点中的一部分倾向于强式选择。在某一特定环境下,自然选择是残酷的,并且最终汇聚为一种简单的生存模式。作为地域性的政治组织,主权国家具有强大的中央行政能力,因此能战胜并扫除其他效率低下、能力不足的管理方式。在国际关系研究中,现实主义者常常会支持这种环境选择的观点,尽管他们也会把这种主体缺位的解释,与对成功经验的刻意效仿以及社会化结合起来考虑(Waltz 1979)。

不过,即便在生物学中,强式选择也是罕见的,一些奇特的类型和不那么有效的设计往往能够持续存在。同样,在现实政治中,多重的制度形式也常常共同存在。路径依赖、利益保护、在现存秩序面临挑战时人们设计出的临时的制度性解决方案,所有这些因素都会对简单的自然选择机制产生影响。

因此,新制度主义者通常将自然选择机制和行为主体的主动选择结合起来。这些研究者不会简单地指出国家的竞争优势,他们首先要追问这种优势为何存在,或者说,某些政治体为什么没有能够采取其他更有效的安排,比如,改变明显低效的财产权制度。因此,新制度主义的解释认为,主权性地域组织的优势,在于它成功地降低了交易成本和信息成本,并能提供基本的公共品(North 1981;Spruyt 1994)。地域性的主权国家体系并非盲目的自然选择的结果,它同时还取决于个人的抉择。统治者知道他们的统治是有条件的,因为委托他们进行统治的人有退出的可能。内部和外部的竞争也迫使统治者采取更有效的设计。统治者们需要深思熟虑,划定国内和国际事务的管辖范围。

最后,那些把主权性地域组织视为一种观念建构的学者,则倾向于运用社会学和人类学的方法,来说明为何这样一种政治形式战胜了其他与之相互竞争的类型。特别是社会学制度主义把向国家形态的聚合看作是一系列模仿和社会印记的过程(Thomas et al. 1987)。政治体倾向于与类似的统治形式互动;同时,新产生的政体也会有意识地自我调整,使其适应于既存的"组织域"(DiMaggio and Powell 1983)。那些期望得到认可的国家,自然会事先认可既存的统治秩序。

四、国家形成与政体类型

竞争、个体的策略选择和模仿不仅影响了非地域性的统治形式退出历史舞台的途径,而且直接影响了新产生的政体类型。战争强度和模式的变化,以及贸易和现代化不同的冲击,影响了绝对主义和宪政主义的发展。

奥托·海因兹(Otto Hintze 1975)注意到,频繁而紧张的战争可能与威权型政府有关。国家为动员资源,会高强度地干预社会。频繁的地缘政治冲突需要人力和财政资源,以保障政治体的生存。在这种环境下,国家不可能依赖民兵和临时性的服役,它更倾向于发展常备军事力量。

不过,这种军事力量可以服务于两重目的。它们不仅能够保护国家免受外敌侵扰,也能用来压制内部的挑战。因此,频繁而紧张的战争会促成一种"堡垒国家",它因外部威胁而获得正当性,但同样也可能扼杀宪政主义者的活动。面对瑞典、奥地利和俄国的致命威胁,普鲁士大选侯[①]和德国容克地主就结成了联盟,并利用这一联盟建立了没有宪法保证的第二轮农奴制(Rosenberg 1943—1944)。

海因兹还注意到,内陆政权与海洋政权具有不同的内部影响。那些非常幸运地拥有地理优势的政体,能够依靠海上力量实现外部防御(如英国),从而与需要保持庞大常备军的国家相比就具有了不同的命运。因为虽然海洋国家的政府可能也需要向民众征收重税,但它们毕竟难以把海上武装用以进行内部的镇压。因此,要征取重税,只能通过同意而无法依靠强制。

查尔斯·梯利(Tilly 1990)和布莱恩·唐宁(Downing 1992)在这些理论的基础上进行了扩展研究。梯利发现,一个国家如果能够比较容易地获得财政资源,则其走向绝对主义的势头或许就会被减弱。尽管从15世纪末开始,所有欧洲国家都卷入了频繁的、有组织的战争(Parker 1988),但"堡垒国家"只在城市中心发展薄弱的地方出现。虽然如前文所说,梯利在他的叙述中混淆了政治策略和相对要素禀赋的作用,但他却正确地发现,大致从西北欧延伸到北部意大利的欧洲核心主轴上,绝对主义的政府形式相对较少。形成这条主轴的国家都拥有强大的城市共同体,战争必须征得他们的同意。因此,这些政治体演化为宪政主义的政府形式。

唐宁适当增加了其他可能影响战争和政体类型之间因果关系的干扰变量。外部资金的可用性(通过殖民地,或者联盟),以及有助增强防御的地理因素(比如说瑞士的高

---

① 指腓特烈·威廉。——译者

山），都会使这幅图景变得更为复杂。即便被好战者包围，防卫的需要也未必导致堡垒国家的产生，因为国家可以通过审慎处理外部关系，而非国内动员保障自己的生存。

唐宁的研究使人们注意到，绞缠在一起的战争和经济环境如何影响了政体类型。贸易繁荣的城市中心充满活力，国家得以为战争筹措大量金钱，不过与此同时，强大的城市中心也要求参与到金钱的分配中来。

战争和经济转型与重商主义实践对早期资本主义的创造之间也存在着相互作用。虽然马基雅维利（以及在他之前的西塞罗）认为金钱是力量的源泉，但反过来，力量也能提供市场和商品。因此，战争和经济变化指向了更强的政府干预，以及经典重商主义类型的绝对主义统治。包括英国和荷兰（晚期自由贸易的胜利者）在内的所有的国家，在早期阶段确实都采取了重商主义。

国家发展的特殊时机也会进一步影响外部竞争对政体类型的塑造作用。以德国和俄国为例，格尔申克伦认为，较晚时期形成的国家不仅需要集中的政治权威和清晰界定的领土边界，而且也需要一个积极有为的政府，才能赶上更先进的经济体（Gerschenkron 1962）。这样，"自上而下"的现代化就与威权主义互有关联。

在格尔申克伦和海因兹的启示之下，托马斯·埃特曼（Ertman 1997）认为，地缘政治竞争和国家形成的时期，不仅能够解释政体的类型，而且也能解释国家基本行政管理制度的形成——后者可以采取世袭制或者行政官僚制。竞争开始的时机，以及业已存在的地方联盟的力量，都会影响随后产生的政体类型和行政结构。

如果其他条件相同，则1450年之前的地缘政治竞争会使讲拉丁语的欧洲地区走向世袭官僚和君主制，而使英国走向宪政和世袭制，因为后者存在强有力的地方议会。在匈牙利和波兰，由于那里的地缘政治竞争开始较晚，并且存在强大的地方议会，所以在东欧理应出现官僚宪政主义。埃特曼认为，这种情况之所以并未出现，是因为议会的独立影响，使英国和东欧的实际与人们的预期正好相反。

埃特曼的讨论，推动了对政体类型和行政结构之外的其他问题的研究。不过，人们也可能会质疑此类观点是否成立。因此，虽然梯利、海因兹和唐宁各自以不同的方式对地方议会的相对力量加以说明，但埃特曼却以一变量为起点，进而讨论这一变量对后来绝对主义和宪政主义的出现所产生的影响。不过，当他把国会的力量引进来，作为一个对可观察的结果发挥独立影响的因素时，他的解释就带上了一丝因果论证的味道。

最后需要说明的是，新制度主义对国家形成的解释，对有关国家形成和制度类型的讨论是有所贡献的。新制度主义者认为，等级制不太明显的政体能够获得有利的内部和外部结果。从内部来看，当这类政体能够有效束缚自己的手脚的时候，就更能促进经济的发展（North and Weingast 1989）。既然企业家们无须担心政府的掠夺，那么他们追求经济利益的私人动机就会和公共目标相一致。从外部来看,自我束缚的政府在承担国际义务时更可信赖。既然主权者需要对其国内公众有所回应,它就不会随意从国际协议中退出(Cowhey 1993,Martin 2000)。具有民主回应性的政府因而较其他政体更具竞争优势。

这样,新制度主义者在某种程度上扭转并且改变了冲突和制度类型之间的因果联系。海因兹、唐宁和其他研究者关注战争对政体类型的作用,新制度主义者则反过来强调政体对统治者动员社会参与战争的能力产生了何种影响。因此,在战争期间,受到宪法约束的统治者或许更容易从其民众,或者其他国家获得财政支持(D'Lugo and Rogowski 1993)。出于类似的逻辑,如果考虑到观众成本[①]和信守承诺的能力,民主政体作为盟友和贸易伙伴也会更受欢迎。[②]

五、现代的国家形成和国家失败

关于欧洲国家形成的著作提供了多种分析视角,以说明主权性和地域性如何演变为现代国家体系的基本原则、不同国家为何会发展为宪政主义或者绝对主义政体,以及一些国家又是如何创造了其他国家所没有的理性的行政结构。对欧洲历史轨迹的反思得出的一些理论视角,被人们用来观察当代其他地方的发展,而进行这种观察最合适的地方,就是 20 世纪晚期新近独立的国家。[③]

自第二次世界大战结束以来,独立国家的数量增加了近 4 倍。非洲和亚洲的去殖民化在昔日海上帝国的阴影中创造出新的政治实体;而共产主义在东欧的终结,再加上苏联的分裂,又在 20 世纪 90 年代使国家的数目增加了 20 多个。由于这些新的政治体是在一个以领土主权作为基本原则的国家体系中诞生的,主权性和地域性是它们获得国际承认的必要条件,因此,与早期欧洲的政治行为体相比,这些新国家面临的是一种截然不同的环境。

也就是说,在 20 世纪出现的大多数独立国家欣然接受领土主权作为国际关系的基本原则(尽管它可能会受到伊斯兰教藉此原则的挑战)。但是,这些国家的国家能力和理性的官僚行政体系却严重不足,很多国家受到世袭传统、经济疲软,以及猖獗且有组

---

① 指为取悦观众付出的相关代价。——译者

② 关于可信度与观众成本的关系,参见 Fearon(1994)。

③ 也有越来越多的文献开始研究在欧洲殖民扩张之前,非欧洲地区国家的形成。许田波(Tinbor Hui 2004)因此认为,在中国战国时期(公元前 656—221 年)的国家形成与欧洲的战争和国家形成都截然不同。卡洛琳·沃纳(Warner 1998)指出,在欧洲入侵之前,一些西非国家是如何诞生的。它们都拥有强大国家能力,是能够持续存在的地域政治体。

织的腐败的压力。虚弱的行政基础影响了它们在国内垄断暴力工具的能力、发展稳定的国内经济的能力，以及向其民众提供公共品的能力。这些问题，再加上强加于异质族群的边界产生的问题，都不可避免地挑战着统治者的合法性。

5.1　安全环境的改变

1945 年之后产生的新国家在一个与早期近代欧洲国家完全不同的安全环境中诞生。近代欧洲国家是在持续几个世纪之久的地缘政治的坩埚中熬出来的，而这些新政治体中的大多数则是通过合法的方式赢得了它们的独立。即便在苏联，随着联盟瓦解而产生的冲突，主要也是新近独立国家内部的冲突，是分离主义者的冲突，而非共和国家之间的战争。①

很多国家在殖民力量撤出之后赢得了独立，随后又得到了国际承认。然而，它们并没有经历伴随着传统国家形成的过程（Jackson 1987）。尽管一些殖民地为了自由解放而进行战争，但与欧洲持续几个世纪的地缘冲突相比，这些战争并不需要长期的动员战略。因此，这类民族主义的冲突并不会增强国家的能力。用米格达尔的话来说，尽管这些新独立国家的政府影响了社会生活的诸多领域，但它们仍然缺乏指导社会的能力。虚弱的国家面临着强大的社会（Migdal 1988）。

一般来说，国家间战争越来越被认为是一种超常规的状态。国际社会将战争视为谋求外交政策目标的非法方式（Zacher 2001），联合国只有在特别情况下才会将暴力合法化。在冷战的大多数时候，两极格局发挥了阻止冲突的作用。因此，1945 年之后，很多战争都是内部冲突，或者说较弱的力量之间的冲突。另外，核武器和实力均衡使得大国冲突中不可能有胜利者。最后，领土扩张变得越来越困难，而且不再是积累财富的前提（Spruyt 2005）。

由于这些原因，在欧洲和北美，战争的频率降低了，或者说事实上战争这种形式已经过时了。在亚洲和非洲，虽然战争的可能性还不能说已经不存在，但也大大减少。频繁而激烈的冲突的缺乏，在类似非洲那样的地区迟滞了强国的发展（Herbst 1989）。由于人口密度较低，创建行政基础组织的代价较高，前殖民地时期的非洲国家大多将国家资源集中在某个核心区域，其他地区则处于国家控制之外。边界则是可渗透的。然而，当下的国际体系承认了帝国强加的边界，以此标识（被划归）国家权力的范围。非洲的政治精英为了扩展自己的权力、调和外部的压力，最终接受了这些边界。赫伯斯特强烈批评了这种人为设置的边界："非洲边界的基本问题不是因为他们太弱，而是他们太强

---

① 前南斯拉夫，印度和巴基斯坦或可解释为例外。

了。"(Herbst 2000,253 页)

在一些地区,国家根本无法垄断暴力。若干群体为争夺国家的内部控制权而彼此竞争(Reno 1998)。它们中的一部分类似中世纪晚期欧洲的准国家,或许多少能够提供一些公共品。于是,一批"影子国家"取代了被认可的公共权威。但在很多情况下,统治者倾向于为范围更小的受惠者或者族群谋求更为特殊的利益。由此导致的,就是军阀主义,毒品的非法交易或者钻石冲突,以及族群之间的争斗冲突。

缺乏一个能够合法垄断暴力的行为体,将会导致拥有暴力工具的私人行为体的出现(Singer 2003)。正如阿万特(Avant 2005)指出的那样,这些私人行为体的消费者和供应者来自一系列更为宽泛的行动者。因此,在欧洲国家那里我们看到的是暴力被逐步垄断,私人武装被逐步消除(Thomson 1989,1990),非洲一些地区的情况正好相反。

在虚弱而失败的国家,其内部特征或许与国际关系理论的某些预期相矛盾。尽管这种理论通过对发达国家的考察,对国际关系的模式进行了大量研究,但是发展中世界那些弱小国家的行为,或许不会如人们预期的那样,或者相互制衡,或者一边倒(David 1991;Lemke 2003)。

5.2 经济环境与晚期国家形成

新生国家面临着与欧洲早期国家不同的经济环境。它不仅切断了战争和国家形成之间的直接联系,而且也削弱了传统的重商主义在国家形成和现代化之间的纽带作用。对国家间战争的遏制,阻碍了正在形成中的国家创造、动员和巩固内部市场的能力,及其通过外部扩张获取国家财政收入的能力。

广为接受的自由资本主义进一步阻碍了重商主义国家的形成。美国霸权明确地把布雷顿森林体系的创造视为对重商主义行为和帝国偏好的约束。虽然这一体系的初衷是限制欧洲大国保护主义和干涉主义,但在后来也对这些国家旧时的殖民地带来了重大影响。

贸易和资本市场的全球化同样导致了趋同的压力。对于 20 世纪 80 年代早期的国际资本流动,甚至像法国那样的强势国家都不得不作出让步(Garrett 1992),更不必说它对欠发达国家产生的影响。国家在多大程度上还能像欧洲后起的发达国家那样,自由地采用新重商主义战略,把经济发展和国家形成联系起来(Gerschenkron 1962;Hall 1986),是一个持续争论的问题。东亚国家在国家发展方面能够取得成功,原因也许就在于它们找到了某种有效利用贸易保护主义和产业政策,以推动经济增长的方式(Johnson 1982;Amsden 1989;Deyo 1987)。理查德·斯塔布斯(Richard Stubbs 1999)认为,在冷战期间,东亚国家是沿着准备战争(应对共产主义威胁)和发展经济(部分依靠美国的资本和援助)这个经典的链条,实现了国家的发展。在那里,新重商主义经济政策、国家发展,以及威权政府同时并进。事实证明,在20世纪90年代取得成功的发展中国家,比如中国,都对要求减少政府干预和增加贸易自由的"华盛顿共识"采取了抵制的立场(Wade 2003)。

东亚四小龙显然是成功了。人们不禁会问,为何在这个地区,国家政权建设和干涉主义的经济政策并没有导致精英俘获国家、开展寻租行为?为何在其他地区发展型国家的表现却不尽如人意(Haggard and Kaufman 1995)?在把两个中东国家(土耳其和叙利亚)与韩国和台湾地区进行比较研究之后,大卫·瓦尔德纳认为,在国家建构过程中,过早的大众参与对经济发展会产生不利的影响(Waldner 1999),而韩国和台湾地区恰好成功地消解了政治参与和分配压力。可以看出,这种替代性的研究路线在对成功的经济起飞和国家形成的原因进行分析的时候,并没有诉诸外部因素的差异,而是通过追溯国家内部联盟建构的轨迹,来解释结果的不同。

其他新出现的国家遵循了一条不同的经济动员道路。按照标准的欧洲发展路径,对统治者来说,内部的战争动员和经济发展,通常就意味着要在动员和参与之间进行取舍。通俗地说,纳税就要有代表权。专制统治者规避这种关联的唯一办法,只能是扶植潜在的反对者,以打破由王室集中控制的免税权。因此,革命前的法国、西班牙和普鲁士之所以不能对贵族征税,其原因就在于缺乏有效的议会监督。

一些新独立的国家拥有丰富的自然资源,因而就不必作出类似的取舍。自然资源,特别是天然气和石油的收益,使政府无须作出其他让步,就能提供基本的公共品,或者收买潜在的反对派。有关食利国家的文献认为,食利经济与民主负相关(Anderson 1986;Chaudhry 1997;Dillman 2000;Karl 1997;Vandewalle 1998)。关于食利国家的理论,主要是通过对中东地区的研究提出的,但同样被应用于其他国家。有意思的是,食利概念也可以被扩展到其他的出口商品,甚至是外国援助上面。①

但是,人们对食利国家是否一定能够得到社会的认可存在一些争论。从某种角度来看,食利经济或许会引起突发的反叛。因为政府会选择性地把所得的利益分配给某些特定的群体,而数量巨大的财政资源,也会使被排除在外的群体有足够的动力去动员支持者挑战现存权威(Okruhlik 1999)。

还有另一种饶有趣味的研究路径。一些学者通过建立形式模型考察经济环境和国家之间的关系,并就有效的国家规模和国际体系中国家的数量得出了一些有意思的结论。阿莱西纳和斯波劳尔(Alesina and Spolaore 1997)的研究从一个前提出发,即较大

---

① Cooley(2001)对这一问题的文献进行了很好的综述。

的单元能更有效地提供公共品。这样，一个虚拟的社会规划者，就可以根据均衡点的单元数量，计算出国家的最优规模，从而使世界的平均效用最大化。但是，一些原因会抵消大规模管辖单元的优点。首先，人口的异质性会增加统一供给公共品的成本。其次，由于偏好的多样性，以及人们离开国家的中心地区越远，公共品供给的效率会越低，所以民主国家的统治者就不可能与能够单方面使效用最大化的统治者一样，有效地创造出一套最优的再分配体系。最后，国际自由贸易体系可以降低小规模管辖单元的成本。

上述两位研究者进一步扩展了这种分析路径，并且将安全也视为一项公共品（Alesina and Spolaore 2005）。地缘政治上的敌对环境对大规模的管辖单元有利，因为它能够更为有效地保障安全；而随着国际竞争的减弱，这种优势就会减退，国家的数量将会增加。

尽管出于不同的分析视角，国际关系学者也得出了相似的观察。麦克尔·戴希（Desch 1996）秉持国际关系研究中现实主义的观点，认为联盟的持久性和领土的完整性在很大程度上依赖于外部威胁的存在，冷战结束之后的事件似乎印证了这样的预期。此外，如果阿莱西纳和斯波劳尔是正确的，那么在众多的新兴国家推行民主制的企图，就未必会带来在经济上有效的成果。最后，他们的分析与赫伯斯特（Herbst 2000）的观点非常吻合。许多非洲国家人为划定的边界，不仅造成了复杂的族群分布，也导致经济上的低效与公共品供给的不足。

5.3 新生政治体中国家的合法化

对于试图使其统治和现有领土边界合法化的统治者们来说，上述观察却具有严重的后果。欧洲主权领土国家意识形态上的合法化经历了三个阶段。第一，它需以地域为基础的有效统治，需要以地域性认同替代基于基督教共同体的神权的、普世的非地域性组织的观念。从14世纪开始，国王已经起而挑战教皇的统治要求。到16世纪，依据"谁的领土就信仰谁的宗教"的原则，地域统治者开始决定其国家中占支配地位的宗教认同。

第二，国家必须与认同和忠诚的其他替代形式展开竞争，包括族群共同体、宗族、血亲结构，以及跨领土的忠诚关系（如封建义务）等。民族语言、公共教育、义务兵役制以及其他策略被国家用来"把农民锻造成法国人"（Weber 1979；Posen 1993）。国民军队和公民身份是同时出现的。为了换取公共品的供给和安全保障，公民需要做比缴纳赋税更多的事情——用鲜血和生命保护民族共同体（Levi 1998）。创造一个认同于特定领土空间的民族，结果必然要破坏地方的多样性和认同感，并且重塑国家的公民。

第三，通过讨价还价缔结契约，甚至长时间强行施行权威，国家成为某种理所当然的事情。国家的契约性越强,它获得合法性的能力也就越强。即便是威权国家,一旦它把合法统治附着在抽象的国家、而非某个具体王朝的后裔身上,就能在诸如战争等危急时刻仰赖大众的支持。

但是,在最近数十年内新独立的国家中,上述进程几乎没有出现。地域性认同未能统一替代基于语言和宗教的跨地域亲缘关系。比如在穆斯林世界,按地域划界的权威观念能否与宗教组织相安无事,仍是一个颇有争议的问题(Piscatori 1986)。要求进行跨地域统治的主张,因历史遗产、居主导地位的宗教组织,甚至统治者个人的差异而各不相同。即便是在同一个国家内部,地域统治者们也可能在某个特殊时刻支持跨地域的忠诚,而他的继任者又会对其加以压制。在埃及,纳赛尔唤醒了泛阿拉伯世界的忠诚,而萨达特则更是一个埃及民族主义者。尽管中东的诸多统治者(Gause 1992)在很大程度上都公开放弃了独立早期的跨地域要求,但其权威的合法性仍有待检验。

从前苏联新独立出来的国家同样无法避免这些问题。有学者注意到了泛突厥认同的吸引力(Mandelbaum 1994),而其他一些学者则在此发现了类似中东国家的合法性问题,因为世俗统治者(常常是共产党干部的直接继承人)和宗教权威之间存在着某种紧张关系。

在很多新独立的国家中,部族、族群共同体、宗族以及血亲等地方性的亲缘关系决定了公民身份的含义。在中东和北非,像突尼斯和埃及这样的国家,由于它们在殖民征服之前曾拥有相对独立的政治体,因而也就拥有更为久远的地方认同与地域权威相结合的历史记录(Anderson 1987)。其他诸如地处阿拉伯半岛上的国家,就必须与多种多样的替代性认同对象加以竞争,而其中有一些是在殖民统治过程中形成的。同样,在中亚新独立的国家,类似宗族网络的传统忠诚体系仍然在发挥作用,它们既提供了一种与国家权威相对的代表途径,也是向国家提出对这些网络进行分配要求的工具(Collins 2004)。

与许多亚洲国家一样,这种模式也在非洲存在。尽管民族主义精英通过军事力量而非帝国撤退获得了独立,但他们却并不总能在创造国家认同上获得成功。例如,虽然印度尼西亚的军队在与荷兰斗争时获得了大多数民众的支持,但国家的事业仍主要被视作爪哇的事业。族群和地区性的紧张关系在诸如婆罗洲、亚齐、安汶岛这些地方重新浮出水面。

同样,在东欧和前苏联地区,民族主义精英的成功也并不完全。捷克斯洛伐克和南斯拉夫彻底解体,罗马尼亚、匈牙利和前苏联的很多共和国仍然面临多重挑战。在前苏联地区,由于波罗的海沿岸国家可以继承早先独立的历史遗产,因而在弱化恶性的紧张关系方面做得更好。

如前所述,这些新国家的诞生,是由于帝国的崩溃、宗主国的撤退、帝国在国际上的非法化,以及民族主义者的抵抗等因素综合作用的结果。在此过程中,政治精英很少会与社会活动者们进行契约式的协商。民族主义者的联盟通常是权宜之计的结果,而非类似欧洲国家形成时的那种持久性的平等交换。由于缺乏使国家建设获得成功的内部因素,统治者自然也就缺乏使其权威正当化的手段。

这并不是说,在所有新诞生的国家中,民族主义精英都注定要失败。尽管为异质人口提供公共品或许难以取得最佳的结果,尽管人们有理由担心族群多样性会对经济增长造成总体上有害的影响,但缓和族群分裂后果的策略选择仍会奏效。例如,有证据表明,尽管坦桑尼亚拥有高度异质的人口和有限的资源,但其国家建设的努力已经取得了巨大成功。在坦桑尼亚,政府选择了民族语言政策,在独立后改革了地方政府,公平分配公共支出,并且采取了国民学校课程。作为其结果,公立学校支出基本上不会考虑族群问题,国家建设的工程从总体上看已经相对成功。相反,在肯尼亚,公共品分配不那么公平,国家建设也陷入泥潭(Miguel 2004)。坦桑尼亚经济发展水平较低,又拥有多种族群,但这个"几乎不可能成功"的例子在国家建构方面的成就足以表明,即便在困难的环境下,慎重周密的国家策略也能造就适度的成功。

六、帝国的制度遗产

基于以上观察,人们能达成一项广泛的共识:在西方之外,特别是在发展中地区,国家形成的环境相当不同,因而偏离了欧洲模式。除地缘政治和经济环境之外,新独立的国家与欧洲发展轨迹不同的另一个方面在于,它们中的大多数是在帝国瓦解和撤退之后诞生的。因此,要研究这些新生的国家,就需要对帝国统治的制度影响加以考察。

前苏联空间和东欧地区为比较政治学研究提供了非常丰沃的土壤。这些国家拥有相似的背景条件(尤其是前苏联地区),它们为制度选择和制度类型影响的跨案例分析提供了素材(Laitin 1991;Elster 1997)。民主化的第三波在这些地方产生了什么样的制度呢?短短十来年之后,东欧和前苏联的许多政治体显然选择了强力的总统制(Easter 1997)。

众所周知,在比较政治学文献中,总统制和议会制的影响仍在讨论之中。支持议会制政府的学者认为,总统制会产生权力的滥用,无法应对多族群的社会(Lijphart 1977;Linz 1996;Skach and Stepan)。总统制很容易侵蚀民主权力,限制持反对意见的国会议员。与之相反,其他学者则认为议会制与总统制一样容易导致滥用权力和赢家通吃的政策(Mainwaring and Shugart 1997)。在未来若干年对这些国家的比较政治学研究,将会是检验这些对立观点的有效途径。

东欧和前苏联共和国同样提供了一个研究经济转型的实验室。在国家独立之后，"休克疗法"的支持者们开始动摇。[①] 经济学家们曾经认为，向资本主义体系成功而快速的转型是可能的。但是，随后的分析，特别是与西欧国家形成和经济发展的比较，却使人们对此持怀疑态度，因为这里缺乏与西欧起飞相伴随的政治和社会条件。一个有些矛盾的现象是，那些看起来从苏联继承了较少的制度和物质资源的国家，如乌克兰，却比俄罗斯本身的转型更为成功；而俄罗斯虽然按理说应该能够继承苏联遗留下来的国家能力，但却做得不尽如人意（Motyl 1997）。

最后，这个区域在有关制度安排和领土碎片化方面也提供了一些可普遍化的理论洞察。瓦莱丽·邦斯通过对捷克斯洛伐克、南斯拉夫和苏联的比较研究，认为政府与军队的关系，以及多民族联邦制是导致领土分裂的关键因素（Bunce 1999）。[②] 不过，近来有不少研究认为，多民族联邦制的解决方案不仅未必会带来这种负面后果，而且也许是解决异质人口的问题的一种途径。多民族联邦制稳定性的一个关键指标，也许是核心区域和其他地理单元之间的平衡（Hale 2004）。

苏维埃民族联邦制还有一些独特的性质导致其最终灭亡。苏联徒具其名的精英政策，表面上把不同民族和特定的地域实体联系起来，但同时又造成了一些刺激因素，使代理人（名义上的精英）罔顾委托人（共产党）的意志，尤其是当监管机制衰微、来自中央的奖赏又有所减少的时候就更是如此。史蒂文·索尔尼克（Steven Solnick）运用这种委托人—代理人关系的分析框架，对中国经济转型时期的领土完整与苏联的瓦解进行了比较分析（Solnick 1996）。[③] 兰德尔·斯通（Stone 1996）认为，监管缺乏和信息的问题也一直困扰着委托人（苏联）和代理人（东欧国家），并使它们之间的贸易模式受到严重扭曲。

最后，学者们也提出了这样一个问题：除差异巨大的历史和文化轨迹之外，殖民遗产是否具有某些超越时空的共同特征？有越来越多的研究开始对中亚和非洲国家加以比较（Beissinger and Young 2002；Jones-Luong 2002）。这些国家共有的很多特征都对其日后发展有不利的影响。它们都很贫穷，都有制度性腐败的历史，都采取世袭制，而且由于帝国统治的原因，国家都发展得很羸弱。尽管一些国家已经开启了温和的民主化进程（如吉尔吉斯斯坦），另一些则保持着威权主义（如乌兹别克斯坦）。同样，一些撒

---

① Anders Aslund（1995）是其支持者之一。

② 其他有关苏维埃多民族联邦制特殊性质的研究，可以参见 Brubaker（1994）；Roeder（1991）；Suny（1993）。

③ 另一项研究则运用了新制度主义的逻辑，可参见 Nee and Lian（1994）。

哈拉以南的非洲国家获得了部分的经济成功(如博茨瓦纳),其他国家则极为失败(如津巴布韦)。因此,跨区域的比较或许能更加详细地说明国家失败、经济起飞和民主改革的原因变量。

总之,对国家的研究正在蓬勃发展。国家的形成、国家形成和政体类型的关系、国家的失败,这些研究确实开始戏剧性地复苏。同样清楚的是,在这种本质上属于宏观层次的研究中,各分支领域之间的边界逐渐消失了。虽然比较政治学和国际关系研究这两个分支领域内的整合最为明显,但其他分支领域同样也有可能发挥它们的作用。美国政治研究对制度选择及其影响具有微妙的理解,它或许能在解释选举改革为何会促进或抑制经济增长和民主改革方面提供参考。至于对公民身份、认同政治和合法性的追问,则不可避免地涉及政治哲学的领域。[1]

除跨学科之外,国家研究还必须是历史性的。无论如何,欧洲的国家体系已经被强加于世界其他部分。历史环境的差异和发展轨迹的不同,不仅有助于解释过去半个多世纪新独立国家所面临的一系列问题,而且也有可能为应对国家失败导致的可怕后果提供某些出路。

参考文献

ALESINA, A., and SPOLAORE, E. 1997. On the number and size of nations. *Quarterly Journal of Economics*, 112(4): 1027–56.

——2005. War, peace, and the size of countries. *Journal of Public Economics*, 89: 1333–54.

AMES, E., and RAPP, R. 1977. The birth and death of taxes: a hypothesis. *Journal of Economic History*, 37: 161–78.

AMSDEN, A. 1989. *Asia's Next Giant: South Korea and Late Industrialization*. New York: Oxford University Press.

ANDERSON, B. 1991. *Imagined Communities*. New York: Verso.

ANDERSON, L. 1986. *The State and Social Transformation in Tunisia and Libya, 1830–1980*. Princeton: Princeton University Press.

——1987. The state in the Middle East and North Africa. *Comparative Politics*, 20(1): 1–18.

ANDERSON, P. 19740. *Passages from Antiquity to Feudalism*. London: Verso.

——1974&. *Lineages of the Absolutist State*. London: Verso. As LUND, A. 1995. *How Russia Became a Market Economy*. Washington, DC: Brookings Institution. AVANT, D. 2005. *The Market for Force: The Consequences of Privatizing Security*. New York: Cambridge University Press.

---

[1] 在美国,政治学一般分为政治哲学、比较政治、美国政治和国际关系几个分支领域。——译者

BADIE, B., and BIRNBAUM, P. 1983. *The Sociology of the State.* Chicago: University of Chicago Press, 1983.

BEAN, R. 1973. War and the birth of the nation state. *Journal of Economic History*, 33(1): 203-21.

BEISSINGER, M., and YOUNG, C. eds. 2002. *Beyond State Crisis? Postcolonial Africa and Post-Soviet Eurasia in Comparative Perspective.* Washington, DC: Woodrow Wilson Center Press.

BENDIX, R. 1978. *Kings or People.* Berkeley and Los Angeles: University of California Press.

BENN, S. 1967. Sovereignty. Pp. 501-5 in *The Encyclopedia of Philosophy*, vol. vii/viii. New York: Macmillan.

BREWER, J. 1989. *The Sinews of Power.* New York: Alfred Knopf.

BRUBAKER, R. 1994. Nationhood and the national question in the Soviet Union and post-Soviet Eurasia: an institutionalist account. *Theory and Society*, 23: 47-78.

BUNCE, V. 1999. *Subversive Institutions.* New York: Cambridge University Press.

CHAUDHRY, K. 1997. *The Price of Wealth: Economies and Institutions in the Middle East.* Ithaca, NY: Cornell University Press.

COLLINS, K. 2004. The logic of clan politics: evidence from Central Asian trajectories. *World Politics*, 56 (2): 224-61.

COLLINS, R. 1986. *Weberian Sociological Theory.* Cambridge: Cambridge University Press.

COOLEY, A. 2001. Booms and busts: theorizing institutional formation and change in oil states. *Review of International Political Economy*, 8(1): 163-80.

CORRIGAN, P., and SAYER, D. 1991. *The Great Arch.* New York: Blackwell.

COWHEY, P. 1993. Elect locally—order globally: domestic politics and multilateral cooperation. Pp. 157-200 in *Multilateralism Matters*, ed. J. Ruggie. New York: Columbia University Press.

DAVID, S. 1991. Explaining Third World alignment. *World Politics*, 43(2): 233-56.

DESCH, M. 1996. War and strong states, peace and weak states? *International Organization*, 50(2): 237-68.

DEYO, F. ed. 1987. *The Political Economy of the New Asian Industrialism.* Ithaca, NY: Cornell University Press.

DILLMAN, B. 2000. *State and Private Sector in Algeria.* Boulder, Colo.: Westview Press.

DIMAGGIO, P., and POWELL, W. 1983. The iron cage revisited: institutional isomorphism and collective rationality in organizational fields. *American Sociological Review*, 48: 147-60.

D'LUGO, D., and ROGOWSKI, R. 1993. The Anglo-German naval race as a study in grand strategy. In *The Domestic Bases of Grand Strategy*, ed. R. Rosecrance and A. Stein. Ithaca, NY: Cornell University Press.

DOWNING, B. 1992. *The Military Revolution and Political Change.* Princeton: Princeton University Press.

DUBY, G. 1978. *The Three Orders.* Chicago: University of Chicago Press.

EASTER, G. 1997. Preference for presidentialism: postcommunist regime change in Russia and the NIS. *World Politics*, 49(2): 184-211.

ELSTER, J. 1997. Afterword: the making of postcommunist presidencies. Pp. 225 – 37 in *Post-communist Presidents*, ed. R. Taras. New York: Cambridge University Press.

ERTMAN, T. 1997. *Birth of the Leviathan.* New York: Cambridge University Press.

FEARON, J. 1994. Domestic political audiences and the escalation of international disputes. *American Political Science Review*, 88: 577–92.

GARRETT, G. 1992. International cooperation and institutional choice: the European Community's internal market. *International Organization*, 46(2): 533–60.

GAUSE, G. 1992. Sovereignty, statecraft and stability in the Middle East. *Journal of International Affairs*, 45(2): 441–69.

GELLNER, E. 1983. *Nations and Nationalism.* Ithaca, NY: Cornell University Press.

GERSCHENKRON, A. 1962. *Economic Backwardness in Historical Perspective.* Cambridge, Mass.: Harvard University Press.

GIDDENS, A. 1987. *The Nation-State and Violence.* Berkeley and Los Angeles: University of California Press.

HAGGARD, S., and KAUFMANN, R. 1995. *The Political Economy of Democratic Transitions.* Princeton: Princeton University Press.

HALE, H. 2004. Divided we stand: institutional sources of ethnofederal state survival and collapse. *World Politics*, 56(2): 165–93.

HALL, P. 1986. *Governing the Economy.* Cambridge: Polity Press.

HERBST, J. 1989. The creation and maintenance of national boundaries in Africa. *International Organization*, 43(4): 673–92.

——2000. *States and Power in Africa.* Princeton: Princeton University Press.

HERZ, J. 1976. *The Nation-State and the Crisis of World Politics.* New York: David McKay. HINSLEY, F. H. 1986. *Sovereignty.* Cambridge: Cambridge University Press.

HINTZE, O. 1975. *The Historical Essays of Otto Hintze*, ed. Felix Gilbert. New York: Oxford University Press.

HUI, V. 2004. Toward a dynamic theory of international politics: insights from comparing ancient China and early modern Europe. *International Organization*, 58(1): 175–205.

JACKSON, R. 1987. Quasi states, dual regimes, and neo-classical theory: international jurisprudence and the Third World. *International Organization*, 41(4): 519–49.

JOHNSON, C. 1982. *MITI and the Japanese Miracle.* Stanford, Calif.: Stanford University Press. JONES-LUONG, P. 2002. *Institutional Change and Political Community in Post Soviet Central Asia.* New York: Cambridge University Press.

KARL, T. 1997. *The Paradox of Plenty: Oil Booms and Petro States.* Berkeley and Los Angeles: University of California Press.

KNUDSEN, T., and ROTHSTEIN, B. 1994. State building in Scandinavia. *Comparative Politics*, 26(2): 203–20.

KRASNER, S. 1999. *Sovereignty: Organized Hypocrisy.* Princeton: Princeton University Press.

KRATOCHWIL, F. 1986. Of systems, boundaries and territoriality: an inquiry into the formation of the state system. *World Politics*, 39(1): 27-52.

LAITIN, D. 1991. The national uprisings in the Soviet Union. *World Politics*, 44(1): 139-77.

LEMKE, D. 2003. African lessons for international relations research. *World Politics*, 56(1): 114-38.

LEVI, M. 1988. *Of Rule and Revenue.* Berkeley and Los Angeles: University of California Press.

——1998. Conscription: the price of citizenship. Pp. 109-47 in *Analytic Narratives*, ed. R. Bates, A. Greif, M. Levi, J. Rosenthal, and B. Weingast. Princeton: Princeton University Press.

LIJPHART, A. 1977. *Democracy in Plural Societies.* New Haven: Yale University Press.

LINZ, J. 1996. The perils of presidentialism. Pp. 124-42 in *The Global Resurgence of Democracy*, ed. L. Diamond and M. Plattner. Baltimore: Johns Hopkins University Press.

MACFARLANE, A. 1978. *The Origins of English Individualism.* Oxford: Blackwell.

MCNEILL, W. 1982. *The Pursuit of Power.* Chicago: University of Chicago Press.

MAINWARING, S., and SHUGART, M. 1997. Juan Linz, presidentialism, and democracy: a critical appraisal. *Comparative Politics*, 29(4): 449-71.

MANDELBAUM, M. ed. 1994. *Central Asia and the World.* New York: Council on Foreign Relations Press.

MARTIN, L. L. 2000. *Democratic Commitments: Legislatures and International Cooperation.* Princeton: Princeton University Press.

MIGDAL, J. 1988. *Strong Societies and Weak States.* Princeton: Princeton University Press.

MIGUEL, E. 2004. Tribe or nation? Nation building and public goods in Kenya versus Tanzania. *World Politics*, 56(3): 327-62.

MOTYL, A. 1997. Structural constraints and starting points: the logic of systemic change in Ukraine and Russia. *Comparative Politics*, 29(4): 433-47.

NEE, V., and LIAN, P. 1994. Sleeping with the enemy: a dynamic modeling of declining political commitment in state socialism. *Theory and Society*, 23(2): 253-96.

NETTL, J. P. 1968. The state as a conceptual variable. *World Politics*, 20(4): 559~92.

NORTH, D. 1979. A framework for analyzing the state in economic history. *Explorations in Economic History*, 16: 249-59.

——1981. *Structure and Change in Economic History.* New York: W. W. Norton, 1981.

——1990. *Institutions, Institutional Change and Economic Performance.* Cambridge: Cambridge University Press.

——and THOMAS, R. 1973. *The Rise of the Western World.* Cambridge: Cambridge University Press.

——and WEINGAST, B. 1989. Constitutions and commitment: the evolution of institutions governing public choice in 17th century England. *Journal of Economic History*, 49: 803-32. OKRUHLIK, G. 1999. Rentier wealth, unruly law, and the rise of opposition: the political economy of oil states. *Comparative Politics*, 31(3): 295-315.

PARKER, G. 1979. Warfare. Ch. 7 in *New Cambridge Modern History*, vol. xiii, ed. P. Burke. Cambridge:

Cambridge University Press.

——1988.*The Military Revolution.*New York：Cambridge University Press.

PIRENNE，H.1952/1925.*Medieval Cities.*Princeton：Princeton University Press.

PISCATORI，J.1986.*Islam in a World of Nation-States.*New York：Cambridge University Press.

PIZZORNO，A.1987.Politics unbound.Pp.26－62 in *Changing Boundaries of the Political*，ed.C.Maier. Cambridge：Cambridge University Press.

POGGI，G.1978.*The Development of the Modern State.*Stanford，Calif.：Stanford University Press.

POSEN，B.1993.Nationalism，the mass army，and military power.*International Security*，18(2)：80－124.

PUTNAM，R.1983.Explaining institutional success：the case of Italian regional government.*American Political Science Review*,77(1)：55－74.

RASLER，K.，and THOMPSON，W.1985.War making and state making：governmental expenditures，tax revenues and global war.*American Political Science Review*,79(2)：491－507.

RENO，W.1998.*Warlord Politics and African States.*Boulder，Colo.：Lynne Rienner.

ROEDER，P.1991.Soviet federalism and ethnic mobilization.*World Politics*,43(2)：196－232.

ROSENBERG，H.1943－4.The rise of the Junkers in Brandenburg-Prussia，1410－1653. *American Historical Review*，Part I,49(1)：1－22；and Part II,49(2)：228－42.

RUGGIE，J.1986.Continuity and transformation in the world polity.Ch.6 in *Neorealism and its Critics*，ed. R.Keohane.New York：Columbia University Press.

——1993.Territoriality and beyond：problematizing modernity in international relations.*International Organization*,47(1)：139－74.

SINGER，P.2003.*Corporate Warriors：The Rise of the Privatized Security Industry.*Ithaca，NY：Cornell University Press.

SKACH, C, and STEPAN, A. 1993. Constitutional frameworks and democratic consolidation： parliamentarism versus presidentialism.*World Politics*,46(1)：1－22.

SOLNICK，S.1996.The breakdown of hierarchies in the Soviet Union and China：a neoinstitu- tional perspective.*World Politics*,48(2)：209－38.

SPRUYT，H.1994.*The Sovereign State and its Competitors.*Princeton：Princeton University Press.

——2005.*Ending Empire：Contested Sovereignty and Territorial Partition.*Ithaca，NY Cornell University Press.

STONE，R.1996.*Satellites and Commissars.*Princeton：Princeton University Press.

STRANG，D.1991.Anomaly and commonplace in European political expansion：realist and institutionalist accounts.*International Organization*,45(2)：143－62.

STRAYER，J.1965.*Feudalism.*New York：Van Nostrand Reinhold.

STUBBS，R.1999.War and economic development：export-oriented industrialization in East and Southeast Asia.*Comparative Politics*,31(3)：337－55.

SUNY，R.1993.*The Revenge of the Past.*Stanford，Calif.：Stanford University Press.

THELEN，K.2004.*How Institutions Evolve：The Political Economy of Skills in Germany，Britain，the United*

States, and Japan. New York: Cambridge University Press.

THOMAS, G., MEYER, J., RAMIREZ, E, and BOLI, J. 1987. *Institutional Structure: Constituting State, Society and the Individual.* Beverly Hills, Calif.: Sage.

THOMSON, J. 1989. Sovereignty in historical perspective: the evolution of state control over extraterritorial violence. Pp. 227–54 in *The Elusive State,* ed. J. Caporaso. Newbury Park, Calif.: Sage.

——1990. State practices, international norms, and the decline of mercenarism. *International Studies Quarterly,* 34(1): 23–48.

TIERNEY, B. 1964. *The Crisis of Church and State, 1050–1300.* Englewood Cliffs, NJ: Prentice Hall.

TILLY, C. 1975. *The Formation of National States in Western Europe.* Princeton: Princeton University Press.

——1985. War making and state making as organized crime. Pp. 169–87 in *Bringing the State Back in,* ed. P. Evans, D. Rueschemeyer, and T. Skocpol. Cambridge: Cambridge University Press.

——1990. *Coercion, Capital and European States, AD 990–1990.* Cambridge: Basil Blackwell. VAN EVERA, S. 1997. *Guide to Methods for Students of Political Science.* Ithaca, NY: Cornell University Press.

VANDEWALLE, D. 1998. *Libya since Independence: Oil and State-Building.* Ithaca, NY: Cornell University Press.

WADE, R. 2003. What strategies are viable for developing countries today? The WTO and the shrinking of development space. *Review of International Political Economy,* 10(4): 621–44.

WALDNER, D. 1999. *State Building and Late Development.* Ithaca, NY: Cornell University Press.

WALTZ, K. 1979. *Theory of International Politics.* New York: Random House.

WARNER, C. 1998. Sovereign states and their prey: the new institutionalist economics and state destruction in 19th-century West Africa. *Review of International Political Economy,* 5(3): 508–33.

WEBBER, C, and WILDAVSKY, A. 1986. *A History of Taxation and Expenditure in the Western World.* New York: Simon and Schuster.

WEBER, E. 1979. *Peasants into Frenchmen: The Modernization of Rural France, 1870–1914.* Stanford, Calif.: Stanford University Press.

WEBER, M. 1978. *Economy and Society,* 2 vols. Berkeley and Los Angeles: University of California Press.

ZACHER, M. 2001. The territorial integrity norm: international boundaries and the use of force. *International Organization,* 55(2): 215–50.

第十章 服从、同意和合法性

罗素·哈定（Russell Hardin）

在政治理论和更一般的政治话语中，服从、同意和合法性这一组概念，都可以作为严格实证和描述性的词来使用，但是后两个词却常常被视为更具规范性倾向。即使合法性还具有与规范性含义明显不同的情形，但人们在使用这个词的时候，还是往往采用其表面的规范性含义。我们通常会说公民服从或同意；而对于国家和法律，会说其具有合法性。一般来说，只要一个社会稍稍存在多元价值，那么对一些人来说合法的国家、政权或是某个特定的政府，对另一些人可能就不具合法性。因此，合法性这一属性并不完全适用于国家或政权。如果某些公民认为，对他们来说，或者在他们看来，他们的国家、政府或者政权是合法的，那么这通常不过是一种心理上的宣示。

从根本上说，公民对政府的典型态度在多数时候是默许，因此有可能缺乏实质上的政治服从，这类似于怠工、慢腾腾的工作或者小孩不情愿地慢慢咀嚼绿色食物。但是，当一个国家遭受攻击的时候，忠诚会随着市民团结在国旗周围而涌现，至少多数公民会超越对政府单纯的默许。的确，在战争期间，政府和公民的目标都会锁定在获胜或者在战争中赢得生存上面，真正意义上的利益和谐也才会出现。二战时，在几乎所有英国人眼中，英国的政权可能都是具有合法性的。相反，像20世纪60年代若干西方民主国家那样，当社会处于充满了反叛和示威的极端动荡时期，就连默许是否存在都可能成为问题。而且，对平民来说，如果政府在维持秩序方面表现还算适度，组织起来反对自己的政府就极其困难，因为政府完全可以集中力量控制那些相对少数的反对者。

这三个词当中，合法性使用起来最困难，也最危险。这不仅仅是因为另外两个词可以通过比较而显得相对清晰，同时还可能因为合法性本身就是一个系统层次的概念，而它的引入却需要根据个体层面的评价，这就使情况变得更为复杂。同意和服从仅仅与系统层面的议题有因果关联，它们在概念上并不像合法性那样具有层次的复杂性。

从现代系统性观点出发，我们往往将政权的合法性归因于以下三个可能的基础之一：它是如何出现的、它为我们做了什么，以及过去和现在我们与它的关系。第一类基础过去往往与上帝在创建政府中的角色有关，但在现代的自由民主国家，这种神权政治的主张已经不会再被考虑了，虽然今天它仍会被一些国家，尤其是伊斯兰国家所坚持。在最近的几个世纪，政治哲学家最大的共同点就是将合法性的基础转到被统治者的同意上来，而无论对同意本身如何界定。

第二类基础往往或多或少与政权为其公民做了什么这样的福利主义关注有关（有时也称为对政府的义务或遵守法律的收益理论）。这也许是全世界对政权加以评价时最共通的观点，尤其是当评价者主要并非规范政治理论家的时候。例如，西方对第三世界很多政权的批评，就在于它们未能为本国国民提供良好的服务。

第三类基础在韦伯的思虑传统中是一个普通的问题，它使合法性和权威与统治相关联。这一传统注重的是政府如何运作并维持自身，而不是它如何获得政权，或者实际上为我们做了什么。从这个角度来看，苏联时期的斯大林政府具有相当的合法性，二战后所有西欧国家的政权也都具有很大的合法性。

在政治哲学的通行话语中，同意是政治权威自然的，甚至必需的基础。可悲的是，政治哲学和法哲学显然都没有对这种通行观点进行系统性的说明。因为本章涉及的所有理论讨论的都是一般大众所受到的影响，所以我们需要知道并理解通行的观点。如果我们要追究人们为何选择了服从，那么与规范理论相比，通行的观点更有资格回答这个问题。任何民主政体，甚至一些独裁政体的领导者，都希望让他们治下的民众相信，他们得到的是同意，而不仅仅是默许之下的容许（Weber 1922/1978，213 页）。乔治·布什是美国连任总统中以最小相对优势获胜的一位。布什连任后，虽然宣称自己拥有了政治资本，可以用来为他的支持者提供他们希望从政府那里得到的东西了，但是，由于他仅拥有微弱多数的支持，而共和党在众议院也只能维持十分勉强的优势，所以要使这个多数不致分裂，或者与他保持一致，政党的纪律就变得更为严苛，甚至让人难以容忍。①

一、概念背景

在社会和政治理论中，关于合法性的文献内容上最为混乱，也最让人疑惑。这个词同时以实证性和规范性的方式被使用，不过，有时人们会明显倾向于将其视为规范概

---

①　有时候人们认为，在立法机构会存在一个最小获胜联盟。但奇怪的是，与政党轻而易举地赢得多数支持的情况相比，它们在组成最小获胜联盟时，通常表现得更极端，也更有纪律性。真正的意识形态论者会希望保持较小的多数联盟，因为这样能够更有效地维持政党纪律。

念。从实证性向规范性的转变,违反了大卫·休谟(1739—1740/2000,3.1.1.27)的那句名言,即我们不能仅仅通过事实推出规范性的结论。换言之,如果我们希望得到规范性的结论,则必须至少部分地从规范性的假设出发。合法性作为一个实证概念,最通常的用法是指法律体系的官员在作出结论时遵循了现存的规则和程序,就像法庭审判一样。这个决定如果是通过适当程序得到的,就是合法的。这意味着,合法性问题只有在相关的法律体系之内才存在。在另一个法律体系中,一个严格类似的结果可能就是不合法的。人们可以进一步宣称,以这种方式作出的决定是正当的或者正确的,但这不会给一个实证意义上的陈述,即这个决定是合法,增加任何新的内容。或者有人会说,遵循现有程序是好的。但是,这一规范性的主张需要规范性的理由。针对这类主张,我们可能会同意,如果某一特定的法律体系本身就是坏的,那么遵从它的程序在道德上就是坏的,即便这么做同时是合法的。因此,实证意义上的合法性在规范意义上可能是坏的。

在政治理论中,更通常的说法是某一政权具有合法性或不具合法性。这等于是说某一法律体系,而非依据这一体系所作出的决定合法或者不合法。要证明某一政权是合法的,通常的办法就是证明,它服从了某种本身在道德上就具有正当性的程序,或者是根据这种程序建立起来的。在现代政治理论中,尤其是自约翰·洛克以来(1690/1988,第8章),政权合法性最常用的证明方法,也许就是它是经人民同意(通常是经过所谓的社会契约)而建立的。我希望指出的是,任何此类证明都是不充分的,因此在这个意义上,没有任何一个政权是,或者曾经是合法的。那些宣称某一政权具有合法性的人,不过是在表明他们对这一政权的支持而已。

借用20世纪道德理论中的一个词,这些支持者是政治理论中的情绪主义者。或者在某些情况下,他们的支持不过表明政权的运作支持了,或者遵循了一些他们自己认可的道德理论。这一对政权的终极辩护是真正意义上的规范理论。但显而易见,它一开始并不是作为一种规范理论发挥作用的①,而且除了一些功利主义者,可能还有休谟之外,这种立场鲜有支持者。由于在今天的哲学界,很少有伦理理论家信奉功利主义,所以当今对政权合法性的辩护中,几乎没有一种算得上是成功的道德辩护。特别是在政治哲学家当中,至今为止最普遍的主张本质上都是情绪主义的,因而并不具有真正的说服力。"我喜欢"并不是真正的理由,除非我们是在选择冰淇淋的味道。适用于冰淇淋的并不一定适用于宪政体制。

---

① 此处原文"it clearly starts up front as a normative theory",疑为"it clearly starts up not as a normative theory"之误。——译者

对各种制度变迁的合法性的政治争论，经常演变为你站在哪一边的问题，就像美国内战之前十来年间对一个州是否能够合法脱离联邦的争论一样。对这个问题宪法没有提及，而这一事实正好为争辩双方所利用。对亚伯拉罕·林肯来说，没有提及就意味着不存在这样的选择。这种观点得到有关联邦起源的普遍信念的支持，即各州既已融入联邦，自然就被联邦所取代。但是，对于像约翰·卡尔洪（John C.Calhoun，1853/1992）这样的南方人来说，没有提及就意味着不禁止分离。这一立场也得到关于美国起源的另一种普遍观念的支持，即各州是在不得已的情况下同意加入联邦的，因此如果它们现在不再同意，那么就可以选择脱离联邦。宪法上对分离的禁止，是通过北方成功地强迫南方州留在联邦之内这一事实而实现的。这不是一种特别具有说服力的道德原则。

关于合法性，并不存在标准的规范性定义。对合法性的宣称可以是规范性的，因为它建立在功利主义、康德主义、同意或者其他道德原则之上；它也可以建立在宗教原则基础之上，就像托马斯·阿奎那（见 Finnis 1998）或萨伊德·库特（Qutb 1990）所主张的那样；甚至还可以是"特事特论"的，如情绪主义者宣称的那样。人们可以宣称某一政权是合法的，同时不要求对其进行道德上的辩护。韦伯式的立场认为，政府的合法性就在于政权稳固且在某些重要的方面运行良好。这一观点可能是非道德的，但也可能是我们所拥有的关于合法性最好的实证理论。

二、神权合法性

在欧洲，从中世纪到霍布斯的时代，传统意义上的合法性基础就是君权神授，即上帝选择了统治者。这一说法有明显的缺陷，但并不妨碍人们宣称甚至是相信它，就像费尔默（Filmer，1680/1949）所做的那样。这种理论中令人惊奇的是，上帝似乎选择过临时的篡权者去推翻原先由自己指定的君主。由于按照等级制组织起来的教会有权统治部分社会和政治生活，所以神权理论中无数的谬误可以被官方遮掩。但是，从君主被平民处决的那一刻起，这种观念就被无法挽回地打破了。费尔默尝试对君权神授论面临的困难加以解释，但他这么做的代价，是在很大程度上放弃了世俗权威的神圣基础。他承认，不能因为某人握有权力，就必须对其无条件服从。他暗示的是篡权者克伦威尔（Daly 1979，104—123 页），这实际上离韦伯的立场已经不远了。

基督教神学政治理论的主体是自然法理论，托马斯·阿奎那（1225？—1274 年）是其主要的代表。他关于君主善良仁慈、服务公众的理论枯燥无味，令人无法信服。事实上，为他的时代所决定，他更多是提出主张而不是进行论证，这些主张经常来自类比，例如建筑学。但凑巧的是，后来关于政治义务的所有思想都在他的评论中出现过。比如他曾指出,某些法律之所以"具有约束力,不仅因为它们合乎理性,也因为它们早已确立",这是韦伯观点的先声。法律是否合理,取决于它们是否与自然法相一致。但自然法显然不能规定法律的细节,正如建筑学理论只能描绘建筑的一般形状和构造方法,但不可能提供其他细节一样。因此,很多法律的约束力完全来自于人定法(Finnis 1998, 267 页)。阿奎那当然也认为,政府的核心任务是保障和平。虽然这一观点带有宗教含义,其所指也不完全是霍布斯和休谟所关注的那种社会秩序,但其中的确包含了"至少是生活必需品的充足"(Aquinas 1988,227 页)。

合法性基础从神权或神学最终转向民主,这大概是欧洲千年以来最重大的政治发展。事实上,宗教改革引起的宗教分裂彻底摧毁了任何把政治建立在宗教原则基础上的希望(Curley 1994, xlv—xlvi 页)。新教主义如果要在智识上一以贯之,必定需要政府的同意,或者其他某个个体层面的原则作为基础。天主教向新教最核心的转变,就是允许由每个信徒自己判断信仰什么,这甚至体现在出版通俗语言的《圣经》,以便人们自己阅读和理解。通过自己阅读,他们会有很多发现,比如诸多的礼拜仪式和教会中的等级制度不仅是《圣经》中所没有的,甚至破坏了《圣经》的基本原则。

新教运动的政治意义是,甚至对世俗政治的判断权也必须下放到公民个体的层面。比如,非常重要的是人们意识到没有任何法律能够来自启示。正如霍布斯所问的:"一个没有得到超自然启示的人,如何能够确信别人向他转达的启示?他又为何一定要遵从他们?"(Hobbes 1651/1994,26.40,着重表示为原文所有)。从根本上说,这个问题就是:我如何能够相信你说的就是上帝的启示?在 1668 年拉丁语版的《利维坦》中,霍布斯进一步提出:"因为启示只能针对每一个个体的人,所以它的约束力也只限于接受了它的个人。"(31.3,注)。他接下来对这一原则进行了充分的论证,以保证我们能够充分理解它的含义。主张我们每个人都必须服从直接向我们发出的启示,这实际上是新教的一项根本原则,据此就需要一些新的原则,以作为人们遵从政府政策和要求的基础,以及任何政府的合法性基础。

人们较少提及的,是这一主张对天主教会具有灾难性的后果。很多个世纪以来,无论在对《圣经》的理解方面,还是在对教会和教众的管理方面,教会领袖一直反对各种形式的独立思想。拥有这种领导权的人,是那些宣称他们最有资格阐明真正教义的人。但是,他们并不能以任何客观的方式证明自己的这种资格,因此霍布斯驱逐启示之后,他们就成了牺牲者。当然,在霍布斯的时代,人们有理由认为宗教的多样化必然会导致社会的混乱。因此霍布斯主张,主权者必须确定公共宗教的内容和崇拜形式,至于个人私下的信仰问题则留给他们自己解决。

在批驳神权论点的同时,霍布斯提供了两种有关政府合法性的直接根据:同意和成功的统治,这一点,可以通过他对共同体两种基础的分析看出来,那就是制度(契约)或者征服(暴力)。霍布斯核心的道德关切,即让人们生活得更好,是他另外一项论证的基本原则,而这一点与上述两种论证并无矛盾。直到今天,这三种论证仍然是我们评价政府的合法性,以及为服从辩护的主要视角。

三、契约合法性

在现代社会,对某些政府的合法性进行辩护最常见的方式,可能就是从社会契约的观点出发,证明公民在某种意义上表明了他们的同意。一般认为,与普通法律契约的类比,为社会契约这一象征性的形式赋予了很大的影响力。特别是,如果契约论的观点为人们所接受,那么它就为对社会的统治提供了一项非常重要的原则。如果经我们同意的契约性安排需要通过强制使我们去做我们曾经同意做的事情,那么现实中政府行为相当重要的一部分,就因为我们曾经事先同意在某些情况下接受强制而得到了正当化。在一份普通的法律契约中,你和我事实上都会自愿同意,为了保证契约得到遵守,我们中的任何一方都应接受可能出现的暴力强制。没有合法的强制性威胁作为后盾,很多契约根本就不可能被达成,无论其风险是高是低。如果我们能把这些一般性的契约抽象为社会契约,那么我们就能够理性地证明强制是经由公民同意的(Hardin 1990)。特别是,我们对社会契约的同意,就意味着我们愿意接受遵守法律的义务,以及在未能遵守的时候接受强制。

当然,如果社会契约和法律上的标准契约在这方面不具可比性,那么它就不能为政府强制公民的合法性问题提供这样一个解决方案。不幸的是,传统的政治契约理论或多或少被休谟的批评(Hume 1748/1985)削弱了。休谟指出,难以想象有哪一个政权是建立在广泛的社会同意基础之上的,这是一个尖锐的批评。谢尔顿·沃林(Sheldon Wolin 1988)部分响应了这一观点。他认为,公民身份事实上是与生俱来的,因此要证明任何公民在某个共同体中的成员身份,同意都毫无意义。沃林认为,契约论的非历史性不仅体现在休谟的意义上,即可能从来就不曾有过经同意而建立起来的政府;而且更体现在契约论意味着在定约的那一刻,历史被抹去了,一切从零开始。沃林指出,罗尔斯(John Rawls 1971/1999)在他的正义理论中就是这样的(Wolin 1988,18 页)。

"我们的社会契约"是现代人的日常话语,但它的含义事实上已经大打折扣。例如,当有人随意投票或者未能投票时,人们会说这破坏了社会契约。受指责的"违约者"也许会问,契约的哪部分规定了如此具体的行为要求。契约论传统的学术继承人现在也谈论契约主义,但他们指的是理性的同意(Barry 1995;参见 Hardin 1998)。在这一概念里,同意实际上已经没有容身之地,取而代之的是理性主义对怎样才算是理性的说明。就是某种契约而已。当然,这与罗尔斯在无知之幕背后建立正义原则的企图并没有太大区别,那里实际上只有一位代表者,他因而必定会对这些原则必须是什么样的得出一些理性主义的看法(Rawls 1971/1999,139—120),这与契约参与方就他们交易的内容达成一致的同意不是一回事。在学院派哲学中,更通常的情形是道德哲学主导了政治哲学;事实上,理性同意理论的主要倡导者也的确主要是把这种观念运用于道德理论(Scanlon 1999,第 5 章;1982,115 页注)。

人们通常假定,契约论思想的吸引力在于它以一种具有道德感召力的程序为基础,同时人们又一致认为,这些程序本身可能独立于通过它们而产生的结果。但是,这一理论现代版本的实际支持者几乎完全排除了程序,因而能够支持契约的,就只剩下一项常常并不明确表达的理性主义道德原则。契约的含义逐渐翻转,使之最终成为某种与契约完全相反的东西,大众政府也因之而失去基础。除非有人愿意顽固地宣称,作为一项义务论的道德原则,理性主义者的规划或者理性主义的结论本身在道德上就是正当的。但奇怪的是,迄今为止,这一规划并没有得出任何从理性的角度得到认同的结论。人们能够同意的,主要是那些元理论的成分。

有很多先辈提出过契约论的基本观点,即人民在一定程度上认可他们的统治者。然而,自下而上的同意和自上而下的统治在过去很多世纪一直都存在冲突。弗朗西斯·奥克莱(Oakley 1983,316 页)认为:“当前,仅仅谈论合法性而非合法律性、权威而非权力的同意理论”开始受到争议。出版过《和平的捍卫者》的帕多瓦的马尔西利奥(1342—1956 年)可能是最先对这两组概念加以区分的人。他表示,主教的首脑地位不过来自历史的偶然,而并非上帝的赐予(ii,第 18 章),他自然因此受到教皇的谴责。马尔西利奥还认为政府应该由选举产生,而不能通过等级制的世袭。政府的目的是保障和平,这样公众才能有好的生活,而且政府本身也必须守法。

具有讽刺意味的是,托马斯·霍布斯(1651/1994,26.6 及 29.9)认为法律需要一个最高权力即主权者,他无须遵守法律,或者说高于法律。尽管受到马尔西利奥的攻击,这一观念仍旧残留到现在。事实上,它在边沁(Bentham 1789/1970)、奥斯丁(Austin 1832/1954)、凯尔森(Kelsen 1934/1967)和哈特(Hart 1961/1994)的实证法理论中还迸发出顽强的生命力。他们的方法是定义主义的,而边沁则可以被视为最伟大的定义主义者。他和他的继承者的出发点就是对法律、法律体系以及法律的概念进行界定,而且几乎从来也没有超越这种界定。他们关于需要一个主权者的主张,因而显得像是对法律体系的定义的一个部分,尽管事实上现代法律体系并不以这种方式运行。

伟大的经验主义者,甚至伟大的实用主义者休谟,在马尔西利奥之后四个世纪写下

了他的著作。他一定会说，实证法理论家的这一转向违反常识，因为我们首先必须知道
这样一种体系是如何运行的。如果应该就意味着能够的话，那么即使有一个完美无缺
的理性主义的体系，又有一位主权者发布所有规则，但它就是运转不灵，那么我们就不
该对其表示任何兴趣。仅对法律加以空洞的定义，而不考虑在其管制之下的人的世界，
是一件毫无意义的事情。尽管视角相当不同，但马尔西利奥和休谟都不赞成霍布斯及
其追随者坚持的等级秩序，而后者相信这种等级制乃是自然法和自然秩序的一部分。
正如休谟所说，一位政治统治者是通过意见得以任职的，而后者又是通过各种法律官员
的默许俗成的（Hume 1741/1985，32—33 页）。也就是说，在统治者出现之前，政府中就
必须存在通过忠诚，或至少是默许而被动员起来的其他人。因此，统治者并不拥有绝对
权力，也不可能拥有。

霍布斯在某种程度上不算是定义主义者，因为他的立论基础，是法律和秩序的社会
学可能性。不幸的是，他的社会科学不足以完成他的使命，因此他只能根据他初创的政
治社会学得出结论认为，我们必须拥戴一位握有全部权力的主权者，他不受法律或任何
其他约束的限制。休谟对此类问题的理解要科学得多，他认为，我们可以通过习俗来约
束政府，它们与政府用来动员力量对我们施以控制的习俗别无二致（Hardin
forthcoming，第 4 章）。这意味着，社会秩序乃是统治者一方与服从的公众一方相互习
惯的结果。但只要这种习俗开始发挥作用，它就可以约束立法者，使他们遵循自己制定
的法律，霍布斯和实证法学家的基本原则不再有效。

马尔西利奥（1342/1956，ii，第 20 章）主要是出于规范性的考虑反对等级制，虽然
他也预示了霍布斯和洛克那种关于个体信念的立场，即必须把个人视为圣经真理的独
立判断者，因为不能强迫任何人相信任何事，况且我们的信仰也不受我们意愿的控
制。① 马尔西利奥坚持认为，对圣经教义理解的分歧，必须由全体信众或由他们选举出
来的代表加以解决。如果等级的教会不能压制马尔西利奥和其他类似的独立思想家，
新教的来临就为时不远了。从本质上看，教会和几乎所有的君主都会宣称，那些位于等
级秩序顶端的人都是名至实归的，因而必须得到遵从；而他们之所以必须得到遵从，则
是因为他们被认为拥有更多的智慧，当然，也拥有更大的权力。

---

① 霍布斯说我们的信念不服从于命令（1651/1994，26.41）。洛克（1690—1950，18 页）同样反对
强制性的宗教信仰，他指出："理解的本质，就是不能用外部的力量强迫它相信任何事情。"洛克的主张，
被与他同时代的普劳斯特（Jonas Proast 1690/1984，4—15 页）的更加精致的论点消解了。后者认为，可
以通过强制使人们进行阅读和思考宗教观念，因而也就具有改变他们的思想的可能。普劳斯特认为，
洛克关于直接通过强制改变人们的信念的考虑是正确的，但在很大程度上不着边际。但另一方面，普
劳斯特又过于乐观地假定，基督教真理性对所有阅读过它的人都是显而易见的。大多数欧洲人的观点
说明他错得很严重。

同意理论对这种等级制的观点,尤其是其认识基础展开了全面攻击,并且最终在欧洲占据了支配地位,同时在世界其他地区也赢得越来越多的支持。① 然而遗憾的是,它的胜利并没有转变为它的内在一致性。在所有的政治哲学中,集体同意都是一个最少自恰的观点。就像上文所提到的,在从同意到政权合法性的论证中,存在一个潜在的关联谬误,因为在现实社会中,不可能所有公民对其政权中同样的事物表示同意。当今主要民主国家奉行的多元主义,使之必须包容了某些从根本上敌视现存政权的群体。他们之所以通常对现政权采取默认的态度,并不是因为他们喜欢或者忠诚于这个政权,而是这么做合乎他们的利益。

进一步说,他们选择默认,主要是因为如果不这样就会遭到镇压。大多数公民对政府的默许是因为后者拥有的权力,它仅需运用有限的资源,就可以制服那些不太顺从的群体。这是一种比哈特的立场更弱的主张。哈特认为:"如果一个规则体系要强加于任何人,那么一定有足够的人自愿接受它。没有他们自愿的合作来创立权威,政府和法律的强制性权力都无从建立。"(1961/1994,196—201 页)但是,除非默许就意味着接受,否则这一论断就有些夸张了,因为在界定国家对其公民的权力的双重协调中,通常仅需默许就足够。② 有相当数量的占领者事实上仅仅依靠成功地使用暴力,就可以在没有得到被占领社会实质性支持的情况下长期维持其统治。

随便指出一点。当现代社会科学家坚持科学研究必须从定义概念(像制度、政府、权力等)开始时,他们便加入了法律实证主义者的行列。这和奥斯汀、凯尔森和哈特的做法类似。他们的出发点就是对自己的研究领域内最大、最复杂、最包罗万象的社会概念,即法律和法律体系进行可操作化。这可能会让我们想到马赫(Ernst Mach)。这位物理学家,以及科学中实证操作主义的早期倡导者,就是从对自然或物质,而非距离或原子的可操作化出发的(详见 Hardin 2001,71—76 页)。如果这样一种不可能成功的方式支配了科学家,物理学早就停滞不前了。至于受这种方法影响的社会科学家,则往往沉迷于宏大理论的构想。

四、结果主义的合法性

在大多数关于合法性的文献中,至少会间接涉及政府通过保障社会秩序而带来的互利问题。这是马尔西利奥对他那个时代的政治体系进行判断的一般原则,也是罗尔

---

① 虽然天主教会仍旧比欧洲更广泛的发展落后几个世纪。

② 这样一种解读,对于法律和道德讨论并不是很合适(Hart 1961/1994,第 9 章)。哈特的讨论非常细致而敏锐。

斯在其正义理论中试图加以调和的两项原则之一,虽然在他的理论中,公民们处于一种"相互冷漠"的状态(1971/1979,13/12页)。① 互利也是霍布斯非常关注的问题,对他来说,任何主权者,无论如何残暴,只要能带来秩序,都比可怕的自然状态和内战之下的无序要好。② 不过,互利理论最伟大的阐发者是休谟。他坚持认为,从心理上说,只要我们乐于接受政府及其行为给包括我们在内的所有人带来的良好效果,那么我们就对其表示了认可。在所有这些理论家的阐释中,互利实质上是一种福利主义的概念。它不仅限于经济利益,虽然经济利益可能是、而且通常也的确是其中的一个重要方面。

休谟经常从互利的观点看问题。在他对正义与其他各种个人美德和恶行的简短比较中,他认为正义最典型的特点就是它能够提供互惠,而不仅仅是某个个体的利益或功用。"法律和正义"的整个体系"对社会和每个个体都有利"(Hume 1739—1740/2000,3.3.1.12;参见 1752/1985a,255 页)。最后所说的"每个个体"强调的就是"互利"。在休谟看来,这是驱动社会的根本原则。我们都希望互利原则得到遵循,是因为我们都可以从中获益。巴利认为,罗尔斯的正义理论是互利与平等主义因素的混合,这个概括是准确的。巴利指出:"罗尔斯和休谟都认为,正义乃是在正义的处境之下理性的互利合作的条件。"(Barry 1989,148 页)

霍布斯和休谟认为,任何既存的政府都可能比我们试图改变政府而导致的结果要好,因为变化很容易导致一个混乱和破坏性的过渡期。在他们看来,这并不是一种保守主义式的对变化的拒斥,也不是执着于现状的偏好,而是对因果关系真正的理论关切。对霍布斯来说,对更变政府形式的敌视,既适用于严酷的君主制,也适用于民主制。问题在于从现有政体过渡到新政体时,为协调各种关系必须付出的代价和面临的困难。对休谟来说,要创造一种新习俗以替代现有的习俗,同样也存在一个协调的问题。

休谟对政府加以判断的标准,只在于它是否能提供互利,包括对个体自由的保护以及由此而来的对经济活力和进步的保障,除此之外,他一般不为某种形式的政府进行任何规范性的论证。换言之,休谟的基本意图,是解释如何取得上述成就,而不是对其加以辩护。当然,人们也可以像罗尔斯的正义理论那样,把互利作为一项规范原则。但是,对霍布斯和休谟来说,互利之所以能刺激人们采取行动,是因为它在某种程度上增进了我们每一个人的利益,就此而言,它完全是功能性的。因此,他们会很高兴地接受马尔西利奥的观点,即政府最重要的角色就是*和平的捍卫者*,有了和平,所有人都能安居乐业。

---

① 另一原则是平等。把这两项原则加以混合就意味着通过差别原则达致公正。

② 这可能常常是人们为某种特定的互利方案提出的唯一的、最终的理由:它总比没有任何解决方案的世界好一些。

休谟明确支持互利原则,这并非是出于它的功用,而是因为它能够以集体的方式实现个人利益。它之所以有价值,仅仅因为与其他某些情形相比,它更能使我们每个人取其所需。我要改善自己的状态,只有通过互利的行动,使别人的状态也得以改善。就此而言,我追求的就是正当的个人利益(Hume 1739—1740/2000,3.3.1.12)。因此,我完全可以从个人利益出发而采取互利的行动。如果我怀有哪怕些许的同情来看待其他所有人的命运,同时我也意识到他们的命运的改善也就带来了我自己的命运的改善,那么我就有相当充足的理由要求我们所有人遵循互利原则。更进一步说,因为我知道其他人除互利之外并不希望从我这里得到特殊的优待,所以我会倾向于认为互惠行为乃是我所能够期望的最好的公共选择。这并不能保证我对政府政策的服从,但会增加服从的可能性,尤其是增加了我服从的动机。

在对这些观点的讨论中,人们最常用的方法是从某些特例出发提出疑问或挑战,比如得到互利原则支持的某项法律、财产规则或者其他的制度使某个人成为牺牲者,但这种反对乃是出于对互利概念根本性的误解。互利原则的理由是,拥有某种整体性的制度(比如法律制度),要比没有这个制度给我们带来更多的利益。这是一种事前的论证。通常的反对意见之所以不得要领,是因为它们总是假定一些个体性的例子。对互利原则的有效反驳必须是整体性的,即证明与有序社会相比,某些人更喜欢无序社会之下的混乱。从事前的角度来看,这几乎不可能是真的。即便是一个不折不扣的罪犯也会选择组织良好的社会,因为这样才能生产出足够可偷的东西。在一个丰裕的社会之外,犯罪必定一无所获。

毫无疑问的是,对现存规则或制度的任何改变都有可能产生失利者,因为他们在旧规则和旧制度之下能够生活得更好。因此人们可能会反对改革。但如果旧制度本身就包含了变更的可能性,那么这种反对就无效了。例如,人们可能反对用发展市场经济和开放民主替代之前的苏联体制,因为这产生很多失利者。这是事实。的确,在改革开始时已经年过50的人们当中,会有相当部分在10年之后仍旧是失利者,而且几乎没有任何变为获利者的希望。但是,人们恐怕不大可能设计出某种制度,以保证原有的体制永久稳定,因为即便它曾经稳定过,但仍然注定要经历变化,比如经济崩溃,而这个时候就会产生更多的失利者。

五、权威与支配

韦伯认为,权威乃是对权力的合法使用。社会科学中有关合法性的文献,可能绝大多数都建立在这一定义的基础之上,并对其进行了丰富和发展。这一定义似乎使权威变成了一个规范性的概念,但是,如何界定合法性这个棘手的问题却留了下来。韦伯近于将合法性定义为维持政权的能力;但是,如果我们假定合法性是一个规范概念,那么这就成为一个由实然推出应然的结论。在很多人看来,同意就等于合法,这似乎意味着同意既是一个规范概念又是一个实证概念。这种观点与理论家身处政治体系之外有关。从体制内来看,韦伯认为公民对政府合法性的信念可以使其更易于服从后者的统治,而无论在他们看来合法性的含义到底是什么,也无论他们之间对这些含义的理解是否存在明显的不同。无论如何,对政府的同意,就带来了服从政府的义务。在一个自由政府的时代,真实社会中两者之间实际的因果关系的确是一团糟。

让我们考虑一下权力带来合法性这种观点隐含的赤裸裸的因果关系。亚瑟·斯丁奇科姆(Stinchcombe 1968)直接将政府的合法性定义为权力的函数,或者更确切地说,是随着对权威的挑战日益增大,人们将权力内嵌于更大和更广泛的单元之中。本地的罪犯可能向城市里的黑手党寻求支持,本地的警察也会请求城市警察施以援手。最后,黑手党人先于警察被消灭殆尽,警察在最后一战中获胜,从而建立了他们的合法性。虽然在这个故事中权力具体被嵌入的形式很重要,但合法性本质上还是权力,因而也就没有必要诉诸或者使用规范性的概念。合法性在此是一个实证概念,这与当它在法律内部使用时一样。马尔西利奥需要规范性的考量,是为了战胜教会的等级制。对斯丁奇科姆来说,这个故事讲述到等级制权力时就结束了。按照他的论述,如果黑手党支配了西西里人的生活而不受惩罚,则西西里政府就失去了合法性,也不再有任何权威。同样,乌干达的伊迪·阿明也是有合法性的,除非有某种国际力量推翻了他的统治。情绪主义的大众观念可能反对这两种立场,认为西西里政府是合法的,而乌干达政府则是非法的。斯丁奇科姆的观点很容易得到经验上的印证,但难以导出一种具有说服力的合法性观念,以反映公众对上述两种情形的立场。

通过剔除一对因果联系,斯丁奇科姆提供了一套虽然在规范性上难以服众,但在叙述上逻辑一贯的论述。如果我们更深入地探究人们的动机,我们就会发现对于合法性和服从,并不存在简单一致的解释。你也许会很高兴地认同现任政府或者它的某项主要政策,因此在你看来它们是合法的,而我却没有同意,只是心怀怨恨地服从政府的权力,去做它要求我做的事情。除此之外就什么都不能说了,否则就会出现关联谬误。我们每个人,或者说约翰·卡尔洪和林肯可能、而且也的确使用了同样的合法性概念,但是我们判断的对象却相当不同。因此作为一个群体,我们对特定政府的合法性并没有一致的认识。

在合法性问题上不存在单一的、一致的集体观念。就像本章开头所说的,服从、同意和合法性这三个概念中,合法性通常更多地被视为一个规范概念。但显而易见的是,在某一政府或者法律体系是否合法这个问题上,把我们个体立场与集体立场关联在一起必然出现的谬误,会严重削弱这个概念的规范性。系统层面的合法性更像是一个情绪主义的词,而不是一个描述性的概念,也不是具有内在一致性的规范概念。我们可以研究某个社会内部不同程度和类型的同意与服从。但我们会发现,对于政府的合法性来说,即便是给出一个可供研究的概念都非常困难,除非我们置这里提到的另外两个概念于不顾,从根本上把合法性理解为占优势的权力,正如斯丁奇科姆的纯粹实证概念那样。至于在韦伯的合法性概念中,如果某人认为政权是合法的,则他一定相信大部分民众也认为它是合法的(虽然他们的看法可能会出于各不相同的理由)。

韦伯的论述有些含混不清。他的意思可能是,大众相信政权具有合法性,它便具有了合法性;或者也可能是,政权要维持社会秩序,就必须使它的合法性得到广泛的认可(与它是否真的合法无关)。至于人们为何或者如何相信政权具有合法性,韦伯并没有予以清楚的说明。人们只是的确"意识到统治是有效的或具有约束力的",而且这种信念已经内化为某种用以指导其未来行为的结构或者规范(Swedberg 2005,148页)。这一切听上去都十分可信,但韦伯并未说明我们如何能把它当作事实。相反,在他有时略显随意的事实论断中,他只是说(Weber 1922/1978,213页):"经验表明,任何统治都不会自发地把自己限于仅对物质的、功用的,或者观念的诉求作出回应……每一个政治体系都还会尝试建立和培养对它自己的合法性的信念。"哈贝马斯(Habermas 1975/1973,99页)认为,这一论断根本上无法证实。"对有效性的事实基础加以追究毫无意义。假设如果必须的话某人会这么做……只能从功能主义的观点加以理解,即把有效性要求视为功能上必需的欺骗。"①

韦伯(Weber 1922/1978,214页)运用了一套奇怪的逻辑:"自然地,从社会学的角度,也许只能把一个统治体系的合法性视为在一定程度上存在某种适当的态度,以及随之而来的相应的实际行为……重要的是如下的事实,即在相关问题上,对合法性的具体要求很大程度上按其类型被视为'有效的',因为这一事实确认了提出合法性要求的统治者的地位,并决定了行使这种合法性的手段。"这就是说,当公众循规蹈矩的时候,政权就是合法的。更进一步说,公众必须相信它确实是合法的,并且必须根据它对人们提出的合法要求行事。韦伯把合法性转化为一个系统概念,然后用它自己对其加以循环定义,或者至少是用我们对它的认知对其加以定义。只要我们相信它合法,它就是合法的。如果我们把这个定义放到第二个出现合法性问题的地方,我们就会面临一个没有

---

① 哈贝马斯的直接批评对象是尼克拉斯·卢曼(Niklas Luhmann),而韦伯观点的基础则与后者一致。

任何用处的无限循环。所幸的是,由于韦伯提出的是一个社会学的、而非单纯的逻辑论断,所以还不至于让我们太难理解。

顺便提一下,一定要注意到,韦伯的合法性概念并不是严格建立在同意基础之上的。即便你在韦伯的意义上同意某个政权具有合法性,你仍然可以说你不同意这个政府,而且这不会自相矛盾。你甚至可以说这个政权虽然是合法的,但它同时也是邪恶的。因此,从韦伯的合法性概念出发,不可能导出由同意决定的规范性评价。韦伯明确承认这一点。他表示:"对握有权力之人的任何一种服从首先(或者说根本)不可能导致这种(政权合法性的)信念。"例如,"人们可能出于个人的软弱和无助而服从,因为除此之外别无他法。"(Weber 1922/1978,214 页)。这甚至并不意味着原则上不存在可接受的替代方法。替代方法也许有,但要得到这种更好的方法,可能需要我们付出难以接受的高昂的集体行动成本,霍布斯和休谟就是出于这个理由反对叛乱的。美国那些认为政府不合法的南方人,为试图反抗这个政府付出了高昂的代价。任何能够预见到这一冲突结果的人,恐怕都会坚持当下的政权是合法的。

韦伯想必会中止富勒(Fuller 1958)和哈特(Hart 1958)之间关于纳粹德国反告密者的法律是否合法的辩论。无论这些法律是否合乎道德,它们在韦伯看来都是合法的。这与哈特的观点非常接近。他们关键的不同在于,韦伯的论证不仅仅基于这些法律得以产生的程序,而且也基于从颁布这些法律的政权严格的合法性,以及从心理学上界定为公众和统治者的信念的合法性。由于统治建立在理性的基础上,所以合法性就在于公众"相信制定出来的规则的合法律性,以及依据这些规则获得权威的人发布命令的正当性"(Weber 1922/1978,215 页)。我们没有调查过纳粹德国的公众对这一政权的看法,但在中欧部分地区的确举行过全民公决,而当地民众也的确投票支持把他们所在的地区并入德国。我们也可以推断,在相关民众看来,德国的政权会比捷克斯洛伐克的纳粹占领政府更具合法性。

哈特所持的并非韦伯意义上的心理学观点。事实上,哈特似乎是从一种外部的,或者更高层次的标准对法律体系加以判断。对某个特定的法律体系是否符合他的定义,好像存在某种真理,而这个真理并不需要(事实上也没有)为我们普通民众所知。而且,这一真理也不对法律体系中的实际行为者提供指导,因为他们无须对该法律体系是否与哈特的法律概念(Hart,1961/1994)相一致表示同意。就此而言,他的"实证"法理论乃是一种奇特的理想主义。作为普通民众,我们的思考和信念更接近韦伯的说法。在很多情况下,我们的确认为我们的统治者,以及法律体系中的官员有权告诉我们应该做什么事情。我们甚至会认为这是一个合理的事实,但我们无须保证如此。我们唯一能做的,就是顺从他们的统治。在民主国家,我们甚至还会为他们投票,虽然我们并不喜欢他们上任之后可能做的很多事情。在这些事情上,我们几乎别无选择。

对合法性的纯哲学分析就更少关注现实政治的运行,而只是单纯地界定和说明法律和法律体系。要了解合法性观念在现实政治生活中发挥的作用,需要的是社会科学,以及通常并不属于规范哲学领域的自省,虽然在很多时候它似乎应该是道德哲学讨论的问题。我们需要了解现实世界的人能想什么和会想什么。或者说,在很多时候,我们需要了解他们甚至在无意之下发生的行为,因为他们所表达的思想也许和他们的行为以及体系的运行并不相关。韦伯的论述因其逻辑不清(或者没有逻辑)以及缺乏经验证据的支持而陷入混乱。但这也许正是其可取之处,因为普通人的思想及其信仰体系本来就杂乱无序。

也许韦伯的分析适合普通的、杂乱的人们,他们对自己世界的理解就是不清楚的、无逻辑的和没有事实基础的,因此也无法对其加以判断。对于稳定的、秩序良好的国家来说,韦伯关于合法性的阐释要比程序主义或者结果主义的理论更为现实(当然这不是唯一的原因)。规范加上习惯,比单纯的规范更能解释多数情况下人们对既存的法律体系和国家的服从。事实上,对很多人来说,这甚至能解释涉及服从的所有情况。我们不过是在继续做我们之前多多少少习惯的事,如果有人说我们的政权不合法性,我们多半会置之不理,而不会对其加以认真的分析。如果有人要求我们对自己政权的合法性加以明确的、有条有理的说明,我们则会不知所措。最后,我们就像韦伯一样走向循环论证:我们之所以服从,是因为我们已经服从。

六、总结和评论

那些把合法性的实证意义和规范意义混同起来的人们,常常会进而认为公民之所以有遵守法律的义务,是因为法律是正当的或者善好的,或者从一个已经不再流行的传统来看,是因为民众对其表示了同意。① 在韦伯的支配理论中则没有义务存在,尽管服从一个能够推行其政策的政府的指令,可能是全体公众的利益所在。但是,当韦伯谈到"合法的支配"这类内容时,他似乎又把规范性的要求与他的理论联系起来了。尽管如此,我们还是能够在不引入道德要求的情况下,认真对待他的非规范性的论断。哈贝马斯(1975/1973,101—110 页)在讨论"对规范的有效性加以证明"时,似乎同样采取了规

---

① 弗莱斯曼(Flathman 1993,528 页)的观点与此相反:对合法性的其他所有要求都退出了历史舞台,而同意已经重新成为考虑的焦点。

范的视角。根据他的论述,在一些特定的环境下,人们能够达成一致。

让我们来思考一个例子。如果依照韦伯的理论或者同意的学说,则很难说 1989 年之后东欧的一些政权是合法的,而对所有这些国家的大多数公民来说,结果主义或者福利主义的解释可能更为适用。当然,几十年后,随着促成社会转变的一代人被完全没有比较经验的年轻的一代所取代,也许韦伯的观点会占上风,甚至有可能完全替代福利主义的观点。[1] 因此,合法性的要求会从潜在规范性的,转变为仅仅是描述性的。从描述的意义上看,韦伯的论述几乎适用于每一个掌握权力的时间在一代人以上、又没有经历内战的政权。因此,在美国内战之后的 10 年到 20 年间,美国政权在南方人看来是不合法的,但对北方人而言,美国宪政体制在建立之后的几十年间就获得了合法性。到今天,几乎每一个美国人都认为它是合法的了。

霍布斯认为,只有体现主权意志"而非时代的要求"的法律才是真正的法律(Hobbes 1651/1994,26.9)。对他来说,这大概是一个确定的结论,但从社会学的角度看却未必如此。时间会赋予法律和政权以合法性,远古时代的法律权威能够限制政府。事实上,远古时代的习俗限制了英国政府,这些习俗并没有正式的法律效力,甚至都没有诉诸文字(Marshall 1984)。所有的英国人都是在这些习俗中的大多数早已都确立之后才长大成人的,人们希望它们强大有力,而且是实际的约束力。

重要的是,我们应该清楚地知道,这种准韦伯意义上的、存在了一代人时间的政权即可获得合法性的观念,是一种实证而非规范性的。比如说,我们可以认为今天的美国政权是好的,但这不是对合法性概念本身的考虑,除非这种好处促使某些美国人认为它具有合法性,并因此服从于它。这种服从可能会使政权的统治更为容易。正如理查德·斯威德伯格(Swedberg 2008,148 页,并参见 64 页)所说:"把政权单纯建立在利益或暴力基础上会引发不稳定,但如果人们认为它具有法理依据或者有实际约束力,情况就会有所不同。"服从政府的公民越多,政府实现其政策和计划目标时付出的努力就越小。这一点对任何合法性概念,包括我们这里所讨论的那些来说可能都是真的,包括我们在这里讨论过的所有类型。

霍布斯和休谟反对叛乱或者革命,哪怕是对一个坏的政权。[2] 如果他们加入了后来关于合法性的争论,他们甚至或许会说,坏政权一般都会被合法化,直到叛乱被正当化的那一刻。韦伯可能不会认为,在他看来每一种现存政权都是合法的;如果人们普遍

---

① 大概没有哪种理述能够完全忽略福利主义的考虑,因为没有一种合法性理论会允许认可彻底忽略民众的、完全寄生性的政权。

② 不过休谟(1752/1985b,506 页)还是颂扬了 1688 年光荣革命的结果,它发生在休谟出生前二十年。

认为某个政权是非法的,他应该也会同意人们违抗这一政权,甚至发起革命。他或许会赞同霍布斯的观点,即要使革命对当时的一代人具有意义,可能需要付出极高的代价。当然,我们这一代为变动所付出的代价,对后来者会有价值,不过这已经超出韦伯的合法性理论关注的范围了。

尽管这里所说的合法性是一个实证概念,但它对公众仍会产生激励作用。一旦政权或者法律拥有了某种固定下来的特征,我们就会开始期望它维持这种特征,而我们对它的反应则会推动它按照已经确立的方向前行。我们甚至会认为它沿着那些方向是对的,但从因果关系来说,更重要的是我们的行为又进一步强化了它的特征。

一般来说,诸如合法性和同意这类零碎的观念并没有独立的道德地位。在具体问题上,它们的道德含义取决于其他的考虑,尤其会从属于更一般的道德原则和理论原则。所有使合法性成为一个条理分明又令人信服的规范概念的努力都失败了,原因大多如休谟所说。也就是说,从关于我们的世界和我们的行为的很多事实出发,并不会导出道德上的结论。我们在分析这个世界的时候可以带上,但不能从中找到道德观念。关于合法性唯一有用的概念以事实为基础,包括同意和服从的事实。说某个法律体系或政府统治之下的行为是合法的,我们或许知道是什么意思。但要得出结论说这个行为是好的或正当的,则需要更多的东西。如果我们还要更进一步说,使这一行为合法化的法律或者政权体系本身是善的或正当的,那么我们大概能说这些行为是善的或正当的。

许多研究者都把同意或一致视为正当性的依据(如 Gauthier 1986;Habermas 1975/1973)。我们则认为,同意本身无所谓是非对错,但如果我们对 X 表示同意,那么 X 就具有了某种正当化的理由。但即便如此,同意在规范意义上也不是决定性的,因为我们可能会同意去做某种可怕的事情,而我们的同意并不能使其正当化。合法性也具有类似含混的性质。因此,明智的道德和政治哲学家会让社会科学家去使用这些词语。对后者来说,实证概念具有实证的价值,它们无须具有特别的规范性内涵。我们可以从通常的道德理论出发,对不同的政府和政策进行规范性评价;但我们会发现,这种道德判断与实证意义上的合法性并不太相关。

一般来说,政治科学家可能也希望获得某种合法性的观念,用以预测公众的行为(如 Rogoswki 1974)。一种很可能表达不清的情感主义的论述,却可能正好适合大众的口味。当然,我这是一个客观的而非规范的论断。情感主义能够为那种完全非道德的政权,比如希特勒政权,授予合法性。在最近的大量关于所谓"信任政府"的文献中,会有部分相似的内容。几乎没有人会像信任好朋友或者近亲一样信任政府,而对信任任何逻辑一贯的论述指的都是前者。离开这种语境谈论对政府的信任就进入了情感领域。举例来说,2001 年 9 月的恐怖袭击之后,美国人对其政府的信任比这一袭击之前高出了得多。但是,对这个政府的可信任度来说,这样一种回应在客观上没有任何意义,因为正是这个政府对有关恐怖袭击准备活动的报告充耳不闻,它让自己的一位官员放下这个问题,而且驳回了联邦调查局对事发前一批移居者的怀疑——他们在学习驾驭商用飞机,但并不学习如何降落。

　　信任是一个常常被滥用的词,而在这里它似乎仅仅意味着某种"聚集在国旗周围"的行动。在公众声称他们极度信任政府的时候,他们实际表达的可能仅仅是对政府的强烈支持和忠诚。这种表达可以为我们解释公众行为提供有用的信息,但这和对一位朋友的信任没什么相同之处(Hardin 2002,第7章)。类似地,以高度情感化的方式宣示某个政权的合法性或者正当性,对于政府政策的施行,以及解释公众的某些行为非常重要。但是,情感主义理论是一种有关道德信念或反应的心理学本质的理论,它并非道德理论。与之类似,合法性和同意也并非道德原则。在公众层面上,它们的客观内容多半是情感性的。

参考文献

AUSTIN,J.1832/1954.*The Province of Jurisprudence Determined.*New York:Noonday.

BARRY,B.1989.*Theories of Justice.*Berkeley and Los Angeles:University of California Press.

——1995.*Justice as Impartiality.*Oxford:Oxford University Press.

BENTHAM,J.1789/1970.*An Introduction to the Principles of Morals and Legislation*,ed.J.H.Burns and H.L.A.Hart.London:Methuen.

CALHOUN,J.C.1853/1992.*A Disquisition on Government.*Pp.3-78 in *Union and Liberty:The Political Philosophy of John C.Calhoun*,ed.R.M.Lence.Indianapolis:Liberty Fund.

CURLEY,E.1994.Introduction to Hobbes's *Leviathan.*Pp.viii-xlvii in *Leviathan*,by T.Hobbes.Indianapolis:Hackett.

DALY,J.1979.*Sir Robert Filmer and English Political Thought.*Toronto:University of Toronto Press.

FILMER,R.1680/1949.*Patriarcha:A Defence of the Natural Power of Kings against the Unnatural Liberty of the People.*In *Patriarcha and Other Political Works of Sir Robert Filmer*,ed.P.Laslett.Oxford:Oxford University Press.

FINNIS,J.1998.*Aquinas:Moral,Political,and Legal Theory.*Oxford:Oxford University Press.

FLATHMAN,R.E.1993.Legitimacy.Pp.527-33 in *A Companion to Contemporary Political Philosophy*,ed.R.E.Goodin and P.Pettit.Oxford:Blackwell.

FULLER,L.L.1958.Positivism and fidelity to law.*Harvard Law Review*,71:630-72.

GAUTHIER,D.1986.*Morals by Agreement.*Oxford:Oxford University Press.HABERMAS,J.1975/1973.*Legitimation Crisis*,trans.T.McCarthy.Boston:Beacon Press.

HARDIN, R. 1990. Rationally justifying political coercion. *Journal of Philosophical Research*, 15:79−91.

——1998. Reasonable agreement: political not normative. Pp. 137−53 in *Impartiality, Neutrality and Justice: Re-reading Brian Barry's* Justice as Impartiality, ed. P. J. Kelly. Edinburgh: Edinburgh University Press.

——2001. Law and social order. *Philosophical Issues*, 11:61−85.

——2002. *Trust and Trustworthiness.* New York: Russell Sage Foundation.

——Forthcoming. *Hume: Political Theorist.* Oxford: Oxford University Press.

HART, H. L. A. 1958. Positivism and the separation of law and morals. *Harvard Law Review*, 71:593−629.

——1961/1994. *The Concept of Law*, 2nd edn. Oxford: Oxford University Press.

HOBBES, T. 1651/1994. *Leviathan*, ed. Edwin Curley. Indianapolis: Hackett.

HUME, D. 1739−40/2000. *A Treatise of Human Nature*, ed. D. F. Norton and M. J. Norton. Oxford: Oxford University Press. Cited in the text by book, part, section, and paragraph numbers.

——1741/1985. Of the first principles of government. Pp. 32−6 in *David Hume: Essays Moral, Political, and Literary*, ed. E. F. Miller. Indianapolis: Liberty Classics.

——1748/1985. Of the original contract. Pp. 465−87 in *David Hume: Essays Moral, Political, and Literary*, ed. E. F. Miller. Indianapolis: Liberty Classics.

——1752/19850. Of commerce. Pp. 253−67 in *David Hume: Essays Moral, Political, and Literary*, ed. E. F. Miller. Indianapolis: Liberty Classics.

——1752/1985 *b*. Of the Protestant succession. Pp. 502−11 in *David Hume: Essays Moral, Political, and Literary*, ed. E. F. Miller. Indianapolis: Liberty Classics.

KELSEN, H. 1934/1967. *Pure Theory of Law.* Berkeley and Los Angeles: University of California Press.

LOCKE, J. 1689/1950. *A Letter Concerning Toleration.* Indianapolis: Bobbs-Merrill.

——1690/1988. *Two Treatises of Government*, ed. P. Laslett. Cambridge: Cambridge University Press.

MARSHALL, G. 1984. *Constitutional Conventions: The Rules and Forms of Political Accountability.* Oxford: Oxford University Press.

Marsilius of Padua. 1324/1956. The *Defensor Pads* [The Defender of Peace], trans. A. Gewirth. New York: Columbia University Press.

OAKLEY, F. 1983. Legitimation by consent: the question of the medieval roots. *Viator*, 14:303−35.

PROAST, J. 1690/1984. *Letters Concerning Toleration.* New York: Garland.

QUTB, S. 1990. *Milestones* [Ma'aallim Fittareek], trans. A. Z. Hammad. Indianapolis: American Trust Publications.

RAWLS, J. 1971/1999. *A Theory of Justice.* Cambridge, Mass.: Harvard University Press.

ROGOWSKI, R. 1974. *Rational Legitimacy: A Theory of Political Support.* Princeton: Princeton University Press.

SCANLON, T. M. 1982. Contractualism and utilitarianism. Pp. 103−28 in *Utilitarianism and Beyond*, ed. A. Sen and B. Williams. Cambridge: Cambridge University Press.

——1999. *Wliat We Owe to Each Other.* Cambridge, Mass.: Harvard University Press.

STINCHCOMBE, A.L.1968.*Constructing Social Theories*.New York:Harcourt,Brace.

SWEDBERG,R.2005.*The Max Weber Dictionary:Key Words and Central Concepts*.Stanford,Calif.:Stanford University Press.

WEBER,M.1922/1978.*Economy and Society:An Outline of Interpretive Sociology*,trans.E.FischofF et al.,2 vols.Berkeley and Los Angeles:University of California Press.

WOLIN,S.1988.Contract and birthright.Pp.12-30 in *Crisis and Innovation:Constitutional Democracy in America*,ed.F.Krinsky.New York:Blackwell.

第十一章 民族认同

拉尔·格林菲尔德(Liah Greenfeld)

乔纳森·伊斯特伍德(Jonathan Eastwood)

一、民族主义和民族认同:定义问题

在研究民族认同之前,我们必须对认同本身进行一点初步研究,因为某一类型中个体的诸多特征,都取决于这一类型的性质。从个人层面看,认同可以被理解为某人对其本人与周遭社会的关系结构与构成的认知地图的一个方面。所谓认知地图,则是某个社会行为者关于社会秩序的图像,它可以被细分为不同的组成部分:一般社会秩序的图像、对行为规范有意识或半有意识的预期、道德和正义的观念,等等。认同之所以是认知地图的一个侧面,而非其组成部分,是因为它与认知地图本身的很多组成部分都具有不可分割的关系。个人的认同与其世界观、伦理观等密不可分。

正是出于这个原因,所以个人对认同的需要,与对更普遍的秩序的需要紧密相连(Shils 1975;Berger and Luckman 1967;Geertz 1977)。人类并非生而具有某种生物学意义上预先规划的秩序蓝图,因而必须自行对其加以建构。文化满足了这种功能性的需求(上述"认知地图"仅仅是社会秩序文化蓝图的一种典型化、内在化的形式)。要实现基本的人类活动,需要每一个社会行为者都拥有相对清晰的、相对融贯的自我观念,而社会混乱(即社会结构层面上的秩序崩溃)在生存经验层面的首要体现就是个人体验的崩溃。

个体认同有多个层次,其显著性在不同文化之间(即在他对多种文化的典型经验之间),以及同一个体身上的不同,取决于他在某一文化中的经验视界。因此,通过周遭的环境、通过沟通交流及其他类型的互动,甚至生物层次上潜在的干预(因为认同根植于人的大脑,它受特定的生物结构影响),个人多层认同的不同方面最终会被塑造为某种统一的信念。

典型的个体认同（与所有个体意识一样，涂尔干进行了有力的论证，1965，lvi，1—10页）与该个体的文化，即他所处的主体间的意义空间密不可分。从根本上看，文化本身是一种符号性的、生成中的现象，我们最好把它视为一个过程，它的本性决定了它要经历持续的变化。显然，这种持续的变化，不仅表现为文化外在的符号形式，同时也表现为个体的意识经验（同时也是其经历的认同）。不过，当我们谈到认同的时候，我们指的是集体形成的共有范型，它塑造了个体认同，因为我们这里目标并非要从心理学的层面检视民族认同。

为了把事情讲清楚，我们可以用另一种方式划分认同的类型。不同的认同具有不同的指向，它们对应着人类行动不同的核心领域或模式。这样，我们可以把"政治认同"视为认同的一个次级类型，它指向政治，也就是说，政治认同是人们在某个共同体中有关权力分配（或者支配关系结构）的认同。需要强调的是，没有哪一种核心的认同形式可以单独成为政治认同。核心认同在个体的所有活动领域指导其行为、影响并决定更为特殊的认同，如性别认同、职业认同，以及作为家长的认同，等等。比如，一位美国女性的行为会与"一般意义上"的女性的行为不同（事实上，这是无法假定的），也会与一位中世纪信仰基督教的女性的行为不同。一位美国社会主义者和一位俄罗斯社会主义者的认同也不会相同（其差异来自于民族认同的差异）。下文我们将表明，民族认同的确是一种政治认同，但又不局限于此。

尽管将某些文化时刻进行普遍化往往会掩盖文化进程中丰富的细节，但也还是有可能标示出这一进程中不同时刻的差别性特征。这些时刻对应着文化进程塑造其参与者核心认同的主要方式。因此，人们可以说某种文化本质上是"宗教性的"，而作出这一认定的主要依据之一就是该社会中典型认同的本质。一个本质上属于宗教性的社会，人们共有的"世界图景"（用韦伯的词汇）的基础是如下观念，即存在某个彼岸的、"超验"的世界，与我们这个世界（即与缺乏独立意义的"世俗的"或"尘世的""经验"世界）相比，它更优越，或者更重要、更根本。这个超验世界并不一定需要被设想为某个特殊的地方——比如基督教世界中的天堂；其实根据定义，像佛教那样并不从空间意义上设想超验性的文化形态也可以是"宗教性"的。宗教认同——在任何宗教文化中都是核心的认同形式——就以某种方式联系着或者指向这个彼岸的、超的世界。这种联系可能体现为以中世纪基督教的形式，人们认为自己被置于人世，只是进行一场简短的预备性"测试"，而其结果将决定他们在彼岸世界的命运；在印度教徒看来，多重轮回转世之路最终会通向涅槃；佛教徒则希望通过仪式活动和冥想来实现自我解脱。在所有这些背景之下，人的自我理解本质上都与导向这一彼岸世界的生活策略相连。

民族认同并非宗教认同（正如民族文化不是宗教文化一样），而且我们将会看到，民族认同颠覆了前文讨论的宗教认同的核心特征,因为民族认同属于此岸的、经验的、真正的世俗世界。

什么是民族认同独有的特征? 首先,正如所有认同一样,它与某种特定的"世界图景"有关,在这里即是"民族的"世界图景。这种世界图景有三个基本特性,使其与在此之前的世界图景(以及相应的认同)相区别。首先,如上所述,它在本质上是世俗的。它专注于经验世界,并赋予它终极的意义。对它而言,经验的、通过感官体验的人的生活乃是最重要的事情。随着时间的推移,民族的世界图景不断自我扩展,那种要求对"此岸"的关注服从于彼岸世界的主张越来越边缘化,甚至在很多表面上的宗教人士看来也是如此。民族的世界图景第二个关键的特征表现为,它把人类世界划分成具体的共同体,它们在空间上与大众或者"人民"重叠,后者本身则被想象为(在理想情况下)一些不可分割的实体。简而言之,民族的世界图景是一种平等主义的世界图景。民族认同与以下观念密不可分:在一些重要问题上,每一个人都与他的所有同胞平等。民族认同最后的一个重要特征是人民主权的观念。在民族的世界图景中,政治权威的合法性基础在于民族——或者人民——本身。因此(加上第二个特征),民族社会是现代民主形式(在托克维尔为这个词赋予的意义以及当代话语中这个词的意义上)的源泉和文化蓝图。民族认同这三种决定性特征中的每一个,都与民族的世界图景有关,这一点对于读者来说是直观明显的。①

民族主义(具有突出的民族认同特征的文化形式)是现代最为根本的社会秩序图景,它体现了现代社会意识的特殊形式,因而也可被视为现代世界社会和政治组织不同特征的文化"蓝图"。当然,这并不意味着我们接受一种天真的建构主义或理想主义的立场。正如下文所指出的,我们并不认为民族主义的出现独立于先在的社会结构模式,或者说在社会和政治结构还没有因为种种条件和因素而变得有问题的时候,它就独立地改变了这些结构。这里我们不准备详述民族主义和民族认同(除其他因素之外,它还包括理性化的法律体系,在大多数的民族主义观念中,还包括经济的持续增长②)在文化、经济、社会和政治上方方面面的影响,但对其中的两个主要方面,一个有关社会结构,另一个有关政治制度的特征,还是需要加以相应的考察。

民族主义最根本的社会成果就是一种开放的社会分层体系(即一种向上和向下的社会流动都有可能,甚至受到鼓励的身份体系)。如上所述,这就意味着从民族主义的观点来看,共同体的成员在一些极为重要的意义上彼此平等。下面将会看到,在不同民

① 对这一定义更为细致的讨论,可以参见 Greenfeld(1992)。

② 见 Greenfeld(2001b)。

族之间,以及不同类型的民族主义之间,在哪些方面对民族成员平等相待会有所不同。但是,假定存在一种基本层面的平等,就意味着开放的分阶系统。换言之,民族认同与一种选贤任能的社会秩序相关联。

学者们很久以前就注意到现代社会高比例社会流动的特征,但意识到这种流动性本质上与民族主义相关则是相对晚近的事情(即使现在这一点也未能在民族主义理论家中达成共识)。随着社会学和政治学的制度化,虽然也有明显的例外,但占据统治地位的是主流的、结构主义的科学哲学。受其影响,长期以来人们认为开放性社会分层结构的出现,可以被简单地解释为资本主义市场的职业结构内置化的结果。我们并不怀疑资本主义在这个方面的相关性和重要性,但以下两种观点却有待商榷,即考虑:(一)资本主义是自然的,(二)它直接作用于阶层结构之上,并未受到任何观念或文化力量的影响,因而应该被视为首要原因。当然,在封闭的分层结构中,有才能的男女不能自由地追求他们认为合适的经济目标,则资本主义的发展会受到束缚;而在继承权的基础上分配具有重要的经济意义和责任的职位,则被视为经济的糟糕表现和最终失败的根本原因。因此,认为资本主义的兴起促进了分层结构的开放可能是正确的,而否认资本主义经济的动力机制对人们在社会等级中向上和向下流动的模式具有重大影响,则并非明智之举。

导致等级制社会秩序崩溃的是这样一些观念,即社会秩序是由平等的个体组成的,与之相应,地位应该通过自己争取而非根据出身指定。对于民族主义问题来说更重要的是,正是这种观念支撑并维持了开放的社会分层结构。如果在开放性分层结构的合法性问题上缺乏根本共识,则会对社会产生巨大的冲击,因为开放性分层结构与民族认同紧密相关,也与现代社会和政治生活的诸多关键特征相关,更是社会失序的主要决定因素(或者换言之,它本身就被认为是社会失序的一种形式)。[①]

民族主义因其对开放性分层结构提供了一种清晰的描述而能够存续下来、并在某种意义上将这种无序制度化,意味着民族认同与现代生活中若干显著的经验特征紧密相关。首先,它与野心和妒忌在现代情感谱系中占据的显著位置紧密相连,而且在一切与此相关的文化形式(比如现代小说)的发展中的确是一个非常重要的因素。开放性分层结构同样为政治不满提供了典型的现代基础和演出舞台。由于人们的预期不断地提高,再加上大多数民族主义都明确宣扬一种建立在选贤任能原则基础上的社会秩序,因此他们的挫折在某些情况下就会导致政治上的动荡。[②]

---

① 见 Durkheim(1984,1979)。

② 对这些问题更为细致的探讨,可以参见 Greenfeld(forthcoming),亦可以参见 Greenfeld and East-wood(2005)。

民族主义和民族认同最首要和最根本的政治体现就是近代国家,换言之,民族主义意味着一种以国家为中心的政治。初看上去,这可能是一个不适当的激进判断。自从农业的发展,使得一个不事劳动的政治阶级得以存续的时刻起,国家不就产生了吗? 或者说在中世纪和近代早期的国王们从贵族手中夺取控制权、并建立了他们自己真正的主权的时刻,国家不就形成吗? 难道不存在世袭制国家吗?

许多评论者都依据马克斯·韦伯在《以政治为业》一文中的论述,不加批评地将其视为国家的定义,即国家是集中的、建立在地域基础上的政治机构,它拥有合法使用暴力的垄断权,似乎他对国家的定义仅限于这些特质。但是,此种解释所依据的段落中韦伯的定义方式偏离了他通常的做法。一般来说,韦伯(他坚定的后继者们也一样)会联系某一制度之下人的基本倾向来定义这个制度;也就是说,通过制度所要达成的目标,或者所要满足的对象对其加以定义。韦伯式的科学社会学家,如罗伯特·默顿和约瑟夫·本—大卫,正是以此种方式研究科学制度的。他们依照韦伯在《以科学为业》一文中的相关论说,将其定义为一种结构化的活动,目的是满足某些个人对经验世界的好奇心(Weber 1958;Ben-David 1971;Merton 1938)。

然而,韦伯在上述引文中所说的是,我们不能通过联系国家追求的目的对其加以定义,因为国家纯粹是工具性的。权力本身并非目的(权力仅仅是某一行为者实现其目的的可能性)。因此,韦伯转而通过国家运用的手段来定义国家,而它最独特的手段就是对暴力的合法使用。

但是,如果考察韦伯作品中其他通常被忽视的段落,我们就会意识到,国家最重要的特征是它的非人格性,也就是说,国家的存在及其合法性完全独立于主宰并运营它的那些个人,包括国家首脑,他拥有的是一个职位。① 正是这一特征,使我们所说的国家这种政治制度,与类似以路易十四为首的那一种管理机构清楚地区分开来。韦伯在《社会学基本概念》的一个脚注中写道,"国家的概念直到现代才获得了充分的发展",因此,

最好使用适合于现代类型的国家的术语对其加以定义,但与此同时这些术语又要与我们当下的价值观保持距离,因为后者太易变。现代国家首要的形式特征在于:它拥有一套可以通过立法加以变更的行政和法律秩序,同样受到规则控制的行政机构有组织的行为需服务于这一秩序。这套秩序体系不仅对国家的成员即公民(他们中的大部分因出生而获得成员资格),而且在很大程度上对其管辖范围内的所有行动都拥有约

---

① 我们并不是主张仅仅通过其非人格性定义国家,这只是它核心的、区别性的特征之一(也就是说,国家不能被简单地定义为一个非人格的政治结构,因为存在诸多并非国家的非人格政治结构)。国家确实如韦伯所观察的那样,在某一领土范围内,垄断了暴力的合法使用权。

束力。因此,它是一个建立在地域基础上的强制性机构。而且在今天,只有在国家允许或者国家要求的情况下,对暴力的使用才会被视为合法。(Weber 1968,56 页)

在此,尤为重要的是行政与法律秩序以及立法权的关联,以及下述事实,即根据这一定义,国家的所有管理者都要遵从它的规范,没有人能置身于这些规范之上,或者它们之外。初看上去,这种非人格性似乎并不依赖民族主义,但事实上,它是民族主义人民主权原则的体现,因为政治权威的最终来源是想象出来的民族意志,也因为在一个民族社会中,领导者只能以人民之名并受人民之托进行统治(无论是否通过形式民主的方式制度化)。① 简而言之,在实践中,非人格化意味着主权的持有者(民族)需要某种机构代行其权威,这就产生了各种形式的代议制。这样我们就能理解,为何在历史上,唯一能与民族认同相安无事的君主制形式只有立宪君主制。

二、民族主义兴起的历史解释

在民族认同兴起的原因问题上,研究民族主义的历史学家们从未达成共识(这并不令人惊奇,因为他们就连对民族认同的定义都争论不休)。或许最根本的分歧存在于我们所谓的社会学结构主义和文化建构主义这两种不同的研究路径之间。民族主义和民族认同的本质问题(即如何定义这些概念),与何以会出现这些现象的有关原因的问题紧密相关,而后者又不能与民族主义和民族认同出现的时间的问题分割开来。安东尼·史密斯为我们提供了一幅这一领域很方便的学科地图。他认为,关于民族主义产生的理论可以分为三种范式:原生论(民族主义一直存在,对于进化论心理学中最激进的原生论者来说,民族主义是一种在生物学意义上内置于我们体内的东西),共存论(这种范式大致认为,民族主义没有生物性基础,因此也并非我们本性永恒的组成部分,但很多世纪以来,它毕竟以不同的形式与我们共存),以及现代主义(这种范式当然认为,民族主义是一种现代的现象,尽管"现代主义"理论家们对现代性出现的时间,甚至其基本特性都存在不同的理解)(Smith 1986,7—12 页)。

从进化心理学的角度来看,民族主义不需要任何解释。它与任何意义上的地域性或直觉性的群体意识融为一体,存在于任何类型的社会(包括动物社会)中,本质上类似于部落社会相互团结的情感基础。如果说此类理论家还是对民族主义提出了某种解释的话,那么它也会陷入进化论的循环论证。也就是说,在进化论的观点看来,民族主义之所以是进化选择的结果,是因为它增强了拥有这种情感的人群成功地再生产出这

---

① 对于民族主义和国家之间关系更进一步的讨论,可参见 Greenfeld(1996)。

种情感的能力。这种解释本质上与理查德·道金斯(Dawkins 1976)和其他人对利他主义的解释类似。在比较政治研究中,极少有人会采用这种路径,而且也很难想象它能对我们理解当今世界的民族主义作出什么重大贡献(如果有所贡献的话)。当然,也有一些不那么倚重生物学基础的原生论(它们在比较政治学领域确实更具影响力),比如沃克·康纳(Walker Connor,1994)的著作就体现了这种思想。

如上所述,被安东尼·史密斯称为"共存论"的一系列相关论点,只是在程度上与原生论略有不同。依据史密斯的说法,共存论认为"我们在现代社会发现的人类单元和情感,不过是可追溯到人类更早历史阶段的相似单元和情感更强烈、更有力的形态;正因为人类的特性、他们对亲缘和团体归属感的要求,以及对交流和意义中文化象征的需要不变,所以我们会认为民族和民族主义是与人类共存的,或者普遍性的,尽管它不一定是自然的"(Smith 1986,12页)。对一些人来说,要区分共存论和原生论不是件容易的事情,或说它们之间的差异仅仅是程度的问题。

大多数民族主义的研究者都是"现代主义者",而他们中的大多数又一直尝试通过某种形式的结构主义来解释民族主义的兴起。对民族主义兴起最初的、也是最简单的结构主义解释认为,应该联系民族主义对资本主义世界经济发挥的功能对其加以理解。一些学者因而认为,民族主义(他们一般不对这个概念加以定义,实际上就如同在这一章里那样根本没有定义,或简单地将其理解为某种团体情感,甚或文化沙文主义)的产生,是为了推动特定的社会行为者能够以资本主义扩张和支配世界所必需的方式行动。比如,经典的马克思主义理论认为,民族主义的基本功能是分化无产阶级,以延缓其集体性的阶级团结,直到生产力(以及工人阶层的"贫困化")充分发展、革命不可避免的那一刻为止。[①] 另一些学者宣称(以循环论证的方式),民族情感有助于民族市场的产生和/或民族工业的兴起。对他们来说,民族主义和民族认同的产生、发展和续存,都可以通过它们所发挥的这些所谓的功能得到最好的*解释*。应该强调的是,并非所有持这种观点的人都认为自己是马克思主义者,他们可能在其他很多问题上不同意马克思的理论,但是事实毕竟不容否认,民族认同的概念及其历史起源在很大程度上必须归功于

---

① 或许,正是出于这个理由,所以"无产阶级反对资产阶级的斗争首先是一国范围内的斗争",因为"每一个国家的无产阶级当然首先应该打倒本国的资产阶级的问题。"马克思区分共产党和当时其他左翼政党的两个主要依据之一就是,"共产党人强调和坚持整个无产阶级共同的不分民族的利益"(Marx 1978,482—484页,中译文见《马克思恩格斯选集》第二版第一卷,第283、285页——译者)。另外,马克思也作出过有关民族主义消亡的著名论断(见Marx 1978,476—477页,这里可能指马克思和恩格斯如下的一段话:"现代的工业劳动,现代的资本压迫,无论在英国或法国,无论在美国或德国,都是一样的,都使无产者失去了任何民族性。"《马克思恩格斯选集》第二版第一卷,第283页)。安德森之所以写下《想象的共同体》一书,至少部分是为了解释这一"对马克思主义理论的偏离"(Anderson 1991,第3页)。

马克思。比如,自诩的马克思主义者霍布斯鲍姆就提出了一种与盖尔纳(Ernest Gellner)明显类似的论断,但后者却不认为自己是马克思主义者。①

有些学者并不直接把民族主义的诞生与资本主义联系起来,但认为它与国家相关。我们可以称之为结构主义民族主义理论的第二个重要版本。这些理论家认为,18 世纪和 19 世纪的政治家将民族主义视为保证社会团结的适当基础。因此,他们采取了一种人为的(对一些理论家来说,这是一个有意识的过程)策略,通过激发民族主义使国家合法化。这里需要强调的是②,与那些主张文化现象源自资本主义经济发展而无需国家介入的理论相比,专注或者说试图对"国家"加以说明的理论同样受到结构主义的影响。因为这些理论家中的大多数(当然并非全部③)又把国家本身视为资本主义经济过程的产物。④ 也就是说,对大多以国家为中心的民族主义理论家来说,国家的角色仅仅是在资本主义经济发展和政治认同之间居间调节,所以政治认同的概念仍属于传统马克思主义"上层建筑"的范畴。主张"把国家请进来"和"把国家赶出去"的理论家之间的差异,并不像通常认为的那么大。

我们可以将本尼迪克特·安德森的学术成果,以及诸多由他引发的作品归为第三种类型。当然,对安德森来说,民族认同最突出的特征就在于民族是一个"想象的共同体",同时也被想象为一个"拥有主权的"、充满了"深厚的、平等的同胞之谊"的共同体(Anderson 1991)。由于安德森民族主义不过是一种想象成分(从上文的讨论可以看出,所有的认同都是想象出来的,甚至那些其成员整天面对面打交道的群体也不例外),许多解释者把他的论点视为建构主义的变种。但是,在安德森对民族主义兴起的解释中存在一个独立变量,当然,如果从某种不同的角度阅读他的文本,也许还可以辨识出两个独立变量。首先也是最明显的,是安德森称为"印刷资本主义"的一系列因素,即以牟利为目的的大规模传媒的扩展。安德森认为,印刷资本主义不仅使民族主义的扩展成为可能,而且实际上它就是民族主义的根本原因——印刷资本主义生产的媒体通过交流把人们联系在一起,他们自己就制造了所谓的想象的共同体(不清楚的是,

---

①　他们的论述惊人地相似,霍布斯鲍姆也清楚地指出了这一点。首先,他接受并运用了盖尔纳对民族主义的定义,然后指出:"如果我对盖尔纳的作品有批评的话,那主要就在于他那种自上而下解释现代化的视角,使之不能对那些自下而上的观点施以充分的关注。"简而言之,盖尔纳和霍布斯鲍姆观点间的差异,从根本上说不过是视角或者侧重点的不用,因为他们都把工业现代化视为民族主义的根源(参见 Hosbawm 1990,9—11 页)。

②　此处原文为"Several thins should be noted here,first,..."但下文没有"其次"一类的论述,而是直接转入了"第三种类型",故改现译。——译者

③　比如布勒伊就对这种把民族主义最终归因于经济过程的做法持怀疑态度(Breuilly 1994)。

④　比如,盖尔纳认为民族主义是"同质性的客观需要"产物,因为"现代工业国家只能在流动的、受过教育的、文化上标准化的、人与人之间可相互替换的人群中发挥作用。"(参见 Gellner 1983,46 页)。

如果这是事实,那么为什么媒体会自然导致那些把自己想象为"主权者"的共同体的诞生,"平等的同胞之谊"又来自何处)。无论如何,我们不难看出印刷资本主义仅是资本主义自身发展的一个阶段,从这个角度来看,安德森的论述应该被视为上述第一类结构主义理论的变种。在安德森著作的某些段落中出现的另一个独立变量,至少在表面上看非常不同。在某些关键地方,政治—行政管理体系的结构是决定性的。这一点在他对拉美的考察中尤为明显。他认为,西班牙殖民体系的行政管理单元创造了"想象的共同体",并且它们迅速演变为民族。

另一种解释民族认同起因的方法,并没有把注意力放在诸如资本主义经济的发展或者国家等先定的"第一因"上面,而是采取了真正意义上韦伯的视角。当然,这并不意味着这种方法采用了韦伯关于民族主义的实际观点[1],这种观点虽然给人们以启发,但也有其局限,而且可能最终让人误入歧途;也不是因为某人讨论了韦伯曾经讨论过的问题(如国家),就给他贴上"新韦伯主义者"的标签。相反,我们的意思是,我们不预先断定因果关系(我们确实认为社会生活中的因果关系是多重性的),我们希望发现的,是观念(如民族认同这样的观念)与社会的所谓结构性特征之间的互动关系。我们试图通过获得民族认同的个人的意识,来理解民族认同的产生和传播。这些个体遇到了什么样的认知困难,需要通过建构一种新的社会世界图景来加以解决?

上文曾经提到,身份和认同之间具有复杂的联系。身份结构能够被概念化为前述认知地图的框架。人类需要的秩序当然不仅限于人类社会自身,还需要某种宇宙秩序的图景,但社会秩序的确是根本性的,它主要通过身份归属来实现。[2] 因此,社会结构的瓦解——尤其是身份等级制的瓦解——与个人层面的认同问题是同时发生的。这是一个由克里斯托弗·拉什(Lasch 1991)提出,但未经证明的假定。他尝试以此解释"自恋文化"现象的产生,这种现象往往出现在那些被认同问题困扰的社会。

经验研究有力地证明,在前民族社会中,当旧有的身份突然成问题的时候,各社会阶层可能会转向民族主义和民族认同。简言之,这些群体之所以会选择民族的世界图景和与之相应的认同,恰恰是因为他们需要解决与身份相关的问题;而民族主义之所以看起来能够解决此类问题,则是因为它的平等主义特性。正因为它明确宣称民族的所有成员都是平等的,所以可以将其视为感受不公的阶层对其身份状态的谴责(同时还

---

① 见 Weber(1995,21—25 页)。

② 作者确实认为,对秩序的需求是"原生的"。在关于民族主义的学术讨论中,这种观点不能和"原生论"的观点相混淆。我们认为,民族主义与所有文化形式一样,是对这种原生性需求的一种可能的回应,但绝不是普遍性的。本章其他部分的讨论会证明这一点。

提供了一套表达这种不公正感觉的语言）。① 这并不是要对这些群体的实际体验提出任何规范性的要求，因为谴责那些应该为路易十四统治下的法国贵族，或者英帝国统治之下印度的知识分子困境负责的人，这并非社会科学的工作。重要的问题是不公平的感受，它在所有情况下都与旧有等级特权制度的动摇相关。

根据这一研究传统，民族主义的兴起，恰恰回应了传统等级的崩溃。由于民族主义和民族认同都属于某种观念，而不是在社会发展到某种水平"自然"产生的机械性的现象，因此，它们是在某个特定的时间、特定的地方被创造出来的（尽管我们永远都无法追寻到这一步，但从逻辑上说，这些观念肯定是由某个具体的人首先想象出来的，而他也肯定根本不会想到这些观念会给整个世界带来多么巨大的变化）。民族主义和民族认同产生于 16 世纪初的英国，它建立了一种新的观念策略以应对身份问题上出现的深刻矛盾。这种矛盾对于旧贵族的残余，特别是向上流动的新的社会成员都存在，而后者正越来越多地跻身于官僚系统，以及玫瑰战争之后几年中都铎王朝的贵族阶层。不应忘记的是，从有序社会的自我理解来看，此类社会流动的发生完全是非自然的（甚至可能是错误的）。为了理解这一点，我们必须在概念上走出我们自己的文化（这是一种本质上要求开放性分层结构的民族文化），如此才能感受到②，社会流动，以及更一般意义上的"自我实现"在当时并不受欢迎，而且实际上到底被人诅咒。对于都铎时代的英国向上流动的那些人来说，要让他们从自己的经验中得出什么结论想必是很困难的。"民族"一词，在这个文化时刻的语境中就意味着"精英分子"，当把它用于人民大众时，就等于赋予这些个人一种身份，表明了他们作为向上流动的社会成员的生活经历。通过给予他们一种新的认同——民族认同，全体民众似乎都被贵族化了（如果能用旧世界的术语表达这种新认同的话）（Greenfeld 1992）。

民族主义和民族认同的发展并不平衡，其原因现在已经很明显。因此，如果用一种粗线条的方式对其在欧洲和其他地区的发展加以描述（即以同样的步伐在整个欧洲大陆前进），则一定会产生误导。在相当长的时间内，英格兰是唯一一个可以在严格意义上说拥有民族认同的社会，尽管通过文化间的接触，其他人也会了解这个观念，因此人们可能注意到，在 17 世纪，偶尔也会出现法国、西班牙或者德国的"民族主义者"。不过通常情况

---

① 民族主义具有平等主义的特性，但这并不意味着（一）它的平等主义理想能够普遍实现；（二）各种民族主义对平等的理解都相同（比如，一些人认为，平等可以理解为公民权利平等，另一些人则认为平等意味着在威权社会中能够平等地分享"荣誉"和尊严）；（三）民族主义不能用来制造成员和非成员之间的不平等。此外，无论民族主义多么倾向于平等主义，它都无法消除社会分层和权力分配。因此，在所有民族社会中，民族主义都为某些程度的不平等提供了合法性的框架。

② 此句原文为"...step outside of our own culture which（being a national culture, which by definition prescribes open stratification）to recall that..."疑为"...step outside of our own culture（...）to..."之误。

下,虽然"民族"这个词在这些社会中也被使用,但它仍然保留了传统的含义,即"基于出生的共同体"。更重要的是,它并未构成其成员的核心认同。事实上,对于他们的自我理解来说,"民族"这个概念完全处于边缘地位,而且由于它的内涵非常稀薄,所以也只能如此。

当民族认同的观念真正传入其他社会时,如上所述,它常常要借助那些经历了某种形式的身份危机的社会阶层。在法国,这个阶层是贵族。他们受到王室,特别是路易十四的打击(尽管由于一些有趣的心理学上的原因,当君主变得不再那么强势时,这一点甚至变得更加难以忍受)。在此,问题不在于使社会流动正当化,而是如何采用一切必要的手段来支撑那个迅速衰落的等级,哪怕这些手段会完全摧毁旧秩序(Greenfeld 1992)。初看上去让人难以理解的是,那些其个人利益显然在于维护传统身份的个人,居然会转向民族主义这种革命性的学说,但人们意识到这一学说的革命性有多强,一切疑惑都会迎刃而解。转向新观念的人们看不到它的许多性质,这是在历史大潮中,预料之外的结果往往格外显著的一个原因(韦伯和默顿注意到了这一点)。① 那些苦恼的贵族们似乎只看到(一)民族的世界图景能够使他们反抗绝对君主侵蚀其传统特权的斗争合理化,(二)它也许能为他们的身份提供一个新的基础,只要他们能够通过服务民族使这种身份正当化(英国社会明确声称它是一个民族,同时也为精英们保留了一种优势的地位)。他们后来的命运人所共知。

我们可以在其他例子中发现相似的情形,即便在这些地方民族认同的胜利并不总像在法国那样具有决定性。西班牙的民族主义同样是首先征服了一部分贵族(以及社会中一些流动的知识官僚);在拉丁美洲的一些地区,民族认同也是率先在一些旧精英家族中出现的,当时西班牙波旁家族王朝的改革政策使其传统身份受到了挑战。②

德国的情况稍有不同,那里的身份危机由不同的力量所导致,并出现在一个不同的社会群体中。18 世纪德国大学的激增造就了知识分子阶层,而适合大学毕业生的职位又相对缺乏,所谓的教育小说(*Bildungsroman*)敏锐地捕捉到了由此导致的身份危机,其中最著名的就是《安东·莱瑟》(*Anton Reiser*)(Greenfeld 1992)。

民族主义直到 20 世纪才普及到世界上大多数地区,尽管这里不打算详述民族认同在这个时期的传播,但需要指出的是,认为每个社会要真正接受民族认同,都有赖于某个阶层对身份危机的体验,这是一个富有生命力的假设,而且能够在更深入的研究中产生丰厚的成果。另外,殖民主义在民族主义的扩展中发挥了决定性作用,其中有很多原因。首先,殖民体系造就了民族观念的诸多载体;其次,殖民主义往往把殖民地的一部分人置于身份危机之中,从而使民族主义对他们产生了吸引力。

---

① 见 Merton(1936)。

② 见 Eastwood(2006)。

三、民族主义的类型及其政治影响

在理论指导下的民族主义经验研究，对比较政治学最重要的贡献可能就在于它建构了一种民族主义的类型学框架。显然，并非所有民族认同的案例都是相同的，实际上，我们能够分辨出民族认同中相同和相异的形式。

我们对民族主义的类型学研究已经有一段时间了。历史上，大多数的类型学研究都采用二分法，并试图对所谓"东方"和"西方"的民族主义加以区分，前者尤指俄罗斯和中东欧，后者指的是西欧和美国。这种分类法，显然是在冷战中达到高潮的世界划分的体现。在它看来，"东方的"民族主义历史更悠久①，在政治上则属于威权主义甚至极权主义。"西方的"民族主义更可取，它主要限于英国和法国（有时也包括美国）。我们可以在伟大的历史学家汉斯·科恩的作品中找到有关这种分类的经典表述。在《民族主义的观念》和《民族主义的含义和历史》中，科恩写道：

在西方世界，在英国和法国、荷兰和瑞士、美国和不列颠各自治领，民族主义的兴起主要是政治性的事件；它先于民族国家出现，或者像美国那样，与之伴随。在西方世界之外，在中欧、东欧和亚洲，民族主义不仅仅出现较晚，而且一般处于更落后的社会和政治发展水平……在这些地区，民族主义是对既存国家形式的反抗，或者与之相冲突……由于政治和社会发展的落后状态，西方世界之外民族主义的兴起首先在文化领域得到表达。②

批评者认为，这种分类（或许正是因为我们始终没有将其视为理想型）具有将实际存在的民族群体本质化，甚至漫画化的倾向。尽管如此，即便是在最近的理论研究中，此类区分还是以不同的形式体现出来。

---

① 此处原文为"having long histories"，疑有误。从下述引科恩的文看，当为"历史更短暂"。——译者

② Kohn（1944，329 页），并参见 Smith（1971，196—198 页）的讨论。当然不用说，在科恩的著作出版之前的很长一段时间里，就有很多与此不同的民族主义分类方式。马克思·西尔维斯·汉德曼（Max Sylvius Handman）在 1921 年（这个时代与 20 世纪 90 年代一样，民族认同占据了每一个人的思维）提出了一种包含四部分内容的类型学，并把民族主义划分为以下四种类型："压制民族主义（oppression-nationalism），民族统一主义（irredentism），预防性民族主义（precaution-nationalism），以及魅力民族主义（prestige-nationalism）。"以这种分类为基础，路易斯·沃斯（Louis Wirth）提出了一套概念地图，包括"霸权民族主义（hegemony nationalism）"，它具有像 19 世纪意大利和德国统一运动中体现出来的那些特征，目标是实现"领土连续，语言相近以及文化相近""特殊论民族主义（particularistic nationalism）"，它"以分离主义者的民族自决要求为基础""边缘性民族主义（marginal nationalism）"，它体现为"边境领土和人口的特征，例如阿尔萨斯、洛林、西里西亚、石勒苏益格、萨尔区和莱茵兰、意大利—奥地利—瑞士边境交界地区，以及类似的欧洲战略要地"以及"少数民族的民族主义（the nationalism of minorities）"（Wirth 1936）。另参见 Plamenatz（1973）。盖尔纳基本上采用了普拉门纳兹的分类，尽管他增加了第三种类型即"流亡民族主义（diaspora nationalism）"，见 Gellner（1983，101 页）。

"东方的"和"西方的"民族主义这种说法现在基本已经被抛弃了,但我们会看到,甚至在科恩早期的作品中,它们就已经采取了新的表达方式,即"文化"民族主义和"政治"民族主义。当然,如此命名会让采用相应类型学的分析者陷入逻辑矛盾。所有的民族主义和民族认同都是"文化的"(基于上文讨论过的原因)。同样,它们本质上也都是政治性的,因为它们对所在社会的权力分配和运行具有强大影响。

"文化民族主义"和"政治民族主义"的区分流传甚广,这在约翰·哈钦森的著作中尤为明显。他事实上认为文化民族主义具有政治性,感叹"人们对文化民族主义在 18 世纪以来国家形成过程中发挥的作用关注太少"①。很多时候,这种区别表现为"公民的"和"族群的"民族主义这一类似的两分。"公民的"指的就是"政治的",而"族群的"就代表"文化的"。

本章作者更倾向于格林菲尔德最近的类型学研究。她在《民族主义:走向现代性的五条道路》一书中提出,划分民族认同的类型,最好沿着两条主轴展开,这就使上述图景变得更为复杂。X 轴衡量某一民族如何想象自己与其成员的关系。② 在这条轴线的一端,即个人主义的一极,民族仅仅被想象为相互分离的个人的集合。轴线的另一端是集体主义的一极,在这里,民族被描绘为全体成员实体化的表现。也就是说,集体主义把民族想象为存在于所有个体成员之上的"超级代理",是某种集体的存在。社会科学家会感到后一种类型的民族主义在概念上难以把握,因为他们所受的(正确)训练使他们成为方法论个人主义者。在这里,马克思·韦伯的论断再一次得到证实,那就是,若要理解社会现实,我们必须采用其参与者的认知方式,而非我们自己的。

在这种类型划分中,Y 轴衡量民族成员的身份标准。一端是*公民性*民族主义,民族成员的身份与公民身份一致(民族因此被视为一种*联合*,人们可以加入,也可以离开)。另一端则是*族群性*民族主义,民族的成员身份由是否拥有归属特性(通常是明确表现出来的)决定,它常常被想象为民族成员基因遗传的结果。在此需要强调的是,从概念上说这种民族成员身份不可能是选择的结果(当然,逻辑上并不排斥公民性民族的成员"选择"归属于族群性民族)。

从理论上说,这两条轴线会形成四种民族认同的类型,不过需要注意的是,个人主义的—族群的民族主义在逻辑上是自相矛盾的,因此即便存在也极其稀少(虽然有大量证据表明,人们能够容忍那些不被注意的逻辑矛盾,但我们还是不应一开始就假定处于边缘地位的个体社会行动者会通过这样的概念理解他们自己的民族成员身份)。之所以说这是一个自相矛盾的概念,是因为个人主义的民族主义已经预设了在公民性民族主义中民族

---

① Hutchinson(1987a),亦可以参见他的著作 1987b。

② Greenfeld(1992),并参见 Greenfeld(2001a)。

的联合性质,而在被想象为族群的民族中,民族的本质不体现于它的个别成员身上,而体现在他们的共同性(这超出了他们的控制)之中。相反,对那些被想象为公民联合体的民族来说,民族的本质就是联合,这意味着个人主义的民族概念尽管不是必然的,但也是可能的。集体主义的民族主义大多是族群性的,下文将会讨论其中的原因。当然,也存在不少集体主义的、公民性的民族,包括拉美的一些民族,以及可以作为范例的国家,即法国。

这种类型学与罗杰斯·布鲁贝克看起来类似分类不同,后者旨在强调公民性和族群性的区别。布鲁贝克对法国和德国公民身份的研究,基本上重复了上文提到过的传统的分类法。他认为:

> 如果说法国对民族性的理解以国家中心和社会同化论为特点,那么德国理解的特点就是人民中心和社会异质论。由于在德国,民族意识的发展先于民族国家,因此德国的民族观念从起源上说就不是政治性的,而且也与公民身份的抽象概念无关。这个前政治的德国民族,这个寻求国家的民族,不会被设想为普世政治价值的承载者,而是一种有机的文化、语言或种族的共同体,一种不可简化的、特殊的人民共同体(*Volksgemeinschaft*)。(Brubaker 1992,第1页)

需要注意的是,布鲁贝克在这里又退回到"政治"/"文化"的分类框架中。或许更重要的是,他的两分法没有考虑个体主义—集体主义这一重要的维度(当然,公平地讲,布鲁贝克的用意并不在于提供某种民族主义的类型学理论,他不过是在对法国和德国公民身份的研究中运用了这种潜在的分类方法)。

最后需要注意的是,不同的分类的确会产生不同的政治影响。集体主义的民族主义(无论是公民性的还是族群性的)具有威权政治的倾向(或者更恰当地说,在一般水平上,集体主义的民族主义是潜在的威权政治文化最普遍的形式)。这并不意味着族群性民族主义"注定"会导致威权政治,或者其他因素不会发挥作用。我们在此只是指出,在集体主义的民族主义和威权政治之间存在着清晰而且可以得到证明的关系(Greenfeld and Chirot 1994)。

同样,与任何形式的公民性民族主义相比,*族群*的和集体主义的民族主义更容易导致族群暴力。[①] 同样,这也并非暗示所有或者大多数把自己理解为族群的民族会陷入暴力,而是说在这种情况下,种族暴力的可能性要更高。这不仅仅因为根据族群差别行动的逻辑前提,就是从族群的角度把人与人之间的差别概念化,同时也是因为从历史上看,族群性的民族主义常常形成于对西方的怨愤之中,此时西方不是被理解为一个

---

① 参见 Greenfeld and Chirot(1994),以及 Chirot(1996),它们详尽讨论了族群性的、集体主义的民族主义和多种形式的大规模暴力之间的关系。

地理单元,而是一种观念(因此德国族群性的民族主义就是一种反西方的民族主义)。

四、结 论

上文的概述表明,民族认同是现代社会最核心的认同(正如民族主义是世界文化蓝图的核心一样),其地位大致相当于欧洲中世纪盛行的基督教认同。它带来了社会和政治生活中被研究者们视为现代性核心内容的一些基本特征,其中最重要的就是开放性社会分层体系和国家(被理解为本质上非个人性的、代表性的政治机构)。要理解民族认同的产生,最好联系宏观层面的身份动力机制,特别是身份矛盾,虽然这两个变量之间并不存在必然的联系(也就是说,从历史上看,民族认同的发展只是对身份危机的一种可能的回应)。最后,民族认同可以分为三种不同的类型(个人主义—公民性的,集体主义—公民性的,以及集体主义—族群性的),这种分类对比较政治学具有多重含义,并有助于解释一些特定的案例,如威权主义、族群之间的暴力,以及其他的现象。

这种视角为未来的研究提供了诸多可能,我们将考虑其中的两种。首先是个案研究的问题。虽然近些年在人类学、历史学、社会学和政治学领域出现了大量论述民族主义的文献,但事实上在全世界各地区都有相当多的案例没有得到充分的理解。主要原因在于,在民族主义研究中,社会学的结构主义范式直到最近仍然处于支配地位。从本章作者的观点来看,尽管采用这种范式的很多研究颇具启发性,并且得出了一些富有成果的结论,但作为对民族主义起源的全面解释,它们都带有从基础性文本中继承而来的缺欠,这一点也许在后殖民民族主义研究中尤为明显。如果能够对精英身份的动力机制进行深入考察,则可能会为更有价值的研究敞开大门。

本章展示的理论视角在比较政治学中另一种可能的运用,是对民族主义类型和民主化实践之间关系的经验研究。[1] 世界上不同地区特有的民族主义和民族认同,是否会因为它们导致的民主化进程的不同而不同? 这方面的探讨非常容易与经常被贴上"政治文化路径"标签的研究相结合,并且能够弥补当代政治文化研究对民族主义类型的相对(尽管不是全部)忽视。

---

① 这里所说的并非托克维尔意义上的民主,它在定义上就具有民族主义特性。我们指的,是作为当代社会科学典型研究对象的、形式化的自由民主政治实践。

参考文献

ANDERSON, B.1991.*Imagined Communities: Reflections on the Origins and Spread of Nationalism.* London: Verso.

BEN-DAVID, J.1971.*The Scientist's Role in Society: A Comparative Study.* Englewood Cliffs, NJ: Prentice-Hall.

BERGER, P., and LUCKMAN, T.1967.*The Social Construction of Reality: A Treatise in the Sociology of Knowledge.* Garden City, NY: Anchor Books.

BREUILLY, J.1994.*Nationalism and the State.* Chicago: University of Chicago Press.

BRUBAKER, R.1992.*Citizenship and Nationalism in France and Germany.* Cambridge, Mass.: Harvard University Press.

CHIROT, D.1996.*Modern Tyrants.* Princeton: Princeton University Press.

CONNOR, W. 1994. *Ethnonationalism: The Quest for Understanding.* Princeton: Princeton University Press.

DAWKINS, R.1976.*The Selfish Gene.* New York: Oxford University Press.

DURKHEIM, E.1965.*Rules of Sociological Method*, trans.S.Solovay and J.Mueller.New York: Free Press.

——1979.*Suicide: A Study in Sociology*, trans.J.A.Spaulding and G.Simpson.New York: Free Press.

——1984.*The Division of Labor in Society*, trans.W.D.Halls.New York: Free Press.

EASTWOOD, J.(2006).*The Rise of Nationalism in Venezuela.* Gainesville: University Press of Florida.

GEERTZ, C.1977.Religion as a cultural system.Pp.87-125 in *The Interpretation of Cultures*, by C.Geertz. New York: Basic Books.

GELLNER, E.1983.*Nations and Nationalism.* Ithaca, NY: Cornell University Press.

GREENFELD, L. 1992. *Nationalism: Five Roads to Modernity.* Cambridge, Mass.: Harvard University Press.

——1996.Nationalism and modernity.*Social Research*, 63(1):3-40.

——2001a.Etymology, definitions, types.Pp.251-65 in *Encyclopedia of Nationalism*, vol.i, ed. A. Motyl. New York: Academic Press.

——2001b.*The Spirit of Capitalism: Nationalism and Economic Growth.* Cambridge, Mass.: Harvard University Press.

——2005.When the sky is the limit: busyness in contemporary American society.*Social Research*, 72 (2):315-38.

——and CHIROT, D.1994.Nationalism and aggression.*Theory and Society*, 9:79-130.

——and EASTWOOD, J.2005. Nationalism in comparative perspective.Ch.12 in *Handbook of Political Sociology*, ed.Thomas Janoski et al.New York: Cambridge University Press.

HOBSBAWM, E.1990.*Nations and Nationalism since 1780: Programme, Myth, Reality.* New York: Cambridge University Press.

HUTCHINSON,J.19870.Cultural nationalism,elite mobility,and nation-building:communitarian politics in modern Ireland.*British Journal of Sociology*,38(4):482-501.

——1987b.*The Dynamics of Cultural Nationalism: The Gaelic Revival and the Creation of the Irish Nation-State.*Boston:Allen & Unwin.

KOHN,H.1944.*The Idea of Nationalism.*New York:Macmillan.

LASCH,C.1991.*The Culture of Narcissism: American Life in an Age of Diminishing Expectations.* New York:W.W.Norton and Company.

MARX,K.1978.The manifesto of the Communist Party.Pp.469-500 in *The Marx-Engels Reader*,ed.R.C. Tucker.New York:W.W.Norton.

MERTON,R.K.1936.The unanticipated consequences of purposive social action.*American Sociological Review*,1(6):894-904.

——1938.*Science, Technology, and Society in Seventeenth-Century England.* Bruges:Saint Catherine Press.

PLAMENATZ,J.1973.Two types of nationalism.Pp.22-37 in *Nationalism: The Nature and Evolution of an Idea*,ed.E.Kamenka.London:Edward Arnold.

SHILS,E. 1975. Charisma, order, and status. Pp. 256 - 75 in *Center and Periphery: Essays in Macrosociology*,by E.Shils.Chicago:University of Chicago Press.

SMITH,A.1971.*Theories of Nationalism.*London:Duckworth.

——1986.*The Ethnic Origins of Nations.*Cambridge:Blackwell.

WEBER,M.1958.Science as a vocation.Pp.129-56 in *From Max Weber.*Oxford:Oxford University Press.

——1968.Basic sociological terms.Pp.3-26 in *Economy and Society*,by M.Weber,vol.i.Berkeley and Los Angeles:University of California Press.

——1995.The nation.Pp.21-6 in *Nationalism*,ed.J.Hutchinson and A.D.Smith.New York:Oxford University Press.

WIRTH,L.1936.Types of nationalism.*American Journal of Sociology*,41(6):723-37.

第十二章　族群与族群冲突①

阿舒托什·瓦什尼(Ashutosh Varshney)

　　唐纳德·霍洛维茨 1985 年写下的一句话值得我们重视:"直到最近,社会科学在族群冲突领域依然毫无进展。"②他的《冲突中的族群》是一部开创性的著作,从概念、定义,再到对那些族群力量已变得不可小觑的制度化的政治领域(如政党政治、军事政治、认肯性行动)的讨论,本书第一次系统涵盖了族群冲突几乎全部的论题。在此之前,学者们已经提出了一些重要的社会科学理论,特别是在族群与民族建构③、族群与现代化④、族群与宪政民主(Lijphart 1969;1977),以及移民与族群冲突(Weiner 1978)的关系方面。但是,这其中的每一本著作关注的都只是某一个专门的问题。与之相反,《冲突中的族群》一书在族群问题上涵盖极广,因此成为该领域的奠基之作。⑤

　　该书出版至今已有二十多年。在今天,有关族群与族群冲突研究的蓬勃之势使得该领域不再是死水一潭。尤其是从冷战结束以来,无论是在发达国家还是发展中国家,伴随着传统左—右意识形态争论的削弱,族群问题随之凸显。族群问题既是一个研究领域,也已经成为一个增长中的产业,它横跨众多学科、主题及方法,同时,它也吸引了一大批的学者。

　　然而,我们进步了吗? 如果是,以什么样的方式实现的? 1998 年,在一篇得到广泛

---

　　①　在本章中,分别用族群和民族来翻译 ethinicty(ethnic group)和 nation 这两个词,以示区别。前者有更多生物和文化上的含义,而后者的政治意味更强。——译者

　　②　见该书导论(Horowitz 1985,13 页)。

　　③　如 Brass(1974),Connor(1972),Geertz(1963),Shils(1957)和 Smith(1979)。

　　④　如 Rudolph(1968)以及 Deutsh(1966)。

　　⑤　关于该书的价值,也许可以指出的是,根据"谷歌学者",到 2007 年 2 月 1 日为止,霍洛维茨的《冲突中的族群》被引用了 807 次。一些关于民族主义的作品被引用的次数更多,但在关于族群和族群冲突的作品中,霍洛维茨的著作稳居榜首。

阅读的评估报告中,布鲁巴克和拉定对这一进展持消极的看法:

尽管人们对族群与民族主义暴力表现出越来越多的学术兴趣,但至今仍然没有一个得到明确界定的社会科学领域来处理这一主题:既没有清楚定义的文献群,也没有得到人们普遍认可的核心问题。这种情况不仅表明人们在如何解释问题方面缺乏共识,更根本是在需要解释什么,或者说,是否存在一个统一的现象(一个具有内部联系的整体现象)需要解释方面缺乏共识。因此,我们面对的并非是一些相互竞争的理论和解释,而是不同的提出问题的方法、不同的理解族群和民族主义暴力问题的途径,以及不同的对这些现象加以概念化、并将其置于更广阔的理论论争中的手段。①

对于这一评论我们应该注意两点。首先,它仅仅涉及族群和民族主义暴力的问题,而非整个族群问题(ethnicity)的领域。后一个术语所涵盖的主题包括族群认同的形成、族群运动与抗议、族群投票和族群政党、族群异质性和公共品分配、族群多样性和经济增长速度,以及族群骚乱、屠杀乃至内战,等等。当然,没有哪篇论文能够涵盖所有这些主题。因此,我也将仅仅探讨两个方面的主题:族群认同和族群冲突。我一方面将把它们与民族认同和民族主义区分开来,另一方面也与内战区分开来。后面这些主题,将会在本手册其他章节涉及。我当然也会援引民族主义和内战的相关理论,但目的仅限于澄清我对有关族群认同和冲突的文献所进行的分析性评论。

其次,布鲁巴克和拉定发现的问题,也可以部分地被视为该领域发展阶段的一种反映。正如金、基欧汉和维巴所言(King, Koehane, and Verba 1994),年轻的学科领域就像一把双刃剑。它们通常没有一个得到大多数学者认可的理论主体,但进入这种领域的回报非常巨大。在那些已经确立的学科领域,成熟理论的存在使得人们往往只能取得微小的进步。相反,在年轻的领域却可以实现巨大的理论跨越。

那么,在布鲁巴克和拉定发表其评估报告之后,这个领域是否出现了巨大跨越?我在下面将证明,进步是实质性的。另外我还认为,人们对两个概念——机制与差异②——的广泛接受,特别是在最近10年极大地推动了研究的进展。

早些时候,学者们一般是通过在结构性条件与族群冲突或民族主义的兴起之间建立某种关联或者亲缘性来进行理论建构。盖尔纳(Gellner 1983)是这一倾向最典型、也最广为人知的例子。盖尔纳的理论本质上认为,工业时代的来临需要民族主义,例如,城市居民与那些背井离乡来到陌生城市就业的农村大众之间,若要交流就必须要有语言的标准化。根据20世纪90年代的社会科学规范,要对这种观点加以批判是一件轻

---

① 该文的新版本是 Brubaker and Laitin(2004)。我的引文出自第92页。

② Variation,这里指类似现象的不同体现。——译者

而易举的事情,因为工业化需要民族主义并不意味着后者一定会出现。为什么需要就能让自己得到满足呢?至少,我们还应对组织、运动乃至领袖的作用加以说明,正是他们承担了把客观需求转化为实际结果的使命。

差异的观念也以类似的方式推动了研究的进展。对族群暴力的理论研究过去往往立足于在众多暴力事件中寻找共性(或者有时也基于深度的案例研究)①。到 20世纪 90 年代中期,随着金、基欧汉和维巴(King,Keohane and Verba 1994)的著作流行开来,上述做法也相应地被认为会带来"选择性误差",并失去了作为理论基础的资格。

人们后来认识到,对因变量的选择并非完全没有意义。如果对相似案例的概括能够带来不同于正统理论的观点,那么它就可以推翻已有的理论。不过,仅仅如此还不足以提出一种有效的新理论。② 对于理论构建来说,注重结果变量是一个更好的原则。在过去的 10 年间,该领域的大多数研究都遵循了这一原则。

尽管有这些进步,布鲁巴克和拉定在某种意义上仍然是正确的——积累太过缓慢,几乎没有什么理论被完全推翻。也许在将来,这个领域会出现一场更加迅猛的"创造性的毁灭",特别是因为对理论的验证已经成为一项规范性的要求。

有关族群认同和/或族群冲突的现有观点可以被划归五个大的研究传统:本质主义、工具主义、建构主义、制度主义以及现实主义。每一种传统内部皆有相关的理论。我在本章中将集中讨论前四种传统,探讨它们的核心理念及其演进的历程。

我将不讨论现实主义的问题。现实主义借自国际关系领域,深受安全困境这一概念的影响。现实主义者认为,当现存的国家崩溃时,族群之间的关系会变得类似于国际体系中的国家关系:防御型和进攻型族群动员之间的区别消失了,不同族群彼此相残以求自保。这种境况接近内战,因此本章将不予述及,但会在本手册其他部分进行探讨。

第一部分是概念性的,由于该领域内有大量术语并不精确,因此有必要澄清它们的含义,并在此基础上构建一个清晰的分析领域。第二部分对四种研究传统提供的解释进行考察,分析它们各自的贡献和不足,并对相关理论的演进加以评论。第三部分是结论。

---

① 例如,霍洛维茨有关冲突的理论就以共性原则作为基础(Horowitz 1985)。不过,在他更晚近的作品中,霍洛维茨注意到、并研究了差异的问题。见 Horowitz(2001,第 12 章)。

② 参见 Varshney(2006)和 Laitin(2006)。另外必须指出的是,如果人们需要确知所研究的现象或者问题的特性,那么寻找共性就是一种十分有效的方法。

一、概　念

1.1　什么是族群性?

如霍洛维茨(Horowitz 1985)所言,作为一个术语,族群性指的是一种集体归属感,它可能来自于共同的血统、语言、历史、人种或者宗教(以及它们的结合)。有人或许会把宗教从这个清单中排除出去,使族群性只包含其他特征。从政治认同和群体团结的视角来看,这分割意义不太。但是,当族群性与宗教发生冲突(如1971年前的东西巴基斯坦、克什米尔的印度教徒与穆斯林、爱尔兰的新教徒与天主教徒,美国黑白基督徒)的时候,这一区分就非常重要了。[①]

民族与族群有何区别? 答案是:没有国家,族群依旧可以存在;而民族则意味着族群性和国家的结合。因此,民族主义的基本原则就是"政治和民族单元必须一致"(Gellner 1983,第1页)。这种一致性的要求或者以联邦制的形式得到满足,或者导向单一的主权。

与学术概念不同,在官方,特别是前苏联集团的用语中还使用另一个说法即"亚民族(nationality)"。在这三个层次的分类中,民族(nation)是一个拥有政治和地域归属的群体;亚民族则是没有这样一种地域归属(但拥有语言,有些时候还包括宗教方面的文化权利)的较大的族群;而族群(ethnic group)是一个更小的集体,因其不够大而不足以称为民族。在二战后的南斯拉夫,克罗地亚人、马其顿人、塞尔维亚人、斯洛文尼亚人以及黑山人都称为民族,阿尔巴尼亚人、匈牙利人、保加利亚人则是亚民族,而奥地利人、希腊人、犹太人、德国人以及波兰人则是"其他亚民族和族群"。在1971年的宪法中,南斯拉夫的穆斯林从亚民族提升为民族。

从族群转换为民族,地域上的集中化是根本性的决定因素。分散的族群通常都会要求采取某些认肯性行动(如工作、教育、政治代表方面的优惠),并且要求对其语言、宗教和文化加以保护。地域上比较集中的族群则会提出民族性的主权要求,或者要求把国家改为联邦制(如巴斯克人、锡克人、克什米尔人、孟加拉穆斯林、厄立特里亚人、菲律宾穆斯林、斯里兰卡泰米尔人、亚齐人等)。

当然,情况也并非一定如此。西班牙的巴斯克人一直有分离主义运动;加泰罗尼亚人就没有类似运动,虽然他们在地域上也是集中居住的。直到1962年,印度的泰米尔纳德邦还有诸多分离主义的迹象;但它的邻邦喀拉拉邦、卡纳塔克邦以及安得拉邦就相

[①]　不过,Chandra(2006)提出了一项新的主张。

对稳定,尽管它们都是语言上一致、地域上集中、文化与众不同的邦。换言之,地域上的集中与族群性的结合可能是民族主义的一个必要条件,但它显然并非充分条件。

当联邦制的权力安排满足不了民族要求的时候,随着族群开始提出领土主张和争取民族地位,现存的那种较大地域的民族主义就会受到挑战。由于在今天的国家体系中地域性是公民身份的前提,因此原有的公民身份观念自然面临考验。进而,民族国家三项不可侵犯的原则——地域性,公民身份以及主权——也会受到动摇。一些族群冲突将不再限于"族群"的范畴,它们可能最终朝着民族分离主义的方向发展。

1.2　冲突与暴力

对暴力与冲突加以区分是必要的。在一个族群多元、表达自由不受限制的社会,一些基于认同裂缝的冲突就难以避免。事实上,这种冲突在所有的多族群政治体中都会出现,无论威权政体还是民主政体。相比之下,民主政体可能拥有一种更为开放的冲突表达机制;而为追求政治秩序与稳定,威权政体则会压制族群的不满,并在较长时期内维持族群问题的沉默。但是,当威权体系开始自由化,或其合法性开始松动的时候,法律的强制和暴力的约束通常会增加聚焦起来的矛盾突然爆发的风险。

印度尼西亚就是个绝好的例子。在苏哈托时代(1966—1998 年),政府在族群—社会问题上奉行一项被称为 SARA 的政策。SARA 是族群(suku)、宗教(agama)、人种(ras),以及团体间差异(antar-golongan)几个词的缩写。这一政策的要点,就是群体间差异既不允许被动员,也不能在公共领域讨论。因此在 20 世纪 80 年代,苏哈托治下的印度尼西亚被认为是一个稳定且秩序良好的社会。然而到 1998 年,当这个体系开始失去其合法性时,可怕的团体暴力就沿着族群分界线爆发了(Bertrand 2004)。前南斯拉夫是另一个例子。当然,尚不清楚的是,在那里是法律还是意识形态体系对约束族群冲突发挥了更大作用。后者与前苏联的情况类似,试图创造出一种新的共产主义认同,以超越 20 世纪前半期一直折磨着巴尔干地区的族群和民族认同。

与之相反,冲突是多元化民主社会的基本特征。既然存在不同的族群,又拥有建立自己的组织的自由,就有可能在以下问题上产生冲突:在学校和就业场所应采用哪种语言;是否允许移民族群进入相关国家并且/或者给予其受限的权利;在结婚、离婚、财产继承问题上,对不同族群是采用同一套民法体系,还是根据不同的宗教与传统习惯制定不同的相关法律;是否允许人们在公共场合穿着宗教服装;是否应该对某些族群采取认肯行动,如果是,那么怎么做、到什么程度;在公共资源的分配方面是否应该给予某些族群比其他族群更多的照顾;等等。印度与美国能很好地说明在民主制之下这类冲突是如何频繁出现的。民主无法保证族群冲突不会被点燃。一些人甚至认为,民主很可能会激励政治家去大打族群牌(Snyder 2000;Wilkinson 2004)。

我们的概念性问题是:冲突是以暴力的形式,还是在政体提供的制度化渠道中进行。如果族群对抗在立法机构和行政机构的框架内发生,或者采取了罢工和街头非暴力示威的手段,那么虽然它当然是冲突的体现,但并非族群暴力的一种形式。这种制度化的冲突不能被等同于骚乱、屠杀、内战,它在很多方面对政治体是有利的。自然,对暴力和非暴力冲突的解释也会有所不同。

1.3 暴力冲突的类型

接下来我们要从概念上澄清暴力冲突的不同类型,这里主要关注的是集体暴力,而非个人暴力或谋杀。集体暴力可以被定义为一个群体对另一个群体发起的暴力(如骚乱和屠杀)、群体对个人的暴力(私刑)、个人对群体的暴力(恐怖行为)、国家对群体的暴力,以及群体对国家机构的暴力(内战)。

最普遍的集体暴力可以被典型地区分为三种形式:骚乱、屠杀和内战。骚乱是指两个平民群体间的暴力对抗,他们通常被称为暴民。尽管在骚乱中,国家的中立性可能会遭到质疑,但国家肯定不会放弃中立的原则。屠杀则典型表现为多数群体对非武装的少数群体的攻击,在这种情况下国家实际上都会放弃中立原则。国家机构要么视而不见,要么与攻击的一方站在一边。在内战中,国家不仅会抛弃中立原则,而且它或者成为战斗的一方打击武装反叛组织,或者由于力量所限,无法对两个武装组织之间的战争进行调停(Kalyvas 2006)。

屠杀与内战的关键区别在于,前者的目标群体——往往是少数群体——是无辜的、非武装的;而内战中的争斗双方则都拥有武装。骚乱和屠杀往往是内战的前兆,正如20世纪80年代的斯里兰卡那样,但并非所有的骚乱和屠杀都会导致内战。与斯里兰卡不同,1969年马来西亚的马来人和华人之间的大规模骚乱并未酿成内战,20世纪90年代尼日利亚北部穆斯林和基督徒之间的骚乱也是如此。①

二、不同的研究传统

2.1 本质主义

本质主义是族群问题上最老的一种研究传统,但近来一直受到激烈的批评。它出

---

① 尼日利亚的最后一场内战发生在20世纪60年代。它与穆斯林教和基督教的差异没有任何关系,而是族群冲突的结果。

现在早期的乐观主义开始消退之时,这种乐观主义源自第二次世界大战后一批刚刚摆脱殖民地地位的新国家的诞生。但是,这些国家无一例外地在国家建设(nation building)进程中受到了内部族群力量的强烈抵抗。为什么会这样?为什么较小规模的族群认同,不能被纳入政府试图创建的更大规模的国家层面的认同呢?

学者们最初给出的回答相对简单:后殖民国家刚刚建立,而族群,或者社群之间的敌视(有时候也称作为民族敌视)则渊源久远、具有深厚的历史根基。与新生国家锻造的公民纽带相比,族群内部的联系要有力得多,对人们的行为也具有更强大的推动力(Geertz 1963;Shils 1957)。康纳尔对这一观点进行了最具系统性的表述(Connor 1972,1994)。直到20世纪90年代初,当建构主义者对本质主义的批判达到高潮(见下文)、只有记者还愿意使用"古老的憎恨"(Kaplan 2003)一类说法时,康纳尔仍然认为"人是民族的",而非理性的"动物",有关"共同的血液"或"共同的祖先"的观念才是民族主义的核心(Connor 1994)。

这种形式的本质主义主要有三个方面的弱点。第一个涉及差异的问题。如果族群对抗根深蒂固,为什么族群暴力在不同时期会有起有落呢?南斯拉夫在20世纪八九十年代因一场猛烈的暴力冲突而分崩离析,但是在社会主义时期却享受了长久的和平。难道制度设计不能改变人的动机吗?南斯拉夫分裂时出现的暴力,到底是说明了国家崩溃时族群对抗激化,还是说明了族群敌视导致了国家的崩溃?另一种差异则是空间上的。为什么同样一些群体在某些地方能够和平共存,而在其他地方就不行?印度教徒和穆斯林教徒之间的暴力冲突,总是在印度的某些地方,而非整个印度范围内爆发(Varshney 2002;Wilkinson 2004)。

其次,世界上很多的族群冲突往往与古老的敌视毫无关系。相反,某一地区的原居民往往会与新来的、之前很少或者完全没有长期接触的移民群体发生摩擦。我们能说马来西亚的华人和马来人之间的暴力具有"原始的""古老的"根源吗?毕竟,华人几乎只是在19世纪和20世纪才来到马来西亚的。也就是在19世纪和20世纪,华人首次来到印度尼西亚,而伊博人则开始涌入尼日利亚北部。然而,20世纪印度尼西亚的反华暴力,以及豪萨族控制的北尼日利亚的反伊博族暴力,其残忍程度与印度的印度教徒和穆斯林教徒这两个更古老群体的暴力冲突不相上下。

对本质主义的第三个批评来自日后所谓的建构主义学派。在建构主义者看来,认为民族之间存在着天然的敌视是错误的。他们认为,民族是现代社会的一种建构(Anderson 1983),这一观点已经动摇了本质主义的基础,并且成为当下主流的认识。在现代性出现之前,人类的大多数交往都是小范围的,只有教会和帝国的势力才会超越地方性或地域性。这意味着我们可以认为宗教或政治敌视具有前现代的,甚至原始的起源,而*族群间*的敌视则只是一种地方性或者区域性的习惯。现代性正是通过把广泛的人群纳入人类意识的框架中来,才改变了族群的含义,并导致了民族的诞生。因此,谈论原始的族群敌视或者民族敌视是一种历史认知上的错误。

然而,正如人们预期的那样,本质主义并没有完全消失。不可否认,这些批评——差异性、冲突的当代起源、建构主义——都带来了新鲜的观点。彼得森(Petersen 2002)在承认康纳尔式理论的缺陷的同时,运用关于情感的心理学理论重新阐释了本质主义。

关于"古老的敌视",彼得森认为:

大多数学者已经抛弃了"古老的敌视"的论点。他们表明,族群间暴力冲突的"历史"通常是人为臆想的、虚构的、用来服务于那些煽动民心的精英的利益。如果说"古老的敌视"指的是一种导致了不间断的族群战争的敌视,或者萦绕在绝大多数人思想中的一种挥之不去的敌视,那么这种有关"古老的敌视"的观点理应被完全抛弃。但是,如果把敌视理解为一种由历史形成的、在某些环境下指导人们行为的"框架",那么这个概念还是值得人们认真对待(Petersen 2002,62—63 页,引号为引者所加)。

简而言之,敌视的存在并不需要对其古老起源的证明。即使没有远古的起源,它也能够深刻地形塑人类行为。人类的本性非常善于表达敌意。也可以说,彼得森转向了一种新本质主义,同时把对原始敌视的证明转变为对人性的证明:

参与或支持族群暴力与歧视的动机……内在于人性之中。只有我们认识到我们所有人都具有这种制造族群暴力能力,我们才不至于总是被这一来自"黑暗时代"的力量的出现所震惊(Petersen 2002,第 1 页)。

彼得森依据四种不同种类的情感建立了四种模型,即恐惧、敌视、厌恶和愤怒。恐惧作为一种情感,在安全受到威胁的时候引导个体;敌视来自历史积怨;厌恶表示对情势的反感;愤怒则是宣泄积累起来的情绪的意图,但没有具体的目标。彼得森认为,人们可以根据不同情感的作用方式对人类行为加以预期,他并且在东欧对相关预期进行了检验。简而言之,彼得森的基本观点是,人们对每况愈下的现状的厌恶,可以解释 20世纪东欧在国家崩溃时期出现的大部分族群暴力(两次世界大战期间及其以后,以及共产主义解体的时期)。敌视、恐惧和愤怒能够解释的暴力案例相对较少,但它们也都有呈现。

总体上说,社会科学关于族群冲突的理论忽视了情感因素,当然现在该领域必须对彼得森的新本质主义论点作出回应。一种潜在的回应方式显而易见。制度在约束和重新定义情感方面具有什么样的作用? 为什么这些情感在国家解体的时候,而不是国家权威巩固建立起来的时候爆发? 在族群暴力爆发时出现的差异,是指向我们更深层的人性,还是制度的因果角色? 第二个问题是,是否国家解体,即便是在东欧,就一定会导致骇人听闻的暴力？拉定（Laitin 1998）认为，在共产主义终结之后，波罗的海沿岸的几个共和国以及哈萨克斯坦都以和平的方式形成了新的认同。这种巨大的差异又该如何解释？

2.2 工具主义

工具主义的核心观点认为，族群性既非植根于人的本性，也不具有内在价值。族群问题掩盖了一个深层次的利益核心，它要么是经济的，要么是政治的。人们不过是打着族群的旗号以获取政治权力，或者从国家索取资源。这也正是在多族群的社会，族群问题被频繁利用的原因。冲突之所以爆发，就是领袖们为了获得政治权力，或从国家获取资源而策略性地对这一问题加以操纵的结果（Bates 1974，1983；Chandra 2004；Hechter 1986；Rabushka，Shepsle 1972）。

这种思考方式存在如下几个方面的困难。[①] 首先，即便我们同意领袖们可以通过利用族群问题而获益，而且他们也正是因此才在政治中运用族群符号和象征，但大众为什么会追随呢？为什么多族群社会的领袖们总是把族群问题，而非基于经济或者意识形态纲领的动员视为获得权力或者从国家获取资源的手段呢？其次，如果公众行为也仅仅是工具性的，那么族群的集体行动是否会受到"搭便车"难题的困扰？当族群运动已经接近获取权力的目标时，人们也许能够通过工具理性来解释为何某个人会投身于这一运动，但族群动员本身又是怎么开始的呢？要回答这一问题，就需要对族群问题进行全面的考察，或者把有关"选择性激励"（Olson 1965）及"担当"（Sen 1973）的理论吸收进来。第三，如果既有的矛盾已经相当严重，以至族群动员或对抗有可能引发来自其他族群的暴力，或者国家的惩罚性行动，这种情况下为什么还会有人参与到族群动员中去？为什么受工具理性指导的人会甘冒其险？或许有人会说这些人是被强迫参与到族群动员中的，但是这需要得到证明，而不能仅仅是假设。

在过去15年间，一些受到普遍关注的工具主义研究以不同的方式试图解决上述问题（Hardin 1995；Fearon and Laitin 1996；Collier and Hoeffler 1998，2004；Collier，Hoeffler and Sambanis 2005）。哈定对最早由谢林提出的"焦点"论（Schelling 1963）进行了扩展，认为族群动员的核心策略问题在于协同，而非集体行动。在集体行动中，"搭便车"是理性的；而在协同博弈中，只要其他人有合作意向，则与他们合作就是理性的。人们需要的是一位"魅力型领袖"，或者一个"焦点"以强化对他人行为的预期。

为了更好地理解这一论点，我们有必要回顾一下谢林提供的著名案例：

---

① 这些批评以 Horowitz（1985，2001）和 Varshney（2003）的研究为基础。

假定一位男性在百货商店与他的妻子走散,并且事先并未约定如走散在哪里见面,那么他们找到对方的机会还是很大的。双方可能都会想到在某些最容易想到的地方相见,所谓最容易想到,指的是每一方都确信对方确信这对他们来说都是最容易想到的。①

谢林认为,百货商店的"走失者见面处"就可能成为此类"最容易想到的地方",但如果有多个"走失者见面处",那么它们反而发挥不了作用。焦点的特征就是"显而易见"和"独一无二",也正因此,所以它能够被用来强化相互一致的预期。就此而言,族群就是"焦点",而要进行族群动员,则只需协同人们的预期。因此,族群问题要发挥政治作用,的确不需要它具有内在的价值。

这个思路虽然很精巧,但也有问题,很容易想到的有两个方面(Varshney 2003)。第一,为什么基于族群的动员近似于协同博弈,而基于阶级的动员则近似于被"搭便车"难题所困的集体行动呢? 哈定的回答是:族群提供了一种"认识论意义上的家园感"。但这又引出了一个问题:为什么是族群提供了这样的心理支撑,而不是阶级或政党呢?要知道,马克思列宁主义者在整个 20 世纪大半部分时间都坚信,共产党将替代族群或者民族,成为社会主义新人的家。第二,为什么虽然族群动员要冒受伤、监禁乃至死亡的危险,但仍然相对容易? 把族群动员仅仅视为协同问题,这与人所共知的族群冲突的危险不相符。简而言之,仅用工具主义的方法能够解族群偏好吗? 是否有必要诉诸族群问题的心理或文化基础?

为克服这些困难,费龙和拉定(Fearon and Laitin 1996)甚至在运用工具主义假设提出其核心观点的时候,亦对工具理性的范围进行了限制。他们并没有追问为何世界上存在如此之多的族群冲突和暴力,而是首先指出,族群暴力的发生率要低于我们通常的预期。有许多族群实际上都生活在和平中,而非致力于杀戮。因此,实际的暴力与理论推定之间存在差距。

如何解释族群间的和平与协作呢? 费龙和拉定把族群视为某种信息网络,运用博弈论提出了一种均衡解决方案,即"内部警察"的理论。这一理论有一定的说服力,但尚需深入探讨。② 面对挑衅或攻击,一个群体可能会约束其成员进行反击,如果对方群体也进行类似约束的话。这种情况之所以可能,是因为每一个族群对自己的成员都有更清楚的了解,因而每一个群体都能够控制内部的"机会主义者",即那些利用挑衅进

---

① Schelling(1963,54)。当然,我们讨论的是在拥有手持电话之前的情况。

② 应该注意的是,"内部警察"是一种演绎的观点,仍需要系统的和经验的检验。对"螺旋上升的恐惧"的担忧会促成另一种均衡的解决方案:某个群体的成员受到攻击之后,会以对另一个群体进行无差别的攻击作为报复,由此可能导致不断升级的暴力,但最后也会带来合作。

行报复的人。

这是否意味着对族群冲突的解释无须借助有关怨恨的心理学理论了呢？对此费龙和拉定持慎重态度，他们并没有得出一般性的结论，反而很清晰地指出了他们理论的局限：

必须强调……无论对于族群和平还是族群暴力，我们都不准备提供一种全面的因果理论。我们指出那些我们相信具有重要意义的因果机制，它们一直被系统性地忽视了……但是，我们并不认为我们的理论……或者说我们所发现的机制能够说明整个因果链条。一种更全面的说明的确应该包括……对族群间相互伤害的叙述，另外可能还需要考虑那些被视为低人一等的人的屈辱感，这使他们产生了推翻僵化的社会秩序的动机。（Fearon and Laitin 1996，715 页）

简而言之，工具性地利用族群问题（在这里是把族群视为一种交流和信息工具，而非群体归属的强化形式）可以部分解释暴力现象，但历史上的屈辱和伤害也是重要的因素。只有研究不同背景下不同种类的冲突，方能探明真正发挥作用的动机。这样的观点意味着族群冲突可能具有多元的微观基础。

现在我们转向另一种新的观点。科利尔和霍夫勒（Collier and Hoeffler 1998，2004）提出了一种分析族群暴力的著名框架即"贪婪 vs 怨恨"的模式。尽管他们仅关注内战（最极端的族群冲突形式），但其观点依然值得考虑。另外，他们对工具主义的坚定不移已经发展为一种教育方式了。

根据一个大样本统计模型，科利尔和霍夫勒率先指出（Collier and Hoeffler 1998），社会科学家一直认为内战是社会内部受害的或者受攻击的族群怨恨积聚的结果，但这种看法是错误的。基于"怨恨"的观点不过是复述了反叛者的说辞。相反，基于"贪婪"的模型能更好地与经验数据拟合。

科利尔和霍夫勒把反叛模型化为一个产业，人们通过趁火打劫来获得收益。反叛的首领为积累财富的欲望所驱使，大众则因为在贫穷的社会缺少经济机会而追随他们，可见参与反叛的机会成本很低，但收益（通过分享赃物的形式）却很丰厚。由于自然资源在地理上相对集中，因而成为一种特别的"可劫夺的商品"。所以，内战主要就爆发在高度依赖自然资源的经济体中。

这大概是我们在该领域中看到的最极端的工具主义观点，而大样本数据对这两种模型（贪婪与怨恨）的验证更增添了它的力量。工具主义的理论过去都是关于族群动员的，其暴力程度比内战要低得多，而且过去的验证也基本上没有使用过大样本数据库。

但是，当科利尔和霍夫勒将他们的结论向前推演的时候，其清晰度和普适性却不断下降。随着数据库扩大、编码更加精细、模型要素发生改变,他们感到"我们难以在两种模型之间择一而从",因为"虽然(贪婪)模型更优越,但怨恨模型的某些要素似乎也能增强其解释力"(Collier and Hoeffler 2004,577页)。最后,得自统计模型的发现还需要辅之以精心选择的案例研究,因为即使数据模型"完美预测了所有内战爆发的案例,它还是无法告诉我们究竟是通过了怎样的过程这些结果(和平或战争)才得以产生。相反,过程分析(事件的序列以及随着时间进程统计模型中的变量的互动)是案例研究的比较优势……定性分析才能帮助我们把模型中的内生变量与外生变量区分开来。"(Collier,Hoeffler,and Sambanis 2005,2页)

那么最终结论是什么呢? 他们认为:"在一种更复杂的模型中,应该消除贪婪与怨恨之间的区别,作为内战的动因,它们紧密融合,难以区分。"(Collier,Hoeffler,and Sambanis 2005,2页)

看来,纯粹的工具主义与纯粹的本质主义一样,都无法经受经验的严格检验。这一方法在未来很可能只限于某些非常特定的领域。对族群问题的工具性使用确实存在,而且在未来也会继续存在。但是,我们应该清楚的是在哪些问题上可以作出工具主义的假设,或者说工具主义的主张能够成立。毕竟并非所有形式的族群行为或族群冲突都能跟工具理性挂上钩。

2.3 建构主义

建构主义是族群和民族主义问题上传统智慧的新的运用,其核心思想是,我们的族群和民族认同乃是现代的建构。在民族认同方面,这一论断相对比较直截了当,因为对所有传统文明的考察都表明,民族乃是工业时代的伴生物。[1] 在此之前,政治单元的形式乃是城邦国家或帝国。[2]

这一论点同样被运用到族群认同上面(Hobsbawm and Ranger 1983;Mamdani 1996;Vail 1989;Suny 2001)。当然,这并不意味着前现代时期土耳其人、汉族人、西藏人、祖鲁人或苏格兰人不存在,而是说在前现代时期,大众认同常常以地方性或地域性为基础。只有某些类型的认同——如贵族,教会的——才具有超地方或超地域的性质。现代性将大众带入一个急剧扩展的意识与意义框架,从而改变了族群认同的含义。

通常,人们认为有三种机制可以表明这一变化从何而来——技术、观念,以及原先殖民地的殖民政策、制度与实践。安德森的《想象的共同体》(Anderson 1983)一书大概

---

[1] 不过,亦可参见 Kedourie(1993)。

[2] 关于民族和现代性之间的关系,可以参见 Greenfeld(1992)。

可算是族群与民族主义研究领域最具影响力的文本。该书呼吁读者关注"印刷资本主义"（印刷出版和资本主义）的兴起，认为这一基本机制把地方认同变成了更大范围的民族认同。[①] 政治共同体的边界往往取决于本地语言的传播，以及那些"传递真理的语言"如拉丁语和梵文的衰落。

建构主义者现在常常提及的第二种机制来自泰勒（Taylor 1994）的理论，该理论关注的，是现代性如何带来了人类生活中观念的变化。在前现代时期，个人认同——我是谁？——由他在传统社会结构中所处的位置决定，人们在生活中简单地接受归属于他们的社会等级或"地位"。在现代，等级虽然可能依旧存在，但人们很难接受命定的等级制度。在前现代，荣誉观念仅仅为极少数人所独有，它标示了不同等级的人之间的关系，现代性则让我们理解*尊严*，它可以为不同等级的人所拥有。最后，对尊严的追求是双向的，而非孤芳自赏——这意味着，尊严产生于与他人的交流互动中。我们的认同

部分地通过承认或承认的缺失，通常还有我对别人的错误认知来塑造。因此，如果个人或群体周遭的人与社会为他们描绘的是一幅褊狭、卑微或可鄙的图像，那么他们就会遭受真实的伤害和扭曲。承认的缺失或错误的认知能够造成伤害，能够成为一种压迫的形式，它把人囚禁在一种虚假的、扭曲的、被压制的生存方式中。（Taylor 1994, 25页）

在近代世界，诸多的族群或者民族抗争，其目标就是抵制支配群体（殖民统治者或者国家官僚）为被支配群体绘制的这种褊狭、卑微或可鄙的图像，尽管在过去它曾被接受，甚至已经内化。这里的关键词是尊严，而非自身的物质利益。[②]

由于建构主义非常注重历史细节，所以它首先是在历史学领域获得了丰硕成果（Weber 1976；Hobsbawm and Ranger 1983；Vail 1989）。在比较政治学领域，安德森（Anderson 1983）是第一位提出建构主义观点的学者，随后另外一些学者也加入进来，他们尤其关注殖民统治和殖民政策的结构。拉定（Laitin 1986）解释了为什么在尼日利亚的约鲁巴政治中并不存在宗教裂痕，尽管伊斯兰教和基督教在这一地区占据着支配地位。他认为，英国人出于自身的考虑，不允许宗教成为约鲁巴政治的基础，因此转而强调族群的差别。到英国人离开时，族群区隔已经深刻地制度化了，并且成为约鲁巴的政治常识。切特吉（Chatterjee 1986）则提出，英国人征服印度之后创造和宣传的英国印度统治

[①] 根据"Google 学者"，到 2007 年 2 月 1 日，安德森的《想象的共同体》被引用了超过 6300 次，其次是盖尔纳的《民族和民族主义》（1449 次），以及泰勒的《多元文化主义与承认的政治》（1205 次）。本章涉及了这三个文本。

[②] 技术变化（体现为印刷资本主义的形式）是安德森的核心论点（Anderson 1983），但是在他关于前殖民地民族主义诞生问题的讨论中，又常常暗含泰勒所谓的观念变化。比如"克罗尔先锋队"之所以反抗西班牙统治者，是因为他们在美洲西班牙殖民受到了屈辱（Anderson 1983，第 4 章）。

者形象,导致了印度民族主义的发展。尽管有这三人的例子,建构主义在20世纪80年代和90年代的大部分时间内,仍处于比较政治学族群研究的边缘地带。总之,建构主义被纳入政治学的进程,比它在其他学科(如历史学)崛起的步伐要慢得多。

虽然在今天人们一般认为,建构主义在政治科学中同样也已经成为族群研究的主流模式,但还是应该指出它的一个关键缺陷。建构主义能够很好地解释认同的形成,但在解释族群冲突方面就力有不逮。建构主义通常并不明确区分认同与冲突。建构主义者关于冲突的核心思想是,每个社会都有一个由历史建构的"根本区隔",如北爱尔兰新教与天主教的对峙、印度的印度教与伊斯兰教的对峙、美国的黑人和白人的对峙等等,政治经营者可以轻易地把一些地方性的,通常是无关紧要的偶然事件、活动、流言塞入这种"宏大叙事",以制造紧张局势并且煽动暴力(Brass 1997,2003)。因此,从社会科学的术语来说,"宏大叙事"和政治经营者担当了原因的角色。

问题是,"根本区隔"常常存在于国家层面,政治经营者也是在整个国家范围内活动,而族群暴力却是高度地方性或者地域性的。在20世纪60年代,美国的族群暴力主要集中于北方城市;南方城市尽管政治参与很频繁,但是并未产生骚乱(Horowitz 1983)。1950—1995年印度教和穆斯林教的冲突中,有小一半的死难者集中在印度的8个城市,而这些城市的人口还不到全国的6%(Varshney 2002)。1990—2003年,印度尼西亚死于除分离主义战争之外各种形式暴力的人中,有近85%集中在占全国人口总数不到7%的15个区(Varshney,Panggabean,and Tadjoeddin 2006)。

应该如何解释国家层面上的恒量("根本区隔"与"宏大叙事")在地方层面出现的差异,以及政治经营者在全国范围内无所不在的现象? 答案可能在于:(一)某些类型的地方结构是如何阻止政治经营者将地方事件塞入"宏大叙事"的;(二)即使政治经营者已经把地方事件塞入"宏大叙事",又是什么原因使他们无法挑起暴力的;(三)地方性或区域性叙事的存在是如何对抗"宏大叙事"的力量的(Varshney 1997)。迄今为止,建构主义暴力理论的基础,是对暴力的案例研究、而非和平与暴力案例的比较。选择误差导致了明显的缺陷,而对差异的研究则有可能得出具有解释力的结果。

有关建构主义还有最后一个问题。建构主义和工具主义是同一个硬币的两面吗?昌德拉(Chandra 2001)认为,族群和民族主义问题的分野完全可以被视为本质主义者和建构主义者的分野。在她看来,基尔兹(Geertz 1963)是本质主义的代表,而建构主义的理论则不仅包含了上述安德森(Anderson 1983)和拉定(Laitin 1986)的观点,还包含贝兹(Bates 1974)的观点,而在本章中,我们是将其作为工具主义思想的例证加以讨论的。我们提到,在工具主义看来,族群问题不过是获取国家资源的一种手段。除此之外,既不需要其他的说明,也无须任何假设。昌德拉认为,建构主义的根本特征是这

样一种观念,即"族群是变动的,它内生于一套社会、经济和政治进程。"(Chandra 2001,7 页)

毫无疑问,工具主义和建构主义的研究路径都会反对族群问题上的原生论观点,但它们之间的共同点也就仅此而已。按照工具主义的理解,族群认同并没有其内在价值,从根本上说,它只不过是一件外衣,掩盖了政治经济"真实的"利益的内核。利益变了,外衣就会变,族群也因此而"变动不居"。可以预期,同样的人在不同的时期、不同的地点会从其自身的多重认同中挑选不同的面向。

这一观点与建构主义不同。建构主义并不关心短期内认同的剧烈变化,它关注的是认同形成的*长期性*,以及作为其结果的不变性。安德森的理论是划时代的,他探讨了近代印刷资本主义的诞生如何创造了民族认同;韦伯(Weber 1976)展示了法国大革命之后一个多*世纪*的时间内法国农民如何通过加入常备军和公立学校而变成了法国人;科利则考察了在一个多世纪(1707—1837 年)的时间里,"英国性"如何从"英格兰性""苏格兰性"和"威尔士性"中被锻造出来,而作为"天主教敌人"的法国以及殖民帝国的存在,又是如何缓和了英格兰与苏格兰之间根深蒂固的敌对关系(Colley 1993)。

所有这些学者都解释了新的认同是如何产生的,但这并不意味着他们认为认同可以急剧变化。[①] 认同出于建构,并不意味着它就不会被内化与制度化,就不会获得自身的意义。

基本上说,建构主义着眼于长期性和不变性,而工具主义则着眼于短期性和可变性。[②] 尽管它们都反对原生论的观点,但它们的假设、解释目标和方法论动机都相当不同。

2.4　制度主义

如果说建构主义左右了关于族群认同形成的研究,那么制度主义则长期主导了比

---

① 同样应该注意的是,拉定(Laitin 1986)曾经对有关族群认同形成的工具论观点进行过深刻批判,尽管后来他的立场有所变化(Fearon and Laitin 1996;Laitin 1998)。他在其早期著作中指出:"理性选择理论家……并不能告诉我们从根本上说黄油比大炮更好;它能告诉我们的只是,在某一个时间点上,生产少量的大炮会耗费我们很多的黄油,因此这个时候生产更多的大炮似乎并不理性。在政治结构中,个体始终在进行边际决策。(理性选择)理论能够帮助我们了解,政治行为者个人在这种结构中会如何作出选择。但是,(理性选择)理论无法处理长期和非边际的决策。当市场结构本身受到威胁,人们必须决定是在新结构中行动,还是固守旧结构的时候——他们没有边际决策的机会——微观经济理论就失去了作用……结构性变化,即那些改变社会基本断层结构的变化,不受微观经济学理论工具的操控。"(Laitin 1986,148—149 页)。

认同选择不是边际决策,而是结构决策。工具理性因而在此不起作用。

② 需要澄清长期和不变的认同和短期可变性的认同之间的关系,不过这完全属于另一个问题。二者不应混为一谈。

较政治学中有关族群冲突的理论。制度主义的核心思想是,政治制度的设计——协合式或多数决的政体、比例代表制或胜者全胜的选举制度、联邦制或单一制的政府结构——解释了为什么一些多族群社会存在暴力,而其他一些地方却保持和平。

据认为,族群多元性需要与单一族群社会不同的政治制度。如果不考虑某个社会是否存在深刻的族群区隔而机械地套用某种制度,就有可能导致族群暴力。此类观点的依据来自 19 世纪的约翰·斯图亚特·密尔,密尔曾经指出,民主体制良好运行的前提,是对某一政治中心共同的忠诚。由于多族群社会可能存在多个而非一个忠诚对象,因此只有在一个拥有相对政治优势的族群监护之下,秩序才能得到维持,族群暴力才可得以避免。这种监护必须持续到针对某个政治中心、而非一个族群的政治意识形成之时。

> 把法国纳瓦拉的布列顿人或者巴斯克人带入文明开化民族的观念和情感的巨流,即成为法兰西民族的成员,而不是任由他们迷恋故土、沉醉于半野蛮的历史、在他们狭隘的精神轨道上打转、对世界大势既不参与亦无兴趣。没有人怀疑这么做的益处。同样的观点,对于作为英吉利民族成员的威尔士人和苏格兰高地的居民也完全适用。(Mill 1990,385—386 页)

殖民监管早已不受欢迎,但多族群社会是否应该实行多数决民主仍然是一个争论中的问题。李普哈特(Lijphart 1977)和霍洛维茨(Horowitz 1985,1991)在这个问题上具有支配性的影响。李普哈特一如既往地主张协合主义,在这种政治安排中,每一个族群的政治和文化事务都交由它们的精英处理,而族群间的协调也只在精英层面上进行。霍洛维茨的观点与之相反。他认为有必要设计一种选举制度,使各政党只有在提出跨族群的政治主张的条件下才能当选,这样可以使它们不至于总是局限在族群框架之内。前者更有可能导向和平,而后者则可能通往暴力。

这场争论大大推进了我们对族群冲突的认识[1],但还有一个大问题没有解决。李普哈特—霍洛维茨的争论基本上是关于国家层面的制度。运用国家层面的概念,我们当然可以解释为何 A 国比 B 国出现了更多族群暴力,但不能了解同一个国家内地域性或地方性的差异。除非选举制度或机构在不同地域或地区有所不同,否则制度解释就不适用于地方性或地域性的变化。

近年来新制度主义的研究开始揭示地方性的制度差异。瓦什尼(Varshney 2002)认为,通过考察是否存在包括政党在内的地方性的公民组织,以及它们是整合了还是分裂了族群,可以解释冲突的地区性差异。威尔金森(Wilkinson 2004)发现,在胜者全胜的

---

[1] 参见 Reilly(2001)的评论。

选举制之下,有效政党的数目以及争取少数派支持的需要(两者都存在区域性或地方性差异)决定了是出现族群暴力,还是维持了和平。

最近另一方面的研究进展聚焦于制度与认同选择之间的关系。李普哈特承认(Lijhpart 2001),在 19 世纪 60 年代和 70 年代协合主义得到发展的时候,认同问题上的本质主义观点正大行其道。他本人也迎合时代潮流,认为族群认同是稳定的,因而需要设立适当的政治制度与稳定的族群认同相适应。

新近的研究表明了制度何以能够转变得以凸显的认同。波斯纳指出(Posner,2005),自殖民化以后,赞比亚一直存在两个认同轴心,即语言和部落。赞比亚有 4 大语言群体 60 多个部落。独立后,赞比亚也实行过两种根本性的制度,即多党制和一党制。在多党制时期,赞比亚人把语言作为基本的政治认同对象;而在一党制时期,他们则选择了部落。在多党制之下,人们需要选出选区代表和总统,因此政治舞台是全国性的,较大的认同对象(语言)能够发挥作用;而在一党制之下,人们只需选出选区代表*而非*总统,因而政治舞台被压缩到选区层次,较小认同对象(部落)的作用也随之上升。①

应该指出的是,霍洛维茨已经暗示了上面提及的这种研究思路(Horowitz 1985)。他对协合主义的批评部分建立在以下事实的基础之上,即认同会发生变化,因此某一族群的精英不可能指望得到人们永久性的忠诚。他还指出,政治舞台的变化可能重塑族群之间的区隔。在新近的研究中,这些观点都被明确提出来了。认同选择已经被明确视为一种需要得到解释的因变量。这样,我们对决定认同选择的制度因素就能够进行更自觉、更集中的阐释(Chandra 2004;Laitin 1998;Posner 2005;Waters 1990)。

第三个方面的研究进展是建构主义与制度主义的结合。前面提到,建构主义的核心论点是根本区隔的不变性。与之相反,制度主义已经意识到,随着制度环境的不同,认同也具有可变性。历史上的不变性和依情景而出现的可变性能结合到一起吗?

波斯纳说明了这种结合是如何发生的(Posner 2005)。② 如上所述,赞比亚当前在语言认同与部落认同之间的选择,可能取决于这个国家采取的是一党制还是多党制。

---

① 需要指出的是,虽然波斯纳的理论针对的是认同选择,但也很容易被理解为一种关于选举选择的观点。也就是说,随着政党制度变化的,并非赞比亚人的认同,而只是他们投票的方式。

② 波斯纳认为,他实际上结合了建构主义、制度主义和工具理性主义的观点。最后一点可能并不正确。从技术层面上说,工具理性主义的观点必须具备如下特征:一、以不受"框选"影响的自我利益定义微观基础;二、集体行动的问题必须依据这些微观基础得到解决,因为根据定义,集体行动将受困于"搭便车"的问题。殖民者创造了一些制度与规则,被统治者对其加以回应,这是事实,但这是一种由框选导致的反应。因此,使波斯纳的观点更多反映的是以心理学为基础的认知理性,而不是以经济学为基础的工具理性。另外,波斯纳假定集体行动的基础是殖民统治者赋予的意义,但"搭便车"的问题并没有得到解决。因此,波斯纳的理论结合了建构主义和制度主义的因素,但并没有引入技术意义上的工具主义思考方式。要理解这里涉及的理论问题,可参见 Sen(2002);Taylor(2006);Varshney(2003)。

但波斯纳认为,殖民历史仅仅对语言与部落这两个基本的认同对象进行了深度制度化,这是英国统治者和贸易公司的行政管理和雇佣政策,以及人口统计的实践造成的结果。可以想象,还存在着其他几个认同轴心。

在认同形成/选择问题上,要创造性地实现建构主义和制度主义的结合还面临着一些巨大挑战。凡·伊伏拉(Van Evera 2001)提出了一个重要的问题:*如果认同是通过冲突而形成或者深化的,那么它还是可变的吗?* 换言之,选择赞比亚作为案例,是否有避重就轻之嫌?在赞比亚的历史上,出现过类似印巴分制时印度教徒和穆斯林教徒之间的暴力冲突、1945—1969 年马来西亚的马来人和华人之间的冲突、1977 年以后斯里兰卡的锡兰人和泰米尔人的冲突,以及多次席卷巴尔干地区的族群战争吗?凡·伊伏拉认为,如果是暴力冲突建构或者深化了认同,它们就不可能被轻易地加以重构。未来结合建构主义与制度主义的研究恐怕无法回避这一挑战。

三、结 论

通过以上讨论,我们可以得到三个方面的结论。首先,如果人们以波普的方式理解知识的积累,即通过对理论的系统反驳而取得进展,那么在过去的 10 年到 15 年中,只有两种理论观念被推翻。在今天,不再会有人真的认为族群认同是原生性的,也不再会有人认为它没有任何内在价值,而仅仅是一种策略性工具。纯粹的本质主义者或纯粹的工具主义者都已不复存在。从经验证据的情况来看,他们也不会有重新出现的可能。其次,产生这些理论的学术传统仍将继续存在。理论的内部创新已经开始,或者说,一系列有待解决的新问题预示了理论创新。本质主义开始讨论人的本性,尤其在国家崩溃时人性的变化;工具主义开始限制其适用范围,或者开始探索一些使"贪婪和怨恨""密不可分地交融在一起"的理论模型;建构主义必须明确,依据它的基本假设和原则,冲突中次国家和地方性的差异是否能够得到解释;制度主义则需要确定,认同是否只在特定的环境下才会发生改变,以及它是如何变化的。第三,在这个领域内,方法论已经变得极为自觉而成熟,这是一件值得欢迎的事情。但是,关于方法论的争论,以及方法论的进展本身,并不会导致实质性的进步。[①] 未来最有创造性的工作很可能是问题导向的,它会在学科的交叉地带,并通过结合的不同的研究方法而产生。当然,并不是所有学科的边缘都会交叉。例如我们不清楚,能否在不出现明显内部矛盾的情况下,把本

---

① 这一领域中最近的方法论争论,可参见有关大卫·拉定的著作(Laitin, *Qualitative Methods*, 2006)的讨论。

质主义和工具主义结合在一起。不过,建构主义和制度主义之间的边缘交叉的确已经开始了,而且必然会变得越来越容易进行,其成果也会非常具有启发意义。

参考文献

ANDERSON,B.1983.*Imagined Communities.*London:Verso.

BATES,R.1974.Ethnic competition and modernization in contemporary Africa.*Comparative Political Studies*,6(4):457-84.

——1983.Modernization,ethnic competition,and the rationality of politics in contemporary Africa.Pp. 153-71 in *State versus Ethnic Claims:African Policy Dilemmas*,ed.D.Roth- child.Boulder,Colo.: Westview Press.

BERTRAND,J.2004.*Nationalism and Ethnic Conflict in Indonesia.*Cambridge:Cambridge University Press.

BRASS,P.R.1974.*Language,Religion and Politics in North India.*Cambridge:Cambridge University Press.

——1997.*Theft of an Idol.*Princeton:Princeton University Press.

——2003.*The Production of Hindu-Muslim Violence in Contemporary India.*Seattle:University of Washington Press.

BRUBAKER,R.,and LAITIN,D.2004.Ethnic and nationalist violence.In *Ethnicity without Groups*,ed.R. Brubaker.Cambridge,Mass.:Harvard University Press.

CHANDRA,K.2001.Cumulative findings in the study of ethnic politics.*APSA-CP*:7-25.

——2004.*Why Ethnic Parties Succeed.*New York:Cambridge University Press.

——2006.What is ethnic identity and does it matter? *Annual Review of Political Science*,9:397-424.

CHATTERJEE,P.1986.*Nationalist Thought and the Colonial World.*Minneapolis:University of Minnesota Press.

COLLEY,L.1993.*Britons.*New Haven:Yale University Press.

COLLIER,P.,and HOEFFLER,A.1998.On the economic causes of civil war.*Oxford Economic Papers*, 50:563-73.

——2004.Greed and grievance in civil war.*Oxford Economic Papers*,56:563-95.

——and SAMBANIS,N.2005.The Collier-Hoeffler model of civil war onset and the case study research design.Ch.1 in *Understanding Civil War:Evidence and Analysis*,ed.P.Collier and N.Sambanis.Washington,DC:World Bank.

CONNOR,W.1972.Nation-building or nation-destroying? *World Politics*,24(3):319-55.

——1994- *Ethnonationalism.*Princeton:Princeton University Press.

DEUTSCH,K.1966.*Nationalism and Social Communication.*Cambridge,Mass.:MIT Press.FEARON,J., and LAITIN,D.1996.Explaining interethnic cooperation.*American PoliticalScience Review*,90(4):

713−35.

GEERTZ, C. 1963. The integrative revolution: primordial sentiments and civil politics in the new states. Pp. 105−57 in *Old Societies and New States*, by C. Geertz. New York: Free Press.

GELLNER, E. 1983. *Nations and Nationalism.* Ithaca, NY: Cornell University Press.

GREENFELD, L. 1992. *Nationalism: Five Roads to Modernity.* Cambridge, Mass.: Harvard University Press.

HARDIN, R. 1995, *One for All.* Princeton: Princeton University Press.

HECHTER, M. 1986. Rational choice theory and the study of race and ethnic relations. Pp. 264−79 in *Theories of Race and Ethnic Relations*, ed. D. Mason and J. Rex. Cambridge: Cambridge University Press.

HOBSBAWM, E., and RANGER, T. eds. 1983. *The Invention of Tradition.* Cambridge: Cambridge University Press.

HOROWITZ, D. L. 1983. Racial violence in the United States. In *Ethnic Pluralism and Public Policy*, ed. N. Glazer and K. Young. Lexington, Mass.: Lexington Books.

——1985. *Ethnic Groups in Conflict.* Berkeley and Los Angeles: University of California Press.

——1991. *A Democratic South Africa?* Berkeley and Los Angeles: University of California Press.

——2001. *The Deadly Ethnic Riot.* Berkeley and Los Angeles: University of California Press.

KALYVAS, S. 2006. *The Logic of Violence in Civil War.* New York: Cambridge University Press.

KAPLAN, R. D. 2003. *Balkan Ghosts.* New York: St Martin's Press.

KEDOURIE, E. 1993. *Nationalism*, 4th expanded edn. Oxford: Blackwell.

KING, G., KEOHANE, R., and VERBA, S. 1994. *Designing Social Inquiry.* Princeton: Princeton University Press.

LAITIN, D. D. 1986. *Hegemony and Culture.* Chicago: University of Chicago Press.

——1998. *Identity in Formation.* Ithaca, NY: Cornell University Press.

——2006. Ethnography and/or rational choice. *Qualitative Methods*, 4(1): 26−33.

LIJPHART, A. 1969. *The Politics of Accommodation.* Berkeley and Los Angeles: University of California Press.

——1977. *Democracy in Plural Societies.* New Haven: Yale University Press.

——2001. Constructivism and consociational theory. *APSA-CP* 12(1): 11−13.

MAMDANI, M. 1996. *Citizen and Subject.* Princeton: Princeton University Press.

MILL, J. S. 1990. *Three Essays.* New York: Oxford University Press.

OLSON, M. 1965. *The Logic of Collective Action.* Cambridge, Mass.: Harvard University Press.

PETERSEN, R. D. 2002. *Understanding Ethnic Violence.* New York: Cambridge University Press.

POSNER, D. 2005. *Institutions and Ethnic Politics in Africa.* New York: Cambridge University Press.

Qualitative Methods. 2006. Symposium: ethnography meets rational choice. 4(1): 2−33.

RABUSHKA, A., and SHEPSLE, K. 1972. *Politics in Plural Societies.* Columbus, Oh.: Merrill.

REILLY, B. 2001. *Democracy in Divided Societies: Electoral Engineering for Conflict Management.* Cambridge: Cambridge University Press.

RUDOLPH, L. , and RUDOLPH, S. 1967. *The Modernity of Tradition.* Chicago: University of Chicago Press.

SCHELLING, T.1963.*The Strategy of Conflict.* New York: Oxford University Press.

SEN, A.1973.Rational fools.*Philosophy and Public Affairs*, 6(4): 317-44.

——2002.*Rationality and Freedom.* Cambridge, Mass.: Harvard University Press.

SHILS, E.1957.Primordial, personal, sacred and civil ties.*British Journal of Sociology*, 8(2): 130-45.

SMITH, A.1979.*Nationalism in the Twentieth Century.* New York: New York University Press.

SNYDER, J.2000.*From Voting to Violence.* New York: W.W.Norton.

SUNY, R.G.(2001).Constructing Primordialism.*The Journal of Modern History*, 73(3): 862-96.

TAYLOR, C.1994.*Multiculturalism and the Politics of Recognition.* Princeton: Princeton University Press.

TAYLOR, M.2006.*Rationality and the Ideology of Disconnection.* New York: Cambridge University Press.

VAIL, L.ed.1989.*The Creation of Tribalism in Southern Africa.* Berkeley and Los Angeles: University of California Press.

VAN EVERA, S.2001.Primordialism lives! *APSA-CP* 12(1): 20-2.

VARSHNEY, A.1997.Postmodernism, civic engagement and ethnic conflict: a passage to India.*Comparative Politics*, 30(1): 1-20.

——2002.*Ethnic Conflict and Civic Life.* New Haven: Yale University Press.

——2003.Nationalism, ethnic conflict and rationality.*Perspectives on Politics*, 1(1): 85-99.

——2006.Recognizing the tradeoffs we make.*Qualitative Methods*, 4(1).

PANGGABEAN, R.and TADJOEDDIN, Z.2006.Creating datasets in information-poor environments: patterns of collective violence in Indonesia.Paper presented at the annual meetings of the American Political Science Association.

WATERS, M.1990.*Ethnic Options.* Berkeley and Los Angeles: University of California Press.

WEBER, E.1976.*Peasants into Frenchmen.* Stanford, Calif.: Stanford University Press.

WEINER, M.1978.*Sons of the Soil.* Princeton: Princeton University Press.

WILKINSON, S.2004.*Votes and Violence.* New York: Cambridge University Press.

第四部分

政治制度及其变迁

第十三章　大众信仰与民主制度

克里斯丁·韦尔泽尔（Christian Welzel）
罗纳德·英格尔哈特（Ronald Inglehart）

一、导　论

比较政治学的核心问题之一是："民主发生、存在和发展的决定因素是什么?"政治文化研究一直受这个问题的激发，并且给出了一个富有启发意义的回答:民主的命运取决于普通民众对民主原则的内在忠诚。

这个前提包含两个假设。(一)如果能够对群体政治文化进行有意义的描述，那么个人信仰在大众层面就会表现出群体间的差别。(二)大众信仰在决定政治体系的产生、存在和运转方面具有一定的影响。这种影响的存在为大多数政治文化研究提供了主要依据，因为除非大众信仰影响了政治制度，否则就没有必要分析它们。然而，尽管这是该学科领域最基本的主张，它却几乎没有得到证明，甚至很少被探讨过。事实上，大多数研究都仅仅局限于分析个人层面的取向和信仰。

这一章将分三个步骤来讨论这个难题。首先，我们将概述为何政治文化研究不大愿意就大众信仰对民主政治的集合效应加以分析。我们将会表明，这与一个得到广泛接受的假设有关，即大众信仰对民主政治的影响可以通过个人层面的发现推导出来。其次，我们将证明上述假设恰恰是"个人主义谬误"的一种体现，我们认为，大众信仰对民主政治的影响只能在集体层面加以分析，因为民主政治也只是在这个层面才有意义。最后，我们将展示最新的研究成果，它们表明，大众信仰对民主政治的产生和存续的确具有集合效应。我们会将这些发现与其他形式的比较民主研究相联系，并将其纳入关于民主发展更广泛的理论之中。

二、一致性理论

大众信仰与制度相关,这是一个很早以前就已经出现的观点。当亚里士多德在《政治学》一书中提问,为何一些城邦是寡头制,而另一些城邦则是民主制时,他从不同的城邦基本的精神状态中找到了答案:假如城邦中主流的精神状态是节制、是相互尊重,那么公民就能彼此平等相待,民主政治也就可以得到发展。2000 多年后,孟德斯鸠在《论法的精神》(Montesquieu 1784)、托克维尔在《论美国的民主》(Tocqueville 1843)中提出了类似的观点。他们认为,权力由人民控制的政治制度,最可能在具有自由精神的群体中诞生。

这些著作都假定,两个层面的社会现象之间存在天然的联系:一是表明社会政治制度特征的*制度属性*,二是描述主流意向的*大众心理倾向*。在现代,艾克斯坦(Eckstein 1966)把这种公众和制度之间的关联性归纳为一致性理论,认为政治制度的威权模式必须与指导公众日常活动的威权偏好相一致。否则,制度会因难以被人们所接受而变得不稳定。比如说,民主制若被强加于具有威权意识的民众,就会变得非常脆弱。

民主在魏玛德国的失败是这一理论的重要例证。的确,制度设计上的缺欠为纳粹滥用民主程序提供了方便,但这些缺欠不能解释为何纳粹当初能够获得大众的支持。布莱彻(Bracher 1971/1955)与其他学者一同认为,民主在魏玛德国的失败,是因为那是一个"没有民主主义者的民主"。这一论断背后的假设,是民主制与大多数德国人的威权意识(皇帝治下普鲁士军国主义的遗产)不相容。威权主义心态并非民主在魏玛德国失败的充分条件,但它的确使民主格外脆弱,并且在大萧条的压力下彻底崩溃。

三、民主与威权人格

对信仰体系的经验研究始于心理学的人格类型研究。阿多尔诺等人(Adorno et al. 1950)指出,存在一种所谓的"威权人格",它源自威胁感,并可导致自卑、厌世以及教条式的僵硬态度。作为对上述概念的补充,拉斯韦尔(Lasswell 1951)探讨了所谓的"民主人格"的特征。它是"摆脱焦虑的结果",其内容包括开放的自我、对人类潜能的自信,以及最重要的自尊。简而言之,"民主的失败,意味着未能形成一种有助于产生高度自尊的社会关系"(Lasswell 1951,521 页)。

马斯洛(Maslow 1988/1954)也认为,"自我实现"的取向中有两个重要方面,即注重个人自立和对人类平等的意识,构成了民主的取向,"而且在最根本的意义上说就是民主取向"（Maslow 1988/1954,167页）。那些依据自己的判断行事,并且平等对待他人的人不大可能接受绝对权威,也不大容易被鼓动起来反对其他人群。因此,一种结合了个人主义和人道主义观念的获得解放的取向,使人们既不会轻易服从权威,也不会盲目排斥外人,从而削弱了煽动家和独裁者的群众基础。

出于同样的理由,罗基奇（Rokeach 1966）认为威权主义和排外主义在"封闭的"信仰体系中会结成同盟,它们都源自对生存的威胁。反过来,自由主义和利他主义则在"开放的"信仰体系中携手同行,因为它们都源自存在的安全感（Rokeach 1960,72页）。如果要问不同心理取向与哪类政治制度最为相容,显而易见,开放的信仰与民主制度更相容,而封闭的信仰则与威权统治较为相容（Rokeach 1973）。特里安地斯（Triandis 1995,50—60页）提出了一个类似的假设。他把开放的信仰占上风的社会称为"个人主义文化",而把封闭的信仰居于支配地位的社会称为"集体主义文化";并且认为,与集体主义文化相比,个人主义文化与民主有更强烈的亲缘性。所有这些著作都指向一个共同的结论,即对政体的产生和存续来说,民众主导的心理倾向是一种选择的力量,它排斥不相容的政体,并使相容的政体合法化。

四、民主发展的心理学理论

政治学家基本上忽视了上述这些早先的心理学研究,这是一个严重的缺欠,因为它们从两个方面为创建一种全面的民主理论提供了素材。首先,它们明确了心理取向的类型,而这是政治制度演化中的一种选择性力量。其次,它们在心理取向与社会条件之间建立了关联,而后者决定何种取向会在一个社会中占据支配地位。把这两个方面结合起来,就能够得出一种关于民主发展的全面的理论。

首先,导致生存压力（如不稳定的经济环境、犯罪和战争、彼此叠加的社会区隔,以及极端的社会分化）的社会环境会导致封闭的信仰体系。生存压力往往使人感觉软弱无助,促使他们寻求群体的保护、绝对的权威以及教条式的统治,从而封闭人的心灵。出于同样的逻辑,能够保障生存安全的社会条件（如经济繁荣、生命财产安全、相互抵消的社会区隔、适度的社会分化）则滋养了开放的信仰体系。宽松的生存环境有助于打开人们的心灵,因为这种环境能够减少人的焦虑感,降低寻求保护的需要,而正是后者导致了封闭的群体、绝对的权威和教条式的统治。在一个宽松的社会,人们能够得到更多的空间以注重自主、自由、宽容和信任。类似经济现代化这样的进程,因其能够带来更为有利的生存环境,所以有助于社会信仰体系从封闭状态向开放状态转变（Inglehart 1977,1990,1997）。

其次,信仰体系会影响相关制度的合法性:封闭的信仰体系能够接受威权主义制度,而开放的信仰体系则能接受民主制。因此,如果封闭的大众信仰转变为开放的大众信仰,那么既存的威权体制就会与之产生冲突,这个体制就会变得不合法。在其他条件相同的情况下,这会使政治制度的民主化更为易行,因为开放的信仰体系为人们提供了支持民主运动、投身自由竞争的动力。相反,经济衰退或者社会危机往往会使人们更容易接受威权主义的解决方案,从而封闭他们的心灵。任何情况下,在政治体制的演变中,信仰体系都会构成一种重要的选择性力量。

达尔(Dahl 1973)修正了这一假设。他认为,有利于民主制的心理取向(宽容和节制)的形成需要特定的社会条件,这就是中产阶级居主导地位的、选贤任能的市场社会。这种社会在工业化之前的自耕农或商人社群中已经出现,其主要特征是相对的机会平等(指进入市场的机会)和生存自立(指个人财产)。机会平等和生存自立培育了人们关于平等与选择的观念,减少了对绝对权威和群体庇护的需要。达尔与李普塞特(Lipset 1959)一样认为,选贤任能、生存自立、机会相对平等的社会条件,乃是自由平等取向的内丰基础。他也如李普塞特一样认为,这些自由平等的心理取向,乃是民主产生、存续和繁荣的基础。综合上述研究,可以得到表 13.1 所示的制度选择模型。

表 13.1　体制选择的心理学模型

	威权型	民主型
客观社会环境	压制和极化 ↓	宽容和平衡 ↓
心理取向	封闭的大众信仰 ↓	开放的大众信仰 ↓
选择性力量倾向于	威权政体	民主政体

这个模型不同于当前版本的现代化理论(Przeworski and Limongi 1997)和资源分配理论(Vanhanen 2003;Boix 2003),因为它包含了大众信仰。把大众信仰作为社会经济状况和民主化之间的中间变量,这完全合乎逻辑。单纯的社会经济状况自身无法实现民主化,因为民主往往需要集体行动的配合才能扎根;而这类行动也需要某种动力以把它们推向某个特定的目标,比如民主。大众信仰恰恰提供了这样的动力。因此,民众的主导信仰会把社会经济状况转变为集体行动,后者则使民主生根、存续和巩固。

尽管我们对这个模型的构成要素早已并不陌生,但它们直到最近才受到经验的验证。这部分要归功于公民文化研究的影响,它把大众信仰和民主之间的关系概念化了。

五、公民文化研究的影响

人格类型研究有助于区分不同的心理取向,即人们是倾向于支持民主还是威权统治。但是,此类心理学研究并没有测量出不同心理取向在给定人群中的分布状况,因而也就无从对整个社会的民主"成熟度"作出判断。

这一缺陷正是阿尔蒙德和维巴(Almond and Verba 1963)公民文化研究的出发点。该研究选取 5 个具有代表性的国家,对被认为在民主存续方面具有重要作用的心理取向进行调查,这样就可以对政治文化进行跨国比较。在此之后,一系列重要的政治文化研究相继展开,比如政治行为研究(Barnes and Kaase et al.1979)、政治行为的持续性研究(Jennings and van Deth 1989),以及对政府的信念的研究(Kaase and Newton 1995)等。在这些研究的刺激下出现了一系列长期的跨国调查项目,首先是欧洲调查(Eurobarometer),随后是国际社会调查项目(International Social Survey Program)、拉美调查(Latinbarometer)、新欧洲调查(New Europe Barometer)、非洲调查(Afrobarometer)、东亚调查(East Asia Barometer)、亚洲民主调查(Asiabarometer)和选举制度比较研究(Comparative Study of Electoral Systems)等等。最后,欧洲价值观研究(European Values Study)推动了一项真正意义上的世界价值观调查(World Values Survey)的出现,后者已经测量了世界范围内 80 多个国家的大众信仰。

公民文化研究仅覆盖了 5 个国家,这个样本太小,无法据此对大众信仰和政治制度变迁之间的联系进行统计学上的显著性检验。但我们现在已经拥有了数十个国家的数据,涵盖了威权政体和民主政体,从而使我们最终能够对政治文化学派的核心论题,即大众信仰对民主影响的跨国差异加以检验。

尽管数据库的规模扩大了很多,但对是否,以及在何种程度上民主受到大众信仰的影响进行统计学上的显著性检验仍然非常少见(其例外包括 Muller and Seligson 1994;Inglehart 1997 第六章;Welzel,Inglehart,and Klingemann 2003;Seligson 2002;Hadenius and Teorell 2006;Welzel and Inglehart 2006;Welzel 2006)。这部分要归因于公民文化研究对大众信仰与民主之间的联系进行概念化的方法。

公民文化研究提出的是一种"公民忠诚"的模式,强调在民主已经建立之后公民支持民主的心理取向,包括对参与机会、政策产出,以及整个民主体制的满意程度。对忠诚的关注,使研究者忽视了那些推动人们反对既存的政治制度,或者当民主尚未建立之时要求民主的心理取向。这种传统给至今为止的政治文化研究留下了持久的印记,使其把更多的注意力放在有助于巩固民主、而非推动人民争取民主的态度上面。因此,除数据库得到了完善之外,政治文化的研究路径尚未对民主化的比较研究产生明显影响。从某种意义上说,公民文化的路径已经使大众信仰研究远离了传统的心理学方法,它已经忘记,后者曾区分出那些能够推动民众追求民主化的心理取向。

为什么公民文化研究没有从大众心理取向推动民主化的潜力这一角度对其进行概念化呢? 一个可能的答案是,当阿尔蒙德和维巴进行写作的时候,"社会主导的"民主化并未进入他们的视野。社会主导的民主转型似乎是西欧北美少数早期民主国家独有的特征,这种民主化始于18世纪的自由主义革命。阿尔蒙德和维巴写作的时候,最为显著的民主化案例(德国、意大利和日本)都是二战后民主国家,它们的民主化并非社会主导,而是一种"外部监控的"进程(Karl and Schmitter 1991)。如果一个社会是否转向民主政体的问题是由外部事件,比如战争或者军事干预决定的,那么从理论上说,能够推动民众追求民主化的心理取向实际上就不会产生太大影响。在这种情况下,大众取向能够影响民主的存续而不是民主的产生。

不过,在民主化的第三次浪潮中,基本上没有出现外部监控的民主化(Huntington 1991)。除格林纳达之外,所有第三波的民主转型都属社会主导型,国内力量发挥了至关重要的作用。但是,将大众取向视为巩固民主而非导致民主的因素这样一种倾向,仍然具有挥之不去的影响,它妨碍了政治文化学派对民主化的研究。妨碍学术发展的另一个原因,则是对个人主义谬误的忽视。

六、对个人主义谬误的忽视

大多数政治文化研究考察的是个人层面上决定其政治态度的因素,并假定它们会产生社会层面的影响。对民主的支持力量加以分析的学者们之所以这么做,是因为他们假定支持力量越广泛,则民主体制就越稳定。显然这是个累积层面的假设,但学者们并没有在这一层面对其加以验证。他们仅仅研究了个人层面的因素对民主支持力量的影响,好像了解了在个人层面增加民主支持力量的因素,也了解了在累积层面巩固民主制的因素(Seligson 2002)。

阿尔蒙德和维巴(Almond and Verba 1963,186页)为这种研究方法提供了先例,在他们著作中关于公民文化研究的第八章中,一开始就提出了"公民能力和公民参与如何影响政治制度"的问题。尽管这里涉及的是一个累积层面的问题,因变量是社会的政治制度,但阿尔蒙德和维巴实际上分析的,却是人们对其主观能力的意识和自陈的政治参与如何塑造了个人层面的系统支持。随后的大量研究延续了这个先例,它们都假定只要人们知道了什么因素在个人层面促进对民主的支持,也就知道了什么因素在累积层面巩固了民主。总之,所有政治文化研究的文献都接受如下的假定,即可以通过个人层面的发现得出累积层面的结论。

这个假定被广泛接受的事实并不能使它成为真理,事实上它是错误的。比如,知道了在个人层面增加收入的因素,并不能告诉我们什么原因能够导致累积层面收入的增加。虽然个人可以通过腐败获利增加收入,我们却不能得出结论认为更多的腐败会增加国家层面的收入。认为通过了解事物在一个分析层面的运作方式,可以得知它们在另一个层面的运作方式,这种推论除非经过检验,否则不能将其视为当然。

罗宾逊(Robinson 1950)很早之前就已经证明,在不同的分析层面上,两个变量之间的关系在强度、意义和表现方面都会发生变化。因此他认为,从一个分析层面向另一个分析层面作出的任何推导,在通过验证之前都是无效的。对跨层次的推导来说,这个结论在两个方向上都成立。"生态谬误"错误地假定,在累积层面发现的关系也会在个体层面出现;同时反向的推论也并不可靠,这就是"个人主义谬误",它错误地假定在个体层面发现的关系亦将存在于集体层面(Alker 1969)。

人们对生态谬误有广泛的自觉,但在大众信仰的研究中却明显忽视了个人主义谬误。事实上,当下流行的关于生态谬误的观念本身,就是个人主义谬误的最好范例。

七、对生态谬误的误解

当下流行的有关生态谬误的观念,已经使学者们分析个人层面的态度在集体层面的影响时非常谨慎。不幸的是,这种谨慎毫无必要,因为流行的有关生态谬误的观念本身就是错误的。以一个被广泛引用的有关生态谬误问题观点为例。普列泽沃斯基和透纳(Przeworski and Teune 1970,73页)认为,一种累积层面的关系,如果不能在构成体个体层面反映出来,则这种关系就是虚假的。这个观点意味着,如果累积层面的关系不能以同样的方式在构成体个体身上反映出来,那么这种关系就是无意义的。[1] 学者们至今仍然把这个观点奉为权威,并据以否定一些累积层面的发现,因为这个层面的关系并没有体现在个体层面上(Seligson 2002)。让我们通过一个例子证明这种方法的缺陷。

在纳粹得票率和魏玛共和国晚期的失业率之间,存在一种显著的累积层面的关系,即在高失业率的地区,人们更倾向于把选票投给纳粹。但法尔特(Falter 1991)证明,在

---

① 为了避免误解,我们并不否认生态谬误的存在,我们只是认为对这一谬误广为流传的认识是错误的。

任何地区,失业者都不会比有工作的人更愿意为纳粹投票。如果把普列泽沃斯基和透纳的观点用于这个案例,那么结论肯定是地区层面的失业和纳粹得票率之间的关系没有意义,因为在每一个地区个人层面上都不存在对应的关系。这里存在一个明显的跨越层次的推理:因为在个人层面不存在某种关系,所以推断累积层面实际存在的关系无效。这是个人主义谬误的典型形式(这一谬误的范例可参见 Hadenius and Teorell 2006)。

这个结论的错误在于,它忽视了像失业这类社会现象并不一定要作为相关个体自身的属性来影响个体行为,它们也能够作为个体所属人群的累积属性影响个人行为。在这个案例中,群体内个人层面的关系是不可见的,只有在考虑到不同群体间累积层面的变化时它才会凸显出来。具体来说,个人失业并不会使他更倾向于投纳粹的票。出于这个原因,在每一个地区,失业与纳粹得票率之间都不存在个人层面的关系。但如果个人所在地区失业率高的话,他们就会更加倾向于为纳粹投票,因为地区性的失业会制造恐慌,并影响到区域内的所有个人,而无论其自身失业与否。因此,在失业人数较多的地区,纳粹的累积得票率就比较高。

像失业这种现象是作为相关人群的累积属性,而非每个人自身的属性对个人行为造成影响的,但这一事实并不意味着此类现象就缺乏真实性。失业作为累积属性而非个人特质影响了投票行为,并不会使失业导致纳粹得票率上升这一因果关系无效。它只是表明了失业产生作用的机制。在此案例中,这很大程度上是一种生态机制:累积的失业而非个人的失业影响了人们的行为。

八、个人层面信仰之间的累积关系

英格尔哈特和韦尔泽(Inglehart and Welzel 2005)分析了世界价值调查获得的四批个人层面的数据,并从中发现了一种分布比较广泛的所谓的解放型心理取向,他们称之为"自我表达的价值观"。这种取向类似于罗基奇(Rokeach 1960)所谓的开放的信仰体系,或者马斯洛(Maslow 1988/1954)所谓的"自我实现"的取向,也近似李普塞特(Lipset 1959)和达尔(Dahl 1973)所说的自由主义—平等主义取向。根据拉斯韦尔(Lasswell 1951)的观点,这种取向源自"对人类潜能的基本信念",即一种将个人主义和人文主义态度整合为一种更广泛的解放型取向的信念。根据对140个国家的调查所进行的累积层面因素的分析,这种解放型取向表现为五个方面的态度(括号中普通维度的因子载荷):由对自由的热望反映的对人类自由的重视(.87)、由自陈的对请愿的参与表现的对公民行动的亲近感(.84)、由生活的满足感体现的自尊意识(.82)、由对同性恋行为的接受体现的对异类的容忍(.78),以及由对人们的总体信任反映的开放心态(.61)。①

这种取向的两个成分,即对自由的热望和对生活的满足感,在人群中个人层面上只是微弱相关,在很多国家的样本中它们的相关性仅为.01。但在累积层面,我们发现对自由的热望与对生活的满足感之间显示出高度显著的相关性,即 r=.67。这个结果表明,一个群体中注重自由的人越多,则这个群体对生活的平均满足感越高,但是,比一般人更注重自由的人对生活的满足感并不会高于平均值。也就是说,并非是人们个人对自由的态度影响了他们的生活满足感;相反,结果是生态性的,一个广泛注重自由的群体创造出了一种自由的气氛并影响了其中的每一个人,从而提高了生活满足感的平均水平。因此,对自由的尊重并不是作为个人的品性,而是作为社会的累积财富影响了生活的满足感。② 这种类型的生态性结果在同一集体中的个人之间看不出来;只有通过不同集体的比较它们才会得以显现。某些特性是作为群体的累积属性,而非个人属性对个体产生影响,这种情况并非生态谬误,而是一种生态事实。

有些联系完全是生态性的,而且只在累积层面上存在。比如说民主就只存在于累积层面,因此如果说个人信仰影响了民主,那只意味着这种信仰的累积影响了民主。但这一点很少得到证明。

九、有关大众民主化信仰的研究

在数百篇比较研究民主态度的论文中,只有一小部分涉及累积层面大众信仰与民主的关系。帕特南(Putnam 1993)的研究就属于这一小部分。他证明,民主的表现与总体信任度之间在累积层面存在强烈的相关性。不过,这一累积层面的分析尽管很有说服力,但只是局限于一国(即意大利)之内的某些地区。至于跨国层面的类似研究就更是少而又少,帕克斯顿(Paxton 2002)和诺里斯(Norris 2002)的著作是罕见的例外。

在比较政治学最重要的领域之一即民主化研究中,对信仰在累积层面的效应的研究尤为缺乏。民主化研究有两个主要路径:其一以行为体为中心,关注的是导向民主的集体行动;其二是结构主义的路径,关注的是决定民主化进程的社会经济结构,两者对公众的态度都没有予以足够的重视。这令人惊异,因为有关政治参与、社会运动以及政治动员的文献均

---

① 测量的细节可见于 www.world.valuessurvey.org/publications/humandevelopment.html, Inglehart 和 Welzel 在"变量"这一栏内的网络附件。

② 在以个人的生活满足感作为因变量(按 1 到 10 的等级进行测量),并把个人对自由的热望和个人所在群体对自由的累积热望作为预测值(N=241,125)的回归分析中,累积自由渴望的效应很明显地强于个人的自由渴望(beta 系数是.296 和.012)。

已证明,在社会经济条件和集体行动之间,态度是一种重要的中介力量(Klandermans 1984; McAdam 1986;Verba,Schlozman,and Brady 1995)。这些研究清晰地表明,社会经济条件要转变为集体行动,其前提是它们催生了能激发人们采取此类行动的态度。社会经济条件决定社会结构,但它们自身并不能导致特定的行为。反过来说,要产生集体行动,也需要有某种推动力,把它们导向特定的目标。因此,对民主化的任何解释,如果忽略了将客观社会经济条件转变为具体的集体行动的推动力,则都是不完整的(Huntington 1991,69页)。

以上考虑使人们得到了一个模型,并对民主化提出了如下的解释:(一)某些特定的社会经济条件导致了(二)特定类型的大众信仰模式,(三)它们推动了最终导致民主化的集体行动。

为验证这个模型,韦尔泽尔和英格尔哈特进行了广泛的研究(Welzel,Inglehart,and Klingemann 2003;Welzel and Inglehart 2005,2006;Inglehart and Welzel 2005;Welzel 2006)。他们的发现从三个方面证明了这个模型。首先,他们证明的确存在一种生态意义上的解放型心理取向,其内容类似于拉斯韦尔、洛基奇和马斯洛所谓的"民主的""开放的"和"自我满足的"取向。它把个人主义和人文主义的态度整合为一种解放型的心理特质,并进而孕育了对自由的向往、对异端的包容、对公民运动的亲近、对他人的信任,以及个人的自尊意识。这种取向的组成部分在不同群体中有所不同,但是注重其中之一的群体,也会强调其他相关的取向。

其次,解放型心理取向源自生存压力较小、生活条件较为宽松的社会结构,因为这种社会能给人们带来较强的安全感和自主性。经济现代化增加了人们的物质资源、智识能力以及与喜欢的人建立社交网络的机会,因而推动了上述的进程。它使人们滋生出自主意识,追求解放的目标,并突显出公众自我表达的价值。因此,根据万哈南(Vanhanen 1997)的理论[1],可以得出一套反映一个群体的物质资源、智识能力和社交网络的综合指标,它们能很好地预测特定人群中追求解放型理想的成员的比例。如散点图13.1所示,宽松的生存条件导致解放型心理取向的提升,这与文化相对主义的假定相反,并非是一个仅限于新教社会的西方现象。因为即便人们控制了一个社会中新教传统的力量,这一结果同样也会出现。[2]

---

[1]　万哈南用家庭农场在农业部门中所占的份额,以及农业部门之外生产性财产的分散程度测量物质资源的可用性,并用识字率和高等教育的入学率来测量智识能力。我们把他对职业复杂性的测量(依据城市化和非农业部门的规模)作为社交网络多样性的指标,假定社会越复杂,则社交网络越多样化。万哈南把资源、能力和社交网络三个方面的测量指标结合为一个综合的指标,他称之为"动力资源"。我们采用的是他运用这一指标测定的1993年左右的结果(见 Vanhanen 1997,42—63页)。

[2]　我们用新教教派在一个国家所占的比例作为衡量新教传统的强度的标准(根据1998年《不列颠百科年鉴》关于20世纪90年代初的数据)。

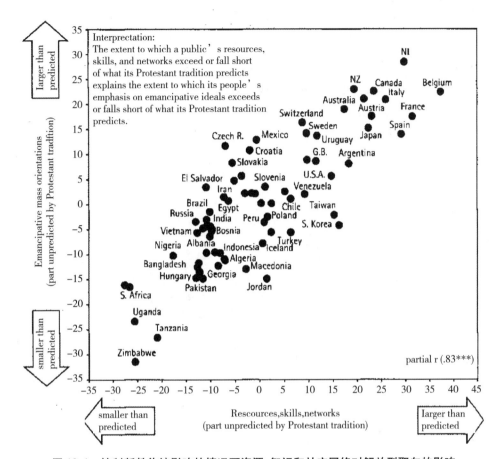

图 13.1 控制新教传统影响的情况下资源、智识和社交网络对解放型取向的影响

注：图中资源、智识和社交网络涉及的时间是 20 世纪 90 年代初；解放型取向涉及的时间是 1989—1999 年，控制变量（新教传统）涉及的时间是 20 世纪 90 年代初。

　　最后，大众的解放型取向有利于民主化，特别是"有效"民主、而非单纯的选举民主的产生。一个社会对解放型目标的重视程度能够解释有效民主中 80% 的差异。① 人们可能会怀疑，这个事实的因果关系可能方向相反，即可能是先前的民主制

---

　　① 我们对"有效"民主的测量值要低于自由之家对民主自由的测量结果，因为腐败的统治降低了自由的质量（对腐败的测量来自世界银行）。也就是说，一个社会有效民主的程度较低会出于以下两个方面的原因：或许是没有民主自由，这种情况下我们的测量不会低于自由之家的测量值；或者存在民主自由，但受到腐败传统的严重影响。在这两种情况下，公民都无法有效实践民主自由，因此无论出于哪一种原因，有效民主的程度都会比较低。需要注意的是，与一个社会单纯的民主自由水平相比，其"有效"程度与大众的解放型取向关系更为密切。以印度为例，印度人的解放型取向表明，这个国家不会是有效民主的局外人。另外，尽管一个社会会因为民主制度的建立或消失而使其单纯的民主自由水平发生波动，但其民主自由的有效水平却不会变化（Welzel and Inglehart 2006）。测量的细节见 www.world.valuessurvey.org/publications/humandevelopment.html 英格尔哈特和韦尔泽在"变量"这一栏内所加的附注。

产生了流行的解放型心理取向。但如图 13.2 所示,这并非事实。即便我们控制了解放型心理取向产生之前测定的民主程度①,这种取向对后续的有效民主程度仍然具有明显的正面影响。有趣的是,与大众对民主的公开支持相比,大众的解放型取向对民主影响还要更大,原因是解放型取向表明,人们对自由和宽容原则具有一种内在的认可,而这两者正是民主概念中固有的内容。相反,仅仅对民主这个词表示支持很容易流于口头承诺,而缺乏对民主自由更深层次的忠诚。因此,与对民主的明确支持相比,解放型心理取向为人们捍卫民主提供了更坚强的动力(Inglehart and Welzel 2005,270 页)。

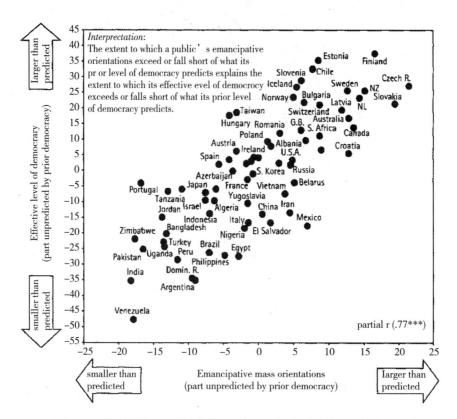

图 13.2 控制先前民主影响的情况下解放型取向对有效民主的部分影响

注:对有效民主的测量涉及的时间是 2000—2004 年;解放型取向涉及的时间是 1989—1999 年;控制变量(先前的民主制)涉及的时间是 1984—1988 年。

我们假定,大众的解放型心理取向因其能够激励人们采取行动争取或巩固民主自由,从而对民主产生了影响。相关证据则来自人们自陈的大众公民行动参与情况。如果把对公民行动的参与与解放型心理取向区分开,并且把像游行、抗议和请愿等自陈的

———————————

① 为此,我们采用了一个结合自由之家和政体 IV 1984—1988 年测量值的综合民主指标。这个时间段结束于解放型偏好涉及的时间段开始前一年。

行动作为因变量,那么就可以看出,解放型取向对这些活动产生了相当强烈的影响,无论在个人层面和累积层面都是如此(Welzel, Inglehart, and Deutsch 2005,136 页)。有意思的是,一个多层模型表明,解放型心理取向在个人层面对公民行动的影响,会随着社会中个人资源的分布情况发生变化。具体说,就是尽管在所有环境变量(包括威权政体)之下解放型取向对公民行动都有着固定的影响,但自由和资源分布越广泛,这种影响的强度就会越大。换言之,解放型取向往往会转变成公民行动,但当人们能够获得更多的资源时,这个转变就会更加容易。

遗憾的是,仅仅根据观察到的群体活动,还不足以对大众心理取向及其行动之间的联系加以系统分析,因为有关观察到的活动的标准化数据,不能像关于大众心理取向的数据那样加以分类。不过,使用卡拉丁斯基和阿克尔曼(Karatnycky and Ackerman 2005)提供的三分法还是可以对其加以某些说明。两位学者证明,非民主国家是否会转变为民主国家、这种转变是最终仅止于不完全的民主还是完全的民主、向非民主制度的倒退是否会发生,这一切都取决于公众在多大程度上参与到了支持民主的公民运动中。为证明这一点,卡拉丁斯基和阿克尔曼把大众对支持民主的公民行动的参与分为三类:"微弱的或缺乏的""适度的"和"强烈的"。箱线图 13.3 就基于这一划分。它表明,支持民主的大众行动的确与解放型大众心理取向相关。在支持民主的公众行动微弱或缺乏的地方,解放型心理取向也最少见;而在公众行动最为强烈的地方,解放型心理取向的分布也最为广泛。

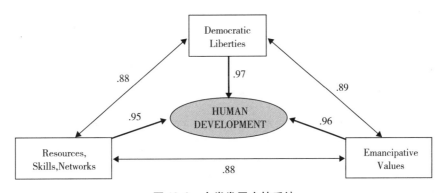

图 13.3 人类发展支持系统

注:双向箭头上方的数字是相关系数(r);单向箭头上方的数字是共同维度的载荷系统。N=74。

无论因果机制的准确性如何,重要的是(一)人民掌控的资源、智识能力和社交网络、(二)他们的解放型心理取向,以及(三)他们拥有的民主自由。这三者实际上密不可分,而且事实上反映了跨国变化中的一个共同维度,图 13.4 反映了这一点。我们把这个共同的维度称为"人类"发展,因为支撑着这三个组成部分的一个共同要求,即选择的自由,构成了真正意义上的人的潜能(Sen 1999)。由于进行自主选择是人类普遍的潜能,因此各个社会在这方面并没有差异,无论其文化传统有多么不同。不同的是一个社会能够为人类潜能的发展提供多大的空间。如表13.2所示,这个空间可以由社会现实中三个主要层面来测量:社会经济条件、文化信仰体系和政治制度。在这个框架内,民主不过是人类解放的三个主要形式之一;三者密切联系,共同发展。

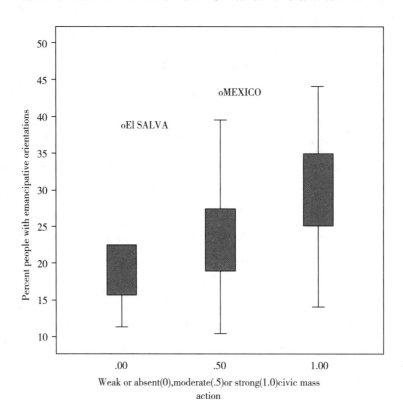

图 13.4　解放型大众心理取向与大众民主支持行动之间的联系

表 13.2　不同社会的人类发展(Human Development)

	社会经济维度	文化维度	制度维度
HD 出现的条件	资源、智识能力与网络以*手段*的形式*增强*人的能力	解放的目标以*动机*的形式增强人的能力	民主自由以*权利*的形式增强人的能力
HD 决定了	能够追求的目标	愿意自主选择的目标	人具有最高的优先性
HD 扩展了人类	自主的能力	自主的意愿	自主的权利
HD 的结果	人性力量 (对人类内在选择的外部约束减少)		

十、大众信仰与制度

一个群体的心理状况是社会现实的核心部分,因为社会是由有信仰、会思考、并为之付出努力的人们所构成的。政治文化研究通过标准化的跨国调查,对社会现实的这个方面进行测量和分析,它研究的焦点是民主的核心:人民。

政治文化的研究路径与制度研究的路径存在重要的差别。制度研究倾向于忽视人们的态度,假定人的行为动机没有不同,或者即使不同,也只是对制度带来的不同刺激的反应。因此,在给定的制度背景下,人的行为动机是恒定的,无须对其加以测量。

政治文化研究则正好相反,它假定人的行为动机可以、而且的确有所不同,同时它们还独立于制度带来的刺激。由于制度刺激是*外在的*,所以它们并不会替代人的*内在*动机。也正因为如此,所以制度给予的东西很容易与人们所需要的东西相冲突。这就是为何制度提供的激励因素有时反而会滋生导致制度变迁的压力,比如解放型取向的增强就会推动社会迫使威权政体民主化。

十一、结　论

这一章始于一个困惑:为什么政治文化学派的基本前提——大众信仰影响民主——很少得到检验?然后我们概括了其中的一些原因。除了直到最近为止还缺乏合适的数据这一事实之外,对导致民主化的心理态度的忽视,以及认为个人层面的发现可以导出民主国家累积层面的结论,这两者结合在一起,使政治文化学派未能证明作为一种公众现象的个人层面的信仰,在累积层面对民主会产生何种影响。我们认为,这是一个不该出现的缺陷,因为心理学研究已经表明,解放型心理取向非常可能刺激民众推进民主化进程。随后,我们展示了一系列最新的跨国研究成果,它们在尽可能广泛的基础上分析了大众信仰的影响。这些研究表明,解放型大众心理取向确实对民主具有正效应,而这种取向本身又是社会经济的现代化的产物。这些发现将民主纳入有关人类发展的更大的理论视野之内,而人类发展的一个根本主题正是人类的解放。作为人类解放事业的一项成就,民主繁荣的最佳条件就是一个解放型的环境,而解放型的信仰是其最核心的内容。在比较政治学的历史上我们第一次得出结论认为,有系统证据表明,政治文化学派的核心论点是正确的:大众信仰的确影响了民主。

参考文献

ADORNO, T., FRENKEL-BRUNSWICK, E., LEVINSON, D., and SANFORD, R. N. 1950. *The Authoritarian Personality.* New York: Wiley.

ALKER, H. R., Jr. 1969. A typology of ecological fallacies. Pp. 69-86 in *Quantitative Ecological Analysis in the Social Sciences*, ed. M. Dogan and S. Rokkan. Cambridge, Mass.: MIT Press.

ALMOND, G. A., and VERBA, S. 1963. *The Civic Culture: Political Attitudes in Five Western Democracies.* Princeton: Princeton University Press.

ANDERSON, C. J., and TVERDOVA, Y. V. 2001. Winners, losers, and attitudes about government in contemporary democracies. *International Political Science Review*, 22(4): 321-38.

——et al. 2005. *Losers' Consent.* Oxford: Oxford University Press.

BARNES, S. H., KAASE, M., et al. 1979. *Political Action: Mass Participation in Five Western Democracies.* Beverly Hills, Calif.: Sage.

BELLAH, R. N. et al. 1996. *Habits of the Heart. Individualism and Commitment in American Life.* Berkeley and Los Angeles: University of California Press.

Boix, C. 2003. *Democracy and Redistribution.* New York: Cambridge University Press.

BRACHER, K. D. 1971/1955. *Die Auflösung der Weimarer Republik* [The Dissolution of the Weimar Republic], 5th edn. Königstein: Deutsche Verlagsanstalt.

BRATTON, M., and MATTES, R. 2001. Support for democracy in Africa: intrinsic or instrumental? *British Journal of Political Science*, 31: 447-74.

——and GYMIAH-BOADI, E. 2005. *Public Opinion, Democracy, and Market Reform in Africa.* New York: Cambridge University Press.

CHANLEY, V. A., RUDOLPH, T. J., and RAHN, W. M. 2000. The origins and consequences of public trust in government: a time series analysis. *Public Opinion Quarterly*, 64: 239-56.

CINGRANELLI, D., and BOOTH, R. 2004. *CIRI Data Set.* Downloadable at http://ciri.bingham ton. edu/index.asp.

CONVERSE, P. E. 1970. Attitudes and non-attitudes. Pp. 168-89 in *The Quantitative Analysis of Social Problems*, ed. E. R. Tufte. Reading, Mass.: Addison-Wesley.

CROZIER, M., HUNTINGTON, S. P. and WATANUKI, J. 1975. *The Crisis of Democracy.* New York: New York University Press.

DAHL, R. A. 1973. *Polyarchy: Participation and Opposition.* New Haven: Yale University Press. ist edn. 1971.

DALTON, R. J. 2004. *Democratic Challenges, Democratic Choices.* Oxford: Oxford University Press.

DIAMOND, L. 1999. *Developing Democracy: Towards Consolidation.* Baltimore: Johns Hopkins University Press.

——2003.Can the whole world become democratic? Center for the Study of Democracy.Paper 03-05.

DOORENSPLEET,R.2004.The structural context of recent transitions to democracy.*European Journal of Political Research*,43:309-36.

ECKSTEIN,H.1966:*A Theory of Stable Democracy.*Princeton:Princeton University Press.

ELKINS,Z.2000.Gradations of democracy? Empirical tests of alternative conceptualizations.*American Journal of Political Science*,44:293-300.

ETZIONI,A.1993.*The Spirit of Community.*New York:Crown Publishers.

FREEDOM HOUSE.2005.*Freedom Ratings.*Dataset downloadable at www.freedomhouse.org.

FALTER,J.1991.*Hitlers Wähler* [Hitler's Voters].Munich:C.H.Beck.

GASIOROWSKI,M.J.,and POWER,T.J.1998.The structural determinants of democratic consolidation: evidence from the Third World.*Comparative Political Studies*,31:740-71.

GIBSON,J. L. 1997. Mass opposition to the Soviet putsch of August 1991: collective action, rational choice,and democratic values.*American Political Science Review*,91:671-84.

——2001.Social networks,civil society,and the prospects for consolidating Russia's democratic transition.*American Journal of Political Science*,45(1):51-69.

——DUCH,R.,and TEDIN,K.L.1992.Democratic values and the transformation of the Soviet Union. *Journal of Politics*,54:329-71.

HADENIUS,A.,and TEORELL,J.2006.Democracy without democratic values.*Studies in Comparative International Development*,47:95-111.

HOFFERBERT,R.I.,and KLINGEMANN,H.-D.1999.Remembering the bad old days:human rights,economic conditions,and democratic performance in transitional regimes.*European Journal of Political Research*,36(1):155-74.

HUNTINGTON,S.P.1991.*The Third Wave:Democratization in the Late Twentieth Century.*Norman:University of Oklahoma Press.

INGLEHART,R.1977.*The Silent Revolution.*Princeton:Princeton University Press.

——1990.*Culture Shift in Advanced Industrial Societies.*Princeton:Princeton University Press.

——1997.*Modernization and Postmodernization.*Princeton:Princeton University Press.

——and WELZEL, C. 2005.*Modernization, Cultural Change, and Democracy:The Human Development Sequence.*New York:Cambridge University Press.

JENNINGS,M.K.,and VANDETH,J.W.eds.1989.*Continuities in Political Action.*Berlin:deGruyter.

KAASE,M.,and NEWTON,K.eds.1995.*Beliefs in Government*,4 vols.Oxford:Oxford University Press.

KARL,T.L.,and SCHMITTER,P.C.1991.Modes of transition in Latin America,southern and eastern Europe.*International Social Science Journal*,128:269-84.

KARATNYCKY,A.,and ACKERMAN,P.2005.*How Freedom is Won:From Civic Resistance to Durable Democracy.*Washington,DC:Freedom House.

KAUFMANN,D.,KRAAY,A.,and MASTRUZZI,M.2005.Governance matters III:governance indicators for 1996-2004.World Bank Policy Research Department Working Paper No.2195.Washington,DC:

World Bank.

KLANDERMANS, B. 1984. Mobilization and participation: social-psychological expansions of resource mobilization theory. *American Sociological Review*, 49:583−600.

KLINGEMANN, H.-D. 1999. Mapping political support in the 1990s: a global analysis. Pp. 31 − 56 in *Critical Citizens: Global Support for Democratic Governance*, ed. P. Norris. New York: Oxford University Press.

——and FUCHS, D. eds. 1995. *Citizens and the State*. Beliefs in Government 1. Oxford: Oxford University Press.

LASSWELL, H. D. 1951. *Democratic Character*. Glencoe, 111.: Free Press.

LEAMER, E. E. 1985. Sensitivity analysis would help. *American Economic Review*, 57:308−13.

LEVI, M., and STOKER, L. 2000. Political trust and trustworthiness. *Annual Review of Political Science*, 3: 475−507.

LIPSET, S. M. 1959. Some social requisites of democracy: economic development and political legitimacy. *American Political Science Review*, 53:69−105.

MCADAM, D. 1986. Recruitment to high-risk activism: the case of Freedom Summer. *American Journal of Sociology*, 92:64−90.

MARSHALL, M. G., and JAGGERS, K. 2000. *Polity IV Project* (Data Users Manual). Baltimore: University of Maryland.

MASLOW, A. 1988/1954. *Motivation and Personality*, 3rd edn. New York: Harper & Row.

MISHLER, W, and ROSE, R. 2001. Political support for incomplete democracies: realist vs. idealist theories and measures. *International Political Science Review*, 22(4):303−20.

MULLER, E. N., and SELIGSON, M. A. 1994. Civic culture and democracy: the question of causal relationships. *American Political Science Review*, 88(3):635−52.

NEWTON, K. 2001. Trust, social capital, civil society, and democracy. *International Political Science Review*, 22(2):201−14.

——and NORRIS, P. 2000. Confidence in public institutions: faith, culture, or performance? Pp. 52−73 in *Disaffected Democracies: What's Troubling the Trilateral Countries?*, ed. S. J. Pharr and R. D. Putnam. Princeton: Princeton University Press.

NORRIS, P. 2002. *Democratic Phoenix: Political Activism Worldwide*. Cambridge: Cambridge University Press.

OTTAWAY, M. 2003. *Democracy Challenged: The Rise of Semi-Authoritarianism*. Washington, DC: Carnegie Endowment for International Peace.

PAGE, B., and SHAPIRO, R. Y. 1993. The rational public and democracy. Pp. 35−64 in *Reconsidering the Democratic Public*, ed. G. E. Marcus and R. L. Hanson. University Park: Pennsylvania State University Press.

PAXTON, P. 2002. Social capital and democracy: an interdependent relationship. *American Sociological Review*, 67:254−77.

PRZEWORSKI, A., and LIMONGI, E 1997. Modernization: theories and facts. *World Politics*, 49:155–83.

——and TEUNE, H. 1970. *The Logic of Comparative Social Inquiry.* New York: John Wiley.

PUTNAM, R.D. 1993. *Making Democracy Work: Civic Traditions in Modern Italy.* Princeton: Princeton University Press.

——2000. *Bowling Alone: The Collapse and Revival of American Community.* New York: Simon & Schuster.

ROBINSON, W.S. 1950. Ecological correlations and the behavior of individuals. *American Sociological Review*, 15:351–7.

ROHRSCHNEIDER, R. 1999. *Learning Democracy: Democratic and Economic Values in Unified Germany.* Oxford: Oxford University Press.

ROKEACH, M. i960. *The Open and Closed Mind: Investigations into the Nature of Belief Systems and Personality Systems.* New York: Basic Books.

——1973. *The Nature of Human Values.* New York: Free Press.

ROSE, R. 2001. A divergent Europe. *Journal of Democracy*, 12(1):93–106.

ROSE-ACKERMAN, S. 2001. Trust and honesty in post-socialist societies. *Kyklos*, 54:415–44.

SCARBROUGH, E. and VANDETH, J.W. eds. 1995. *The Impact of Values.* Beliefs in Government 4. Oxford: Oxford University Press.

SELIGSON, M. 2002. The renaissance of political culture or the renaissance of the ecological fallacy. *Comparative Politics*, 34:273–92.

SEN, A. 1999. *Development as Freedom.* New York: Alfred Knopf.

SHIN, D.C, and WELLS, J. 2005. Is democracy the only game in town? *Journal of Democracy*, 16(2): 88–101.

TRIANDIS, H.C. 1995. *Individualism and Collectivism.* San Francisco: Westview Press.

VANHANEN, T. ed. 1997. *Prospects of Democracy: A Study of 172 Countries.* London: Routledge.

——2003. *Democratization: A Comparative Analysis of 170 Countries.* London: Routledge.

VERBA, S., SCHLOZMAN, K.L., and BRADY, H.E. 1995. *Voice and Equality.* Cambridge, Mass.: Harvard University Press.

WELZEL, C. 2006. Democratization as an emancipative process: the neglected role of mass motivations. *European Journal of Political Research*, 45:871–96.

and INGLEHART, R. 2005. Liberalism, postmaterialism, and the growth of freedom: the human development perspective. *International Review of Sociology*, 15(1):81–108.

——2006. Emancipative values and democracy. *Studies in Comparative International Development*, 41 (2):74–94.

——and DEUTSCH, F. 2005. Social capital, voluntary associations, and collective action: which aspects of social capital have the greatest "civic" payoff? *Journal of Civil Society*, 1(2):121–46.

——and KLINGEMANN, H.-D. 2003. The theory of human development: a cross-cultural analysis. *European Journal of Political Research*, 42(2):341–80.

第十四章 什么导致了民主化?

巴巴拉·吉德斯(Barbara Geddes)

　　过去 10 年间,关于民主化的研究日益成熟。随着新数据库的完成和共享,以及统计和建模训练的逐步完善,民主化的研究方法从 20 世纪 90 年代中期开始发生了很大变化。民主化的经济模型和关于民主化原因的大样本统计调查在研究中发挥了前所未有的作用。然而,尽管我们得到了一些有趣的新观点,但我们对民主化的认识却改变甚少。近期研究不过证实了我们几十年前就认为已经知道了的东西:富国更容易民主化。当然,关于经济发展是否会增加民主转型的可能性,争议依然存在。普列泽沃斯基及其合作者们(Przeworski et al.2000)强调,发展并不导致民主化,但它可以降低民主制崩溃的可能性,因此虽然两者之间不存在因果关系,但发展增加了富裕民主国家的数量。但是,另外一些关于制度转变的细致分析仍在继续尝试,希望找到发展和民主转型之间的关系(如 Boix and Stokes 2003;Epstein et al,forthcoming)。

　　至于其他的经验规律,则已经变成了模式化的事实,虽然它们全都受到过挑战。对石油及其他矿产的出口依赖降低了民主的可能性(Barro 1996;Ross 2001;Fish 2002);有大量穆斯林人口的国家民主化的可能性较低(Fish 2002);魏纳(Weiner1987)和佩恩(Payne 1993)认为拥有英国殖民遗产的地方发展民主的前景更好,巴罗(Barro 1996)的发现支持了他们的观点。①

　　发展和民主之间到底是因果关系,还是两者与某种其他因素相关,这一点尚存争议。在认为两者之间存在因果关系的学者中,对原因导致结果的过程也存在不同的认识。中东问题专家在解释财富和独裁制度之间的关系时认为,食利国家利用贩卖自然资源得到的收益对大部分民众进行补贴,并以此维持他们对体制的顺从(An-

---

　　①　不过费希(Fish 2002)认为,英国的殖民遗产与民主之间并没有任何关系。

derson 1987；Crystal 1995）。丹宁（Dunning 2006）根据类似的理由认为，在某些条件下石油利益也可以用来维持民主。但赫布（Herb 2005）证明，在对民主化的原因进行统计分析时，如果用一个排除了石油经济影响的发展指标替代人均 GDP，则石油国家和其他国家的发展模式并无二致。这个替代性的发展指标对民主评分的变化会产生很强的正效应，而单独测量的利益依赖却得不到上述结果。简言之，他挑战了石油财富与政权类型之间存在相关性的观点。另外，一些学者认为穆斯林教义或者说信徒的态度与威权主义之间存在亲缘性，但费希（Fish 2002）认为，穆斯林国家之所以倾向于威权主义并非出于人们经常提及的原因，而是因为这些国家的女性权利受到了压制。

李普塞特在 1959 年提出，现代化将会导致民主制。他用来支撑自己观点的，是当时所谓的最新技术定量检验，这体现为一份反映以不同方式测量的各国发展水平与民主化程度关系的表格。此后的几十年间，分析技术日益成熟，获得的数据越来越多，学者们也提出了更精细的民主化测量方法。分析者运用更完备的方法证明，民主和发展之间确实存在相关性（Bollen and Jackman 1985；Burkhart and Lewis-Beck 1994；Gasiorowrski 1995；Barro 1996；Przeworski et al. 2000）[①]。我们无意贬低他们的贡献，事实上这些贡献非常巨大。但我们仍需认识到，它们除了使我们对我们认为已经掌握的知识更加确信之外，几乎没有增加任何新的内容。

为了理解民主化，我们往往习惯性地依赖对单个国家及小部分国家转型的描述，或者大样本统计研究。案例研究可以提供关于具体转型实例的相关信息，大样本研究则可以囊括所有能够获得相关原因变量信息的国家。我们现有的关于发展与民主之间关系的知识就源自这些研究。进行大样本研究的学者分析了不同的进程，通过这些进程，经济增长以及与之相伴随的教育普及、城市化和个人的流动性会导致对民主的需求，这些论点大多已经得到验证。教育，特别是初等教育与民主之间的相关性已经得到确证（Barro 1996）。一些研究还发现中产阶层的收入份额与民主相关（Barro 1996）。城市化的问题则比较复杂，一些研究表明城市化对民主带来了负面影响。不过，这些研究事实上都没有对不同路径的民主进程加以模型化。它们似乎有一个共同的假设，即只要公民们向往民主，并且拥有相关的能力，就能够最终获得民主。

学者们已经为理解民主化投入了大量精力，但我们对之仍知之甚少，这种情形让人沮丧。为取得突破，学者们将研究前沿推进到两个有趣的方向。一些学者接受了巴罗

[①] 阿什莫格鲁等人（Acemoglu et al. 2005）的工作可以被视为来自经验研究的挑战。但从阿什莫格鲁和罗宾逊（Acemogle and Robinson 2001）的演绎模型却可以很容易地导出民主和发展之间的关联。

（Barro 1996）的挑战："如果李普塞特/亚里士多德的假设作为一种经验规律是成立的，那么针对民主与发展的关系问题得不出具有说服力的理论模型就是一件让人惊讶的事情。因此提出这样一种理论就是未来研究的首要任务。"（Barro 1996，S182）建立一种精英与大众之间的互动模式，并对其加以验证，这已经成为研究的首要议程。精英可能不愿意与其他阶层分享权力，大众则希望对资源分配模式施加影响，并且把民主作为获得影响力的手段加以追求。已经有一些学者提出了某种似乎可行的理论推演以探寻民主化的动因，其中大多与发展相关，并且解释了这种相关性。下一部分将讨论新近提出的一些民主化进程模型，以及支持它们的证据。

其他的学者则选择了不同的研究方向。他们认为，国际因素在解释民主化时发挥的作用，要比以前的观察者们所意识到的大得多。如果国际压力对民主化发挥了主要作用，特别是如果国际因素与国内因素发生了交互影响，那么把它们排除在统计检验之外，就可能导致检验结果的有限性和矛盾性。国际影响在过去关于民主化的历史文献中很少被提及，但近几年一些将它们吸纳进来的研究得出了有趣的结果。第二部分将简要总结关于民主转型中国际影响的近期发现。

反思民主化研究中成功与失败并存的状况，我认为迄今为止成就有限的原因，是被我们称为民主化的现象实际上包含了若干不同的因果过程。如果大样本研究将多个不同的因果过程硬塞进同一个统计模型中，那么毫不奇怪只有最基本的关系才会显现出来。类似地，如果我们设计的模型只能适用于某些特定环境下的民主化，那么同样毫不奇怪它们只能得到有限的经验支持。因此，一种不同的理解民主化的方式要求我们首先将其区分为不同的进程或者类别，然后对不同的进程进行不同的理论分析。在第三部分我将讨论一些不同的方式，思考如何从理论上对民主化进程加以区分。

一、过程研究：什么导致了发展与民主的相关性？

普列泽沃斯基等人（Przeworski et al. 1997，2000）在一部很有影响的著作，以及一篇同样有影响的文章中阐述了这样的观点：经济发展水平与民主转型没有关系。他们认为，民主转型可能有多种起因，而且并非所有的起因都具有系统性。他们提出，发展与民主之间明显的相关性来自富裕民主国家政治的稳定性。贫穷的民主国家有时会崩溃甚至退回独裁体制，而这种情况在富裕的民主国家从未发生，久而久之，富裕国家在民主国家中就占据了较大比例。格列第奇和仟（Gleditsch and Choun 2004）的研究使用了一种不同的民主测量标准，以及涵盖更长时间段的数据库，他们也发现，在控制邻国的特征之后，发展和民主转型之间并没有相关性。[1]

　　然而，其他研究者并不接受普列泽沃斯基等人的观点。波瓦克斯与斯托克斯（Boix and Stokes 2003）把研究的时间段回溯到 1850 年。经过非常仔细的分析，他们发现经济发展的确有助于民主转型，尽管从总体上看，在这个时间段内发展对民主转型的影响要小于其对民主存续的影响。他们指出，事实上如果仔细阅读《民主与发展》就会发现，即便是普列泽沃斯基等人（Przeworski et al. 2000）也注意到，在发展和民主转型的可能性之间存在微小的统计上的相关性。波瓦克斯和斯托克斯（Boix and Stokes 2003）指出，如果按不同的时段对数据库进行分组，那么就会发现在 1950 年之前，经济发展是民主转型非常重要的前兆，但在 1950 年以后，前者对后者只有微小的影响（尽管具有统计意义）。爱泼斯坦等人（Epstein et al. forthcoming）也挑战了普列泽沃斯基等人（Przeworski et al. 2000）的成果。他们指出，如果对民主使用三分测量法，而不是普列泽沃斯基等人使用的两分测量法，那么结果就会发生改变。他们发现，对于转向或者偏离他们所谓的部分民主制来说，发展具有极强的预示作用；但对完全的独裁向充分的民主的转变来说，这种作用就比较小。可以这样来理解爱泼斯坦等人（Epstein et al. forthcoming）的发现，即经济发展很好地预示了威权政体的软化和常规化，尽管它并不必然预示政权的变革。

　　经济发展与其他很多变化相关，其中的一个或者多个体现的因果机制也许能够说明发展与民主之间明显的相关性。李普塞特和其他一些现代化理论家认为，教育的发展、平等的普及、城市化的进程、在工厂工作的经历，以及对部族和村庄的传统忠诚的衰落——这些都与经济的发展相关——会使公民们变得更宽容、更具参与意识，并且进而要求在政府中拥有发言权（Lipset 1959；Inkeles and Smith 1974）。这类观点强调的是作为民主基础的普通公民的经验和价值观，但并未具体指明转型可能发生的进程，也没有过多关注精英是否愿意交出权力。受马克思影响的学者则期待中产阶级——他们的力量随着经济发展而壮大——成为民主要求的载体："没有资产阶级就没有民主。"[2]扎克和冯（Zak and Feng 2003）提出了一个发展与民主的关系由以展开的模型，但并没有对其加以验证。

　　波瓦克斯（Boix 2003）、阿什莫格鲁和罗宾逊（Acemoglu and Robinson 2001, 2005），以及扎克和冯（Zak and Feng 2003）认为，民主化更可能在收入分配比较公平时发生，而此时国家的经济发展也会达到一个较高的水平。波瓦克斯和阿什莫格鲁/罗宾逊指出，

---

　　[1]　佩伏豪斯（Pevehouse 2002）在控制了某个国家所属的区域性国际组织成员国的平均民主程度之后，同样发现发展和民主化之间没有联系。对此可以有多种解释。由于发展状况因区域而不同，所以发展水平似乎与邻近国家或者区域性国际组织的平均民主化水平线性相关。也就是说，有可能是区域发展导致了区域民主化，这可以说明邻近国家的政体类型与民主化可能之间的相关性，即使邻国对民主化没有直接影响。或者也有这样的可能，即邻国的影响导致了发展和民主化之间的相关性。

　　[2]　这是巴林顿·摩尔对马克思观点的总结（Barrington Moore 1966, 416 页）。

当收入分配相对平等的时候,精英对再分配的恐惧会减少,因为此时中产阶级选民已经不大会把税收视为劫富济贫的手段。在阿什莫格鲁和罗宾逊(Acemoglu and Robinson 2001)看来,只要精英相信民主不会导致极端的财富再分配,那么他们更愿意放弃一部分权力,而不是去承担革命的风险。波瓦克斯(Boix 2003)设想,在平等和民主化之间存在某种线性关系;阿什莫格鲁和罗宾逊(Acemoglu and Robinson 2001)的模型则表明,两者之间的关系是非单调的:在不平等程度较低时,不平等的扩大可能会促进民主,因为这增加了革命的威胁;而在不平等程度较高时,精英会采取压制而非退让的政策,因为他们担心民主化带来的再分配。对这些观点的经验挑战在于,民主国家未必带来更平等的收入分配(Bollen and Jackman 1985),同时也没有任何证据表明,目前顽固的独裁国家都是收入分配极度不平等的国家。在二战后的时期,较为"长寿"的独裁国家(除君主国家之外)与"短寿"的独裁国家相比,其收入分配要更为平等。

波瓦克斯(Boix 2003)和罗戈夫斯基(Rogowski 1998)认为,与经济发展一同增长的资本流动性也有助于民主化。由于流动的资本能够逃避高税收,所以民主国家会避免税负过重,而精英也就不必恐惧民主。在波瓦克斯(Boix 2003)的模型中,精英的利益可以通过相对平等的收入分配,或者资本的自由流动得到保障。但如果资本流动性较低,比如在农业经济占主导地位的国家,或者收入不平等,精英就不太愿意接受民主化。下文将对波瓦克斯和阿什莫格鲁/罗宾逊的观点进行更加细致的讨论。

二、精英与公民策略互动的民主化模型

可以根据对相关行为者的身份及其目标的基本假设,把描述因精英与其他人群的互动而导向民主化的模型分为两种类别。波瓦克斯(Boix 2003)和阿什莫格鲁/罗宾逊(Acemoglu and Robinson 2001)的前述模型假定社会中最重要的区别是穷富之分,富人建立并维持独裁统治是为了保护他们的资产。与其他关于威权政治的经济模型相似,他们也假定决定再分配水平的关键决策是对国内资本的税收水平,而贫穷的中间选民则会倾向于高税率以促成财富再分配。在民主体制下,收入分配越不平等,中间选民越贫困,则通过高税率劫富济贫的可能性也越高。简言之,这些模型中的中间选民从未遇到过像"荷马"那样的人。[①] 然而,因为恐惧暴力和革命,精英们会考虑修改规则。在此类模型中,政治家是社会利益的完美代理人,并且政治领导人并不谋求不同于他们所代

[①] 巴特尔(Larry Bartels 2005)依据著名的荷马·辛普森而将现实中一部分低收入选民称为"荷马"。他们欢迎更多的社会支出,但反对财产税(荷马·辛普森是美国著名的电视动画片《辛普森一家》的主角——译者)。

表的精英群体利益的自身利益最大化。

独裁政体的另一种概念假定社会中最重要的区别是统治者（有时简化为独裁者个人）和被统治者之分。这种观点假定，统治者会以被统治的穷人和富人的利益为代价，通过税收使自己的所得最大化。因此，只要不挫伤公众的经济动力，统治者就会设定最高税率。在此类模型中，只要能够提高统治者承诺（提供公共品和其他推动经济增长的政策）的可信度，则他们会提供更多的民主因素，从而使统治者和被统治者双方都受益（North and Weingast 1989；Weingast 1997；Escriba Folch 2003）。或者，统治者也会设立一些民主机构，作为直接增加收入的渠道（Levi 1988；Bates and Lien 1985；Rogowski 1998）。德·梅斯基塔等人（Bueno de Mesquita et al. 2003）描绘了一幅由更为复杂的社会划分和行为主体构成的图景：一位领导、一个执政联盟、一批由能够影响执政联盟构成的公民组成的"选民"，以及被征税但在政治上处于边缘地位的居民。在所有这些模型中，被统治者关心的是经济增长以及他们的产品中自己能够留下的份额。税收则被理解为一种使统治者致富，而非有利于穷人的再分配手段。统治者因掌握权力而致富，而不是为了保护他们在获得权力之前已经拥有的财富而进行统治。他们紧握权力是为了能够继续从他们统治的生产性人口那里获取财富，而不是使他们免于再分配性质的税收。对统治者追求财富的最大限制，是资本外逃和经济动力下降造成的收入减少的威胁。

这两种研究路径都体现了对民主化进程的某些洞见。波瓦克斯（Boix 2003）和阿什莫格鲁／罗宾逊（Acemoglu and Robinson 2001）的模型是对西欧早期民主化和拉美一些民主转型的合理简化；而强调统治者和被统治者之间的冲突的模型，则更适用于非洲、东欧、中东以及亚洲部分地区近期围绕民主化的斗争。这些模型与迄今为止关于民主化的大样本研究一样，都有一个暗含的假定，即只需一个模型就能解释任何时间、任何条件下的民主化进程。

2.1 富有的统治者与贫穷的被统治者

上文指出，波瓦克斯（Boix 2003）认为收入的平等和资本的流动缓和了精英对民主的恐惧，这是因为前者减少了民选政府再分配的压力，后者使资本持有者在税收过重时有外逃的可能。这是对民主化研究的开创性贡献，因为它为人们所观察到的发展与民主之间的相关性提供了合理的微观基础。这项研究还有另外一些值得称道的地方，包括它对所提出的论点进行了严格的验证，并且在分析过程中涵盖了19世纪和20世纪早期的民主化实践。事实上，其他所有关于民主化的定量研究，由于数据的限制，都只考察了二战后的情形。波瓦克斯为克服这些局限付出了巨大的努力。

但波瓦克斯（Boix 2003）的研究也未能平息所有的争论，这部分是因为能够支撑他的观点的经验证据在某种意义上说具有模棱两可的性质。从积极的方面来看,依据一个涵盖了 1950—1990 年情况的数据库,收入的不平等对民主化具有实质性的影响。但由于这个数据库排除了大多数非洲民主化的案例,所以我们不清楚如果考虑到一些非洲贫困国家的转型案例,结果将会发生什么样的变化。另外,在历史检验中作为不平等体现形式的家庭农场的比重,对转型可能性的影响是负面的,这与波瓦克斯的预期相反。最后,资本流动性的一个测量指标,即农业在 GDP 中所占百分比的平均值,也未能产生预期的结果。其他用于测量资本流动性的指标虽然对结果有显著的影响,但对它们却存在模棱两可的解释。

例如,石油出口占总出口的比率是资本流动性的一个合理指标。然而,对石油的依赖和威权主义之间的相关性,通常取决于石油生产国的政府是否有能力在不依赖税收的情况下,为其人口的大部分提供转移支付。[①] 因此,石油依赖与民主化之间的相关性,到底是资本流动性减少的产物,还是独裁者为了收买民众支持而策略性地利用资源的结果,就成为一个难以判断的问题。

平均受教育年份是人力资本的一项测量值,而人力资本的流动性要大于实物资本。波瓦克斯发现教育和民主化之间存在正相关的关系。其他很多分析者也发现了这个关系,但将其归因于受教育较多的公民更倾向于要求民主。简言之,尽管波瓦克斯的观点简明而可信,但经验研究的结果却不那么确定。当然,他的观点还是能够适用于西欧民主化的程式化的案例,它所预言的民主化之后再分配方面会出现的变化在西欧也发生了(Lindert 1994)。对此观点的进一步的验证,应当成为民主化研究者们未来研究议程中的一项重要内容。

阿什莫格鲁和罗宾逊(Acemoglu and Robinson 2001)的出发点,即他们对事物基本状态的假定与波瓦克斯有诸多相似之处。他们同样认为,在民主化开始时收入分配不均的情况下,精英对再分配的恐惧会成他们抗拒民主化的基本原因。但是,由于他们把革命的威胁仅限于经济衰退时期,因而给出的预判就复杂化了。他们认为,如果富人受到革命的威胁(仅在经济衰退时才会发生),则他们可能在不变更政治体制的情况下提供再分配,也可能会引入民主制使他们对再分配的承诺显得可信,还可能采取镇压手段。在不变更政治体制的情况下,穷人不会相信再分配的承诺,因为他们清楚一旦经济衰退结束,他们就无法继续以革命相威胁。在阿什莫格鲁和罗宾逊看来,要在长时期维持再分配,民主化是一种更为可信的承诺(既然他们的模型允许富人在不满后来的税率时可以发动政变,为何穷人还会相信民主化,对此并不清楚)。

---

① 关于食利国家的理论,参见 Anderson(1987)和 Crystal(1995)。

　　将强度和频率多变的经济衰退纳入考虑的范围,使得预测不平等对精英行为的影响更加困难了。平等可以减轻民主化对精英的威胁,但他们如何应对不平等则取决于革命带来的威胁有多严重,以及衰退带来的代价有多大。也就是说,在这个模型中,革命的可能性取决于不平等(它将增加革命的威胁)和经济衰退的程度(它将减少穷人革命的成本)。不过,即便没有民主化,频繁的经济衰退也会增加精英提供可信的再分配的可能,因为这种情况下穷人能够经常性地以革命相威胁,并促成这项交易。因此,大幅度的经济衰退因为有可能导致民主化、革命或镇压会动摇独裁政权;但矛盾的是,频繁的经济衰退却可能通过再分配而增加威权主义的稳定性。依据阿什莫格鲁和罗宾逊的观点(Acemoglu and Robinson 2001,957页),底线在于"如果不平等的程度有限,则民主更可能得到巩固;而高度的不平等可能导致政治不稳定,这既可能体现为政权的频繁变更,也可能体现为对社会动荡的镇压。"

　　与波瓦克斯的观点相反,阿什莫格鲁和罗宾逊认为收入不平等会导致不稳定的政体变迁,而不是继续维持威权主义。他们的模型有一个引人注目的特点,那就是它解释了民主和独裁之间的反复交替,这是 20 世纪中期以来出现于部分发展中国家的典型现象。这个模型似乎是对拉美大部分地区和其他少数发展中国家实际情况的合理简化,但不适用于中东大部分地区、东欧、非洲或亚洲。在后面这些地区,由于 20 世纪下半期的大部分时间里,相当部分的生产性资产为国家或者外国资本所有,因此对再分配性税收的恐惧不会导致对民主化的抗拒。掌控了大部分生产性资产的国家精英们当然会害怕失去权力,因为这将导致他们被剥夺,但收入分配的均等化也未必能够让他们保住财产。阿什莫格鲁和罗宾逊并没有对他们的观点进行系统的经验验证,因此我们无法断定它们是否适用于现实世界。

　　初看上去,将民主化与不平等联系在一起的模型似乎很有道理,但关于政权类型和收入不平等之间关系的经验研究并未对这些模型的基本假设提供有力的支持。对民主与再分配之间关系的经验研究也是如此。如果这些观点是正确的,我们会发现总体上看世界上剩余的独裁国家会比民主国家更不平等,但勃兰和杰克曼(Bollen and Jackman 1985)却发现民主与不平等之间并没有关联。普列泽沃斯基等人(Przeworski et al. 2000)在三个不平等的测量值中只发现其中一个与民主转型正相关。他们发现(民主国家中的)不平等和民主的崩溃有着更强的相关性,这或许可以解释民主和平等(如果真实存在的话)之间的任何联系,但并不支持平等会使民主化更易发生这样的观点。

　　这些模型还假定,精英恐惧民主和普通民众欢迎民主的主要原因,是他们认为民主会导致再分配。林德特(Lindert 1994)证明,在西欧,预期的再分配在民主化迈出第一步之后就出现了;但马里根、马丁和基尔(Mulligan、Sala-i-Martin,and Gil 2003)的研究表明,从总体上来看,当今的民主国家对国民的分配并不比独裁国家更多。① 这个结果不应出乎我们的意料。在 20 世纪晚期,不同的独裁国家有着很不一样的收入分配状况,其中有不少,包括共产主义和非共产主义国家,都对传统精英进行了剥夺,并且对收入和机会进行了再分配,具体途径是土地改革,大幅增加公共教育机会,以及推行工业化政策,使大批农民告别农业进入工厂等等。很难想象,在这样的威权主义国家,精英会被更进一步的再分配所吓倒。他们是会担心失去自己的权力和财富,但再分配性质的税收并不会导致这种结果,而收入均等化也不会使他们心中的石头落地。

2.2 追求收益最大化的统治者和政治上无权的民众

还有另外一种民主化的研究路径,其基本观点是,统治者通过税收使自己的收益最大化,而民众无论贫富,其基本要求都是能够提高生产能力的政策和得到更多的公共品。这种研究路径在很大程度上要归功于诺思和温加斯特(North and Weingast 1989),以及奥尔森(Olson 1993)开创性的著作。在他们描绘的这样一幅政治图景中,税收把民众的财富转移到统治者手里,而不是从富人转移到穷人。统治者需要收入以发动战争、收买支持以维护权力,或者仅用于个人消费。不过,他们的动机并不会改变分析的逻辑:统治者之所以提供公共品,并实行一种不致影响投资和生产积极性的税率,其目的就是对收益的追求。

这一研究路径的某些版本认为,社会精英或资本持有者受统治者政策的影响最大;但如若他们有所不满,也能在很大程度上动摇统治者的地位。因此,如果统治者提供某种制度化的参与形式以换取他们合作的话,他们也是最容易被收买的部分。统治者也可能会设立某种代表机构,以显示他为民众提供公共品的承诺切实可信(Levi 1988;North and Weingast 1989;Escriba Folch 2003),或以此换取财富所有者同意对流动资本征税(Bates and Lien 1985)。与波瓦克斯(Boix 2003)一样,此类观点认为民主化在资本流动性增强的时候更有可能发生,但它提出的理由却有所不同。贝兹和莱恩认为(Bates and Lien 1985),资本流动性越强,在不经同意的情况下对其征税的困难就越大,因而统治者也就越有可能设立某种代表机构。罗戈夫斯基(Rogowski 1998)对这一逻辑进行了更具一般性的表达:公众退出能力的增强,提高了统治者为他们提供代表机构或者好政府的可能性,以诱使他们连同其生产能力留在自己的统治范围之内。② 因此,

---

① 波瓦克斯(Boix 2003)的研究质疑了这一点。

② 但布拉沃(Bravo 2006)提供的证据表明,那些对统治者政策最为不满的民众的撤出会增加统治者维持政权的机会,这就使统治者会有理由采取某些政策,诱导那些最可能加入反对阵营的公民选择离开。

这类模型往往能够对专制君主制度民主化的最初几步提供解释。

德·梅斯基塔等人（Bueno de Mesquita et al. 2003）提出了一个更为复杂的一般性框架，以解释民主和专制政体之下的政治。他们的模型包括一位受到获胜联盟支持的统治者、一批由对获胜联盟的人选具有影响力的公民组成的"选民"以及对统治者的选举毫无影响力的其他民众。在民主国家，选民是拥有选举权的公民，获胜联盟由那些为获胜政党或联盟投票的人组成，他们大致占选民人数的 50%。在一党制的威权体制下，获胜联盟是一小群实际统治者，选民则由执政党的所有成员构成。对军人政权而言，获胜联盟是军政府，选民则是军官团。德·梅斯基塔等并未讨论出现不同威权制度的原因。

统治者们通过税收使个人收益最大化，但前提是提供私人和公共品，以维持获胜联盟的支持。如果执政联盟中有足够多的人因不满他们分得的利益背叛了这个联盟，统治者就会被推翻。如果获胜联盟太庞大，仅靠提供私人物品已经无法维持其存在的时候，统治者就会提供公共品，从而使获胜联盟之外的民众也能从中获益。

在统治者征税过重，或者提供的公共品不足时，民众，有时候还包括选民中的部分成员，就可能通过游行示威或者参与叛乱以挑战统治者的权威。但在这个模型中，统治者总是用镇压来回应这些挑战。即使革命性的挑战者们战胜压迫取得了胜利，新的统治者仍然会与其他统治者一样设法缩小获胜联盟，以为自己保留尽可能多的资源。换言之，在这个模型中，革命和大众反叛既不会威胁再分配机制，也不会导致民主。它们仅会导致新的统治者和获胜联盟上台，后者则以被排除在外的人的利益为代价，使自己的财富最大化。德·梅斯基塔等人提出的最有用、也最具有经验现实性的观点之一，就是参与政变、叛乱或者革命并不能保证参与者在旧政权覆灭之后能够获得更多的权力或财富，因为此类运动的领导人在获胜之后有足够的动机背弃早先的承诺。

因此在这个模型中，民主不可能作为对民众叛乱的回应而出现。相反，只有当获胜联盟的成员能够通过扩大其规模使自身获益的情况下，民主才会实现。当获胜联盟扩展到其成员希望达到的规模时，成员就会受到来自多方面的压力。原因是联盟越小，他们分得的私人物品越多；联盟越大，统治者能够据为己有的资源就越少，提供的公共品和私人物品总量越多。在该模型中，获胜联盟的规模有一个临界点，到达这个点之后，它就会希望其规模进一步扩大。到这一步，民主将会随之而来。这个模型与上述其他模型一样，把民主化描绘为一个精英领导的过程。但是，根据德·梅斯基塔等人（Bueno de Mesquita et al. 2003）的模型，获胜联盟中的精英所希望的，仅仅是改善他们相对于统治者的福利状况。无论对来自体制外的挑战，还是资本撤离的威胁，他们都不会予以回应。

那些强调使自身利益最大化的统治者与政治上无权的公民之间的冲突的模型,抓住了近来很多发展中国家民主转型的现实特征。一旦债务危机引发的国际经济变化使国家干预发展战略变得不可持续,很多威权主义政府就会被迫开启经济自由化的进程。为替代国家投资,有必要吸引私人投资;而没有外资注入,后者就难以为继。为此,政府不得不制订更具可预见性的政策,并且提供一些能够吸引私人投资的公共品(Roberts 2006)。与民主派一样,糟糕的经济表现同样威胁着独裁者地位。诺思和文加斯特(North and Weingast 1989),阿什莫格鲁和罗宾逊(Acemoglu and Robinson 2001),以及弗希(Escriba Folch 2003)等人的研究表明,独裁者的政策承诺根本上就不可信。因此,独裁者为了增加这类承诺的可信度,就只能设立某些机构,一方面使资本持有者在政策制定方面拥有一定的发言权,另一方面也加强对独裁者专断权力的限制。如果制度变革的承诺本身是可信的,那么像议会和多党竞争选举这样的民主的制度就能够限制独裁者的权力。如果这类制度因增加了收入而使统治者获益,同时又因提高了生产力或者福利水平而使被统治者获益,那么制度交易就会自身强化,并且变得更为可信。换言之,这些模型解释了为何与没有制度变迁的情况下作出的政策承诺相比,制度交易要更为可信的原因,这是阿什莫格鲁和罗宾逊(Acemoglu and Robinson 2001)的模型中所没有的。

这些模型启示人们思考,为何 20 世纪晚期的民主化与经济自由化总是相伴相生(Hellman 1998)。在 20 世纪 80 年代的债务危机发生之前,相关国家政府可以在主要依赖国家投资还是私人投资之间进行选择。那些选择国家投资的政府,就没有必要在提供公共品、制定具有可预期性的经济政策,或者有利于私人投资者的政策方面作出可信的承诺,以确保国家的岁入,因此通过制度方式对统治者的专断权力进行约束的经济压力也比较小。20 世纪 80 年代以来,可能除了那些依赖石油或者其他高价自然资源出口的国家之外,国家投资策略已经变得不再可行。作为其结果,政府只能依赖资本友好型政策来吸引私人投资,并通过设立一些能够限制独裁者权限的政治机构来赢得投资者对这些政策的信任(Roberts 2006)。

强调独裁政体下统治者和被统治者之间的利益差别,以及作为其核心特征的有利于统治者的再分配方式,这与我们对众多独裁政体的认识相符,尽管不同学者们为它们起了不同的名字——人格化政体、苏丹式政体或者父权制政体等。不过,这些模型未能说明大众反叛在 20 世纪晚期很多民主化实例中所发挥的作用。而且,这些模型大多都太抽象,而对它们的大多数验证要不就很狭隘,要不就可以导致多种解释。

20 世纪晚期民主化的一些特征很难被模型化,虽然它们已经被纳入大样本统计研究。比如,对石油出口的依赖与威权主义之间的相关性是一个被人们不断提及的话题。

在发展中国家,石油通常由国家或者跨国公司所有,并且被课以重税。无论其是否被国有,政府主要是从自然资源的生产,而非通过对国内的财富持有者征税获得收入。关于石油对政治的影响,现在有一大批主要是描述性的文献(Karl 1997;Chaudhry 1997;Anderson 1987;Crystal 1995)。但据我所知,还没有一个模型对自然资源的国家所有制及其对民主化的斗争的影响加以认真研究。所有模型都假定,在这些国家存在一个由国内私人投资者作为重要行为主体的资本主义经济。然而在民主化的第三次浪潮中,出现了民主转型的,大多是国家投资程度较高的威权政体。在很多国家,外来投资也发挥了很大作用;在一些国家,来自外国援助的收入甚至比税收带来的收入更为重要。

　　国际因素也基本上被民主化模型忽略了。很多观察者指出,国际因素,像民主观念的传播以及国际金融机构的民主化压力,影响了特别是20世纪80年代以后的民主转型。早期的定量研究很难反映这种影响,但加西奥罗夫斯基(Gasiorowski 1995)以及格列弟奇和仟(Gleditsch and Choun 2004)的研究表明,一个国家的民主邻国越多,则这个国家转向民主制的可能性就越大,这为民主观念传播论提供了某种支持。佩伏豪斯(Jon Pevehouse 2002)证明,如果一个区域性国际组织的成员大多数为民主国家,则成为该组织的一员就会增加民主化的可能性。但是,民主的区域性国际组织的成员身份很可能与和民主国家相邻具有相关性,所以我们就无法断定除了"好邻居"的影响之外,组织是否具有独立的作用。德·梅斯基塔、西弗森和沃勒(Bueno de Mesquita, Siverson and Woller1992;Bueno de Mesquita and Siverson 1995)认为,战争会影响政治领袖和政权的生存。格列弟奇和仟(Gleditsch and Choun 2004)则证明,战争会增加一种威权政府向另一种威权政府转变的可能性,但无论是格列弟奇和仟(Gleditsch and Choun 2004)还是佩伏豪斯(Pevehouse 2002),都没有提供有力的证据,表明邻国发生的战争会降低一个国家民主化的可能性,而这正是另一些学者的观点。马里诺夫(Marinov 2005)指出,虽然制裁可能会导致民主国家的领导人下台,但对独裁者几乎没有什么影响,因此我们可以推断它对威权政体也不会产生什么影响。[1]　不过,民主化的理论研究仍然主要关注国内因素。对于解释二战前的民主化来说,也许关注国内因素是合适的,但随着时间的推移,(经济上的和政治上的)国际影响已经变得越来越显著了。

---

　　[1]　他没有检验制裁对经济表现的影响,另外在对制裁作用的检验中,增长是作为控制变量被纳入的,所以很可能制裁会通过影响经济增长进而影响威权政权的存续。在民主国家,即使控制了经济增长,制裁对领导权的存续也会发生影响。

三、区分各不相同的民主化

认为存在着一种对民主化的通行解释,这可能是学者们在民主化起源问题上仍然争论不休的原因。一些学者对某些案例的了解更深入一些,因此很自然,把他们的直觉形式化的模型就会更适合他们知之最详的案例,但对他们了解不多的案例来说就未必如此。大样本研究的发现则因分类标准、时间跨度和选取案例的不同而不同,对于根本问题上的争议则不闻不问。如果把单纯的统计模型套用于一系列各不相同的进程,而不去区分它们在时间上或者类型上的不同,那么得到的肯定是五花八门的结果。① 我认为,更有效的方法是考虑到不同环境下的民主化进程可能各不相同,而且这种不同可能具有系统性,然后再对这些不同予以理论性的说明。这有助于我们获得一些有用的经验结果,也有助于我们更好地理解转型实际上是如何发生的。

两种环境因素的差异可能会影响民主化进程:一是民主化发生的历史时期;二是被民主制替代的政体类型。早期的民主化发生在资本主义国家,那里通常是富人握有政治权力。后期的民主化也发生在政府掌控着大量生产性资本(尤其是自然资源)的国家。国家所有制使政治领袖既有可能聚敛财富,也有可能为他们的支持者,有的情况下甚至是为普通民众谋取利益,而无须对私人财富持有者课以重税。通过控制国有资源获得财富的统治者,与那些因为拥有私人财富而获得政治权力的人不同,他们最大的担心是因失去权力而失去他们大部分的利益,因而对收入分配或者可能影响未来税收的其他因素漠不关心。

第二次世界大战前的大多数民主转型都始于某种形式的寡头制,其中不少是从非常有限的选举制逐渐转变为普选制。二战后的民主化形式不一,但几乎都是一下子就转变为具有普遍选举权的民主制。至于转型的具体形式,则包括殖民地在独立时从殖民统治转向拥有普遍选举权的民主制;具有普选权的威权政体转向实行普选权的民主制;以及曾经颠覆民主制的威权统治被终结之后,先前民主制之下的大多数政党和政治制度得到重建的再民主化。在过去50年间,很少出现从有限选举权逐渐过渡到普选制的转型过程(参见 Huntington 1991)。

如果精英是因为恐惧再分配性质的税收而反对民主,那么与急速扩大选举权相比,

① 除了上文提到过的例外,一些大样本研究把随时间变化的因素也模型化了。如 Gleditsch and Choun(2004)认为,在梵蒂冈第二次大公会议以前,一个国家内部天主教的支配地位会对民主化的前景产生负面影响;但在此之后就会产生正面影响。Gasiorowski(1995)证明,在不同时期,经济危机对民主化的可能性会产生不同的影响。

渐进的过程应该更为可取,因为在有限扩大选举权之后,中间选民会变得更加富有,从而减少了对再分配的需求。这样的制度选择通常是通过对转型的条件进行讨价还价而作出的。可以预期,在意再分配性税收的威权政体领导人会力争一步一步地扩大选举权,而具有不同考虑的独裁者则不会把普选制视为威胁。

应该说,第二次世界大战以后,各种国际因素对民主化的影响增强了,20 世纪 80 年代以后更是如此。上文所述二战前后独裁者财富来源的变化,与 1930 年到 1970 年间波及整个发展中世界的经济战略转变有关,几乎所有的发展中国家都采用了国家投资、国家所有,以及国家监管经济的发展战略。这些战略减少了政府对私人投资者的依赖,并且开创了税收之外的收入来源,后者又可以与各种形式的垄断和补贴一起,用来换取对政府的支持。在这种战略发挥作用的数十年间,政府得以利用国家资源,剥夺传统的和外国的财富所有者,培育忠实于自己的新的精英集团,从而减弱了民主化的压力。

国际经济的第二次变化始于 1980 年前后的债务危机,并终结了上一个阶段。当外国贷款不足以抵偿国家干预发展战略带来的贸易和预算赤字时,面临巨大压力的发展中国家的政府不得不转而采取能够吸引投资的政策。吸引投资有赖于可信的政策承诺和有保障的产权。正如很多分析者指出的那样,如果独裁者能够利用议会和其他准民主机构使他们的政策承诺更为可信,那么 20 世纪 80 年代债务危机导致的经济战略调整,就应当能够为某种程度的民主化提供强大的推动力。事实的确如此。在 1980 年之后的时期,我们看到民主化趋势增强了,威权政体建立的准民主机构也增多了(Levitsky and Way 2006)。

冷战的终结同样改变了民主化进程。1990 年之前,威权政体从两个超级大国那里获得了广泛的援助和其他形式的支持。这些援助不仅提高了政府的镇压能力(Boix 2003,29—30 页),也增加了它们在无须对国内生产商进行再分配的情况下购买支持的能力。列维斯基和威(Levitsky and Way 2006)表明,1990 年以后,那些与美国和西欧联系最为紧密的威权政体也最愿意接受民主形式的制度,比如在某种意义上允许竞争的多党选举。由于在这些国家作为反对力量风险和成本都比较小,所以原有的体制更容易被推翻。冷战后独裁政权外援的减少,也有助于 20 世纪末民主化的增强。

因此,出于国内和国际的原因,我们或许可以认为早期的民主化模型应该与后来的民主化模型有所不同。波瓦克斯和斯托克斯(Boix and Stokes 2003)发现,经济发展和收入分配在 1950 年之前对民主化可能性的影响要比后来大得多。这表明,对这两个不同时期的民主化进程分别建立模型是有益的。

　　不同时段民主化起因的差别或许部分来自于民主脱胎而出的政权类型本身的差别。二战前的民主化主要发生在欧洲和拉美，一般来说是利用有限的选举权，通过选举制度取代了由富人掌控的种植园寡头制或君主制政府。在这些非民主国家，多半原本就有立法机关，精英政党或准政党围绕公职开展竞争，立法机构限制君主或者行政机关的权力的斗争极大地影响了政治制度的形式。民主化基本上是在没有引发较大制度变迁的情况下，通过把选举权扩大到新的群体而实现的。在此过程中，更多公民参与了投票，有时还出现了新政党来吸纳刚刚获得选举权的民众，选举也变得更加公平了。但是，欧洲的议会制度和拉美的分权制度毕竟容纳了新的选民和新的政党。

　　对 20 世纪晚期的民主转型就无法作出类似的概括。这一时期发生民主化的威权政体不同于上文的程式化描述，其统治者极少出身于富裕家庭。他们中的大多数要么通过军事生涯，要么通过在革命主义或民族主义政党中上升到领导地位而出人头地。在当代威权政体中，有一些压制所有的政治活动，但也有很多举行定期的普遍选举。在这些国家，主要是通过限制反对党，或者操纵选民和竞争领域，而不是限制普选权，而对围绕政府控制权的竞争施以限制。一些当代威权政体站在富人一边，但也有一些重新分配了土地、对自然资源进行国有化，并且剥夺了其他的财富。这类剥夺有时带来了更为公平的收入分配，但有时也会使财富集中到独裁者的家族及其支持者手中，从而形成虽有所改变、但同样不公平的分配。在前一种情况下，政权支持者担心的是更具竞争性的政治会使他们失去权力，而不是再分配。在后一种情况下，他们害怕的是财富被没收、因腐败或侵犯人权而受审，甚至被逮捕或处决（Kaminski，Nalepa and O'Neill 2006），而且这种危险不会因相对平等的收入分配而减少。

　　因为这些差别，所以 20 世纪晚期和 21 世纪的民主化不仅与以往不同，而且它们之间也各不相同。如果富有的私营部门的精英统治着国家，那么当他们预感到民主化会增加再分配性质的税收时，他们确实会抵制民主化，不过这种担忧会因为相对平等的收入分配或者资本的流动性得到缓解（Boix 2003）。对他们来说，选举权的逐步扩大是一种最容易接受的选择。但是，如果以推翻传统精英为目标的运动领导人或者通过选举，或者通过革命成为统治精英，那么无论他们是如实兑现了原先的承诺，还是背弃了自己的诺言，他们对丧失政权的恐惧似乎都不大会因为那些可能在未来减少税收的措施而得到缓解。相反，要减少他们的担心，只有通过强制性的交易，以保证他们不致因腐败和侵犯人权而被起诉（比如允许他们在不受追究的情况下流亡）；或者通过制度性的交易，使他们在将来有机会通过竞争性选举重获政权。

　　当然，这些区别的存在并不意味着需要回到案例分析或者区域内比较，并以之作为民主化研究的主要形式。① 相反,它们意味着威权政体,以及它们与被统治者的互动方式之间的差别可能具有理论上的意义,而它们的民主转型也需要予以不同的解释。正如戴尔蒙德(Diamond 2002,33 页)所言,当代威权政体各不相同,"因此如果我们希望了解当代政体变迁(包括未来的民主化)的动力、原因、局限和可能性的话,我们就必须理解不同的、在某些方面是全新的威权统治形式。"不过,他尝试提出的分类法,只是简单地依据"自由之家"提供的评分区别不同的范畴。如果相关的差别只是"不民主"程度的不同,那么我们就没有必要对不同的民主化进程进行理论上的总结;我们可以像很多分析者所做的那样,仅在统计模型中加入一个民主的测量值。这么一来,我们会毫不奇怪地发现,在一个时间点上比较民主的国家,到了另一个时间点上会变得更加民主。但我们并不清楚的是,这类分析是否意味着压迫程度较低的威权模式也较不稳定,或者民主化往往是渐进式的,以及在某个时间点上进行了某种形式的自由化的独裁政权,会在随后的时间延续这个趋势。如果我们能够思考为何民主化的起因依环境而变,我们就会得到一种更加富有成效的分类方法。分类的依据,可以是这种差异得以展开的形式。②

林茨和斯蒂潘(Linz and Stepan 1996)朝着这种建立在理论基础上的分类方法迈出了第一步。据此,个人对所有重要的人事和政策决定具有独断权力的威权政体被称为"苏丹式政体",后斯大林体制则被称为"新全能主义政体",等等。这些区分有助于解释民主化进程中的差异。他们推断,不同类型的威权政体的基本特征,会在不同方面对民主的巩固产生系统性的影响。这些观点虽然未经验证,但它们的确表明,在不同类型的威权主义及其预期的民主化结果之间,可能存在某些联系。

如果二战之后拥有不同统治方式的威权政体往往具有不同的制度结构,以及不同的与支持者和普通民众的关系,那么我们可以预期,由于不同的制度使不同群体获准或者受损,那么它们崩溃的方式也会各不相同。从一种简单而直观的角度出发,可以把不同的统治方式和制度区分为职业军人式、政党垄断式和个人独裁式几种。这些不同的政体类别源自精英之间的斗争,它们拥有不同的背景和力量基础,获得政权之后亦拥有不同的资源。政体之间的差别并不简单地来自基础的社会和经济结构,因此它们能够

① 曼瓦宁和佩雷兹—李南(Mainwaring and Pérez-Linan 2003)认为,拉丁美洲的民主化与Przeworski et al.2000 展示的民主化一般路径不同。他们认为,不同的模型适用于不同的区域,但要了解是否如此,只有通过不同区域之间的相互比较。关于民主化进程为何会出现区域性的差异,斯托克斯(Stokes 2004)进行过深入的讨论。

② 早期对民主化的描述用以下这样一些范畴划分转型过程,像自上而下、自下而上、相互影响,等等。我这里提出的分类方法可以以这些思想为基础,但也与它们有所不同。区别在于,我对差异的分类,主要依据的是威权政体的基本特征。

与各种各样的经济意识形态相容。所有类别在 20 世纪晚期都很常见,因此了解了它们是如何崩溃的,有助于我们理解为什么 1950 年之前和之后的民主化会有所不同。当然,在现实世界中会存在当很多模棱两可、难以归类的案例,但我们可以用简单的类型来提出理论和经验预期。

总体上看,职业军人掌权的政府相较于其他的威权政权要更为脆弱(Gasiorowski 1995;Geddes 2003)。① 它们很容易因糟糕的经济表现而陷入动荡,因为针对如何应对危机而产生的派系分裂,会导致很多官员希望回到军营以便重新统一军队。正如奥多纳、施密特和怀特海(O'Donnell,Schmitter and Whitehead 1986)指出的那样,由于官员们对派系分裂的恐惧,因此自由化的第一步通常是由军队精英迈出的。再加上军人统治者往往宁愿回归军营,也不愿被淘汰,所以军人政权的民主转型通常会以协商的方式有序地进行。协商比暴力政变更可能导向民主,并且职业军人政权的后继者几乎总是通过竞争性选举而产生。因此,军人政权的倒台通常能带来民主,尽管未必能够持久。

一些学者发现,与军人政权相比,政党垄断的政权要更为稳固。杰迪斯(Geddes 2003)表明,由主导政党统治的政权比其他非君主制的威权政体都长寿得多。② 甘地和普列泽沃斯基(Gandhi and Przeworski 2006)认为,得到单一政党支持的独裁者维持政权的时间会更久。当主导政党统治或者一党制的政权面临严重挑战的时候,它们会试图通过制度变革以接纳某些温和的反对派来维持政权,这样可以孤立极端的反对者,并减少他们带来的威胁(Lust-Okar 2005;Magaloni 2006)。当危机来临的时候,这类政权的统治者会尽可能通过协商建立选举制度,以便在威权政体结束之后,他们能够通过公平的选举竞争权力(Geddes 1995;Magaloni 2006)。如果由主导政党支配的政权发现它已经不能继续垄断权力,则其成员更希望继之而起的是一个民主政权,因为这样他们还有机会以民主政治家的身份继续其政治生涯;而如果取而代之的是另一个威权政体,则被逐出政坛就是他们最好的结局。因此,由主导政党支配的政府往往通过协商,经由选举使其摆脱困境。终结政党垄断的选举通常能带来民主制,但有时也会导致新的政党垄断政体;后一种情况之所以发生,是因为新的执政党有时也会利用某些专门为原来的执政党服务的机构。

个人独裁政权则更可能被一个新的独裁政权,而非民主政府所取代(Hadenius and Teorell 2005)。个人独裁者不太会选择以协商的方式放弃政权,因为他们面临着更大

---

① 这个观点背后的逻辑及其相关证据,见 Geddes(2003)。

② 哈德纽斯和特奥雷尔(Hadenius and Teorell 2005)得出的政体存活率与其他大多数学者不同,因为他们的分类标准与其他大多数学者不一样,只要某个政体(通常意义上说)仍然掌握权力,他们就不对政体变迁和制度变迁加以区别。

的被暗杀、被起诉、被没收财产和被流放的风险。个人独裁国家的民主转型很少始于政权内部,独裁者只有受到民众的抗议、罢工和游行的压力,才会考虑接受多党竞选(Bratton and van de Walle 1997)。个人独裁者更可能被革命、内战、民众叛乱或者外国入侵所推翻(Skocpol and Goodwin 1994;Geddes 2003)。林茨和切哈比(Linz and Chehabi 1998)描述了他们所谓的苏丹式政体的民主化所面临的困难。一些观察者认为,与其他类型的威权国家相比,个人独裁政体的民主转型更容易受到国际因素的影响,像国际金融机构的压力,以及邻国或前殖民国家的入侵等。正是在国际金融机构的压力之下,非洲的一些独裁者才接受了多党选举(Bratton and van de Walle 1997)。

基于这些原因,从个人独裁政权开始的转型过程就不应被模拟为精英主导的交易。从个人独裁转型为民主政权的可能性较小,但也并非不能发生。一个聚焦这种转型的模型能够帮助我们了解导致这一结果的特殊环境。尼曼和万特切肯(Neeman and Wantchekon 2002)提出,在两种相互竞争的力量相持不下时,民主就有可能出现。他们描述了对独裁统治的抗议最终发展为内战的情形,但这一模型应该进一步普遍化,以容纳非暴力形式的政治冲突。同那些包含了外来压力的模型一样,研究从个人独裁向民主转型的模型,也应当成为民主化研究议程的一部分。

或许还有其他对民主化进程进行区分的有效方法。我在这里并非要证明只有一种真正的方法对民主化进行理论上的划分,我希望说明的是,已经有大量证据表明,并非所有的民主化都以同样的方式发生,而且这些差异是系统性的而非偶然性的。把各不相同的民主化视为"一回事",是我们使用规范语言描述这个过程的人为产物。如果我们现有的经验知识能够让我们看到,由于不同的民主化进程在发生的时间、取代的独裁政权的类型,以及其他方面的不同,它们之间存在着重要的理论上的差异,那么我们就不应该期望通过一个简单的模型把它们全部囊括在内。同样,在没有对跨时段的,或者其他具有理论意义的差异进行细致辨析之前,我们也不应该用同样的统计方法对所有的民主化个案进行统一的验证。

四、结　论

近期关于民主化的经验研究证实了经济发展与民主之间的关系。另外大多数研究也认为,石油国家和穆斯林占人口多数的国家民主化的可能性比较小,尽管这一结论受到部分学者的质疑。同样得到证实的是,受教育人口比较多的国家民主化的可能性也比较大。当然,如何解释这些相互关系,在学者中仍然存在争议。普列泽沃斯基等人(Przeworski 2000)认为,经济发展会使民主制更为稳定,但不会导致民主化。但波瓦克斯和斯托克斯(Boix and Stokes 2003)则证明,经济发展对第二次世界大战之前的民主化具有实质性的影响,并且这种影响一直持续到战后,虽然已经相对较小。一些中东问题研究者认为,石油国家的石油利益可以换取民众对威权主义的默许,但赫布(Herb 2005)指出,石油财富并不会导致一种特殊类型的食利威权主义,它只是使人们对富有的石油国家经济发展与民主化的关系进行了错误的统计验证。大多数研究者相信,伊斯兰教与威权主义之间显见的亲缘性源自伊斯兰教徒仍然广泛信守传统价值,但弗希(Fish 2002)则宣称,是穆斯林社会对待女性的方式阻碍了民主化。

人们对这些经验规律提出的相互冲突的解释,把两项任务提上了民主化研究的议程:进行能够对不同因果机制加以验证的经验研究,以及建立精细的、有针对性的模型以解释民主化。这两个方面都已经取得了一些进展。弗希(Fish 2002)检验了他自己提出的关于女性待遇问题的观点。赫布(Herb 2005)试图将食利主义的影响与经济发展的影响区分开来,并以此对有关食利国家的理论加以检验。波瓦克斯(Boix 2003)也检验了自己关于收入平等和资本流动性会增加民主化可能性的观点。虽然并非所有这些验证都具备充分的说服力,但它们在确证因果机制方面都迈出了重要的步子。波瓦克斯(Boix 2003)、阿什莫格鲁和罗宾逊(Acemoglu and Robinson 2001,2005)、扎克和冯(Zak and Feng 2003)、诺斯和文加斯特(North and Weingast 1989)、文加斯特(Weingast 1997)、贝兹和莱恩(Bates and Lien 1985)、尼曼和万特切肯(Neeman and Wantchekon 2002),以及其他学者都提出了一些民主化的形式模型,并提出了一系列富有启发性的见解。这些模型中大多数都是作为对民主化的一般解释而提出来的,但如果对其细加考察,我们会发现它们大多是对特定环境下的民主化及其要素的有用简化。

我认为,在我们的研究过程中,应该严肃对待不同时代、不同类型的威权政体民主化进程中的系统差别。此外,这一进程中其他方面的差别也可能具有理论上的重要性。总之,我们固然是用一个词概括了民主化的诸多过程,但如果我们并不因此就认为我们也应该无视我们所知道的其中历史性的和其他方面的差别,并无批判地将其模式化为一个单一的进程,而是能够清晰地划分不同的领域,并在其中探讨民主化的原因,那么我们就能在经验上和理论上取得更快的进步。

参考文献

ACEMOGLU, D., and ROBINSON, J. 2001. A theory of political transitions. *American Economic Review*, 91:938–63.

——2005.*Economic Origins of Dictatorship and Democracy.*New York：Cambridge University Press.

JOHNSON, S., ROBINSON, J. and YARED, P. 2005. Income and democracy. NBER Working Paper 11205.

ANDERSON,L.1987.The state in the Middle East and North Africa.*Comparative Politics*,20：118.

BARRO,R.1996.Determinants of democracy.*Journal of Political Economy*,107：S158-S183.

BARTELS,L.2005.Homer gets a tax cut：inequality and public policy in the American mind.*Perspectives on Politics*,3：15-31.

BATES,R.,and LIEN,D.1985.A note on taxation,development,and representative government.*Politics and Society*,14：53-70.

Boix,C.2003.*Democracy and Redistribution.*Cambridge：Cambridge University Press.

——and STOKES,S.2003.Endogenous democratization.*World Politics*,55：517-49.

BOLLEN,K.,and JACKMAN,R.1985.Economic and non-economic determinants of political democracy in the 1960s.Pp.27-48 in *Research in Political Sociology*, ed.R.G.Braungart and M.M.Braungart. Greenwich,Conn.：JAI Press.

BRATTON,M.,and VANDEWALLE,N.1997.*Democratic Experiments in Africa：Regime Transitions in Comparative Perspective.*Cambridge：Cambridge University Press.

BRAVO,J.2006.The political economy of recent Mexico-U.S.migration：a view into Mexican sub-national politics.Ph.D.dissertation.Duke University.

BUENODE MESQUIT A,B.,and SIVERSON,R.M.1995.War and the survival of political leaders：a comparative study of regime types and political accountability.*American Political Science Review*,89： 841-55.

——and WOLLER,G.1992.War and the fate of regimes：a comparative analysis.*American Political Science Review*,86(3)：638-46.

——SMITH,A.,SIVERSON,R.M.and MORROW,J.D.2003.*The Logic of Political Survival.*Cambridge, Mass.：MIT Press.

BURKHART,R.,and LEWIS-BECK,M.1994.Comparative democracy：the economic development thesis. *American Political Science Review*,88：903-10.

CHAUDHRY,K.1997.*The Price of Wealth：Economies and Institutions in the Middle East.*Ithaca,NY： Cornell University Press.

CRYSTAL,J.1995.*Oil and Politics in the Gulf：Rulers and Merchants in Kuwait and Qatar.*Cambridge： Cambridge University Press.

DIAMOND,L.2002.Thinking about hybrid regimes.*Journal of Democracy*,13：21-35.

DUNNING,T.2006.Does oil promote democracy? Regime change in rentier states.Presented at Annual Conference of the International Society for New Institutional Economics,Boulder,Colo.

EPSTEIN,D.,BATES,R.,GOLDSTONE,I.,DRISTENSEN,I.,and O'HALLORAN,S. Forthcoming. Democratic transitions.*American Journal of Political Science*.

ESCRIBA FOLCH,A.2003.Legislatures in authoritarian regimes.Working Paper 196,Instituto Juan

March de Estudios e Investigaciones.

FISH, M.S.2002. Islam and authoritarianism. *World Politics*, 55:4-37.

GANDHI, I., and PRZEWORSKI, A.2006. Authoritarian institutions and the survival of autocrats. Unpublished MS. Emory University.

GASIOROWSKI, M.1995. Economic crisis and political regime change: an event history analysis. *American Political Science Review*, 89:882-97.

GEDDES, B.1996. The initiation of new democratic institutions in Eastern Europe and Latin America. In *Institutional Design in New Democracies*, ed. A. Lijphart and C. Waisman. Boulder, Colo.: Westview.

——2003. *Paradigms and Sand Castles: Theory Building and Research Design in Comparative Politics*. Ann Arbor: University of Michigan Press.

GLEDITSCH, K.S., and CHOUN, J.L.2004. Autocratic transitions and democratization. Prepared for presentation at the International Studies Association, Montreal.

HADENIUS, A., and TEORELL, J.2005. Learning more about democratization: persistence and fall of authoritarian regimes 1972-2003. Prepared for presentation at the APSA.

HELLMAN, J.1998. Winner take all: the politics of partial reform in postcommunist transitions. *World Politics*, 50:203-34.

HERB, M. 2005. No representation without taxation? Rents, development and democracy. *Comparative Politics*, 37:297-317.

HUNTINGTON, S. 1991. *The Third Wave: Democratization in the Late Twentieth Century*. Norman: Oklahoma University Press.

INKELES, A., and SMITH, D.H.1974. *Becoming Modern: Individual Change in Six Developing Countries*. Cambridge, Mass.: Harvard University Press.

KAMINSKI, M., NALEPA, M., and O'NEILL, B. 2006. Normative and strategic aspects of transitional justice. *Journal of Conflict Resolution*, 50:292-302.

KARL, T.1997. *The Paradox of Plenty: Oil Booms and Petro-States*. Berkeley and Los Angeles: University of California Press.

LEVI, M.1988. *Of Rule and Revenue*. Berkeley and Los Angeles: University of California Press.

LEVITSKY, S., and WAY, L.2006. Competitive authoritarianism: origins and evolution of hybrid regimes in the post-Cold War era. Presented at APSA, Philadelphia.

LINDERT, P.1994. The rise of social spending, 1880-1930. *Explorations in Economic History*, 31:i-37.

LINZ, J., and CHEHABI, H.E.eds.1998. *Sultanistic Regimes*. Baltimore: Johns Hopkins University Press.

——and STEPAN, A.1996. *Problems of Democratic Transition and Consolidation: Southern Europe, South America, and Post-Communist Europe*. Baltimore: Johns Hopkins University Press.

LIPSE T, S.M.1959. Some social requisites of democracy: economic development and political legitimacy. *American Political Science Review*, 53:69-105.

LUST-OKAR, E. 2005 *Structuring Conflict in the Arab World: Incumbents, Opponents and Institutions*. Cambridge: Cambridge University Press.

MAGALONI, B. 2006. *Voting for Autocracy: The Politics of Party Hegemony and its Decline.* Cambridge: Cambridge University Press.

MAINWARING, S., and PEREZ-LINAN, A. 2003. Levels of development and democracy: Latin American exceptionalism, 1945−1996. *Comparative Political Studies*, 36: 1031−67.

MARINOV, N. 2005. Do economic sanctions destabilize country leaders? *American Journal of Political Science*, 49: 564−76.

MOORE, B. 1966. *Social Origins of Dictatorship and Democracy: Lord and Peasant in the Making of the Modern World.* Boston: Beacon Press.

MULLIGAN, C, SALA-I-MARTIN, X., and GIL, R. 2003. Do democracies have different public policies than non-democracies? National Bureau of Economic Research.

NEEMAN, Z., and WANTCHEKON, L. 2002. A theory of post Civil-War democratization. *Journal of Theoretical Politics*, 14: 439−64.

NORTH, D., and WEINGAST, B. 1989. Constitutions and commitment: evolution of the institutions governing public choice in 17th century England. *Journal of Economic History*, 49: 803−32.

O'DONNELL, G., SCHMITTER, P., and WHITEHEAD, L. 1986. *Transitions from Authoritarian Rule: Tentative Conclusions about Uncertain Democracies.* Baltimore: Johns Hopkins University Press.

OLSON, M. 1993. Dictatorship, democracy, and development. *American Political Science Review*, 83: 567−76.

PAYNE, A. 1993. Westminster adapted: the political order of the Commonwealth Caribbean. In *Democracy in the Caribbean*, ed. J. Dominguez, R. Pastor, and R. DeLisle Worrell. Baltimore: Johns Hopkins University Press.

PEVEHOUSE, J. 2002. Democracy from the outside-in? International organizations and democratization. *International Organization*, 56: 515−49.

PRZEWORSKLA., and LIMONGI, F. 1997. Modernization: theories and facts. *World Politics*, 49: 155−83.

ALVAREZ, M. E., CHEIBUB, J. A. and LIMONGI, F. 2000. *Democracy and Development: Political Institutions and Weil-Being in the World, 1950−1990.* Princeton: Princeton University Press.

ROBERTS, T. 2006. An international political economy theory of democratic transition. Unpublished MS. UCLA.

ROGOWSKI, R. 1998. Democracy, capital, skill, and country size: effects of asset mobility and regime monopoly on the odds of democratic rule. Ch. 4 in *The Origins of Liberty: Political and Economic Liberalization in the Modern World*, ed. P. Drake and M. McCubbins. Princeton: Princeton University Press.

Ross, M. 2001. Does oil hinder democracy? *World Politics*, 53: 325−61.

SKOCPOL, X, and GOODWIN, J. 1994. Explaining revolutions in the contemporary Third World. Pp. 301−44 in *Social Revolutions in the Modern World*, ed. T. Skocpol. Cambridge: Cambridge University Press.

SMITH, B. 2004. Oil wealth and regime survival in the developing world. *American Journal of Political Science*, 48: 232−46.

STOKES, S.2004. Region, contingency, and democratization. Presented at Conference on Contingency in the Study of Politics, Yale University.

WEINER, M. 1987. Empirical democratic theory. Pp. 3 – 34 in *Competitive Elections in Developing Countries*, ed. M. Weiner and E. Ozbudun. Durham: University of North Carolina Press.

WEINGAST, B. 1997. The political foundations of democracy and the rule of law. *American Political Science Review*, 91: 245-63.

WHITEHEAD, L. 1996. Three international dimensions of democratization. Pp. 3-25 in *The International Dimensions of Democratization: Europe and the Americas*, ed. L. Whitehead. Oxford: Oxford University Press.

ZAK, P., and FENG, Y. 2003. A dynamic theory of the transition to democracy. *Journal of Economic Behavior and Organization*, 52: 1-25.

第十五章　民主化和公民文化[①]

菲利波·萨贝蒂(Filippo Sabetti)

霍布斯的《利维坦》区别于他那个时代几乎所有其他思想家对政治秩序的讨论,因为他完全没有把文化问题纳入视野。霍布斯这个例外反倒是确证了一项规律,即大部分启蒙思想家都把政治和经济分析与道德和文化上的思考结合在一起。从那以后,很多学者都延续了这一综合的研究传统。过去有托克维尔,他讨论了美国人的精神、风俗和习惯在塑造和培育一个民主共和国方面所发挥的作用;最近则有各方面的努力,以试图了解自中世纪以来,什么样的文化信仰、常识和精神模式如何塑造了不同社会内部以及各个社会之间的协调机制(如 Berman 1983,2003;Chwe 2003;Greif 1994)。文化乃是社会的基本属性,也是社会科学的一个基本概念,这无可争议(Eckstein 1996),亦是人类生存条件使然。然而,这一基本事实反而妨碍了学者们去努力了解文化和社会组织之间的关系。一些核心问题长期让人们迷惑不解:为何尽管研究者普遍认为文化和行动之间存在关系,但这种关系的主要内容到底是什么让人们争论不休,而且已有的回答也难以让人信服? 当我们说文化对政治很重要时,我们指的到底是什么? 什么样的数据和验证方式能够更好地支撑我们的结论?

过去数十年,比较政治行为研究领域收获了丰富的数据。虽然存在一些测量上的问题,但我们毕竟积累了关于北美和西欧成熟民主国家选民—精英关系的大量比较调查证据。然而,除了阿尔蒙德和维巴的开创性著作《公民文化》(Almond and Verba 1963)之外,通过文化变量解释民主成果的专业性研究进展并不顺利。到 20 世纪 80 年代,无论从什么标准来看,文化研究都已经比 60 年代更加成熟,但预期的政治文化研究

① 我要感谢 Carles Boix,Mark Graber,Raymond Grew,Erik Kuhonta,Brian Loveman,Alfio Mastropaolo,Michael McGinnis,Elinor Ostrom,Dietlind Stolle 和 Georg Vanberg 对本章初稿的评论。本章的写作,基于加拿大社会科学和人文研究委员会及艾哈特基金会资助的研究。

复兴并未出现。事实上,对于此种复兴的呼吁更多是带来了争议,而不是吸引了更多的研究者。转折点是帕特南的《使民主运转起来》(Putnam 1993)一书的出版。这部著作通过提出一种更偏向结构主义的视角,扩展了传统上关于文化的政治影响的认识,也把对社会资本的研究推进到现在这样一种广泛而活跃的发展阶段。到 2001 年,对使用了社会资本这一概念的论文和专著的引用数已从 1991 年的两个上升到了 220 个(Ostrom and Ahn 2003,xi 页)。现在,在社会科学和历史研究(Rotberg 1999/2001)的"任一角落"(Ostrom and Ahn 2003,xi 页)都能找到社会资本这个概念。

帕特南的著作带来的复兴完全是意料之外的事情。比如,1993 年曾经出现过一篇文章,对此前十年的比较政治学研究加以回顾,其中几乎完全没有提及公民文化(Rogowski 1993,特别是 443—444 页)。随后一篇关于"公民文化三十年"的回顾文章对研究现状进行了如下总结:尽管帕特南的"令人惊叹的突破"给政治文化研究带来了某种前景,但"在今天从事公民文化研究仍然像研究托勒密天文学那样让人感觉怪异"(Laitin 1995,169、171 页)。因此,问题再一次摆在我们面前:为什么政治文化研究为理解民主所作的那么多贡献依然令人存疑? 为什么社会资本的概念一经提出,政治文化研究就能取得意料之外的进展? 有了社会资本的概念,还有必要研究"公民文化"吗?这种新的研究方法在认识民主的充分或者必要条件方面是提供了更好的前景,还是终结了这种研究,抑或像一些人预言的那样,不过是继续"浪费时间"(Tilly 2004a,9、35、39 页)?

本章旨在借助对上述问题的回答,总结民主和文化之间关系的研究现状。通过评估已经完成的和正在进行中的研究,以及为未来研究提供建议,本章也力图推进人们对文化和行为之间,以及政治文化和民主成果之间关系的理解。

这部分的讨论分为五个部分,第一部分探讨已有的成果如何理解文化和政治文化的内涵,以及它们与行为之间的关系。第二部分解释为什么政治文化研究对理解民主贡献甚少。第三部分介绍我们对于如何及为何研究这一主题加以反思的努力,在某种程度上使一些研究者超越了既有的认识论框架,并且为民主和政治文化的调查和研究工具注入了新的活力。第四部分内容来自对两个问题的回答:迄今为止关于社会资本的研究为比较政治学带来了什么贡献? 为何社会资本的概念化仍然存有争议? 结论部分将简要总结本章的讨论,同时探讨调查方法的改进对未来研究的意义。

一、从文化到公民文化

人类学家克罗贝尔和克鲁克洪对"文化"一词进行过通史性的研究(Kroeber and

Kluckhohn 1952/1963），他们的著作常被引用以表明人们在理解和使用文化概念时的含混。他们在著作中列举了 164 种文化的含义，它们被冠以不同的名目，有描述性的、历史性的、规范性的、心理学的、结构性的、遗传学的，等等。所有这些文化定义都有一个共同点，即它们都把文化概念理解为人类探索生存意义的副产品，或者是人类经验关键性的、系统性的扩展。文化作为一个抽象的、概括性的概念或者"数据容器"，包含了符号、观念、信仰、规范、习惯和知识。诸如社会化、语言、调适性共存这些关系性的、认知性的和情景性的机制，使（逻辑上连贯或者相互矛盾的）文化的客观特征成为人们共有的知识，并能够通过学习加以传递，最终成为一个人造的复杂系统，也形成了人类行为中的可预期性或者可能性的限制。文化以内心的文化价值和习俗的形式，同时存在于社会和个人层面，当它们以人的行为和制度的形式公开表达出来的时候，我们就能够切实地把握其内涵。关于文化问题的分歧在于，当我们说文化对比较政治研究很重要时，我们所指的究竟是什么。

我们不难理解为何阿尔蒙德和维巴的《公民文化》（Almond and Verba 1963）至今仍被视为一项突破性的研究。这部著作对规范问题的关注同样可以在从孟德斯鸠到托克维尔的经典作品中找到。讨论民主的社会条件也有助于将政治文化保留在研究议程中（Lipset 1994）。当阿尔蒙德和维巴的著作问世的时候，人们对于英美的政治制度非常有信心，因而他们的研究似乎把英美的政治观念和实践提升到了某种跨越国界且鼓舞人心的典范的高度；另外，它也重新激发了学术界对马克思主义唯物论和结构功能主义的争论。

阿尔蒙德和维巴将政治文化定义为可以进行定量研究的"关于政治的心理或者主观取向"。他们试图同时做到三件事情：通过聚焦公民取向，他们把政治文化的概念转化为某种比公众意见更深层、比文化概念更集中的东西；通过寻找维护或者妨碍民主稳定性的因素，他们试图建立一套连接政治文化和政治过程的公民文化理论；通过证明在技术上有可能对公民取向进行定量的跨国研究，他们相信他们的研究即使在完成（冷战时期）之后依然具有重要性。

在此之后，研究者们沿用并且扩展了政治文化概念的经验和规范意义，除取向之外，价值、象征、规范和态度也被包含在内。对政治文化的社会和心理要素不加区分的状态，使这个概念迅速大众化，但也使学者们用关于偏好形成的动机理论解释人们如何以及为何作出影响其政治生活的选择变得困难。因此，如果说存在某种单一的政治文化研究路径，那么就很难对不同路径的主张加以评判。

20 世纪 60 年代晚期，一位在政治文化研究方面作出过主要贡献的学者被迫承认，"'政治文化'一词会让人马上产生一种直观性的理解，因此人们经常认为即使不赋予这个概念更为清晰的界定,他们也能够领会它的含义并对其运用自如。"这将导致"极大的危险,即把这个概念当作'缺失的环节',并用来填补任何无法通过政治分析加以解释的空白"(Pye 1968,204页)。政治文化研究的一个方面是探讨如何对不同社会大众层面的政治文化(亦即个人行为与系统行为之间的纽带)进行测量和比较分析。20世纪70年代末对这方面研究认识,使一些分析者把文化现象的原因及其结果混为一谈(Elkins and Simeon 1979)。另一些研究者则认为,是民主产生了公民文化而非相反(Barry 1978,51—52页)。文加斯特近来致力于提出某种探讨民主政治基础的博弈论方法。他指出,如果把公民文化视为政治精英和公民之间用以约束公职人员的预期(一种共同规范),那么阿尔蒙德和维巴的观点就还有进一步研究的价值(Weingast 1997,254页)。

20世纪70年代末,阿尔蒙德和维巴再度着手政治文化,并试图更新他们的跨国研究(Almond and Verba,1980)。毫无疑问,1963年提出的诸多问题在比较政治学中仍然具有重要地位:像"是什么塑造了个人的政治信仰?哪些信仰具有政治意义?政治信仰如何影响政治系统?历史经验又如何影响人们对政治的理解?"(Verba 1980,409页)等等。但是,由于民主概念的有效性、初始研究的方法论,以及早期研究得出的结论的有效性都面临一系列的问题,因此要更新或者复制原来的工作就显得困难重重(参见Street 1994)。

虽然学者时有新的尝试,试图借助维尔达夫斯基及其同事们(Wildavsky 1987;Thompson,Ellis,and Wildavsky 1990)提出的文化理论,来解决单一变量的诸多构成因素如何与政治行为相联系的问题,但这些努力并未获得成功。维尔达夫斯基的目标是建构一种文化理论,用以理解任何国家、任何时间和任何地区文化对行为的影响。但即便是那些对这一尝试持同情态度的人,也认为其结果缺乏说服力(Laitin 1998;Ostrom and Ostrom 1997)。之所以不大可能提出普遍性的文化理论,部分原因是社会秩序系统的不同,以及结构化的人类互动的多样性,需要由不同的理论加以理解。不同的,甚至相互对立的有关文化和政治的概念,构成了规范、态度、行为或者政治结果的基础,没有一种普遍的文化理论能够对其加以统一的解释。

我们仍然缺乏一种有效的方式,来支撑作为概念的政治文化,以及作为获取知识的手段的文化研究路径。一篇关于不同研究路径和方法的文献回顾(Reisinger 1995),对我们面临的挑战进行了如下总结:

(一)如何定义概念;

(二)如何在一个社会整体的政治文化中区分亚文化(例如像加拿大这样的国家中精英的或者区域性的政治文化);

（三）如何整合概念中所涉及的各种个人层面的取向；

（四）如何通过个人层面的因素构建社会层面的变量；

（五）假设前述问题已经得以解决，那么应该如何对概念进行测量；

（六）如何从我们所研究的主观取向中得出有关个体政治行为的假设；以及

（七）政治文化如何与制度及其他政治属性互动，形成产生某些特定类型的政治结果的倾向。

结论是，政治文化不过是一个泛泛的标题，"在它的下面，不同的学者关注不同的个人取向，用不同的测量手段和方法来聚合这些取向，然后对关于这些个人取向与政治之间的关联性的不同主张加以检验"（Reisinger 1995，329 页）。如果这样，那么经过大约四十年的探索，我们从政治文化研究中学到了什么呢？我们积累了什么样的研究成果呢？

二、积累知识面临的挑战

有一部 1999 年出版的、研究对民主治理的国际支持的论文集（Norris 1999），其封面上是阿尔蒙德的评价："40 年之后的公民文化研究"。但这部论文集的观点与阿尔蒙德却有些分歧。收入其中的论文表明，关于公民文化与民主之间关系的系统证据，既难以获取，也难以解释。

近期进行的一次关于民主和公众参与的公民调查表明，新千年伊始，甚至曾经作为公民文化典范的英国似乎也转向了一种更具怀疑性的政治文化（Seyd and Whiteley 2002）。这项研究质疑了阿尔蒙德和维巴提出的观点："普遍的社会信任会转变成与政治相关的信任。"（Almond and Verba 1963，285 页）据报道，尽管英国公众并不质疑人际间的信任，但他们对政府各个层面的政治精英都持不信任态度。与认为人际间信任将转变为政治信任的传统观点不同，新的发现表明这两种信任在很大程度上并没有关系（Seyd and Whiteley 2002；并参见 Hall 1999，432—433 页）。英国的例子绝不是例外。有一篇文章总结了多次针对若干民主国家社会和政治信任的跨国研究。该文指出："在社会信任与政治信任之间、社会信任与政治行为之间，或者自愿结社活动与政治信任和信心之间并没有紧密的，或者持续的联系。它们之间的关联，如果存在的话，也往往是脆弱的、偶发性的。"（Newton 1999，185 页）

英格尔哈特仍然是从政治文化的角度研究民主的方法最坚定的支持者。他将公民文化定义为由个人生活的满足感、政治上的满足感、人际之间的信任，以及对现有政治秩序的支持构成的综合体。英格尔哈特在某种程度上预见了帕特南的观点，他认为高水平或低水平的公民文化甚至在几个世纪的时间内都是稳定而持久的。他不遗余力地设计能够为他的结论提供更强有力的支持的验证方式。然而他的观点,即影响民主机构持久性的变量中,半数以上都可以完全归因于政治文化(Inglehart 1990,41 页),在方法和结论方面都有问题。我们的知识积累,仍然受到五类问题的阻碍。

过去三十年间,大多数关于民主、民主危机,以及民主化的研究,在民主成效与公民文化的关系问题上着力甚少。这或许是因为研究者们不愿投入太多的时间和精力,去澄清民主和公民文化这两个概念的含义、决定采用什么方法来选择自变量与因变量(它们中的每一方都包含了另一方的要素),并且对它们的相对重要性和相互关系进行评价。另外也可能因为北美学术界的潮流和热点像钟摆一样不停摆动,或者因为人们对社会科学中因果分析能够完成的任务存在广泛的误解,抑或是高的期望(Kitschelt 2003,51—52 页)。一些研究者甚至认为,对民主化与去民主化的一般性条件或者反复的顺序的研究根本就无效,或者是浪费时间(Tilly 2004a,9、35、39 页)。无论原因是什么,在大多数比较政治学文献中,政治文化对民主进程发挥了重要作用这一假设很少或者根本就没有得到关注。

研究精英与已建立(或重新建立)的民主制之间的适应关系(DiPalma 1990)的协合式民主理论(Lijphart 1977),以及对欧洲社会民主存续情况的探讨(Budge and Newton 1997),都没有真正重视政治文化。究竟是什么因素使民主从独裁统治之下产生,并在大多数国家中存活,而且能在像印度这样的国家中维持?这类问题很难简单地用英格尔哈特属意的那些变量予以解释(参见 Boix and Stokes 2003;Przeworski et al.1996; Varshney 1998)。事实上,最近出现了一些调查研究,其对象是在其空间和时间范围内体验过民主化的几代人,而其中并没有为公民文化的解释保留任何余地(Bunce 2000, 2003)。

当人们认真考虑民主与公民文化之间的关系时,另一系列问题出现了:是否能够以个人的倾向作为社会进程的根本动因?这个质疑不仅适用于文化论者,同样适用于现象学家、行为主义者和方法论个人主义者。批评者认为,民主化和去民主化都不能通过对实际行动发生之前的个人倾向加以"重建"或者"聚合"的方式加以说明(Tilly 2004a, xi 页)。还有一些文献强调了关于因果链条问题的另一种分歧。英格尔哈特因果模型的基础是单向因果关系的假设,即公民文化对民主有影响,但民主不影响公民文化(Inglehart 1988,1990,1997;Inglehart and Welzel 2004)。这很难让很多比较政治学研究者信服。在激烈的争论面前,人们自然没有多少信心去对各种相互竞争的解释和结论加以检验(Jackman and Miller 1996a,1996b;Muller and Seligson 1994)。问题依然是:能否设计出某种统计验证方法,以证明某种特定的结论更为可信;如果可能,又应该怎么做

（参见 Mahoney and Rueschemeyer 2003,23—24 页）。

第三,马克斯·韦伯和班菲尔德(Edward C.Banfield)也无法对类似英格尔哈特这样的文化论者提供理论上的支撑。大多数历史学家并不会认真看待马克斯·韦伯关于新教伦理与资本主义精神的主张。韦伯的观点"似乎是一种社会性的误解"(Hamilton 1996,88 页),它"充其量不过是一种假设"(Hamilton 1996,88 页)。有可能因果机制的方向刚好相反,即资本主义的发展刺激了新教的产生(Hamilton 1996,92 页)。

班菲尔德的"不道德的家族主义"的理论,对人来说是一种太过严重的指责,因此大多数比较研究者倾向于把它仅仅局限在南部意大利;他们也很少引用班菲尔德对"尘世"之人的描述。对蒙特格拉诺(Montegrano)村民的指责并不真实。班菲尔德忽视了在个人亲属关系之外,还存在横向的互利、互信、团结的纽带,以及临时性的互惠互助。这些过去是,现在也是当地生活方式的重要部分。他的预测性假设不能解释从中世纪以来村庄漫长的历史中一直存在的次级联系和社群组织。如果人们在班菲尔德进行研究的时候确实都是些"囚徒",那么他们也是规制着他们的农业与社区活动的制度规则,而非其本土文化的囚犯。让人奇怪的是,班菲尔德对后者几乎不置一词(Sabetti 2000,第 8 章)。[1]

第四,一些研究认为,如果分别对政治制度的宪法、集体选择及其运行维度加以研究,那么更有可能在民主与公民文化的关系问题上得到令人信服的结论。也就是说,人们有可能在不反对宪政民主或者整个政体体制的情况下,成为政治生活某些方面的"批判性的公民"。同西欧一样,在美国和加拿大,民意调查发现人们对政府民主制度的基本框架给予了广泛的支持(Norris 1999;Pickup et al. 2004)。在这一分析层面,很少或者根本就没有关于"民主危机"的报道。但是,公众对政府的、行政的、街头层面的公共机构的运行抱有多少信心则是另一个问题。尽管一些研究者(Norris 1999,266 页)猜想民主政府的巩固和运行需要某种支持性的政治文化,但他们也不能准确测量某种政体具体的支持度,部分原因是很难处理公民们不受政府自身运作方式支配的政治取向。不过,如果我们还记得联邦制设计的多重标准,那么也许人们所观察到的制度支持和具体支持之间的不一致(即批判性的公民以不信任和鄙视的态度看待政治机构的运转,但仍然信任宪政民主),就根本不是什么不该存在的鸿沟。

最后不得不承认,在政治文化研究领域,与三四十年前相比,学术界并没有获得更多的知识。对知识积累的挑战,同时也是对民主和公民文化概念化的方式的挑战,而概

---

[1]　一项值得称道的比较意大利人和意大利裔美国人的公民价值观的尝试,遭遇了同样的概念上和经验上的问题(Rice and Feldman 1997)。

念化的目的,则是为研究活动提供知识、指导和约束(Johnson 2003)。帕特南的《使民主运转起来》一书的主要贡献之一,就在于它激发了大量以重新界定民主和公民文化这两个概念变量为目标的思考和研究,从而为探索一种能够积累知识的研究方法提供了更有希望的前景。

三、对关键变量重新界定[①]

有一个问题重新激发了人们的兴趣,即我们如何思考,以及为何必须以某种方式思考。这一问题驱使一些社会科学家和智识史学家超出了他们通常意义上的认识论边界,去发掘民主和公民文化这两个概念的历史,其结果是产生了大批理论探讨和细密的经验个案研究,而且都指向对这两个概念变量的重新界定。本节将对这些研究进展加以总结,并介绍学者们重新进行的民主和公民文化研究所取得的成果。

3.1 重新界定民主

通行的关于民主和公民文化关系的研究,其所依据的民主定义大多有问题。有些时候,人们采用的是熊彼特式的简约概念;其他时候,民主被等同于政治稳定;还有的时候,比较研究者将民主作为政府绩效的代名词。大多数民主研究者所接受的,是一种以国家权力为中心的、民族国家范围内的民主观。诚然,在民主国家的概念问题上仍然存在一些差异,对后共产主义的东欧国家来说尤其如此(Grzymala-Busse and Jones-Luong 2002,531—532 页),但一个基本的假定是,这些国家的中央政府,即构成国家权力的全国性选举、立法、行政和司法机关的总和,应该有能力制定管理整个社会的政策。与这一通行的观点相比,民主的含义要更为丰富。

托克维尔和与他同时代的自由主义者不同,他运用美国的经验挑战了欧洲传统的国家观,并且把关注的焦点从全国范围的民主和以国家为中心的概念转向地方民主。从那以后,研究者积累了丰富的文献,研究范围也超出了美国的案例。它们发现,民主并不仅仅是某种自上而下的过程,它同时也意味着自下而上的自我管理。当参与到某种现存关系形态中的个人能够、而且的确设计出某些他们自己的规则,并且在特定领域管理这些关系时,这个过程就出现了。作出宪法或者制度选择的主体并不仅限于国家统治者、政府或者制宪会议,而且也包括在不同范围内通过集体行动,以获得未来的物

---

① 我在这里依据拉定(David Laitin 2002,632 页)的观点。他认为,在很多情况下,对因变量哪怕是非常细小的重新界定,都会对自变量的解释含义产生很大的影响。

品或者解决特定政策问题为目标的个人。

通过重新界定民主的含义使其涵盖自我管理的过程,可以使研究不同时空范围内多种社团互动和整合的形式成为可能。它们包括像自治市和邻里协会这样的实体,市镇议会、乡村教区、省等级会议和国会这样的组织,互助会、手工业和商业行会这样的互助团体,建造并维护从教堂到桥梁等公共设施的地方和省级机构,以及从早期的《阿马尔菲表法》①到后来的巴塞罗那关税同盟这一类自我管理的团体,其目的是对涉及地方、区域和远程贸易的市场交易和商业组织加以管理(参见 Berman 1983,第 11—12章)。比如,西西里的市场准入的规则固然是由其政治和制度结构所决定,而我们只有理解了支撑着这种结构的信用网络,才能真正了解西西里的经济扩张及其出口导向的农业市场,它们在中世纪晚期使这个小岛的经济远远超过了西北欧其他很多地区(Epstein 1992,第 4 章)。关于法国旧制度之下民主自由的起源(Bien 1994;Bossenga 1991)、哈布斯堡王朝时期西班牙小镇民主的活力和危险性(Nader 1990),以及意大利阿尔卑斯地区集体行动机构异乎寻常的灵活性(Casari and Plott 2003)的记录,都为比较历史分析揭示了一个新世界。在这里存在着多重的政治秩序,拥有同时发挥作用和在同一平面上顺序展开的横向和纵向关系纽带。事实上,多层次治理就包含了公民文化与民主之间互为因果的关系。由梯利予以重申的传统观点(Charles Tilly 2004a,36、66、82 页),即 19 世纪之前在伊比利亚和欧洲其他地区根本不存在任何形式的民主,是站不住脚的。

当然,这些地方性事业在欧洲历史上拥有一定的影响,并不总是意味着它们为之服务的民众拥有自由。很可能当时没有任何公共组织及其活动能够符合 21 世纪民主实践的标准。大多数组织排斥妇女,决策程序也往往被圈内人和富人所操纵。在彼此重叠又没有相互协调的行动中,要维持多层治理绝不是件容易的事。哪怕是此类活动持续了很长时间,比如世界上很多地方对公有地的管理,以及瓦伦西亚和波河河谷对灌溉网络的管理,其运作方式也各不相同。然而这些缺陷,以及知识上的缺失,并不会削弱我们的基本论点,即民主作为各种机构间自我治理的过程,要先于国家范围内民主的发展并与后者殊途同归。近来关于美国政治发展的研究充实了这个论点的理论基础(Orren and Skowronek 2004)。美国本土形成的政治秩序有一个典型特征:它们由众多相对独立、自主运作的机构组成;其中一些可能相当民主,另一些则未必,而且它们大多数都依照各不相同的民主原则运转。

正如一些分析者在一项关于民主在世界历史中的地位的调查中所指出的那样,无论从 21 世纪的标准来看,这些组织及其实践是多么的不完美和杂乱,但它们的"存在及

---

① 中世纪由意大利的阿马尔菲共和国最早采用的一部海商法汇编。——译者

其实践毕竟是民主历史的一个重要部分","如果人们在一个社会中只追求完美的民主,而不承认它们对民主历史的贡献,那么民主就没有、也永远不会有历史"(Mulhberger and Paine 1993,27—28页)。这一历史帮助我们澄清了比较历史研究中的一些重要问题:生活在以特权原则和绝对君主制为特征的、等级森严的政权之下的普通民众,是如何通过渊源久远的集体行动机构,学会通过集体商议,共同决定公共事务的?普通民众是如何在国家建设的逻辑之外,或者说以与国家正式制度平行的方式,通过公众的联合行动来构建他们的生活、参与日常的自治活动,并形成他们的公民自我意识的?他们是从哪里、如何学到并内化了这些观念的?

当我们把目光转向当代世界,就会发现"民主治理"的范畴比我们通常想象的要更为复杂和宽泛。一般来说,大多数人都生活于多重组织结构之中,它们以相互补充或者相互竞争的民主观念和民主实践为基础,比如全国性的政治代表机构,以及其他层面更具参与性的组织形式(Mansbridge 1980)。从菲律宾到挪威,有大量学术文献研究了管理公共财产资源的集体行动机构的演化过程。这些研究支持如下三个结论:(一)"一群人能够自发组织起来保卫他们努力的成果"(Ostrom 1990,25页);(二)"长期有效的基本政治结构往往是经过微观层面,而非牵涉整个政治体制的宏观层面的协商形成的"(Ostrom 1989,2页);(三)"中央政府对能够增强自治实践的能力,或者具有民主性质的集体行动形式的一般性制度设施投入越多,则成功的自组织系统的增加也就越快"(Ostrom 1992)。把曼斯布里奇的话套用到本章的语境之中,就是对民主与公民文化关系的更切合实际的研究,需要"超越敌对的民主"(Jane Mansbridge 1980),并且承认民主治理形式的多样性,只要它们不违背亚当·斯密等人所提出的原则,即国家的重要功能是保卫国防、维护法治,以及保障财产权。

上述讨论对于比较研究来说具有重要的启示意义。第一,以国家为中心的民主概念太过狭窄,难以全面考察民主与公民文化之间的关系,因为在民主社会中,国家并非无所不包的解决问题的轴心。第二,包括市民参与、公共事业、次国家机构以及其他集体活动形式的多层治理,在民族国家和全民选举出现之前已经有漫长的历史。与欧洲和北美一样,世界其他地区的民主机构也都具有多样化的特征,虽然西方世界之外,社会结构可能更为等级化,因而可能无法展示出与西方同样程度的社会联合和社会民主。第三,比较研究者需要进一步注意以下事实,即只要人们参与到解决问题的实践之中,包括对次国家机构及其他集行活动形式的设计形式,健全的民主治理就可能出现。第四,与托克维尔之后很多研究者的推断不同,在公民社会中日常的民主实践与宏观的政治秩序之间并不存在自动对应的关系。公民社会中的民主实践能够产生公民文化,但不会自动铲除宏观政治秩序中的威权结构。第五,对民主概念的重新界定表明,民主与公民文化之间的联系机制,有可能比传统公民文化理论理解得更为复杂。如果与公民文化研究方面的新进展相结合,那么上述启示对比较研究的意义就更为深远了。

3.2 重新界定公民文化

虽然政治学家、博弈论者、历史学家、社会学家和其他社会科学家的工作通常是相互独立的,但他们之间的合作还是产生了大量研究成果,并且超越了传统的公民文化含义。对我们来说,有三个方面的进展尤为重要,其中之一就是对信任的研究。

起初,信任被视为构成公民文化的积极态度或者政治取向诸特征当中一个重要的方面(Almond and Verba 1963)。遗憾的是,20世纪70年代的比较研究文献并没有认真地对信任进行更深入的探索。需要感谢甘贝塔(Diego Gambetta 1988),他把信任问题重新提上议程,而且其研究涉及社会、经济和政治生活的所有范围。自此之后,对信任的关注迅速扩展开来。

梯利指出(Tilly 2004b),大部分比较研究都忽视了对以下事实的关注,即人们一直在建造和重建各种信任网络,以作为维持市场、人际信用以及其他形式的经济社会组织网络的内在机制。然而,整合公共政治或者国家政治中这类信任网所需的互动过程,却不仅比较少见,而且通常不稳定,一般来说还相互敌对(Tilly 2004b)。对世界各地区的研究都可以提供对这一观点的支持,因而在此只需一点简单的说明。

一些研究者发现,在拉丁美洲的民主史上,除正式的政府机构之外,还存在体现为地方和公民组织的密集的信任网络(Forment 2003)。这些网络被称为"公民天主教"的一种形式,以明确区别于源自北大西洋世界、并迅速普及的政治模式。公民天主教在墨西哥比秘鲁更为强大,但其基本特征在这两个国家类似,人们将其视为美洲西班牙语地区民主生活的构成要素,正如新教和共和主义是英国、荷兰共和国以及美国现代民主的构成要素一样。另外一些更为深入的研究表明,拉美的关键问题是,这种信任未能扩展到基于所谓"僭政宪制"的宏观政治秩序中(Loveman 1993)。在魁北克出现的、多少有些类似于公民天主教的现象,有助我们理解什么样的宏观政治秩序能够强化民主的信任网络。研究发现,20世纪30年代"天主教行动"中的青年运动和其他类似组织,在塑造支撑60年代"静悄悄的革命"①的宗教意识形态方面发挥了关键作用(Gauvreau 2005)。也正因为如此,所以最近的一些研究尤其强调天主教在魁北克社会和国家观念的转变中所发挥的作用。魁北克版本的公民天主教的相对成功,要归因于加拿大联

---

① 指20世纪60年代深刻影响了加拿大魁北克地区的一场社会政治变化,它带来了社会的世俗化、福利制度的建立,以及政治上联邦主义者与国家主权论者的分化。——译者

邦制的宪法结构。

随着 19 世纪 90 年代基督教民主主义的产生而在西西里乡村出现的信任网络,与新大陆的公民天主教之间存在一些根本性的而非暂时性的区别。19 世纪 90 年代晚期,由于基督教民主主义在西西里的普及,当地社会状况持续好转,这使人们开始关注到乡村法律和秩序缺失这一尚未解决的问题。一些村民利用他们在教会支持的社团中习得的合作经验,来解决乡村的公共安全问题。维拉尔巴(通常被称为黑手党之都)的黑手党就是这样在 19 世纪 90 年代晚期出现的(Sabetti 1984/2002,103 页)。虽然这一事实对甘贝塔的观点提供了支持,即私人保护是西西里黑手党的基本特征(Gambetta 1993),但并不必像他那样得出结论认为,黑手党乃是公共信任缺失的代价。也就是说,19 世纪 90 年代晚期维拉尔巴黑手党的兴起,更应该归因于人们通过在自愿社团的合作中习得的解决社区问题的精神,而不是人们对正式公共机构的不信任(Sebetti 1984/2002,第 6 章)。对于比较分析来说,我们能够得到的一个主要结论,就是像黑手党那样的(不)信任网络并非一成不变;它们会变化,而且即便在同一个人群中也不会永久存在(参见 Sabetti 2006)。

"罗素·赛奇基金会信任系列调查"表明,当前对这一问题的跨学科研究,已经从对信任和治理的探索(Braithwaite and Levi 1998),扩展到对信任的认知基础、生物基础以及进化基础的实验研究(Ostrom and Walker 2003)。研究表明,信任的含义包括诸多层面(Levi 1998,78 页)。信任或者可信的观念,的确有一部分来自共有的认同、情感纽带或者道德准则,它们无法通过主观的功利模式来加以理解;但也有基于理性基础的信任(或者不信任),哈定称之为"被信任包裹的利益"(Russel Hardin 1998)。虽然在不同类型的信仰、规范和知识分别发挥了多大作用的问题上研究者之间存在分歧,但他们都倾向于认为,如果公民和政府官员之间的相互信任能够使他们彼此获益,则他们就会采取相互信任的态度。对东欧 10 个后共产主义国家以及前苏联的研究有力地证明,从制度上解释(尤其是在微观层面)政治信任的起源具有明显的优势,微观或者宏观的文化解释则不然(Mishler and Rose 2001)。当然,从规范意义上说,信任行为的效果存在多种可能:"当信任导致了富有成效的社会合作时,它就是有益的;但它也有可能导致被信任者对信任者的剥夺、强化个人在作出正确判断方面的无能感,或者导致对不公正的或道德堕落的统治者的支持"(Braithwaite and Levi 1998,377 页)。我们因而面临着一个制度上的挑战:"如何使信任发挥积极的社会作用,同时避免那些我们不愿意看到的后果?"(Braithwaite and Levi 1998,377 页)

这些结论使人们重新回味托克维尔在其关于旧制度与法国革命的作品中提出的观点(Tocqueville 1856/1956,第 2 部分,第 3 章,50—51 页和第 2 部分,第 6 章,67—71

页）：国民对政治事务的基本态度和取向，是他们与那些身居权位的人打交道的结果，而非某种所谓的文化（比如"法国的"或者"地中海式的"文化）的产物；并且中央集权的政治和行政系统往往会阻碍而非促进公共信任。

第二种对公民文化的重新界定来自对这个概念自身历史的研究。在帕特南（Pateman 1980）对这个概念提出批评之后，比较社会学家和后现代作家又进一步提供了大量的批评性文献。最近的一批著作进一步总结和扩展了这种努力（比如 Bridges 1997；Somers 1995a，1995b）。我们就借助它们，对若干基本观点加以总结。

阿尔蒙德和维巴提出的公民文化是一个定义的而非关系性的概念，这一点在阿尔蒙德对该概念智识史的叙述（Almond 1980）也有明显的反映。相反，各种社群的公民文化产生于人们的互动过程，产生于他们与周遭环境打交道时的具体情势。阿尔蒙德和维巴对这一概念的表述忽略了，或者说跳过了人们伴随着时间的流逝、通过相互之间的作用，在特定的社会群体中、在与更广阔的世界的联系中形成公民能力的过程。这个概念借用了启蒙运动中产生的一个词，也继承了启蒙运动中形成的公民文化的世界观念，但这完全是一种要求得到普遍运用的、普适主义的世界观（像塔尔科特·帕森斯提出的那样）。它拒斥根植于、并适应于各地环境的、带有特定文化属性的信仰，否认其认知上和道德上的有效性。然而，根据班菲尔德的观点，对公民文化的正确理解不可能是"环境中立"或者"制度中立"的。它是人际关系的表达、是人际关系实践的聚合，作为一种（结构化的或者偶然性的）富有争议的社会现象而存在。在我们把公民文化作为自变量之前，我们需要弄清楚它实际上在多大程度上是个因变量（Somers 1995a，134页）。

这种理解公民文化的方式给过去的研究提出了很多挑战。第一，它提醒了我们，从阿尔蒙德和维巴开始使用的这个概念只代表了自由政治传统的一脉。这一脉通常被称为"理性自由主义"（Levy 2003）。自伏尔泰以降，它倾向于认为地方社群和中间机构总是与专制、迷信以及地方性暴政为伍，阻断了国家和公民的直接联系。第二，它把人们的注意力引向通常被称为"多元主义"的自由主义的另一脉。与欧洲大陆根深蒂固的国家观念不一样，这一脉认为地方社群和中间机构乃是自由和自治的盟友。像阿克顿（Acton）、卡塔尼奥（Cattaneo）和托克维尔这样的思想家是这个传统的著名传人。第三，理性主义和多元主义之间的紧张关系从自由主义诞生以来就根植于其中，因而无法仅仅通过定义来加以解决。第四，正如非西方的价值体系可以导出经济进步和福利这样的观念（比如日本的价值观就是这样），西方社会中的经济进步和福利观念同样也来自多个源头，而不只限于自由主义一家。第五，这一概念的历史提醒研究者，公民文化产生于不同社会群体中的人们运用自己的知识协同行动的过程，在这些活动中，他们创造自治机构、参与联合行动，或者解决共同面临的问题。简而言之,公民文化内在于政治民主实践本身。

20世纪80年代还出现了一种与公民文化研究平行但也与之相互补充的进展,这与人们尝试超越马克思的剩余价值、实物和人力资本的概念,重新思考资本的意义有关(Lin 1999,28—30页)。社会科学与理性选择理论之间的断裂,促使詹姆斯·科尔曼超越了第一代集体行动理论,提出社会资本乃是另一种资本,它"通过改变与行动相关的人际关系"而形成。因此,"一个其内部存在较高的可信度和较广泛的相互信任的群体,其能够取得的成就,要比一个相对缺乏这种可信度和相互信任的群体大得多"(Coleman 1988,100—101页)。社会资本的概念史表明,自该研究领域出现之日起,它就重新抓住了社会科学中某些核心的问题(Farr 2004;Portes 1998,1—3页;Woolcock 1998)。事实上,尽管没有使用"社会资本"这样的说法,但这个概念表达的含义经常出现在社会科学家和普通民众的言谈中(Parker Follett 1924;Sabetti 1984/2002,98—104页)。科尔曼对社会资本的概念化和研究真正的独到之处在于,他的工作(一)说明了集体行动中无法通过理性选择理论加以解释的异常行为;(二)打通了与其他研究方法之间的理论和学科分野;同时(三)仍然能够与理性选择理论相互贯通。

四、社会资本:研究公民文化的新路径?

毫不奇怪,一些最早运用科尔曼提出的社会资本概念的学者就是理性选择理论的追随者(Ostrom 1992)。随着帕特南《使民主运转起来》(Putnam 1993)一书的出版,以及他随后对美国进行的研究,这个概念得到了广泛的认可和运用。帕特南将"社会资本"定义为"能够增加互惠协调合作的社会组织特征,包括网络、规范和社会信任等"(Putnam 1995,67页)。

关于社会资本的研究扩展迅速,因此我们无法在此对已经积累起来的大量文献进行全面总结。到1998年,研究文献就已经涵盖了很多重要领域,包括经济发展、家庭和青年行为问题、就学与教育、社群生活、工作与组织、民主与治理,以及集体行动问题的一般案例等(Schneider et al.1997;Woolcock 1998,193—194页,注20)。随后,人们进一步运用这一理论探讨如何弥合巴尔干地区的民族裂痕(Pickering 2006),研究帕特南未曾涉及的意大利工业区的问题(Farrell and Knight 2003),探讨发展中国家正式和非正式机构①的作用(Chopra 2001),以及考察社会资本作为性别政治的工具,在西方国家推

① 此处原文为"formal and information institutions",疑为"formal and informal institutions"之误。——译者

动女性政治参与、普及政治知识和扩大政治代表方面的作用(O'Neill and Gidengil 2006)。如果我们认为"《使民主运转起来》一书的成就与它的问题同样令人难忘"(Tarrow 1996,396 页;参见 Sabetti 2000,第 9 章)的话,那么上述进展就更加令人瞩目了。与过量的赞美和无所不在的引用相伴随的,是研究者们在社会资本的作用问题上存在的深刻分歧(参见 Adam and Roncevic 2003;Szreter 2002;Stolle and Hooghe 2004)。在此不可能解决这些分歧,但还是可以通过简单的介绍,以表明争论所涉及的丰富的内容。

一些学者(比如 Koelble 2003,209—210 页)在批评帕特南著作中的某些缺陷时提出了如下疑问:如果某种分析方法几乎不能为我们提供任何确切的知识,或者它只不过重复了我们通过其他方法得知的东西,那么这种方法的效力何在?对这个问题的初步回答是:任何分析方法,无论有多么好,也无法保证它能够得到恰当的运用。帕特南著作的贡献,在于它激发了大量旨在重新界定公民文化和民主的研究,并且因此将对民主和公民文化的比较研究推至一个新的方向。至于如果运用他的著作的结论,以及如何从中获益,那就是别人的事情了。毕竟,一本书能够做到的也只能如此。

1996 年时,研究者已经得出了一些一般性的结果,而现在,它们在比较政治研究领域已经广为人知:(一)社会科学家和历史学家已经把社会资本列入他们用以解释社会、政治和经济现象的关键变量中;(二)政治文化的研究者们不得不扩展他们对文化影响的分析,以适应帕特南那样一种更具结构主义性质的视角;(三)受帕特南的影响,研究者们重新认识到有必要在研究中整合定量和定性数据;(四)《使民主运转起来》的发现,为从世界银行到市政厅的各类政策机构注入了新的活力;或许更重要的是,(五)通过社会资本,历史学家、政治学家、人类学家、经济学家、社会学家和政策制定者找到了一种共同语言,并因此而联系在一起,就我们时代一些最紧迫的问题进行开放的、建设性的讨论(Boix and Posner 1996;并参见 Rotberg 1999/2001;Woolcock 1998)。当然,所有这一切并不意味着否认社会资本的阴暗面,即玛格丽特·列维所谓的"非社会资本"(Levi 1996;并参见 Armony 2004)的存在。

在哪些因素可视为社会资本的体现,而哪些仅仅是其结果的问题上,还存在诸多概念上的争议。帕特南声称对科尔曼的原初定义进行了一些小的改动。奥斯特罗姆和安基于资本具有多种形式的观点,认为社会资本自然也可以存在多种形式:"假定资本概念的内在含义确定不变……将无助于研究的进展"(Ostrom and Ahn 2003,第 xxv 页)。他们选取了对研究集体行动尤为重要的三种形式广泛的社会资本:信任、网络和正式及非正式规则(Ostrom and Ahn 2003)。他们并且认为对社会资本各种不同的定义详加考察,可以发现它们对于这一概念本身的测量、对于它的数据资源、对于因变量的选取,以及在不同环境下得到的结论和启示,都具有积极意义(Krishna 2002)。不过这个观点并没有得到广泛接受。

文化论者往往关注社会资本中的态度层面,将其视为外生性和持久性的因素,因而在中短期内不会改变。结构主义者和制度主义者则质疑前者提出的因果关系的方向,并把类似信任这样的态度因素视为内生变量。相比之下,"政治结构和政治环境"极为重要,并且"在塑造社会组织,以及它们对公民行为和态度的影响方面发挥关键作用"(Edwards and Foley 1998,128页)。"社会资本可以通过政府机构的作用而不会通过自发结社产生",这种观点引发了一个全新的、从制度理论的角度研究社会资本的热潮(Rothstein 2001,207页;并参见 Szreter 2002;Rothstein and Stolle,forthcoming)。其他研究者强调,"社会资本并非信任文化的产物,而是组织提供的公共品的副产品"(Jackman and Miller 1998,55页)。有一种方法可以区分相互对立的对社会资本的理解:"如果认为信任是内生性的,我们就应该去了解什么样的安排刺激了信任的产生;如果认为信任是外生性的,就意味着我们认为信任等级已经被给定,并且在中短期内不会改变。"(Jackman and Miller 1998,51页)

在帕特南本人立场的变化中,也可以发现这些相互矛盾的结论。虽然他援引班菲尔德的观点支持他针对意大利得出的结论,但在美国的问题上他就不大愿意这么做①;他在意大利的问题上持历史决定论的态度,但在美国的问题上又相反。因此《独自打保龄球》中展示的社会资本的衰落,"与《使民主运转起来》的逻辑正好相反。帕特南认为,美国的公民文化一夜之间就衰落,而这在他的意大利模型中是不可思议的。因为公民品性一旦形成,它就会难以置信地延续几个世纪之久"(Lehman 1996,25页)。不过,按照其他研究者的观点(如 Skopol and Fiorina 1999),帕特南对美国案例的分析依然忽视了政府的作用。

两个相关的问题表明,现在要得出确切的结论还为时尚早。一个问题是关于社会资本的生成机制。对1972年至1994年间美国数据的分析让一些研究者认为,社会资本"不仅是对制度有信心的结果,也是其原因"(Brehm and Rahn 1997,1018页;并参见Schneider et al.1997)。最近有一项专门针对社会资本态度因素的起源问题的研究,结果表明,公民态度的形成,是政府的公共政策、政治制度和社会互动共同作用的产物(Hooghe and Stolle 2003)。不过,这只是社会资本起源研究的第一步。

另一个问题与如下事实相关,即尽管已经进行了大量研究,但我们仍然不能确切了

---

① 原文为"he is less reluctant to do so",疑为"he is more reluctant to do so"或者"he is reluctant to do so"之误。——译者

解社群组织成员中存在的社会资本,到底如何影响了政府机构的表现。在帕特南最初对意大利的研究中就存在这一问题(Sabetti 2000,114 页)。波瓦克斯和波斯纳(Boix and Posner 1996)曾在 1996 年提出四个模型,以展示社群层面的社会合作何以能够转换为好的政府表现。他们认为,从社会需求的表达、官僚机构的效率、公民品性,以及精英之间的协同四个方面,大概能够推断为何政府的表现能够直接反映它所得到的公民的合作。但是,人们并未从上述观点出发得到某些明确的结论。对印度发展和民主的追溯倒是表明,地方政治机构的领导人,而非村庄群体中传统的、世袭的首领,在组织有效的集体行动成功达至政治目标方面发挥了重要的中介作用(Krishna 2002)。如果缺少这些为社会带来生机的角色,社会资本不过是潜在的资源,或者互利性集体行动中尚未实现的潜能。社会资本是如何形成的,在促成民主成果方面又是如何被"激活"的,这些问题仍然值得深入的探讨。

五、结 论

尽管在霍布斯之前和之后,对民主和公民文化的关注已延续了几个世纪,但关于公民文化和民主结果的关系的研究还是问题重重(除这一研究刚开始出现的时期之外)。20 世纪 50 年代末和 60 年代初,新一代社会科学家试图把对这一关系的研究建立在坚实的实证基础之上,但最后却是让政治文化研究走上了一条不断后退的道路。正当这一研究路径近于自我毁灭的时候,社会资本研究出现了,并且带来了理论构建和验证所需要的新的研究工具和大量新的案例调查。这一意料之外的进展,给公民文化和民主研究注入了新的活力。

虽然这个进展引起了大部分比较政治学家的惊奇,但正如本章所述,学者们已经为此付出了很长时间的努力。社会资本研究与传统公民文化研究的不同之处在于,它付出了比以往更精细的努力以深入政体内部,并力图理解一些什么样的因素聚合起来才能创造并维持健康的民主制,其原因与动力机制又是什么样的。通过采取跨学科的视角,充分关注社会资本在与其他类型的资本的关系中表现出来的变化及其特性,我们有希望理解公民文化和民主之间的复杂联系。这一新的进展也许不会终结对民主的充分或者必要条件的探索。梯利(Charles Tilly)也许是对的。但是,如果迄今为止社会资本引发的研究已经为未来的工作描绘了一个轮廓,那么这种探索不会是"浪费时间"。

参考文献

ADAM, F., and RONCEVIC, B.2003.Social capital:recent debates and research trends.*Social Science Information*,42(2):155–83.

ALMOND, G.1980.The intellectual history of the civic culture concept.Pp.1–36 in *The Civic Culture Revisited*,ed.G.A.Almond and S.Verba.Boston:Little & Brown.

——and VERBA S.1963.*Civic Culture*.Princeton:Princeton University Press.

——eds.1980.*Civic Culture Revisited*.Boston:Little 8c Brown.

ARMONY, A.C.2004.*The Dubious Link:Civic Engagement and Democratization*.Stanford,Calif.:Stanford University Press.

BARRY, B.1978.*Sociologists,Economists and Democracy*.Chicago:University of Chicago Press.

BERMAN, H.1983.*Law and Revolution*,vol.i.Cambridge,Mass.:Harvard University Press.

——2003.*Law and Revolution*,vol.ii.Cambridge,Mass.:Harvard University Press.

BIEN, D.D.1994.Old regime origins of democratic liberty.Pp.23–71 in *The French Idea of Freedom*,ed. D.Van Kley.Stanford,Calif.:Stanford University Press.

Boix,C,and P O S N E R,D.1996.Making social capital work:a review of Robert Putnam's *Making Democracy Work:Civic Traditions in Italy*.Paper no.96–4.Cambridge,Mass.:Harvard University,Weatherhead Center for International Affairs.

——and STOKES,S.C.2003.Endogenous democratization.*World Politics*,55:517–49.

BOSSENGA,G.1991.*The Politics of Privilege:Old Regime and the Revolution in Lille*.New York:Cambridge University Press.

BRAITHWAITE,V.,and LEVI,M.eds.1998.*Trust & Governance*.New York:Russell Sage Foundation.

BREHM,J.,and RAHN,W.1997.Individual-level evidence for the causes and consequences of social capital.*American Journal of Political Science*,41(3):999–1023.

BRIDGES,T.1997.*The Culture of Citizenship:Inventing Postmodern Civic Culture*.Washington,DC: Council for Research in Values and Philosophy.

BUDGE,I.,and NEWTON,K.1997.*The Politics of the New Europe*.Harlow:Addison Wesley Longman.

BUNCE,V.2000.Comparative democratization:big and bounded generalizations.*Comparative Political Studies*,33:703–34.

——2003.Rethinking recent democratization:lessons from the postcommunist experience.*World Politics*, 55:167–92.

CASAR I,M.,and PLOTT,C.R.2003.Decentralized management of common property resources:experiments with a centuries-old tradition.*Journal of Economic Behavior & Organization*,51:217–47.

CHOPRA,K.2001.Social capital and development:the role of formal and information institutions in a developing country.Paper.Delhi:University Enclave,Institute of Economic Growth.

CHWE, M. S.-Y. 2003. *Culture, Coordination and Common Knowledge*. Princeton: Princeton University Press.

COLEMAN, J. 1987. Norms as social capital. Pp. 133-55 in *Economic Imperialism: The Economic Approach Applied Outside the Field of Economics*, ed. G. Radnitzky and P. Bernholz. New York: Paragon House.

——1988. Social Capital in the Creation of Human Capital. *American Journal of Sociology*, 94 (supplement): S95-S120.

Di PALMA G. 1990. *To Craft Democracies: An Essay on Democratic Transitions*. Berkeley and Los Angeles: University of California Press.

ECKSTEIN, H. 1996. Culture as a foundation concept for the social sciences. *Journal of Theoretical Politics*, 8(4): 471-97.

EDWARDS, B., and FOLEY, M. W. 1998. Civil society and social capital beyond Putnam. *American Behavioral Scientist*, 42(1): 124-39.

——and DIANI, M. eds. 2001. *Beyond Tocqueville: Civil Society and the Social Capital Debate in Comparative Perspective*. Hanover, NH: Tufts University Press of New England.

ELKINS, D. I., and SIMEON, R. E. B. 1979. A cause in search of its effect, or what does political culture explain? *Comparative Politics*, 11: 127-45.

EPSTEIN, S. R. 1992. *An Island for Itself: Economic Development and Social Change in Late Medieval Sicily*. New York: Cambridge University Press.

FARR, J. 2004. Social capital: a conceptual history. *Political Theory*, 32: 6-33.

FARRELL, H., and KNIGHT, I. 2003. Trust, institutions, and institutional change: industrial districts and the social capital hypothesis. *Politics & Society*, 31: 537-66.

FORMENT, C. A. 2003. *Democracy in Latin America: Civic Selfhood and Public Life in Mexico and Peru*. Chicago: University of Chicago Press.

GAMBETTA, D. ed. 1988. *Trust: Making and Breaking Cooperative Relations*. Oxford: Blackwell.

——1993. *The Sicilian Mafia: The Business of Private Protection*. Cambridge, Mass.: Harvard University Press.

GAUVREAU, M. 2005. *The Catholic Origins of Quebec's Quiet Revolution, 1931-1970*. Montreal: McGill-Queen's University Press.

GREIF, A. 1994. Cultural beliefs and the organization of society: a historical and theoretical reflection on collectivist and individualist societies. *Journal of Political Economy*, 102(5): 912-50.

GRZYMALA-BUSSE, A., and IONES-LUONG, P. 2002. Re-conceptualizing the state: lessons from post-communism. *Politics and Society*, 30: 529-54.

HALL, P. 1999. Social capital in Britain. *British Journal of Political Science*, 29: 417-61.

HAMILTON, R. R 1996. *The Social Misconstruction of Reality: Validity and Verification in the Scholarly Community*. New Haven: Yale University Press.

HARDIN, R. 1998. Trust in government. Pp. 9-27 in *Trust in Governance*, ed. V. Braithwaite and M. Levi. New York: Russell Sage.

HOOGHE, M., and STOLLE, D. eds. 2003. *Generating Social Capital. Civic Society and Institutions in Comparative Perspective.* New York: Palgrave.

HOWARD, M.M. 2002. The weakness of postcommunist civil society. *Journal of Democracy*, 13: 157-69.

INGLEHART, R. 1988. The renaissance of political culture. *American Political Science Review*, 82: 1023-230.

——1990. *Culture Shift in the Advanced Industrial Countries.* Princeton: Princeton University Press.

——1997. *Modernization and Postmodernization.* Princeton: Princeton University Press.

——and WELZEL, C. 2004. What insights can multi-country surveys provide about people and societies? *APSA-CP Newsletter*, 15: 6-11.

JACKMAN, R.W, and MILLER, R.A. 1996a. A renaissance of political culture? *American Journal of Political Science*, 40: 632-59.

——1996b. The poverty of political culture. *American Journal of Political Science*, 40: 697-716.

——1998. Social capital and politics. *Annual Review of Political Science*, 1: 47-73.

JOHNSON, J. 2003. Conceptual problems as obstacles to progress in political science: four decades of political culture research. *Journal of Theoretical Politics*, 15(1): 87-115.

KITSCHELT, H. 2003. Accounting for postcommunist regime diversity: what counts as a good cause? Pp. 49-88 in *Capitalism and Democracy in Central and Eastern Europe: Assessing the Legacy of Communist Rule*, ed. G. Ekiert and S.E. Hanson. New York: Cambridge University Press.

KOELBLE, T. 2003. Ten years after: Robert Putnam and making democracy work in the post-colony or why mainstream political science cannot understand either democracy or culture. *Politikon*, 30: 203-18.

KRISHNA, A. 2002. *Active Social Capital: Tracing the Roots of Development and Democracy.* New York: Columbia University Press.

KROEBER, A. L., and KLUCKHOHN, C. 1952/1963. *Culture: A Critical Review of Concepts and Definitions.* New York: Vintage Books.

LAITIN, D. 1988. Political culture and political preferences. *American Political Science Review*, 82: 589-93.

——1995. The civic culture at 30. *American Political Science Review*, 89: 168-73.

2002. Comparative politics: the state of the subdiscipline. Pp. 630-59 in *Political Science: State of the Discipline*, ed. I. Katznelson and H.V. Milner. New York: Norton.

LEHMAN, N. 1996. Kicking in groups. *Atlantic Monthly*, 277: 22-6.

LEVI, M. 1996. Social and unsocial capital. *Politics & Society*, 24: 45-56.

——1998. A state of trust. Pp. 77-101 in *Trust & Governance*, ed. V. Braithwaite and M. Levi. New York: Russell Sage.

LEVY, J. 2003. Liberalism's divide, after socialism and before. *Social Philosophy and Policy Foundation*, 278-97.

LIJPART, A. 1977. *Democracy in Plural Societies: A Comparative Exploration.* New Haven: Yale University

Press.

LIN, N.1999.Building a network theory of social capital.*Connections*,22(1):28-51.

LIPSET, S. M.1994.The social rerequisites of democracy revisited:1993 presidential address.*American Sociological Review*,59:1-22.

LOVEMAN, B.1993.*The Constitution of Tyranny:Regimes of Exception in Spanish America.*Pittsburgh:University of Pittsburgh Press.

MAHONEY, J., and RUESCHEMEYER, D.2003.Comparative historical analysis:achievements and agendas.Pp.3-40 in *Comparative Historical Analysis in the Social Sciences*,ed.J.Mahoney and D.Rueschemeyer.New York:Cambridge University Press.

MANSBRIDGE, J.1980.*Beyond Adversary Democracy.*New York:Basic Books.

MISHLER, W., and ROSE, R.2001.What are the origins of political trust? Testing institutional and cultural theories in post-communist societies.*Comparative Political Studies*,34:30-62.

MULHBERGER, S., and PAINE, P.1993.Democracy's place in the world.*Journal of World History*,4(1):23-45.

MULLER, E. N., and SELIGSON, M.1994.Civic culture and democracy:the question of causal relationship.*American Political Science Review*,88:635-52.

NADER, H.1990.*Liberty in Absolutist Spain.*Baltimore:Johns Hopkins University Press.

NEWTON, K.1999.Social and political trust in established democracies.Pp.169-87 in *Critical Citizens:Global Support for Democratic Governance*,ed.P.Norris.New York:Oxford University Press.

NORRIS, P.ed.1999.*Critical Citizens:Global Support for Democratic Governance.*New York:Oxford University Press.

O'NEILL, B., and GIDENGIL, E.eds.2006.*Gender and Social Capital.*New York:Routledge.

ORREN, K.and SKOWRONEK, S.2004.*The Search for American Political Development.*New York:Cambridge University Press.

OSTROM, E.1989.Microconstitutional change in multi-constitutional political systems.*Rationality and Society*,1:11-50.

——1990.*Governing the Commons:The Evolution of Institutions for Collective Action.* New York:Cambridge University Press.

1992.*Crafting Institutions for Self-Governing Irrigation Systems.*San Francisco:ISC Press.

——and A H N,T.K.eds.2003.*Foundations of Social Capital.*Northampton,Mass.:Elgar.

——and W A L K E R,I.eds.2003.*Trust and Reciprocity:Interdisciplinary Lessons from Experimental Research.*New York:Russell Sage.

OSTROM, V., and OSTROM, E.1997.Cultures:frameworks,theories and models.Pp.79-89 in *Culture Matters:Essays in Honor of Aaron Wildavsky*,ed.R.Ellis and M.Thompson.Boulder,Colo.:Westview Press.

PARKER FOLLETT, M.1924.*Creative Experience.*New York:Longmans,Green & Co.

PATEMAN, C.1980.The civic culture:a philosophic critique.Pp.57-102 in *The Civic Culture Revisited*, ed.G.Almond and S.Verba.Boston:Little 8s Brown.

PICKERING,P.2006.Generating social capital for bridging ethnic divisions in the Balkans:case studies of two Bosniak cities.*Ethnic and Racial Studies*,29:79-103.

PICKUP,M.,SAYERS,A.,KNOPFF,R.,and ARCHER,K.2004.Social capital and civic community in Alberta.*Canadian Journal of Political Science*,37:617-45.

PORTE S,A.1998.Social capital:its origins and application in modern sociology.*Annual Review of Sociology*,24:1-24.

PRZEWORSKI,A.,ALVARE Z,M.,CHEIBUB,J.A.,and LIMONGI,F.1996.What makes democracies endure? *Journal of Democracy*,7(1):39-55.

PUTNAM,R.D.1993.*Making Democracy Work.*Princeton:Princeton University Press.

——1995-Bowling alone:America's declining social capital.*Journal of Democracy.*65-78.PYE,L. 1968.Political culture.Pp.218-25 in *International Encyclopedia of the Social Science*,ed.D.W.Sills. New York:Macmillan.

REISINGER,W.M.1995.The renaissance of a rubric:political culture as concept and theory.

International Journal of Public Opinion Research,7(4):328-52.

RICE,T.W.,and FELDMAN,J.L.1997.Civic culture and democracy from Europe to America.*Journal of Politics*,59:1143-72.

ROGOWSKI,R.1993.Comparative politics.Pp.431-49 in *Political Science:The State of the Discipline II*, ed.A.W.Finifter.Washington,DC:American Political Science Association.

ROTBERG,R.I.ed.1999/2001.*Patterns of Social Capital:Stability and Change in Historical Perspective.* New York:Cambridge University Press.

ROTHSTEIN,B.2001.Social capital in the social democratic welfare state.*Politics & Society*,29(2): 207-41.

——and STOLLE,D.Forthcoming.An institutional theory of social capital.In *Social Capital:A Reader*, ed.J.van Deth and D.Castiglione.Oxford:Oxford University Press.

SABETT I,F.1984/2002.*Village Politics and the Mafia in Sicily.*Montreal:McGill-Queen's University Press.

——2000.*The Search for Good Government:Understanding the Paradox of Italian Democracy.*Montreal: McGill-Queen's University Press.

——2006.The mafia misunderstood—again.*Journal of Modern Italian Studies*,11(2):232-9.

SCHNEIDER,M.,TESKE,P.,MARSCHAL,M.,MINTROM,M.,and ROCH,C.1997.Institutional arrangements and the creation of social capital:the effects of public school choice.*American Political Science Review*,91:82-93.

SEYD,P.,and WHITELEY,P.2002.Is Britain still a civic culture? Paper prepared for the Annual Meetings of the British Group of the American Political Science Association Meetings,Boston.

SKOCPOL,T.,and FIORINA,M.,eds.1999.*Civic Engagement in American Democracy.*Washington,DC: Brookings Institution Press.

SOMERS,M.19950.What's political or cultural about political culture and the public sphere? Toward an historical sociology of concept formation.*Sociological Theory*,13:113-44.

——1995 b.Narrating and naturalizing civic society and citizenship theory:the place of political culture and the public sphere.*Sociological Theory*,13:229-74.

STOLLE,D.2003.Sources of social capital.Pp.19-42 in *Generating Social Capital:Civic Society and Institutions in Comparative Perspective*,ed.M.Hooghe and D.Stolle.New York:Palgrave.

——and HOOGHE,M.2004.Review article:inaccurate,exceptional,one-sided or irrelevant:the debate about the alleged decline of social capital and civic engagement in western societies.*British Journal of Political Science*,35:149-67.

STREET,J.1994.Political culture:from civic culture to mass culture.*British Journal of Political Science*, 24:95-113.

SZRETER,S.2002.The state of social capital:bringing back in power,politics and history.*Theory and Society*,31:573-621.

TARROW,S.1996.Making social science work across space and time:a critical reflection on Robert Putnam's *Making Democracy Work.American Political Science Review*,90:389-97.

THOMPSON,M.,ELLIS,R.,and WILDAVSKY,A.1990.*Cultural Theory.* Boulder,Colo.:Westview Press.

TILLY,C.2004a.*Contention and Democracy in Europe 1650-2000.* New York:Cambridge University Press.

——2004b.Trust and rule.*Theory and Society*,33:1-30.

TOCQUEVILLE,A.DE 1856/1956.*The Old Regime and the French Revolution.*Garden City,NY:Doubleday.

VARSHNEY,A.1998.Why democracy survives.*Journal of Democracy*,9(3):36-50.

VERBA,S.1980.On revisiting the civic culture:a personal postscript.Pp.394-410 in *The Civic Culture Revisited*,ed.G.Almond and S.Verba.Boston:Little Brown.

WEINGAST,B.1997.The political foundations of democracy and the rule of law.*American Political Science Review*,91:245-63.

WILDAVSKY,A.1987.Choosing preferences by constructing institutions:a cultural theory of preference formation.*American Political Science Review*,81:3-21.

WOOLCOCK,M.1998.Social capital and economic development:toward a theoretical synthesis and policy framework.*Theory & Society*,27:151-208.

第十六章 独裁统治：不同的分析路径

罗纳德·温特洛布(Ronald Wintrobe)

一、导 论

本章考察的，是从"经济"或者理性选择的角度对极权主义的研究。独裁者都拥有理性的假设，势必会因为类似希特勒、斯大林、波尔布特，乃至萨达姆·侯赛因这样的人而显得极具争议。这些领袖及其行为在很多方面都极为荒谬和残暴，所以常常被贴上"疯狂"的标签。不过，假定独裁者是理性的，并不是说他们拥有与大多数人一样的目标。这个假设只意味着，无论他们的目标是什么，他们都会根据已有的信息选择最好的手段来加以追求。

使用经济学方法，并不说明经济目标左右了人们的行为，当然也不表示经济是独裁者行动中最重要的方面。认为希特勒或者波尔布特追求的是金钱或者个人消费是愚蠢的想法；对许多独裁者来说，其他目标(权力或意识形态)才是最重要的动力。但是，理性选择同样有助于理解那些由权力或者意识形态而非财富推动的人们的行为。

当然，有些独裁者的动力的确就是个人的物质追求，他们的纵欲已经成为传奇，包括伊朗国王的宫殿、典型的非洲独裁者的奔驰座驾，或者伊梅尔达·马科斯(菲律宾费迪南德·马科斯的妻子)的鞋子。我将这些人称为昏君以表示他们胸无大志。三流独裁者或者"传统专制者"(Jeanne Kirkpatrick 1982 根据 Friedrich and Brzezinski 1965 如是命名)则是独裁统治的另一种经典形象。

与昏君相反的另一个极端极权统治者，他们完全由权力或者意识形态所驱动。关于极权主义的经典著作——尤其是阿伦特(Arendt)的《极权主义的起源》(1951)——至今依然值得一读，因为它们描绘了在那种似乎对公民拥有无限权力的政体之下生活的噩梦。

对经济学家而言,一种做任何事情的力量与能力都来自唯一的中心的政体,这种观念至少与苏联的实情不符,因为后者让人联想到的是一套低效无能的官僚体制。中央计划体制会带来大量的信息的歪曲和累积误差,一幅经典的苏联漫画体现了这种情形。在这幅画中,一群苏联管理人员满意地凝视着一枚硕大的钉子,庆祝他们超额完成了计划,而钉子的重量则由吨数计算。

对独裁者权力极限的理性选择分析表明,上述两种印象都不准确(见下文第二小节)。一位纳粹官员①曾经吹嘘:"一个人只有当他睡着了,才可能拥有真正的私人生活。"但这不是,也不可能是真的。苏联体制同样不可能百分之百地按照"计划经济"的方式运行,否则它就会崩溃得更早。

20 世纪 70 年代拉丁美洲的威权主义浪潮孕育了一种不同的结构,即"官僚威权主义"模式(O'Donnell 1980)。据称,这种模式中威权政治体制的兴起是为了实现资本深化。事实上,这种类型(连同它后来的变体,比如智利的皮诺切特政权)只不过是经典模式即僭主制的又一种变体。僭主制是古代的一种政体形式,它使统治者得以实施特定的、不受欢迎的政策,并且通过压迫维持自己的统治。

最后是转瞬即逝的开明的独裁或荣誉政体②。很少有证据表明这样一种政体曾经存在过,但经济学家都特别容易受到这种观念的影响。因为经济学理论相信存在某种管理经济的正确方法,所以为开明独裁者保留某种幕后操纵(即使不被承认!)的空间,这对经济学家来说一直是一个难以抗拒的诱惑。事实上,这一观念,如果不是开明独裁者的人物形象的话,已经渗透到经济学理论的社会福利功能之中了。③

这四种类型在关于独裁政体的研究中反复出现。不过就理性选择理论而言,虽然它一直被运用于某些具体政体的研究,但只是到 20 世纪 80 年代,在诺斯(North 1981)和塔洛克(Tullock 1987)的著作问世后,才被用来理解专制政体。诺斯(Douglas North 1981)指出,从整个社会的福利或者财富最大化的角度来看,保证统治者的利益或者回报最大化的产权结构并不一定是最好的制度。塔洛克(Tullock 1987)重点关注的,则是专制政体的政权交替问题,以及专制者为巩固其地位和避免政变所做的各种努力。④

直到 20 世纪 90 年代,才出现了两个关于独裁政体的形式化模型:一个主要关注独裁者的行为(Wintrobe 1990,1998),另一个则对独裁制与民主制的经济加以比较(Olson

---

① Robert Ley。

② "荣誉政体"(timocracy)是一个借自柏拉图《理想国》的概念,指统治者关爱民众的政体。

③ 有时,就像在奥尔森和麦圭尔的著作中(Olson and McGuire 1996)体现的那样,这两个概念明显就是同一回事。

④ 库里尔德—克里特加尔德(Kurrild-Klitgaard 2000)扩展了塔洛克的框架,并且通过对 935 年至 1849 年期间丹麦发生的反君主政变的案例研究,检验了这一理论。

1993；Olson and McGuire 1996；Olson 2000）。最近，第二个模型又演化出一个新的论题，即独裁制的再分配要少于民主制，因而有可能获得更高的经济增长率。这个见解可以追溯到托克维尔，但其现代形式则受到巴罗经验研究（Barro 1996a，1996b）的启发。第三个论题是关于独裁政体的起源，特别是为何有的时候民主制会崩溃，并让位于独裁政体（参照 Linz and Stepan 1978）。这个论题出现在大量的历史学和政治学研究中。本章只会间接涉及这个问题，因为迄今为止人们几乎没有从理性选择的角度研究过它（Boix 2003；Acemoglu and Robinson 2005），而且本书其他部分也会对其加以讨论。① 因此，本章主要关注两个主要问题：独裁者的行为，以及独裁制与民主制经济表现和再分配倾向的比较，重点是分析性研究和计量经济检验。由于篇幅所限，关于个别政体的研究以及非分析性的研究就无法加以讨论了。

下一节讨论行为。我会首先简单介绍我自己提出的模型，然后介绍新近的学术贡献，包括在诺斯框架内的重要发展。第三节以同样的方式对民主制和独裁政体加以比较，首先介绍奥尔森的模型，然后介绍关于经济表现和再分配的最新研究。自始至终，我重点关注的是理论和证据而非政策含义，虽然在行文中也会不时涉及后一方面的内容。最后一节是总结。

二、独裁者的行为

2.1 独裁者的困境

关于民主与独裁的区别，政治学中的传统观点（如 Friedrich and Brzezinski 1965）认为，独裁者乃是通过压迫而握有权力。他们依靠命令和禁令进行统治。警察依靠监视保证臣民顺从，对反抗者则施以处罚。经济学以同样的方式分析使用政治机构管理经济的独裁者，"指令经济"模型一直是而且现在仍然是分析前苏联经济的基本工具。

然而，仅凭压迫进行统治会为专制者带来麻烦，这就是所谓的独裁者的困境（Wintrobe 1990，1998）。这是任何一个统治者都要面对的问题，即弄清楚自己在普通群众，以及那些有能力罢黜他的小群体中拥有多大的支持。压迫手段会在独裁者的臣民中产生恐惧，而恐惧又使他们不敢对独裁者的政策表示不满。臣民的恐惧反过来导致了*独裁者的恐惧*，因为他不清楚臣民们如何看待他的政策，也无从了解臣民们的思想与计划，因而自然会怀疑他们所思所想就是推翻他的统治。独裁者越是依赖压迫和恐惧进

---

① 参见这一部分有关"制度变迁"的内容，以及政治经济学部分阿克莫格鲁（Acemoglu）和罗宾逊（Robinson）对文献的讨论。

行统治,这个问题就越严重。他的压迫机器对异见和批评的压制越有效,他就越不清楚自己到底得到多少支持。一个通过恐惧进行统治的独裁者,其自然的状态就是被害妄想症。据我所知,最先讨论这一问题的,是古希腊哲学家色诺芬的对话《西耶罗或论僭政》(*Hiero or Tyrannicus*)。其中僭主抱怨道:

众所周知,因恐惧而臣服的人往往尽其所能使他们显得友善……但人们更清楚的是,进行反对僭主密谋的,恰恰是那些假装最爱他的人。(Xenophon,Strauss 1963,1991年重印,第5页)

历史上的独裁者一直受被害妄想症的折磨。斯大林就是一个典型。阿兰·巴洛克写道:"他无时无刻不在怀疑。"(Alan Bullock 1991,358页)一个被害妄想症的当代受害者是萨达姆·侯赛因。他的(整形)外科医生阿拉·巴什尔在其著作《萨达姆残暴政权的知情者》中记载了萨达姆同他的交谈:[1]

如果你的狗又稚嫩又小,你可以打它踢它,并以各种方式惩罚它。但当它变得又大又壮时,你在惩罚它之前必须三思。它可能会咬你。想象一下吧,被一百条狗环绕着是一种什么情形。(萨达姆向阿拉·巴什尔谈及自己的保镖,Bashir 2005,155)

为解决这个难题,独裁者就不能只靠压迫,还要通过忠诚和政治交换进行统治。与民主制之下的政治家一样,独裁者也会试图贯彻民众所希望的政策,以换取他们对其统治的支持。但是,还是和民主制之下的政治家一样,他们找不到合法的方式强迫此类"政治交易"得以实现。在政治交易中,如何才能向一方保证,另一方不会对他们进行欺骗或者自食其言?利益集团无法控告政治家出尔反尔,政治家也无法控告利益集团转而支持他的对手。在产品市场的交换中,防止欺诈的一般解决方案,只有"信任"或者支付"忠诚酬劳"(loyalty premium)。[2] 因此,独裁者只能通过"大把花钱"收买支持者的忠诚,尤其是那些有能力推翻他的人,比如军队。忠诚酬劳可以采取各种形式,包括工资补贴("效益工资")或资本项目、分肥拨款项目,以及按特价分配商品和服务等。接受者的回报就是向独裁者提供忠实的支持。

总之,为了维系统治,独裁者不仅要压制他的反对者,还要通过*再分配*来保障支持者的忠诚。因此在独裁统治下,臣民中虽然总有一部分受到压迫,但与此同时任何成功的独裁者都会让另一部分人*中饱私囊*。一件可悲的事情就在于,那些居中的人可以选边站队。普通群众可能因丧失公民自由而感到不快,但这一政权也会在其他方面对他

---

① 我应该为此术语感谢布伦丹·奥利里(Brendan O'Leary)。

② 关于忠诚酬劳如何阻止欺诈的一般论点,参见 Shapiro(1983)关于产品市场的著作,或者 Shapiro and Stiglitz(1984)关于劳动力市场中工资酬劳("效益工资")的著作。这一概念在政治学和独裁政体中的应用见 Wintrobe(1990 或者 1998,第二章)。

们予以补偿。

既然独裁统治使用压迫和忠诚两种手段维系权力,我们就可以方便地把独裁者分为四种类型:昏君、僭主、极权者以及开明君主。极权政权结合了高强度的压迫以及产生忠诚的能力;僭政依靠高强度的压迫维持政权,而民众的忠诚度较低;在昏君统治下这两个方面都不足称道;而开明君主的统治则意味着即便压迫的强度不高,人民依然极其忠诚。这四种类型与我在导论中介绍过的四种独裁者形象①相对应,并且在关于独裁统治的著作中反复出现。

温特洛布(Wintrobe 1998)表明,不同类型的独裁政权可以从一个更为普遍的框架内派生出来。这一模型同时也为有关独裁统治的其他难题提供了解答,包括由汉娜·阿伦特提出的具有挑战性的问题,即什么能够限制独裁者的权力(Hannah Arendt 1951)。下面我们首先分析昏君是如何统治的,然后考察极权政体的问题,最后证明为什么说不同类型的政权都只是一个更为普遍的模型的解决方案(权力与压迫水平的均衡)。

2.2 昏君治下忠诚和压迫的均衡

首先,假定忠诚和压迫的输入和输出(权力)之间的关系可以用生产函数表示

$$\pi = \pi(L, R) \tag{1}$$

这一生产函数由一组伊索权力线(iso-powerlines)表示,伊索权力线越高表示权力越大。其中之一如图 16.1 所示。

其次,假定独裁者可以得到的忠诚度与任何资本品一样,在短期内是固定的,而从长期来看则是可变的;至于可以运用的压迫的强度则在短期和长期内都是可变的。

昏君的目标函数无非是消费最大化。在图 16.1 中,昏君所追求的统治民众的权力,不会离于最低的伊索权力线,即 π_{min}。如果低于这一权力水平,昏君就会被推翻。即便昏君获得了比 $\pi = \pi_{min}$ 更多的资源(稍后会探讨资源约束的问题),他也不会将之用于压迫或者购买忠诚,而会用于他自己或者家庭的开销。由于昏君的权力一直保持在 π_{min} 的水平上(只要他还掌权),所以他所需要的 L 和 R 的数量之间形成一种反比关系。R 的增加会带来所需 L 的程度的降低。

现在考虑对昏君的忠诚供给。我假定昏君虽然能够控制形式上的政府职位,但他无法垄断国家的政治权力,而且面临着对他统治的潜在威胁。民众和利益团体有可能和潜在的反对派领袖建立(可能是隐秘的)联系。如果政治压迫的强度增加,人们在与反对群体打交道时的恐惧也会增加,同时他们效忠政权的动机也会增加。所以,如图

---

① 详情参见 Wintrobe(1998,第 1 章)。

16.1中曲线 L 所示,开始时政治忠诚的累积供给与压迫强度呈正相关。当图中忠诚和压迫变为 L_0 和 R_0 的时候,如果忠诚的供给是 L_0,那么均衡点将在 E_0。

图 16.1 中的预算线仅反映与维系统治相关的支出,例如为获得忠诚和进行压迫的花销。任何剩余都会被独裁者用于宫室豪车等等。昏君只对消费感兴趣,唯一能够约束其消费欲望的就是维持政权。从某种意义上说,可以认为他的目标是"收益"(总税入减去维系统治所必需的支出)最大化。如果我们进一步假设昏君的总预算(即用于忠诚和压迫的开支,再加上用于独裁者个人消费的政府资源)仅来自一项成比例的税收,即最大化的所得税,那么我们还可以导出昏君统治之下税率的均衡点。

从独裁者的角度来看,税收有两方面的负面影响。它们会减少工作投入,并因此减少收入。收入的下降取决于 η,即相对于税率的收入弹性(如 Brennan and Buchanan 1980 对利维坦的分析)。但是,除此之外,高税入也会使独裁者的臣民不满,并且可能会使他们撤销自己的忠诚。为了确保忠诚,独裁者可能需要通过租金或者其他形式的补贴,以更高的"价格"(P_L)购买忠诚。

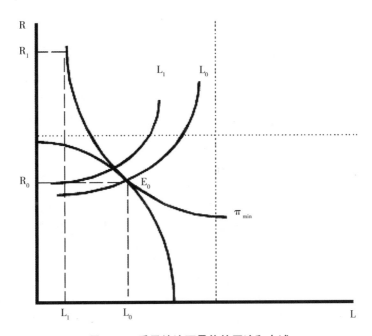

图 16.1 昏君统治下最佳的压迫和忠诚

因此,也可以说昏君会选一种能够使"收益"(即总税入与维持政权的支出之间的差额,同时考虑到赋收的两种负面影响)最大化的税率。

设 t = 税率,Y_0 = 总收入;P_R 和 P_L 分别为压迫和忠诚的代价。则昏君的最大收益 Z,就为

$$\text{Max } Z = t\, Y_0\, (1 - \eta t) - P_R\, R - P_L\, L \tag{2}$$

维系政权的约束条件是：

$$\pi = \pi_{min} - \pi(L, R) \tag{3}$$

其中 π_{min} 表示维持政权所需的最低限度的权力。

这将产生出 t 的第一阶条件（first-order condition）

$$Y_0\, (1 - 2\eta t) = [\, \partial P_L / \partial t\,] L \tag{4}$$

等式（4）的左边是税率增加一个单位带来的边际税入，同时考虑到工作投入和收入的减少；右边则是因增加税收而导致的边际成本。增加税收的原因，是税率的增加会降低忠诚度，而独裁者为了维持忠诚，只能提高其收买价格（$\partial P_L / \partial t > 0$）。方程（4）与布伦南和布坎南的收入最大化税率有所不同，后者只是简单地表述为 $t^* = 1/2\eta$。造成这种区别的原因是昏君需要为维持统治担忧；而布伦南和布坎南的利维坦却不需要这方面的考虑，因为它即便是采用带有没收性质的税率，也能毫无困难地维持政权。

2.3 极权政体

昏君的对立面极权政体。我假定在极权政体之下，独裁者同时使用压迫和忠诚工具使其凌驾于人民之上的权力最大化。正如阿伦特（Arendt 1951）和其他学者所指出的，极权政体的经典案例是 20 世纪 30 年代的纳粹德国和斯大林统治下的俄国。极权政体这个概念之所以有用，就是因为它可以把这些案例与昏君统治明确区分开来。当然，现实世界的大部分独裁政权处于这两个极端之间。

对极权领袖权力最大化的限制是什么？只要代表忠诚累积总的曲线向上升，独裁者就可以通过加大压迫力度来增加自己控制民众的权力。因此，只要忠诚的供给 L 一直往上升，那么唯一可能的平衡点只能是一个基于对民众极度压迫的拐角解。不过，理论上的考虑表明，极度压迫与控制民众的权力最大化之间存在冲突。

如欲看清这一点，只需注意以下关系：随着政权愈益走向极端，以及压迫强烈不断增加，对政权真正的忠诚就会开始枯竭，因为人们越来越担心自己非但不会因忠诚得到回报，反而会变成该政权压迫之下的牺牲品。因此，如果压迫强度大到一定程度，忠诚的累积供给曲线就会如图 16.2 所示的那样往后弯转。均衡点位于能够维持忠诚供给的最高权力水平，亦即图 16.2 中的 E 点。

这两类政体的区别在于对外部冲击（比如经济效益的衰退或者外部强加的制裁）的反应不同。面临这两种情况，昏君统治都会通过强化压迫加以应对，而极权政体却会降低压迫的水平。这就提供了一把理解政策的钥匙。

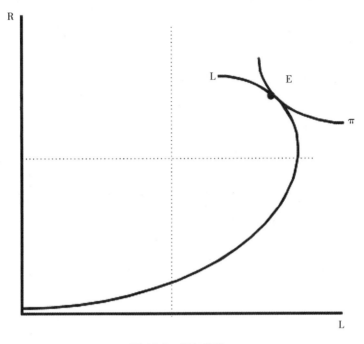

图 16.2 极权独治

2.4 独裁者权力(及预算)的限制

迄今为止的分析都基于某种简化,现在应该对此加以说明。具体来说,上述分析反映的是在忠诚的价格 P_L 不变的情况下,压迫和忠诚的均衡水平。但是,忠诚的价格 P_L 在独裁统治下是一个可变量。无论 R 值如何,P_L 的增加都会带来更大的忠诚供给 L。也就是说,它会把曲线 L 向右移(未显示)。

第二个方面简化,是统治者或者追求消费最大化(昏君),或者追求权力最大化(极权统治者或僭主)。为总结这一研究方法,并揭示对独裁者权力的真正限制,我们现在假设所有的独裁者都具有*相同的*效用函数,①自变量是消费(C)和权力(π)。

$$U = U(\pi, C) \tag{5}$$

独裁者在两个方面受到限制。第一个限制是积累权力的成本,它由压迫和忠诚的价格即 P_R 和 P_L 决定。它们又取决于政体的政治制度:比如是否存在一个群众性的政党? 警察和军队是否服从于它? 等等。这一限制由图 16.3 中的上升曲线 $\pi(B-C)$ 表示。它还表明,独裁者的总预算 B 减去消费支出 C 之后的值,与达到的 π 的水平之间正相关。这条曲线说明独裁者如何能够将金钱转变为权力。

———————————

① 在 U_c 或 $U_\pi = 0$ 这两个极端中,庸主和极权者都会作为特殊情况出现。

值得注意的是,这些开支都存在"收益递减"的问题。积累忠诚的收益递减,意味着 P_L 的持续增加为 L 带来的增量越来越少。在忠诚价格 P_L 一定的情况下,压迫的极限,就是忠诚的供给曲线在达到某个点后向后弯转处。不过,如果 P_L 能够进一步增加,则这个限制就不再适用。如果独裁者提高 P_L 的能力不受限制,则他的权力、忠诚或者压迫强度也都不会受到明显限制。

接下来的问题是,独裁者的资源是否受到限制? 如我们在方程(4)中所做的那样,认为独裁者的权力仅受到保证收入最大化的税率的限制,可能是一种失于武断的做法。因为只要独裁者的权力足够大,他就既可以增加新的税种,也可以寻找其他的途径,以获取更多的资源。简言之,如果他的权力没有限制,他的资源也没有限制。这意味着对资源和权力的限制必须同时被确定。

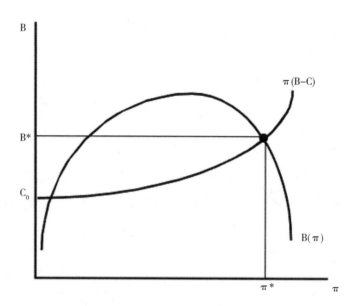

图 16.3　一般模型中权力和预算的均衡

现在讨论第二个限制,即统治者运用权力增加收入的能力,这在图 16.3 中体现为曲线 $B(\pi)$。这条曲线反映了政治权力的行使,及其对独裁者预算的影响之间的关系,实际上也就是*权力向金钱的转变*。政府有很多方式把权力转换成金钱,最明显的就是税收、监管,或者提供能够增加国民收入的公共品。

可以合理假定,代表权力——金钱关系的曲线 $B(\pi)$ 最初一定会向上升,即从极低的(或零)权力水平开始,而基础公共设施的提供,或者以较低税率征收简单税种必然会增加国家的收入。但在超过某个点之后,权力的进一步行使必然会降低经济效益,减少国民收入和税入,从而最终降低预算水平。

图 16.3 中的均衡点即曲线 B(π)和 $\pi(B-C)$ 的交点,亦即 E_0,表示(总)预算为 $B*$,权力为 $\pi*$。[1] 单纯的资源或者权力因素都无法限制独裁者。两者之一累积回报的边际递减都会同时决定权力和金钱的极限。简单来说,这一均衡的本质就在于:超过 E_0 之后,要么独裁者无法获得足够的权力以进一步增加预算,要么他无法得到足够的金钱以获得权力的进一步增强。

这一均衡也可以通过以下方程表达:

$$B(\pi) = P_\pi \pi(B-C) + C \tag{6}$$

式(6)的左侧表示,独裁者的预算 B 是权力 (π) 的函数,也就是说,它反映独裁如何使用权力获得金钱(预算)。右侧则反映了预算是如何被花费的,即或者用于消费 C,或者通过钱权交易 关系 $\pi(B-C)$ 用于积累权力 π,其中每个单位的 π 乘以 P_π,就是通过金钱体现的权力"价格"。

在式(6)的约束下,把式(5)最大化即得到

$$\frac{U_C}{U_\pi} = \frac{1}{P_\pi\left(1 - \frac{1}{E_\pi}\right) - B_\pi} \tag{7}$$

其中 E_π 是权力相对于价格的弹性。

公式(7)表示,在 C 和 π 的边际替代率等于它们边际成本的比率时,统治者会选择结合使用这两者。此外,一旦 π 的水平或者预算 B 的值得到确定,独裁者就会选择最优的 R 和 L(此时它们产生权力的边际生产率等于边际成本,如图 16.1 所示)。可见,这个分析同时决定了独裁者最佳的 $C*$,$\pi*$,$B*$,以及 $R*$ 和 $L*$ 的水平。[2] 反过来,当增加收入或压制异议的能力、忠诚的供给、独裁者的消费,或者进入方程(5)、(6)、(7)以及图 16.1 或 16.2 反映的均衡的外生变量发生改变时,这些变量的水平也会以通常可预见的方式发生变化,在下一小节中可以看到这一点。

需要注意的是,上面介绍的分析同样可以决定一位独裁者到底是昏君、极权统治,还是僭主。也就是说,决定不同政体类型的并非外生变量,而是方程(7)或者图 16.3、16.1 与 16.2 中的内生变量。对图 16.1 加以分析就可以看到这一点。图中的虚线把平面分为四个部分,它们分别代表四种独裁者,即昏君、极权统治者等等。由于均衡点 $\pi*$ 和 $B*$ 较低,所以 R 和 L 也较低,这反映的是昏君的统治。相反,如果均衡点 $\pi*$ 和 $B*$ 上升了,那么均衡点就可能出现于其他三个象限中的任意一个,而政体也就相应地变为极权政体、僭主政体或者荣誉政体。

①　参见 Wintrobe(1998,第 5 章)中的证据。
②　对此一般模型的全面阐述见 Wintrobe(1998,第 5 章)。

　　因此,政体不同,不过意味着对这个一般模型的解决方案不同。为了说明这一点,可以比较一下斯大林治下的俄国和皮诺切特治下的智利。虽然两个政权的压迫强度都比较高,但对皮诺切特最合理的描述是僭主,而斯大林则是典型的极权统治者。为什么? 因为与共产党统治之下的前苏联不同,皮诺切特政权没有大众化的利益分配机制。因此,在皮诺切特政权下,图16.3中金钱换取权力的曲线 $\pi(B-C)$ 斜率会比较大,而在斯大林治下的俄国会比较小。换言之,方程(7)中的 E_π,即权力相对于价格的弹性,在前一种情况下较高,而在后一种情况下较低。其次,智利的市场自由化,意味着运用政治权力干预市场会降低其效率,因此权力换取金钱的曲线 $B(\pi)$ 在 π 的较低水平上就会转而向下(B_π 在等式(7)中会变为负值)。另外,虽然苏联体制在经济上可能效率较低,但由于其经济在很大程度上是非货币化的,并且处于党的控制之下,所以党的权力的增加,多多少少也会对经济有利($B_\pi > 0$)。这两个独裁者毫无疑问都是被权力 $\left(\dfrac{U_C}{U_\pi}\right)$ 推动,但苏联体制的运行需要一位极权领袖,而智利的实验则需要一位僭主。

2.5 模型的应用:革命

　　革命理论的一个核心问题(对试图维持政权的独裁者也一样),是政权的压迫强度和爆发革命的可能性之间的关系。针对这个议题,近来出现了许多有意思的研究,研究者主要是社会学家,但也有经济学家和政治学家(如 Rasler 1996;Opp and Ruehl 1990;Khawaja 1993)。他们建立的模型通常都是在理性选择理论的基础上,再结合社会互动的分析,包括革命团体之间以及它们与更广泛的社会环境的互动。因此,这些模型吸取了从众效应理论[①]、临界质量模型、信息瀑布理论,以及临界阈值模型的相关成果。每一次社会互动都意味着一系列连锁反应,随着时间进程,最初少数人的参与会触发更大规模的参与,有时(就像东德或伊朗)甚至会导致政府垮台。

　　另一个方面的研究关注的是压制异议的效果。奥普和鲁尔(Opp and Ruehl 1990)认为,虽然就直接效果而言,压制显然可以阻挠抗议;但从长远来看,如果压制引发了一个最终会增加抗议动机的微观动员过程,那么它也会产生一种刺激更多抗议的间接影响。

　　压迫、异议以及爆发革命的可能性之间的关系显然是复杂的。我们需要一个模型把它们梳理清楚。在上一节介绍的温特洛布模型中,只要 $\pi > \pi_{min}$,独裁统治就有足够的权力来维持政权,革命也不会发生。然而,某些变化的出现会降低赏罚机制的有效

---

　　① 第一篇把经济理论运用于研究革命的论文是 Roemer(1985)。

性。如果这种变化削弱了独裁者积累权力或者筹集资源的能力,那么预算和权力的均衡点就会降低[即图16.3中的曲线 $\pi(B-C)$ 或者 $B(\pi)$ 将向后回转]。如果它们下降的幅度达到一定程度,则该体制就不再拥有足够的权力维持统治,也就是说革命将会爆发。从独裁统治不再有能力自我保护的角度来说,这种革命是"理性的"。因此,革命的根本原因,是出现了一种甚至一系列削弱国家的变化。反过来说,国家变得越软弱,任何潜在的个别反对者就会越相信革命有可能获得成功。这样,个人层面搭便车的问题就有可能得到解决。因为革命成功的概率越大,理性参与反叛所必需的条件越容易得到满足。

因此,要计算强化压制对民众的影响,关键要了解我们所考虑的政权的状态或者政体类型。就伊朗革命而言,可以合理假定我们讨论的是一种昏君统治。在关于此类政体的各项指标中,我们可以认为其压迫程度一般来说比较低、不存在群众性政党,而政权的主要目标则是为了维持国王及其家人的生活方式(参见 Arjomand 1986 及其他地方的描述)。

我们进一步假定,随着20世纪70年代国家经济表现的恶化,民众的忠诚度也下降了。[①] 如果国家由昏君统治,它就会面临崩溃的危险。因为忠诚度的下降会削弱权力,并使之低于维持政权所需的最低限度。面对经济状况的恶化以及抗议的增加,国王的最佳应对措施只能是增加压迫的强度。也就是说,为维持统治,必须立即把压迫强度提升到图16.1中的 R_1 。

从长远来看,此类行动能够扩大忠诚的供给(沿着曲线 L_1),政权最终也可以在一定程度上放松压迫,并且继续维持统治。这里将不讨论这些进一步的调整。[②] 重要的是,只要是昏君统治,那么应对忠诚度下降的最佳方式就是在短期内强化压迫。

还有一个一般性的观点需要澄清。如果刚开始时压迫强度比较低,那么就很难说压迫的加剧会削弱权力,甚至导致政权的覆灭。这意味着即使是在压迫强度较低的情况下,忠诚的供给也是向后回转的(负斜率)。但如果情况普遍如此,那么任何独裁统治都无法长久存在。一旦压迫加剧到某种程度,就会出现表明忠诚度下降(不满增加)的微观动员,政权终将崩溃。然而在现实世界中却存在着许多稳定且持久的独裁统治。

因此,这一模型并不支持拉斯勒(Rasler 1996)等人的观点。他们认为,压迫的加剧只会引发抗议的微观动员,并且最终导致政权垮台。实际上,还有一些人认为,总的来说伊朗国王在这一段时期放松了压制(Arjomand 1986),而且一系列实际发生、且被拉

---

　　①　图16.2中忠诚供应曲线的下移,通常意味着在 R 的较低水平上将有一个新的切面(未显示)。更多详情参见 Wintrobe(1990 或 1998,第3章)。

　　②　参见上注。

斯勒讨论过的事件也与上述解释相符。因此,之所以会出现动员,是因为人们认为政权已经变得软弱;而它在这一时期用以应对各种危机的压迫政策的不一致(拉斯勒对此进行了精彩的分析),又深化了这一信念。

那么极权领袖的情况又如何呢? 一般来说,应对忠诚度下降的最佳选择是放松压迫。[①] 极权领袖并没有被马上废黜的危险,因为他的权力通常会大于维系政权的需要。举例来说,在20世纪70年代至80年代,为了应对官僚经济效率的不断下降,东欧国家事实上一直在减轻压迫,但并没有激起革命。不过,这些政权的确被持续弱化了,到匈牙利于1989年取消边界控制时,它们已经濒临崩溃的边缘。革命只有在东德和其他地方是必要的,因为无论是政府,还是各种改革运动的领导人都不愿意承认这一事实,也不愿意通过协商的方式实现政权的更替。

2.6　证据

施尼策尔和苏斯特里斯科(Schnytzer and Sustersic 1997)针对温特洛布的理论进行了一次有趣的检验。他们把1953年至1988年间的共产党(南斯拉夫共产主义者联盟)党员人数作为共产主义政权支持率的指标。他们假定,党为其成员提供利益的重要资源,就是工作或者获得晋升的机会。这些利益的相对价值会伴随失业水平同步上升。因此,在温特洛布的理论中,党员人数应该与失业水平正相关。类似地,政治交换模型预计,南共联盟的成员数应该与实际工资水平负相关。共产党力量最强大的两个地区(塞尔维亚和黑山)的实际情况明显支持这些预测;而在共产党力量最为薄弱的斯洛文尼亚和马其顿,这些预测基本上得不到实证支持;至于那些中间地区(波黑和克罗地亚),情况介于两个极端之间,这也与人们的预期一致。

伊斯兰和维纳(Islam and Winer 2004)使用同时包括非民主国家和民主国家数据的大量样本检验了温特洛布的理论。他们使用关于政治和公民自由的盖斯蒂尔指数(Gastil's indices)综合值,把相关国家分为不同的政体类别,然后检验了1967年至1992年间关于经验增长与该指数综合值之间关系的假设。结果清楚地表明,公民和政治自由指数与经济增长之间的关系,在三类政体之间存在显著差异。该理论其他方面也都得到了部分证实。特别是,如温特洛布理论所预期的那样,极权国家(试图使权力最大化)经济正增长会导致自由度的减少,而昏君统治之下经济的负增长(人均实际收入水平的下降)则减少了自由。另一方面,与这一理论的预期相反,昏君统治下的正增长和极权政体下的负增长也减少了自由。在昏君统治下,负增长对自由指数的影响要远远

---

① Wintrobe(1990或1998,第3和第10章)。

超过正增长,这与温特洛布模型的预期相一致。这一检验还涉及了不同政体类型学校教育对自由的影响。学校教育提高了民主国家和昏君统治的国家的自由度,但对极权国家没有什么影响,这可能是因为学校教育在极权国家具有"灌输"的任务。

学者们还根据苏联的数据,对政治交换模型的一种衍生模型与指令模型相对比,并对其进行了广泛的检验。拉扎列夫和格利高里(Lazarev and Gregory 2003)利用近期开放的苏联档案,研究苏联政府的最高行政机构人民委员会中的最高决策者1933年对车辆(汽车和卡车)进行的分配。当时这些产品的生产数量相对较少,价格也远远低于均衡点,是从官僚精英到各个企业的各类消费者热烈追捧的对象。拉扎列夫和格利高里从1933年的各种申请书、支持信、分配命令以及往来信件中,抽取557份观察。对每一个案例,他们都澄清了所需车辆的数量,实际给予的数量,以及申请者的性质,包括其级别、所在地、部门等,以及申请书的特点及其采用的根据。

两位研究者根据这些数据对两个假设,即"指令"或"中央计划"假设与政治交换模型进行了比较。计划经济模型表明,申请能否取得成功取决于申请者的生产能力,同时也会考虑提出申请的经济上的理由。"政治礼物交换"模型则认为,这一分配过程包含了用车辆"换取忠诚"的因素(Lazarev and Gregory 2003,8页)。"重要的是,请愿者是否能够通过输入忠诚为(独裁者)掌握政权作出直接贡献。"(2003,10页)。因此,能够申请成功的,一般是党组织、政府机构、军队和控制机关,还有那些在地方党组织中身居高位、或者拥有较高声望,以及与独裁者及其亲信有着密切联系的人。

这一研究结果对政治交换模型提供了有力的支持。因为实际情况是,与独裁者拥有密切政治联系的申请者成功的机会最大,而计划经济模型中的所有变量,包括主要工业部门、计划者的支持、经济原因等等,在这个模型中都没有发挥人们可能预期的重要性。最引人注目的是,计划者的支持,以及经济理由等反而产生了负面影响。作者的结论因而是:"政治礼物交换模型不仅在车辆的零售分配中发挥主导作用,而且……苏联的决策模式还体现出一种反经济的成分"(2003,13页)。

在温特洛布模型中,预示革命的主要因素是国家的软弱程度。古德斯通等人(Goldstone et al.2004)使用"国家失败"的路径来探讨革命的起源。在政治体IV(POLITY IV)数据集的基础上,他们把1955年至2001年间的政体分为六个类型:全面民主、弱的全面民主、强的部分民主、弱的部分民主、专制,以及允许部分竞争的专制。他们认为:

最不稳定也危险的政体是部分民主。与其他政体类型相比,这种政体结合了选举及其他民主成分与威权统治的一些重要方面。这种政体非常容易引起革命、族群战争、种族灭绝以及政权的暴力更迭……经济因素确实会影响稳定。婴儿死亡率较低和对国际贸易更加开放的国家,发生政治危机的几率也的确比较低。但是,这些因素的影响

力比政体类型的制度影响要小。具体来说,"使制度变好"对暴力政治危机的影响,一般要比贫困或贸易水平大五到十倍（Goldstone et al. 2004,431—432 页）。

那么,独裁者为什么要引进民主的因素呢？目前尚不清楚的是政体部分民主的性质使其变得不稳定,还是原来它们就不稳定,所以才只能具有部分民主的性质。不过无论是哪种情况,预示革命的主要因素都是国家的软弱。

2.7 关于压迫的新近研究:动力机制、意识形态和种族屠杀

菲利普·沃文普（Philip Verwimp 2001）对压迫理论进行了拓展,以解释哈比亚利马纳（Habyarimana）政权在卢旺达的行为,是那里发生的悲剧性的种族屠杀的根源。这篇论文以全新的方式运用温特洛布模型（把咖啡的价格作为独裁政权制造忠诚的能力指数）,并且用其对种族屠杀现象加以说明。沃文普指出,哈比亚利马纳政权在失去权力而受挫之后,试图按照族群边界使民众彼此分隔,并利用一个群体反对另一个群体,最后甚至对消灭了图西人（Tutsis）的胡图人（Hutus）予以奖励。也就是说,种族屠杀被理解为政权维系权力的手段,它刻意加剧民众之间的族群分隔,并使其极端化为两个对立群体,最终让一方消灭另一方。

斯帕加特（Spagat 2001）通过独裁者在不同时期选择多大强度的压迫,研究了他们维系权力的最佳策略。状态变量是社会中"仇恨"和"恐惧"的总量,与上一个时期相比,它们以同样的数值与压迫一同增加。仇恨、恐惧以及随机的冲击,决定了独裁者把持权力所必需的压迫强度。斯帕加特证明,在每个时期都只有两种可能的最佳选择:维系权力所必需的最低限度的压迫（他称之为"非显现"）或者最大可能的压迫（"显现"）。状态空间可以通过一个递增函数分为两个区域:在一个区域内,"非显现"是最佳选择;而在另一个区域内,"显现"是最佳选择。虽然像仇恨和恐惧这类变量不太具有可操作性,但这样一种思想方法还是可以给人们带来若干启示（参见下文对 Spagat 2002 的讨论）。

伯恩霍尔茨（Bernholz 2001）模拟了极权政权的演变。该模型中包含了"信徒",即那些坚信其他人为了自身福祉,必须皈依官方意识形态最高价值的人;同时也可能包含官方信条的敌人,对信徒来说,后者是一种可憎的存在。信徒们耗费资源,就是为了赢得新的皈依者,以及国家的世俗政权。他们的努力能否获得成功,取决于获得新信徒的成本,也取决于他们在收入与消费倾向一定的条件下,愿意为此目标花费多少资源。如果有危机发生,即通常不在他们控制之下的事件发生,则他们成功的机会就会增加。一旦世俗权力得到巩固,国家的资源就可以被用于争取更多皈依者、流放或杀死冥顽不灵的人,以及追求官方意识形态隐含的帝国主义目标。如果最后一项目标并不存在,那么

这一政权有可能会在达成国内目标之后,转变成一个成熟的"意识形态政体"(ideocra-cy)。假如所有冥顽不灵的人都得到清除,剩下的人全都成为信徒时,这种情况就会发生。此时,作为极权政体基本特征的恐惧和/或压迫都成为多余。如果意识形态本身暗含了野心勃勃的帝国主义目标,比如由信徒支配整个世界,那么这些目标极有可能难以实现。其结果可能是一场失败的战争,并且最终导致极权政体的垮台;也可能是重新调整政权的目标,以维护民众对意识的信任。如果意识形态得到重新解释,并移除了其中不切实际的帝国主义目标,这种极权国家同样有可能重新变为成熟的意识形态政体。或者,意识形态的变化将削弱该政权,并使之完全失去教化功能,从而转变成一个普通的专制政权。

2.8　绝对主义的反讽

"绝对主义的反讽"提供了另一种重要的、关于独裁者的行为及其权力界限的研究。诺斯(North)、文加斯特(Weingast)、卢特(Root)等人在一系列著作中,对"绝对主义的反讽"进行了描述(如 North 1981;North and Weingast 1989;Root 1994)。在诺斯(North 1981)关于君主制的模型中,国王的目标是使其收入最大化,但核心问题在于,从经济学的角度来看,适合这一目标的产权结构通常缺乏效率。更确切地说,这里存在一个在权力与收入之间取舍的问题。卢特如此描绘"绝对主义的反讽",即绝对权力使国王能够拒付债务,但是

债权人考虑到国王拒付债务的劣迹,会在放贷时要求比一般情况下更高的利率。实际上,由于国王凌驾于法律之上,所以他要得到可贷资金,需要比他富裕的臣民付出更多。总之,由于王室在历史上往往违背承诺,所以很难证明其信誉(Root 1994,177页,斜体为引者所加)。

诺斯和温加斯特认为,正是这个问题引发了英国光荣革命,经过这场革命,财政权转移到议会手里,国王偿还信贷的承诺也因此变得可信。法国并未出现这样的权力转移。其结果是,英国国王解决了筹措资金,以及维持军费开支和其他开销的问题,而法国国王却没有,至于由此而来的长期收入短缺则成为最终导致法国大革命的因素之一。[①]

康格列顿(Congelton 2002)扩展了诺斯和温加斯特对"绝对主义的反讽"的分析。他提出一个普遍性的模板,即"国王与议会",来考察此类问题。在实践中,人们很少能

---

① 需要注意的是,绝对主义的反讽可以被纳入上面的公式(6)。这意味着在某个点之后, $B_\pi <$ 0,即专制者权力 π 的增加将会减少预算收入 B。这在图 16.3 中也有显示,其中 $B(\pi)$ 曲线的斜率在某个点后变成了负数。

够观察到完全缺乏某种政务会议的纯粹独裁,或者完全缺乏行政部门的纯粹的议会。所有国王都与其他部门分享权力。一般来说,政府政策都出自某种结合了行政部门即"国王"与内阁或者议事部门即"政务会议"的机构。康格列顿为这种规律提供了某种解释:"国王和政务会议"这种两极分立的宪政模板拥有许多性能,使之在信息处理和集体选择方面极具实践效率。第一,政务会议通常具有比国王更广泛的直接经验和/或知识,因此与国王一个人相比,是"政策结果"更好的评估者。第二,在国王之外尚存在其他重要权力中心的情况下,两极设计能够减少冲突带来的损失。第三,国王和政务会议模板赋予国王的议程控制权,可以减少政务会议中多数循环出现的程度。第四,在环境发生变化的时候,国王和政务会议模板允许权力在行政机构和议会之间平缓转换,而不必引起暴力冲突。第五,只要政务会议稳定地采用多数决原则,则它提供的政策评估应该是稳健的,其政策建议也应该是温和的。

三、民主与独裁

不少人担心,从经济增长或者效率的角度看,专制主义的经济组织方式要比民主制更优越。这成了一个反复出现的噩梦:它最先体现为 20 世纪初对共产主义作为一种经济制度的恐惧,随后是对 30 年代希特勒强大力量的羡慕和恐惧,这种羡慕和恐惧的对象进一步扩展为最近几年"日本公司""亚洲价值观",以及韩国和智利的威胁。于是,一直有大量的研究在追问,究竟民主还是独裁对经济更有利?

这一问题之所以难以回答,是因为专制统治之下的经济制度千变万化。那些相信通过一个简单公式就可以区分独裁与民主经济模式的人,应该首先研究一下纳粹德国、杜爸爸①治下的海地、皮诺切特的智利以及前苏联的经济模式。

不过,针对这个问题至少已经出现了四种假设:(1)把独裁者理解为拥有根据地的强盗的观念(曼库尔·奥尔森);(2)托克维尔关于民主制比独裁制更有利于再分配的观念;(3)U 形曲线理论,即只要民主制不至于"太过"民主,就可以比独裁制增长更快(巴罗);(4)争夺权力的较量(温特洛布)。我们将依次进行介绍。

3.1 拥有根据地的强盗之谜
在关于这个议题的文献中,最突出的理论观点无疑是奥尔森把专制统治者视为"拥有根据地的强盗"的概念,他有时也称之为指导统治者的"另一只看不见的手"。奥

---

① Papa Doc,指 1957—1971 年统治海地的杜瓦利埃(Francois Duvalier)。——译者

尔森新颖且令人意外的观点是，独裁者的利益在于维持他赖以掠夺的社会的财富，因此他至少会在一定程度上为公共利益运用权力。比如，麦圭尔和奥尔森认为：

> 只要一位理性而自利的行为者拥有了不容置疑的强制力，同时对他的权力领域又拥有广泛且稳定的利益，那么他的行为方式将令人惊异地与社会及那些服从于这一权力的人们的利益相一致。这仿佛是说统治权力被一只隐蔽的手所操纵，这只手与亚当·斯密时代操纵市场的那只看不见的手一样，令人感到不可思议。（McGuire and Olson 1996，73 页，斜体为原文所有）

在奥尔森 1993 年的论文和 2000 年的著作中，这个概念是通过一个罪犯的比喻加以阐述的。每一次的偷窃行为都会减少社会的财富，从而减少可供偷窃的财富总量。这是否会导致小偷减少他的活动，以保全他的偷窃对象的财富呢？对于典型的罪犯而言，答案是"不"，因为他的利益过于狭隘。对一个典型的小窃匪来说，他所窃取的社会财富就如同某种公共品，他保全这种公共品的努力只能起到微不足道的效果，所以他与其这么做，还不如搭便车。另外，对像黑手党那样在其活动区域垄断了犯罪活动的犯罪组织来说，他们的盗窃行为就会对社会总体的财富产生影响，从而也会对他们广泛的利益产生影响。因此奥尔森认为，它们通常非但不会偷窃，反而会提供保护，其方法是向公民征收某种费用以确保他们免受外来者及保护者自身的威胁。

这个比喻随后成为政府起源的基础。政府的逻辑与上面所叙述的一样，这就是"流寇"与"拥有根据地的强盗"的区别。与流寇不同，拥有根据地的强盗的整体利益，就在于保全他所偷窃的社会的财富，因此他要限制自己的"偷窃行为"（税收），甚至还会提供公共品，直到他的边际收益等于他因放弃偷窃而受到的损失。这样就很容易推导出不同类型政府的历史：当拥有最强大的暴力的强盗占据了某片区域，以广泛的利益替代狭隘的利益的时候，专制统治（拥有根据地的强盗）就从无政府状态中产生了；而当专制统治被推翻，而参与政变的个人和领导者们无一具有足够的力量使自己成为专制统治者时，民主制就从独裁统治中产生了。

独裁者通过征税，然后花钱提供公共服务，以增加国民收入，并且把税收提高到比支出更高的水平，从而实现对自己的收入再分配。显而易见，从税入最大化的角度来看，超过某个点之后，税率就会显得过高。同样，超过某个点之后，政府服务的扩展也会得不偿失，即支出超过了专制统治者的净收入。我们可以由此导出专制统治者作出最佳选择所需的各种互相作用条件。比如，最佳税率就是能够使收入最大化的税率

$$t^* = 1/2\eta \tag{8}$$

其中 t^* 是最佳税率，η 是相对于税率而言的工作投入的弹性。

这些条件最初是由布伦南和布坎南(Brennan and Buchanan 1980)导出的。事实上,方程(8)可以视为上文讨论过的昏君独裁的一个特例,只不过他拥有绝对牢固的统治,根本不必担心有被推翻的可能。

同样,对追求收入最大化的专制统治者来说,政府服务的最佳水平是

$$Y'(G) = 1/t^*$$ (9)

其中 G 是政府服务水平,$Y'(G)$ 是 G 的增长所带来的收入(Y)的增长率。[1] 举一个简单的例子,假设专制统治者的最佳税率是三分之二。按照这个选择,因统治者为自己再分配而造成的社会损失是他的收入的 1/t 或 3/2;而统治者提供公共品的规模,也应保证边际社会产品等于其边际社会成本的 3/2(McGuire and Olson 1996,77 页)。

这些描述专制统治者行为的公式,可以与那些描述民主政府和其他政府类型的公式进行比较。一般的看法是,民主政府的利益会比专制统治更广泛,所以民主制会选择更低的税率。

最终,要比较和分析不同类型的政府,只需要两个变量:

(一)统治者利益的广泛性(私利的范围);

(二)其利益的持久性(时间跨度)。

因此,如果说独裁制之所以比无政府状态更优越,是因为独裁者在其统治的社会中拥有更广泛的利益的话;那么民主制之所以比独裁制更优越,也正是因为民主制之下的多数拥有比独裁者更广泛的利益。同样,由于独裁制或民主制存在的时间跨度比较长,因此与仅在短期内进行统治的那些人相比,保全或者增加它们统治之下的社会的财富要更为有利。

麦圭尔和奥尔森总结说:"无丢失权力之虞的专制者利益的广泛性,会促使他照顾其臣民的福利,这是一件值得关注的事情……专制者及其臣民利益的重合度令人震惊。"(McGuire and Olson 1996,80 页)

基弗等人的著作(Keefer et al.1996)提出了一些相关证据。他们认为,专制者尊重产权的任何动机,都来自未来的税收和国民收入能给他带来的收益,以及他对于扩大其统治基础的考虑。他们发现,在财产和契约权利与专制者掌握政权的时间之间存在着一种经验关系。

不过,奥尔森的理论存在一个问题,即各类独裁政体中,人类历史上最坏的政体,是像纳粹德国、苏俄或者波尔布特的柬埔寨那样的政权,而它们所包含的利益看上去恰

---

[1] 奥尔森和麦圭尔(Olson and McGuire 1996)提供了这些条件的复杂版本。当前的公式化来自穆勒(Mueller 2003,408 页)。

恰最广泛。所有这些政权的利益,都在于它们的全体民众的生活(因而最广泛①)。原因很简单:因为这些政权希望改造其统治下的民众与社会,因而对民众生活进入了剧烈而广泛的干预。然而,无论它们对环境的破坏,还是它们少数群体的残酷迫害,都远远超出了人们的想象。因此,这一理论在理解专制政体方面不仅可能具有误导性,而且还会以一种特殊的方式使人对其产生误解。

第二个变量,即独裁者的时间跨度,也面临同样的问题。在奥尔森的模型中,时间跨度越长,统治效果就越好,即独裁者会以更符合社会利益的方式进行统治。但是,时间跨度较长的政权,恰恰是那些领袖对权力把持得更紧,因而也更易于对社会及其中的个人加以改造的政权。这类政权有时被政治学家称为"动员型"政权,包括斯大林、希特勒和波尔布特政权等。至于那些仅以洗劫社会作为自身利益的政权,一般时间跨度都比较短。

总之,从处于这些政权之下的民众(特别斯大林治下的农民、希特勒治下的犹太人、南非种族隔离之下的黑人等等)的角度来看,如果洗劫他们的仅仅是流寇,那么他们的日子无疑会好过得多!

与此同时,拥有根据地的强盗的概念中还是存在一个真理的内核。因此问题可能在于,为什么这一理论在某些方面看起来如此误导。此后发表的一批论文,或者试图澄清该理论中的哪些部分使其偏离了正确的轨道,或者探讨是否可以通过对这一理论的修正,以回避上述错误结论,同时保留甚至扩展那个确然无疑的真理内核。具体的研究包括独裁制和无政府状态的比较(Moselle and Polak 2001)、将这一模型加以改造以涵盖战争和外部征服(Wilke 2002),以及独裁统治的稳定性问题(Congleton forthcomgin)等。我们将依次对其加以介绍。

莫塞勒和波拉克(Moselle and Polak 2001)质疑了独裁制优于无政府状态的观点。在他们的模型中,国家的存在有可能使产出和福利水平都低于无政府状态。如果国家是"掠夺性"的,即统治者仅仅为了他们的私人目的向人民征税,这种情况就会发生。按照这个分析框架,即使弱小的国家也可能对产出和福利有害,而一个与强盗进行交易的"腐败"国家则可能特别糟糕。

维尔克(Wilke 2002)认为麦圭尔和奥尔森的"根本错误",在于把拥有根据地的强盗的统治等同于和平的统治。他证明,"好战的有根据地的强盗"(如亚历山大大大帝、汉

---

① 实际上,奥尔森(Olson 2000)本人就使用了这个词来描述斯大林政权。参见下文对康格列顿论文(Congleton forthcoming)的讨论。它更为准确地说明,一位其统治虽然广泛但权力并不稳固的独裁者,为何比权力同样不稳固,但统治基础较为狭窄的统治者对其臣下更为苛刻。

尼拔、拿破仑、希特勒、斯大林)可能会使其臣民陷入昂贵的、错误的、而且毫无意义的战争,而这是流寇和民主政权都不会做的事情。正如维尔克所言:"在独裁制模型中引入战争因素之后,民主制的另一个重要优势就显现出来了。专制统治者会以一种主观且往往充满偏见的假设欺骗他的臣民,他们有可能赢得'他们的'战争;而在民主制之下,这种欺骗不可能存在。"(Wilke 2002,331页)

奥尔森理论中另一个(明显的)假设是,独裁者的权力是绝对稳固的。我怀疑奥尔森分析框架的一个重要问题是对竞争重视不够。一旦假定权力斗争不存在,独裁者行为中许多有趣的方面就不会被视为竞争原则的结果,而只是他们个人偏好的古怪特质,并因此在很大程度上不可预测。因此,君主之间的战争等,也不过是"王侯消费"的不同侧面。另外,该模型又将如何解释斯大林对农民的战争、希特勒对犹太人的处理,以及其他独裁统治对少数群体的迫害呢?根据强盗模型,理解此类行为的唯一途径是独裁者有某些垄断性的权力,并且会利用这些权力来实现他们恰好比较怪异的偏好。造成这一结果的原因,是该模型并不涉及为获取和维持专制权力而进行的竞争。独裁者的行为仅仅被理解为一种消费,而不是为争夺或维持权力而进行的斗争。

一篇新的论文(Congleton forthcoming)以一个普遍化的模型发展了这个论点。根据这个模型,社会由利益集团构成,其中一部分支持独裁者,另一部分支持反对派。如温特洛布的政治交换模型反映的那样,独裁者利用压迫和忠诚来维护权力。区别在于,康格列顿模型中的利益集团对独裁者采取或者支持、或者反对的态度。这会引发一些新颖的预期。存在两种极端情况。在一个极端,完全掌控权力的独裁者设定一种使其收入最大化的税率,这与奥尔森模型一样。不同之处是,康格列顿模型假定独裁者能够根据不同的"职业道德"(相对税率的工作投入弹性)在个体之间进行区分,并采用所谓的拉姆齐税(Ramsay taxes),据此对税收增加最为敏感的人群承担的税负最少,等等。这样,出口商或者信赖外国资本的制造业有可能享受税收优惠,因为这些市场更具竞争性,对税率也更敏感。拉姆齐税制因而能够把税收带来的无谓损失降到最低限度。在另一个极端,独裁者完全不能掌控权力,其所做的一切就是为了保住自己的位置,其税收制度与拉姆齐税制全然相反。此时,决定性的因素是"支持弹性"而非工作投入。一个团体转而支持反对派的可能性越大,其税率就越低。

特别有意思的是,在这个模型中,独裁者的安全利益可以被认为是广泛的,因为它考虑到所有与政治相关的群体。但正如康格列顿所说:

许多反对派群体的福利与独裁者自己预期的福利负相关。不确定性会引发独裁者对此类群体的恶意而非仁慈。此外,反对派群体的人数越多,独裁者安全利益真正的广泛性就会变得越小、越集中,其结果是该国的普通民众受到的压迫越重,其生活越

贫困。(Congleton forthcoming,19 页,斜体为原文所有)

总之,在独裁者的算计中安全相对于收入的权重越大,则他对支持者和反对者征取的税收差别也越大;独裁者的权力越是不稳,政权的压迫性和歧视性就越强。因此,根据这种思维方式,问题的核心在于独裁者是否认为他能够牢固地掌握政权。独裁者的地位越牢固,他就越接近奥尔森的理想典范;独裁者的地位越不稳定,他就离此典范越远。

康格列顿模型是一个重要的进步,但其结论仍然比较怪异。在经济生活中,福利经济学的第一要义是:在某些情况下,是竞争把私人利益聚合为公共利益。在政治经济学中,竞争一般来说具有类似的正面作用,即如唐斯模型所体现的那样,将各方都推向中间选民的立场,或者如利益集团模型所体现的那样,迫使利益集团选择效率相对更高的政策(Becker 1983;Austen Smith 1997)。为什么在独裁政体下情况就应该有所不同?另外,独裁者面临的反对力量越小,他的臣民们真的就会过得越好吗?

3.2 托克维尔模型

另一个对独裁制与民主制加以比较的、既更老又更新的方法是托克维尔的假设。该假设认为,与独裁制相比,民主制的再分配效果更好。其中的逻辑是,如果扩展选举权,即让穷人和无产者参与选举,他们会投票支持更高的税负和更多的再分配。根据梅尔策和理查兹(Meltzer and Richards 1981)著名的公式,中间选民的收入与收入中值相比越低,选举结果就会导致越多的再分配,经济增长则会因此放缓。

巴罗(Barro 1996a,1996b)研究了民主制之下再分配对增长的影响。他强调了独裁政体的优势,即专制统治者不同于民主制之下的政治家,他们可以叫停或者干脆无视民主制之下普遍存在的利益集团的再分配要求(Barro 1996b,2 页)。他的经验研究表明,在政治自由度较低的时候,民主有利于增长;但在实现中等程度的自由之后,民主会反过来阻碍增长。不过政治自由的增加对经济增长的影响并不太大,其整体效果"在统计意义上近于零"(Barro 1996b,6 页)。当然,要得到巴罗的结果,某些变量必须保持恒定,包括自由市场、法治,以及较少的政府消费等。因此,实际上得到讨论的,只是部分独裁政权。

德汉和斯特姆(De Haan and Sturm 2003)提出了一个相关的问题,即民主还是专制更有利于经济自由。出于类似的理由,人们有时会认为只有威权政府才能引入自由化措施,因为它们在开始时一般会导致大量裁员和减少福利。智利、韩国和中国台湾地区都是在经济改革已经成功实施之后,才引入民主的。但另一方面,也有人一直认为,只有具备了一定合法性的政府,才能实施并维持那些短期成本较高的政策。基弗等人

（Keefer et al.1996）发现，一般来说，民主比专制提供了更多对财产和契约权利的保障。德汉和斯特姆重点考察了发展中国家经济与政治自由之间的关系。他们的因变量，是由格沃特尼、劳森和布洛克（Gwartney, Lawson, and Block 1996）测量得出的1975年至1995年间经济自由度（的变化）。基于这一变量与民主制各项指标之间的关系，他们发现民主与经济自由*正相关*。

普列泽沃斯基和李蒙奇（Przeworski and Limongi 1993）回顾了大量的研究，发现其中大约有一半为民主国家的发展比独裁国家要快，而另一半则持相反的观点。普列泽沃斯基等人（Przeworski et al.2000）对二战后大约40年间这两种政体在141个国家的表现进行了全面研究，发现独裁制与民主制的增长率并无根本不同。不过，这一研究也证实了政治对经济增长的重要意义。他们证明，权力的变更（政治不稳定）以及像罢工、示威和骚乱等其他形式的动荡，都会大幅降低独裁政体下的经济增长；然而在民主政体之下，虽然这类情况的出现更为频繁，但它们并未导致增长率的下滑（Przeworski et al.2000，192—193页）。

森（Sen 1999）把独裁比民主制更适于经济发展的观点称为李光耀命题，李光耀是新加坡多年来专制但极具经济效率思想的统治者。森对李的观念提出了诸多质疑，并且认为民主对于发展过程具有内在的重要性。特别是，森关于饥荒似乎只在独裁统治下发生的观察极具挑战性。不过，目前尚未出现一种普遍的理论模型，以对民主和独裁加以比较。

另外两位学者研究了为何某些独裁政权，特别是东亚和智利的政权推动了经济增长，而其他的专制统治者则是"掠夺性的"、只会侵吞经济成果。罗宾逊（Robinson 1997）认为，掠夺行为的可能性似乎与政权的广泛性和面向未来的价值取向正相关。他提出了一个模型。据此，一个国家是否具有掠夺性，取决于发展与政治权利分配之间的关系。如果发展导致新的权力中心产生，并且与独裁者形成竞争关系，那么发展就与维持政治现状相冲突。收入水平越低、社会越不平等，出现掠夺性行为的可能性也越大。不掩饰地说，从独裁者的角度来看，摧毁经济在有些时候也并非坏事。蒙博托（Mobutu）和杜爸爸的政权都干过这样的事情，但他们的统治却能持续很久。一个民主的政治家却不能指望以同样的方式获利。

迈克尔·斯帕加特（Michael Spagat 2002）的论文中提出，存在一个"分界点"或资本水平。在这一水平之下，独裁者发展经济的努力得不到相应的回报；而在这一水平之上，独裁者就会追求快速增长，并且随着时间的推移使自己的消费最大化。他在一个简单的形式模型中提出了这一观点。该模型一个特别新颖的地方，是它预示在独裁政体之下，存在一种出现政治灾难、并最终终结独裁者的内在可能；这种灾难是否会发生，取决于独裁者是否能够满足某些特定群体的要求；独裁者的能力，则最终取决于资本存量。这样，独裁者的经济有时会比社会计划者的经济增长更快，因为资本积累能够避免灾难的发生。研究者们运用模拟分析证明分界点的存在，并说明它如何受到各种参数的影响；另外，他们还运用加斯蒂尔数据（Gastil data），从经验上证明分界点的存在，并支持他们的基本假设，即独裁制下增长率的波动要高于民主政权。

也许，李（Lee 2002）最近发表的一篇论文暴露了托克维尔模型的根本缺陷。托克维尔的假设基于两个简单的命题：（一）一个将决定权赋予人口中更为贫穷的那一部分人的社会，存在着以较高的税率征税的动机；（二）高税收会阻碍投资和增长。但这里还有一个暗含的假设，即财政政策是"家长式的"，无论在什么样的政治体制下，每个公民都会得到平等的转移支付。但是，很多寡头和专制国家都明显地使再分配有利于统治精英（以满足他们对宫室、军事冒险等等的需求）。除完美的民主制之外，每一个国家都会有一部分人无法享受税入的再分配。因此，任何政权都可以通过 p,r 这一对值加以界定。其中 p 是人口中不具投票权的部分，r 则是无法分享税入再分配的部分。在完美的民主制下，$(p,r)= 0$，而在绝对专制之下，$(p,r)=(1,1)$。

因此，一个不太民主的政权可能希望降低税率，因为它的参与率 p 比较高。这就是"托克维尔效应"：起决定作用的选民比较富有，并希望减少税收。但是，这个政权也会倾向于提高再分配率 r——李称之为"奥尔森效应"——因为现在富人可以更多地剥削穷人，而税收的增减性也会变得越明显。因此，与较为民主的政权相比，专制政权可以更容易地征收较高的税负。一般而言，正如李所证明的，由于结果不仅取决于 p 和 r 的值，而且还取决于社会的不平等程度以及财政政策的生产力，所以很难预测未来会发生什么。但重要的是，没有任何理论上的根据可以断定，民主制的税收要高于独裁。

马利根、吉尔和萨拉—伊—马丁（Mulligan, Gil, and Sala-i-Martin 2004）检测了民主与独裁的政策差别。他们发现，民主国家的再分配要稍逊于经济和人口规模都比较类似的非民主国家（2004，61 页），而非民主国家的税收又比非共产主义的民主国家要少四个 GDP 百分点。[①] 他们还提出了一个所谓的"准入壁垒"的机制。据此，独裁者的一项重要活动就是压制政治竞争，因为这有助于他们维持政权。三位研究者也将这一机制解释为"涨价"，所获收益的一部分可以用来限制政治竞争。

除此之外，他们发现民主国家与非民主国家在经济和社会政策方面差异极小。这里的一个问题是，民主与发展具有明显的相关性，但由于这一点在估算中未受控制，所

---

① 此处原文为"non-communist democracies"，疑为"非民主的共产主义国家"（non-democratic communist countries）之误。——译者

以民主表现不佳也就不足为奇了。

但是他们发现,那些可以被理解为对竞争公职加以限制的变量,在民主与非民主国家之间的确存在显著的差异。它们包括对死刑的使用、军费开支水平、公民自由、新闻审查制度,以及宗教管制,而最大的差别就是军费开支。这一点能够部分通过政治学中有关"民主和平"的观点加以解释(民主国家不大会向其他民主国家开战),但军队也可以用来巩固独裁者的地位。

包括这一研究在内,很多对民主与独裁加以比较的研究都具有一个可能的缺陷,那就是它们把不同的独裁政体(在这个研究中是非民主国家)简单地混为一谈。比如,很容易想象昏君和僭主在社会和经济服务方面的支出要少于民主制,而极权政体却会花费更多。像卡斯特罗的古巴那样的极权政权在教育和医疗上的支出要多于许多民主国家,而杜爸爸的海地则支出较少。因此,没有理论依据能够推断,像"非民主国家"这样一个无所不包的类别,在社会服务方面会有不同于民主政府的开支。唯一可以预期的是,非民主国家在这些方面支出的变化会更大。

与研究统治者掌权之后的动机的经济模型不同,温特洛布(Wintrobe 2002)关注的焦点是,在什么条件下统治者会获得权力,又是什么原因导致他下台。在最明显、同时也普遍受到关注的政体类型(民主、独裁、无政府状态以及世袭君主制)中,似乎只有民主制拥有成本相对较低的程序或机制,使政治权力能够以定期的、系统的方式进行交接。这种方式不仅同时被失去权力和得到权力的人们所接受;而且也提供了某种可能,使权力通过再分配,转移到能够最有效地使用它的人手里。

如果民主能够以相对较低的成本交接权力,那么权力是否通常会从较低的使用价值转向较高的使用价值? 在这个方面如何对民主与独裁加以比较? 两者之间的一个区别是,在独裁统治下,一些低效率政策的成本可以被转嫁到被压迫者头上。一个很好的例子,就是肯普法、勒文贝格和莫滕斯(Kaempfer, Lowenberg, and Mertens 2004)对制裁萨达姆·侯赛因的后果的讨论。制裁产生了利益,它们被萨达姆的亲信据为己有;制裁所带来的损失则由反对该政权的人承担,而这又进一步削弱了他们的反抗能力,结果使萨达姆反而巩固了自己的权力。简而言之,对萨达姆·侯赛因的制裁并不必然削弱他的权力。

另一个问题是独裁制和民主制之下生产者与消费者群体的相对影响。自从唐斯(Downs)的著作问世后,政治经济学中的一个基本观点是,民主制对生产者群体比对非消费者群体更有利(Downs 1957;Stigler 1971;亦见 Becker 1983)。这一主张的主要依据是,由于生产者群体的规模比较小,所以相对而言比较容易克服"搭便车"的问题;又因为任何补贴都会为他们带来较大的人均收益,所以他们非常愿意通过施加压力来获取补贴。反过来，消费者群体规模比较大，因而任何补贴能够产生的人均收益都只会很小。

上文指出，独裁者仅靠压迫无法维系统治，他还需要支持。哪些团体可能会支持独裁者？潜在支持者人数众多，而他们中每一个人在商品价格或者环境质量等问题上的利害关系又都比较小的团体，比如消费者团体、环境保护团体等等，都难以在专制统治下存活或者形成。在独裁统治下，一般不存在保护人权的法律。没有这样的法律，大型团体（如消费者团体）就难以组织起来。同时，由于不存在自由的媒体，价格、环境或滥用劳工的问题就难以得到公众的关注，那些群众性的团体也难以形成。没有独立的法院，违法者自然难以得到公正的制裁。总之，独裁者比民主政治家更易于击溃群众性组织的常用武器，即舆论和法院。

另一方面，像现金捐赠等生产者小团体常用的武器，实际上在封闭的环境中更有用，也更容易驯服独裁制之下的法庭。为换取生产者的支持，独裁者显然也可以为他们提供诸多好处，包括关税、补贴和其他利益、工会的相安无事，以及取消对他们不利的规定。所以，在独裁政体下，独裁者与小而集中的利益集团之间用利益换支持的可能性实际上大大强化了，而与广泛的民意代表进行交易的可能性则相应减少了。这意味着，在独裁制之下生产者通常拥有比在民主制之下更多的权力。

这也就为上述巴罗的观察提供了另一种可能的解释，即独裁制的增长速度在独裁程度较低的情况下，要略高于民主制；而在压迫程度较高的情况下，则要低于民主制。期间的因果关系就是：生产者的主要利益在于经济增长，而他们在独裁制之下的较大的政治分量意味着独裁者必须重视增长政策。但需要注意的是，这一增长是生产者群体强大的影响力的结果，且不一定符合帕累托改进的要求。因此它可能会对环境和消费者等等带来伤害。此外，在高水平的压迫之下，独裁政体对增长的正面影响很快就会被独裁者困境所带来的信息问题抵消，它会阻碍并最终扼杀增长。

最后需要指出的是，如果将此分析中使用的财产权理论进行扩展，就可以为人权提供一个简单的经济学证明。从经济效率的角度为私有制进行辩护的理由是，财产应该分配给那些拥有强烈的意愿使其价值最大化的人。什么人能够最好地管理或看管一份财产？那就是它的所有者。人权把拥有自己财产的特权赋予了这个人自己。在独裁统治下，这种特权属于主权者。然而正如森（Sen 1993）所指出的那样，独裁统治者只是把他统治之下的人民当作他的"物品"，因而不能指望他会像他们自己一样关心他们的生活。这或许解释了普列泽沃斯基等人的惊人发现（参见 Przeworski et al.2000，第 5 章），即独裁政体下的人均寿命普遍较低。

四、结 论

虽然有过度简化之虞，但还是有必要总结一下理性选择理论视野中独裁者的印象，以及本章所讨论的有关独裁政体的证据。

首先，有大量证据支持这样一种观点，即独裁统治的施行要依靠政治交换，而不仅仅依靠压迫和命令。与民主制下的政治家一样，独裁政体也与其臣民进行交易。这即是"独裁者困境"之后的基本理念，且并不与"拥有根据地的强盗"的视角相矛盾。此外，它也与基于以下研究的结论相一致，包括前苏联资源分配的微观数据、南斯拉夫共产党成员反周期的行为、一般而言非民主国家的经济和政治政策与民主国家差别不大的观察，以及非民主国家的再分配水平要高于民主国家的观察等。

政治交换的视角还意味着，独裁者固然要寻求利益集团，特别是军队和其他具有将其废黜的强大能力的团体的忠实和支持，但也会在其治下的民众中寻求更广泛的支持。传统观点强调"搭便车"的问题，如果这一观点是正确的，那么对独裁者来说就意味着他只需考虑宫廷政变的可能。但是，20世纪最后25年的经验，以及为革命中的群众赋予一种理性选择角色的临界物质模型、从众效应理论等新的研究都表明，这一图景看来不再有效。

第二，证据表明独裁统治的确广泛使用了压迫工具。它们不仅在军事方面的支出多于民主制，而且废除公民自由、大量使用监禁和死刑、限制宗教信仰自由等等。另外也有证据表明，独裁政体的税负比民主制更重，其盈余则用来支付额外的军事开销。这一点与刚才论及的政治交换理论并不矛盾。独裁者当然愿意在得到人民支持的基础上进行统治，但一旦他们认为自己不大可能获得支持时，就会转而运用压迫。因此，独裁者在某些方面与民主制之下的统治者相似，但他的算计更复杂（也更残忍）。这一点被那些强调民主统治者与独裁者之间利益同一性的模型忽略了。近期的研究引入了压迫和战争因素，使这些模型变得更加有趣，尽管这种做法削弱了它们有关独裁统治善行的颇富争议的推论。

第三，几乎没有证据支持民主制的再分配要多于独裁制这一观点。这个观点的缺陷是，它仅仅考虑理论上的民主制如何运作，同时完全忽略了独裁者的实际行为。特别是，它对独裁政体再分配的可能性完全视而不见。例如，没有理由认为寻租、腐败，以及现代民主遭人诟病的相关倾向在独裁政体中就不存在；事实恰恰相反。但是，它们可能会采取不同的形式，就像在韩国那样。认为民主制的再分配要超过独裁制的观点，无论在理论上还是经验上都存在缺陷。另外在我看来，寻求某种仁慈的独裁政体，以实施时下经济学家的智慧所认可的经济政策,一直是且将会是一种错误。

有一些经验证据表明,可以有效地把独裁政体分为两种类型。关于独裁政体并非全都一样这一基本想法,可以成为进一步研究的基础。更具体地讲,每一种政权都有其特殊的运行方式。因此,虽然对每一个现象的认识都需要一种普遍的框架,但在这一框架之内,还可以提出某些关于特定类别的政体的模型。例如,尽管宗教在当代政治中的重要性急剧增加,但几乎没有什么关于神权政治的研究。

一个富有成果的发展前景,是关注当代(和古代)世界中诸如种族屠杀、饥荒和战争这一类具体问题,并寻找它们与某种形式的威权主义的深层联系。有关革命的研究,也可以被更加深入地整合进威权统治的研究中。

从政策角度来看,独裁政体获得的民众支持一般都超过了人们的预期这一观点,对废黜独裁政体的可行性产生了深刻影响。把民众从专制统治的压迫之下解放出来,这固然是一种富有吸引力的想法。但是,关于民众支持的论点恰恰表明,这一任务绝非如此简单,就像认为独裁者仅仅依靠压迫进行统治的模型使人们相信的那样。它也使人们进一步认识到,以一个更民主的政权取代独裁政权,这是一项相当复杂的任务。从猪湾到最近对伊拉克的入侵,西方大国的成功记录,无不辛辣地证明了这一点。

参考文献

Acemoglu, D., and Robinson, J. A. 2005. *Economic Origins of Dictatorship and Democracy*. New York: Cambridge University Press.

Arendt, H. 1951. *The Origins of Totalitarianism*. New York: Harcourt, Brace, Jovanovich.

Arjomand, S. A. 1986. "Iran's Islamic revolution in comparative perspective". *World Politics*, 38 (3): 383–414.

Austen Smith, D. 1997. Interest groups. Pp. 296–321 in *Public Choice: A Handbook*, ed. D. Mueller. New York: Cambridge University Press.

Bardhan, P. 1990. Symposium on the state and economic development. *Journal of Economic Perspectives*, 4: 3–7.

Barro, R. 1996a. Democracy and growth. *Journal of Economic Growth*, 1: 1–27.

——*Getting It Right*. 1996b. Boston: MIT Press.

Bashir, A. 2005. *The Insider: Trapped in Saddam's Brutal Regime*. London: Abacus.

Becker, G. 1983. "A Theory of Competition among Interest Groups for Political Influence". *Quarterly Journal of Economics*, 98: 371–400.

Bernholz, P. 2001. "Ideocracy and totalitarianism: a formal analysis incorporating ideology". *Public Choice*, 108 (1–2): 33–75.

Boix, C. 2003. *Democracy and Redistribution*. New York: Cambridge University Press.

Brennan, G. and Buchanan, J. 1980. *The Power to Tax: Analytic Foundations of a Fiscal Constitution*. Cambridge: Cambridge University Press.

Bullock, A. 1991. *Hitler and Stalin: Parallel Lives*. London: HarperCollins.

Congleton, R. 2002. "From dictatorship to democracy without revolution". Paper delivered at the American Economic Association Meetings, Atlanta.

——Forthcoming. How encompassing is a dictator's interest? Interest groups, targeted repression, and economic development. *Public Choice*.

De Haan, J., and Sturm, J.-E. 2003. "Does more democracy lead to greater economic freedom? New evidence for developing countries". *European Journal of Political Economy*, 19 (3): 547–63.

Downs, A. 1957. *An Economic Theory of Democracy*. New York: Harper.

Fearon, J. D. 1995. "Rationalist explanations for war". *International Organization*, 49: 379–414.

Freedom House. Annual 1978–2001. "Freedom in the world: the annual survey of political rights and civil liberties". *Freedom Review*. New York: Freedom House.

Friedrich, K., and Brzezinski, Z. 1965. *Totalitarian Dictatorship and Autocracy*. Cambridge, Mass.: Harvard University Press.

Goldstone, J., Gurr, T., Marshall, M., and Vargas, J. 2004. "It's all about state structure: new Wndings on revolutionary origins from global data". *Homo Economicus*, 21 (2), special issue on "The rationale of revolutions," ed. Mario Ferrero.

Gwartney, J., Lawson, R., and Block, W. 1996. *Economic Freedom of the World*, 1975–1995. Vancouver: Fraser Institute.

Haggard, S. 1990. *Pathways from the Periphery: The Politics of Growth in the Newly Industrializing Countries*. Ithaca, NY: Cornell University Press.

Harrison, M. 2002. "Coercion, compliance and the collapse of the Soviet command economy". *Economic History Review*, 55: 397–433.

Islam, M., and Winer, S. L. 2004. "Tinpots, totalitarians (and democrats): an empirical investigation of the effects of economic growth on civil liberties and political rights". *Public Choice*, 118: 289–323.

Kaempfer, W., Lowenberg, A., and Mertens, W. 2004. "International economic sanctions against a dictator". *Economics and Politics*, 16: 29–51.

Kang, D. C. 2002a. "Bad loans to good friends: money politics and the developmental state in South Korea". *International Organization*, 56: 177–207.

—— 2002b. *Crony Capitalism: Corruption and Economic Development in South Korea and the Philippines*. New York: Cambridge University Press.

Keefer, P., Clague, C., Knack, S., and Olson, M. 1996. "Property and contract rights under democracy and dictatorship". *Journal of Economic Growth*, 1 (2): 243–76.

Khawaja, M. 1993. "Repression and popular collective action: evidence from the West Bank". *Social Forum*, 8: 47–71.

Kirkpatrick, J. 1982. *Dictatorship and Double Standards: Rationalism and Realism in Politics.* New York: Simon and Schuster.

Kurrild-Klitgaard, P. 2000. "The constitutional economics of autocratic succession". *Public Choice*, 103: 63-84.

Lazarev, V., and Gregory, P. 2003. "Commissars and cars: a case study in the political economy of dictatorship". *Journal of Comparative Economics*, 31: 1-19.

Lee, W. 2002. "Is democracy more expropriative than dictatorship? Tocquevillian wisdom revisited". *Journal of Development Economics*, 921: 1-45.

Linz, J., and Stepan, A. 1978. *The Breakdown of Democratic Regimes.* Baltimore: Johns Hopkins University Press.

McGuire, M., and Olson, Jr., M. 1996. "The economics of autocracy and majority rule: theinvisible hand and the use of force". *Journal of Economic Literature*, 34: 72-96.

Meltzer, A. H., and Richards, S. F. 1981. "A rational theory of the size of government". *Journal of Political Economy*, 89: 914-27.

Moselle, B., and Polak, B. 2001. "A model of a predatory state". *Journal of Law, Economics and Organization*, 17: 1-33.

Mueller, D. 2003. *Public Choice III.* New York: Cambridge University Press.

Mulligan, C. B., Gil, R., and Sala-i-Martin, X. 2004. "Do democracies have different public policies than nondemocracies"? *Journal of Economic Perspectives*, 18: 51-74.

Niskanen, W. A. 1997. "Autocratic, democratic and optimal government". *Economic Inquiry*, 35: 464-79.

North, D. C. 1981. *Structure and Change in Economic History.* New York: W. W. Norton.

—— and Weingast, B. 1989. "Constitutions and commitment: the evolution of institutions governing public choice in seventeenth century England". *Journal of Economic History*, 49: 808-32.

O'Donnell, G. 1980. "Tensions in the bureaucratic authoritarian state and the question of democracy". Pp. 285 - 31 in *The New Authoritarianism in Latin America*, ed. D. Collier. Princeton: Princeton University Press.

Olson, M. 1993. "Democracy and development". *American Political Science Review*, 87: 567-75.

—— 2000. *Power and Prosperity: Outgrowing Communist and Capitalist Dictators.* New York: Basic Books.

—— and McGuire, M. 1996. "The economics of autocracy and majority rule: the invisible hand and the use of force". *Journal of Economic Literature*, 34: 72-96.

Opp, K. D., and Ruehl, W. 1990. "Repression, micro-mobilization, and political protest". *Social Forces*, 69: 521-47.

Przeworski, A., and Limongi, F. 1993. "Political regimes and economic growth". *Journal of Economic Perspectives*, 7: 51-70.

—— Alvarez, M. E., Cheibub, J. A., and Limongi, F. 2000. *Democracy and Development: Political Institutions and Well-Being in the World* 1950-1990. New York: Cambridge University Press.

Rasler, K. 1996. "Concession, repression, and political protest in the Iranian revolution". *American Sociological Review*, 61: 132–52.

Robinson, J. 1985. "When is a state predatory". MS. USC.

Roemer, J. 1985. "Rationalizing revolutionary ideology". *Econometrica*, 53 (1): 85–108.

Root, H. 1994. *The Foundation of Privilege: Political Foundations of Markets in Old Regime France and England*. Berkeley and Los Angeles: University of California Press.

Schnytzer, A., and Sustersic, J. 1997. "Why join the party in a one-party system: popularity vs. political exchange". *Public Choice*, 94: 117–34.

Sen, A. 1993. Political rights and economic needs. The John M. Olin Lecture in Law and Economics at the University of Toronto Law School.

—— 1999. *Development as Freedom*. Oxford: Oxford University Press.

Shapiro, C. 1983. "Premiums for high quality products as returns to reputations". *Quarterly Journal of Economics*, 98: 659–79.

——and Stiglitz, J. E. 1984. Equilibrium unemployment as a worker discipline device. *American Economic Review*, 74: 433–44.

Spagat, M. 2001. Political instability and growth in dictatorships. MS. Royal Holloway College London.

—— 2002. The dynamics of repressive dictatorships. Paper presented at the American Economic Association meetings, Atlanta.

Stigler, G. 1971. The theory of economic regulation. *Bell Journal of Economics*, 2: 2–21.

Strauss, L. 1963/1991. *On Tyranny*. London: Free Press.

Tullock, G. 1987. *Autocracy*. Dordrecht: Martinus Nijhoff.

Verwimp, P. 2001. The political economy of coVee and dictatorship in Rwanda. *European Journal of Political Economy*, 19: 161–81.

Wilke, T. 2002. "The investment theory of wars: belligerent dictators in the McGuire/North model of autocracy". *Public Choice*, 112: 319–33.

Wintrobe, R. 1990. The tinpot and the totalitarian: an economic theory of dictatorship. *American Political Science Review*, 84: 849–72.

—— 1998. *The Political Economy of Dictatorship*. New York: Cambridge University Press.

—— 2001. How to understand, and deal with dictatorship: an economist's view. *Economics of Governance*, 2: 35–58.

—— 2002. The contest for power: property rights, human rights, and economic efficiency. Paper presented at the American Economic Association meetings, Atlanta.

—— 2004. Rational revolutions. *Homo Economicus*, 21 (2), special issue on "The rationale of revolutions," ed. Mario Ferrero.

第五部分

政治不稳定与政治冲突

第十七章　反思革命：新托克维尔主义的视角[①]

史蒂文·平卡斯（Steven Pincus）

　　英国传教士吉尔伯特·伯内特曾于 17 世纪中期写道："对国家与政府的巨大变化和革命的叙事，比历史中其他任何部分都更加令人着迷。"在他看来，之所以如此是因为"各种意想不到的事件既能勾起读者的兴趣，又可以提升他们的修养"（Burnet 1681，sig(b)r）。另一位早期的革命评论者强调革命虽然使人感兴趣，但是却难以解释。亚历西斯·德·托克维尔对此解释道："当大革命成功的时候，革命发生的原因便不复存在；恰恰是革命的成功使其变得无法理解"（Tocqueville 1983,5 页）。在托克维尔之后的一个半世纪里，世界并无太多改变，革命仍然既令人着迷又使人困惑。特达·斯考切波曾在 20 世纪 70 年代末指出："在过去的 20 年里，革命理论在美国社会科学领域得到了蓬勃的发展。"（Skocpol 1979,8 页）以革命为主题的研究，其增长速度自斯考切波作出上述评论以来仍然有增无减。

　　革命继续使人着迷又令人惊奇，是因为每一次新的革命似乎都对此前已经相当成熟的理论提出了质疑。尤其不幸的是，每一次新的革命都促使学者们提出更加精细的解释，与之相伴随的是新变量和新的可能的结果。因此，每一次新出现的革命叙事都比上一次更为复杂，而新原因的提出又带来了对革命的新分类。人们已经区分出现有的政治革命、社会革命、大革命、小革命、第三世界革命以及 20 世纪革命等。受托克维尔等先行的革命研究者的启发，本文尝试对革命发生的原因予以简约化的阐释，并在解释其结果方面指出一些新的方向。

---

　　① 我要特别感激以下各位所提供的非常有益的评论、批评和建议。他们是：Haydon Cherry，Arvind Elangovan，Bryan Garsten，Phil Gorski，Evan Haefeli，Alan Houston，Meg Jacobs，Friedrich Harz，Krishan Kumar，Emilio Kouri，Jim Livesey，Claudio Lomnitz，Bill Sewell，Chuck Walton，Alice Wolfram，以及本书的编辑 Carles Boix 和 Sue Stokes。

一、定义革命

革命是相对罕见的独特事件,并导致了国家与社会的根本改变。正如塞缪尔·亨廷顿所言:"革命是一个社会内部主导的价值观念和政治神话、政治制度、社会结构、领导权以及政府活动和政策等迅速、根本和剧烈的变化。"因此,革命与激烈的政权更替不同,后者不会带来社会和政治结构的改变。革命与独立战争也有所不同,因为在独立战争中,前殖民地的社会和政治结构并未发生变化,不同的只是主权的所在发生了转移。① 亨廷顿对革命的定义虽然比较实用,但仍存在完善与丰富的空间。比如说,革命的速度需要用若干年、而非几个月加以衡量,正如杰夫·古德温所指出的那样,"革命最好被界定为通常持续数年甚至数十年的进程而非一些事件"(Goodwin 2001,4 页)。而且,革命均包含有一个共同的意识形态成分,即对划时代转变的自觉的奉献精神。革命者坚称,他们的成就或抱负体现了与过去时代的根本性决裂。正如伊萨克·克拉姆尼克所言:"真正的革命追求的是全新的开端。"(Kramnick 1972,31 页)理查德·普赖斯也认为,美国革命"在人类事务中开辟了新的前景,在人类历史上开启了一个新的时代"(Price 1784,2 页)。约一个世纪以前的英国博学家约翰·伊夫琳(John Evelyn),也曾将英国的光荣革命形容为"新的创世纪"。② 正是这样一种开创新时代的意识,促使法国的雅各宾党人在 1793 年创制了一部新的历法。

因此,革命意味着在结构上和意识形态上与先前制度的决裂。它们将改变一个国家的政治与社会经济结构,并往往伴有旨在推翻旧制度的暴烈的群众运动。革命将改变国家的领导权和政策导向,而伴随革命政权而来的则是一种新的时代意识,一种开启了政治体历史上新纪元的观念。

因此,阶级冲突在革命的诱因中只是一个偶发性因素。虽然阶级斗争在一些影响深远的革命叙事中占据核心地位,阶级分化在一些革命中也发挥了作用,但如果坚持阶级斗争是革命的必备条件,则会不可避免地压缩研究的视域。18 世纪晚期的法国大革命曾被视为以阶级为基础的社会革命的典型案例,但现在人们已经不再认为它具有如

---

① Huntington(1968,264 页)。虽然我同意查尔斯·梯利关于亨廷顿论述中因果分析的意见,但是我不认同他的另一论断,即依照亨廷顿的定义,"人们可以合理地认为革命从未发生"(Tilly 1973,433 页)。亨廷顿的定义与托马斯·潘恩的定义相差不算太大:见 Paine(1792,5 页)。

② John Evelyn to John Evelyn jr.,18 December 1688,British Library,Evelyn MSS,JEJ 1.

斯考切波及其他学者所假定的阶级基础。① 如果以阶级斗争作为核心要素定义革命,则 20 世纪的其他革命,如伊朗和墨西哥革命,似乎也会被排除在外。这样一种对革命的狭隘定义可能不具有社会科学的价值。革命必然涉及大众运动,但这些运动并不必然以阶级为基础。

对社会和政治革命加以区分同样意义不大。"改变国家结构而非社会结构"的事件是内战、叛乱或者政变,它们不是革命。② 革命必须既涉及社会经济发展方向的转变,又包括政治结构的转型。这一变革必须通过大众运动实现,并且必然包含一种"新时代已经来临"的自觉意识。我认为,研究文献通常对社会革命和政治革命的区分只是规范性的而非分析性的。学者们在社会革命和政治革命之间划出一条明确的界限,只是因为他们赞赏革命的某些结果,同时又轻视另外一些结果;分析性的语言不过用来掩盖他们的政治偏好。

二、现代化与革命

为什么会发生革命? 社会科学家和历史学家对这一问题都有深入的研究。随着相关著作和论文的大量出现,学者们关于革命发生原因的阐释也广为流传。尽管文献非常丰富,我们依然能区分出当前占据着主导地位的两大类解释方式,并且两者都与一些杰出的社会科学家有关。第一种解释认为现代化的倡导者推翻了旧制度。第二种分析则强调一个新的社会群体,即一个阶级从内部摧毁了旧制度,它掌握了权力并颠覆了国家和社会的原有结构。两种解释尽管存在种种差异,但讲的都是现代化的故事。

亨廷顿宣称,"革命是现代化的典型特征,是传统社会实现现代化的途径之一"。他特别强调,革命"最有可能发生在经历过一定的社会和经济发展,同时政治现代化和政治发展又落后于社会和经济变化进程的社会。"虽然亨廷顿区分了西方与东方的革命模式,但正如梯利敏锐地指出的那样,在两种模式中"革命的直接原因均被认为是旧政权的表现与对它提出的要求之间的不平衡……这多多少少是急剧的社会与经济变化的直接结果。"③

---

① Skocpol(1979,4 页)。关于最近的研究,参见 Livesey(2001,3—14 页);Kaplan(1995,特别是 99—108 页);Spang(2003,特别是第 120—124 页)。所有这些作者都以自己的方式对修正主义者(指以斯考切波为代表的一批革命研究者——译者)的共识提出了批评,而且没有人尝试恢复斯考切波提出的"阶级斗争"叙事。英国学者科林·卢卡斯(Colin Lucas 1973)是对阶级斗争解释最早进行批评的学者之一,但在李弗赛(Livesey)和卡普兰(Kaplan)的讨论中对他却只是偶尔提及。

② 以下学者都作出了这一区分:Skocpol(1979,4 页);Foran(2005,8 页);Arendt(1963,64 页)。

③ Huntington(1968,264—74 页);Tilly(1973,435 页)。更早的对现代化的论述,参见 Johnson(1966,61—62 页)。对各种现代化理论的介绍,参见 Goodwin(2001,17 页)。

对革命的阶级斗争解释方式与经典的现代化理论存在两个方面的根本差异。一方面，经典的现代化理论聚焦从传统社会向现代社会的全面转型，而阶级斗争理论则注重从一种经济生产方式向另一种方式的转变。特达·斯考切波强调说："马克思主义关注的是社会结构的变化及阶级之间的冲突，这里使用的社会革命概念深受这一方法的影响"（Skocpol 1979，13 页）。另一方面，经典的现代化理论完全聚焦于一国内在的转型，而斯考切波则更加突出国际环境的影响。她曾指出："现代社会革命仅在国际处境不利的国家发生，军事落后或政治依附等现实对社会革命的发生及其进程具有决定性的影响"（Skocpol 1979，23 页）。这种相对落后的处境本身自然与生产方式密不可分。在斯考切波看来，"要认识所有现代社会革命的原因及其成果，都需要密切联系世界范围内资本主义经济发展以及民族国家建构的国际间不均衡"（Skocpol 1979，19 页）。斯考切波正是在这一意义上认为，"当旧体制之下的国家难以应对国际环境变化所带来的挑战时，革命危机就会产生"（Skocpol 1979，47 页）。

两种主导的革命解释方式虽然在理解、分析以及（可能在）规范方面存在重大差异，但它们之间也拥有诸多共同点。两者从根本上说都属于现代化的叙事，都强调革命发生在社会和经济现代化似乎已经使国家相对落伍、成为*旧制度*的社会之中。尽管研究方法不同，但斯考切波和亨廷顿都有持同样的观念，即"划时代的现代化动力一定程度上促发并塑造了革命性的转型。"[1]

与经典的现代化与阶级斗争视角不同，我认为革命只会发生在国家已经开始着手大规模的国家现代化计划之时。革命并不必然是现代化推进者与旧制度捍卫者之间的对抗；相反，只有当人们确信政治民族必须在政治上现代化，而在国家革新的路线问题上却存在根本分歧的时候才会发生革命。在我看来，亨廷顿和斯考切波的研究忽略了这一关键问题，虽然他们充分强调了"政治与制度因素"的作用（Huntington 1968，275页；Skocpol 1979，5 页）。国家的现代化是革命必不可少的*前提*。现代化的社会运动的范围和性质可能会推动国家的现代化，也可能会形塑革命进程的性质，但除非国家的现代化已经开始，否则它们不会促发革命。

三、人口与革命

在充分论述国家现代化是革命的必要条件之前，必须要指出还有一种重要的革命理论，它并不强调现代化的问题。杰克·古德斯通在其得到广泛讨论的《早期现代世

---

[1] Skocpol（1979，24 页）。Goodwin（2001，19—20 页）也强调了我提出的观点。

界中的革命与反抗》一书中提出了一种完全不同的观点。他坚持认为，"革命并非过去与未来，或者正义与邪恶之间的斗争所致，而是人类制度与环境之间不平衡的结果"。在古德斯通看来，导致国家崩溃的关键因素与社会或经济现代化无关。他强调："变革的动力来自人口规模与农业产出之间关系的生态学转变，这种转变在精英与国家之间、不同精英集团之间以及民众与当政者之间引发了各种各样的冲突"（Goldstone 1991，xxiv、27、37 页）。古德斯通在其引人入胜的分析中认为，是传统的马尔萨斯式危机而非经济现代化，导致了跨越欧洲与东亚的早期现代世界国家的崩溃与革命的爆发。

对革命与国家崩溃的人口学解释立足于一个重要的经验论断。古德斯通认为："国家的崩溃并不限于欧洲，而是一种世界范围的现象，并且经历过两次明显的'高潮'，第一次以 17 世纪中叶为顶点，第二次出现在 19 世纪中叶，其间是 1660 年到 1760 年间约一个世纪的稳定期"（Goldstone 1991，3 页）。不稳定期是人口的增长期，而稳定期则是人口的停滞期。古德斯通对此解释道："如果人口下降恢复了人与资源之间旧有的平衡，那么传统的制度就有可能复苏"（Goldstone 1991，xxv 页）。

古德斯通的分析虽然新颖也很精彩，但并不符合作为他关注焦点的近代世界的实际情况。在 1660 年至 1760 年间，即他所谓的"稳定的世纪"里，发生了意义非凡的国家崩溃与革命。古德斯通排除了 17 世纪晚期的英国光荣革命，因为它"不是一场真正的革命"。[①] 这种观点与古往今来的研究大相径庭。在卡尔·马克思看来，光荣革命乃是"资产阶级战胜封建贵族的第一次决定性胜利"（Marx 1973，308 页）。著名的托利党法学家威廉·布莱克斯通爵士也持同样的观点，认为正是光荣革命这一"快乐的革命"，标志着英国封建主义的没落与"公民和政治自由"在英国的完全确立。[②] 光荣革命是一次广泛而激烈的运动，通过这场革命，英国政治的性质以及社会经济发展方向都发生了急剧的变化。新政权不仅改变了它的外交、帝国、经济和宗教政策，而且后来的评论者（无论是赞同还是反对革命本身）都将此次革命视为英国历史上的新起点。

在所谓的稳定的世纪，英国并非是唯一经历了国家崩溃、国家转型或革命的欧洲国家。这期间，尼德兰联省共和国经历了剧烈的政治动荡。1672 年夏天，由于被法国军队所败，大众抗议和骚乱席卷了欧洲这个最富庶的国家。骚乱者最终迫使共和国的伟

---

① Goldstone（1991，318 页）。斯考切波则因为光荣革命是"一场政治革命"而没有对其加以研究（Skocpol 1979，141、144、294 页）。有趣的是，古德斯通和斯考切波都同意 1988 年 7 月 7 日玛格丽特·撒切尔在一场演讲中提出的解释：House of Lords Record Office，WMT/22/Part Ⅰ。

② Blackstone（1765—1769，ⅰ.397—398 页，ⅳ.435 页）。有两种不同的解释都强调光荣革命是一场具有社会和政治意义的革命转型，参见 Hill（1961，4—5 页）；Pincus（2006，1—33 页）；Pincus（forthcoming）。

大领袖约翰·德·威特(John De Witt)于八月初辞职,在随后的 8 月 20 日,德·威特与其兄科尔内留斯(Cornelius)一同被肢解于海牙街头。事件的结果是奥兰治的威廉总督于 1672 年 7 月"改变了权力构成",大众政治暴乱把荷兰由共和国转变为准君主国(Israel 1995,796—806 页;Geyl 1939,345—400 页;Rowen 1978,840—884 页)。

斯堪的纳维亚国家同样在 1660 年和 1760 年之间经历了国家崩溃。1669 年和 1683 年间,弗雷德里克三世(Frederik Ⅲ)和克里斯蒂安五世(Christian Ⅴ)将丹麦从选举君主制转变成为欧洲最专制的国家之一。弗雷德里克三世在丹麦于 1657—1660 年被瑞典人大败之后不久,便在 1660 年"通过政变"确保君主由世袭产生。在接下来的几十年中,"旧的寡头制社会秩序"由"任人唯贤而不论社会出身的论功行赏制"所取代。1683 年的《丹麦法》创造了"生活中各个方面的秩序和透明性",丹麦的政治和社会秩序被彻底改变。[①] 瑞典虽然战胜了丹麦,但其国家在 1680 年之后同样发生了重大变化。事实上,推动瑞典从选举君主制转向专制君主制的,主要并非军事失利和相对落后的发展水平,而是对维持其来之不易的大国地位所需资源的担忧(Upton 1998,10 页;Roberts 1967,230 页)。1680 年查里十一世(Charles ⅩⅠ)正式成为专制君主。有学者认为,查里十一世"利用君主权力实现了一场革命":他的权威不再受瑞典国会的限制,并得以彻底改组瑞典的陆军、海军及其财政制度。瑞典国家的这次转型被部分学者称为君主政变,其深远意义在于实现了资源从"私人向公共领域"的大规模转移。同时,瑞典贵族的地位从根本上被削弱了(Roberts 1967,233、247—249 页;Upton1998,31—89 页),国家与社会都随之而被改变。

在所谓的稳定世纪,北欧不是经历了国家崩溃的唯一地区。西班牙国家在一场波及整个欧洲的战争,即西班牙王位继承战争中发生了显著变化。哈布斯堡王朝的崩溃冲击了从伦敦到维也纳的整个欧洲,西班牙则陷入内战。在战争中兴起的波旁王朝改变了西班牙国家的性质。新的国家造就了新的"官僚精英",促成了"权力向中央政府的转移"。1714 年以后,新的西班牙王权又开始致力于进一步的国家改革(Lynch 1989,37、60 页)。

革命与国家崩溃的人口学解释认为,国家只有在人口增长超过经济资源承载力的时候才会面临剧变的危险。在人口稳定时期,国家也应该是稳定的。然而,1660 年至 1760 年间这一人口稳定期,同时也是整个欧洲出现频繁而剧烈的国家崩溃与革命的时期。我们因此有必要在其他领域找寻革命的根源。

---

① Jespersen(1994,40—46 页)。当时的人表明了相同的看法。参见 Molesworth(1692)。

四、关键因素:国家的现代化

我认为,解释革命的关键因素既非人口压力,亦非社会经济的现代化。在一些案例中,这两个因素可能都发挥了作用,但关键是国家的现代化。我的看法是,对所有革命而言,旧制度在革命爆发前已经不复存在。因此,革命并非现代化的推动者与传统秩序的捍卫者之间的对抗。相反,只有执掌权力的体制走上现代化之路以后,革命才会发生。革命乃是相互竞争的现代化规划之间通常激烈冲突的结果。

学者们早就发现,现代化叙事的经典版本和阶级斗争版本都面临一些实证方面的问题。查尔斯·梯利就曾指出,历史记录表明"结构转变的步伐"与革命之间"并不存在直接的关系"。梯利注意到,两者之间事实上存在着一种负相关,即"急剧的变化减弱了政治冲突"。梯利的结论是:"大规模的结构变化"间接影响了"革命的可能性",但"不能在确实和普遍的意义上说现代化孕育了革命"。[①] 社会和经济的转型以及社会的现代化,可能会引起政治变迁,但并不会导致国家崩溃。确切地说,是国家的现代化促使政权成为革命的对象。

需要澄清的是,我所说的国家现代化,是指一个政权为了实现根本性的自我转变而作出的自觉努力。国家现代化通常包括政治权威集中化和官僚化的努力、用最先进的技术革新武装力量的举措、利用国家工具加速经济增长的计划,以及运用技术手段使国家得以搜集国内各个社会层面和各个地区出现的社会和政治活动的相关信息并潜在地对其加以压制的能力。很多时候,国家现代化的推动者往往以开创历史新时代为说辞,看来,这一点并非革命者的专利。

托克维尔很久以前就指出,路易十六时代的法国是一个因追求国家现代化而使旧制度成为革命对象的经典案例。托克维尔写道:"经验教导我们,对于一个坏政府来说,最危险的时刻就是其寻求改正错误的时刻。"(Tocqueville 1983,176—177 页)托克维尔的这一概括来自他对法国革命的认识。在法国革命前的数十年间,"现代制度"已经从"破碎的封建制度框架内"生长出来(Tocqueville 1983,57—58 页)。国家现代化的范围如此广,以至"整个国家似乎在经受着重生的剧痛"(Tocqueville 1983,171 页)。路易十六不仅不是一个反动派,而且是一个坚定的改革者。托克维尔指出:"在路易十六

---

① Tilly(1973,432、447 页)。需要提到的是,斯考切波认为,梯利和她的观点之间存在根本的一致性,因为他们都认为,"在缺乏自主的集体组织和资源来维持他们的努力时,民众和低等阶层的革命参与者不会把他们的不满直接诉诸政治行动"(Skocpol 1994,241 页)。然而,梯利在这篇文章中提出的证据表明,在阶级的定义与革命的关系问题上,他似乎提出了一些比斯考切波的思考更深刻的问题。

统治的整个时期,他总是在谈论改革,并且几乎没有一项制度不在他试图废除之列"
(Tocqueville 1983,188 页)。18 世纪晚期的法国,中央集权进一步强化,"国家运行更加
体系化并且更加高效"(Tocqueville 1983,viii-ix 页,32、60 页)。1787 年,路易十六开始
"全面改革整个行政体系"(Tocqueville 1983,194、201 页);1788 年,国王"颁旨重建整个
司法系统"(Tocqueville 1983,193 页)。为了应对法国在七年战争(1757—1763 年)中令
人沮丧且极具灾难性的失败,"政府变得更加富有活力,并开展了一系列在此之前从未
考虑过的行动"(Tocqueville 1983,178—179 页)。问题的关键不在于路易十六的政权
预演了革命者后来推动的诸多变革,也不在于路易十六是一位被误解的激进派,而在于
他是一位现代化的推进者。他的所作所为改变了政治争论与活动的整体环境,革命因
此是相互竞争的现代化规划之间激烈冲突的结果。

法国大革命并非这一现象的首例,一个世纪以前的英国也曾因相似的革命而跌宕
起伏。詹姆斯二世及其治下的英国也曾忧心忡忡地认为,当时的一些军事失败,特别是
英荷战争的失利,已经使其王国沦为二流国家。詹姆斯二世同样得益于英国对外贸易
的扩张,这使其能够扩编军队并使之现代化、大幅增加国家官僚,并且强化中央对地方
政府的控制。詹姆斯同样建立了广泛而有效的监控系统,在英国的咖啡馆、酒馆和教堂
部署大量密探。他利用新设立的邮政局拆看信件,以便密切监视国家的政治动向。他
还利用广泛的政治调查评估国民的政治反应,借此排斥政治上的反对者并由效忠者取
而代之。推翻了詹姆斯统治的革命者不过是实施了另一个版本的现代化规划,革命后
的政权同样致力于现代化、集中化以及国力的增强。不同之处在于,新政权实施了完全
相异的经济战略,即致力于英国制造业的发展而非通过领土扩张发展农业(这自然导
致了不同的对外政策),以及坚定不移的宗教宽容政策。[①]

20 世纪的革命沿袭了 17 世纪和 18 世纪的革命模式,国家现代化依然是革命的必
要前提。墨西哥革命爆发之前就曾经历了一个全面的国家现代化阶段。墨西哥总统波
菲里奥·迪亚斯(Porfirio Diaz)发起了一系列改革,这被历史学家弗里德里希·卡茨称
为"波菲里奥现代化之路"(Katz1986,64 页)。迪亚斯以普鲁士为样板对墨西哥军队进
行了现代化改造,使之成为对有才干之人开放的职业(Knight 1986,i.18 页)。迪亚斯
的财政部长约塞·利芒图尔(José Limantour)"平衡了预算、改革了财政、消除了国内
关税壁垒、改革了国家银行制度"(Knight 1986,i.23 页;Katz 1986,56 页)。这一切均需
要以墨西哥行政体系的扩大为基础,国家官僚机构因而"大幅扩张"(Katz 1986,38
页)。迪亚斯还利用其权力"控制了"墨西哥持反对立场的媒体(Katz 1986,35 页)。他

---

① 平卡斯 Pincus(forthcoming)提供了有关的证据。

的成就是创造了管理"一个强大的中央集权国家"的"全国性的统治阶级"(Katz 1986,56 页;Knight 1986,i.15 页)。

20 世纪早期的俄罗斯和土耳其,在革命爆发之前也都经历过国家现代化的尝试,虽然两国的旧政权在这么做的时候多多少少有些不得已。在俄罗斯,沙皇自 19 世纪就已经开始采取一系列措施解放农奴,到 20 世纪初,国家的改革"已经使国家的行政管理转变为统一的现代制度"(Sohrabi 1995,1392 页)。俄国在日俄战争中的失败以及接踵而至的 1905 年革命加快了国家现代化的进程。沙皇尼古拉二世创立了经全国性选举产生的议会即杜马,并使政党和工会实现了合法化。尼古拉拥有全欧洲规模最大的常备军,并且在 1917 年 10 月革命开始前已经启动了"一项重大的社会改革计划"(Fitzpatrick 1982,15—16、31—36 页)。

1908 年的土耳其革命爆发前,苏丹阿布都哈米特二世(Abdulhamid II)同样发起了一系列国家改革。意识到欧洲列强正急切地等待时机,以瓜分曾经令人畏惧的奥斯曼帝国,苏丹虽不情愿,但还是积极地说服他的臣下接受了现代化的政策。他大幅扩展了国家的教育系统和铁路网络,并按照德国模式启动了一项大规模的军队现代化方案(Akmese 2005,19—21 页)。1908 年革命爆发之前,苏丹"已经成功地在奥斯曼帝国的军队和官僚系统内部创造了一些重要的现代部门,它们的运行规则建立在法理基础之上"(Sohrabi 1995,1391 页)。

国家现代化也是中国革命的先导。[①] 中国在甲午战争中的失败(1895 年),以及随后的义和团运动(1899—1901 年),促发了一系列迅速且影响深远的改革。大部分军队按照西方传统进行了改造。科举制亦在 1905 年被废除,这为大规模的教育改革奠定了基础。乔纳森·斯彭斯指出:"随着更多官督商办企业的建立和铁路网的逐渐扩大,政府对经济的控制也增强了"(Spence 1982,90—91 页)。1906 年 9 月,政府宣布准备立宪,以及实施一系列更为深入的行政改革。迈克尔·加斯特(Michael Gasster)的结论是,在 20 世纪早期的中国,各方力量"都是政治现代化的鼓动者"。不久之后转变为革命的冲突,"主要焦点是中国应采取何种现代政府形式,以及通过何种途径建立现代政府"(Gasster 1968,75、81 页)。

虽然对于那些把革命理解为现代化的成功或者农民阶级的最终胜利的学者来说,1979 年的伊朗革命是一个极富争议的问题,但它同样表明,雄心勃勃的现代化推进者为革命铺平了道路。[②] 伊朗国王巴列维(Shah Mohammad Reza Pahlavi)是这一全面彻底

[①] 这个观点斯考切波也有所提及(Skocpol 1979,77 页)。

[②] Arjomand(1988,191 页)。斯考切波承认,伊朗革命对其观点提出了一些根本性的问题:"Rentier state and Shi'a Islam in the Iranian Revolution,"见 Skocpol(1994,240—243、245—247 页)。

的现代化方案的总设计师。他的军队超过 40 万人,拥有先进的现代武器、顾问以及技术装备。他的庞大的"官僚机构管理着各种各样的职能部门和企业,诸如石油、钢铁、港口、铁路,甚至原子能等"。当然,国王也豢养了一批令人生畏且广受鄙视的秘密警察(Razi 1987,454 页)。有评论者指出,伊朗革命是"由国家集权化和现代化促发的政治斗争"①。革命者并非反动派,他们只是对一个现代化的伊朗有着不同的愿景,它反映了国王的反对者所拥有的广泛社会基础:除神职人员外,还包括"集市的小商贩、部落成员、知识分子、技术人员、学生、产业工人、谨小慎微的公务员、甚至部分武装部队"(Razi 1987,455—456 页)。甚至可以说,就连最终获胜的伊斯兰主义者,也拥有他们自己对现代伊斯兰共和国的愿景。②

表面上看,1959 年的古巴革命最难以理解。大多数评论者认为,巴蒂斯塔(Fulgencio Batista)的脆弱性很大程度上源自其使军队非职业化的想法。然而,巴蒂斯塔虽然有很多奇思妙想,但他仍然是一位富于进取性的现代化推动者。巴蒂斯塔的政治生存秘诀之一就是促进经济的快速增长,这部分是"通过国家发展银行"实现的(Domingnez 1998,125 页)。在另一位研究者看来,他还"启动了一项工业化计划"(O'Connor 1970,29 页)。巴蒂斯塔从 1933 年起成为古巴政治中呼风唤雨的人物之后,便创建了一个庞大的国家官僚体系,其雇员占古巴总人口的九分之一。与其他所有的国家现代化实例一样,政治压制当然也是巴蒂斯塔国家现代化的一个基本要素,在 1952 年至 1959 年间,有大约 2 万古巴人被政府杀害(Foran 2005,60 页)。菲德尔·卡斯特罗(Fidel Castro)政权的崛起不过是为古巴的现代化提供了不同的版本。

为什么国家现代化乃是通往革命的必要步骤?答案要从社会结构与意识形态方面寻找。国家的现代化必然使数量庞大的民众与国家相接触,而现代化进程中的国家往往也会建立新的、规模庞大的中央集权官僚系统,税吏、地方官、邮政人员、秘密警察都以前所未有的程度介入地方生活。这种新的、在日常生活中与国家的接触,鼓励那些以前远离且不关心国家政治的人们,开始深入关切国家的意识形态与政治走向。现代化进程中的国家创造了对信息的需求,又提供了满足这种需求的手段,最终造就了新的政治化的公众,而他们中又有相当一部分被国家机构所雇用。③ 军队和官僚机构的现代化不仅产生大量国家雇员,而且还以新的方法、新的世界观教育他们,在很多情况下要

---

① Arjomand(1988,194 页)。他在第 71—74 页描述了这一现代化计划。

② 阿里·沙里亚蒂被称为将"伊斯兰教与现代思想"混合起来的"反叛思想家"(Keddie 2003,200、227 页)。阿迦曼强调了伊朗革命中的一些现代元素,包括伊朗伊斯兰议会的建立、"对技术强烈的兴趣",以及"对农村发展和提高农民生活水平的承诺"(Arjomand 1988,206—207 页)。

③ 波瓦克斯(Boix 2003,28 页)似乎认为,这种情况提供了革命的潜在可能。

求他们秉承国家而非地区或地方性认同。正因为如此，很多革命的激进骨干都来自各种现代化的机构，如20世纪早期土耳其的青年土耳其党人，以及17世纪晚期由后来的马尔伯勒公爵（duke of Marlborough）领导的英格兰军队逃亡者。概言之，国家现代化造就了新的政治公众。

通过宣布与过去决裂，现代化中的国家创造了一种意识形态上的新起点。为了解释并证明国家的扩展、国家的转型以及国家对日常生活的介入，现代化中的国家必须昭告并解释它们新的发展方向，为此，它们又被迫接受激进的必要性。如此一来，潜在的革命者已经没有必要向那些可能持怀疑或保守立场的大众解释变革的必要性，留给他们的是一项远没有那么振奋人心的任务，即解释为何国家选择的现代化道路注定失败或者对社会有害。现代化中的国家必定会激起有关现代化的途径及其目标的广泛争论，从而为现代化中的反对者创造了意识形态空间。

旧制度的现代化并不必然导向革命，国家也并不必然为应对革命压力而进行现代化。俄国的罗曼诺夫王朝和中国的清王朝也许是在无法阻挠革命的情况下才进行了国家现代化，但在其他案例中，旧制度面临的是来自其他方面的压力。詹姆斯二世在其国内声望最高的时候实现了对英国国家机器的现代化。路易十六对国家的重大改革并不是为了应对国内的不满，而是担心在与英国的竞争中陷于劣势。迪亚斯与巴列维分别在墨西哥与伊朗推行的大规模国家发展规划，其主旨亦非反对革命，他们更多关心的是自己国家的国际地位，而不是去镇压某个明确的革命反对派。国家现代化的计划更有可能引起革命者的积极回应，而非对抗革命者要求的绝望企图。

我的观点与先前的理论有何不同？大多数研究革命的理论家，重点关注的都是具有推翻旧政权潜力的社会运动的产生。与此不同，我认为革命的根源乃是始于旧制度内部的国家现代化，是使旧政权转变为现代国家的进程。这与亨廷顿的观点形成了鲜明的对比，他认为"在有能力扩张权力并且扩大体制内参与度的政治系统中，革命不可能发生"（Huntington 1968, 275页）。然而，恰恰是国家扩大其行动范围的能力创造了新的、被政治化的群体。虽然我同意斯考切波的观点，即国际环境的变化可能使旧政权面临巨大的压力，但我不认为"只有在革命爆发之前旧政权压迫性的国家机构得到削弱，群众性的革命运动才能取得成功"（Skocpol 1994, 241页）。在英国、古巴和伊朗革命中，国家的镇压机构在革命发生时不仅没有削弱反而增强了。事实上，往往是国家权力的扩张，使革命者在反抗被镇压之前采取了决绝的行动。另外，我也不同意杰夫·古德温的观点，他认为革命会在国家的边缘地带，即那些"组织不完善且军事力量薄弱，特别是社会的边远地区"发生（Goodwin 2001, 26页）。恰恰是现代化中的国家将其权威更加深入地向社会中扩展的行为，动员并促进了边缘地带民众的政治化。革命的前兆乃是国家的现代化而非国家的崩溃,是国家力量的增强而非国家的削弱。

五、国家现代化在何时引发革命?

当然,并非所有的国家现代化规划都会引发革命。瑞典和丹麦广泛而深入的国家重构创造了更加稳定而非动荡的国家政权。路易十四通过推行规模宏大的国家现代化计划,集中了他的权力,限制了司法领域反对派的力量,创造了众多新的国家产业,并且实现了陆军和海军的现代化。其结果不是革命,而是法国政府的黄金时代。[1] 与此类似,日本的明治维新(1868 年)"创建了全民教育体系,组建了现代陆军和海军,并且在全国和地方层面培育了一批高效的行政官僚"[2]。在日本,新国家也没有被革命运动推翻,而是创建了一套高效的军事机器。

那么,为什么一些国家的现代化直接导致了革命,而另一些却造就了稳定高效的国家? 对这一问题我自己并没有确定的答案。由于大多数学者重点研究的是革命发生的社会条件,而非国家的现代化,所以没有太多的学术资源可以资借鉴。历史学家的研究则往往缺乏比较的视角,因此在这方面基本上也没有帮助。

为何某些现代化中的政权遭遇了革命,而另一些则赢得了稳定和政治上的成功? 这一问题最好的解释来自波瓦克斯。他认为,"如果富有阶层在运用镇压手段方面存在某些不确定性,则革命和某种形式的武装冲突就有可能性发生"(Carles Boix 2003,93页)。这意味着如果人们认为现代化中的政权未能垄断暴力,发生革命的概率就会增加。也就是说,当现代化进程过快,以至于在人们当中造成一种行政软弱的印象时这种情况就会发生,18 世纪晚期的法国和 17 世纪晚期的英国就是如此。或者当一个政权无力镇压羽翼未丰的反对者时,类似情况也可能发生,比如在古巴和中国。如果现代化中的国家能够迅速地证明其对资源的控制能力,并且解除反对者的武装,如 17 世纪的丹麦和瑞典,或者 19 世纪晚期的日本那样,革命就不会发生。

意识形态一定也发挥了作用。可以通过武力压制或者高水平的意识形态共识让反对团体噤声。路易十四成功地为自己塑造了一种能够领导法国支配世界的形象,这显然有助于他大规模的现代化行动(Burke 1992)。一般来说,如果政权能够操纵爱国舆

---

[1]　关于 17 世纪法国专制主义的性质有很多争论,但大多数论者都同意路易十四极大地提高了法国的国家力量。参见 Collins(1995,79—124 页);Parker(1983,118—136 页)。

[2]　Huber(1981,1 页);Beasley(1990,54—69 页);Norman(1975,114—115 页)。哈伯将明治维新形容为一次"服务革命"。然而,正如比斯利所指出的,明治维新不符合革命的通常标准,因为当时没有出现大规模的群众运动,也没有新时代的观念,流行的争论与建立一种新的政治秩序无关。在我看来,明治维新是国家彻底现代化的一个典型案例。

论,成功地把它们的政治反对派描绘为国家公敌,它们就更有可能避免革命。当然,如果爱国主义话语成为国际冲突的原因或者结果,则军事上胜利就成为维持政权的基本前提了。如果沙皇军队在第一次世界大战中获胜,俄国革命是否还会发生呢?

六、开放和封闭的结果

为什么一些革命产生了相对开放的政权,而另一些则产生了更具压制性的封闭社会? 为什么有些革命,像光荣革命和美国革命,创造了更具竞争性的政治文化,而俄国和中国革命则导致了更少多元化的政权?

当然,这是对巴林顿·摩尔在《民主与专制的社会起源》一书中提出的经典问题的修正。他的问题是,为什么一些国家民主化了,而另一些转向了法西斯主义,还有一些成为共产主义政权? 摩尔提供的答案有丰富翔实的历史细节的支撑,也有精细敏锐的分析,但要简单总结他的观点并不困难。摩尔认为,“经过一系列革命之后”,英国、法国和美国实现了“资本主义与民主”,因此这些革命属于“资产阶级革命”,因为“一个独立且充满活力的城镇居民阶层始终是议会民主成长过程中不可或缺的要素”。摩尔清楚地指出:“没有资产阶级,就没有民主”(Moore 1966,3—155、413、418 页)。相比之下,摩尔在德国和日本看到了没有民主的资本主义的发展,而这些国家未经“革命洗礼”的经济现代化最终导向了“法西斯主义”。这些国家与英国、法国和美国的情况不同,现代化是在一个强大的“上层地主阶级”主导下实现的。虽然摩尔把这种模式称为“自上而下的革命”,但他又明确指出这是没有革命行动的革命,即现代化是在没有“大众革命运动”的情况下发生的(Moore 1966,413、433 页)。被摩尔归于这一类别的,就是我所说的那种没有引致革命的国家现代化。最后是发生在中国和俄国的共产主义革命,“其主要的但并非唯一的原因是农民”(Moore 1966,413 页)。

尽管摩尔的论述史料翔实、立论精辟,但他的解释终究不具说服力。紧随法国革命和英国内战之后的阶段很难被称为民主时期。拿破仑的确提升了法国人的形象,他编订了拿破仑法典,但他对法国传统的支配世界的目标的追求,并非基于民主制度的政治支持。在英国,内战结束后马上在 1649 年处死了查理一世,但并没有直接过渡到议会民主。查理二世、尤其是詹姆斯二世(1685—1688 年)创建了一个强大的专制主义国家,到 1688 年才被一场大众暴力革命推翻。如果拿破仑没有战败,或者詹姆斯二世镇压了 1688 年革命,那么这两个国家通往议会民主制的道路绝对不会如此平坦。也就是说,强大的资产阶级并不必然创生议会制民主。另一方面,国家自上而下的改革也不必然导致法西斯主义。丹麦和瑞典都是在专制君主的领导下实现了国家的现代化,但在今天,两国更多的是与社会民主而非法西斯主义相关联。人们相信摩尔的分析中有一些基本的真理成分,但其论证总体上看难免有操纵历史之嫌。①

对于为什么一些革命产生了更民主的政权,而另一些产生了更具威权色彩的政权这一问题,汉娜·阿伦特提供了一种不同的回答。在她看来,法国革命之所以最终走上了"灾难性的道路",而美国革命则创造了一个民主社会,其原因与革命者追求的目标密切相关(Arendt 1963,215页)。阿伦特不无遗憾地表示:从"法国革命的后期阶段到我们这一时代的革命,在革命者看来更重要的似乎是改变社会的组织……而非政治领域的结构"(Arendt 1963,25页)。然而,关注社会而非政治问题的革命,都不可避免地导致了威权政体,其原因正如法国大革命所表明的那样,在于革命的目标已经偏离自由。阿伦特指出:"法国革命的艰难处境使其几乎从一开始就偏离了(为自由)奠基这一目标,它迫切需要摆脱的不是暴政而是它所面临的困境。"在阿伦特看来,正是这一逻辑"导致了暴力的无限蔓延"。(Arendt 1963,92页)

阿伦特对革命不同政治结果的解释甚至比摩尔更为悲观。与摩尔一样,阿伦特也把革命的结果与"历史阶段"相联系(Moore 1966,414页)。不同的是,摩尔认为民主主义和法西斯主义的阶段已经过去,而阿伦特认为自法国革命以来革命者始终在寻求解决社会而非政治问题。然而,阿伦特的分析中存在严重的历史缺陷。社会问题原本就是英国光荣革命的重要组成部分,而正是这场革命为议会民主铺平了道路。事实上,社会问题在17世纪晚期的英国革命中发挥了重要作用,这一点并不令人感到惊奇。因为在阿伦特看来,正是洛克(John Locke,1632—1704年)为社会革命者提供了核心思想,即"辛勤与劳作"并非"那样没有财产的人因贫困"而不得不从事的活动,"相反,它是一切财富的来源"(Arendt 1963,23页)。洛克关于劳动创造财产的观念使财富具备了无限增长的潜力,因此可以通过人力消除贫困。正是这样一种意识形态激励着1688—1689年的大批革命者把英国从一个农业社会转变为一个工业社会,从一个被原材料所限的社会转变为一个被人类创造的无限可能推动的社会(Pincus 2005)。事实上,被阿伦特视为政治革命典范的美国革命亦有其社会向度,这对她的观点是一个更具破坏性的冲击。蒂姆·布林在其新近的著作中,把"消费者的抵制"置于美国革命叙事中的核心地位。布林认为:"美国革命是第一次围绕普通人与工业消费品之间的关系组织起来的大规模政治运动"(Breen 2004,xvi-xviii页)。当英国的税收剥夺了使他们感到自

① 波瓦克斯通过区分弱工业化和强工业化国家的政治结果修正了摩尔的观点(Boix 2003,40页)。尽管我认为波瓦克斯的论述在分析上更令人满意,而且我和他都对重新思考现代化理论家们提出的问题抱有热情,但从根本上说他提出的问题更大。他问的是何谓"民主转型",而我的问题要更具体,即为何一些革命产生了更民主的制度,而另一些则产生了更具威权性的政权。

己乃是文明之人的消费品时,北美殖民地臣民就转变为革命者。因此,社会问题才是美国革命者关注的核心问题。

那么,为什么一些革命创造了民主国家而另一些产生了威权社会？我猜想,问题的答案与革命所发生的社会内部的经济结构密切相关。正如托克维尔所言,法国革命与其他所有革命一样"产生了一种类似宗教狂热的氛围,而且的确在各方面都显现出宗教复兴的迹象"(Tocqueville 1983,12—13 页)。革命者立场坚定,不容忍任何妥协。面对政治抵抗,握有权力的革命者更愿意强迫人们自由。① 然而,当革命国家必须在经济上仰仗对外贸易以求得生存时,它们就会反过来依赖商人阶层。后者从事贸易活动需要自由流动的信息,所以对垄断信息的威权体制抱有敌意。我猜测,正是外贸群体的经济和政治影响,阻止了 1688 年之后的英国和建国初期的美国走向一党制。在经济相对自足的国家,如拿破仑治下的法国,以及中国和苏联等,一党执政的威权政体取得了胜利。伊朗能够维持其社会的对外封闭,则是因为国家控制了巨额的石油收入。古巴是一个特例,虽然它在经济上难以自足,但卡斯特罗政权在一开始就能够依靠它唯一的贸易伙伴——苏联维持生存。

从某种意义上来说,我是在对巴林顿·摩尔的观点加以修正。问题并不在于缺少了资产阶级就没有民主。伊朗有一个强大的资产阶级,古巴也一样。因此更确切地说,除非国家的生存有赖于资产阶级,特别是那些涉足对外贸易的资产阶级的经济活动,否则就不会有民主。由于革命国家往往具有某种宗教狂热,因此它们很难容忍意识形态上的对立。只有在国家不得不与资产阶级和国际经济利益妥协,以获取足够的资源来维持生存的情况下,民主才会得以存续。真正起作用的不是资产阶级的规模或属性,而是他们拥有的经济力量。对革命的政治结果感兴趣的学者,更应该关注的是革命社会中国家的财政结构,而不是这个社会的阶级构成。

七、结 论

本章简单介绍的各种分析所运用的方法和解释手段具有重要意义。如果国家现代化是革命的前提,那么学者们就一直在重复错误的问题。学者们应该把对革命的研究分解为三个单独的问题,而不是罗列一大堆使人困惑的导致革命的因素②,或是像老旧

---

① 强迫那些不服从公意的人自由,这是被称为法国大革命精神导师的卢梭的观点。——译者
② 这种方法的先驱是托马斯·潘恩(Paine 1796,33 页)。弗然的研究继续了这一方法(Foran 2005,18 页)。

文献那样给出一张关于革命的前提或者原因的长长的单子①。这三个问题是：第一，为什么国家会走向现代化？在这里，我认为类似斯考切波那样关于国际环境的分析最具解释力；第二，为什么一些现代化中的国家经历了革命而另一些没有？这个问题尚未得到充分的回答；第三，为什么使相互竞争的现代国家模式彼此对立的革命会产生不同的政治后果？这同样是一个没有明确答案的重要问题。革命研究者给出的一大堆芜杂的原因难以确切回答这些问题。我认为，第一个问题的答案与国际政治环境密切相关，第二个问题与国家的意识形态和经济资源关系紧密，而第三个问题则可以通过了解相关国家经济自足的水平予以回答。②

　　不管如何回答上述问题，本章已经表明，对革命的主流解释模式错误地认为，当一个旧政权无法自我调节以适应环境变化的时候，革命就会发生。我的分析表明，革命只会出现在旧制度开始推行国家现代化之后。克兰·布林顿在对其早期研究进行反思时指出："我们能够取得的一个最明显的共识，就是每个（革命）社会均作出了改革政府机构的努力。"（Brinton 1938，39页）希拉·菲茨帕特里克在总结她对俄国革命的研究时同样认为，1917年之前俄国政治领域中"存在进步"，但正是这种进步"很大程度上导致了社会的不稳定以及政治动乱的可能：一个社会变化越快（无论这种变化被视为进步还是倒退），它可能就越不稳定"（Fitzpatrick 1982，16页）。这些富有历史洞见的认识，为我们思考革命提供了指导。革命并非推翻传统国家的斗争。只有在旧制度无论出于什么样的理由开始实施广泛深入的现代化计划之后，革命才会发生。因此，革命乃是不同阵营的现代化推动者之间的对抗。

参考文献

AKMESE, H. N. 2005. *The Birth of Modern Turkey*. London: I. B. Tauris.

ARENDT, H. 1963. *On Revolution*. London: Penguin Books.

ARJOMAND, S. A. 1988. *The Turban for the Crown*. Oxford: Oxford University Press.

BEASLEY, W. G. 1990. *The Rise of Modern Japan*. London: Weidenfeld and Nicolson.

BLACKSTONE, W. 1765-9. *Commentaries on the Laws of England*. Oxford: Clarendon Press.

Boix, C. 2003. *Democracy and Redistribution*. Cambridge: Cambridge University Press.

---

① 斯通对这方面的文献进行了整理和批评（Stone 1966，164页以下）。

② 必须强调，本章的主要贡献并非对上述问题提供绝对的分析性解决方案。我采用的方法显然是尝试性的。但是，我希望通过重新界定和分解围绕革命的原因和结果的重要问题，使作出更确切的回答成为可能。我坚持认为，这些回答必须能够对从1688—1689年的光荣革命到1979年伊朗革命之间及其以后的所有革命加以说明。

BREEN,T.H.2004.*The Marketplace of Revolution.*Oxford:Oxford University Press.

BRINTON,C.1938.*The Anatomy of Revolution.*New York:W.W.Norton 8c Co.

BURKE,P.1992.*The Fabrication of Louis XIV.*New Haven:Yale University Press.

BURNET,G.1681.*The History of the Reformation of the Church of England*,part I,2nd edn.London:T.H. for Richard Chiswell.

COLLINS,J.B.1995.*The State in Early Modern France.*Cambridge:Cambridge University Press.

DOMINGUEZ,J.1998.The Batista regime in Cuba.Pp.113-31 in *Sultanistic Regimes*,ed.H.E.Chehabi and J.J.Linz.Baltimore:Johns Hopkins University Press.

FITZPATRICK,S.1982.*The Russian Revolution.*Oxford:Oxford University Press.

FORAN,J.2005.*Taking Power:The Origins of Third World Revolutions.*Cambridge:Cambridge University Press.

GASSTER,M.1968.Reform and revolution in China's political modernization.In *China's Revolution*,ed. M.C.Wright.New Haven:Yale University Press.

GEYL,P.1939.*Orange and Stuart 1641-16/2*,trans.A.Pomerans.New York:Charles Scribner's Sons.

GOLDSTONE,J.A.1991.*Revolution and Rebellion in the Early Modern World.*Berkeley and Los Angeles: University of California Press.

GOODWIN,J.2001.*No Other Way Out.*Cambridge:Cambridge University Press.

HILL,C.1961.*The Century of Revolution.*Edinburgh:Thomas Nelson and Sons.

HUBER,T.M.1981.*The Revolutionary Origins of Modern Japan.*Stanford,Calif.:Stanford University Press.

HUNTINGTON,S.1968.*Political Order in Changing Societies.*New Haven:Yale University Press.

ISRAEL,J.1.1995.*The Dutch Republic:Its Rise,Greatness and Fall 14/7-1806.*Oxford:Clarendon Press.

JESPERSEN,K.1994.*History of Denmark*,trans.I.Hill.Houndmills:Palgrave.

JOHNSON,C.1966.*Revolutionary Change.*Boston:Little,Brown & Co.

KAPLAN,S.L.1995.*Farewell,Revolution:The Historians' Feud:France,1789/1989.*Ithaca,NY:Cornell University Press.

KATZ,F.1986.Mexico:restored republic and Porfiriato,1867-1910.Ch.1 in *Cambridge History of Latin America*,vol.v,ed.L.Bethell.Cambridge:Cambridge University Press.

KEDDIE,N.R.2003.*Modern Iran:Roots and Results of Revolution.*New Haven:Yale University Press.

KNIGHT,A.1986.*The Mexican Revolution.*Cambridge:Cambridge University Press.

KRAMNICK,I.1972.Reflections on revolution.*History and Theory*,11(1):26-63.

LIVESEY,J.2001.*Making Democracy in the French Revolution.*Cambridge,Mass.:Harvard University Press.

LUCAS,C.1973.Nobles,bourgeois and the origins of the French Revolution.*Past and Present*,60: 84-126.

LYNCH,J.1989.*Bourbon Spain 1700-1808.*Oxford:Basil Blackwell.

MARX,K.1973.The East India Company.In *Karl Marx:Surveys from Exile,Political Writings*,Vol.ii,ed.

D. Fernbach. London: Penguin Books.

MOLESWORTH, R. 1692. *Account of Denmark*. London: Timothy Goodwin.

MOORE, B., Jr. 1966. *Social Origins of Dictatorship and Democracy*. Boston: Beacon Press.

NORMAN, E. H. 1975. *Origins of the Modern Japanese State*. New York: Pantheon Books.

O'CONNOR, J. 1970. *The Origins of Socialism in Cuba*. Ithaca, NY: Cornell University Press.

PAINE, T. 1792. *Rights of Man*. London.

——1796. *The Decline and Fall of the English System of Finance*, 2nd American edn. New York.

PARKER, D. 1983. *The Making of French Absolutism*. London: Edward Arnold.

PINCUS, S. C. A. 2005. Whigs, political economy and the Revolution of 1688–89. In *Cultures of Whiggism*, ed. D. Womersley. Newark: University of Delaware Press.

2006. *England's Glorious Revolution 1688–89*. Boston: Bedford/St Martin's.

——Forthcoming. *The First Modern Revolution*. New Haven: Yale University Press.

PRICE, R. 1784. *Observations on the Importance of the American Revolution*. London.

RAZI, G. H. 1987. The nexus of legitimacy and performance: the lessons of the Iranian Revolution. *Comparative Politics*, 19(4): 453–69.

ROBERTS, M. 1967. *Essays in Swedish History*. London: Weidenfeld and Nicolson.

ROWEN, H. H. 1978. *John de Witt, Grand Pensionary of Holland, 1625–1672*. Princeton: Princeton University Press.

SKOCPOL, T. 1979. *States and Social Revolutions*. New York: Cambridge University Press.

——1994. *Social Revolutions in the Modern World*. Cambridge: Cambridge University Press.

SOHRAB I, N. 1995. Historicizing revolutions. *American Journal of Sociology*, 100(6): 1383–447.

SPANG, R. 2003. Paradigms and paranoia: how modern is the French Revolution? *American Historical Review*, 108(1): 119–47.

SPENCE, J. D. 1982. *The Gate of Heavenly Peace*. London: Penguin Books.

STONE, L. 1966. Theories of revolution. *World Politics*, 18(2): 159–76.

TILLY, C. 1973. Does modernization breed revolution? *Comparative Politics*, 5(3): 425–47.

TOCQUEVILLE, A. DE 1983. *The Old Regime and the French Revolution*, trans. S. Gilbert. New York: Anchor Books.

UPTON, A. F. 1998. *Charles XI and Swedish Absolutism*. Cambridge: Cambridge University Press.

第十八章　内　战[①]

斯塔西斯·卡里瓦斯（Stathis N.Kalyvas）

一、什么是内战？为何研究内战？

　　当国内政治冲突以军事对抗或武装斗争的形式出现时，就出现了内战。内战极具破坏性，1945 年到 1999 年之间全世界共发生了 146 场内战，每一次的平均死亡人数是143883 人（Sambanis 2004b）。除了直接死亡，内战还会导致大批居民流离失所、传染病、饥荒和国家机器失效等，从而造成更多的间接死亡。内战导致经济发展停滞甚至倒退，直接和间接损失同样十分巨大。

　　内战是一个容易引起严重语义混乱甚至争论的概念。将一场冲突定性为内战既具有象征意义，也具有政治意义，因为这么做可以赋予或剥夺交战中一方的合法性。实际上，用或者不用这个概念本身就是冲突的一部分，这就是为什么人们宁愿采用委婉的表达方式的原因。内战的委婉表达包括动乱（Troubles），突发事件（Emergency）或紧张局势（Situation）等，而反叛者则通常被称为匪帮（bandits），近来又被冠以恐怖分子之名（一些内战则被视为"反恐战争"）。这类语义学和政治学上的论争在很大程度上说明了一个事实，即对内战的系统研究是一个相对较新的课题。

　　除政治论争之外，内战的研究还受到关于类似现象的竞争概念，如革命和族群冲突等的影响。直到最近，学者们对革命研究一直情有独钟。这或许反映出人们在规范意义上对社会革命的偏好，或至少是同情，而内战则往往被视为一种人们并不希望出现的结果。20 世纪 90 年代初苏联和南斯拉夫解体后导致的暴力事件，重新引起了人们对

　　①　作者谨对 Ana Arjona，Laia Balcells，Nicholas Sambanis，Elisabeth Wood 和本书编辑们有益的评论和建议表示感谢。

"族群冲突"的重新关注。到90年代中期,学者们认识到,社会革命和族群冲突都是传统上被称为叛乱,而现在被定义为内战的这更一大概念的构成部分,这把相关研究推进到一个新的时代。可以毫不夸张地说,政治学家对内战的研究从此以后获得了蓬勃发展。然而,很少有人会问及这种变化为何发生。

三个方面的因素推动了内战研究的兴盛。第一,致力于非洲经济研究、并主要由世界银行资助的发展经济学家们,力图证明内战是经济发展的主要阻碍。第二,国家间战争的大幅减少,使得专门研究战争的国际关系和国际安全学者,把他们关注的重点转移到时下更常出现的战争形态即内战上来。第三,冷战后初期族群冲突的再度增加,使得包括社会学家和比较政治学家在内的族群问题研究者,去关注所有类型的国内冲突,而不仅仅是族群冲突。

这个三个方面使人们关注内战的因素,大致与三种不同的研究方法相对应:经济学的方法、国际关系的方法,以及比较研究方法。尽管学者们都承认问题的复杂性,也清楚引发内战的原因具有多样性,但经济学家主要强调自然资源的影响,国际关系学者更关注族群对抗,而比较政治学者则重点关注国家能力。

内战的定义有多种,但对于这一现象的基本性质并没有太多争议。内战可被定义为原本服从共同权威的相互敌对的派别,在某一得到承认的主权实体边界范围内爆发的武装斗争(Kalyvas 2006)。这个定义强调两个关键特征:一是冲突的军事化,它需要至少两个相互对抗的方面(包括拥有军事装备和固定成员的相对大型的反叛组织),并且需要将内战与社会骚乱、恐怖主义、犯罪和种族灭绝区分开来;二是对主权持有者权威的内部挑战,这使内战区别于国家间战争。[①] 实际上,*内部战争*(internal war,Eckstein 1965)是一个更为确切的术语,但由于日常的使用,内战(civil war)这一说法占据了主导地位。

定义上的共识掩盖了操作层面的重大分歧,以及由此导致的对冲突的不同分类。主要的问题是如何界定战争与内部冲突的界限。研究中采用的各种死亡阈值(fatality thresholds)主要依据第一个大型战争数据库即"战争相关性"(Correlates of War,它也是后继数据库的基础)的分类原则。分歧主要涉及死亡统计应是绝对值还是相对值("人均")、是累计的还是年度的、对死亡人数的统计只涉及战斗人员还是只涉及平民(还是两者都包括),以及冲突各方死亡人数的分布等。分类标准之所以重要,是因为据此可以确定内战的起始与终结,以及区分间歇性的单次战争与接连发生的不同战争。同一数据集内分类标准的不一致、不恰当的分类方法(如所谓的"体系外战争")、还有众所

---

① 反叛组织的规模可能各不相同,但不能将其简化为几十个秘密战士。

周知的内战死亡数据的不可靠性(大多数内战发生在缺乏统计机构的贫困国家),这些都使问题变得更加复杂。其他方面争论还包括:战争与和平的两分法与更好地体现强度等级的连续性概念哪个更有用;内战(从概念上讲)是一种独立现象,抑或仅仅是政治冲突这一更广泛现象的"价值标签"。

二、宏观发现与争论

识别内战因子的主要方法是对 1945 年以来所有国家的年度数据进行统计分析。已被识别的潜在的内战因子包括如下独立变量:经济发展水平、政治不稳定性、族群异质性、充沛的自然资源、冲突的历史、有战争倾向且非民主的邻国、高婴儿死亡率,弱小的军力、既非独裁亦非民主的政治制度(anocracies)、山地地形、庞大的人口规模、大量的流动人口、石油生产,以及各种地理和时间效应(中东和北非这一地理因素,以及 20世纪 60 年代这一时间因素尤为重要)。一些计量模型识别了若干促发内战的潜在因子。科利尔等人(Collier et al.2003,53—54 页)对其发现作出了如下大致总结:"那些经济增长水平低、发展停滞、人均收入分配不均,并且依赖出口初级产品的国家,面临着长期冲突的高危风险。如果没有经济增长,即便是好的政治制度、族群和宗教的同质性,以及巨大的军事开支,也都难以避免大规模的暴力冲突。一个国家一旦出现相互冲突的强大力量(即所谓的冲突陷阱),则很可能陷入一种冲突综合征而难以自拔。"

尽管简单明了,但这一论述掩盖了一些在侧重点与解释层面上的分歧。实际上,在自然资源、地理、族群异质性、制度类型、不平等或流动人口的影响及解释方面存在着大量争论(Cederman 2004;Sambanis 2001)。在计量指标、评测方法、测量程序以及数据集等方面的分歧,使学者们很难用确定的方法评价每一个变量的影响,也很难以形成一种明确的内战促发理论。[①] 虽然学者们充分注意到了内生性的问题,但不幸的是,无论在时间上还是空间上能够得到人们一致认可的分析工具都非常有限(Miguel,Satyanath,and Sergenti 2004)。也许更为重要的是,对于最重要的变量即贫困,一些相互矛盾、但在观察意义上又相互等值的因果机制都能够提供解释。这里只提两点,贫困既可以降低参与叛乱的机会成本,也可能增加人们的不满和改革社会的愿望,也就是说增加了反叛的机会与意图。

不过,我们还是可以将不同的变量归纳为三种理论视角,并且与上文概括的三种分

---

① 此外,桑巴尼斯(Sambanis 2004b)通过对一些有影响的数据集进行比较发现,大多数研究结果并未得到证实。

析方法松散地联系在一起。国际关系学者的论述强调族群异质性,发展经济学家强调自然资源的作用,比较政治学者关注国家能力。根据第一种视角,内战主要是民族主义情感和族群争执的表现,第二种视角强调内战是那些自然资源丰厚的国家受到的诅咒,第三种视角则认为弱国家才是内战的主要祸端。

族群与民族主义争端大量出现于描述性及理论性文献之中,但在最近的计量研究中只占据很小一个部分。一些学者(Wimmer and Min 2006;Toft 2003;Sambanis 2001;Posen 1993)注意到了族群分裂导致内战的现象。他们重点关注的是(族群)群体行为的动力机制及其人口因素,并且至少形成了三种程式化的解释模式(可能还有更多)。根据第一种模式,国家崩溃产生了"安全困境":在国家缺位的情况下,对于其他群体的意图的不确定性不可避免地导致冲突。由于每一个群体都不清楚其他群体的意图,因此它们会增强防御能力以图自保。然而,因为大多数防御性力量都可以用于进攻,所以防御能力的增强会被其他群体视为进攻性意图的体现(Posen 1993;Water 1997)。根据第二种解释模式,内战是"履约问题"的结果,当两个群体发现它们之间的协议缺乏第三方提供保障的时候,这个问题就会出现(Fearon 1998)。第三种解释模式认为,族群分裂主义者独立建国的意图才是内战的根源:他们依靠现存的族群网络,加上(特定族群)人口在某些地区的集中,能够形成挑战性的军事力量(Toft 2003)。威默和米恩(Wimmer and Min 2006)利用一个全球数据库扩展了上述第三种理论观点。这一数据库收集了1816年至2001年间一些特定区域的数据(不论在某个特定时段这些区域由哪一个政治实体控制)。他们通过长时段考察发现,国家间战争和内战都与帝国扩张和民族国家兴起这两次大的转型紧密相关。他们还发现,民族国家的兴起之所以与内战的爆发存在关联性,是因为基于民族差别的政治歧视,进一步促发了建立新的同质性民族国家的需求。

计量研究则认为上述论点缺乏足够的证据,因为用来反映族群对立的主要指标即民族语言学分化指数(ethnolinguistic fractionalization index——ELF),在统计上并没有太大意义。然而,这一争论因若干原因尚无定论。第一,ELF的确因其内在缺陷受到了合理的批评与质疑(Posner 2004),并且它也的确难以捕捉(甚至歪曲了)那些使族群问题演化为内战的细微途径。第二,桑巴尼斯(Sambanis 2001)指出,族群问题只能说明族群内战而非所有内战的原因。当然,如果将这一点考虑进来,那么可以把族群问题视为族群内战爆发的预警信号。第三,有观点认为更合适的指标是族群极化而非种族分裂。蒙塔尔沃和雷纳尔—克罗尔(Montalvo and Reynal-Querol 2005)的研究表明,内战中族群分裂是一个无关紧要的因素,而族群极化则发挥着非常重要的作用。塞德曼和吉拉尔定(Cederman and Girardin 2006)也持有近似的观点并提出了相应的证据,认为族群问题只有在少数族群统治的情况下才发挥作用。① 第四，一些学者批评现有的族群区分指标过于密集。布哈格、塞德曼和罗德（Buhaug,Cederman,and Rod 2006）目前正在进行一项族群人口地理分布的编码，以期在此基础上提出一套更好的族群指标。与此相类似，桑巴尼斯和米拉诺维奇（Sambanis and Milanovic 2006）也在利用不同于国家年度统计的地区年度统计编制数据。

对于族群问题的影响，更具一般性和理论性的批评认为，族群冲突概念本身就有缺陷，而且族群性本身就是人为建构出来的，是可变的（"建构主义"的观点）。这并不是否认族群问题在冲突中的作用，而是说群体差异（如种族、宗教、派系等）解释冲突的爆发并不充分，因为族群认同的彰显本来就可能是冲突的结果。换言之，族群问题的彰显，以及族群间的敌对，可能是冲突的结果而非冲突的原因。

再来讨论第二种观点，保罗·科利尔等人（Paul Collier et al. 2003;Collier and Hoeffler 2004）强调充沛的自然资源的影响。虽然贫穷可以降低参与叛乱的机会成本，但是充沛的自然资源却可能使那些开始时就具有政治目标的反叛最终转变成有组织的犯罪。非洲政治的研究者熟知大量支撑这一解释模式的案例:自然资源（尤其是钻石和石油）丰富的贫困国家常常出现叛乱;而叛乱一旦发生，它就依靠这些资源自我维持，而失业者参与叛乱的主要动机就是从中分到一杯羹。

这一观点存在以下问题:用哪类指标（比如初级产品的出口）反映自然资源的影响并不清楚、内在机制不明确、结论的微观基础缺乏经验证明，以及支撑这些研究的理论假设存在缺陷等（Cramer 2002）。汉弗莱斯（Humphreys 2005）指出，在初级产品出口与内战之间存在着诸多相互矛盾的关联②:贪婪的反叛者、贪婪的局外人（自然资源会诱惑外国公司和政府介入甚至挑起冲突）、不满（对自然资源的依赖可能导致不平等、易受外部贸易冲击的影响，以及因被迫迁徙和自然资源分配不公等导致的社会失衡）、为叛乱筹措资金、由"资源诅咒"导致的国家衰弱、松散的网络体系，等等。罗斯（Ross 2006）也列举了其他的一些问题，如测量误差、失真、内生性以及完整性缺失等。我们这里只提一点，即产权不明晰或法治不健全既可能导致对自然资源的依赖（通过阻止在其他领域的投资），也可能会导致内战。科利尔和赫夫勒则注意到了观察的均衡性问题（Collier and Hoeffler 2004,567 页）。他们指出:"初级产品的出口与可能引发内战的其他因素相关联，例如公共服务的匮乏、腐败及经济管理不善……从潜在的层面来看，任何一种情况下冲突风险的增加，都有可能是出于反叛者对治理实效的不满而非追

---

① 反证可以参考 Fearon,Kasara and Laitin（2006）。

② 包括科利尔等人提出的两种机制（贪婪的反叛者和对叛乱资助）。

逐经济利益。"一些定性研究也指出,很多问题出自人们对因果机制的假设而不是具体的研究。例如,古铁雷斯(Gutierrez 2004)认为,尽管哥伦比亚革命武装力量(Colombian FARC)严重依赖非法的自然资源古柯,但由于它缺乏选择其他资源的动机、对抢劫的惩处以及对其成员的严厉要求,这个群体仍然不能被纳入"犯罪反叛组织"的范畴。另外一个与此相关的问题,就是这一研究路线往往把从当代非洲内战研究中得到的知识与直觉,套用到过去和现在发生的所有内战上面。

作为对这些批评的回应,一些学者尝试对自然资源进行分类的细化处理。例如卢亚拉、格莱迪奇和吉尔摩(Lujala,Gleditsch,and Gillmore 2005)提出了一套自然资源禀赋的指标,对可掠夺与不可掠夺的自然资源予以区分。他们特别区分了两种钻石(原生或不可掠夺的与次生或可掠夺的),并且检验了它们与内战的发生及其频率之间的关系是否不同。罗斯(Ross 2006)也采取了类似的分析研究路径。他为石油、钻石和其他矿物财富设计了更为精确的、外生性的测量标准,并区分了人均非燃料收益、人均陆上燃料收益、人均离岸燃料收益、人均原生钻石产量以及人均次生钻石产量等,但结果依然具有不确定性。

最后来分析第三种模式。它强调的是由人均 GDP 反映的国家(镇压)能力,以及由山地指标反映的有利于乡村叛乱的条件(Fearon and Laitin 2003)。不满与贪婪虽然可以成为领导者和追随者发起内战的动机,但如果无法利用国家的缺陷,他们仍然无法把自己的偏好转化为行动。换言之,潜在的反叛领袖只有在获得成功的可能性比较大的情况下才会发动叛乱,条件之一就是国家没有财力在偏远地区保持充足的警力和行政存在。一种程式化的解释模式是,弱国往往无力维持偏远山区的秩序,而叛乱的爆发则使情况变得更糟。因此,如果政府简单地以暴力应对一场局部叛乱,则暴乱不但不会被阻止反而会被进一步激化。费伦和拉定(Fearon and Laitin 2003)在一般意义上认为,非殖民化缔造了一个在数量上由脆弱国家主导的国际体系,而这些国家对其边远地区的行政控制往往十分有限,这一情况与军事技术在游击战中的应用相结合,成为 1945 年之后的内战的结构性根源。广中(Hironaka 2005)的观点与此类似,他强调的是非殖民化的长期影响。与前述理论一样,这类解释模式也面临着假设方面的问题,它仅仅是强调了"山地区域"指标的统计意义,而没有证明其中的因果机制;但正如上面所指出的,贫困可以同时作为贪婪、不满和国家能力的指标。

此外,人均国内生产总值与其他变量如人口密度或城市化水平高度相关,而它们可能导致镇压叛乱的努力及国家能力的不足(Kocher 2004)。以"贫瘠地区"作为变量衡量国家能力的方法也受到质疑,因为尚不清楚的是,拥有贫瘠地区的国家所经历的内战,是否真的就发生在这些地区(Sambanis 2004a)。

显而易见,这三类观点并未穷尽内战起因的理论思考。虽然目前尚未成为主流观点,但还是有一些学者从理论和实证层面关注社会不满在内战中发挥的作用(Regan and Norton 2005),并形成了各种不同的观点。波瓦克斯(Boix 2004)认为,内战是由不平等和资本的流动性相结合所导致的;格尔(Gurr 1970)则早就指出,是期望值上升引发的相对剥夺感,而非不平等和贫困导致了叛乱和革命。显而易见,把不满作为内战起因的一个决定因素面临的问题是,它们似乎比内战普遍得多,而且很难予以直接度量。从根本上说,要跳出固有的解释路径,即从叛乱的需求与供给(或言意图与机会)相结合的角度来寻找答案,并不是一件容易的事。

下面我将讨论一个国家的乡村状况与内战起因之间的关系,以进一步表明寻找和梳理这些相互矛盾的因果机制所具有的复杂性。

三、乡村维度

内战与一个人们知之甚少同时也缺乏研究的社会维度即乡村维度相联系。贫穷社会往往是乡村社会,叛乱也往往爆发于农村地区并在此展开(Tong 1991;Brustein and Levi 1987)。与之相反,发达的西方民主国家经历的政治暴乱,在形式上主要表现为城市地区的恐怖主义。大规模的族群暴乱在这些国家也十分少见,受其影响的主要是贫穷国家的城市地区(Varshney 2003;Wilkinson 2004)。

乡村因素与内战起因之间的因果逻辑,与从其他角度加以总结的因果机制有其一致性,主要包括:由土地分配不均、土地兼并加剧或作物减产引发的不满;由于地方人际关系与声誉规范的影响,造反者便于隐藏在乡村人口中而不易被告发;农村人群中对暴力威胁更高的容忍度;互惠现象的存在使边远地区的叛乱不断强化,使大批民众参加从走私抢劫到大规模叛乱等与国家对抗的活动;自给性农业经济客观上较以工资劳动为基础的经济更有利于武装叛乱的滋长。而乡村环境下人口分散居住的人文生态模式,事实上也阻碍了治安的有效维持:由于对成百上千个小村庄进行征税和监控,使分散的军队更易于遭受攻击,因此乡村的监控较城区更为困难(Kitson 1960,12 页;Escott and Crow 1986,376 页;Gambetta 1993,109 页;Tone 1994,162—166 页;Nordstrom 1997,99页;Horton 1998,126 页;Kocher 2004)。

20 世纪 70 年代曾出现大量文献,对大规模乡村叛乱的政治问题进行研究,但它们目前已经不再受人重视。虽然其中也有一些学者对地方性的、个人性的微观机制进行探讨(Stinchcombe 1961;Moore 1966;Wolf 1973;Paige 1978;Popkin 1978;Anderson 1993),但此类研究主要还是强调结构性因素,试图把所有制及土地分配方式与农民的大规模叛乱相联系。斯科特（Scott 1976）认为，因为不满而触发的农民反叛，是经济和政治结构性条件相结合的产物；农民行为方式被认为是由一套价值规范决定的，它们与生存的权利以及互惠的权利和义务相关，并根植于农民所处的"生存环境"之中。这一类研究所持的主要观点是，一个拥有大量无地农民的国家，极有可能发生剧烈的政治动荡，而不论这些农民是农业工人还是佃农。一种相反的观点则认为，小土地所有者可能是暴力煽动的一大来源。还有很多不同的研究，集中关注的是像非法占地者或移居者等特殊群体（Anderson 1994）。最后一类研究则着眼于作物的种类，由此得出的一个有趣的结论是全球化可能会加剧乡村冲突，因为它使受到关税保护的西方国家富裕的农民，与发展中国家贫困的农民置于一种相互对立的关系（Kirschenmann 2003）。

关于（一般意义上的）不平等与暴力之间关系的理论研究有着较为悠久的传统，但直到最近才开始出现一些相对广泛的对这一相关性的经验验证（Boix 2003）。此类研究所运用的证据较为混杂。一方面，土地产权模式很难进行测量，因此经常被排除在计量研究之外；另一方面，案例研究依赖的证据也十分有限（Wood 2003；Wickham-Crowley 1992）。

国家能力论认为，乡村因素主要与非常规战争的进程而非战前的不满相关。乡村的首要问题是治安难以维持，这是为什么叛乱多半集中在这些地区的原因。不满虽然会发挥作用，但仅有不满不足以导致暴力，因为反叛极有可能遭到镇压。换言之，国家并不必等到暴乱发生之后才动手。

这一见解，使人们得以重新解释那些将意识形态或族群问题作为暴力的主要原因变量的研究。例如古尔登（Gulden 2002）发现，危地马拉半数以上的军事杀戮发生在玛雅人占总人口80%到90%的自治地区。部分基于这一发现，他得出结论认为，这种大规模暴力行为实际上就是种族屠杀。然而，这些自治地区大多地处乡间，且远离行政控制中心。它们之所以容易成为政府军攻击的目标，既可能是因为游击队的存在，也可能因为当地居民主要是玛雅人。这就产生了不满的内生性问题：游击队是看中了玛雅人的不满才选择了这些地区；还是他们教育了碰巧居住在这些有利于叛乱的地区的玛雅人，使他们认识到自身的苦难？根据斯托尔（Stoll 1993, 87 页）提供的经验证据，可以在一定程度上区分这两种情况：军队镇压的重点，并非是本土组织强大（假定不满也比较严重）但游击队力量薄弱的区域，而是本土组织力量薄弱但游击队试图建立组织的区域。事实上，危地马拉政府实施重点打击的四个区域，主要是沿着狭长的叛乱地带向南延伸，并切断了泛美高速公路。特雷吉奥（Trejo 2004）通过对墨西哥的研究提供了更加翔实的证据，表明天主教会在土著社区的行动与萨帕塔主义者的叛乱之间存在某种关系。

经由类似路径的一些深入研究得出的一个重要结论是,地理因素的作用可能胜过战前的忠诚,从而对不满导致内战这一因果机制提出了质疑。例如,在美国内战期间,南部邦联的游击队在阿巴拉契亚山脉、坎伯兰地区和欧扎克高原的力量很强大,而正是在这些地区居住了大多数北方的同情者(Beckett 2001,11 页);中国共产党人则是在城市遭到失败以后,在落后和偏僻的"边区"站稳了脚跟,而此前他们在这些地区获得的支持微乎其微(Schran 1976);在苏联的德军占领区,城市居民比农村人口更加仇视占领当局,部分原因是他们对苏联制度有更早、也更深入的认同,另一部分原因是城市生活和工作的条件更加艰苦,但"与此相矛盾的是,游击队主要在乡村活动"(Dallin,Mavrogordato,and Moll 1964,335 页)。法国共产党领导的游击队在农村地区非常活跃,而战前这里对共产党的支持十分有限(Kedward 1993,131 页)。与此类似,反对莫桑比克解放阵线政府的莫桑比克全国抵抗组织,也是在当年解放阵线反击殖民主义最为活跃的地区得到了发展;与此相反,那些曾在反殖民战争中支持葡萄牙当局的地区,在全国抵抗组织发动叛乱期间,又站到了民族解放阵线政府一边(Nordstrom 1997,98—99 页;Geffray 1990,41 页)。一位曾在 1921 年供职于多米尼加共和国的美国高级官员认为,修筑道路会抑制叛乱:"一条高速公路将使人们与首都有更多的接触,从而为中央政府控制政治局势提供了机会"(Calder 1984,164 页)。

位于交通要道附近的村落,表现出与当局者合作的明显倾向,这进一步证实了军事资源在一般意义上实施控制及促进合作方面的重要性(Sansom 1970,60—61 页;Kriger 1992,208 页)。虽然越南主要道路附近的"现代化"村落曾率先响应革命的呼吁,但同时也更容易被政府控制,而且"随着 20 世纪 60 年代中后期政治行动风险的加大,人们的政治态度与政治行为之间也拉开了距离。在危险实在太大的时候,很多同情革命的人士会转向消极,或在某些情况下完全隐匿起来,从而使革命活动暂时陷于停滞"(Elliott 2003,589 页)。如果叛乱者身处地形复杂、又临近边界的地区,那么一旦获得外部支援,他们控制这些地区的可能性就会大大增加,对族群叛乱来说尤其如此(Toft 2003)。

尼加拉瓜的案例近似于某种自然实验,我们可以据此比较桑地诺主义者相继作为叛乱者和当政者的行为和角色。结果表明,大众忠诚通常是地域控制的结果。在当权阶段,桑地诺主义者牢牢地掌控着城市,但对山区的控制却相当薄弱:"桑地诺主义者在山区的唯一存在就是其军事力量"(Horton 1998,137 页)。因此,这些地区的人们普遍支持叛军。与此相反的是,很多现在与尼加拉瓜反政府武装合作的山区,曾在 20 世纪 70 年代支持过桑地诺游击队,尽管当时他们不过是从城市逃到农村的城市激进分子(Horton 1998,21—22 页)。城镇的情况与此不同。它们在战争的第一阶段被(索莫查主义者）当局所控制，而在战争的第二阶段则被桑地诺主义者（执政者）控制。用霍尔顿（Horton 1998,21 页）的话说："数以百计的桑地诺士兵驻扎在基拉利（Quilali）镇，*作为结果，城市本身总是被桑地诺民族解放阵线（FSLN）牢牢地控制着*。"（着重号为引者所加）换言之，虽然桑地诺主义者作为叛乱者时曾立足于外界难以接近的农村地带，但当他们作为执政者面对叛乱时，却发现自己被限制在了城市地区。

以上讨论的问题，证明了深入研究内战的军事、社会和政治因素间相互作用的重要性。同样重要的是需要认识到，即使不同的内战可以在理论上归并为相同类别，但其类别之间也可能存在显著差异。例如，桑巴尼斯（Sambanis 2001）认为族群内战的成因可能有别于非族群内战。从国家能力的角度也可以得出相同的结论。某个特定国家发生了内战这一事实表明（在同义反复的意义上说），执政当局在某些方面存在脆弱性或者说缺乏国家能力。但是，国家政权的软弱或能力不足究竟意味着什么？让我们考虑以下的案例：20 世纪 90 年代后期面临车臣叛乱的俄国、20 世纪 80 年代受东部边缘地区库尔德叛乱困扰的土耳其、20 世纪 90 年代早期面对若干周边叛乱的利比亚，以及 20 世纪 90 年代早期面对遍布全境的塞族分裂主义者挑战的刚刚建立的波斯尼亚。所有这些国家都在经历内战。就它们没有能够阻止内战爆发这一实事来说，它们都是"脆弱的"。然而，没有人会在严肃的意义上认为，俄罗斯、土耳其、利比亚和波斯尼亚具有同等的脆弱性。[1]

四、战争的发端与冲突的类型

解决这个问题的方案之一，是引入某种归纳方法并对不同的内战在类型上予以区分。当然，要做到这一点，必须以理论或者可靠的经验，而不仅仅是当下的事件为基础。[2] 例如，费伦（Fearon 2004）区分了五种类型的内战，以说明其不同的持续方式。他认为，有三种类型的短期内战（起因于军事政变和民众暴动的内战、反殖战争，以及因苏联和南斯拉夫解体而导致的战争）和一种长期内战（依靠游击战的边远地区叛乱），这种长期内战又包括两个特别的小类（"大地之子之战"，即边远地区少数民族与国家支持的主体民族移民之间的战争，以及反叛群体能够获取自然资源的冲突）。这一划

---

① 另外，像布基纳法索或赤道新几内亚必定会被研究者视为"脆弱"国家，但它们却成功地避免了内战的发生。因此，国家能力论面对的一个问题是：如何解释脆弱国家能够成功地应对不在少数的军事挑战。

② "新"与"老"内战的流行区分就属于此类（Kaldor 1999），这种区分来自媒体对进行中的内战的记述和对内战史的简单阅读（Kalyvas 2000）。

分无疑具有重要的启发意义,但却混淆了分析的标准(战争的起源)与内战发生的环境的标准(苏联和南斯拉夫解体)。

对战争加以分类的方法有很多种:有的强调牵涉其中的主要行为体(如国际还是国内的)、有的强调战争的目的(比如进攻性还是防御性的)、有的则强调世界观和社会目标("贪婪和不满")等等。较为通行的区分内战的方法是强调战争的基本对立方,比如说,这是区分族群与非族群战争的基础。问题在于,要确认基本的对立方比初看起来困难得多,因为内战是一种高度复杂的过程,一种对立可能掩盖了另一种对立(Kalyvas 2003)。当然,复杂性是大多数政治和社会现象的基本特性,而社会科学解释的目的就是降低复杂性。但是,这一问题在内战的语境下显得尤为突出。记者黛博拉·斯克罗金斯对苏丹内战的描述证明了这一点(Deborah Scroggins 2004,79—80 页):

> 我经常想,我们需要一套多层地图来理解苏丹内战。表层图景是政治冲突,比如关于北方政府与南部叛乱者;之下是宗教冲突——穆斯林与基督教和异教徒;再往下是冲突各方内部的宗派分裂;往下是族群分裂(阿拉伯和阿拉伯化的族群与尼罗河流域和赤道附近的族群),它们内部又都包含复杂的宗族和部落划分;往下是语言层次的冲突;往下是经济上的分裂——自然资源贫乏却更加发达的北方与拥有丰富的矿物和化石燃料储备但较为落后的南方;往下是殖民遗产的区别;再往下是与奴隶制相关的族群分裂;如此等等。我们可以清楚地认识到,这里的战争与这个国家一样,不仅仅只有一个,而是有许多个:这是一个充斥着暴力的生态系统,它可以催生为之战斗的无穷无尽的新事由,而且这类事由只会有增无减。

换言之,仅仅(或主要)把苏丹内战作为族群或宗教战争来加以分析是有问题的。另一种分类方法结合了内战起源与动力机制维度的分析性指标,据此可以区分出与国家内部崩溃过程相联系的内战和与来自边远地区的挑战相联系的内战。这一方法的优点是统一了战争起源与冲突方式的指标,而这对于理解战争的组织和持续方式至关重要。

在关于内战的文献中,一个共同的经验观察是大多数内战都以非正规("游击战")而非常规战争的形式进行。[①] 有少数混合了非正规和常规战争形式的内战(例如俄国、中国和越南),但只有极少数内战完全或主要以常规战争方式进行(例如西班牙内战)。总而言之,常规形式的内战是"只有在特定的甚至非常罕见的情况才会出现的罕有事件"(Derriennic 2001)。与此不同,几乎所有的国家间战争都以常规方式进行。[②] 因此,

---

① 这一章出现了三个概念,即 irregular war、conventional war 和 non-conventional war,作者并没有对其进行严格界定。中文分别译为"非正规战争""常规战争"和"非常规战争"。——译者

② 极少数非常规的国家间战争主要是低强度的小规模边境冲突,例如利比亚与乍得的战争,或者伯利兹城和危地马拉之间的战争(Harkavy and Neuman 2001)。

内战和非常规战争之间具有高度的重合性,而国家间战争与常规战争之间也存在高度的重合性。由此可见,对内战的研究必须将其与战争方式相联系。恰恰是这一事实,在某种程度上为国家能力论提供了主要的微观基础(Fearon and Laitin 2003)。

非正规和常规战争的区分为人们广泛接受,尽管使用的术语有所不同。像所有的分类一样,这也是一种理想型的划分,实际上两种类型的外延彼此重叠。常规战争是正规军在正式战场上面对面的对抗,这类战争立足于双方对均势的共同认识,即他们都希望在明确划定的战场上以常规方式彼此对抗。如果缺乏某种共识(即对在未来取得胜利的合理信念),常规战争就不可能发生(Beaufre 1972)。另一方面,非正规战争中,战略上处于弱势的一方会"在决定战争方式、时间、地点的问题上采取战术上的进攻态势"(Simons 1999,84页)。换言之,就是弱势一方拒绝依据通常的战争法则、按照强势一方的预期采取行动。模化的非正规战争叙事大体如下:国家(或当政者)派遣正规军占据并控制城市和易接近的地区,并试图从军事上遏制边远和地形复杂地区的反对派;挑战者(反叛者或暴乱者)隐藏于山野并通过骚扰和出其不意的行动予以反击。此类战争经常转变为消耗战,反叛者只要不被挫败,同时使对手承受难以负担的损耗,就有望取得胜利。这一模式化的叙事有很多变体:外部介入或者外援可能使反叛者逐渐从非正规战争转向常规战争(例如中国);与此相反,国家情况的不断恶化也可能迫使当政者选择非正规战争(例如塞拉利昂)。

简言之,非正规战争是行为体之间军事力量不对称的表现(无论就各自的力量还是在同一水平上作战的意愿方面都是如此),因为较弱的一方拒绝直接面对较强的一方。非正规战争主要的经验指标是:不存在大规模的直接军事对抗或"阵地战",也不存在军事前线。非正规战争并不必然与某种特定的事业(革命、共产主义或民族主义)相联系,它可以服务于各种不同的目标。当然,非对称性并不是非正规战争独有的特点,它也可以与其他形式的暴力相伴随,包括"恐怖分子"对暴力的滥用。

虽然不对称性常常用来形容非正规战争,但对称性(或匹配性)并不必然就是常规战争的同义词。实际上,还有一种往往与非正规战争相混淆的战争类型,即所谓的"对称性非常规战争"(Kalyvas 2005)。这类战争经常被形容为"原始的"或"犯罪性的"战争,双方都拥有非正规的军事武装,而且以类似于前现代的方式进行战争。这样我们可以作出如下的推测:常规性内战起因于失败的军事政变,或者分裂联邦及准联邦国家的企图[1];非正规战争是边远或者乡村叛乱的结果(其目的可能是分裂国家,也可能不

---

[1] 关于"准联邦"国家,我指的是已发展出高水平的军事力量,特别是大规模的地方和区域性军事力量的国家。

是);而"对称性非常规战争"则发生在伴随国家崩溃过程的内战中。国家崩溃既可能是突发的,也可能是渐进的;识别这一过程的方法之一,是考察政府军队的状态,并根据其组织的松散程度和指挥链条的破碎程度来判断它是否已经与敌对势力难以区别。

用一种不同的表达,可以假定常规战争与"对称性非常规战争"往往缘起于国家崩溃的过程,而边远或乡村叛乱则可能是中央权威受到挑战的过程中的产物。

更具体地说,常规性内战是现有军事力量分裂的结果,这可能出于失败的政变(如西班牙内战),也可能是联邦或准联邦国家中控制着相当部分国家军事力量的某一构成体寻求独立的结果(如美国内战、尼日利亚比夫拉战争)。外部力量对反叛方的大力支持或介入,可能把一场非正规战争转变为常规战争,正如中国内战和越南战争后期出现的情况。

其次,非正规性内战往往从边远地区开始,并以缓慢的方式逐渐升级,这伴随着反叛者缓慢而耐心的国家建构过程。地理因素在这类战争的爆发与动力机制方面发挥着关键作用,具体的例证包括马来亚、葡萄牙殖民时期的莫桑比克、克什米尔、亚齐(印度尼西亚)以及其他地方发生的内战。

最后,关于"对称性非常规战争"的研究和理解都十分有限。事实上,它们往往与乡村游击战争划归为同一个类别。在这类战争中,随着国家的崩溃,交战双方都以非正规军相对抗,随后是国家武装力量的瓦解并被敌方武装所取代,后者则往往通过抢劫溃散军队的军火来武装自己。由于没有正规军,所以对抗性非常规战争与常规性内战不同。同时,由于存在清晰的战线,所以它们也与非正规战争不同。很多关于对称性非常规战争的描述都强调多种形式的战线的存在(包括路障和哨卡),而战争形式则往往是流动的军队对"敌占区"实施突袭并进行杀戮和劫掠。虽然在其他类型的战争中,正规军也经常采取同样的形式滥用暴力(第二次世界大战期间,德国和日本军队在被占领国家镇压叛乱行动时就是如此),但在对称性非常规战争中,这成为交战各方主要的战争形式,发生在黎巴嫩、刚果(布)、索马里、利比亚、塞拉利昂的内战,以及很多紧随苏联解体而爆发的内战都是这方面的实例(Derluguian 2005)。在一些情况下,当战争中的一方从"流寇"转变为"拥有根据地的匪帮"时,战争就会结束,同时他们也成为国家的建设者。对于未来这个方面的研究来说,一个富有成果的方向是将这些类型的内战与不同的结果(内战的爆发、持续、解决方式、暴力程度等等)联系起来考察。例如,我们可以假定常规性内战持续的时间会比政变更久,但比非正规战争要短;或者与非正规战争相比,在非对称的、非常规的战争中更为容易出现第三方干预,等等。类似地,"贪婪"论可能更好地抓住了对称性非常规战争的动力机制,而国家能力论则可以更好地对非正规战加以说明。族群对抗论可以运用于这三种战争类型:如果少数族群在国家军队中得到充分的代表就属于常规战争,如果少数族群的军事力量集中在国家的边远地区就是非正规战,如果战争继国家崩溃而发生就是对称性非常规战争。[①]

总之,内战爆发的过程与其采取的战争形式之间存在着一定的关联性。如果的确如此,那么不论从理论还是政策的视角来看都具有重要的意义。很明显,我们需要对战争的方式,而不仅仅是其发端予以更好的理解,特别是因为内战能够衍生大量的内生性动力机制。

五、未来的研究议程

有三类高度模式化的论证方式试图对内战的原因作出解释,它们指向不同的重要的原因变量,并且都有一定程度的经验支撑:族群对立、自然资源因素的作用以及脆弱国家。这些因素都可能增加内战的风险,特别在是贫困国家更是如此。与此同时,每一种论证方式都面临着各自重大的挑战,如替代性的统计测量方法、不同的或改进之后的测量手段、新的数据,以及理论和概念的革新等。桑巴尼斯(Sambanis 2002,217页)的评论依然是正确的:即虽然相关研究在近期有了长足发展,但内战仍然"代表了国内政治过程中理解最不充分的系统性失效问题"。

尽管大规模跨国研究的成果具有重要的统计意义,而且计量方面也具有可靠性,但要预测某个处于危险状态的国家到底会在什么时候爆发内战仍然是一件几乎不可能的事情,这就限制了该研究在相关政策领域的直接应用。更为重要的是,长期的内战风险转化为真正的战争需要经由什么样的因果路径,这个问题仍然有待确定、仍然未能为人们所知、而且/或者未经验证。同样,关系到内战诸多层面的模式化的事实使学者们进行了各种计量研究,但它们通常未经验证,而且有些是不真实的(Cramer 2002)。例如,卡里瓦斯和科歇尔(Kalyvas and Kocher 2006)所提供的系统性数据清楚地表明,反叛者并不像文献中一成不变地臆断的那样,总是或必定会面临集体行动的困境。由于当政者频繁地、大规模地滥用暴力应对叛乱的滋生,居住于受打击区域的个体农民很可能认为参与叛乱就是明智的选择。

最为重要的是,内战是一种深度"内生性"的进程(Kalyvas 2006)。伴随着战争的激化,从最具意识形态色彩的问题到最具地方性的问题,各方面的裂痕都会全面加深,与此同时,集体与个人的偏好、策略、价值观和认同等,都会不断得到形塑与重塑。因此,大众的忠诚、反对以及支持,都不能被视为外生性的、固定不变的因素。如果某种理

---

① 原文三处均为"asymmetric, non-conventional wars",疑为"symmetric, non-conventional wars"之误,因为上文并没有列出非对称、非常规战争这一类别。另外,从上文论述来看,非正规战争本身就具有非对称性,所以似乎不必单列出一类"非对称性战争"。——译者

论以固化的态度看待战前的行为体及其偏好,并据此假定对内战的各个方面,如原因、持续性或结果等作出解释,就会有失偏颇。如果人们再根据内战的"主导性叙事"来推演战前的行为体、偏好和认同,那么这种偏颇还会得到强化。诚然,这类叙事会简化内战的复杂性。但是,内战本身也是国家建构的一种过程,这个事实意味着,内战的"主导性叙事"可能会受到战争结果的影响,因为它们可能会被扭曲,其模糊性和矛盾性可能被掩盖。这种叙事的支配作用非常强大,甚至一些积累了翔实材料的研究者,都会忽视或者低估自己的发现,因为它们与现存的理解框架格格不入。

最后,内战是典型的多因果事件,并非所有的内战都由相同的因素导致。因国家崩溃导致的内战和因边远地区的叛乱导致的内战之间,在战争形式方面存在巨大的差别。如果情况确实如此,那么不同类型的内战就可能来自原因变量的不同组合。

对这些问题的关注有助于规划未来的研究议程。首先,内战研究应进一步具体化,并将逐渐转向对不同因果路径及机制的验证。其次,应更多地通过能够广泛运用精确的次国家数据的整合研究设计,而非跨国统计分析,对微观现象与宏观现象之间的关系加以研究,既包括定量也包括定性研究。最后,以上两个方面的进步都需要打开内战的黑匣子,探索军事挑战得以形成、成功显现以及遭到抗击的复杂方式,即包括士兵征募和暴力使用在内的内战微观基础。诸如反叛者的征募、农民的集体行动、反叛规则、边远省份与反叛组织、边远省份与反叛资金的筹措、暴乱的动力机制等问题,都将通过结合民族学、档案学和计量统计学的手段,以更加成熟的方式加以研究(Kalyvas 2006;Arjona and Kalyvas 2006;Humphreys and Wein stein 2005)。在宏观层面,会出现更多把内战嵌入宏观历史进程的研究,但它们同时也会吸纳新出现的微观研究的成就与发现,以及旧有的但被忽略的文献,包括对农民叛乱的研究(Wimmer and Min 2006;Hironaka 2005;Derlugui 2005;Boix 2004)。这些趋势都表明,多样化的方法、严谨的历史态度、成熟的经验策略并辅之以高质量数据、更具有理论和经验的深度,将成为未来研究的主要特征。总而言之,当前研究结果的不确定性,与其说反映了研究的衰微,倒不如说标志着一个令人振奋的研究议程的浮现。

参考文献

ANDERSON, L.E. 1993. Agrarian politics and revolution: micro and state perspectives on structural determinism. *Journal of Theoretical Politics*, 5:495-522.

——1994. *The Political Ecology of the Modern Peasant: Calculation and Community*. Baltimore: lohns Hopkins University Press.

ARJONA, A., and KALYVAS, S.N. 2006. Preliminary results from a survey of demobilized fighters in Colombia. Unpublished paper.

BEAUFRE, A. 1972. *La Guerre révolutionnaire: les formes nouvelles de la guerre.* Paris: Fayard.

BECKETT, I. F. W. 2001. *Modem Insurgencies and Counter-Insurgencies: Guerrillas and their Opponents since 1750.* London: Routledge.

Boix, C. 2003. *Democracy and Redistribution.* New York: Cambridge University Press.

——2004. Inequality, capital mobility, and political violence. Unpublished paper.

BRUSTEIN, W., and LEVI, M. 1987. The geography of rebellion: rulers, rebels, and regions, 1500 to 1700. *Theory and Society,* 16: 467–95.

BUHAUG, H., CEDERMAN, L.-E., and ROD, J.K. 2006. Modeling ethnic conflict in center—periphery dyads. Unpublished paper.

CALDER, B.J. 1984. *The Impact of Intervention: The Dominican Republic during the U. S. Occupation of 1916–1924.* Austin: University of Texas Press.

CEDERMAN, L.-E. 2004. Articulating the geo-cultural logic of nationalist insurgency. Unpublished paper.

——and GIRARDIN, L. 2006. Beyond factionalization: mapping ethnicity onto nationalist insurgencies. Unpublished paper.

COLLIER, P., and HOEFFLER, A. 2004. Greed and grievance in civil war. *Oxford Economic Papers,* 56: 563–95.

——ELLIOTT, V.L., HEGRE, H., HOEFFLER, A., REYNAL-QUEROL, M., and SAMBANIS, N. 2003. *Breaking the Conflict Trap: Civil War and Development Policy.* Washington, DC: World Bank and Oxford University Press.

CRAMER, C. 2002. *Homo Economicus* goes to war: methodological individualism, rational choice, and the political economy of war. *World Development,* 30: 1845–64.

DALLIN, A., MAVROGORDATO, R., and MOLL, W. 1964. Partisan psychological warfare and popular attitudes. Pp. 197–337 in *Soviet Partisans in World War II,* ed. J. A. Armstrong. Madison: University of Wisconsin Press.

DERLUGUIAN, G.M. 2005. *Bourdieus Secret Admirer in the Caucausus: A World System Biography.* Chicago: University of Chicago Press.

DERRIENNIC, J.-P. 2001. *Les Guerres civiles.* Paris: Presses de Sciences Po.

ECKSTEIN, H. 1965. On the etiology of internal wars. *History and Theory,* 4: 133–63.

ELLIOTT, D. W. P. 2003. *The Vietnamese War: Revolution and Social Change in the Mekong Delta, 1930–1975.* Armonk, NY: M.E. Sharpe.

ESCOTT, P. D. 1978. *After Secession: Jefferson Davis and the Failure of Confederate Nationalism.* Baton Rouge: Louisiana State University Press.

——and CROW, J.J. 1986. The social order and violent disorder: an analysis of North Carolina in the Revolution and the Civil War. *Journal of Southern History,* 52: 373–402.

FEARON, J.D. 1998. Commitment problems and the spread of ethnic conflict. Pp. 107–26 in *The Interna-*

tional Spread of Ethnic Conflict, ed. D. A. Lake and D. Rothchild. Princeton: Princeton University Press.

——2004. Why do some civil wars last so much longer than others? Journal of Peace Research, 41: 275–301.

——KASARA, K., and LAITIN, D. D. 2006. Ethnic minority rule and civil war onset. Unpublished paper.

——and LAITIN, D. D. 2003. Ethnicity, insurgency, and civil war. American Political Science Review, 97: 75–86.

GAMBETTA, D. 1993. The Sicilian Mafia: The Business of Private Protection. Cambridge, Mass.: Harvard University Press.

GEFFRAY, C. 1990. La Cause des armes au Mozambique: anthropologic d' une guerre civile. Paris: Karthala.

GULDEN, T. R. 2002. Spatial and temporal patterns in civil violence: Guatemala 1977–1986. Center on Social and Economic Dynamics, Working Paper No. 26.

GURR, T. R. 1970. Why Men Rebel. Princeton: Princeton University Press.

GUTIERREZ, F. 2004. Criminal rebels? A discussion of war and criminality from the Colombian experience. Politics and Society, 32: 257–85.

HARKAVY, R. E., and NEUMAN, S. G. 2001. Warfare and the Third World. New York: Palgrave.

HIRONAKA, A. 2005. Neverending Wars: The International Community, and the Perpetuation of Civil War. Cambridge, Mass.: Harvard University Press.

HOFHEINZ, R. 1969. The ecology of Chinese communist success: rural influence patterns, 1923–45. Pp. 3–77 in Chinese Communist Politics in Action, ed. D. Barnett. Seattle: University of Washington Press.

HORTON, L. 1998. Peasants in Arms: War and Peace in the Mountains of Nicaragua, 1979–1984. Athens: Ohio University Center for International Studies.

HUMPHREYS, M. 2005. Natural resources, conflict, and conflict resolution: uncovering the mechanisms. Journal of Conflict Resolution, 49: 508–37.

——and WEINSTEIN, J. 2005. Handling and manhandling civilians in civil war. American Political Science Review, 100: 429–47.

KALDOR, M. 1999. New and Old Wars: Organized Violence in a Global Era. Stanford, Calif.: Stanford University Press.

KALYVAS, S. N. 2001. "New" and "old" civil wars: a valid distinction? World Politics, 54: 99–118.

——2003. The ontology of "political violence": action and identity in civil wars. Perspectives on Politics, 1: 475–94.

——2005. Warfare in civil wars. Pp. 88–108 in Rethinking the Nature of War, ed. I. Duyvesteyn and J. Angstrom. Abingdon: Frank Cass.

——2006. The Logic of Violence in Civil War. New York: Cambridge University Press.

——and KOCHER, M. A. 2006. How free is "free riding" in civil wars? Violence, insurgency, and the collective action problem. Unpublished paper.

KEDWARD, H. R. 1993. In Search of the Maquis: Rural Resistance in Southern France 1942–1944. Oxford: Oxford University Press.

KIRSCHENMANN, F.2003.The current state of agriculture: does it have a future? Pp.101-20 in *The Essential Agrarian Reader: The Future of Culture, Community and the Land*, ed. Norma Wirzba. Lexington: University Press of Kentucky.

KITSON, F.i960.*Gangs and Counter-Gangs.*London: Barrie and Rockliff.

KOCHER, M.A.2004.Human ecology and civil war.Ph.D.thesis.University of Chicago.

KRIGER, N.1992.*Zimbabwe's Guerrilla War: Peasant Voices.*Cambridge: Cambridge University Press.

LUJALA, P., GLEDITSCH, N.P., and GILLMORE, E.2005.A diamond course? Civil war and a lootable resource.*Journal of Conflict Resolution*, 49: 538-52.

MIGUEL, E., SATYANATH, S., and SERGENTI, E.2004.Economic shocks and civil conflict: an instrumental variables approach.*Journal of Political Economy*, 112: 725-53.

MONTALVO, J.G., and REYNAL-QUEROL, M.2005.Ethnic polarization, potential conflict and civil war. *American Economic Review*, 95: 796-816.

MOORE, B.1966.*Social Origins of Dictatorship and Democracy: Lord and Peasant in the Making of the Modern World.*Boston: Beacon Press.

NORDSTROM, C.1997.*A Different Kind of War Story.*Philadelphia: University of Pennsylvania Press.

PAIGE, J.M.1978.*Agrarian Revolution: Social Movements and Export Agriculture in the Underdeveloped World.*New York: Free Press.

POPKIN, S.L.1979.*The Rational Peasant: The Political Economy of Rural Society in Vietnam.* Berkeley and Los Angeles: University of California Press.

POSNER, D.N.2004.Measuring ethnic fractionalization in Africa.*American Journal of Political Science*, 48: 849-63.

POSEN, B.1993.The security dilemma and ethnic conflict.*Survival*, 35: 27-47.

REGAN, P.M., and NORTON, D.2005.Greed, grievance and mobilization in civil wars.*Journal of Conflict Resolution*, 49: 319-36.

Ross, M.2006.A closer look at oil, diamonds, and civil war.*Annual Reviews of Political Science*, 9: 265-300.

SAMBANIS, N.2001.Do ethnic and nonethnic civil wars have the same causes? A theoretical and empirical inquiry(part 1).*Journal of Conflict Resolution*, 45: 259-82.

——2002.A review of recent advances and future directions in the quantitative literature on civil war.*Defence and Peace Economics*, 13: 215-43.

——2004a.Using case studies to expand economic models of civil war. *Perspectives on Politics*, 2: 259-79.

——2004b.What is civil war? Conceptual and empirical complexities of an operational definition. *Journal of Conflict Resolution*, 48: 814-58.

——and MILANOVIC, B.2006.Explaining the demand for sovereignty.Unpublished paper.

SANSOM, R.L.1970.*The Economics of Insurgency in the Mekong Delta of Vietnam.*Cambridge, Mass.: MIT Press.

SCHRAN, P. 1976. *Guerrilla Economy: The Development of the Shensi-Kansu-Ninghsia Border Region, 1937-1945.* Albany: State University of New York Press.

SCOTT, J. C. 1976. *Moral Economy of the Peasant: Rebellion and Subsistence in Southeast Asia.* New Haven: Yale University Press.

SCROGGINS, D. 2004. *Emma's War.* New York: Vintage.

SIMONS, A. 1999. War: back to the future. *Annual Reviews of Anthropology*, 28: 73-108.

STINCHCOMBE, A. L. 1961. Agricultural enterprise and rural class relations. *American Journal of Sociology*, 67: 165-76.

STOLL, D. 1993. *Between Two Armies: In the Ixil Towns of Guatemala.* New York: Columbia University Press.

TOFT, M. D. 2003. *The Geography of Ethnic Violence: Identity, Interests, and the Indivisibility of Territory.* Princeton: Princeton University Press.

TONE, J. L. 1994. *The Fatal Knot: The Guerrilla War in Navarre and the Defeat of Napoleon in Spain.* Chapel Hill: University of North Carolina Press.

TONG, J. 1991. *Disorder under Heaven: Collective Violence in the Ming Dynasty.* Stanford, Calif.: Stanford University Press.

TREJO, G. 2004. Indigenous insurgency: protest, rebellion, and the politicization of ethnicity in 20th century Mexico. Ph.D. dissertation. University of Chicago.

VARSHNEY, A. 2003. Nationalism, ethnic conflict, and rationality. *Perspectives on Politics*, 1: 85-99.

WALTER, B. 1997. The Critical Barrier to Civil War Settlement. *International Organization*, 51: 335-64.

WICKHAM-CROWLEY, T. P. 1992. *Guerrillas and Revolution in Latin America: A Comparative Study of Insurgents and Regimes since 1956.* Princeton: Princeton University Press.

WILKINSON, S. I. 2004. *Votes and Violence: Electoral Competition and Ethnic Riots in India.* New York: Cambridge University Press.

WIMMER, A., and MIN, B. 2006. From empire to nation state: explaining wars in the modern world, 1816-2001. *American Sociological Review* (forthcoming).

WOLF, E. R. 1973. *The Peasant Wars of the Twentieth Century.* New York: Harper and Row.

WOOD, E. I. 2003. *Insurgent Collective Action and Civil War in El Salvador.* New York: Cambridge University Press.

第十九章　抗争政治与社会运动

西德尼·塔罗(Sidney Tarrow)

查尔斯·梯利(Charles Tilly)

2001 年 1 月 29 日,《时代杂志》(亚洲版)刊文表示担忧,对菲律宾总统约瑟夫·埃斯特拉达(Joseph Estrada)超越制度规范的罢免,尽管为大众所支持,但从长远来看可能有损于菲律宾脆弱的民主制度。虽然这个过程是从制度渠道内开始的,但是很快就演变为街头骚动。2000 年 11 月,埃斯特拉达因收取投机商人的回扣,并为个人私利动用烟草专营税而受到国会投票弹劾,由 22 名参议员组成的弹劾法院随后接管此案。虽然很快就出现了反对埃斯特拉达的示威以及公众对其下台的要求,但直到 2001 年 1 月 16日,主要的行动仍然在参议院内进行。那一天,参议院以 11 票对 10 票的投票结果,反对打开一个据说含有埃斯特拉达收受非法款项证据的信封,作为少数派之一的参议院议长阿奎利诺·皮门特尔(Aquilino Pimentel)当即辞职。

皮门特尔的辞职是反埃斯特拉达行动移至街头的信号。以下是《时代杂志》(亚洲版)的生动描述:

有足够的理由将其称为传呼机革命。在参议院投票后几分钟之内,短信传遍马尼拉的上空,通知反埃斯特拉达的菲律宾人奔赴乙沙大街(*Edsa*)。成百上千的菲律宾人聚集在首都,按照短信的指引身着黑色服装以哀悼民主的死亡。另一条短信说道,希望风暴来临。(*Time Asia* 2001,3 页)

乙沙是一条位于马尼拉中心的大道。1986 年,在此祈祷的修女降服了菲律宾总统费迪南德·马科斯(Ferdinand Marcos)的坦克,并促使其下台,此这次对抗以"人民力量革命"而闻名。相应地,参与者和围观者很快将 2001 年 1 月事件,称为第二次人民力量革命。人群和横幅充斥了马尼拉街头,并以震耳欲聋的呐喊要求总统下台。埃斯特拉达在总统府躲藏了 4 天后,在没有正式辞职的情况下,于 1 月 20 日很不光彩地离开了总统府。表 19.1 列出了从《菲律宾星报》摘录的几个新闻标题,展现了当时的混乱情况。10 天以后,在对这些事件的回顾中,《时代杂志》(亚洲版)指出了两种相互矛盾、但同样令人担忧的可能性。第一,一旦埃斯特拉达的继任者格洛丽亚·马卡帕加尔·阿罗约(Gloria Macapagal Arroyo)试图掌权,那么一月的大众运动就可能为新的混乱提供先例;第二,事实上整个危机都是菲律宾精英内部法外交易的结果,街头示威不过是用来掩盖高层密谋的烟幕。毕竟,菲律宾商界长期以来一直反对平民主义者埃斯特拉达(一位著名电影演员),而马卡帕加尔·阿罗约早在弹劾程序启动之前就辞去了她的内阁职务。另外,早在 12 月初,关于军事政变的谣言就开始流传,前总统柯拉松·阿基诺(Corazon Aquino)和大主教杰姆信(Cardinal Jaime Sin)(两人都是第一次人民力量革命的主角)则很早就表示支持埃斯特拉达下台,而埃斯特拉达政府军方高官的背叛则使他最终逃离了总统府。在此之后,埃斯特拉达的支持者们很快走上街头。主要由中产阶级示威者参加的反对已陷入困境,总统的斗争又受到了劳工力量的抵制(Rafael 2003,422 页)。埃斯特拉达的下台远非大众共同意愿的表达,而是导致了菲律宾人民的分裂。

这里发生了什么?社会运动研究者习惯性地强调运动行为的反制度性,但 2001 年 1 月导致埃斯特拉达下台的宪法危机,却始于制度政治范畴之内。但是马尼拉的街头骚乱,是否仅仅为一个政治团体所采取的决定性政治措施提供了伪装,而这个团体已决定让自己摆脱一个不合时宜的傀儡,并将继续操纵其继任者?或者这仅仅是社会运动政治的一个插曲?抑或两者都是我们称之为"抗争政治"的更广泛现象的一个部分?

为了将类似于 2001 年 1 月菲律宾动乱的政治现象置于理论研究的视野之内,我们首先需要阐明"抗争政治"的含义;其次我们再把它与更为人们熟知的概念"社会运动"相联系,随后我们将从这种本质上静态的类型学,转向研究抗争的动力机制。在此基础上,我们会对一些有关民主、暴力和社会运动的未来的问题进行探讨。

表 19.1　《菲律宾星报》的部分标题(2000 年 12 月—2001 年 1 月)

12/1	"反埃斯特拉达运动提出市民抗议计划"
12/8	"反埃斯特拉达抗议者向参议院的游行受阻"
12/8	"美国关注埃斯特拉达受审政变的谣言"
12/11	"埃斯特拉达向教会求助,教会提出要求为所有死刑犯减刑、并释放所有政治犯"
12/18	"乙沙大街今日集会"
12/24	"大规模市民抗议宣告埃斯特拉达无罪"
1/9	"集会者打伤参议院驾驶员"

续表

1/10	"抗议者无视参议院集会禁令"
1/16	"总统府准备结束无政府状态"
1/18	"乙沙抗议者要求埃斯特拉达辞职"
1/19	"乙沙抗议者组成人墙"
1/19	"今日开始全国罢工"
1/19	"埃斯特拉达支持者用棍棒驱赶学生"
1/20	"埃斯特拉达政府解体"
1/20	"集会者在马卡提发生冲突"
1/21	"曼迪奥拉冲突中3人受伤、8人被拘捕"
1/21	"美国承认阿罗约政府"

一、抗争政治

政治不都具有抗争性吗？根据我们的严格定义，当然不是。我们认为很多，甚至绝大多数政治活动，包括典礼、官僚咨询程序、信息收集、事件登记、教育活动等等都不具有抗争性。登记投票、参加集会、阅读和出版报纸、请求官员提供便利以及类似的行为，构成了绝大部分的政治生活，但通常却极少涉及集体抗争。我们所关注的抗争政治是偶然发生而非持续性的，它们发生在公开场合，涉及提出要求的人与其他人之间的互动，而这些被牵涉的"其他人"也意识到事关他们的利益，政府则作为调解人、提出要求的对象或者要求的提出者而参与其中。

"抗争政治"不是"社会运动"的另一种说法吗？我们认为二者不能等同。虽然社会运动和其他形式的抗争政治有诸多共同点，并且是广义的政治过程的一个部分，但社会运动毕竟是在特定历史和社会背景之下（18世纪末19世纪初的西欧和北美）出现的，并且具有不同于内战、罢工浪潮、革命和政治暴力的特性（Tilly and Tarrow 2006，第6章和第7章）。把社会运动从更具一般性的概念"抗争政治"中区分出来，将有助于集中关注这些差异性、关注社会运动产生的条件，以及社会运动与其他抗争形式之间的相互转化。我们将在本章讨论这些问题。

2001年1月菲律宾发生的事件在很多方面体现出社会运动的特点——抗议者、煽动性演讲，以及民众力量。但是这些特点也为其他现象所具有，像罢工浪潮、骚乱、族群冲突、内战，甚至选举等。我们把所有这些现象称为"抗争政治"。

- 所谓抗争，意味着提出了某种集体诉求，而一旦这种诉求得到满足，则会与其他人的利益发生冲突；

●所谓政治,意味着不同形式的政府在面对这些诉求的时候,要作出选择,是作为诉求者、诉求对象、诉求对象的盟友还是抗争的监管者。[1]

我们据此将抗争政治理解为:诉求提出者与其对象之间偶发性的、公众性的、集体性的互动,其要素包括:(一)至少有一个政府是诉求者、诉求对象或诉求者的同盟;(二)如果诉求得以实现,则会影响至少一方诉求者的利益。

换言之,该定义指的主要就是集体性的政治斗争。

当然,这个定义中的每一个术语都需要更为详尽的说明。例如,"偶发性"排除了诸如投票、议会选举以及协调会议等定期发生的常规事件,尽管任何此类事件都可能成为抗争政治的催化剂。其次,"公众性"排除了完全出现在教会和公司等具有明确组织边界的机构内形成的诉求。尽管发生在这些组织内部和外部的斗争具有明显的相似性,我们在这里还是集中关注那些具有明显政治后果的斗争。这一区分很重要,因为政府的介入,无论其具体程度如何,都极大地增加了诸如警察等强制力量进行干预的可能,并从总体上增加了行动的代价。

这一政治领域是否太过宽泛且不具确定性,以至很难构成一个明晰的研究领域?对这一质疑我们持否定态度。让我们将这一问题与我们早先和社会学家道格·麦克亚当(Doug McAdam)共同研究的两个案例放在一起来讨论。19世纪50年代,美国众议院针对堪萨斯州奴隶制问题的激烈辩论固然发生在制度框架内,但却体现出明显的对抗性并伴有偶发性暴力冲突,因此与20世纪50年代的肯尼亚茅茅党反对英国殖民主义制度的叛乱,属于同一类别(McAdam,Tarrow and Tilly 2001)。依据我们的界定,这两者都具备偶发性抗争的要素。

我们并不认为国会争论与反殖民运动完全等同,或者可归并于一个简单普遍的模式,两者在诸多方面都体现出显著的差异。我们之所以仍将两者都划归抗争政治这一范畴,是因为我们认为关于政治抗争的研究划分过细,并产生了一系列冠之以不同名目——革命、社会运动、工业冲突、国际战争、内战、利益集团政治、民族主义、民主化——的研究文献。它们采用不同的语汇、方法以及模型研究类似的政治现象,并且对彼此的成果漠不关心。[2] 尽管本章主要聚焦社会运动,但需要明确的是,社会运动只是抗争政治的一个子系统,并且包括抗争性和非抗争性的行动,其中部分活动发生在体

---

[1]　我们希望表达对我们的合作者道格·麦克亚当的感谢,本章的很多想法是我们和他一起提出的,而且我们共同的著作也来他的激发(McAdam,Tarrow and Tilly 2001;Tarrow and McAdam 2005;Tilly and Tarrow 2006)。我们也要感谢行为科学高级研究中心的梅隆·索耶(Mellon-Sawyer)研讨会,本章就是这一研讨会的成果,其姊妹篇请见(Aminzade et al. 2001)。

[2]　部分的例外是社会革命研究,它与社会运动研究之间具有明显的联系,例如我们的同事杰克·古德斯通(Jack Goldstone 1998)所做的探索。

制内。

我们的研究对体制内和体制外政治之间任何刻板的区分提出了挑战。由理查德·尼克松发动的地下战争导致了水门事件以及随后的弹劾调查，这很大程度上源于尼克松对反战运动和其他新左派运动的仇视。与此类似，茅茅党运动也并非反殖暴力的突然爆发，而是涉及四方具有合法地位的政治行为体之间的有限冲突：肯尼亚殖民当局、英国官员、肯尼亚民族主义者以及肯尼亚白人移民。实际上，所有广义的社会运动、革命以及相似的现象，都根源于制度内偶发性的对抗事件。但是，即便我们采纳了这种划分标准，我们仍坚持认为，政治学研究在很长时期以来对于正式的、规范的政治与其他方式的政治之间的区分太过具体化了。由此导致的一个不幸结果是，分析者忽视或误解了两者之间的相似性及其相互作用。

体制内和体制外政治之间的界限很难确定。以 20 世纪 80 年代为反对里根总统核武器政策而形成的联盟为例，它的力量和它最终的失败，都源自它跨越了体制内团体和体制外团体间的界限这一事实。新近成立的社会运动组织，如核武器冻结清算中心（NWFC），就既联合原有的和平运动组织，又接近国会中的民主党人，从而形成一个广泛的联盟，说服政府启动了军控进程（Meyer 1990）。可见，只有超越体制内和体制外政治之间形式化的界限，我们才能够理解此类偶发性抗争政治的动力基础。

更为重要的是，这两种形式的政治具有相似的因果机制。例如，对联盟的研究几乎总局限于立法机构内部，但联盟在叛乱、罢工和社会运动的瓦解过程中也普遍存在（Rochon and Meyer 1998；Levi and Murphy 2004）。策略互动和认同斗争同样如此，两者不论在体制内政治，还是叛乱、罢工和社会运动中都有广泛的体现。我们认为，既然体制内和体制外政治具有相同的运行机制与演化进程，相关研究就不应受到制度界限的束缚。

当然，制度可能限制，也可能促成抗争政治，而不同类型的政体也可能导致不同的抗争形态。所谓政体，主要指由政府、既定的政治行为体、挑战者和外部政治行为体（包括其他国家的政府）之间构成的常规关系。抗争、政治权力和制度之间的关联性，既体现在政治动荡时期，也体现在相对规范和稳定的时期；既体现于威权体制，也体现于定型的民主制之下（Tilly and Tarrow 2006，第 3 章）。"政治机会结构"这一概念以及这些机会的变化能够帮助学者们研究各种类型的抗争及其动力机制。

所谓政治机会结构，指促进或抑制政治行为体集体行动的体制与制度的特征，同时也指这些特征的变化。借鉴很多学者对所谓"政治过程传统"的研究，我们确认了体制的六个属性，它们构成了机会结构的关键特征：

- 体制内独立权力中心的多样性

- 体制对新行为体相对的封闭或开放性

- 当前政治联盟的不稳定或稳定性

- 有影响的盟友或支持者的可得性

- 体制压制或促进集体诉求形成的程度

- 这些属性的决定性变化

威胁也因机会结构的不同而变化,大多数实施动员的人据此抵御威胁或决定冒险(Goldstone and Tilly 2001)。由于威胁和机会往往相伴出现,所以大多数参与抗争政治的人在规避威胁的同时设法抓住机会。例如,在美国占领下的伊拉克,逊尼派将新宪法的制定视为对其权力的威胁;然而,当新的联邦结构给予什叶派和库尔德人地区对伊拉克①石油收入的控制时,它也为所有三个群体都提供了制度化自治地位。威胁和机会随着权力的分化与集中、体制的开放与封闭性、阵营的不稳定性,以及能否得到盟友的支持而变化。

二、抗争剧的剧情与剧目

在不同的时间、不同的地点,抗争政治涉及的问题、行为体、互动、诉求、进程和结果都各不相同。但是,就抗争展开的方式而言,它也体现出明显的规律性。相似的机制和过程之所以产生了不同的政治轨迹和结果,其原因在于它们不同的组合,以及运转于其中的不同的社会基础和政治环境。我们可以通过*剧情与剧目*这两个相关联的戏剧语汇,去捕捉抗争政治一些重复出现且植根于历史进程的特点。

*抗争剧的剧情*指一些政治行为体向其他政治行为体提出集体诉求的方式,它们相对常见和标准化。提出请愿、挟持人质或示威等都是抗争剧的剧情,它把至少两个行为体,即诉求者和诉求对象关联起来。虽然抗争剧中不断在小范围内出现新的形式,但有效的诉求决定于它们与其环境之间可识别的关系、有关各方之间的关系以及先前采用的诉求形式。示威、请愿和基于互联网的行动呼吁,已经成为*模块化的剧情*,即可以与不同的地方和社会环境相结合的一般化的形式。

现代抗争政治最普遍的剧情是示威:即有组织的集体为某种诉求、认同或规划有序穿越公共场所的行动(Tilly and Tarrow 2006,12—16页)。从18世纪晚期到今天,人们通过有序穿越城市空间这种形式几乎表达过所有类型的诉求,包括从要求投票权到否认他人的投票权,从争取贸易权到剥夺他人的贸易权,以及从堕胎权到生命权等等

---

① 此处原文为"Iran",疑为"Iraq"即伊拉克之误——译者

（Favre 1990；Fillieule 1997；Grimsted 1998；Kinealy 2003；Pigenet and Tartakowsky 2003；Tartakowsky 1997,2004）。除了那些共同的内容之外，这些模块化的剧情还可以适应于各种不同的背景，并能够吸纳地方性的语言、标志与习俗。

抗争剧情演出有些时候会集中体现为程式化的*剧目*，并适用于类似的诉求者及其对象：雇主与工人、地主与农民、对立的民族主义派系，等等。*抗争剧的剧目*是指时下被某些政治行为体熟知并可资利用的剧情组合。在过去，有关的剧目包括程式化的羞辱、喧闹、拆毁房屋、强制曝光、夺取粮食，诸如此类不一而足（Tilly 1978,1995；Tarrow 1998）。在今天，罢工、怠工、停工、合同谈判、申诉以及第三方调解，都是与雇主和工人相关联的诉求剧目。

剧目这一戏剧性的比喻，凸显了人们在提出与接受诉求的互动过程中体现出的集群性、习得性以及即兴化的特点。诉求的提出往往更多地类似于爵士乐和街头戏的演出，而不是程式化的经文诵读。就像爵士三重奏或即兴剧团，参与抗争政治的人们虽然通常有若干个可供演出的曲目（剧目），但其数量毕竟是个有限数（Sawyer 2001）。像熟悉的爵士曲调一样，这些剧目激发并表达特定的情感，唤起对以往遭遇的回忆，并因此在政治行为体的过去和现在之间建立起连续性。

抗争剧的剧目因时、因地、因诉求对象的不同而不同。但总体而言，当人们提出集体诉求时，其变化往往不会超越依据时间、地点以及诉求对象而确立的剧目范围，但人们究竟如何安排抗争剧的剧目则差别很大。当从前的威权政体让位于半民主或多元化政体的时候，我们可以看到*弱剧目*的实例①，与弱剧目相对的另一个极端，是时而出现的仪式化政治剧情，例如保护工人权利的"五一"国际劳动节。它始于1889年7月，即法国大革命的100周年纪念日。当时一批工会会员在巴黎集会，提议"全世界应在同一天召集一次大型国际示威，以提醒政府将每天的工作时间缩减为8小时"（Tartakowsky 2004,14页）。在后来的几十年里，这一抗争诉求演化为定期的、仪式化的大众示威活动，并传遍了全世界，把无数工人吸引上街头、公园和广场，并最终成为仪式化的劳动者的节日。

当人们在此类事件中提出集体诉求的时候，他们就把仪式化的活动变成了*强剧目表演*。② 在欧洲，一些工人利用"五一"节进行罢工，或将反抗的要求列入议程。与此相类似，美国的学生抗议者有时会打断大学的开学典礼，并将其暂时转变为一场示威。在

---

① "Weak repertoire"，指演出随着时间的推移让人越来越熟悉，并不受偏好影响的情况。参见Charles Tilly，*Regimes and Repertoires*，Chicago：The Univrsity of Chicago Press，2006，p.40。——译者

② "Strong repertoire"，指演出受到强烈的偏好影响，并且出现了一些通常不熟悉的演出的情况，参见Tilly，同上书。——译者

这么做的时候,他们往往采用在其他环境下更为人们熟知的呼喊、标志、符号以及行为。从古至今,强剧目演出在大多数地方都很普遍。这并不是说强剧目的演出方式永远不变,而是说变化通常只表现在一些无关紧要的方面。然而,在历史的某些阶段,也会出现大量新的剧情,或者旧剧情的翻新。我们很可能就处于这样一个时期,自杀式袭击和基于互联网的广泛而迅速的行动号召,都标志着一个剧目发生重大变化的时期已经来临。

三、社会运动

社会运动指的是

以民众之名对控制着这些民众的掌权者提出的持续挑战,其方式是公开宣示民众的价值观、团结性、人数规模及其决心等。

社会运动是 1750 年后在西方发展起来的,是三个因素创新性地相继结合的结果,即运动(狭义)、结社以及公众的自我展现。

运动(狭义)指的是向特定的权威提出集体诉求的持续且有组织的公共活动。与一次性的请愿、宣言或群众性集会不同,运动(狭义)并不局限于任何一个单独的事件,尽管社会运动往往包括请愿、宣言和群众性集会。一种运动(狭义)总是与至少三方面的行为体相关:一群自主提出要求的诉求者、某些提出诉求的对象以及某种类型的公众。诉求的对象可能是政府官员,但也可能包括财产所有者、宗教机构,以及那些其作为(或不作为)对很多人的福祉产生了显著影响的"权威"。诉求者、诉求对象或公众的单独行动都不构成社会运动,它是三者相互作用的结果。虽然会有少数热心分子为之夜以继日地操劳,但运动的推进还是需要大量的参与者,在公众诉求的提出和其他活动之间来回奔波,包括从事使运动(狭义)能够得以维持的日常组织工作。

结社。人们经常以结社的形式聚集在一起。但很多协会在过去都是纵向的(即由著名人物主导),或者具有无所不包的综合性职能(即宗教团体)。具有特定目的的协会,将人们聚集在具体且常常是临时确定的目标周围,并形成了他们自己的常规化组织方式——装有基金和会费的锁箱、会员卡、工会分支等。在 20 世纪,有特定目的的协会,特别是跨领域的联盟,开始在世界范围内从事各种各样的政治工作(Burstein 1999)。这些组织参与社会运动,并且有时还介入了以下各个政治领域:开展政治竞选、组建工会、创建具有持久性的利益团体、组织宗教派别或建立分离主义团体(Kriesi 1996)。

一些社会运动组织显然是"圈内人",即它们的行动完全或主要是由体制内的规则决定的。以欧盟环保署为例,它得到欧盟委员会的大量补贴,在布鲁塞尔拥有奢华的办公场所,并为欧洲议会和环境指导委员会提供专家听证(Rucht 2002)。这是社会运动被体制同化的一个极端案例。然而,社会运动的"圈外人"往往也与体制的逻辑相关联。1999 年著名的"西雅图之战"①以及随之发生的一系列国际抗议活动,其行为和诉求都逼近了法律底线,但抗议的进行还是取决于国际会议的日程安排、取决于示威者和当局的互动、同时也取决于劳工运动中制度化水平最高的部门的影响力。由此可见,制度通常还是为"圈内人"和"圈外人"提供了互动的框架。

社会运动往往会在运动(狭义)结束之后很长一段时间内剩下结社作为余留物(Rupp and Taylor 1987),即我们所称的"社会运动基础"(Tilly and Tarrow 2006,第 6章)。例如美国的妇女运动,虽然其公共活动的高潮在 20 世纪 70 年代后就已渐渐消退(Costain 1992),但它的参与者却创造了一整套稳定的组织、机构、妇女学习规划以及深入社会各个角落的文化共识,尽管很少有人会视之为"社会运动"(Katzenstein 1998;Mansbridge and Flaster 2005)。这些社会运动的基础虽然往往是潜在的,但当它们因新的结盟与冲突活动得以重新彰显之后,就会成为未来实施动员可以利用的资源,正如在抗争政治中经常发生的那样。

公众的自我展现。公众的自我展现指的是社会运动参与者就自身和/或其支持者的价值追求、团结性、数量规模及其决心等,进行协调一致的公开宣示(Tilly 2004)。比如:

- *价值*:冷静的举止;整洁的衣着;神职人员、显要人物、携童母亲的参与;
- *团结*:统一的徽章、束发带、旗帜或服装;列队行进;歌唱和呐喊;
- *数量*:点名、请愿签名、公布支持者消息、挤占街道;
- *决心*:直面恶劣天气;老人和残疾人的大量参与;反抗镇压;宣扬牺牲、捐助或施善精神。

对社会运动而言,其自我展现远比设计一个形象深刻得多。由于它们是在创造一种集体行为者,所以社会运动主要通过与其他重要行为者之间的互动,建构了自身的认同(Melucci 1988;Tilly and Tarrow 2006,第 4 章)。互动首先发生在处于运动内部的核心角色之间——我们称之为"行动主义者",但也会出现在行动主义者与处于运动外围的同情者,以及反对者、关键的第三方如媒体、警察和公共机构等之间。在某种重要的意义上说,社会运动的行动主义者的任务,就是将同情者转变为参与者,将冷漠的围观

---

① 1999 年 11 月世界贸易组织部长级会议召开时,在西雅图世贸中心周边爆发的、以反对全球化为目标的群众示威运动,后来扩展到世界范围内。——译者

者转变为同情者,并且使反对者转变为中立者。游行示威或其他形式的集体行动,将最初彼此了解甚少或一无所知的参与者聚集在一起,但他们在互动过程中会作为具有集体认同的单一行为者出现,拥有把他们与他人相区分的边界,也拥有一套针对共同目标的统一诉求。在此过程中,他们被建构为政治行为者。

运动(狭义)、结社和公众的自我展现,在不同的社会运动中有非常不同的体现,但是社会运动以符合逻辑的方式将这几个方面结合在一起。举两个例子。在 19 世纪 30 年代,美国废奴运动通过各种形式的结社和公共活动,发起了一场针对奴隶主和政府当局的长期的、形式多样的运动(狭义)。这一运动很大程度上采用了数十年前福音派教会的活动方式,为自己塑造了一种正直、团结、人数众多而且坚定不移的形象(Young 2007)。与此相类似,在 20 世纪 90 年代,一场政治伊斯兰运动在西欧和整个穆斯林世界的青年穆斯林人群中得以发展。他们以戴头巾的方式号召回归穆斯林传统,通过建立宗教学校、政党和秘密小组使自己组织起来,并为自身塑造了一种拥有价值追求、团结一致、得到大众支持,并且对伊斯兰信仰忠贞不贰的形象(Singerman 2004; Wiktorowicz 2004)。不同之处是,废奴运动越来越多地进入体制之内,而伊斯兰教主义者的行动则扩展为各种各样的抗争政治。

四、抗争的动力机制

我们迄今为止的讨论基本上是静态的,而且主要借鉴了社会运动研究中被称为"政治过程"的方法(McAdam, McCarthy, and Zald 1996)。不过,尽管贴有"过程"的标签,这个传统还是深受结构主义本体论的影响。它注重的首先是社会结构的形式(例如"社会运动是结构失衡的产物"),其次是政治结构的形式("社会运动是政治机会"和"动员结构的结果")。因此,从 20 世纪 60 年代到 80 年代,包括我们自己在内的研究者,都倾向于把社会运动视为结构常量和变量的直接结果。这一传统在某种程度上受到了 20 世纪 90 年代"文化转向"的挑战,同时也在某些方面富有成效地吸收了它的成果(Morris and Mueller 1992; Goodwin and Jasper 2004)。新的研究方法源自 20 世纪 70 年代欧洲"新"社会运动研究的传统,并于 20 世纪 80 年代延展至美国,是对政治过程研究中工具性误差的一种批判。这一新方法的支持者呼吁,应将对话、集体认同、制度框架和情感等因素重新纳入社会运动的研究之中(Aminzade and McAdam 2001; Gamson 1992; Melucci 1988; Rochon 1998)。

到 20 世纪 90 年代末,主流的抗争政治经验研究已经吸收了这一"文化转向"中更易于理解的部分。在这一初次摆脱结构主义的努力中,学者们把"框架"的概念纳入了研究视野,并与机会结构和动员结构相结合,形成了解释社会运动集体行动的三元体系(McAdam,McCarthy,and Zald 1996)。但这个三元体系很大程度上依然是静态的,虽然其支持者(包括本文作者)相信机会、动员结构和框架会发生变化,并会催生新的社会运动以及影响其发展动力,但它们如何作用于集体行动在很大程度上并没有得到清晰的说明。例如,研究者从一开始就发现,个体对社会网络的介入与对社会运动的参与之间存在显著的相关性(Diani and McAdam,eds.2003),但两者之间具体关联机制仍不清楚:到底是信息的获取、相互团结、彼此互信,还是社会控制? 在这些因素与社会运动之间的联系机制得到确认之前,对于社会运动动力机制的研究仍然是隔靴搔痒。

至于社会运动的动员,现有的原始材料已经足以建立一个立足于机制的过程模型(McAdam 1999,序言)。就"框架"而言,大卫·斯诺及其合作者们已经在诸如"框架桥接"和"框架变换"的机制等方面取得了突破性进展(Snow et al.1986;Snow and Benford 1992)。但是关于抗争过程中其他的重要方面,如认同①的形成、运动的极化、规模变化以及扩散等,学者们仍然仅限于罗列他们所看到的、有可能产生这些结果的因素,而不是辨明其形成机制。

在对抗争政治的研究过程中,我们意识到有必要将策略互动、觉悟,以及历史上积累的文化传承考虑在内。我们不仅把社会互动、社会纽带、沟通与对话视为结构、理性、觉悟或文化的表达,同时也把它们视为创造和变化发生的活跃场所。我们已经开始将人际网络、人际沟通以及各种形式的持续性协商——包括认同的磋商——视为抗争动力机制中的核心要素。这一切使我们不再把研究重点放在探寻某种能够概括全部抗争政治的一般模型上面,而是注重对相对微观的因果机制的分析,它们在不同的历史背景下反复出现,并因其不同的组合而形成不同的结果。

五、机制与过程

我们首先需要对社会机制和过程作出区分,然后再在社会运动政治学中将它们彼此联系起来。

机制。我们将机制理解为能够在不同情况下以相同或非常相似的方式,改变一组特定要素之间关系的有限事件。它们可以在个体层面发挥作用——如众所周知的"自我实现的预言"(Hedstrom and Swedberg 1998,12—13 页)。这些是我们所说的*意向性机制*,相信理性选择理论的学者倾向于强调某些特殊的意向性机制的作用,比如偏好的

---

① 此处原文为"identify",疑为"identity"即"认同"之误。——译者

改变等（Weingast 1998）。

　　我们也可以在由外部因素引起的、我们所关注的结构或过程与其周遭环境的结构和过程之间的变化中观察到机制的存在，例如资源的损耗（McCarthy and Zald 1977），即我们所说的环境机制。传统的社会运动研究把环境机制（如资源消耗、人口变化以及国际因素对国内政治的影响等）置于首要地位。

　　机制的第三种形式是关系机制，即改变个人、群体和人际网络间联系的机制。我们认为关系机制对社会运动的动力而言尤为重要，因为它们展现了挑战者改变他们与圈内人及抗争政治整体之间的关系的各种形式。我们称之为中介的机制就是如此。它通过某个单元将两个或更多以前并不关联的社会场景联系起来，以调节它们彼此之间以及/或者它们与其他场景之间的关系。两个行为者可能具有几乎完全一致的观点、阶级背景和组织模式，但是如果没有可以把它们联结起来的第三方，那么他们可能永远不能形成一个社会运动联盟。

　　环境、意向和关系机制是连接在一起的。例如，在《抗争的动力》一书中，我们以环境机制（战前人口和选民向西部的大规模转移）为背景考查了美国内战的发生。这个环境机制促进了一种认知机制的形成，即北方人越来越把南方和北方向西部的扩张视为一种零和博弈的意向。两者共同发挥作用，并且经由关系机制（即通过一个政党，即新共和党把寻找自由土地的西部人和反对奴隶制的北方人结成联盟而形成的中介）得以体现，（McAdam, Tarrow, and Tilly 2001，第6章）。

　　机制很少单独发挥作用，它们往往或者通过与其他机制相互联结而发展成为一些更具广泛性的进程（Gambetta 1998，105页），或者通过形成一个联系极为紧密的机制链而形成某种影响深远的进程。进程指的是能够使那些要素发生相似转变（通常更具复杂性与偶发性）的机制形成的有序的链条。社会运动的进程千姿百态，但是有些进程在抗争政治中频繁再现，或者说体现于各种抗争之中。以下四种进程就是如此，它们非常有助于对抗争政治的研究。

　　●动员存在于很多互动机制之中，它从一般被称为"社会变化过程"的环境机制开始，经由诸如提供机会和施加威胁、社会承认、框选争议，以及部署创新性集体行动等认知和关系机制而发挥作用。道格·麦克亚当在重构美国民权运动的研究中，曾把这些机制聚合为一个前后相继、互相作用的动员过程（McAdam 1999，序言）。

　　●第二类机制我们称之为政治认同的形成。政治认同的建立既包括参与社会运动的人，也包括其他群体中认同于这些认同的一部分人自我认知的变化，同时还包括受到影响的个人和群体之间关系的变化。多纳泰拉·黛拉·波尔塔在其与一批致力于推动全球性社会公正的行动主义者共同开展的创新性工作中发现，通过一系列国际抗议事件以及地方和地区性的社会论坛,形成了一种跨国的政治认同(della Porta 2005)。

• 第三组机制存在于社会运动联盟形成的过程中,即弱小的社会和政治行为者联为一体,以对抗强大而稳固的反对者。玛格丽特·列维和吉莉安·墨菲将联盟定义为使各不相同的组织实体能够聚合资源,以期引起变化的手段导向的、合作性的安排。在对"西雅图之战"的研究中,他们发现了两个相互重叠的联盟,一个是为了展示劳工、环保主义者和公民团体在反对世界贸易组织方面广泛的团结;另一个则是为了捍卫被西雅图警方拘捕的抗议者的公民权利(Margaret Levi and Gillian Murphy 2006)。

• 第四组机制体现在极化过程中。极化是指抗争过程中诉求者之间政治和社会差别的扩大,以及先前摇摆不定或中立的行为者,向一端、另一端或两端聚焦的趋势。极化一旦发生,就成为影响抗争进程的重要因素,因为它挖空了温和的中心,阻碍了旧有联盟的重构,并为未来新联盟的产生提供了条件,同时也为甚至最具体的政策问题注入了意识形态内容从而使之难以解决,因此可能会导致镇压、武装冲突以及内战。我们曾通过对法国大革命时期雅格宾派与吉伦特派斗争的考查,揭示了这样一种极化的过程(McAdam,Tarrow,and Tilly 2003,第 10 章)。

通过对以上四种进程的考查,我们在对社会运动发展轨迹的解释方面,找到了一种较传统的结构主义、"文化转向"以及理性选择理论更具动态性的方法。我们发现,社会运动是其倡导者通过推动各种行为体,在提出客观的或者被建构出来的诉求的基础之上进行社会动员的结果。如果行为者力量薄弱且其诉求存在差异,运动的倡导者们就会围绕这些诉求进行新的认同建构,并通过社会运动联盟将他们的利益连接起来。

然而,正如本章开始时提到的马尼拉事件那样,这些运动并非发生在政治真空之中。围绕挑战者诉求形成的强大联盟,将会触发其他两个过程。第一,获得更多支持的意愿,会促使运动与圈内人发生联系,后者或同情其诉求,或看到了其中可资利用的机会,或两者兼具。这或者会导致社会运动被招安,或者会造成政治阶级的分化,从而削弱精英的地位,在极端情况下甚至可能导致政权分裂。第二,由于动员和联盟形成对反对者构成了威胁,它们往往会引发与之对抗的社会运动与联盟,从而导致运动和反运动相互极化的过程(Meyer and Whittier 1994)。当反运动被当局接纳时,原来的运动就会被削弱,甚至可能遭受完全的失败。

美国争取堕胎权的斗争在很多方面体现出了这样的趋势。在经历了 20 世纪 60 年代的早期发展以后,运动进入了一个联盟形成的过程,并涉及美国政治体系内部与外部的新老行为者。这既使该运动进入主流政治,也使其获得了早期的成功,集中体现为 1972 年最高法院对罗伊诉韦德案(Roe v. Wade)的裁定。但随之而来的是运动的局部瓦解,以及反堕胎联盟这一强大反对派的形成,后者得到了原本相互竞争的各种社会力量,包括政治精英、宗教机构以及最后是乔治·沃特·布什政府的支持。

六、抗争、运动与民主

抗争和社会运动与民主之间存在着相互矛盾的关系。仅仅就以公开形式提出集体诉求的频率来看,总体上说抗争随着民主化的发展明显增加了。越来越多的团体和公民在提出各式各样的集体诉求,社会运动也随民主的发展得以繁荣,因为他们得益于随民主化而扩展的(总是不完善的)结社、集会以及言论自由的权利。当然,民主也明显降低了公共政治中集体暴力的强度和频度,从而对抗争发挥着某种遏制作用。另外,无论走向民主还是背离民主,往往都会经历包括革命、内战以及团体间激烈竞争等在内的高强度抗争。仅以爱尔兰和美国为例,两者都是经过激烈的内战,才形成了今天这样一种以普遍的抗争和频发的社会运动为特征的公共政治。

民主国家疏导并规约着抗争。它们通过选举政治和代议制便利了诉求的提出,并且容忍在有关结社、集会和言论的相关规则约束之下提出的诉求,但又严厉压制常规剧目之外产生的诉求。在民主制之下,专业化警察力量与从事战争的武装力量不同,其主要职能就是把抗争规约为体制所能够接受和容忍的形式。为此,他们不仅要维持集会和公共场所的秩序,而且还会监控乃至阻挠那些他们(或者他们的政治领袖)认为有可能在正式渠道之外活动的集体行动者。

这种复杂性导致了三个紧迫的问题。

第一,是什么因素导致了社会运动与民主制度之间广泛却不完全的对应关系?

第二,民主化本身在什么程度上以及如何促成了社会运动的形成与繁荣?

第三,社会运动在什么条件下以及如何在事实上推进了民主?

为什么在民主与社会运动之间存在广泛的联系?这部分是由一个简单的事实导致的,即促进民主化的过程同样也促进了社会运动。这些过程包括:(一)像城市化和大型组织中工人团体的形成所导致的潜在政治参与者的数量及其联系的增加;(二)比如广泛的公共教育和大众传媒的运用导致的潜在政治参与者之间资源和联系的均等化;(三)比如跨阶级政治联盟和政党的形成消除了现有的社会不平等对公共政治的影响;(四)比如共享的军事保障服务和退伍军人福利使人际关系融入公共政治之中。这些民主的推进因素同时也有助于消除社会区隔、施受惠政治和地方主义,在原本分散但又拥有共同利益的公众之间形成了广泛的联系,从而促进了社会运动的发展。

当然,民主化本身也直接促进了社会运动的发展,其最明显的途径就是拓宽了公共政治内部的权利并使之均等化,不仅包括结社、集会、言论和参与选举的权利,而且也包括那些其实施可能导致不同公民群体不满的法律内部所内含的权利。与此相对应,民主也明显扩展了公民的义务,比如回答人口普查员的问题、服兵役和受教育的义务等等,而这些义务同样会通过社会运动和公共宣示等途径,成为公共性与集体性抗争的焦点问题。

此外,民主化也促进了相关制度和机构的形成,后者又反过来促进或直接参与了社会运动:政党、工会、贸易协会、非政府组织、游说集团,以及致力于维护特定群体而非全体公众利益的政府机构(例如农业部)。至于去民主化,则将在以上各个方面使因果关系逆转,并将抑制曾一度兴旺的社会运动。佛朗哥时期的西班牙和墨索里尼时期的意大利,提供了去民主化过程中社会运动衰落的典型例证;许多在 20 世纪 60 年代和 70 年代曾暂时被威权主义统治的拉美国家,也出现了同样情况。

既然历史提供的是一堆混杂的记录,那么人们就会问,到底社会运动本身会不会促进民主化。回答是:在有些情况下它们的确会。当它们激活了上述那样一些促进民主的进程时,就能做到这一点:

· 增加了潜在的政治参与者的数量及其联系,例如将以前并不活跃的民众吸纳进公共事业之中;

· 使潜在的政治参与者拥有的资源和联系均等化,例如通过发展公共教育事业和支持弱势群体的参与;

· 消除现有的社会不平等对公共政治的影响,例如通过组织跨民族、种族、宗教和阶级界限的联盟;

· 将人际关系融入公共政治之中,例如通过吸引朋友和亲属群体参与社会运动。

由此可见,基础面狭窄的运动、代表狭隘特权的运动以及在政治中排除他者的运动一旦得势,就会对民主产生威胁。民主在支持和威胁其生存的社会运动之间维持着一种脆弱的平衡。这就是为什么社会运动从北方国家扩展到南方国家后发生了变化,并促发了进一步的变化。

七、抗争政治中的北方和南方

西欧和美国社会运动剧目的发展,是通过我们所熟悉的民族国家建构、议会民主的建立,以及工业化过程实现的。这是否意味着社会运动是仅限于"北方"的现象?答案既是肯定的,同时也是否定的。肯定的原因在于,西方国家在自由化的过程中产生了一种有利于发起各种活动、组织结社和进行公共展示的氛围,正是这种氛围促成了社会运动的产生,并且实现了它们自身的民主化;否定的原因在于,社会运动一旦产生,其形式本身就会趋于模式化,并将扩展到世界各地。社会运动在西欧出现之后,就通过印刷品和电报、铁路和轮船、殖民主义及其反对者、移民,以及社会运动倡导者创造的各种媒介向西和向南扩散(Tarrow 2005,第6章)。以本尼迪克特·安德森所说的民族主义(Benedict Anderson 1991)为例,这一最初产生于法国和美国革命的理论,逐步演变为一种囊括了各种诉求的模式化表达,而且其形态在遭遇到本土传统、新的组织形式,以及其他学说并与之融合之后又发生着各种变化。

社会运动在东方和南方(一般而言)更少自由的国家和社会,面临着完全不同的机会结构与束缚条件。19世纪晚期,社会民主模式自西欧和中欧向东欧的扩散,就经历了这样的过程。在西方已经依据民主原则运行,并且与独立而开放的工会、政党和市民社会结构相伴随的群众运动,在向东推移的过程中却转变为由职业革命者领导的、半密谋的蜂窝状结构。当列宁提出"怎么办"的问题,并以组建先锋队党给出答案时,他是在号召对西方的社会运动进行改造,并使之转变为某种可以在沙皇的镇压与以农民为主的社会的冷漠中生存下来的形式。

社会运动的剧目由北方和西方向南方和东方的扩散及本土化并非是单向的:列宁主义再次为我们提供了一个例证。虽然先锋队模式产生于东方,但一旦出现,它便向西传播,并与其前辈社会民主主义相互竞争,又(以法西斯主义和国家社会主义的形式)击溃了社会民主主义和民主主义。社会运动从东方到西方的扩散可能也促进了西方社会运动的复兴。印度文化元素与策略性思考的独特结合造就了甘地的非暴力主义,它被西方的阐释者"移植"并进行了理论化改造,为美国民权运动的成功,以及塞尔维亚、格鲁吉亚与乌克兰等后社会主义国家的非暴力实践提供了帮助(Chabot 2002)。

先撇开印度不谈。由于在其他地区很难复制西方社会运动得以产生的条件,因此另外一些形式的抗争政治——从内战到宗教叛乱——更为常见。上世纪前半期最早发生在南亚、沙特阿拉伯和埃及的伊斯兰运动就是一个例子(Kepel 2002)。随着这些运动得到日益广泛的支持,除极少数得到国家认可的政党之外,压制性政权禁止通过正式组织从事政治结社与动员。其结果是使普通人更加依赖非正式网络生存和发挥影响力(Singerman 1995,第3章)。正式的公共生活的匮乏,促使行动主义转入地下(Singerman 2004,148—149页),并从中引发了当今令整个世界都为之惧怕的跨国运动。

对那些表面上非政治性的伊斯兰组织(如医疗诊所、学校、慈善机构、文化协会等),伊斯兰国家除容忍(并对其加以警戒)之外,似乎并没有采取其他的措施(Wiktorowicz 2001,83页)。但就是这些政权也普遍遭受伊斯兰主义网络的秘密反对,因为行动主义者认为国家已经世俗化了,而且/或者已经被出卖给了世俗化的西方,因此要求用严格的宗教戒律对其加以约束。虽然像奥萨马·本·拉登和基地组织那样极端的反对派非常罕见,但很多人与拉登一样,希望能够有一个纯净的伊斯兰世界。

因此,伊斯兰主义者采取了潜伏和伪装这两重战略。他们一方面将自己有组织的网络隐藏于地下,另一方面又渗入他们能够容忍的伊斯兰组织之中,既为了影响这些组织,又希望将有前途的信徒招募进他们自己的网络。约旦的萨拉菲狂热分子,就从虔诚的但在政治上并不活跃的穆斯林人群中吸收了绝大多数新成员(Wiktorowicz 2001,134—135 页)。正是政治上的镇压以及对非政治表达的容忍,使政治伊斯兰主义造成了我们今天面临的政治暴力模式。

八、政治暴力与社会运动

既然我们认为,社会运动在民主国家或正处于民主化进程中的政治体内部表现为持续和大规模的公共行动,那么我们如何看待过去十年间,特别是 2001 年 9 月 11 日之后遍布全球的政治暴力呢?

与内战、种族灭绝和族群冲突相比,社会运动主要通过非暴力手段达到它们所追求的目标。它们唤起社会对有组织的政治行为者及其诉求的关注,但基本上不对人身或财产造成明显的损害。社会运动中的集体暴力主要在以下三种情况下发生:当行动主义者与警察和公共秩序的其他职业维护者发生冲突时;当相互竞争或敌对的行动主义者发生冲突时①;或者当致力于直接行动的群体,利用或离开非暴力运动的集会,如示威和公开会议,以期胜过其原来的同志时。

人们对非暴力运动、国家的镇压,以及政治暴力之间关系的动力机制知之甚少,主要原因是政治暴力的研究者在很大程度上受到一种相关性逻辑的限制(Collier and Hoeffler 2004;Fearon and Laitin 2003)。他们已经表明,如多山的地形、自然资源的丰裕、低水平的人均国民生产总值等环境因素,都与内战的爆发存在密切的关联性;但他们未能证明究竟是什么机制,使得非暴力抗争逐步升级为恐怖主义或内战。

对抗争政治的研究,有助于内战、族群冲突和其他暴力冲突的研究者寻找其动力机制(Sambanis and Zinn 2005)。例如,黛拉·波尔塔和塔罗在分析 20 世纪 60 年代至 70 年代意大利有关数据的基础上认为,国家镇压、竞争和竞争的升级,以及大众支持的下降,是产生红色旅和其他鼓动武装斗争的组织的主要机制(della Porta and Tarrow 1986)。桑巴尼斯和津在扩展了格尔(Gurr)等人研发的内战数据库之后明确指出,某些

---

① 此处原文为"[W]hen activists of a given persuasion and competing or hostile activists confront each other",疑有误。——译者

形式的镇压、效仿以及机会结构,是非暴力分裂主义运动转向内战的促进因素(Sambanis and Zinn 2005,36 页)。

以下三个问题尤其值得关注:(一)对不同的运动及其背景而言,是什么因素决定了镇压、运动间的竞争以及竞争升级发生的频率?(二)它们对社会运动整体效果的影响如何?(三)在什么条件下、经过什么样的过程,像恐怖和军事行动等更具暴力性的抗争政治的参与者会转向通常的社会运动? 或者相反? 对这些问题的圆满回答,有助于揭示集体暴力和社会运动的未来。

九、抗争政治的未来

我们相信民主与社会运动之间存在着牢固的——虽然不是决定性的——关系,这一认识要求我们对当前社会运动研究中的三个议题进行简短的讨论:

第一,我们是否正在进入一个"运动社会",其中经典的社会运动剧目已经无所不在,以至于社会运动与制度政治间的差别在很大程度上已经消失了?

第二,我们究竟应如何看待社会运动的结果? 面对现代国家压倒性的力量,社会运动在什么条件下才能促成政治和社会的变化?

第三,如果社会运动源于国家政治,那么一些人认为正在削弱民族国家的力量和自主权的全球化过程,将对社会运动的战略和未来发展产生何种影响?

这三个问题仍然悬而未决,研究者之间也存在分歧,而且现有的证据也不充分。我们在此仅仅把这些问题勾画出来,并不提供明确的答案。

十、运动社会

即便在相对民主的政治体中,也只有一小部分公民直接参与过社会运动的行动、呈现及展示。尽管这是事实,但各类社会运动的参与者与研究者(这是两个相互交叉的范畴)经常声称,运动与制度之间的界限正在消失。这种观点认为,这是因为每一个利益集团都掌握了结社、集会、请愿、示威和公开声明等行动方式;是因为掌权者控制、操纵或颠覆了社会运动;是因为专家和专业化组织取代了昔日的激进分子;也是因为社会运动对政治的影响让位于大众传媒、民意测验以及资金充沛的竞选活动。虽然仅在华盛顿特区每天就有两三次示威,但国家层面的政客们都不再觉得社会运动有何新意或者令人兴奋之处。按照这一观点,社会运动正在转变为政治表达的诸多形式之一,而且其影响正日渐衰微。

　　跨国社会运动的参与者和观察者们则常常持相反的观点,声称社会运动正在步入一个全新的时代。这种观点认为,出于三个方面的原因,国际间的协调变得更容易了。首先,世界更紧密地连为一体,这意味着环境保护、社会公正或女权主义的推动者,与他们在世界其他地区的同伴一起拥有了更为广阔的共同基础,并且必须越来越倚重国际协调来改变其境况。第二,诸如世界银行和联合国等国际机构在世界范围内发挥的影响越来越大,但与此同时也为广泛分散的运动参与者协调对国际设施的利用,或者宣传他们新的国际政策提供了条件。第三,日益发达的通讯网络——最近主要是通过互联网——极大地降低了世界各地之间交流和协调的成本。一种最乐观的看法认为,未来的运动将在很大程度上超越面对面的组织形式,而代之以采用广泛的、世界性的并且往往是虚拟的社会动员。如果这个观点是对的,那么下一个运动社会将不会局限于民族国家的边界,而会在国际范围内发展。

　　这些分歧值得我们关注,它们主要围绕运动的原因、影响及其简约的描述展开。民主的政治体制是否最终驯服了社会运动并使之制度化,并且使其丧失了部分效力? 随着新的社会进程产生的新的集体诉求方式,是否能够将经典的社会运动剧目,就像地方性的羞辱仪式与军事政变一样,最终送入历史? 国际化是否确实使全球社会运动的特点发生了重大改变? 大规模的、高效的、世界范围的动员,是否对国际政策和制度发挥了显著的作用? 一句话,社会运动到底在多大程度上,又以何种形式对掌权者和公共政策产生了影响?

十一、抗争政治的结果

　　社会运动的教材总是一成不变地将其描述为以促进社会变化为目标的有组织的尝试。就目前的情况而言,这样的界定虽然尚可接受,但还是存在一些重要的问题。

　　首先,社会运动希望带来的究竟是什么样的变化? 威廉·加姆森在其权威性著作《社会抗议战略》(Gamson 1975)中列举了两种主要的结果:促进团体的接纳性和推进团体的目标。他也许还可以作出进一步的补充,即一些社会运动致力于谋求个人的发展,而另一些则旨在增强集体的认同。

　　第二,社会运动在什么情况下能够取得成功? 加姆森对此有过详尽的阐释,认为具有集中化的组织、诉求适度、不使用暴力并且不寻求取代统治者时,社会运动更有可能取得成功。但加姆森忽略了一个问题,即当社会运动努力达致其目标的时候精英们在做什么。因为国家可以推进或压制社会运动,可以为它们提供机会,也可以对它们处处刁难,甚至还可以支持或创造符合国家目标的社会运动。

最后,如果仅仅把社会运动的成功视为国家与挑战者之间二元关系的结果,那么就忽视了其他行为者对社会运动实现其目标所做的贡献或者发挥的阻碍作用。这些行为者可能包括体制内的精英、政党、利益集团和运动的反对者。社会运动不能被视为二人游戏。换言之,社会运动只是一个更广泛的力量平行四边形的组成部分,它们在其中甚至可能不是重要角色,而且运动的结果也可能与其预定目标相去甚远。这就把我们带入讨论的最后部分,即全球化对抗争政治未来的影响。

十二、全球化与抗争政治

无论什么时候,当某些特定的社会联系和实践从地方扩展到跨地域的规模时,某种形式的全球化就发生了。反过来,当一些既存的跨地域的社会联系和实践趋向分裂、瓦解或消失时,某种意义上的去全球化就会出现。只有当第一种进程明显压倒第二种时,我们才可以明确地说人类从整体上正在经历全球化。总体上看,第二次世界大战后的时期能够符合这个标准。从 20 世纪中叶开始,除了一些地方性的相反趋势外,资本、贸易、产业组织、通讯、政治机构、科学、疾病、大气污染、报复性暴力以及有组织犯罪的国际化,已经构成了一种朝向全球化的网络运动。

20 世纪中期以来,在全球化与世界范围内抗争政治的转变之间,某些方面的联系相当清楚,但另外一些方面则存有明显的争议。国民经济与世界贸易体系整合程度的提高,加之像国际货币基金组织那样的金融机构对国民经济干预的加强,使世界范围内公众对财政紧缩以及先前受保护的行业面临的威胁的反应变得更为频繁、更为相似。在以下三重因素的影响下,世界范围内国家间的战争很大程度上被内战所取代:

- 低能力国家(low-capacity state)绝对数量的成倍增加,而它们作为独立实体的存在(尽管在当下不一定必然如此)又得到了国际社会的保障;
- 世界范围内武器、毒品以及钻石等的非法贸易,它们为民兵和叛军提供支持,无论后者是否得到民众的拥护;
- 移民的扩散(其中一些人卷入了走私活动),这为现在体制的反对者提供了帮助。

然而,有关全球化影响的其他问题仍存在激烈的争议,并且值得我们进行系统的研究。

首先,"运动型社会"的问题已经促使我们追问:全球化是否已经或多或少将世界范围内潜在的行动主义者自动地联系起来,使他们面临相似的挑战,并因此使社会运动的集体行动超越了地方和国家的范畴? 我们所掌握的证据充分表明,卷入全球经济网络并非一国参与跨国抗争的有效预警器,国内政治制度的性质,以及该国融入国际机制的程度具有更大的影响(Smith 2004;Tarrow 2005)。

此外,暂且不谈"网络社会"这一比喻(Castells 1996),事实上要使行动主义者们跨越边界联系起来,需要克服巨大的文化鸿沟、利益和价值的差异以及高昂的交易成本(Tarrow 2005,第9章)。即便是在我们认为最有可能向超国家层面转移的西欧地区,绝大部分抗争活动仍然局限在国家范围内,甚至那些以欧盟机构为对象的活动也是如此(Imig and Tarrow 2001)。

第三,我们能否推断,"全球性的"社会运动将在不久的将来取代民兵活动、国内族群冲突,以及以获得国家政权为目标的政党政治? 全球化的部分研究者将所有形式的跨国抗争都视为"全球社会运动",但我们对此存有异议。如果像我们所定义的那样,将社会运动定义为以民众之名对控制着这些民众的掌权者提出的持续挑战,其方式是公开宣示民众的价值观念、团结性、人数规模及其决定等,那么很多形式的跨国抗争就不能被称为社会运动。这并未降低跨国抗争的意义,只意味着它们缺少社会运动的某些特征,而正是这些特征使社会运动成为现代世界中抗争政治的一种特殊形式。我们的任务就是要探究新形式的抗争政治是否正在国家之间生成。

最为重要的是,全球化在什么程度上以及如何影响了世界各国对其领土范围内的政治行动实施控制以及作出反应的能力? 比如说,如果全球性网络正在弱化国家的能力,那么这个过程是否会加速抗争政治的国际化? 20世纪90年代出现了一种"全球公共社会"[①]的视角,据此,国家同时受到了经济全球化的力量和公共社会团体跨境联系的侵蚀(参见Anheier,Glasius,and Kaldor 2005)。然而,经历了2011年的"9·11"恐怖袭击和伊拉克战争之后,我们并不认为国家正在失去其控制力。

我们所了解的社会运动才仅仅存在了大约两个世纪。然而,抗争政治和政治制度自人类在大约一万年前创造国家时就已出现了。社会运动也许会被今天的国际化浪潮所吞没,但抗争政治和政治制度将会继续演进。我们对社会运动、抗争政治以及制度间的相互作用的研究,实际上是在考察民主参与的未来及其风险。

参考文献

AMINZADE,R.,and MCADAM.D. 2001. Emotions and contentious politics. In Aminzade et al. 2001:

---

① "global civil society",通常译为"全球公民社会",但"公民"恰恰是与民族国家对应的概念,严格地说,"公民社会"应该对应为英语的"citizenary society",但这在西方的语境中是一个有些自相矛盾的说法。所以此处译为"全球公共社会"。——译者

14-50.

——et al.2001.*Silence and Voice in the Study of Contentious Politics*.Cambridge: CambridgeUniversity Press.

ANDERSON, B. 1991. *Imagined Communities: Reflections on the Origin and Spread of Nationalism*. London: Verso.

ANHEIER, H., GLASIUS, M., and KALDOR, M. eds.2005. *Global Civil Society 2004/5*. London: Sage Publications.

BURSTEIN, P.1998.Interest organizations, political parties, and the study of democratic politics.Ch.3 in *Social Movements and American Political Institutions*, ed.A.Costain and A.McFarland.Boulder, Colo.: Rowman and Littlefield.

CASTELLS, M.1996.*The Rise of the Network Society*.Oxford: Blackwell Publishers.

CHABOT, S.2002.Transnational diffusion and the African-American reinvention of the Gandhian repertoire.Pp.97-114 in *Globalization and Resistance: Transnational Dimensions of Social Movements*, ed.I. Smith and H.Johnston.Lanham, Md.: Rowman and Littlefield.

COLLIER, P., and HOEFFLER, A.2004.Greed and grievance in civil war.*Oxford Economic Papers*, 56: 563-95.

COSTAIN, A.1992.*Inviting Women's Rebellion: A Political Process Interpretation of the Women's Movement*.Baltimore: Johns Hopkins University Press.

DELLA PORTA, D.2005.Multiple belongings, flexible identities, and the construction of "another politics": between the European social forum and local social fora.Pp.175-202 in *Transnational Protest and Global Activism*, ed.D.della Porta and S.Tarrow.Lanham, Md.: Rowman and Littlefield.

——and TARROW, S.1986.Unwanted children: political violence and the cycle of protest in Italy.*European Journal of Political Research*, 14:607-32.

DIANI, M., and MCADAM, D. eds. 2003. *Social Movements and Networks: Relational Approaches to Collective Action*.Oxford: Oxford University Press.

FAVRE, P.ed.1990.*La Manifestation*.Paris: Presses de la Fondation Nationale des Sciences Politiques.

FEARON, J.D., and LAITIN, D.D.2003.Ethnicity, insurgency, and civil war.*American Political Science Review*, 97:91-106.

FILLIEULE, O.1997.*Strategies de la rue: les manifestations en France*.Paris: Presses de la Fondation Nationale des Sciences Politiques.

GAMBETTA, D.1998.Concatenations of mechanisms.In *Social Mechanisms: An Analytical Approach to Social Theory*, ed.P.Hedström and R.Swedberg.Cambridge: Cambridge University Press.

GAMSON, W.A.1975.*The Strategy of Social Protest*.Homewood, 111.: Dorsey Press.

——1992.The social psychology of collective action.In *Frontiers in Social Movement Theory*, ed.A.Morris and C.McClurg Mueller.New Haven: Yale University Press.

GOLDSTONE, J.A.1998.Social movements or revolutions? On the evolution and outcomes of collective action.In *From Contention to Democracy*, ed. M. Giugni, D. McAdam, and C. Tilly. Boulder, Colo.:

Rowman 8c Littlefield.

——and TILLY, C.2001.Threat(and opportunity) : popular action and state response in the dynamics of contentious action.In *Silence and Voice in Contentious Politics*, ed. R. Amin- zade et al. Cambridge: Cambridge University Press.

GOODWIN, J. , and IASPER, J.M. , eds.2004.*Rethinking Social Movements : Structure ,Meaning ,and Emotion.*Lanham, Md. : Rowman and Littlefield.

GRIMSTED, D. 1998. *American Mobhing, 1828 - 1861 : Toward Civil War.* New York : Oxford University Press.

HEDSTRÖM, P. , and SWEDBERG, R.1998.*Social Mechanisms : An Analytical Approach to Social Theory.* Cambridge : Cambridge University Press.

IMIG, D. , and TARROW, S. 2001. Mapping the Europeanization of contention: evidence from a quantitative data analysis.*InContentious Europeans : Protest and Politics in an Emerging Polity*, ed. D. Imig and S.Tarrow.Lanham, Md. : Rowman and Littlefield.

KATZENSTEIN, M.F.1998.*Faithful and Fearless : Moving Feminist Protest Inside the Church and the Military.*Princeton : Princeton University Press.

KEPEL, G.2002.*Jihad : The Trail of Political Islam.*Cambridge, Mass. : Harvard University Press.

KINEALY, C.2003.Les Marches orangistes en blande du Nord : histoire d' un droit, *he Mouvement social*, 202 : 165-82.

KRIESI, H.1996.The organizational structure of new social movements in a political context.In *Comparative Perspectives on Social Movements*, ed. D. McAdam, J. McCarthy, and M.Zald.Cambridge : Cambridge University Press.

LEVI, M. , and MURPHY, G.2004.Coalitions of contention : the case of the WTO protests in Seattle.*Political Studies*, 54(December 2006) : 651-70.

MCADAM, D.1999.*Political Process and the Development of Black Insurgency , 1930- 1970*, 2nd edn.Chicago : University of Chicago Press.

——MCCARTHY, J. and ZALD, M. N. , eds. 1996. *Comparative Perspectives on Social Movements.* New York : Cambridge University Press.

TARROW, S.and TILLY, C.2001.*Dynamics of Contention.*New York : Cambridge University Press.

MCCARTHY, J. , and ZALD, M.N.1977.Resource mobilization and social movements : a partial theory.*American Journal of Sociology*, 82 : 1212-41.

MANSBRIDGE, J. , and FLASTER, K. 2005. " Male chauvinist ", " feminist ", " sexist ", and " sexual harrassment" : different trajectories in feminist linguistic innovation.*American Speech*, 80 : 56-279.

MELUCCI, A.1988.Getting involved : identity and mobilization in social movements.Pp.329-48 in *From Structure to Action : Comparing Social Movements across Cultures*, ed.B.Klander- mans, H.Kriesi, and S. Tarrow.Greenwich, Conn. : IAI Press.

MEYER, D.S.1990.*A Winter of Discontent : The Nuclear Freeze and American Politics.*New York : Praeger.

——and WHITTIER, N.1994.Social movement spillover.*Social Problems*, 41 : 277-98.

MORRIS,A.D.,and MUELLER,C.M.,eds.1992.*Frontiers of Social Movement Theory.*New Haven:Yale University Press.

PIGENET,M.,and TARTAKOWSKY,D.eds.2003.Les Marches.*Le Mouvement social*,202,entire issue.

RAFAEL,V.L.2003.The cell phone and the crowd:messianic politics in the contemporary Philippines. *Public Culture*,15:399-425.

ROCHON, T. R. 1998. *Culture Moves: Ideas, Activism, and Changing Values.* Princeton: Princeton University Press.

——and MEYER,D.S.,eds.1998.*Coalitions and Political Movements:The Lessons of the Nuclear Freeze.* Boulder,Colo.:Lynne Rienner.

RUCHT,D.2002.The EU as a target of mobilisation:is there a Europeanisation of conflict? Pp.163-94 in *LAction collective en Europe*,ed.R.Balme,D.Chabanet,and V.Wright.Paris:Presses de Sciences Po.

RUPP,L.J.,and TAYLOR,V.1987.*Survival in the Doldrums:The American Women's Rights Movement, 1945 to the 1960s.*New York:Oxford University Press.

SAMBANIS,N.,and ZINN,A.2005.From protest to violence:an analysis of conflict escalation with an application to self-determination movements. Unpublished paper. Yale University Department of Political Science.

SAWYER,R.K.2001.*Creating Conversations:Improvisation in Everyday Discourse.*Cresskill,NJ:Hampton Press.

SINGERMAN, D. 1995. *Avenues of Participation: Family, Politics and Networks in Urban Quarters of Cairo.*Princeton:Princeton University Press.

——2004.The networked world of Islamist social movements.Pp.143-63 in *Islamic Activism:A Social Movement Theory Approach*,ed.Q.Wiktorowicz.Bloomington:Indiana University Press.

SMITH, J.2004. Exploring connections between global integration and political mobilization. *Journal of World-Systems Research*,10:255-85.

SNOW,D.A.,and BENFORD,R.D.1992. Master frames and cycles of protest. In Morris and Mueller 1992:133-55.

——ROCHFORD,B.,Jr.,WORDEN,S.,and BENFORD,R.1986.Frame alignment processes,micromobilization,and movement participation.*American Sociological Review*,51:464-81.

TARROW,S.1998.*Power in Movement:Social Movements and Contentious Politics.*New York:Cambridge University Press.

——2005.*The New Transnational Activism.*New York:Cambridge University Press.

——and MCADAM,D.2005.Scale shift in transnational contention.Pp.121-50 in *Transnational Protest and Global Activism*,ed.D.della Porta and S.Tarrow.Lanham,Md.:Rowman and Littlefield.

TARTAKOWSKY,D.1997.*Les Manifestations de rue en France*,*1918-1968.*Paris:Publications de la Sorbonne.

——2004.*La Manif en eclats.*Paris:La Dispute.

TILLY,C.1978.*From Mobilization to Revolution.*Reading,Mass.:Addison-Wesley Pub.Co.

——1995.*Popular Contention in Great Britain*, *1758—1834*.Cambridge,Mass.：Harvard University Press.

——2004.*Social Movements*,*1768—2004*.Boulder,Colo.：Paradigm Publishers.

——and TARROW,S.2006.*Contentious Politics*.Lanham,Md.：Paragon Press.*Time Asia*.2001.People Power Redux.29 January,www.time.com/time/asia/magazine/2001/0129/coveri.html,viewed 14 August 2003.

WEINGAST,B.1998.Political stability and civil war：institutions,commitment,and American democracy. Pp.148—93 in *Analytic Narratives*,ed.R.Bates et al.Princeton：Princeton University Press.

WIKTOROWICZ,Q.2001.*The Management of Islamic Activism：Salafis, the Muslim Brotherhood, and State Power in Jordan*.Albany：State University of New York Press.

——ed.2004.*Islamic Activism：A Social Movement Theory Approach*.Bloomington：Indiana University Press.

YOUNG,M.2007.*Bearing Witness against Sin：The Birth of American Social Activism*.Chicago：University of Chicago Press.

第二十章　全球抗议运动的机制

马克·李希巴赫(Mark I.Lichbach)

赫尔玛·德佛里斯(Helma G.E.De Vries)

一、引　言

在后冷战世界的形成过程中,反对新自由主义全球化和战争的大众运动,也在世界范围内动员着抗议者。例如,1999年11月30日西雅图之战期间,以及2003年2月15日美国入侵伊拉克前夕世界范围内的游行示威,就吸引了几十个国家的数百万抗议者。学者们试图解释各种宏观层次的全球性制度,如何激活了全球性抗议这一最新形式的抗争政治背后的机制。

● *经济*。弗里德曼(Thomas Friedman)分析了新自由主义全球化中利益受损者的情况,蔡斯—邓恩(Chris Chase-Dunn)则分析了世界体系的结构性赤字。

● *文化*。巴伯(Ben Barber)强调前现代性对现代性的反弹,英格尔哈特(Ron Inglehart)则突出了后现代及后物质主义引发的焦虑。

● *社会*。凯克(Margaret Keck)和辛金克(Kathryn Sikkink)将研究锁定于活跃的非政府组织,卡斯特尔(Manuel Castells)则聚焦于新兴的全球公共社会。

● *政治*。塔罗(Sid Tarrow)揭示了一个形成中的世界政治体复杂的国际主义,哈特(Michael Hardt)和内格里(Antonio Negri)集中关注美国的霸权及其帝国,赫尔德(David Held)阐释了全球性的民主赤字问题,洛德里克(Dani Rodrik)则分析了国家层面的民主失效。

行动主义者的思想也丰富了我们对全球经济、文化、社会和政治的理解,而抗议者的反思则澄清了若干制度、机制和抗议之间的关联。

从中观层次动员过程的角度研究抗争政治文献,同样有助于对全球性抗议作出解释。麦克亚当(Doug McAdam)、塔罗(Sidney Tarrow)以及梯利(Charles Tilly)的综合性政治机会理论(SPOT),对政治机会、动员结构及文化背景等进行了深入的阐释。李希巴赫(Mark Lichbach)的集体行动研究计划(CARP),则分析了市场、社区、契约以及等级性的动员过程。

最后,有关政治行为微观层次的或者调查性的文献也有助于研究的深入。维巴(Sidney Verba)的政治参与理论考察了抗议者的决策计算、个体资源、动员或制度资源、心理干预以及问题强度等。

这一章汇集了上述研究成果。我们将对抗争政治的理论进行梳理,以探索它们对于全球性抗议运动(GPMs)这一新现象的适用性。我们的观点是,宏观的全球性制度驱动了中观的动员过程,并在微观层面促使个体行为者加入全球性抗议运动。通过运用分别聚焦于宏观、中观和微观过程的抗争政治一般理论,我们将提出一种对全球性抗议运动动员机制的新的解释路径。

我们同时也认为,全球性抗议运动之间的差异可能源自它们对动员机制的不同运用,因此也可以从机制的角度对新形态抗争政治的成功与失败作出解释。如果动员机制在关于全球化抗议的学术理论和行动主义的思想中得到了某种反映,我们就能够提出并检验一些使全球性抗议运动与其他抗争形式相区别的假说。事实上,我们的主要目的,是在机制方面对不同形式的全球性抗议运动与更广泛意义上的抗争政治进行认识和对比。这种对比使我们在解释全球化的集体行动以及其他形式的抗争时,能够更为准确地说明此类机制的运行机理。

通过宏观、中观和微观过程分析抗议活动,涉及对抗议中的资源、社会关系,以及价值追求、抗议者联盟以及抗议者本身的调查。与非抗议者相比,各种全球性抗议运动的参与者所获取的资源、拥有的社会关系及追求的价值是不同的。资源包括教育和社会经济福利,社会关系指通过参加政党、利益集团和社会运动组织而形成的接触和网络,价值观则体现为态度和信仰(例如拥有后现代价值观或支持全球化)。我们认为,抗议发生的地点、抗议联盟的构成以及抗议者本身,都更多地取决于这些资源、社会关系和价值观念高水平的可得性。这些因素在一定程度上区分了全球性抗议运动中的抗议、联盟以及抗议者,并可能在激发全球性集体行动中发挥作用。

虽然在抗争政治学领域内对全球性抗议运动的探索刚刚起步,并且很多用来解释全球化集体行动的理论也适用于其他形式的抗争,但我们认为多层次理论框架的应用,能够更为有效地揭示抗争的动力机制。我们需要探讨的,是宏观层次的目标、中观层次的组织,以及微观层次的政治行为之间的关系。我们需要对照和比较不同的全球性抗议运动以及其他形式的抗争政治背后的机制。另外,除传统的学术理论之外,我们也要考虑行动主义的思想,它体现了行动主义者关于全球性抗议运动的视野。表 20.1 概括了我们的分析框架。

因此,无论从学术层面,还是从行动主义的层面来看,对抗议的宏观、中观和微观解释都表明,抗争存在着各种不同的机制。这些理论通过说明抽象的机制是如何在具体情况下发挥作用的,可以帮助我们对不同的全球性抗议运动以及其他类型的抗争进行对照和比较。未来的研究应侧重于探讨获得了成功的不同形式的社会动员与对动员机制不同的策略性运用之间的关系。为此,研究者必须从我们提供的多层次框架中对各种机制进行细心挑选,下面就讨论这个问题。

表 20.1　解释全球化抗议动员机制的模式

宏观层次	经济机制(经济、世界体系) 文化机制(文化反弹、后现代的价值变迁) 全球社会机制(强有力的非国家行为体) 世界政治机制(复合国际主义) 美国霸权的解释(反对美国霸权) 新自由主义制度困境机制(民主赤字)
中观层次	综合性社会机会理论(政治机会、动员结构、文化背景) 集体行动研究计划机制(契约、社区、等级)
微观层次	政治行为机制(资源聚集、结社动员、心理介入、议题强度)

二、宏观层次的机制

根据麦克亚当、塔罗和梯利的界定,抗争政治指的是"诉求提出者及其对象之间偶发性的、公共性的、集体性的互动,其要素包括(一)至少有一个政府是诉求者、诉求对象或诉求者的同盟;(二)如果诉求得以实现,则至少会影响一方诉求者的利益。"(McAdam,Tarrow,and Tilly 2001,5 页)抗争政治因此包括很多政治斗争的形式,涉及的问题包括国家间冲突、内战、革命、镇压、族群冲突、种族灭绝、政治屠杀、人权、骚乱、罢工、示威、抗议,非暴力抵抗、异议以及日常的抗拒等。抗争可能是暴力或非暴力的,其范围可能是国内的、跨国的或全球性的。这些抗争的形式相互关联,然而,虽然有人认为它们由类似的因果机制驱动,但对它们的研究却是相互孤立的。正因此,塔罗(Tarrow 2005)对跨国抗争的综合性研究就具有开创性的意义。

全球性抗议运动包括在关键的时间点上全球范围内一系列相互协调、同时发生的示威,它们发生在各大洲的几十甚至上百个地方。全球性抗议运动虽然在此以前也发生过,但在全球性协调、同时性,以及地域的广泛性方面,都没有达到最近的反战和要求全球公正的抗议的水平。与18世纪晚期、1830年、1848年、1918—1919年、20世纪20年代晚期、20世纪30年代初期、1968年以及1989—1991年间的抗争浪潮相比,最近的抗议具有更加明显的全球性,而不仅仅是国际性。它们发生在几乎各大洲而不仅仅是个别地区,体现出更高程度的国际协调以及同时性,其基本策略更注重抗议的全球性,而且暴力程度明显下降。

在过去十年间,反全球化和反战的全球性抗议运动,就是以这种新的方式在全球范围内动员着抗议者。例如,1999年11月30日,在这个反对世界贸易组织的西雅图之战中国际行动的关键日子,协同抗议在多国同时发生,包括美国、英国、加拿大、冰岛、爱尔兰、葡萄牙、法国、瑞士、荷兰、德国、意大利、希腊、捷克共和国、土耳其、以色列、巴基斯坦、印度、韩国、菲律宾以及澳大利亚(Laskey 2001,84—90页)。再往后一点,从2001年至今的这段时期,出现了一个更具动员性和全球性的反战运动,它以更频繁的形式,在全球范围内数百个地方组织了相互协调的抗议活动。2003年2月15日的反战抗议最具动员性及全球性的特点,"各大洲相互联系的社会运动"动员了大约"1200万"参加者(Solnit 2004,xxiii页)。

用宏观层次的变量解释宏观层次的现象是很自然的。我们可以通过全球秩序几个方面的机制来解释全球性抗议运动,包括经济市场、世界体系、文化价值、全球社会、世界政治、美国霸权,以及新自由主义制度的三难困境。这些宏观层次的解释涉及一些系统性的因素,学者和行动主义者们称之为全球抗争的资源。

2.1 经济机制

2.1.1 经济问题

政治经济学家强调抗议的物质基础,因此对那些通过物质上的不满对工会进行动员的行动主义者进行理论解释。相应地,学者们提出了一种经济问题的结构性机制,认为全球性抗议运动从根本上说,是保护主义者对正在经历着经济全球化的全球市场,以及急剧增大的国内经济压力作出的反应。虽然新自由主义全球化带来的经济利益是一种扩散性的公共品,但其经济代价却集中在了那些采取行动的受损者身上。根据这一解释路径,分配效应可以说明全球性抗议运动中反对者的动员机理。

由于经济全球化的受损者被视为新自由主义全球化的反对者,那么经济问题机制就意味着,全球化的集体行动将发生在全球化受损者数量巨大、失业者集中的地方,以及新自由主义改革带来了明显的国内问题且缺乏公众支持的地方。此外,抗议者的不满会更多地集中在与新自由主义政策相关的国内问题上面。他们往往利用共同的物质关切来巩固联盟,而联盟也会吸纳那些代表物质利益的团体。最后,抗议者一般都受到全球化的负面影响；他们都对全球化和新自由主义改革持否定态度；而且往往与通过参加工会或利益集团表达物质利益的个人建立联系。

2.1.2　世界体系

通过经济市场对抗议的解释主要关注的是经济全球化中"受损者"发挥的作用，而世界体系论则认为，国际体系拥有反霸权和反体系运动的悠久历史。因此，世界体系机制论在那些强调全球市场带来的体系问题的行动主义者中找到了支持者。在世界体系结构机制论看来，抵抗始终都是全球化的，而且往往体现为在同一时间内波及众多国家的抗议浪潮。例如，对资本主义的抗议就具有悠久的历史，这是因为人们认为这种社会制度无视社会福利、毁灭文化、破坏环境，并且损害了人权和民主。

因此，世界体系机制论聚焦于新的全球市场结构——物质利益的全球化（Chase-Dunn 1989）。当下的国际政治经济体系由一系列互相联系的、国家层面的经济体构成，它们创造了土地、劳动力和资本的全球市场。诸如贸易、金融、移民、迁徙、通讯、交通、增长、贫困、不平等、疾病、流行病以及环境等生产范畴内的问题，现在也都全球化了。因此，一个国家不可能将自身与全球经济趋势（例如技术）、商业周期（例如繁荣与萧条）以及经济冲击（例如石油危机）隔离开来。

世界体系论认为，新自由主义全球化政策指导下的经济全球化，产生了不稳定、剥削和依附，从而最终引发了基于物质利益的社会运动和抗议活动。新自由主义的华盛顿共识——国际货币基金组织和世界银行有些时候倡导的纯粹的资本主义——导致了诸多引发抗议的问题（Rodrik 1997，1999，2001）。新自由主义经济全球化主要的负面影响在于，它产生了经济体系的相互依赖，它们极易受到全球经济趋势、商业周期和经济冲击的影响，从而使各国的政治经济变得更加不稳定。例如，不受监管的资本流动，既能带来经济繁荣，也能够拖垮一大批国家的萧条。一些人进一步指出，全球化产生了相对剥夺（不平等和经济分化）、绝对剥夺（失业与贫困），以及结构性依附（边缘化和剥削导致的特殊的脆弱性，产生了失业、资源枯竭、人口增长、城市化、自然灾害、疾病以及流行病）。这些现象激起了民粹主义运动。国家政策的新自由主义倾向越明显，抵抗就越强烈，因为全球化导致了福利国家的萎缩，从而终结了社会安全体系。

总之，世界体系论认为，卷入全球性抗议运动的反对者同时也是另一次反霸权、反体系运动的参与者，他们正通过全球性的抗议抵制一个拥有越来越多全球性利益的全球市场。随着多边经济机构（MEI）会议的增加，反对此类机构的抗议运动和动员也会随之增加。抗议可能会发生在人们从全球化中得益较少或被全球市场伤害更多的地方。抗议者的不满，可能会集中在那些由世界体系强加的新自由主义改革导致的国内问题上面。代表物质利益的团体可能是抗议联盟的重要成员，而抗议者往往对全球化持有负面立场。

2.1.3 经济威胁归因论

经济威胁归因论是第三种全球经济机制理论,往往被行动主义者用来表达不满以动员参与者。一些行动主义者认为,正在给人们带来伤害的经济问题主要是由新自由主义改革和全球经济体系所致(Faraclas 2001,67页)。诉诸物质利益的行动主义者提出,这一全球经济体系中的有产者正努力控制无产者:"少数人(富裕和流动的精英)又一次试图控制多数人,即各式各样的团体"(Hawthorne 2001,87页)。有鉴于此,诸如美国的劳联—产联等重要的工会组织,甚至也支持主张全球公正的抗议活动,并且与提倡全球公正的团体结成联盟(Danaher and Burbach 2000,9页;Njehu and Ambrose 2001,49—50页)。由于把国内具体的经济问题归因于全球性经济机构推动的改革,工会也被拉进了主张全球正义的抗议联盟(Brecher,Costello,and Smith 2000,55页;Starr 2000,83、89页)。行动主义者还试图通过强调全球经济体系与军事干涉之间的关联性来动员参与者,如沃尔夫伍德(Wolfwood 2001,87页)所言:

全球化和军事化密不可分。北大西洋公约组织轰炸南斯拉夫的目的,就是使跨国公司能够获得国有矿藏和石油管线,同时也便于外国武装贩毒集团能够利用南斯拉夫的领土进行国际毒品交易,而这是全球位居前十的贸易活动之一。

学者和行动主义者因此都推动了社会动员的经济学解释路径。学者们倾向于使用结构机制,比如经济问题机制和世界体系机制等进行解释,即用更大的社会结构来说明某些事件。与此相反,行动主义者则采用归因机制,将事件与人们的诉求和不满相联系,并试图策略性地应用这一解释路径。不过,大多数行动主义者更愿意接受其他一些抗议的解释范式,并且学者们也同意,在全球化的抵抗运动中,穷人很少走上街头。因此,与行动主义者和学者们提出的其他解释因素相比,人们往往认为,全球性抗议运动背后的经济机制更具边缘性。我们接下来就讨论这些替代性的解释。

2.2 作为文化机制的前现代原教旨主义与后现代相对主义

2.2.1 文化反弹

文化主义者认为,特定的价值观及价值转变导致了全球性抗议运动的发生。部分对抗议的文化主义解释强调文化反弹机制或者保护主义对全球认同的反应(Barber 1995)。西方尤其是美国的价值观日益占据垄断地位,并且界定了整个世界的社会和文化认同。消费主义的普世文化因此正在成为全球性的流行文化。这是一种全球共同的生活方式,它包括品位、时尚和话语,人们借此定义其认同并通过他们对物质的占有象征地进行自我表达。在任何时候都把所有个体连为一体的世界新秩序,正在摧毁国家、社会和地方共同体的自主性和凝聚力——包括其文化、公共社会、市场、民主以及国家的官僚制度。

对这种文化冲击的一种可能的反弹是政治的死亡——异化、冷淡、非政治化、宿命论、虚无主义、犬儒主义、失败主义以及保守主义；另一种可能的反弹则是政治的复兴。因此，全球性抗议运动意味着前现代的、原教旨主义的价值观对市场、西方、美国以及资产阶级文化普世的全球逻辑的反击。对这种所谓的全球主义和普遍主义的防御或者反击体现为多样性与分散性，即圣战、原教旨主义以及特殊主义。在新的世界秩序之下，抵抗运动运用地方传统定义自身，以反对全球性的新自由主义价值观。全球化复活了一些传统的联系方式（利益和认同），它们又成为对抗全球化的武器。传统宗教和族群文化因而衍生出反击主流的西方价值观与政策导向的原教旨主义。对全球秩序的抵抗之所以能够全球化，其原因在于它反对的乃是在全球处于支配地位的发展路径——新自由主义。

这种抵抗的结果是经济民族主义和闭关自守、民粹主义与民族沙文主义、反国际主义与孤立主义的兴起。可以预期，部分抗议者会利用保护主义的不满来推进传统价值观念。随着西方价值对先前相互孤立的各个前现代文化的渗透，各种各样的社会运动应运而生。因此也可以预期，抗议活动更可能发生在那些近来西方影响有所增强，以及对西方价值带来的威胁感知更为强烈的地方。

2.2.2　反对权威、普世主义、异质认同以及相对主义

另一种文化解释认为，全球性抗议运动是工业化国家和第三世界行动主义的部分趋向后现代价值的运动的产物。后现代主义者宣称或者推进元叙事，因为元叙事正在崩溃。① 今天的世界因此以异质性和碎片化为特征，这就是多元现代性或者后现代性，每个人在其中寻求不同的道德目标。由于已经达到了相当的物质福利水平，社会不再专注于物质主义，人们有很多闲暇去追求其他的、更具理想主义的目标。对权威信任的下降和怀疑的增强，抗议和其他形式的积极政治参与的增加，常规参与的减少，宗教狂热的减弱，进步主义理想获得越来越多的支持，和平、人权、环境、女权以及同性恋权利团体的涌现，这些都是后现代价值的显现（Inglehart 1997）。因此，拥有后现代价值观的人更容易抱有多重不满并选择多重目标对象。一些激进反对全球化的无政府主义者，会从后现代的相对主义中汲取营养——无所顾忌地反对一切权力或任何权威。其他反对战争或全球化的人可能不那么激进，他们注重的，是那些在后现代进程中被聚合并突

---

① 此句原文为"Postmodernists claim, or advance the metanarrative, that metanarratives are breaking down."，疑有误。从上下文看，作者似要表达现代主义推进的是元叙事，而后现代主义者认为元叙事正在崩溃。——译者

显出来的问题,及其所带来的积极政治参与以及对权威的不信任的普遍化。

一些学者注意到将社会变化与行动主义联系在一起的几种后现代动员机制:反对权威、普世主义、异质认同以及相对主义。反对权威的机制指的是,当人们反对权威时更倾向于通过抗议实现政治参与;普世主义的机制决定,人们更有可能围绕一系列被认为具有普世性和普适性的理想观念实现动员;异质认同的机制表明,抗议者更有可能形成各不相同的理念并活跃于多种社会运动之中,因为在后现代,认同会变得破碎而不稳定,也会在类似抗议这样的环境下形成;相对主义的机制则意味着,人们的行为和态度不再是恒定的,而会相对于其文化和历史背景不断变化,因此当人们所处的环境与传统权威的对抗性增强,当多种观念彼此相连、而认同又变得越来越不确定时,他们会更可能通过自我调整以适应变化。这些方面的社会变化可能会导致人们更多地参与趋于进步的集体行动。

后现代动员机制因此表明,关注多重议题、但对物质主义不感兴趣的理想主义的行动主义者,很有可能被动员到全球性抗议运动之中;抗议更多地会出现在后现代价值观最为流行的地方;联盟可能包括追求不同理想的团体,而对这些理想之间共同纽带的体认则可能成为把联盟聚合在一起的关键因素;与普通人相比,抗议者可能持有更多的后现代而非现代价值观,他们因不同的理想信念而被动员起来,通过将多种理想信念相联系的方式表达其不满,他们反对传统权威,并投身于积极的政治参与。

2.2.3 勾画后现代理想

行动主义者确实使用了一种后现代的理想勾画机制以实施动员。很多人强烈声称,激励他们的并非物质利益,而是一系列共同的进步主义理想。正如达纳赫和布尔巴赫(Danaher and Burbach 2000,10 页)所言:

> 与企业精英把货币流动作为核心的组织原则不同,运动是围绕生命的循环(人权与保护大自然)组织起来的……作为挑战者,我们的核心价值乃是人际关系和人与环境的关系的质量。

被行动主义者置于这顶"核心价值"的帽子之下并相互关联的价值包括"环境保护、人权、反对父权制,以及以终结贫困、压迫、屈辱、集体暴力"、核武器和种族隔离"为目标的、基于对多元文化共同追求的人类共同体的理想"(Brecher, Childs, and Cutler 1993,ix 页;Callinicos 2003,134 页)。此外,行动主义者既强调他们共同的对国家权威的不信任,也强调他们对进步主义理想而非物质利益的珍视(Danaher and Mark 2003,1 页)。行动主义者们承认,来自工业化的北方的抗议者多为富人和白人,同时也认为少数派和无权无势的人仍会更加关注物质层面的问题而不是为理想而斗争(Barlow and Clarke 2002,214—215 页)。行动主义者的后现代主义理想勾画机制与学者们关于动员的后现代价值理论高度吻合。这种理论认为,抗议者多半持有后现代的世界观,即把各种各样的社会目标结合起来作为进步主义的理想、更注重这些理想而非物质需求、不信任传统权威,以及通过抗议而非投票进行政治参与。

有相当多的抗议者强调不同议题之间的联系,并为解决这些议题参与集体行动。而且很多行动主义者强调,他们更注重那些理想层面的东西而非物质利益。像反对权威、普世主义、异质认同以及相对主义等后现代的结构机制,与后现代的理想勾画方式存在高度的重叠。学者们从结构方面考察文化转变,描绘了物质主义价值观让位于后现代价值观,以及某些类型的行动主义日益增加的社会变化过程。虽然一些学者仍然怀疑价值转变的动员力量,但是这一视角在行动主义者当中却越来越普遍。行动主义者关心的是在集体行动中对个体进行动员,他们通过勾画和调整他们的后现代理想以适应社会的变化。因此,后现代价值观的视角在行动主义者当中越来越居于核心地位。

2.3　全球社会机制

全球社会的解释路径认为,全球化的公共社会促进了全球性抗议运动的发展(Florini 2000)。这些解释认为,全球化战胜了国家,它甚至已经使国家成为过时之物。新自由主义因此将问题与国家和市场剥离开来,并试图在个人和群体层面寻求答案。对国家的解构催生了公共社会。因此,公共社会中的非政府组织(NGOs)被组织起来抗议国家干预市场,又通过组织合作性共同体来抗拒市场。"主权的终结"或"主权的困境"使全球社会得以发展,跨国公共社会的发展形成了自下而上的全球治理。这个全球公共社会或全球共同体,是由非政府组织、国际非政府组织(INGOs)、跨国公司(MNCs)以及国际组织(IOs)组成的无国界世界。随着它们的数量日益增加,就会在全球公共社会中创建组织体系,即一种不由地理位置和地理环境决定的分层次网络体系,而且它们往往与正式的政府间网络相联系。

2.3.1　握有权力的非国家行为体

国家的衰退伴随着非国家行为体的兴起,比如全球性抗议运动,它们促进了全球公共社会的产生。握有权力的非国家行为体结构机制意味着新的集体行动和社会团结的形式。运动的组织方式不再是传统的,因而也就不以制度化或集中化为特点;它并非政党而是网络,是一系列地方性和全球性的联系。卡斯特尔(Castells 1997)、梅卢奇(Melucci 1996)以及凯克和辛金克(Keck and Sikkink 1998)由此认为,网络将统一体和非统一体、永久性和非永久性以及全球性和地方性结合在了一起。还存在一个由全球通讯构成的跨国公共领域,互联网掀起了全球性的异议浪潮。因此,利益、认同,以及制度的全球化,促发了各种各样对经济、社会、文化和政治的不满,它们又经互联网得到动员。

由于以互联网为基础的抵抗、虚拟的行动主义以及网络政治的出现,抗议已经成为一种一波未平,一波又起,并且同时影响多个国家的全球性现象。总之,全球性抗议运动的基础,乃是现存的跨国鼓动网络,而后者的基础又是跨国公共社会。

另一种力量同样巨大的全球性即时通讯手段是遍及世界各地的电视。全球性的电视超越了空间和时间的限制,突破了国家的边界,以至一些人认为它创造了一个马歇尔·麦克卢汉(Marshall McLuhan)所谓的无边界和无距离的全球村,其特点是相互关联、彼此整合以及相互依赖。由于人们能够实时了解一地的事件对其他地方的事件的影响,地方新闻成为全世界共同关注的主题。全世界的公民个人与全球性的事件相关联,与所有人相关联,并形成了一种全球性的*问题*意识。人类共同体成为关注的焦点,行动主义者在地方层面采取行动,但他们对问题的思考和表述都具有全球性。

因此,拥有权力的非国家行为体机制假定,持反对立场的公共社会的参与者正在实施全球动员,以推动国家在全球化中发挥积极的作用;随着全球化对国家权力的威胁日趋显著,针对多边经济组织的抗议运动的频率可能会有所增加;大多数针对多边经济组织的抗议会发生在那些持反对立场的公共社会十分强大和活跃的地方,或者新自由主义改革与国内问题高度耦合,并且让人强烈感觉到全球化削弱了国家力量的地方;这些抗议表达的不满会指向由新自由主义改革造成的国内问题;抗议联盟中的关键行为者往往代表一种全球性的或者普世性的认同,并以此抗议国家对全球化应对失当;当国家力量的削弱与以西方为中心的全球化的耦合度明显提高时,抗议就有可能迅速增加;与一般民众相比,抗议者往往更多地活跃于公共社会之中,并且对全球化和战争抱有更加强烈的反对态度。

2.3.2　全球公共社会动员

行动主义者也提出了一套全球公共社会的动员机制,认为一个以维护国家主权免受威胁、同时要求政府承担责任为目标的全球公共社会正在发展(Brecher,Childs,and Cutler 1993,ix 页)。在针对世界贸易组织西雅图会议的抗议中,这些群体的实力和反对活动体现得非常明显(Wolfwood 2001,147 页),"50 年足够网"(50 Years Is Enough Network)和"全球社会论坛"(World Social Forum)的规模都迅速扩大(Brecher 2003,204 页;Danaher and Burbach 2000,8 页)。令人震惊的是,2002 年第二次全球社会论坛的参加者已经有 51300 人之多,而且最近一次社会论坛的出席人数又增加了一倍有余(Brecher 2003,2004)。除强调民主和民主改革外,这些行动主义者还主张通过全球公共社会解决全球性问题(Brecher,Costello,and Smith 2000,42 页)。在全球公共社会的动员力量方面,无论行动主义者还是学者们,都持有共同的看法。集体行动的全球社会机制关注的是逐渐扩大的全球公共社会所呈现的动员结构。学者们强调拥有权力的非国家行为体机制,因为它可以表明社会的结构性变化如何影响抗议者的规模。行动主义者则提出了一种全球公共社会的动员机制,因为他们关心的是如何通过新的全球结构推动人们走上街头。大多数行动主义者和研究者仅仅将全球公共社会视为整体性动员结构的一个组成部分,它只解释了组织者如何接近公众,但未必能够对真正促使人们参加抗议的不满作出有效的说明。

2.4　世界政治机制

2.4.1　复合国际主义

制度的全球化正在为全球性抗议运动创造目标和政治机会。随着相互依赖的加深、国际制度力量的强化,以及全球治理范围的扩展,公共社会网络也不断扩大。国际机构及其会议为这些非政府结社提供了可资利用的政治机会,特别是在信息提供和推动特定议题方面。然而,这些组织有时也会与一些社会团体建立联系,后者以示威和公共诉求的方式表达对国际机构及其会议的不满。根据塔罗的观点,国际主义为那些以跨国行动主义和联盟形成为目标的团体之间的互动提供了结构化的机会(Tarrow 2005)。因此,全球性抗议运动是全球化冲突过程的一部分,正如国家范围内的抗议是民族国家建构中冲突过程的一部分一样。就此而言,全球性抗议运动乃是全球治理、全球制度、全球民主以及全球代表的一个组成部分。

所谓的复合国际主义机制是由塔罗(Tarrow 2005,第 7 页)提出的。国际主义被定义为"国家、非国家行为体以及国际机构之间的关系构成的密集的三重性结构,以及这一结构为行为体在该体系内不同层次参与集体行动所提供的机会"(Tarrow 2005,25页)。塔罗弱化了全球化的影响,只将其视为"诉求的来源和进行动员的框架",同时也是"利益、意识形态和不满的来源"(Tarrow 2005,7、19 页)。

塔罗更注重的是,"国家的内部结构""它们所创造的国际制度"以及"连接'地方与全球'的过程"如何影响了国际抗争(Tarrow 2005,xiii 页)。塔罗认为,国际主义"提供了跨国行动主义得以生成的机会结构",因为它"为抵御[全球化]提供了支点,并为跨国联盟和跨国运动的形成提供了机会"(Tarrow 2005,7—8 页)。塔罗对全球化与国际化进行了区分,他认为,前者仅仅是价值、利益、观念的众多来源之一,而后者则是一种制度框架,它决定了行为者的关系。塔罗指出:

> 正如波拉尼在工业革命中发现的社会运动一样,全球化创造了新的社会受害者并转变了国家的角色;也正如民族国家在 19 世纪的扩张一样,国际化既限制了、又创造了公民参加集体行动以抵制全球化和解决其他问题的机会。(Tarrow 2005,19 页)

国际主义为跨国联盟和跨国运动提供了结构性的机会,其最终结果是产生了一批立足于国内但其国际化程度不断提高的行为体,塔罗称之为具有根基的世界主义者(Tarrow 2005,43 页)。他指出:"通过利用国内和国际的资源与机会,立足国内的行动主义者——公民及其组织——通过向外辐射形成了一个'有根基的世界主义者'的谱系,他们是常规性跨国活动的参加者"(Tarrow 2005,35 页)。另一方面,跨国行动主义者只是有根基的世界主义者的一个子集,前者指的是那样一些"个人或者群体,他们植根于特定的国内环境,同时又参与了使他们卷入国际性联系和冲突网络中的抗争政治行动"(Tarrow 2005,29)。使跨国行动主义者与有根基的世界主义者区分开来的,是"他们在不同层面之间转变其行动的能力"和"综合利用复杂的国际社会中各种机会的能力"(Tarrow 2005,29、43 页)。

根据塔罗的观点,国际政治的机会空间塑造了跨国抗争者之间的关系,改变了他所谓的"非政府组织圈内人"和"社会运动局外人"之间作为参与者和反对者的角色(Tarrow 2005,29 页)。圈内人"被国际机构吸引并且参与高度制度化的服务与鼓动活动",同时"对国际精英进行游说或者与他们合作以至于达到了不分彼此的程度"(Tarrow 2005,29、45 页)。与此不同,局外人则"挑战这些机构和组织""挑战国际机构的政策,并且在某些情况下对其存在提出质疑"(Tarrow 2005,29、45 页)。

一方面,塔罗根据那些"既面向内部也面向外部"的行动主义者的增加,认为"'圈内人'和'局外人'之间的差别可能正在日渐模糊"(Tarrow 2005,47 页)。他的关键证据是据他观察,圈内人与局外人"围绕国际制度、会议和进程"的合作不断增加(Tarrow 2005,48、211 页)。但另一方面,他又认为国际化可能最终导致圈内人的参与被局外人的反对取代,因为"参与国际抗议甚至可能使圈内人再度社会化为局外人",而且后者的"数量似乎在持续增加"(Tarrow 2005,48 页)。

总的来说,塔罗(Tarrow 2001,234 页)是在探寻一个能够置入全球性抗议运动的更大的政治体系。复合政治体(如多边经济机构的会议和国际事件)为全球性抗议运动提供了政治机会(Tarrow 2001,242—244 页)。随着相互依赖的增加,多边经济机构和特定国家(包括其政府首脑和关键内阁成员)的国际行为,都有可能成为全球性抵制的对象。

世界政治理论表明,那些将国际机构及其会议视为政治机会的人更有可能实施动员。随着每年多边经济机构会议的增加并日益成为关注的焦点,抗议运动有可能进一步增加。由于塔罗只将全球化视为跨国行动主义者据以实施动员的诸多利益、观念和价值之一,他可能会由此推断,针对与华盛顿共识及其新自由主义方案直接关联的机构(例如 IMF/WB)会议的抗议,同针对其他令跨国行动主义者不满的国际机构会议的抗议具有相似的发生频率。针对多边经济机构的抗议活动很可能会随着时间的推移而增加;抗议会出现在多边经济机构会议的举办地以及易于接近多边经济机构的地方,而且全球化的抗议事件的发生在时间上可能会与多边经济机构重要会议的会期相吻合。

2.4.2 机会归因论

当行动主义者利用多边机构提供的政治机会进行抗议时,他们实际上反映了一种机会归因的机制。在将某个国际机构设定为抗议对象之后,它们又会找到其他机构,例如将抗议对象从世界贸易组织,扩展到世界银行以及国际货币基金组织等(Danaher and Burbach 2000,第8页)。另外,有些多边经济机构还为非政府组织提供了参加其会议的机会(Wolfwood 2001,147页);为抗议者实施动员提供政治机会的其他机构还包括关贸总协定、北美自由贸易区、美洲自由贸易区(Global Exchange and Public Citizen 2001,20—21页、131页)等。

行动主义者通过机会归因机制,把国际组织作为其抗议的目标。与此类似,学者们透过复合国际主义结构性机制,把关注的重点集中在由那些握有全球性权力的机构所创造的各种动员机会上面,它们既为集体行动提供体制外的目标,也为体制内的非政府组织提供支持。行动主义者和研究者都承认,世界政治只能提供部分的解释,因为的确有一系列目标使抗议的参与者走上街头,但这并不能完全说明组织者是如何动员人们参与行动的。总而言之,行动主义者侧重于指责国际机构,而学者们则要研究这些机构为动员者创造的政治机会。

2.5 美国霸权机制

2.5.1 反对美国霸权

学者们提出的反对美国霸权的结构性机制理论,认为全球性抗议运动可以被解释为反对美国在当前的单极世界中追求全球霸权的运动。在美国治下的和平或帝国范围内,美国设计出全球性制度以解决冲突、保障合法性、达成共识以及维持权威(Hardt and Negri 2000,15页)。全球性抵制攻击的是全球秩序,即整个制度体系。正如哈尔特和内格里所言,实际上只存在针对一个敌人的一场斗争,所有的斗争只不过是这场总斗争的组成部分:"虽然每一场斗争都深深植根于当地的情况,但也都会立即跃升到全球层面,并对帝国的秩序展开整体性攻击",而"斗争唯一可资利用的战略就是帝国内部产生的对抗性权力"(Hardt and Negri 2000,56、59页)。面对总体化的权力,没有任何事物能够自处于体系之外。共有的中心试图在异质性中创造霸权。反对美国霸权的机制表明,虽然反抗牢牢地扎根于地方性条件,但其直接攻击的却是全球性秩序,并因此确定了一个所有人都可以与之斗争的共同敌人,从而使所有的斗争实现了联合。这些斗争在经济、政治和社会层面同时展开,也就是说,斗争即关涉个人生活也涉及政治权力。

斗争本身构成了(或促成了)新的公共话语空间以及新形式的共同体。由此导致的斗争和危机,将通过中心按照自身对和平与公正的理解解决冲突及恢复全球性平衡的努力得以化解。

美国霸权论因而认为,美国全球霸权或帝国追求的反对者可能动员起来反对当前的全球秩序,因为他们将其视为美国霸权的副产品。所以,在美国政策的霸权色彩特别明显的时候(比如当美国采取单边行动时),更可能出现全球性抗议;全球性抗议的参与者多半对美国霸权,或被理解为具有霸权或帝国倾向的美国政策持反对态度。

2.5.2 美国霸权目标归因

类似地,行动主义者也提出了美国霸权目标归因的机制。行动主义者表达其不满的另一种方式是对美国那些被认为体现了霸权、帝国追求或单边主义的政策加以抵抗。在勾画和表达不满时,行动主义者甚至也依靠部分将冲突归咎于美国的霸权及其帝国追求的学者(Hardt and Negri 2003,118 页)。行动主义者倾向于将美国霸权与他们对战争或全球化的不满相联系,学者们则倾向于在提出抗议行动的目标方面强调美国霸权。比如,行动主义者反对巩固西方霸权的全球化(Brecher,Childs and Cutler 1993,xiv 页)。或者说,之所以要反对全球化,是因为它是"美国维持其霸权的帝国主义驱动力"或美国单边行动的一部分(Brecher 2003,206 页;Callinicos 2003,139 页)。行动主义者和研究者们因此都强调,那些看起来强化了西方或美国霸权的国家行为拥有巨大的动员力量。

行动主义者和研究者都将不满与对美国或西方霸权的不满相联系。学者们对美国霸权结构机制的反对侧重把美国或反西方作为反对的目标,而行动主义者的美国霸权目标归因机制倾向于强调行动主义者对战争和全球化的不满与美国霸权之间的关系。因此,行动主义者和研究者都认为美国霸权导致了全球性的不满,但两者分别运用了不同的观点来解释不满得以动员的过程。

2.6 新自由主义制度三难机制

2.6.1 全球民主赤字

对抗议行动的全球政治解释路径聚焦于国际制度的行为体,新自由主义制度三难理论则提供了一个深刻的、结构性解释框架,其焦点是导致全球民主赤字的制度间的相互作用。其基本观点是,尽管国家仍然具有独立性,但国际经济一体化以民主的方式激活了与经济全球化相抗衡的活跃的公共社会。有三类机构,即有关全球秩序的国际机构、相关国家内部的发展联盟,以及民主化公共社会中的抗议联盟,通过牵涉其中的人群影响着抗议的全球化。换言之,这些机构叠加在一起就构成了全球治理问题。在一种更宏大的对全球性抗议运动的结构性理解中,它们构成了相互联系的组成部分。

有三种相互关联的制度,它们产生了三种相互关联的公共品:身处全球秩序中的国家创造了国民经济的繁荣,支撑国家的,是创造了世界和平的国际制度,以及创造了稳定的公共社会的民主制。新自由主义因而有三大必需品:世界和平或外部安全、经济繁荣或财富增长以及国内稳定或内部秩序。制度建设者面对的是一个霍布斯的世界(国际无政府状态)中的马基雅维利式的国家(精英的利益在于维持和扩展其权力),因此必须建立一套国际秩序、一种政治经济体系以及相应的权威体系(Hobbes 1651/1988;Machiavelli 1514/1961)。从普通人而非掌权者的角度来看,公众要求的是政府能够提供某些制度,以实现外部安全(和平而非战争)的最大化,效率的最大化(增长而非停滞),同时还要保证社会控制最小化(代表而非镇压)。

我们把图 20.1 展示的问题称为新自由主义制度的三难困局(NIT),或者由一体化的全球经济(强大的多边经济机构)、独立的国家(能够制定和实施国民经济政策的强大的发展联盟),以及活跃的公共社会(使保护主义团体得以影响国家的传统民主政治)组成的不可能的三位一体。根本问题在于,国家希望国际制度促进经济发展,公众则要求得到政府的保护,但不论是国际机构,还是已经让渡部分主权、并同意由国际机构主导经济一体化的政府,都不可能轻而易举地履行它们的责任。罗德里克(Rodrik 2001,347—365 页)对鲁杰(Ruggie 1982,1991)关于困境中的自由主义的观点进行了如下表述:

• 如果我们想要拥有民主的、活跃的公共社会,那么我们只能在一体化的国民经济或者独立的国家之间二者择一;

• 如果我们想要拥有一体化的国民经济,那么我们只能在独立的国家与民主的、活跃的公共社会中二者择一;

• 如果我们想要拥有独立的国家,我们只能在一体化的国民经济与民主的、活跃的公共社会中二者择一;

也就是说,新自由主义者只能同时拥有三者中的两个而不可能是全部,这就形成了两种重要的取舍方式:

• 在国民经济一体化水平不变的情况下,国家独立性越强,民主的公共社会的活跃程度就越低。

• 在民族国家独立性保持不变的情况下,国民经济的一体化程度越高,民主的公共社会的活跃程度就越低。

这是全球民主赤字的机制所在,反全球化抗议针对的也就是这种困局:*在所有可能的世界构想中,新自由主义并非是最好的,因为人们对其制度有所抱怨*。西雅图之战就是反对世贸组织和全球治理的战斗中的一例。

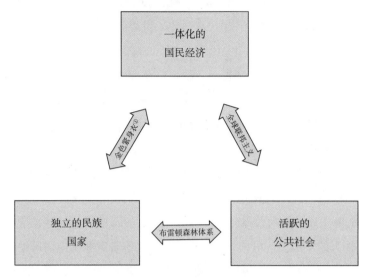

图 20.1 新自由主义制度的三难困局（**Ruggie**；**Rodrick**）

更具体地说，尽管新自由主义的全球秩序也许能够带来和平（但批评者声称资本主义国家间的竞争要多于合作），甚至还有可能带来繁荣（但批评者声称在无底限竞争中，富者越富，而很少有利益惠及穷人），但因为它引发了针对其制度民主性的有关再分配的冲突，从而导致了政治不稳定。

因此，新自由主义制度三难困局论宣称，新自由主义关于民主的说辞超出了新自由主义的掌控，因为新自由主义的全球化为民主套上了一件由国际和国家机制编织的金色紧身衣，它迫使政党去迁就中间选民，并使公共社会受到特殊利益的侵蚀。也就是说，虽然新自由主义一方面扩展了社会（公共社会）的空间（越来越多的选民卷入了有关贸易、新自由主义以及资本主义的问题），但另一方面又压缩了民主国家（选举）政治的空间（向国际贸易敞开了大门意味着取消了凯恩斯主义的宏观经济政策和福利国家的社会政策）。至少在新自由主义三难困局论者看来，民主的扩展通过号召政治参与、回应制以及公开性，对公共社会的兴起也作出了贡献。随着全球性和国际性意识的上升，政策议程会随着参与呼声的不断增强而进一步拓宽。

新自由主义制度三难困局论因而认为，在经济一体化的民主国家中更有可能发生

---

① "golden straitjacket"，是美国专栏作家弗里德曼提出的一个说法，指世界银行和国际货币基金组织等机构为发展中国家开出的经济自由化药方，它在以经济繁荣、政治自由的前景诱惑这些国家时，又对它们的政府行为者施以种种约束。参见 Thomas Friedman, The Lexus and the Olive Tree, New York：Farrer, Straus and Giroux, 1999, pp.87-88.

抗议,这包括国际经济一体化与国家独立受到的威胁同时发生的已经全球化的民主国家,以及国家独立与低水平的国际经济一体化共生的全球化进程中的民主国家。进一步说,在前者已经全球化并且主要处于北方的国家中,抗议者会更多关注国家经济一体化对国家主权和公共社会带来的威胁;而在后者即处于全球化进程中并且主要处于南方的国家中,抗议者会更多关注不平等和被排斥于全球市场之外的问题。最激烈的抗议极有可能发生在新自由主义三难困局最明显的时候,即当已经全球化的民主国家陷入危机而国家力量又明显弱化之时,或当处于全球化过程中的民主国家因低水平的国际经济一体化导致了诸如高失业率、低工资和价格上涨等国内问题之时。比如,像美国那样的霸权国家采取单边军事干涉可能激起北方的抗议,因为这可能进一步削弱了全球化世界中的国家主权;类似20世纪90年代拉美经济危机那样的国内问题则可能激起南方的抗议,因为这使南方国家在一个全球化的世界中被全球市场排斥的状况更加突出。此外,与处在全球化进程中的民主国家的抗议联盟相比,已经全球化的民主国家的抗议联盟涉及物质利益的可能性会更低,它们更倾向于反对新自由主义的全球化、支持国家自主性、并支持包容性的经济发展。

2.6.2 民主受胁归因论

行动主义者们还通过民主受胁归因机制将抗议与对民主的追求相联系。行动主义者们认为,他们的抗议对象是正在威胁着人民主权的全球经济体系,并声称希望这些多边经济机构进行民主化的制度改革(Danaher and Burbach 2000,11页)。不满因而被转化为争取民主的斗争,正如以下引文所描述的那样:"[大多数公共社会团体]都在为基本的民主权利而斗争",而且"[反对企业的暴乱]就是要求恢复民主的叛乱"(Barlow and Clarke 2002,207页;Danaher and Mark 2003,2页)。诺贝格·霍齐进一步指出了经济一体化是如何与对主权的威胁及依附等问题相联系的,他认为"经济全球化"导致了"对民主的侵蚀"(Norberg-Hodge 2001,180—182页)。在行动主义者看来,解决问题的途径就是赋予人民最高的政治权威,或者抵御对民主的威胁(Brecher, Costello, and Smith 2000,42页;Danaher and Mark 2003,2页)。行动主义者因此强调民主受到威胁的问题,并主张通过民主改革和赋予人民民主权力解决问题。学者们则更加关注经济一体化,以及民主化的公共社会的各种结构,正是它们使行动主义者更易于表达其不满。

行动主义者和学者们因而都将经济一体化过程中出现的问题与民主受到的威胁相联系,并且都认为解决之道在于增强人民的权力、进行抗议以及民主改革。不过,学者们提出的全球民主赤字结构机制,主要着眼于民主国家不断增强的一体化如何导致了不满的形成;而行动主义者提出的民主受胁归因机制,则通过表达不满与提出解决不满的途径,把经济全球化与民主联系在了一起。

三、中观层次的机制

全球性抗议运动也可能通过中观层次的机制予以解释,它们描绘了不满被动员起来的过程。抗争政治理论有理性主义和结构主义两个变体(Lichbach 1997,1998a,1998b)。结构主义的研究路径可以更好地与全球宏观理论衔接,理性主义的研究路径则可以更好地与微观政治行为的研究衔接。犹如前表 20.1 所示,这一部分讨论中观机制和过程,比如贯穿于全球经济、社会、文化和政治的政治机会或公共联系。

3.1 综合性政治机会理论

结构主义要解决的问题是"抗争政治学",即"竞争者"为争取权力而进行的"集体行动"和"集体动员"。综合性政治机会理论和策略性政治机会理论灵巧地将几种资源动员和政治过程理论组合在一起,构成了一个解释抗争政治的"广阔的分析框架"(Tarrow 1994,2 页)。这一综合性理论认为,全球性抗议运动"由政治机会创造的激励所引发,结合了传统的和富有挑战性的行动方式,并且建立在社会网络和文化背景基础之上"(Tarrow 1994,1 页)。塔罗提出,有三种结构性机制具有重要意义。

• 政治机会(PO),*即以政治机会定义的政治*。政治体受四种因素的影响:"制度化政治体系的相对开放或封闭程度""支撑政治体的整个联盟的稳定性""精英联盟的存在""国家的镇压能力及其倾向性"(McAdam,McCarthy,and Zald 1996,10 页)。因此政治机会体现的是"政治环境中具有持续性的——但未必是正式或永久的——维度,它通过影响人们对成功或失败的预期,为其采取集体行动提供的动力"(Tarrow 1994,85 页)。这样,政治过程、制度以及联盟就构成了社会运动在公共社会和国家中与其盟友及对手进行策略互动的背景条件。

• 动员结构(MS),*即以动员结构定义的社会*。公共社会是围绕阶级、地位、性别、民族、宗教以及种族差别而形成的。这些局部重叠的分层系统"把领导者与集体行动组织(中心与外围)联系起来,使运动得以协调并长期存在"(Tarrow 1994,136 页)。联系精英和大众的纽带包括"非正式和正式的[媒介],人们通过它得到动员并参与集体行动"(McAdam,McCarthy,and Zald 1996,3 页)。抗议者的动员结构因而包括植根于公共社会的群体和结社组织。

• 文化表达(CF),*即以文化表达定义的文化*。文化由共享的价值、符号和话语构成,社会运动因而形塑于它们身处其中的文化。结构主义者也以另一种方式理解文化(Lichbach 1995,450 页注 5)。社会运动策略性地对价值、符号和话语加以表达,以界定不满和提出解决方案,并促进其"认知意义上的解放"(McAdam 1982)。文化表达因此涉及"不同人群为塑造他们对世界及其自身的共同理解而进行的有意识的策略性努力,目的是激励集体行动并使其合法化"(McAdam,McCarthy,and Zald 1996,6页)。与政治和社会一样,文化也影响了对权威的反抗。

虽然麦克亚当、塔罗和梯利最近强调并扩展了一组更具动态性的机制(McAdam, Tarrow,and Tilly 2001),但综合性政治机会理论根本上还是认为,全球抗议者利用他们捕捉到的政治机会,利用公共社会的组织和动员网络,并普遍地通过表达其不满来动员支持者。随着每年多边经济机构会议所提供的政治机会不断增加,针对多边经济机构的抗议运动及其动员也会进一步增多。抗议更有可能发生在多边经济机构会议频繁召开,以及更容易接近这类机构的地方。在多边经济机构召开重要会议和发生重大国际事件的日期,抗议可能会迅速增加。与普通民众相比,抗议者会更多地利用各种政治机会采取行动,聚合不同的社会运动,以及进行多种形式的积极政治参与。当一个多样化的、结构性的公共社会被动员起来的时候,席卷各不相同的社会的运动的、全球化的抗议就有可能发生。抗议者可能比普通民众更深地卷入公共社会。如果采用了统一的抗议议题动员公众参与,就有可能使大量抱有各种不满的人行动起来,同时抗议也会体现各种不同的利益。成功的联盟应包括物质利益、社会认同、全球观念,以及各方面的学者,而统一的抗议议题则有助于将不同的社会运动连为一体。最后,全球性抗议的参与者会有某些共同的立场,这将成为实施动员的共同议题。

3.1.1 焦点与政治机会

行动主义者通过政治机会机制认为,多边经济机构及其会议、国际事件、不受欢迎的美国单边主义、新自由主义改革,以及与全球事件相联系的具体的国内问题,在动员过程中提供了可资利用并且相互交织的焦点(Barlow and Clarke 2002)。动员者锁定的目标包括世贸组织、世界银行、国际货币基金组织、跨国公司、关贸总协定、北美自由贸易区、美洲自由贸易区以及结构调整计划①等(Global Exchange and Public Citizen 2001, 20—21、131页)。因此,行动主义者倾向于将政治机会视为动员机制。

虽然学者们也认为抗议者利用政治机会实施动员,但不同的宏观理论对于可资利用的焦点作出了不同的判断。世界政治和综合性政治机会理论认为,抗议者会利用由国际机构和国际事件提供的政治机会实施动员;世界体系理论认为,抗议者会把推进全球市场的制度以及与全球市场相联系的国内问题作为抗议对象;美国霸权理论认为,抗

---

① 20世纪80年代,世界银行和国际货币基金组织在拉美推出的以经济自由化为目标的改革计划。——译者

议者将把与美国霸权行径相联系的会议和事件作为行动目标。新自由制度主义的三难困局论则认为,抗议的焦点,将集中于那些对已经全球化的民主国家自主性构成明显威胁,或者使这些国家的国际经济一体化更加深入的事件。

3.1.2　既存组织与动员结构

行动主义者认为,既存组织构成了重要的动员结构。这不仅包括"传统的非政府组织,而且也包括地方性的社会运动、基金会、媒体、教会、工会、消费者组织,以及知识分子"(Brecher,Costello,and Smith 2000,83—84 页)。甚至劳工也被拉入了这类联盟,如美国的劳联—产联就支持了 2000 年 4 月反对世界银行和国际货币基金组织的示威,一些小型工会同样表明了立场(Brecher,Costello,and Smith 2000,56 页)。在行动主义者看来,当各种组织结成联盟时,抗议就更有可能取得成功。克莱因就此写到(Klein 2001,149 页):

借用领英的凯文·丹纳赫①的说法,抗议本身就是由"联盟的联盟"构成的。每一场反企业的运动都有很多团体参加,主要是非政府组织、工会、学者以及无政府主义者。它们通过互联网,也通过各种传统的组织手段开展工作……虽然它们都是些自治团体,但其内部协调十分灵巧……

由它们所构成的网络

已经成为组织自下而上的反全球化运动的主要手段……网络参与者可能高度多样化,而且在很多事情上存在分歧,但这并不妨碍他们接受网络对其所面临问题的表达。(Brecher,Costello,and Smith 2000,84 页)

因此,行动主义者强调组织网络在构成抗议的动员结构方面的能力。

学者们同样也认为,组织者通过把各种群体中既存的组织聚合起来以动员追随者。至于哪些既存组织更有可能成为重要的动员者,不同理论的看法各不相同。全球社会理论、政治行为理论,以及综合性政治机会理论的动员结构理论认为,公共社会中的既存组织更容易成为动员的目标;经济和世界体系理论认为,代表物质利益的组织,特别是工会在动员中具有关键作用;前现代价值论和美国霸权理论认为,致力于维护传统价值观的团体和反美团体会成为重要的动员者;后现代价值观理论认为,抱有进步理想、致力于组织多重议题的团体很可能在动员中取得成功;新自由制度主义三难困局论则认为,在已经全球化的民主国家,拥有广泛的进步理想的团体更可能成为组织者的目标,而正处于全球化过程中的民主国家,组织者可能更注重那些主要关注物质利益的既存团体。

---

①　领英(Global Exchange)是 1988 年成立的一个国际性人权保护组织,丹纳赫(Kevin Danaher)是其创始人之一。

3.1.3　策略表达与文化表达

行动主义者策略性地运用文化表达作为动员机制。为了动员更多的参与者,他们会在策略性议题之间,以及全球与地方性不满之间寻找关联。他们既注重非政府组织"能够无限扩展的体系",也注重"亲缘性团体的网络"(Klein 2001,149—150 页)。行动主义者明确表示,他们重视观念而非物质利益,以便吸引其他建立在观念基础上的团体(Danaher and Burbach 2000,10 页)。为了吸引新的非政府组织或亲缘性团体,行动主义者强调不同议题之间的相互联系,比如"人权、环境以及本土关注之间的关联"(Prokosch and Raymond 2002,52 页)。卡利尼科斯(Callinicos 2003,134 页)认为,这种议题间的关联性使今天的全球性抗议运动独具特色。他指出:

> 正是这种通过资本主义系统逻辑得到的不同议题之间相互关联的认识,定义了反资本主义的社会运动。相比之下,早期的社会运动更加关注具体(虽然非常重要)的议题,诸如核武器、种族隔离,或者环境问题等。

此外,行动主义者还通过将国家层面或地方性的问题与全球目标相联系的方法吸引新的参与者。全球化的抗议行动主义者们因此有意识地寻求全球问题与国内问题的关联(Heckscher 2002,237 页)。与此类似,巴洛和克拉克(Barlow and Clarke 2002,217 页)也主张应该把地方性问题与全球目标相联系,他们认为:

> 此类网络的目标应该是组织地方性的抵抗运动,并提出替代方案。应该重点突出地方性问题与北美自由贸易区、美洲自由贸易区,以及像世贸组织、国际货币基金组织和世界银行等公司治理机构的运作之间的关联性。

因此,行动主义者们会策略性地对问题加以表达,以动员更多的组织、亲缘性团体和个人。

学者们则进一步认为,组织者会策略性地选择激励因素并加以重新表达,以便从地方性公共品中创造出全球性公共品。至于哪一种策略性表达会在动员中得到运用,则不同的理论给出了不同的回答。政治行为议题强度理论和综合性政治机会理论的文化表达理论认为,策略性表达的对象会是那些受到部分民众强烈反对的问题;经济和世界体系理论认为,策略性表达将以新自由主义的全球化、制度以及政策为目标;前现代价值论和美国霸权理论认为,策略性表达会以传统价值受到的威胁以及美国的霸权行为为对象;后现代价值论认为,策略性表达应以进步理想受到的威胁为目标,并强调各种理想之间的联系;新自由制度主义三难困局论则认为,策略性表达在已经全球化的民主国家中应以更具广泛性的理想为目标,而在正经历着全球化的民主国家中应以更具体的物质利益为对象。

3.2 集体行动研究计划机制

对抗争政治的理性主义研究会问:西雅图的抗议者和参与其他全球性抗议运动的行动主义者是理性的吗? 或者更准确地说,他们的理性表现在什么方面? 理性主义者认为,抗议联盟的成员与构成他们所反对的新自由主义机构的成员一样,都是相当理性的行为者。在讨论了反叛者的理性之后,我们将讨论他们作为全球反叛者面临的"叛乱者两难"①。

3.2.1 理性的反叛者

首先,很多反对全球化的抗议者有明确的思想。对行动主义者中的精英分子进行的访谈表明,很多抗议者了解问题的实质所在,并且希望通过各种形式的草根教育传递他们的想法。此外,行动主义者网站也经常反映对多边经济机构最新的学术批评(Anderson 2000,Haggard 2000)。因此,居于领导地位的行动主义者们肯定不是无知的、非理性的或者机会主义的掠夺者或破坏者。

其次,有证据表明西雅图之战中的抗议绝非自发,而是经过了精心的计划。抗议的主要支持组织,比如直接行动网络(Direct Action Network,DAN)和喧闹协会(Ruckus Society)准备了详细的地图,上面标明了世贸组织代表的居住地以及主要活动的地点和时间。另外,抗争活动的具体分工也表明,事件不同阶段的行动之间存在着详细规划的相互联系。而且,借助移动电话和传呼机等通讯手段,抗议者能够进行战略机动,行进到特定地点以阻塞代表们的交通路线。

反对者在活动即将开始前迅速将各种抗议联盟组织和整合起来,实际上,在运动爆发之前很多年,反对新自由主义全球化的运动就一直存在。早在 11 月中旬,直接行动网络和喧闹协会就在为各种社会运动的行动主义者举办培训课程。学者、教会、工会以及环保主义者也以类似的方式组织起来。在西雅图之战前夕,一些重要的社会运动组织给自己贴上了"全球"的标签,包括总部设在旧金山的人权和经济公正组织领英(Global Exchange)与受纳德尔②影响的全球贸易公民观察协会(Citizen's Global Trade Watch)等。西雅图本地的其他团体,如萨尔瓦多人民后援会(Committee in Solidarity with the People of EI Salvador:CISPES),则拥有多年致力于特定国家或地区的国际团结与人权问题的工作经验。

3.2.2 全球反叛者的困境

虽然西雅图联盟的多样性可以理解,但它所面临的矛盾也非常明显,那就是把具有

---

① Ralph Nader,美国著名的政治行动主义者,主要活动领域包括人权与人道主义、消费者保护和环境保护等。——译者

② Ralph Nader,生于 1934 年,美国著名政治活动家、作家和演说家,在消费者权益保护、人道主义、环境保护和民主政治等领域具有较大影响。全球贸易公民观察协会的创始人瓦尔拉(Lori Wallach)也被戏称为"带上了一丝幽默感的纳德尔"。

不同的物质利益、社会认同和全球理想的人联合在一起,使其在全球层面开展活动时产生的集体行动的问题。反对世贸组织的行动主义者们是如何动员并维持其五光十色的联盟的?

这是一个难题,因为理性主义或者奥尔森的观点告诉我们,不同国家的反对者的集体行动,要比一个国家内部反对者的集体行动更难于组织。规模越大,集体行动越难,而可能出现的最大的反对者团体自然就是全球性的。这一观点因而预期,全球范围的运动,或者不同国家之间运动的协同合作,将面临难以克服的动员问题。该理论认为,任何国际性的动员努力都会不可避免地无果而终。

参与全球性抗议运动的理性的反对者必须解决的最大的"叛乱者两难"(Lichbach 1995)是:全世界公众团结起来! 行动主义者要联合世界范围内具有不同的民族文化甚至语言背景的人们,必然要付出资源的成本并承担政治上的风险。全球性抗议运动特别令人惊异之处,既不在于它的跨国行动(很多国际非政府组织就是这么做的),也不在于它使各国同一问题领域的政策问题专家形成了某种网络(很多跨国倡议网络就是这么做的)。真正令人惊奇的是,全球性抗议运动动员了不同国家的公众一起参与抗议,这是一种极其罕见且极具难度的国际非政府组织的集体行动主义形式。然而,与针对某个国家的抗议相比,这种抗议的利益更为分散,获胜的机会更为渺茫,而且个体的角色也更不重要。而且与其他全球行为体相比,行动主义者的全球性抗议运动显然缺少必要的资源,因为国家可以动员强制力量,公司可以动员经济力量,甚至国际非政府组织也可以定期与政府间组织进行互动。从政治有效性的角度来看,全球性抗议运动实际上也不如国内的抗议运动,因为后者乃是一国范围内有关政府政策的争论和选择的一部分,在这一过程中,抗议运动可以影响公众加入利益集团和政党组织。当然应该承认,国际制度的发展可能实际上对地方性抵抗活动带来了负面影响,因为它弱化了政治机会结构。

全球化的地方性抗议的难题由此产生。但是,尽管面临难以克服的集体行动的问题,抵制活动仍在许多国家同时并以同样的方式发生。如何解释这些同时发生的(虽然有时数量很少而且经常彼此不相协调)抗议? 是什么因素促使如此多的国家,同时出现了如此多彼此相似而且源自"底层"的对全球秩序的挑战?

最早关注叛乱者困境,或者说抗议与叛乱中的"搭便车"和不参与问题(Lichbach 1992;Moore 1995)的,是一批经济学家(Tullock 1971)和社会学家(Gamson 1990)。他们主要吸收了奥尔森(Olson 1965)的思想,即工具理性的规范,特别是在现代世界市场导向的结构中,在增进个人利益的同时有可能损害集体利益。因此,集体行动研究计划的基本假定是,集体行动往往会涉及公共品和囚徒困境的因素。有关集体行动的一项著名的推论或者说预言即"百分之五规则"就由此而来。这个推论认为,在一项活动的支持者中,只有不到百分之五的人会积极行动,而消极旁观者则在数量上以 19 比 1 的比率超过积极分子。换言之,集体行动是罕见的例外而非通则。

那么,我们能否对集体行动中百分之五的参与者作出解释? 如表 20.2 所示,要解决集体行动的问题有两个维度,即权量的维度和本体论的维度(Lichbach 1995,21 页)。在涉及集体行动问题的行为者之间,可能进行也可能不进行事前讨论,因此集体行动的问题可以通过计划的或非计划的秩序加以解决。集体行动问题涉及的主体可能只是个人,但也可能是机构;结构与/或关系可能先于个体存在,因而有助于形成某种秩序;这样,自生的或偶发的秩序都可以解决集体行动的问题。对不同维度的组合产生了社会思想的经典划分:即分别强调市场、共同体、契约,或者等级机制的理论。

表 20.2　集体行动问题的解决方案

		权量	
		非计划秩序	计划秩序
本体论	自生秩序	市场	契约
	偶发秩序	共同体	等级制

在这四种解决方案中,社会秩序和集体行动的市场机制可以被视为某种底线,其他三种解决方案以此为基础,并随环境而改变。共同体机制论探讨的是共同的信仰体系如何解决奥尔森的问题,契约机制论研究的是相互同意导致集体行动的方式,而等级机制论考察的则是层级如何建构集体行动。通过市场进行动员意味着个体被各种个人层面的力量所驱动。相反,通过等级制进行的动员涉及既存的反对派组织,它们旗帜鲜明地动员追随者。通过契约和共同体进行的动员,更多涉及的是反对者的自组织。纯粹的契约意味着通过自治安排组织抗议;纯粹的共同体则意味着通过多功能的自治性安排组织抗议。这些理想型可以用来研究实际的动员是如何被组织起来的。李希巴赫(Lichbach 1995)根据这种集体行动的组织形式类型学,对大约 20 种集体行动问题的解决方式进行归类。因此,集体行动理论家仅依靠少数几种因果机制或集体行动模型,他们研究的是工具理性和个人利益如何体现在团体行动领域。

集体行动研究计划理论认为,抗议者利用被人们感知到的焦点问题、既存的结社网络、针对特定群体的选择性激励,以及策略性的表达对大众进行动员。多边经济机构年度会议的增加,会导致针对此类机构的抗议运动和动员的相应增加;抗议将发生在多边经济机构频繁集会和更容易接近此类机构的地方;全球化抗议的参与者可能会利用很多焦点问题采取行动,而且与普通公众相比,他们会参加多种社会运动,也更积极地进行各种形式的积极政治参与;如果动员过程中使用了社会网络,那么抗议联盟往往由代表不同利益的团体组成,包括物质利益、社会认同、全球理想,以及学者;全球性抗议的参与者往往是这些网络或网络联盟的一部分;如果使用了选择性的激励和联邦式的组织结构来对不同群体中既存的组织进行动员,则抗议联盟可能体现出更为显著的全球化特点,并且将不同的社会运动连接在一起;通过选择性的激励把联邦式的团体连接在一起需要表达共同的议题;通过普世性语汇对特定的不满加以重新表达,也有望使形形色色的抗议联盟在全球动员中取得成功。

3.2.3 计划与契约

试图动员大规模全球性抗议运动的行动主义者倾向于组织大型会议,在西雅图之战期间"几十次会议"中已经出现了这样的大会(Wolfwood 2001,147 页)。稍后便出现了世界社会论坛(World Social Forum),以便全世界的公共社会组织能够面晤并制订计划(Barlow and Clarke 2002,203 页)。正如布雷彻(Brecher 2003,204 页)所说:

> 位于巴西阿雷格里港(Porto Alegre)的世界社会论坛(WSF)已经从一个基层论坛和网络发展为推进全球化的全球性大会。2002 年的第二届世界社会论坛聚集了 51300名参与者,其中包括来自 131 个国家并代表 4909 个组织的 15230 名代表。

这就是行动主义者利用计划会议作为动员机制的一个实例。

学者们进而认为,反对派组织的国际性集会有助于协调组织者的活动。关于哪些团体有可能在计划中发挥工具性的作用,不同理论有不同的观点。全球社会论、政治行为主义的公共社会论,以及综合性政治机会理论的动员结构理论认为,公共社会的代表将构成国际计划会议的关键参与者;经济和世界体系理论认为,像工会那样的物质利益的代表可能是重要的参会者;前现代价值论和美国霸权理论倾向于认为,致力于保存传统价值的组织以及反对美国霸权的组织可能会提供关键的参会者;后现代价值论认为,拥有进步主义理想并涉及多重议题的团体,可能会构成工具性的参会者;新自由制度主义三难困局论认为,由各种反对派组织举办的大型会议,更有可能出现在已经全球化的民主国家,而物质导向且目标相对单纯的反对派组织举办的会议规模可能较小,并且往往出现在正处于全球化过程中的民主国家。

3.2.4 网络与群体

行动主义者们依赖虚拟网络建立跨国联系(Brecher,Childs,and Cutler 1993,xv—xvi页),甚至劳工运动也开始涉足"跨国电子网络"(Brecher,Childs,and Cutler 1993,xvi页)。通过线上互动,社会运动改变了形式,而且日益强大。独立媒体中心(IMC)是此类全球性网络的一个组成部分,它们"已经出现于全世界至少 40 个由互联网连接起来的国家"(Brecher,Childs,and Cutler 1993,xvi—xvii 页;Graeber 2003,328 页)。独立媒体中心已经成为非常强有力的动员者,但正如格雷伯(Graeber 2003,328 页)所说:"尽管取得了一些重大胜利(在热那亚事件①期间,独立媒体中心主页 www.indymedia.org 获得的点击率超过了美国有线新闻网),但这对那些控制着电视播放权的人来说仍然只是一个微弱的挑战。"因此,行动主义者认可虚拟网络的动员力量。学者们也认为,组织者利用互联网以降低在全球化公共社会中将不同群体聚合在一起的交易成本。正如我们在前面关于会议计划的讨论中所提到的,各种理论也对哪些团体可能在动员网络中发挥工具性的作用进行了说明。

3.2.5 选择性激励与等级制

当行动主义者通过将地方问题与全球问题相联系的方式动员地方团体采取跨国行动时,他们往往会提供选择性激励以表达不满和确定抗议的目标。如巴洛和克拉克所言:"强调的重点应该是地方性群体的议题与北美自由贸易区、美洲自由贸易区、世贸组织、国际货币基金组织以及世界银行之间的关联性"(Barlow and Clarke 2002,217页)。行动主义者们采用了各种策略,比如"议题的表达要让潜在的同盟者感到显而易见"(Brecher,Costello,and Smith 2000,93 页)。一位行动主义者建议说:

意识到世界银行的结构调整计划与我们自己的国家息息相关非常重要,它导致了从教育投入的削减到卫生保健和住房短缺等问题……要在地方的教育、劳工和环保团体中寻找同盟者……(Heckscher 2002,237 页)

因此,行动主义者把选择性激励作为一种动员机制。一些行动主义者会得到报酬,某些付薪职位向运动的成员开放,运动的组织者和赞助人为示威者提供部分交通费用并提供住宿。要通过地方性公共品创造全球公共品,行动主义者们需要重新表达选择性激励。因此,抗议者需要对国家主导的发展联盟进行长期对抗。同时,他们还会采用一种联邦式的团体结构囊括不同的群体。最后,反对派将不同群体中既存的组织团结起来,并借助贸易问题之间的关联性动员追随者,通过提供选择性激励和地方公共品,使各群体都感到满意。

四、微观层次的机制

最后,也可以通过对动员个体抗议者的微观机制加以分类,来解释全球性抗议运

---

① 2001 年 7 月,八国首脑会议在意大利热那亚召开时,约 10 万名全球化的反对者也来到此地进行抗议。——译者

动。集体行动研究计划理论对抗议者的行为提供了一般性的理性主义解释，而政治行为理论则考察了更深层次的动机、观念及预期，主要涉及四组因素。

4.1　资源的积聚与获取

学者们认为，资源积聚机制有助于说明人们对全球性抗议运动的参与。从资源的角度预测参与，就可以替代前述把社会经济团体的成员资格作为预测指标的解释路径（Verba et al. 1993，453 页）。通过个体层面的社会经济资源，如教育、收入、时间以及政治利益等，往往可以对参与进行有效预测（Leighley and Nagler 1992，734 页；Verba et al. 1993，493 页）。人们还使用过其他一些具有可操作性的资源指标，包括金钱、英语水平和公民能力等（Verba et al. 1993，492 页）。不同类型的参与，要求不同程度的时间和金钱的投入，因而资源的影响随参与类型的不同而不同（Brady，Verba，and Schlozman 1995，285 页）。根据资源积聚机制，社会经济资源能够对抗议的参与情况作出推断，抗议更有可能在资源水平较高并且抗议者占有更多资源的地方发生。

行动主义者也提出了一种类似的资源获取动员机制。金钱、时间以及互联网的使用都被认为是有助于反对者的资源。事实上，马丁内斯（Martinez 2000，76 页）认为，少数群体较少的资源获取渠道阻滞了它们在很多全球公正动员中的参与。她指出，在行动主义者看来，有色人种之所以较少参与，原因就是少数群体更少接触互联网、"警察的野蛮镇压""缺乏旅资、无法脱离工作以及托管孩子的困难"（Martinez 2000，76 页）。

4.2　结社动员与参与

另一些学者提出结社动员机制以解释全球性抗议运动中的参与。这些学者关注的是广义的资源，强调通过结社活动或动员获取的制度性资源（Leighley 1995，197 页；Verba et al. 1993，492 页）。例如帕特南就认为，对公共社会参与的下降可能与政治参与的下降有关（Putnam 2000，342 页）。据称，此类参与可以带来参与收益，包括传授公民能力和参与公共生活的价值，并有助于打造人际关系（Putnam 2000，19、339 页；Verba et al.1993，492 页）。能力、价值和关系等参与性收益似乎会随着参与类型的变化而变化（Brady，Verba，and Schlozman 1995，285 页）。在一些研究中，公民参与的影响与经济预测指标发生了冲突（Ayala 2000，99 页）。根据结社动员机制，抗议可能会发生在拥有较多结社活动的地方，同时抗议者可能是活跃的结社成员。

行动主义者也提出了一种结社参与动员机制。正如我们在讨论世界社会、虚拟网络以及会议计划时所提及的，地方组织是非常重要的动员者。诺希指出："社区，工作场所以及学校中的地方性组织是我们社会任何根本变革的基础"（Knoche 2004，289

页）。卡尔森则认为,如果团体希望采取持续性的行动,那么它们必须策略性地使自身制度化(Carlsson 2004,236 页)。结社可以通过多种方式动员参与者,因为这使他们能够与其他团体成员互动、改变自身的价值观、了解新问题,以及获得更多有助于反对者的信息及资源等(Milstein 2004,280—281 页)。

4.3 心理参与和社会转变

部分研究政治行为的学者强调先前政治活动对参与的影响及其对心理变化和态度转变的作用。部分研究认为,与政治相关的态度较经济因素更有助于对参与的预测(Katosh and Traugott 1982,374—375 页;Oliver 1999,204 页)。通过政治参与,可以推测某些类型的抗议,因而可能有助于解释全球性抗议运动的参与问题(Bean 1991,272页)。

行动主义者也提出了一种社会转变动员机制。克拉斯通过对贝克在 20 世纪初提出的组织模型的叙述,提供了有关该机制的一个例证,他对此写道:

> 她相信一个以社会变化为目标的运动,也一定会转变参与其中的个体。她相信,在反抗压迫的集体行动中,人们能够得到成长和发展。她所说的不仅是人们看待世界的方式,也是他们对自身在世界中所处位置的判断;从受外力逼迫而行动到为社会正义而行动。这一转变涉及了解政治并获得有关的能力,但也涉及自我意识和为行动做好准备。(Crass 2004,443 页)

因此,政治知识和能力随着社会运动的相互作用而得到提高,也预示着未来对运动的参与。克拉斯也解释说,抗议的目标之一就是心理成长和获得权力意识:"对贝克来说,直接行动是为了实现当前的目标,但也有助于在参与者中培育权力意识"(Crass 2004,432 页)。米尔斯坦同样认为,随着行动主义者之间相互展示,运动会发展,新的联盟会形成,认同也会发生变化(Milstein 2004,281 页)。她认为,"因朋友关系或共同的认同,或两者兼而有之",会形成亲缘性团体;在这种团体中,"我们的团结应优先于我们的差异"(Milstein 2004,280 页)。因此,行动主义者因共享的认同和纽带走到一起,而这些认同和纽带又随其进一步的彰显而得以增强。

4.4 议题强度、不满和议题共识

议题强度与不满机制涉及第四类因素,部分学者用它们来预测对全球性抗议运动的参与,而很多争论也围绕这些议题的影响而展开。在对传统型参与的预测中,议题发挥的作用似乎并不太大(Bean 1991,253 页;Carmines and Layman 1997,304—305、308页;Goren 1997,406 页)。相反,就非传统型参与和政治暴力而言,通过议题强度和不满

也许能够提供较好的预测（Bean 1991,270、271 页；Conover,Gray,and Coombs 1982,328 页；Gurr 1968,250 页）。康诺弗、格雷和库姆斯特别指出，与支持性议题上的立场相比，对抗性议题上的立场似乎更有助于对参与性的预测（Conover,Gray and Coombs 1982,328 页）。因此，议题强度和不满机制意味着，抗议更有可能发生在人们对政府政策不满的地方，而抗议者很可能反对政府的政策。

行动主义者提出了一种议题共识表达机制。不同的团体之所以走到一起，是因为它们对一些相互交叉的问题抱有相同的关注或不满（Milstein 2004,280 页）。它们拥有某些共同的价值，主张集体责任而非企业化，关注地方经济而非全球性经济，主张多样性而非单一文化，要求真正的民主而非由代理人进行决策，要求全球公正而非公司治理，向往共同体生活而非帝国统治，主张系统性改变而捍卫现有体系（Reinsborough 2004,179 页）。除这些共享的价值之外，抗议者团体还在一些特定的问题上持有共同立场：比如反对由各种多边经济机构推动的新自由主义全球化，反对美国在阿富汗和/或伊拉克的军事干涉等（Solnit 2004,xxii—xxiii 页；Bello 2004,22 页；Klein 2004,249 页）。

政治行为理论因此认为，全球性抗议运动通过资源积聚、结社动员、心理参与以及议题强度和不满机制实施动员。抗议者很可能是公共社会中的活跃分子，积极的结社参与者有可能得到参与的利益。相应地，抗议者也可能热情地投入各种形式的行动主义政治参与活动。与一般公众相比，全球化抗议的参与者同时也会更积极地投身于其他形式的行动性参与。抗议者可能会共享某些价值，而且比一般人更对国家及其政策不满。

五、结　论

我们的全球抗议运动宏观研究借鉴了国际关系理论，将其视为一种具有国际性动因（全球文化、社会、市场以及政治）的国际行为体。中观研究则借鉴抗争政治的理论，探索从动员到抗议的中观层次的过程。根据综合性政治机会理论（McAdam,Tarrow,and Tilly 2001），这些机制和过程涉及制度的结构性权力（即政治机会）、组织社会的组织权力（即动员结构），以及环境塑造行为体的权力（即文化构建）。更具体地说，跨国抗争涉及一整套机制，行为者通过它们在全球性层面表达议题、提出诉求、将抗争从国外引入国内、将冲突的规模从国内扩展到国际层面、组建跨国联盟、形成圈内人与局外人间的联盟、向国外派遣求助者，以及采纳防御性的跨国主义政策等。我们还借鉴了集体行动研究计划（Lichbach）关于市场、群体、契约与等级制这四种中观过程的理论。微观研究则借鉴了政治行为理论，并考察了抗议者决策计算的内在构成——个体资源、动员或制度资源、心理参与以及议题强度。总而言之，我们认为宏观的全球制度驱动了中观层次的动员过程,而微观机制又把个人吸纳到全球性抗议运动之中。

学者的理论和行动主义者的思想使我们得以比较全球性抗议运动的内在机制。我们认为,未来的研究将集中探讨社会运动以不同形式获得成功的动员,与它们对动员机制进行不同形式的策略性运用之间的关系。我们认为,抗争对这些多层机制的依赖程度不同,则它们采取的具体形式也不同。在结论的以下部分,我们将讨论未来研究可能的发展趋势。我们通过比较反全球化运动和全球性反战抗议运动,揭示对动员机制的温和使用和极端化使用,如何导致了不同社会运动在进行动员时表现出的差异。我们认为,宏观层次的目标、中观层次的组织以及微观层次的政治行为,都是解答抗争政治这一难题非常重要而且相互关联的要素;同时,选择我们分析框架的不同部分并加以谨慎的运用,会有助于解释不同的具体现象。

动员程度较低的反全球化社会运动,似乎采用了一些更激进的动员机制,但它们对国际公众并不那么具有吸引力。对于主张全球公正的行动主义者而言,经济公正是他们关切的核心,因而全球市场和世界体系的整体结构就成为其行动的目标。部分反全球化运动的要求则集中在保护传统价值和共同体免受西方化的威胁。反全球化运动是反权威的:它具有一种更具世界主义的观念(即国际化的关切、目标和不满);其运动的联盟是异质性的,个人认同则是多重且易变的;它往往采取更具相对主义色彩的路线,使其认同在变化的环境中能够具有较大的权变空间。反全球化运动的理想表达往往体现出后现代的特点,关注不同追求之间的相互联系。这一运动的基本特征,似乎是激进而分散的非国家行为体,加上以及无政府主义的动员风格。另外,反全球化行动主义者似乎选择了国际和国内层面的很多目标;他们把对美国的反对集中于反对美国的帝国追求;他们反对美国经济在其中发挥了重要支撑作用的资本主义体系;他们也关注国际制度和全球市场对民主造成的威胁。在反全球化运动对中观机制的运用方面,其关注焦点相对抽象且缺乏国内基础;边缘性组织更为活跃;其表达的价值更为激进,往往采用极端化的策略,并且较少得到国内力量的支持;它们组织的会议规模较小、议题比较集中且往往具有地方性,组织网络也更加碎片化;它们在吸引新成员方面采用的激励因素是抽象的、选择性的,而且往往与国内问题无关。最后,从微观层面的机制来看,反全球化运动的参与者似乎体现出更加年轻化、非全职并且仍在校就读的特点,因此有很多空闲时间;它们会采用非结构化的动员手段以吸引边缘性的社团;运动往往源自长期存在的抗议参与传统,而且很多人把游说或制度化参与视为"出卖行为";另外很多人在战争和全球化问题上抱有绝对化的顽固立场。

相比之下,动员程度更高的反战运动似乎更多采用了主流的动员机制,它们对大批具有不同背景的人都具有吸引力。经济关切对大多数反战运动来说并不重要,因此它们采取谨慎的立场,承认当下的全球市场结构带来的益处,但又力图将其反对的各种政策与经济政策联系起来。反战运动似乎对保护传统价值观也不太关心,而且往往更加崇尚进步主义。反战运动更加尊重权威,所以它们对权威的挑战往往是有条件的;它们具有深厚的国内基础,其联盟的同质性更高、个人认同比较单纯而且比较稳定;它们采取的路线较少相对主义色彩,而且完全不受环境变化的影响。反战运动的议题表达更具现代性,更为集中,不会把不同议题捆绑在一起。这类运动吸引的往往是改良主义的、更具集中性的公共社会团体,并且采用规模化的动员方式。此外,反战行动主义者主要关注国内目标;他们对美国的反对主要针对美国的特定政策而非美国的霸权;他们更多关注国内政策对民主造成的威胁而非全球民主赤字。就反战运动对中观机制的运用而言,其焦点更加具体而且以国内问题为主要导向;主流性的组织是其关注的重点;它们的议题表达立足于国内、具有自由主义面向、采用的是常规性的策略;它们组织的会议规模较大、较具全球性、其组织网络也更为集中;它们为吸引新成员而采用的选择性激励因素更加具体、且立足于国内问题。最后是反战运动对微观机制的运动。此类运动的参与者多为全职人员,他们更为富有、教育程度较高,但参与运动的空闲时间比较少;它往往通过结构化的机制对传统社团实施动员;这些运动往往源于更为常规的参与传统,兼用制度性与抗议性策略;在战争和全球化问题上,往往因情况的不同采取更加微妙的立场。

因此我们认为,动员程度较低的反全球化的全球性抗议运动以一种更为激进的方式运用宏观、中观和微观机制,而动员程度较高的反战的全球性抗议运动在运用这些机制时则相对温和。在理解其他形式的抗争,以及集体行动动员的成功或失败方面,多层机制也有所助益。我们在此提出一个研究议题,即如何运用这些不同的机制,对抗争政治中其他成功与失败的运动加以比较。在这个过程中,研究者和行动主义者的思想可以提供重要的参考。

参考文献

ANDERSON, S. 2000. In focus: IMF: reform, downsize, or abolish, www. cc. columbia. edu/sec/dlc/ciao/pbei/fpif/ansoi.html.

AYALA, L.J.2000.Trained for democracy: the differing effects of voluntary and involuntary organizations on political participation.*Political Research Quarterly*,53(1):99−115.

BARBER, B.R.1995.*Jihad vs.McWorld.* New York: Random House.

BARLOW, M., and CLARKE, T.2002.*Global Showdown:How the New Activists Are Fighting Global Corporate Rule.* Toronto: Stoddart.

BEAN,C.1991.Participation and political protest:a causal model with Australian evidence.*Political Behavior*,13(3):253-83.

BELLO,W.2004.Global capitalism versus global community.Pp.17-26 in *Globalize Liberation:How to Uproot the System and Build a Better World*,ed.D.Solnit.San Francisco:City Lights Books.

BRADY,H.E.,VERBA,S.,and SCHLOZMAN,K.L.1995.Beyond Ses:a resource model of political participation.*American Political Science Review*,89(2):271-94.

BRECHER,J.2003.Globalization today.Pp.199-210 in *Implicating Empire:Globalization and Resistance in the 21st Century World Order*,ed.S.Aronowitz and H.Gautney.New York:Basic Books.

——CHILDS,J.B.and CUTLER,J.eds.1993.*Global Visions:Beyond the New World Order.*Boston:South End Press.

——COSTELLO,T.and SMITH,B.2000.*Globalization from Below:The Power of Solidarity.*Cambridge: South End Press.

CALLINICOS,A.2003.The anti-capitalist movement after Genoa and New York.Pp.133-50 in *Implicating Empire:Globalization and Resistance in the 21st Century World Order*,ed.S.Aronowitz and H.Gautney.New York:Basic Books.

CARLSSON,C.2004.Radical politics:assuming we refuse,let's refuse to assume.In *Globalize Liberation: How to Uproot the System and Build a Better World*,ed.D.Solnit.San Francisco:City Lights Books.

CARMINES,E.G.,and LAYMAN,G.C.1997.Value priorities,partisanship,and electoral choice:the neglected case of the United States.*Political Behavior* 19(4):283-316.

CASTELLS,M.1997.*The Information Age:Economy,Society,and Culture*,3 vols.Oxford:Blackwell.

CHASE-DUNN,C.1989.*Global Formation:Structures of the World-Economy.*Cambridge:Basil Blackwell.

CONOVER,P.J.,GRAY,V.,and COOMBS,S.1982.Single-issue voting:elite-mass linkages.*Political Behavior*,4(4):309-31.

CRASS,C.2004.Looking to the light of freedom:lessons from the civil rights movement and thoughts on anarchist organizing.Pp.427-45 in *Globalize Liberation:How to Uproot the System and Build a Better World*,ed.D.Solnit.San Francisco:City Lights Books.

DANAHER,K.,and BURBACH,R.eds.2000.*Globalize This! The Battle against the World Trade Organization and Corporate Rule.*Monroe,Me.:Common Courage Press.

——and M A R K,J.2003.*Insurrection:Citizen Challenges to Corporate Power.*New York:Routledge.

FARACLAS,N.G.2001.Melanesia,the banks,and the BINGOs:real alternatives are everywhere(except in the consultants' briefcases).Pp.69-76 in *There is an Alternative:Subsistence and Worldwide Resistance to Corporate Globalization*,ed.V.Bennholdt-Thomsen,N.Faraclas,and C.Von Werlhof.Victoria: Spinifex Press.

FLORINI,A.M.ed.2000.*The Third Force:The Rise of Transnational Civil Society.*Washington,DC: Carnegie Endowment for Peace.

FRIEDMAN,T.L.2000.*The Lexus and the Olive Tree:Understanding Globalization.*New York:Anchor Books.

GAMSON, W. A. 1990. *The Strategy of Social Protest*, 2nd edn. Belmont, Calif. : Wadsworth.

GLOBAL EXCHANGE and PUBLICCITIZEN. 2001. The global rule makers: undermining democracy around the world. In *Global Uprising: Confronting the Tyrannies of the 21st Century*, ed. N. Welton and L. Wolf. Gabriola Island: New Society Publishers.

GOREN, P. 1997. Political expertise and issue voting in presidential elections. *Political Research Quarterly*, 50(2): 387-412.

GRAEBER, D. 2003. The globalization movement and the new New Left. Pp. 325-37 in *Implicating Empire: Globalization and Resistance in the 21st Century World Order*, ed. S. Aronowitz and H. Gautney. New York: Basic Books.

GURR, T. 1968. Psychological factors in civil violence. *World Politics*, 20(2): 245-78.

HAGGARD, S. 2000. *The Political Economy of the Asian Financial Crisis*. Washington, DC: Institute for International Economics.

HARD T, M., and NEGRI, A. 2000. *Empire*. Cambridge, Mass. : Harvard University Press.

——2003. Globalization and democracy. Pp. 109-21 in *Implicating Empire: Globalization and Resistance in the 21st Century World Order*, ed. S. Aronowitz and H. Gautney. New York: Basic Books.

HAWTHORNE, S. 2001. The clash of knowledge systems: local diversity in the wild versus global homogeneity in the marketplace. Pp. 79-84 in *There is an Alternative: Subsistence and Worldwide Resistance to Corporate Globalization*, ed. V. Bennholdt-Thomsen, N. Faraclas, and C. Von Werlhof. Victoria: Spinifex Press.

HECKSCHER, Z. J. 2002. Lessons for the World Bank bond boycott. In *The Global Activist's Manual: Local Ways to Change the World*, ed. M. Prokosch and L. Raymond. New York: Thunder's Mouth Press.

HELD, D. 1995. *Democracy and the Global Order: From the Modern State to Cosmopolitan Governance*. Stanford, Calif. : Stanford University Press.

H O B B E S, T. 1651/1988. *Leviathan*. London: Penguin.

INGLEHART, R. 1997. *Modernization and Postmodernization: Cultural, Economic, and Political Change in 43 Societies*. Princeton: Princeton University Press.

KATOSH, J. P., and TRAUGOTT, M. W. 1982. Costs and values in the calculus of voting. *American Journal of Political Science*, 26(2): 361-76.

KECK, M. E., and SIKKINK, K. 1998. *Activists beyond Borders: Advocacy Networks in International Politics*. Ithaca, NY: Cornell University Press.

KLEIN, N. 2004. Moving through the symbols. Pp. 249-62 in *Globalize Liberation: How to Uproot the System and Build a Better World*, ed. D. Solnit. San Francisco: City Lights Books.

KLEIN, R. 2001. Globalized bodies in the twenty-first century: the final patriarchal takeover? Pp. 91-105 in *There is an Alternative: Subsistence and Worldwide Resistance to Corporate Globalization*, ed. V. Bennholdt-Thomsen, N. Faraclas, and C. Von Werlhof. Victoria: Spinifex Press.

KNOCHE, T. 2004. Organizing communities: building neighborhood movements for radical social change. Pp. 287-312 in *Globalize Liberation: How to Uproot the System and Build a Better World*, ed. D. Solnit.

San Francisco: City Lights Books.

LASKEY, M. 2001. The globalization of resistance: N30 international day of action. Pp. 83 – 91 in *The Battle of Seattle: The New Challenge to Capitalist Globalization*, ed. E. Yuen, G. Katsiaficas, and D. Burton Rose. New York: Soft Skull Press.

LEIGHLEY, J. E. 1995. Attitudes, opportunities, and incentives: a field essay on political participation. *Political Research Quarterly*, 48(1): 181–209.

——and N A G L E R, J. 1992. Individual and systemic influences on turnout: who votes? 1984. *Journal of Politics*, 54(3): 718–40.

LICHBACH, M. 1. 1992. Nobody cites nobody else: mathematical models of domestic political conflict. *Defence Economics*, 3(4): 341–57.

——1995. *The Rebel's Dilemma*. Ann Arbor: University of Michigan Press.

——1997. Contending theories of contentious politics and the structure-action problem of social order. *Annual Review of Political Science*, 1: 401–24.

——1998a. Competing theories of contentious politics: the case of the civil rights movement. Pp. 268–84 in *Social Movements and American Political Institutions*, ed. A. Costain and A. McFarland. Boston: Rowman and Littlefield.

——1998b. Contentious maps of contentious politics. *Mobilization*, 2: 87–98.

MCADAM, D. 1982. *Political Process and the Development of Black Insurgency, 1930–1970*. Chicago: University of Chicago Press.

——MCCARTHY, J. D., and ZALD, M. N., eds. 1996. *Comparative Perspectives on Social Movements: Political Opportunities, Mobilizing Structures, and Cultural Framings*. New York: Cambridge University Press.

——TARROW, S., and TILLY, C. 2001. *Dynamics of Contention*. Cambridge: Cambridge University Press.

MACHIAVELLI, N. 1514/1961. *Hie Prince*. London: Penguin.

MARTINEZ, E. B. 2000. Where was the color in Seattle? Looking for reasons why the Great Battle was so white. Pp. 74–81 in *Globalize This! The Battle against the World Trade Organization and Corporate Rule*, ed. K. Danaher and R. Bürbach. Monroe, Me.: Common Courage Press.

MELUCCI, A. 1996. *Challenging Codes: Collective Action in the Information Age*. Cambridge: Cambridge University Press.

MILSTEIN, C. 2004. Reclaim the cities from protest to popular power. Pp. 277–86 in *Globalize Liberation: How to Uproot the System and Build a Better World*, ed. D. Solnit. San Francisco: City Lights Books.

MOORE, W. H. 1995. Rational rebels: overcoming the free-rider problem. *Political Research Quarterly*, 48 (2): 417–54.

NIEHU, N. N., and AMBROSE, S. 2001. How the A16 protests were organized. Pp. 46–53 in *Democratizing the Global Economy*, ed. K. Danaher. Monroe, Me.: Common Courage Press.

NORBERG-HODGE, H. 2001. Local lifeline: rejecting globalization-embracing localization. Pp. 178–88 in *There is an Alternative: Subsistence and Worldwide Resistance to Corporate Globalization*, ed. V. Bennholdt-Thomsen, N. Faraclas, and C. Von Werlhof. Victoria: Spinifex Press.

OLIVER, J. E. 1999. The effects of metropolitan economic segregation on local civic participation. *American Journal of Political Science*, 43(1):186-212.

OLSON, M. 1965. *The Logic of Collective Action: Public Goods and the Theory of Groups*. Cambridge, Mass.: Harvard University Press.

PROKOSCH, M., and RAYMOND, L. 2002. *The Global Activist's Manual: Local Ways to Change the World*. New York: Thunder's Mouth Press.

PUTNAM, R. D. 2000. *Bowling Alone: The Collapse and Revival of American Community*. New York: Simon and Schuster.

REINSBOROUGH, P. 2004. Decolonizing the revolutionary imagination: values crisis, the politics of reality, and why there's going to be a common-sense revolution in this generation. Pp. 161-211 in *Globalize Liberation: How to Uproot the System and Build a Better World*, ed. D. Solnit. San Francisco: City Lights Books.

RODRIK, D. 1997. *Has Globalization Gone Too Par?* Washington, DC: Institute for International Economics.

——1999. *The New Global Economy and Developing Countries: Making Openness Work*. Washington, DC: Overseas Development Council.

——2001. Governance of economic globalization. Pp. 347-65 in *Governance in a Globalizing World*, ed. J. S. Nye and J. D. Donahue. Washington, DC: Brookings Institution Press.

RUGGIE, J. G. 1982. International regimes, transactions and change: embedded liberalism in the postwar economic order. *International Organization*, 36:379-415.

——1991. Embedded liberalism revisited: institutions and progress in international economic relations. Pp. 202-34 in *Progress in Postwar International Studies*, ed. E. Adler and B. Crawford. New York: Columbia University Press.

SOLNIT, D. 2004. The new radicalism: uprooting the system and building a better world. Pp. xi-xxiv in *Globalize Liberation: How to Uproot the System and Build a Better World*, ed. D. Solnit. San Francisco: City Lights Books.

STARR, A. 2000. *Naming the Enemy: Anti-Corporate Movements Confront Globalization*. London: Zed Books Ltd.

TARROW, S. 1994. *Power in Movement: Collective Action, Social Movements and Politics*. Cambridge: Cambridge University Press.

——2001. Transnational politics: contention and institutions in international politics. *Annual Review of Political Science*, 4:1-20.

——2005. *The New Transnational Activism*. Cambridge: Cambridge University Press.

TULLOCK, G. 1971. The paradox of revolution. *Public Choice*, 11:89-100.

VERBAS., LEHMANSCHLOZMAN, K., BRADY, H., and NIE, N. H. 1993. Race, ethnicity and political resources: participation in the United States. *British Journal of Political Science*, 23(4)-453-97.

WOLFWOOD, T.J.2001.Seattle: a convergence of globalization and militarization. Pp.146-52 in *There is an Alternative: Subsistence and Worldwide Resistance to Corporate Globalization*, ed. V. Bennholdt-Thomsen, N.Faraclas, and C.Von Werlhof. Victoria: Spinifex Press.

谨以此书纪念北京大学国际关系学院比较政治学系成立

THE OXFORD HANDBOOK OF
COMPARATIVE POLITICS

牛津比较政治学手册

（下）

［美］罗伯特·E.戈定　主编

［美］卡尔斯·波瓦克斯　　［美］苏珊·C.斯托克斯　编

唐士其等　译

人民出版社

目　录

（下）

第六部分

大众政治动员

第二十一章　政党和政党制度的产生⋯⋯⋯⋯⋯⋯⋯⋯⋯⋯⋯⋯⋯⋯⋯　495

一、问题：什么政党，哪种政党制度？⋯⋯⋯⋯⋯⋯⋯　496

二、当前的理论研究⋯⋯⋯⋯⋯⋯⋯⋯⋯⋯⋯⋯⋯⋯⋯　497

三、关于政党制度形成的理论：分析步骤⋯⋯⋯⋯⋯⋯⋯　503

四、历史解释⋯⋯⋯⋯⋯⋯⋯⋯⋯⋯⋯⋯⋯⋯⋯⋯⋯　506

第二十二章　政党制度⋯⋯⋯⋯⋯⋯⋯⋯⋯⋯⋯⋯⋯⋯⋯⋯⋯⋯⋯　516

一、政党制度的概念⋯⋯⋯⋯⋯⋯⋯⋯⋯⋯⋯⋯⋯⋯⋯　517

二、不同的政党制度⋯⋯⋯⋯⋯⋯⋯⋯⋯⋯⋯⋯⋯⋯⋯　519

三、静态比较：政党体制中的策略选择⋯⋯⋯⋯⋯⋯⋯⋯　528

四、政党体制的历史变迁⋯⋯⋯⋯⋯⋯⋯⋯⋯⋯⋯⋯⋯　532

五、结论⋯⋯⋯⋯⋯⋯⋯⋯⋯⋯⋯⋯⋯⋯⋯⋯⋯⋯⋯　537

第二十三章　选民与政党⋯⋯⋯⋯⋯⋯⋯⋯⋯⋯⋯⋯⋯⋯⋯⋯⋯⋯　548

一、政党—选民关系重组或解体⋯⋯⋯⋯⋯⋯⋯⋯⋯⋯　548

二、选民政策偏好的变化⋯⋯⋯⋯⋯⋯⋯⋯⋯⋯⋯⋯⋯　554

三、政党—选民关系的组织性变化⋯⋯⋯⋯⋯⋯⋯⋯⋯　559

四、选举竞争、组织变化以及传统政党的表现⋯⋯⋯⋯⋯　562

五、结论⋯⋯⋯⋯⋯⋯⋯⋯⋯⋯⋯⋯⋯⋯⋯⋯⋯⋯⋯　567

第二十四章　新兴民主国家的政党与选民⋯⋯⋯⋯⋯⋯⋯⋯⋯⋯⋯　575

一、新兴民主国家的选民动员：挑战的强度⋯⋯⋯⋯⋯⋯　577

二、通过选民动员策略解释政党归属 ………………………………… 581

三、纲领、个人能力或施惠：制度与结构的作用 ………………………… 584

四、从结构和制度到策略：政党竞争、结构变化和政治代表之间的联系 ……… 587

五、结论 …………………………………………………………………… 590

第二十五章　政治中的裙带关系 ……………………………………………… 597

一、定义 …………………………………………………………………… 597

二、裙带关系研究的两次浪潮 …………………………………………… 600

三、裙带关系与诚信 ……………………………………………………… 603

四、受惠者：铁杆支持者还是摇摆不定的选民？ ……………………… 608

五、原因与后果 …………………………………………………………… 610

六、结论 …………………………………………………………………… 616

第二十六章　政治行动主义：新的挑战与机遇 …………………………… 622

一、政治参与的标准社会心理学模型 …………………………………… 623

二、投票结果与规则的重要性 …………………………………………… 624

三、政党：成员不断减少的组织 ………………………………………… 628

四、社会资本、自发团体与社会信任 …………………………………… 629

五、结果导向的行动主义的兴起 ………………………………………… 632

六、结论：未来的研究议程 ……………………………………………… 635

第七部分

处理政治需求

第二十七章　政治偏好的聚集与代表 ……………………………………… 647

一、导论 …………………………………………………………………… 647

二、社会选择分析的挑战 ………………………………………………… 648

三、代议民主和偏好聚集的条件 ………………………………………… 649

四、偏好聚集与多重议题的一致性 ……………………………………… 650

五、作为偏好聚集的单维议题一致性 …………………………………… 655

六、以选票反映偏好：偏好聚集与票决一致性 ………………………… 659

七、结论 ·· 664

第二十八章 选举体系 ·· 671
一、选举体系为何重要 ··· 671
二、对选举体系的研究 ··· 673
三、杜维吉尔议题的宏观层面 ······································ 677
四、宏观问题 ·· 687
五、选举体系是政治科学的核心吗? ······························ 691

第二十九章 分权 ·· 697
一、导论 ·· 697
二、定义 ·· 698
三、分权与政府的"决断性"和"坚定性" ···························· 699
四、内阁:分权研究中"缺失的一环" ······························ 702
五、政体危机:该归咎于分权吗? ·································· 707
六、分权、代表性与回应制 ·· 712
七、结论 ·· 714

第三十章 比较司法政治 ·· 720
一、导论 ·· 720
二、司法独立的含义 ··· 722
三、对司法独立的解释 ··· 724
四、现实中的政治分裂 ··· 728
五、独立性的经验测量 ··· 735
六、结论 ·· 738

第三十一章 联邦制 ·· 745
一、定义联邦制 ··· 746
二、联邦制的影响:应对幻灭 ······································ 751
三、联邦起源重探 ··· 760
四、结论 ·· 766

第三十二章 联盟理论和政府形成 ···································· 774
一、联盟谈判、政府形成和代议民主 ······························ 774
二、稳定的还是暂时的联盟? ······································ 775
三、政府类别 ··· 777
四、谈判理论与政府形成 ·· 779

五、对联盟形成和政府类别的解释 ···················· 784

六、参政 ·················· 786

七、结论 ·················· 788

第八部分

比较视野下的治理

第三十三章　经济和投票比较研究············· 797

　　一、美国理性经济投票研究的理论遗产············· 799

　　二、美国理性经济投票研究的经验遗产············· 801

　　三、比较经济投票中的未解之谜············· 804

　　四、希望之地：多国比较研究？············· 806

　　五、经济投票：一种人为的测量结果吗？············· 810

　　六、调适回溯性模型············· 814

　　七、理性以及对经济投票的再思考············· 816

　　八、总结············· 828

第三十四章　环境约束下的政治预算周期············· 835

　　一、环境约束下的政治预算周期：理论与证据············· 837

　　二、数据、方法和结果············· 844

　　三、测量结果············· 848

　　四、结论：回应与执行············· 853

第三十五章　全球视野下的福利国家············· 858

　　一、基础性结构条件：工业化和经济开放程度············· 859

　　二、权力资源的视角············· 862

　　三、跨阶级联盟············· 864

　　四、国家中心的视角············· 867

　　五、结论············· 870

第三十六章　不良民主国家的不良表现············· 875

　　一、穷国以及其政策············· 876

二、解释民主与增长关系中的含混之处 …………………………………… 881

三、政治市场的不完善以及不同的民主表现 …………………………… 887

四、信任、民主化及历史的作用 ………………………………………… 891

五、信任及民主研究中的未解之谜 ……………………………………… 892

六、政治市场其他方面的不完善性:信息不完全 …………………… 893

七、结论 …………………………………………………………………… 894

第三十七章 回应与政府的存续 ……………………………………………… 899

一、导论 …………………………………………………………………… 899

二、选举与对政治家的回溯式控制 …………………………………… 901

三、一些经验证据 ………………………………………………………… 905

四、回应论的局限 ………………………………………………………… 907

五、非选举的威胁:选民对政治家 …………………………………… 911

六、结论 …………………………………………………………………… 922

第三十八章 经济转型与比较政治 …………………………………………… 929

一、经济转型 ……………………………………………………………… 930

二、中层理论与经济改革:政体类别 ………………………………… 934

三、利益集团:好赢家、坏赢家,以及经济改革 …………………… 936

四、治理、国家角色与经济改革 ……………………………………… 939

五、欧洲联盟 ……………………………………………………………… 943

六、中层理论与因果联系的深度 ……………………………………… 945

七、结论和未来研究的领域 …………………………………………… 949

译后记 ……………………………………………………………………………… 957

第六部分

大众政治动员

第二十一章　政党和政党制度的产生

卡尔斯·波瓦克斯（Carles Boix）

在瑞士的少数州,所有投票者每年召开公民大会;新英格兰也有一些市镇,居民在公开的市镇会议上辩论和投票。除此之外,所有现代民主国家都实行代议制民主,因为直接民主在今天的世界上根本不可行。每一个国家的地域都太大,人口也太多,让相当数量的公民在一起以任何有意义的、可持续的方式直接讨论随时遇到的政治问题,已经完全不可能。公众所关心大多数议题,涉及面既广,内容也相当复杂。任何一个人,哪怕在政治上耗尽他的全部精力,也不可能将这些问题完全掌握。在经济生活中,人们以高度专业化的方式生产和工作,当代政治也一样,所有领域贯彻了劳动分工的理念。选民们不再直接做决定。他们通过定期选举,挑选出一部分政治家制定政策,并统治他们自己。换言之,在一定期限内,即下一次选举之前,他们把制定决策和监督这些决策的全部权力委派给他们的代表。至于未来的选举,大概就是唯一的、而且可能并不完善的机制,以约束政策决定者按照选民的意志行事。

现代政治的范围,以及代议制民主的选举和议会机制,都推动着政治家去建立,或者参与选举和立法"团队"或政党,这种稳定的组织使政治家能够在各选区、议会、行政机构或政府委员会中协调其政治行为。在议会舞台上,党派之间的协调减少了制定和通过法律过程中的交易成本。此外,党派协调也有可能增强立法机关要求行政机构作出回应的能力。在选举的时候,政党能够更为有效地为政治家征集大量的人力物力,使他们得以宣传及动员选民。政党通过简化候选人的选拔程序,并强迫选民通过策略协调为本党候选人投票,可以增加自己获胜的可能性。最后,政党通过在某些议员间形成一种稳固的合作形式,可以使他们能够提供更为稳定的纲领并在选民面前以清晰的方式为自己的行为辩护,从而战胜他们的对手。[1]

毫不奇怪,政党在代议民主制之下是一个普遍现象。近代早期议会形成的时间,在美国是 18 世纪 80 年代,在法国是大革命之后的第一年,在英国则伴随着托利党和辉格党的对立。紧接着出现的,就是派别之间的协调,或者政治代表之间稳固的合作。随着选举的扩展,以及选举成为纯粹的、真正意义上的竞争性选择机制,这些派别也逐渐发展成更具凝聚力的机器。它们约束其成员支持或者反对政府、向选民们提出统一的施政纲领,并且动员选民投票。作为选举和立法机制的现代政党,于 19 世纪 20 年代末和 30 年代初出现在杰克逊时期的美国。在比利时和瑞士,统一的自由派(或激进派)政党成立于 19 世纪 40 年代晚期。在英国,自由派最终于 19 世纪 50 年代聚合为一个议会政党。到 19 世纪 80 年代,自由党和保守党都发展为全国性组织,并具有广泛的目标。在 19 世纪的最后 30 年,基督教徒和社会民主主义者在欧洲大陆组建了高度集中的群众性政党。到了第一次世界大战爆发时,在所有的代议制民主国家,几乎所有的选举竞争和议会斗争都要围绕组织严密的政党展开了。

一、问题:什么政党,哪种政党制度?

通过政党这种候选人和议会议员吸引选票和进行管理的团队来协调政治家的行动,这在现代民主国家已经成为普遍的、绝无例外的现象,但政治家的组织方式,以及选民应对政党的方式,在不同国家和不同时期却表现出明显的差别。一方面,政党的内部结构各不相同。它们的等级化程度,议会党团与党的机关的力量对比,党员的数量、来源、忠诚度有所差别。从党的凝聚力来看,也是从松散的、暂时的利益联盟,到其成员从不放弃官僚位置的纪律严明的组织,不一而足(Duverger 1954;Panebianco 1988)。

另一方面,党派的外在维度或属性,亦即它们在选举市场上的表现各有不同。首先,它们的意识形态取向和纲领目标不同。换言之,他们对选民作出的承诺各不相同,而受制于世界形势,他们作出的决定也有所不同。[2] 其次,它们获得的支持率、议会中的席位,以及获得选民支持的稳定程度都有所不同。

任何政党的纲领立场,以及在某种程度上的选举实力,取决于它的成员对自己追求

---

① 20 世纪 60 年代和 70 年代的社会学和结构主义文献中对政党的功能进行了广泛讨论(LaPalombara and Weiner 1966;Sartori 1976)。本章采用的,则是 20 世纪 90 年代出现的理性主义和制度主义的方法(Cox and McCubbins 1993;Aldrich 1995)。

② 新近的一些重要的研究对(严格的)纲领性政党和代理型政党进行了区分(Kitschelt et al. 1999;Stokes 2005)。我没有作这种区分。我认为"代理型"政党也有其纲领,那就是为它们的支持者提供特定的物品。

的目标,以及实现目标的手段的选择。但是,任何政党获得的选举支持,同时又在两个方面取决于其他政治竞争者作出的意识形态承诺,以及它们采取的政治策略。首先,政党策划的竞选纲领部分是对其他政党在诸多问题上的纲领(和政策)选择的回应,这些问题包括公共品的提供、教育的管控、外交政策的执行等。其次,选民最终是根据各政党在选举市场上提供的不同立场进行投票。也就是说,政党的规模和政治立场,都是政治家及其组织为成功竞选而进行的策略互动的结果。就此而言,讨论一个国家的政党体系或“政党制度”是有意义的。这里的政党制度,指的就是全国范围内政党的数目、规模,以及意识形态倾向。

下面我将介绍两种相互竞争的关于政党制度的解释,即历史学—社会学的研究,以及新制度主义的研究,并对它们各自的优缺点进行讨论。在余下的两个部分,我将提出一种认识政党形成过程的新的方法,它在更广泛的分析框架内,整合了上述这两种研究。[①]

二、当前的理论研究

2.1 社会学的解释

1967年,李普塞特和罗甘发表了一部具有开创性的著作。他们在解释19世纪和20世纪早期西欧出现的不同的政党制度时,强调了利益和社会群体的异质性(Lipset and Rokkan 1967)。更具体地说,他们认为,欧洲国家政党的数量和相对力量的不同,是由两个关键的历史事件决定的。一是民族革命,即现代的、世俗的民族国家的建立;二是工业革命。各国的精英分子在推动单一的行政管理机构、集中化的官僚制度,以及统一的民族文化形成的过程中,面临着两个社会群体的抵抗。一个是边远地区反对中央集权的群体,另一个是天主教会,后者担心失去他们的财产、教育制度以及在某些情况下对国家政策的直接影响。再说工业革命。随着制造业及随之而来的城市的兴起,两个新的冲突维度出现了。一个是乡村与城市的冲突(很多情况下围绕贸易政策展开);另一个是资本所有者和工人的冲突。

劳资争端最终出现于所有国家,并且随着普选权的实现而获得了重要的政治意义。与之相对,其他三种冲突(领土的、宗教的和城乡之间的)的性质和强度在欧洲各国(以及由民主机制统治的前殖民地,尽管罗甘和李普塞特并未谈及这些地区)各不相同。各国形成的不同类型的政党就是这些冲突的结果。比如,在大多数天主教国家,以及天

---

① 这一部分主要依据 Boix(2006b)。

主教徒占人口大多数的国家,宗教冲突非常严重,但这类冲突在斯堪的纳维亚国家基本不存在。贸易政策在斯堪的纳维亚国家及很多大国中都具有相当重要的作用,但在比利时和荷兰则不然。

影响政党制度的,除社会利益的性质和规模之外,还包括不同国家政治精英(和反精英)结盟的顺序。在那些宗教改革获得成功、新教成为国教的地方,冲突围绕贸易问题以及乡村和城市之间的对立展开。在英国,地主所有者、国教会和保守党一起与自由党对峙,后者代表的是城市利益与不信奉国教的新教徒。在斯堪的纳维亚国家,则是中心城市与乡村(有些情况下还包括天主教会)对峙。天主教国家出现了支持教会的政党与反对教会的政党的分裂,而且这两类政党都以不同形式牵涉城乡之间的矛盾。那些位于新教和天主教交界地区的国家(如德国、荷兰和瑞士)则连接了两个世界,每个政党的支持者都会集中在一些特定的区域。

2.2 社会学解释的局限

李普塞特和罗甘的著作引发了一系列对于每个政党所代表的利益与部门的实质性研究。[①] 但是,这些研究随即招致了尖锐的批评。这里,我将首先讨论并驳斥这种对政党形成的社会学解释的激进批评,随后介绍一种修正的、基于利益的政党政治理论。在这一理论中,政党的制度环境及其进入选举的顺序,对其最终的形式具有重要意义。

对社会学解释最极端的批评,甚至置疑选民具有某些既成的偏好,而且它们可以通过政党得到直接表达的假设。批评者们认为,身份和政治偏好并非某种等着某个政党来加以表达和动员的客观存在;事实上,是政治家和政党塑造着认同。他们的主张体现为两种主要形式。一些学者声称,政治偏好根本就不存在。选民无非是无知的一群人,最多拥有一些个人的冲动与欲望,而野心勃勃的政治家则把这些冲动和欲望围绕某个意识形态原则表达出来,以服务于他的个人利益。另一些学者承认,也许存在某种选民(就某些政策和议题)的偏好;但他们马上又断言,这些偏好过于芜杂,因而对于那些希望了解为何某些群体或者观念在选举舞台上得到动员的研究者来说,它们提供不了任何实际的帮助。另外,由于任何政治认同都可能出现,所以根本没有必要去关注所谓的既存"选民空间"。按照这两种说法,政治家并非受到意识形态推动的行为者,他们的目标也不是代表某些利益,并且实现它们的政策偏好。相反,他们不过是追求选票最大化的经营者,考虑的是哪些议题可以增加他们在选举中获得的支持,以及应该使哪些群

---

① 新近的文献综述请参见 Caramani(2004)。

体政治化并对其加以动员,又应该以什么样的方式实现这一目标。这种对社会学关于
认同形成和动员理论的激进批评,主要来自对族群冲突和民族认同的研究,近年来在解
释前共产主义阵营和第三世界民主化国家出现的新的社会分裂时,获得了比较大的影
响力。①

　　有意思的是,这种"建构主义"的批评具有与凯恩斯宏观经济理论相同的核心论点
和弱点,即对商业周期的前理性预期。为了证明扩大需求和减少失业未必加剧通货膨
胀,直到 20 世纪 60 年代,凯恩斯主义的经济学家们一直假定,工人只是些无知的甚至
非理性的个体,当有智慧的、策略性的政府在操纵经济积累时,他们不会相机提出更高
的工资要求。自然,由于货币主义者和理性主义者的批评,这一模型在 20 世纪 70 年代
崩溃了。类似地,在政治建构主义者看来,选民也不过是一帮能够被政治家轻易操纵的
愚夫愚妇。但是他们在建构理论时不能保证逻辑上的自洽,因为他们在否认选民具有
工具理性这一核心假设的同时,又为政治精英留下了后门,假定他们的行为完全是策略
性的。

　　一种修正的、以利益为基础的政党政治理论。如果我们认为选民和候选人都是理
性的行为体,也就是说,他们能够界定自己的利益(无论当时,还是经过一段时间通过
学习、通过试错了解他们的利益所在),并且据此行动(选民们根据某些提高福利的标
准选择代表;政治家推举合适的候选人以赢得选举),那么我们就不能不回到某些关于
选举的社会学理论。政治家并非在真空中行动。他们的选举承诺和政策决定必须对
选民的关注予以回应,必须在日常政治生活中发挥作用,并对之加以切实改变,这是
他们能够再次赢得选举的前提。对于那些基于某种观念或者纲领成功动员选民的
政治家来说,选民们必须对他们提供的选举纲领产生(物质上或者观念上的)亲近。
简而言之,为认识政党制度,我们需要了解选民偏好的类型及其分布,也就是政策空
间的特点。

　　不过,即便利益很重要,社会学的解释仍然需加以适当修正,因为这种解释并未澄
清决定政治家选择以何种方式在政党内部相互协调的(时间、组织或制度)条件。换言
之,社会学研究过于匆忙地在利益和政治行为之间建立了一种直接联系。相反,应该把
利益理解为一种潜在的变量,并不必然以政党的方式体现出来。选举空间理论证明了
这一点。该理论出现于 20 世纪 60—70 年代,并因罗甘和李普塞特著作的发表而成为
政党政治领域的主流学说之一。它认为,不能简单地把政党视为社会和经济利益的直

---

　　① 　关于这一观点的先驱者们,参见 Sartori(1968),他针对社会学的解释,坚持认为在说明政党起
源的时候,政治具有独立的作用。

接体现者,原因至少有三个方面。① 首先,选民关注的问题是多方面的,而且他们的立场并不必然指向同一个方向。比如,既然大部分农民都支持农业补贴,那么农民政党就有可能出现并赢得选举的胜利。但在投票时并非所有农民都必然如此行事。他们中的一部分可能把选票投给一个非农民的政党,因为后者的政策承诺满足了他们最迫切的需要,像全民医疗保健,或者颁布禁酒令,等等。因此,在一个多维空间中,政党可以通过吸引不同类型的选民,建立一个有望胜选的联盟。其次,政党可能会把各种不同的政策捆绑在一起(通过更多的公共教育支出来弥补因贸易开放导致的损失),如此一来,体现选民利益的政策未必就是他们经济立场的直接反映。受雇于进口竞争压力之下的企业的工人,一般会为贸易保护主义政党投票。但是,如果一位主张自由贸易的候选人承诺建立某种补偿机制(比如职业培训)以应对未来的全球性冲击,且这一承诺为他们所信任,那么他们最后可能把选举投给他。最后,选民关于支持哪位候选人的大多数决定,取决于他们如何看待某些政策的结果对他们的福利会产生何种影响。因此,虽然低税收和自由放任政策原则上会减少低收入者从国家获得的转移支付,并且削弱劳动力市场上的一切保护性制度,但如果他们相信从长期来看,这些政策乃是促进增长和增加收入的最佳选择的话,那么他们中相当一部分人就会最终把选票投给保守主义政党。

李普塞特和罗甘理论的非社会学特征。用以补充甚至替代政党形成的社会学理论的,是从组织与制度着手的研究。不过,在深入讨论这方面的内容之前,有必要指出,李普塞特和罗甘的有些工作,是他们的直接追随者(特别是大部分总结者)所没有做到的:那就是他们承认,纯粹以"社会为中心"解释政党的形成是不够的。② 他们强调政党形成过程中的时间和制度因素。一方面,他们要求人们注意 19 世纪有关参与和代表制的规则的作用;另一方面他们也强调,政党乃是精英们选择联盟群体的最终结果。

诚然,它们的非社会学观点太抽象、太一般化。他们的确提出了一系列"断层",并从中导出一些行为体和(行政、经济、地域、宗教等领域的)团体,用以对西欧的情况提供普遍化的解释。他们甚至描绘了这些群体之间能够形成的联盟(或者更准确地说是对联盟的限制)的类别。但是,除了对几个特定国家政治代表形式的历史叙述之外,他们并未具体阐明在不同的国家,这些群体(单独或者与其他群体一起)是如何被组织到某种制度网络或政党结构之中的。由于他们的著作出版于社会选择和空间模型被纳入

---

① 这些研究表明,即便是在一个不存在任何制度,或者任何制度都不会迫使选民相互协调并且进行策略行动的世界里,政党也不会成为利益的直接体现者。我将会在下文第二节第三部分讨论制度的影响。

② 基切尔特在本卷中就试图纠正那种通常的、狭隘的对李普塞特和罗甘理论的社会学解释。

政治学研究之前,所以他们很少关注精英的根本目标与其策略之间的关系问题;另外,他们也未能阐明选举规则和组织能力影响选举目标的具体形式。

2.3　组织与制度解释

如果竞选舞台上始终充满了各种各样的议题(或者说如果它就是一个多维的政治空间),而且选民的利益和用以满足这些利益的政策工具之间并不存在确定的联系,那么社会学解释就必须让位于另一些模型,后者强调的正是制度结构以何种方式决定了政党代表性的性质。

在制度主义的研究中,先后出现过两种大的思路。一方面,有些学者强调政治精英和政治组织的作用,因为是由它们选择对哪一部分选民,以及用何种方式进行动员。普列泽沃斯基和斯普雷格(Przeworski and Sprague 1986)研究了社会主义政党的竞选决定,以及它们在竞选中进行取舍的方式。后者指的是,作为工人阶级的政党,它们是仅诉诸传统的力量基础(但要冒在议会中永远得不到绝对多数的风险),还是调整竞选纲领,以吸引中产阶级的选民。卡利瓦斯(Kalyvas 1996)认为,基督教民主政党产生和发展的原因,就是教会精英的决定,以及基督教世俗运动的组织能力。

另一方面,严格的制度主义学者证明,选举和宪法原则通过两个渠道决定了候选人和政党的数量。首先,选举规则,特别是简单多数制鼓励了精英和选民的策略行为,迫使他们围绕那些不大可能浪费选票和资源的候选人协调行动。更具体地说,单一选区制会把选票集中到两位候选人身上。随着选区的扩大,有望获胜的候选人也会增加。一般情况下,一个拥有 M 个席位的选区,有望获胜的候选人(即有可能获得选票的候选人)的数量,不会超过 $M+1$ 个(Duverger 1954;Cox 1997)。

其次,国家制度也会制约政党的协调方式,从而对政党制度产生影响。原因很简单:选举法可以决定选区层面的协调,但决定不了选区间的政党协调过程。科克斯(Cox 1987)曾对 19 世纪英国议会进行过开创性的研究。他发现,形成两党制的原因,是(简单多数制加上)政府逐渐发展为一个完全对议会负责的内阁(因而有能力通过选举的威胁要求支持者的忠诚)。舒加和卡雷(Shugart and Carey 1992)证明,总统制同样影响了候选人的人数。在总统制之下,总统通过简单多数制选举产生,因而候选人的人数会接近于两个,如果立法机关也是根据简单多数制选举的话,情况就更是如此。如果立法机关根据比例代表制选举产生的话(拉丁美洲的情况大致如此),则总统候选人的人数就会稍稍超出杜维吉尔的预期。可能的原因是,由于议会中的政党增加了,因而两个以上的政党在总统选举中推出候选人的机会也增加了。在实行一轮投票的总统制之下,对候选人的约束较为温和,因而总统候选人的人数在四个左右波动。总统选举制的类型也会影响立法机关中的政党制度。如果总统按照简单多数的原则进行选举,且总统与议会选举同时进行,那么议会中的政党数就会比较少(因议会选举制度的不同在2.1 至 3.1 之间)。否则,总统选举的方式对议会中的政党制度就没有影响。切巴和科尔曼(Chhibber and Kollman 2004)在他们最近的研究中,则强调了联邦制与中央集权制对政党数目的不同影响。

2.4　制度主义的局限

制度主义的解释面临两个主要局限。首先,仅仅根据规则的类型,不能推断出在选举舞台上竞争的政党的空间分布、意识形态归宿,以及它们所得到的选举支持的性质,特别是当选举是在一个多维空间中进行的时候,情况更是如此。简单多数制可能会导致两党制,但这两个相互竞争的党是否会最终定格为社会主义对保守主义、自由主义对教权主义、自由贸易者对保护主义者,或者其他的组合,则与选举法无关。

其次,仅仅使用制度主义模型并不能解释变化。严格的制度主义者把制度规则视为某种自我维持的均衡。根据这种解释,简单多数制之所以导致两党制,是因为两党都无意削弱选举法的限制作用;比例代表制把选举舞台分裂为诸多政党与行为体,是因为它们可以凭借这种碎片化否决任何提高代表选举要求的企图。更一般地说,在严格的制度主义者看来,政治行为体对于他们在其中进行选择的制度结构而言完全是内生性的。由于政策制定者本身就是某种特定刺激结构的产物,因此他们基本上不会有任何兴趣去改变维持这一结构的对局规则。[①]

把制度视为某种相对稳定的机制显然有其真实性的一面。但是,一般意义上的宪政背景以及具体的选举法律都是政治行为体选择的结果,而且这些行为体也并非完全内生于制度规则。对选举法的外来冲击(比如工业工人阶层的形成),以及新行为体为制定选举对局之外的行动策略而作出的选择(比如成立工会参加以后的选举),都有可能改变既存的制度均衡。

---

① 大多数对制度形成的解释,或者把制度视为解决集体行动的问题或者时间一致性问题的完美方案(Knight 1992),或者简单地把它们视为自我维持的均衡(Putnam 1993)。比例代表制的采用,或者被归因于小国贸易的要求(Rogowski 1987),或者被归因于它在多样化社会中解决冲突的能力(Katzenstein 1985;Lijphart 1977)。政党的目的,则被理解为解决协调失败的问题(Aldrich 1995;Cox 1987)。另外,效率理论也难以解释在不同时间和不同国家出现的变化,特别是难以解释一些次优的制度为何会得到采用、政治停滞为何普遍存在,以及政体为何会崩溃等。事实上,从分析制度主义的核心论点来看,这种主要是功能主义的研究方法的支配地位就非常让人不解。这个论点是:正因为制度塑造了政治均衡,所以它们只能是政治策略的产物(Riker 1986)。

三、关于政党制度形成的理论:分析步骤

　　既然上文回顾的模型都各有其优势和缺陷,因此,要更为系统地说明政党制度的产生,就必须以对两个理论步骤的整合为基础。第一步是严格的分析,并且对促使选民投票和政治家决定竞选公职的动机结构加以描述。澄清代议民主的制度机制,即选举、政府构成和政策制定的过程,能够使我们以一种哪怕最粗略的、最抽象的方式推断,选民和政治家在一定的制度环境下,会以何种方式使他们达致其目标的可能性最大化。为做到这一点,可以借鉴当代选举研究、空间理论和策略性协调(由选举规则推动)的大量文献,对代议制政府的运行加以描述。

　　第二步是历史的。我们从形塑选民与政党行为的动机结构出发,还需进一步描述并说明使政治家在政党内部协调、选择特定的竞选纲领和策略,以及使选民们团结在他们周围的历史事件的顺序。这样一种方法能够揭示为何某些政党在某些特定的历史时刻出现;为何其他政党并未出现,或者即便它们出现了,也未能赢得选举;以及最后,为何它们选择了特定的选举制度,而这些制度又反过来影响了有望获胜的政党的类型和数目。

　　这两步互为补充。没有分析基础,对政党制度和选举的历史描述只会是一些杂乱无章、变化多端的事实的堆积。除小部分(但非常值得称道)的例外,关于这一问题的大多数文献仍然表现出这种特点。相反,如果不注重实际的历史顺序,我们就无法说明制度变迁的动力机制,而这一机制在我们试图加以解释的政党形成过程中具有核心地位。同时,我们也无法辨明哪些变量发生在哪些变量之前,以及产生这种顺序的原因。正如上文所言,对历史(更确切地说是时序)关注的缺乏,大大限制了多数关于选举制度和政党制度的形式研究的深度。制度结构与政党数目同时发生变化,这一发现充其量只意味着一种相关性,它对于我们了解制度与政党如何演变,以及行为体如何影响了代议制民主的机制几乎毫无作用。

　　我们现在从细节上分析民主选举的运行方式。如图 21.1 所示,在所有选举中,首先有一部分公民决定提出他们的候选人(连同一套特定的竞选政纲或政策承诺)。随后选民投票,只有少数候选人会当选,也就是说,只有少数人能够汇集足够数量的选票(这一额度由当时当地的选举法决定),获得公职。选举结束后,当选的代表聚集起来组建政府,制定政策,直到进行下一轮选举。当选政府制定的政策中,很可能就包含了未来进行选举时挑选候选人的程序(如选举法),它们将会对公民(和政治家)的福利产生影响,也会影响到下一次选举如何进行,以及选民如何作出决定。

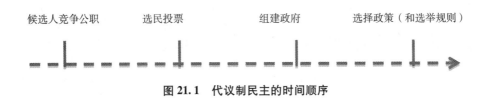

图 21.1 代议制民主的时间顺序

这这一时间结构中,选举导致某些政策产出,它们又会对选民的福利产生影响。选民决定为某位候选人投票则取决于两件事。首先,选民一般会选择与其他政治家相比,其竞选承诺更接近他们理想的政策或者目标的候选人(如果是竞选连任,则是已经作出一些成就的候选人)。但是其次,选民支持某位政治家的前提,是他有望赢得选举(或者有可能影响政策选择)。更准确地说,只有当选民们(从个人角度)相信某位候选人能够从其他选民那里赢得足够的支持,他们才会为他投票。因此,选民可能会放弃他们虽然喜欢,但获胜希望渺茫的候选人,并且把选票集中到他们并不太喜欢,但更有可能获胜的政治家身上(以击败他们更不喜欢的政治家)。

决定选民行为的机制已如上述,我们再看一看政治家们如何行动。也就是说,他们会在何种条件下,以何种方式决定竞选公职。首先,候选人会挑选出对相当部分的选民具有吸引力的政策(并以此出发赢得他们竞争的席位)。其次,政治家只有在有望赢得选举,即选民们认真地把他们视为值得投票的候选人的时候,才会参加竞选(政党也才会开始动员)。

从选民(选择使他们的福利最大化的代表)和政治家(被视为有用且有竞争力的候选人,进而当选)的动机结构来看,我们要构建一种关于政党制度形成的理论,需要三个主要部分或者基本要素:选民的偏好、他们的信息和信念(其他选民会如何行动,政治家当选的机会有多大),以及聚集选票和在候选人中进行选择的选举制度。

首先,因为选举迫使政治家代表选民行动,所以关于政党制度的形成理论首先必须说明选民的偏好分布,这也就是政党相互竞争的选举空间。政党不能偏离选民的需求太远,否则就会在选举舞台上受到惩罚。但是,出于上文我讨论过的原因,仅仅了解选民的情况一般不足以推断任何国家政党制度的性质:只在极少数情况下,选民才能获得关于政党政策的完全信息;而且他们的立场往往存在多个维度,这使他们可能会受到不同的政治诉求的吸引。不过总的来说,选民的类型和数量分布,仍然是决定政党在选举市场上如何选择立场的主要因素。

其次,由于选民对不同候选人胜选机会的预期,可能与决定其投票的个人利益同等重要(有时甚至更重要),所以我们需要对决定这些看法,并且进而决定政治家的战略协调与选民的工具性投票的机制加以关注。可以指出以下两个方面。

选民们的预期(以及由此决定的策略行为),使那些在开始时就进入选举进程的政治家相较于后来者有着更多的优势。也就是说,在一个空荡荡的选举舞台上,由于选民们无从(根据过往选举)了解谁是最好的候选人,又应该团结在谁周围击败最不受欢迎的政治家,所以策略性考虑几乎不会发生什么作用。相反,一旦某些政党成为主要的竞争者,选民马上就会约束自己的行为。主要政党则会根据过往的选举,坚持那些被认为有效的政策策略,同时反对新的虽然可能更受欢迎但未经检验的候选人,并以此维持它们与选民之间的联盟。

这种竞选优势来自某种被认可的标签、某个组织,以及某种赢得选举的声望,它会产生额外的而且很重要的影响。它使政党有能力和时间调整政策承诺,使特定的候选人能够适应选民及其偏好的变化,以保持他们在竞争舞台上强大的竞争力。简言之,尽早进入选举进程、同时利用选民的策略性考虑,这两者的结合使政党要尽可能长期地使用其传统标签,甚至在意识形态和社会发生巨大变化的时期也是如此。因此,尽管经历了几次战争,经济不再是传统的制造业,社会价值观也发生了实质性的变化,但在一个多世纪的时间里,民主党和共和党始终把美国选民一分为二。同样,在英国大约有80年的时间是由保守党和工党轮流执政。正是因为这些政党利用了选民的策略性联合,并且根据情况变化逐渐调整政策,所以它们一直系统地阻止了第三种政治力量进入选举舞台并发展壮大。

对政党制度稳定性的讨论使我们转向第二个方面,即导致既存政党制度崩溃的条件。初看起来,新的政党会在选举市场骤然变化的时候出现,这或者是因为大量新选民参加了投票(由于选举权规则的变化),或者是因为大部分选民的利益发生了变化(比如大量人口涌入城市或者战争导致了剧烈的政治重组)。但从总体上看,只有当部分选民放弃既存政党为了维持其领导地位而向他们许诺的"预期"的好处时,新的政党才有可能形成和发展。要使这种情况发生,新的政党需要有足够强大的组织力量,以动员它们的选民从旧的平衡(这种使他们为旧政党投票更有意义)转向新的平衡(以支持新的政党)。关于历史的部分会详细说明,欧洲社会主义政党的兴起,就是因为工会决定不再支持(左翼)自由主义政治家,而转向支持社会民主党候选人。

最后,由于选民投票给谁(以及政治家组建政党)的决定,受到那些把选票转变为议席的制度规则的强烈影响,所以为了了解政党制度的形成,我们还有必要考察有关选举的法律的性质和选择。在国际体系中,行为体(国家)不能选择对局规则。事实上,在无政府状态下,除去一些非正式情形,很少会出现合作。在市场上,企业只能部分地(如果有的话)决定竞争规则。相反,在代议民主制之下,是政治家制定了那些决定他们如何被选举出来的规则;而在制定这些规则的时候,他们会尽量使自己当选的机会最大化。这一简单的事实,迫使我们去探究人们选择这些对局规则的深层原因。换言之,如果我们对政治家维持(在一定时间内最容易出现的情况)或者改变法律现状(极少出现且带来重大影响的情况)的动机不予以关注的话,一种关于政党形成的理论就是不完全的。

四、历史解释

在这一部分,我将运用上面讨论过的分析要素,解释西欧形成政党制度的历史进程:从 19 世纪渐进的政治自由化开始,到 20 世纪前半期实现普选制为止。

4.1 初始条件

大多数国家在民主化进程的起点都有一种非常类似的政治代议制度,我们也许可以称之为前政党代议制。首先,他们的选民规模很小,这出于两个可能的原因。在绝大多数情况下,对选举资格的限制非常苛刻,即仅限于拥有财产的男性。当然存在着选举权比较开放的例外,但最终也只有很小一部分人能够投票。其次,代表选举一般是在单一代表的小选区内进行,而且实行简单多数制。最后,选举竞争高度分散。候选人很少(如果有的话)在全国范围内与其他政治家合作,他们仅仅针对地方性的问题、主要依靠各自选区内的个人关系和代理人竞选公职。在很多情况下,竞争这个概念本身就为人所不齿。在 19 世纪 30 年代的英国、50—60 年代的比利时和丹麦,三分之一的选区内候选人没有竞争者;90 年代的瑞士也有四分之一的选区属于这种情况。总而言之,当代的政治家作为地方和区域利益的代表,就如同全国议会中的外交使节。比如,在 17 世纪早期,英国议会通过的大多数法案都具有地方特性,都是对地方商业、许可状或者工程的授权或者管理(Cox 1987)。

4.2 国家职能的扩展和选民的增长

随着统一的现代国家的建设和选举权的逐步扩展,情况发生了巨大变化。

为应对主权国家之间不断强化的军事竞争,以及(国内外)产业经济的兴起,各国的中央政府不断扩大(或者试图扩大)其规模和政治上的影响力,它所作出的决定(以及用以执行这些决定的行政机构)在全国范围内产生了明显的分配效果。全国性的政治影响了广大民众(或者至少是他们中的精英分子)的生活和事业。不过直到这个时候,这种影响在大多数情况下仍然具有偶发性和间歇性,即主要因某些关键的、特定的历史性冲击而起,比如战争或者宗教迫害。但是,到 19 世纪中叶,中央政府的政策已经影响到每一个人的切身利益,它在全国范围内的管辖权不断扩展,因而造成了真正意义上全国范围内的赢家和输家。这反过来又促使议会中不同地域和不同代表之间为地方利益进行合作,以支持政府及其政策,或者以持续有效的方式对其加以反对。

除国家角色的增强,选举权的逐步扩展也推动了政党作为一种统一的国会和选举机制的兴起。更大的选区迫使政治家建立相应的机制以争取选票。为了与主要依靠个人选票的传统精英进行有效竞争,为动员天主教徒和社会主义者选民而在19世纪后半期出现的新的政党,不得不依靠更为广泛的组织,以收集会费,支持他们的候选人。

科克斯(Cox 1987)表明,英国议会政党的立法一致性在19世纪全面增长,并且在20世纪早期达到了很高水平。尽管这一时期其他国家议会的资料比较缺乏,但到19世纪的最后30年,大部分的国家都出现了若干组织严密的政党。在英国,格兰斯通于19世纪60年代把自由党改造成一个真正意义上的选举机器;在欧洲大陆,大众化的宗教政党则在19世纪70和80年代获得了令人瞩目的选举成果。这一切,都迫使议会中传统的自由派和保守派自我调整,并且最终转变为现代意义上的政党组织。

4.3　选民偏好:选举权与竞争空间

为了应对政治生活的国家化,政治家根据两个主要的因素联合成为永久性的国会(以及后来的选举性)政党。一是选举的竞争空间,即选民的经济与宗教偏好;二是选举动员的次序和模式。我在这一小节讨论第一个因素,并在下一小节讨论动员的时机问题。

两种主要的政治冲突影响了选举竞争空间结构。一方面,选民因国家对经济生活的管理而相互区分;另一方面,选民也会因国家在教育和创建统一的国民文化方面所应扮演的角色而彼此冲突。

经济。交通成本的持续下降(由于新的技术的发展),加上普遍的国际竞争(因法国革命战争而加剧),促使国家强化对其领土范围内经济生活的控制。这意味着打破传统的地方自治和合作、废除国内贸易壁垒、最终建立一个统一的国内市场。一旦国民经济空间得以形成,国家开始着手制定关税水平并提供公共服务,经济政策的制定就会成为社会中不同经济利益系统竞争的目标。①

经济利益对*最初*的政党选举联盟的影响,要经过19世纪上半叶通行于大多数国家的非常有限的选举权才能实现。由于只有财产所有者能够投票,因此不同收入等级

---

①　形成经济上的统一是当时政治的一个部分,并且影响了最终形成的政党制度的性质(比如瑞士)。不过,我假定经济统一的过程在我这里考察的政党联合进程之前已经基本完成(也就是说基本上外在于这一进程)。由于所有的国家都统一了它们的经济(没有做到这一点的国家最终归于失败且消失了,可以如此理解德国和意大利的统一),所以这一假定应该是合理的。

之间（针对再分配政策）的冲突，亦即上、中、下（工人）阶级之间的冲突，即便不能说完全没有，但也极少出现。政治竞争主要围绕城市生产者和乡村土地所有者之间不同的贸易利益展开。在某种意义上说，这与既有的地方或区域性利益代表相重合。由于农村和城市利益分别集中于不同的地理区域，所以政党之间的联合自然从相邻选区代表的聚合开始（下文将说明，选民人数的增加改变了选举空间结构，使其更主要以阶级为基础）。

民族宗教与民族文化的形成。由于受到法国大革命的观念、18世纪末19世纪初的战争，以及工业化需求的推动，国家开始着力塑造同一的公共文化，在很多时候，是塑造统一的民族，其主要手段，则是扩展平等的政治权利，以及控制和统一教育体系。这加剧了一场关于应该由国家还是非国家的教会（或是天主教会或是非国教的新教信仰）提供教育的政治冲突，而在少数情况下，也加剧了国家和某些少数民族的冲突。

城乡维度的冲突（很多时候与贸易问题相关）出现在几乎所有国家，而教育、宗教和地域性冲突只在某些国家爆发，这取决于各个国家政府与教会之间的关系。在只有一个国教会的国家没有出现宗教维度的冲突。由于国家控制了所有的行政管理和教育机构，所以不存在有组织的反抗。事实上也没有理由出现反抗，因为国家不可能因宗教原因而对公民区别对待（像那些除官方教会之外尚存在其他教会的国家那样）。

只有在那些除官方的、国家主导的教会之外还存在其他教会的国家，宗教才会成为政党竞争的核心问题。这种情况出现在像英国和荷兰那样的新教国家，也出现在天主教国家。在英国，宗教人士分为国教徒和非国教徒；在荷兰，存在好几个国教会（此外还有大量的天主教少数派）；在天主教国家，教会控制了几乎所有的教育结构。（这种解释很大程度上偏离了 Lipset and Rokkan 1967 年中提出的标准理论。他们对新教与天主教国家进行了区分。前者基本上不存在宗教意义上的选民分野；后者的特点则是宗教与非宗教的鲜明对立。他们解释的问题是，宗教冲突并不限于天主教国家，在一些新教国家同样存在①）

有限的选举权，几乎无法改变在宗教问题影响下结成选举联盟的方式。宗教差别存在于不同的收入阶层和经济部门中，也就是说，在很多情况下，宗教信仰和宗教联系与阶级和

---

① 李普塞特和罗甘实际上指出了挪威这个方面的问题，但他们用挪威原教旨主义的地域性和边缘性来解释这个例外。另外，他们的解释也无法说明英国和荷兰的情况。在英国，非国教派是19世纪中期自由党的支柱之一；而在荷兰，基督教历史联盟（CHU）和反革命党（ARP）就是两个新教政党。20世纪初，宗教冲突淡出了英国政治舞台，但由宗教冲突而导致的地域冲突时至今日依然相当激烈。在荷兰，宗教冲突一直到20世纪70年代才渐渐停息。

职业无关。在这种情况下,宗教和教育的差别仍将在选举和国会活动中发挥重要影响。①

4.4 动员的顺序:从冲突的维度到政党制度

两种最初的议会政党。在联合的初始阶段,也就是说,当大部分联合发生在议会和国会层面的时候(候选人仍然独自在选区内竞选),支持(或反对)全国性政府和通过全国性政策的需要,促使政治家聚合为两大议会(通常是比较松散的)政党,一般来说,就是保守主义者和自由主义者的党。②

在一维的选举空间中,这些政党一直保持稳定,虽然它们在议会内部的团结变得更为紧密,组织能力也日益强大。在少数情况下,一维空间是单一维度政治冲突的结果。19 世纪 80 年代的瑞典就属于这种情况,在那里基本上不存在宗教与教育问题,民众在文化上又具有高度的同质性。当现代议会取代了传统的四院制之后,19 世纪 70 年代农产品价格的下降引发了保护主义者和自由贸易主义者之间一场尖锐的冲突,双方都按地理位置集聚起来。虽然前者经历了一次短暂的分裂,但两股力量最终固化为自由主义和保守主义两大政党。一维的竞争也发生在拥有多个选举维度但彼此高度相关的国家,比如比利时。至少在 1893 年大致普及男性选举权之前,这个国家的乡村和城市选区基本上分别为天主教和反宗教政党所控制。

宗教问题与第三候选人的加入。那些经济和宗教问题在竞选舞台上都非常突出的国家,自由派和保守派的支配地位显然相对较弱,特别是当宗教问题被某个能够在任何时间动员起来反对任何候选人的组织网络加以利用的时候,情况就更是如此。这种动员,以及由此导致的两党制的崩溃,发生在 19 世纪中叶的德国、荷兰和瑞士,当时这些国家的天主教和新教政党进行了成功的竞选。但是其他所有国家的两党制,如英国,一直延续到 20 世纪初普选权最终实现(和社会主义的兴起)之时。③

---

① 不过,选举权的影响也并非总是微不足道。在几种情况下,选举权的结构会改变不同教派选票的比重。比如,由于大多数威尔士非国教徒在 1868 年选举改革之前没有选举权,自由党直到 19 世纪最后 30 年才控制了威尔士。类似地,比利时直到 1893 年都实行有限选举权,这让天主教政党在选举中始终处于劣势。对于自由党来说,这是一个众所周知的事实。随着天主教政党力量的增强,他们甚至更希望维持这一制度。

② 联盟的紧密程度取决于国家的制度结构(法兰西第三共和国的立法机关虽然建立在强有力的委员会基础上,但政党非常松散),以及竞选舞台上是否存在组织严密的竞争对手(这会促使竞争者们强化内部组织)。

③ 下文将会讨论,维度的数目并不能决定政党的数目。自李普塞特和罗甘的著作(Lipset and Rokkan 1967)发表之后,大量的文献持相反的观点。比如,塔杰帕拉和舒加(Taagapera and Shugart 1989)认为,政党数目等于维数减一。李普哈特持类似的立场,不过以维度是否彼此重合为条件。李普塞特和罗甘(Lipset and Rokkan 1967)提出了一种关于分化与利益的宽泛理论,但对于他们所考察的每一个国家来说,他们讨论的这些分化或群体被代表的方式都是非形式化的、特殊的。

　　自由派与保守派政党在选举中的稳定性(或者不稳定)的根源通常在于制度与组织。正如上文分析部分所讨论的,在19世纪被所有国家采用的简单多数制之下,选民完全没有理由抛弃像自由党那种一个现存的党,而支持一个他们更为喜欢的替代者,比如某个激进的候选人,除非他们确信,这么做的结果不会分裂左翼的多数,并使保守派的政治家获胜。在这一联盟对局中,自由党(和任何其他在各自选区占支配地位的政党)享有的选举优势不仅使它能够维持政权,而且能够相当成功地遏制内部分裂和抵御外部威胁。第三党只有以一个强有力的组织为依托,或者以某种类似的"前政党"的组织为依托,并且使其全体成员相信(在实行简单多数制的情况下),组织中其他所有人都会同时为新党投票时,才有可能作为一个真正意义上可以信任的替代者参与竞选,并且说服足够多数的选民同时抛弃旧政党。

　　在一些国家,自由派和保守派政治家很早就围绕宗教问题彼此冲突(也在不同的议会派别内相互联合),也就是说,教育和与教会相关的问题很早就进入主要的政党和选举联盟,而两党中的一党会寻求宗教组织网络的支持。这样,后者就不可能为第三党所利用(或者事实上没有利用的动机)。[①] 比利时就属于这种情况,自19世纪40年代以来,教育问题和宗教政策一直左右了这个国家所有的选举;在法国,从大革命开始(Tackett 1986)直到20世纪70年代,选民都围绕宗教问题分为两大阵营(Converse and Pierce 1986);德国的南部各州(德国统一前)也是如此。在所有这些国家,保守派的候选人(他们的后继者在比利时以天主教政党的形式出现)都依赖于密集的天主教组织和行动网络。相反的情况出现在英国。在那里,第一阶段的政党竞争(1832年第一次选举改革之后)源自19世纪40年代的贸易政策(以及后来的地域)分歧。但是到19世纪50年代晚期和60年代早期,在过去30年仅仅被偶然提及的宗教问题却又走上了选举政治的前台,原因是格莱斯通决定把非国教徒选民吸引和整合到自由党中来,以此击败托利党。这样,宗教问题的政治化并没有导致新政党的产生,而只是被纳入了既存的(且越来越组织严密的)两个议会政党之中。(当然,一旦政治家开始把选民中一个人数众多且诉求各异的部分作为争取对象,他们就不得不面对党内强大的选举和政治压力。以英国自由党为例,它从城市雇员和出口导向型企业中的技术工人、非国教徒和非教派人士那里获取支持。类似地,欧洲大陆的很多国家的天主教政党也把农村选民、城市中产阶级,以及数目庞大的工人阶级选民[特别是引入普选权之后]作为它们的力量基础。为此,政党领袖不得不通过滚木头[②]的立法形式协调派系矛盾,并且通过创造某

---

　　① 另外,一般来说不存在反映城乡对立的组织网络,并把选民们动员到这个维度上来。不过也有一些例外,比如在19世纪90年代后期的德国与20世纪的斯堪的纳维亚国家出现的农民党。

　　② "Logrolling legislation",指互投赞成票以达成妥协的方法。——译者

些补偿机制取悦不满的选民。这些政党的稳定性和凝聚力令人怀疑,所以它们时常面临实然的崩溃和议会重组,比如英国 1885 年发生的格莱斯通自由派和自由工联主义者的分裂,或是 1893 年至 1899 年,瑞典出现的温和的和激进的自由贸易者之间暂时的分裂。不过总的来说,这些政党还是保持了相当程度的选举连续性)

与之相反,在普鲁士(1870 年以前)和统一后的德国(1870 年以后),以及荷兰和瑞士,最初使自由派和保守派相互对立的因素都不复存在了。在这些国家,自由派从 19 世纪后半叶开始转向一种激烈的反宗教立场,而代表了创建这些国家(德国和瑞士是通过战争)的新教精英的保守派已经不再得到天主教选民的信任。在这种情况下,既存的宗教组织可以而且的确得以很容易地动员起来,以打破两党制的现状(Kalyvas 1996)。

*社会主义政党的进入。*19 世纪晚期和 20 世纪初期,随着社会主义政党的兴起,发达民主国家的政党制度出现了新一轮变革。这一变化是两个因素相互结合的结果:数量众多且不断变化的选民,以及工会对自由派当权者的反对力量提供支持的决定。

20 世纪初,普选权已经得到普及,选举空间也随之发生变化。19 世纪主导选举政治的城乡选区之间的对立被纳入一个更广泛的、由收入差异决定的空间。选举空间的这一变化为社会主义者,即反自由主义的左翼政党打开了机遇之门。如表 21.1 所示,只有在引入普选权或准普选权之后,比利时、英国和瑞典的社会主义政党才成为一支不可忽视的力量。

但这些条件本身并不充分。如果没有适当的组织工具,社会主义政党的候选人很难挫败自由派或进步派的当政者。正如在其他政治问题上一样,既存的简单多数选举法的确阻挠了第三方候选人的进入。在 19 世纪的法国、瑞士和美国,男性普选权并未导致议会中出现任何社会主义政党。在挪威,拥有选举权的男性比例从 1879 年的 21%增长到 1900 年的 90%,而在这一时期,自由派和保守派加在一起始终能获得 95%的选票。直到 20 世纪初,当历史上一直与自由派结盟的工会决定与之决裂之后,社会主义政党才真正成为传统政党制度的威胁。强大的社会民主主义政党在整个欧洲的兴起,都与工会不再支持自由派候选人有关。具体来说,德国在 19 世纪 70 年代初、比利时在 19 世纪 80 年代、挪威在 1899 年、英国在 1900 年、瑞典在 20 世纪初都出现了这种变化。相反,如果没有工会的支持,社会主义政党就只能惨淡经营。在英国劳工代表委员会成立之前,19 世纪 90 年代曾经有几位社会主义候选人在伦敦参加竞选,但都以惨败告终。美国社会主义党由于得不到工会的支持,在 20 世纪初的黄金时期也只能在全国范围内获得 3%到 6%的选票,因而在国会中几乎没有代表,并且最终在两次世界大战期间淡出政治舞台。类似地,尽管从 19 世纪中期开始,瑞士就实现了男性普选权,但在工会 1908 年脱离与激进自由主义候选人结成的联盟之前,瑞士社会主义党只能在工人中得到很少数量的选票。

表 21.1 社会主义政党和胜选记录

		男性选举权 没有或部分具有	普选权
工会转而支持社会主义政党	否	1900 年以前的英国	美国
		19 世纪 70 年代以前的比利时	[加拿大]
		1900 年以前的挪威	1900 年前的法国
		1900 年以前的瑞典	19 世纪 90 年代前的新南威尔士
			1900 年前的瑞士
	是	1900—1918 年的英国	澳大利亚
		19 世纪 70 年代—1893 年的比利时	1918 年后的英国
		1918 年前的意大利	1893 年后的比利时
		1899—1900 年的挪威	1905 年后的部分法国
		1900—1911 年的瑞典	1871 年后的德国
			1918 年后的意大利
			1900 年后的挪威
			1911 年后的瑞典
			20 世纪的瑞士

4.5 选举制度及其导致的政党制度

有关选举制度的学术文献表明,选举法的类型和政党制度的性质之间存在着高度的相关性(Duverger 1954;Taagepera and Shugart 1989;Cox 1997)。相对多数制与简单多数制经常导致两党制,比例代表制则倾向于产生多党制。

简单多数制——特别是相对多数制——由于两个方面的原因强化了两党制。如上所述,在一个选区里选出得票最多的人,会促使选民与最具竞争力的两个候选人结成策略性联盟,这种选举制也不会鼓励任何议员脱离他们自己的政党(即便面临重大的意见分歧)。另外,这种制度也使任何新的政治力量都很难吸引足够的选民,以成为既存政党的可替代选择。因此,得票(以及席位)最多的两个政党没有任何理由改变选举制度。除非一个强大的组织网络打破了既存的两党垄断,或者遭遇了历史性的政治危机,否则不可能出现大规模的联盟重组,现状也就不会改变,简单多数制和两党制就会无限期存在下去。

比例代表制也具有类似的自我维持倾向。由于这种制度降低了候选人当选的门槛,因而常常会导致政党制度高度碎片化。当然,一旦几个政党已经存在,其中任何一个都不会试图建立相对多数制,因为这种变化可能意味着它们在选举中的失败。因此,只有在极特殊的情况下,并且借助外在于传统政党制度的行为者,相对多数制才会转变为比例代表制。①

简单考察自代议制民主产生以来选举法的演变就可以发现,选举制度几乎不会随时间改变。在整个 19 世纪,西方一直实行相对多数制和两轮简单多数制。从 19 世纪晚期瑞士几个州的选举和 1899 年瑞士的选举开始,大部分国家在 20 世纪头 20 年采用了比例代表制。简单多数制只在英国及其殖民地、两次世界大战之间的法国、日本和西班牙保留下来。1920 年以后,对既存选举制度的改革又变得很少见了。②

20 世纪早期第一批民主国家选举制度的剧烈变化是社会主义快速兴起的结果。如果没有可靠的社会主义机制的快速出现,选举制度就不会改变。分享全国选票的两个主要的政党没有任何理由去改变能够维持它们的选举优势的规则。它们充其量只会改变他们的选举政纲,以应对选民不断变化的利益和潜在的第三党的挑战。在美国,共和党和民主党轻而易举地挫败 20 世纪初出现的社会主义政党(并使之无果而终),加拿大的自由党和保守党直到 20 世纪 30 年代仍然垄断了大部分选票。

与之相反,在那些工人和社会主义政党能够获得足够数量的选票的国家,简单多数制很快放大了它们的威胁。它使社会主义政党有可能使自己成为得票最多的两个政党之一,而传统政党中的一个则黯然退场。当然,社会主义的出现只是选举改革的必要条件,但不是充分条件。只要有一个传统政党在非社会主义阵营中保留了主导地位(并因此吸引了所有非社会主义的选民),比例代表制就不会被引入。英国就属于这种情况。第一次世界大战后,自由党一分为二,保守党作为阻挠社会主义最安全的选择,最终吸纳了反工党的自由党人。到 20 世纪 20 年代中叶,自由党的边缘化已经非常明显,而无论工党还是托利党都不再抱有弃除相对多数制的念头。另外,在非社会主义政党联合为统一的政治组织的国家,比例代表制也未能出现,澳大利亚就是这样,该国的自由贸易主义者和贸易保护主义者在 20 世纪中叶结成了反社会主义党。

在社会主义政党比较强大且没有一个非社会主义政党能够凝聚非社会主义的选民

---

①　1958 年和 20 世纪 90 年代法国和意大利的选举改革就属于这种情况。

②　从相对多数制到比例代表制,或者相反的变化只是在第二次世界大战之后,以及 20 世纪 90 年代早期出现过,而且极为罕见(是意大利和日本政党制度崩溃的结果)。法国和希腊是仅有的两个选举制度在 20 世纪经历了大规模变化的国家。

以击败社会主义的国家,比例代表制取代了旧的选举制度。这种情况的发生,或者是因为非社会主义政党的得票过于接近,以至选民无从判断其中哪一个更具选举优势;或者是因为它们在比如贸易或宗教问题上的政治分歧过于严重,以至不可能出现工具性投票。

参考文献

ALDRICH, J. H. 1995. *Why Parties? The Origin and Transformation of Party Politics in America.* Chicago: University of Chicago Press.

Boix, C. 2006a. Between protectionism and compensation: the political economy of trade. In *Globalization and Egalitarian Redistribution*, ed. P. Bardhan, S. Bowles, and M. Wallerstein. Princeton: Princeton University and Russell Sage Foundation.

——2006 b. The birth of party democracy: the formation of party systems in advanced democracies. Unpublished MS.

CARAMANI, D. 2004. *The Nationalization of Politics: The Formation of National Electorates and Party Systems in Western Europe.* Cambridge: Cambridge University Press.

CHHIBBER, P., and KOLLMAN, K. 2004. *The Formation of National Party Systems: Federalism and Party Competition in Canada, Great Britain, India, and the United States.* Princeton: Princeton University Press.

CONVERSE, P. E., and PIERCE, R. 1986. *Political Representation in France.* Cambridge, Mass.: Harvard University Press.

Cox, G. W. 1987. *The Efficient Secret: The Cabinet and the Development of Political Parties in Victorian England.* New York: Cambridge University Press.

——1997. *Making Votes Count: Strategic Coordination in the World's Electoral Systems.* New York: Cambridge University Press.

——and M C C U B B I N S, M. D. 1993. *Legislative Leviathan: Party Government in the House.* Berkeley and Los Angeles: University of California Press.

DUVERGER, M. 1954. *Political Parties.* New York: Wiley.

KALYVAS, S. 1996. *The Rise of Christian Democracy in Europe.* Ithaca, NY: Cornell University Press.

KATZENSTEIN, P. 1985. *Small States in World Markets: Industrial Policy in Europe.* Ithaca, NY: Cornell University Press.

KITSCHELT, H., MANSFELDOVA, Z., MARKOWSKI, R., and TORA, G. eds. 1999. *Post-Communist Party Systems: Competition, Representation, and Inter-party Cooperation.* Cambridge: Cambridge University Press.

KNIGHT, J. 1992. *Institutions and Social Conflict.* Cambridge: Cambridge University Press.

LAPALOMBARA, J., and WEINER, M. eds. 1966. *Political Parties and Political Development.* Princeton:

Princeton University Press.

LIIPHART, A.1977.*Democracy in Plural Societies*.New Haven：Yale University Press.

LIPSET, S.M., and ROKKAN, S.1967.*Party Systems and Voter Alignments*.New York：Free Press.

PANEBIANCO, A. 1988. *Political Parties：Organization and Power*. Cambridge：Cambridge University Press.

PRZEWORSKI, A., and SPRAGUE, J.1986.*Paper Stones：A History of Electoral Socialism*.Chicago：University of Chicago Press.

PUTNAM, R.1993.*Making Democracy Work*.Princeton：Princeton University Press.

RIKER, W.H.1986.*The Art of Political Manipulation*.New Haven：Yale University Press.

ROGOWSKI, R.1987.Trade and the variety of democratic institutions.*International Organization*, 41：203-24.

SARTORI, G.1968.Political development and political engineering.In *Public Policy*, ed.J.D.Montgomery and A.O.Hirschman.Cambridge：Cambridge University Press.

——1976.*Parties and Party Systems：A Framework for Analysis*.Cambridge：Cambridge University Press.

SHUGART, M.S., and CAREY, J.1992.*Presidents and Assemblies：Constitutional Design and Electoral Dynamics*.New York：Cambridge University Press.

STOKES, S.2005.Perverse accountability：a formal model of machine politics with evidence from Argentina.*American Political Science Review*, 99(3)：315-25.

TAAGAPERA, R., and SHUGART, M.S.1989.*Seats and Votes：The Effects and Determinants of Electoral Systems*.New Haven：Yale University Press.

TACKETT, T.1986.*Religion, Revolution, and Regional Culture in Eighteenth-Century France：The Ecclesiastical Oath of 1791*.Princeton：Princeton University Press.

第二十二章　政党制度

赫伯特·基切尔特(Herbert Kitschelt)

　　尽管政党制度的概念在政治学文献中无所不在,但它却从未得到系统界定——如果我们主要参照格林斯坦和波尔斯比(Greenstein and Polsby 1975),以及戈定和克林格曼(Goodin and Klingemann 1966)编著的手册的话(参见 Epstein 1975;Pappi 1996)。同样,美国政治科学协会出版的《政治科学:学科状况》的各个版本(*Political Science:The State of the Discipline* 1983,1993,2002),也仅仅是在个人政治行为以及偏好形成这些微观政治的层面讨论政党问题,对政党制度则几乎只字不提。在最近的一版中,也仅有菲奥瑞纳关于美国政党的文章(Fiorina 2002)对政党制度略有提及。

　　这可能是因为政党制度这一主题太过复杂和多样,以至那些主要的政治学手册没有办法对其进行简单统一的处理。这个研究领域的实际情况是,人们或者用一整本手册介绍对政党和政党制度的研究(参见 Katz and Crotty 2006);或者 20 世纪五六十年代对政党制度类型的划分"既多且乱"(Sartori 1976,119 页),甚至萨托利自己也未能解决这个问题;或者至少是美国的比较政治学把自己的注意力决定性地转向了比较政治经济学、政治体制变革和族群文化认同的政治,并因此忽视了对政党和政党制度的研究。① 尽管如此,在政治经济和公共政策领域,政党制度仍然扮演着一个关键性的角色。在关于政治经济、公共政策和民主体制延续性等问题的研究中,各种重要利益的联合,以及代表这些利益的政党制度的竞争性都是十分重要的变量。

　　在本章中,我首先将采用沃尔兹把国际社会区别于国家的方法(Waltz 1954,1979),从概念上澄清政党制度与政党的区别(第一部分)。然后,我将明确政党制度的

---

　　① 绝非偶然的是,这正是拉定(Laitin 2002)在其对比较政治学领域的评论中列出的三个主要的研究路途。

系统性特征,并在此基础上对竞争进行静态比较分析(第二部分)。最后,我要对政党制度竞争机制的历史演变进行探索(第三部分)。在这里,比较历史分析将超越对政党制度和竞争的形式研究发挥独特的作用。政党制度作为独立变量,会影响民主政治的输出和结果,但对此我将不予讨论,因为本手册的其他章节会涉及这方面的问题。

一、政党制度的概念

沃尔兹(Waltz 1954)曾区分了国际政治的三个分析层次或是分析图式。第一个层次与人的行为、决策者和社会成员个人的动机与行为有关;第二个层次集中关注国家组织内部的群体决定过程,因为是它们形成了关于外交政策的、有约束力的集体决定。第三个层次把国家战略作为一种系统特征的产物加以考察,而系统则被视为一系列互相作用的单元(Waltz 1979,40页)。在系统中,每一个成员的行为都受到其他所有成员行为的影响。系统理论因此必须"表明系统层次或者结构,与互动的单元层次之间的区别"(ibid.)。用博弈论的话来说,系统特征与行为体的资源、偏好结构、可能的行动一同决定了对局的框架,并对其他对局者的行动产生积极或消极的外部影响。如果偏好是固定的、外生的,那么系统均衡就完全取决于系统性特性,包括参与人数、行为规则,以及行为者的资源分配等。正如在经济生活中,与拥有更多卖家和买家的竞争性市场相比,霸权或垄断格局形态更易于促使行为者围绕不同的均衡点(相对价格、体系中的战争与和平的状态)相互协调。

政党制度理论同样要明确行为者的人数、他们之间的资源与能力分布,以及被允许的行动规则,以对系统行为进行某些不受个体因素内在差异影响的预测。系统均衡涉及持续参与者的人数、他们所获得的回报,以及他们之间或联合或冲突的关系。这些因素进而影响到政府行政机构的建立与维持、稀缺资源的提供及向选民的分配,以及更一般地说民主制度的续存或者崩溃。当然,即便这些系统层面的结论都是正确的,它们还需要根据对各政党内部行为的认识加以进一步的限定和具体化,因为这些行为决定了单纯的系统分析的界限。

索劳夫(Sorauf 1964)对"选民中的政党"(个人行为及取向)、"作为组织的政党"(组织起来的政治体),以及"政党制度"的区分表明,国际关系理论中的"三种图式"在比较政党制度理论中至少发挥着一种潜在的作用。政党制度理论一直受到一种特殊的简约主义的影响。一方面是个体行为者(公民、政治家)独特性的网络,另一方面是党内决策结构,那么政党制度的结构和运作方式是否会影响政治过程的输入和输出呢?

让我们首先勾勒第一个和第二个图式假设,因为这是任何有关第三个图式(系统性)的特征与过程的有益假设的基础。正如国际体系假定第一和第二层图式存在着历史性的不同(参见 Ruggie 1989；Spruyt 1994)，政党的"系统性"或者"系统进程"也只有在某些低层次的条件得到满足的特定情况下才会显现出来。

关于个体行为者(公民和政治家)的第一层图示的假设。政党之间的系统性策略互动假定，至少部分选民会通过政党或者候选人为自己提供的好处在他们之间进行对比。如果所有选民都拒绝投票，或者随意投票，或者基于一成不变的团体忠诚而非委托者或者潜在的代理人偏好的相对组合投票，那么系统过程就不会出现。卢比亚和麦克卡宾(Lupia and McCubbins 1998)，以及艾里克森、麦克库恩和史汀森(Erickson, MacKuen, and Stimson 2002)都认为，至少有一部分选民必须是"理性的守财奴"，他们的策略选择(投票与否，是否支持特定的选举人和政党)取决于其他选民或者当选候选人的行为，后者作为他们的代理人，在立法和行政机构中为他们提供服务。

同样，候选代理人("政治家")在选举组织中也必须采取策略性行动，也就是说，在选择他们自己的行动方式时，考虑到至少部分委托人(选民)与竞争中的候选人的偏好和策略选择。正如国家在国际关系中追求的目标是生存一样，政治家则把当选(连任)公职(最好是行政职位，次之是立法职位)作为他们目标的底线，尽管除此之外他们的追求可能各不相同(个人利益、荣誉、政策，或其选民的特殊利益)。至于这些类高层次的目标具体是什么、他们又是如何对其加以追求，则取决于由对局规则决定的竞争局势、竞争者的立场，以及选民的需求。正是这些限制，使政治家在某些时候不可能成为毫无原则的、仅仅追求自身利益最大化的掠夺者。① 在某些情况下，对行政职务的追求可能预设了政治家会可信地服务于能够产生公共政策的集体利益。

选举民主中的系统过程假定存在某种选举市场，其中委托人与代理人的选择互为条件。供需之间必须存在某种弹性。如果这些条件实际上不能得到满足，则系统性政党理论就无效。比如，在极度贫困的国家，委托人可能缺乏物质和认知条件在选举市场上进行预测；或者在族群高度分化的国家，他们可能会忠诚于某一特定的政治代理人("党派认同")，从而阻止了任何系统过程。

关于政党制度(集体代理人)之下选民团体的第二层图式的假设。在实行普选权的大众民主国家，委托人与代理人只有通过中介机制的协调作用，才有可能在选举市场上有效行动。这些中介机制有助于克服集体行动的问题，促进选举市场上的信息流动，简化委托人与代理人据以直接或者间接互动的服务选项。作为政党制度的构成要素，政党可以部分或者完全提供此类服务(Aldrich 1995)。在此，政党可以从类别的意义

---

① 关于政党和政治家偏好选择的系统条件，可参见 Strom(1990a)。

上,被理解为一系列正在提取资源的政治家,而不必是法律和制度意义上把各政党区别开来的标签。需加以协调的,可能是同一政党内部的不同派别,也可能是不同政党构成的联盟(Morgenstern 2004)。为简化起见,下文中把政党视为有效的集体行为者,而不必是某种法律标签。

政党可以通过降低作出选举选择之前选民收集和候选人传递信息的成本,以克服集体行动的问题;它们也可以通过把具有不同个人偏好的政治家联合起来追求某些单一的集体目标("政党纲领")①,以减少立法和行政机构中因多数决定的不稳定性和拖延而导致的"社会选择"问题。当然,可能也存在其他传达和聚合利益的集体动员机制,如社会运动和利益集团等,但是,在选举过程中没有类别意义上的政党作为集体行为者协调系统的民主国家,只是极为罕见的例外,比如巴布亚新几内亚;在光谱的另一端,大部分的政党都具有一定的稳定性,并且有能力一再协调选民和政治家的行动,这就是制度化的政党体系(Huntington 1968,第 7 章;Mainwaring and Scully 1995),这类似于萨托利(Sartori 1968,288—297 页;1986,55—56 页)所说的"结构化的"政党制度和梅尔(Mair 1997,213—214 页)所谓的通过"封闭"而形成的"系统性",即通过一段时间后形成的对互动的实体单元(政党)的认同。

二、不同的政党制度

政党制度理论目的在于预测竞争者的策略,以及这些策略最佳的均衡。这一理论的关键要素,是竞争者的数量以及它们为争取选民而使用的"选举货币",即政治家为获取支持而承诺的政策议题或者议题的集合。政党制度理论一般假定在选民和政治家之间存在某种间接交易。公民在选举周期开始的时候投票,是为了换取当选的政治家在选举周期内兑现他们竞选时作出的承诺。民主回应制之所以间接运行,是因为(一)在选举和政策提供之间存在时间差;(二)政策的收益和成本涉及所有选民,无论他们是否支持胜选者;(三)选民在选举周期结束时以回溯的方式表达他们对当政者(以及反对派)记录的评判,并在对政治家为下一个选举周期作出的承诺进行前瞻性判断时考虑这种评价。

不过,这种基于政策的"责任政党"模式,只是一系列更广泛的民主回应制中,关于委托人—代理人关系的一种特例。在转而讨论政党竞争一般模式的关键因素,即竞争

① 关于政党形成的理论,特别参见 Aldrich(1995),Cox and McCubbins(1993,第 4、5 章),以及 Snyder and Ting(2003)。至于它们是否如阿德里奇(Aldrich 1995)所言,真的解决了集体行动和社会选择的问题,则要视条件而定(见下文)。

者的数量和竞争维度的数量之前,我们应根据不同的委托人—代理人交易形式,区分民主回应制的不同类型(2.1 小节)。然而,批评者就此认为,责任政党模式关注的只是一种十分狭隘的竞争"通货"即政策立场,而不是广义的有价值之物(2.2 小节)。在立场议题竞争的特殊位置得到澄清之后,我们就可以转向参与者数量和政策议题维度的问题,这是政党体制的结构性特征(2.3 和 2.4 小节)。最后,对于所有的政党体制,我们可以对其竞争强度或者"竞争性"作出大小不同的区分(2.5 小节)。

2.1 民主回应制的不同模式

选民为何支持某些政党、政治家又如何通过算计获得选民的支持? 政党体制理论关注的是理性权量的机制,而非心理上的情感归属,比如党派的认同、选民对候选人客观特性的认同(如性别或族裔),或者候选人令人激奋的特性("魅力")。基于此类标准的支持会成为候选人累积的政策记录或者政策承诺的反映,菲奥瑞纳(Fiorina 1977, 1997)则非常贴切地把政党认同称为政党过往记录的"账簿"。当然,政党竞争理论包含对这些因素的分析。

在回应的理性模式中,应区分选民(委托人)和政治家(作为他们的代理人)之间直接的和间接的交易。在间接的政策交易中,民众根据责任政党模型投票。之所以把这种交易视为间接的,是因为从委托人投票到代理人采取权威性行动之间,存在一个相当长的时间间隔,而且代理人的行动把收益成本分摊给各种抽象的选民群体的成员,而不论这些群体中的成员个人是否真的为决策者投了赞成票。也就是说,政治家对于他们的支持者在社会中的分布,可能只有一种大概的意识,他们无法精确了解,也无法监控或者制裁选民。与这种间接的"政策"交易相反,在直接的、目标明确的、"裙带式的"交易中,选民个人或者他们构成的小团体为他们的选票获得直接收益,或者由于为失败者提供了支持而受到直接损失。这种交易涉及的"通货"包括礼物或金钱、公共部门的职位、公共住房、社会政策转移的特权、更有利的管理规定,以及使企业雇用曾支持过获胜政党或者候选人的工人的采购合同等。① 裙带政治总是包含了某种直接或者间接的机制,使政治家能够监控甚至制裁小群体的选举行为。

有很多理论试图说明裙带式交易关系在政党竞争中的相对重要性(参见 Scott 1969;Schmidt 1997;Shefter 1994;Kitschelt 2000;Piattoni 2001;Keefer 2005;Kitschelt and Wilkinson 2006)。物质生活的渐趋丰裕和贫困的逐步消除,可能会减弱裙带因素在选

---

① 裙带关系总是涉及选票与物质利益之间的交换,而不仅仅是富有的选民为政党提供金钱以换取经济上的好处。当然,这种物质上的支持可以使政治家很容易地建立裙带关系。

民中的相对价值,并且提高他们对于在以政治方式提供公共品等方面此类活动的机会成本的敏感性。发展网络,即因国有的、国家补助的,或者国家调节的企业乃至整个经济部门的经济机会而形成的裙带关系。① 在国家提供的"软性预算"羽翼之下运行的经济行为体更容易接受各种出于人情的任命,因而也更容易接受裙带关系;而一个社会如果被受到动员,又在选举方面垂直区别开来的族群—文化团体所分裂,则裙带关系会更加显著(参见 Horowitz 1985;Chandra 2004;Wilkinson 2004)。而且,所有这些因素都会与政党体制的竞争性相互作用(见后文)。更为激烈的竞争,会鼓励政治家付出更多的努力,以经营关系网和/或者纲领性的政策竞争。

至于选举和行政制度是否影响了政党体制中裙带式与纲领式竞争的平衡,则尚无定论。要求候选人公开与其进行直接交易的、数目受到严格限制的选举人的选举规则,可能会减少裙带式的交易(参见 Katz 1980;Ames 2001)。但也很容易观察到,在实行封闭名单比例代表制的国家,很多政党都受裙带关系的影响,如 1999 年为止的委内瑞拉和澳大利亚;而在实行开放名单选举制的国家,也存在很多纲领性的政党(参见 Samuels 2004)。

2.2 价值与立场竞争

对传统政党竞争理论的批评,引入了另一种可能与民主回应制有关、且较为有用的对价值与立场,或者说政党选择的区分(Stokes 1963)。由于偏好稀少而重要的物品的人并不多,大多数人更需要的只是一种物品(如诚实的政治家、对经济的有效管理等)。因此,各政党也就不就是否提供某种物品选择立场,而是在如何更可信、更好、更充分地提供这种物品方面相互竞争。每个政党都声称拥有"更具吸引力"的候选人和技术顾问,证明自己更有能力提供公共品(如促进经济稳定和增长、保护环境、防止恐怖主义),并且/或者为所有提出要求的人分配更丰裕的相关利益。

相反,立场竞争假定,对于政党提供的物品与服务的业绩,选民的偏好分布相当宽泛。政党因此可能会在同一个维度上针对不同的选民作出不同的承诺(见 2.3 小节)。立场选择通常与政策议题相关。不过对立场理论的批评认为,就选民而言,大多数时候价值问题会压倒立场问题。比如,回溯性的经济投票关注的是人们所感受到的某党政治家的"能力",这又关系到他们是否有好的经济表现,像降低了通货膨胀和推动了经济增长等。另外,价值竞争领域内也存在非政策模式的委托—代理关系。在裙带政治

---

① 此句原文为"Development,clientelism hinges upon the economic viability of state-owned,state-subsidized,or state-regulated firms and entire sectors."疑有错漏。——译者

中,政党竞争选票的方式是把自己装扮成那些最丰裕的、最可靠的、最便利的利益的提供者;而带有候选人人格魅力的竞争则会转向那些被广为称道的品质,如领导力、同情心,或者青春活力等。

尽管如此,在民主回应制的类型与政党竞争中价值或者立场选择的优先性之间,并不存在一一对应的关系。就候选人的素质而言,虽然没有选举人会喜欢无能的政治家,但与当机立断和雷厉风行相比,一些人会更注重政治领导素质中同情心和深思熟虑的一面。类似地,在竞争公职的候选人族群—文化背景各不相同的选区,对选民的代表问题(通过候选人的性别或者民族)就可能成为一种"立场"策略。另外,裙带式交易也可能会以立场竞争的方式展开。在选民高度分化的选举环境下,某些政党可能会采取裙带主义的做法,并且暗示由此而来的腐败会得到宽宥,而其他政党则会采取相反的立场。

然而最重要的是,人们可以直接反对斯托克斯的观点(Stokes 1963),并且断定立场而非价值至少潜在地构成了大多数政策议题诉求的基础。虽然政治生活中很多终极目标可能具有价值的形式,但政治本身就是对达至这些目标的手段进行选择,因此,由于认知与评价的分歧,人们完全可以坚守立场竞争的视角。社会生活中因果关系复杂多变,因此对于达致某一目标的政策手段的实效,人们的评价就会各不相同;对于政策手段导致的分配效应,人们也会争论不休。政治家可能会使用一些价值符号(如打击犯罪,减少通货膨胀,创造工作机会)推销某种分配方案。对于政治家来说,这是语言权术的一部分(Riker 1986),可以用来掩盖他们自己的价值诉求导致的分配效应,同时彰显对手的价值议题框架。意识到价值竞争对政党的限制非常重要,因为各类政党目标

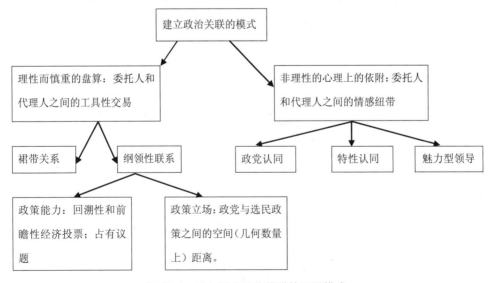

图 22.1　民主制中政治关联的不同模式

的宣示,作为政党最完备、最系统的纲领诉求的体现,至少最初是建立在政党竞争中价值问题的优先性的基础之上(参见 Budge,Robertson,and Hearl 1987;Budge 2001)。

图 22.1 总结了回应机制与价值或立场竞争优先性之间的关系。从经验上看,存在以下可验证的规律。在大多数情况下,政治候选人的诉求表现为价值竞争而鲜有立场竞争。裙带式的回应大多数情况下表现为政党之间的价值竞争(谁能够提供最多的利益且最可靠?反过来说,在拒绝裙带关系的诱惑方面谁最"清廉"?)。在经济高度分化、收入差距悬殊的选区,由于裙带关系会得到一些政党的支持和另一些政党的反对,所以某些时候它会体现为立场竞争。

2.3　数量特性:碎片化、有效数量和变动

长期以来,政党体制被区分为两党制与多党制(参见 Duverger 1954;Downs 1957),但这种区分最终让位于更具体的数量标准(Mair 1997,200—206 页),最有名的可能是萨托利(Sartori 1976)基于是否存在"反体制"的掠夺性政党,对温和的和极化的多党制的区分。不过,从 20 世纪 70 年代起,由于出现了政党体制规模更为精确的、以变量为基础的测量方法,政党体制的类型学已经不再是人们关注的焦点。这种新的方法具体说就是对政党体制碎片化程度的测量(Rae 1967),或者由拉卡索和塔杰帕拉(Laakso and Taagepera 1979)提出的其数学化表达,即"有效政党数",这个数值的计算可以根据选民对政党的支持(ENVP),也可以根据国会中政党的规模(ENPP)。这一方法,以及后来以数学方式对这种测量的扩展(Molinar 1991),其核心思想是把政治体中政党数量和规模的分布结合在一个单一的碎片化系数中,它反映的是政治体中政党与规模加权的情况。碎片化测量仅仅根据政党标签计算其数量,但只有把政党视为单一的集体行为者时,这种方法才有意义(参见 Morgenstern 2004)。

同样的方法也适用于一种广泛使用的、从时间维度测量政党体制的结构性参数,即政党体制的变动。变动指数总结同一政党在两次相继的选举中支持率的变化(最大取值为 100,一般会除以 2。参见 Pedersen 1983)。几乎不言自明的是,碎片化与变动之间紧密相关。但是,如果几个政党在立法和选举活动中紧密合作,形成某种集团,而变动指数又仅以政党为基础,不能反映集团内部的情况,因此有可能严重高估政党体制的变动程度(参见 Bartolini and Mair 1990)。对变动本身进行有差别的概念化,并以此说明时间进程中政党体制的稳定性与连续性,则有可能得出重要的成果。

2.4　基于政策的纲领性政党制度:社会与政治的分化、断层及竞争维度

除行为者的数量之外,纲领性政党体制的空间—立场理论也会考虑政党竞争的维

度的数量,经验性比较研究通常称之为"断层"。由于这一领域使用的术语常常发生变化,所以首先必须澄清概念之间的差异。每一个社会,都会因为不同的社会、政治、经济和文化集团利益,以及剥夺感而产生不同的分野。如果这类在特征、归属,及观念方面的分化具有持久性,特别是彼此互相强化(Bartolini and Mair 1990),我们就称之为*断层*(Rae and Taylor 1970)。断层区别于一般意义上的"分化",后者仅仅与某个单一的决定(以欧洲的情况为例,应该在道路的左侧还是右侧通行?)相关,其导致的集团分化更容易发生改变。断层一般具有*拘禁和封闭*的特点。由于个人不仅要面临进入或者退出某个社会政治集团时成本高昂的门槛,而且还有作为成员必须接受的回报或者剥夺,因此他们也就倾向于在这个集团中组织起来,以获取或者维护特定的经济、政治或者文化资源,还有权利与特权。

此类分化中,只有很少一部分转化为以改变现状为目标的行动,更不用说以政党政治这种极为特殊且具有挑战性的方式进行了。当不同党派体现了社会分化不同侧面的时候,政党分化才会出现。从统计学意义上说,这种以政党形式体现出来的分化可以通过因子和判别分析,也可以通过回归分析的技术手段加以识别;如果把政党选择作为自变量,则多变量对数模型更为有效。如果几种相互强化的社会分化由同一些政党加以体现的话,那么由政党体制反映的社会分化的数目可能比政党分化的数目更大。因此,如果所有工人阶级的选民都不信宗教,而所有非工人阶级的选民都信仰宗教,那么即使政党把两方面的问题都反映到政党体制中,也不会出现宗教和阶级方面的政党政治分化。相反,如果社会分化导致的群体成员身份相互交错,并且通过政党体现出来,那么就可能产生多重的政党分化。

从谋求公职的策略型政治家的观点来看,决定赢得竞选的策略动机的并非社会甚至党派分化,而仅仅是政党体制中最小限度的竞争分化或者"竞争维度"。正是因为这些分化的存在,选民才有可能依据各政党对其相互竞争的诉求与承诺的调整,在党派选择方面表现出某种弹性。与之相对,很多政治分化所涉及的不过是政治认同,而非政治竞争(参见 Sani and Sartori 1983)。在这种情况下,选民作为群体成员的身份决定了他们的党派倾向,但是,如果竞争中的政党可以在给定的政治维度上改变它们的诉求,那么就不会存在选民们可以改变他们的政党选择的开放性的选举市场。在同一个竞争维度上,相当一部分理性的选民会对政党诉求的变化作出回应。这种弹性难以测量,这可能需要一种面板数据模型。可以大致反映一个维度上竞争状态变化的,是相关问题对选民和政党来说的重要性。

表 22.1 总结了前文介绍的术语及其运用。通过一个例子也许能够说明,这些区分对于推断未来的历史发展(2.4 节)会有所帮助。在比利时,直到 20 世纪 50 年代,都存

在着两种相互交叉而又同样具有竞争力的政党分化。一种是以社会阶级为基础的分化,以工人阶级的社会主义者为一个极端,与中间跨阶级的基督教民主主义者和另一个极端的商业自由主义者相对立;另一种是以宗教为基础的分化,它使世俗的社会主义—自由主义阵营与天主教基督教民主阵营分隔开来。随着时间的推移,基于宗教的分化逐渐失去竞争力,并演变成单纯的政党认同上的区别。自 20 世纪 50 年代开始,作为一种平行的运动,语言和地域问题上的族群—文化区分开始登上政党竞争的舞台,且在弗兰德斯比瓦隆尼亚更为明显。这一区分虽然长期存在,却以前从未在政治上引起关注。到 20 世纪 90 年代,一种经过重组的社会经济分配方面的分化、族群—语言方面的分化,以及政治治理问题自由至上主义者与威权主义者之间的分化,都走上了比利时政党竞争的前台,特别是在弗兰德斯。与此同时,原来基于社会经济差别的工人阶级和有产阶级之间的区分,以及宗教性的区分,都不仅失去了形成政党参与竞争的能力,甚至也失去了维持政党认同的能力。

政党数目是否反映了政党体制中的断层数(Taagepera and Grofman 1985;Lijphart 1999,81—83 页)?虽然社会分化的增加有可能导致政党分化的增加,并进而导致竞争维度的增加,但这还不是一个十分确定的结论。由于现有研究尚未在政治分化和竞争维度的概念化方面予以充分关注,所以政治体制中政党数目与立场分化之间的关系,在理论上还存在疑问,而在经验上也未经验证。

表 22.1　民主政党竞争中议题观点的组织

分化在政党体制的组织中是否具有核心地位?	议题分化是否具有持久性?	
	较低:"分化"	较高:"断层"
较低:社会层面的意识形态分化	社会和"意识形态"分化	社会和"意识形态"断层
中间:政治层面上的政党分化	政党分化(短暂)	政党断层
较高:竞争维度	完全的分化(短暂)	真正意义上的断层

在很多情况下,但上述比利时的例子除外,政党会把选举竞争的实际维度减少到一两个。对于政党竞争维度减少的原因,研究文献提供了一些解释,但未必完全。在所有情况下,一个基本假设是,政党不可能随便挑选议题而不对重要议题表明立场,除非它们规模极小且无关紧要。这一假定的原因是,政党的政治家是从不同地区选举出来的,他们将在立法机构中针对一系列不确定且不受限制的议题代表选民的立场,而对于立法日程,他们仅有十分有限的控制能力,比如,对国家预算案的投票就会涉及不计其

数的议题。

首先,进入性的制度壁垒有利于两党制,而现有政党中的政治家也会有强烈的动机阻止因交叉议题产生的党内分化,以免在现有分化的基础上针对新的重要议题产生不同的立场(Stimson 2005)。其次,政治家和公众针对不同政治选择进行信息处理的一般性认知局限,使那些能够在较低的意识形态维度表达其立场的政党处于相对有利的位置(参见 Downs 1957;Hinich and Munger 1994;Lupia and McCubbins 1998)。最后,社会结构的演进和政策(比如福利国家的发展)对社会偏好分布的影响,可能会围绕非常低维度的空间形成一系列政治偏好(Kitschelt 1994)。所有这些假定都不认为存在某种逻辑上具有必然性的约束,使特定的议题立场相互聚合。

2.5 政党体制的竞争性

如果(一)选举结果极为不确定,并且(二)有不确定的事情发生,比如政党选举支持的微小变化导致了立法机构中代表数的巨大变化,并且/或者导致了政党在行政任命、相互支持,以及政策形成方面更大的讨价还价的权力,则政党体制会在变得更具"竞争性"的交涉中转化为巨大的差异。竞争性越强,政治家就会为动员支持付出更大的努力,而选民也会对政治(竞选捐款、结果和信息处理)予以更多的关注。

在两党制之下,竞争性通常以两位候选人竞选中支持度的接近程度,或者预期的胜选差距衡量。不过,这种方法的普遍性不足,也未能考虑选举竞争中双方的"努力程度"。如果各方作出的承诺本质上没有区别,那么选民和候选人还会尽其全力吗?

如果以下五个条件得到满足,则政党体制的竞争就会很强(见图 22.2)。[1] (一)对策略性政治家来说,稍稍增加的支持率会转化为关于立法机关中的多数(联盟)和行政官员任命的谈判力量的巨大增长。实行单一选区多数制的"多数决"民主制倾向于产生由单一政党多数构成的政府,至少在议会主义之下,并且缺乏制度外否决点时会如此。这就为立法和行政机构内部联盟的形成给予了更多的制度性便利(参见 Lijphart 1999;Powell 2000;Tsebelis 2002)。(二)出现两个以上的有效竞争对手时,如果政治家能够围绕为政治权力展开竞争的*可识别的*政党或者政党联盟协同行动,就能够保住他们的竞争力。[2] 从选民的角度看,偏好的分布应该让所有的行为者都认为结果(三)非常接近(两个政党联盟之间的胜选差额很小),而且(四)是开放的,即存在一个具有相当规模的选举市场,选民能够在候选人之间自由选择,并且能够对他们的诉求的细微变

---

[1] 选举的竞争性,也被称为"行政的责任性",相关讨论见 Franklin(2004,112—114 页)。

[2] 关于可识别性及其操作的讨论,见 Strom(1990b,47 页、73—75 页)。

化作出回应。

除以上四个条件之外,只有当(五)竞争的努力程度也很高,比如相互竞争的政治家联盟的成本—收益的不对称性比较高时,才可以说竞争性很强。政治家提高或者降低其努力程度,部分地取决于(一)到(四)这些条件,不过下文将证明,这些关系还不是很清楚。面对这一问题,人们可能认为中间选民理论比较具有说服力。这一理论认为,如果有两个可识别的集团在竞争多数的支持,从而使获胜者能够比较容易地操纵制度杠杆,而且在实力比较接近的竞争者之间存在一个竞争市场的话,那么两个阵营的政治家都会承诺在获胜的情况下提供类似的成本—收益分配,从而在事实上降低努力程度。这样一种承诺,最受中间选民的欢迎。我们将会看到,存在一些复杂的情况,与这一对抗力量的行动逻辑(多数形成层面的激烈竞争和多数行动层面的微弱竞争)相矛盾。

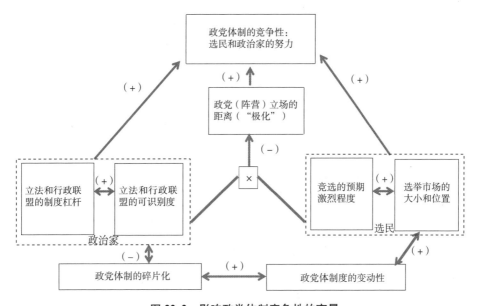

图 22.2 影响政党体制竞争性的变量

仅仅从政治家和选民是否愿意在选举中付出努力这一角度来看,就可以发现影响选举竞争性的条件相当复杂。所以,像政党体制的碎片化和变动性这类简单的指标,显然就不能作为竞争性的经验性的测量标准。然而,它们还是常常为此目的而被采用,尽管它们只能间接影响决定竞争性的某些条件。另外,这类指标之间的因果联系本身也是有争议的。虽然人们认为,由于政党制度的碎片化会增加选举获胜的不确定性,从而加强了选举的竞争性;但相反的情况也可能是真实的,因为碎片化会降低执政联盟的可识别度。政党体制的变动性也许能够反映选举市场的规模,但未必能够反映其(竞争阵营之间的?)位置。最后,根据巴托里尼和梅尔(Bartolini and Mair 1990)的观点,要推断政治家和选民在政党竞争中的策略选择,应该在政党联盟而非单个政党的层面对变动性加以测量,而这一点很少得到研究者的重视。

三、静态比较:政党体制中的策略选择

大部分政党体制竞争理论都假定:(一)委托人—代理人关系包含间接的纲领性交易,(二)交易涉及立场议题和承诺。策略选择仅依据竞争者的数量和政党体制相关的竞争维度发生变化。关键的目标是要找到由竞争数量和维度所决定的均衡,使策略行为者只有在降低其回报的情况下才能改变选择。由于半个世纪的形式化研究发现,在此类条件下难以找到均衡点,所以最近的理论工作放宽了模型假设,包括针对委托人—代理人关系和立场议题的假设,以推断均衡点的位置;或者干脆放弃对均衡点的寻找,而代之以电脑仿真的代理人模型。

3.1 简单空间理论:均衡的模糊性

此类研究最简单的案例和起点是唐斯(Downs 1957)的中间选举人理论,据此,两个政党都会选择接近中间选民立场的政策诉求。为了得到这个均衡,人们必须假定(一)政治家有谋求公职的动机,(二)他们拥有关于选举情势的完善信息(包括选民偏好),并且(三)不畏惧新的竞争者加入,(四)他们得到政治活动家的无私资助,其目标与候选人完美契合,(五)他们在选民分布的一维空间竞争理性选民的支持,(六)选民有明确的偏好序列,且充分了解情势,(七)他们不会弃权,(八)而且会在选举的当时(九)把自己的选票投给那个立场与他们的个人理想最接近的政党。同样,在一维竞争的相当严格的条件下,一些形式化理论能够证明,拥有四个或更多候选人的体制,也可以使对抗在竞争空间中展开,并且达到一种均衡分布。

如果放宽上述必要假定中的一个或几个,以得出中间选民理论,就会发现它的脆弱性(参见 Grofman 2004 的评论)。这与经验观察相吻合的,即哪怕是在单一维度的两党竞争中,竞争者的立场也会分化而非趋同。同样,在多党和/或多维度竞争中,均衡条件也十分脆弱且难以确认。谢普索(Shepsle 1991)发现,如果竞争维度多于一个,或者竞争者多于两个,且其他合理假设能够得到满足的话,则不能保证可以找到均衡点。在一次调查中,一位政党竞争空间理论方面著述颇丰的学者承认:"要建构关于政党竞争结构的一般性的简单理论不大可能。"(Ordeshook 1997,266 页)因此,理论要具有经验意义,就只能或者增加新的假定,或者干脆放弃对均衡的追求。在

上面两种情况下,关键问题是说明政党分化和稳定性的条件,尽管选区规模(M)和选举规则可能促成具有更多入口的更大的政党体制(参见 Cox 1997,M+1 政党体制规模的外部边界)。

3.2 复杂空间理论:特殊条件下的均衡

因为相关学术文献纷繁复杂,我将仅限于罗列几个具有代表性的关于放宽空间—立场竞争理论的建议。我回避了基于价值议题的竞争理论(Budge and Farlie 1983),因为我相信只要选择被合理框定,议题就能反映立场。不过,"价值"是通过候选人的吸引力和政党认同(包括政党提供选择性的利益或者"好"的公共政策的能力)这些非议题的考虑发挥作用的,在此我们就涉及最近提出的两种关于两党或者多党体制下政党立场的稳定性和分散性的说明。

第一,亚当斯、梅里尔和戈夫曼(Adams,Merrill,and Grofman 2005)提出了一种空间模型,据此,(一)选民非政策性的党派偏好(包括政党认同),(二)人们对候选人作出承诺时的可信性和有效性的不信任,以及(三)选民弃权的可能,会在单维或者多维选举空间中,使纲领上分散化的政党之间达成稳定的均衡。在这个模型中,非政策性的党派偏好是关键,而不信任与选择弃权,只是放大了这些偏好在使政党投票分散化方面的效果。其中的逻辑很清楚。如果选民因非政策性的原因认同一个政党,那么即使这个党当下的议题立场与其竞争者相比更远离选民的预期,他们也会对其提供支持。这一观点虽然看上去可信,但还是存在一些问题。因为"非政策性"因素包括一系列变量,它们不仅需要得到澄清,而且通常也会间接地具有某种潜在的政策基础,如果人们的职业或者党派认同的影响有可能转变为对某个政党政策追求的长期评价时,情况就会如此。

第二,肖菲尔德(Schofield 2003,2004)提炼了一个竞争的价值模型。根据这个模型,政党在某个附加的价值维度上吸引选民,以及彰显其候选人能力和领导力的声誉方面,无论处于有利还是不利的地位,只要它们在其政纲诉求方面具有某些灵活性,那么策略性的政党就会在纲领议题空间中出现分化。虽然这一模型在形式上比较优雅,但在经验层面,它会导致一种对政党体制分散化的机会主义式的因果论证。亚当等人(Adam et al.2005)的调查表明,在政党分散的情况下,尽管关键的自变量复杂多变,研究者总还是能够确定某些价值因素。

第三,从梅(May 1973)和罗伯特森(Robertson 1976)开始,经阿德里希(Aldrich 1983)和施莱辛格(Schlesinger 1984),到麦克盖恩(McGann 2002)、米勒和肖菲尔德(Miller and Schofield 2003),理论家们引入了委托人偏好多样性的概念,正是他们选出了政党候选人和任职者。如果候选人不仅依赖选民,而且也依赖党的"活动家",即那些本身并非候选人,但为动员选民而付出精力和金钱的人,那么后者的思想和偏好就会影响前者的策略性诉求。为了维护党的选举信誉,领导人可能需要在决策过程中为活动家提供某些表达的机会,以此证明围绕一系列目标达成的一致并非少数领导人策略性的空头支票,而是得到广泛认可的承诺(Caillaud and Tirole 2002)。不过党的活动家一般都是些观念至上的人,他们加入政党是为了表达自己的纲领偏好,而不是赢得选举(参见 Panebianco 1988)。为了获得活动家不可或缺的投入,候选人可能会被迫调整议题立场,并使其偏离他们最佳的选民议题诉求。当然,活动家是否会采取此类激进的立场,则取决于政党体制的形态,以及围绕一系列议题进行的社会偏好动员(参见 Kitschelt 1989a)。在多党制之下,参与政党竞争的不满的活动家更多是发挥一种工具性的作用,以赢得选票和公职,而不大会系统表达各不相同的观点。

第四,一系列模型都认为,候选人不仅追求公职,同时也追求政策,因此从空间意义上说会偏离他们为赢得选票所需的最佳纲领诉求。对这一立场,罗姆(Roemer 2001)进行了最全面、最复杂的论述。他认为,即便是在两党制之下,如果那些以政策为目标的候选人面临两维政策空间内选民偏好的不确定性,以及围绕某个联合选举策略在三个不同的党内派系之间建立胜选联盟的任务时,就可能产生一些均衡点,并把不同的竞争者彼此区分开。

第五,选民可能是策略性的,因此并不根据他们自己的政策理念与某个政党的政策理念之间的相似度、而是根据未来可能的党派联盟的政策取向投票(Kedar 2005)。在这种情况下,较极端的政党可能会赢得更多份额的选票,并导致更极化的政策选择。选民之所以会支持其政策取向比他们自己的政策理念更为激进的政党,是为了以此换取较为温和的合作者的妥协,并且最终使联合政府的政策重心接近选民真实的理想位置。词典式投票模型(Kitschelt and Rehm 2005)对这一观点进行了进一步修正。该模型认为,如果政党受制于它们以往的行动记录,不能在更显著的政策维度上彼此明确区分,以致党派差异对选民们来说没有太大意义的话,选民们就可以按"词典"式的排序方法①排列他们在政党之间的选择,依次把他们关注的焦点放在第二个、第三个或是第 n 个竞争维度上,直至党派差异对选民来说变得足够清晰和突出为止。

第六,选民可能并不简单地依据空间理性行动,即估量他们自己期望的政策框架与

---

① 指本文词典中排列词条的方法,如 aaa,aab,aba,abb,bbb 等。——译者

政党竞争者的政策承诺之间的空间距离,再考虑其重要性。他们也可能会根据政党是否针对某个政治议题明确表达了"正确的"立场,而以"直接"的方式对它们提供支持。这样会推动各政党明确区分它们的议题立场(参见 Rabinowitz and McDonald 1989)。针对这一观点,已经产生了众多的理论和经验研究,最终的结论大概是选民的考虑中同时包含了空间性的和直接的因素,不过从经验上看,对于投票行为的基本的空间框架而言,直接的因素只是施加了某种可以忽略不计的修正。

3.3 以行为体为基础的政党竞争模型

新近出现的一种以行为体为基础的计量模型,既是对政党竞争的形式化理论的反弹,同时也反映了对单独的历史叙事的不满,而它本身的目标,则是对政治体制的比较静力学和动力学获得某些理论上的深入认识(参见 Kollman, Miller, and Page 1992, 1998)。这里的一个关键性假设是,选民和政治家都只有相当有限的信息处理能力,因此他们只根据某些简单的规则,而不是对所有人的偏好和策略选择的调查采取行动。由于选民在空间中投票,同时只处理极少的信息,所以政党要不损害其声誉的话,只能在议题空间内缓慢移动。根据拉伏尔的观点(Laver 2005),政党仅根据一些简单的拇指规则行动,比如"猎人"规则(重复使用增加了选举支持的诉求,而如果选举失败,则对其加以修正),或者"掠食者"规则(永远向选举中最强大的政党靠拢)等。在选民随机分布的二维空间中,此类行为会使政党活动家逐渐向中间地带聚拢,但不会有政党直接移动到绝对的中心,它们也不会不断变化立场,以阻止稳定的均衡。

基于行为体的计量模型的优势和劣势都在于,虽然可以对其进行无限的修正和复杂化,但人们并不清楚这些操作在认识论上的含义。如果某个特定模型的模拟结果与经验相符,我们是否就已经得到了对可观察行为的理论说明? 如果很多次不同的模拟也产生了相同的经验结果又该如何解释? 这意味着基于行为者的模型必须与经验研究相结合,以丰富计算机模拟采用的行为假设。从这个意义上讲,人们可以通过简单计算选民因可观察到的、与他们接近的政党的表现而退出或参与选举的情况,对拉伏尔的模型加以发展。

3.4 新政党的进入

形式化的空间理论在解释政党进入的问题上成就十分有限(参见 Laver and Schilperoord 2005,8—9 页的批评)。最近出现的一种非空间的、信息不完全的博弈论模型可能具有更好的发展前景。这一模型反映的是潜在的进入者与既有政党的互动关系,虽然它关于当权者与(私人)挑战者的知识分布的假设有问题,并且导致了相当复杂的经验结果(Hug 2001)。

非形式化的经验研究潜在地受到某种关于竞争的受行为约束的准空间框架的影响,据此,政党的进入和退出被视为供求关系的结果(参见 Hauss and Rayside 1978; Harmel and Robertson 1984; Kitschelt 1988, 1995a)。受社会和政治经济发展的影响,新的政治要求凸显出来,而既有政党则不能对其加以满足。这种不妥协可能出自以下原因:(一)既有政党的声誉只能缓慢变化,并且需要付出极大的选举代价,加之(二)选举交易导致了政纲性诉求的变化。虽然新的议题诉求也许只能逐渐赢得新的选民,但既有政党却会迅速被旧的选民所离弃,从而使其陷入选举危机。选举制度、大众媒体,或者政党财政对新的挑战者形成的进入壁垒,会让现有政党多多少少忽略新的政治要求而不至付出太大代价。计量模型可以同时捕捉现有政党策略性的消极无为,以及新政党面临的进入壁垒(参见 Laver and Schilperoord 2005)。

虽然很多关于政党进入的非形式化的和计量的研究潜在地受到政党竞争空间模型的影响,且放宽了对选民和政治家的理性要求,但批评者还是通过引入凸显模型对这一理论加以修正。麦基德(Meguid 2005)认为,对某个政党来说,如果某个议题凸显出来会导致其内部分裂,或者失去部分选民的话,那么它可能会选择忽略这个议题;而另一个政党为了伤害自己的竞争者,则会选择一种相反的策略,即把这个议题凸显出来,甚至不惜违背自己的立场。如果出现这种情况,那么新政党就会兴起。麦基德试图使政党竞争维度内在化。实际上,里克尔(Riker 1982,213—232 页)以一种更为激进的方式预示了这种理论。他认为,在一个现有的竞争维度上遭到永久性失败的政党,可能会试图在政党体制内创造一个新的竞争维度,以从内部分裂垄断性的政党,并为新的政党或者旧的失败者在选举中取而代之提供机会。里克尔的证据,是共和党因奴隶制问题而兴起的历史事实。不过这一事例也表明了意志主义理论的局限,它认为,策略性的政治家能够"制造"出显著的议题维度。文加斯特(Weingast 1998)通过政党竞争,对奴隶制问题进行了一种不同的说明。他认为,只有当政治经济条件允许政治家诉诸外生性进程,即有足够数量的选民提出新的政治要求,且这些要求不能被纳入既存政党体制框架之内的时候,他们才会创建新的政党或者联盟。

四、政党体制的历史变迁

政党体制历史变迁的开山之作是李普塞特和罗甘(Lipset and Rokkan 1967)关于西欧政治断层的产生和存续的文章;至于这一问题的研究者,则有意无意地运用了政党竞争的空间理论或者政党进入与退出模型中明确涉及的诸多因素。因此,在政党竞争的形式化或者非形式化的一般性分析与政党体制演化的比较历史研究之间,并不存在矛盾。随着社会经济、政治和文化环境的变动,社会中产生了新的利益和价值分化,而随着制度约束和政治家为争取选票、谋求公职,以及控制公共政策而加以利用的策略机会的不同,不同的议题集也会被纳入政党竞争的舞台。在理想状态下,关于政党体制的一般性分析与历史比较研究会相互补充与相互启发。前者一般是在选民和政治家的政治偏好已经给定、而政党的数目或者外在、或者内在于政党体制的前提下,对其策略性运动的静态比较分析;后者则主要探讨社会、政治经济和文化的发展,它们形塑了偏好以及制度和策略环境,而后者又进一步影响了被政治家们视为可行的政治策略。因此可以说,后者为前者非历史的框架中真实了血与肉。

4.1 西欧政党形成的经典分析

李普塞特和罗甘(Lipset and Rokkan 1967)在始于 17 世纪的民族与产业双重革命的背景下,分析了欧洲政党体制从 19 世纪到 20 世纪中叶的发展,不过,他们的分析绝非社会学决定论(Sartori 1968)。首先,影响了社会分化动员的历史条件包含一系列政治行为。政党和政党体制出现的背景,是一系列政治过程中相互冲突的精英们进行的政治选择与互动,这些过程包括建立地域国家、把宗教组织收归国家权威之下、迫使土地精英不得不交出政治控制权力,以及把不断发展的工人运动纳入制度化的政治框架之内。其次,他们强调选举权的普及和选举制度的建设这一复杂多变的政治过程,既是政党体制形成的结果,也是其原因。因此,农业和宗教分化并非社会学条件的自然结果,而是来自于政治精英间复杂的策略互动。

在李普塞特和罗甘之后,在政党体制的比较历史分析中最精致的例子大概是卢贝特(Luebbert 1991),卡利瓦斯(Kalyvas 1996)和巴托里尼(Bartolini 2000)的研究,它们都捕捉到了欧洲政党体制形成和重组过程中供求状态之间的相互关系。卢贝特强调社会主义、自由主义和保守主义政党在动员农民选民过程中的策略性冲突,以解释两次世界大战之间政党体制的不同发展路径。卡里瓦斯(Kalyvas 1996)揭示了 19 世纪晚期以来卷入宗教性政党形成过程中的天主教会和天主教世俗政治家的策略性考量。巴托里尼(Bartolini 2000)则对导致欧洲政治中阶级分化的供需条件进行了一种全景式的描绘。阶级冲突是最后的、也是仅存的一种冲突,策略性的政治家将不得不把它纳入已经在其他分化的基础上建立起来的、既存的政党体制之内。

相对于两种分析上略显单薄、历史上更缺乏洞见的观点而言,这些著作提供了一种更为精致、而且在经验上也更为可信的关于政党形成的图景。普列泽沃斯基和施普拉格(Przeworski and Sprague 1986)对政党和阶级政治提供了一种过分意志主义的解释,他们强调的是策略性政治家及其能力在决定工人阶级形成的条件中的影响;尽管经验分析不得不承认,既存的跨国文化差异、法团主义的利益协调,以及蓝领选民的经济社会发展都发挥了强有力的作用。在光谱的另一端,罗戈夫斯基(Rogowski 1989)对欧洲和世界范围内的政治同盟和党派分裂现象提出了一种经济决定论的说明。他认为,由于国内的土地和劳动力,以及世界市场上的资本具有相对稀缺性,因此,在世界经济扩张或者收缩的情况下,针对贸易开放或者保护主义产生了不同的集团利益。这一观点虽然相当新颖,但过分估计了经济开放对政治分化和竞争维度的形成产生的影响,这可能是因为它缺少对经济利益集体动员及其转化为政党竞争的条件的分析。

4.2 后工业民主国家政党政治的转变

李普塞特和罗甘(Lipset and Rokkan 1967)关于20世纪20年代欧洲政党体制"正在冻结"的著名论断,在相关研究中发挥了过大的影响。这原本只是他们在对欧洲政治断层形成的历史进行长期的比较分析基础之上,作出的一个尝试性的观察结论,但随后却被视为关于成熟的、制度化的政党体制的基础性的理论和经验论断。不过,在一段时间内对欧洲政治体制相对稳定性的经验观察,也并没有使李普塞特和罗甘否认这样一种可能,即这一体制正面临着一个深刻的分化重组的系统过程(参见 Mair 1997,第4页)。在对富裕的后工业民主国家政党体制转变的比较研究中,至少有三个不同的论题值得关注。

首先,很多学者在李普塞特和罗甘的影响下,探讨欧洲现存的政治断层结构的持续性和衰落的问题。研究发现,累积性政党体制的变动只有轻微的增长(Maguire 1983;Shamir 1984;Bartolini and Mair 1990)。但是,个人层面的投票分析表明,传统意义上的阶级投票发生了实质性下降,虽然不同国家情况有所不同(Franklin, Mackie, and Valen 1992)。这使一些学者认为政党不再是联系选民的纽带(Dalton, Flanagan, and Beck1984;Dalton 2004)。后工业化特别是让受教育的公民不再相信政党,并准备投身于能够绕开选举过程的各种形式的政治利益动员。这一趋势与投票率的下降、彼此无关的单一议题投票的增加,以及政党认同的日趋衰落相伴随,其结果就是冲突的经济和社会结构与政党层面的分化相互脱节。

第二个论题与上述观点正相反。一些学者强调,后工业的经济结构导致了新的党派分化和竞争维度的兴起。随着手工工人阶级的瓦解、教育和职业技术的分化,以及福利国家发展导致的一个广泛的非盈利性社会服务部门的兴起,社会经济利益发生了重组,政党也因而获得了重组政治分化和竞争维度的新的机会(参见 Brooks, Nieuwbeerta, and Manza 2006;Evans 1999;Knutsen 2006;Manza and Brooks 1999)。当然,党派分化和竞争维度并不直接反映基础性的社会变动,而是政党的策略立场及其建立选举联盟的能力的结果(参见 Kitschelt 1994;Kitschelt and Rehm 2005)。因此,政党体制的这些变化并不必然预示着经济分配型政治的衰亡,或者如后物质主义文献(参见 Inglehart 1990, 1997)所表明的那样,意味着经济利益联盟与政治文化治理需求的新的融合。

还有一大批研究文献探讨了后工业民主国家新的政党形成与获得成功的原因,其中一个核心观点是,面对各国现存政党不同的策略联合,经营型政治家采用了把经济利益与非经济利益结合起来的方法。虽然此类研究最早关注的是持自由至上论的左翼(Kitschelt 1988,1989b;Redding and Viterna 1999),但近来很多欧洲国家以及盎格鲁-萨克逊殖民民主国家极右翼政党的兴起正引起越来越多的关注。虽然一种得到普遍同意的观点认为,社会经济转型为这类政党提供了选民(首先是具有不同技术水平的手工劳动者和传统业主,如农民、手工业者和店商,一般是技术水平较低的人们),并使他们与不为右翼政治诉求所动的团体(首先是受高等教育的专业人士,特别是社会服务部门的女性)相对抗,但政治机会结构如何影响了极右翼诉求的性质、又如何使其获得了选举的成功,对此则充满了争议(参见 Kitschelt 1995a;Lubbers, Gilsberts, and Scheepers 2002;Norris 2005)。争论的核心,是极右翼在多大程度上能把自由市场经济纳入他们的政治诉求框架之内(Cole 2005;Ivarsflaten 2005;Kitschelt 1995a;Schain, Zolbergi, and Hossau 2002)、选举法在推动或者阻止新的极右翼政党兴起方面因果效应是什么样的(Carter 2005;Golder 2003;Jackman and Volpert 1996;Norris 2005;Veugelers and Magnan 2005),以及传统左翼和右翼政党的政策和治理实践的趋同和类似对新的右翼政党的成功发挥了什么影响(Carter 2005;Ignazi 2003;Kitschelt 1995a;Meguid 2005;Norris 2005;van der Brug,Fennema,and Tillie 2005;Veugelers and Magnan 2005)。

在政治力量重组方面还有一个有趣的问题,那就是围绕欧洲统一产生的分化进入了各国的政党体制之内(Gabel 1998;Hix 1999;Marks and Wilson 2000;Marks,Wilson,and Ray 2002;Marks and Steenbergen 2004)。在很多国家中,欧洲统一不大会在上述特定意义上成为一个竞争维度(Mair 2000)。但是,人们毕竟会感受到,或者推测欧洲统一对各国政治经济所带来的影响,而与之相关的不同的环境的条件,则可能使欧盟问题以极为不同的方式嵌入国内政治之中(参见 Bringar, Jolly, and Kitschelt 2004;Ray 2004;Scheve 2000)。

第三个,也是最后一个论题涉及在当今的后工业政治体中,公民与政治家的关系在多大程度上还可以通过委托人—代理人的框架加以把握。一些学者认为,当前资本密集型的选举策略具有两个方面的特征,一是大众传媒的强大影响,二是公共政党不断增加的财政支持,这催生了一些不受选民需求影响的、无须回应的"政党卡特尔"(Blyth and Katz 2005;Katz and Mair 1995,重印于 Mair 1997);另一些学者则强调竞争的力量以及选民退出的可能,以驳斥这种观点(Kitschelt 2000b)。换言之,与以前数十年相比,选民们对政党表达了更多的不满,这是一个不容否认的趋势。那么,这是否说明无须回应的精英已经造成了政治代表性的危机?或者这些不满仅仅是糟糕的经济表现和经济结构转型导致的负面后果,而它们恰恰为政党重组开启了新的机会?

4.3 发展中世界新兴民主国家的政党体制

虽然对经合组织国家的比较研究担心的是民主回应制的衰落,研究发展中国家民主制的学者关注的却是一个相反的问题,即在这些国家到底能否建立回应关系和制度化的政党体制。特别是对拉丁美洲和后共产主义政治的研究者来说,政党和政党体制的复杂多变,似乎使选民和政治代理人之间形成一种持久的关系变得十分困难(Mainwaring and Scully 1995;Mair 1997 第 8 章;Roberts and Wibbels 1999;Rose and Munro 2003)。在那些政党体制已经具备某种生存能力的国家,支配着政治生活、且得到新的选民和政治挑战者接受的,并非建立在间接交易基础之上的纲领性政治,而是一种委托人和代理人之间的裙带关系,无论在南亚和东南亚(Kohli 1990;Chandra 2004;Chhibber 1998;Krishna 2002;Sachsenröder 1998;Wilkinson 2006),还是拉丁美洲(Fox 1994;Gibson 1997;Levitsky 2003),或者后共产主义的东欧(Hale 2006;Kitschelt 1999)都是如此。裙带关系的存续和消亡,并不简单地取决于一个国家是否存在经济贫困和财产分配的不平等,也取决于这个国家政党竞争中产生的策略动机是否导向了另外一种形式的回应关系(Kitschelt and Wilkinson 2006)。另外,常常受到裙带式交易关系影响的国有企业,或者受国家管理的企业的不良表现,也会影响民主国家回应制的演化方向。

通过细致的观察可以发现,在发展中世界的各个地区,政党制度的稳固,以及委托人—代理人关系的实践都存在很大的不同。在后共产主义的欧洲和拉丁美洲,一系列政党体制已经形成了结构化的纲领性政治断层,以及比较稳定的竞争性政党分化;而如果我们采用巴托里尼和梅尔的标准(Bartolini and Mair 1990),即主要关注一个分裂系统中政党阵营大致相似的诉求,而非单个政党的变化的话,情况就更是如此。关于后共产主义国家政治断层与竞争性政党分化的程度与性质的文献正不断增加(Bielasiak 2002;de Waele 2004;Evans and Whitefield 1993,2000;Kitschelt 1992,1995b;Lewis 2000;Pridham and Lewis 1996;Tavits 2005;Whitefield 2002),一个引起人们特别关注的问题,是原来居统治地位的共产主义政党融入民主化的政党政治的情况(Bozoki and Ishiyama 2002;Grzymala-Busse 2002)。至于如何总结这些国家的政治分化和竞争维度的特征,以及如何解释多多少少出现的纲领性结构,则存在着争论。导致新的利益分化的,到底是每一个国家过去的政治经验（遗产），还是民主制度（比如选举制度，以及行政与立法权力之间的关系），或者重大的政治经济改革？

对拉丁美洲的比较研究也提出了非常类似的问题。一些作者试图确定至少某些政党体制中政治断层的起源、特征及其持久性（Dix 1989；Coller and Collier 1991；Coppedge 1998）。另一些学者则重点关注拉丁美洲政党体制稳定与变化的一般形态，以探讨民主政党体制制度化的原因（Dix 1992；Mainwaring and Scully 1995；Geddes 2003）。拉美与东欧的情况一样，有些国家的政党体制显得更稳定，且围绕纲领性回应机制建构起来。这是因为这些国家在始于 20 世纪 80 年代的民主竞争出现之前，即已经历过其他民主竞争的阶段。这种广泛政治动员的阶段使人们获得了政治经验，有些时候甚至"锁定"了某些政治经济成果，比如福利国家的萌芽，它们提供了某种支点，特别是在经济改革与市场自由化的时代，使选举能够围绕纲领性选择展开。

不过，在比较东欧和拉丁美洲的时候，会发现一种奇特的不对称性。拉美政党体制的稳定性和纲领性结构在 20 世纪 90 年代似乎经历了一次最严重的侵蚀；而从 2000 年开始，这种侵蚀恰恰就出现在曾经拥有更稳定的政党体制的国家。情况最为严重的是委内瑞拉，然后是阿根廷，甚至哥斯达黎加、乌拉圭、墨西哥和智利也未能幸免。同时，那些政党体制一直不甚完备的拉美国家反而没有出现什么变化的迹象。东欧的情况相反，那些历史上纲领性回应制制度化发展较好的国家，目前的制度化水平也相对比较高；即便是很多对这一制度并不太友善的地区，也表露出某些向纲领性回应制发展的倾向。

在东欧、南亚和东南亚，过去 10 年甚至更长时间的经济持续增长，显然有助于一种健全的代表结构的逐步确立。相反，在拉丁美洲，20 世纪 80 年代进口替代工业化战略的失败，加之政治精英没有能力确定新的政治经济发展战略（具体体现就是经济增长乏力和反复出现的货币稳定危机），不仅导致了该地区持续的经济困境，也导致了民主政党体制的脆弱性。

五、结　论

本章对政党体制研究的文献回顾是高度选择性，它受到作者本人在该领域的研究兴趣的推动，也希望借此强调值得在未来付出努力的某些关键点。我认为，对于主导民主政党体制下委托人与代理人关系的不同机制的比较研究，需要给予更多的关注。另外我还认为，在政党竞争"维度性"的研究中，应更注重社会、政治与竞争性政党分化的区别。第三，与第二点相关，我认为政党体制的竞争性需要进一步概念化，也需要比以往更深入的研究。我认为,过去学者们把太多的注意力放到了政党体制某些相对比较容易测量的宏观属性上面,比如政党体制的碎片化、极化、变动等等,但这些都不能反映政党体制的竞争性。

另外,本章对政党体制的研究回避了对概念本身作为自变量的讨论。当然,我们可以提出关于政党体制的各种概念和理论,不是为了它们自身,而是把它们作为研究不同政治经济过程中政党竞争结果的有效工具。立法和行政机构中多数的形成、政策形成和贯彻过程的结果过程,以及政党体制的动力机制对于政治体制本身的稳定和持续的结果等等,都属此类。由于这些问题本书其他部分都有所提及,所以在关于政党体制的这一章中我对它们采取了存而不论的态度。同时,对政党体制,特别是民主回应机制和党派竞争性更为精细的概念化,可以为通过政党体制推断政治经济发展和政治体制运行轨迹的研究,提供更出色的因果解释。

参考文献

ADAMS, J., MERRILL, S., Ill, and GROFMAN, A. 2005. *A Unified Theory of Party Competition.* Cambridge:Cambridge University Press.

ALDRICH, J. 1983. A Downsian spatial model with party activism. *American Politicai Science Review*, 77: 974–90.

——1995. *Why Parties? The Origin and Transformation of Party Politics in America.* Chicago:Chicago University Press.

AMERICANPOLITICALSCIENCEASSOCIATION. 1983. *Political Science: The State of the Discipline. 1983*, ed. S. M. Lipset. Washington, DC:APSA.

——1993. *Political Science: The State of the Discipline. 1993*, ed. A. W. Finifter. Washington, DC:APSA.

——2002. *Political Science: The State of the Discipline. 2002*, ed. I. Katznelson and H. Milner. New York: W. W. Norton.

AMES, B. 2001. *The Deadlock of Democracy in Brazil.* Ann Arbor:University of Michigan Press.

BARTOLINI, S. 2000. *The Political Mobilization of the European Left, 1860–1980: The Class Cleavage.* Cambridge:Cambridge University Press.

——and MAIR, P. 1990. *Identity, Competition and Electoral Availability. The Stability of European Electorates 1885–1985.* Cambridge:Cambridge University Press.

BIELASIAK, J. 2002. The institutionalization of electoral and party systems in postcommunist states. *Comparative Politics*, 34: 189–210.

BLYTH, M., and KATZ, R. 2005. From catch-all politics to cartelisation. *West European Politics*, 28: 33–60.

BOZOKI, A., and ISHIYAMA, J. eds. 2002. *The Communist Successor Parties of Central and Eastern Europe.* Armonk, NY: M.E.Sharpe.

BRINEGAR, A., JOLLY, S., and KITSCHELT, H.2004. Varieties of capitalism and political divisions over European integration.Pp.62−89 in *Dimensions of Contestation in the European Union*, ed.G.Marks and M.Steenbergen.Cambridge: Cambridge University Press.

BROOKS, C, NIEUWBEERTA, P., and MANZA, J. 2006. Cleavage-based voting behavior in cross-national perspective: evidence from six postwar democracies.*Social Science Research*, 35: 88−128.

BUDGE, I., and FARLIE, D.1983.*Explaining and Predicting Elections.* London: Allen and Unwin.

——ROBERTSON, D.and HEARL, D., eds.1987.*Ideology, Strategy and Party Change: Spatial Analyses of Post-War Election Programmes in Nineteen Democracies.* Cambridge: Cambridge University Press.

——KLINGEMANN, H.-D., VOLKENS, A., BARA, J., and TANENBAUM, A.(with group of further co-authors).2001. *Mapping Policy Preferences: Estimates for Parties, Electors, and Governments 1945− 1998.* Oxford: Oxford University Press.

CAILLAUD, D., and TIROLE, J.2002.Parties as political intermediaries.*Quarterly Journal of Economics*, 117: 1453−89.

CARTER, E.2005.*The Extreme Right in Western Europe: Success or Failure?* Manchester: Manchester University Press.

CHANDRA, K.2004.*Why Ethnic Parties Succeed: Patronage and Ethnic Headcounts in India.* Cambridge: Cambridge University Press.

CHHIBBER, P.K.1998.*Democracy without Associations.* Ann Arbor: Michigan University Press.COLE, A. 2005.Old right or new right? The ideological positioning of parties of the far right.*European Journal of Political Research*, 44: 203−30.

COLLIER, D., and COLLIER, R.1991.*Shaping the Political Arena.* Princeton: Princeton University Press.

COPPEDGE, M.1998.The evolution of Latin American party systems.Pp.171−96 in *Politics, Society, and Democracy*, ed.S.Mainwaring and A.Valenzuela.Boulder, Colo.: Westview Press.

Cox, G.1997.*Making Votes Count.* Cambridge: Cambridge University Press.

——and MCCUBBINS, M.1993.*Legislative Leviathan: Party Government in the House.* Berkeley and Los Angeles: University of California Press.

DALTON, R.J.2004.*Parties without Partisans: Political Change in Advanced Industrial Democracies.* Oxford: Oxford University Press.

——FLANAGAN, S., and BECK, P.A.1984.*Electoral Change in Advanced Industrial Democracies: Realignment or Dealignment?* Princeton: Princeton University Press.

DE WAELE, J.-M.ed.2004.*Les Clivages politiques en Europe centrale et orientale.* Brussels: Édition de l' Université de Bruxelles.

DIX, R.1989.Cleavage structures and party systems in Latin America.*Comparative Politics*, 22: 23−37.

——1992.Democratization and the institutionalization of Latin American political parties. *Comparative Political Studies*, 24: 488−511.

DOWNS, A. 1957. *An Economic Theory of Democracy*. New York: Harper and Row. DUVERGER, M. 1954. *Political Parties*. London: Methuen.

ENELOW, J. M., and HINICH, M. eds. 1990. *Advances in the Spatial Theory of Voting*. Cambridge, Mass.: Cambridge University Press.

EPSTEIN, L. D. 1975. Political parties. Pp. 229–78 in *Handbook of Political Science*, iv: *Non- Governmental Politics*, ed. F. I. Greenstein and N. W. Polsby. Reading, Mass.: Addison- Wesley.

ERICKSON, R. S., MACKUEN, M. B., and STIMSON, J. A. 2002. *The Macro-Polity*. Cambridge: Cambridge University Press.

EVANS, G. ed. 1999. *The End of Class Politics? Class Voting in Comparative Context*. Oxford: Oxford University Press.

——and WHITEFIELD, S. 1993. Identifying the bases of party competition in eastern Europe. *British Journal of Political Science*, 23: 521–48.

——2000. Explaining the formation of electoral cleavages in post-communist democracies. Pp. 36–68 in *Elections in Central and Eastern Europe: The First Wave*, ed. H. D. Klingemann, E. Mochmann, and K. Newton. Berlin: Edition Sigma.

FIORINA, M. 1977. An outline for a model of party choice. *American Journal of Political Science*, 21: 601–25.

——1997. Voting behavior. Pp. 391–414 in *Perspectives on Public Choice*, ed. D. C. Mueller. Cambridge: Cambridge University Press.

——2002. Parties, participation, and representation in America: old theories face new realities. Pp. 511–41 in *Political Science: The State of the Discipline*, ed. H. V. Milner and I. Katznelson. New York: Norton.

Fox, J. 1994. The difficult transition from clientelism to citizenship. *World Politics*, 46: 151–84. FRANKLIN, M. 2004. *Voter Turnout and the Dynamics of Electoral Competition in Established Democracies since 1945*. Cambridge: Cambridge University Press.

——MACKIE, T., and VALEN, H. eds. 1992. *Electoral Change: Responses to Evolving Social and Attitudinal Structures in Western Democracies*. Cambridge: Cambridge University Press.

GABEL, M. 1998. Political support for European integration: an empirical test of five theories. *Journal of Politics*, 60(2): 333–54.

GEDDES, B. 2003. *Paradigms and Sandcastles*. Ann Arbor: University of Michigan Press.

GIBSON, E. 1997. The populist road to market reform: policy and electoral coalitions in Mexico and Argentina. *World Politics*, 49: 339–70.

GOLDER, M. 2003. Explaining variation in the success of extreme right parties in Western Europe. *Comparative Political Studies*, 36(4): 432–66.

GOODIN, R. E., and KLINGEMANN, H.-D. eds. 1996. *A New Handbook of Political Science*. Oxford: Oxford University Press.

GREENSTEIN, F. I., and POLSBY, N. W. eds. 1975. *Handbook of Political Science*, iv: *Non-Governmental*

Politics. Reading, Mass. : Addison-Wesley.

GROFMAN, B. 2004. Downs and two-party convergence. *Annual Review of Politics*, 7: 25–46.

GRZYMALA-BUSSE, A. M. 2002. *Redeeming the Communist Past: The Regeneration of Communist Parties in East Central Europe.* Cambridge: Cambridge University Press.

——2003. Redeeming the past: communist successor parties after 1989. Pp. 157–81 in *Capitalism and Democracy in Central and Eastern Europe*, ed. G. Ekiert and S. E. Hanson. Cambridge: Cambridge University Press.

HALE, H. 2006. Correlates of clientelism: political economy, politicized ethnicity, and post- communist transition. Forthcoming in *Patrons, Clients, and Policies: Patterns of Democratic Accountability and Political Competition*, ed. H. Kitschelt and S. Wilkinson. Cambridge: Cambridge University Press.

HARMEL, R., and ROBERTSON, J. D. 1984. Formation and success of new parties: a cross- analysis. *International Political Science Review*, 6: 501–23.

HAUSS, C, and RAYSIDE, D. 1978. The development of new parties in western democracies since 1945. Pp. 31–57 in *Political Parties: Development and Decay*, ed. L. Maisel and J. Cooper. Beverly Hills, Calif. : Sage.

HINICH, M., and MUNGER, M. 1994. *Ideology and the Theory of Political Choice.* Ann Arbor: Michigan University Press.

Hix, S. 1999. Dimensions and alignments in European Union politics: cognitive constraints and partisan responses. *European Journal of Political Research*, 35: 69–125.

HOROWITZ, D. 1985. *Ethnic Groups in Conflict.* Berkeley and Los Angeles: University of California Press.

HUG, S. 2001. *Altering Party Systems: Strategic Behavior and the Emergence of New Political Parties in Western Democracies.* Ann Arbor: University of Michigan Press. HUNTINGTON, S. P. 1968. *Political Order in Changing Societies.* New Haven: Yale University Press.

IGNAZI, P. 2003. *Extreme Right Parties in Western Europe.* Oxford: Oxford University Press.

INGLEHART, R. 1990. *Culture Shift.* Princeton: Princeton University Press.

——1997—*Modernization and Postmodernization.* Princeton: Princeton University Press.

IVARSFLATEN, E. 2005. The vulnerable populist right parties: no economic realignment fuelling their electoral success. *European Journal of Political Research*, 44: 465–92.

JACKMAN, R., and VOLPERT, K. 1996. Conditions favouring parties of the extreme right in Western Europe. *British Journal of Political Science*, 26: 501–22.

KALYVAS, S. 1996. *The Rise of Christian Democracy in Europe.* Ithaca, NY: Cornell University Press.

KATZ, R. S. 1980. *A Theory of Parties and Electoral Systems.* Baltimore: Johns Hopkins University Press.

——and CROTTY, W. eds. 2006. *Handbook of Party Politics.* London: Sage Publications.

——and MAIR, P. 1995. Changing models of party organization and party democracy: the emergence of the cartel party. *Party Politics*, 1(1): 5–28. Reprinted in P. Mair, *Party System Change: Approaches and Interpretations.* Oxford: Oxford University Press, 1997.

KEDAR, O. 2005. When moderate voters prefer extreme parties: policy balancing in parliamentary elections.*American Political Science Review*,99:185-200.

KEEFER,P.2005.Democratization and clientelism:why are young democracies badly governed? World Bank Policy Research Paper 3594.

KITSCHELT,H.1988.The rise of left-libertarian parties in western democracies:explaining innovation in competitive party systems.*World Politics*,40:194-234.

——1989a.The internal politics of parties:the law of curvilinear disparity revisited.*Political Studies*,37: 400-21.

——1989b.*The Logics of Party Formation.*Ithaca,NY:Cornell University Press.

——1992.The formation of party systems in east central Europe.*Politics and Society*,20:7-50.

——1994.*The Transformation of European Social Democracy.*Cambridge:Cambridge University Press.

——(in collaboration with A.].McGann).1995.*The Radical Right in Western Europe.* Ann Arbor:University of Michigan Press.

——1995.The formation of party cleavages in post-communist democracies:theoretical propositions.*Party Politics*,1:447-72.

——2000a. Linkages between citizens and politicians in democratic polities. *Comparative Political Studies*,33:845-79.

——2000b.Citizens,politicians,and party cartellization:political representation and state failure in post-industrial democracies.*European Journal of Political Research*,37:149-79.

——HAWKINS,K., ROSAS, G., and ZECHMEISTER, L. FORTHCOMING.*Latin American Party Systems.*

——and REHM,P.2005.Work,family,and politics:foundations of electoral partisan alignments in post-industrial democracies.Paper prepared for delivery at the 2005 Annual Meeting of the American Political Science Association,Washington,DC.

——and WILKINSON,S. eds.2006.*Patrons, Clients and Policies:Patterns of Democratic Accountability and Political Competition.*Cambridge:Cambridge University Press.

——and ZECHMEISTER,E.2003.Patterns of party competition and political accountability in Latin America.Paper prepared for delivery at the 2003 Annual Meeting of the American Political Science Association,Philadelphia.

——MANSFELDOVA,Z.,MARKOWSKI,R., and TOKA, G.1999.*Post-Communist Party Systems:Competition,Representation,and Inter-Party Cooperation.*Cambridge:Cambridge University Press.

KNUTSEN,O.2006.*Social Class and Party Choice in Eight Countries:A Comparative Longitudinal Study.* Boulder,Colo.:Westview Press.

KOHLI,A.1990.*Democracy and Discontent:India's Growing Crisis of Governability.*Cambridge:Cambridge University Press.

KOLLMAN,K.,MILLER,J.,and PAGE,S.1992.Adaptive parties in spatial elections.*American Political Science Review*,86:929-37.

——1998.Political parties and electoral landscapes.*British Journal of Political Science*,28:139-58.

KRISHNA, A. 2002. *Active Social Capital: Tracing the Roots of Democracy and Development.* New York: Columbia University Press.

LAAKSO, M., and TAAGEPERA, R. 1979. Effective number of parties: a measure with application to western Europe. *European Journal of Political Research,* 12: 3-27.

LAITIN, D. 2003. Comparative politics: the state of the subdiscipline. Pp. 630-59 in *Political Science: The State of the Discipline,* ed. H. V. Milner and I. Katznelson. New York: W. W. Norton.

LAVER, M. 2005. Policy and the dynamics of party competition. *American Political Science Review,* 99: 263-82.

——and HUNT, B. W. 1992. *Policy and Party Competition.* London: Routledge.

——and SCHILPEROORD, M. 2005. The birth and death of political parties. Draft prepared for *Philosophical Transactions of the Royal Society B.* Edinburgh, 30 July-5 August.

LEVITSKY, S. 2003. *Transforming Labor-Based Parties in Latin America.* Cambridge: Cambridge University Press.

LEWIS, P. G. 2000. *Political Parties in Post-Communist Eastern Europe.* London: Routledge.

LIJPHART, A. 1999. *Patterns of Democracy.* New Haven: Yale University Press.

LIPSET, S. M., and ROKKAN, S. 1967. Cleavage structures, party systems, and voter alignments: an introduction. Pp. 1-64 in *Party Systems and Voter Alignments: Cross-National Perspectives,* ed. S. M. Lipset and S. Rokkan. New York: Free Press.

LUBBERS, M., GIJSBERTS, M., and SCHEEPERS, P. 2002. Extreme right-wing voting in Western Europe. *European Journal of Political Research,* 41: 345-78.

LUEBBERT, G. 1991. *Liberalism, Fascism, or Social Democracy: Social Classes and the Political Origins of Regimes in Interwar Europe.* New York: Oxford University Press.

LUPIA, A., and MCCUBBINS, M. 1998. *The Democratic Dilemma: Can Citizens Learn What They Need to Know?* Cambridge: Cambridge University Press.

MCGANN, A. J. 2002. The advantages of ideological cohesion: a model of constituency representation and electoral competition in multi-party democracies. *Journal of Theoretical Politics,* 14: 37-70.

MAGUIRE, M. 1983. Is there still persistence? Electoral change in western Europe, 1948-1979. Pp. 67-94 in *Western European Party Systems: Continuity and Change,* ed. H. Daalder and P. Mair. Beverly Hills, Calif.: Sage.

MAINWARING, S., and SCULLY, T. 1995. Introduction: party systems in Latin America. Pp. 1-35 in *Building Democratic Institutions: Party Systems in Latin America,* ed. S. Mainwaring and T. Scully. Stanford, Calif.: Stanford University Press.

MAIR, P. 1997. *Party System Change: Approaches and Interpretations.* Oxford: Oxford University Press, 1997.

——2000. The limited impact of Europe on national party systems. *West European Politics,* 23: 27-51.

MANZA, J., and BROOKS, C. 1999. *Social Cleavages and Political Change: Voter Alignments and U. S. Party Coalitions.* Oxford: Oxford University Press.

MARKS, G., and STEENBERGEN, M. eds. 2004. *European Integration and Political Conflict*. Cambridge: Cambridge University Press.

——and WILSON, C. 2000. The past in the present: a cleavage theory of party response to European integration. *British Journal of Political Science*, 30: 433-59.

——and RAY, L. 2002. National political parties and European integration. *American Journal of Political Science*, 46: 585-94.

MAY, J. D. 1973. Opinion structure and political parties: the special law of curvilinear disparity. *Political Studies*, 21: 135-51.

MAYHEW, D. R. 2000. Electoral realignments. *Annual Review of Political Science*, 3: 449-74. MEGUID, B. 2005. Competition between unequals: the role of mainstream party strategy in niche party success. *American Political Science Review*, 99: 347-60.

MERRILL, S., Ill, and GROFMAN, B. 1999. *A Unified Theory of Voting: Directional and Proximity Spatial Models*. Cambridge: Cambridge University Press.

MILLER, G., and SCHOFIELD, N. 2003. Activists and partisan realignment in the United States. *American Political Science Review*, 97(2): 245-60.

MOLINAR, J. 1991. Counting the number of parties: an alternative index. *American Political Science Review*, 85: 1383-91.

MORGENSTERN, S. 2004. *Patterns of Legislative Politics*. Cambridge: Cambridge University Press.

NORRIS, P. 2005. *Radical Right: Voters and Parties in the Electoral Market*. Cambridge: Cambridge University Press.

ORDESHOOK, P. 1997. The spatial analysis of elections and committees: four decades of research. Pp. 247-70 in *Perspectives on Public Choice*, ed. D. C. Mueller. Cambridge: Cambridge University Press.

PANEBIANCO, A. 1988. *Political Parties: Organization and Power*. Cambridge: Cambridge University Press.

PAPPI, F. U. 1996. Political behavior: reasoning voters in multi-party systems. Pp. 255-74 in *A New Handbook of Political Science*, ed. R. E. Goodin and H.-D. Klingemann. Oxford: Oxford University Press.

PEDERSEN, M. 1983. Changing patterns of electoral volatility in European party systems, 1948-1977: explorations in explanation. Pp. 29-66 in *Western European Party Systems: Continuity and Change*, ed. H. Daalder and P. Mair. Beverly Hills, Calif.: Sage.

PIATTONI, S. ed. 2001. *Clientelism, Interests, and Democratic Representation*. Cambridge: Cambridge University Press.

POWELL, G. B. 2000. *Elections as Instruments of Democracy: Majoritarian and Proportional Visions*. New Haven: Yale University Press.

PRIDHAM, G., and LEWIS, P. eds. 1996. *Stabilizing Fragile Democracies: Comparing New Party Systems in Southern and Eastern Europe*. London: Routledge.

PRZEWORSKI, A., and SPRAGUE, J. 1986. *Paper Stones*. Chicago: University of Chicago Press.

RABINOWITZ, G., and MCDONALD, S. E. 1989. A directional theory of issue voting. *American Political*

Science Review, 83 : 93-121.

RAE, D. W. 1967. *The Political Consequences of Electoral Laws.* New Haven : Yale University Press.

——and TAYLOR, M. 1970. *The Analysis of Cleavages.* New Haven : Yale University Press.

RAY, L. 2004. Don't rock the boat : expectations, fears, and opposition to EU level policymaking. Pp. 51-61 in *Dimensions of Contestation in the European Union*, ed. G. Marks and M. Steenbergen. Cambridge : Cambridge University Press.

REDDING, K., and VITERNA, J. 1999. Political demands, political opportunities : explaining the differential success of left-libertarian parties. *Social Forces*, 78 : 491-510.

RIKER, W. 1982. *Liberalism versus Populism.* San Francisco : Freeman.

——1986. *The Art of Political Manipulation.* New Haven : Yale University Press.

ROBERTS, K., and WIBBELS, E. 1999. Party systems and electoral volatility in Latin America : a test of economic, institutional, and structural explanations. *American Political Science Review*, 93 : 575-90.

ROBERTSON, D. 1976. *A Theory of Party Competition.* New York : Wiley.

ROEMER, J. 2001. *Political Competition : Theory and Applications.* Cambridge, Mass. : Harvard University Press.

ROGOWSKI, R. 1989. *Commerce and Coalitions.* Princeton : Princeton University Press.

ROSE, R., and MUNRO, R. 2003. *Elections and Parties in New European Democracies.* Washington, DC : Congressional Quarterly Press.

RUGGIE, J. G. 1989. International structure and international transformation : space, time, and method. Pp. 21-35 in *Global Changes and Theoretical Challenges*, ed. E.-O. Czempiel and. Rosenau. Lexington, Mass. : D. C. Heath.

——1993. Territoriality and beyond : problematizing modernity in international relations. *International Organization*, 47 : 139-74.

SACHSENRÖDER, W. 1998. Party politics and democratic development in East and Southeast Asia : a comparative view. Pp. 1-35 in *Political Party Systems and Democratic Development in East and Southeast Asia*, vol. i, ed. W. Sachsenröder and U. E. Frings. Ashgate : Aldershot.

SAMUELS, D. 2004. From socialism to social democracy : party organization and the transformation of the Workers' Party in Brazil. *Comparative Political Studies*, 37 : 999-1024.

SANI, G., and SARTORI, G. 1983. Polarization, fragmentation and competition in western democracies. Pp. 307-340 in *Western European Party Systems. Continuity and Change*, ed. H. Daalder and P. Mair. Beverly Hills, Calif. : Sage.

SARTORI, G. 1968. The sociology of parties : a critical review. Pp. 1-25 in *Party Systems, Party Organisation and the Politics of the New Masses*, ed. O. Stammer. Berlin : Institut für Politische Wissenschaften.

——1976. *Parties and Party Systems : A Framework for Analysis.* Cambridge : Cambridge University Press.

——1986. The influence of electoral systems : faulty laws or faulty method? Pp. 43-68 in *Electoral Laws and their Political Consequences*, ed. B. Grofman and A. Lijphart. New York : Agathon Press.

SCHAIN, M., ZOLBERG, A., and HOSSAU, P. eds. 2002. *Shadows over Europe : The Development and*

Impact of the Extreme Right in Western Europe. Houndmills: Palgrave Macmillan.

SCHEVE, K. 2000. Comparative context and public preferences over regional economic integration. Paper presented at the Annual Meeting of the American Political Science Association. Washington, DC.

SCHLESINGER, J. 1984. On the theory of party organization. *Journal of Politics*, 46: 369–400.

SCHMIDT, S. W., GUASTI, L., LAND, C. H., and SCOTT, J. C. eds. 1977. *Friends, Followers, and Factions.* Berkeley and Los Angeles: University of California Press.

SCHOFIELD, N. 2003. Valence competition in the spatial stochastic model. *Journal of Theoretical Politics*, 15: 371–83.

——2004. Equilibrium in the spatial "valence" model of politics. *Journal of Theoretical Politics*, 16: 447–81.

SCOTT, J. C. 1969. Corruption, machine politics, and political change. *American Political Science Review*, 62: 1142–58.

SHAMIR, M. 1984. Are western party systems "frozen"? A comparative dynamic analysis. *Comparative Political Studies*, 12: 35–79.

SHEFTER, M. 1994. *Political Parties and the State: The American Historical Experience.* Princeton University Press.

SHEPSLE, K. 1991. *Models of Multiparty Electoral Competition.* Chur: Harwood Academic Publishers.

SNYDER, J. M., Jr., and TING, M. M. 2002. An informational rationale for political parties. *American Journal of Political Science*, 46: 90–110.

SORAUF, F. J. 1964. *Party Politics in America.* Boston: Little, Brown.

SPRUYT, H. 1994. *The Sovereign State and its Competitors.* Princeton: Princeton University Press.

STIMSON, J. 2005. *Tides of Consent: How Public Opinion Shapes American Politics.* Cambridge: Cambridge University Press.

STOKES, D. 1963. Spatial models of party competition. *American Political Science Review*, 57: 368–77.

STROM, K. 19900. A behavioral theory of competitive political parties. *American Journal of Political Science*, 34: 565–98.

——1990b. *Minority Government and Majority Control.* Cambridge: Cambridge University Press.

TAAGEPERA, R., and GROFMAN, B. 1985. Rethinking Duverger's law: predicting the effective number of parties in plurality and PR systems: parties minus issues equals one. *European Journal of Political Research*, 13: 341–53.

TAVITS, M. 2005. The development of stable party support: electoral dynamics in post-communist Europe. *American Journal of Political Science*, 49(2): 283–98.

——2006. Party systems in the making, the emergence and success of new parties in new democracies. *British Journal of Political Science* (forthcoming).

TSEBELIS, G. 2002. *Veto Players.* Princeton: Princeton University Press.

VAN DER BRUG, W, FENNEMA, M., and TILLIE, J. 2005. Why some anti-immigrant parties fail and others succeed: a two-step model of aggregate electoral support. *Comparative Political Studies*, 38:

537—73.

VEUGELERS,J.,and MAGNAN,A.2005.Conditions of far-right strength in contemporary Western Europe:an application of Kitschelt's theory.*European Journal of Political Research*,44:837—60.

WALTZ,K.1954.*Man,the State,and War:A Theoretical Analysis.*New York:Columbia University Press.

——1979—*Theory of International Politics.*Reading,Mass.:Addison-Wesley.

WEINGAST, B. 1998. Political stability and civil war: institutions, commitments, and American democracy.Pp.148—93 in *Analytical Narratives*,ed.R.H.Bates,A.Greif,M.Levi,J.-L.Rosenthal,and B.R.Weingast.Princeton:Princeton University Press.

WHITEFIELD, S. 2002. Political cleavages and post-communist politics. *Annual Review of Political Science*,5:181—200.

WILKINSON,S.I.2004.*Votes and Violence:Electoral Competition and Ethnic Riots in India.*Cambridge:Cambridge University Press.

——2006.Explaining changing patterns of party-voter linkages in India.Pp.110—40 in *Patrons,Clients and Policies*,ed.H.Kitschelt and S.I.Wilkinson.Cambridge:Cambridge University Press.

第二十三章 选民与政党

安妮·雷恩(Anne Wren)

肯尼斯·M.麦克尔韦恩(Kenneth M.Mcelwain)

一、政党—选民关系重组或解体

在对发达工业民主国家的选举和立法行为的比较研究中,政党占有突出的地位。与选举制度、议会委员会或其他普遍存在的政治机构不同,各国宪法无论在结构还是在功能上都很少对政党作出规定。① 但是,政党又存在于几乎所有民主国家和部分专制国家中。实际上,许多关于政党政治的研究,其出发点都是谢茨施奈德的名言:"政党创造了现代民主制,没有政党,现代民主制不可思议。"(E.E.Schattschneider 1942)

对政党的意义有多种解释。早期的研究主要集中于政党在选举过程中的功用,特别是它们如何帮助选民在投票时组织他们的偏好。由于现代政府无论在二战之前还是二战之后都面临着不断增加且日益复杂的政策议题,人们认为公众不愿意(或者没有能力)搜集和处理决定为某位候选人投票所必需的全部信息(Campbell et al.1960),政党(特别是那些历史悠久、组织基础雄厚的政党)则可以通过对其候选人的政策纲领进行信息上的处理,简化这一过程(Downs 1957)。一名与工会保持紧密联系的美国工人,虽然对某位民主党候选人自身知之甚少,但能够推断出他在国会中会如何投票。还是用谢茨施奈德的话来说:"政党通过极度简化选民的各种选项,把他们组织起来了。"(Schattschneider 1960)

政党除提供信息之外,还发挥着重要的组织和立法功能。许多政党,特别是左翼政

---

① 也有一些著名的特例,如德国的《德意志联邦共和国基本法》明确规定了政党的法律权利、功能以及结构。

党拥有庞大的成员基础,他们借此征募候选人、发布信息,并且聚合各种利益以形成统一的政治纲领(Aldrich 1995;Dalton and Wattenberg 2000)。它们也是议会决策和构成联盟过程中的基本行为体。政党把观点相近的议员协调成为统一的立法集团,并且通过它们能够使用的各种胡萝卜加大棒的政策,视政治家忠诚于党的长期目标的程度,对他们进行奖励或者惩罚(Laver and Schofield 1990;Cox and McCubbins 1993;Bowler,Farrell,and Katz 1999)。

李普塞特和罗甘(Lipset and Rokkan 1967)在他们的经典研究中,描绘了选民与早期大众政党之间形成的根深蒂固的联系。那些在大众选举权扩展之时,甚至在此之前已经成功组建的政党,在与新选民建立关系时,具有某种第一推动者的优势。这一优势的影响非常巨大,以至虽然 20 世纪 20 年代至 60 年代期间,欧洲出现了各种政治动荡,但那里可观察到的政党体制仍然保持了高度的延续性。因此,上述两位学者得出了一个著名的论断,即选举断层的结构已经"冻结",它反映的是这些国家大众政党形成时期意识形态冲突的结构。

在这一时期,政党的组织策略对于加强政党与选民之间的感情联系尤为重要。把选民中重要的部分纳入主要政党的基层组织网络,或者像工会这样与政党紧密联系的组织,有利于培养长期的政治认同。① 这样,由于选民作出决定主要依赖他们所信任的政治组织提供的精简信息,因而其投票行为表现出较高的稳定性。选举本质上成为政党间为建立最大的群众组织而进行的竞赛,而既存政党的得票份额也基本保持稳定。

然而,就在李普塞特和罗甘对政党与选民之间这种根深蒂固的联系作出上述描绘之时,一些征兆已经出现了,它们预示选举图景即将出现重大变化。图 23.1 反映了自20 世纪 60 年代以后 1960 年之前成立的政党(即那些在"冻结的断层"假说中最典型的时代已经存在的政党)总得票额的变动趋势。② 该图由两个部分组成,其一反映的是年度数据,并标出了所有数据点;其二反映的是所有国家每两次选举之间的平均值,或者

---

① 参见 Przeworski and Sprague(1986)关于选举型社会主义政党的组织策略及其与工会运动之关系的论述;参见 Kalyvas(1996)关于基督教民主政党与天主教社会组织之间关系的论述。

② 本图以及其他各图表中的选举数据来自以下国家:澳大利亚(1946—2004);奥地利(1945—2002);比利时(1946—2003);丹麦(1945—2001);芬兰(1945—2003);法兰西第五共和国(1958—1997);(西)德国(1949—2002);希腊(1974—2004);冰岛(1946—2003);爱尔兰(1948—2002);意大利(1948—2001);日本(1946—2003);卢森堡(1954—2004);马耳他(1947—2003);荷兰(1946—2003);挪威(1945—2001);葡萄牙(1976—2002);西班牙(1977—2004);瑞典(1948—2002);以及英国(1945—2005)。数据出处:Gorvin(1989)和 Caramani(2000)。

称之为"选举计票点"。[1] 同时运用年份和选举计票点进行测量,使我们可以区分那些同时影响所有国家的因素导致的政治结果(通过以年份衡量),以及选举竞争的频率和自然周期所导致的发生变化(通过选举计票点)。无论采用何种测量方法,我们都可以观察到在时间与既存政党的表现之间存在着强烈的二次相关性。[2] 自 20 世纪 60 年代以来,这些政党的总得票额以越来越快的速度下降,这意味新出现的政党在选举中强有力的存在。

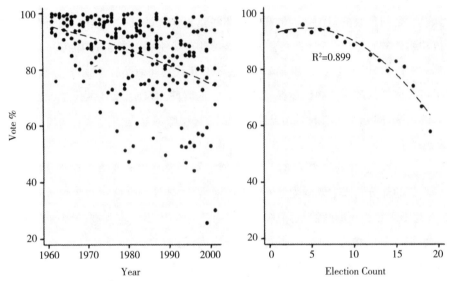

Annualized data shows all datapoints. Election count data shows average for each period.
Regression line is fit using a quadratic specification: y=a+bx+bx^2+e

图 23.1　1960 年之前成立的政党的总得票率

［年份数据显示了全部数据点。选举计票点反映每个周期的平均值。］
［回归线根据以下二次方程拟合而成:y＝a+bx+bx^2+e］

不仅如此,很多研究还发现,选民与政党关系的不稳定性有持续增长的迹象。对于个体选民的面板调查表明,在不同政党之间摇摆,或者把选票投给多个政党[3]的现象正不断增加(Clarke and Stewart 1998;Dalton,McAllister,and Wattenberg 2000)。另外,政党

---

①　例如,在我们所考察的时期内发生的第一次选举中,所有标本国家的平均得票额,反映为选举记票点的观察值就是"1"。选举计票点的数据来源仅限于那些选举计票数小于 20 的国家,因为只有澳大利亚、丹麦和日本在二战之后举行了多于 20 次的选举,如果把它们纳入统计,则一些仅存在于这些国家的特殊因素会导致结果出现偏差。本章中的所有图表都把选票计票点限定在 20 以下。

②　这里的拟合值即关于总得票率的二次预期,是总得票率对选举计票点和选举计票点的平方进行线性回归的结果。计算二次预期使用的是 Stata 9 软件中的"twoway qfit"功能。

③　Ticket splitting,指在不同选举比如总统选举和议会选举中,把选票投给不同政党的情况。——译者

的正式成员数量最近几十年也一直在减少(Scarrow 2000),选民的投票率则一路下滑,特别是在 20 世纪 90 年代尤其如此(Wattenberg 2000)。这些变化对于选举结果产生了重大影响:有更多新政党登上了政治舞台(Hug 2001;Tavits 2006),而且(或许更重要的是),各政党得到的选票和议席的波动也变得越来越不稳定(Mair 1997;Clarke and Stewart 1998;Dalton, McAllister, and Wattenberg 2000)。图 23.2 运用佩德森指数(Pedersen 1979),即两次选举之间政党得票率的净变化,反映了二战后选举变动的趋势。① 该图同样使用了两种不同的时间标准:一种逐年反映选举的变化,另一种则根据选举计票点反映平均的变动。图中的点表明,随着时间的推移,选举不稳定性以相对稳定的速率增长。②

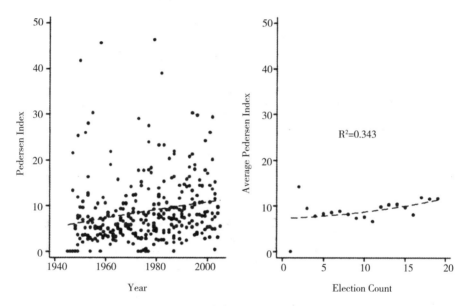

图 23.2　选举不稳定性的变化

数据反映的这些不同以往的趋势表明,发达工业民主国家政党和选民关系的本质

---

① 佩德林指数用以下公式表示得票率的净变化:$0.5^* \Sigma(|V_{i,t}-V_{i,t-1}|)$。其中,$V_i$=政党 i 的得票率,t=当下的选举。对于如何计算新政党的净得票率,不同文献之间存在分歧。例如,假设政党 A 和政党 B 合并为政党 C,那么不稳定性应当通过 $V_{C,t}-V_{(A+B),t-1}$ 来计算,还是仅以 VC 来计算?另外,对于那些通常被归为"其他"类别的边缘政党,是应当将它们一并忽略,还是视为一个单独的集团?在本章中,我们把政党 C 的总得票率作为选票变动的值,并且根据 Lijphart(1994)的方法,将边缘政党一并忽略。这么做的理由,是因为难以完整记录在每一次选举中哪些政党合并了,或者分裂了,特别是哪个政党内部的不同派别又聚合成了哪些独立的政党。

② 尽管最佳拟合线是用二次回归计算出来的,但其斜率随时间推移保持恒定,这说明不稳定性呈线性增长。

发生了变化。现在的问题是,我们该如何理解这些转变。基尔希海默(Otto Kirchheimer 1966)在这方面提供了非常有用的理论指导,他预言政党—选民关系将发生三种相互联系的变化:政党将减少对严格的意识形态的忠诚、政党在选举中不再仅仅依赖特定的社会阶层或派系、政党领袖会强化针对党员个人的组织权威。近年来,比较政治学研究已经验证了所有这三个维度的变化。在此,我们把这些表征概括性地分为两类,对于未来,它们具有各不相同的含义。

政党—选民关系的一个方面,是选民政策偏好的分布和内容在逐渐转变,而这种转变又对既存政党维持其支持率带来了强大挑战。在李普塞特和罗甘的框架内,所有国家最先出现的选举断层是工业革命的结果,它意味着资本主义与社会主义的对立,以及工人和资本所有者的阶级冲突。① 在选举领域,这一冲突越来越集中地体现在有关国家干预经济的正当性及其范围问题上。左翼政党主张高水平的福利再分配,以及国家对经济的大规模干预;右翼政党则强调自由市场的结果具有福利最大化的特征。

然而一些学者发现,随着近年来世界上经济最发达的民主国家越来越转向服务产业,同时越来越深地融入国际经济网络,传统的"左—右"概念已经难以解释分配冲突越来越大的政治影响(Rodrik 1997;Iversen and Wren 1998)。另外一些学者则认为,在较高的经济发展和安全水平上,分配冲突的重要性降低了,取而代之的是对诸如环境和个人自主等生活质量问题的"后物质主义"关切(Inglehart 1977,1997)。这种偏好变化迫使政党改变他们的表达内容,特别是在政府追求的政策方面。在那些政党不能调整其政策纲领,以适应选民新的偏好的地方,选举变动就会持续下去,而且至少持续到新的政党取而代之为止。

不过从长远来看,也许意义更为深远的变化,一般说是政党在组织和机构方面的变化,具体说就是选民和政党之间的联结纽带的渐次消损。就其理想形态而言,大众政党之所以曾经高效,是因为根深蒂固的政党—选民联系对交易双方都有利。选民通过政党了解有关时下政策的争论,并且在投票时简化他们在候选人之间的选择。政党则可能通过倾听基层网络的声音,把握公众情绪的风向,而且更重要的是,拥有一个被动员起来的投票集团,会使政党在选举中获益。选举环境两个主要是外生型的变化挑战了大众政党的这种结构:一是选民教育水平的提高,二是营销和传播技术,特别是民意调查和电视的创新。得到这些新的装备,选民现在能够廉价地从政党之外的渠道收集政治信息,而政党也不再需要维持庞大的基层组织以在全国范围内发动有效的竞选

---

① 反映有关宗教和地域问题,以及城乡分化的第二次断层则因各国历史发展不同而不同。

（Dalton and Wattenberg 2000）。换言之，人们认为，对政治家和选民而言，大众政党组织策略的意义都已经大不如前，因而也就被双方所抛弃。

尽管这两种趋势并不相互排斥，但它们主次地位的不同，还是会给政党—选民关系的未来带来相当不同的结果。虽然现有政党的问题是无法完全适应选民政策偏好的变化，但政治能力的变化仍然反映出，联系选民与所有政党的各种纽带的强度都发生了根本性变化。前者为最终的意识形态"联盟重组"和长期的选举稳定性保留了机会；但后者却预示着选民—政党之间的忠诚关系会越来越不稳固，以及选举中永久的"去联盟化"。表 23.1 更为细致地反映了两种假说的因果逻辑，及其各自可观察到的影响。

在本章中，我们将重新评价持联盟重组与去联盟化观点的研究成果，并对未来的政党—选民关系提出我们自己的判断。有一种观点认为，社会经济和人口方面的变化是传统政党表现不佳的原因。我们在下一部分将讨论这种观点。那些竞选战场上的老兵据说已经无法适应选民偏好的变化，只能被动地接受新来者的攻击。第三部分将概述近年来政党组织结构方面的变化，及其对传统政党的选举表现，以及一般意义上对选举结果稳定性的影响。第四部分介绍统计分析的结果，这一分析旨在探索选举竞争和组织变化对传统大众政党表现的影响。第五部分是结论，并指出未来研究的一些方向。

表 23.1 联盟重组与去联盟化

理论	刺激因素	短期影响	回应	长期影响
联盟重组	选民偏好的改变	选民与现存政党之间意识形态鸿沟的扩大	现存政党采用新的政策纲领；新政党会缓慢地取代它们的位置	投票波动趋于稳定
去联盟化	选民/政党能力的改变	选民与所有政党之间的情感和组织联系弱化	政党组织发生变化：政党积极分子、"全国性"或"集中化"政策的作用降低	投票波动继续；投票率下降

可以在此事先表明的是，我们认为经验研究倾向于支持去联盟化的主张。证据表明，近年来选举不稳定性的增加，不仅仅是政党体制为应对选举偏好变化进行短期调整的结果（尽管无疑这种调整正在进行中），它们更多来自于政党自身组织结构的深层变化。当然我们也注意到，选举不稳定的变动趋势，似乎并没有在一般意义上影响政府构成的稳定性。因此，日益增加的选举不稳定性更为广泛的政治影响，似乎并不像人们有时所宣称的那么大。

二、选民政策偏好的变化

在关于议会行为的标准理论中,选民偏好被认为是外生性的、且固定不变的,而政党则是回应性的"受动者",它们通过策略性地选择政治纲领,使自己的政治诉求最大化。早期的选举空间模型以"议题汇聚"概念为核心。据此,选民选择那些政策倡议与他们自己的偏好最接近的政党,而政党则会制定出能够吸引最大数量选民的纲领。在某些情况下——特别是选民偏好呈简单的左—右分布、且采用胜者全胜的选举规则时——政党会向中间选民的立场汇聚,并采取温和的中间路线(Downs 1957)。不过,最近出现的"定向"投票的模型则假定,一般来说选民的政策偏好都比较模糊,因此他们的选择取决于政党竞选承诺的方向和强度,这会导致意识形态的分化而非汇聚(Rabinowitz and Macdonald 1989;Iversen 1994)。当然,这两种模型中的意识形态的形成*机制*是相同的,即由政党对政策进行宣传,以吸引最大多数的选民(Stokes 1999)。

在 19 世纪末和 20 世纪的大部分时间里,选举竞争中的基本意识形态断层,是按照经济维度上的左—右之分形成的。社会主义政党与工会结成紧密同盟,并在其政策纲领中强调工人的利益,特别是降低失业率并保障经济安全。另一方面,保守政党则保持着与资本所有者的牢固联系,并倾向于创造对企业发展和资本投资更有利的条件。尽管这两大群体之间的意识形态分隔并非牢不可破,但大量研究都提供了经验证据表明,执政党的政策输出存在着独特的党派倾向,且与这些政党的铁杆选民的偏好相关(Hibbs 1977;Alesina and Rosenthal 1995)。

然而,从 20 世纪 70 年代开始,选民的政策偏好分布逐渐转变,其中最关键的,就是传统意义上经济维度上左右之间断层的重要性不断下降。这一转变的发生,部分是人口结构变化的结果。有证据表明,自 20 世纪 70 年代以来,由于白领职员和服务部门职员即"新中产阶级"逐渐取代农民和体力工人,成为选民中关键的社会经济群体,传统上党派划分的社会基础逐渐消失(Mair,Muller,and Plasser 2004)。与此相伴随的,则是很多国家传统的、以阶级为基础的投票渐趋衰落(Clark and Lipset 2001)。

伴随着上述人口变化的,是关于经济组织问题,以及可供考虑的替代选择的争论。随着共产主义在东欧的崩溃,人们不再争论资本主义和社会主义孰优孰劣,取而代之的是在国际经济一体化的环境下如何对国民经济进行最佳管理的讨论。特别是资本市场的日益开放,使各国政府更难于执行独立的财政和货币政策(Simmons 1998;Boix 2000)。在很多国家,为了缓解通胀压力,货币政策的职责已经被委托给政治上独立的中央银行(Grilli,Masciandoro,and Tabellini 1991)。相比之下,对于欧盟成员国的政府来说,由于独立的欧洲中央银行的建立和单一货币的采用,其独立行动受到的约束更多。综合各方面的研究可以认为,虽然这些约束尚不足以消除经济政策制定中独特的党派特征,但在最近几十年间党派的影响力的确是下降了(Wren 2006)。

经验证据也表明,在经济问题上,各党的意识形态正表现出某种趋同的迹象。巴吉、罗伯特森和赫尔(Budge, Robertson, and Hearl 1987)根据"宣言比较研究项目"(Comparative Manifesto Project)提供的数据认为,在经济的左右维度上,各党的竞选纲领正在向中心汇聚。柯尔和格雷(Caul and Gray 2000)发现,在 15 个发达民主国家中,有 10 个国家主要政党左右之间的差异正在缩小,而且这种中间化的趋势在实行简单多数选举制的国家最为明显,因为这种制度对政策趋同的压力最强。更细致的分析发现,这一趋势并非单向的。伏尔干和克林格曼(Volkens and Klingemann 2002)证明,政党之间的意识形态差异在 1940—1960 年间有所缩小,在 1970—1980 年间又所有扩大,从 20 世纪 80 年代末起再度缩小。不过总体而言,无论是极化的程度(左—右光谱的重要性),还是意识形态的跨度(极左与极右政党之间的差异),在 20 世纪 40 年代都比 20 世纪 90 年代更明显。艾泽罗(Ezrow 2005)认为,这种逐渐的中间化可能是一种使选票最大化的策略,因为在 1984 年和 1998 年之间,中间政党的得票往往会稍多一些。

由于政党的意识形态立场都趋于中庸,所以提供给选民的政策选择余地也变得狭小了。温和的政党纲领进而导致了更多的中间政府。图 23.3 显示了从每次选举前的最后一届内阁到选举后第一届内阁,意识形态构成的历时性变化趋势。虽然在两次选举之间也会发生政府更迭,但是考察选举前后意识形态的变化,可以使我们了解议会席位最初的分配如何影响了权力的分配。我们用"1"、"2"或"3"来标记内阁中的多数分别由右翼、中间或左翼政党构成的情况。① 图 23.3 根据选举前政府为左、中、右翼三种情况(选前意识形态)把数据点分为三部分,并且追踪下届政府意识形态变化的方向(选后意识形态)。数据显示,特别是从 20 世纪 70 年代以来,中间政府明显越来越多。换言之,保守主义的和社会主义政府都在向中间靠拢,而中间派政府则持续稳固。

(传统理解的)经济上的左右之分重要性的降低,为一些次级断层在选举中重要性

---

① 内阁意识形态状况更形式化的表达方式是:1=保守政党控制了至少51%或者绝对多数的内阁职位;2=中间政党控制至少51%的内阁职位,或者存在一个左右政党结成同盟,其中每一方至少控制了33%的内阁职位;3=左翼政党控制了至少51%或者绝对多数的内阁职位。所谓绝对多数,指的是拥有比其他两类政党加在一起还要多的内阁职位,比如在不计独立人士的情况下,左翼的百分比>中间派的百分比+右翼的百分比。关于政府构成和政党意识形态的数据,来自 Woldendorp, Keman, and Budge 2000,以及 Comparative Political Data Set(Armingeon et al.2005)。

的上升提供了空间。英格尔哈特(Inglehart 1977,1987,1997)预言了这一变化,他在其早期著作中指出,伴随着第二次世界大战之后的物质繁荣和经济的提升,发达工业社会出现了一种"价值观变迁"。由于经济发展和福利国家的扩展满足了年轻一代的物质需求,他们开始把诸如环境和个人自由等关乎"生活方式"的问题置于传统的物质关切之上。重要的是,英格尔哈特得到公共舆论数据的支撑,它证明即便是战后出生的一代年龄渐长,这种价值观的变化仍然不会改变,这意味着选举图景产生了永久性的变化(Inglehart 1987,1997)。

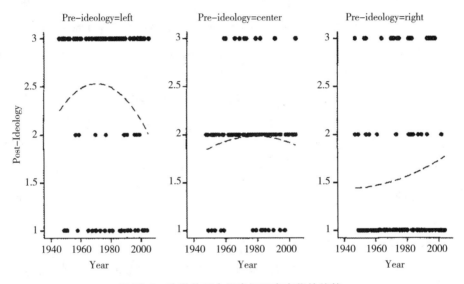

图 23. 3　选举前后内阁意识形态变化的趋势

(选前/选后的意识形态=选举前/后的内阁的意识形态)

(意识形态:1=右翼;2=中间派;3=左翼)

　　当然有理由认英格尔哈特的理论(即发达工业民主国家物质问题的重要性正在下降)有些言过其实。例如,艾弗生和雷恩(Iversen and Wren 1998)认为,向以服务业为基础的经济转型,会使社会面临一系列新的不可回避的分配选择,而且它们无法简单地用传统上左右之间的经济断层来理解。类似地,一些学者指出,在西方民主国家,针对全球化,特别是经济开放、就业和福利国家保护之间的取舍,政治冲突的重要性提高了(Rodrik 1997)。基切尔特(Kitschelt 1994,1995)认为,围绕环境或移民等"非经济"议题的选举断层,实际上与后工业社会新出现的一系列经济断层密切相关。经济上传统的左右之分已经吸纳了这一新的维度,因而它现在的跨度已经扩大到从"左派自由至上论者"(他们集中在相对而言在新的经济环境中得到保护并支持"后物质主义"价值观的工人中间)直到"右翼威权主义者"(主要是那些感到自身福利和经济安全受到了最近经济变化,特别是经济开放的威胁的人群)的更广泛的光谱。①

传统政党在应对这些社会经济变化时反应迟缓,这就给新政党留下了可以抓住的开放的政策空间。虽然新政党登上政治舞台不是什么新鲜事物,但最近几十年来,有新政党参与的选举的比例确实有所上升。在 20 世纪 50 年代举行的 51 次选举中,至少有一个新党参与竞争的占了 27.5%。② 虽然这一比例在 20 世纪 70 年代保持稳定,但到 80 年代又开始显著上升,有至少一个新党参与的选举达到了 30.0%;到 90 年代,这一比例再次提高,有 47.3% 的选举中出现了新的竞争。

最近几十年出现的新政党可以大致分为三种类别,它们都围绕或者是新的,或者是既存政党所忽视的议题。第一类是基切尔特(Kitschelt 1994)所说的左派自由至上主义政党,最典型的代表就是生态主义者或者绿党,它们的产生,与后物质主义价值观(如对环境恶化和核能的关切)的出现相关联。③

第二类是新极端右翼,它们主要出现于欧洲,并与对来自发展中国家的移民不断增加的关注有关。新极端右派的竞选策略,是去占据因传统政党纲领日益中间化而留下的政策空间(Kitschelt 1995)。虽然这些政党(最著名的代表就是勒庞在法国建立的国民阵线、海德尔在奥地利建立的自由党,以及荷兰的皮姆·富图恩)都以其排斥移民的仇外立场为世人所知,但它们的总体竞选策略更为微妙,因为它们采取的是支持市场自由主义的坚定的保守主义原则,以争取独立的小店主和保守商业人士的支持。

第三类是地方主义政党,它们要求中央政府为其所在地区赋予更大的政治独立性,但不一定在左右之争中持某种意识形态立场。德·文特(De Winter 1998)发现,此类政党在那些分裂的政治体中较为常见,而它们能否取得成功,最好的指示器是语言分裂的程度(比如比利时和西班牙),以及某种程度上地域的贫富分化,富有的地区通常要求更多的自治权。

图 23.4 反映了新政党进入的历时趋势,既包括在左右之间具有可识别的意识形态倾向的政党,也包括基本上持中间立场的政党。这里的左右之分不止基于传统的阶级冲突,也考虑到自由至上主义对抗威权主义的维度,其中环境保护主义在左翼,移民问

---

① 贝诺瓦特和拉维尔(Benoit and Laver,forthcoming)在他们最近涵盖 47 个国家的专业调查中也发现,在很多国家,人们既从生态的也从经济的角度理解"左右"之分的维度。

② 在文献中,关于如何界定真正意义上的新生政党存在分歧,特别是是否应将由两个政党合并而成的政党视为一个新的主体(Hug 2001;Tavits 2006)。在这里,我们不区分政党的类型,因而包括了所有分裂之后的,合并而成的,以及真正的新生政党。需要说明的是,我们只计算那些至少获得了 1% 的选票或者一个议会席位的政党。

③ 还出现了一些新的社会主义和共产主义政党,它们在左—右维度和自由至上主义—威权主义的维度上都与传统的社会民主党是竞争对手。

题则属于右翼。在左右分野上拥有清晰立场的地方主义政党也包含在此分类中,但那些主要倡导地方自主的则被排除在外,因为地方政治竞争的细节在每个国家都各不相同。

图 23.4 提供了一些有趣的观察。首先,左派自由主义政党的稳步增加,导致了新政党总体数量的增加。战后期间,在所有参加选举竞争的新政党中,左派政党占了52%。这印证了英格尔哈特(Inglehart 1987)的观点,即在意识形态的光谱上,后物质主义的选民会集中在左翼,从长期来看,这就又推动了更多的左派政党加入竞选。第二,从时间上来看,持中间立场的新政党数量波动最小。根据 1950 年至 2000 年间的数据,在每 10 年间,平均有 4.4 个新的中间政党加入选举,最多时是 7 个(20 世纪 60 年代),最少时是 2 个(20 世纪 50 年代)。另一方面,新增加的右翼政党的数量最不稳定。在1950 年至 2000 年之间,每 10 年中平均有 6.2 个新的保守政党加入选举,但其中 20 世纪 60 年代是 0 个,而 70 年代则是 7 个。

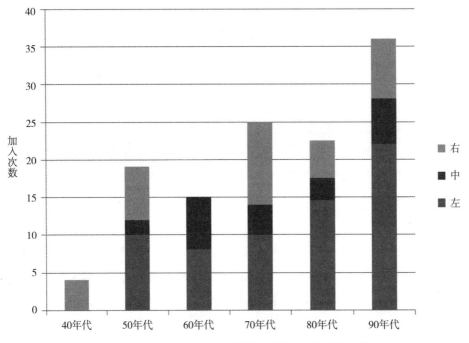

图 23.4　以意识形态分类的新政党加入选举的次数

新政党数量的增长及其意识形态分布,为以下假说提供了某种支持,即传统政党之所以表现不佳,是因为它们未能适应社会经济的变化。与英格尔哈特的假设相符,那些以传统的"左右"之分为争取中间选票而战的老牌政党,最容易持续受到强调后物质主义价值的新的左翼政党的攻击。至于 20 世纪 90 年代新的右翼政党数量的增加(因经济全球化特别是移民问题而导致的对分配问题关注的提升）是否会在接下来的几十年延续下去,还有待观察。

然而,投票偏好的变化,不能完全解释最近几十年来选举波动的模式。根据大众政党模型,选民通过社会化获得持久的政治认同,这意味着,只有当现存政党的基本选民发生了剧烈的人口变动,得票份额的变化才会发生。由于这种大规模变化十分缓慢,因此它所带来的选举方面的变化也应该相对和缓而稳定,至少选民和政党之间的紧密联系不会受到动摇。同时,如果新政党能够成功地吸引那些被边缘化的选民,那么从长远来看,它们的进入应该降低选举中的不稳定性。但是,正如我们从图 23.2 的散点分布中所看到的,在过去 40 年间,选举的不稳定性事实上一直以一个相当稳定的速率在上升。这说明,我们所观察到的不仅是选民和政党的偏好出现了距离,更重要的是双方在组织上更为持久的分离。在下一部分,我们将讨论政党和选民关系的性质所发生的更为根本的变化,及其对传统政党的表现带来的影响。

三、政党—选民关系的组织性变化

上一部分讨论的人口方面的解释,无法说明为何既存政党无法轻易地将新成员拉入它们的怀抱。这种策略灵活性的障碍,大致可以通过大众政党模式组织上的僵化加以理解。如果选民牢牢地嵌入某些特定政党的机制结构,那么选举日的唯一问题就只是哪个政党能够更好地劝诱其支持者前来投票。这样,选举结果就取决于某地区增长的人口是联合一致还是彼此分化。虽然在政党无法精确了解公众情绪的变化,而选民也很少获得政治信息的时代,大众型政党组织可能是一种政治动员的有效手段,但这种制度结构还是严重地限制了政党意识形态的灵活性和选民的政治选择。[1]

然而,随着时间的推移,政党的组织结构,以及政党自身都开始变化。在过去 30 年间,政党基层组织成员的数量不断下降(Katz and Mair 1992)。斯卡罗(Scarrow 2000)通过对 14 个发达工业民主国家进行对比之后发现,从 1960 年以来,大多数国家的党员数量都有所下降(从绝对量和在选民中所占的比例来看都是如此),而且这一下降的趋势自 20 世纪 90 年代以后尤为明显。尽管政党出于政治营销的目的会夸大其成员的数量,但斯卡罗引用民意调查数据表明,承认其党员身份的人数已经急剧减少。

这些发现补充了那种认为政党与选民之间的情感纽带正在削弱的观点。达尔顿、

---

[1]　关于不同国家的政党应对选举不稳定性上升的原因和结果,参见 Mair, Muller, and Plasser (2004)。

麦克阿里斯特和瓦腾贝格(Dalton, McAllister, and Wattenberg 2002)运用欧洲晴雨表(Eurobarometer)的调查数据表明,尽管过去一段时间"非常"和"相当投入"的政党支持者的比例大致保持稳定,但大批政党的"一般"同情者正转变为无党派人士。克拉克和斯图尔特(Clarke and Stewart 1998)在他们对民主制国家的研究中,发现了一种被他们称为"一定程度的去联盟化"现象,即虽然具有较强党派联系的选民比例正在下降,但他们会转变为普通党员或者无党派人士,而不会成为其他政党的支持者。在一次更广泛的比较研究中,达尔顿、克拉阿里斯特和瓦腾贝格(Dalton, McAllister, and Wattenberg 2000)发现,在不同层级的政府的不同选举中,承认会为不同政党投票的选民人数增加了。总的来说,证据表明,选民们正在彻底放弃党派忠诚,而不是永久性地转向其他政党。

这一转变在年轻人中表现得最为明显,他们是在大众政党组织之外成长起来的。达尔顿(Dalton 2000)指出,一个最关键的事实是,表明具有强烈党派归属的人的比例,在年轻人中下降的速度比更年长的人群要快得多。英格尔哈特(Inglehart 1987)认为,党派归属感信念会随年龄增长而加强,但这一现象仅存在于那些年轻时即已形成党派归属的选民中间。如果事实的确如此,那么没有任何党派归属的年轻人的增加,就意味着政党和选民之间的联系在今后将更为薄弱。

这一转型的背景是选举市场发生的两种外生性变化,即教育水平的提高和新技术的采用,它们使政党和选民得以脱离大众政党模式。这两个因素一方面减少了选民需要政党以获取有关政治事件的信息的程度,另一方面也减少了政党依赖基层成员的程度。偏好变化意味着选民与政党之间意识形态一致性的转变,组织变化则是政党与选民的能力,以及它们双方为使其政治目标最大化而彼此依赖的程度发生变化的结果。

从组织的角度来看,政党的两大核心社会功能,是用政策教育选民(Duverger 1954),以及在多名候选人之间简化选择(Downs 1957)。这种功能在工人缺乏搜集和处理政治信息手段的时代颇为有用,但教育机会的增加,以及媒体渠道的扩展,为选民提供了新的、政党之外的信息来源。在基本上实现了文化普及的发达工业民主国家,几乎每个人能够通过报纸,特别是电视、广播和网络追踪事件的进程。信息转播中不断增强的多元性,使选民们不必盲目追随政党的指引,同时也增加了选民了解政党也许更愿意对他们隐瞒的信息的可能性,如不良的执政表现或贿赂丑闻等。

不仅是选民不再需要政党,政党现在也可以不必受党派活动家偏好的束缚而进行有效的全国性竞选。虽然基层党员在选战中曾经提供了宝贵的人力资源(Aldrich 1995),但20世纪70年代以来电视拥有量的提高,以及最近网络的使用,使政党精英可以彻底绕开这些中间人,并且通过媒体直接面对更多的观众(Farrell 2002)。事实上,达尔顿、麦克阿里斯特和瓦腾贝格（Dalton，McAllister，and Wattenberg 2002）发现，几乎在所有国家，参加实际竞选活动的人都越来越少。这种组织上新的机动性，使政党能够更好地适应选民意识形态关切的变化。

新技术还带来了政党进一步的集中化，特别是在协调竞选方面。这种集中化的一个标志，就是政党领袖越来越被等同于政党的标签。达尔顿、麦克阿里斯特和瓦腾贝格（Dalton，McAllister，and Wattenberg 2000）对比了媒体提及候选人和政党的次数，他们发现，更多出现的是党的领袖而非政党本身。事实上，大多数国家在选举之前都会重点报道政党领袖之间的电视辩论（Farrell 2002）。

另一个发生变化的是竞争中制定和传播政策纲领的方式。大众政党组织曾经是政党精英收集有关选民政策偏好的信息的重要手段，但民意调查日益广泛的运用及其可靠性的提高，使政党有可能获得关于更大多数选民的数据。传播工具的成熟也使政党得以针对时下的重要问题"兜售"或"营销"它们的纲领，而不仅仅是重复那些早就为人们所熟知的问题（Farrell and Webb 2000）。竞选经理的专业化和政党总部职员数量的增长，就是这一演进的表征。大众政党曾经是一个成员众多的组织与其精英人物之间重要的联络网络，但最近的趋势则表明，政党正在转变为政治候选人，特别是党的领袖个人的专业竞选机构。

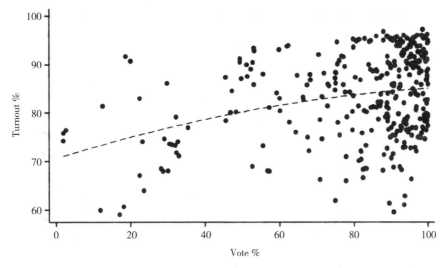

** Total vote share of parties that had competed in the first election of the post-war period

图 23. 5　投票率与现存政党得票率之间的关系

y 轴：投票率；x 轴：得票率
** 各国参加过二战后首次选举的政党的总得票率

大众政党模式衰落的一个重要的附带影响，是发达工业民主国家投票率的普遍下降。在大众政党模式下,政党领袖能够依靠基层积极分子来争取支持,并劝说选民在选举日去投票。然而,特别是从20世纪80年代以来,投票率出现了急剧下降。在20世纪50年代,平均投票率是84.6%,最低是71.3%;但自2000年以来,平均投票率降至77.3%,最低则达到了59.5%。这一变化部分源自现有政党动员能力的下降。图23.5反映了投票率与那些参加过各国战后第一次选举的政党总得票率之间的函数关系。投票率与现存政党得票率之间的相关系数是0.293,而且如图中的二次回归线所示,两者之间强烈正相关。这意味着,当现存政党主导选举过程时,投票率就会提高;换言之,投票率与这些政党在选举中的重要性直接相关。

四、选举竞争、组织变化以及传统政党的表现

如上所述,关于传统政党得票率的下降,比较政治学为我们提供了两类假说。第一类着眼于发达工业社会中社会经济和人口结构方面的变化,认为传统政党未能适应这些变化以及凸显出来的新问题,这可能削弱了它们的有效竞争力。第二类则强调政党的政治与组织角色方面更为根本的变化。随着作为选民与政党之间信息传递者的新技术手段作用越来越大,以及选民的教育水平和独立获取政治知识的水平不断提高,对大众政党组织的需求下降了。由此观之,传统政党每况愈下的竞选表现,以及投票行为日益增加的不稳定性,表明现存政党模式的重要性整体下降了。

由于投票波动、投票率、党员情况,以及新党加入等都随时发生变化,因而要明确每个因素单独的影响并不是一件容易的事情。我们试图通过回归分析来研究这些因素的影响,因变量是*1960年成立的政党的得票*,即1960年之前已经存在的政党的总得票率。因为1960年已经成立的政党存在于"冻结断层"假说的高峰期,因此它们代表了那些在传统上拥有最强大的民众组织基础的政党。此处使用的统计模型,是一种运用面板校正标准误差和面板专用AR1(一阶自动回归)自相关的混合回归法。① 数据集中的每个案例都是某一国家在1960年之后的一次选举,总共是20个发达工业民主国家的220个案例。该模型分别用"国家"及"选举计票点"作为面板变量和时间变量。

我们引入了两个滞后变量,它们都与1960年之前成立的政党在选举和组织方面变动直接相关。为了描述选举的不稳定性,我们引入了*滞后佩德森指数*,即用佩德森指数衡量的选票波动。如果选举波动来自既存政党之间的选票交易,那么虽然选票波动值比较高,但1960年之前成立的政党总的得票率并不会受到影响。另一方面,相关系

① 一阶自动回归 specification 表明其含有一个滞后的因变量。

数为负值意味选举波动的历时性增长的实际原因，是1960年后出现的政党夺去了1960年之前成立的政党的选票。*滞后投票率*是一个连续变量，它反映在*上次*选举中参与投票的所有选举人的比例。由于1960年前成立的政党传统上通过动员其基层成员获得选票，所以较低的投票率就可能表明它们的组织能力有所下降。但是，如果投票率与任何政党的任何部分的组织能力都没有关系的话，那么投票率的下降对1960年前成立的政党的影响就不会比对1960年后成立的政党更大。我们之所以对*佩德森指数*和投票率都采用了滞后的而非同时的测量，就是因为考虑到了原因和结果方面的内生性问题。[1]

另一重要的自变量是*新政党数*，这是一个表示加入给定选举的新政党数量的离散变量。如果传统政党选举表现的退化的确部分反映了它们未能适应社会经济的变化，或者说如果新政党的确争取到了那些注重为传统政党所忽视的新的政策议题的选民，那么新政党的进入就应该对既存政党的得票率产生负面影响。反过来，如果新政党总体上对选举竞争的基本形态并无多少影响，或者它们只是简单地彼此进行投票交易，那么它们的进入就不会对既存政党的表现产生实质性的影响。[2]

还有一系列其他变量可以反映选举的不稳定性。我们引入了*联盟*这个二分变量，如果选举之前是联合政府执政，则该变量等于"1"。这一变量符合罗斯和麦基（Rose and Mackie 1983）的经验观察，即联合政府中的政党在下一次选举中的表现，总体上逊于一党执政的情况。虽然一般来说所有执政党都会失去一些选票，但参与联盟的政党受到的影响会更大，因为它们的支持者通常会认为，为支持联合政府而进行的政策交易是对该政党竞选纲领的背弃。*议会表现*也是一个离散变量，它反映两次选举之间内阁构成发生变动的次数。我们认为，如果执政党未能保证内阁稳定，就会遭到选民的惩罚。

我们还引入了两个测量政治制度的变量。*选举制度变化*是一个二分变量，当选举前选举制度发生变化时它等于"1"。所谓的变化包括以下这些方面：（一）选举规则（如从简单多数制变为比例代表制或相反，或者比例代表制的规则发生变化）；（二）选区规模的中值（大于10%的变化）；（三）代表性的法定门槛。选举制度的变化会改变选举竞争的框架。因为对那些为在既有制度下实现效率最大化而培育其组织基础的政党来

---

① 例如，1960年前成立的政党的得票波动本身，就是反映政党选举表现的一个直接的、经验性的指标，因此，在对因变量进行解释的时候，同时的测量值并不是一个真正的自变量。投票率与滞后投票率之间的相关系数是0.904，而佩德森指数和滞后佩德森指数之间的相关系数则是0.218。

② 虽然政党策略性进入的模型认为，一般来说只有在有利可图的情况下新政党才会加入竞争，但经验研究发现大多数新政党在竞选中表现不佳。目前还没有关于政党获胜相关因素的较有说服力的模型。

说,制度变化造成的伤害会更大,所以 1960 年前成立的政党得票率应该受到负面影响。

*有效性门槛*是一个用以衡量有效代表门槛的连续变量。后者是一个反映各种选举规则的复合指数,可以衡量在某种选举结构下赢得一个议席的难度(Lijphart 1994)。① 在简单多数制(其门槛更高)之下赢得选票的困难之一,就是选民的策略行动更明显,即不会为那些注定落败的政党投票,尽管他们更喜欢那个注定落败的党,而非那些表现出众、地位稳固的竞争者(Duverger 1954;Cox 1997)。从理论上说,较高的有效性门槛对老政党有利,因为它维持现有政党体制的惯性效果更强。

最后,模型中还包含了年代这一虚拟变量,以区别那些在同一时间影响所有国家的因素,以及在一些国家政治成熟过程中(用选举记数点的时间因素表示)某些特定阶段发生作用的因素。重要的是,年代还能让我们得以在一个单一的时间趋势中厘清其他自变量的影响。

表 23.2 既存政党的选举表现评估(1960—2002)
(模型:混合最小二阶回归,运用面板校正标准误差)

变　　量	1960 年前成立政党的得票率		统计描述		
	β	(SE)	最小/最大	中值	S.D.
新政党数	−3.576[c]	0.563	0/5	0.483	0.856
滞后佩德森指数	−0.273[c]	0.091	0/46.35	8.852	6.793
滞后投票率	0.149[a]	0.089	59/97.2	83.583	8.880
联盟	−2.585[b]	1.316	0/1	0.562	0.497
议会表现	0.535	0.435	0/6	0.727	1.080
选举制度变化	−1.888[a]	1.056	0/1	0.103	0.305
选举门槛	0.102[11]	0.061	67/35	11.074	11.319
20 世纪 60 年代	11.925[c]	2.748	视情况而定	45	
20 世纪 70 年代	8.966[c]	2.514		60	
20 世纪 80 年代	7.239[c]	2.589		60	
20 世纪 90 年代	3.289	2.342		55	

---

① 有效性门槛值是以下两个数值的平均数:(1)排除门槛值,即政党在无法获得任何议席的情况下的最高得票率;(2)纳入门票值,即政党能够获得一个议席的最低得票率。排除门槛($Texcl$)= V/M+1,这里 V=得票份额,M=该选区的议席数量。纳入门槛($Tincl$)是以下二者中的更高值:(1)法定门槛值,或(2)$Tincl$=100/2M,这里 M=平均选区规模(Lijphart 1994)。

续表

变　量	1960 年前成立 政党的得票率		统计描述		
	β	(SE)	最小/最大	中值	S.D.
常量	70.988[c]	7.711			
统计量	147.81				
N	220				
R^2	0.965				

注：群体变量：国家(20)；时间变量：选举计数点(1—24)

面板指定一阶自动回归；通过成对选择计算标准差

[a] p<0.1.

[b] p<0.05.

[c] p<.01.

表 23.2 反映了这一普通最小二乘法混合回归的结果。模型总体的拟合效果非常好，其似合度为 0.97。关于新老政党之间的选举竞争，以及老政党自身的组织能力，该分析提供了一些有趣的观察。

首先我们看到，新政党的加入降低了那些在 1960 年之前已经存在的政党的得票率，这表明新来者的确在新议题上成功地展开了竞争。新政党计数的系数为负，表明每个新政党加入选举，1960 年前成立的政党的得票率就降低 3.58%。

其次，选举波动性的增加对旧政党的损害大于新政党。*滞后佩德森指数*的系数为负值，这表明选举波动性对作为一个群体的老政党得票率产生了负面影响。*滞后佩德森指数*的标准差每增加 1，1960 年前成立的政党的得票率就降低 1.85%。这些估算表明，选举结果之所以不稳定，并非既存政党之间进行了什么交易，而是老政党流失的选民转而支持新政党造成的。

第三，*滞后投票率*变量的系数为正，这意味着如果前一时段投票率下降 10%，会使既存政党的得票率就下降 1.5%。这一发现再次表明传统政党组织结构变化的重要影响。换言之，由于老政党在选举日动员选民的能力降低，它们的选票流失要快于新政党。

再看其他变量。我们可以发现，正如我们所预期的，*联盟*为负，而议会表现为正，尽管在常规意义上说只有*联盟*具有统计上的显著意义。两个制度变量，即有效性门槛和选举制度变化的系数的正负，与先前预期的方向一致，尽管它们的实质影响较低。最低门槛（荷兰的全国性比例代表制，0.67）和最高门槛（英国式的单选区多数制，35）

之间,只是让 1960 年前成立的政党的得票率提高了 3.5%。对这一微小相关性最可能的解释,是一阶自动回归变量(1960 年前成立政党的滞后得票)已经结合了前一阶段选举门槛对选民行为的影响。由于选举门槛很少随时间变化,滞后变量低估了这一测量值的实际影响。类似地,选举规则的变化理论上应该给选举结果带来重大改变,但实际上仅使 1960 年前成立的政党的得票率降低了 1.89%。这可能反映了如下的事实,即当权者一般会在有利的时机、并以有利于自己的方式改变选举规则,而当权者多是 1960 年前成立的政党(McElwain 2005)。所有年代虚拟变量的影响都是显著和正向的,且越追溯到先前,影响系数就越大。由于 1960 年的新政党比 1990 年要少,所以可想而知的是,年代越久远,老政党的表现就越差。

总的来说,这一简单的分析可以得出一些重要发现。新政党的加入,对 1960 年之前成立的政党的得票率发挥了显著的负面影响。传统政党作为一个群体的确面临挑战,其对手就是围绕新的选举议题组织起来的新生力量,对此我们在第三部分中已经有所叙述。因此,传统政党每况愈下的选举表现,可以被部分地归因于它们未能在新的政策维度上进行成功的竞争。同时,投票率和既存政党竞选表现之间的密切关系,表明组织结构上的变化(特别是大众政党基层组织的萎缩)同样发挥了重要作用。最后相当有趣的是,选举波动性的增加,对各政党的影响并不相同,受冲击最大的是传统政党。

应该如何理解这些结果? 一方面,我们大概可以预见,选举波动性将会增强,这是选举结盟重组带来的附带效果。也就是说,如果当前政党体制的调整是为了回应社会经济的变化,那么短期内选举波动会增强;但随着系统重新回到均衡状态,即老政党完成了纲领调整,而新政党也各就各位之后,投票又会回归稳定。但是,如果选举波动性的增强实际上反映了政党组织及选民—政党关系某些更具根本性的变化,那么就没有理由期望选举波动会随着时间而降低。事实上,这两种立场都得到了统计分析的支持:新政党正进入选举舞台,而且正在拿走既存政党的选票;但与此同时,政治动员(这是"大众政党模式"的根本特征)也正在全面衰退,并正在摧毁老牌政党的胜选底线。

判断这两种力量孰强孰弱,是未来研究面临的一项富于挑战性的任务,且超出了本章的范围。不过,我们还是可以通过对一些经验指标的分析,识别出"趋势当中的趋势"。具体来说,虽然选举的波动性可能会持续增强,但我们应该考察增强的速度是高还是低;也就是说,选举波动性是加速,还是稳步增强? 我们可以通过比较时间点(t)的佩德森指数值和时间点($t-1$)的滞后佩德森指数值来做一个简单的检验。结果表明,当前值和滞后值之间的相关系数只有 0.218,这表示我们无法通过前一个时段的选票波动预测后一个时段的选票波动情况。时间点(t)的佩德森指数减去时间点($t-1$)的佩德森指数的标准差(8.55)要比中值(0.504)大得多,这表明选举波动性相当不稳定。

图 23.6 反映了选举波动的变化速度,从中可以看出同时测量值和滞后测量值之间的差别,不过排除了选举规则发生重大变化之后的选举。[①] 数据显示,选举波动增长的速度在各时段保持恒定,因此我们没有理由相信选举波动性会很快回落。重要的是,除新政党增加的数量之外,没有其他指标表示选举正趋于稳定。根据这里所能得到的有限的数据,我们观察到的似乎是持续的去联盟化,而非循环式的再结盟。

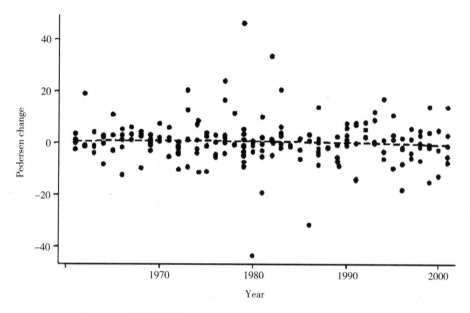

图 23.6 佩德森指数的波动(Pedersen(t) - Pedersen (t-1))

五、结 论

政党在议会政治中扮演关键角色,因此它所谓的衰落(本章和其他作品通过选举波动性指数对其加以研究)已经成为大量关于选举和立法行为的研究关注的焦点。在政党和选民关系问题上,学者们发现了两种平行的解释。第一,选民对政党的党派认同在减弱,选民的政策偏好与政党竞选宣言之间的差距在增加。第二,受教育机会的提高以及传媒技术的创新增强了政党与选民双方的政治能力,使得它们不愿也不必再把自己与某种大众政党结构捆绑在一起。两个方面的变化相互联系,具体表现之一就是各政党为了迎合中间选民,其纲领也越来越中间化:宣传工具的容易获得,使政党能够直

---

① 把选举规则发生变化之后的选举包含进来并不会从根本上改变结果,但这种操作方式被更好地反映选举波动不受制度变化影响的自然趋势。

接呼吁全国选民进行投票(能力变化),但这也加大了政党与选民之间的意识形态差距(偏好变迁)。

这两种解释对于政党—选民关系的未来走向具有不同的意义。如果偏好变化是导致选举波动的主要原因,那么一旦现存政党重组联盟、并且适应了选民政策偏好的变化,或者新的政党取而代之,投票波动最终会逐渐减弱。但是,如果选举波动是由选民和政党政治能力的变化所致,那么两个群体之间的组织联系就会持续弱化,而当前投票中的波动也可被理解为政党永久性去联盟化的先兆。

本章分析了这两种不同假设的因果效力。研究文献认为,随着旧政党转向政治中间地带,新政党通常会利用它们留下的意识形态空档,这是支持"后物质主义"价值的政党大量涌现的原因。我们的统计分析证明,老政党的选票正不断地被新政党夺走,但同样重要的是,各现存政党也难以保证他们的支持者在投票日参与投票。这一点,再加上选举波动的变化趋势(投票波动的变化速度)保持恒定这一事实,多数证据似乎表明,未来出现的将是长期的去联盟化而非暂时的联盟重组。

虽然跨国回归是研究新政党对选举竞争的影响的一种方式,但要真正理解新政党的重要性,我们必须对它们的内部结构进行深入理解。从理论上说,新政党的组织方式必然最大限度地适应其创立之初选民的偏好和能力;而另一方面,老政党的组织结构则可能反映出以往时期动机结构遗留下来的历史包袱。从反面来说,如果成功的新政党建立了一种大众组织而非囊括一切的结构,那么我们就能够推断老政党的全面动员模式仍然有用,同时当前出现的选举波动趋势也并不必然意味着去联盟化。

解决这一争论的一种方式是提出某种政党的"生命周期模型"。虽然关于政党在什么情况下会出现,现在已经有一些新的探索,但关于它们如何才能获得成功、它们的组织结构如何随时间改变,以及什么因素决定了它们的生命周期,目前仍然知之甚少。这一研究需要有关新政党的成员、内部规章、意识形态构成,以及选举策略的完整数据,也需要当前居于主导地位、也许能够更新自己的旧政党的相应数据。大部分关于选举和政党政治的研究是从战后开始的(我们也是如此),但如果不了解那些在创立之初十分弱小的政党如何发展壮大,那么理解新政党的演进就颇为困难。

政党大小的区分不仅仅取决于得票多少,因为不同规模的政党要在竞选中获胜,相应的组织基础应有所不同。例如,基奇海默(Kirchheimer 1966)认为,只有大型的、具有全国性竞争力的政党需要采用无所不包的结构,因为对持有相对极端或者新颖的意识形态立场的小党来说,更为有利的选择,是与热切关注相应议题的选民小群体保持密切联系。只有当党内意识形态多样化过度发展,或者成员数量膨胀到难以控制的规模时,维持大众组织结构才会出现问题。但新政党,特别是后物质主义群体的规模相对来说还比较小。因此,很难推断这些政党在获得成功后会如何调整它们的组织基础;如果英格尔哈特是对的,即后物质主义价值的选民基础会扩大的话,情况就尤其如此。

最后,虽然选举波动性本身是一种有趣的现象,但并不清楚它是否会导致政党政治发生根本性的变化。一方面,大众政党的动员能力的降低、后物质主义价值观重要性的提升,以及/或者关于经济问题的意识形态论争内容的变化,都可能会改变议会讨论的议题及其制定的政策。另一方面,选民的不稳定并不必然导致政府结构和形成的不稳定。新政党的进入可能会削弱老政党在选举中的重要性,但是否会有越来越多的新政党加入政府,或者使政府构成发生越来越快的变化呢?

这一问题的核心,就是梅尔对政党变化和政党体制变化的区分。在具有类似意识形态立场的现存政党之间选票分布发生变化的时候(如社会党和共产党进行选票交易),政党变化就发生了。但是,这并未改变政治竞争的总体模式,因为左—右分野依然存在。相反,政党体制的变化则会导致政治断层结构或者政府构成方式的转变。比如,假设居主导地位的中间政党把选票同时丢给了左翼和右翼政党,那么政治竞争的意识形态基础就会进一步极端化。或者,如果一个与众多小党竞争的大党发生分裂,并由此形成一个由两大潜在阵营相互争夺权力的新体制,政府形成的规则就被改变了。典型的例子就是 20 世纪 80 年代末的爱尔兰。当时进步民主党从共和党中分裂出来,不仅削弱了后者可能单独执政的多数党的地位,而且形成了一种由共和党—进步民主党与统一党—工党两大联盟对峙的局面。总体上看,政党变化比政党体制变化更为频繁,这使得梅尔认为,选举波动并没有从根本上改变政治竞争的基础(Mair 1997;Mair and Mudde 1998)。

图 23.7 反映的是两次选举之间内阁变更频率的趋势,可以体现政党变化和政党体制变化的不同。[1] 在议会制政体中,内阁极不稳定。因为反对党可以通过不信任案迫使内阁辞职;或者内阁也可能会策略性地自行解散,以重新分配内阁职位,并让更多的议员有机会参与竞争(Mershon 2002)。选举波动性研究得到的一个结论就是,由于新的政党缺乏知识,又没有与其他政党长期相处的关系,所以想要让政府避免危机非常困难,这就意味着新生政党占多数的内阁寿命可能不会太长。不过,图 23.7 中的左侧部分显示,政府不稳定与通过投票波动衡量的选举不稳定无关。图的右侧反映执政党中新政党(即从未参加过政府的党)的比例与内阁稳定性的关系,它同样表明,政府的稳定性与新政党的加入无关。

---

[1] 当行政部门更迭或一个新政党加入/离开既存内阁时,就记为一次内阁变更。这里采用的是 Woldendorp,Keman,and Budge(2000)的计算方法。

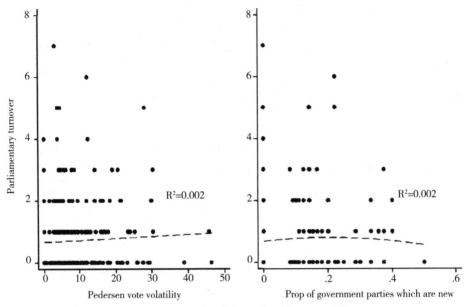

Note: Parliamentary turnover counts number of changes in cabinet composition.

图 23.7 政府稳定性的构成因素

[x 轴:佩德森投票不稳定性指数;执政党中新党的比例]
[y 轴:议会表现]
[注:议会表现由内阁构成变化的次数计算]

虽然政府效率还有其他的衡量标准(比如政策输出和宏观经济表现),但上图说明,对于选举波动性的规范评价所引发的悲观失望可能是被夸大了。老政党毕竟仍然占据着大多数内阁职位,因此它们得票率的相对下降,可能不过是这些政党意欲摆脱与立法权无关的多余的选举能力的愿望。也就是说,问题在于政党是变得瘦而精了,还是小而弱了。虽然政府构成的相对稳定性支持前一种结论,但相信未来的研究会更好地说明政党—选民关系变化的原因和影响。

参考文献

ALDRICH, J.H.1995.*Why Parties? The Origin and Transformation of Political Parties in America.*Chicago:University of Chicago Press.

ALESINA, A., and ROSENTHAL, H.1995.*Partisan Politics, Divided Government, and the Economy.*Cambridge:Cambridge University Press.

ARMINGEON, K., LEIMGRUBER, P., BEYELER, M., and MENEGALE, S.2005. Comparative political data set 1960−2003.Institute of Political Science, University of Berne.

BENOIT,K.,and LAVER,M.Forthcoming.*Party Policy in Modern Democracies*.London:Routledge.

Boix,C.2000.Partisan governments,the international economy,and macroeconomic policies in OECD countries,1964−93.*World Politics*,53:38−73.

BOWLER,S.,FARRELL,D.M.,and KATZ,R.S.1999.Party cohesion,party discipline,and parliaments. Ch.1 in *Party Discipline and Parliamentary Government*,ed.S.Bowler,D.M.Farrell,and R.S.Katz.Columbus:Ohio State University Press.

BUDGE,I.,ROBERTSON,D.,and HEARL,D.eds.1987.*Ideology,Strategy,and Party Change:Spatial Analyses ofPost-War Election Programmes in 19 Democracies*.Cambridge:Cambridge University Press.

CAMERON,D.1984.Social democracy,corporatism,labor quiescence,and the representation of economic interest in advanced capitalist society.Pp.143−78 in *Order and Conflict in Contemporary Capitalism*, ed.J.H.Goldthorpe.Oxford:Clarendon Press.

CAMPBELL,A.,CONVERSE,P.E.,MILLER,W.E.,and STOKES,D.E.i960.*The American Voter*. Chicago:University of Chicago Press.

CARAMANI,D.2003.The end of silent elections:the birth of electoral competition,1832−1915.*Party Politics*,94:411−43.

——2000.*The Societies of Europe:Elections in Western Europe since 1815*. London: Macmillan Reference Ltd.

CAUL,M.L.,and GRAY,M.M.2000.From platform declarations to policy outcomes:changing party profiles and partisan influence over policy.Pp.208−37 in *Parties without Partisans:Political Change in Advanced Industrial Democracies*,ed.R.J.Dalton and M.P.Wattenberg.Oxford:Oxford University Press.

CLARK,T.N.,and LIPSET,S.M.2001.*The Breakdown of Class Politics:A Debate on Post- Industrial Stratification*.Baltimore:Johns Hopkins University Press.

CLARKE,H.D.,and STEWART,M.C.1998.The decline of parties in the minds of citizens.*Annual Review of Political Science*,1:357−78.

Cox,G.1987.*The Efficient Secret:The Cabinet and the Development of Political Parties in Victorian England*.Cambridge:Cambridge University Press.

——1997−*Making Votes Count:Strategic Coordination in the World's Electoral Systems*. Cambridge: Cambridge University Press.

——and MCCUBBINS,M.D.1993.*Legislative Leviathan:Party Government in the House*.Berkeley and Los Angeles:University of California Press.

DALTON,R.J.2000.The decline of party identifications.Pp.19−36 in *Parties without Partisans:Political Change in Advanced Industrial Democracies*,ed.R.J.Dalton and M.P.Wattenberg.Oxford:Oxford University Press.

——MCALLISTER,I.,and WATTENBERG,M.P.2000.The consequences of partisan deal-ignment.Pp. 37−63 in *Parties without Partisans:Political Change in Advanced Industrial Democracies*,ed.R.J. Dalton and M.P.Wattenberg.Oxford:Oxford University Press.

——2002.' Political parties and their publics.Pp.19−42 in *Political Parties in the New Europe:Political and Analytical Challenges*, ed.K.R.Luther and F.Muller-Rommel.Oxford：Oxford University Press.

——and WATTENBERG,M.P.2000.Unthinkable democracy：political change in advanced industrial de-mocracies.Pp.3–18 in *Parties without Partisans：Political Change in Advanced Industrial Democracies*, ed.R.J.Dalton and M.P.Wattenberg.Oxford：Oxford University Press.

DE WINTER,L.1998.Conclusion：a comparative analysis of the electoral, office and policy success of ethnoregionalist parties.Pp.204–47 in *Regionalist Parties in Western Europe*, ed.L.De Winter and H. Tursan.New York：Routledge.

DOWNS,A.1957.*An Economic Theory of Democracy*.New York：Harper and Row.

DUVERGER,M.1954.*Political Parties：Their Organization and Activity in the Modern State*.New York： Wiley.

EZROW,L.2005.Are moderate parties rewarded in multiparty systems? A pooled analysis of Western European elections,1984–1998.*European Journal of Political Research*,44：881–98.

FARRELL,D.M.2002.Campaign modernization and the west European party.Pp.63–84 in *Political Parties in the New Europe：Political and Analytical Challenges*, ed.K.R.Luther and F.Muller-Rommel. Oxford：Oxford University Press.

——and WEBB,P.2000.Political parties as campaign organizations.Pp.102–28 in *Parties without Parti-sans：Political Change in Advanced Industrial Democracies*, ed. R. J. Dalton and M. P. Wattenberg. Oxford：Oxford University Press.

GORVIN,I.ed.1989.*Elections since 1945：A Worldwide Reference Compendium*.Chicago：St James Press.

GRILLI,V., MASCIANDORO, D., and TABELLINI, G. 1991. Political and monetary institutions and public financial policies in the industrialized countries.*Economic Policy*,13：341–92.HIBBS,D.1977. Political parties and macroeconomic policy.*American Political Science Review*,71：1467–87.

HUG,S.2001.*Altering Party Systems：Strategic Behavior and the Emergence of New Political Parties in Western Democracies*.Ann Arbor：University of Michigan Press.

INGLEHART, R. 1977. *The Silent Revolution：Changing Values and Political Styles among Western Publics*.Princeton：Princeton University Press.

——1987.Value change in industrial societies.*American Political Science Review*,814：1289–303.

——1997–*Modernization and Postmodernization：Cultural, Economic, and Political Change in 43 Societies*.Princeton：Princeton University Press.

IVERSEN,T.1994.The logics of electoral politics：spatial, directional, and mobilizational effects.*Compar-ative Political Studies*,272：155–89.

——and WREN,A.1998.Equality, employment, and budgetary restraint：the trilemma of the service e-conomy.*World Politics*,50：242–56.

KALYVAS,S.N.1996.*The Rise of Christian Democracy in Europe*.Ithaca,NY：Cornell University Press.

KATZ,R., and MAIR, P. eds. 1992. *Party Organizations：A Data Handbook on Party Organizations in Western Democracies,1960–1990*.London：Sage Publications.

——1995.Changing models of party organization and party democracy：the emergence of the cartel party.

Party Politics, 11:5-28.

KIRCHHEIMER, 0.1966.The transformation of the western European party systems.Pp.177-200 in *Political Parties and Political Development*, ed.J.LaPalombara and M.Weiner.Princeton: Princeton University Press.

KITSCHELT, H. 1994. *The Transformation of European Social Democracy.* Cambridge: Cambridge University Press.

——1995.*The Radical Right in Western Europe: A Comparative Analysis.* Ann Arbor: University of Michigan Press.

KORPI, W, and SHALEV, M. 1979.Strikes, industrial-relations and class conflict in capitalist societies. *British Journal of Sociology*, 302:164-87.

LANGE, P., and GARRETT, G.1985.The politics of growth: strategic interaction and economic performance in the advanced industrial democracies, 1974-1980.*Journal of Politics*, 473:792-827.

LAVER, M., and SCHOFIELD, N. 1990.*Multiparty Government: The Politics of Coalition in Europe.* Ann Arbor: University of Michigan Press.

LEWIS-BECK, M.1988.*Economics and Elections: The Major Western Democracies.* Ann Arbor: University of Michigan Press.

——and STEGMAIER, M.2000.Economic determinants of electoral outcomes.*Annual Review of Political Science*, 3:183-219.

LIJPHART, A.1994.*Electoral Systems and Party Systems: A Study of Twenty-Seven Democracies 1945-1990.*Oxford: Oxford University Press.

LIPSET, S.M., and ROKKAN, S.eds.1967.*Party Systems and Voter Alignments.*New York: Free Press.

MCELWAIN, K.M.2005.Manipulating electoral rules: intra-party conflict, partisan interests, and constitutional thickness.Doctoral dissertation.Stanford University.

MACKUEN, M.B., ERICKSON, R.S., and STIMSON, J.A.1992.Peasants or bankers? The American electorate and the US economy.*American Political Science Review*, 863:597-611.MAIR, P.1990.Introduction.Pp.1-22 in *The West European Party System*, ed.P.Mair.Oxford: Oxford University Press.

——1997.*Party System Change.*Oxford: Oxford University Press.

——and MUDDE, C.1998.The party family and its study.*Annual Review of Political Science*, 1:211-29.

——MULLER, W.C, and PLASSER, F.eds.2004.*Political Parties and Electoral Change: Party Responses to Electoral Markets.*London: Sage Publications.

MERSHON, C.2002.*The Costs of Coalition.*Stanford, Calif.: Stanford University Press.

PEDERSEN, M. N. 1979. The dynamics of European party systems: changing patterns of electoral volatility.*European Journal of Political Research*, 71:1-26.

POWELL, G.B., and WHITTEN, G.D.1993.A cross-national analysis of economic voting: taking account of the political context.*American Journal of Political Science*, 372:391-414.

PRZEWORSKI, A., and SPRAGUE, J.1986.*Paper Stones: A History of Electoral Socialism.* Chicago: University of Chicago Press.

RABINOWITZ,G.,and MACDONALD,S.E.1989.A directional theory of issue voting.*American Political Science Review*,83;93-121.

RODRIK,D.1997.*Has Globalization Gone Too* Far? Washington,DC;Institute for International Economics.

ROSE,R.,and MACKIE,T.T.1983.Incumbency in government;asset or liability? Pp.115-37 in *Western European Party Systems;Continuity and Change*,ed. H. Daalder and P. Mair. Berkeley, Calif.; Sage Publications.

SCARROW,S.E.2000.Parties without members? Party organization in a changing electoral environment. Pp.79-101 in *Parties without Partisans;Political Change in Advanced Industrial Democracies*,ed.R.J. Dalton and M.P.Wattenberg.Oxford;Oxford University Press.

SCHATTSCHNEIDER,E.E.1942.*Party Government*.New York;Farrar and Rinehart.

——1960.*The Semisovereign People;A Realist's View of Democracy in America*. Fort Worth; Harcourt Brace Jovanovich College Publishers.

SIMMONS,B.1998.The internationalization of capital.Pp.36-69 in *Continuity and Change in Contemporary Capitalism*,ed.H.Kitschelt,P.Lange,G.Marks,and J.Stephens.Cambridge;Cambridge University Press.

STOKES,S.C.1999.Political parties and democracy.*Annual Review of Political Science*,2;243-67.

STROM,K.1990.*Minority Government and Majority Rule*.Cambridge;Cambridge University Press.

TAVITS,M.2006.Party system change;testing a model of new party entry.*Party Politics*,121;99-119.

VOLKENS,A.,and KLINGEMANN, H.-D.2002.Parties,ideologies,and issues;stability and change in fifteen European party systems 1945 – 1998. Pp. 143 – 68 in *Political Parties in the New Europe; Political and Analytical Challenges*,ed.K.R.Luther and F.Muller-Rommel.Oxford;Oxford University Press.

WATTENBERG,M.P.2000.The decline of party mobilization.Pp.64-76 in *Parties without Partisans;Political Change in Advanced Industrial Democracies*,ed.R.J.Dalton and M.P.Wattenberg.Oxford;Oxford University Press.

WOLDENDORP,J.,KEMAN,H.,and BUDGE,I.2000.*Party Government in 48 Democracies 1945-1998; Composition-Duration-Personnel*.Dordrecht;Kluwer Academic Publishers.

WREN,A.2006.Comparative perspectives on the role of the state in the economy.In *Oxford Handbook of Political Economy*.Oxford;Oxford University Press.

第二十四章　新兴民主国家的政党与选民

弗朗西斯·阿戈皮昂（Frances Hagopian）

政党是现代民主国家最重要的政治代表组织。政党决定动员*哪些*选民，以及如何对他们进行动员。它们可能建立广泛而松散的联盟，也可能寻求那些具有明确的语言、地域或职业认同的群体的支持。它们可能会向选民提供物质利益和工作，或者为它们自己的社区，以及拥有个人魅力或者其他特定素质（比如诚实、能力，或者高度的工作伦理，或者拥有共同的宗教信仰、族群、社会阶级，或者关于政府和社会的共同观念）的候选人提供单独的、排他性的好处。简而言之，它们可以通过裙带关系、主仆关系、政治分肥、个人能力，或者个人表现、认同、纲领及意识形态等手段吸引选民。本章的目的，就是说明政党会选择何种策略、如何理解这些选择，以及它们在短期或者长期所获得的成功。

政党和选民关系中的几个论题，对先进的和新兴的民主国家是共同的。在这两类国家，政党都要提出吸引选民的战略，在重要议题上框定政策倡议，并把自己展现为拥有与选民一样的认同和价值观的、称职、务实的执政者。但是，在其他很多方面，这两类国家之间存在明显的差别，它们使我们有机会在政党及其选民的关系问题上，处理比在先进民主国家所遇到的更广泛的问题。在新兴民主国家，党派观念通常十分微弱，政党来去匆匆，甚至严格意义上的政党体系也几乎根本不存在。因此，我们不仅要探究某个特定政党得票率变化的原因，还要追问党派分野是如何出现的、政党选择什么样的基础动员选民，以及为什么政党有时候能把松散且不稳定的政党—选民关系转变为稳定的纽带，或者难以阻止曾经强固的政党—选民关系变得松散。与此同时，我们还面临着理论上的挑战，需要解决为何以工业化民主国家的政治为基础提出的范式并不必然在新兴民主国家行之有效的问题。新兴民主国家的起点不一样。这一方面表现在新兴民主国家作为投票基础的社会阶级和职业官僚出现时间点不同,并且经历过原有政党被压制的历史时期;另一方面表现在它们试图在一种相当不同的社会扎根,这些地方贫困与不平等极为严重,社会生活贫乏,国际经济严重制约了国内政策空间,而全球信息交流又触及最遥远的乡村地区。

目前,我们缺少一种一般性的理论,以说明在许多新兴民主国家极度不稳定的选举条件下,政党如何动员选民。人们认为,在发达工业化社会,稳定的党派归属来源于社会学意义上的(特别是社会经济的、宗教的或区域的)范畴,这一过程或是自然发生(Lipset and Rokkan 1967),或是受到政党的引导(Sartori 1969),并得到纲领性诉求的强化;新兴民主国家则不同,这些国家的选举人都很贫穷,全体选民中并不存在突出的差别,因此可以想象,政党会向选民发放现金、提供施惠性的工作岗位,或对它们自己的社区提供特殊的利益,政党候选人也会发出强烈的个人性呼吁。这形成了一种恶性循环,政党缺乏凝聚力,不可能提出清晰的治理纲领,亦不能扎根于广大选民之中,结果就导致一种制度化程度较低的、不稳定的政党体制。很多新兴民主国家普遍存在把候选人个人声望置于首位的制度形态,而这会大大增加政党—选民关系的不稳定性。

本章认为,上述对新兴民主国家政党—选民关系的描述存在其缺陷。为提出更好的理论,我们需要在更广阔的背景下,了解向民主政治和市场经济的转型如何被纳入政党及其代表的策略谋划,改变了关键的制度和社会行为体的权力平衡,并造成可能重塑党际竞争并且改变选民动员基础的新的议题分化。诉诸得到清晰界定的选民的强有力的纲领,可能会使基于施受惠关系的政党转变为纲领型政党;而在面临艰难的政策选择时进行共谋的决定,则可能会使纲领型政党与选民建立某种个人性的、裙带性的关系,而它们各自的选民群体也变得难以区分。

在接下来的各部分,我首先介绍新兴民主国家政党与选民关系脆弱和不稳定的特点。随后,我会深入分析以下观点,即这样一种联系的本质包含了建立稳定的党派归属的线索。为此,我会重申上面提及的问题,即如何解释党派分野,以及政党对它们将予以动员的选民的选择。在第三部分,我将回顾制度主义和结构主义对政党动员(选民)机制的解释。第四部分将提出一种替代框架,以理解政党选择的动员策略。我会从政党—选民关系中尚未得到深入研究的一个策略层面入手,即党际竞争、选民需求和代表策略相互联系的方式。最后一部分对我们关于新兴民主国家政党和选民关系的理论与知识现状加以评估,并对未来的研究进行简要的规划。

政党动员选民的方式具有重要意义。如果它们以裙带关系作为动员基础,那么政府就不可能通过适应国家紧急情况的法案（Ames 2001），精英会通过阻碍经济发展获得利益，公共品则可能供给不足（Brusco，Nazareno，Stokes 2004，84 页）。① 纲领性差别和政策替代选择的缺失，也会导致公民参与和政治兴趣的瓦解（Hogopian 2005），而当选民与政党的联系中断时，政党就会陷入严重的生存危机（Crisp 2000），公民和政治精英眼中民主制的合法性会下降（Kitschelt et al.1999，第 1 页），民主制就可能变得不稳定（Lipset 2001，第 5 页）。另一种极端情况是，具有强烈认同和极端意识形态的政党会加剧政治冲突，阻碍必要的政策妥协，但其结果同样威胁到民主制本身。

一、新兴民主国家的选民动员：挑战的强度

当今拉美、中东欧、亚洲以及撒哈拉以南非洲地区的新兴民主政权，是在始于 1974 年的葡萄牙、西班牙、希腊等南欧国家的第三波民主化浪潮中催生的（Huntington 1991）。1978 年时，拉丁美洲只有 3 个民主国家，而今天只剩下古巴和海地两个威权政权。在中东欧和前苏联共产主义统治瓦解后诞生的 27 个国家中，只有 7 个到 2004 年仍被"自由之家"归为"不自由"的类别。在亚洲，韩国、台湾地区、泰国、菲律宾、蒙古已经与印度一样，成为完全的民主政权，在土耳其、斯里兰卡、孟加拉、马来西亚、新加坡、印度尼西亚、东帝汶和尼泊尔，政治权利和公民自由也得到了扩展。在撒哈拉以南的非洲，1990 年之前只有博茨瓦纳、塞内加尔、津巴布韦、纳米比亚和毛里求斯举行定期选举；到 1998 年，只有 4 个国家在 20 世纪 90 年代未曾举行过某种形式的竞争性选举（Gibson 2002，202 页）（图表 24.1）。不言而喻，这些国家的情况相当不同，它们当中有前军人政权、共产主义体制，以及任期不等的个人独裁政权。在最后的威权统治之前，有些国家已经经历过民主政权，拥有政党体制和选民动员机制，它们很快就能得到复兴；但另一些国家则没有或仅有极少的民主经验，没有政党传统，公共社会也十分软弱。2002 年，拉丁美洲的人均国民收入是 3280 美元，而撒哈拉以南的非洲地区和亚洲分别只有 450 美元和 460 美元（World Bank 2004）。

在当前的新兴民主国家中，政党和选民关系密切而稳定的为数极少。从俄罗斯到巴西，只有少数选民具有政党认同。1994 年具有政党认同者百分比的中间值，在 7 个

---

① 之所以如此，是因为裙带主义政党能够从低度发展和收入分配不均中获利。一方面，收入的增长会提高政党收买选票的成本；另一方面，选民更愿意支持裙带主义而非纲领型的政党，因为无论他们是否投票支持一个纲领型的政党，他们都能得到它所提供的公共品，而要想得到一个裙带主义政党的好处，他们就必须为它投票。

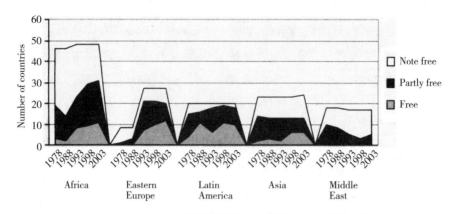

图24.1 "自由之家"对新兴民主国家的排名,1978—2003

中东欧国家为27%,在3个前苏联国家为15%;许多人对所有政党都持反对态度,因而根本没有投票意愿(Rose 1995,552、554页)。根据最近的统计,在东欧有37%、在所有新兴民主国家有三分之一的选民表示支持某一政党;而在亚洲,这一比例要小于四分之一(表24.1)。尽管在公众调查中由选民自己报告政党认同,可能并不是衡量政党归属的最好方式,而政党归属可能也不像看上去那么薄弱①,但可以肯定的是,新兴民主国家的选民与政党的联系远不如工业化民主国家那么密切。所有新兴民主国家选举波动率的平均值,即两次选举之间某政党得票的净变化值是30.6,这是当前发达工业化民主国家的2.5倍,1948—1996年之间美国的7倍,1885—1995年之间13个欧洲民主国家的3.5倍(Bartolini and Mair 1990,68页,引自Roberts and Wibbels 1999,576页)。下议院选举的平均波动率,在东欧达到44.0,在拉美为30,在印度、韩国和台湾地区为22.8,在20世纪90年代至少举行过两次多党选举的30个撒哈拉以南非洲国家为28.4。只有5个非洲国家——博茨瓦纳、冈比亚、纳米比亚、塞内加尔和南非——拥有制度化的政党体制,进行有规律的政党竞争,并有稳定政党参与选举;也只有在这5个国家,选民与有组织的利益团体认为,是政党和选举决定了由谁来统治(Mainwaring and Scully 1995;Kuenzi and Lambright 2001,461、442页)。

---

① 布雷德尔和塔克(Brader and Tucker 2001,71—2页)怀疑,新兴民主国家的政党归属是否能够和应该仅仅用政党认同来加以衡量。他们以俄罗斯为例,提出了一种辨识新产生的党派归属的替代方法。这一方法测量以下三个方面的指标:(一)随时间变化选民在政党选择方面体现出来的忠诚度和稳定性。(二)选民的政党偏好与其他方面的政治评价的一致性。(三)归属某一政党的选民的利益和观念与该政党的诉求和纲领的对应程度。

表 24.1　新兴民主国家和工业化民主国家中的党派归属与选举波动性

区域中间值	选举波动性中间值(下院[a])	政党认同[b]
南欧[c]	12.8	44.1
东欧[d]	44.0	37.3
拉丁美洲[e]	30.0	27.7
亚洲[f]	22.8	23.1
撒哈拉以南非洲[g]	28.4	—
新兴民主国家中间值	30.6	34.7
工业化民主国家中间值[h]	12.5	47.5

[a] 撒哈拉以南非洲国家的选举波动性中间值,由至少两次选举间政党得票的净变化值计算得出(Kuenzi and Lambright 2001),至于其他地区,那些 1978 年和 2003 年都被"自由之家"评定为"自由"或"部分自由"的国家,至少举行过三次连续的下院选举(Mainwaring and Torcal 2006)。

[b] 政党认同率的取值根据对两个问题的回答:"你通常是否认为自己与某个特定政党的联系比较密切?"如果受调查者的回答为"是",随后的问题便是:"是哪个政党?"与只问一个问题相比,两个问题的形式会导致统计出来的党派认同率更低,但能精确测量党派归属的国家间差异。调查年份在下面的括号中标出。

[c] 西班牙(2000),葡萄牙(2002);希腊(只有选举波动性中间值)。

[d] 白俄罗斯(2001),捷克共和国(1996),匈牙利(1998),立陶宛(1997),波兰(1997),罗马尼亚(1996),俄罗斯(2000),斯洛文尼亚(1996),乌克兰(1998);保加利亚、爱沙尼亚和拉脱维亚(只有选举波动性中间值)。

[e] 巴西(2002),智利(1999),墨西哥(2000),秘鲁(2001);阿根廷、玻利维亚、哥伦比亚、厄瓜多尔和委内瑞拉(只有选举波动性中间值)。

[f] 韩国(2000);台湾地区(1996);泰国(2001)(只有政党认同率);印度(只有选举波动中间值)。

[g] 选举制度比较研究(CSES, the Comparative Study of Electoral Systems)数据库中未收入撒哈拉以南非洲国家的数据。立法机构选举波动性中间值的计算则包括了这 30 个国家的数据。

[h] 澳大利亚(1996),丹麦(1998),德国(1998),日本(1996),荷兰(1998),挪威(1997),瑞典(1998),瑞士(1999),英国(1997),美国(1996);加拿大(1997),以色列(1999),新西兰(1996)(只有政党认同率);比利时、法国和意大利(只有选举波动中间值)。

数据来源:选举波动性:Mainwaring and Torcal 2006,27—28 页;Kueni and Lambright 2001,449 页。政党认同:Samuels 2006,5 页(原始出处:选举制度比较研究,参见 www.unich.edu/cses)。

　　新兴民主国家的选举波动性部分源自政党数量的增加,但如果选民的政党归属比较强的话,那么新生政党要在选举中得到哪怕是暂时的胜利也不可能。一般认为,在新兴民主国家,比纲领型政党占有更大优势的施惠型政党,与选民通常只有松散的联系。人们常常说,裙带政治和施惠型政治是菲律宾、印度尼西亚、缅甸和马来西亚(Scott 1972),科特迪瓦和塞内加尔(Lemarchand 1972),以及墨西哥、巴西、哥伦比亚和多数拉美国家(Mainwaring and Scully 1995)政党政治的基础,但是,对于裙带政治和施惠型政治在过去和现在的重要性,至今鲜有系统研究,部分的原因,是对政党—选民关系的这种特殊形式进行指责很容易,但要证明它存在却比较困难。对于收买选票的频率,也许可以通过全国性的选举调查加以窥知,如果存在这种调查并且提出合适问题的话;但众所周知,施受惠关系和分肥交易的范围却很难进行测量,特别是在政党和政党体制的层面。① 我们同样也不了解个人关系是否如人们所相信的那样普遍存在。一方面,韩国自 1954 年以后的历次选举调查都表明,对选民而言最重要的是政治领袖的人格和道德品性,而不是他们的党派归属和政策倾向(Shin 1999,187—188 页)。然而在俄罗斯,虽然通行的说法也是要通过个人关系笼络选民,但在 1995 年的国家杜马选举中,与"转变中的政党归属"(倾向社会主义政党、民族主义政党、执政党,还是自由主义政党)相比,对候选人个人品质的评价并不具重要意义;而在 1996 年的总统选举中,公民们对特定议题的看法发挥了重要作用,而对候选人个人品质的评价只是影响投票的最次要的因素(Colton 2000,218、222 页)。

政党和选民关系的薄弱,并不仅仅因为民主是种新事物。在 19 个新兴民主国家中,在经历 4 个选举周期之后,并未出现具有统计学意义上的趋势,表明选举波动有所降低(Mainwaring and Torcal 2006,12 页)。这一发现推翻了根据康弗斯(Converse 1969,167 页)的经典社会化模型得出的传统假定,即经过大约两代到两代半的时候,认为党派归属趋于稳定。此外,虽然一般认为如果人们是通过媒体而非政党机构获取信息的话,那么党派忠诚就更难以培育,但至少有一位研究者证明,媒体并没有发挥抑制党派归属的作用。他发现,韩国的情况是,人们的信息越全面,就越有可能形成对某个政党的归属关系(Shin 1999,184—185 页)。另外,也没有多少证据支持"新法团主义"的观点,即如果结社生活相当活跃,则那些可以选择其他代表渠道的公民,就没有必要依靠政党向国家争取他们的利益(Schmitter 1992)。不仅有大量实例表明政党与它们的社会网络之间可以形成某种共生关系,包括阿根廷的庇隆主义邻里会社(Levitsky 2003)以及波兰农民党的地方志愿者消防队(Grzymala-Busse 2002,125 页)等,而且韩国的情况还表明,那些更加积极地参与公共生活的人,对政党的归属感和依赖感都要比其他人稍微高一些(Shin 1999,184 页)。

研究者们还假定,由于新兴民主国家缺乏强有力的政党认同,对政府表现的回溯性评价就会在公众的投票决定中发挥重要作用,因此糟糕的经济表现必然导致明显的选举波动(Mainwaring and Torcal 2006)。但是,20 世纪 90 年代中期俄罗斯的总统和立法机构选举,并没有能够为这一假设提供确凿证据。1995 年的国家杜马选举中,对政府表现的回溯性评价,是影响选举行为的因素中最弱的一个(Colton 2000,218 页)。在总统选举中,这种评价的影响要大一些,但仍不能与公民针对议题的观点相提并论。在拉

---

① 只有十来个国家进行这种调查,包括阿根廷、巴西和墨西哥等。研究由议员个人提出的预算修正案虽然困难,但还是可能的,阿姆斯(Ames 2001)就针对巴西进行了这样的研究。

丁美洲,糟糕的政府表现并未影响当政者的支持率,因此在 1982 年至 1990 年,这段以高度的通货膨胀、经济增长停滞和汇率严重下跌为特征的经济危机时期,导致了高水平的选举波动(Remmer 1991)。20 世纪 80 年代是拉丁美洲"失去的十年",也是一个被科培治(Coppedge 2001,186 页)称之为"政治达尔文主义"的过程。在此期间,一些无法适应经济危机环境的政党从政治舞台上消失了,但另一些适时调整的政党——包括依靠个人能力的党、(能够有效控制通货膨胀的)中右翼执政党,以及在野的中左翼政党——都生存了下来。如果这些新兴民主国家的选民主要根据对政府表现的回溯性评价进行投票,那么应该可以预期,随着 20 世纪 90 年代的物价稳定和经济增长复苏,选举波动应该有明显的降低。但事实上,选举波动性在 20 世纪 90 年代要高于 80 年代更多(分别为 23.2 和 19.6)(Roberts and Wibbels 1999,577 页)。一项最近的区域比较研究(Seligson and Tucker 2004)证实,原来的威权领袖得票的多少,似乎与选民的威权倾向和对民主的怀疑相关,而与民主政府的糟糕表现无关。

如果说媒体的报道、结社生活的活跃程度、年度经济指标都不足以影响选票的得失,那么在当今的新生民主国家,究竟是什么因素促成或者阻止了稳定的党派归属的产生?本章接下来的部分将探讨以下两个问题,即政党如何确定目标选民,又是何种因素决定了政党与选民的关系。不过应该首先作出一点说明。在我的讲述中,假定政党—选民关系的本质可以进行明确的分类。但在现实中,区别一个纲领型的党和一个非纲领型的党(二者可能都有它们的竞选纲领)通常是困难的;另外,对一个裙带型的政党来说,要确定其代表为选民服务必须达到的程度、他们必须对什么样的提案负责也同样有困难。即便我们能够在这种分类标准上达成共识,政党和个人也会混合使用不同的策略。例如在智利 1973 年的政变之前,国家立法机构中高度意识形态化的政党代表,同时又是地方裙带关系重要的代理人(Valenzuela 1977);而阿根廷的庇隆主义党和意大利的基督教民主党在数十年间,一直以纲领性诉求吸引某些地区的选民,又以裙带关系笼络其他地区的选民。议员个人常常在工作日追随政党领袖投票,而在周末为选民服务。简言之,虽然我们将"纲领型""个人能力型"和"裙带关系型"作为三个彼此独立的标签,但政党和政治家会以不同的形式混合这三种因素,因此不仅为他们选择合适的标签,而且解释为什么他们采用了一种而非另一种策略都十分困难。这也就意味着,在单个政党和政党体制的层面上,都有可能存在各种不同的算计权衡方式。

二、通过选民动员策略解释政党归属

政党试图争取哪一部分选民?它们是希望建立某种异质、松散的选民联盟,还是规模虽小,但凝聚力更强、可以在诸如经济或宗教认同的基础上形成纲领性联系的选民群体？在谁被动员、如何动员,以及动员策略的稳定性和成效之间,是否存在某种关联？传统上,政党断层的出现,或者被理解为产生某个社会中社会经济基础的产物(Lipset and Rokkan 1967),或者在很大程度上被理解为政党行为的结果(Sartori 1969)。李普塞特和罗甘认为,四个政党断层从两大主要的社会经济转型中产生——因民族国家革命产生的中心—边缘分化和宗教分化,以及工业革命导致城乡分化和工人—资本家的分化。由于这些分化深深地植根于社会之中,因而在其出现后的数十年间塑造了欧洲的党派图景。萨托利则认为(Sartori 1969,84、87、89—90 页),这种"政治社会学"具有一定的缺陷。他注意到,有些分化根本没有转化为党派对立,因此,并非政党产生于阶级对立,而是阶级通过政党得到了自身认同。这种强调政党精英作用的解释框架,可以说明 19 世纪 70 年代末和 80 年代初西班牙公众不断强化的政党归属(Barnes, McDonough, and López Pina 1985,715 页),以及皮诺切特独裁结束后智利政党断层的产生(Torcal and Mainwaring 2003)。在选民尚未被发展完善的社会组织吸纳之前,政党或许能够相当成功地塑造党派归属。

如果并非每种基于认同的差异,甚至其中最具社会意义的差异都能转变为政治断层上的分野,那么政党如何选择某种族群、宗教、部族或语言分野,并赋予其政治上的重要性？波斯纳(Posner 2005)认为,政党选择社会断层以动员选民的原则是能够结成最小获胜联盟,它由权力分赃必须惠及的最小数目的人组成,因此,某个断层能够界定的群体的规模,以及这个群体能否成为选举竞争的有效工具,就是一个重要的决定因素。在赞比亚,切瓦人(Chewas)和通布卡人(Tumbukas)都是弱小的少数族群,并不具有作为社会支持的基础而加以动员的价值,于是这两个族群结成了联盟;国界另一边的马拉维也有这两个族群,虽然它们在客观文化特征方面的差别与在利比亚别无二致,但人数众多,完全可以成为建立政治联盟的有效基础,结果它们变成了对手(Posner 2004)。此外,随着赞比亚在多党统治与一党统治之间来回变化,竞争的主要舞台也在国家层面(这个层面主要通过范围更大的语言群体进行划分)和选区层面(在此,部族认同成为主要的族群分野)之间来回转变。与此相似,基伯(Chhibber 1999,14 页)也认为,印度之所以会出现印度教民族主义党,并不是因为印度社会内部印度教信仰的强化,或者这种宗教表达意愿的增强,而是因为有这么一个群体的存在,它虽小但却不能被忽视,虽大但又不足以使一个政党如果得到了它的支持,就不必担心其他群体的反对。

通过政治手段形成的断层,能否如李普塞(Lipset 2001,7 页)所指出的阶级和宗教分裂一样根深蒂固呢？大多数研究者从直觉上推断,纲领性的或者意识形态的联系要更为稳定(参见 Mainwaring and Torcal 2006,2 页)。选民的忠诚不会直接取决于政府的经济表现（因为这取决于某些政党和政府控制之外的因素）、候选人的人格，或者也许永远无法兑现的特殊主义的利益承诺，而是基于对一套与他们更深层次的认同相一致的观念或者政策的拥护，因此只会非常缓慢地发生变化。另一方面，虽然选民可能把选票出卖给出价最高的竞价者，或者因被某位候选人的个人品质所吸引而把大量的选票转投给他，但如果许诺的好处未能兑现，或者事实证明这些领导人其实乃是腐化堕落之人，或者他们最终离开政坛，那么政党在投票时仍然面临潜在的危险。众所周知，没有政党归属的选民，会抛弃那些执政时未能提供物质福利，也未能阻止犯罪和政治暴力、为人们提供人身安全的政党，而如果它们在竞选时曾作出过这些承诺，则情况更是如此（Stokes 2001）。即便政治强人的执政十分成功，他们也会影响政党自身作为一个机构的发展。在这两种情况下，政党与选民之间的联系都是松散的，政党的社会根基都是浮浅的，而党派归属也都是脆弱而易变的。

依靠个人能力的或者裙带主义的政党—公众关系，是否从根本上说只能为政党归属提供一种并不稳固的基础？① 尽管认为个人能力不足以为党派归属提供稳固基础这一假定的逻辑无懈可击，但我们也知道，胡安·庇隆和艾薇塔·庇隆所留下的遗产，使阿根廷工人在他们去世后数十年间依然追随一个背弃了其核心纲领原则的政党。我们同样也不应低估那些民族独立和解放政党所长期拥有的象征性感情纽带，像阿尔及利亚民族解放阵线、印度国大党、墨西哥革命制度党等。同样的，裙带关系对于当政者来说也并不必然就是一种不稳定的统治形式。墨西哥革命制度党就依靠收买选票和政治分肥，成功地维持了 60 多年的统治。拉丁美洲最稳定的两个政党体制，哥伦比亚和乌拉圭的政党体制，都建立在跨阶级的全民型政党基础之上。它们最初反映的（19 世纪）城乡对立早已淡去，而它们当前的基础显然就是国家的施惠（Collier and Collier 1991）。当然，尽管在上述实例中，这类联系形式能够有效地把选民和政党团结在一起，但依赖这种补偿机制的政党也曾在选举中遭受惨败。当国家提供的福利贬值时，施惠型政党就会陷入危机；而由于选举逻辑会提高选民的谈判地位（Scott 1972，109 页），所以国家福利的贬值不可避免，这将导致大规模的公共赤字、通货膨胀和财政危机（参见 Mainwaring 1999，187—190 页；Piattoni 2001，25—26 页）。当这些情况发生的时候，选民不仅会重新考虑裙带关系的得失，而且他们对此类策略可能导致的公共部门腐败的忍耐也会消减。

鉴于这样的不确定性，我们没有理由假定持续的、纲领性的策略必然导致稳定的得

---

① 一项正在进行的创新研究（Uno in progress）试图精确考察，在委内瑞拉、秘鲁和阿根廷，政党—选民关系的类型是否决定了选民对政党的信任方式，以及政党体制的稳定性。

票率。政党可以通过发动其成员进行选区选民服务,以争取选民对其纲领的支持。此外,一个曾经依靠纲领赢得信任、并拥有稳定的选民归属的政党,也可能会转而采用裙带主义的动员模式。政党不仅可以混合使用策略,而且还会变更策略。

三、纲领、个人能力或施惠:制度与结构的作用

如果深深植根于公民社会的纲领型政党拥有选举的优势,也拥有难以割裂的稳固的党派归属,那么为什么政党不总是选择成为纲领型政党? 是否有些不提出纲领性诉求的政党最终也能扎根社会,或者有其他更好的选择? 谢夫特(Shefter 1977)假定,当政党能够动用国家资源的时候,就会采用施惠型关系,而在选举权开放的情况下,则不会形成反对施惠关系的同盟。基奇海默(Kirchheimer 1966,184—191页)认为,选举竞争以及为迅速当选而猎取选票,都会诱使主要政党卸下它们的"意识形态包袱"而转变为"全民"的政党,以寻求不同阶层的支持,同时抹平各群体主张之间的细微差别。普列泽沃斯基和施普拉格(Przeworski and Sprague1986,55—56页)则认为,社会主义政党为了获得竞选中的必要多数,过于迫切地吸引中产阶级的票源,从而损害了他们动员那些忠诚的工人阶级选民的能力,失去了他们的认同,而自己最终也得不偿失。

在政党归属薄弱、党派断层尚不明晰的时候,政党有些什么样的选择呢? 主流观点认为,政党与选民构建的关系,只是正式的民主制,特别是选举规则以及约束政治家对公职的竞争及其未来政治生涯的相关制度的附带产物(Carey and Shugart 1995)。在立法机构的成员能够经过胜者全胜的规则再度当选的单一选区制之下,由于他们的职位来自选民,因此会为后者提供相应的服务和项目,以换取他们的支持。相反,比如在封闭名单的比例代表制之下,选票是投给政党的,因此一方面政党领袖可以强调候选人对党的纲领的服从,另一方面由于后者的成功有赖于前者,所以他们也会把希望寄托在党的声望上面。如果政治家要谋求一种更为广阔的政治生涯,那么他们会支持那些握有官职任命权的全国或地方性政党的领袖以及政府领导的政治方案;而如果他们希望在未来谋求地方层面的选举职位的话,他们则会在地方政治家和选民中寻求支持(Strom 1997;Jones et al. 2002;Morgenstern and Nacif 2002;Samuels 2003)。这些论断在像阿根廷那样的国家能够得到更多的经验支持。在这些国家,选举规则促使政治家服务于党的选民,因而在竞争性的议会选举投票中党的纪律性就比较强(Jones 2002)。但在像巴西那样的国家,候选人的挑选程序或者选举制度更鼓励立法机构的成员致力于塑造个人声望,以便与本党同僚进行竞争(Ames 2002),并且顺从大多数议员的倾向提出并且实施某些议案,而不是根据政党纲领或者国家利益发起立法动议(Crisp et al. 2002,842—

844 页）。在这些国家，上述论断就不大能够获得支持。

我们可以基于理论和经验方面的几个考虑挑战这一强有力的论题。第一，选举可以决定选民或政党领袖是否对议员拥有约束权，但它们未要求议员如何行动。政党领袖可以不顾选民偏好，用严格的纪律约束立法机构的代表，但在其他情况下，他们也可能希望通过代表们对选民提供的服务，为整个政党博得更多的竞选资本（Carey 1996；Swindle 2002）。政党领袖甚至还可能希望把政策妥协或者赢得未来的选举，而不是在当前使选票最大化作为首要目标（Cox 1997, 170 页）。至于选民，他们想要的可能是一项拨款、一些就业机会、帮助减少政府机构中的繁文缛节，或者本选区内的建设项目，但他们也可能拒绝为此出卖选票，而更希望他们的代表投票支持稳定物价、重振经济、增加教育和医疗投入，以及减少犯罪等。① 第二，制度理论强调选举和立法制度对立法行为的影响，这意味着有一套统一的刺激因素形成了全国性的政治代表模式，对各政党或议员个人的策略可能出现的差异，该理论则不置一词。但是，同一政治环境下政党和个人层面实际存在的大量差异，表明这一假设并不成立。第三，该理论最强有力的预测，是在政党领袖与选民的利益发生冲突时政治家个人必须如何选择。但是，它并没有足够清楚地预见到非零和博弈的存在，也没有说明为何议员会为政党付出他们的声誉，并且赋予政党领袖以解决党内协调问题和维护党的集体声誉的权威。第四，该理论无法解释，在选举法和相关制度因素没有发生变化的情况下，政党的选举竞争、选民动员和政治代表策略的改变。一些学者用另外的变量，如影响政党领袖把自己的政党引向新方向的能力的机制，来解释中欧和拉美民主选举中政党纲领的调整（Grzymala-Busse 2002；Burgess and Levitsky 2003），这种解释更为成功。

用制度主义方法分析新兴民主国家选民动员问题的比较政治学者，对这些制度的起源和变革也研究不足。在发达民主国家的发展历史中，选举规则随着新旧政党力量平衡的改变而变化（Boix 1999），这意味着制度约束并不一定是刚性的，规则可以被强有力者所设计。一些结构性的因素可能会影响权力平衡。政党的选民忽而增加，忽而减少。比如在工业革命中，制造业的劳动者迅速增加，而乡村阶级则急剧萎缩；而去工业化则制造了一批难以组织的非正式部门的从业者。另外，对政党体制的外部冲击，比如外国干涉或者民主转型，都可能加速政党选举力量的对比。特别是，权威统治的遗产会同时影响资源禀赋和集体行为者的利益（Kitschelt et al. 1999, 3、11—12 页；Grzymala-Busse 2002, 281 页），这反过来又会影响对局规则。

第二种对政党—选民关系本质的解释，从一个社会特别是其某个发展阶段的结构

---

① 巴西的选举调查显示，有微弱多数的选民拒绝为了食品或工作而出卖选票。

环境条件来说明政党的动员策略(Huntington 1968)。在社会经济现代化的早期阶段,贫困的、缺乏信息的选民廉价出售选票以换取眼前的物质利益,而不会去争取遥远而不确定的纲领性的成果,并且当时"政党和政党体制都是裙带式的、施受惠导向的、地方主义的"(Kitschelt 2000,856—857 页)。随着社会发展和经济增长,人们移入城市并受到教育,形成了现代观念,此时政党就可以在议题导向的以及纲领性的基础上动员选民。至于在那些拥有庞大公共部门的更加富裕的社会,选民在投票时期望得到的回报,可能就不仅仅是单纯的物质福利,而是政府提供的工作,或者耗资巨大的分肥项目。

事实上,在贫困的社会,贫困的选民比中产阶级更频繁地出卖选票,虽然这种行为可能并不像人们所想的那样普遍①,而且随性别、年龄、社会参与网络、党派归属和具体环境不同而表现出极大的差异。在贝宁,与南部发达地区相比,北部贫困地区的选民更容易接受裙带式的交易,同时与女性相比,男性对公共品的兴趣更少,更容易出卖选票(Wantchekon 2003)。在墨西哥,2000 年的一项定组研究表明,近 15% 的受访者承认在总统选举中收到过来自某个政党的礼品,而在相对贫困的瓦哈卡(Oaxaca)和尤卡坦(Yucatán)两州,在老年(50 岁及以上)、受过中等教育、低收入的城市男性选民中,这一比例更高(Cornelius 2004,53—54 页)。2001 年 12 月,阿根廷有大约 7% 的选民和 12% 的贫困选民报告,他们在最近一次选举中得到过不同政党提供的好处(Brusco,Nazareno,and Stokes 2004,70 页)。那些在失业时更愿意向政党组织者求助、曾经在选举中获得馈赠品并出卖选票的,都是与庇隆主义政党有联系、居住在小城镇的年轻人,他们在政党的工作人员操控下投票。他们之所以更愿意为了某种裙带利益而出卖选票,并非出于感激或义务,亦非对未来悲观失望,而是因为在新自由主义结构调整时期,他们连最微小的物质回报都不愿放过(Brusco,Nazareno,and Stokes 2004,75、81—82页)。②

为什么一些政党在运用裙带资源收买选民方面比其他政党更成功呢? 部分原因是,与立足于中产阶级的政党相比,拥有深厚的工人阶级基础的政党能够更好地利用施受惠关系,因为施惠手段的效用随着收入(或技能)的提高而线性递减,因此同样的投入,从高收入阶层得到的回报比从低收入阶层得到的要少(Calvo and Murillo 2004,743页)。拥有更多的机会运用国家资源进行施惠的执政党,也更容易建立裙带关系,因为

① 一般认为,巴西的投票受到裙带关系的强烈影响。但是,2002 年的全国选举研究显示,只有略微超过 5% 的受访者报告他们因选票交易得到过某些好处,如现金或工作;即便是在地方选举中,也只有不到四分之一的部落报告它们在国会下院议员、上院议员、州长和总统竞选中得到过好处。

② 与此形成对照的是,由于墨西哥的选举改革保证匿名投票,所以反对党在 2000 年的选举中号召选民"好处照拿,按良心投票",结果革命制度党的传统选民真的抛弃了这个党(Cornelius 2004,49页)。

它们关于提供特殊利益的承诺比反对派更可信。贝宁的选举验证了这一推测（Wantchekon 2003）。相反，那些无望掌握国家资源的"外部动员型政党"之所以要依靠纲领进行竞争，是因为它们除此之外一无所有（Shefter 1977）。因此，在巴西和乌拉圭充斥着施受惠关系的政党体制中，巴西劳工党和乌拉圭广泛阵线反而凭借党的纲领实现了竞争中的突破。捷克和斯洛伐克共和国、波兰和匈牙利的前共产主义政党，在其实施施惠的资源被切断之后，也不得不洗心革面，并通过提出新的纲领诉求，使选民相信它们对新政策选择的承诺，以"为共产主义的过去赎罪"（Grzymala-Busse 2002，124—125 页）。

从结构出发对裙带关系的解释，可以部分说明裙带行为的微观基础，但无法澄清裙带关系和施受惠政治在比利时、意大利、日本和其他发达工业社会长期存在的原因（Kitschelt 2000）。谢夫特（Shefter 1977）把不同国家政党选民动员策略的差异，归因于选举权的普及相对于职业公务员制度形成的时间点，以及工业化的水平。如果公务员制度形成于民主化之前，则政治家就不可能利用公共部门的资源形成政治裙带关系的基础，这种情况下就会形成纲领型政党（德国模式）；而在那些工业化之前已经存在广泛的选举权，公务员又不能与政治分隔的地方，虽然工业化之后实现了普选权，但还是会形成施惠型的政党（美国的情况）。这一理论未能解释的是：为什么有的国家也曾受到过施受惠关系的感染，但最终还是根除或者有效控制了这种政治实践（Piattoni 2001，19—20、24 页），为什么裙带关系在民主制实行几十年后会变得不再稳定（Kitschelt 2000，858 页），以及为什么政党会改变策略。

制度和结构解释充其量能够说明政党—选民联系的现有类型，但不能说明它们如何以及为何发生变化。我们需要解释的是，为什么一些全方位的、以施受惠关系为基础的党会转变为纲领型政党，而一些纲领型政党也会在实际上转向施惠关系；为什么组织良好的政党会崩溃，新生政党能成功地进入先前仅由一两个政党主导的政治角逐；还有，为什么与名誉扫地的政权相联系的政党能够成功地洗心革面。为回答这些问题，我们需要考虑更广泛的策略性利益，并且把选民偏好的微观逻辑与政党为使得票最大化进行的策略算计联系起来。

四、从结构和制度到策略：政党竞争、结构变化和政治代表之间的联系

在与其他政党的竞争中，新兴民主国家的政党必须选择是否要以纲领作为基础，如果是，又必须把什么样的议题政治化，以在选举中有所收获。它们可以扩展或者改变自己选举纲领，以吸引新的选民。当然，它们还必须决定竞争的激烈程度，即在纲领上与

对手保持多大的距离。政党为了把它们自己与立场接近的对手更清晰地区分开来,或者吸引选票市场中某个特殊的部分,可能会在意识形态方面把自己针对某些关键的政策议题和纲领问题的主张极端化或明晰化。或者,政党也可能会在使选民们彼此分裂的、有争议的问题上缩小它们的立场差距,以争取更多的选票。像在匈牙利(Kitschelt et al. 1999,180 页)和智利,民主政权继承了大体被认为是比较成功的市场改革,并在实际上把与改革相关的问题作为价值议题,在这种情况下,政党也可以刻意选择不在这类看似已经不可改变的问题上展开竞争。雅可布森(Jacobson 2000)等研究发达民主国家的学者认为,政党为了回应选民的需要,会在政策上相互靠拢,或者像 20 世纪 80 年代和 90 年代的美国政党那样走向极端化。但在新兴民主国家,就目前研究所及而言,纲领性的政党竞争一般不被视为各政党选民之间意识形态或者纲领距离的内在反映,因为人们假定选民喜欢的是施惠型纲领。不过,新议题领域的出现,结构性变化的进程,以及纲领间空间差距的变动,也可能会影响政党动员和代表选民的策略。

大多数学者同意,像人权或环境等新议题的重要性的提升,会导致旧政党无法跟上其选民的步伐,这将让新政党赢得这些选民,或者既存政党围绕这些议题重组联盟。在新兴民主国家中,所谓新议题则表示为政体变化、市场改革或者全球化的冲突。在政体变革过程中,断层可能会被重新划定,旧的消失了,而新的又形成了。在智利,一个残暴的威权政权,把基于阶级分野的前威权政党体制,转变为威权秩序的支持者和要求民主的反对派之间相互对立的政党体制。在东欧共产主义崩溃后,共产主义旧政权的支持者和反对者之间,又出现了新的政治、经济和宗教断层,由于产生了要求削减社会保障和国家服务的市场自由主义者和希望保留这些制度的群体;以及要求宗教机构发挥更大作用的群体和坚持往日共产主义政权的世俗主义,也要求未来建成一个自由至上的社会的群体;至于在一些存在社会文化分裂的国家中,还沿着族群界线形成了政治分化(Kitschelt et al. 1999,64 页;Grzymala-Busse 2002)。

大部分新兴民主国家还面临着或者创建市场、并对其加以改进,或者使之更好地适应全球经济一体化带来的挑战和机遇的任务。经济自由化和向市场的经济转型,以至少三种方式重塑了实现政治代表的环境。第一,主张国家干预经济的左翼政党、以劳工为基础的政党,以及中间的基督教民主政党,必须更新它们的政党纲领,甚至放弃长期奉行的意识形态原则。如果"与时俱进"的举措具有失去其铁杆选民的风险,那么这些政党就可能不再以纲领吸引选民,转而主张通过以邻里关系为基础的社会网络提供个人服务和社区资源(Auyero 2001;Levitsky 2003)。

第二,这些变化削弱了政治家与选民之间的裙带关系。国有企业和社会服务的私有化,以及关键市场和经济活动的自由化,都十分有效地限制了把工作、利益和国家管控用于政治目的的范围。此外,财政约束也保障了预算的行政主导,从而减少了政党以"滚木头"的方式进行政治分肥,或者提出个别预算修正案的机会。即便是承认在相当贫困或者失业率极高的地区,出于政治目的提供国家稀有资源、公开收买选票,或者直接为选民服务依旧是有效的选举策略,但与国家干预经济的全盛期相比,在国家干预后撤的时期,各政党已经不大可能在提供施惠性服务的基础上相互竞争、并达成一致了。

　　第三,市场改革也改变了选民分布的格局。去工业化和经济自由化使得社会原子化,削弱了组织纽带和集体认同的社会基础,使社会分野变得高度不稳定,这就使各政党难以通过抓住部分选民,或者提出彼此迥异的意识形态和纲领来分割选举市场(Roberts and Wibbels 1999,587 页)。无组织的、处于边缘地位的城市民众,更容易被全民型的、基于个人能力的,甚至"新民粹主义"的政党所吸引,后者没有组织,也没有建立组织的能力,因而更倾向于通过一种微弱的政党归属动员上述群体参与选举和政治活动(O' Donnell 1994;Roberts 1995;Weyland 1996)。在这种情况下,政党归属的稳定性会取决于政党与中间团体联系的强度。那些能够有效联系社会组织的政党,与这种联系已经遭到破坏的政党相比,在面临经济下滑和族群问题挑战的情况下,其力量基础会更为持久。

　　虽然结构变化会推动政党调整其选民动员策略,但这种调整不会自动发生,其具体形式也难以预测。我们必须小心,以免从制度主义的非结构主义①滑向一种新形式的结构决定论。对施惠性支出的新的限制,可能会促使政党用解决问题式的选民服务替代施惠关系,或者彻底发育吸引个人票源的策略而转向纲领型的代表方式。如果它们两方面都没做到,就有可能从政治舞台上消失。政党"天然"的选民基础的剥蚀,或者它们传递的信息不能令人信服,并不能充分说明纲领变化的方向和程度。它们并不能决定政党是向左转还是向右转,是突出其与对手在经济或文化议题上的不同,还是仅仅强调自己在处理价值议题上的能力。关于政党在何种基础上动员选民,它们同样不能提供什么信息。在这里,联系党际竞争的策略维度是关键。在党派差异明显、政党的集体声誉和竞选诉求因而可以建立在纲领基础上的地方,政党候选人就会有强烈的动机去维护这一纲领。但如果政党之间的差异微不足道,候选人需要寻找其他基础动员选民,那么就有可能通过提供施惠或者分肥,或是选区选民服务,以培育自己的个人得票。换言之,精英的党派分野,其明晰程度与政党代表培育个人选票的程度成反比。

　　这样一种框架有助于解释一些新兴民主国家政治—选民关系性质的变化。围绕国家政策的政党选举竞争,可以说明印度为何从一种以两个中间的、全民型的政党为基础的政党体制,转变为围绕社会断层组织起来的体制。切巴(Chhibber 1999,135—136、

---

　　①　原文为"astructuralism of institutionalism",含义不明。——译者

169、218 页)指出,当北方邦政府在 20 世纪 90 年代初采纳孟德尔委员会(Mandal Commission)报告的建议,规定政府雇员中的族群比例,同时扩大下等种姓的受教育机会时,印度人民党(BJP)就把反对规定族群比例、要求减少政府经济干预的上等种姓作为动员对象。类似的过程在阿尔及利亚也很明显。当油价骤降、民族解放阵线政府无法维持原有的支出水平时,中产阶级就抛弃了这个政党,转而支持一个以宗教为基础的政党(伊斯兰拯救阵线,FIS),后者为迎合中产阶级的经济利益,在纲领中增加了批评计划经济的内容。在西班牙,来自共产党的日益严峻的竞选挑战,促使工人社会党(PSOE)改变其在经济分配政策上的立场,这反过来又促使右翼调整其纲领中的核心诉求,从它们提倡的那些不大受欢迎的社会和道德议题,转向供给经济学,并承诺降低税率(Chhibber 1999,149—150、203—205、213—214 页)。政党在经济议题立场上的内部一致性和彼此之间差异的扩大,同样有助于解释巴西和捷克共和国政党纲领性认同的强化;而智利的国会议员之所以越来越重视对选民的个人服务,则是因为各政党之间差异的缩小。

政党之间政策差异的广度,以及它们的主张与选民需要的趋同,还有助于解释这些政党与选民的联系的稳定性。意识形态之间的差距过大,可能会造成或强化政党断层,因为意识形态的极化,会把各政党锚定在相对稳定并且彼此不同的选区群体中;而意识形态的去极端化,则会使选民在一些并无实质差别的政策和政党竞选纲领之间自由选择,结果会削弱集体认同,促使候选人基于个人能力吸引选民(Roberts and Wibbels 1999,583、586 页)。此外,如果政党根据选民明确的政策需要制定其竞选纲领,特别是在困难时期,则它们就更能好地保持选民的党派忠诚。巴西和乌拉圭政党体制的不断强化,表明这是一种可行的选择;而委内瑞拉的政党则因为未能做到这一点,结果导致了政党体制的崩溃。

五、结 论

本章提出的问题是,新兴民主国家的政党以哪些选民作为动员目标,如何,以及为何动员他们。四大洲有几十个新兴民主政权,其政党和选民之间的关系通常是脆弱而易变的。在一些国家,政党成功地从国家施惠的践行者,转变为以针对未来的意识形态和纲领性构想参与政治竞争的行为者;在一些以前实行一党制的国家,政治竞争的规模已经明显扩大,而在另一些国家,即使是不变的认同和稳固的忠诚也未能使政党体制免于剧烈变动。换言之,政党—选民关系是一种动态关系,如果我们的理论解释不承认这一基本前提,对这一动态关系的根本前提有所了解,所作出的解释也就没有什么用处。不幸的是,大多数理论都未能做到这一点。

　　大多数关于新兴民主国家政党—选民关系持续不稳定的解释都存在严重缺陷(参见 Mainwaring 1999)。这些国家长期高水平的选举波动,不仅仅是因为制度完善尚待时日,也不是因为媒体的影响,或者对经济和政治表现的负面评价。政党是采取集中化的竞选和代表策略,还是放手让候选人各行其是? 是通过制订纲领动员选民,还是提供施惠和分肥? 是面向数量众多但没有明确立场的选民,还是立足于选民中根深蒂固的社会断层? 这一切都不可能由经济发展水平,或者来自选举规则和职业抱负的政党之间不同的回应方式预先决定。威权体制的遗产以及民主转型过程会影响这些选择,但旧体制的影响会在什么时候发生作用、程度如何,在理论上依然未予澄清。

　　本章认为,政党动员和代表选民的策略,受到结构和政体变化,以及制度刺激的影响,但这些因素必须被置于策略性的政党间竞争环境下加以考察。政党可能会在国家、地区乃至个人层面混合使用各种策略。在提出这一观点的过程中,本章置疑了关于政党与选民关系的研究中两种较强的假设:首先,只要有可能,政党就会选择建立裙带关系的策略;其次,只有当选民在经济和人口学意义上具备相应条件时,政党才会通过制定纲领的方式对其加以动员。当然,政党也可能放弃裙带关系,因为选民可能更愿意接受公共品,特别是在存在国际和国内压力,要求更多政府回应的"透明性",并且人们认为"因循政治"导致了严重的宏观经济失败的时候更是如此。另外,断层也并非自然形成的,在不存在断层的地方,各政党能够、也的确围绕他们自己创造出来的分野构建彼此纲领上的差异。就目前的情况来说,我们对于政党—选民关系中需求的一面,以及出于政治目的建构的、并不反映符合重要的社会分化的断层能否长期存在等问题知之甚少,这是因为对党内回应及其政策影响的制度分析,通常把选民视为同质的单元,能够被分开,也能被重组,一如马克思关于法国农民就像一袋土豆的比喻(1972,515 页);而结构主义则假定,选民因经济和亚文化因素被区分为不同群体,它们之间的界限政党根本无法改变。另外,我们还缺乏优质的调查数据。我们过分依赖那些主要关注一般性的价值及对民主的看法的跨国数据,而相对忽略了国别选举调查,而恰恰是后者才能集中反映选民在重大议题上的立场,以及他们出卖选票的基本逻辑。除了极少数的例外(如 Kitschelt et al. 1999),在对新兴民主国家的研究中,很少有像康弗斯和皮尔士(Converse and Pierce 1986)对法国所做的研究那样,与政党及其选民的重要性相称的、里程碑式的成果。另外,我们要准确评估新兴民主国家政党—选民关系稳定性,还需要提出更好的方法,以衡量政党对选民需求的回应程度。[1] 如果在将来,由于国际资本流动性

---

　　[1]　辛(Shin 1999,191 页)提出了衡量政党表现的三个指标——参与政治的机会、为公共利益服务,以及提供不同的政策。也可参见(Powell 2000)。

的影响,国家在管理经济、提供公共部门职位以及分配社会服务方面都受到约束,同时公众对公共品的特殊主义分配方式越来越难以容忍,因而各政党必须依靠纲领进行竞争的话,这种衡量方法就尤其重要了。

在新兴民主国家最终稳定下来之前,这些问题都是开放的。为了处理这些问题,我们需要把对政党归属、选票买卖行为,以及政党竞争的空间维度的研究重新联系起来。希望未来能够出现更多像我在本章中提到过的那种不仅具有理论上的想象力,而且能够得到经验支撑的真正的比较研究。

参考文献

AMES,B.2001.*The Deadlock of Democracy in Brazil.*Ann Arbor:University of Michigan Press.

——2002.Party discipline in the Chamber of Deputies.In Morgenstern and Nacif 2002:185–221.

AUYERO,J.2001.*Poor People's Politics:Peronist Survival Networks and the Legacy of Evita.*Durham, NC:Duke University Press.

BARNES,S.H.,MCDONOUGH,P.,and L6PE Z PINA,A.1985.The development of partisanship in new democracies:the case of Spain.*American Journal of Political Science*,29:695–721.

BARTOLINI,S.,and MAIR,P.1990.*Identity,Competition,and Electoral Availability:The Stabilisation of European Electorates,1885–1995.*Cambridge:Cambridge University Press. Boix,C. 1999. Setting the rules of the game:the change of electoral systems in advanced democracies.*American Political Science Review*,95:609–24.

BRADER,R.,and TUCKER,J.A.2001.The emergence of mass partisanship in Russia,1993–1996.*American Journal of Political Science*,45:69–83.

BRUSCO,V.,NAZARENO,M.,and STOKES,S.C.2004.Vote buying in Argentina.*Latin American Research Review*,39:66–88.

BURGESS,K.,and LEVITSKY,S.2003.Explaining populist party adaptation in Latin America:environmental and organizational determinants of party change in Argentina,Mexico,Peru,and Venezuela. *Comparative Political Studies*,36:881–911.

CALVO,E.,and MURILLO,M.V.2004.Who delivers? Partisan clients in the Argentine electoral market. *American Journal of Political Science*,48:742–57.

CAREY,J.M.1996.*Term Limits and Legislative Representation.*Cambridge:Cambridge University Press.

——and SHUGART,M.S.1995.Incentives to cultivate a personal vote:a rank ordering of electoral formulas.*Electoral Studies*,14:417–39.

CHHIBBER,P.K.1999.*Democracy without Associations:Transformation of the Party System and Social Cleavages in India.*Ann Arbor:University of Michigan Press.

COLLIER,R.B.,and COLLIER,D.1991.*Shaping the Political Arena:Critical Junctures,the Labor Move-*

ment，and Regime Dynamics in Latin America.Princeton：Princeton University Press.

COLTON，T.J.2000.*Transitional Citizens：Voters and What Influences Them in the New Russia*.Cambridge，Mass.：Harvard University Press.

CONVERSE，P.1969.Of time and partisan stability.*Comparative Political Studies*，2：139–71.

——and PIERCE, R. 1986. *Political Representation in France*. Cambridge, Mass.: Belknap Press of Harvard University.

COPPEDGE，M.2001. Political Darwinism in Latin America's lost decade. Pp.173–205 in *Political Parties and Democracy*,ed.L.Diamond and R.Gunther.Baltimore：Johns Hopkins University Press.

CORNELIUS，W.2004.Mobilized voting in the 2000 elections：the changing efficacy of vote buying and coercion in Mexican electoral politics.Pp.47–65 in *Mexico's Pivotal Democratic Election：Candidates，Voters，and the Presidential Campaign of 2000*, ed. J. Domínguez and C. Lawson. Stanford, Calif.：Stanford University Press.

Cox，G.1997.*Making Votes Count：Strategic Coordination in the World's Electoral Systems*. Cambridge：Cambridge University Press.

CRISP，B.2000.*Democratic Institutional Design：The Power and Incentives of Venezuelan Politicians and Interest Groups*.Stanford，Calif.：Stanford University Press.

——ESCOBAR-LEMMON，M.，JONES，B.，JONES，M.and TAYLOR-ROBINSON，M.2004.Vote- seeking incentives and legislative representation in six presidential democracies. *Journal of Politics*, 1：136–56.

FREEDOM HOUSE.2004.*Freedom in the World*.Available at www.freedomhouse.org.

GIBSON，C.2002.Of waves and ripples：democracy and political change in Africa in the 1990s.*Annual Review of Political Science*,5：201–21.

GIBSON，E.1997.The populist road to market reform policy and electoral coalitions in Mexico and Argentina.*World Politics*,49：339–70.

GRZYMALA-BUSSE，A.M.2002.*Redeeming the Communist Past：The Regeneration of Communist Parties in East Central Europe*.Cambridge：Cambridge University Press.

HAGOPIAN，F.2005.The rising quality of democracy in Brazil and Chile.Pp.123–62 in *The Quality of Democracy：Improvement or Subversion?*,ed.L.Diamond and L.Morlino.Baltimore：Johns Hopkins University Press.

HUNTINGTON，S.P.1968.*Political Order in Changing Societies*.New Haven：Yale University Press.

——1991. *The Third Wave：Democratization in the Late Twentieth Century*. Norman：University of Oklahoma Press.

JACOBSON，G.2000.Party polarization in national politics.Pp.9–30 in *Polarized Politics：Congress and the President in a Partisan Era*, ed. J. R. Bond and R. Fleischer. Washington, DC：Congressional Quarterly Press.

JONES，M.2002.Explaining the high level of party discipline in the Argentine Congress.In Morgenstern and Nacif 2002：147–84.

——SAIEGH, S., SPILLER, P. T., and TOMMASI, M. 2002. Amateur legislators—professional politicians:the consequences of party-centered electoral rules in a federal system.*American Journal of Political Science*,46:656-69.

KIRCHHEIMER,O.1966.The transformation of the western European party systems.Pp.177-200 in *Political Parties and Political Development*,ed.J.LaPalombara and M.Weiner.Princeton:Princeton University Press.

KITSCHELT,H.2000.Linkages between citizens and politicians in democratic polities.*Comparative Political Studies*,33:845-79.

KITSCHELT,H. MANSFELDOVA, Z., MARKOWSKI, R., and TÓKA, G. 1999. *Post-Communist Party Systems*:*Competition*, *Representation*, *and Inter-party Cooperation.* Cambridge: Cambridge University Press.

KUENZI,M.,and LAMBRIGHT,G.2001.Party system institutionalization in 30 African countries.*Party Politics*,7:437-68.

LEMARCHAND,R.1972.Political clientelism and ethnicity in tropical Africa:competing solidarities in nation-building.*American Political Science Review*,66:68-90.

LEVITSKY, S. 2003. *Transforming Labor-Based Parties in Latin America*: *Argentine Peronism in Comparative Perspective.*Cambridge:Cambridge University Press.

LIPSET,S.M.2001.Cleavages,parties and democracy.Pp.3-9 in *Party Systems and Voter Alignments Revisited*,ed.L.Karvonen and S.Kuhnle.London:Routledge.

——and ROKKAN,S.1967.Cleavage structures,party systems,and voter alignments:an introduction.Pp. 1-64 in *Party Systems and Voter Alignments*:*Cross-National Perspectives*, ed. S. M. Lipset and S. Rokkan.New York:Free Press.

MAINWARING,S.P.1999.*Rethinking Party Systems in the Third Wave of Democratization*:*The Case of Brazil.*Stanford,Calif.:Stanford University Press.

——and SCULLY,T.R.1995.*Building Democratic Institutions*:*Party Systems in Latin* America.Stanford, Calif:Stanford University Press.

——and TORCAL,M.2006.Party system institutionalization and party system theory after the third wave of democratization.Pp.204-27 in *Handbook of Political Parties*,ed.R.S.Katz and W.Crotty.London: Sage.

MARX,K.1972.The eighteenth Brumaire of Louis Bonaparte(orig.1852).Pp.436-525 in *The Marx-Engels Reader*,ed.R.C.Tucker.New York:Norton.

MORGENSTERN,S.,and NACIF,B.2002.*Legislative Politics in Latin America.*Cambridge:Cambridge University Press.

O'DONNELL,G.1994.Delegative democracy.*Journal of Democracy*,5:55-69.

PIATTONI, S. 2001. Clientelism in historical and comparative perspective. Pp. 1-30 in *Clientelism*, *Interests*,*and Democratic Representation*:*The European Experience in Historical and Comparative Perspective.*Cambridge:Cambridge University Press.

POSNER, D. N. 2004. The political salience of cultural difference: why Chewas and Tumbukas are allies in Zambia and adversaries in Malawi. *American Political Science Review*, 98:529–45.

——2005. *Institutions and Ethnic Politics in Africa*. Cambridge: Cambridge University Press.

POWELL, G. B. 2000. *Elections as Instruments of Democracy: Majoritarian and Proportional Visions*. New Haven: Yale University Press.

PRZEWORSKI, A., and SPRAGUE, J. 1986. *Paper Stones: A History of Electoral Socialism*. Chicago: University of Chicago Press.

REMMER, K. 1991. The political impact of economic crisis in Latin America in the 1980s. *American Political Science Review*, 85:777–800.

ROBERTS, K. 1995. Neoliberalism and the transformation of populism in Latin America: the Peruvian case. *World Politics*, 48:82–116.

——and WIBBELS, E. 1999. Party systems and electoral volatility in Latin America: a test of economic, institutional, and structural explanations. *American Political Science Review*, 93:575–90.

ROSE, R. 1995. Mobilizing demobilized voters in post-communist societies. *Party Politics*, 1:549–63.

SAMUELS, D. 2003. *Ambition, Federalism, and Legislative Politics in Brazil*. Cambridge: Cambridge University Press.

——2006. Sources of mass partisanship in Brazil. *Latin American Politics and Society*, 48:1–27.

SARTORI, G. 1969. From the sociology of politics to political sociology. Pp. 65–95 in *Politics and the Social Sciences*, ed. S. M. Lipset. Oxford: Oxford University Press.

SCHMITTER, P. 1992. The consolidation of democracy and representation of social groups. *American Behavioral Scientist*, 35:422–49.

SCOTT. J. C. 1972. Patron-client politics and political change in Southeast Asia. *American Political Science Review*, 66:91–113.

SELIGSON, A., and TUCKER, J. 2004. Feeding the hand that bit you: voting for ex-authoritarian rulers in Bolivia and Russia. Mimeo. Princeton University.

SHEFTER, M. 1977. Party and patronage: Germany, England, and Italy. *Politics and Society*, 7:403–51.

SHIN, D. C. 1999. *Mass Politics and Culture in Democratizing Korea*. Cambridge: Cambridge University Press.

STOKES, S. C. 2001. *Mandates and Democracies: Neoliberalism by Surprise in Latin America*. Cambridge: Cambridge University Press.

STROM, K. 1997. Rules, reasons, and routines: legislative roles in parliamentary democracies. *Journal of Legislative Studies*, 3:155–74.

SWINDLE, S. M. 2002. The supply and demand of the personal vote: theoretical considerations and empirical implications of collective electoral incentives. *Party Politics*, 8:279–300.

TORCAL, M., and MAINWARING, S. 2003. The political recrafting of social bases of party competition: Chile, 1973–95. *British Journal of Political Science*, 33:54–84.

UNO, S. In progress. Public support and democracy: identifying causal mechanisms for erosion of democracy in Latin America.Ph.D.dissertation.University of Notre Dame.

VALENZUELA, A. 1977. *Political Brokers in Chile: Local Government in a Centralized Polity.* Durham, NC: Duke University Press.

WANTCHEKON, L. 2003. Clientelism and voting behavior: evidence from a field experiment in Benin. *World Politics*, 55: 399–422.

WEYLAND, K. 1996. Neopopulism and neoliberalism in Latin America: unexpected affinities. *Studies in Comparative International Development*, 31: 3–31.

WORLD BANK. 2004. *World Development Indicators.* Available at www.worldbank.org.

第二十五章　政治中的裙带关系 *

苏珊·C.斯托克斯(Susan C.Stokes)

按照大多数研究者对此问题的观点,政治中的裙带关系迟滞经济发展,毒害民主制,并使独裁者的统治得以苟延残喘。裙带关系不鼓励政府提供公共品,并且使一些人因国家持续的贫困和选民对权力的依附而获得,因而迟滞了经济发展;它破坏了一人一票的平等原则,使一些选民能够通过选票改变政策偏好,而另一些选民只能用选票掠取些许补偿,因而毒害了民主;它使独裁者得以窒息选举竞争,使反对派因担心遭到报复而不敢有所表现,因而延长了独裁者的统治。鉴于这些重要的影响,我们有必要了解裙带关系的内部机制及其成因和后果。

一、定　义

1.1　裙带关系

与大多数概念相比,人们对裙带关系的含义尤其莫衷一是。就裙带关系作为一种选举动员手段而言,我将其定义为*通过提供物质利益换取选举支持,提供好处的标准只有一条:你是否已经(或将要)支持我?* ①

需要指出的是,在现实中,"提供物质利益"有时会采取威胁而非利诱的形式。略举数例:新加坡政府以停止住宅改善计划威胁那些要把选票投给反对派议员的地区

---

*　感谢波瓦克斯(Carles Boix),布鲁斯科(Valeria Brusco),卢普(Noam Lupu)和纳扎雷诺(Marcelo Nazareno)对本文的意见和评论。

① 一种不同的现象,也许可以称之为*政治献金*或*腐败*(根据一国法律),是私人行为体向政治家和政党提供资金,以换取立法上的特权和其他好处。在这种关系中,资金的流向与裙带关系中相反:它不是从政治家流向个体行为者,而是从个体行为者流向政治家。

（Tam 2005）；那不勒斯和巴勒莫的基督教民主党代表，也威胁要以违反健康管理条件为名传唤那些支持反对派的食品杂货商（Chubb 1982）；在阿根廷的米西奥内斯省，当地的产业大亨则威胁要解雇那些投票反对他们中意的候选人的公民（Urquiza 2006）。

正是选举支持这一分配标准，把裙带关系与其他物质导向的政治策略区分开来。比如，美国的"*猪肉桶政治*（*pork barrel politics*，*分肥政治*）"就与此不同，它指一种由一个或几个地域独享利益，而让所有地区付出代价的现象（Aldrich 1995，30 页）。① 分肥暗含的标准是：你是否和我同处一个地区？*纲领型再分配政治*也与裙带关系不同，它指的是执政党（大多数情况下）出于选举的考虑，通过发布公共政策，从一些群体中汲取资源分配给另一些群体。决定谁能从再分配方案中获利的标准是：你是否属于特定的受益阶级（失业群体、退休群体或属于特定纳税等级的群体，等等）？② 纲领型利益因此具有公共品的性质：它把非受益阶级的资源重新分配给受益阶级，而在受益阶级中，任何符合条件的个体都不能被排除在外。裙带关系正好与此相反，它是一种欠债还情的交易，好处只会分配给那些向施惠者提供了支持的人。

我的定义与基切尔特和威尔金森的定义并没有太大不同。他们强调的是，这样一种公民—政治家之间的联系"通常以直接的物质利诱为基础，它们针对个人或公众小群体。因为政治家们清楚，这些人对此类小恩小惠非常敏感，愿意在价格合适的时候出卖自己的选票"。他们称之为"施受惠基础上的选民—政党关系"（Kitschelt and Wilkinson 2007，10 页）。当然，除此之外还有大量其他的（或至少不同的）定义。其中之一把"施受惠关系"（patron-client relationship）在更为一般的意义上定义为"两个具有不同地位、权力，或者资源的个人之间的……垂直的双向同盟，其中双方都认为与高于或低于自己的人结盟对自身有利。"（Landé 1977，xx 页）。这一定义中，"双边"部分强调裙带关系面对面的特点，而"同盟"部分则强调这种关系可以重复发生。

另一些学者把裙带关系比较狭义地定义为用公共部门的职位交换政治支持（参见 Robinson and Verdier 2003，第 2 页）——这被大多数学者称为施惠（*patronage*）关系。还有的研究者从施受惠双方所交易的内容来定义这个概念。斯科特认为，这是一种"*实用性的朋友关系*，其中社会经济地位较高的个体（施惠方）运用其影响和资源来向地位较低的个体（受惠方）提供*保护*或*利益*，或同时提供这二者，受惠方则通过向施惠方提供支持和帮助，包括提供个人性的服务，以为回报。"（James Scott 1972，92 页，重点为引

---

① 萨菲尔说，该短语"可能来自内战前的美国，那里会定期从大桶中取咸猪肉分配给奴隶"（Safire 1993）。

② 这些区分是概念而非经验上的，采用裙带策略的政治家，可以同时提供公共性和纲领性的利益再分配（参见 Magaloni，Diaz-Cayeros，and Estérez 2006）。

者所加)。惠塔克(Whitaker)在其对穆斯林酋长国政治的讨论中也指出,在裙带关系中,"恩惠、经济安全和保护能够用来交换个人忠诚和服从"(引自 Lemarchand 1977,102页)。

斯科特的定义提出了如下问题:在什么条件下,受惠者才不再简单地通过市场购买,而从某个他认识的、地位比他高的人那里获取保护和利益? 能够购买人们需要的保护和利益的市场可能不存在,也可能相当发达。或者,此类保护和利益可以在市场上购买,但它们潜在的消费者(受惠者)却没有充足的资源(收入),以保障他们能够从一个非人格性的卖家那里买到这些商品。但是,低收入的、财产有限的受惠者拥有大量其他资源:时间、选票、他们可以施加影响的潜在的支持者网络,等等。总的来说,受惠者一方物质上的贫乏,是裙带关系的各种定义中一个普遍存在的因素。

斯科特的定义还要求我们关注受惠者在安全和保护方面的利益。在很多地方,安全和保护是作为公共品由国家提供的。因此,如果把斯科特定义中的两个要点结合起来,那么我们可以预期,在其他条件相同的情况下,裙带关系会盛行于那些普遍贫困且国家机构相对软弱无力的社会。

1.2 买票和施惠

在探讨并提出了我自己对裙带关系的定义之后,我们再讨论两个相关的概念,即买票和施惠。在我的用法中,买票和施惠是裙带关系的下位概念。在裙带关系,双边关系中地位较低的一方要提供广义的选举支持,包括自己的选票、并为施惠者争取其他人的选票,买票则仅指用好处(*利益和保护*)交换选票。选择卖家的标准是:你是否已经(或将要)为我投票? 这就再次与分肥和纲领性再分配形成了对比。

施惠则是指*公职人员为回报得到的选举支持而向支持者提供公共资源(最典型的是公共部门的职位)*,这里的分配标准也是裙带式的:你是否已经——或将要——为我投票? 因此,施惠与广义的裙带关系有所区别。在裙带关系中,权力更大的政治行为体可能担任也可能没有担任公职,因此,也许能够也许不能保证受惠者一定得到公共资源(这与比如政党资源不同)。在施惠关系,施惠者担任公职,并分配国家资源。这一定义与其他学者的定义相同,如曼瓦林就把施惠定义为"为获取政治利益而在非任人唯贤的基础上使用或分配国家资源"(Mainwaring 1999,177 页)。这里对裙带关系与施惠的区别,也与麦迪纳和斯托克斯对于经济垄断与政治垄断的区分相一致。前者指无论选举结果如何,施惠者都对某些物品实行垄断;后者则指施惠者只有担任公职才能实施垄断(Medina and Stokes 2007)。经济垄断的例子是乡村共同体中的谷物储运机。机器的主人可以仅为已经或者即将为其投票的人提供便利,而不论选举结果如何。政治垄断的例子是公共雇员的职位,施惠者只有在赢得选举之后,才能用它来奖励或惩罚选民。

某种关系是更为宽泛的裙带关系还是施惠——是基于经济还是政治垄断——对于结果很重要。在政治性垄断之下,希望把施惠者赶下台的选民会面临集体行动的困境。因为他的下台是一件公共品,然而在多数人并不反对他的情况下,投反对票的人就要承担受到报复的风险。每个希望风险最小化和收益最大化的选民都会投票支持一位不得民心的施惠者,同时希望其他所有人(或者至少多数人)投他的反对票。但是,由于所有选民的动机都是一样的,所以不得民心的施惠者会一直保有权力。

这就意味着,在施惠或者政治垄断普遍存在的国家,一个政党在选举中获胜并不等于它(或者它的纲领)受到人们的欢迎。墨西哥的革命制度党就是一个执政党的例子。虽然它的民众基础已经受到严重损害,但它一直拥有权力,并持续赢得选举(参见 Magaloni 2006)。

二、裙带关系研究的两次浪潮

战后关于裙带关系的学术成果大体上来自两次研究浪潮,它们分别为新兴民族国家的涌现,以及大批发展中国家的民主化所激发。由施密特、斯科特、朗德和戈斯蒂编撰、并于1977年出版的影响深远的读本《朋友、追随者与派系》(Schmidt, Scott, Landé, and Gausti, eds., *Friends, Followers, and Factions*)所收录和再版的论文,都是在1950年至1974年,特别是1964年之后的10年间首次发表的。重要的专著(如恰布关于意大利南部裙带关系和施惠问题的研究)则出现于20世纪80年代,在20世纪80和90年代,裙带关系研究的理论基础开始发生转变。

经过数十年的沉寂,关于政治裙带关系的研究再度繁荣。除期刊论文和专著大量涌现之外,2007年之后,还出现了三部针对相关问题的新的文集。[①] 两次浪潮中涌现的著作在很多方面有所区别,包括所研究的政权体制(第一次浪潮并未关注政体问题,第二次则主要集中于民主制之下的裙带关系)、应用的基本概念范畴、采用的分析模式,以及产生的学科影响等。第一次浪潮主要是从人类学、其次是从社会学中得到启示,而第二次则受到了经济学的推动。

裙带关系的悖论

施惠者与受惠者的关系是个悖论。它涉及不平等的行为体——奴隶与主人、附佣

① 它们是 Piattoni(2001)、Schaffer(2007)、Kitschelt and Wilkinson(2007)。

与封主、佃农与地主、工人与雇主、选民与政党领袖。他们之间形成这种关系，一方面是自愿的，但从权力较小一方的角度来看，又意味着剥夺。用基切尔特的话来说，裙带关系"既涉及互惠与自愿，又导致剥削与支配"（Kitschelt 2000, 849 页）。由此引申，可以想象裙带关系中必然处处暗藏着背叛和欺骗。那么为何这种关系会持续存在，即便是切断这种关系对受惠者一方更为有利？因此，我们需要找到那些把施惠者与受惠者联系到一起的社会因素。

很多早期（甚至还有部分最近的）研究认为，这种社会因素就是规范。规范是一种重要的、得到广泛认可的观念，其表现形式是"某事该做"（Elster 1989）。古德纳指出，"互惠的道德规范"具有普遍性，它包含两重要求："（一）人们应当帮助那些帮助过他们的人，以及（二）人们不应伤害曾经帮助过他们的人"（Gouldner 1960, 171 页）。在裙带关系中，处于上位的一方通过给予处于下位的一方礼节性的馈赠强化互惠这一规范，而这种馈赠，如同自然的、实用性的馈赠一样，（也许）能够导致一种礼尚往来的义务感。斯科特对个人化的、持续的关系中规范性的心理特征进行过深入探讨。施受惠关系之所以与一般人际关系不同，是因为

这种关系所具有的面对面的个人化的性质。形成并巩固施受惠关系的持续的互惠模式，常常会在双方之间产生信任和情感。当受惠者需要一小笔贷款，或者需要有人为其向当局求情时，他知道他可以依靠施惠者；反过来，施惠者也知道，在他需要的时候，"他的人"会帮助他完成计划。而且，双方相互之间的预期还受到共同体的价值和礼俗的支持。（Scott 1972, 94 页；着重表示为原文所有）

在很多强调规范的裙带关系研究者看来，互惠规范能够把义务从一个领域推广到其他领域。"曾经限于某种特定交易的互惠关系，由此导向了双方累积性的或替代性的交易"（Lemarchand 1977, 106 页）。勒马昌德援引的实例包括：在塞内加尔，施受惠关系从封建和宗教义务领域外溢到部族政治中；在卢旺达，胡图族和图西族之间的裙带关系从土地所有权扩展至牛群所有权；在尼日利亚的依巴丹（Ibadan），商业中的裙带关系蔓延到地方政治之中。通过引用沃菲尔（Wurfel）记录的事例，斯科特指出，菲律宾的政治家"的确喜欢个体性而非集体性的联系，因为他希望建立某种个人性的裙带义务"（Scott 1972）。总之，之所以强调裙带关系中社会规范的作用，不仅因为它可以防止双边关系中从属一方的反抗，而且可以把这种从属关系普遍化。

另一种迥然不同的理解裙带交易的思路认为，它之所以能够把受惠者与施惠者联系在一起，并不是通过形成某种互惠的规范，而是以中断好处输送相威胁。与 20 世纪六七十年代相比，这一视角更切合世纪之交（从 20 世纪到 21 世纪）裙带关系研究者的发现。当然，这种视角在第一次浪潮的研究中并非全然不存在。巴特在其经典著作

《斯瓦特巴坦人的政治领袖》中强调："礼尚往来，两不相欠，因此馈赠并不形成权威……单方面的馈赠……如同贿赂与薪酬一样，并不能有效地使接受方产生服从施予方命令的义务。"他认为："馈赠和善意之所以成为控制他人的有力手段，不是因为它们所造成的回报义务，而是因为接受方希望它们能够持续。持续的馈赠创造了需求，也助长了依赖，因此，终止馈赠的威胁就成为一种强大的约束机制"（Frederick Barth 1959，77页）。

巴特基于利益的解释，与40年后布鲁斯科及其合作者们的观点如出一辙。后者认为，（阿根廷的）选民之所以服从一种潜在的裙带契约，"是因为他们知道，如果不服从，他们会在未来失去那些细微的好处"（Brusco et al. 2004，76页）（唯一的差别在于，斯瓦特巴坦人中的"餍足者"的收入，比他们的赠予对象"饥饿者"要多数百倍，因此从后者的角度来看，这样的馈赠绝非"细微"）。

如果说第一次浪潮中就有某些研究认为，联系受惠者和施惠者的基本因素是后者对前者中止回报的恐惧的话，那么第二次浪潮中也有一些研究继续强调受惠者对施惠者的规范性义务观念。一位菲律宾观察者如此解释竞选馈赠的力量："一旦某人给予我们一些东西，比如某种恩惠，我们就应该尽一切力量来报他的恩典，有时甚至牺牲自己也在所不惜。"（引自 Schaffer and Schedler 2006，32页）

与此类似，对于地方政党活动家是否以提供免费药品作为交换条件，动员其参与政党集会这一问题，一位阿根廷庇隆主义党的受惠者回答说：

不……我知道我必须跟她而不是别的什么人一起去。因为她给了我药品，或者牛奶，或者一袋茶或糖，我知道我必须和她一起去参加集会，以履行我对她的义务，表示我的感激。（Auyero 2001，160页）

活动家们利用这些友好和感激的情感来获取选票。一位庇隆主义活动家在儿童节庆典上整整忙碌了一天以发放礼物，然后表示："你如何耕耘……就如何收获选票。我不必盯着他们……选票总会来的。"（Auyero 2001，82页）

但阿耶罗的研究表明，在受惠者的观念中，友好感情背后的工具主义是显而易见的。那位因得到药品、牛奶和糖，出于感激而参与集会的受惠者补充说："如果我参加（庇隆主义活动家的）集会，那么当我需要什么东西时，她就不会再给我了。（她会说，）'去找和你一起参加集会的那个人要吧'。"（转引自 Auyero 2001，160页）

总体而言，研究者们或者强调规范，或者强调个人利益，但很少把他们的结论付诸经验验证。有一个例外就是布鲁斯科、纳扎雷诺和斯托克斯的研究（Brusco, Nazareno, and Stokes 2004）。我们询问阿根廷的访谈对象，在竞选中收到带有目的性的好处的民众，是否感到有义务为提供好处的政党投票。认为有义务的受访者仅比不认为有这种义务的受访者稍多一点点(51%对43%)。但事实上,那些认为有义务的人可能永远得不到好处。与我们调查样本的一般状况相比,他们一般都是富人、非庇隆主义者,而且来自大城市。他们似乎是在解释他人而非自己的经历。我们还询问受访者,他们是否认为收到馈赠的人应该有义务用选票加以回报。结果发现,在阿根廷即便存在要求"礼尚往来"的政治互惠规范,它也远远没有得到人们的普遍认同。在我们的样本中,有十分之九的民众表示,在竞选中收受好处的选民不必感到有义务要用选票加以回报(Brusco,Nazareno,and Stokes 2004,81页)。我们不能确认是否这些结果仅仅反映了一国一时的特殊性,但是它们的确表明,政治互惠的规范并非普遍存在,而且很可能在反向的政治动员面前不堪一击。

三、裙带关系与诚信

　　受经济学和政治经济学的影响,第二次浪潮的着眼点从规范转向了对报复的恐惧。20世纪80年代和90年代的一系列论文,对政党如何运用个人化的,或者有目的性的激励以动员选举支持进行了形式化的解释。其基本理念是,政党可以不必借助影响各阶级选民之间资源转移的公共政策,而是依靠对个体选民提供物质激励,以增大胜选的可能。迪克齐特和朗德里甘(Dixit and Londregan 1996)称之为与"纲领型"再分配相对的"策略型"再分配。① 这类形式化研究的核心发现是,如果政党非常了解它们的选民,且能够有效地向那些最有可能用选票对其加以回报的选民提供好处,那么这么做就有利可图。采用这一策略的政党会锁定所谓的铁杆选民:政党清楚了解他们的需求(Dixit and Londregan 1996)或选举倾向(Cox and McCubbins 1986),因此政党为他们耗费资源的风险极小(Lindbeck 和 Weibull 1987)。

　　马加罗尼、迪亚兹—卡耶罗和伊斯特维兹(Magaloni,Diaz-Cayeros,and Estévez 2006)在上述理论的基础上,认为风险规避是一种可变的特质,甚至对于不同时期的同一政党来说也是如此。风险承受能力的变化可以解释政党对不同策略的运用(在某些时段和某些选区使用纲领型策略,在其他时段和选区则采用裙带策略)。

　　这种把裙带关系理解为选举策略的理论面临一个困难,即它没有充分考虑诚信的

---

　　①　他们的区分并非严格来自我在上文中所做的区别。他们所谓的纲领型再分配,指基于分配正义的意识形态观念、并通过所得税(以及财产税,不过相对较少)实行的再分配。策略型再分配(他们也称之为"分肥")在某种意义上则是不同阶级之间的再分配,他们给出的例子是对某些产业的补贴,或是把军事基地设置在某些选区。由此他们回避了真正个人化的利益,尽管他们的理论中似乎也涉及针对个体选民的分配和监控。

问题。① 收受一包食物、并(以明示或暗示的方式)同意用选票予以回报的投票人,可以在选举日轻易反悔,特别是在得到秘密投票制度保护的情况下。的确,引入秘密投票制度,就是为了保护选民免受选票交易带来的这种隐性强制。但是,诚信的问题是双向的:一个在选举前为换取选票向受惠者作出承诺的政党,也会在此之后忘记自己的诺言。

为了说明问题,可以考虑一场施惠博弈。按照迪克齐特和朗德里甘的说法,某个得到青睐的群体的成员,只有在施惠党获胜的情况下,方能享受策略性再分配的利益。投票人首先要决定是守信并为该政党投票,还是背信并投票反对它。当然,作为政党,只有胜负两种可能。如果政党获胜,它可以选择是奖励选民还是拒绝奖励;如果败选,则奖励无法兑现,博弈也就此结束。图 25.1 是这一博弈的延展形式。图中的排列顺序表明,选民要在得知选举结果之前选择是守信还是背信(政党方面显然只有在得知自己胜选后才会采取行动)。

如果选民为政党投票,则其所得为 v;而每当政党兑现奖励,它的损失为 $-r_p$。假定 $v>r_p$。对于政党来说,最好的结果就是得到选票而不必为其付出;但它宁愿选择通过付出得到选票,而不是拒不付出而失去选票。在这一博弈中,选民在意识形态上温和地反对施惠党,因此他们最期待的结果,是获得奖励并投票反对这个党;但如果非投票则不能得到奖励,则他们也会为该党投票。这样,选民对结果的偏好顺序如下:$(r_v+d)>(r_v+c)>d>c$。

如果政党胜选,其主导策略将是拒绝向选民提兑现奖励。无论选民是守信还是背信,拒付奖励对政党都更有利。从选民的角度来看,由于知道即便政党胜选也不会兑现奖励,因此对他们来说更好的选择是背信,并为他们在意识形态方面更中意的政党投票。这样,政党永远不会兑现奖励,而选民的选择,则完全由分配前支持或者反对某个政党的偏好所决定。

即使选民在意识形态方面倾向于为施惠党投票,但真正推动他们投票的,也是这种偏好而非施惠党的承诺。就政党来说,背信也能够得到更多好处。因此,选民会无视施惠党的承诺,仅仅根据意识形态投票。结果同样是政党不会提供任何好处,而它的承诺也不足以改变投票者的选择。

但是我们知道,受惠和买票的确在发生,因此我们需要重新考虑模型的问题。让我们暂且超越研究者们提出的这一单局博弈模型,回到裙带关系的众多研究者的洞见,即这是一种面对面的、而且长期持续的关系。裙带关系的"馈赠"和施惠不仅直接推动民

---

① 例外请见 Robinson and Verdier (2003)。

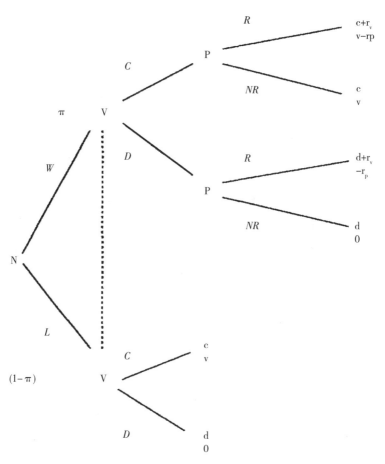

Preference order of Party: v>r>0
Preference order of Voter: d+r_v>c+r_v>c+r_v>d>c

$$Preference\ order\ of\ Party:\ v>r_p>0$$
$$Preference\ order\ of\ Voter:\ d+r_v>c+r_v>c+r_v>d>c$$

图 25.1　选民与可能的施惠者（是否予以奖励取决于是否当权）之间的单局博弈

政党偏好顺序：$v>r_p>0$
选民偏好顺序：$d+r_v>c+r_v>c+r_v>d>c$

众为施惠党投票，而且强化了施惠者和受惠者共同置身其中的社会网络。出于几个方面的原因，裙带关系，即这种内嵌于社会网络中的双边关系的持续性具有重要的理论意义。网络为其成员提供了有关其他成员的信息，因此我们知道我们的邻居和同事是投票还是弃权、是支持这个党还是那个党、是出身于共产主义者还是基督教民主党人家庭（是民主党人还是共和党人，是庇隆主义者还是激进分子，等等）。对于陌生人，这些信息我们根本无从知晓。裙带主义政党借助置身于这些社会网络中的活动分子，他们正如王和克鲁滋曼所说的台湾（地区）竞选经纪人，是"行走的当地知识百科全书"（Wang and Kruzman 2007，94 页）。这种地方知识使政党活动分子能够有充分的理由，推断接受了该政党给予的好处或职位的选民,究竟是自始至终地支持该政党,还是转向了其他党。网络使裙带主义政党绕开了秘密投票的阻碍。

政党可以运用这种信息奖励与之合作的选民,并惩罚背信之人,也就是说,它可以使选民对自己的投票行为负责。不过,与民主理论颂扬的那种回应制不同,这是一种"反向回应",即政党要求选民对其行为作出回应(Stokes 2005)。

由于施惠者和受惠者内嵌于社会网络之中,我们可以用重复博弈模拟裙带关系。选民的偏好为:

$$u_i = -1/2(v_i-x_i)^2 + r_{vi}$$

其中,$v_i = \{x_1, x_2\}$,表示为施惠党或其反对党所投的票,x_i代表选民 i 在意识形态光谱上的立场,$r_{vi} = \{0, r\}$,它表示与选民根据自己的偏好投票相比,通过选票交易得到的报酬的值。因此$-1/2(v_i-x_i)^2$就是为两政党之一投票的外在表现价值。

表 25.1 表现了这一博弈的规范形式,而表 25.2 则是简化后的收益状况。考虑一位选民的情况,从意识形态或纲领的角度,他温和地反对施惠党。如果没有任何激励措施,他会为其反对党投票;但如果该党为其提供某种回报(r),那么与这位选民为施惠党的反对党投票、且得不到任何报酬的情形相比,他的收益就会有所提高。因此,他的偏好顺序为:

$$1/2(x_i-x_2)^2 + r > -1/2(x_i-x_1)^2 + r > -1/2(x_i-x_2)^2 > \pm(x_i-x_1)^2$$

表 25.1　裙带主义政党与选民博弈的规范形式

选　民	政　党	
	回　报	没有回报
守　信	$1/2(x_i-x_1)^2 + r, v-r$	$1/2(x_i-x_1)^2, v$
背　信	$1/2(x_i-x_2)^2 + r, -r$	$1/2(x_i-x_2)^2, 0$

另一方,裙带主义政党最大的希望是能够在无须支付回报的情况下得到该选民的投票,但如果必要的话,也愿意为得到选票而提供回报。因此政党的偏好顺序是:

$$v > v-r > 0 > -r$$

表 25.2 表明,裙带主义政党与对其持温和反对态度的选民之间处于囚徒困境。双方都希望在买票交易中"合作",政党支付回报而选民支持政党。但如果选民为该党投了票,则后者可以通过拒付回报获得更大收益;而如果该党拒付回报,则选民投票反对它可以得到更多收益。

在单局博弈中,买票最终无法实现选票。但在重复博弈中,双方能够合作进行选票交易。他们可以通过实施"触发策略"来做到这一点。据此,对在两个策略(为裙带主义者投票,或者兑现回报)中背信的任何一方,另一方都将在未来的每一次选举中予以惩罚。选民的最小最大值,即裙带主义政党所能迫使他接受的最低收益,是$-1/2$ $(x_i-x_1)^2$:即便他被迫放弃了回报,他仍然能够为反对党投票。政党的最小最大值是0:对于背信的选民,它至少总是能够拒付回报。

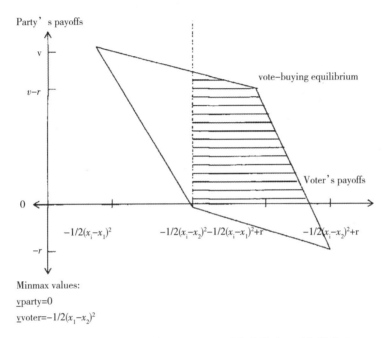

**图 25.2 裙带主义政党与持温和反对态度的选民重复博弈中
可能且对各方合理的收益组合**

如图 25.2 所示,这些最小最大值使我们能够界定双方可以实现的、对各方合理的收益,其中包含了当买票实际发生时的一对最小最大值,即$-1/2$$(x_i-x_1)^2$$+r,v-r$。根据"大众定理",在重复博弈的环境中,如果参与者保持耐心,那么所有可行的、对各方合理的收益会达成一种均衡,因为"只要参与者有耐心,那么在一次违规行为中获得的任何收益,都不足以弥补未来每一次遭受的、哪怕是微小的效用损失"(Fudenberg and Tirole 2002,153 页)。不过需要注意,图 25.2 中的买票均衡点只是诸多可能之一,因为整个阴影区域都反映可能的、对各方合理的收益。

从上述博弈引出了几个假设:

- 裙带主义政党直接监视选民个人的能力越强,买票就越容易发生;
- 投票越不透明、秘密性越强,买票就越不容易发生;
- 政党在意识形态上越接近,买票越容易发生;

- 回报或个人性的激励对选民越有价值,买票越容易发生(Stokes 2005)。

表 25.2　裙带主义政党与持温和反对态度的选民博弈的规范形式,收益已被简化

选　民	政　党	
	回　报	不回报
守　信	3,3	1,4
违　信	4,1	2,2

四、受惠者:铁杆支持者还是摇摆不定的选民?

把裙带关系理解为受惠者与政党之间内置于社会网络的重复博弈,还可以让我们了解裙带主义政党试图吸引的选民本身的特性。裙带主义政党无需用拉拢利诱的手段吸引忠实的选民,因为无论是否得到回报,他们都会支持该政党,因此即便政党不再提供回报,他们也未必撤回支持。拉拢利诱手段对于死硬的反对派选民也没有意义。与上文讨论过的温和的反对者不同,这类死硬的反对派在意识形态上对该政党的厌恶远远超过了回报的价值,因此不能指望他们会为回报而对其表示支持。① 不持立场的,或者温和对该政党的选民(即那些对它的反感能够被得到的回报压倒的人)是买票的理想目标。这一模型因此预示了一种针对边缘的或者摇摆的选民的策略:政党只会向那些不持立场的,或者仅在意识形态或纲领层面对其持温和反对态度的人,而不会对它的坚定支持者示恩。

一些研究已经验证过这一关于铁杆选民和摇摆选民的假设,但它们面临着某种方法论上的困难。在那些使用生态数据的研究中,调查者通常把执政党向过去为其大量投票的选区分配资源的做法视为铁杆选民策略的证据。但是,那些支持该政党并因此获得了公共资源的选民,在过去之所以支持该政党,也可能是因为他们之前就得到过资源。因此,应该谨慎对待"铁杆"或者"忠实"这类概念。所谓"忠实"的选民,是那些一定会接受馈赠的、而非在意识形态方面支持裙带主义政党的选民。在理想状态下,生态研究应该控制过往选举中带有目的性好处的影响。依靠调查数据的研究面临它们特有的内生性问题:是某人(自述的)对政党的友好态度使他接受了那些好处,还是那些好

---

① 因此裙带主义政党温和的反对者的偏好顺序是: $-1/2(x_i-x_2)^2+b>-1/2(x_i-x_1)^2+b>-1/2(x_i-x_2)^2>-1/2(x_i-x_1)^2$;而死硬的反对者的偏好顺序则是: $-1/2(x_i-x_2)^2+b>-1/2(x_i-x_2)^2>-1/2(x_i-x_1)^2+b>-1/2(x_i-x_1)^2$。

处使他对该政党变得友好？或者,那些自称不持立场的选民,是否实际上是被所得到的好处软化的反对者？

经验研究注意到这些问题,因而描绘了一幅混合的图景。安索拉贝希尔和斯耐德(Ansolabehere and Snyder 2002)发现,美国那些传统上为州长所属政党提供高度支持的郡县,总是能从州政府得到更多的转移支付。他们同时发现,在州政府的执政党发生变化之后,转移支付的分配重心也转向那些为新的执政党提供了大量选举的县。

还有一些研究使用生态数据,在美洲大陆的其他地方检验了关于铁杆选民与摇摆选民的假设。马加罗尼(Magaloni 2006)在对墨西哥的研究中发现,革命制度党在反对党控制地区的社会项目上投入很少,在选民最有可能通过弃权而背信的地区则大量投入,这表明该党采用的也是一种边缘选民策略。雅拉胡安(Péter Yarahuan 2006)的发现正好相反,即执政党在分配社会项目时更偏向支持自己的选民比较集中的地区,并歧视反对派比较集中的地区,这体现的是铁杆选民策略,至少在 1994 年的选举中情况就是如此(参见 Hiskey 1999)。萨蒂(Schady 2000)在对秘鲁的一项反贫困项目支出的政治运作进行研究时发现,藤森政府重点照顾的是"边缘"选区。在藤森的第一次总统选举和其后的一次全民公决中,他的支持和反对者的力量几乎是旗鼓相当。

在阿根廷,同样有不同的证据支持两种假设。韦兹—夏皮罗(Weitz-Shapiro 2006)发现,在卡洛斯·梅内姆(Carlos Menem)执政末期和德拉努阿(De la Rúa)政府执政初期(1999—2001),失业救济金的分配偏向于摇摆选区,即两个政党力量对比非常接近的地区。纳扎雷诺、布鲁斯科和斯托克斯(Nazareno, Brusco, and Stokes 2006)也使用生态数据证明,获胜的政党在过往选举(有时是在即将到来的选举)中与反对党的选票差距越小,其在人事雇用方面支出的预算比例就越高。不过,斯托克斯(Stokes 2005)在对选举馈赠调查数据进行分析时,发现上述证据并不具有决定性。虽然阿根廷的庇隆主义党没有向坚定的反对者提供选举馈赠(根据她的模型,向这类选民提供馈赠是一种浪费),但它却向不持立场的选民、边缘选民和支持该党的选民提供了好处。她的推断是,裙带主义政党通常会把裙带式的馈赠和意识形态的诉求结合起来。在选区拉票的党的跑腿会带着一包食物或一项职位雇用的承诺造访某位选民,但他也会解释该党纲领的种种好处。在双方面对面的物质动员过程中,政党也会进行说教,原本不持立场的投票人,也会变得像是该政党忠实的选民。

总之,大部分经验数据说明,裙带主义政党争取的目标是边缘的,或者摇摆不定的选民,但也有例外。目前还没有研究者对这一差异加以说明。如果延续迪克齐特和朗德里甘、科克斯和麦克库宾,以及马加罗尼等人的研究思路,则导致这一差异的关键因素可能是风险。如果政治家面对的是意识形态多样化的群体,又希望使得不偿失的风险最小化,或者如果政治家不愿冒险,那么他们就会使用铁杆选民策略。最近的一些研究,把重点放在(用 Cox 2006 的术语)"动员"(号召选民投票,而不是弃权)而非"说服"(改变选民关于应该投谁的票的想法)上面,这可能会对上述问题的研究有所启发。

五、原因与后果

5.1 为什么贫困会助长裙带关系?

我们看到,在裙带关系的定义中,受惠者的贫困是一个基本要素。的确,对政治裙带主义的定性研究,都指向一个明确的结论,即这种关系是贫困国家的显著特征。这一研究的对象包括 18 世纪的荷兰(Randeraad and Wolffram 2001),18 世纪和 19 世纪的英国(O'Gorman 2001),两次世界大战之间的希腊(Mavrogordatos 1983),19 世纪晚期直到 20 世纪 50 年代的美国城市(Wilson and Banfield 1963;Reynolds 1988),20 世纪 40 年代和 50 年代的冰岛(Kristinsson 2001),20 世纪 50 年代和 60 年代的意大利南部地区(Graziano 1977;Chubb 1981,1982),南亚(Weiner 1967;Chandra 2004;Wilkinson 2006;Krishna 2007),东南亚(Landé 1965;Scott 1972),非洲(Lemarchand 1977;Wantchekon 2003;van de Walle 2007),保加利亚(Kitschelt et al.1999);以及从墨西哥(Fox 1994;Magaloni 2006;Magaloni,Diaz-Cayeros,and Estévez 2007)到阿根廷(Levitsky 2003;Calvo and Murillo 2004;Brusco,Nazareno and Stokes 2004)的整个拉丁美洲每个国家。由于很难提出对裙带关系进行跨国比较的定量测量指标,所以目前对这一问题的跨国比较研究还比较缺乏。但只要对相关的定性研究稍事了解即可发现,虽然裙带关系并非(过去和现在的)发展中国家的独有特征,但它在这些国家远比发达民主国家要普遍得多。[1]

更不清楚的是情况为何如此。学者们在无意之间,对裙带关系与贫困的联系提出了两种不同的解释。根据第一种也是最为常见的解释,馈赠的价值对穷人比对富人要高得多,因此,若要提供好处,目标自然是穷人(收入的边际效用递减——参见如 Dixit and Londregan 1996;Calvo and Murillo 2004)。第二种解释认为,穷人不愿冒险,因此对他们来说,今天的些许好处,比关于明天的再分配性公共政策的许诺更有价值(参见如 Desposato 2007;Wantchekon 2003;Kitschelt 2000;Scott 1976)。正如基切尔特所言:"贫穷而未受教育的选民不考虑未来,他们只顾眼前,注重当下的利益。因此,裙带主义交易看得见的好处,总是胜过间接的、纲领性的联系,它们只能为选民承诺未来的、不确定

---

[1] 尽管跨国定量研究尚付诸阙如,但我们仍可以从田野研究(参见 Wantchekon 2003)和调查研究(参见 Brusco,Nazareno,and Stokes 2004)所得出的系统数据中收获良多。后一研究明示,阿根廷政党在总体上更可能从贫困而非富裕的选民那里收买选票。

的利益。"(Kitschelt 2000,857 页)

一项研究得出的数据质疑了关于风险规避的解释。布鲁斯科、纳扎雷诺和斯托克斯(Brusco,Nazareno,and Stokes2006)发现,阿根廷的穷人的确比富人更不愿意冒险。但是,风险规避对于某人是否愿意出售选票并没有直接影响。通过比较两位同样贫困的选民发现,更不愿意冒险的一位,并不比另一位更倾向于出售自己的选票。

第三种解释与前两种略有不同,认为不是贫困本身,而是收入不平等助长了裙带关系(参见如 Hicken 2007;Stokes 2007;Robinson and Verdier 2003)。如果用于买票的资源与一国的平均收入同步增长,那么经济发展就不会提高买票的成本。但是,如果裙带主义的成本要由不断增加的(上层)中产阶级支付,而且其对象也在(下层)中产阶级中不断增加,那么随着接受方的获利越来越多,这种转移对于供给方带来的痛苦也越来越多,因而供给方的抗拒也会越来越强。而且,要监控其他选民的行为,对中产阶级来说机会成本更高;当选民的收入分配向中间集中并在低收入端减少时,政党要在社会网络中维持其存在,并且监控个人的投票行为就会变得越来越困难。

还有一种观点干脆认为,并非贫困导致裙带关系,而是裙带关系制造了贫困。裙带主义政党为了维持政权,就必须迟滞收入的增长。恰布指责意大利基督教民主党,认为是它为便于采用裙带主义和施惠政策而刻意保持选民的贫困和依附状态,从而导致了该国南部地区的不发达。还有一些研究认为,在政府官员热衷于提供私人物品的国家(参见 Robinson and Verdier 2003),以及在经济发展过程中依赖相对生产率不断下降的公共品垄断部门的国家(Medina and Stokes 2007;并参见 Lyne 2006),其推动发展的公共品供给必然不足,而这也是导致裙带关系的原因。当然,裙带关系与贫困之间,也可能存在一种互为因果关系。

5.2 制 度

选举规则。一些分析者发现,从直观上看,鼓励为个人投票的选举制度同时也会鼓励裙带关系(参见 Hicken 2007;Kitschelt 2000)。基切尔特分析道:

个人化的选举竞争,允许候选人和选民去组织、监督和实施选举支持与来自权力的好处之间的直接交易。在复数选区制中,选民根据自己的偏好为候选人个人、而不是政党的候选人名单投票,这就为个人化的交易提供可能。如果同一党的候选人个人得到的选票不被汇集起来计算整个政党得到的席位,及其/或者政党领导不能控制候选人名单的决定权,则政治家建立裙带关系的动机就会进一步加强(Kitschelt 2000,859 页)。

这一解释的缺陷,在于它忽略了候选人的个性化的诉求与个人化的、面对面的选民动员之间的差别。尽管两者具有贬低议题和纲领的共同点,但它们在其他方面仍然颇为不同。注重候选人个人物质的竞选,会求助于大众传媒,并且依赖高度集中的政党结构。相反,裙带主义政党和竞选依赖的则是一大批捐客,他们事实上要监控选民。如果集中化的领导,或者具有超凡魅力的领袖能够绕开这些分散的捐客,也就是说用激动人心的演讲和不可抗拒的意识形态取代分散的选票收买,那么他们当然乐于如此。因此,竞选的个人化与裙带主义之间存在矛盾,如果我们把个人化的选举规则与裙带关系的盛行联系起来,则有可能误入歧途。不过,这种争论本质上仍然是理论性的,大概只有当我们找到某种有关裙带主义的有效的跨国衡量标准,并据以评估选举规则对这一现象的影响,情况才会有所改观。

对施惠和买票的法律限制。今天,绝大多数民主国家都对施惠和买票设置了法律限制。它们制定了规范官僚系统人员招募的法律和规章,并禁止选票交易。根据谢夫特(Shefter 1977,1994)影响甚广的分析,在那些选举权得到普及之前,公务员已经实现专业化的国家,施惠受到了严格的限制;而在选举权普及之前,没有经过任何真正意义上的公务员制度改革的国家,施惠现象则比较普遍,因为在后一类国家,政党有更多的自由通过提供公共职位动员大众的支持。

谢夫特的解释还留下了一些未经解答的问题。为什么公务员的专业化有些地方早有些地方晚?在某些情况下,虽然专业化的公务员系统已经存在,但野心勃勃的政治家还是对其发起了强有力的攻击,取消了它的独立性,并使之成为施惠的主要源头。例如,在佐勒菲卡尔·阿里·布托(Zulfikar Ali Bhutto)治下的巴基斯坦就曾有这样的经历。这个国家从英属印度时期继承了一套独立的、专业化的文官系统,但布托 1973 年的改革却使之成为自己的政党,即巴基斯坦人民党(PPP)的施惠工具(参见 Baxter et al. 2002)。在类似的事例中,限制施惠和买票的法律规章被政治家玩弄于股掌之上。

选票。政府和政党用来使选民表达其投票决定的技术手段,也会对裙带关系产生影响。主要原因在于,公开的、非匿名的投票制度为监控选民的选择提供了便利,从而也为裙带关系带来了极大的便利。在 20 世纪初,大多数独立且经历过民主制的国家,都已废除了口头表决制,并代之以秘密投票制,从而大大减少了选票交易的空间。然而,现在实行的一些投票形式和投票制度仍然使政党有可能推测个体选民的投票选择。例如,西班牙的投票制度是在半公开的情况下提出政党候选人名单(ticket ballot,只列出某个政党候选人姓名的名单),选民们可以选择是在有遮挡的投票间中,还是公开地将他们选择的政党名单装入信封(法国和部分前法属殖民地国家,以及其他一些民主国家,也使用这种对政党候选人名单选票的方式)。还有一些国家,包括阿根廷、巴拿马和乌拉圭,采用的是政党投票制(party ballots),选票由各政党提供,而且(竞选行政职位的)个人候选人的姓名与政党候选人的名单分别印在不同的选票上。

澳大利亚投票制与政党候选人名单投票和政党投票制都不同。在澳大利亚式选票上，以相同的格式列出了所有竞选某一职位的个别候选人和政党提名候选人的名单，选票由公共机构在严密管理的条件下准备，并在选举之前一天或者选举日当天发放给选民（Converse 1972）。根据雷诺德和斯丁贝格（Reynolds and Steenbergen 2005）的统计，当今有85%的国家使用澳大利亚式选票，15%的国家使用我所说的政党候选人名单投票和政党投票制。

政党投票制特别有利于买票，这并非是因为选票的格式，而是因为它们由政党提供，因而通常能够在选举之前分发给选民。选票发放成为选民动员过程的一部分，与选票一起分发的，还有食物、建筑材料或者其他个人化的好处，传递的信息也非常明确，即希望选民用投票回报这些恩惠。布鲁斯科、纳扎雷诺和斯托克斯（Brusco, Nazareno, and Stokes 2004）发现，直接从政党代表那里获得选票的阿根廷选民，明显地更愿意收受竞选馈赠，并报告说这些馈赠影响了他们的投票。

因为制订规则反对施惠和设计选票防止买票的都是政治家，所以人们有理由怀疑，这些规则在约束裙带主义方面能否发挥独立的作用，或者这些规则只有在具备其他因素，比如经济发展使裙带关系不太有效、对政治家的吸引力也随之下降之后，才会具有生命力。另外在某些情形下，政党可能会把揭露选票收买和选举腐败作为竞争手段，从而形成了实行选票和其他制度改革的选举动机。人们可以在墨西哥、台湾地区和阿根廷发现这一动态过程。正如一名阿根廷政治家所说，在所有这三个地区，反对党的政治家都告诫选民们："好处照收，选票照投"（引自Szwarcberg 2001）。

有关裙带型政党向纲领型政治转型的说明，为我们了解助长裙带主义的因素提供了线索。勒霍奇和莫里拉（Lehoucq and Molina 2002）认为，20世纪40年代哥斯达黎加买票现象减少的原因，是匿名投票制的引入和买票成本的提高，后者意味着，经济发展也许是裙带主义现象衰落的一个原因。

上文提到过，根据图25.2，裙带关系的均衡点，只是诸多可能的均衡之一。夏菲尔和谢德勒指出，虽然一般认为消费品市场具有道德上的正当性，但"明显的选票交易与当下民主的自由和平等规范相冲突"（Schaffer and Schedler 2006，第6页）。因此它易于受到意识形态方面的攻击。在秘鲁，一个得到左翼组织者和激进宗教人士追随的进步主义军人政权，号召人们牢记自己的公民身份，他们理应得到公共服务，是因为自己纳了税，因此无需作为受惠者乞求特别的恩宠（Stokes 1995）。

一些研究者注意到，随着墨西哥的逐步民主化（在2000年达到高潮），裙带关系和买票现象渐趋衰落。一项由米托夫斯基公司进行的民意调查表明，有5%的选民在

2000 年的选举前收到过竞选馈赠;"墨西哥 2000"面板调查则估计该比例略低于 15%
(参见 Cornelius 2004)。① 科尔内琉斯表示,无论从哪个数据来看,裙带主义与过去相
比都有所减少。勒霍奇(Lehoucq 2006)和科尔内琉斯认为,经过了 1994 年全面改革的
墨西哥联邦选举局(IFE),在减少裙带关系和买票现象方面发挥了重要作用。马加罗
尼同意这一观点,并进一步分析了墨西哥的执政党即革命制度党之所以愿意赋予联邦
选举局独立下限的原因。她认为,执政党这么做,是为了让反对党接受选举的合法性。
与非法选举和随之而来的社会动荡相比,即便有可能失去政权,公平的选举仍然是一种
更好的结果。

裙带关系的制度后果。探讨裙带关系制度原因的研究比较少,而对这一现象的制
度后果研究就更少。在一篇颇具开创性的论文中,德波萨托(Desposato 2007)研究了裙
带关系对立法机构中各政党的影响。他认为,在立法机构中,运用裙带策略的政党与通
过提供公共品动员选举支持的政党表现有所不同。裙带主义政党所做的,就是不顾一
切拿到公共资源,并通过个人渠道进行分配;而当它们作为反对派的时候,它们在立法
方面就毫无章法。以公共品为导向的政党则会努力提供此类物品,并以此赢得支持;同
时,无论执政与否,它们在立法方面都表现出更多的一贯性。德波萨托比较了巴西两个
州的议会,一个州裙带关系盛行(皮奥伊),另一个地区则几乎不存在这种关系(巴西利
亚)。② 他发现,与他的理论相一致,这两个地区议会中政党的表现的确有所不同:巴西
利亚议会中提出法案的频率比较高,而皮奥伊州议会中反对党的立法很少协调一致。

5.3 裙带关系和施惠的有效性

裙带关系的大多数研究者和观察者假定这是一种选举策略。也就是说,在其他条
件相同的情况下,一个提供裙带好处的政党,与它不采取这种策略相比,会得到更多的
选票。通常情况下,政党当然不会采取无效的策略。然而,还是有一些理论分析让我们
相信,并非任何情况下都可以实行裙带主义。在上述重复博弈中,买票均衡点只是诸多
可能的均衡状态之一。

收受不得人心的当政者好处的选民,会找到某种方法解决集体行动的问题,对他投
反对票,墨西哥选民最后就是这么做的(Magaloni 2006)。如果我们进一步假定,特别是
在新兴民主国家,政党对它们所采取的策略的结果,常常也得不到充分的信息,那么对

---

① 但是在 2006 年的总统竞选中,"数百万贫穷的墨西哥人受到威胁,如果他们不为各种候选人
投票,就会被排斥在医疗保障和社会救助计划之外,而主要是乡村地区的人,则因投票而收到 40 美元
至 60 美元不等的报酬"(Alianza Civica,引自《华盛顿邮报》2006)。

② 在巴西的行政区划中,首都巴西利亚称为联邦区,与普通的州有所区别。——译者

于有些时候它们自掘坟墓的做法，我们也就不必惊奇了。①

已有一些研究开始探讨裙带关系的选举后果，其中大部分是在美洲。在美国，列维特和斯奈德（Levitt and Snyder 1997）研究了分肥支出（根据上文的定义）对于随后的众议院选举的影响。他们发现，联邦开支每增加 100 美元，②现任者的得票率就能增长 2%。③ 在秘鲁，罗伯兹和阿尔克（Roberts and Arce 1998）发现，藤森政府中执行反贫困项目的部门在 1994 年和 1995 年初的人均支出，与藤森在 1995 年（再次）选举中的得票率正相关。

不过裙带关系和施惠并非总能奏效。卡尔沃和穆里罗（Calvo and Murillo 2004）发现，阿根廷庇隆主义党治下的省份，每千人中的公共部门雇员数目越多，则该党在随后选举中的得票率就越高。但在由阿根廷另一个主要政党激进公民联盟控制的省份，公共部门雇员的数量对于该政党的得票率却没有明显影响。纳扎雷诺、布鲁斯科和斯托克斯（Nazareno, Brusco, and Stokes 2006）运用更为分散的（地方政府）数据，发现了类似（甚至更明显）的结果：属于激进公民联盟的市长的施惠行为，反而降低了该党的得票率。20 世纪 90 年代末，（由庇隆主义者控制的）联邦政府有针对性地减少失业计划中的支出，也导致了类似的结果。在控制其他因素（如贫困）的情况下，庇隆主义党的市长得到的人均支出，有望比激进主义联盟的市长多一倍，然而，把这些钱花到由激进主义联盟控制的地方，会在下一场选举中明显减少该联盟的得票率。但是，如果把同样的钱花在由庇隆主义党控制的地方，就能增加当地庇隆主义者在随后选举中的得票率。④

与列维特、施奈德一样，纳扎雷诺及其合作者们也认为，那些清楚自己在选举中会遇到麻烦的市长可能会花更多的钱。但是，即便这种加大了力度的施惠行为的确增加了他们的得票率，但施惠本身也可能给人们带来负面的印象，从而降低了当权者的支持率。我们由此面临着一个可能的内生性问题：可能并不是支出导致了糟糕的选举表现，而是（预期的）不佳选举表现导致了更多的支出。为处理这一可能性，纳扎雷诺及其合作者使用了一项工具变量：前一次选举中的支出。不过，尽管纠正了内生性问题，结果

① 在当前语境下的党内策略之争，如到底是采取"对空"策略（广告，宣传）还是"对地"策略（买票，面对面的动员），表明政党在一定程度上并不确定哪种策略能够奏效。

② 原文如此，可能是人均增加 100 美元之误。——译者

③ 众议员争取联邦支出是一个潜在的、被忽视的变量，这是个事实，而他们就考察了这一事实，这是他们论文的一个重要特点。他们处理这一问题的方法，是引入同一个州其他选区的联邦支出，以作为工具变量。

④ 此句原文为"…Peronist mayors could expect to receive about twice as much funding per capita as Radicals, and spending in Radical-controlled municipalities significantly reduced the Radical vote share in the next election."疑有误。——译者

还是不变:激进公民联盟的施惠行为减少它自身的得票率。

为什么裙带主义的支出会使花了钱的政党反受其害呢? 对于一些选民,特别是更为富裕和自主的选民来说,这种支出恰恰是政府无效和无能的体现。阿根廷激进民主联盟,这个基本上由中产阶级选民支持的政党因施惠而产生的负面效应是一个最好的例子,它的确发人深省。

六、结 论

政治裙带主义,即用物质资源换取政治支持,可以被理解为施惠者与受惠者之间持续交易的一部分。要维持这种交易,依靠的是对背信的威胁而不是互惠的规范,或者也可能是威胁加规范。结合把施受惠关系视为一种面对面的持续过程的传统观点,我们可以把此类交易模型化为一种重复博弈,并以此克服双方的诚信或者背信的问题。理论和经验研究明确了在何种条件下,铁杆和边缘的选民都会成为裙带主义政党争取的对象(或受益者)。裙带关系与贫困和不平等之间具有内在关联,两者可能互为因果。个人化的竞选、选票设计和法律限制等机制,也可能会对政党究竟是采用裙带型策略还是纲领型策略产生影响。

当然,还有许多理论工作和经验研究有待进行。贫困(不平等)与裙带关系之间的亲缘性是确定的事实,但两者之间的联系机制,以及因果关系的方向尚不明确。我们倾向于把裙带关系视为施惠者与受惠者之间的双边关系,在选举语境中,就是政党与选民之间的关系。但事实上需要考虑至少三个行为体的策略互动:政党领袖、政党活动分子和选民。关于政党活动分子,我们拥有某些细致的经验信息,如王和克鲁兹曼(Wang and Kruzman 2006)对于台湾地区国民党活动分子出色的研究,但它们对于理论构建的意义还有待挖掘。另外,我们还希望更多地了解,各政党在对其采用的方法进行策略性考量时彼此之间的互动。最后,我们对裙带主义与制度(从选举制度这样的宏观机制到选票设计这样的微观机制)之间关系的理解还比较粗浅。只有我们对裙带主义获得了充分的理论认识,并且通过系统的比较数据对其加以验证,我们才能找到驯服政治裙带主义的武器。

参考文献

ALDRICH, J. H. 1995 *Why Parties? The Origin and Transformation of Political Parties in America.* Chicago: University of Chicago Press.

ANSOLABEHERE, S., and SNYDER, J. M., Jr. 2002. Party control of state government and the distribution of party expenditures.Typescript.Massachusetts Institute of Technology.

AUYERO,J.2001.*Poor People's Politics*：*Peronist Survival Networks and the Legacy of Evita*.Durham, NC：Duke University Press.

BARTH,F.1959.*Political Leadership among the Swat Pathans*.London：Athlone.

BAXTER,C,MALIK, Y. K., KENNEDY, C. PL, and OBERST, R. C. 2002. *Government and Politics in South Asia*.Boulder,Colo.：Westview Press.

BRUSCO,V.,NAZARENO,M.,and STOKES,S.2004.Vote buying in Argentina.*Latin American Research Review*,39(2)：66-88.

——2006.Clientelism and risk.Typescript.Yale University.

CALVO,E.,and MURILLO,M.V.2004.Who delivers? Partisan clients in the Argentine electoral market. *American Journal of Political Science*,48(4)：742-57.

CHANDRA, K. 2004. *Why Ethnic Parties Succeed*：*Patronage and Ethnic Head Counts in India*. Cambridge：Cambridge University Press.

——2007.Counting heads：a theory of voter and elite behavior in patronage democracies.Pp.183-239 in *Patrons,Clients,and Policies*：*Patterns of Democratic Accountability and Political Competition*, ed.H. Kitschelt and S.Wilkinson.Cambridge：Cambridge University Press.

CHUBB,J.1981.The social bases of an urban political machine：the case of Palermo.*Political Science Quarterly*,96(1)：107-25.

——1982.*Patronage,Power,and Poverty in Southern Italy*.Cambridge：Cambridge University Press.

CONVERSE,P.E.1972.Change in the American electorate.Pp.263-337 in *The Human Meaning of Social Change*,ed.A.Campbell.New York：Russell Sage Foundation.

CORNELIUS,W.A.2004.Mobilized voting in the 2000 elections：the changing efficacy of vote buying and coercion in Mexican electoral politics.Pp.47-65 in *Mexico's Pivotal Democratic Election*：*Candidates, Voters,and the Presidential Campaign of 2000*,ed.J.I.Dominguez and C.Lawson.Stanford,Calif.：Stanford University Press.

Cox,G.2006.Voters,core voters,and distributive politics.Typescript.University of California,San Diego.

Cox,G.W.,and MCCUBBINS,M.D.1986.Electoral politics as a redistributive game.*Journal of Politics*, 48(2)：370-89.

DESPOSATO,S.W.2006.How does vote buying shape the legislative arena? Pp.144-79 in *Elections for Sale*：*The Causes and Consequences of Vote Buying*,ed.R C.Schaffer.Boulder,Colo.：Lynne Rienner.

DIXIT,A.,and LONDREGAN,J.1996.The determinants of success of special interests in redistributive politics.*Journal of Politics*,58：1132-55.

ELSTER,J.1989.*Nuts and Bolts for the Social Sciences*.Cambridge：Cambridge University Press. Fox,J. 1994.The difficult transition from clientelism to citizenship：lessons from Mexico.*World Politics*,46： 151-84.

FUDENBERG,D.,and TIROLE,J.2002.*Game Theory*,8th edn.Cambridge,Mass.：MIT Press.

GOULDNER, A. 1960. The norm of reciprocity: a preliminary statement. *American Sociological Review*, 25 (2): 161-78.

GRAZIANO, L. 1977. Patron-client relationships in southern Italy. Pp. 360-78 in *Friends, Followers, and Factions: A Reader in Political Clientelism*, ed. S. W. Schmidt, J. C. Scott, C. Lande, and L. Guasti. Berkeley and Los Angeles: University of California Press.

HICKEN, A. 2007. How do rules and institutions encourage vote buying? Pp. 68-89 in *Elections for Sale: The Causes and Consequences of Vote Buying*, ed. F. C. Schaffer. Boulder, Colo.: Lynne Rienner.

HISKEY, J. 1999. Does democracy matter? Electoral competition and local development in Mexico. Ph. D. dissertation. University of Pittsburgh.

KITSCHEL T, H. 2000. Linkages between citizens and politicians in democratic polities. *Comparative Political Studies*, 33(6-7): 845-79.

——and WILKINSON, S. eds. 2007. Citizen-politician linkages: an introduction. In *Patrons, Clients, and Policies: Patterns of Democratic Accountability and Political Competition*. Cambridge: Cambridge University Press.

——MANSFELDOVA, Z., MARKOWSK I, R., and TOKA, G. 1999. *Post-Communist Party Systems: Competition, Representation, and Inter-party Cooperation*. Cambridge: Cambridge University Press.

KRISHN A, A. 2007. Politics in the middle: mediating relationships between citizens and the state in rural north India. Pp. 298-383 in *Patrons, Clients, and Policies: Patterns of Democratic Accountability and Political Competition*, ed. H. Kitschelt and S. Wilkinson. Cambridge: Cambridge University Press.

KRISTINSSON, G. H. 2001. Clientelism in a cold climate: the case of Iceland. Pp. 172-92 in *Clientelism, Interests, and Representation: The European Experience in Comparative Perspective*, ed. S. Piattoni. Cambridge: Cambridge University Press.

LANDE, C. H. 1965. *Leaders, Factions, and Parties: The Structure of Philippine Politics*. Yale Southeast Asia Monograph Series 6. New Haven: Yale University Press.

——1977. Introduction: the dyadic basis of clientelism. Pp. xiii-xxxvii in *Friends, Followers, and Factions: A Reader in Political Clientelism*, ed. S. W. Schmidt, J. C. Scott, C. Lande, and L. Guasti. Berkeley and Los Angeles: University of California Press.

LEHOUCQ, F. E. 2007. When does a market for votes emerge? Theoretical and empirical perspectives. Pp. 48-67 in *Elections for Sale: The Causes and Consequences of Vote Buying*, ed. F. C. Schaffer. Boulder, Colo.: Lynne Rienner.

——and MOLINA, I. 2002. *Stuffing the Ballot Box: Fraud, Electoral Reform, and Democratization in Costa Rica*. Cambridge: Cambridge University Press.

LEMARCHAND, R. 1977. Political clientelism and ethnicity in tropical Africa: competing solidarities in nation-building. Pp. 100-23 in *Friends, Followers, and Factions: A Reader in Political Clientelism*, ed. S. W. Schmidt, J. C. Scott, C. Lande, and L. Guasti. Berkeley and Los Angeles: University of California Press.

LEVITSKY, S. 2003. *Transforming Labor-Based Parties in Latin America: Argentine Peronism in*

Comparative Perspective. Cambridge: Cambridge University Press.

LEVITT, S.D., and SNYDER, J.M.Jr. 1997. The impact of federal spending on House election outcomes. *Journal of Political Economy*, 105(1): 30-53.

LINDBECK, A., and WEIBULL, J. 1987. Balanced budget redistribution as the outcome of political competition. *Public Choice*, 52(3): 273-97.

LYNE, M. 2007. Rethinking economics and institutions: the voter's dilemma and democratic accountability. Pp. 335-80 in *Patrons, Clients, and Policies: Patterns of Democratic Accountability and Political Competition*, ed. H. Kitschelt and S. Wilkinson. Cambridge: Cambridge University Press.

MAGALONI, B. 2006. *Voting for Autocracy: Hegemonic Party Survival and its Demise in Mexico.* Cambridge: Cambridge University Press.

——DIAZ-CAYEROS, A. and ESTÉVEZ, F. 2007. Clientelism and portfolio diversification: a model of electoral investment with applications to Mexico. Pp. 381-429 in *Patrons, Clients, and Policies: Patterns of Democratic Accountability and Political Competition*, ed. H. Kitschelt and S. Wilkinson. Cambridge: Cambridge University Press.

MAINWARING, S.P. 1999. *Rethinking Party Systems in the Third Wave of Democratization: The Case of Brazil.* Stanford, Calif.: Stanford University Press.

MAVROGORDATOS, G.T. 1983. *Still-Born Republic: Social Coalitions and Party Strategies, 1922-1936.* Berkeley and Los Angeles: University of California Press.

MEDINA, L.R, and STOKES, S. 2007. Monopoly and monitoring: an approach to political clientelism. Pp. 150-82 in *Patrons, Clients, and Policies: Patterns of Democratic Accountability and Political Competition*, ed. H. Kitschelt and S. Wilkinson. Cambridge: Cambridge University Press.

NAZARENO, M., BRUSCO, V., and STOKES, S.C. 2006. Réditos y peligros electorales del gasto público en Argentina. *Desarrollo económico*, 46(181): 63-86.

O'GORMAN, F. 2001. Patronage and the reform of the state in England, 1700-1860. Pp. 54-76 in *Clientelism, Interests, and Representation: The European Experience in Comparative Perspective*, ed. S. Piattoni. Cambridge: Cambridge University Press.

PÉREZYARAHUAN, G. 2006. Policy making and electoral politics: three essays on the political determinants of social welfare spending in Mexico, 1988-2003. Ph.D. dissertation. University of Chicago.

PIATTONI, S. ed. 2001. *Clientelism, Interests, and Representation: The European Experience in Comparative Perspective.* Cambridge: Cambridge University Press.

RANDERAAD, N., and WOLFFRAM, D.J. 2001. Constraints on clientelism: the Dutch path to modern politics, 1848-1917. Pp. 101-21 in *Clientelism, Interests, and Representation: The European Experience in Comparative Perspective*, ed. S. Piattoni. Cambridge: Cambridge University Press.

REYNOLDS, A., and STEENBERGEN, M. 2005. How the world votes: the political consequences of ballot design, innovation, and manipulation. *Electoral Studies*, 25(4).

REYNOLDS, J. 1988. *Testing Democracy: Electoral Behavior and Progressive Reform in New Jersey, 1880-1920.* Chapel Hill: University of North Carolina Press.

ROBERTS,K.,and ARCE,M.1998.Neoliberalism and lower-class voting behavior in Peru.*Comparative Political Studies*,31(2):217-46.

ROBINSON,J.,and V E R D I E R,T.2003.The political economy of clientelism.Typescript.University of California,Berkeley.

SAFIRE,W.1993.*Safire's New Political Dictionary*.London:Random House.

SCHADY,N.2000.The political economy of expenditures by the Peruvian social fund (FONCODES), 1991-1995.*American Political Science Review*,94(2):289-304.

SCHAFFER,F.C.ed.2007.*Elections for Sale:The Causes and Consequences of Vote Buying*.Boulder, Colo.:Lynne Rienner.

——and SCHEDLER,A.2007.What is vote buying? Pp.24-47 in *Elections for Sale:The Causes and Consequences of Vote Buying*,ed.F.C.Shaffer.Boulder,Colo.:Lynne Rienner.

SCHMIDT,S.W.,SCOTT,J.C,LANDE,C,and GUASTI,L.eds.1977.*Friends,Followers,and Factions:A Reader in Political Clientelism*.Berkeley and Los Angeles:University of California Press.

SCOTT,J.C.1969.Corruption,machine politics,and political change.*American Political Science Review*, 63:1142-58.

——1972.Patron-client politics and political change in Southeast Asia. *American Political Science Review*,66:91-113.

——1976.*The Moral Economy of the Peasant:Rebellion and Subsistence in Southeast Asia*.New Haven: Yale University Press.

SHEFTER,M.1977.Party and patronage:Germany,England,and Italy.*Politics and Society*,7:403-51.

——1994.*Political Parties and the State:The American Historical Experience*.Princeton:Princeton University Press.

STOKES,S.C.1995.*Cultures in Conflict:Social Movements and the State in Peru*.Berkeley and Los Angeles:University of California Press.

——2005.Perverse accountability:a formal model of machine politics with evidence from Argentina.*American Political Science Review*,99(3):315-25.

——2007.Is vote buying undemocratic? Pp.117-43 in *Elections for Sale:The Causes and Consequences of Vote Buying*,ed.F.C.Schaffen Boulder,Colo.:Lynne Rienner.

SZWARCBERG,M.L.2001.Feeding loyalties:an analysis of clientelism,the case of the Manzaneras. Typescript.Universidad Torcuato di Telia.

TAM,W.2005.Political insecurity and clientelist politics:the case of Singapore.Typescript.University of Chicago.

URQUIZA,E.Y.2006.Las eternas internas:política y faccionalismo en un municipio radical,1983-1999. Pp.57-80 in *Democracia local:clientelismo,capital social,e innovación política en Argentina*,ed.S. Amaral and S.Stokes.Buenos Aires:Eduntref.

VANDE WALLE,N.2007.Meet the new boss,same as the old boss? The evolution of political clientelism in Africa.Pp.112-49 in *Patrons,Clients,and Policies:Patterns of Democratic Accountability and Polit-*

ical Competition, ed.H.Kitschelt and S.Wilkinson.Cambridge:Cambridge University Press.

WANG,C.-S.and KURZMAN,C.2007.Logistics:how to buy votes.Pp.90−116 in *Elections for Sale:The Causes and Consequences of Vote Buying*,ed.F.C.Schaffer.Boulder,Colo.:Lynne Rienner.

WANTCHEKON,L.2003.Clientelism and voting behavior:evidence from a field experiment in Benin. *World Politics*,55:399−422.

WASHINGTONPOSTFOREIGNSERVICE.2006.Dirty politics"ingrained"in Mexico.June 26,p.A16.

WEINER,M.1967.*Party Building in a New Nation*.Chicago:University of Chicago Press.

WEITZ-SHAPIRO,R.2006.Partisanship and protest:the politics of workfare distribution in Argentina. Typescript.Columbia University.

WILKINSON,S.I.2007.Explaining changing patterns of party-voter linkages in India.Pp.238−97 in *Patrons,Clients,and Policies:Patterns of Democratic Accountability and Political Competition*,ed. H. Kitschelt and S.Wilkinson.Cambridge:Cambridge University Press.

WILSON,J.Q.,and BANFIELD,E.1963.*City Politics*.Cambridge,Mass.:Harvard University Press.

第二十六章　政治行动主义：新的挑战与机遇

皮帕·诺里斯（Pippa Norris）

政治行动主义的研究，对公民参与的方式、导致他们如此参与的过程，以及这些行动的结果加以比较。确立这一研究领域标准范式的，是一些受社会心理学传统影响的奠基性的著作，它们包括：Almond and Verba(1963)，[1]Verba and Nie(1972)，[2]Verba、Nie，and Kim(1978)，以及 Barnes and Kaase(1979)。[3]

20 世纪 80 年代对政治参与模式进行比较研究的著作，大多数倾向于反思之前数十年间提出的理论框架以及主要是基于调查的研究。例如，帕里、墨瑟尔和戴伊重述了他们在英国的主要发现及其采用的方法(Parry，Moyser，and Day 1992)。但到 90 年代，研究者已经在几个主要的领域取得了重大进展。在此过程中，一些基于标准的社会心理学模型的、关于个人资源和文化态度的重要性的假设，得到了重要的完善，甚至是全面的修改。在短短一章的篇幅里，不可能对快速增加的文献作出全面的回顾，而且其他学者也对美国的研究文献进行了总结，因此我们在此主要讨论比较政治学中几个方面的发展，并分析它们的影响。[4] 这篇综述将强调过去十年间出现的四个关键的论题，包括：(一)正式规则的制度环境对选举结果的重要性得到越来越多的关注；(二)成熟民主国家党员数量的普遍减少及其后果；(三)在社会资本理论的激发下，对自愿团体及社会信任的研究兴趣得到了实质性的复苏；以及最后(四)各种形式的目标导向型行动主义的扩展，包括示威和抗议、消费者政治、职业利益团体，以及更为分散的新型社会运

---

① 参见 Almond and Verba(1980)。

② 参见 Verba，Schlozman，and Brady(1995)；Burns，Schlozman，and Verba(2001)。

③ 参见 Marsh(1977)；Jennings and van Deth(1989)；Adrian and Apter(1995)。

④ 关于近来对大量关于美国的研究文献的回顾，参见 Schlozman(2002)。

动和跨国倡议网络蔓延。在简单介绍围绕这些议题的学术文献之后,本章将对比较政治学研究未来面临的挑战进行若干思考,并以此作结。

一、政治参与的标准社会心理学模型

受阿尔蒙德和维巴著作影响的研究,记载了各国内部和国际间的政治参与水平,并区分了政治行动的模式。虽然经验研究运用了多种方法,包括案例研究、焦点小组访谈、实验,以及形式模型等,但在过去半个世纪的政治参与研究中,主导的方法还是对样本调查的分析。这些研究得到了一系列现有已经众所周知的、关于大众行动主义的分布及其动因的发现。(一)在大多数民主国家,选票是唯一一种涉及大多数公民的政治参与模式。(二)此外,只有极少数人涉及那些需要花费更多时间和精力的常规政治参与,包括竞选和政党工作、联系议会议员,以及社区组织工作等。(三)被视为行动主义的一个特殊类别的抗议政治,如示威、请愿和政治性罢工等,同样仅局限于少数精英。(四)在回答什么人会成为积极参与者这一问题时,维巴和奈伊基于他们提出的"底线模型"("baseline model")认为,结构性资源发挥了重要作用,尤其是教育质量、收入和职业地位的分布,以及性别、年龄和族群等相关因素。(五)与社会经济地位和教育水平密切相关的文化态度,对于刺激参与也非常重要。如果人们感到能够充分了解信息、所发生的事情与自己有关、而且行动能够产生效果,或者他们非常在意相关结果,以及他们认为能够使事情有所不同的话,他们参与的可能性就更大。(六)在较小的程度上,政治中行动主义也受到制度和社会环境的影响,比如,维巴和奈伊指出,投票率会受到选民登记程序,以及选民所属的动员机构,如工会或政党的影响。但是,由于占据支配地位的研究方法,是基于每个国家全体成年人口代表样本的个人层面的调查分析,所以对环境影响的研究并不是很充分(Books and Prysby 1988;Huckfield and Sprague 1995)。从20世纪60年代起到至少80年代末,上述核心论断一直是教科书中的通行观点。其间,在调查基础上针对某些国家和特定参与类别的研究,重申或者确证了结构资源与文化态度的重要性。①

当然,即便是在这一时期,上述论断也远未得到学术界的一致认可。例如,以唐斯(Downs 1957)和奥尔森(Olson 1965)为代表的一些学者就从理性选择理论出发,反对社会心理学关于习惯性参与形式的诸多核心假设,而强调对于"成本"和"收益"的有意识的计算。

① 参见 Milbrath and Goel(1977);Bennett(1986);Conway(2000);Teixeira(1992)。

关于公民参与对民主制的重要性,以及如何看待调查研究反映的公众参与广泛缺乏这一基本事实,是接受它,还是把它作为对参与理想的背离加以谴责,在规范理论家之间也存在尖锐的分歧。[①] 以熊彼特(Joseph Schumpeter 1952)为首的学派认为,只要自由公正的、定期举行的、有不同政党和政治家参与的选举能够保证代议民主制的合法性,则有限的公众介入就足以确保政府稳定并对选民负责。这种观点的支持者认为,公民的关键作用,在于只要他们愿意,他们就有权利、也有机会通过选举"把坏蛋赶下台",而不在于介入公共政策制定的日常过程。希宾和泰斯—莫尔斯提出了该理论的最新版本(Hibbing and Theiss—Morse 2003)。他们认为,美国民众并不希望更多卷入大部分政治的决策,相反,大多数人对于政治论争、妥协和冲突解决等纷纷扰扰的政治事务普遍反感。熊彼特式的视点强调,民主的基础不仅在于参与,也在于竞争和回应的价值。由于公民参与中存在持续的社会不平等,因此由他们进行直接决策具有严重的缺陷。根据这一观点,主要的政策挑战是如何形成有效的政治制度,以促进政党竞争和保证领导者对公众负责,这对于那些正处于转型和巩固过程中的民主国家来说尤其重要。

与之相反,那些追随卢梭、约翰·斯图尔特·密尔和G.D.H.柯尔传统的研究者,如巴伯(Barber 1984)则提倡一种"参与型"或"强的"民主制。这种观点在美国较为流行,它把广泛的公众参与,包括对慎议讨论、社区群体和非集中化决策的广泛介入,视为民主的基本条件(Gutmann 和 Thomson 2004)。这种观点的支持者认为,行动主义具有多重价值,因为它可以通过强化公民意识、增加对公共事务的兴趣、提高社会宽容、促进普遍的互助互惠以及彼此间的相互信任,而使人向善;亦可通过产生更优良的决策和更合法的结果,促成更负责和更有效的政府。根据这一观点,主要的政策挑战在于为公共慎议和社区决策创造新的机会,其具体途径包括强化公共社会中的非政府组织、使用全民投票和公民提议,以及通过其他的社区决策形式(包括互动式的政府协商过程、邻里委员会和地方市政会议等)等。

二、投票结果与规则的重要性

维巴和奈伊提出的标准的投票参与社会经济模型,承认选举体系和行政程序之外广泛的制度背景的作用,但它们并不具有核心地位。与此不同的是,在最近几十年间出现了越来越多的比较研究文献,它们试图寻求解释不同国家投票结果的差异、并且提高

---

① 参见 Held(1996)总括性的讨论。

公共参与的水平。这些研究更多地强调有关选民登记和投票的制度规则与法律安排的重要性,因为它们同时影响了投票过程中行动主义的"成本"和"收益"。国际民主与选举援助机构(IDEA)自 1945 年以来一直追踪着世界各国议会和总统选举中选民参与的情况,该组织汇编的选举数据库大大加强了关于选举结果的比较研究(Lopez Pintor and Gratschew n.d.)。各国选举委员会和其他官方机构搜集的相关研究,也提供了世界许多国家有关选举的行政和法律程序的相当准确的信息,包括选民注册、选举资格认定、义务投票制的实行、多日投票,以及为选举和政党募集的公共基金的程序等(Massicotte, Blais, and Yoshinaka 2004)。新的信息通讯技术,比如电子投票在瑞士、爱沙尼亚和英国的使用,对选举管理、选票形式和投票过程的影响,也引起了研究者们极大的兴趣(Kersting and Baldersheim 2004)。

最近关于投票结果的大量研究,通过对不同时间、不同地区情况的比较,以期对制度的效果加以评估,比如研究在已经采用义务投票制的国家这一制度的影响,以及投票方式改革,如全面邮寄选票制(all-mail ballots)的效果。目前,已经有大量研究确认,制度背景在累积层面对选民登记和投票结果都具有重要影响。例如,鲍威尔比较了 29 个民主国家的投票结果,并且分析了社会经济环境、宪法框架以及政党体系的作用。这一研究证实,义务投票的相关法规、自动注册程序,以及有力的政党—社会团体联盟都会提高投票率,而在一党独大、政府中不存在政党轮替的国家,政治参与水平会比较低(Powell 1980, 1982, 1986)。杰克曼和米勒(Jackman and Miller 1995)研究了 21 个工业化民主国家 20 世纪 80 年代的选举参与状况,他们发现,政治制度和选举法规,包括选举比例、多党制和义务投票制等,能够很好地解释投票结果的跨国差异。[1] 在此基础上,布莱斯和布热津斯基进行了一项更大规模的比较研究,他们分析了 91 个选举民主国家 1972 年至 1995 年议会选举中投票数和注册选民数的比例,发现投票结果受到多重结构性因素的影响,包括义务投票制的实施、投票年龄、选举制度,选举结果的接近程度、政党数量、社会经济发展水平,以及国家的大小等等(Blais and Dobrzynska 1998; Blais 2000)。与此相似,富兰克林、欧克和奥本赫斯(Franklin, van der Eijk, and Oppenhuis 1996)比较了欧洲议会直选中的投票结果。他们发现,15 个欧盟成员国在投票参与水平的不同,很大部分可以归因于系统性的制度差异,其中最主要的包括是否采取了义务投票制、选举制度中的选举比例,以及欧洲议会选举与各国选举在时间上的接近程度。罗斯(Rose 2004)基于国际民主与选举援助机构的数据库认为,战后欧洲各国选举中投票结果的差异可以由以下因素加以解释:实行自由选举的时间、是否采用比例

---

[1] 参见 Katz(1997)。

代表选举制与义务投票制、是否在休息日举行选举,以及平均选区规模等。① 富兰克林（Mark Franklin 2004）的最新研究也强调,制度背景在解释成熟民主国家投票结果的差异方面具有重要意义,特别是选举竞争的形式,以及获得选举权的年龄要素降低后所产生的影响。

在美国,长期以来人们一直认为,频繁的选举和复杂的选民登记程序降低了民众的投票率,而最近的研究,则以美国的各州作为实验室,以集中观察选举程序中的行政改革,包括引入驾驶证选民登记制度、采用不同的登记截止时间、选票设计的创新、选举日（当日）登记制度,以及提前投票等所带来的影响（Wolfinger and Rosenstone 1980; Martinez and Hill 1999; Knack 1995; Crigler, Just, and McCaffery 2004）。在美国,目前争论中的更具实质性的改革,包括对选举人团制度,以及单一选区简单多数制的修正（Hill 2002）。该领域一个相关的争论,涉及用什么标准反映美国投票率变化的趋势。过往的许多研究一直采用传统方法,即有效票数占适龄投票人口数的比例。例如,帕特森（Patterson 2001）在此基础上认为,尽管有过一些波动,但在过去三十年间,全国选举中的投票参与水平一直呈下降趋势。但麦克唐纳和波普金（McDonald and Popkin 2001）则认为,这段时间美国总统和国会选举中投票率的明显下降,原因在于不具备选举权的人口的增加,包括非公民和因犯罪而不能合法行使投票权的人口的增加,而非不参与投票的人口的比例的提高。② 这两个不同的结果表明,在未来的跨国比较中,重要的是应以有效票数与适龄选民人数（Vote/VAP）、而非能够合法行使选举权的选民人数（Vote/EE）之比作为主要依据。在有些国家,或者因为移民的公民权受到限制,或者因为只采用有限选举权（比如排除了女性）,或者限制了某些主要群体的选举权,结果导致大量成年人口被排除在选举过程之外。对这些国家而言,上述标准的改变尤其重要（Paxton et al. 2003）。至少,采用 Vote/EE 作为投票率标准的研究者,应该参照Vote/VAP 标准,以验证他们的主要发现是否扎实可靠。同样需要注意的是,在时间序列趋势的分析中,起点和终点的选择也十分重要。任何关于投票率的比较研究,如果武断地将时间序列的起点设定在一个特别高的数值点上（如 1960 年美国总统选举）,或未能承认和解释趋势中的显著波动,而这些波动本可以很好地归因于环境因素,如人们对选战激烈程度的感知等（例如 1992 年和 2004 年的美国总统选举,投票率都有所提高）,那么我们就应该报之以高度的怀疑。

近来对于制度背景研究的繁荣,很大程度上得益于对投票结果的累积统计结果。

---

① 参见 Norris(2004)。
② 参见 Miles(2004)。

这些研究表明,仅仅关注社会经济地位的不平等以及文化态度分布的个人层面的调查分析是不充分的。不同国家、州和地区所采用的对局规则,能够决定究竟是全体选民都广泛地参与投票,还是投票参与者明显向富裕的、受到良好教育的阶层严重倾斜。与此类似,文化态度也确实会因环境不同而发生系统变化,比如,公民的外部效能感,可能与他们对政治体系满足公民政策关切方面的表现和责任的实际体验有关。当前主要的挑战是如何把这些研究关联起来,从而使个体层面的行为在其广阔的制度背景下得到理解,而这个挑战具有相当的难度。一般认为,由于正式规则能够产生某种机械效应,所以它们的影响相对直接,比如义务投票制会自动提高投票率。但是,即便是在实行类似选举规则的国家之间,也会出现相当重要的差异,无论它们采用比例代表制还是简单多数制,或者同样实行了义务投票制。这种差异可以部分归因于具体的制度细节,比如比例代表制之下选区规模的平均大小,或者对不履行投票义务者的惩罚。但是,挑战在于如何联结制度背景与个人行为,从而使我们能够认识杜维吉尔所说的正式规则导致的"心理"影响。①

　　关于制度对投票参与和公民介入的影响尚需进一步的研究,因为这是政治科学面临的一项重大政策挑战。为在全球范围内一系列国家促成自由公正的选举,国际社会已经进行了深度的介入,具体事例包括波斯尼亚和黑塞哥维那威权政权倒台之后的转型、东帝汶的去殖民化、柬埔寨内战的终止,以及阿富汗和伊拉克的进展(Carothers 1999)。在成熟民主国家,除基本的选举程式之外,也常有关于如何根本完善选举程序的争论。改革的对象包括决定着政党资格和候选人提名的法律条款与政党规则、选民登记与投票投放的行政程序、选举资金和政治宣传的管理,以及选举管理的过程等等。成熟民主国家已经实施了一系列改革,包括在决定席位分配的 d'Hondt 算法和 LR-Hare 算法②之间调整,降低有效票数门槛、使小党能够得到议会代表权,放宽选举权的条件,以及改变各级立法机构的规模等(参见 Lijphart 1994;International IDEA 2005)。在所有这些情况下,一个基本的假定是选举改革能够解决某些问题,包括公民的不参与问题。因此,制度效果之所以值得研究,不仅因为它们具有理论上的重要性,也因为它们与解决现实问题的政策相关。

---

① 杜维吉尔最早把选举制度的影响区分为"机械性的"和"心理性的"(Duverger 1954)。
② 这是两种在比例代表制之下分配席位的方法,前者对大党较为有利,后者则对小党较为有利。——译者

三、政党:成员不断减少的组织

最近一段时间,人们对政党越来越失去兴趣,其表现就是反对政党的情绪在上升,而党员的数量则在下降。这被许多观察者视为成熟民主国家正共同面临的严峻挑战。政党变化的传统叙事认为,在经历20世纪50年代后期的"黄金时代"之后,大众型政党就陷入了持续的衰落期。这是一个值得关注的问题,特别是在西欧国家,因为政党仍然是选民和国家之间最重要的媒介机构。由卡茨和梅尔领导的一支国际团队,重点研究了政党的内部组织(Katz and Mair 1992,1995),而达尔顿和瓦腾贝格(Dalton and Wattenberg 2000)则汇集了关于后工业社会政党动向的最新系统证据。根据基(V.O.Key 1964)确立的惯例,关于政党的研究可以分为三个层级:政府机构中的政党、政党组织,以及选民中的政党。证据强有力地表明,政党仍然是联系政府各部门的关键环节,也从未丧失在决策过程中联结行政和立法机构的功能。① 但是很多研究指出,有越来越多的迹象表明,在组织和选举层面的政党衰落已经十分明显(Lawson and Merkl 1988)。在所有的成熟民主国家,各国选举调查的结果已经明确表示,选民中政党认同的强度已经有所减弱,这无疑减少了那些无论如何都会支持自己政党的一贯忠诚的选民的比例。② 不仅如此,梅尔和范·比赞的研究,以及斯卡洛的研究,都根据官方记录证明,从20世纪50年代开始,成熟民主国家中很多政党的党员数量都在下降,尽管不同国家、甚至是相对比较类似的西欧民主国家之间,在党员层面仍然存在明显的差异。③

在这种趋势之下,成熟民主国家典型的大众型政党组织在中间层面表现出萎缩之势,并且潜在地限制了政治参与的机会、削弱了公共社会,并弱化了政党领袖对其追随者的责任。很多研究假定,党员数量的减少和政党忠诚的削弱,表明民主机体出现了问题,比如公众因对政党表现不满而普遍对其产生了拒斥。不过,这些动向的后果尚不清楚。正如斯卡洛所指出的,累积数据并不能说明问题。政党可能的确失去了处于边缘位置的消极党员的支持和他们的那部分党费,但它们可能仍然保有铁杆活动家的积极支持,而正是他们在管理地方支部、募集资金、分发传单、选举候选人和党的领袖、参加

① 参见 Dalton and Wattenberg(2001)的结论。另参见 Mair(1997)。
② 对于欧洲国家相关证据的最完整的综述,见 Schmitt and Holmberg(1995)和 Dalton and Wattenberg(2001)。
③ 特别参见 Mair and van Biezen(2001);Scarrow(2001)。

集会、讨论政策,并且为大众型政党招募基层的自愿者。① 另外,大众型政党也并非所有代议制民主国家的必要特征,很多国家与法国一样,特点是政党组织由精英领导,并由立法和政府部门中的官员加以管理,而党员并不多。为了探究党员数量下降的原因,研究者首先对英国主要政党的党员进行了调查,且类似的调查也已经在其他国家展开(Seyd and Whiteley 2004)。针对英国的研究得出结论认为,人们在时间方面的压力使政党行动主义的吸引力降低;而从需求方面来说,主要政党对志愿者募集资金和参与竞选的需要也减少了,这自然弱化了后者参与的动机(Whiteley and Seyd 2004)。公共资助和竞选宣传的中介渠道,已经替代了政党志愿者的许多重要功能。由于缺乏完整的跨国党员调查,所以是否在其他地方也出现了类似情况还有待观察。如果即便不存在一个由志愿者和活动家构成的中介层,政党也能够在定期进行的选举中为选民提供一套政治选择和政治家团队,从而实现其作为专业化的竞选和鼓动组织的基本功能,那么党员人数的减少对代议民主的影响,就还是一个有待争论的问题。

四、社会资本、自发团体与社会信任

政党组织的衰落,可以被理解为一个更宽泛的发展过程的一部分,后者影响到诸多传统的政治行动机制。在战后时期的西欧国家,这些传统机制与政党一样,历来为公民动员提供了最重要的社会制度,其中包括各基督教民主政党所属的教会,对左翼工人阶级加以动员的工会和合作社,以及公共社会中各种各样的利益团体和自发团体,像社区社交俱乐部、职业和商业组织、农业合作社和慈善团体等。② 对自愿组织的研究兴趣,由于社会资本研究的繁荣而被再度激发,后者已经成为当前政治科学领域中的一个增长行业。

社会资本理论源自于布迪厄(Pierre Bourdieu 1970)和科尔曼(James Coleman 1988,1990)的思想,他们都强调社会纽带和共同规范对社会福利和经济效率的重要性。③ 帕特南在政治科学中对这一概念进行了最具影响力的阐发,他在《使民主运转起来》(Robert Putnam 1993)和《独自打保龄》(Robert Putnam 2000)中提出,社会资本、公民社团和自发组织,以及政治参与和有效治理密切相关。④ 帕特南把社会资本定义为"个人

① 关于这一趋势在丹麦的证据,参见 Andersen and Hoff(2001)。
② 对相关文献中概念差别和理论框架的探讨,参见 Berry(1984)。关于工会、教会、政党成员数量变化趋势的比较,参见 Norris(2002)。
③ 对这一概念的历史探讨,参见 Baron,Field,and Schuller(2000)的导言。
④ 影响深远的著作包括 Putnam(1993,1996,2000);Putnam and Feldstein(2003)。

之间的联系,即他们之间形成的社会网络及关于互惠与信任的规范"(Putnam 2000,19页)。最重要的是,社会资本在这里同时被理解为一种结构现象(社会网络)和文化现象(社会规范)。由于通常总是在这个或者那个维度,但不会同时在两个维度上测量社会资本,所以这一双重性质常常带来某些问题。但帕特南认为,公共社会中的横向网络,以及与这些联系相关的规范和价值,对于身处其中的人以及整个社会都具有重要影响。它们既创造私人利益,也创造公共品。此外,他还强调,社会资本具有重要的政治后果,因而与同时代的其他理论家相比又更进了一步。帕特南的理论可以被理解为一个双向模型:一方面说明公共社会如何直接促进了社会资本,另一方面则说明社会资本(社会网络以及源自公共社会的文化规范)又如何反过来推动了政治参与和善治。他特别基于对意大利地方政府的分析认为,丰富而密集的社团联系,以及大量的公民组织,会促进高效的治理。最后,在《独自打保龄》一书中,帕特南提供了大量证据,表明在二战后的美国,公共社会,尤其是社会资本,已经受到严重侵蚀。帕特南探讨了可能导致这一变化的多重原因,如时间和金钱的压力等。但他强调,导致美国社会联系和公众参与衰落的根本原因,乃是技术和媒体的变化,特别是成为美国休闲活动主要形式的电视娱乐节目的兴起,它们对战后一代产生了至为深远的影响(Putnam 2000,246页;Norris 1996)。

帕特南的著作相当清晰地叙述了美国传统的公共组织与社会信任衰落的历史,不过关于如何解释这些趋势还存在争论。[1] 另外帕特南也承认,尚不清楚的是,类似的变化,即传统社团成员的减少和社会信任的衰落在其他后工业社会,如德国、瑞典和英国是否同样明显。[2] 对于西欧国家、后共产主义社会,以及拉丁美洲国家的研究也考察了社会信任和社团行动主义的复杂形态,以及能够增强社会资本与公共社会的相关因素(Kornai, Rothstein, and Rose-Ackerman 2004; Svendsen and Svendsen 2004; Hooghe and Stolle 2003)。

由于若干原因,我们还难以解释当前跨国研究中的一些发现。对自发组织的比较研究的局限之一,是它们一般都只关注传统自发社团中的行动主义和成员数量,而未能充分考虑对分散的新型社会运动的参与。传统上成员众多的自愿结社,通常以定期的、制度化的、结构化的和可度量的活动为特征。要成为挪威工联、德国社会民主党,或者英国妇女协会的持卡会员,人们需要登记在册并缴纳会费。与大众型

---

① 相关批评,参见 Edwards and Foley(1998);Ladd(1996);Skopol(1996);Schudson(1996);Rotolo(1999)。

② Pharr and Putnam(2000);Putnam(2002)。关于其他比较研究著作,参见 van Deth(1997);van Deth and Kreuter(1998);van Deth(1999,2000)。

政党一样,这些传统机构也具有韦伯式官僚机构的特征,拥有正式的规章制度、付薪的全职工作人员、等级制的分支机构,以及清晰的成员归属界限(Clarke and Rempel 1997)。铁杆会员作为自发结社的命脉,发挥着许多作用,如在当地的管理委员会中任职或向社会社团捐款、组织募捐活动、印发内部通讯、张罗宣传摊位、主持会议,以及参加像红十字会、家长—教师协会和扶轮社组织的联谊会。一些大型的伞状组织聚合并表达其成员,尤其是各主流政党多样化的利益诉求;而另一些公共利益团体则把精力集中在更为具体的政策关切和与自身密切相关的部门上面。社会资本研究的繁荣,再度激发了人们对这些组织的注意,并通过比如官方的成员名单,以及跨国调查(特别是连续的世界价值观调查和 2002 年的欧洲社会调查)来追踪这些组织随时间的变化趋势。

与之不同的,是 20 世纪 60 年代早期以后出现的当代社会参与机制,其典型代表包括女性运动、反全球化运动、反战联盟、环境运动,以及形形色色的非政府组织和跨国政策倡议网络。它们的基本特点,是边界更为模糊、联盟网络更为松散、组织结构更为分散。新社会运动的首要目标是实现社会变革,其具体手段既包括直接行动策略和社区建设,以及改变生活方式和社会认同,也包括影响正式的决策过程和政府法律(Tarrow 1994;Tilly 1978;McAdam,McCarthy,and Zald 1996;Dalton and Kuechler 1990)。观察者认为,这些当代参与机制跨国行动的能力表明,围绕像全球化、人权、债务减免和世界贸易等议题进行动员的全球公共社会正在兴起(Rosenau 1990;Lipschutz 1996;Keck and Sikkink 1998;Smith,Chatfield,and Pagnucco 1997;Kriesi,Porta,and Riucht 1998)。这些机制的特点,是松散的联盟之间非集中化的、网络化的交流,相对扁平化的"横向"而非"纵向"的组织结构,以及非正式的成员归属形式,包括对不同议题和认同政治的共同关切等(Zald and McCharthy 1987;Oberschall 1993;Meyer and Tarrow 1998;Larana,Johnston,and Gudfield 1994;McAdam,McCarthy,and Zald 1996)。人们可以仅仅通过"露面",或在一个具有可以自由出入的边界的组织中表达共有的政治情感,来表明自己的归属,而不依靠缴纳会费"正式地"成为组织的一员。

如果像很多人所相信的那样,新社会运动已经成为年轻一代非正式的政治动员、抗议和表达的重要的替代形式,那么这一动向对于我们如何解读和衡量结社生活的变化趋势就具有重要意义。特别是,如果相关研究仅限于比较传统政治参与机构中的成员数量(典型指标是党员资格、工会的密度以及是否到教堂做礼拜),那么它们就只能提供一种片面的视角,并且低估通过当代机制实现的参与,其特点恰恰是模糊的边界和更为非正式的归属形式。

五、结果导向的行动主义的兴起

新型的行动主义组织形式的出现,与结果导向的政治行为的增加及其上升为主流形式有关。政治参与的传统文献,大多仅关注公民参与的形式,强调的是公民在各民族国家代议民主机构中扮演的角色,以及他们影响选举、政府和政党的途径。维巴及其同事提出这一分析框架时,他们关注的是政治参与的多种"形式",并认为它们在收益与成本方面存在系统差异(Verba, Nie, and Kim 1971; Verba and Nie 1972; Verba, Nie, and Kim 1978; Verba, Schlozman, and Brady 1995)。例如,投票可被视为通过定期选举实现的最为普遍的政治活动之一,但它只能对当选代表和政党施加分散的压力,虽然其结果会广泛影响到全体公民。为政党或候选人从事竞选工作,如分发传单、参加当地政党集会,以及投票动员,通常也能产生集体利益,但与简单的投票相比,需要更强的动机,以及更多的时间和精力。相反,个体性的接触,比如选民就某一特定问题与当选代表或政府官员取得联系,需要更高水平的信息和动机,但并不需要与其他公民合作,就能为相关个人带来特殊利益。社区组织活动则涉及地方性的动机和慈善团体。所有这些传统参与形式的共同点,是它们都非常重视公民如何能够影响代议制民主,无论是通过直接的(选举)还是间接的(通过政党和当选官员)方式。维巴、奈伊和金也接受这一前提,因此他们把政治参与定义为"由公民私人进行的合法行动,旨在或多或少直接影响政府人员的选任及/或他们行为"(Verba, Nie, and Kim 1978, 46页)。公民导向的行动,比如参与投票和加入政党,对民主制仍然十分重要,但这在当今只能反映一种对行动主义的过于狭隘的理解,因为它排除了公众介入的一些重要的共同目标,而后者已经成为常规和主流。

早期的研究还明确区分了"常规"政治与"抗议"政治,时至今日,这一术语还常常在研究中使用。巴恩斯和凯斯在其 20 世纪 70 年代早期对政治行动的经典研究中(Barnes and Kasse 1979),把"抗议"定义为公民自愿参与的异议表达行动,包括非官方的罢工、抵制、请愿、占领建筑物、公众示威,甚至政治暴力活动。[①] 但这种理解行动主义的方式在当今似乎已经过时,因为它不再能够把握住当代政治参与形式的基本特征,而这些形式中的大部分今天已经成为主流。特别是在 20 世纪 60 年代反文化运动的高潮中,示威通常被视为仅由一小部分与工人联合的学生采取的激进行动,而针对争取公民权、反核,或者反战抗议的和平动员,则演变为公民不服从、街头剧、静坐,甚至暴力行

---

① 参见 Marsh(1977); Adrain and Apter(1995)。

为。但在今天,示威业已成为主流的、普遍的政治参与形式,1999—2001 年的世界价值观调查显示,在像瑞典、比利时和荷兰等国,约有 40% 的公众至少曾参加过一次示威活动(van Aelst and Walgrave 2001;Norris,Walgrave,and van Aelst 2004)。从 20 世纪 70 年代中期以来,示威参加者的比例已经翻了两倍多。消费者政治的普及也带来了类似的结果,请愿已经成为相当普遍的现象(Norris 2003)。

参与形式变化带来的一个结果,就是今天已经可以更为清晰地把公民导向的行动和结果导向的行动区分开来,前者主要与选举和政党相关,后者则聚焦于特定的议题和政策关切,其形式包括消费者政治(由于政治或伦理上的原因而购买或抵制特定的产品)、请愿、示威和抗议。① 当然两者之间的界限也并非不可逾越。比如政党也会组织公众示威,而选民也会因特定的政策议题和社区关切,以及为争取个别选区的服务而游说当选代表。新社会运动通常采取混合型行动策略,把游说当选代表和联络新闻媒体等传统形式,与在线网络、街头抗议和抵制消费等多种政治表达的替代形式结合起来。与公民导向的行动相比,结果导向的参与形式独特之处在于,它们最普遍地用于在形形色色的目标之间追踪特定的议题和政策关切,其活动范围,既在选举舞台之上,亦可在选举舞台之外。

当然,从历史上看,目标导向的行动主义者采用的许多手段并非真的前无古人。事实上,向议会请愿是代议民主最早的形式之一,而且正如本手册先前各章所讨论的,在西方各民主国家,都可以发现周期性的抗争政治、激进抗议以及激烈的政治对抗的浪潮(Tilly et al.1975)。20 世纪 50 年代中期,美国的民权运动和西欧的核裁军运动采取的就是消极抵制的手段。在此基础上,直接行动在 60 年代的反越战示威、学生抗议运动,以及席卷巴黎、东京和伦敦街头的社会骚动中复兴。新社会运动,特别是关注女性平等、核能、反战和环境的运动不断扩展。70 年代初,人们通过经济抵制反对南非的种族隔离,而工会也采用了更为激进的经济行动,包括罢工、占领、封锁,偶尔还伴有纵火、破坏和暴力行动,来反对西方国家的政府(Epstein 1991)。到今天,示威这种集体行动,已经成为表达政治不满、提出反对意见,以及挑战权威的得到普遍认可的形式(van Aelst and Walgrave 2001;Norris,Walgrave,and van Aelst 2005)。

结果导向的参与有一个重要特征,那就是它们的内容已经大大扩展,并介入了"消费者"政治和"生活方式"政治,而在这些领域,"社会"和"政治"之间的确切界限进一

----

① 帕特尔等也曾作出类似的区分,不过他们的分界线放置在"集体的"和"个人化的"行动主义形式之间。但是作为概念框架,这种区分似乎并不完善,因为抗议和示威总是集体行为,新社会运动也是如此,尽管与政党或者社区组织的正式成员相比,它们的参与者更具目的性和可变性。参见 Pattie,Seyd,and Whiteley (2004)。

步消弭。此类参与的实例包括在回收企业做义工、在受虐待妇女的庇护所做救助工作、为当地学校募集资金,以及在伐木地点抗议、抵制血汗工厂的产品、购买不进行动物试验的化妆品,等等。有人可能认为,这类行动虽然会产生重要的社会和经济影响,但不能归入严格意义上的"政治"范畴。但是,正如女性主义研究长期以来所强调的,"公""私"之间的界限本身就存在争议(参见 Pateman 1988;Phillips 1991)。结果导向的参与旨在变革法律或影响政策过程,但同时也致力于改变社会行为的系统模式,其具体方式包括建立玻璃瓶回收设施、受虐待妇女庇护所,以及提高人们有效利用能源的意识等。英格尔哈特认为,导致上述进展的,是一种文化变迁过程,伴随这一过程,推动行动者的核心议题,已经从物质主义的关注,即聚焦于工作、薪酬、养老金的生计考虑,转向对后物质主义价值的更广泛的关注,包括全球化、环境主义、多元文化主义和性别平等之类的议题。[1] 在很多发展中国家,松散而无形的社区群体网络和基层自愿团体往往在地方社区采取直接行动,解决一些与生计相关的基本问题,如获取清洁的用水、分配农业补助、争取健康保障或入学等等(参见 Baker 1999)。围绕族群和性别的认同,政治议题同样常常会模糊"社会"与"政治"的边界。因此总体而言,以在民族国家范围内影响选举、政府和公共政策制定过程为目标的公民运动,其关注的焦点在今天看来似乎过于狭隘,因为它排除了大量一般认为属于广义的"政治"领域的事务。

结果导向的行动的另一关键特征,是它们既指向议会和政府,也针对公共的、非盈利性的和私人部门中的多种行为体。有大量的、而且不断增多的文献,比较了针对国际人权组织,女性非政府组织、跨国环境组织、反对血汗工厂和反对使用地雷的网络、和平运动,以及反全球化和反资本主义力量中的行动主义的个案研究(Sassen 1999;Keck and Sikkink 1998;Edwards and Gaventa 2001;Evans 2000)。抗议对象通常是大的跨国企业,既包括消费者对耐克运动鞋、麦当劳汉堡包以及加利福尼亚葡萄的抵制,也包括针对世界贸易组织、达沃斯世界经济论坛以及欧盟委员会等国际机构和政府间组织的抗议(Keck and Sikkink 1998)。这些文献认为,参与目标的变化,是全球化进程和民族国家自主权包括核心行政权力下降的结果,因为国家权力正同时向上(如联合国和世界贸易组织这样的政府间组织)和向下(区域和地方的议会)转移。[2] 而且,因私有化、市场化和取消管制而导致的"国家的收缩",意味着决策的制定权正从直接对当选代表负责的公共机构和政府部门,向活跃于地方、国家和国际层面的、复杂多样的非盈利机构和私人机构扩散和漂移(Feigenbaum,Henig,and Hamnett 1998)。由于这些发展变化,公

---

[1]　详细论述参见 Inglehart(1997);Inglehart and Norris(2003);Norris and Inglehart(2004)。

[2]　关于相关讨论,参见 Held(1999);Nye and Donahue(2001);Archibugi,Held,and Kohler(1998)。

众要通过全国性的选举、全国性政党和国家层面的立法机构挑战公共政策变得更为困难，因此以非传统方式进行政治表达和政治动员的需求就更为迫切。

六、结论：未来的研究议程

在过去十年间，有关政治行动主义的研究文献不断增加并趋于多样化，但还有很多领域需要予以高度关注。我们将勾勒出未来研究日程中一些最具前景的方向，并以此为本章作结。

如前文所述，20 世纪 60 年代和 70 年代形成的标准的社会心理学观点，在解释公民个人为何参与不同形式的政治行动时，突出了几个相互关联的因素。维巴及其同事的早期著作，强调个人参与政治时所具有的、既定的*结构性资源*，特别是他们的教育水准、职业地位和收入水平的影响。这些因素与他们的族群和性别密切相关，而且都有助于他们的政治参与。比如教育能提高人们的分析能力，使其理解政治议题和决策过程；而家产收入则与政治捐助的能力直接相关。"底线"资源模型添加了文化态度因素，例如内部效能感（对自身影响公共事务能力的自信）、外部效能感（对体制回应的感知）、公民知识以及政治兴趣（如追踪新闻事件）等，它们通常都与积极参与的倾向密切相关。这些因素依然重要，而且它们事实上也被继续纳入对政治参与的标准叙述之中。

不过，在过去十年间，研究者把更多的注意力转向个体行为的*环境*，而且这方面的研究还在进一步扩展。这对于上述标准的心理学解释是一种补充。当前研究关注的重点，不再是公民个人从幼年起经社会化过程形成的内在心理能力和素质，而是在特定的社区、州、选区①或国家中发现的、能够激发或压制这些心理倾向的背景因素。维巴和奈伊也承认，个体成为行动主义者，需要更广泛的*社会环境*，比如工会和教会在动员工人阶级社区方面的影响。最近，罗森斯通和哈森（Rosenstone and Hanson 1993）再次激发了人们对像政党和利益团体这类动员机构的作用的关注，而且对政党工作人员在通过地方竞选激活选民方面发挥重要作用的方式，也进行了重新评价。在政治传播领域，米尔纳（Milner 2002）和诺里斯（Norris 2000）围绕大众传媒的角色展开争论，焦点是报纸、电视和互联网究竟是鼓励了、还是压制了公民参与和公共意识。哈克菲尔特及其同事长期以来一直强调人际交往所结成的非正式社会网络在推动人们投身于公共事务方面的重要意义（Huckfeldt，Johnson，and Sprague 2004）。对于政治体制的制度环境，特别是决定投票参与机会的法律规范、选举制度和行政程序的作用，以及政党竞争模式和可

---

① 此处原文为"elections"，疑有误。——译者

能改变投票率的选举结果的接近程度等,最近的研究也予以了更多的关注(Franklin 2004)。

在过去十年,比较政治参与形式的研究整体上转移了研究重点,开始更多地关注像政党、社团和社区组织动员民众的社会过程,以及决定了参与形式的制度规则的广阔环境。制度因素之所以得到广泛研究,是因为它们对投票结果的影响。虽然法律背景下的比较和选举系统的广泛作用长期以来都被认为非常重要,但尚待完成的任务还很多,我们还需要研究制度如何影响了政治参与的其他维度。比如,政治献金法和公共基金补助可能会减少政党维持大批群众党员的动机,而控制税收和非盈利地位的法规则可能影响自愿组织的结构以及非盈利部门中社团成员的密度。

大量关于政治参与的研究仍局限于一国范围之内,特别是对美国的研究可谓汗牛充栋。但正如李普塞特(Lipset 1996)所说,在很多方面,美国并非典型的民主国家——无论就其极低水平的投票率、群众性政党的缺失,还是相对丰富的自发行动主义形式而言都是如此。一国内部的比较研究通常在不同群体(如非洲裔与拉丁裔美国人的投票率)、不同时间(如1960年后投票率的变化趋势),偶尔也会在不同区域或州(如选民登记要求的影响)之间进行。然而直到最近,系统的多国调查,特别是对西欧之外的国家,包括新兴民主国家和威权国家公民角色的研究,仍然相对滞后。最近几十年,比较研究已经开始运用新出现的大规模跨国选民调查,如全球晴雨表调查的结果。它们有助于对某些大众政治参与的共同形式,特别是投票率的比较。但是,要系统分析只涉及少部分人的、需要投入更多时间和精力的参与,还没有任何跨国调查能够提供所需数据,包括政党成员、竞选工作以及结社行动主义方面的信息。把所有大规模跨国调查——如欧洲晴雨表、国际社会调查计划(the International Social Survey Program)、世界价值观调查,以及选举制度比较研究——所提供的样本集中起来,可以得到足够大的样本,以解决上述问题中的一部分,但其代价是会丧失部分分析环境效果跨国变动的可能。此外,要确定分析模式提示的因果关系的方向,一个迫切的需要就是进行纵向多波固定面板调查,尽管进行这种跨国、跨时段的调查还存在大量的困难。

另一个局限是,比较研究一直集中关注"传统的""常规的"或"公民"形式的行动主义,即那些在每一个民族国家范围内,以影响当选官员和代议制民主决策过程为主要目标的公民行动。相比之下,只有极少数比较研究对替代性的政治介入、动员和表达渠道加以考察,但这类渠道在当代社会正迅速涌现,这体现为示威和抗议政治普遍增多,消费者政治日益普及,利益团体大量蔓延,社会运动、在线政治社区和跨国政策网络进一步多样化等。关于这些变化的确切形态及其重要性,以及它们应该被视为真正"新型的"政治参与形式、抑或仅是古老传统的反映,都还存在相当多的争论。不过,学术界还是达成了广泛共识,认为在过去数年间,可被纳入比较的组织机构的范围,以及行动主义的表现形式不仅增加,而且多样化了,而学术研究却常常缺乏足够的创新,以捕捉正在变得日益普遍的各种行动的特性。

最后,从总体上看,当前的学术研究对参与原因的分析要比对其结果的分析更深入。具体而言,政治行动主义的性质和水平发生任何重大变化,都会提出三个方面的重要问题,而我们目前对此还不能作出确定的回答。第一,如果新的参与形式对公民意识和技能提出了更高的要求,那么这些变化对公共领域的社会不平等会带来什么样的影响? 第二,这些变化(比如人们不再拿出自己的时间参与自愿组织的工作,而是通过财政捐助表达对利益团体的支持)对个人能力的发展、社区的强化以及大众参与的质量意味着什么? 最后,在系统层面,它们对于治理过程、公共政策议程以及民主的稳定性意义何在? 厘清从各种具体的参与行为到政府决定的输出之间的因果联系(比如,立法机关如何回应公众对于福利待遇的公共支出模式,或者对外政策调整的关注)相当困难,这仍然是政治科学面临的一个经典挑战。越来越多的经验研究在对规范民主理论的一些核心论断加以检验,特别是慎议对公民和决策的影响(Hibbing and Theiss-Morse 2003,第 7 章)。但是,关于本章提及的诸多变化更广泛的影响,目前尚没有明确的结论。行动主义的新形式在多大程度上补充或者替代了旧形式,对代议制民主又会产生什么样的影响,这仍然是未来的比较研究面临的根本挑战之一。

参考文献

ADRIAN, C, and APTER, D. A. 1995. *Political Protest and Social Change: Analyzing Politics.* New York: New York University Press.

ALMOND, G. A., and VERBA, S. eds. 1980. *The Civic Culture Revisited.* Boston: Little Brown.

——1989/1963. *The Civic Culture: Political Attitudes and Democracy in Five Nations.* Thousand Oaks, Calif.: Sage.

ANDERSEN, J.G., and HOFF, J. 2001. *Democracy and Citizenship in Scandinavia.* Basingstoke: Palgrave.

ARCHIBUGI, D., HELD, D., and KOHLER, M. 1998. *Re-imagining Political Community: Studies in Cosmopolitan Democracy.* Stanford, Calif.: Stanford University Press.

BAKER, J. 1999. *Street-Level Democracy: Political Settings at the Margins of Global Power.* West Hartford, Conn.: Kumarian Press.

BARBER, B. 1984. *Strong Democracy.* Berkeley and Los Angeles: University of California Press.

BARNES, S., and KAASE, M. 1979. *Political Action: Mass Participation in Five Western Democracies.* Beverley Hills, Calif.: Sage.

BARON, S., FIELD, J., and SCHULLER, T. eds. 2000. *Social Capital: Critical Perspectives.* Oxford: Oxford

University Press.

BENNETT, S.E.1986.*Apathy in America 1960–1984: Causes and Consequences of Citizen Political Indifference.*Dobbs Ferry, NY: Transnational.

BERRY, J.1984.*The Interest Group Society.*Boston: Little Brown.

BLAIS, A.2000.*To Vote or Not to Vote? The Merits and Limits of Rational Choice Theory.*Pittsburgh: University of Pittsburgh Press.

——and DOBRZYNSKA, A. 1998. Turnout in electoral democracies. *European Journal of Political Research*, 33(2): 239–61.

BOOKS, J., and P R Y S B Y, C.1988.Studying contextual effects on political behavior: a research inventory and agenda.*American Politics Quarterly*, 16: 211–38.

BOURDIEU, P.1970.*Reproduction in Education, Culture and Society.*London: Sage.

BURNS, N., SCHLOZMAN, K. L., and VERBAS. 2001. *The Private Roots of Public Action.* Cambridge, Mass.: Harvard University Press.

CAROTHERS, T.1999.*Aiding Democracy Abroad: The Learning Curve.*Washington, DC: Carnegie Endowment for International Peace.

CLARKE, T.N., and REMPEL, M.1997.*Citizen Politics in Post-Industrial Societies: Interest Groups Transformed.*Boulder, Colo.: Westview Press.

COLEMAN, J.S.1988.Social capital in the creation of human capital.*American Journal of Sociology*, 94: 95–120.

——1990.*Foundations of Social Theory.*Cambridge: Belknap.

CONWAY, M.M.2000.*Political Participation in the United States*, 3rd edn.Washington, DC: CQ Press.

CRIGLER, A. N., IUST, M. R., and MCCAFFERY, E. I. 2004. *Rethinking the Vote: The Politics and Prospects of American Electoral Reform.* New York: Oxford University Press.

DALTON, R.1996.*Citizen Politics*, 2nd edn.Chatham, NJ: Chatham House.

——and KUECHLER, M.eds.1990.Challenging *the Political Order: New Social and Political Movements in Western Democracies.*New York: Oxford University Press.

DALTON, R.J.and WATTENBERG, M.P.2001.*Parties without Partisans: Political Change in Advanced Industrialized Democracies.*Oxford: Oxford University Press.

DOWNS, A.1957.*An Economic Theory of Democracy.*New York: Harper & Row.

DUVERGER, M.1954.*Political Parties: Their Organization and Activity in the Modern State.*New York: Wiley.

EDWARDS, B., and FOLEY, M.W.1998.Civil society and social capital beyond Putnam.*American Behavioral Scientist*, 42(1): 124–39.

EDWARDS, M., and GAVENTA, J.eds.2001.*Global Citizen Action.*Boulder, Colo.: Lynne Rienner Publishers.

EPSTEIN, B.1991.*Political Protest and Cultural Revolution: Nonviolent Direct Action in the 1970s and 1980s.*Berkeley and Los Angeles: University of California Press.

EVANS,P.2000.Fighting marginalization with transnational networks: counter-hegemonic globalization. *Contemporary Sociology*,29(1):230-41.

FEIGENBAUM,H.B.,HENIG,J.,and HAMNETT,C.1998.*Shrinking the State: The Political Underpinnings of Privatization.*Cambridge:Cambridge University Press.

FRANKLIN,M.N.2004.*Voter Turnout and the Dynamics of Electoral Competition in Established Democracies since 1945.*Cambridge:Cambridge University Press.

FRANKLIN,M.N.,VANDEREIJK,C,and OPPENHUIS,E.1996.The institutional context:turnout.Pp. 306-31 in *Choosing Europe? The European Electorate and National Politics in the Face of Union*,ed. C.van der Eijk and M.Franklin.Ann Arbor:University of Michigan Press.

GUTMANN,A.,and THOMSON,D.2004.*Why Deliberative Democracy?* Princeton:Princeton University Press.

HELD,D.1996.*Models of Democracy*,2nd edn.Stanford,Calif.:University of Stanford Press.

——1999.*Global Transformations:Politics,Economics and Culture.*London:Polity Press.

HiBBiNG,J.R.,and THEISS-MORSE,E.2003.*Stealth Democracy:Americans' Beliefs about How Government Should Work.*Cambridge:Cambridge University Press.

HILL,S.2002.*Fixing Elections:The Failure of America's Winner Take All Politics.*New York:Routledge.

HOOGHE,M.,and STOLLE,D.eds.2003.*Generating Social Capital:Civil Society and Institutions in Comparative Perspective.*New York:Palgrave Macmillan.

HUCKFELDT,R.,JOHNSON,P.E.,and S P R A G U E,J.2004.*Political Disagreement.*New York:Cambridge University Press.

——and SPRAGUE,J.1995.*Citizens,Politics and Social Communication.*Cambridge:Cambridge University Press.

INGLEHART,R.1997 *Modernization and Postmodernization:Cultural,Economic and Political Change in 43 Societies.*Princeton:Princeton University Press.

——and NORRIS,P.2003.*Rising Tide:Gender Equality and Cultural Change around the World.*New York:Cambridge University Press.

INTERNATIONAL IDEA.2005.*Handbook of Electoral System Design*,2nd edn.Stockholm:International IDEA,www.idea.int.

JACKMAN,R.W.,and MILLER,R.A.1995.Voter turnout in the industrial democracies during the 1980s. *Comparative Political Studies*,27:467-92.

JENNINGS,M.K.,and VANDETH,J.1989.*Continuities in Political Action.*Berlin:deGruyter.

KATZ,R.1997.*Democracy and Elections.*Oxford:Oxford University Press.

——and MAIR,P.1995.Changing models of party organization and party democracy:the emergence of the cartel party.*Party Politics*,1(1):5-28.eds.1992.*Party Organizations:A Data Handbook on Party Organizations in Western Democracies*,*1960-1990.*London:Sage.

KECK,M.,and SIKKINK,K.1998.*Activists beyond Borders:Advocacy Networks in International Politics.* Ithaca,NY:Cornell University Press.

KERSTING, N., and BALDERSHEIM, H. eds. 2004. *Electronic Voting and Democracy: A Comparative Analysis.* New York: Palgrave Macmillan.

KEY, V.O. 1964. *Politics, Parties and Pressure Groups.* New York: Crowell.

KNACK, S. 1995. Does motor voter work? Evidence from state-level data. *Journal of Politics*, 57(3): 796-811.

KORNAI, J., ROTHSTEIN, B., and ROSE-ACKERMAN, S. eds. 2004. *Creating Social Trust in Post-Socialist Transitions.* New York: Palgrave Macmillan.

KRIESI, H., PORTA, D.D., and RIUCHT, D. eds. 1998. *Social Movements in a Globalizing World.* London: Macmillan.

LADD, C.E. 1996. The data just don't show erosion of America's social capital. *Public Perspective*, 1: 5-6.

LARANA, E., JOHNSTON, H., and GUDFIELD, J.R. eds. 1994. New *Social Movements: From Ideology to Identity.* Philadelphia: Temple University Press.

LAWSON, K., and MERKL, P. eds. 1988. *When Parties Fail: Emerging Alternative Organizations.* Princeton: Princeton University Press.

LIJPHART, A. 1994. *Electoral Systems and Party Systems.* Oxford: Oxford University Press.

LIPSCHUTZ, R. 1996. *Global Civic Society and Global Environmental Governance.* Albany, NY: SUNY Press.

LIPSET, S.M. 1996. *American Exceptionalism.* New York: Norton.

LOPEZ PINTOR, R., and GRATSCHEW, M. n.d. *Voter Turnout Since 1945: A Global Report.* Stockholm, International IDEA, www.idea.int.

MCADAM, D., MCCARTHY, J.D., and ZALD, M.N. 1996. *Comparative Perspectives on Social Movements.* New York: Cambridge University Press.

MCDONALD, M.P., and POPKIN, S.L. 2001. The myth of the vanishing voter. *American Political Science Review*, 95(4): 963-74.

MAIR, P. 1997. *Party System Change.* Oxford: Oxford University Press.

——and VAN BIEZEN, I. 2001. Party membership in twenty European democracies 1980-2000. *Party Politics*, 7(1): 7-22.

MARSH, A. 1977. *Protest and Political Consciousness.* Beverly Hills, Calif: Sage.

MARTINEZ, M.D., and HILL, D. 1999. Did motor voter work? *American Politics Quarterly*, 27(3): 296-315.

MASSICOTTE, L., BLAIS, A., and YOSHINAKA, A. 2004. *Establishing the Rules of the Game: Election Laws in Democracies.* Toronto: University of Toronto Press.

MEYER, D., and TARROW, S. eds. 1998. *The Social Movement Society: Contentious Politics for a New Century.* Lanham, Md.: Rowman and Littlefield.

MILBRATH, L.W., and GOEL, M.L. 1977. *Political Participation: How and Why do People get Involved in Politics?*, 2nd edn. Chicago: Rand McNally.

MILES,T.J.2004.Felon disenfranchisement and voter turnout.*Journal of Legal Studies*,33(1):85-129.

MILNER,H.2002.*Civic Literacy:How Informed Citizens Make Democracy Work.*Hanover,NH:Tufts University.

NORRIS,P.1996.Did television erode social capital? A reply to Putnam.*PS:Political Science and Politics*,29(3):474-80.

——2000.*A Virtuous Circle.*New York:Cambridge University Press.

——2002.*Democratic Phoenix.*New York:Cambridge University Press.

——2004.*Electoral Engineering.*New York:Cambridge University Press.

——and INGLEHART, R. 2004. *Sacred and Secular:Religion and Politics Worldwide.* New York: Cambridge University Press.

——WALGRAVE,S.and VAN AELST,P.2004.Who demonstrates? Anti-state rebels,conventional participants,or everyone? *Comparative Politics* (forthcoming).

NYE,J.S.,and DONAHUE,J.2001.*Governance in a Globalizing World.*Washington,DC:Brookings Institution Press.

OBERSCHALL,A.1993.*Social Movements:Ideologies,Interests and Identities.*New Brunswick,NJ:Transaction.

OLSON,M.1965.*The Logic of Collective Action:Public Goods and the Theory of Goods.*Cambridge,Mass.: Harvard University Press.

PARRY,G.,MOYSER,G.,and DAY,N.1992.*Political Participation and Democracy in Britain.*Cambridge:Cambridge University Press.

PATEMAN,C.1988.*The Sexual Contract.*Cambridge:Polity Press.PATTERSON,T.2001.*The Vanishing Voter.*New York:Knopf.

PATTIE,C,SEYD,P.,and WHITELEY,P.2004.*Citizenship in Britain:Values,Participation and Democracy.*Cambridge:Cambridge University Press.

PAXTON,P.,BOLLEN,K.A.,LEE,D.M.,and KIM,H.J.2003.A half century of suffrage:new data and a comparative analysis.*Studies in Comparative International Development*,38(1):93-122.

PHARR, S., and PUTNAM, R. eds. 2000. *Disaffected Democracies: Whats Troubling the Trilateral Countries?* Princeton:Princeton University Press.

PHILLIPS,A.1991.*Engendering Democracy.*Cambridge:Polity Press.

POWELL,G.B.1980.Voting turnout in thirty democracies:partisan,legal and socioeconomic influences. Pp.5-34 in *Electoral Participation:A Comparative Analysis*,ed.D.Rose.London:Sage.

——1982.*Contemporary Democracies:Participation,Stability and Violence.*Cambridge,Mass.:Harvard University Press.

——1986.American voter turnout in comparative perspective.*American Political Science Review*,80(1): 17-43.

PUTNAM,R.D.1993.*Making Democracy Work:Civic Traditions in Modern Italy* Princeton:Princeton University Press.

——1995.Tuning in,tuning out:the strange disappearance of social capital in America.*P.S:Political Science and Politics*,28(4):664-83.

——1996.The strange disappearance of civic America.*American Prospect*,24:34-48.

——2000.*Bowling Alone:The Collapse and Revival of American Community.*New York:Simon and Schuster.

——ed.2002.*The Dynamics of Social Capital.*Oxford:Oxford University Press.

——and FELDSTEIN,L.2003.*Better Together:Restoring the American Community.* New York:Simon 8c Schuster.

ROSE,R.2004.Voter turnout in the European Union member countries. In *Voter Turnout in Western Europe since 1945*,ed.R.Lopez Pintor and M.Gratschew.Stockholm:International IDEA.

ROSENAU,J.1990.*Turbulance in World Politics:A Theory of Change and Continuity.*Princeton:Princeton University Press.

ROSENSTONE,S.J.,and HANSEN,J.M.1993.*Mobilization,Participation and Democracy in America.*New York:Macmillan.

ROTOLO,T.1999.Trends in voluntary association participation.*Nonprofit and Voluntary Sector Quarterly*,28(2):199-212.

SASSEN,S.1999.*Globalization and its Discontents.*New York:New Press.

SCARROW,S.2001.Parties without members? In *Parties without Partisans*,ed.R.J.Dalton and M.Wattenberg.New York:Oxford University Press.

SCHLOZMAN,K.L.2002.Citizen participation in America:what do we know? Why do we care? In *Political Science:The State of the Discipline*,ed.I.Katznelson and H.V.Miller.New York:W.W.Norton.

SCHMITT,H.,and HOLMBERG,S.1995.Political parties in decline? Pp.95-133 in *Citizens and the State*,ed.H.-D.Klingemann and D.Fuchs.Oxford:Oxford University Press.

SCHUDSON,M.1996.What if civic life didnt die? *American Prospect*,25:17-20.

SCHUMPETER,J.A.1952.*Capitalism,Socialism and Democracy*,4th edn.London:George Allen & Unwin.

SEYD,P.,and WHITELEY,P.eds.2004.Party members and activists.Special issue of *Party Politics*,10(4).

SKOCPOL,T.1996.Unravelling from above.*American Prospect*,25:20-5.

SMITH,J.,CHATFIELD,C,and PAGNUCCO,R.eds.1997.*Transnational Social Movements and Global Politics:Solidarity beyond the State.*Syracuse,NY:Syracuse University Press.

SVENDSEN,G.L.H.,and SVENDSEN,G.T.2004.*The Creation and Destruction of Social Capital:Entrepreneurship,Cooperative Movements,and Institutions.*Cheltenham:Edward Elgar.

TARROW,S.1994.*Power in Movement.*Cambridge:Cambridge University Press.

TEIXEIRA,R.A.1992.*The Disappearing American Voter.*Washington,DC:Brookings.

TILLY,C.1978.*From Mobilization to Revolution.*Reading,Mass.:Addison-Wesley. et al.1975.*The Rebellious Century.*Cambridge,Mass.:Harvard University Press.

VANAELST, P., and WALGRAVE, S. 2001. Who is that (wo) man in the street? From the normalization of protest to the normalization of the protester. *European Journal of Political Research*, 39: 461-86.

VANDETH, J. W. ed. 1997. *Private Groups and Public Life: Social Participation, Voluntary Associations and Political Involvement in Representative Democracies.* London: Routledge. ed. 1999. *Social Capital and European Democracy.* New York: Routledge.

——2000. Interesting but irrelevant: social capital and the saliency of politics in Western Europe. *European Journal of Political Research*, 37: 115-47.

——and K REUTER, F. 1998. Membership of voluntary associations. Pp. 135-55 in *Comparative Politics: The Problem of Equivalence*, ed. J. W. van Deth. London: Routledge.

VERBA, S., and NIE, N. H. 1972. *Participation in America: Political Democracy and Social Equality.* Chicago: University of Chicago Press.

——and KIM, J. 1971. *The Modes of Democratic Participation: A Cross-National Analysis.* Beverley Hills, Calif.: Sage.

——1978. *Participation and Political Equality: A Seven-Nation Comparison.* New York: Cambridge University Press.

——SCHLOZMAN, K., and BRADY, H. E. 1995. *Voice and Equality: Civic Voluntarism in American Politics.* Cambridge, Mass.: Harvard University Press.

WEBB, P., FARRELL, D., and HOLLIDAY, I. eds. 2002. *Political Parties in Advanced Industrial Democracies.* Oxford: Oxford University Press.

WHITELEY, P., and SEYD, P. 2002. *High-Intensity Participation: The Dynamics of Party Activism in Britain.* Ann Arbor: University of Michigan Press.

WOLFINGER, R., and ROSENSTONE, S. 1980. *Wlw Votes?* New Haven: Yale University Press.

ZALD, M. N., and MCCARTHY, J. eds. 1987. *Social Movements in an Organizational Society.* New Brunswick, NJ: Transaction Books.

第七部分

处理政治需求

第二十七章 政治偏好的聚集与代表

小 G.宾汉姆·鲍威尔(G.Bingham Powell,JR.)

一、导 论

所谓"偏好的聚集"是指对集团成员可能支持的数种政策进行考量和遴选的过程。通常认为,在一个民主政体中,公民个体会对公共政策的目标或者实现这些目标的最佳途径有着自己的偏好。民主的偏好聚集在政策制定过程中对所有这些倾向都给予同样对待。

显而易见的是,民主机制和偏好的聚集之间有着密不可分的联系。民主意味着"民治"。现代民主政体多建立在间接参与决策的基础之上,即通过选举代表实现治理。就代表机构的目的在于聚集人民作为一个整体的偏好而言,代议制民主的经验研究在某种程度上包含对偏好聚集的研究。

此外,偏好聚集还具有强烈规范性含义。那些从规范意义上支持民主制的人同时也会支持代议制的政策制定过程,它聚集了偏好,体现了"人民"的愿望。有些学者将民主本身限定为"统治行为与同样权重的受这些行为影响的公民利益之间必要的一致"(Saward 1998,51 页)。这个定义意味着"没有(统治者与被统治者之间的)一致即没有民主。"另一些意见则认为,对民主最好的辩护是它"提供了一种和平而有序的过程,通过这一过程,公民的大多数能够引导政府去做他们最想让它去做的事情,并且避免他们最不愿意让它去做的事情"(Dahl 1989,95 页)。偏好聚集的问题显然与民主的核心密切相关,无论是作为一种定义还是作为一种辩护。

如果"人民"能对他们的需求达成共识,那么评估民主的偏好聚集就相当简单。代议制民主应该能够使政策的制定与人民的要求相一致。基于这种预期,经验研究就可以探索哪些专门机制更可能产生民主性的政策,诸如不同的代表遴选规则或是政策制定程序。然而,"人民"并不是一个单一的实体,他们是一个社会群体,而这正是为何他们的个体倾向必须要被"聚集"的原因。如果存在多样的偏好,那么应该以哪一种为准?要回答这个问题非常困难。自然,对于这一集中过程的经验研究将会相应地更加复杂。

二、社会选择分析的挑战

显然,公民偏好的特性本身就是个复杂的话题,这在本书其他章节中会有所提及。代议民主制的相关理论大多要求"开明的"公民,即了解有关所面临的政策问题的相关思考。另外,公民们持有的观点和判断有明显的强弱之分,有些理论家会引导我们把这种区别纳入分析。不过,在本章对民主偏好聚集的简单介绍中,我们假定所有的公民都有成熟的观点,而且他们的观点在政策制定过程中会得到同等对待。那么问题就是,人们各种各样的偏好是被如何结合起来,并形成与他们的愿望相一致的政策的。

社会选择的形式研究早就提出了一个关于偏好聚集的基本问题。对于形形色色的个人各不相同的偏好是否能够,以及如何能够被聚合为内在一致的、持续的单一选择,社会选择的研究者已经进行了大量探索。他们发现,虽然对某些形式的公民偏好能够进行有意义的民主聚集,但其他的却不然。从政治行为者相同的偏好结构中,民主聚集的不同方法和不同顺序可能会产生非常不同的结果。换言之,没有一种选择可以无条件地要求得到比其他可能的选择更大多数的支持。这一对于偏好结构意义的发现,即"阿罗不可能定理"①(Arrow 1951),意味着我们也许不能确定某一具体的政策选择是否与"人民的愿望"相一致。通过民主程序总会产生其他的结果;这种结果甚至有可能比原来的结果得到更大多数的支持。

以威廉·瑞克尔(William Riker)为代表的许多理论家认为,对于这个问题的认识应该改变我们对于民主本身的可能性的理解:

民粹主义对于投票的解释(即作为一个共同体,人民的需要必须成为公共政策)不能成立,因为它与社会选择理论相矛盾。如果投票的结果是,或者可能是不准确的或是无意义的混杂,那么人民的愿望就无从知晓。(Riker 1982, xviii 页)

莱克主张对民主制进行纯粹程序上的判断,在这一制度下,公民的大多数可以共同罢免现政府,但由此不会得出任何政策含义(参见 Dahl 1956 以及 Runciman 1969)。他

---

① 经济学家阿罗(Kenneth Arrow)在《社会选择与个人价值》(1951)一书中提出的理论,也称为"阿罗悖论"。其基本内容是,当选择者面临三个或三个以上独立的备选项时,没有任何方法能够依据某种特定的标准,把选择者个人的偏好序列转变为一种整个群体共同的偏好序列。——译者

明确警告说:"现存的这种民主与其就是民治,倒不如称之为一种间歇性的、有时是随机的甚至是故意找茬的平民否决"(Riker 1982,244页)。

里克尔的分析以及那些更普遍的社会选择理论,对代议民主制的偏好聚集研究提出了严肃挑战。要理解比较政治学中关于偏好聚集的研究,方法之一就是把它们与里克尔的质疑之间联系起来。我们将会看到,无论学者们是否明确地认识到社会选择的问题,他们已经在用不同的方式处理它所带来的困难,而且也有一些重要的发现。

一些研究者事实上是按里克尔的建议,仅仅关注民主代表制的条件,比如自由选举和公民权,从而完全避开了公民偏好与政府政策之间的联系问题。但一些其他的研究路径也值得关注。其中两种的出发点都是通过调查研究确认公民的偏好,并研究这些偏好与政策制定者的立场之间的一致性;两者之间的不同在于它们处理公民偏好的多重维度的方法。还有一种方法是从投票而非偏好入手,认为公民的愿望在投票行为中已得到充分的,或者权威性的显露。

三、代议民主和偏好聚集的条件

研究民族国家中民主的偏好聚集的一种方法,是关注大规模的代议民主制得以运行的必要的、但并非充分的条件。社会选择的问题则因为忽略偏好聚集概念上的困难而被规避了。这样,理论分析就在于明确大规模的社会中民主的偏好聚集所必需的机制,而经验分析则关注这些机制的起源和延续,当然偶尔也会研究与之相关的政策。

最有影响的理论分析可能是达尔关于"多头政体"的研究,他列举了为满足民主的五项标准而必需的七种制度(如 1989,222页)。这些"标准",即平等的投票权、充分的政治参与、开明的认识、议程的控制以及包容性,本身都是作为民主的偏好聚集在理论上的必要条件派生而来的。达尔认为,七种"制度",即官员选举产生、自由公平选举、普遍的选举权、竞逐政府职位的权利、表达自由、信息自由,以及自主结社,从经验上看则是大规模的民主政体能够满足上述标准的必要条件(1989,221—222页)。达尔很清楚,这些制度不足以确保"政策一定与公民大多数的意愿相一致"。出于这一理由,他更倾向于描绘一种体现为"多头统治"而非民主的政治系统。不过他又认为,"这些制度已经足以使政府不至于强制推行那些受到多数民众反对,并且会积极运用自己被赋予的权利与机会来加以颠覆的政策"(1989,223页)。看上去,这一方法能够适应于里克尔"自由的"民主版本,但对于它与"民粹主义"理想之间的落差则有点轻描淡写了。

大量的经验研究主要关注以下两个方面的问题:第一,确认在不同政治体系中这些机制是否存在;第二,研究它们得以被引入及延续的条件。这种研究一般从"过程"的角度定义民主,并依照这些机制与实践存在与否,将实际的政治体系区分为民主政体或非民主政治(或者从民主的程度进行区分)。有三种比较有影响的途径就是根据这一标准(或与之类似的其他标准)从描述的角度对民主进行认定,它们是"自由之家"提出政治权利到公民自由指标(www.freedomhouse.org)、根据政古尔(Ted Robert Gurr)的著作提出的民主和威权"政体"指标(www.cidcm.umd.edu/inscr/polity),以及普列泽沃斯基等人提出的民主与独裁政体的分类(Prezeworski 2000)。尽管在定义和经验研究程序上有一些区别,但这些研究基本上都把同样一些政体视为"民主"或"自由"政体。还有其他一些研究,它们通常着眼于世界上某些特定地区,还对上述必要的基本制度进行了补充,比如法治或者对个人社会关系的平等保障,以使民主的其他制度得以有效运转(O'Donnell 2004,更概括的讨论见 Collier and Levitsky 1997)。

特别是在 1975 年至 1995 年这二十年间,以上述制度和进程的确立为标志的"民主政体"的实际扩散,刺激了"民主化"研究急速扩展。这种研究探讨了在何种经济与政治条件下民主政体得以被引入、"巩固"或稳定和存续(如 Huntington 1991;Diamond et al.1997;Przeworski et al.2000;Boix and Stokes 2003),或甚至被颠覆(Schedler 2002)。一些相关进程和必需条件之间的联系,如民主选举和人权保障的完整性(如 Poe,Tate and Keith 1999),或民主的程度与内战(Fearon and laitin 2003)等也成为大量研究的主题。一部分学者研究了那些据信有助于公民民主选择的稳定制度的发展,如较稳定的政党制度(如 Mainwaring and Scully 1995)或公民对于民主含义的理解(如 Bratton and Mattes 2001)。还有大量研究关注民主制在预期的政策结果(如经济增长、收入公平、教育和生命期望值,或保护少数族群免于种族灭绝等)方面取得的成就(如 Dreze and Sen 1989;Przeworski et al. 2000;Feng 2003;Harff 2003)。

但是,民主化研究的大部分都忽略了研究民主的偏好聚集本身。社会选择问题因此甚至从概念上被回避了。这些研究要么假定充分的民主偏好聚集可以来自机制条件的引入和/或巩固稳定;要么假定这些条件非常关键,因而基本上无须考虑后续的政策结果;要么假定我们已知公民们(应该)需要什么。即便是那些直接以偏好聚集作为对象、以澄清公民偏好与政府政策之间关系的研究,也主要把关注的焦点集中在经济发达地区已经稳固确立的民主政体上面。

四、偏好聚集与多重议题的一致性

民主的偏好聚集着眼于公民偏好,并在选择权威的公共政策时对它们予以系统考虑。在少数大规模的民主国家,在少数问题上,也许会通过全民公决的方法直接了解公民们的政策偏好。比如,一些欧洲国家会直接就它们与欧盟或欧洲货币体系之间关系的变化问询公众的意见。不过只有瑞士在日常政策的制定中频繁地采用全民公决的方法。在大多数民主政体中,国家层面上把公民与政策制定连接起来的过程就是通过多党竞争选择政治的制定者。比较政治学中有三个方面的经验研究较为深入地考察了竞争选举中选举在聚集公民偏好方面的作用。每一个方面的研究都涉及确认公民偏好的手段,并表明了选举中的竞争以及对决策者的选择如何(直接或间接)聚集了这些偏好。不过至少直到最近,还没有一个方面的研究进行到最终的一步,即把政策制定者的选择与实际公共政策的产出关联起来,因为这需要考虑到当事者(承诺的履行者)以及其他影响公共政策产出的因素。我们将在结论中回到这一点。

比较政治学中对公民倾向与其政策制定者立场之间的关联最透彻的分析,建立在对美国的议题汇集的研究基础之上。1963 年,沃伦·米勒和唐纳德·斯托克斯采用公众意见调查的方式得出了美国不同国会选区公民的议题立场,并且把这些立场与各选区众议员的偏好、认知和行为关联起来(Miller and Stokes 1963)。在这一开创性的论文中,他们提出了几种可供选择的模型,以保证经验研究中"对选民因素的控制";明确而有远见地指出公民信息的缺乏导致的困难;考虑了不同维度的公众意见之间的联系;而且讨论了政党在这一联系过程中的作用,以及影响国会议员行动的因素;等等。

米勒和斯托克斯把选举视为代表必须受到公众意见影响的主要原因。不过他们的经验分析表明,在美国,不同的政策领域内由选举实现的这种联系会有所不同。"在社会福利领域代表关系最近似于负责任的政党模式",这个领域政党通常会推举政策立场上有系统区别的候选人(Miller and Stokes 1963,371 页)。他们发现,在这个领域,选区内的多数与胜选者之间存在较明显的正相关,与失败的候选人之间则呈负相关(Miller and Stokes 1963,359—360 页)。另一方面在公民权领域,代表关系似乎更多地是由议员及其挑战者的认知,以及他们对选区内大多数选民的立场的相互预期所决定。

米勒和斯托克斯研究的直接目标就是民主的偏好聚集及其结果,这一研究有三个方面的重要特征值得注意。第一,他们的研究展示了如何运用调查研究检验公民偏好与政策制定者立场之间经验上的一致性,这种一致性被视为民主偏好聚集的证据;第二,他们证明,至少存在两种不同的民主竞争因果机制可以导致这种一致性,从而可以通过代议民主制形成民主偏好聚集的理论解释这种一致性。第三,他们的研究从两个方面处理了社会选择问题:(一)在每个政策领域,它将不同议题在同一个维度上面排出顺序;(二)它并不试图进行跨政策领域的聚集。这样,米勒—斯托克斯公式只需要在两个重要的实际政策领域里找到民主偏好聚集的证据,而且避免了从单一的视角理解公民偏好和决策者立场之间的关系(另外,如魏斯伯格[Weissberg 1978]所指出的那样,这些关系建立在双重选区制的基础上,仅限于立法机构的一个部门,因此并不需要把它们聚合为全体公民与全体决策者或选定政策之间的总体一致。对于进行一致性测量所面临的困难,亚琛在1977年和1978年[Achen 1977,1978]出版的著作中才提出了重要的技术方面的批评)。

研究者们对米勒—斯托克斯模型进行了特定的修正,使之适用于多党议会的条件,并且一般把政党而非地理选区作为衡量一致性的单位。从20世纪70年代中期开始,他们把这一修正后的模式运用于其他国家,到现在为止已经形成一种重要的比较研究的传统。这些研究中的大部分是对单个国家的分析:荷兰(Irwin and Thomassen 1975)、意大利(Barnes 1977)、德国(Farah 1980;Porter 1995)、法国(Converse and Pierce 1986)、澳大利亚(McAllister 1991)、英国(Norris 1995)、瑞典(Holmberg 1989, Esaiasson and Holmsberg 1886),新西兰(Volwles 1995,1998)以及挪威(Matthews and Valen 1999)。(还包括马尼奥关于中国半竞争型选举的出色研究[Manion 1996])。这些研究和米勒—斯托克斯模型至少有两个相同点。一是关注公民意见形成、公民知识的低水平和局限性,以及如何将这些意见与更成熟、更具体系性的精英意见相比较的问题。它们深入研究了每个国家公民所处的环境,有些时候还研究了它们之间的差异(通常也将它们的研究结果与对美国的分析进行对比)。二是对多重政治议题的认真考察。它们描述了选民及其党派代表之间在不同议题上可衡量的、但又有变化的联系。通常它们是通过当地选举竞争的特征来探究以上问题。

除了上述国别研究之外,从达尔顿(Dalton)1985年对一系列议题上欧洲议会候选人对其党派选民的代表性的研究开始,真正意义上的比较研究数量也呈上升趋势。达尔顿提供了一个技术方面的杰出范例。他提出了对经验问题上的代表性进行测量的多重方法、强调选民和代表之间的接近(中间路线)、相关性和回归系数,以及集体的一致性。他还清楚地阐明,在"责任政党模式"下,通过选民对政党提供的不同政策组合的选择,如何创造出一种能够对公众的影响力加以说明的、关于选民—代表集体性一致的理论模式。

米勒和斯托克斯传统最典型的体现,就是米勒自己编辑、并在其去世之后不久出版的文集《西方民主中的政策代表》(Miller et al.1999),该书收录了一批具有原创性的、目标宏大的研究论文。作者们的目标,是基于已出现的关于五个国家中公民—立法者代表关系的一批研究成果,对主要得自"责任政党政府"模式的假设进行跨国检验。但是,由于他们对代表关系的理解和衡量标准各不相同,因而在同一问题上得出了一些相去甚远的结论,比如在政党体系的组织程度与一般议题上一致性的高低之间的关系方面就是如此（参见 Pierce 1999,31 页;Holmberg 1999,94 页;Thomassen 1999,45—51 页,
Wessels 1999,148—151 页）。

同年,施密特与托马森出版了《欧洲联盟的政治代表与合法性》(Schmitt and Thor-
massen 1999)一书,提出了一种"责任政党政府"的模式,在该模式中,通过各政党提出
相互一致的政策选择形成议题之间的联系,他们认为,这一点在"欧洲层面"的代表性
的发展中扮演了重要角色。他们对 1994 年欧洲议会选举中公民和候选人的调查分析
表明,在从左向右的维度上,选民与代表之间存在着一种很强的相互一致性,这显然是
由选民的选择与政党提出的政策(包括国家层面和欧洲层面)造成的,而且与"责任政
党模式"的条件相符。另外,在大量的全欧性议题方面,选民与候选人之间也存在某种
程度上的相对一致性,无论议题是由政党还是由相关国家(更有力地)提出来的(Tho-
massen and Schmitt 1997,175 页;Schimitt and Thormassen 1999,200—205 页)。但在一些
重要的问题上(比如边界和共同货币),选民与政党的绝对立场相去甚远,候选人与选
民相比更倾向于支持一体化。

秉承米勒—斯托克斯传统的第三种最近出现的跨国研究可见另一个论文集中由霍
姆贝格(Soren Holmberg)所撰写的章节,它比较了丹麦、冰岛、挪威以及瑞典等国政党选
民及其议会议员的政治立场(Holmberg 2000,155—180 页)。霍姆贝格提出了一种两极
化的结果,表明政党选民中的大多数与其国会议员之间的一致/分歧程度。他关于公民
和立法机关集体(而非选民—政党的两分)何时形成赞成/反对态度的多数的研究令人
耳目一新。

霍姆贝格认为,在"处于政治争论核心的显著的、政治化的议题上",选民与政党代
表之间的一致性会更高,并证明在四个与"左—右"维度相关的议题上这个论断基本成
立(参见 Thomassen 1994,1999)。较好的共识可能是绝对的,也可能是相对的。但即便
是 72 个这样的议题中,丹麦、挪威和瑞典的大多数公民和他们的政党代表也在 15 个上
面未能取得一致(约 21%)。霍姆贝格的数据中尤其令人震惊的是各政党国会议员中
多数派立场的高度一致。几乎所有的左派和社会民主党议员都选择了极左的立场,而
几乎所有的保守党和进步党都采取极右的立场。如果从左往右对各政党的情况加以分
析,可以发现尽管总体而言保守立场的支持度有相对增长,但公众的主张比他们的代表
更加泾渭分明。这意味着,很多政党都有少部分选民支持立法机构中仅仅是其他党派
的代表所持的立场(许多国别研究也证明了这一点)。

由基切尔特、曼斯菲尔多娃、马尔科夫斯基和托卡合著的《后共产主义政党制度:
竞争、代表和党际合作》(Kitschelt,Mansfeldova,Markowski and Toka 1999)讨论了 20 世纪
90 年代中期保加利亚、捷克共和国、匈牙利和波兰等几个新兴民主国家中议题代表和

政党选民代表的两重性问题①(1999,309—344页)。他们在使用数据表明每个国家不同议题(以及左右分野)方面代议制的聚集特性时,还考虑到了政党规模的问题。除"委托代表"之外,他们还提出了另外两种重要的民主代表模式,即"极化的委托制"和"温和的委托制"。他们并不是把这些模式视为民主的规范标准,而是认为,它们对于民主制在某些方面的表现,如公民动员、有效的政策领导,以及政治冲突的集中或分散等可能产生不同的影响(1999,80—88、340页)。

这些基于米勒—斯托克斯传统的研究,针对不同议题、不同条件下的偏好聚集积累了大量的国别信息。此外,关于选举竞争在偏好聚集方面的可能性和局限性,学者们还有一些有意思的发现。

(一)对议题偏好和党派立场的研究反复证明,政党代表的偏好和立场比普通公民更具结构性(可以通过这个党在一系列议题上的立场加以推测出来)。因此在某些问题上,代表们的意见会与其党派立场有较强的关联,而公众的意见则不会,这就可能造成在这些议题上双方意见严重脱钩,某个党的国会议员可能代表了另一个党的选民的意见。这种情形的长期选举动力机制尚不明朗(但可参见 Holmberg 1997 对瑞典的研究)。

此外,代表的意见越一致,与其选民相比就会显得越极端。有时候可能出现较高程度的相对"一致性",即各党派的代表与其支持者一同分为不同阵营,但相比而言,代表们会比他们的支持者更一贯地带有或"左"或"右"的立场。这种模式在基切尔特等人1999 年的著作中被称之为"极化托管"关系,并出现于许多经验研究中(如 Holmberg 2000)。如果相关议题的一致性较高、偏好的强度较大、在单个议题上人们的偏好与"中间立场"的距离较远,就可能导致这种情形的产生。

(二)政党议题的一致性研究表明,在那些与政党竞争的一般维度紧密相关的议题上面,代表性(一致性)至少是相对,甚至可能绝对大一些。这甚至已经成为一种程式化的事实(如 McAllister 1991;Kitschelt et al.1999;Holmberg 2000)。这种简化可以减弱理论上的社会选择难题,下一部分将会具体讨论这一点。

(三)另外,尽管比较研究不太注意那些因选民总体上不可能接受,从而也就被所有政党加以回避的政策立场(正如米勒和斯托克斯在民权领域所提到的那样),但它们似乎也可以扮演一种重要的关联性角色。在这种情况下,由于各党都不会给出彼此相对的选择,我们也就很难找到相关议题上党派间的一致性,但也许选民和代表的主张会

---

① 原文为"issue representative of party voter-representative dyads",疑为"issue representative and party voter-representative dyads"之误。——译者

更接近。选民对政党的影响可能来自政党对选民反应的预期,而非投票者选择的结果。唐斯模型认为,这种情形为两党制所独有。但如果选民们对某个议题并没有特别的立场,那么它也可能在多党制下出现。从经验上看,霍姆贝格 2000 年对北欧各国情色作品问题的研究也发现了类似的情况。

一般来说,分别考虑议题或者议题的维度可以避免理论上的社会选择问题。而且,在每一个议题的基础上考察公众和政策的一致性也有一些值得一提的特色。威尔(Weale)对于这个问题进行了富有启发性的讨论。他指出,如果在公众对可能的政策组合的偏好中存在一个"孔多塞优胜者"①,那么通过研究每个议题上的中间值(大多数)就可以发现这一偏好;而如果在多维的偏好结构中不存在"孔多塞优胜者",则这逐一寻找多数的方法至少是一种可取的、能够得到某种结果的民主程序(Weale 1999,146—147 页)。当然在直接投票中通过其他形式的组合也许能够得出更好的结果——不否定阿罗悖论的存在——但对于威尔来说这并不能使多数决成为一种没有意义的程序。他指出:

在对多种政策选择的比较中,只有在最简单的情况下才能够满足充足理性的要求。在复杂的情景中,公民们需要加以选择的并非逻辑一贯的政治纲领。通过对议题的逐一考察,我们也许能了解每一个议题上多数人的愿望,但通常不可能知道所有议题上的多数的交集是否代表了公众的普遍要求。但是,在每一个议题上取中间值乃是我们了解公众意见最好的方法。(1999,147 页)

威尔还提出,公众通常不可能意识到潜在的社会选择问题。原因是一方面,政策制定常被分派到高度专业的部门和组织机构;另一方面,党派竞争显著减少了可能的特定选项,可供选择的余地其实很小(1999,146 页)。

从民主设计的角度来说,最后一点多少能给人带来些许安慰。因为它意味着有些政策制定规则和有些选举及政党制度会更多地,或在更早的阶段减少可能的政策选择项。这种排除法可能有效地掩盖了民主的政策组合潜在的优点。

五、作为偏好聚集的单维议题一致性

里克尔在其对"民粹主义"的民主论或者民主的"托管"论提出的批评中承认,如果具备一系列条件,则有可能在"公民需求"与政策制定者的立场和行为之间进行有意义的比较:"如果通过讨论、辩论、公民教育和政治社会化使选民对政治问题形成一定的

---

① 在对多个备选项进行两两相较的对比中胜过其他所有备选项者。——译者

共识(可通过单一峰值加以证明),那么就能够保证获得一种具有可传递性的政策结果。"(Riker 1982,128 页)

上文提到,米勒—斯托克斯传统对多重议题的一致性研究表明,通常情况下,政党竞争会存在一个基本维度,许多特殊的议题立场则与之相关。正如里克尔所指出的,当这样一个单一维度出现的时候,就能够对公民与政策制定者之间偏好的一致性所体现的民主特性进行分析。的确,有一个天然的民主偏好聚集的典范——中间选民与政策制定者的立场一致。之所以选取中间选民的立场,是因为从理论上说,这一立场能够在它与任何其他立场进行的二选一的投票中占上风。政策制定离中间选民越远,则失去的选民就会越多(当然,这一标准并没有考虑偏好的强度或者多重议题的维度)。

在对偏好聚集的经验研究中,观察的目标是"左—右"之间(在美国的研究中是"自由主义—保守主义"之间)的对峙,这是一个单一议题的维度,它结合了许多特定的议题立场,对代议制国家的公民具有重要意义。不同的研究证明,在成熟民主国家的政治话语中的确存在这样一个维度。在很多(并非全部)国家进行的公众舆论研究表明,公民们能够在"左—右"对峙或者其他类似的维度上找到自己的位置,这种维度结合了诸多具体的议题,而且能够把新出现的明显的议题也吸纳进去(如 Inglehart 1984)。专家们进行的多项跨国调查表明,人们能够根据通常由政府或者经济形势决定的议题(虽然在不同国家其内容有所不同),把每个政党都放置在一个适当的位置(Castle and Mair 1984;Huber and Inglehart 1995;Benoit and Laver 200)。所有这些研究均涉及一个国家内部公民与政党的相对立场。研究证明,政党支持者的自我定位与专家对政党的定位高度相关(Gabel and Huber 2000)。

研究者运用另外一种稍微不同的方法,对工业化国家政党涉及不同重要议题的竞选宣言(选举承诺)进行了大规模研究,并且提出了一种把不同政党置放在一个跨国的"左—右"维度上的方法,从而使它们的立场具有明显的可比性(Budge et al.2001)。金和福尔定据此提出了一种方法,可以根据这些政党的立场以及关于选民投票时进行选择的一些假定,对中间选民的立场进行推断(Kim and Fording 1998)。

如果在一种单维话语中定位选民及其代表确有意义,那么在这一单维空间中对政治竞争和政策制定的抽象研究就可以得出一些在理论上强有力的结论,并可用以解释偏好聚集的相关过程。科克斯对此进行了很好的总结(1997,第 12 章),认为中间选民和政策制定者之间的一致性,在实行单一选区多数制和比例代表制的国家会有所不同(参见 Huber and Powell 1994,Powell 2000)。在单一选区多数制之下,根据杜维吉尔法则(Duverger 1954),成熟的民主国家会出现两个政党相互竞争;而根据唐斯的交汇论(Downs 1957),这两个政党会向中间选民的立场靠拢。在比例代表制之下,根据选举竞争理论,政党会与选民一样分布在整个政策空间,而且这种分布最终会在立法机构中反映出来;而根据交易理论,中间政党的主张会严重影响政府和政策制定者的立场(如 Laver and Schofield 1990)。因此,两种制度都可以通过不同的途径形成代议制中的一致性。至于哪一种制度更可能破坏向中间立场的汇集,则主要取决于政党竞争和讨价还价的失败是出现在选举阶段(这在单一选区制中至关重要),还是出现在立法交易阶段(这在比例代表制之下更具实质意义)(Cox 1997,第 12 章)。

上文曾经指出,一些国别和跨国研究发现,在"左—右"对峙的维度上,以及在不同的特定议题上,公民与政策制定者之间存在着一致性。最近两项对代议制的经验研究从政治话语的单一维度入手研究了偏好聚集的问题,两者都重点考察了选举规则及其对中间公民(或选民)与他们的代表之间的一致性的影响。鲍威尔与多名合作者的研究,对不同国家内部调查给出的中间选民自我定位的立场和专家得出的立法机构、政府和政策制定者的立场之间的差异进行了分析(Huber and Powell 1994;Powell 2000;Powell and Vanberg 2000;Powell 2006)。这些研究假定上述差异在不同国家之间具有可比性,但中间立场根本上不具可比性。它们稳定地显示,单一选区制通常不能使两党趋中(杜维吉尔法则和唐斯交汇理论的"失败"是可能的原因。也可参见 Grofman 2004 对唐斯交汇论在理论和经验方面的局限的分析)。交汇的失败通常使获选者、议会中的多数,以及政府远离中间选民。

图 27.1 显示了从 1950 年到 20 世纪 90 年代末期间,澳大利亚、英国、加拿大、法国及新西兰这五个实行单一选区制的议会制国家多数党(水平方向)和第二多数党(垂直方向)与中间选民之间的距离。可以看出,尽管约一半赢得选举的多数党与中间选民的距离在 10 以内(最大距离为 100),但是另一半的距离则比较远,有时甚至非常远。这与比例代表制之下多数党与中间选民之间的平均距离大致相同。不同国家、不同选举之间的差异非常明显(比如加拿大的大党就与中间选民非常接近),但是每个国家至少有一个获胜的多数党与中间选民的距离超过了 20。大多数国家都出现过若干次两个党均远离中间选民的选举。

在形成更具代表性的立法机构和促成更加接近中间选民立场的政府方面,比例代表制特有的两阶段交易过程看来一直比较成功。不过,诸如选前联盟或者大党极端化这样的因素也可能会使形成的政府远离中间选民(Powell 2006),并在不同时间、不同国家造成相当不同的情况。

有意思的是,如果用金和费尔定的方法确定中间选民的立场,再通过竞选宣言确定议会和执政党的立场,并且对两者之间的距离进行分析,也可以得出一些具有可比性的短期结果(McDonald,Mendes and Budge 2004)。麦克唐纳和他的合作者们发现,议会和

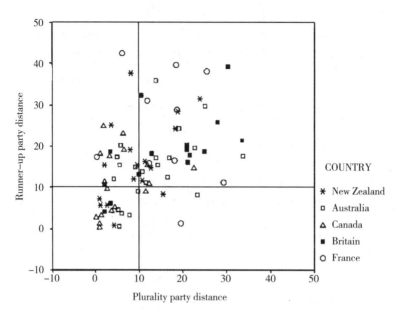

图 27.1　比例代表制之下政党与中间选民的距离

政府与中间选民之间短期内的平均距离,在单一选区制之下要大于比例代表制之下。由于与鲍威尔的研究相比,他们使用的是更长时段的系列和不同的技术手段(虽然两项研究针对的国家大致相同),所以这些可资比较的发现还是有益的(图 27.1 运用了这一技术手段)。他们也能从更长期的角度来讨论一系列有趣的发现。

　　有大量的(虽然不是没有矛盾的)理论和前面提到的关于政党竞争和政府形成的经验研究可资基于单维话语的偏好聚集研究利用。从理论上说,在一个向度上只存在一种政治话语的假设解决了社会选择的问题。在中间选民与其期望的结果之间的一致性方面,经验研究得出了一些有趣而重要的结论,并且确认了在不同的选举规则下不能达成一致的条件。尽管这两项研究都着眼于工业化民主国家的议会制度,但原则上没有理由认为这些方法不能被扩展具有其他政策制定机制的民主机构,甚至其他类型的政党竞争研究中。另一方面,"左—右"对峙的政治话语显然不过是对政治议题联盟的简化,对于任何国家的全体选民来说这种对峙并没有意义,而且在一些国家它也完全不足以准确描述选民偏好与政党竞争的实际格局。对于新兴民主国家,或者其政党制度变得不稳定的国家来说,这种简化更成问题。

　　这种共同的话语得以形成(或者不能形成)的条件尚不清楚,因而是未来研究的一个重要方向(参见 Carey 2000, Kitschelt 2000)。有一种观点认为,对政策的审慎讨论能导向实质性的共识,或者至少能在讨论的范围上达成共识;认为公民的政策"偏好"固定不变具有误导性,应将其视为对可能结果的具有可塑性的判断(Weale 1999, 141—

143 页)。如果这一观点是正确的,那么理解整个过程中的条件与限制将会显得更加重要。

从方法论上来说,对于左—右对峙的政治话语的一致性的研究,依据的是公民调查、专家调查以及专家对政党竞选宣言的解读,其中每一种都存在导致错误和偏见的原因,另外在很多国家这类调查也并不存在。更为严重的是,认为单维的政治话语能够充分反映公众的偏好,这是一个强假设,因而也颇具争议。因而毫不奇怪,另一个重要的研究传统就把投票(而非话语)作为选民偏好名义上的表达方式,并把投票与政策制定者的选择之间的一致性作为偏好聚集而加以研究。

六、以选票反映偏好:偏好聚集与票决一致性

第三种对偏好聚集进行比较研究的重要方法,是将公民的投票视为他们的偏好唯一真实的反映,然后研究投票的结果如何转变为对政策制定者或者公共政策联盟的选择。这种研究方法在比较政治学领域有悠久的传统。显而易见,投票行为是公民偏好的一种相对"过硬"的指标,它既不基于人为强加且经过特殊设计的问卷调查,也无须借助公众可能无缘参与的政治论争。在每张选票效力相等的情况下,投票可以被视为民主机制的完美典范。因此可以理解,分析家们为何投入大量精力去研究选举结果的聚焦。而且,单纯的投票行为迫使选民必须同时考虑自己关心的所有议题,并且将它们化约为单一的选择或者排序(在极为少见选举制中),因此研究投票的学者不必自己费心去解决如何把不同议题上的偏好结合在一起的问题。这样,他们可以很容易地忽略集聚社会选择的问题。

对于选票—席位集中的研究是政治科学中一个高度发达的领域。尽管密尔(Mill 1861/1958)、夏特施奈德(Schattschneider 1942)和杜维吉尔(Duverger 1954)都意识到了不同选举规则下选票—席位集中的困难,但四分之一世纪以来规范着这一研究领域的经典之作则是道格拉斯·赖伊的《选举法的政治影响》一书(Douglas Rae 1967/1971)。这本小书精彩而全面地区分了多种多样的选举法,总结了它们的一些重要特征,系统介绍了对选票—席位"非均衡"[①]状态的测量方法、议会多数的形成以及政党制的碎片化,并通过对 115 次选举中选举法的经验影响进行分析作出了其他一些贡献。赖伊证明,在这些选举中,选举规则在决定选票如何转化为席位方面最重要的特征就是它们的"选区规模"(每个选区的平均代表人数),它大大削弱了计票方法和其他相关特点的区

---

① 即某个政党最终得到的席位与它实际得到的选票不成比例的情况。——译者

别所造成的同样重要的影响(Rae 1967/1971,138—140 页)。最有可能导致这种不对称现象的选举规则就是单一选区制,它在很多国家广为采用,包括美国、英国、新西兰、加拿大等,通常也被称为"胜者全胜"(FPTP)的原则。赖伊的经典研究还潜在地引出了一个重要的假设,即尽管政党投票是一个有意义的同质性概念,但投票结果如果体现为议会议席却是一个重要问题。

赖伊在经验分析方面划时代的贡献得到了后来一系列研究的发展和完善,其中既包括经验层面,也包括方法论层面(参见 Groffman and Lijphart 1986;Taagepera and Shugart 1989;Lijphart 1994;以及 Powell 2004 年的评论,尤其是 275—280 页)。这些方面的成果主要体现于《选举研究》杂志发表的一些论文,但也出现在其他许多政治学的刊物上,它们极大地扩展了赖伊对选举规则与选举结果之间复杂关系的论述。正如加拉赫尔在其 1991 年的著作(Gallagher 1991)中所指出的,"均衡(proportionality)"这个概念的本身就包含了不同的规范性版本,这可以部分地通过比例代表制之下不同的计票规则体现出来。人们还可能为达到某些实际的目标而对特定的规则加以调整,包括政治稳定和规则制定者的党派目标等等,这一点已为许多国别研究所证实。

虽然对选举法的分析主导了对选票—议席一致性问题的研究,但另外两个主要变量也占有突出的位置。第一个变量是选票的地理分布。选举规则划定的选区规模越小,则它对于代表性的影响就越大,在单一选区制之下当然就达到最大。因此非常自然,由于美国、英国和新西兰的学者一直就在这种选举制之下工作,所以对地理因素的作用就非常敏感;相反,那些在选区规模较大且实行比例代表制的国家工作的学者,则常常会忽视地理因素。政治地理学家对变异的原因进行了一些探讨,他们把一个国家选区的划分视为一张叠加在偏好分布地图之上的地图(如 Gudgin and Taylor 1979;Taylor and Johnston 1979;Taylor,Gudgin,and Johnston 1986)。有些分布会因为选区内的失败者而产生更多的"废票",也会因为选民的摇摆而产生席位的摇摆。更多党派的加入会导致更多的废票,因为这或者意味着选区内的获胜者只得到了低于 50% 的选票,或者意味着在任何情况下压倒胜的胜利都会越来越少。如果政党在地理上比较集中,则不会出现这种结果,当然这意味着不同政党将在不同地区进行力量不对称的竞争。出于党派利益进行选区划分,其目的就是要避免在两个选区都出现胜败两方力量的平衡。

每个选区选民数与代表数之间比例的不平等也可能导致"不均衡"的状态。这种不平等可能源于代议制规则本身(例如西班牙城市选区代表性不足的现象),通常我们称之为议席分配不公。不同选区投票率的不同也有可能导致这种情况,比如工党就可能取得相对更多的席位,那是由于城市地区的投票率较低,因此它获得的实际支持率并不高。政治地理学家对两党制之下选举误差的分析强调了四个方面的因素：投票率、席位分配不均、第三党以及选区划分（有意无意地重新划分选区）。特别是可以参考约翰斯通、罗塞特和帕蒂 1999 年的著作（Johnston, Rossiter, and Pattie 1999）及其参考文献。虽然这一著作的作者们主要研究的是英国和新西兰，但现在情况正在改变，因为斯奈德和萨缪埃尔 2001 年发表的评论（Snyder and Samuels 2000）已经补充了拉美国家席位分配不均的相关情况。

学者们长期以来还从不同角度发现，"过多"政党也会给代议制带来问题。夏特施奈德（Schattschneider 1942，75 页以下）和杜维吉尔（Duverger 1954，374 页）指出了在单一选区制之下政党数量超过两个时可能带来的问题。图 27.2 显示了"有效"政党数量从 2 到 5 之间的情况，在单一选区制之下，随着政党数量上升，选票——席位的不对称性也迅速加剧（实线），而在这个区间，比例代表制的选举结果却比较均衡（虚线）。

泰格帕拉和舒加尔特（Taagepera and Shugart 1989）证明，政党数量过多对于选举结果的影响不只限于胜者全胜的选举制。而且，随着更多政党加入竞争，不均衡会系统性地加剧。科克斯 1997 年的著作《让选票有意义》（Gary Cox 1997）提出一种颇具吸引力的理论框架，并据此对针对选举规则、政党数量以及选举失衡的相关研究进行分析。科克斯还借助大量关于不同选举规则下策略投票的纯理论文献，以及相关的经验研究，建立了一个关于杜维吉尔法则的"微观基础"的模型。吉巴尔德（Gibbard 1973）和萨特施威特（Satterthwaite 1975）从理论上证明，"策略性投票"（为一个更可能获胜、但并非立场与投票者最接近的候选人或政党投票）在任何选举制度下都是合理的，雷斯（Leys 1959）和萨托利（Sartori 1968）也曾在经验观察的基础上得出同样的结论。"杜维吉尔法则"的启示之一是希望在单一选区制之下只有两个政党，实现这一目标的方法则是对政党领袖和/或选民进行成功的协调，从而使政党数减少到能赢得选区内唯一席位的合理程度。这种协调包括政党领袖的策略、选举规则和对选民的预期。科克斯认为，从理论上说，政党的数量应该减少到不大于选区规模+1 的程度（1997，31—32 页，99 页以下）。

当协调失败、"过量"政党为跨越当选门槛而竞争时，代表性失真的水平就会上升（假设跨区抵消影响相等），正如图 27.2 中单一选区制的情况那样。虽然任何选举制度都需要某种调节，但在选区规模较小的制度下调节的任务更重，其失败的代价也会更高。胜者全胜的制度是一个极端案例，在这种制度之下，某个政党可能在很多选区都拿到了相当数额的选票但是依然不能拿下其中任何一个选区——因而它剥夺了相当部分选民的被代表权。科克斯关于协调失败的理论条件（政党目标、信息、预期，以及规则）

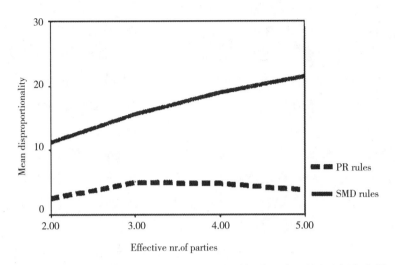

图 27.2　政党数量造成的选票—席位不对称性：单一选区制和比例代表制

此时就会得到满足，更不用说还有地理因素的影响。

我们对于选举规则、偏好的地域性分布，以及政党数量等因素之间复杂互动的认识的确取得了明显的成就，这是科学研究进步方面一个令人印象深刻的实例。而且，可以说这些研究有一个坚实的基础即偏好，其出发点是公民投票，即个体公民在政治领域作出的具体选择。这些研究在很大程度上也揭示了公民们通过投票表达它们的偏好时，均衡的偏好聚集可能会失败的条件。

因此，我们不能过高估计选票作为偏好显示工具独有的权威性。选民只能从划定的范围中进行选择。我们不能通过投票结果推断他们作出的这些选择与每个人的具体偏好之间的关系。有些选民会觉得候选人提出的主张很切合他们自己的相关议题偏好；但另一些选民可能会觉得自己不得不被迫"一揽子"接受与自己的要求相去甚远的政策。选民的偏好也可能会与政党或者候选人提出的政策相反。在多党制之下一个极端主义的政党因获得多数选票而胜出，这可能会导致大家忽略一个事实，即有三分之二的选民是极端主义的反对者，但他们的选票被分散了（关于依据获得多数票的胜出者来判定政治偏好的问题之理论分析，可参见 Weale 1999）。选民甚至不会为他们最支持的党投票，因为他们觉得它不会胜出，所以作出了"策略性"的选择，但这影响那些较热门的候选者最后的命运。这些可能性在多大程度上成为问题，则可能取决于选民偏好的分散程度、政党竞选纲领的变化，以及选举规则的不同。

另外，诸如选票—席位分析这样的选票聚集研究，通常假设选择政党或者候选人对每位选民来说都意味着相同的事情。那种认为用在一个选区失败的政党得到的票数抵消在另一个选区获胜的政党失去的票数可以得到均衡的结果的看法，其依据正在于此。

但在新的或是高度分散的政党制度中,这一判断未必成立。比如"同样的"政党标签可能在不同区域代表着不同的意义,或者政党内部存在较大的派别,它们即使在同一个选区内也拥有不同的支持者。

考虑到以上各种因素,我们可以看到,票决这种表面上颇具权威性的指标实际上带有很多人为的、建构的性质,在政党偏好,更不用说议题偏好(后者与前者以非常复杂的方式相联系)方面传达的信息并不像表面上看起来那么多。因此,一个非常现实的问题就是通过调查,确定偏好是否被选票所扭曲。的确,当存在多个选择项的时候,调查研究在提供有关偏好的信息方面具有明显的优势。

而且,当我们把目光从选票转移到政策制定者身上时,另两个问题就出现了。首先是应该采用什么样的规范性的聚集标准的问题。经典的选票—席位研究文献都沿袭赖伊的观点,把均衡作为标准。也就是说,一个政党在立法机关中的席位应该与该党获得的选票成比例,达不到这个要求就是"不均衡",对此可以有诸多方法在不同程度上加以衡量。虽然经典的选票—席位研究文献以均衡性作为标准,但其他的标准也不是没有根据,比如席位变化对选票变化的敏感度(responsiveness),敏感度越高则效果越好。格尔曼和金(Gelman and King 1994)所谓的席位变化对选票变化的"敏感性"就强调了政党得票变化(围绕平均水平波动)与该党在立法机关的席位变化之间的放大效应。这一研究遵循了美英政治分析强调竞争价值和波动比率的传统(参见 Rae 1967,26—27、100—101、145 页)。格尔曼和金明确指出,美国人强调敏感性在选票波动方面的放大作用,而注重均衡的观点则多多少少忽视了敏感性的问题,这是一种价值取向的体现(1994,544—545 页)。

在为数不多的明确从以上两种观点出发对选票—席位关系的研究中,卡茨(Katz 1997)把均衡性和"敏感性"视为两种相互竞争的民主特性。他通过比较研究发现,它们"受到大致相同的因素的影响,却相互呈现出一种负相关的关系"(Katz 1997,138—142 页)。鲍威尔遵循了类似的思想路线(Powel 2000,第 6 章),认为民主的"均衡观"和"多数观"体现了选票及其在立法(或政策制定)机构中的代表性的不同关系(也可参见 Powell 1978)。

基于选票的偏好聚集最后一个难点超越了各政党或者获胜的政党所得的选票在立法机构中的代表性这一问题,而涉及政策决定者的选择本身。在这一点上,均衡性聚集的支持者们会倾向于多党联盟,因为这种体制能够使政策制定者和立法机构中对各种政策选择的考虑最大化。那些支持通过多数实现聚集的人,则可能倾向把全部政策制定权都交到得票最多的获胜者(理想情况是得到多数票的赢家,但是经验上较少见)手里。因此,选票—政府之间的一致性,既可建立在由所有获得选票的政党组成的政府中代表均衡的基础之上,也可以建立在得票最多的获胜政党对政府(和政策制定者)加以主导的基础之上。鲍威尔在一项对于选举、政府以及政策制定者的研究中发现,如果按照均衡型的和多数型(包括胜者全胜制和其他单一选区制)体系各自的标准,则它们"在聚集方面都表现良好,但如果用对方的标准来衡量则都表现糟糕"(2000,第6章)。这与卡茨的发现相同,而且也意味着在选举结果的均衡性和敏感性之间只能二者择一(不过,在多数制之下由于很少有政党能够赢得绝对多数的投票,所以较高的敏感性通常需要承认获得相对多数票的政党有资格得到那部分未被分享的统治权)。

要研究议会制国家选票—政府之间的一致性可以借助经验分析的成果,特别是那些着眼于议会多数党在组建政府中的角色的成果。在议会制和混合制中,组建合法政府的规则通常偏向于多数授权和信任投票,虽然从经验结果来看会有一些相当不同的变异。但是,大多数政府形成的理论和研究强调的都是政党在某种政策空间中的相对位置(参见 Laver and Shepsle 1990),而这通过投票分析和政党规模都不可能得知(见 Martin and Stevenson 2002)。在总统制下,虽然仍然有一个如何解释偏好的问题,但选举能够直接影响政府的构成。

虽然关于偏好聚集和政党得票的代表性的研究仍然存在一些问题,而且也比较复杂,但它仍然有两个方面的重要意义。一方面,就政党得票体现了被列举出的偏好而言,政党得票的聚集过程直接描绘了偏好聚集的过程。这一过程反映了不同因素,如选举法、选票的地理分布以及政党数量等,如何使数百万张等效的选票聚集到几位政策制定者身上。它也使我们注意到偏好聚集的规范方式和经验方式之间的不同。另一方面,正如我们已经看到的,即便是假定选票并不能直接体现偏好,政党承诺和选票的聚集也会部分地导致议题的汇集和左—右的汇集。

七、结 论

四种研究方法体现了四种对社会选择挑战的回应,或者说每一种都用不同的方法回避了这个问题。民主化研究探讨了引入或维持自由、民主的选举的条件,但没有分析它们给偏好和政策的一致性(均衡)带来的影响。议题汇集研究在对议题进行逐一考察的基础上探讨了公民议题偏好与代表立场之间的一致性,但并没有考虑议题之间的协调问题。左—右议题一致性理论假定了一个单维的公民和政党偏好空间,即公民和政党的政治话语,但忽略了不能压缩进单个维度的议题、选民和政党制度。选举聚集研究假定选票充分表达了公民偏好,但忽略了可能限制或者扭曲偏好与选票之间的一致性的相关因素。因此,与一种全面的、在经验上具有较高包容性的研究相比,以上四种民主的偏好聚集研究都各有缺陷。

此外,上述研究一个共同的缺陷是都没有关注回应的问题,即政策制定者是履行了,还是背弃了他们公开的政策承诺。它们都假定,当政策制定者被选民选出,并且/或者承诺将体现公众的偏好时,偏好聚集过程即告结束。对于那些言而无信、仅追求个人利益的政策制定者,或者缺乏能力兑现其诺言的政策制定者,则几乎没有进行任何调查。民主理论假设,民主过程有助于保证治理行为甚至政策输出与公民的愿望相一致。就此而言,偏好的聚集必须等到政策制定者证明他们言而有信之后才算结束。确实存在某种令人不安的可能性,即有些原本应该保证公民偏好与政策制定者的立场相一致的机构,实际上并没有能够促进,甚至妨碍了政策制定者信守诺言。

关于竞选承诺和政策效果之间的一致性(例如 Klingemann, Hofferbert, and Budge 1993;Royed 1996;Thomson 2001),以及选举诚信的理论和机制(Przeworski, Stokes, and Manin 1999)的著述虽少,但近年来有所增加。斯托克斯关于20世纪80年代至90年代早期拉美各国总统的政策变化,及其对选举和政策的影响的研究(Stokes 2000)具有里程碑的意义。腐败越来越多地被认为是许多新兴民主政体中公民的要求得到有效反映的主要障碍之一,关于这方面的研究也开始丰富起来。这些线索最终都需要汇聚在对民主偏好聚集的研究之中。

当然应该认识到,以上介绍的每一种对偏好聚集的大型研究都在这个问题上作出了独特的贡献,都增进了我们对于竞争性选举之下民主的偏好聚集的认识。如果不能引入并维持自由的、真实的、民主的选举的条件,那么其他基于选举的对偏好聚集的研究就毫无意义。如果选举过程的结果不能导致某些具体问题上的公民偏好与制定政策的代表的立场相一致,则民主的偏好聚集就归于失败。如果公民的偏好与政党的竞争都能够在一个单维的政治话语系统中加以表达,那么强有力的理论工具和经验技术就可以帮助我们了解民主聚集成败的条件。把政党选票聚集为议会和政府的代表性,这是保证民主聚集效果的一项重要机制。这些不同的研究方法有助于发现彼此的优缺点。每一种研究都以自己的方式切实地推动了学术的进步,避免了因里克尔(Riker)否认民主的偏好聚集而造成的停滞,并为一个更宏大的图景作出了贡献。它们表明,在理解和描述民主的偏好聚集方面,里克尔基于社会选择提出挑战并不是无法回应的。

参考文献

ACHENC. 1977. Measuring representation: perils of the correlation coefficient. *American Journal of Political Science*, 21: 805-15.

——1978. Measuring representation. *American Journal of Political Science*, 22: 477-510.

ARROW, K. J. 1951. *Social Choice and Individual Values*. New Haven: Yale University Press.

BARNES, S. H. 1977. *Representation in Italy: Institutionalized Tradition and Electoral Choice*. Chicago: University of Chicago Press.

BENOIT, K., and LAVER, M. 2005. *Party Policy in Modern Democracies*. London: Routledge. Boix, C, and STOKES, S. C. 2003. Endogenous democratization. *World Politics*, 55: 517-49.

BRATTON, M., and MATTES, R. 2001. Support for democracy in Africa: intrinsic or instrumental? *British Journal of Political Science*, 31: 447-74.

BUDGE, I., KLINGE MANN, H. D., VOLKENS, A., BARA, I., and TANENBAUM, E. 2001. *Mapping Policy Preferences*. New York: Oxford University Press.

CAREY, J. M. 2000. Parchment, equilibria, institutions. *Comparative Political Studies*, 33: 735-61.

CASTLES, E, and M A I R, P. 1984. Left-right political scales. *European Journal of Political Research*, 12: 73-88.

COLLIER, D., and LEVITSKY, S. 1997. Democracy with adjectives. *World Politics*, 49: 430-51.

CONVERSE, P. E. and PIERCE, R. 1986. *Political Representation in France*. Cambridge, Mass.: Harvard University Press.

Cox, G. W. 1997. *Making Votes Count: Strategic Coordination in the World's Electoral Systems*. Cambridge: Cambridge University Press.

DAHL, R. A. 1956. *A Preface to Democratic Theory*. New Haven: Yale University Press.

——1989. *Democracy and its Critics*. New Haven: Yale University Press.

DALTON, R. 1985. Political parties and political representation: party supporters and party elites in nine nations. *Comparative Political Studies*, 18: 267-99.

DIAMOND, L. et al. eds. 1997. *Consolidating the Third Wave Democracies*. Baltimore: lohns Hopkins Press.

DOWNS, A. 1957. *An Economic Theory of Democracy*. New York: Harper and Row.

DREZE, J., and SEN, A. 1989. *Hunger and Public Action*. Oxford: Oxford University Press.

DUVERGER, M. 1954. *Political Parties: Their Organization and Activity in the Modern State*, trans. B. North and R. North. New York: John Wiley.

ESAIASSON, P., and HEIDAR, K. 2000. *Beyond Westminster and Congress: The Nordic Experience*. Columbus: Ohio State University Press.

——and HOLMBERG, S. 1996. *Representation from Above: Members of Parliament and Representative Democracy in Sweden*. Aldershot: Dartmouth Publishing.

FARAH, B.G.1980. Political representation in West Germany: the institution and maintenance of mass-elite linkages. Ph.D. thesis. University of Michigan.

FEARON, J., and LAITIN, D.2003. Ethnicity, insurgency and civil war. *American Political Science Review*, 97:75–90.

FENG, Y.2003. *Democracy, Governance and Economic Performance.* Cambridge, Mass.: MIT Press.

GABEL, J., and HUBER, J.2000. Putting parties in their places. *American Journal of Political Science*, 44: 94–103.

GALLAGHE R, M.1991. Proportionality, disproportionality, and electoral systems. *Electoral Studies*, 10: 33–51.

GELMAN, A., and KING, G. 1994. Enhancing democracy through legislative redistricting. *American Political Science Review*, 88:541–59.

GIBBARD, A.1973. Manipulation of voting schemes: a general result. *Econometrica*, 41:587–601.

GRANBERG, D., and HOLMBERG, S.1988. *The Political System Matters: Social Psychology and Voting Behavior in Sweden and the United States.* New York: Cambridge University Press.

GROFMAN, B.2004. Downs and two-party convergence. *Annual Review of Political Science*, 7:25–46.

——and LIIPHAR T, A. eds. 1986. *Election Laws and their Political Consequences.* New York: Agathon Press.

GUDGIN, G., and TAYLOR, P.J.1979. *Seats, Votes and the Spatial Organization of Elections.* London: Pion.

HARFF, B.2003. No lessons learned from the Holocaust. *American Political Science Review*, 97:57–73.

HOLMBERG, S.1989. Political representation in Sweden. *Scandinavian Political Studies*, 12:1–36.

——1997–Dynamic opinion representation. *Scandinavian Political Studies*, 20:265–83.

——1999. Collective policy congruence compared. Pp.87–109 in *Policy Representation in Western Democracies*, ed. W.E. Miller. Oxford: Oxford University Press.

——2000. Issue agreement. Pp.155–80 in *Beyond Westminster and Congress: The Nordic Experience*, ed.P. Esaiasson and K.Heidar. Columbus: Ohio State University Press.

HUBER, J.D., and INGLEHART, R.1995. Expert interpretations of party space and party locations in 42 societies. *Party Politics*, 1:73–111.

——and POWELL, G.B.1994. Congruence between citizens and policymakers in two visions of liberal democracy. *World Politics*, 46:291–326.

HUNTINGTON, S.P.1991. *The Third Wave: Democratization in the Late Twentieth Century.* Norman: University of Oklahoma Press.

INGLEHAR T, R.1984. The changing structure of political cleavages in western society. Pp.25–69 in *Electoral Change in Advanced Industrial Democracies*, ed. R.J. Dalton, S.C. Flanagan, and P.A. Beck. Princeton: Princeton University Press.

IRWIN, G.A., and THOMASSEN, J.1975. Issue-consensus in a multi-party system: voters and leaders in the Netherlands. *Acta Politica*, 10:389–420.

JOHNSTON, R.J., ROSSITE R, D., and PATTIE, C. 1999. Integrating and decomposing the sources of partisan bias.*Electoral Studies*,18:367−78.

KATZ,R.1997.*Democracy and Elections*.New York:Oxford University Press.

KIM,H.M.,and FORDING,R.C.1998.Voter ideology in western democracies.*European Journal of Political Research*,33:73−97.

KITSCHELT,H.2000.Linkages between citizens and politicians in democratic polities.*Comparative Political Studies*,33:845−79.

——MANSFELDOVÁ,Z.,MARKOWSKI,R.,and TOKA,G.1999.*Post-Communist Party Systems:Competition,Representation and Inter-party Cooperation*.New York:Cambridge University Press.

KLINGEMANN,PL,HOFFERBER T,R.I.,and BUDGE,I.1993. *Parties,Policies and Democracy*. Boulder,Colo.:Westview.

LAVER,M.,and SCHOFIELD,N.1990. *Multiparty Government:The Politics of Coalition in Europe*. Oxford:Oxford University Press.

LEYS,C.1959.Models,theories and the theory of political parties.*Political Studies*,7:127−46.

LIJPHART,A.1994. *Electoral Systems and Party Systems:A Study of Twenty-Seven Democracies, 1945−1990*.New York:Oxford University Press.

MCALLISTER,I.1991.Party elites,voters and political attitudes:testing three explanations of mass-elite differences.*Canadian Journal of Political Science*,24:237−68.

MCDONALD,M.D.,MENDES,S.,and BUDGE,I.2004.What are elections for? Conferring the median mandate.*British Journal of Political Science*,34:1−26.

MAINWARING,S.P.,and SCULLY,T.R.eds.1995.*Building Democratic Institutions:Party Systems in Latin America*.Stanford,Calif.:Stanford University Press.

MANION,M.1996.The electoral connection in the Chinese countryside.*American Political Science Review*,90:736−48.

MARTIN,L.,and STEVENSON,R.2002.Government formation in parliamentary democracies.*American Journal of Political Science*,45:33−50.

MATTHEWS,D.R.,and VALEN,H.1999.*Parliamentary Representation:The Case of the Norwegian Storting*.Columbus:Ohio State University Press.

MAY,J.D.1973.Opinion structure of political parties:the special law of curvilinear disparity.*Political Studies*,21:136−51.

MILL,J.S.1861/1958.*Considerations on Representative Government*,ed.C.V.Shields.Indian-apolis:Bobbs-Merrill.

MILLER,W.E.,and STOKES,D.1963.Constituency influence in Congress.*American Political Science Review*,57:165−77.

——et al.1999.*Policy Representation in Western Democracies*.Oxford:Oxford University Press.

NORRIS,P.1995.May's law of curvilinear disparity revisited.*Party Politics*,1:29−47.

O'DONNELL,G.2004.Quality of democracy:why the rule of law matters.*Journal of Democracy*,15:32−46.

PIERCE,R.1999.Mass-elite issue linkages and the responsible party model of representation.Pp.9-32 in *Policy Representation in Western Democracies*,ed.W.E.Miller.Oxford:Oxford University Press.

POE,S.C,TATE,C.N.,and KEITH,L.C.1999.Repression of the human right to personal integrity revisited.*International Studies Quarterly*,43:291-313.

PORTER,S.R.1995.Political representation in Germany:effects of candidate selection com-mittees.Ph. D.thesis.University of Rochester.

POWELL,G.B.2000.*Elections as Instruments of Democracy:Majoritarian and Proportional Visions.*New Haven:Yale University Press.

——2004.Political representation in comparative politics.*Annual Review of Political Science*,7:273-96.

POWELL,G.B.2006.Election laws and representative government.*British Journal of Political Science*, 36:291-315.

——with POWELL,L.W.1978.The analysis of citizen-elite linkages:representation by Austrian local elites.Pp.197-218 in *The Citizen and Politics:A Comparative Perspective*,ed.S.Verba and L.W.Pye. Stamford,Conn.:Greylock.

——and VANBERG,G.2000.Election laws,disproportionality and the left-right dimension.*British Journal of Political Science*,30:383-411.

PRZEWORSKI,A.,STOKES,S.C,and MANIN,B.1999.*Democracy,Accountability,and Representation.* New York:Cambridge University Press.

——ALVAREZ,M.E.,CHEIBUB,J.A.and LIMONGI,F.2000.*Democracy and Development.*New York: Cambridge University Press.

RAE,D.1967/1971.*The Political Consequences of Electoral Laws.*New Haven:Yale University Press.

RIKER,W.H.1982.*Liberalism against Populism.*San Francisco:W.H.Freeman.

ROYED,T.J.1996.Testing the mandate model in Britain and the United States.*British Journal of Political Science*,26:45-80.

RUNCIMAN,W.G.1969.*Social Science and Political Theory.*London:Cambridge University Press.

SARTORI,G.1968.Political development and political engineering.Pp.261-98 in *Public Policy*,ed.J.D. Montgomery and A.O.Hirschman.Cambridge:Cambridge University Press.

SATTERTHWAITE,M.A.1975.Strategy-proofness and Arrow's conditions.*Journal of Economic Theory*, 10:1-7.

SAWARD,M.1998.*The Terms of Democracy.*Oxford:Blackwell Publishers.

SCHATTSCHNEIDER,E.E.1942.*Party Government.*New York:Holt,Rinehart and Winston.

SCHEDLER,A.2002.Democracy without elections:the menu of manipulation.*Journal of Democracy*,13: 36-50.

SCHMITT,H.,and THOMASSEN,J.1999.*Political Representation and Legitimacy in the European Union.* Oxford:Oxford University Press.

SNYDER,R.,and SAMUELS,D.2001.Devaluing the vote.*Journal of Democracy*,12:146-59.

STOKES,S.C.2001.*Mandates and Democracy:Neoliberalism by Surprise in Latin America.*New York:

Cambridge University Press.

TAAGEPERA, R., and SHUGART, M.S.1989.*Seats and Votes: The Effects and Determinants of Electoral Systems.*New Haven: Yale University Press.

TAYLOR, P.J., GUDGIN, G., and JOHNSTON, R.J.1986.The geography of representation.Pp.183-92 in *Election Laws and their Political Consequences*, ed. B. Grofman and A. Lijphart. New York: Agathon Press.

——and JOHNSTON, R.J.1979.*The Geography of Elections.*New York: Holmes and Meier.

——and LIJPHAR T, A.1985.Proportional tenure vs.proportional representation.*European Journal of Political Research*, 13: 387-99.

THOMASSEN, J.1994.Empirical research into political representation.Pp.237-64 in *Elections at Home and Abroad*, ed.M.K.Jennings and T.E.Mann.Ann Arbor: University of Michigan Press.

——1999.Political communication between political elites and mass publics: the role of belief systems. Pp.33-58 in *Policy Representation in Western Democracies*, ed. W. E. Miller. Oxford: Oxford University Press.

——and SCHMITT, H.1997.Policy representation.*European Journal of Political Research*, 32: 165-84.

THOMSON, R.2001.The programme to policy linkage: the fulfillment of election pledges on socio-economic policy in the Netherlands, 1986-1998.*European Journal of Political Research*, 40: 171-97.

VOWLES, J., AIMER, P., CATT, H., LAMARE, J., and MILLER, R.1995.*Towards Consensus? The 1993 Election in New Zealand and the Transition to Proportional Representation.* Auckland: University of Auckland Press.

——BANDUCCI, S., and KARP, J.1998.*Voters' Victory? New Zealand's First Election under Proportional Representation.*Auckland: University of Auckland Press.

WEALE, A.1999.*Democracy.*New York: St Martin's Press.

WEISSBERG, R.1978.Collective versus dyadic representation in Congress.*American Political Science Review*, 72: 535-47.

WESSELS, B.1999.System characteristics matter: empirical evidence from ten representation studies.Pp. 1137-61 in *Policy Representation in Western Democracies*, ed. W. E. Miller. Oxford: Oxford University Press.

第二十八章　选举体系

瑞恩·塔杰帕拉（Rein Taagepera）

一、选举体系为何重要

谁在统治？选举体系在民主政体下非常重要，是因为它决定了这个问题的回答。根据公众投票分配议会席位的规则，可以使一个获得25%选民支持的政党成为议会中的主要角色，也可以仅仅让它得到5%的席位。

选举体系包括有关选举的法律，也包括人们在运用这些法律时候的技巧。法律可以在一夜之间公布，但政治家和选民却需要好几次换届的周期，才能学会如何运用这些法律获得最大的利益。选举体系与政党体系交织在一起。即便是一个新兴民主国家最早的选举，也会在代表机构中导致不同政党的结合。

比如说，席位分配的简单多数制通常最终会导致一种两党制体系（即著名的杜维吉尔法则，下面还将提到）。但是，也许在两个主要政党胜出之前，还有许多其他的政党在早期选举中表现相当成功。地区的多样性也会明显地阻碍这个过程。在这样一种多党制下，选举法发挥的作用可以与两党制之下类似，但选举体系则会有所不同，因为选民们在两党之外还可以另有选择。

本意的概述主要是关于选举规则，因为选举体系中这个制度性部分的影响不仅从定性的角度来看相对容易理解，而且从定量的角度来说也可以保证一定程度的精确。但我们也应该知道，历史和文化因素也许会在相同选举规则的基础上导致不同的结果。除了狭义的选举规则，其他的制度因素也构成选举体系的一部分。尤其是议会中议席的数量会影响代表性。

选举体系影响政治，但它们同时也是政治的产物，它们会因政治压力发生变化。很多学者在对这个双向因果关系进行初步研究之后，就断定选举法为政党制度的成因而非结果。但在多少情况下,按简单多数分配席位的规则来源于最初的两党格局,在多少情况下两党格局又是这种规则的结果? 如果一个国家的民主制建立之初,其政策制定者就分为两个政党,那么他们也许会选择简单多数制以阻止新的竞争者进入。如果正相反,最初的政策制定者分成多个党派,那么他们也许会因为安全起见而采用比例代表制,以减少自己彻底出局的风险。

直到最近,这一问题才开始被系统地加以研究(Boix 1999;Benoit 2004;Colomer 2005)。政党制度确实常常出现于选举法之前并决定了后者,而选举规则一旦出现,就会在保存最初的政党格局方面发挥作用。为了避免因果自证,我们需要重述杜维吉尔法则,即"用简单多数的原则进行议席分配常伴随两党制格局"。

选举研究是一个相对成熟的学术领域,处于政治科学的中心:

尽管有很多政治科学的问题并不以选举为中心,但是对民主实践的研究——选举在其中处于中心的地位——显然是整个政治学科中最重要的议题之一。对于选举的研究不只关注选举体系,而对选举体系的研究也不只关注"议席和选票",实际上,作为政治科学家,我们的工作中最重要的数量指标是每个政党和候选人得到的席位和选票的数值。(Shugart 2006)

对于政治学家来说,选举规则还有另一个吸引力,即制度设计的可能性。在选票既定的情况下,可以考虑不同的规则在多大程度上能够改变议会代表的构成,然后提出修改规则的方案。当然,在不同的规则下,选民也许会作出不同的选择。例如,把简单多数制改为比例代表制,就可能鼓励选民将选票投给第三党。现实中改变投票规则的情况并不常见,因为这得通过在旧规则之下选出的代表同意——他们为何要改变让自己当选的制度呢? 尽管如此,与政治文化和宪法中严格规定的制度相比,选举规则也许是最容易接受制度设计的。

选举体系中很多方面具有可量化的特征——议席与选票的数量、精确分配的计算方法等等,这一点能够吸引很多渴望在本领域发现类似于自然科学中漂亮的计量规则的政治学者。出于同样的原因,选举研究会吓退那些认为政治研究是一门艺术而非科学的人,或者认为它最多是一门建立在丰富的细节而非普遍的归纳基础上的科学的人。由于政治学[①]的研究很大程度上要依赖不可重复的活体观察而非可重复的实验室测试,所以政治中任何普遍性的科学法则,如果存在的话,一定是深藏于、湮没于相当随机分散的数据中。这种分散性很容易被等同于普遍法则的缺乏。然而本章的概述将证明,可以为选举体制建立一些具有逻辑性的模型,通过它们提出的量化预测可以在经

---

① 此处原文为"students",疑为"studies"即研究之误。——译者

验上与许多选举制的平均值相吻合。

本章首先主要围绕"杜维吉尔议题"介绍选举制的类型学和比较研究,中间部分讨论近年来这个问题上宏观方面的进展,最后一部分介绍选举研究在更广泛的意义上对这个问题的探讨。我将以一个引人深思的话题结尾:在多大程度上选举研究能够为政治学的总体研究提供一种基本思路? 这些问题将在一本 forthcoming 的书中展开(Taagepera 2008)。

二、对选举体系的研究

2.1 基本类型

选举可以运用于某一个职位(如总统)、某些职位(地方议会),或是上百个职位(议院)。选民可以对一位或几位候选人表达不加限定的支持("单选投票"),或者可以给候选人排序("顺序投票")。即使需要选举的只有一个职位,选举规则也可以要求当选者或者赢得相对多数,或者赢得绝对多数。为了产生绝对多数,候选人数目可以被直接削减(两人对决),也可以被渐次削减(即末位淘汰制)。

多个职位的机构提供了更广阔的选择空间。议席可以被分配到各选区,而每个选区的席位数量(选区"规模",M)可以从一个(单一选区制,SMD)到议会中的全部席位(S)。选民可以对政党提出的候选人名单("封闭名单")、名单中的每位候选人("开放"或"经排名的"名单),或者也可以对某些特定的候选人投票。根据单一不可转移投票规则(SNTV),选区中 M 位得票最多的候选人直接赢得议席;而根据单一可转移投票规则(STV),在第一轮投票中得票最少的候选人被淘汰,他得到的选票会在下一轮投票中被投给其他候选人。如果是对政党提出的候选人名单投票,那么所有的席位都会归于获得相对多数的赢家(例如美国某些州的选举团制),但最常见的是依据某种比例代表的规则分配这些席位,比如昂特(d'Hondt)公约数或圣提拉噶(Sainte-Lague)公约数,或者简单配额加最大余数法。

这个概述不可能充分介绍大量已经在使用,或者可能被使用的各不相同的选举规则,更不可能详细解释其具体的运用过程。关于单一不可转移投票规则、单一可转移投票规则、公约数、配额和其他许多议席分配方法的运用,在关于世界上选举制度的任何专论中都有叙述,如李普哈特(Lijphart 1994)、雷诺德和雷利(Reynolds and Reilly 1997)、卡茨(Katz 1997)、法雷尔(Farrell 2001)和诺里斯(Norris 2004)等人的著作。运用最广的选举规则是多议席名单比例代表制和单一席位简单多数制,通常被称为胜者全胜制(FPTP)。

选举体系中最简单的类型是所有 S 个席位都在一轮投票中被列入封闭的名单,每个选区的规模 M 都相同,并根据比例代表制进行投票(当 M=1 时就成为胜者全胜的制度)。只需要两个指数 M 和 S 就足以说明这样一种简单的制度。分配议席的分工也会影响结果,尤其是当 M 的取值在 2 到 5 之间的时候。昂特法与简单配额加最大余数方法相比,对大党来说稍稍有利一些。但是,选区规模的变化影响要大得多,除非改换成半比例制或者简单多数的形式。

除了胜者全胜的选举没有预选之外(例如英国),进行纯粹单轮选举的体系非常少。实践上各国的选区规模互不相同,而且投票的方法可能是顺序投票。各国可能实行预选或者多轮选举,代表法定资格限制,或者采用不同的规则将选票和席位转移给得票较多政党(候选人)。选民也许有几张作用不同的选票。因此,德国的混合成员比例代表制(MMP)要求选民根据单一选区制规则选择一名候选人,同时在全国范围内选择一个政党,后者按照比例代表制分配席位,以弥补单一选区制层面带来的不均衡。日本也采取了与之表面上很类似的"平行"选举规则,但没有德国那样的补偿机制。

席位分配规则对从选票到席位的转换的影响,最容易从那些简单的选举体系中看出来。相对多数制与比例代表制之间的对比在国家成为一选区的情况下表现最为极端(M=S)。在这种情况下,相对多数制会把所有 S 个席位分配给获胜一方,而比例代表制会产生高度均衡的结果。随着选区被划分得越来越小(M<S),相对多数制与比例代表制之间的对比会不断缩小,直到在胜者全胜制的情况下两者结果完全相同(M=1)。

2.2 比较研究

对选举体系的研究始于为某些具体规则的辩护,诸如密尔的论述(Mill 1861)。杜维吉尔把这一研究推进到了一个新的阶段,其标志就是他提出的杜维吉尔法则及假设(Duverger 1951;1954):胜者全胜通常导致两大政党并立的格局("法则"),而多席位比例代表制常导致两个以上的政党相互竞争("假设")。在运用比例代表制的时候,伴随着选区规模从 M=1 增加到 M=S,政党数目会逐渐增加,当然增速会逐渐降低。

要注意的是,杜维吉尔的发现只考虑到了一个指标,即选区规模。这意味着它们只对我所说的那种简单的体系有效。对于涉及决选、层级、法定资格、顺序投票①或者任何其他复杂设计的选举,它们都没有什么解释力。

是什么因素导致了杜维吉尔注意到的结果? 较小的选区规模(尤其是 M=1)可能从两方面挤压了政党数目。"杜维吉尔机制效应"意味着,在胜者全胜的选区,只有最

---

① 原文为"ordinary ballot",疑为"ordinal ballot",即"顺序投票"之误。——译者

大的两党才有希望获胜,所以投给第三党的票实际上被浪费了。"杜维吉尔心理效应"则意味着选民们常常在下次选举中抛弃第三党。随着选票减少,第三党在议会中的席位也越来越少,直至最终消失,除非它们在地方上有强有力的支持。

杜维吉尔强调选举规则和政治结果之间可能存在系统性的关联。对于这种规律的探讨被称为"杜维吉尔议题"(Shugart 2006),而且在 20 世纪 90 年代后期,它大概已经成为选举研究中的核心议题。这些研究试图为以下问题提供量化的答案:选举体系是如何形塑政党制度的?选民的选择在多大程度上受到选举规则的影响?形成这些关系的过程是怎样的?在选举规则与政治结果之间存在着系统性的关联这一想法虽然仍有争论,但相关研究依然不断发展。

有数十部专著和数百篇论文推动了这一领域的进步,其中至少如下一些文献应该被提及,并且对它们的主要贡献做一点不免浅薄的评论。赖伊(Rae 1967)创造了"(选区)规模"这个术语并将其应用于世界范围内的系统研究。瑞克尔(Riker 1982)梳理了对杜维吉尔的发现及其影响的论述。塔杰帕拉和舒加(Taagepera and Shugart 1989)证明,在比例代表制之下,即便 M 大于 2 或 3,政党数目仍然随着选区规模上升而持续增加。李普哈特(Lijphart 1994)引入了有效门槛的概念,以为现实中更为复杂的体系建立简单的模型。科克斯(Cox 1997)则阐明了难捉摸的"心理效应"背后多种形式的策略性合作。

卡茨(Katz 1997)、雷诺尔和雷利(Reynolds and Reilly1997)、法雷尔(Farrell 2001)、诺里斯(Norris 2004)、科洛梅尔(Colomer 2004)以及加拉格尔和米切尔(Gallagher and Mitchell 2006)等人出版的专著和论文集体现了这一领域的最新成果。李普哈持(Lijphart 1999)和鲍威尔(Powell 2000)分析了选举体系作为民主制度中一个核心部分的角色。舒加和卡雷(Shugart and Carey 1992),还有琼斯(Jones 1995)则研究了它们对总统制政体的影响。

雷诺德(Reynolds 1999)对于南部非洲的研究、格罗夫曼等(Grofman et al.1999)对于东亚国家单一不可转移投票制的研究、博瓦勒和格罗夫曼(Bowler and Grofman 2000)对于单一可转移投票制的研究、舒加和瓦腾贝格(Shugart and Wattenberg 2001)对于混合成员比例制的研究、格罗夫曼和李普哈特(Grofman and Lijphart 2002)对于北欧国家比例代表制的研究,达尔西、伟尔希和克拉克(Darcy,Welch,and Clark 1994)以及海尼希等(Henig and Henig 2001)对于妇女代表权的研究,以及卢尔和齐美尔曼(Rule and Zimmerman 1994)对于女性与少数民族的研究,则深入探讨了具体的地理区域、选举规则与/或社会团体等方面的问题。

进行世界范围内的分析研究需要选举数据的支撑。在数据搜集方面,麦基和罗斯

(Mackie and Rose 1991;1997)针对成熟的民主政体做了大量艰苦的工作。诺兰、克伦内里希、蒂博、戈茨,以及哈特曼等人的研究(Nohlen,Krennerich,and Thibaut 1999;Nohlen,Gotz, and Hartmann 2001;Nohlen 2005)则相应补充了非洲、亚太和美洲的数据。现在还出现了一个关于中东欧的比较数据库(Nohlen and Kasapovic 1996),但好像还只有德语版。

2.3 杜维吉尔议题及未来

杜维吉尔议题就是杜维吉尔机制与心理效应的结果和成因的问题。它包括微观和宏观两个方面。微观维度主要强调心理效应,它涉及选民个人、政党领袖和捐助者的个人决定,科克斯称之为策略性合作(Cox 1997)。里德发现(Reed 1991),在日本的单一不可转移投票制之下,会有 M+1 个"真正有意的"候选人在一个有 M 个席位的选区参选;科克斯(Cox 1997,99 页)则把 M+1 法则视为杜维吉尔法则的直接归纳,并通过不同的路径对其进行检验。[①]

已经存在较长时间的宏观路径则试图通过选举规则施加的限制(尤其是较小的选区规模)来解释政党的数量和规模,以及选票和议席之间不均衡的程度。[②] 政治分歧或者"议题向度"的数目也要被纳入考虑范围之内,当然前提是可以独立于政党之间的分野对这个数目加以测量。舒加(Shugart 2006)认为,杜维吉尔议题的宏观方面是选举研究的"重中之重"。

就议会选举中的简单规则而言,1980 年以来已经获得了很多进展。舒加(Shugart 2006)认为,"均衡性问题与政党数目高度相关",因此只需进行一些微调。但宣称一个问题已经得到解决总是要冒一定风险的。[③] 诚然,"重中之重"已经得到了充分研究,后续的分析已经有可能扩展到对更为复杂的选举制度的研究、选举规则对政党内部的影响,以及候选人名单的开放性与封闭性等"第二序列"规则的影响等等。但并不代表核

---

① 这里,根据选举规则,M+1 适用于可供选择的候选人或名单的数目。在 M 值较低的时候,候选人与名单之间的区别就比较模糊,很少有政党能够赢得多于一的席位。但是在荷兰,议会所有的 150 个席位都在单轮全国范围的投票中决定(即 M=150),151 个可供选择的候选人似乎太少,而"可供选择的"政党的数目(获胜的政党或者至少以一席之差而失败的政党)接近于 M 的平方根加一,这个数字在荷兰是 13。

② 使用最广泛的测量政党数量的方法是拉斯科(Laakso)和塔杰帕拉 1979 年提出的"政党有效数量"(ENP),即 $N=1/\Sigma P_i^2$,其中 P_i 是在总投票或者总席位中排第 i 名的政党所占比重。运用最广泛但又相互排斥的衡量均衡偏离度的方法是拉斯莫尔(Loosemore)和汉比(Hanby)1971 年提出的 $D=1/2\Sigma|V_i-S_i|$ 和加拉格尔(Gallagher)1991 年提出的 $Gh=[1/2\Sigma(V_i-S_i)^2]^{1/2}$,其中 V_i 和 S_i 为第 i 名政党相应的选票和议席份额。

③ 1900 年前后,在相对论和量子力学诞生前不久,很多人认为物理学的问题已经全部得到解答,且美国专利办公室的负责人甚至呼吁取消该办公室,因为他认为所有能被发明的东西都已经发明出来了。

心议题被解决了。下面我将重点介绍杜维吉尔议题宏观方面的新发现，以及尚待完成的任务，其后再简单回顾一下其他方面的进展。

三、杜维吉尔议题的宏观层面

3.1　杜维吉尔议题宏观层面的核心观念

杜维吉尔的发现基于一个一般性的观念，即一般说来，*政党规模的分布取决于可提供的议席数*。直接地说，这就是每个选区选出的议席数量。单一席位选区比多议席选区对政党数目的限制更大。但是，议会议席的总数也会发挥作用，因为更多的议席意味着为多样性提供了更大的空间。[①] 在拥有 500 个席位的议会中，有可能出现十多个政党，但在圣基茨和尼维斯岛仅有 10 个席位的议会中，这种可能性几乎不存在。在选区规模一定、其他要素相同的情况下，大型议会更可能容纳更多政党。

同样，最大党能够获得的议席数量也与议会规模相关。在单一席位选区中，最大党当然毫无疑问将拥有这个议席。随着选区规模逐步提高，最大党占有的份额就会减少，从而为更多政党的出现腾出空间。同样的事情也会在整个议会中的最大党身上发生。规模较大的议会能够容纳更多政党，这为最大党带来了更多压力。把这个理由延伸至第二大党以及其他，一般来说，会发现在其他因素相同的情况下，政党规模的总体分布取决于可提供的议席的数量。我将简要地举几个实际例证。

其他因素，比如一国的历史传统和文化以及当下的政治事件有影响吗？当然。对于每一次选举来说，选票都是第一位的，它受当下政治的影响，也受更长时间内形成的本国特质的影响。它们会与选举规则的机制效应一同决定席位的情况。但是对于很多选举来说，一般情况下因果箭头的方向会相反（见图 28.1）。通过机制效应，选举规则会迫使席位的分配尽可能适应可提供的席位。选举规则也会通过心理效应影响选票的

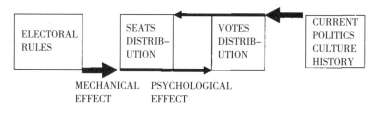

图 28.1　政治现实与选举规则的反向作用

---

① 因此尽管从选民和选举规则的角度来看，美国众院和参议院基本上是一样的，但众议院中黑人的比例常高于参议院。两者之间唯一区别就是众院的议席更多（Grofman and Handley 1989）。

分布,甚至可能抵消文化和历史的影响。因此,如果采用了类似的选举规则,一般来说很多国家的很多次选举会形成某种可预期的模式。

我首先会提出一些经验证据,表明这些观念确实影响了现实,然后我再阐释可以合乎逻辑地得出这些结果的理论。

3.2　简单选举体系的经验研究

3.2.1　最大议席份额

最大党的席位份额在政治上很重要。较大的份额使这个党得以更牢固地掌控内阁;反过来,如果最大党被排除在外,则可以使它作为反对党有一个更为坚实的基础。粗粗浏览一下数据就会发现,正如杜维吉尔法则暗示的那样,最大党的席位份额(s_1)会随着 M(选区规模)的减少而逐步增长。经过检验也可以发现,对于胜者全胜的规则(M = 1)来说,最大党的席位份额是随着议会整个席位规模(S)的下降而上升的。在那些议会只有 10—30 个议席的小岛国家,最大党占有的份额甚至可能超过 65%。我们因此假设 s_1 随着 M 和 S 上升而下降。

图 28.2 显示了最大党的议席份额(s_1)与选区规模和议会规模形成的"席位积"MS 之间的关系(修订的版本已经在 Taagepera and Ensch 2006 中发表)。两个变量都以对数的方式表示。由麦基和罗斯收集的选举中(Mackie and Rose 1991;1997),所有规则相对简单的都包括进来了,这样可以对 M 进行精准的定义。图中直线不是最符合实际的,只是代表基于定量模型 $s_1 = (MS)^{-1/8}$ 作出的理论预期。但可以看出,它与实际情况最为接近,塔杰帕拉和恩希的经验研究也证明了这一点(Taagepera and Ensch 2006)。需要注意的是,等式中还包含了总统选举这一特殊的极端情况(M = S = 1 且 s_1 = 1),这是一个概念上的"定位点"。M 和 S 其他任何形式的组合都不可能产生比基于席位积 MS 更分散的图像了。

3.2.2　最大党之外的其他席位份额

最大议席份额给其他的党的份额划定了界限。没有谁能超过最大党,而他们的席位总量只能在 1 至 s_1 之间。随着最大份额增长,所有其他的份额都要受影响。在最大份额已定的情况下用第二大份额(s_2)的平均数除以最大份额,就得到了所谓的长岛三角式(Nagayama Triangle Format,Reed 2001),我们可以把它标示出来。从逻辑上说,s_2的取值区间是当 s_1 < 0.5 时直线 $s_2 = s_1$ 下面的三角形部分,以及当 s_1 > 0.5 时,直线 $s_2 + s_1 = 1$ 下面的三角形部分。

可以重复使用这个过程对第三大党以及其他政党的席位份额进行计算,其结果见图 28.3。它反映的是最大份额相同时很多次选举的平均状况,总数是 350 次(简化版本参见 Taagepera and Allik 2006)。

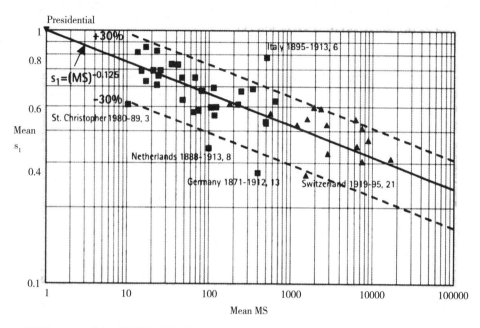

图 28.2　45 个相对简单的选举体系最大党的席位份额（s_1）与最大份额给定情况下其他的议席份额和选区规模（M）和议会规模（S）的积。直角：M＝1；三角：M＞1

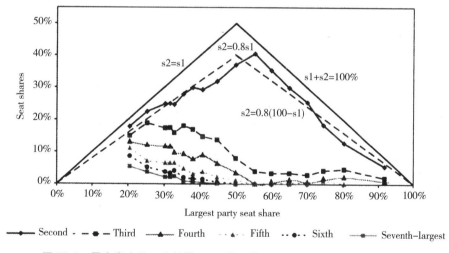

图 28.3　最大党席位已定的情况下，按规模排列的各政党的平均席位份额

　　结果虽然看起来很复杂，但还是体现出某些规律。随着最大党份额的增长，规模稍小的政党的议席份额首先也随之增长，挤占的则是更小的政党的空间，但随后就持续下降。第二大党的曲线很快与第三党及以下各政党的曲线分离，两党脱颖而出。令人吃惊的是，这个复杂的格局可以通过理性的定量模型予以重复。

　　上文已经指出，一般来说最大党的份额取决于 MS 的乘积。在 s_1 给定的情况下，排名第 i 位的政党的平均份额取决于最大党的份额。因此，在 M 可以被定义的简单选举规则之下，所有排第 i 名的政党的平均议席份额取决于席位积 MS——即使其中关系很复杂。图 28.2 和 28.3 结合起来，从经验角度全面描绘了在简单的选举体系中建立在杜维吉尔观念基础之上的席位平均分配模式：各政党席位的平均份额取决于各选区的席位数（M）以及议会中的席位总数（S）。

3.2.3　内阁任期

　　内阁的任期很显然是一个重要的政治问题。如果我们能够成功地把内阁任期与选举规则关联在一起，那么就可以证明杜维吉尔的思考具有广泛的政治意义。在其他条件相同的情况下，最大党规模越小，则内阁可能越脆弱。由于最大党的议席份额在 MS 上升时会下降，所以一般来说内阁的任期也会随着这一 MS 的上升而缩短。由于其他各种因素都可能影响选举体系的效果，所以我们现在已经不能简单确定选举规则的直接作用了。

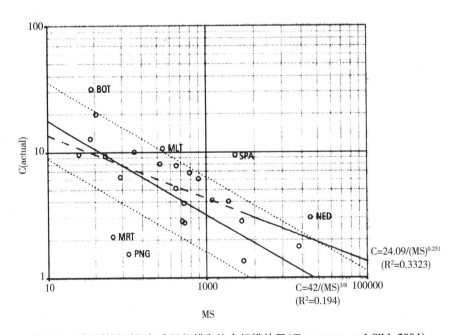

图 28.4　联盟持续时间与选区规模和议会规模的积（Taagepera and Sikk 2004）

　　图 28.4 标示了内阁任期（C）与席位积 MS 之间的关系。两者都以对数的方式表示。图中包括了李普哈特（Lijphart 1999）研究过的 36 个稳定民主国家中的 25 个，它们的平均 M 值可以被定义。虚线是 $R^2 = 0.33$ 下的最佳线性拟合。内阁任期在 MS 上升的情况下明显缩短。

更重要的是,粗线代表了基于逻辑定量模型 $C = 42yrs./(MS)^{3/8}$ 得出的*理论预期*。可以看出它不是最好的拟合,而且 R^2 值下降到了 0.19。作为一个并不依赖任何实际*数据*的理论预测,它还是相当成功的,因为预期的直线的确穿过了数据团的中心。点线标示了当因子为 2 时的预测值区间。35 个国家中,19 个在这个区间里。如果控制了选举规则可观察的效应,则其他影响内阁任期的因素就会更清晰地显现出来,并且在分析中更容易被修正。

3.3 关于简单选举体系的理论

3.3.1 什么是逻辑定量模型?

下一步是构建逻辑定量模型以说明上述经验观察的结果。什么是逻辑定量模型?用一个简单的例子来说明最好不过了,这实际上也是解释选举规则对最大议席份额的影响的第一步。

假设有一个拥有 100 个议席的选区,比如 1918—1952 年期间的荷兰,当然是在全国范围。有多少个政党可能赢得议席,每党平均又拥有多少? 至少一个党必须赢得议席,这样的党总数不会超过 100。且每个党的平均议席数从 1(每个党平均一席)到 100(某个政党席卷全部议席)。如果在没有其他任何信息的情况下非要给出答案,那么为了将错误尽可能降低到最小,我们会在逻辑上给出两个极端的中间猜测,为此一个有效的方法就是使用几何平均数计算(参见 Taagepera 1999)。这样,我们可以假定有 10 个得到了席位的政党,而每个政党又平均得到了 10 个席位。

实际上在荷兰,赢得席位的政党数在 8 到 17 之间;9 次选举的几何平均数是 10.4 个政党会赢得席位。这个例子说明,基于概念极限进行的猜测对于单次选举来说可能出现较大的误差,但可能接近多数选举的平均值。

那么为什么不采用传统的算术平均数呢? 这会导致逻辑上的矛盾。1 和 100 的算术平均数是 50.5。但是如果平均有 50.5 个政党获得席位,而每个政党得到的席位平均数是 50.5 个的话,则席位的总数会达到 2550 个而非 100 个! 寻求逻辑上的矛盾也是另一个构建逻辑定量模型的方法。在现在的案例中只有使用几何平均数才可以避开逻辑矛盾。

对选区规模为 M 的单一选区来说,能够获得至少 1 个席位的政党的数目大概可以由以下公式表示,即 $p' = M^{1/2}$(Taagepera and Shugart 1993)。注意在单一选区多数制(M = 1)的情况下,这个等式转化为 $p' = 1$,实际情况也正是如此。

这是一个逻辑定量模型的好例子。这种模型使用逻辑推理得出比较具体的定量预测,而不仅仅是指导性的论断("如果 x 上升则 y 会下降")。这里使用的方法是尽可能利用概念上较低和较高的极限,但这当然不是唯一的方法。这类模型反映了大量案例的平均值。它们当然只在概率的意义上有效,因为对某个具体案例来说,它高于或者低于预测的可能性都是 50%。

可以说,逻辑定量模型构成了像理论物理学这样的学科的支柱,在其他学科中也具有重要意义。政治科学一直忽视了它们的潜力,这也许是计算机的出现使人们产生了某种虚幻的希望,即我们无须再进行其他的努力,只要对原始数据进行回归和因子分析,就可以破解社会机制的秘密。成功的学科走的其实不是这样的发展道路(Coleman 2007;Colomer 2007)。统计方法只有在逻辑定量模型的引领之下才会获得更为丰硕的成果。

3.3.2 最大议席份额

假设选区规模为 M,议会的席位数是 S。如果在一个选区内有 $p' = M^{1/2}$ 个政党赢得了席位,那么在整个议会中赢得议席的政党数(p)必定至少有 $M^{1/2}$ 个——这是 p 的下限。上限则是 $S^{1/2}$ 个,因为这是当全国作为一个选区、并选出整个议会的情况下能够获得席位的政党的数量。基于极限情况几何平均数的推测为

$$P = (MS)^{1/4}$$

这是至少在议会中获得一个席位的政党数量。需要注意的是,席位积 MS 首次作为简单选举体系中的关键特征出现了。

赢得席位的政党的平均份额是 $1/p$。最大份额(s_1)必须至少等于这个平均值,最大接近总数(1)。基于概念极限几何平均数的推测应为

$$s_1 = (MS)^{-1/8}$$

(Taagepera and Shugart 1993)。这与图 28.2 的最佳拟合非常接近。以上等式还预测 s_1 和 $(MS)^{-1/8}$ 的乘积应该等于 1.0000。46 个比较简单的体系(其中 30 个 M=1,16 个 M>1)的几何平均数是 1.0097(Taagepera and Ensch 2006)——误差仅为 1%。

这样高的吻合度令人吃惊,甚至也许令人不安。这个模型依据的仅仅是两种制度输入的极限——议会规模及选区规模。诚然,在不知道其他信息的情况下,$s_1 = (MS)^{-1/8}$ 也许是我们能够作出的最好的推测。但是我们真的不了解其他情况吗? 难道政治不发挥任何作用吗? 杜维吉尔的机制效应与心理效应又该作何解释?

对最后一个问题的回答是,机制效应要考虑的是在单次选举中如何改变选票的份额,使席位的份额更符合制度的要求(见图 28.1)。心理效应要考虑的则是选票份额随后又如何自我调适,以适应制度的指令。这些效应对较长时期内一般席位分配相对来说只具有较小的影响。

当然,可能存在一些政治要素使最大党的议席份额扩大或者缩小,这是单纯的概率

无法反映出来的。例如,见风使舵的效应也许会在所有国家扩大最大党的议席份额。我们无法找到在所有情况下都对最大议席份额发挥影响的政治因素,这一点也许令人失望。图 28.2 中那些偏离基本趋势的情况表明,这样的因素也许会在国家层面存在。但是,对绝大多数国家来说,这类因素的作用似乎又相互抵消了。

3.3.3　最大党之外的其他议席份额

我们最后考察具体的政治因素的影响,其发挥作用的基本形式是科克斯(Cox 1997)所谓的策略性合作。请回顾一下此前估算最大份额的方法。我们可以在最大份额给定之后用同样的方法估算第二大议席份额。它不能比第一大份额更大,不能比刨除第一大份额后剩余的数量大,也不能比余留下来供其余政党瓜分的数额更小。

用几何平均数推测法算出第二大份额以后,可以以此类推估算第三大份额以及以下所有的份额,然后可以如图 28.3 那样画出所有党的份额。但是所得到的模型与经验结果很不一样(Taagepera and Allik 2006),它意味着仅仅依靠概率计算还不够。

建模的下一步是假定,即便是在比例代表制之下,部分潜在的小党支持者也会出于各种原因不把票投给它们。除其他考虑之外,策略性排序(Cox 1997,194 页)可能是主要的原因,此外还有对小党的存在及其纲领信息缺乏的问题。

一个政党要发展到怎样的规模,才能摆脱得不到支持者的"小党"身份而成为一个大党,能享受到选票转移的好处? 转折点应该在最大党的份额倒转处附近。若 $s_1 = 0.25$,则最大的四个党受益;如果 $s_1 = 0.5$,只有两个会受益。如果假设有一半潜在的小党支持者转向大党并据此修正单纯的概率模型(Taagepera and Allik 2006),则结果会很接近图 28.3 中的实际情况。

我们已经取得了什么样的成果,面临的任务又是什么? 首先,图 28.3 展现了经验研究的结果,但还需要解释。其次,我们已经建构了一个比较接近经验模型的理论模型。这意味着,即便是这样一个看上去非常复杂的经验模型也并不超出我们现有的解释能力之外。但问题仍然存在。如果用选票替代席位,图 28.3 又会发生什么变化? 如果把比例代表制和胜者全胜模式分开描绘又会如何? 最后,需要用政党规模分布方面的经验证据考察导致小党被抛弃的过程。杜维吉尔议题还远远没有被完全解答。

3.3.4　内阁任期

如果能够找到内阁任期和选举制度之间的逻辑关系,那么在解决杜维吉尔议题方面就能获得一个重大的突破。第一步是通过引入交流渠道的概念,把内阁的任期与政党数目关联起来。如果存在 N 个政党,则它们之间就有 $N(N-1)/2$ 个可能的关系渠道。加上党内关系,则渠道总数会接近 $N^2/2$。内阁的平均任期也许会与关系渠道的数量成反比。倘若如此,则一般内阁任期(C)与政党数量之间的关系为 $C = k/N^2$,其中 k

是一个需要通过经验测定的常量。

如果把政党数量等同于议会中政党的有效数量($N = 1/\Sigma s_i^2$),则 $C = k/N^2$ 这一公式完全适用于李普哈特研究的 36 个民主国家中的 35 个(Lijphart 1999,132—133 页),唯一的例外是瑞士,因其制度设置与众不同(Taagepera 2003)。常数 k 在 42 年左右,大约是一个人政治生涯的最长年限,因此

$C = 42$ 年$/N^2$

下一步是将有效数值 N 与最大党的议席份额(s_1)关联起来。可以证明 N 不能比 $1/s_1$ 小,也不能比 $1/s_1^2$ 大。因此一般说来,N 的值可能在 $N = s_1^{-3/2}$ 左右。加上之前得到的 $s_1 = (MS)^{-1/8}$,结果是

$N = (MS)^{3/16}$

最后,加上 $C = 42$ 年$/N^2$,得到的是 $C = 42$ 年(s_1^3)

$C = 42$ 年$(MS)^{-3/8}$

根据这个推测画出的曲线大致穿过了图 28.4 中数据点阵的中心。

因此,内阁任期与选举规则之间的逻辑定量联系就建立起来了。42 年的常数值当然是通过经验得出的,但这在物理定律中也很常见。例如重力定律 $F = Gmm'/r^2$ 中重力常量 G 就是通过经验确定的。要点是 C 和 N 之间的函数关系(平方反比关系)被确定下来了。当然,这个模型还可以进一步完善。[1]

3.3.5 · 从选票到席位,再回归选票

如果观察单次选举,那么当然首先是选票,最后才是席位。因此,早期的选举研究把选票作为给定因素,并且通过选票来解释席位,这并非没有道理。然而,制度却在相反的方向上对很多选举的一般结果发挥影响(图 28.1),意识到这一点使我们首先把关注的焦点放在席位份额的分配上面。前面几个部分在这个方面已经取得了一定的成果。现在要问的是:一般来说,席位的份额在多大程度上会影响选票的份额?首先我将回顾从选票到席位的过程中有些什么样的发现,然后再沿着相反路径继续探讨。塔杰帕拉和舒加的著作已经详细地论证了选票对席位的影响(Taagepera and Shugart 1989,142—198 页)中有细致叙述,下面简单介绍他们的发现。

亨利·退尔(Henri Theil 1969)通过一个逻辑定量模型,表述了胜者全胜的规则在把选票份额转为议席份额方面的机制效应:$s_i/s_j = (v_i/v_j)^n$,其中 s_i、s_j,v_i 和 v_j 即 i 党和 j

---

[1] 虽然在内阁任期与政党的有效数目之间建立了良好的关联,但用 $N = s_1^{-3/2}$ 模拟后者与最大议席份额之间的关系并不甚完美。更精确的方法是将 N 和 s_1 联系起来(Taagepera 2008),这将进一步改善拟合。为了扩展图 28.4 中 MS 的范围,议会规模很小的国家内阁任期的数据也有作用。

党得到的选票与议席份额。最关键的是,在所有 $s_i/s_j = f(v_i/v_j)$ 形式的函数中,这是唯一没有在多党制的情形下导致逻辑矛盾的。这里我们遇到了另一个案例,即排除所有逻辑上相互矛盾的可能之外,只剩下一种能够被接受的形式。指数 n 反映了均衡性的程度。n=1 代表完美的比例代表制;n>1,大党就会得到相对更多的选票;n<1,则小党会得到相对更多的选票。

这个等式也可以被转变为 $s_i = v_i^n/\Sigma v_i^n$,这里的总数包含了所有得票的政党。在均衡性指数 n 已经给定,所有的选票份额可知的情况下,可以运用这个公式直接计算出任何政党的席位份额。

退尔(Theil 1969)将 n 的值设定为开放的,但据观察,自 1900 年以来所有根据胜者全胜的规则进行的议会选举中,这一指数都在 3 左右。这已经在经验性的"立方定律"中体现出来: $s_i/s_j = (v_i/v_j)^3$。作为思想试验,我们首先把可供选举的席位数量慢慢调整到 1,然后再朝相反方向,将其增加到与选民人数相等的值。很明显均衡指数 n 会随着席位数量(S)的上升而下降,同时随着选民人数(V)的上升而上升。唯一满足某些逻辑要求的简单公式就是 $n=\log V/\log S$。

"立方定律"的出现,是因为所有民主国家的议会都满足一个议会规模立方根定律的要求: $S=V^{1/3}$。这一定律起源于一个使向单一代表提出要求的交流渠道最小化的模型。计算的结果是 $\log V/\log S = 3$ 比较合适。如果用人口总数(P)模拟选民人数的话,则 $S=P^{1/3}$。如果使 $n = (\log V/\log S)^{1/m}$ 的话,则席位和选票的关系也可以延展到多席位比例代表制中。

把上述公式与退尔的 $s_i/s_j = (v_i/v_j)^n$ 或者 $s_i = v_i^n/\Sigma v_k^n$ 结合起来,就可以得出所谓的"少数消减定律",这是一个适应于多种选举的基本模型,包括从直接和间接总统选举到简单规则下的议会选举。它也能延伸到女性的"橡皮顶"[1]现象和其他类似的情况,只要少数群体的份额减少了为更小群体提供的职位总数。所有这些问题在塔杰帕拉和舒加的著作中都有详细的解释和说明(Taagepera and Shugart 1989,142—198 页)。

也许是对"立方定律"反映出的趋势的意识促成了它在近期选举中的消亡,因为各政党开始通过把资源集中在最有利的选区以抵消这种自然倾向(参见 Blau 2004 中的图表)。[2] 但作为一种最初的模拟,少数消减定律依然成立。

---

[1] 指阻止某些个人或者群体上升到较高职位的非正式的限制。——译者

[2] 我们对于世界的理解是何时开始改变世界本身的?在量子力学中,对于基本粒子的观察会无可避免地改变它的位置或者动量(著名的不确定原理),但这个问题在宏观物理学中消失了。微生物会通过变异来增加它们对新发明的抗生素的抵抗力。对于重力定律的认识帮助人类设计出突破重力的方法,并最终发明了飞机。当政治学提出某些用于描述简单政治现象的法则时,政治家就会设法寻找其漏洞。从创新的角度来说,他们与航空工程师别无二致。

在某次选举中,只要给定实际的选票份额,那么就可以通过等式 $S_i = v_i^n / \Sigma v_k^n$ 估算席位份额。现在调转方向。从前面的等式可以导出 $v_i = s_i^m / \Sigma s_k^m$,其中 $m = 1/n = \log S / \log V$。只要根据制度输入估算出平均席位份额,对于很多按照简单选举规则进行的选举来说,我们就可以使用后一个等式估算出平均的选票份额(Taagepera 2001)。这种路径还有些方法上的问题(Taagepera 2008),但原则是很清楚的。

在估算出选票份额之后,我们可以借助任何标准的指数,运用选票和席位份额来估算对均衡值的偏离度,从而回答宏观层面的杜维吉尔议题,即解释选举体系如何影响了政党的数目与规模的分布,以及选票份额与席位份额之间的不均衡程度。

图 28.5 展示了当前已经接近完成的对宏观层面的杜维吉尔议题的解决方案。虚

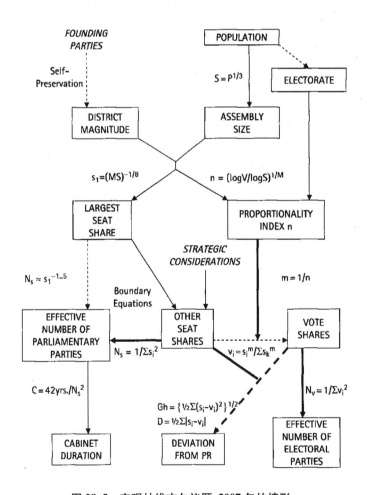

图 28.5 宏观杜维吉尔议题,2007 年的情形

(深色箭头:定义;浅色箭头:逻辑量化模型;虚线箭头:松散的联系)

线箭头表示可能需要进一步完善的松散关系。每离开制度输入一步,随机错误都会增加。另外,对均衡值的偏离会导致几乎同等数量的确定性的减弱,这会大量增加随机错误。从这一背景噪音中能否得出某种与选举规则的定量关联还有待观察,但研究的进展给人以希望(Taagepera 2008)。

四、宏观问题

虽然宏观层面的杜维吉尔议题远远没有得到完全的解答,但目前积累的研究成果使学者们已经能够对更复杂的选举体系、选举规则对政党内部的影响,以及封闭名单或开放名单等"第二序列"规则的效应等问题进行系统的探讨。任何宏观层面的进展在微观层面上提出了新的挑战。下面的概述重点参照了舒加最近对选举体系的综合研究(Matthew Shagart 2006)。

4.1　杜维吉尔议题的微观层面

导致杜维吉尔所指出的基本议席分配模式的过程需要更清晰的描述。机制效应和心理效应是彼此纠结在一起的,而贝诺瓦(Benoit 2002)则认为,由于没有考虑到心理效应的"提前过滤"作用,所以机制效应的力量被夸大了。心理效应有可能成为一个无所不包的术语,来反映单次选举中个体行为者各种各样的理性选择。这里的行为者不仅包括选民,而且也包括政党领袖和竞选赞助者。

科克斯(Cox 1997)通过提出上面提到的"策略性合作"这一概念,把相关研究往前推进了一步。这种合作也许能、也许不能具体化为提出最优数量的候选人或候选人名单。科克斯通过验证上文提到过的"M+1法则"认为,选民得到的信息质量随选区规模一同下降。布赖斯(Blais 2000)探讨了用理性选择理论解释选民是否投票的决定时具有的局限性。本章没有太多的篇幅讨论候选人、选民及政党的策略性考虑这一更广泛的问题,这一问题又取决于政党的意识形态分布。

4.2　政党数量的文化和地理决定因素

除了制度之外,政治化的社会断层或者说"议题向度"的数量也会影响政党数量。如果没有独特的议题,那么即使选举规则没有设立什么限制,政党也无从组织起来。但是,对议题向度的数量进行印象主义式的估计会成为同义反复,因为这会受到已知的政党数量的影响。为了防止这个风险,奥德斯胡克和施维特索娃(Ordeshook and Shvetsova 1994)引入族群异质性,作为对议题的一种可测量的替代。由于这一方法忽略了非族群性的断层,所以也许会导致某种低估,但是它代表了向着客观可衡量性方向的某种进展。断层与选区规模之间的互动作用得到了奥德斯胡克和施维特索娃(Ordeshook and Shvetsova 1994),以及内托和科克斯的确认(Amorim Neto and Cox 1997;Cox 1997,208—221 页)。

一旦人们在什么是族群的关键特征这一问题上达成一致,它们的有效数量大致就可以用类似测量政党的方法加以确定。当然,这些群体所处的地理也是需要注意的因素。一个散布在全国的族群对异质性的影响,可能要小于同等规模、但集中在边境地区的群体,在那里它成为人口中的多数。一般来说,不同政党支持者的地理分布,会与选举规则的影响发生相互作用,加之投票者人数的差异,以及代表性的不平衡等等(Grofman,Koetzle and Brunell 1997),这些因素共同决定了政党在议会中的实力(Gudgin and Taylor 1979;Johnson 1981;Eagles 1995)。

4.3 选区规模差异的影响

与更复杂的选举体系相比,不平衡的选区规模 M 被视为对简单制度的微小偏离,但它能明显改变小党的生存机会。假设一个国家在广袤的乡村地区有 100 个胜者全胜的选区,在首都市区还有一个 100 个席位的选区。虽然平均选区规模 M = 2.0,但是这与 100 个拥有两个席位的选区相比,实际效果有天壤之别。在后一种情况下有可能形成两党制,并为第三党的出现提供有限的机会。前一种情况正相反,在拥有 100 个席位的选区可能出现十来个政党竞争席位,虽然它们中的绝大多数不可能在任何一个胜者全胜的选区获得成功。在均值 M 相同的情况下,与更均衡的分布相比,即便是选区规模不像那么巨大的差异,也会增加政党的数量。

此外,对于同一个选举群体来说,选区规模的不均衡分布可能会扭曲政党的代表性,门罗和罗斯(Monroe and Rose 2002)用西班牙的数据证明了这一点。在农村地区获得强大支持的政党可以横扫乡村的小选区,并同时保有其在大城市地区的小部分代表比例份额。相反,在城市获得强大支持的政党最多只能赢得城市地区的比例份额,至于农村地区的选票则基本上都被浪费了。

4.4 双层比例代表制

双层比例代表制有两种形式:平行制或者补偿制。其结果可以非常不同,但两者常常被混淆。以选民在 100 个胜者全胜的选区、又在一个 100 个议席的全国性选区投票为例。按照平行规则,胜者全胜制选区的议席将会流向两个大党,同时所有政党都会在全国层面的选举中按比例获得自己应得的议席。总体来说,两党之外的其他政党得到的议席只达到按其选票比例应得份额的一半左右,剩下的席位都被两大党拿走了。相反在补偿性规则下,全国性的均衡会得到恢复(通常会设立一个选票数量的门槛),这意味着大党最终又会失去它们在胜者全胜的选区得到的多余的利益。

艾尔克利特和罗伯兹(Elklit and Roberts 1996)强调,"双层补偿成员"的选举规则是一个独立的范畴,通常被称为混合成员比例制(MMP)。舒加和沃腾伯格(Shugart and Wattenberg 2001)的著作更新了我们对于这种选举规则的特殊性的认识,即它既避免了比例不均的问题,又保留了地方代表制的优点。

一些国家最近开始采用双层比例代表制,或是平行制(如意大利和日本),或是混合成员比例制(如新西兰和苏格兰),这为政治学家提供了在这些国家中进行观察实践的宝贵机会。正如人们所预期的,新西兰从胜者全胜制到混合成员比例制的过渡的确减少了不均衡性(Gallagher 1998),但可能不会减少胜者全胜制所特有的那种政治对抗性(Barker and McLeavy 2000)。需要注意的是,不均衡性的减少直接源于一种软化的机制效应,这只是暂时的,而政治风格则是需要更多时间才得以形成的文化元素。在日本,从单一不可转移投票制(SNTV)到胜者全胜制和双层比例代表制可能使整个体系更为失衡(Gallagher 1998),占支配地位的自民党仍然把持着对议会的控制。

意大利从名单比例代表制到胜者全胜制和平行比例代表制的转变,强调了实行胜者全胜制的选区中杜维吉尔效应一个很少被提及的方面:它们通过会导致两个大集团的形成,但这两个集团未必成为统一的政党。在意大利,政党组成两大集团在实行单一选区制的选区竞争,但由于还有全国性的选举,所以保存了他们各自的认同(Katz 1996)。因此人们认为,杜维吉尔法则在选区层面上会发挥作用(Reed 2001),但在国家层面上,政党格局仍然几乎与实行名单比例代表制时一样四分五裂。

4.5 可选名单比例代表制

选民究竟是投票给政党还是候选人个人,这是一个非常重要的问题(Grofman 1999)。舒加(Shugart 2006)指出,即便是可选(开放)名单制在实践中运用更加广泛,但研究文献还是以默认的方式,认为比例代表制只能以封闭名单的方式(这是我对简单选举规则定义中的一部分)体现。

实际上,甚至在胜者全胜制的框架下也可以采用可选名单制,就如乌拉圭在总统选举中实行的那样(Shugart 2006)。一些可能属于不同政党的候选人结成同盟,并形成了一个开放的名单,选民从中选择一个候选人投票。唯一的席位归于得到相对多数票的名单,并最终归于这个名单中得票最多的候选人。有人认为,这种方式把初选和大选结合在了一起。因此,虽然胜者全胜制看上去类似于把封闭名单的比例代表制运用于单一选区,但实际上它更接近单一选区中的单一不可转移投票制。在单一不可转移投票制和标准的胜者全胜制之下,一个政党要是提出太多的候选人就会受到惩罚。

对于可选名单比例代表制的研究还有待深入。它有大量仅存在一些细节差异的形式,但这些形式可能会产生非常不同的结果。舒加对有关封闭名单、可选名单、准名单和非名单制度的规则的分类(Shugart 2006),也许能够为以后的研究提供一张路线图。

4.6 党内向度

在给定选票份额的情况下,选举规则不仅将决定哪些政党能够获得席位,也将决定党内谁得到这些席位。在名单比例代表制中,政党可能会通过把不同群体(如女性、少数族群等)的代表纳入名单,而它们中的一些也会获胜。对于标准胜者全胜制之下的候选人,政党常倾向于选择来自主流族群中的男性。因此女性在通过比例代表制选举的议会中所占份额一般来说会更高一些(Rule 1981)。比例代表制也可能推动更高程度的党内流动(Darcy,Welch,and Clark 1994;Henig and Henig 2001)。

梅特兰和泰勒(Matland and Taylor 1997)发现了一个很细微的区别:即使是在多席位封闭名单比例代表制之下,如果政党只希望赢得一个席位,那么也常常会把男性候选人置于名单的上部。可选名单制也许能让女性即使在政党领袖不寄望于她们的时候也依然能够赢得选举。

一位候选人获胜的可能性取决于党派标签,但也取决于其个人形象吸引的"个人票"。卡雷和舒加(Carey and Shugart 1995)推测,在开放名单比例代表制之下,随着选区规模增加,个人投票的情况也会增加,但在封闭名单比例代表制之下情况则相反。的确,选区规模越大,封闭名单制为个人行为提供的动力就越小,因为排名 n 位的候选人无论个人如何表现,他把自己政党获得的席位从 n-1 增加到 n 的可能性都很小。在开放名单比例代表制(还有单一不可转移投票制)之下,个人活动可以让候选人脱颖而出,而且竞争的席位越多,这种可能性越大。这两种相反的趋势在 M=1 时相交,因为此时唯一的候选人就是本党在该选区中的门面。两个间接的测试证明了这个推测。随着 M 的扩大,提出带有地方特色的竞选方案的频率在可选名单制之下会增加,而在封闭名单制之下则会下降(Crisp et al. 2004)。在本选区出生、并且有过当选经验的候选人出现的概率,也呈类似的趋势变化(Shugart,Valdini and Suominen 2005)。

普通选举规则对党内政治影响的更多案例可见舒加的著作(Shugart 2006)。这方面我们仍然知之甚少,因为与党际关系相比,党内问题的数据更为浩瀚,也更难于处理。

五、选举体系是政治科学的核心吗？

科学上的进步在解决既有问题的同时会带来新的问题。对于微观杜维吉尔进程更广阔的意义上的研究、复杂选举制的研究，以及选举规则的党内影响的研究显然已经进展到了这样一个阶段，即问题领域已经被厘清，更细微的问题也已经得到探讨，当然，其预测能力还远远谈不上已经完善。相反，杜维吉尔议题宏观层面的研究则一直专注于简单选举体系，而且从 20 世纪 90 年代开始，已经在选举体系对于政党间席位分配影响的量化预测方面获得了某种突破。对选票分布的研究和对不均衡现象的预测也指日可待。这一突破是在逻辑量化模型的基础上完成的。关于简单体系的理论建构已经完成，我们可以逐步把它推进到对更复杂的体系的研究中。

选举体系与政党体系密不可分地结合在一起。政党的数量和影响很大程度上都由选举结果，即选票与席位决定。政党的凝聚力与谈判能力也许更有意义，但也更难于测量。因此，通常基于参选情况得出的政党有效数目，可能依然是政治科学中应用最广泛的单个指数，尽管它有明显缺点。无论何时，只要把政党体系视为某种政治现象的解释因素或者影响因素，它就会随之出现。

对其他分枝领域的研究使塔杰帕拉和舒加（Taagepera and Shugart 1989）提出了如下的问题：选举研究是否可以赋予政治科学的某些领域一种核心的地位，使它如同罗塞塔石碑解开古埃及文字之秘一样，破解政治现象的奥秘？

与其他政治现象相比，选举体系与非常硬性的数字打交道：选票数、席位数、选区数等等。因此这些研究尤其适于借鉴更成熟的科学领域的方法……选票对于政治科学计量化的意义，也许正如物质之于物理学，或者货币之于经济学那样，即成为一种可以精确测量的基本单位（Taagepera 和 Shugart 1989，第 5 页）。

在发达的科学中量化表达互相勾连，同样的量在不同的等式中反复出现，一个在某种环境下测出的常量会在另一个环境中运用。这种数值是铺路石。比较而言，政治科学中的量化知识很大程度上仍然是碎片化的。在一个回归分析中发现的系数很少用于其他分析。这个数值就是终点。

形象地说，定量关系在物理学中就如同欧洲的铁路，它们互相连接在一起。政治学中的数量关系却像是非洲的铁路，它们不过是从港口城市延伸出来的互不相关的轨道，遇到丛林就终结了。

简单选举体系是一个例外。这种体系下选区规模与议会规模的乘积导出了赢得席位的政党的数量，后者可以导出最大席位份额，最后导出政党有效数目（表 28.5）。在这个领域,我们初步得出了一个互相联系的等式网络,通过内阁任期,它还可以延展到选举和政党体系之外。

除了这样"殖民"的潜力之外,选举研究中逻辑量化模型的成功也为其他分支学科提供了方法论的补充。政治科学可以采用更多的定量研究方法,而不仅仅是要么回归与要素分析、要么理性选择。有一些思想实验的基本思路是从边界条件和极限案例出发,注重这些极限条件之间变动的连续性,同时排除逻辑上的矛盾,等等。它们在其他学科领域获得了很好的成果,在政治学研究中同样可以发挥作用。

布雷迪(Henry E.Brady 2004)曾指出:"政治学家不会追求在所有时间和所有地方都正确无误的普遍法则,而应该对历史和环境有充分认知。"这个"不会"是多余的限制,因为我们可以两者兼顾。比如,我们无须宣称 $s_1 = (MS)^{-1/8}$ 乃是"在所有时间和所有地方都正确无误"的法则,并用它来衡量实际的选举结果。在选举研究中获得成功的方法不可能为政治学的所有研究打开通路,而且也没有必要。只要有部分助益就足够了。

参考文献

AMORIMNETO,O.,and Cox,G.W.1997.Electoral institutions,cleavage structures,and the number of parties.*American Journal of Political Science*,41:149-74.

BARKER,E,and MCLEAVY,E.2000.How much change? An analysis of the initial impact of proportional representation on the New Zealand parliamentary party system.*Party Politics*,6:131-54.

BENOIT,K.2002.The endogeneity problem in electoral studies:a critical re-examination of Duverger's mechanical effect.*Electoral Studies*,21:35-46.

——2004.Models of electoral system change.*Electoral Studies*,23:363-89.

BLAIS,A.2000.*To Vote or Not to Vote? The Merits and Limits of Rational Choice Theory*.Pittsburgh:University of Pennsylvania Press.

BLAU,A.2004.A quadruple whammy for first-past-the-post.*Electoral Studies*,23:431-53.

Boix,C.1999.Setting the rules of the game:the choice of electoral systems in advanced democracies.*American Political Science Review*,93:609-24.

BOWLER,S.,and GROFMAN,B.eds.2000.*Elections in Australia,Ireland,and Malta under the Single Transferable Vote:Reflections on an Embedded Institution*.Ann Arbor:University of Michigan Press.

BRADY,H.E.2004.Introduction [to symposium:two paths to a science of politics].*Perspectives on Politics*,2:295-300.

CAREY,J.M.,and SHUGART,M.S.1995.Incentives to cultivate a personal vote:a rank ordering of electoral formulas.*Electoral Studies*,14:417-39.

COLEMAN, S. 2007. Testing theories with qualitative and quantitative predictions. *European Political Studies*, 6:2(forthcoming).

COLOMER, J.M.2004.*Handbook of Electoral Systems Choice*.London:Palgrave.

——2005.It's parties that choose electoral systems(or Duverger's law upside down).*Political Studies*, 53:1-21.

——2007.What other sciences look like.*European Political Studies*,6:2(forthcoming).

Cox, G.W.1997.*Making Votes Count:Strategic Coordination in the World's Electoral Systems*.Cambridge: Cambridge University Press.

CRISP, B.F., Esco Bar-LEMMON, M.C., Jones, M.P., and Taylor-Robison, M.M.2004.Vote-seeking incentives and legislative representation in six presidential democracies.*Journal of Politics*,66:823-46.

DARCY, R., WELCH, S., and CLARK, J.1994.*Women, Elections, and Representation*. Lincoln: University of Nebraska Press.

DUVERGER, M.1951.*Les Partis politiques*.Paris:Le Seuil.

DUVERGER, M. 1954. *Political Parties: Their Organization and Activity in the Modern State*. London: Methuen.

EAGLES, M.ed.1995.*Spatial and Contextual Models in Political Research*.London:Taylor and Francis.

ELKLIT, J., and ROBERTS, N.S.1996.A category of its own:four PR two-tier compensatory member electoral systems.*European Journal of Political Research*,30:217-40.

FARRELL, D.M.2001.*Electoral Systems:A Comparative Introduction*.London:Palgrave.

GALLAGHER, M. 1991. Proportionality, disproportionality and electoral systems. *Electoral Studies*, 10: 38-40.

——1998.The political impact of electoral system change in Japan and New Zealand.*Party Politics*,4: 203-28.

——and MITCHELL, P.eds.2006.*The Politics of Electoral Systems*.Oxford:Oxford University Press.

GROFMAN, B.1999.SNTV, STV, and single-member district systems:theoretical comparisons and contrasts.In Grofman et al.1999:317-33.

——and HANDLEY, L. 1989. Black representation: making sense of electoral geography at different levels.*Legislative Studies Quarterly*,14:265-79.

——KOETZLE, W., and BRUNELL, T.1997.An integrated perspective on the three potential sources of partisan bias: malapportionment, turnout differences, and the geographic distribution of party vote shares.*Electoral Studies*,16:457-70.

——and LIJPHART, A.eds.2002.*The Evolution of Electoral and Party Systems in the Nordic Countries*. New York:Agathon.

——LEE, S.-C., WINCKLER, E.A., and WOODALL, B.eds.1999.*Elections in Japan, Korea, and Taiwan under the Single Non-Transferable Vote*. Ann Arbor:University of Michigan Press.

GUDGIN, G., and TAYLOR, P.J.1979.*Seats, Votes and the Spatial Organization of Elections*.London:Pion.

HENIG,R.,and HENIG,S.2001.*Women and Political Power:Europe since 194 $*.London:Routledge.

JOHNSTON,R.J.1981.*Political,Electoral and Spatial Systems.*London:Oxford University Press.

IONES,M.P.1995.*Electoral Laws and the Survival of Presidential Democracies.* Notre Dame,Ind.: Notre Dame University Press.

KATZ,R.S.1996.Electoral reform and the transformation of party politics in Italy. *Party Politics*,2: 31–53.

——1997–*Democracy and Elections.*Oxford:Oxford University Press.

LAAKSO,M.,and TAAGEPERA,R.1979.Effective number of parties:a measure with application to West Europe.*Comparative Political Studies*,23:3–27.

LIJPHART,A.1994.*Electoral Systems and Party Systems.*Oxford:Oxford University Press.

——1999–*Patterns of Democracy*: Government Forms and Performance in Thirty-Six Countries. New Haven:Yale University Press.

LOOSEMORE,J.,and HANBY,V.J.1971.The theoretical limits of maximum distortion:some analytic expressions for electoral systems.*British Journal of Political Science*,1:467–77.

MACKIE,T.T.,and ROSE,R.1991.*The International Almanac of Electoral History.* London: Macmillan. Previous editions:1974,1982.

——1997–*A Decade of Election Results*: Updating the International Almanac. Glasgow: Centre for the Study of Public Policy,University of Strathclyde.

MATLAND,R.E.,and TAYLOR,M.M.1997.Electoral system effects on women's representation:theoretical arguments and evidence from Costa Rica.*Comparative Political Studies*,30:186–210.

MILL,J.S.1861.*Considerations on Representative Government.*New York:Harper and Brothers.

MONROE,B.L.,and ROSE,A.G.2002.Electoral systems and unimagined consequences:partisan effects of districted proportional representation.*American Journal of Political Science*,46:67–89.

NOHLEN,D.ed.2005.*Elections in the Americas:A Data Handbook.*Oxford:Oxford University Press.

——GOTZ,E,and HARTMANN,C.eds.2001.*Elections in Asia and the Pacific:A Data Handbook*,vols,i and ii.Oxford:Oxford University Press.

——and KASAPOVIC,M.1996.*Wahlsysteme und Systemwechsel in Osteuropa.*Opladen:Leske & Budrich.

——KRENNERICH,M.,and THIBAUT,B.eds.1999.*Elections in Africa:A Data Handbook.* Oxford: Oxford University Press.

NORRIS,P.2004.*Electoral Engineering:Voting Rules and Political Behavior.*Cambridge:Cambridge University Press.

ORDESHOOK,P.,and SHVETSOVA,O.1994.Ethnic heterogeneity,district magnitude,and the number of parties.*American Journal of Political Science*,38:101–23.

POWELL,G.B.2000.*Elections as Instruments of Democracy:Majoritarian and Proportional Visions.*New Haven:Yale University Press.

RAE,D.W.1967.*The Political Consequences of Electoral Laws.*New Haven:Yale University Press.

REED,S.R.1991.Structure and behavior:extending Duverger's law to the Japanese case.*British Journal of Political Science*, 29:335-56.

——2001.Duverger's law is working in Italy.*Comparative Political Studies*, 34:312-27.

REYNOLDS, A.1999.*Electoral Systems and Democratization in Southern Africa*.Oxford:Oxford University Press.

——and REILLY, B.1997.*The International IDEA Handbook of Electoral System Design*.Stockholm:International Institute for Democracy and Electoral Assistance.

RIKER, W. H. 1982. The two-party system and Duverger's law: an essay on the history of political science.*American Political Science Review*, 76:753-66.

RULE, W.1981.Why women don't run: the critical contextual factors in women's legislative recruitment. *Western Political Quarterly*, 34:60-77.

——and ZIMMERMAN, J. F. eds. 1994. *Electoral Systems in Comparative Perspective: Their Impact on Women and Minorities*.Westport, Conn.:Greenwood.

SHUGART, M.S.2006.Comparative electoral systems research: the maturation of a field and new challenges ahead.Pp.25-55 in *The Politics of Electoral Systems*, ed.M.Gallagher and P.Mitchell.Oxford:Oxford University Press.

——and CAREY, J. M. 1992. *Presidents and Assemblies: Constitutional Design and Electoral Dynamics*. New York:Cambridge University Press.

——VALDINI, M.E., and SUOMINEN, K.2005.Looking for locals: voter information demands and personal vote-earning attributes of legislators under proportional representation.*American Journal of Political Science*, 49:437-49.

——and WATTENBERG, M.P.eds.2001.*Mixed-Member Electoral Systems: The Best of Both Worlds*? Oxford:Oxford University Press.

TAAGEPERA, R.1999.Ignorance-based quantitative models and their practical implications.*Journal of Theoretical Politics*, 11:421-31.

——2001.Party size baselines imposed by institutional constraints: theory for simple electoral systems. *Journal of Theoretical Politics*, 13:331-54.

——2003.Arend Lijphart's dimensions of democracy: logical connections and institutional design. *Political Studies*, 51:1-19.

TAAGEPERA, R.2008.*Predicting Party Sizes: The Logic of Simple Electoral Systems*.Oxford:Oxford University Press(forthcoming).

——and ALLIK, M.2006.Seat share distribution of parties: models and empirical patterns.*Electoral Studies*, 25:696-713.

——and ENSCH, J. 2006. Institutional determinants of the largest seat share. *Electoral Studies*, 25:760-75.

——and SHUGART, M.S.1989.*Seats and Votes: The Effects and Determinants of Electoral Systems*. New Haven:Yale University Press.

——1993.Predicting the number of parties: a quantitative model of Duverger's mechanical effect.*Ameri-*

can Political Science Review,87:455-64.

——and SIKK,A.2004.Institutional and cultural determinants of cabinet duration.Unpublished.

THEIL,H.1969.The desired political entropy.*American Political Science Review*,63:21-5.

第二十九章　分　权

戴维·萨缪尔斯（David Samuels）

一、导　论

虽然全球化浩大的潮流主宰了当今世界的公众意识，但各国的政治领袖依然热衷于争论一些看似细枝末节的制度设计的问题——有时甚至还会导致流血事件。的确，如果在一个制度真的无关紧要的世界里，伊拉克的逊尼派、什叶派教徒和库尔德人只要随便挑选一个制度就幸福地生活在一起。然而这只是一个荒唐的想法。个人与社会团体之所以在制度设计上你争我斗，是因为人们在制度框架内的政治立场，对于从政治中"谁得到什么"不仅具有象征意义，而且也具有实质意义。

不管出于何种原因，学者们在很大程度上忽略了政治制度对于政治行为者重要的象征意义，而把争论的焦点集中在制度对政治结果，如经济增长或者政治稳定的影响程度上面。也许世界上的民主国家之间最根本的制度差别，就是行政和立法权是否分离。智慧之人自古以来就一直在探讨如何设计"最好的"宪法这一问题：亚里士多德也许是第一个比较研究者，他曾让自己的助手兼学生到各地搜集比较宪法的"数据"。然而只有魏玛共和国陷入纳粹恐怖的噩梦，才激起了 20 世纪的学者对于这方面问题的兴趣（Hermens 1941）。对于他们中的很多人来说，冷战期间（1945—1990）民主在许多国家，尤其是拉美国家的失败，提供了更多分权会影响民主发展潜力的佐证（例如 Linz 1990）。

在所谓的民主化的"第三波"，即从 20 世纪 70 年代始至冷战结束这一段时间，学术界对于分权的关注获得了更多的动力。舒加和卡雷 1992 年出版的著作《总统与议会》（Shugart and Carey 1992）标志着学术上的一个里程碑，它首次尝试对关于分权的各种学术成果加以综合。这一著作提出了进一步研究的任务，并鼓励学者们对一些重要的问题加以探讨,诸如分权在多大程度上导致了民主的崩塌、某些特定的制度是否更可能促进民主的稳固,以及政体形式对于政策输出和可治理性是否有影响,等等。①

本章主要探讨"分权有什么影响?"这一问题。学者们认为权力是否分开会影响各种各样的政治"输出",但我相信短短一章不可能涵盖人们提出的所有疑问。因此,在对民主政体之间的区别进行简短的界定之后,我将讨论四个方面的内容,以说明分权发挥影响的程度:

(一)分权在多大程度上影响政治进程中相关的"决断"和"坚定性"?

(二)内阁对于民主政体中的政治进程和政治输出有什么样的影响?

(三)分权会导致政体危机和/或崩塌吗?

(四)分权以何种方式影响我们对民主代议制和回应制的理解?

之所以重点探讨这些问题,是因为它们直接导向比较政治学研究者核心的理论和实践关切,或者说政治学研究中的"重大问题":政策制定过程的实质和结果、民主生存发展的机会,以及在民主政治的喧闹中选民意见是否发挥作用,等等。

二、定 义

学者们一般认为,分权有三种不同的形式:议会制、总统制和"半"总统制。2002年,在拥有 100 万以上人口的 76 个民主政体(在政体 IV 数据复合民主指数评级中达到了 5 分或以上)中,31 个都是议会制,25 个是总统制,剩下的 20 个是半总统制。民主政体的区别主要围绕选举行政与立法机构的过程,以及行政与立法机构随后制定政策与管理政府的互动方式。② 因此舒加和卡雷(Shugart and Carey 1992)将总统制与议会制的区别概括为以下三个方面:

(一)把行政和立法机构的起源与存续区分开;

(二)行政当局由宪法保障执行法律;以及

(三)行政首脑掌控内阁。

对于起源的区分指的是行政机构的产生过程:它是产生自一次与立法机关席位分配无关的单独投票(总统制),还是产生自一些与立法机构议席分配相关的过程(非总

---

① 参见 Linz(1990, 1994);Mainwaring(1993);Stepan and Skach(1993);Satori(1994);Jones(1995);Mainwaring and Shugart(1997a);Power and Gasiorowski(1997);Carey and Shugart(1998);Przeworski et al.(2000);Haggard and McCubbins(2001);Cheibub and Limongi(2002);等等。

② 限于篇幅以及文章重心在于民主政体之间多样性的影响,此处将不赘述关于每一种政体内部制度的多样性的争论。

统制)？对于存续的区分则主要指终止政府的原则:在总统制下,立法与行政机构的任期都是固定的,并不像议会制那样,受两者的相互信任关系的影响。至于宪法保证的权力方面,最简单的区分是一个机构制定法律,而另一个机构予以执行。如果立法机构可以绕开总统执行法律,那么这一体制就呈现出某种混合的特征。但是,这并不意味着任何特殊的权力。

"半"总统制正如其名,是一种混合政体。对于半总统制的定义以及哪些国家属于这一类别,学者之间仍然存在争论(参见 Shugart and Carey 1992;Elgie 1999;Metcalf 2000;Roper 2002)。一个最简单也最宽泛的定义是,政府的两个部门(立法和行政)都由直接选举产生(类似总统制),但政府首脑(总理)要对立法机关负责(类似议会制)(Siaroff 2003)。在这种政体之下,总统不直接掌控内阁。对半总统制影响的研究落后于议会制和总统制,因为几乎所有采用半总统制的都是相对比较新的民主国家。因此,尽管本章将对三种民主政体进行比较,但大部分的篇幅还是集中在议会制与总统制之间的对比上面。

某些学者置疑这种政体分类的重要性(例如 Przeworski 2003)。我并不认为分权与特定的政策输出有必然的联系。我曾在其他地方指出(Samuels and Shugart 2003),与混合体制相比,分权明显地能够容纳更为多样的治理风格和政治输出。也就是说,在治理的风格和实质方面,分权政体既可以和混合体制相似,也可以非常不同。学者们一直试图确定分权政体区别于混合政体的基本条件,并且探讨这种区别对于不同政体之下公民的影响程度。下面就转向上文提出的四个问题,考察我们对于分权的知识状态,并提出进一步的研究建议。

三、分权与政府的"决断性"和"坚定性"

根据麦迪逊在《联邦党人文集》中提出的理论,在分权政体下暴政出现的可能性相对较低,因为这种制度将行政与立法机构分置于不同的制度环境中,从而使两个机构中的行为者产生不同的行为动机,也使多数至少是更难以协调起来压迫少数。在现代政治科学语境下,总统制的结构被设计得更少"决断性"而更富"坚定性"(Cox and Mc-Cubbins 2001)。这意味着如果其他条件相同,那么在总统制下,政策变化会更缓慢、更平和。

另一方面,我们也许期望行政与立法分开存在能够克服单方面决策的现象。由于对总统来说不存在信任投票上的问题,所以他可以利用总统职位的这一特权干预立法进程,比议会制之下的总理更为有效地把政策引向他所希望的方向(Cox and

Morgenstern 2001）。尽管如此,总统制的核心定义中并没有赋予总统任何有助于或者有碍于立法权力的特权,也就是说总统没有改变政策现状的固有权力。这强调了总统和处于核心地位的立法者之间的关系的关键作用。在国会中拥有强大多数的总统,与拥有类似规模的议会支持的总理相比,在对政府各部门进行协调方面并不会遭到太多的难题,因此政策结果也会比较相似。而且两个部门的独立存在就意味着这种跨部门的协调既不被鼓励,也得不到保证,即使总统和国会多数的偏好有所重合。议会制不能保证、但鼓励协调,因为如果议会制之下的政府得不到信任,它可以被解散,并由得到授权的新一届行政机构取代。在总统制中则不会如此。

我们需要追问,当总统与处于核心地位的立法者之间出现了实质性的立场分歧时会出现什么情况。这种局面（例如少数派政府）在总统制之下发生的频率几乎是议会制之下的两倍。[1] 假设国会多数提议改变现状（SQ）,而总统拒绝签署使之生效（或反之亦然）。这种情况的出现可以使政策保持稳定（也许会导致“僵局”或者“死结”）,现状也没有改变,因为总统不能因此下台。在任何政体之下,僵局都不是立法机构某种议席分配形式的必然结果。但是在议会制下僵局不大容易出现,原因就在于下台的威胁——如果总理拒绝实施某项议会通过的法案,他在政府首脑的位置上可能就待不长。[2] 这就是科克斯和麦克卡宾（Cox and McCubbins 2001,26—27 页）认为立法与行政机构的彼此独立,使总统制更少“决断性”而更富“坚定性”的原因（亦可参见 Laver and Shepsle 1996,他们政府首脑的直接选举扩大了立法机构的独立性,而不是使其更为顺从）。

这引出了如下假设:

（一）如果其他条件相同,则在某个时间点 P 上,与其他政体相比,纯粹的总统制不大容易离开现状转向新的政策;

（二）如果其他条件相同,则某项政策被提出之后,与其他政体相比,总统制从现状向新政策的转变能够实现的目标要更有限;

（三）如果其他条件相同,则某项政策被提出之后,总统制从现状到新政策的转变需要的时间会更长;

（四）如果其他条件相同,则某项政策被提出之后,总统制从现状到新政策的转变付出的成本（比如用额外支出衡量）会更高。

---

① 切巴布等人（Cheibub, Przeworski, and Saiegh 2004）发现,议会制之下出现少数派政府的时间约占 22%,切巴布（Cheibub 2002）还发现,少数派政府在总统制下出现的时间约占 44%。这些数字与之前的研究相符（Strøm 1990b; Shugart 1995）。

② 在半总统制下情况也许会不同,这取决于总统的否决权。

对于这些假设的研究甚少。这些问题之所以比较棘手,是因为我们没有办法先验地决定不同政体之间在决断性和/或坚定性方面的区别应该有多大。因此虽然科克斯(Cox 2005)注意到,执政的多数在所有地方都很少流失选票,但切巴布等人(Cheibub,Przeworski,and Saiegh 2004,表 2)提供的数据却表明,总统制和议会制之间,在决断性/坚定性方面存在着一种累积性的差别。① 他们指出,议会制与总统制相比,在立法机构支持程度相似的情况下,行政部门的提议获得认可的比例总是更高。具体说,议会制之下行政部门提案的通过率为82.8%,而在总统制之下只有64.1%。这说明,政体结构在决断性和/或坚定性方面导致了相当程度的差异。

切巴布等人还发现,随着行政部门和核心立法者偏好分歧的扩大,总统制与议会制相比表现出更多的坚定性,但却没有后者那么果断。因此,在行政部门获得立法部门绝大多数支持的情况下,两种政体"成功率"的差距相对较小(议会制为89.6%,总统制为82.6%),但在单一政党多数的情况下,这个差距就变大了(分别为 89.5% 和77.4%)。从多数联合执政(76.0% 比 47.5%)到少数联合执政(81.7% 比 52.5%),再到单一政党的少数派政府(81.3%,65.2%),成功率差距逐级扩大。

这些数字说明,无论总统拥有怎样的权力,都不足以克服分权所带来的麦迪逊式的惯性。也就是说,强势的行政权力不可能使总统制走向议会制,因为在总统制之下立法机关可以推翻否决、撤销行政命令、推翻议程,甚至剥夺行政机构的宪法权力,而总统却无权解散议会(Samuels and Shugart 2003)。② 在联合执政或者少数派政府的情况下,总统会试图采取单边行动的策略,但有可能遭到抵制。林茨和其他学者担忧这种可能性,并认为议会制的总是要少一些,这不仅因为在议会制之下少数派政府少出现,而且因为如果少数派的总理试图采取单方面的行动,或者如果僵局出现,他们可以被赶下台。简言之,尽管总统制不是僵局的必然药方,它的确会有引发行政—立法机构冲突的更大可能性。

关于议会"效率"的研究虽然有用,但对于政治体的决断性和坚定性问题只提供了部分答案。我们现在认识到,对于各民主政体中提案内容的相似性和差异性我们一无

---

① 作者们关注了另一个问题,即在总统制和议会制之下,少数派政府通过议案的时候是否比多数或少数派联合执政的政府更少取得成功? 他们的答案是否定的。

② 因此,强势的行政权并没有让阿根廷成为第二个英格兰。在两种政体之下,当行政部门获得议会多数支持的时候,政府治理的区别可能并不来自于政治体制,而是来自于其他因素(例如联邦制)。但是当行政机构面临议会的反对时,我们会在阿根廷看到,政策的稳定性或者政策僵局持续整个总统任期。至少在阿根廷,这种情况似乎与宪政危机有关(例如 1989 年阿芳辛以及 2001 年德拉鲁阿的去职)。相反,在英国这种政府与议会对峙的局面首先不大会发生,即便发生也不会持续太长时间,因为可以进行新的选举,最新的一次"无多数议会"出现在 1974 年。类似情况可能在任何一个议会制的少数政府下出现:如果僵局出现(也许不会),既可改组政府,亦可重新大选。

所知。由于行政和立法机构彼此独立,总统和总理提出议案的策略应有所不同,而在不同程度的议会支持下这些不同会变得更明显。正如科克斯和麦克卡宾(Cox and Mc-Cubbins 2004)所言,美国政党最主要的影响不在于是否最终投票通过法案,而在于决定什么样的议案能够付诸投票。这对于比较政治学者而言是一个重要问题:政体之间的区别在多大程度上影响了政党和/或行政机构将动议提上议程的能力? 也许切巴布等人强调的区别在提案阶段同样存在。如果情况真的是这样,那么政体之间在决断性和坚定性方面的区别会更大,而且有更大的实际影响。今后的研究应该着力阐明即便是在立法与行政机构的偏好彼此重合的情况下,总统制在多大程度上增加了政策的坚定性,并减少了政策的果断性。①

四、内阁:分权研究中"缺失的一环"

对议会制政府的"制度主义"研究大概主要集中在内阁上面。内阁的目的有两个方面:(一)争取议会支持使提案得以通过;(二)控制施行法律的行政机构官僚。尽管分权的相关研究在发展,但议会制之外国家的内阁还没有得到同等程度的重视。研究之所以受阻,原因仅在于数据的缺乏,即除沃登多普、卡曼和布吉(Woldendrop、Keman and Budge 2000)等学者提供的资料(主要限于议会制)以外,我们对内阁成员的情况知之甚少。不过不久之后,学术界应该能够解决这个问题。

更重要的是,分权研究中美国案例的影响阻碍了对内阁的研究。在美国,由于国会研究者的学术影响,人们认为,无从从理论还是实证方面来说,更重要的问题是立法机构对官僚部门失察的问题,内阁因而被置于次要的地位。另外,美国政治学者一般也不认为,内阁部长的指派与总统的治理战略和/或国会的成功直接相关,就像议会制之下那样(参见如 Bennett 1996)。

最后,舒加和卡雷那一部设定了研究议程的著作也几乎没有提及内阁的问题,从而将学者们的关切引向了别处。舒加和卡雷鼓励学者们关心行政权力的单边性(如 Carey and Shugart,1995)、议席分配的选举—制度资源(如 Jones 1995;Shugart 1995),或者议会政治本身(如 Morgenstern and Nacif 2002)如何影响了行政与立法机构之间的关系。由

---

① 在总统制与议会制的政策差别方面,还有两条比较有希望的研究路径,它们与我的假设相关,即政策制定在总统制之下成本更高。因为首先,政府的"规模"由政体形式所决定(试比较 Persson and Tabelleni et al.2004 与 Boix 2005b);其次,相对而言,议会制倾向于推动"公共品"而总统制则增加了"寻租"行为即腐败的机会(Shugart 1999;Haggard and McCubbins 2001;Gerring and Thacker 2004;Kunicová 2005)。对于导致政体之间这些潜在差别的原因,学者们尚未达成共识。

于这些问题本身已经相当复杂,内阁在这种纷乱中被忽略掉了。但是,学者近来开始发现,与议会制相似,内阁在总统制和半总统制之下同样扮演了行政与立法机构之间关键性的纽带作用(Deheza 1997,1998;Thibaut 1998;Amorim Neto 1998,2002,2006;Altman 2000,2001;Lanzaro 2001;Amorim Neto and Strom 2004;Almeida and Cho 2003;Roberts and Druckman,Forthcoming;Amorim Neto,and Samuels 2003;Carroll,Cox,Pachón 2006)。

对于不同形式的民主制之下内阁政治的研究可能会影响比较政治中一些重要的争论。例如,一方面,在解释联盟的动力机制时,切巴布和李蒙治(Cheibub and Limongi 2002,18 页)认为"在总统制和议会民主制之下结成联盟的动机并无不同"。但另一方面在总统制之下,总统的核心地位意味着联盟的动力机制——政党决定加入或撤出某个联盟——在不同的民主政体之间会出现显著差异。分权赋予总统在政策制定中拍板的权力,而在议会制之下,总理会把某些部门的实际控制权让渡给他的内阁同事(Laver and Shepsle 1996)。因此,分权制之下一个党在考虑是否参加内阁的时候必然会更加充分地权量他们能否将参与转化为实际的政策影响力。政党如果既在政策制定方面没有直接的影响力,又不能"构建和破坏政府",那么相对于议会制而言,它们在总统制与半总统制之下在"机构"和/或"政策"收益方面(Strøm 1990a)能够获取的报酬会更低(Samuels 2002)。

这表示在总统制之下联盟存续的代价会更高,也更不稳定。阿特曼(Altman 2001)间接证明了以上结论,他发现总统的固定任期影响了联盟产生和存续的可能性。随着总统在任时间的流逝,结成联盟的可能性会下降,其瓦解的可能性会增加(2001,93页)。因此,与议会制之下的内阁不同,总统的执政联盟"会倾向于和总统任期相一致的选举日程同步建立或者解散"(2001,115 页)。从理论上说,这些结论意味着议会制之下加入和退出执政联盟的标准模式(如 Austin-Smith and Banks 1988),要经过实质性的修改才能适用于总统制。

分权对于内阁政治,以及其他政治输出的影响,远不止作出参加还是退出执政联盟的决策。阿莫林·内托的研究提供了一个关键的发现:在总统制下执政联盟的大小或者其成员的数量也许非最重要的变量。相反,从内阁(以及在治理结果)的角度来看,关键的变量包括各党派部长的比例(区别于亲信和技术官僚),以及联盟中的成员党在多大程度上比较均衡地获得了权力。这一观点,与那些关注议会联盟中政党的规模和数量的研究,以及根据"否决点"的数量预测政策输出变化的研究,都背道而驰(如 Cheibub and Limongi 2002;Cheibub,Przeworski,and Saiegh 2004;Tsebelis 2002)。因此,有必要详细介绍阿莫林·内托的观点。

在任何政体之下,行政首脑对于内阁组成的偏好反映了(一)他对政策结果的偏好以及(二)他为了达成这些结果需要与其他行为者讨价还价的程度。因此,在行政首脑的政策偏好确定的情况下,内阁的任命策略取决于他必须在多大程度上与其他行为者尤其是议会党团进行交涉。因此,我们可以根据行政首脑为了进行有效统治对议会中各政党的依赖程度,按照从强到弱的顺序对民主政体进行排序:议会君主制、议会共和制、半总统共和制和总统共和制。

由于总理为了维持政府的存在完全依靠议会中各政党的信任,所以他们几乎总是必须组建*由各党成员参加的*内阁。出于同样考虑,总理也几乎总是必须组建一个党派力量完全平衡的内阁,这意味着内阁中每个政党所获得的权力与它们在执政联盟中的贡献相一致。这是政治学研究中最古老也最恒定的经验结论之一(如 Gamson 1961;Warwick and Druckman 2001)。

与总理们相反,总统们并不依赖国会的信任维持自己的任期。因此与前者不同,总统们在调整内阁成员的党派及其比例方面有更大的回旋余地(Amorim Neto 1998,2006)。是什么决定了总统任命政党成员而非自己的亲信或者技术官僚的动机,以及是否根据均衡的原则来进行任命? 为方便起见,我们假定所有的行政官员都只有两种制定政策的策略:他们要么通过立法,要么通过行政特权来实现其政策目标。"立法"的途径要求提案经规范的立法程序获得通过,而"特权"的途径也许不需要立法机构的卷入。例如,某些总统可以签署具有法律效力的行政命令。

那些知道只能通过立法途径实现自己的目标的行政首脑,会寻求与议会多数形成密切的联系。内阁总理只能使用这种策略,并任命一个完全是党派性质的内阁,因为他们几乎没有任何自主性的特权,而且必须完全依赖议会中的政党来维持政权和取得立法成果。相反,一个直选的行政首脑不必依赖立法机构而任职。因此在总统制之下,机构的彼此独立和行政首脑对内阁的威权,意味着内阁的组成与总统在国会中的联盟的关系*既可以密切一点,也可以松散一点*。一方面,根据个人风格、制度规定和/或议会中的党派组成,总统可能会认为"立法"途径更可取,因此会与议会制之下一样,使内阁的组成最大限度地增加法案在国会获得通过的机会。但另一方面,如果总统决定通过行政命令或者其他单边性的权力实现(至少部分实现)其政策目标,那么内阁的权力就可以由非党派的技术官僚、总统本人的亲信或者利益集团的代表分享。

总统被赋予较大的单边特权时,既更有可能利用这些权力达成自己的目的,也会*相对*减少与各政党的合作。由于机构是彼此独立的,所以内阁的任命策略就取决于总统对各部门的政策领域内,是通过立法还是特权制定政策更为有效的判断。总统越是依赖立法途径制定政策,就越会吸纳政党成员进入内阁,而内阁中的权力分配也就越均衡(Amorim Neto 2006)。

在半总统制之下,内阁任命的政治有所不同。根据这种体制,总统可以解散议会,但他们自己无须下台,这在政治上削弱了总理的权力。但是,由于总统和总理都拥有对内阁任命的事实上的否决权,从而又削弱了总统的权力(这与总统制相反)。在半总统制中,总统相对于总理的权力又各有不同,这取决于具体制度规定。总统的任命权越大,内阁中非党人士的份额也就越大(Almeida and Cho 2003;Amorim Neto and Strom 2004)。一般来说,半总统制之下内阁的动力机制代表了议会制和总统制之间的某种中间地带。

综合上述阿莫林·内托的论点可以发现,在某个内阁中政党的比例和内阁权力分配的均衡性,既取决于某个政府或者国家的特性,也取决于政体的特性。表 29.1 和 29.2 证明,情况的确如此(细节及验证见 Amorim Neto and Samuels 2004)。

表 29.1　不同政体之下非党部长的平均比例

政　　体	百分比(标准离差)
议会君主制	0.71(3.89)
议会共和制	3.20(10.11)
半总统共和制	6.52(14.72)
总统共和制	29.17(29.04)

表 29.2　不同政体之下的平均均衡性

政　　体	百分比(标准离差)
议会君主制	0.937(0.127)
议会共和制	0.863(0.132)
半总统共和制	0.871(0.125)
总统共和制	0.645(0.266)

不同的民主政体之下内阁任命策略的区别带来什么影响?很多研究已经探讨了民主国家内部和国家之间多数与少数政府、一党与多党政府的区别的影响。但是,这些研究尚未将内阁的政党结构和比例的差别纳入考察范围。学者们已经注意到把"技术官僚"任命为内阁部长在许多总统制国家中带来的影响(Bresser et al.1993,;Conaghan,Malloy,and Abugattas 1990;O'Donnell 1994;Domínguez 1997)。他们对此类任命提供了一个简单的理论解释,认为这不但影响治理风格,也影响了治理的实质(后面关于代表和回应的部分还将展开这个问题)。

阿莫林·内托(Amorim Neto 2002;也可参见 Amorim Neto and Santos 2001)同样发现,内阁的均衡性和总统的国会联盟的纪律之间存在密切的联系。这意味着内阁的均衡性——不仅内阁是一党还是多党,抑或多数还是少数——还会影响总统在立法方面获得成功的可能(Amorim Neto 1998)。如果内阁的职位是按执政联盟中各党的贡献成比例分配的,则在国会里获得成功的机会就会增加。另外,阿莫林·内托和塔夫内(Amorim Neto and Tafner 2002)发现,在巴西,内阁的均衡性与总统发布的行政命令的数量成反比,再次证明了关于均衡性与总统的治理策略("立法"与"特权")之间关系的假设。

阿莫林·内托的发现显然与切巴布和李蒙治的观点相悖,后者认为"执政联盟和国会效率之间的联系至多也只是模糊不清的"(Cheibub and Limongi 2002,5 页)。事实上,内阁联盟与国会效率之间的联系具有关键的影响。如果组成了一个均衡的内阁,总统在国会中的联盟会更加自律,而总统也可能相对更容易地完成他的立法目标。如果内阁不均衡,则会出现相反的情况。阿莫林·内托认为,影响内阁任命策略的关键因素是总统的权力以及总统所属政党的规模。其他因素还包括总统所属政党的意识形态和国家的经济状况。这些变量与治理之间的关联还需要进一步探索。除内阁成员的规模之外,研究应集中在组建内阁与执政联盟的方式上面,这能够为治理效果的不同提供重要的解释。

应该鼓励对不同政体之下的内阁加以研究的另一个原因,来自对官僚的监管、政策的效率,以及民主回应等问题。内阁不仅要为行政首脑的立法动议构建国会的支持,它还要表明行政首脑管理官僚系统和实施法律的策略。分权因此对解决"谁控制"以及如何控制官僚这一问题有重要的影响。在分权制之下,总统很大程度上不需要依赖国会支持就能控制官僚系统。尽管对这一问题的研究相对较少,但分权意味着民主政体之间在官僚管理模式方面存在着很大的区别(Moe and Caldwell 1994;Palmer 1995;Siavelis 2000;Huber and McCarty 2001;Baum 2002)。例如休伯和施潘(Huber and Shipan 2002)认为,针对类似的政策议题,政治家在不同的交易条件下会设计出不同的官僚控制机制。内阁相对于立法机构的独立会极大地改变交易环境。交易环境的区别影响了每个行为者所获得的信息的质量与类别,后者反过来又影响了行为者对特定行为和策略的收益与成本的预期。

因此,接受标准的委托代理理论的学者认为,在分权制之下设计控制机制,无论是对行政机构还是立法机构来说都会更为困难(如 Moe and Caldwell 1994;Palmer 1995),而且在其他条件相同的情况下,分权会导致更为*细密*的官僚监督机制,这是因为分权产生了立法者与官僚制之间面对面的监控问题。在分权体制下,不仅国会中的政党只能对内阁任命发挥相对较小的影响；而且国会中的多数党也不能把未能履行这个多数通过的法案的政府拉下马。这必然促使总统制之下立法机关要求制定更为细密的官僚控制规则。

这在比较政治学中是一个几乎无人涉足的领域。对于接下来的研究，学者也许应该借鉴已被美欧学者采用的委托代理理论（如 Strøm,Müller,and Bergman 2003），因为这类理论对官僚的能力（Huber and McCathy 2004）以及政党政策目标的相对强度（Samuels 2002）进行了限制性的假定。如果民主政体中官僚的能力和政党目标各不相同，那么对管控机制的设计也应有所不同。由于经过新自由主义改革之后管控机制已经发生了巨大变化，所以分权将在官僚管理方面产生何种不同的动力，以及在政策实施方面导致何种差异等问题应该成为研究的重点。

在这一部分我提出，内阁政治可能代表了分权制研究中"缺失的一环"。在此需要强调的是，*对政治进程来说，影响内阁的权力比许多总统拥有的单边权力更为根本*，因为无论不同部门的偏好区别有多大，立法机关都没有正式的权力，以推翻总统关于任命或者解除某位部长的职务的决定。[①] 但另一方面，假如立法机关能团结必要的多数，则它总是能够阻止总统行使设定议程、否决法案或者颁布行政命令的权力（Amorim Neto 1998；Cox and Morgenstern 2001）。内阁乃是行政与立法机构之间的重要联系，也是认识官僚管控和政策实施的关键，而这些问题显然需要学术界予以更多的关注。

五、政体危机：该归咎于分权吗？

冷战期间拉丁美洲一些民主政体的瓦解，以及 20 世纪 80 和 90 年代民主化地区民选政府的建立或者重建所引起的关注，持续影响着当前对分权的优势和缺陷的争论。如果像林茨（Linz 1990,1994）等人所言，总统制加速了民主的垮台（即便不是直接的或者唯一的原因），那么我们能否设计出某些不那么容易崩溃的政治制度呢？退一步说，学者们能否至少在民主成功或者失败的原因方面贡献一些新的知识呢？随着越来越多的国家在民主化的"第三波"这一 20 世纪晚期的标志性事件中采纳了民主制，全世界的学者、政治家和政策实践者要继续追问这些问题。

林茨认为，由于行政与立法机关是分别选举的，它们会从不同的渠道获得统治合法性。另外，冲突的可能性增加了，因为固定的任期使两个机构中的政治家都无须缓和他

---

① 这一规则也有些例外（例如哥伦比亚和秘鲁的不信任规则，美国、菲律宾和韩国的信任规则）。但重要的是，这些规则都不能影响行政机构的存续。

们的立场或者寻找新的联盟伙伴。相反,议会制下两个部门的相互依赖增加了进行跨部门交易的诱因。此外,当两个部门之间出现冲突的时候,总统制由于缺少信任投票这样一种制度出口,所以有可能出现政治上的僵局;而在议会制之下,可以在不产生宪法危机的情况下使一个政府相对平稳地过渡到另一个政府。这些因素增加了分权制之下政府机构间发生冲突的可能性,并可能引发政体危机,无论政党偏好的分配如何。

其他学者如曼瓦宁(Mainwaring 1993)和琼斯(Jones 1995)进一步指出,在多党制情况下,由于跨部门的协调更为困难、现存的问题更容易被加重,因此冲突的产生和持续的可能性更大,也更容易形成危机局势。这些学者同样认为,虽然少数派政府和联合政府在所有的民主体制下都很常见,但议会制富更有弹性,因为总理要依赖议会才能保住自身的权力。因此,尽管行政—立法机构的冲突在总统制之下并非不可避免,但它的确更容易发生,也更容易导致真正的危机。

在这一部分,主要评介最近一些关于分权体制下政体危机起源的争论。学者们都认为,总统制发生危机的频率要高于议会制,但他们对于导致危机局势的因素有不同看法。普列泽沃斯基及其合作者的著作(Adam Przeworski et al.2000)成为近来这一争论中最引人注目的一部。与那些认为碎片化的政党制度导致了政体不稳定的学者不同,普列泽沃斯基等人再次证明,总统制确实比议会制更脆弱,但他们对政党制度的特性与总统制政体的脆弱性之间的联系提出了质疑。

普列泽沃斯基等人再次证实了现有研究的结论,即下院多数党的缺乏与总统制政体的崩溃相关(2000,134页)。但他们同时又认为,最大党的规模与政体崩溃无关(同上)。这两个论点都可能正确,但它们都忽略了问题的核心:议会多数(一个或数个政党)是总统的联盟还是反对者。如果我们不清楚最大政党及其他政党的政治取向,则认为最大党的规模与政体崩溃之间存在任何关系的假设都缺乏理论依据。因此,普列泽沃斯基等人试图将最大党的规模与总统制的脆弱性联系起来,这对我们理解政体脆弱性没有什么帮助,因为这个特定的变量取决于对如下问题的回答:总统所在政党的规模和/或总统的执政联盟的规模是否决定着治理的成效。

普列泽沃斯基等人试图否认以下的观点,即总统制政体的崩溃与立法机关的碎片化有关系,后者的测量指标则是这一机构中有效政党的数量。尽管这个观点也常被引用,但碎片化与政体危机之间的关系从来就没有得到充分的证明,因为和"最大党"一样,有效政党的数量也是一个受环境影响的因素,它同样取决于政党的政治取向。另外,在有效政党的数量相近的情况下,存在着多种联盟的可能性,这取决于总统来自哪个政党以及哪些政党与总统结盟。

比如有三个政党,每个占据30%的议席份额,另有一个政党得到剩下的10%,因此

有效政党数为 3.57。最小党为左翼,总统所在党居中,剩下的两个党居于右翼。总统
与左翼政党结成联盟,另两个政党则成为反对党。要把有效政党数与政体崩溃关联起
来,尚需回答以下的问题,即与总统的政党得到了 40% 的议席、而得到了 60% 席位的另
一个党拒绝与总统结盟相比,上述情况要糟糕。后者的有效政党数为 1.92。也许这是
两种同样麻烦的情形——也许不是——但我们不能依靠有效政党数来确定这一点。[①]
简言之,普列泽沃斯基等人的观点(如同其他学者一样)依赖的是需要由情景决定、且
理论价值有限的指标。[②]

　　这里提出的方法论问题同样使人质疑切巴布(Cheibub 2002)及切巴布和李蒙治
(Cheibub and Limongi 2002)的结论。他们认为,总统制与多党制的结合并不比多党议
会制更不稳定,但他们的论文建立在与普列泽沃斯基等人类似的数据和观点基础之上。
例如切巴布(Cheibub 2002,第 3 页)认为"少数派的总统,少数派政府和僵局不会影响
总统制民主政体的稳定",而他的论点与普列泽沃斯基等人(2000,134 页)关于少数派
政府的结论相左,后者建立在一个关于僵局的比较狭隘的定义的基础之上,而且采用了
和普列泽沃斯基等人类似的关于有效政党数的观点。

　　在这些问题上研究如何进展?学者们不应再依据有效政党数或者是否存在少数政
府这类简单的指标,而应该研究立法机构中总统所在党和/或执政联盟的规模、内阁职
位的分配以及意识形态的极端化程度之间的关系。前两个方面相对比较容易操作,而
第三个方面则不可避免地需要依赖专家的判断。针对总统所在政党的规模与政体崩溃
之间的关系的推测,图 29.1 标绘了给定年份中总统制崩溃的(绝对)概率与总统党规
模之间的关系。[③]

　　以上两者相互关系显然印证了之前的假设。在总统的支持率最低的时候,总统制
崩溃的概率是 0.09,而总统的支持率最高的时候,相对应的概率是 0.03,前者是后者的
整整三倍(在总统党规模的中点上概率为 0.05)。这一发现将研究带回文献中的一个

---

　　①　普列泽沃斯基等人的分析在方法论方面还存在其他一些问题。其中之一是,他们使用的数据
表明,102 个总统制国家中,有 40 个的有效政党数大于 4,这个数据来自瑞士。这里存在错误分类。瑞
士并非总统制国家,因为它不符合总统制的基本要求,即立法机关和行政机关的来源和存续都相互独
立。瑞士的行政委员会是由议会正式选举的,这就是说它们的来源并不相互独立,虽然存续是把这 40
个国家进行重新分类会把其中相当部分有效政党数较高的"稳定政体"排除在外。

　　②　普列泽沃斯基等人对特定案例的归类方式也可受到质疑。例如,他们判定秘鲁的民主制在
1989 年已经崩溃(2000,100 页)。由于只有 24 个总统制崩溃的案例,所以这个判断改变了总体结果。
1989 年秘鲁的有效政党数为 2.31,1992 年为 4.10,实际上就在这一年藤森解散议会开始独裁。普列泽
沃斯基等人奇怪的归类有利于证实他们的假设,但如果把 1989 年的秘鲁归于民主政权,则他们的假设
就不成立了。

　　③　我收集了总统所在政党规模的数据,以与普列泽沃斯基等人的数据库相匹配。

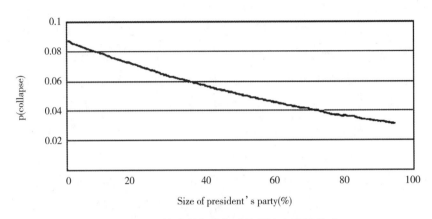

图 29.1　总统党的规模与政体崩溃之间的关系

关键论点:总统所在党和执政联盟的规模对于认识分权制下的治理动力机制至关重要。对于总统制的表现和稳定性的研究因此应该从关注政党的碎片化转向关注以下三者之间互动带来的可能影响:总统所在政党的规模及其在政策空间中的位置、内阁权力的分配,以及立法机构中意识形态极端化的程度与特性。这些变量的某种结合也许可以提供理解分权制下治理效果的线索。①

尽管学术界依然在争论总统制比议会制更容易崩溃的原因,但幸运的是,政体"崩溃"的频率与过去几十年相比小了很多。这表明军方与非军方之间的关系,以及国内和国际层面对于军事政变的容忍度出现了重大变化。但政体崩溃少了不代表政体危机也随之减少了。危机的根源是什么呢? 答案可能是经济崩溃,或者社会关系的紧张。政治制度也可能有影响。政体危机的反复出现——即使它们并没有导致政体崩溃——迫使我们审视一个长期性的问题:政党制特征、分权和政体表现之间的关系。

新的研究为以下假设提供了进一步的支持,即尽管总统制并不必然导致政体危机,但分权体制下某种特定的政党制度的确与治理危机之间存在着更高的相关性。霍赫希泰特勒(Hochstetler 2005)发现,从 1978 年到 2004 年,非军方的政治行为者在南美的 10 个国家中对 42% 的当选总统提出正式挑战,试图迫使他们在任期未结束之前下台。最终,24% 的总统经过弹劾和/或辞职提前去职,而且和以往的时代不同,文职人员而非军事领袖成为他们的继任者。霍赫希泰特勒的主要目的,是强调街头抗议在决定哪些总统下台的过程中发挥了关键作用。但是她也指出,另一个决定危机是否发生及

————————————

①　波瓦克斯认为,总统制崩溃的可能性之所以相对更大,是在某些经济条件下制度与政治家的寻租行为相结合的结果(可参见 Boix 2005a)。这一研究建立在波瓦克斯早先提出的理论的基础之上(例如 Boix 2003)。

其最终结果的关键因素是总统是否得到议会多数的支持。正如表 29.3 所示,她发现,如果总统得不到多数的支持,则更可能受到挑战并且被迫去职。

表 29.3 对总统挑战的频率

	多 数	少 数	总 计
未受挑战	7(77%)	17(53%)	24(55%)
受到挑战	2(22%)	15(47%)	17(42%)
总数	9	32	41
去职(总数中的百分比)	1(11%)	9(28%)	10(24%)

霍赫希泰特勒提出了三个重要观点:第一,传统的对于总统威权和合法性的挑战今天依然存在,虽然军队已经不再像过去那样卷入政治。第二,挑战总统的不止是政治精英,民众抗议和有组织的社会运动也扮演了重要角色。第三,民众抗议、立法机构中政党支持的分布和总统制危机之间存在着因果联系。这些发现仅限于 10 个国家,但是将其推广到更大范围应该是一件非常有意义的工作。我们能将霍赫希泰特勒的发现推广到全世界的所有政体吗?在一个世界范围内军队对政治的干预已经有所收敛的时代,只有总统制更容易出现危机吗?半总统制是否还更脆弱?在议会制之下发生类似危机的可能性有多大?

对总统权威的严重挑战的频率引出了一个重要问题:这样的危机是不是就那么坏?毕竟,如果挑战成功,会使权力转移到民选政治家而非军方或者独裁者手中。从某种重要的意义上说,这恰恰说明民主政治制度的正常运行。也许从过程和结果来看,这样的危机更像议会之下的信任投票而非军事政变。另一方面,即使短暂的政治危机也会常常导致社会冲突或者经济困难。因此两个重要的研究议题摆在我们面前:经济与社会环境类似的情况下,总统制危机的发生率(10 个国家 42% 的民选总统)与其他民主政体相比孰高孰低;以及这类危机的结果究竟如何。如果总统制之下危机的频率更高,而且导致了严重的政治、社会和/或经济后果,那么我们就可以确认另外一种“总统制的危险”。如果实际情况相反,那么我们就可以认为,这是分权制在军队缺乏介入政治的意愿时解决政治僵局的一种机制。

也许总统受到挑战后对抗议的镇压引发的社会冲突、罢工、死亡,或者对人权的违反确实比信任投票之后更严重。也许对总统的挑战与/或总统的去职会导致经济或者社会危机,这或者是因为现任总统虽然躲过一劫但在政治上受到了削弱,或者是因为总统下台之后恢复控制的文职官员不具备统治的合法性。如果情况的确如此,那么即使没有军队的介入,而且不存在政体"崩溃"的问题,从规范意义上讲,总统制仍然表现不佳。到底什么构成了"政体危机",以及当"政体崩溃"不再如此频繁的时候此类危机会带来什么样的结果,这些问题会推动学者们从比较的视角重新审视总统制之下的治理。

这部分我探讨了关于总统制是否导致了民主政体崩溃的近期争论。证据表明,总统制并不必然直接导致政体崩溃或政体危机,但它可能使危机和/或崩溃更容易发生。另外,证据也依然支持总统制和多党制的确"难于结合"的观点。但是,总统制、多党制和治理之间的关联依然不甚明朗。

六、分权、代表性与回应制

我在以上各部分回顾了一类研究,它支持这样一种观点,即分权影响了政策过程与政策输出,也影响了民主制存续和发展的机会。这些也许都是真实的,但是选民们对此是否知道、又是否在意? 在选民对政府的信心,或者他们影响政治过程和政治输出的能力方面,分权又造成了什么样的影响? 在不同的民主政体之下,民主代议制究竟有没有好坏之分,还是仅仅"不同"? 在不同的民主政府形式下,选民是否能够在同等程度上、以类似的方式让政府对他们负责? 在本章涉及的所有相关研究领域中,代表性和回应的问题得到的关注是最少的。

舒加和卡雷(Shugart and Carey 1992)认为,总统制相对议会制的优势之一在于,它可以同时在国家和地方两个层面上把代表性和政治责任最大化。但对于这个假设尚少有研究。在不同政体中,选民们到底是把总统和议员等同还是区别看待? 不同政体类型对于代表性的不同期望是否影响了选民对于民主制或者现任执政者表现的满意程度?"托管代表"(Przeworski,Stokes,and Manin 1999)在不同民主政体间的区别到底有多大?

例如,斯托克斯(Susan Stokes 1999,2001)发现,与获得单一政党多数支持的总统相比,少数派和执政联盟推举的总统更容易在政策上"急转弯"。约翰逊和克里斯普(Johnson and Crisp 2003)完善了这一观点,并在此基础上进一步发现,选民推断总统未来政策立场的能力比较低,但是政党凝聚力和政党的意识形态能够有效地预示议会中政党未来的政策行为。斯托克斯的著作以及约翰逊和克里斯普的论文之所以值得一提,是因为它们都试图对不同的总统制国家在选举中反映出来的选民偏好与政策输出之间的联系进行系统的检验。他们需要进一步回答的问题,是在不同的民主政体之下这种联系是强、是弱,还是仅仅各不相同。

在这方面我的推测是(Samuels 2002;Samuels and Shugart 2003),委托代表在总统制

之下的可能性更小,因为行政机构的单边性权力、目标的分立,以及总统制与议会制之下政党结构的不同,会鼓励选民和政治家采取不同的行为,进而导致对代表概念的理解不同以及结果的不同。这一假设显然与前文提到的总统制"更少决断性而更多坚定性"的观点相悖;因此目前这只能算是从理论上导出但尚未证实的假设。对于不同宪政框架下民主代表性的特性和范围这样一些关键性的问题,在比较政治研究中仍然少有问津。

应该如何推进对分权制之下民主代表性可能的区别这一问题的研究?"竞选纲领计划"(Klingemann,Hofferbert,and Budge 1994)对不同民主政体进行比较,以判断不同宪政体制下,政党坚守或者违反其政治纲领的程度,但类似的研究在代表性问题上尚未出现。这样的计划要求克服方法论方面和实证方面的诸多困难,但其成果也会是丰厚的。

同样,我们也尚未看到任何将鲍威尔(Powell 2000)的假设(现在仅包括一个纯总统制国家)推广到稳定的民主政体之外的尝试。鲍威尔的著作——从更广泛的意义上说也是一套研究议题——关注的是"多数民主"和"比例民主"之间的区别。他大致的结论是,每一种民主制都以自己的方式运行良好,但"比例民主"更加优越,因为在这种制度下公民与政府的政策一致性相对更高。我的看法是,对于比较不同的民主政体而言,比例民主和多数民主的区分尚不充分,因为总统制和半总统制都可以结合这两种民主(这一点对于李普哈特对民主制进行比较的方法也适用)。从本质上说,行政机构的选举显然是"多数民主",而立法机构的选举则既可以是多数民主,也可以是比例民主(其至还可以结合两种因素,例如多层选举制)。实际上,大多数现实中的分权制国家确实结合了两种民主的因素。因此,我们恐怕也需要重新思考我们对民主制度的"表现"加以判断的基础(Samuels and Shugart 2003)。关于另一种有希望的研究路径,可参见(Carroll and Shugart 2005)。

与代表性一样,不同民主政体之下回应制的性质很大程度上也有待深入研究。有大量的研究成果是关于"责任的清楚度"的(如 Powell and Whitten 1993;Anderson 2000),认为在相对简单的选举和政党制度下回应制更有可能实现。相反,比较复杂的制度模糊了谁应该为政府输出负责的问题,从而使选民难以确认谁应受奖,谁该受罚。这方面的研究多集中于欧洲议会的选举。关于总统制,舒加和卡雷(Shugart and Carey 1992)认为不同的制度形式会促进或者阻碍选举责任。在最近发表的一篇文章中,我尝试从经验的角度探讨这一概念(Samuels 2004),并发现当行政与立法机构的选举不同时进行时(这在议会制下是不可能的),选民对于经济状况的反映相对微弱。相反,当两种选举同时进行的时候,选民因经济状况对政府官员的回报或处罚能力就会增强。

这一成果印证了林茨对于总统制"双重的民主合法性"的批评,即它迷惑了选民并阻碍了他们要求政府回应。不过,虽然有形式上的分权,但那些使行政与立法机构的选举更密切地联系起来的制度,还是会导致"统一的民主合法性"。当选举同时进行时,选民易于把现任的行政首脑和他在议会中的支持者视为同党,并据此作出评判——不管现任总统是否有意谋求连任。但是,选举的循环、其他的制度因素,以及政党制度都会弱化责任问题,有时在国家的经济状况方面还会出现更多要求行政机构回应而较少要求立法机构回应的情况。

然而这些发现并没有回答不同政体下选举回应制的区别的问题。我们有足够理论依据认为这种区别存在。我认为不同民主政体下选民使政府对其负责的关键不在于责任是否*明晰*,而在于如何*分配*政治责任。因此从政治结果来说,选民应该把相对更多的责任归于直接选举的行政首脑而不是并非直接选举的内阁部长们。责任明晰会模糊责任的*性质*,但是如果选民首先不是把责任归于某个行为者,那么*政治制度的复杂性就与责任问题无关*(Samuels and Hellwig 2005)。

从经验上说,如果行政机构与立法机构同时进行选举(在总统制之下),或者行政机构的选举包含在统一的政府选举之内(在半总统制之下),选民们确实会把更多的责任归于经直接的行政选举、而非经议会选举产生的现任行政首脑身上(Samuels Hellwig 2005)。[①] 在某些条件下,选民们在总统制与半总统制之下会把更多的责任归于立法机构中的政党,但在议会制之下则不会(ibid)。总之,从一般情况来看,*总统制与半总统制之下选举与责任的联系会比议会制之下更强*。[②] 这一发现质疑了关于总统制与其他形式的民主制相比,责任问题相对更少的批评(如 Lijphart 1999;Manin,Przeworski,and Stokes 1999)。

七、结 论

宪法上的分权将不同部门的政治家置于不同的制度环境下,并赋予他们特定的行为动机。如果我们相信学者们的成果——传统抑或现代——那么分权"程度"的差异对于政府和公民同样有着重要的政治影响。现代学者的希望,是了解什么样的民主形式能够最好地服务公民的利益,这推动他们进一步探索分权体制的效果。本章总结了围绕"分权有何影响"这一问题的几种关键性的研究脉络。一些结论只是尝试性的,许多看法还很粗浅,但我希望学者们的创造能够发现探索这些重要议题的新路径。

[①] 前者两种选举同时举行的概率约为 75%。在半总统制之下所有选举中,统一的政府选举出现的概率约为 60%。

[②] 相反的观点参见 Nishizawa(2004)。

参考文献

ALMEIDA, A., and CHO, S. 2003. Presidential power and cabinet membership under semi-presidentialism.Paper presented at the meeting of the Midwest Political Science Association,Chicago.

ALTMAN,D.2000.The politics of coalition formation and survival in multiparty presidential democracies: the case of Uruguay,1989–1999.*Party Politics*,6:259–83.

——2001.The politics of coalition formation and survival in multiparty presidential regimes.Unpublished Ph.D.dissertation.University of Notre Dame.

AMORIMNETO,0.1998.Of presidents,parties,and ministers:cabinet formation and legislative decision-making under separation of powers.Unpublished doctoral dissertation.UCSD.

——2002.Presidential cabinets,electoral cycles,and coalition discipline in Brazil.Pp.48–78 in *Legislatures and Democracy in Latin America*, ed. S. Morgenstern and B. Nacif. New York: Cambridge University Press.

——2006.Cabinet formation in presidential democracies.*Comparative Political Studies*(forthcoming).

——and SAMUELS,D.2003.Cabinet partisanship and regime type in contemporary democracies.Paper presented at the annual conference of the American Political Science Association,Philadelphia.

——and SANTOS,F.2001.The executive connection:presidentially-defined factions and party discipline in Brazil.*Party Politics*,7(2):213–34.

——and STROM, K. 2004. Presidents, voters, and non-partisan cabinet members in European parliamentary democracies.Paper presented at the 2004 meeting of the American Political Science Association,Chicago.

——and TAFNER,P.2002.Governos de coalizao e mecanismos de alarme de incendio no controle legislativo das medidas provisorias.*Dados*,45(1).

ANDERSON,C.2000.Economic voting andpolitical context:a comparative perspective.*Electoral Studies*, 19:151–70.

AUSTIN-SMITH, D., and BANKS, J. 1988. Elections, coalitions, and legislative outcomes. *American Political Science Review*,82:405–22.

BAUM,J.R.2002.Presidents have problems too:the logic of intra-branch delegation in new democracies. Unpublished Ph.D.dissertation.UCLA.

BENNETT,A.J.1996.*The American President's Cabinet:From Kennedy to Bush*. New York:St Martins Press.

Boix,C.2003.*Democracy and Redistribution*.New York:Cambridge University Press.

——2005a.Constitutions and democratic breakdowns.Unpublished paper.University of Chicago.

——2005b.The fiscal consequences of federalism.Unpublished paper.University of Chicago.

BRESSER PEREIRA,L.C,MARAVALL,J.M.and PRZEWORSKLA.1993.*Economic Reforms in New De-*

mocracies: *A Social Democratic Approach.* New York: Cambridge University Press.

CAREY, J.M., and SHUGART, M.S.1995.Incentives to cultivate a personal vote: a rank-ordering of electoral formulas.*Electoral Studies*, 14(4): 417-39.

——eds.1998.*Executive Decree Authority.* New York: Cambridge University Press.

CARROLL, R., Cox, G., and PACHÓN, M.2005.How parties create electoral democracy, chapter two. *Legislative Studies Quarterly* (forthcoming).

——and SHUGART, M.2005.Neo-Madisonian theories of Latin American institutions. In *Regimes and Democracy in Latin America*, i: *Theories and Agendas*, ed. G. Munck. New York: Oxford University Press, forthcoming.

CHEIBUB, J.A.2002.Minority governments, deadlock situations, and the survival of presidential democracies.*Comparative Political Studies*, 35: 284-312.

——and LIMONGI, F.2002.Modes of government formation and the survival of democratic regimes: presidentialism and parliamentarism reconsidered.*Annual Review of Political Science*, 5: 151-79.

——PRZEWORSKLA., and SAIEGH, S.2004.Government coalitions and legislative success under presidentialism and parliamentarism.*British Journal of Political Science*, 34(4): 565-87.

CONAGHAN, C.M., MALLOY, J.M., and ABUGATTAS, L.A.1990.Business and the boys: the politics of neoliberalism in the Central Andes.*Latin America Research Review*, 25(2): 3-29.Cox, G.2005.The organization of democratic legislatures. In *The Oxford Handbook of Political Economy*, ed. B. Weingast and D. Wittman. Oxford: Oxford University Press(forthcoming).

——and MCCUBBINS, M. D. 2001. The institutional determinants of economic policy outcomes. In Haggard and McCubbins 2001: 21-63.

——2004.Setting the agenda.Unpublished book MS.Department of Political Science, University of California, San Diego.

——and MORGENSTERN, S.2001.Latin America's reactive presidents and proactive assemblies.*Comparative Politics*, 33(2): 171-89.

DEHEZA, G.I.1997.Gobiernos de coalición en el sistema presidencial: America del Sur. Unpublished doctoral dissertation.European University Institute, Florence.

——1998.Gobiernos de coalición en el sistema presidencial: Américal del Sur.Pp.151-69 in *El presidencialismo renovado: instituciones y cambio político en América Latina*, ed.D.Nohlen and M.Fernández B. Caracas: Nueva Sociedad.

DOMÍNGUEZ, J.1.1997.Technopols: ideas and leaders in freeing politics and markets in Latin America in the 1990s.Ch.1 in *Technopols: Freeing Politics and Markets in Latin America in the 1990s*, ed.J.I. Domínguez.University Park: Pennsylvania State University Press.

ELGIE, R.1999.The politics of semi-presidentialism.Pp.1-21 in *Semi-Presidentialism in Europe*, ed.R. Elgie.Oxford: Oxford University Press.

GAMSON, W.A.1961.A theory of coalition formation.*American Sociological Review*, 26: 373-82.

GERRING, J., and THACKER, S.2004.Political institutions and corruption: the role of unitarism and parliamentarism.*British Journal of Political Science*,34(2):295-330.

HAGGARD,S.,and MCCUBBINS,M.D.2001.Introduction:political institutions and the determinants of public policy.In *Presidents*,*Parliaments*,*and Policy*,ed.S.Haggard and M.D.McCubbins.New York: Cambridge University Press.

HERMENS,F.1941.*Democracy or Anarchy*? Notre Dame,Ind.:University of Notre Dame Press.

HOCHSTETLER, K. 2005. Rethinking presidentialism: challengers and presidential falls in South America.*Comparative Politics* (forthcoming).

HUBER,J.,and MCCARTY,N.2001.Legislative organization,bureaucratic capacity,and delegation in Latin American democracies. Paper presented at the conference on Brazilian Institutions in Comparative Perspective,Oxford University.

——2004.Bureaucratic capacity,delegation,and political reform.*American Political Science Review*,98 (3):481-94.

——and SHIPAN, C. 2002. *Deliberate Discretion? The Institutional Foundations of Bureaucratic Autonomy.*New York:Cambridge University Press.

JOHNSON,G.B.,and CRISP,B.F.2003.Mandates,powers,and policies.*American Journal of Political Science*,47(1):128-42.

JONES,M.P.1995.*Electoral Laws and the Survival of Presidential Democracies.*Notre Dame,Ind.:University of Notre Dame Press.

KLINGEMANN, H.-D., HOFFERBERT, R., and BUDGE, I. 1994. *Parties, Policies and Democracy.* Boulder,Colo.:Westview Press.

KUNICOVÁ,J.2005.Political corruption:another peril of presidentialism? Unpublished paper.California Institute of Technology.

LANZARO,J.ed.2001.*Tipos de presidencialismo y coaliciones políticas en América Latina.*Buenos Aires: CLASCO/ASDI.

LAVER,M.,and SHEPSLE,K.1996.*Making and Breaking Governments: Cabinets and Legislatures in Parliamentary Democracies.*New York:Cambridge University Press.

LIJPHART,A.1999.*Democracies.*New Haven:Yale University Press.

LINZ,J.1990.The perils of presidentialism.*Journal of Democracy*,1(1):51-69.

——1994-Presidential versus parliamentary democracy:does it make a difference? In Linz and Valenzuela 1994:3-87.

——and VALENZUELA, A. eds. 1994. *The Failure of Presidential Democracy*, 2 vols. Baltimore: Johns Hopkins University Press.

MAINWARING,S.1993.Presidentialism,multipartism,and democracy:the difficult combination.*Comparative Political Studies*,26(2):198-228.

——and SHUGART,M.S.19970.Juan Linz,presidentialism,and democracy:a critical appraisal.*Comparative Politics*,29(4):449-72.

——eds.1997b.*Presidentialism and Democracy in Latin America.*New York:Cambridge University Press.

MANIN, B., PRZEWORSKI, A., and STOKES, S.1999.Elections and representation.Pp.29－54 in *Democracy, Accountability, and Representation*, ed.A.Przeworski, S.C.Stokes, and B.Manin.New York: Cambridge University Press.

METCALF, L.K.2000.Measuring presidential power.*Comparative Political Studies*, 33(5):660–85.

MOE, T. M. and CALDWELL, M. 1994. The institutional foundations of democratic government: a comparison of presidential and parliamentary systems.*Journal of Institutional and Theoretical Economics*, 150(1):171–95.

MORGENSTERN, S., and NACIF, B.eds.2002.*Legislatures and Democracy in Latin America.*New York: Cambridge University Press.

NISHIZAWA, Y.2004.Economic voting: do institutions affect the way voters evaluate incumbents? Unpublished paper.Doshisha University.Available at www.doshisha.ac.jp/~ynishiza/.

O'DONNELL, G.1994.Delegative democracy.*Journal of Democracy*, 5:55–69.

PALMER, M.1995.Toward an economics of comparative political organization: examining ministerial responsibility.*Journal of Law, Economics and Organization*, 11(1):164–88.

PERSSON, T, and TABELLINI, G. 2004. *The Economic Effects of Constitutions.* Cambridge, Mass.: MIT Press.

POWELL, G.B., and WHITTEN, G.1993.A cross-national analysis of economic voting: taking account of political context.*American Journal of Political Science*, 37:391–414.

POWER, T.J., and GASIOROWSKI, M.J.1997.Institutional design and democratic consolidation in the Third World.*Comparative Political Studies*, 30(2):123–55.

PRZEWORSKI, A.2003.Institutions matter? Paper prepared for conference on Institutions, Behavior, and Outcomes, CEBRAP Sao Paulo, Brazil.

——STOKES, S.C, and MANIN, B.eds.1999.*Democracy, Accountability, and Representation.* New York: Cambridge University Press.

——ALVAREZ, M.E., CHEIBUB, J.A., and LIMONGI, F. 2000.*Democracy and Development: Political Institutions and Well-Being in the World, 1950–1990.*New York: Cambridge University Press.

ROBERTS, A., and DRUCKMAN, J.Forthcoming.Measuring portfolio salience in eastern European parliamentary democracies.*European Journal of Political Research.*

ROPER, S.D.2002.Are all semipresidential regimes the same? A comparison of premier presidential regimes.*Comparative Politics*, 34(3):253–73.

SAMUELS, D. 2002. Presidentialized parties: the separation of powers and party organization and behavior.*Comparative Political Studies*, 35(4):461–83.

——2004.Presidentialism and accountability for the economy in comparative perspective.*American Political Science Review*, 98(3):425–36.

——and HELLWIG, T. 2005. Democratic regimes and electoral accountability around the world. Paper presented at the 2005 meeting of the American Political Science Association, Washington, DC.

——and SHUGART, M. 2003. Presidentialism, elections, and representation. *Journal of Theoretical*

Politics,15(1):33-60.

SARTORI,G. 1994. *Comparative Constitutional Engineering:An Inquiry into Structures,Incentives and Outcomes.* New York:New York University Press.

SHUGART,M.S.1995.The electoral cycle and institutional sources of divided presidential government.*American Political Science Review*,89(2):327-43.

—— 1999- Presidentialism,parliamentarism,and the provision of collective goods in less- developed countries.*Constitutional Political Economy*,10:53-88.

——and CAREY,J.M. 1992.*Presidents and Assemblies:Constitutional Design and Electoral Dynamics.* New York:Cambridge.

——and HAGGARD,S.2001.Institutions and public policy in presidential systems.In Haggard and McCubbins 2001:64-102.

——and MAINWARING,S.1997.Presidentialism and democracy in Latin America:rethinking the terms of the debate.Pp.12-54 in *Presidentialism and Democracy in Latin America*,ed.S.Mainwaring and M.S.Shugart.New York:Cambridge.

SIAROFF,A.2003.Comparative presidencies:the inadequacy of the presidential,semi presidential and parliamentary distinction.*European Journal of Political Research*,42:287-312.

SIAVELIS,P.M. 2000. Disconnected fire alarms and ineffective police patrols:legislative oversight in postauthoritarian Chile.*Journal of Interamerican Studies and World Affairs*,42(1):71-98.

Stepan,A. ,and SKACH,C.1993.Constitutional frameworks and democratic consolidation:parliamentarism versus presiden-tialism.world politics,46(1):1-22.

STOKES,S.1999.What do policy switches tell us about democracy? In Przeworski,Stokes,and Manin 1999:98-130.

——2001.*Mandates and Democracy:Neoliberalism by Surprise in Latin America.* New York:Cambridge University Press.

STROM,K.1990a.A behavioral theory of competitive political parties.*American Journal of Political Science*,34(2):565-98.

——*1990b.Minority Government and Majority Rule.* New York:Cambridge University Press.

MÜLLER,W.C,and BERGMAN,T. eds. 2003. *Delegation and Accountability in Parliamentary Democracies.* New York:Oxford University Press.

THIBAUT,B.1998.El gobierno de la democracia presidencial:Argentina,Brasil,Chile y Uruguay en una perspectiva comparada.Pp.127-51 in *Ei presidencialismo renovado:instituciones y cambio político en América Latina*,ed.D.Nohlen and M.Fernández B.Caracas:Nueva Sociedad.

TSEBELIS,G.2002.*Veto Players:How Political Institutions Work.* Princeton:Princeton University Press.

WARWICK,P. ,and DRUCKMAN,J.N.2001.Portfolio salience and the proportionality of payoffs in coalition governments.*British Journal of Political Science*,31:627-49.

WOLDENDORP,J. , KEMAN, H. , and BUDGE, 1. 2000. *Party Government in 48 Democracies (1945-1998) :Composition—Duration—Personnel.* Dordrecht:Kluwer Academic Publishers.

第三十章　比较司法政治

约翰·弗里基（John Ferejohn）

弗朗西斯·罗森布鲁斯（Frances Rosenbluth）

查尔斯·施潘（Charles Shipan）

一、导　论

　　由于政治制度建立所有人都应遵守的规则，而不是任由公民遭受专制统治或者处于无政府状态之下时，人们的境遇会改善，很难想象哪一种政治制度不吹嘘自己奉行"法制"。① 通过把解释和实施法律的任务委托给法律专家，政府同意遵守由它自己制定的法律，而法院则可以为了维护"人民的法律"而作出不利于政府的判决。至少从理论上说，很多政治体制之下的政府必须服从这个概念。

　　另一个不那么被广为接受的观念是，法院的权力不仅限于执行，还包括对立法机关制定的法条的审查，甚至有可能推翻后者。在民主制之下，要由一个非多数的专家群体，对由获得多数支持的、以体现社会利益的方式起草的法律加以评判，其正当性的根据是什么？我们将从规范和实证的角度，对支持和反对这两种形式的司法监督的理由进行简要回顾。

　　由于本章着眼点在于比较，因此我们将重点考察各国之间司法权力彼此相异的原因。在美国，司法独立是理所当然之事，各州有一种传统，担心新的联邦司法体系会获得太多的权力，因此坚持增加一些程序性的权利，比如民事案件由陪审团审判。欧洲的民主理论依然与几个世纪以前卢梭式的"主权议会"观念混杂在一起。德国法学家卡

---

　　① 注意"依法而治"（rule by law）指的是政府把法律作为一种控制手段，这与"法律之治"即通常意义上的"法治"（rule of law）有别（Barros 2003）。

尔·施密特(Carl Schmitt)反对司法审查,认为它既会导致政治司法化,也会导致司法政治化(引自 Stone 1992)。当然,在这一点上他是正确的。法院通过司法审查作出的判决往往会产生很大的政治影响,它们也就因此成为未经选举的政治行为体。政治的司法化导致了司法的政治化,因为司法机关重要性的上升,使政治家越来越关注法官的任命和具体的司法过程(Ferejohn 2002)。下文将会提到,美国和欧洲司法机构和过程的差别,并不来自主导的关于人民主权与司法权关系的理论,而是来自于法院独立于政治行为者的制度能力。

施密特所担心的问题,即模糊政治与司法之间的界限是否会成为一种危险的倾向,取决于人们如何判断让法院捍卫一套等级制的法律原则本身的损益。第二次世界大战之后民主化的国家,普遍接受了通过某个特别授权的法院明确行使宪法监督权的观念,这大概是因为独裁统治的负面经验已经侵蚀了公众对议会主权的信任,或者也侵蚀了他们对司法机构(它们对法西斯主义的法律同样执行不误)的信任(Ferejohn 2002;Ferejohn and Pasquino 2002)

使法院摆脱政治操控则是另一个问题。在设计宪政的阶段,任何一个处于"无知之幕"之后的群体都不能确定什么样的力量能够在未来获得多数,因而会倾向于通过宪法手段对一些基本权利提供保障。但是一旦在立法机构中控制了多数,这些团体就会希望削弱法院的权力,使之难以推翻经过正当程序制定的政策。任命终身任职的法官可以保障法官个人不会因为作出对政府不利的裁决而受到处罚,但如果政府的政治机构可以起草新的法案推翻法院的判决,或者可以通过立法改变司法机构的构成,那么个人的安全就不可能为法院创造出更大的自主空间。单个的独立法官可以联合起来组成政治上不独立的司法体系(Ferejohn 1990)。在这里,一些特殊的制度环境非常重要。由议会多数任命法官从规范的意义上说比较可取,因为这可以形成一个相对来说不具党派性质的,或者至少是意识形态多元的司法系统。但即便如此,法庭自主决定的空间仍然受制于司法系统重组的规则。一般认为,规则的力量与协调反规则的行动所需付出的成本成反比(Hardin 2003b),这就是一个例证。下文将要提到,不管法院的结构和内部组成如何,政府对重组法院所必需的合法人数的要求,是衡量法院活跃程度的最好的单一指标。同时,单有宪法赋予的权力还不够,司法独立也会受到更广泛的制度和政治环境因素的影响。

在一部分第三世界国家,当政治制度不稳定的时候,传统上倾向于推动社会性的建构行为,在这种情况下司法独立更为重要但也更难得到保证。政府为力求自保,可能会放弃对司法任命和晋升的控制,或者赋予法官更广泛的裁判空间,虽然两者很少同时发生。政府还会利用对其持友方态度法官阻挠反对者(Maravall and Przeworski 2003,14

页）。但通过各国内部或者不同国家之间司法独立的变化情况,我们也知道当现任政府的支持岌岌可危的时候,法官就有机会作出对政府不利的判决。更细致地研究导致司法独立的原因,将有助于我们更好地评价关于这一制度的效果的各种论点。

本章其他部分的内容如下。第二节对司法独立进行更系统的定义。第三节介绍对司法独立的规范性和经验性的理论解释。第四节用分类法而非完全实证的方法考察司法系统,从而为未来的研究提供更多开放的通道,也希望能够激发研究者的兴趣。第五节简述我们自己对于经验研究的一些看法,第六节是总结。

二、司法独立的含义

司法独立指法院相对于其他行为者的自主性。就法院能够不受其他政治行为体的影响作出裁定,并且无须担心其他机构施与的后果追求其目标而言,它就是独立的。其他行为者对于法院的人事、案件选择、判决规则、管辖权限以及执行法律的干预程度越高,则法院独立性就越低。换言之,我们可以认为,司法独立就是法院完全根据自己的立场和判断行事的能力。

至少从假想的角度上说,我们很容易想象法院处在完全独立或者毫无独立性这两个极端的情况;但是现实中,长期来看,大多数法院处在这个连续过渡带的中间地位。更为困难的是判断哪些因素影响了司法独立的程度,以及其中每个因素所发挥的作用。我们在后续的部分还会谈到测量的问题。

2.1 对成文法的司法审查

首先我们要区分两种政治行为体可能回应的司法行为。首先,法院会介入成文法的司法审查,其中他们会裁定监管部门的行为或者低级法院的裁决与现行法律相悖。其次,最高法院或者宪法法院会授权裁定立法是否合宪。在许多国家,这种宪法性的司法审查权会赋予宪法法院,它独立于普通司法系统,设置更审慎,自主权力更大。但在类似美国这样的国家中,最高法院即是上诉法院,也行使宪法性的司法审查权,在这些不同的领域,同一个法院可能具有不同程度的自主性。立法机关抗衡不同类别的司法行为的制度障碍,以及它影响法院人事的能力,会在不同领域决定司法独立的程度（Epstein, Segal, and Victor 2002）,我们逐个考查这些问题。

如果法院能够裁决监管部门或者其他政治行为体(如地方政府、低级法院等)的规定与现行法律冲突,那么立法机关在得到有效多数的情况下可以选择通过一个新的法案来使法院的裁决失效。三维模型显示,议会否决的威胁会使法院选择一种与它在拥有完全独立的情况下不同的策略(如 Ferejohn and Shipan 1990)。考虑以下情况:有两位行为者,法官 J 和立法机关(或者更一般地说某位政治家)P,以及某个状态节点 q,它反映了其他某个政治行为体(比如某个部门)选择的政策。假定法官可以进行政策选择而不是简单地投票表示赞成或者反对;立法机关也可以选择对法院裁决的回应方式;而立法机关在这一政策领域中只有当其他行为者,比如法院打破了原有的平衡并且使议会处于一种比现有状态更差的境地时才会采取行动(也许因为某个委员会力图使 q 免受立法行为的影响)。图 30.1 展现了这种情况。

如果法院是独立的,并且无须要担心其裁决被推翻,它会直接选择执行 J,这是它的理想选择。但在这个例子中——以及在大多数政治制度下——议会有机会对于法院的行为作出回应。因此,如果法院试图执行 J,则议会将选择 P 作为回应。法院则会意识到它所能做到的最多是将政策移至 P。实际上,法院为了避免其裁决被推翻,它会被迫考虑议会的立场;作为结果,它只能选择一个与它原来的偏好相去甚远的政策。

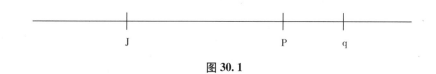

图 30.1

2.2 宪法性司法审查

我们要考虑的第二种法院行为比对管理部门和低级法院规则的裁决更重要,这就是*宪法性司法审查*。[①] 这种司法审查只能由最高法院或宪法法院进行,它们拥有对立法机关通过的法律是否合宪进行审查的宪法权力。从逻辑上说,宪法审查法院与议会之间的策略互动与上文关于否决法院裁定的描述类似,除非立法机关只有通过修改宪法才能推翻法院的裁决,或者重组法院以得到新的裁决。由于推翻宪法性审查或者改变法院的构成通常需要立法机关绝大多数的同意或者其他复杂的程序,所以这些设计也就赋予了法院在进行相关权量时更大的自主权。立法机关中能够形成足够强大的联盟以修改宪法或重组法院,决定了法院在行使司法审查权时实际的自主性程度。

在接下来的部分,我们将考察一些规范性的理论,它们说明为何法院必须独立行使国内法,或者审查法律本身的合宪性。然后再回到经验分析,考察使法院在实际上能够独立于其他政治行为者的制度或其他方面的条件。

---

① 本章的剩余部分中,除非特别注明,否则"司法审查"指的都是宪法性司法审查。

三、对司法独立的解释

3.1 规范性理论

即便是独裁者们,无论真心还是假意,也总会声称法院的使命是捍卫"人民的法律"。司法系统扮演着保护者的角色,约束政府承诺不侵犯财产权,并以此提高私有经济投资的投资水平、减少政府债务支出,并促进经济增长(Landes and Posner 1975;North and Weingast 1989;Kerman and Mahoney 2004;Djankov et al. 2003)。对于这些目的而言,由于司法独立允许法官在不受政府干预的情况下强制执行契约,所以它可能比司法审查更重要,因为后者的重点不在于保护个人利益不受侵犯。

司法审查权并没有被普遍接受,尤其是在民主政体中,因为它把对宪法价值的阐释和捍卫置于经合法程序通过的法律之上,把法院置于拥有多数支持的机构之上。司法审查最直接的规范性理由也许是,从无知之幕背后来看,如果一个社会由以保护权利和义务为目标的、以公平的方式确立的宪法原则加以管理,则每个人的利益都能够得到增进;同时如果由法律专家而非受到变动不居的多数支持的政治家来保护这些权利与义务,特别是对少数来说,效果会更好。即便不诉诸尚待法学专家为我们解释的对"自然法"信仰,我们也能够清楚地发现,让某个政治行为者捍卫一些得到人们普遍认同的原则(比如说政治平等)并不是最好的选择,因为他们会有选择地保护这些原则。支撑这些理由的一个基本理念是宪法原则比具体的法律更为基础,因为后者可能是政治交易的结果,会以其他人政治权利的受损为代价。

对于某种形式的司法独立,民主制有一套系统的抵御措施。民主主义者坚持立法机关或者人民应该最终决定法院的管辖权。但在实践中,民主制通常还是通过赋予法官终身或者长期任职、保障其收入,以及把重组法院的程序设置得非常复杂,从而支持了其他一些形式的司法独立。

另一种从公共利益出发支持司法独立的论点认为,如果不存在对立法行动的事后监督,那么对法律可能在未来产生的后果的信息不全,会导致过度保守的法律。就我们所知,目前还没有人从经验角度对这一立场进行检验。但至少从假定的角度来看,拥有宪法性司法审查制度的国家在立法方面会采取风险更大的途径,而且即便立法受到错误理念的影响,立法机关也不会因其后果受到指责,因为法院可以在相当短时间内纠正它们(Rogers 2001)。不过,如果人们对司法机关是否对公众负责抱有疑问,尤其是如果人们认为司法机关拥有与公众利益不一致的自己的目标,那么这个逻辑就不存在了。

的确,从欧洲传统来看,作为人民主权体现的立法机关是民主制之下最好的决策机构,因此欧洲人长期以来一直反对司法独立。法官们自身也可能会反复无常,或者专横跋扈,正如某些美洲殖民者所恐惧的,或者尼日利亚民众所经历的那样,因此保护少数群体权利这个问题最好的解决之道,或许是在立法机关中赋予它们更大的发言权(Olowofoyeku 1989;Shapiro 2002)。还有人认为,法律渐进主义倾向于挫败激进改革,因而天然地有利于保守倾向。

这一争论可以简化为一个经验性的权量问题,即是通过法院还是立法机关来保护公民的政治权利和其他权利,而如果对各相关国家的政治制度和政治进程没有深切的认识,这个问题没有办法得到回答。在结论部分我们还会回到这些问题,但现在暂且避开规范性的争论,只需要指出的是,公共利益很少会成为政治家采取某种特定的制度安排的充分理由。正如霍尔姆斯(Stephen Holmes)的妙语所言,法律并非是从一个"具有更高标准的天堂"降落人世(Holmes 2003,53 页)。或者用艾尔斯特的话来说,"没什么东西能够置身于社会之外"(Jon Elster 1989,196 页)。如果政治家可以通过食言获得好处,他们为何要束缚自己的手脚?即使同一批行为者之间长期的互动会使政治家愿意把监管的权威交给法院,以约束竞争,但从大众定理(Folk Theorem)可知,这并不排除达成其他均衡的可能性。我们现在转向实证主义的描述,更近距离地观察政治家的动机。

3.2 政治独立

对于相比之下,某些司法系统可能在政治上更独立,或者具有更大的政治影响力的原因,有多种解释。① 在这里,我们重点关注的是政治分裂如何给予法院提供了某些独立行动的空间。当选政治家可以采用不同的手段影响法院的行动,例如任命他们喜欢的法官,通过可以推翻法院裁决的法律,或者甚至修改宪法。但在每个具体的案例中,政治家们只有在他们足够团结一致,能够集聚立法机关中多数支持的时候才会采取这些措施。这种思想路线表明,政治分歧乃是推测司法独立的一项重要指标,或者反过来,政治团结乃是推测司法软弱的指标。

---

① 有些学者强调普通法与成文法国家不同的传统(如 Djankov et al. 2003),但我们认为这也许会忽略法律政治中更深层的制度原因。另一些学者则把司法独立视为立法机关有意授权的结果(Landes and Posner 1975;McCubbins and Schwartz 1984;Graber 1993;Salzberger 1993)。我们认为,授权模式通常无法说明在什么情况下,就那些双方都认为可以解决的问题,甚至是在短期内就可以解决的问题,一个独立的司法系统会不给立法机关出难题(此句原文为"We think delegative models often fail to show the conditions under which an independent judiciary would be less trouble for the legislature than the problems they are supposed to solve,…"句中"than"有误。——译者)。从根本上说,它们通常并没有说明,那些相互竞争的政党是如何达成一致,不染指司法事务的。参见 Ramseyer and Rosenbluth(1993)。

根据这个观点,在一个政治系统中政治行为体越是分散,则法院获得的自主空间就越大。在分裂的政治系统中,法院无须太担心受到报复或者被否决。[①] 我们可以重新回顾一下早先的那个图表来说明这一点。假设在图 30.1 中标示的行为者基础之上,增加一个独立于议会的行为者即行政部门,标记为 E。再假设议会和行政部门必须达成一致才能使法律通过。在前面的例子中,法院不可能执行其最偏好的政策,而只能被迫选择议会更可能接受的政策。但现在,如果当行政部门位于法院左侧,而议会位于法院右侧时,法院就可以自由无碍地追求自己的目标,因此选择 J。之所以能够如此,是因为其他政治行为体的分裂使它们不能联合起来推翻法院的政策选择。

图 30.2

如图 30.2 所示,分裂可能出现在立法与行政机构之间,这与分权体制下不同政府部门之间的情况类似。但是,分裂并不限于议会和行政部门之间的分歧,也不是说在这种制度下就一定会出现。比如说,在单一制政府中出现分裂的可能性要比分权制政府小很多。另外分裂也可能出现在两院制的上下院之间(如果上院拥有立法权),或者执政联盟的参与者之间。一句话,分裂可能存在于诸多制度中。另外,一个政治系统中的分裂程度可能随时间而变化,从而对司法独立产生不同的影响。

现在让我们考察分裂假说对于政治家们的影响,即他们因此会如何运用任命权、立法否决权,或者修宪法权来保证法院与他们的偏好相一致。在许多政治体系中,特别是在几乎所有习惯法系统中,法官是由当选的政治家任命的,但在所有情况下,政治一致性都会在相当程度上决定任命权对法院独立性的实际影响。[②] 这里存在很多种可能性,而且深入了解制度的细节,对于认识在运用任命权牵制司法机构方面,政治部门之间以及政治部门内部能够多大程度上达成一致很重要。在某些国家,比如德国,责任由联邦和州层面的政治家分担,联邦众议院任命宪法法院的一半法官,联邦参议院则代表各州指定另一半。最终的司法任命取决于这两个机构中的党派构成,可能会容纳各党

---

① Bednar,Eskridge,and Ferejohn(2001)认为政治分裂是司法独立的成因之一,而 Ferejohn(2002)则把分裂视为政治司法化的原因之一。他认为,在分裂的政治系统中,政府进行决策的能力下降,所以这些决策会被移交到法院手里。这显然与政治分歧导致司法独立的论点有关——在这些系统中,一旦法院行动,政治分歧会减少政府对法院采取对抗性和强制性回应的可能性。参见 Chavez,Ferejohn,and Weingast(2004)。

② 对于不同选择机制的详细考察,参见 Epstein、Knight,and Shvetsova(2001)。

派的人选,从而使任何统一的联盟都难于控制。① 在某些实行分权制的国家比如美国,这种责任由行政机构与立法机构共同承担,所以它们也一同对司法机构发挥影响,但哪一方的影响更大则随时间不同而变化(Moraski and Shipan 1999)。与此类似,在俄罗斯和法国,由总统和两院议长任命宪法法院的法官及其他成员。另一方面,在墨西哥,总统几乎完全主导这一进程并亲自选择法官。在南非,非党的司法服务局推举法官就任于最高法院;随后总统自己从中选择一部分,并与首席法官一同选择另一部分。在许多议会制国家,司法任命权掌握在联合政府手里,但对任命的批准需要绝大多数的同意,这就要求议会中存在一个广泛的政治联盟以支持政府的选择。②

就法官任职需由当选的政治家决定而言,司法独立是受到限制的。立法机关中团结的多数也会影响法院判决的程序,进而影响司法行动的结果。例如在美国,国会有很多途径可以影响法院对管理部门的审查(如 Shipan 1997,2000)。国会可以单独授权某个法院进行审查;可以决定某些行为不在法院审查的范围之内;可以规定法院判决的依据;可以决定法院是否必须尊重部门的专业性;还可以为法院的行动规定期限。另一个例子是德国,联邦众议院本可以允许法院审查政府关于环境方面的决定,但它并没有这么做(Rose-Ackerman 1995)。③ 更普遍的情况是,立法可以改变法院权限,并因此改变其裁量权。而且它们也可以简化诉讼程序,增加法院需要受理案件的种类(Smith,forthcoming)。但是如果政治家之间存在分歧,那么这些权力影响就有限了。

能够回应法院判决的政治行为体之间的团结,也会增加他们通过其他手段限制司法独立的能力。立法机关可以通过法律,以多种方式影响法院的人事而限制司法独立,比如限制法官的任期或者削减法官的薪酬,在议会内部分裂程度较低的时候这种影响更大。当然,团结一致并非限制司法独立的充分条件。过往的立法机关也许会采取某些行动,让这些事情处于立法干预之外而使未来的立法机关难以对法院下手。司法机关的人事和管辖权可以由宪法赋予,也可以简单地由立法机关的多数赋予,还可以处在两者之间,这种区别会使司法机关的政治独立产生实质性的差别。

下一节我们要研究在不同司法制度下任命、否决以及修宪的制度规则怎样影响政治与司法行为体的互动。美国的案例在某种意义上并不具典型性,因为宪法中没有明

---

① 另外,任命需得到 2/3 的绝大多数通过,这有效地保证了大的政党在任命问题上的否决权(Vanberg,forthcoming)。

② 美国的各州为研究法官的选择机制提供了另一个比较的平台。毫不奇怪,我们可以看到各不相同的方式——一些法官由州长任命,一些由州长与州议会共同任命,另一些由委员会任命,还有一些由选举产生,等等。

③ 罗斯—阿克尔曼认为:"众议院多数无意让法院审查官僚的政策制定过程。独立的司法机构可能会作出一些让执政联盟困扰的裁决"(Rose-Ackerman 1995,12)。

确规定司法审查权;但它为观察政治上的团结或者分裂如何影响法院自主权范围提供了很好的材料。然后我们要考查其他的总统制和议会制国家的情况,无论它们有没有宪法法院。

四、现实中的政治分裂

4.1 美国的司法系统

美国宪法并未规定司法系统应该成为宪法的守护者,保证其他机构的行为与宪法原则相一致。是最高法院法官约翰·马歇尔 1803 年在具有里程碑性质的马布里诉麦迪逊一案中宣示了法院的司法审查权,而政府的其他部门也都认可了这个声明。这个案子的讽刺之处在于,最高法院法官都是由联邦党人任命的,但由于当时在战略上处于弱势,所以他们并没有对杰弗逊政府运用司法审查权。托马斯·杰弗逊的民主共和党不仅赢得了总统大选,还从约翰·亚当斯的联邦党人手中夺走了国会中的压倒多数。联邦党人在离任之前匆匆通过一项所谓的"午夜"法案,增设了一些联邦法官席位和其他司法职位,用以任命他们的支持者。这使民主共和党人感到非常恼火。杰弗逊政府一上任,就废止了这一任命法官的法案,并拒绝颁发亚当斯在离开白宫前已经签署的对 5 位新法官的委任状。

马布里就是由联邦党人任命,又被杰弗逊阻止任职的官员之一。他指控新政府未能颁发亚当斯已经签署的司法任命。民主共和党则干脆废止了增设联邦法官的司法条例。马歇尔非常精明,他知道杰弗逊和他在国会中的多数不仅可以起草新的法案,而且杰弗逊还可以动用免责权而无视法院的决定。马歇尔对马布里诉麦迪逊案的判决是高度政治性的。他意识到自己的弱势地位不能进行讨价还价,所以他作出的裁定是:最高法院有权对议会制定的法案是否合宪进行审查,但撤销联邦党人的司法条例是合宪的。马歇尔通过部分推翻国会制定的法令确立了司法审查的原则和先例,同时又规避了法院的判决被总统推翻的风险(Clinton 1994;Knight and Epstein 1996;Chavez,Ferejohn,and Weingast 2004)。

杰弗逊政府接受了马歇尔关于法院宪法特权的大胆宣示,因为他们关心的不是司法审查的原则,而是它会被如何用来对付他们自己。只要马歇尔认识到这么一种基本现实,即联合起来的行政与立法机关完全足以抵制司法体系的扩张,就无须采取任何其他的措施。因此,尽管马歇尔对于司法审查权作出了如此大胆的声明,但直到 1857 年国会因奴隶制和国家分裂问题深陷纷争之中,斯科特对此作出判决之前,法院还是没有裁决过其他任何部门的行为违反宪法。

夏维泽、菲尔约翰和文加斯特(Chavez, Ferejohn, and Weingast 2004)发现,司法部门是采取积极主动还是消极顺从的态度,实际上取决于政府其他部门之间是分裂还是团结,因而具有可预期性。当国会多数坚决站在总统一边时,如果法院对国会立法或者行政命令持反对立场,则不仅会导致国会通过新的法案,而且有可能更糟,即个别法官受到弹劾或者司法自主性受到攻击。上述几位研究者确定了一些因立法—行政部门的联合法院相对弱势的时期,但这些时期都比较短暂而且少见:1800年大选后的数年、杰克逊当选后的数年、内战之后的大约6年以及罗斯福新政的早期。富兰克林·罗斯福有足够强大的同盟,最终改变了法院的意识形态,尽管他一次性地向最高法院"塞进"支持他的法官这一更大胆的企图归于失败。德·费杰列多和梯勒(de Figueiredo and Tiller 1996)指出,参众两院和总统的政治联盟会让法院处于弱势。司法部门和政府其他部门之间的紧张关系,一般会出现在前一时期任命的法官面对政治部门中新的力量组合的时候(Dahl 1957)。如果面对其他部门的联合反对,法院会约束自己的行动,而当司法任命开始使法院与当选部门的立场趋于一致时就更会如此。

4.2 美国之外的总统制国家

关于政治分裂对于司法权力的影响的观点非常适合美国,但它也反映了其他一些总统制国家的情况。阿根廷高等法院的全盛时期从1862年到胡安·贝隆1946年当选总统为止。不同的政党控制了总统职位和立法机关,而控制着立法机关的多数党内部又四分五裂。总统无法把自己的亲信塞进法院,也不能清除那些不合作的法官,他只能尊重宪法条款,只要法官品德端正就必须保证他们终身任职(Chavez, Ferejohn, and Weingast 2004, 19页)。在这一时期,法院为捍卫个人权利、新闻自由以及政治异见的权利而对抗立法和行政部门。但在1946年至1983年总统党控制了国会两院期间,最高法院保持了低调。取代贝隆执政的是阿方辛的激进公民联盟,由于该党在参院中是少数,所以相对弱势,而司法系统则借此宣布诸多阿方辛的政策违宪。梅内姆于1989年接替阿方辛,因为在上下两院中都占据多数,所以其政府要强势得多。毫不奇怪,从政治分裂的相关原理来看,法院又变得温和了(Iaryczower, Spiller, Tommasi 2002; Chavez, Ferejohn, and Weingast 2004)。①

对于其他总统制国家,作为最可能的情况,我们也可以预期司法能动主义与政治部

---

① 尽管Helmke(2002)也提出与分裂逻辑类似的看法,但她还是强调了不同的角度。她提出,尽管最高法院法官的终身任期正式地保证其独立性,但在20世纪30年代到80年代期间,法院成员还是会随着体制变迁而变动。结果法官开始采用策略性行动,例如作出对即将离职的政党相对不利的判决,以及偏向即将上台的政党,等等。

门之间的团结程度反相关。墨西哥法学家珈萨诺瓦（Pablo Gonzalez Casanova）和比较法学家施瓦尔泽（Carl Schwarz）都发现，墨西哥最高法院会有规律地找政府的麻烦（参见Hale 2000）。不过我们更希望了解的，不仅是这些判决给政府制造了多大的困难，而且还有当政府反制最高法院判决的能力较弱时，这类判决是否会成堆出现。

在马科斯1972年宣布戒严之前，菲律宾最高法院被视为"世界上最独立、最重要及最声名卓著的最高法院之一"（Tate and Haynie 1993）。这种说法大致准确，因为马科斯不能操纵政府其他部门，所以他干脆动用军事力量把它们一关了之，并让自己的亲友取而代之。不用说，马科斯亲自挑选的法官都非常恭顺，布托和齐亚·哈克军政府治下的巴基斯坦法院也是如此（Tate 1993）。但是总的来看，司法能动性的波动与法院对总统控制议会多数的能力的期待是相关的。

一个基本观点是，政治分裂为法院提供了某种程度的独立性。当其他的政治机构更加分裂时，法院就无须太担心遭到否决或者报复。他们可以因此自由地挑战政府。

4.3 欧洲传统民主国家的司法权力

既然公众广泛呼吁健全政治、经济权利，为何司法审查在民主国家中并不普遍呢？答案包括两方面。从制度层面上说，议会制之下立法与行政部门的融合排除了机构之间法院自主行动的空间。但制度乃是政治选择的结果，因此即使议会制也可以选择某个机构来行使司法审查的职能，这一点下面会提及。只要选民信任政府具有保障其基本权利的能力，就不大会提出制度调整的需求。

制度的一致性对司法裁量权的影响在沿袭英式民主议会制的国家中最清楚，在这些国家，通常是由一个多数党控制整个行政系统。普通上诉法院首席法官爱德华·科克爵士在1610年宣称："在某些情况下，普通法将控制议会的行动，有的时候可以使之彻底无效。"（Mezey 1983，689页）这句格言在美国的制度环境下发挥了重要作用，但在英国却从来没有成为普遍的实践。

当然，1701年的《王位继承法》规定，除不当的司法实践之外，法官不能被随便免职。这一对法官的保护导致了某种意义上的司法独立。科尔曼和马霍尼（Kerman and Mahoney 2004）指出，该法颁布后股价上涨，原因是投资者相信法院在强制履约方面地位有所增强。萨尔茨伯格和芬（Salzberger and Fenn 1999）发现，英国法官的升迁，取决于他们的观点是否经常被推翻，而非他们是否经常采取一种与政府对立的立场。但同样真实的是，司法系统与政府立场对立的情况比较少，而且都是在政治意义相对较小的问题上（Salzberger 1993；Shapiro 2002；Chalmers 2000）。这恰恰证明我们对于平衡的预期。在政府的立法与行政功能是按一种等级制的方式组织起来的情况下，与议会多数相悖的法院判决很容易被推翻。

实行比例代表制的议会制国家比英式议会民主制更容易出现分裂,因为这些国家通常由拥有不同选民和不同纲领的多个政党联合执政。但即使如此,执政联盟的政党也会按"规则"行事,因此只要联合政府在任,法院就没有理由认为他们能够在不冒被政府否决风险的情况下推翻政府。因为只要立法与行政部门是混合的,法院就没有多少自由行动的空间。

如果在总统制之下,尤其是当政府分裂的时候,法院行使立法审查的能力原则上要更强,那么政治分裂假设的理由也就更充分。但在议会制国家中,仅仅根据政治分裂水平的变动很难对司法独立的程度进行推断。在像瑞士、比利时和卢森堡这样的欧洲国家,宪法明确禁止司法审查。斯堪的纳维亚国家和荷兰虽然存在宪法性司法审查的可能性,但却很少付诸实际。欧洲及其他地区的另外一些国家,包括奥地利、德国、意大利、法国、西班牙、葡萄牙、加拿大、以色列、韩国、南非,以及东欧的后共产主义国家,在第二次世界大战之后的几十年间建立了宪法法院,其明确的目的就是保护公民的政治和经济权利。显然,与政治分裂的系统中司法权力非正式的起起伏伏不同,后面一类国家采取了一种全新的宪法性司法审查的途径。

4.4 欧洲及其他地区的宪法法院

第二次世界大战之后的时代被阿克尔曼(Bruce Ackerman 1997)称为宪政民主的"新纪元",这一时期出现的民主国家对司法体制的选择反映了美国模式和欧洲传统模式之间的某种折中。许多新制定的宪法都包含了司法审查的条款,但这种权力仅属于独立于普通司法系统的、单独设立的宪法法院,同时这一权力也更容易受到政治部门牵制。本节我们仅简单探讨为什么一些国家没有选择美国模式或者欧洲的传统模式,而选择了宪法法院的模式。我们更关心的,实际上是政治上的团结或者分裂对于法院实际运作的影响。当然,这里只能简单地勾画这个问题,更多的研究还需待以时日。

菲尔约翰和帕斯基诺(Ferejohn and Pasquino 2003,250页)指出:"所有国家的宪法法院都具有以保护基本权利为目标的司法管辖权,同时其作用越来越显著。"宪法法院不仅在一般的政治程序上设置重要的限制,而且做得越来越好。也许是因为法院在保护权利方面的效力得到了越来越多的承认,所以执政联盟限制法院自主权的政治空间也越来越小。

*反威权主义反冲。*欧洲宪法法院的概念是由奥地利法学家汉斯·凯尔森(Has Kelsen)在第一次世界大战之后提出的。凯尔森认为,美国式的司法审查制度赋予了美国最高法院以缓慢发展的立法权,而他对法院捍卫宪法的角色的理解要狭隘一些,也更

符合欧洲议会主权的哲学信念(Kelsen 1942;Stone 1992)。虽然奥地利和捷克斯洛伐克
1920 年就设立了宪法法院,但凯尔森的理念直到第二次世界大战之后才在欧洲得以推
广,此时所有经历过法西斯政权的国家都建立了宪法法院。奥地利于 1946 年决定恢复
宪法法院,随后是意大利(1947)和联邦德国(1949)。

意大利和德国建立宪法法院的原因,部分是出于"对痛苦过去的深深厌恶"(Mer-
ryman and Vigoriti 1966—1967),也是为了保护公民免受类似墨索里尼和希特勒曾经作
出的那种政治绑架(Adams and Barile 1953;Cole 1950,967 页)。① 正如弗兰兹·卡夫卡
在小说中所描写的那样,不受法律约束的自由为极权主义提供了专横统治的机会
(Dyzenhaus 1988,vii 页)。

但在这两个国家,议会对司法权力的抗拒来得比执政联盟更迫切。在意大利,只有
当社会党人和共产党人放弃了在议会中获得多数的希望之后,才不再拖延对宪法法院
授权的法案。② 在这两个国家,都是由议会的绝大多数通过了宪法法院的成员名单,使
法官的组成具有广泛的跨党派和无党派特征(Cole 1959,969 页)。当然,政治家还是想
方设法来应付绝大多数人的要求。比如意大利"划分势力范围"的做法,使主要政党瓜
分了法官的职位。同样的情况也出现在西班牙。虽然这意味着法院属性会是多党而不
是无党,但至少还是保证了它不会受任何单一政党控制。

希腊、西班牙和葡萄牙分别于 1975 年、1978 年和 1982 年建立了宪法法院,他们都
采取了类似意大利和德国的模式。随着威权政体在这些国家垮台,民众强烈呼吁通过
司法途径抗衡政府其他部门可能进行的勾结。原本可能会抵制这一动向的多数党大概
也很清楚,如果坚持原来的立场只会以选举中的失败作为代价。

在前共产主义东欧和其他过去实行威权体制的国家,宪法法院的建立也大同小异。
随着 20 世纪 80 年代后期共产主义政权的垮台,波兰议会设立了一个新的法庭,它拥有
特别强大的司法审查权,包括颁布具有普遍有效性的司法解释的权力。从 1989 年至
1994 年间,该法庭共审查过 60 部法律,并判定其中的 40 部违宪(Schwartz 2000,201—
202 页)。这个法庭的成员由议会简单多数决定,任期九年。这个法庭似乎时而代表执
政联盟,时而代表前一届政府的执政联盟。这反映出司法系统能动性的波浪型变化。
早些时候,该法庭的判断可以经由议会中 2/3 多数的否决被推翻,但 1997 年宪法取消
了这一规定(Rose-Ackerman 2004,73 页)。要推翻法院的判定,议会只能视争端的性质

---

① 意大利"公民自由讼案"中相当大一部分都与墨索里尼时代法案的合宪性相关。科尔认为,法
院最早的 40 个判决中,三分之一与法西斯时代的法律和条例的合宪性相关(Cole 1959,980 页)。
② 直到天主教民主党(DC)的政治势力得到明显巩固之前,议会有 8 年的时间不能投票强制执行
这一立法,(LaPalombara 1958;Volcansek 1999)。

或者通过新的法律,或者修改宪法。

在匈牙利,一些圆桌会议的谈判者在 1989 年设立了宪法法院,这是后共产主义政权第一届议会选举之前四个月的事情。为了防止政府操纵法院,其成员必须由议会的一个代表委员会指定,并经议会全体 2/3 多数投票批准(Pogany 1993;Rose-Ackerman 2004,76 页)。在新体制建立之初法院比较活跃,甚至在第一届国会履新之前就推翻了几项法律。1998 年第一届法官们任期届满之后,议会对他们中的大多数没有重新任命,新组成的法院在运用自然法判定宪法规定模棱两可的案件时一直比较保守(Rose-Ackerman 2004,80 页)。这也许是因为执政联盟的巩固把政府的能力转化成了议会中有组织的多数,从而使法院的判决更容易被推翻了。

俄罗斯的叶利钦在 1993 年关闭了议会两年前设立的宪法法院,之后建立了一个总统更容易操控的宪法法院。该法院的 19 名成员不是由杜马选举,而是由总统挑选并经比总统的活动空间更大的联邦委员会批准(Remington 2002)。自此以后,法院一直被强有力的总统所压制而无法积极活动。

韩国 1948 年到 1987 年之间的三部宪法虽然都规定了司法审查权,但在行政部门的压制之下,司法系统根本不可能践行其宪法赋予的特权。1988 年大规模的反政府示威终结了几十年的专制统治,伴随着民主化改革,韩国建立了一个欧洲模式的宪法法院。由于 9 名法官都由总统任命(虽然其中三位必须来自国会的提名,另三位由最高法院首席大法官提名),这个法院能够体现的独立性受到了广泛质疑(West and Yoon 1992)。法院似乎很清楚自己的战略定位,在 1988 年至 1991 年间所审查的 37 部法律中,有 14 部被裁定违宪,但正如杨所指出的,在政治性的案件上,法院还是比较克制(Yang 1993)。但是,法院的自主活动依然让政府不快,尤其是在执政党开始轮替,而政府对法院的构成更难于控制的情况下。在 20 世纪 90 年代早期,执政党曾试图通过修改宪法限制法院的司法管辖权,但因公众的强烈反对而告终。

南非的种族隔离政权崩溃之后,出现了一个支持通过司法权威保护政治权利的广泛联盟,这不仅包括那些过去权利受到侵犯的人,也包括即将失去权力的白人,后者希望能够保证自己在政治上软着陆。1986 年,在宣布人权法案不符合非洲传统两年之后,司法部部长设立了一个人权研究团体。废除种族隔离之后颁布的 1994 年宪法赋予法院强大的司法审查权(Hirschl 2000)。第一届宪法法院中清一色的白人男性法官最终被一群更具代表性的法官所取代。南非的例子表明,司法权力的增强,原因既可能出于新近获得权力的多数的刺激,也可能出于即将失去权力的政府的不安全感。

*非威权主义案例:保护少数群体的议会政治。*在部分国家如法国、加拿大和以色列,法院的宪法角色会因即将或已经离职的政治行为体的刺激而增强,因为对他们来

说,与法院的政治绝缘已经没有价值。作为少数群体的一部分,他们的利益与那些其权利受到更高程度的日常宪法保护的公众、而非统治阶级更具一致性。

大革命后的法国一直在议会主权和强力行政之间反复摇摆,并且周期性地通过宪法设计尝试两者的结合方式。戴高乐时期的第五共和国本想纠正不稳定的议会之下产生的弱势政府的问题。对于司法审查,戴高乐的观点是:"在宪法问题上需要考虑三个方面。首先是国家的最高利益……而这一点由我一人决定。"另两个方面是必须考虑的政治环境,以及法条主义,对最后一点,戴高乐表现出最大程度的鄙夷(引自Beardsley 1975,212 页)。宪法委员会由总统、国民议会和参议院各挑选三人组成,任期9 年。但在早些时候戴高乐主义者控制了所有这三个机构。要启动宪法委员会的司法审查程序,只有诉诸总统或者议会多数党的领袖。

戴高乐于 1969 年去职,此后政府相对弱势,宪法性司法审查的规定也有新的变化。一旦戴高乐主义者在议会中的多数受到削弱,法院就获得了某些自主的空间。1971年,在一件有段时间被称为法国的马布里诉麦迪逊案的案件中,法院废止了一项限制政治结社自由的政府法令(Morton 1988)。更重要的是 1974 年对宪法第 61 条的修正,当时的政府在临近下台之前顺应时势完成了这一工作。这一修正案按规定得到了议会中3/5 多数的通过。它扩大了宪法法院的权限,只要国民议会或者参院中任意 60 位议员提出要求,它就可以对法律的合宪性实施审查。在此之前,只有总统、总理、国民议会议长,或者参议院议长才有权把法律提交宪法法院(Deener 1952)。由于这四方通常都是执政联盟的成员,所以他们不太可能把自己通过的法律付诸审查。这一修正案扩展了法院的行动范围,这我们后面还会加以讨论。

以色列的世俗化政党(工党、梅雷兹党、利库德集团自由党支部等)在一系列议会选举中集体败给了宗教型政党和少数派政党后,于 1992 年建立了司法审查制度。仅一个代表新市镇和贫困城郊地区东正教选民的沙斯党,国会席位就从 1984 年的 4 个增加到 1996年的 10 个,再增加到 1999 年的 17 个,一举成为工党和利库德集团之后的国会第三大党(Hirschl 2000,109 页)。1949 年的时候,代表世俗中产阶级选民的以色列工人党(工党前身)是压倒性的政党,因此没有任何理由把权力让渡给司法系统,但现在已经情况迥异。代表世俗选民的各政党组成联盟,以建立一套强有力的司法监督体制,保护其选民的政治与经济权利不受议会中不断变动的多数侵害(Hirschl 2000;Hofnung 1996)。

4.5 影响:宪法法院制度中的司法政治

宪法法院的实际作用如何,它们的权力和美国最高法院的权力有什么不同? 宪法法院权力范围的不同,不仅是因为为其授权的规定各不相同,而且也因为政治部门之间的团结性有所不同。但不管怎么说,由于任命宪法法院的法官或者修改宪法通常都需要绝对多数的支持,因此议会要对宪法法院的作为施加影响就必须在其内部形成非常高程度的一致性。

现行的法国宪法结合了总统制和议会制的特点,在总统不能控制非常大的议会联盟时为宪法法院提供了自由行动的空间。立法机关中的少数曾多次利用 1974 年宪法修正案,组织任意 61 位议员要求宪法法院审查议案。社会党曾反对这项修正案,但也常常利用它要求宪法委员会对德斯坦政府的立法进行审查。到 20 世纪 80 年代早期,当密特朗政府开始试图进行工业国有化的时候,又轮到了保守派这么做(Morton 1988)。在代表持股选民利益的右翼政党要求下,法院要求对以前的私人所有者提供全额补偿,从而使国有化的成本比政府的预期提高了 28%(Stone 1992)。

即使对于团结一致的联合政府来说,在法院的偏好比政府更接近选民的时候,前者也有可能获得更大的行动空间。罗曼(Susanne Lohmann)发现,公众意见能够增强中央银行实际的独立性,凡贝格(Vanberg 2001, forthcoming)在宪法法院的问题上也指出了类似的现象,即德国政府在其支持率不太高,同时立法进程又比较透明的情况下,如果预料到宪法法院会作出否定的判决,就有可能对立法进行调整。

五、独立性的经验测量

上面的部分对不同类型的司法体系的运作及其差异进行了一种类型学的概览,并通过考察一些随机性的事件检验了相关论点。本节我们要考虑的是,如何在今后的研究中对我们所提出的各种命题进行更为严格的经验验证。

如前所述,理解司法独立这一概念的困难之一是对独立性如何进行测量。我们可以确立这个概念的不同方面——比如,政府回应法院判决的难易程度,以及政府在回应这一裁决时的不同选择——但确定这些方面不能直接提供可供我们对独立性进行检验的标准。另外,政府在回应法院判决时可以利用的一系列手段在不同的政治制度下会以不同组合的方式存在,很难确定它们中的每一个应该得到什么样的权重。

学者们能做的,是依靠一些替代的方法。也就是说,我们并不是通过考察并加总独立性的构成因素而对其进行直接测量,而是寻找某种对司法系统在不同水平的独立性之下能够采取的行为进行测量的方法。有两种方式是合适而且有用的。第一,我们可以考察法院推翻政府行为的频率;第二,我们可以考察法院对政府国有化尝试的反应。以下首先分别探讨这两个方面,然后确定这些行为在什么条件下更有可能发生。

5.1 推翻政府行为

在政府能够推翻法院判决的范围和政府变更法院人员构成的难易程度方面,不同政治体系的情况各不相同。这两种行为对司法独立的确立都具有重要意义:如果政府拥有对法院人事的支配权,或者能轻易推翻其决定,那么我们很难指望法院能够独立行事。此之相反,法院独立行动的一个指标,就是它拥有推翻政府行为的意愿。因此,比较不同政治体系之间司法独立水平的一个方法,就是考察法院推翻政府行为的频率。更具体地说,学者们可以考察宪法法院或者至少是拥有宪法性权力的法院(在那些没有独立宪法法院的国家中)判决政府通过的法律违宪的频率。

当然这种方法有其缺陷。法院会预期到政府可能的报复;如果法院知道政府会有所回应甚至推翻判决,它就不会采取那些可能招致报复的行动。换言之,从平衡角度来看,法院应该根本就不会作出对政府不利的判决。

虽然这个批评是成立的,但到目前为止对于战略预期的研究得出的结果却是复杂的,总的来说,法院并没有按上述互动模式行事。在对这一现象最全面的统计分析中,西格尔(Segal 1997)发现,几乎没有证据可以表明美国的司法行为体出于对未来国会行动的预期而改变了自己的行为。但另一方面,伯加拉、里奇曼和斯皮勒(Bergara, Richman, and Spiller 2003)基于同样数据的研究却发现,有证据表明,在某些情况下司法行为者的确在预期其判决会被推翻的情况下采取了策略性行动。艾泼斯坦和耐特(Epstein and Knight 1998)通过对大量案例的研究,得出了与在此之前斯皮勒和格里(Spiller and Gely 1992)的统计分析类似的结论。[1]

更重要的是,还需要考虑另外两个因素。首先如前所述,政府能够用来对抗法院的手段在严重程度上有所不同。它们都会让法院付出代价,但某些代价更大。比如,被解职比被否决就更严重。法院因此会在面临的代价和达成期待的政策结果所带来的潜在收益之间掂量。法院独立程度较低的政治系统中这种损益比会更大,而在法院独立程度较高的国家,损益比就会比较小。

第二点与第一点相关,法院有可能会在权衡利弊时犯"错误",尤其是在估量因其行为受到惩罚的可能性方面。建立在完整信息假设基础之上的立体模型会预示,上面所说的情况永远不会发生——行政部门永远不会主动采取必定招致立法部门报复的行动,委员会永远不会提出法案,等等。但与此同时,这些模型也可以帮助我们了解这些行动的发生条件。也许这方面最好的例子就是喀麦隆(Cameron 2000)对美国总统否决

---

[1] 另外有大量研究证明,国会确实对司法判决作出了回应(如 Eskridge 1991;Spiller and Tiller 1996)。

权的精湛分析。他从完整信息模型出发,不仅对否决程序进行了独到的分析,还推断在平衡情况下,否决永远不会发生,因为国会和总统能够完全预期彼此的偏好和行为。在此基础之上他介绍了不稳定性因素(比如对推翻法院否决发挥关键作用的议员的来源,或者总统的偏好等)的引入何以能够触发否决。

按照大致相同的思路,报复可能的不确定会导致法院低估反对政府可能付出的代价。例如,假设法院错误理解了政府的偏好,或者它低估了政府报复的可能,我们认为它会更有可能挑战政府。错误或者反应的不确定在某些条件下更有可能出现,而我们下面将研究这些条件。此处仅指出,由于存在这种可能性,法院否决政府的行为可以作为衡量司法独立的有效手段之一。①

5.2 国有化

除了判决政府通过的法律是否违宪以外,法院也可以在接到上诉时对政府的其他行为作出裁定,其中一个例子就是政府对一些经济部门进行国有化。法院一旦下定决心,可以推翻这些决议。尤其是当法官们与政府在意识形态、党派,甚至观点方面不一致的时候(当然前提是法官们是独立的),法院会更可能推翻此类行动。对政府的团结程度和法院重组的制度性规定的了解,能够帮助我们预期法院需要多大自主权来与政府抗衡。我们认为,一种富有成果的经验研究,是检验法院在保护少数群体的利益时所表现出来的激进或缄默的立场,与我们的预期在多大程度上相吻合。法院如何回应政府的国有化方案会是这类研究的线索之一。当然,法院采取这类行动也许是因为它考虑到了这么做的利益,或者是因为它对其他政治行为者的偏好作出了错误的理解。我们下面会考虑这类失误在什么条件下更容易发生。

5.3 选举与独立

我们曾经指出,如果政治行为体能够完全预期彼此的行动,就不会发生法院裁决与政府偏好相悖的事情;但我们也指出,法院可能犯错。因此,明确这种错误最有可能发生的条件非常有益。

------

① 关于美国最高法院是当选政府的同盟还是制衡多数的工具,有一篇重要的文献。这篇影响深远的文章即罗伯特·达尔(Robert Dahl 1957)的《民主国家的政策制定:作为国家政策制定者的最高法院》,文中认为,最高法院很少长期与其他政府机构脱节,主要是因为这些部门有权指定法官的人选。有一系列研究关注这个问题,有些支持达尔,有些则得出了相反的结论(如 Funston 1975;Gates 1992)。最近的研究,可参见 Epstein,Knight and Martin 2001,这一研究表明,策略性行为可以对达尔的结论提供另一种解释。他们认为,最高法院与其他政治行为者保持同步,并不像达尔所说的那样是担心被替代,而是因为最高法院法官为保证自己不脱节而采取了策略性行动。

显而易见,当法院不能确定其他政府行为体的偏好时最有可能犯错。也许不确定性最高的时候,就是选举刚刚结束之后新政治行为体就职之时。法院由于已经习惯于与以前的政府官员打交道,对新上台的政治家的确切偏好则不太清楚,也可能不太清楚新政府在报复法院方面会走多远。换言之,法院不确定他们面临的潜在的代价。

当然,任何选举都会增加偏好的不确定性。但是在选举导致执政党发生重大变化时法院的不确定性会更高。在简单多数制的国家新政党上台的时候、在左翼政党被右翼政党替代或者相反的时候、在选举联盟中加入新成员的时候,或者在对政府控制从分裂变为统一的时候,这种情况都会发生。无论出于何种情况,法院都需要有一段时期弄清政府能够容纳和不能容忍的事情。这种不确定性会导致法院更倾向于挑战政府的行动。也正因此,我们会发现选举刚刚结束的时候,法院推翻政府通过的法律或者裁定反对国有化的事例会更多。

六、结 论

本章的目的不在于全面回顾大量关于政治和法律关系的文献,而是首先关注司法独立的狭义主题:它究竟是什么,怎样出现,以及我们怎么知道我们所看到的现象就是司法独立? 我们大致概述了这样一种观点,即司法自主权应该与政府的政治部门之间的团结水平负相关,与推翻法院判决所需的团结水平正相关。

尽管看起来特别简单,但从经验的角度测量司法独立比人们想象的要困难,因为如果法院和立法机关都能够预期对方对自己行为的反应,那么大概就没有什么冲突会进入公众的视野。如果人们并不了解法院或者试图阻止司法介入的政治联盟的意识形态立场,那么司法机关不作出反对政府的判决这一现象,就可能意味或者是法院因不愿意招致立法机关的反弹而自我约束,或者是立法机关为了避免遭到法院的否决而在法律中糅合了后者的立场。实际上,如果行为体拥有关于对方偏好的完整信息,并且采取策略性的行动,那么立法机关推翻法院的判决或者法院否决立法机关制定的法律这样的事情根本就不会发生。法国的宪法法院就明显地推进了法院与政府之间的协商,结果是法律甚至在颁布之前就已经考虑到了各方可能的反应。

虽然策略性预期肯定会使经验分析复杂化,但我们还是可以充分利用比如说新选举之后出现的意识形态极端化,或者信息缺乏的情形,来寻找自我控制失败的例子。斯威特(Stone Sweet 1992)描述了前任政府委任的人选主导法院时宪法委员会和政府之间发生的冲突。同样可以预料的是,选举之后法院和政府彼此之间对对方可能采取的行为只能获得非常少量的信息。

还有许多问题尚待解决。我们面临的一个最棘手的问题可能是如何解释我们所观察到的不同国家对司法审察的不同规定。政治分裂似乎能够比较好地解释分权政府与司法自主之间的关系。但为什么有些分裂并不严重的政治体系建立了宪法法院,或者就保护权利而言,为什么在一些没有宪法法院的议会制国家中,多数常常能够克制自己,不去侵犯少数的权利? 我们倾向于认为,在所有民主国家中,选举竞争以及多数联盟对于失去边缘支持者的担心,是司法政治的共同基础。由于司法自主的必要条件是立法机关缺乏足够的一致以推翻法院的判决,所以在发展中国家,与表面上的法院"独立"相比,竞争性的选举对于法治和保护少数群体的权利可能更为重要。

参考文献

ACKERMAN, B.1997.The rise of world constitutionalism.*Virginia Law Review*,83(4):771-97.

ADAMS,J.C,and BARILE,P.1953.The implementation of the Italian constitution.*American Political Science Review*,41(1):61-83.

BARROS,R.2003.Dictatorship and the rule of law:rules and military power in Pinochet's Chile.In Maravall and Przeworski 2003:188-220.

BARRY,B.1975.Political accommodation and consociational democracy.*British Journal of Political Science*,5(4):477-505.

BEARDSLEY,J.1975.Constitutional review in France.*Supreme Court Review*,189-259.

BEDNAŘ,J.,E S K R I D G E,W.N.,Jr.,and F E R E J O H N,J.2001.A political theory of federalism. In *Constitutional Culture and Democratic Rule*,ed.J.Ferejohn,J.N.Rakove,and J.Riley.New York:Cambridge University Press.

BERGARA,M.,RICHMAN,B.,and SPILLER,P.2003.Modeling Supreme Court strategic decision making:the congressional constraint.*Legislative Studies Quarterly*,28:247-80.

CAMERON,C.M.2000.*Veto Bargaining*.New York:Cambridge University Press.

CHALMERS,D.2000.The much ado about judicial politics in the UK:a statistical analysis of reported decisions of United Kingdom courts invoking EU law 1973-1998.MS.Harvard Law School.

CHAVEZ,R.B.,FEREJOHN,J.,and WEINGAST,B.2004.A theory of the politically independent judiciary.MS.

CLINTON,R.L.1994.Game theory,legal history,and the origins of judicial review:a revisionist analysis of Marbury v.Madison.*American Journal of Political Science*,38:285-302.

COLE,T.1958.The West German Federal Constitutional Court:an evaluation after six years.*Journal of Politics*,20(2):287-307.

——1959.Three constitutional courts:a comparison.*American Political Science Review*,53(4):963-84.

DAHL,R.1957.Decision-making in a democracy:the Supreme Court as a national policy-maker.*Journal of Public Law*,6:279-95.

DEENER,D.1952.Judicial review in modern constitutional systems.*American Political Science Review*,46 (4):1079-99.

DEFIGUEIREDO,J., and TILLER, E. 1996. Congressional control of the courts: a theoretical and empirical analysis of expansion of the federal judiciary.*Journal of Law and Economics*,39:435-62.

DIAMOND,L. 1997. Consolidating democracy in the Americas. *Annals of the American Academy of Political and Social Science*,550:12-41.

DJANKOV,S., LAPORTA, R., LOPEZ-DE-SILANES, L., and SHLEIFER, A. 2003. Courts. *Quarterly Journal of Economics*,118(2):453-517.

DYZENHAUS,D.1998.Law as justification:Etienne Mureinik's conception of legal culture.*South African Journal on Human Rights*,14:11-37.

ELSTER,J.1989.*Solomonic Judgements.*Cambridge:Cambridge University Press.

EPSTEIN,L.,and KNIGHT,J.1998.*The Choices Justices Make.*Washington,DC:CQ Press.

——and MARTIN,A.2001.The Supreme Court as a strategic national policy maker.*Emory Law Journal*, 50(2):583-611.

——and SHVETSOVA,O.2001.Comparing judicial selection systems.*William & Mary Bill of Rights Law Journal*,10(1):7-36.

——SEGAL,J.A.,and VICTOR,J.N.2002.Dynamic agenda setting on the U.S.Supreme Court:an empirical assessment.*Harvard Journal on Legislation*,39(2):395-433.

ESKRIDGE, W. N., Jr. 1991. Overriding Supreme Court statutory interpretation decisions. *Yale Law Journal*,101:825-41.

——and FEREIOHN,J.1992.Theories of statutory interpretation and theories of legislatures.

FEREJOHN,J.1999.Independent judges,dependent judiciary:explaining judicial independence.*Southern California Law Review*,72:353-84.

——2002.Judicializing politics,politicizing law.*Law and Contemporary Problems*,65(3):41-68.and E S K R I D G E,W.1992.Making the deal stick.*Journal of Law,Economic and Organization*,8(1): 165-89.

——and PASQUINO,P.2003.Rule of democracy and rule of law.In Maravall and Przeworski 2003: 242-60.

——2004.Constitutional adjudication:lessons from Europe.*Texas Law Review*,82:1671-704.

——and SHIPAN,S.1990.Congressional influence on bureaucracy.*Journal of Law,Economics,and Organization*,6:1-21.

——and WEINGAST, B. 1992. Limitation of statutes: strategic statutory interpretation. *Georgetown Law Journal*,80:565.

FOMBAD,C.M.1998.The new Cameroonian Constitutional Council in a comparative perspective:progress or retrogression? *Journal of African Law*,42(2):172-86.

FUNSTON,R.1975.The Supreme Court and critical elections.*APSR* 69(3):795-811.

GATES, J.B. 1992. *The Supreme Court and Partisan Realignment: A Macro- and Microlevel Perspective.* Boulder, Colo.: Westview Press.

GRABER, M. 1993. The nonmajoritarian difficulty: legislative deference to the judiciary. *Studies in American Political Development*, 7:35-73.

HALE, C. 2000. The civil law tradition and constitutionalism in twentieth century Mexico: the legacy of Emilio Rabasa. *Law and History Review*, 18(2):257-79.

HARDIN, R. 2003a. Why a constitution? In *The Federalist Papers and the New Institutionalism*, ed. B. Grofman and D. Witman. New York: Agathon.

——2003b. *Liberalism, Constitutionalism, and Democracy.* New York: Oxford University Press.

HELMKE, G. 2002. The logic of strategic defection: court-executive relations in Argentina under dictatorship and democracy. *American Political Science Review*, 96(2):291-304.

HIRSCHL, R. 2000. The political origins of judicial empowerment through constitutionalization: lessons from four constitutional revolutions. *Law and Social Inquiry*, 25:91-149.

HOENUNG, M. 1996. The unintended consequences of unplanned constitutional reform: constitutional politics in Israel. *American Journal of Comparative Law*, 44(4):585-604.

HOLMES, S. 2003. Lineages of the rule of law. In Maravall and Przeworski 2003:19-61.

IARYCZOWER, M., SPILLE R, P., and TOMMASI, M. 2002. Judicial independence in unstable environments: Argentina, 1935-1998. *American Journal of Political Science*, 46(4):669-706.

JACKSON, R., ATKINSON, M., and HART, K. 1977. Constitutional conflict in France: deputies' attitudes toward executive-legislative relations. *Comparative Politics*, 9(4):399-419.

KELSEN, H. 1942. Judicial review of legislation: a comparative study of the Austrian and the American constitution. *Journal of Politics*, 4(1):183-200.

KERMAN, D., and MAHONEY, P. 2004. The value of judicial independence: evidence from 18th century England. Social Science Research Network Paper. http://ssrn.com/abstract=495642.

KNIGHT, J., and EPSTEIN, L. 1996. On the struggle for judicial supremacy. *Law and Society Review*, 30(1):87-120.

LANDES, W, and POSNER, R. 1975. The independent judiciary in an interest-group perspective. *Journal of Law and Economics*, 18(3):875-901.

LAPALOMBARA, J. 1958. Political party systems and crisis government: French and Italian contrasts. *Midwest Journal of Political Science*, 2(2):117-42.

LARKINS, C. 1996. Judicial independence and democratization: a theoretical and conceptual analysis. *American Journal of Comparative Law*, 44(4):605-26.

——1998. The judiciary and delegative democracy in Argentina. *Comparative Politics*, 30(4):423-42.

MCCUBBINS, M., and SCHWARTZ, T. 1984. Congressional oversight overlooked: police patrols versus fire alarms. *American Journal of Political Science*, 28:165-79.

MATONE, G. 2001. Two logics of delegation: agency and fiduciary relations in EU governance. *European Union Politics*, 2(1):103-72.

MARAVALL,J.M.,and PRZEWORSKI,A.2003.*Democracy and the Rule of Law.*Cambridge:Cambridge University Press.

MATTEI,U.1997.Three patterns of law:taxonomy and change in the world's legal systems.*American Journal of Comparative Law*,45(1):5-44.

MERRYMAN,J.H.,and VIGORITI,V.1966-7.When courts collide:constitution and cassation in Italy.*American Journal of Comparative Law*,15(4):665-86.

MEZEY,S.1983.Civil law and common law traditions:judicial review and legislative supremacy in West Germany and Canada.*International and Comparative Law Quarterly*,32(3):689-707.

MORASKI,B.J.,and SHIPAN,C.R.1999.The politics of Supreme Court nominations:a theory of institutional constraints and choices.*American Journal of Political Science*,43(4):1069-95.

MORTON,F.L.1988.Judicial review in France:a comparative analysis.*American Journal of Comparative Law*,36(1):89-110.

NORTH,D.C,and WEINGAST,B.R.1989.Constitutions and commitment:the evolution of institutions governing public choice in 17th century England.*Journal of Economic History*,49:803-32.

OLOWOFOYEKU,A.A.1989.The beleaguered fortress:reflections of the independence of Nigeria's judiciary.*Journal of African Law*,33(1):55-71.

PIZZORUSSO,A.1990.Italian and American models of the judiciary and of judicial review of legislation: a comparison of recent tendencies.*American Journal of Comparative Law*,38(2):373-86.

POGANY,1.1993.Constitutional reform in Central and Eastern Europe:Hungary's transition to democracy.*International and Comparative Law Quarterly*,42(2):332-55.

PRZEWORSKI,A.2003.Why do political parties obey results of elections? In Maravall and Przeworski 2003:114-44.

RAMSEYER,J.M.1994.The puzzling(in)dependence of courts:a comparative approach.*Journal of Legal Studies*,23:721-47.

——and RASMUSEN,E.1997.Judicial independence in a civil law regime:the evidence from Japan. *Journal of Law,Economics,and Organization*,13(2):259-87.

——and ROSENBLUTH,F.1993.*Japans Political Marketplace.*Cambridge,Mass.:Harvard University Press.

REMINGTON,T.F.2002.*Politics in Russia.*New York:Longman.

ROGERS,J.2001.Information and judicial review:a signaling game of legislative-judicial interaction.*American Journal of Political Science*,45(1):84-99.

——and VANBERG,G.2002.Judicial advisory opinions and legislative outcomes in comparative perspective.*American Journal of Political Science*,46(2):379-97.

ROSE-ACKERMAN,S.1995.*Controlling Environmental Policy.*New Haven:Yale University Press.

——2004.From elections to democracy:building accountable government in Hungary and Poland.MS. Forthcoming from Cambridge University Press.

SAIO,A.1995.Reading the invisible constitution:judicial review in Hungary.*Oxford Journal of Legal*

Studies,15(2):253-67.

SALZBERGER,E.1993.A positive analysis of the doctrine of separation of powers,or:why do we have an independent judiciary? *International Review of Law and Economics*,13:340-79.

——and FENN,P.1999.Judicial independence:some evidence from the English Court of Appeal.*Journal of Law and Economics*,42:831-47.

SCHANCK,P.1990.The only game in town:an introduction to interpretive theory,statutory construction, and legislative histories.*Kansas Law Review*,38:815.

SCHWARTZ, H. 2000. *The Struggle for Constitutional Justice in Post-Communist Europe*. Chicago: University of Chicago Press.

SEGAL,J.A.1997.Separation-of-powers games in the positive theory of Congress and courts.*American Political Science Review*,91:28-44.

SHAPIRO,M.2002.Judicial delegation doctrines:the U.S.,Britain,and France.*West European Politics*, 25(1):173-99.

SHIPAN, C. R. 1997. *Designing Judicial Review: Interest Groups, Congress, and Communications Policy*. Ann Arbor:University of Michigan Press.

——2000.The legislative design of judicial review:a formal analysis.*Journal of Theoretical Politics*,12 (3):269-304.

SMITH,J.L.Forthcoming.Congress opens the courthouse doors:statutory changes to judicial review under the Clean Air Act.*Political Research Quarterly*.

SPILLER,P.,and TILLER,E.1996.Invitations to override:Congressional reversals of Supreme Court decisions.*International Review of Law & Economics*,16(4):503-21.

——and GELY, R. 1992. Congressional control or judicial independence: the determinants of U. S. Supreme Court labor-relations decisions,1949-1988.*Rand Journal of Economics*,23:463-92.

STONE,A.1992.*The Birth of Judicial Politics in Trance:The Constitutional Council in Comparative Perspective*.Oxford:Oxford University Press.

STONESWEET,A.1992.*The Birth of Judicial Politics in France*.New York:Oxford University Press.

TATE,C.N.1993.Courts and crisis regimes:a theory sketch with Asian case studies.*Political Studies Quarterly*,46(2):311-38.

——and HAYNIE,S.L.1993.Authoritarianism and the functions of courts:a time series analysis of the Philippine Supreme Court,1961-1987.*Law and Society Review*,27(4):707-40.

VANBERG,G.1998. Abstract judicial review, legislative bargaining, and policy compromise. *Journal of Theoretical Politics*,30(3):299-326.

——2001. Legislative-judicial relations: a game-theoretic approach to constitutional review. *American Journal of Political Science*,45(2):346-61.Forthcoming.*Prudent Jurists:Constitutional Politics in Germany*.New York:Cambridge University Press.

VANKOPPEN,P.J.1990.The Dutch Supreme Court and parliament:political decisionmaking versus nonpolitical appointments.*Law and Society Review*,24(3):745-80.

VOLCANSEK,M.L.1999.*Constitutional Politics in Italy.*Basingstoke:Palgrave.

WEINGAST,B.2003.A postscript to political foundations of democracy and the rule of law.In Maravall and Przeworski 2003:109-13.

WEST,J.,and YOON,D.K.1992.The Constitutional Court of the Republic of Korea:transforming the jurisprudence of the vortex? *American Journal of Comparative Law*,40(1):73-119.

WIDNER,J.2001.Courts and democracy in postconflict transitions:a social scientist's perspective on the African case.*American Journal of International Law*,95(1):64-75.

YANG,K.1993.Judicial review and social change in the Korean democratizing process.*American Journal of Comparative Law*,41(1):1-8.

第三十一章　联邦制[*]

帕布罗·贝拉门蒂（Pablo Beramendi）

联邦制被广泛视为大政府带来问题的解决之道,其吸引力似乎经年不散。自近代以来,关于政府层级之间权力分配问题的争论一直处在政治分析的前沿;在欧洲民主国家一体化事业的进程中,以及伊拉克和阿富汗国家建设的进展中,它们依然如故。现有,世界上越来越多人生活在联邦制之下,这更印证了里克尔（Riker）那句古老的名言:*我们生活在一个联邦的时代*。沿着联邦制的道路,政治权力的分散化一直被视为世界范围内促进经济繁荣和民主治理的途径。不过,联邦制问题虽然一直受到人们的关注,但对它的起源和运作的认识却经历了重大变化,从根本上说,这是学术界对这一问题的关注焦点发生转移的结果。

对联邦制的比较研究"数量不多质量参差不齐"（Riker 1964,157 页）的时代早就过去了。在那个时代,该领域主要充斥着关于宪政设计的法理分析。① 这一研究路径建立在宪法形塑并指导国家生活的基础之上,因此基本上无助于对现实政治的理解。现在的研究又走到了另一个极端。据称,宪法就如同商业合同,"不会对每一个可能的案例规定详尽的原则和程序"（Dixit 1997,20 页）,因此,它们往往被那些把自己偏好置于时代的政治现实之上的政治行为者们重写或者操纵（Seabright 1996）。

在这两种极端之间,由于里克尔开始性的贡献,联邦制比较政治学已经取得了丰硕的成果。法条性的、而且相当零散的宪法分析,已经让位于对联邦运作不同方面的集中比较。政治占据了中心位置。类似地,传统的、描述性的说明,已经被对策略性互动及

---

   * 感谢 Srikrishna Ayyangar, Kelly Bogart, Alberto Diaz-Cayeros, Jonathan Rodden, Mary Santy, Brian Taylor,Erik Wibbels 以及本卷编辑对本章之前诸版本的帮助、评论和建议,所有可能的错误都由本人承担。

   ① 这种研究方法的例子包括 Wheare（1946）,Bowie and Friedrich（1954）,Livingston（1956）,Mc-Whinney（1960）。

其在联邦的起源、演进和结果的影响的分析所替代。在比较政治学的经济转向(Levi 2000)影响下,联邦制研究开始受惠于经济学家和政治科学家之间的*制约与平衡*。经济学模型为本领域带来了理论上和分析上必需的精确性,各方面的比较研究者则通过缩小理论假设与僵硬的现实之间的鸿沟而作出了智识上的贡献。沿此路径,政治经济学家通过把关注的焦点从联邦制的理想转向现实的设计,实现了规范性的关切与对联邦制实际状态进行实证描述之间的平衡(Rodden 2006b)。

这一章对于联邦制比较政治研究的发展、主要论题、所面临的任务等进行必要而概略的回顾,它围绕一个从理性选择制度理论中借鉴的基本假设展开(Shepsle 1986)。制度研究分为(又结合了)两个层次:"首先,分析者研究制度的效果;其次,研究者分析制度为何采取特定的形式、为何成为必需以及为何得以存续"(Weingast 2002,661 页)。依据这一逻辑,本章第一部分将联邦制界定为一种制度。第二部分特别关注联邦制对于民主制和经济运行的影响。在揭示政治行为体应该关注联邦制的理由之后,本章转而把联邦制作为一种内生制度进行分析,即分析联邦制更可能产生和延续的条件。对于有关联邦制起源和效果的比较研究,这一部分也将提出一些方法论的思考。最后,本章将从方法论的角度提出联邦制研究需要注意的问题,以及这个领域面临的挑战。

一、定义联邦制

联邦制是政治权力碎片化的一种特殊形式。不同层级政府的存在对于联邦制来说是必要而非充分条件。每一个国家都围绕贯穿不同层级政府的某种垂直等级结构组织起来,联邦与单一制国家、联盟或者邦联区分开来的重要特点就是这种等级结构的组织方式。在单一制国家,地区或省级官员作为有效行为者在与中央讨价还价时并没有得到宪法保障的地位。他们缺乏对权力和资源的控制,因此没有能力在与中央的互动中予取予夺。单一制国家的集体选择是多数公民的意义决定的,这种多数的产生形式因选举制不同而不同。反过来,联盟是"一种政治复合体,其成员首先或者排他性地通过一般政府共有的机构、而非双重政府架构保持它们各自的完整性"(Watts 1999,11 页)。新西兰或者 1993 年以前的比利时可以作为这方面的案例。

与联盟或者单一制国家相反,联邦制和邦联制体现了一种双重政府结构,驱动这一结构的是一些构成体和某个中央之间讨价还价的过程。① 两者都面临一个相似的零售价格,即怎样结合*自我管理*和*共同管理*(Elazar 1987),但它们提供了明显不同的解决

---

① 这不意味着类似的讨价还价(及其结果)要求只有在民主政体下才有效的一系列机制加以保证。

之道。如果构成体创造了一个共同的政府,后者仅拥有有限且被明确规定的权力,而且财政上依赖前者,并由前者选举产生,这就是邦联。财政上的依赖意味着共同政府缺乏自己的财政基础,而选举上的依赖指的则是中央政府的成员乃是构成体的代表这一事实。1776 年至 1789 年期间的美国或者正在演变中的欧洲联盟是这方面的例子。相反在联邦制中,中央和构成体之间的权力制衡有根本性的不同。在联邦制之下,构成体和中央政府都拥有得到宪法承认的自主权,并据此与公众直接互动(Dahl 1983;Watts 1999)。里克尔把联邦制定义为"一种政治组织,其中政府行动被分派给地方政府和中央政府,它们各自在某些领域拥有最终的决定权"(Riker 1975,101页)。这两个层级的政府的自主权,通常会通过宪法的正式规定,以及一个强有力的司法审查制度得到有效保证。另外,中央和地方都有自己的财政基础,且两者都通过选举直接对公民负责。因此,联邦的中央政府(与邦联相反)与次级政府相比,拥有更强势的制度性地位。

对现有的各联邦略加观察就可以发现,虽然次级政府远非无权,但中央政府还是拥有更多的权力。因此,问题仍然是如何在两者之间达成平衡,即如何在两级强有力的、直接选举产生的政府之间组织共同管理。这个问题反映了联邦制的根本困境:如何设计一套制度,以协调中央政府创造规模经济、并在某些领域内克服集体行动的问题的能力,以及地方政府在另一些领域处理地方特有的问题(以及与之相关联的信息不对称)的能力? 赋予次级单元过多的权力可能会威胁到前者,而如果中央政府太过强大也会威胁后者。这种紧张关系早在联邦党人和反联邦党人的文章中就可以看出。麦迪逊和汉密尔顿在描述了尼德兰联邦因制度设计的缺陷,即"在所有重要问题上不仅要求各省,甚至各市都要全体一致"(Federalist XX,105 页)导致的灾难之后指出,在各种政策领域都拥有否决权的强大的国家政府,只会"可鄙地葬送公共利益"(Federalist XXII:118 页)。① 在他们看来,由一个适当授权的联盟政府来处理任何涉及各州之间外部性的活动(例如税收、防务、贸易管理),这是无可置疑的。反联邦党人则表达了相反的担忧,即中央太过强大可能会侵害州的权力,因此抵消了"依据本地知识作出决定"的优势(Ketcham 1986)。

联邦国家采取不同的方式解决这种张力,这既体现在规范政府不同层级相互作用的制度和程序方面,也体现在中央与构成体之间特定协议的性质方面,其结果是在不同的政策领域权力分权的程度各不相同。前者以宪法的形式加以规定,因此比完全依据

---

① 关于统一政策优势的描述,见汉密尔顿关于在联盟层面上对进口产品征税的辩护(Federalist,XII,64 页)。

行为者偏好形成的方案更为稳定有效。后者可以被更好地理解为*品味的凝聚*(Riker 1980),因而更容易随时间而变化。表 31.1 和图 31.1 及图 31.2 描绘了这种变化。在调节政府层次之间互动的制度方面,我主要关注下议院和政党制中的不同侧面。在不同政策领域的分权方面,我纳入了一些财政分权的指标。

联邦国家多样性的一个重要原因,是地方利益在国家层面上被代表的方式各不相同。一些国家依靠建立在地域基础上的上议院(如美国),另一些国家通过不同层级行政部门之间的定期会议(如加拿大),甚至更为非正式的、非结构性的协议(Watts 1999;Swenden 2004)。如表 31.1 所示,一些国家的下议院是直接选举产生的(如巴西、美国),这使地方选民得到更直接的代表渠道;而另一些国家的下院则是由地方当局间接指定的(如德国、奥地利),因此有助于全国范围的政党扩大影响。另外,有些国家的上院拥有强大的权力,可以重塑民主制之下的多数(如美国、巴西),而另一些国家的上议院权力非常有限(如印度、西班牙)。在控制地方当局将本地利益最大化的倾向方面,联邦国家领导人的能力也各有不同。里克尔(1964,1975)根据联邦领导所承担的角色的不同,对集权(或最大)联邦制和边缘(或最小)联邦制进行了区分。图 31.1 展示了简化的里克尔关于政党集中化的指标,描述了六个发达的联邦制国家中层级和趋势的不同。① 最近,学者已经放弃了这种主要基于美国特殊经验的简单两分法,并且开始认识到联邦制结构的多维特征(Stepan 1999)。特别是,里克尔的这一指数基本上不能反映有联邦不同部分中政治竞争的不同格局。这涉及选举的外部性。如果政府各层级政治竞争的基本结构相类似,或者选举的外部性较大,那么地方领袖就会产生牺牲当地利益以换取国家层面的政治收益的动机。相反,地方层面政治竞争的性质越独特,则选举的外部性就会越小,通过增进地方利益达成妥协的代价也越大。

表 31.1　联邦的多样性:概览

	支出的分权 (1990—2000)	收入的分权 (1998—2000)	纵向不平衡 (1998—2000)	次级政府的 借贷自主	上议院
阿根廷	42.26	39.86	—	4	至 2001 年止由地方议会间接选举,此后直选
澳大利亚	44.40	33.21	37.7	2.5	直选
奥地利	31.10	24.36	34.9	1.6	间接选举,由州议会选举,按权重选举

---

① 这一指标反映的是由控制联邦政府的同一政党或者政党联盟控制的地方政府的比例。

续表

	支出的分权 （1990—2000）	收入的分权 （1998—2000）	纵向不平衡 （1998—2000）	次级政府的 借贷自主	上议院
比利时	11.03	5.79	53.6		混合代议制,由直选、语区议会和地方参议员间接选举相结合
巴西	42.8	33.7	35.1	4.5	直选
加拿大	58.73	52.28	20.07	2.7	由联邦政府任命,各省代表权平等
德国	37.54	30.9	22.31	2.5	间接选举
印度	45.22	33.0	36.11	2.5	间接选举,由邦议会选举,根据权重选举
墨西哥	29.4	22.8	35.4	2.6	州层面直选(每州3人),同时全国范围内通过比例代表制选举(不超过32人)
尼日利亚	29.1	20.4	—	1	直选
西班牙	32.40	19.3	54.15	2.5	混合代议制。80%选举,20%任命。参议员按党派选举
瑞士	46.90	43.2	24.06	3	直选
美国	48.61	41.6	30.99	3	直选

（来源：世界银行—国际货币基金组织财政分权数据库，http：//www1.worldbank.org/publicsector/decentraliza-
tion/fiscalindicators.htm；Rodden 2004；Watts 1999；Arzaghi and Henderson 2005）

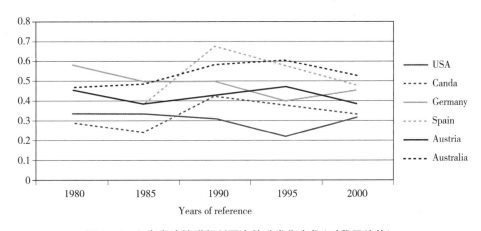

图 31.1 六个发达的联邦制国家的政党集中化（时段平均值）

如何衡量这种外部性的范围依然是个没有得到解决的问题。图 31.2 展示了一种
公认并不完善的方法，它建立在一个假设的基础之上，即*政党的有效数目*（ENP，

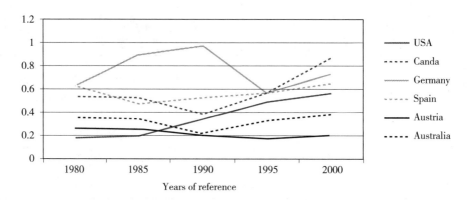

图 31.2　六个发达的联邦制国家的有效政党数：地区平均数对全国水平的偏离（时段平均值）
（来源：作者根据各国数据的计算）

Lijphart 1999 的定义）是所有选举单元中政治竞争结构的一种可信指标。图表是以下计算方式的体现。针对每一个地区，我首先计算出地方与联邦层级 ENP 差的绝对值。然后，再通过取各地区平均数的方法求得距离的值。如果指数值为 0 或者接近于 0，则各地区与中央政治竞争的格局大致相同。反过来，指数值越高，不同层级政府的选举进程多样化程度也就越高。① 联邦国家中跨领域和随时间而出现的大量变化又再次显现出来。

最后，第三个维度的变化关系到不同政策领域的权威分配。表 31.1 显示了财政分权的几个指标。② 地区借贷能力在联邦国家中大有不同，支出和收入的分权水平也是如此。在后一方面，重要的是应注意到类似水平的税收分权可能掩盖了地方财政自主性的差别，它可以间接地通过联邦国家纵向财政失衡的程度反映出来。另外，还有大量随时间发生的变化。在 20 世纪的大多数时候，税收集中化是联邦制民主国家的主流（Diaz-Cayeros 2004）。但这些国家中一部分已经自 20 世纪 70 年代晚期开始扭转这一倾向，启动了不容忽略的税收权限下放的进程（Rodden 2004）。使问题更为复杂化的是，财政集中并不必然与政策权威的集中一致，特别是在那些通过政策调控不同层级政府之间互动的领域更是如此（Falleti 2005；Hooghe and Marks 2003；Kelemen 2004；Rodden

---

① 这一指标有明显的缺陷。假设两个地区有相近的 ENP 值，但只有一个地区有全国性的大党。显然这两地政治竞争的特性是非常不一样的。为了克服类似缺陷，罗登和维贝尔斯（Rodden and Wibbels 2005）最近提出，可以通过联邦政党在全国选举中获得的支持与它们在地方选举中获得的支持的部分关联测定选举的外部性。

② 支出（税收）的分权即次级政府的支出（税收）在国家总支出（税收）中所占比重。纵向失衡则反映次级政府依赖中央政府财政转移供其支出的程度。最后，借贷自主程度指的是中央政府对地方借款规定的限额，其取值范围从 1 到 5，相关资料和细节，参见 Rodden（2004）。

2004;Schneider 2003)。① 总之,由于权力的清晰分配只是个案而不是常态,"没有什么机械的方法可以计算两级政府相互独立的行动领域的数量和重要程度"(Riker 1975)。

就随时间推移发生的变化而言,政党的集中化和政策的分权预示着中央与地方之间可见的均衡必然是不稳定的(Bednar 2001)。正如戴维斯(Rufus Davis 1978)所言:"联邦契约最多只能被视为某个特定的共同体在历史上的某个时间点达成的形式化交易。"总之,联邦制构建出一种不断变动的复杂现实,离形式的或者宪法的类型学所描绘的那种清晰两分的世界相去甚远。在本章后面的部分我们可以看到,联邦制的比较政治学在很大程度上就是重新发现这些复杂性的历史。这种复杂性是更好地理解联邦运行的钥匙,也是为联邦设计出可行的制度选择的条件。下一部分将根据关于联邦制的政治经济结果的文献,详细展开这一论点。

二、联邦制的影响:应对幻灭

联邦制确实有其独到之处。它在政府不同的两个层面上改变了政治行为者的选择范围和约束条件,从而改变了行为者的政治偏好和动机的整体结构(Rose-Ackerman 1981)。真正的问题是,联邦制的独到之处到底是什么。有趣的是,如果我们二十年前面对这个问题的话,那么我们的任务相对要简单得多。以福利经济学家或者公共选择理论家为首,人们会提出如下回答:联邦制孕育了更完备的民主,更优良的官僚系统和更发达的市场。相反,今天的答案却远非如此乐观。大量的实证和理论研究表明,过去的期望至少部分程度上构建了一种联邦幻想。从今天来看,联邦制的政治与经济效果显然是复杂的、多维的,它总是受到其他因素的影响,而且这些因素也绝不总是正面的。因此,很难简单地说联邦制的影响到底是什么。但是,这恰恰反映了一种巨大的进步。它意味着对联邦制的研究摆脱了那种高度形式化的、而且基本上是规范化的联邦制模型,开始重新对联邦实际上究竟如何运行进行实证的考察。反过来,新的经验分析的浪潮,将为形成一种关于联邦的起源及其运作的一般理论提供基本的素材。对于这种理论,人们已经期待很久。

新近出现的关于联邦制的比较文献汗牛充栋。政治学家和经济学家合力,围绕一个主题创造了丰富的研究成果。这个问题就是:联邦制什么情况下会产生政治与经济影响,重要的是对细节的研究。这里的细节既指特殊的制度设计,也指周遭的经济和社会环境。本节其余部分将通过概述联邦制比较政治学的主要成果,考察联邦幻想的问

---

① 一项新型的关于联邦制中管控权分配的分析可参见 Kelemen(2003)。

题。首先我将聚焦联邦制与民主的关系,然后分析制度的稳定问题,以及关于联邦制促进了官僚系统与市场发展的相关论点。

2.1 联邦制与民主

传统理论家推崇联邦制,认为它能够适应具有不同追求的政治共同体,并能同时保护政治自由。托克维尔(1835/1964)重申汉密尔顿、麦迪逊和杰伊的观点,称赞联邦制为一种"基于结合大国与小国的优点于一身的愿望而创造"的制度。具体来讲,他在《论美国的民主》中认为大国能够抵御外来威胁,而小国将能把"公民的所有努力与资源转化为共同体的内部福利"。通过限制联盟的主权,联邦制能阻止大政府施行"多数暴政"而压制政治自由、破坏善治。正因为具备这两项特性,人们通常认为联邦制能够在地域辽阔、情况复杂的国家为民主制的建立和存续提供必要的条件。

然而,对大规模民主制联邦国家命运的系统观察却展现了一种复杂的图景,同时提出了一系列具有普遍性且尚未解决的谜题:在什么条件下联邦制有助于民主? 在什么条件下联邦制有助于整合族群、语言或宗教的区隔? 近来对上述问题的回答各不相同,既有谨慎的乐观,也有直接的怀疑。[1]

林茨(Linz 1997)提出,在民主转型之前国家的制度和法治是否已经得到稳固,这是一个重要的区别。在前一种情况下,既有的联邦结构会加剧而非防止冲突、暴力和体制失败。在后一种情况下,联邦制可能会表现出在相互冲突的国家认同之间进行调和的能力。阿莫雷蒂和贝米奥(Amoretti and Bermeo 2004)在综合比较了许多发达的和发展中的联邦制国家之后总结认为,联邦制的安排有助于成功地调解冲突。但就在同一本书里,巴恩斯(Bunce 2004)表明,在某些后共产主义国家,从既存的联邦框架中衍生的民主制度更容易受到原有群体分离主义的破坏。对此类差异可以有数种不同解释。贝米奥(Bermeo 2004)认为,脱胎于极权统治的联邦不像诞生于契约的联邦那么成功。斯蒂潘(Stepan 2001)则强调联邦内部的权力关系。已经被动员起来的少数族群获得的制度性杠杆力量越大,联邦阻止领土分裂的可能性就越小。[2]

虽然只是尝试性的,但这些解释还是可以适用于一小部分案例。罗德(Roeder 2000)进行了本领域为数不多的计量研究之一,他对此即持非常乐观的态度。罗德的数据基于1955年至1994年间132个国家以及632个族群,他的结论是对称和不对称的

---

[1] 关于这些问题早期的、一般是怀疑性的研究,可参考 Duchacek(1970);Riker and Lemco(1987);Lemco(1991)。

[2] 根据这个框架,在整个转型和稳定时期能够把不同单元聚合起来的全国性(得到民主授权的)政党制度的存在,就是特别重要的因素。

联邦制形式都会"急剧增加族群—民族冲突的可能性。"但是,进一步的案例研究表明,联邦国家设计的细节会影响其应对冲突、防止分裂的能力(Hale 2004;Filippov, Ordeshook and Shvetsova 2004;Stepan 2001;Treisman 1999)。总的来说,不同证据之间明显的矛盾表明,研究重点的转移,即对联邦制产生不同结果的过程进行理论分析,也许能够推进联邦制与民主的关系的研究。

联邦制如何塑造了改革领袖的动机和战略?民主又如何影响了地方和中央执政者之间的互动?在多个层面的分裂产生了政治影响的时候不同的联邦制设计是如何应对?最后,在次国家群体把文化、族群、宗教或者收入差异政治化的过程中,不同的联邦设计又是如何影响它们的动机的(Fearon and Van Houten 2002)?

俄罗斯和伊拉克最近的事态使上述问题变得更加紧迫。一些学者正在对收入不公、民主与联邦制之间的关系进行研究。波瓦克斯(Boix 2003)最近提出,由于联邦制使得对再分配的控制分权了,所以它有助于民主在地区间存在明显收入差异的环境下存续下来。哈格(Hug 2005)则研究了收入不均对联邦国家稳定性的影响。另一批学者关注的则是转型社会的制度设计问题。泰勒(Taylor 2005)研究了混合型联邦制民主国家的稳定性问题,在这些国家,传统的稳定性机制(政党、法院)尚未制度化。泰勒指出,对强制力的控制是一个被忽视的方面,因为它的结构对联邦的稳定有着重要的影响。迈尔森(Myerson 2006)对选举顺序的研究得出结论认为,首先进行地方选举有助于在国家层面上选出更优秀(即更负责、更清廉)的领导人,进而有助于建设更好的民主政体。相反,菲利波夫和施维佐娃(Filippov and Shvetsova 2005)通过俄罗斯的经验说明,在联邦制和民主之间存在着某种取舍关系。也就是说,在转型社会,一种运行不良的民主是地域性统一的先决条件。地方精英只有在能够寻租的情况下才会维护稳定。因此,如果政治竞争真的发挥作用,国家统一就会面临威胁。

虽然这些成果部分阐明了联邦制与民主之间的关系机制,但在任何共识产生之前,联邦制的设计如何影响了分散在不同维度中的政治行为者的偏好、动机和策略,这一问题尚待进一步研究。这个问题对于那些同时向联邦制和民主制转型的社会来说尤为迫切。显然,一种总体性的图景还有待于我们加以描绘。

2.2 联邦制与经济:走向新的共识?

联邦制对于民主政体的建立与稳定的影响只是理论家对联邦制诸多希望的一个方面。实际上联邦幻想的大部分集中在其他领域。在多元霸权的时代,居于比较政治学议程首位的,已经不再是政治制度研究。里克尔本人就宣称,既然制度不过是社会基本偏好的反映,那么就没理由期待联邦制对公共政策产生实质性的影响。公共经济学者并不这么看,他们的目标是对公共领域进行最优设计,并缩小制度与偏好之间的鸿沟。

福利经济学和公共选择理论虽然彼此对立,但都建立在某种意识形态假设基础之上,并且一同重新燃起了*联邦幻想*。福利经济学家最关心的是市场失灵和外部性的问题。与之迥然不同的是,公共选择理论家关心公共部门失灵问题以及如何控制公职人员的掠夺或寻租行为。然而,它们在联邦制的经济优势上却得出了类似的结论。对于*福利经济学家*(Musgrave 1997;Gramlich 1973,1987;Oates 1972,1991,1999;Wildasin 1991)来说,一种分权的制度设计能够保证偏好、需求以及政策之间更好的协调,同时有利于实验和创新,因此导向资源的最佳配置这一目标。在这一框架之内,对追求福利最大化的当政者来说,要素的流动性主要作为偏好的指示器发挥作用。[1] 对公共选择*理论家*(Brennan and Buchanan 1980;Buchanan 1995,19—27 页;Inman and Rubinfield 1997a,73—105 页;Qian and Weingast 1997,83—92 页;Weingast 1993,286—311 页;1995,1—31 页;Weingast,Montinola and Qian 1995,50—81 页)来说,由于联邦制约束了公共部门的掠夺本性,因此它是市场友好型的。在这一框架之内,要素的流动性作为约束政府掠夺倾向的工具发挥作用。因为联邦制允许选民和要素在不同辖区之间用脚投票,所以可以通过市场和选民更好地监督当政者。[2] 这样,腐败更少滋生,公共部门更小(Prud'homme 1995),而市场运转也更为有效。总之,公共经济学的这两大分支都为复兴*联邦幻想*提供了适宜的土壤,使其在各学术机构、政府和国际组织中重新繁荣起来。

然而现实并不尽如人意(Rodden and Rose-Ackermann 1997)。系统回顾联邦国家的经济记录可以发现,经验上的规律性十分复杂。发展中的联邦制国家似乎都系统性地与管理不善、花费巨大和市场失灵相关,而不像规范公共经济学家所预期的那样欣欣向荣(Wibbels 2000;Ziblatt and O'Dwyer forthcoming)。光谱的另一端即发达的联邦制国家,如美国或者瑞士,则都可以作为联邦制正面效应的例证。至于联邦制本身是否能够减少再分配,这一点尚不明确(Pierson 1995;Beramendi 2003;Obinger,Leibfried,and Castles 2005)。

联邦国家之间可观察的经济表现和分配差异表明,政治—经济模型暗含的政治和

---

[1]　如果对地方性公共服务的需求与收入相关,这些服务又是由所得税支付(Oates 1972,1981),同时存在完全的流动性,则提波(Tiebout)的模型预示,各社区的收入会趋于一致,而能力会各不相同。关于对这些假设优缺点的批判,可参见 Stiglitz(1983,17—55 页);Rose-Ackerman(1983,55—85 页);Bewley(1981,713—740 页);Zodrow(1983);Panizza(1999,97—139 页)。

[2]　联邦制之下流动性和再分配的关系是一个独立的研究领域。对这一主题更详尽的研究参见 Peterson and Rom(1990);Epple and Romer(1991);Glatzer and Konrad(1994);Oates and Schwab(1988);Lejour and Verbon(1996);Christiansen,Hagen and Sandmo(1994)。

制度假设,与联邦国家地方与中央政府的实际行为差距甚远(Rodden 2006;Srinivasan and Wallack forthcoming;Treisman forthcoming;Wibbels 2005a)。诚然,"对待模型的成熟态度是对其加以利用而非盲目迷信"(Theil 1971),要求任何模型的假设与我们研究的每一次实际经验完全匹配是非常荒谬的。但是,理论模型在解释联邦国家的表现方面到底有多大的作用,这从根本上取决于比较政治学者能够接受一种受到多少限定的政治概念。①

跨越理论与现实之间、联邦幻想和令人失望的现实之间的鸿沟的需要,正是在过去二十年推动关于联邦制的学术研究的动力。作为这一努力的一部分,人们假定政治精英的目标是使自己获得并保有职位的机会最大化,而不是使其可能得到的寻租利益最大化。此外,学者们开始或多或少认识到,要分析联邦制的作用,不能仅仅关注政治系统中的支持力量与偏好(传统的里克尔式方法),也不能把制度理解为一种能够在任何社会条件下重塑偏好与动机的抽象实体(在传统的*制度经济学*意义上),最好的途径是去了解两者之间的相互作用。这些努力主要产生了两个方面的研究成果,即联邦制运行的社会与经济环境,以及不同环境下联邦制国家特定权力结构的政治和经济影响。前者揭示联邦制国家政治交易中主要行为体的偏好与动机,同时也解释了研究文献中强调的某些限制的作用,如资本和劳动力的实际流动性水平等。后者主要说明联邦与地方政府之间的互动,以及这些互动如何转变为导致不同结果的政策。

2.2.1 联邦国家的社会经济条件

政府的偏好与公民控制政府的能力在很大程度上受到其社会经济条件的影响。首先是"社会资本"分配的问题。如果被代理人(公民)贫困无知,或是在一个代理人与被代理人的私人交易替代了法治的社会中成长,那么代理人(即政治精英)担任公职的目的很可能就是使被代理人和他们自身的利益最大化。在这种环境下,社会主流的价值体系中没有公民美德的位置,地方政治只能破坏而非助益经济的有效运转(Wibbels 2005a;Treisman forthcoming)。相反,受过良好教育的被代理人,加上一套得到普遍认可的公共生活准则和稳定的法律体系,会形成代理人和被代理人之间一种不同的互动。选民更有可能惩罚公职人员赤裸裸的寻租,奖励善治和良好的经济表现。当政者要保住职位,就要使他们所代表的民众的大多数得到最大限度的满足。

另一个结构性的条件是各地方经济资产专用性的程度。资产专用性决定了与劳动力和资本流动性典型相关的约束的有效性,因为地方经济的专业化程度越低,则要素流

---

① 例如,正如公共选择理论家们自己指出的,把政治领袖理解为福利最大化的追求者,使我们很难说明联邦国家之间经济表现的差异。

动性也越低（Boix 2003；Beramendi 2004）。在一个专业化的、资产专用性较高的经济中，人力资本和技术与地方劳动市场紧密相连。另外，资本对税率提高的敏感性，要低于对其生产需要与劳动力的特性及教育体系的符合程度的敏感性（Lucas 1990）。因此，禀赋较好地区的当政者，不太会受其他地区采取的政策可能导致的外部性约束，但可能会受到本地区跨阶级联盟的约束。此外，地区间的异质性会改变禀赋匮乏地区的动机。由于资本会从贫困地区流向富裕地区，他们放弃了任何通过政策推动经济效率的尝试。作为结果，资本流动性并没有限制，反而鼓励贫穷地区的当政者参与到无效率的公共政策中（Cai and Treisman 2005a）。这引入了一个穿越经济发展和公民价值制度化这两个层次的不同的视角。

联邦制运行的环境各不相同，既有发达的专业化经济、发达非专业化经济、发展中的专业化经济，也有不发达非专业化经济。由于联邦制和分权将公共政策与次级单元的政治经济联系在一起，所以后者的特性会部分地通过联邦制的经济表现折射出来。发达的、受道德约束的政治经济体会带来更好的经济效果，地方性的、无节制的、腐败成风的经济体肯定运转不良。换言之，联邦制的、高度分散化的制度能带来什么样的经济影响，在很大程度上要取决于具体的环境。

当然，无论是发达还是发展中的联邦制国家都存在大量的内部差异，这些差异不能通过它们的社会经济结构加以解释。无论环境如何重要，它也只能部分弥合联邦幻想与联邦国家实际经验之间的鸿沟。另一部分涉及当政者的动机与联邦国家具体权力结构之间的互动。这将导向联邦国家中的制度设计与合作的问题。

由于联邦制引入了数个政策供应者之间的竞争，所以为中央与地方政府之间的不合作行为提供了基础。两层政府的当政者通过向公民提供产品和服务换取政治信用，同时又希望在满足公民需要的时候使成本最小化（Migué 1997；Volden 2004, 2005；Inman and Rubinfeld 1997a）。另外，他们还要使不受欢迎的政策改革对选举的影响降到最低。因此，地方政府常常产生高水平的债务，并通过联邦财政援助由联邦的其他部分替它们偿还。更常见的是，联邦国家总会面临一个道德风险问题：地方当局利用联邦风险共担的机制施行增加地方风险的政策（Persson and Tabellini 1996b）。相应地，中央政府也会一方面使社会计划分散化，另一方面又不向地方政府提供必需的资源，从而尽可能地把削减公共社会福利的政治成本转嫁到地方政府头上。

这种不合作行为的例子在联邦国家的日常生活中令人头疼，因此我们又回到了曾经困扰汉密尔顿、麦迪逊和杰伊的相同困境（De Figueiredo and Weingast 2005；Inman and Rubinfield 1996）：如何监督和限制地方当局的不合作行为，但又不至于形成一个权力过大、不受约束的中央政府？相应地，如何限制中央的权力使其不至于压垮地方，但同时又不至于助长地方背叛联邦的行为？为了对这些问题提供确切的答案，学者们的注意力转向了联邦设计中两个相互交织的层面，即地方财政自足和共有规则制度化的不同途径。

2.2.2 联邦中的权力结构 I：财政制度

地方财政自足结合了财政自治和财政责任两个方面。财政责任指的是地方政府能在多大程度上把它的经济行为的后果有效地内在化。因此，它以高度的财政自治为前提，即地方政府较多地依靠自己的收入而较少依赖联邦政府的财政转移。但是，反之则不一定成立。财政自治并不总是意味着高水平的财政责任。财政自治地区受制于软性预算约束，也许会产生大量债务，并且把财政上不负责任的政策的后果转嫁到联邦其他地区身上。因此，地方政府要实行财政自足，就必须对其施以硬性的预算约束。如果中央免除地方政府的财政义务，则不仅宏观经济表现会恶化，地方也会更加依赖财政转移。[①] 这也意味着地方对财政转移的依赖，会增加对中央财政援助的需求（Rodden 2002）和对市场化改革的抗拒（Wibbels 2003）。不过也有一些证据表明，由于中央的财政援助，地方丧失了抗拒制度调整的能力，只能接受硬性的预算约束（Rodden, Eskeland, and Litrack 2003）。

然而，如果硬性预算约束足够有效的话，有大量文献表明，随着次级政府的财政自治（对转移支付的依赖）增加（下降），市场会运转更好，经济产出也会提高。[②] 专门的研究文献发现，中国是财政自主的成功案例，俄罗斯则因为缺乏地方自主，导致地方精英被大型国有企业拉拢，从而妨碍了国家经济的发展（Qian and Weingast 1997；Bardhan and Mookherjee 2005）。斯泰因（Stein 1999）也根据同样的理论作出了新的发现：拉美的分权常产生大政府，但是这种影响在纵向失衡程度高、财政转移随意性大、地方借贷自主额度较高的情况下尤其关键。更一般地说，政府规模和支出分散化对宏观经济的影响都与财政自主的水平有关（Rodden 2003；Rodden and Wibbels 2002；Careaga and Weingast 2000）。实行财政自主的地区可以减少累计赤字和通货膨胀率，同时促进经济的持续增长。这一事实揭示了一个不可变化的经济逻辑。由于较高程度的财政自足扩大了地方政府能够把经济发展成果内在化的范围，因而地方当局就有更强烈的动机创造一种保护市场的环境。

---

① 维贝尔斯（Wibbels 2001）通过考察一系列施行柔性预算约束的国家，解释了分权的联邦国家随着自有财政收入的增长，在不同的宏观经济环境下（预算、通胀和债务）都能较少陷入危机的原因。亦可参见 Bardhan and Mookherjee（2006）。

② 硬性预算约束的效果并不直接。禁止对地方政府施以援助的法律规定不一定能得到遵守，如果对援助的期望很高，就会出现中央和成员体之间的策略互动。经验研究中要确认援助期待和它们对联邦国家财政输出的影响有一些困难，具体参见 Rodden 2005。

总之,对于地方政府的不合作行为来说,财政自治发挥了第一道障碍的作用。相反,政府间复杂的财政关系为政治经济的机会主义提供了天然的温床。不过,财政制度的设计虽然重要,但它也不能完全决定联邦制和分权的经济影响。实际上,正如最近维贝尔斯(Wibbels 2005)和罗登(Rodden 2006)具有开创性的研究所发现的,不同层级政府之间策略互动的关键在别的方面,即联邦共有规则的具体结构。

2.2.3 权力的结构 II:共有规则的组织

联邦国家权力分配的三个层面通常被视为它们的经济表现各不相同的原因,这一点尤其被人们反复提及。这三个层面就是国家行政机构的相对强度、地方在国家政策制定过程中的正式代表性,以及政党体系的组织。

经济学家反复强调,要保证全国性的政策压倒地方既有利益,一人在全国范围内选举产生的强有力的行政部门必不可少(Inman and Rubinfeld 1996;Breton 1996;Eichengreen and von Hagen 1996;Wildasin 1997;Persson and Tabellini 1996b)。然而,为中央行政部门赋予太多权力也并非万应灵药。至少,这么做会根本性地压制构成体的自治,从而破坏了联邦制的初衷。另外,不受约束的国家行政权力会有诸多的动机压制地方政府,并且更加肆无忌惮地寻租(De Figueirido and Weingast 2005)。况且,强大的中央政府本身就会成为包括援助要求在内的寻租行为的目标(Wibbels 2005a;Rodden 2006)。因此,如何在保护地方精英自主的同时,约束其扭曲市场的动机,这个问题依然存在。

有大量的理论文献探讨了正式的决策规则和程序的重要性(Inman and Rubinfeld 1997b;Cremer and Palfrey 1999,2000)。① 这里的逻辑简单而且不容置疑:不同的设计之所以创造了不同群体的赢家与输家,原因在于各构成体内部以及整个联邦偏好组合的不同(Dixit and Londregan 1998)。因此,无论在哪种特定的设计之下,行为者都会利用其战略优势进行最大限度的寻租活动。这些模型得到了不断增加的经验证据的补充,表明政治代表组织作为连接次级特殊利益与国家决策的制度机制,如何影响了联邦的经济表现。维贝尔斯近期的著作(Wibbels 2005a)探讨了发展中的联邦制国家市场改革的决定因素,他把地方利益的代表机制作为分析的核心。由于政策都是在国家层面上制订的,所以市场改革的命运可以部分地通过地方运用自己在国家机构中的正式代表机制阻挠或者影响改革的能力得到解释。虽然上院在决定市场改革的内容方面发

---

① 这类文献补充了第二类的理论模型,它们关注的是联邦制与单一制国家之间的区别。比如,柏森和塔贝里尼(Persson and Tabellini 1996a)指出,风险分担和再分配的平衡取决于正式的政策制定规则:集中导致过度保障和更高水平的再分配,构成体之间的讨价还价则会导致保障不足和财政体系的萎缩。

挥着重要作用,同时(或者)下院的代表性又不充分,改革的特性和范围仍然反映了地方联盟在支持或反对某些特定的政策变化方面讨价还价的能力。[1]

然而,代表制度赋予次国家成员体的权限可能会被协调国家与次国家层级的精英之间互动的另一套机制,即政党制度所抵消。维贝尔斯(Wibbels 2005a)分析了党派和谐的程度,并将其视为一种能够增进地方与中央当政者的合作、进而为成功的政策调整创造条件的机制。罗登(Rodden 2006)对联邦国家财政纪律的研究,则更为细密地分析了政党制度的设计如何影响了国家与次国家层面的精英之间的互动。

在权限划分不清的情况下,不同层级的政府都有把自己政策的财政负担转嫁到其他层级身上的动机。尤其是在财政危机到达极限的时候,次国家政府会倾向于负债运营,并希望得到中央的援助。由于地方政府并不清楚中央会在多大程度上遵守财政纪律,它们会依据对中央政府决断性的预期来调整自己的财政行为。罗登认为,借助对全国政党制度的整合,可以使中央政府的决断力更为可信,并可以通过减少地方当局不负责任的行为强化财政纪律。

整合的政党制度通过两种不同的渠道影响地方当局的行为动机。首先,被视为政党在全国性选举中的命运的缩影的地方精英,必须直面他们的政治行为对于自己的政治生涯产生的严重后果。因此,地方当局的机会主义行为会受到约束,而且在其他条件相同的情况下,地方的经济表现将得到改善(Wibbels 2001;Rodden and Wibbels 2002;Enikolopov and Zhuravskaya 2003)。其次,整合的国家政党制度把不同层级政府当政者的命运联系在了一起,从而有助于解决它们之间的诚信问题。党派和睦和选举成果两者互相反馈,有助于不同层级的政府与政党组织之间的长期合作。作为结果,这会使地方和国家政治精英之间的相互承诺更为可信,并有助于使设计不佳的联邦财政安排得到重新考虑和最终改善。

整体上看,联邦制对经济的影响比较复杂。[2] 同样,那种认为联邦制限制了经济上低效能的福利国家发展的观点也是有疑问的,因为次国家行为体通常会为了政治利益

---

[1] 迪亚斯—卡尔罗斯等(Diaz-Cayeros et al.2003)依照同样的逻辑认为,一院制和议会制能够减少资本付出,因为它们限制了那些必须通过某种特定计划安抚其选民的、独立当选的政治家的人数。吉布森、卡尔沃和法雷蒂(Gibson,Calvo,and Falleti 2004)则证明,如果在上院中贫穷且人口稀少的地区代表比例过高,则联邦制将会严重制约宏观经济效能。最后,维贝尔斯(Wibbels 2003)认为,参院如果强势且议席分配不公,则会增加要求援助的联盟出现的可能性。

[2] 回应不同需要的政治精英之间相互竞争的张力可以说明联邦幻想的另外一些侧面,比如政策实验等。关于联邦制与创新之间的关系的文献也很丰富。对联邦制作为政策创造的实验室的传统理论,可参见如下的回顾:Rose-Ackerman(1980);Strumpf(2002);Cai and Treisman(2005b)。对联邦制与政策创新之间联系的相关辩护,参见 Kotsogiannis and Schwager(2004)。据我所知,截至目前为止尚没有出现对于联邦制是否确实导致更多更好政策创新的系统经验分析。

进行社会支出,并希望实际花销能够通过一系列中央的财政安排转移到别的行为体身上。从经验上看,联邦无论是在福利国家的规模还是整体不平等的程度方面差别都很大。

总之,联邦制是否会规范财政政策、限制再分配(Beramendi 2003;Obinger, Leibfried,and Castles 2005)、滋生腐败(Cai and Treisman 2004;Bardhan and Mookherjee 2005),或者有利于市场经济发展,这都要取决于外部条件和内部特征。虽然相关研究已经取得了很大进展,特别是在厘清基本条件与可观察的制度影响之间不同的结合方面,但这些结合后面的一些具体要素还需要进一步确定(比如联邦国家存在的多种选举外部性的机制及其相互关系)。

更重要的是,对比较政治经济学家为联邦制描绘的新图景来说,有一个问题必须首先得到解决,那就是联邦制和分权是如何产生的。这一问题之所以特别重要,是因为无论联邦制和分权带来什么影响(在其社会、政治、经济环境不变的情况下),由于联邦制度具有保持现状的倾向性,这种影响都会长期存在。[①] 因此,无论政治行为者什么时候作出建立联邦的选择,或者启动政治分权的进程,这些决策的影响都会持续很久。

三、联邦起源重探

以联邦制起源的研究,由于很大程度上受到了关于联邦制影响的文献中新方法和新发现的启发,也开始提出一些对于导致联邦产生和稳定的过程的新认识。这一领域摒弃了为联邦制的"条件"列出一个半开放的清单的传统,转向注重内生性和选择的问题,并由此提出了一系列全新的问题。本节首先简要回顾联邦起源的传统研究方法,然后重点分析这一新的学术倾向面临的挑战。

3.1 里克尔之前的努力:联邦制的条件

里克尔的《联邦制》(1964)问世之前,研究联邦起源的文献基本上都采用非政治学的方法。人们把过去和现在的联邦的特性和环境条件加以总结,并将其视为形成联邦需要满足的一系列"条件"。从逻辑上说,这属于一种归纳法。在社会中一些文化、历

---

① 特莱斯曼(Treisman forthcoming)对所有传统上用来支持或者反对政治分权的论点都进行了具有挑战性的、形式化的解构。他认为,在偏好的差异性足够高的情况下,"有一种观点看上去确实更为普遍有效。如果政治的分权增加了改变政策需得到其认可的行为体数目,现状就更容易得到巩固"。例如,对否决权的分析表明,联邦制在各个领域,包括扩大还是削减福利国家(Obinger, Leibfried, and Castles 2005)、增加还是减少央行的独立性(Treisman 2000)等方面,都起到了阻止变革的作用。

史甚至观念上的特性出现之后,联邦制作为一种制度结果就形成了。不同学者总结的联邦条件的清单在范围和细节上各不相同。多伊奇(Deutsch 1957)的研究集中于地域和社会团体的"社会互动"和"交流"的水平。如果结构性的环境条件有利于这些关系的发展,联邦制就作为一种"安全共同体"诞生了。威尔(Wheare 1946)、鲍伊和弗里德里希(Bowie and Friedrich 1954)进一步扩展了这个清单,增加了诸如共同的制度史、军事威胁的存在,富有献身精神的领导,或者一个"基于种族、宗教、语言或者文化观念的共同体"等等条件(参见 Riker 1975,115 页)。

里克尔的工作与前人的贡献有两个方面的区别。首先,他的条件列表严格限定在政治方面,包括:(一)"政治家具有通过和平协商手段扩展其领土控制权的意愿,其目标通常是为了应对外来的军事及外交威胁,或者为军事及外交扩张准备条件";和(二)"另一些政治家愿意通过协商为了联盟的利益放弃其独立性,原因是他们面对外来威胁希望得到保护,或者希望参与联邦可能的扩张"(1975,114 页)。不过,第二方面也许更重要,即里克尔列举的条件是一种理论上的突破的结果:"联邦政府的建立必须基于政治家的理性交易"(Riker 1975,116 页)。

这就是里克尔对联邦起源和功能研究所作出的根本贡献。虽然众所周知,里克尔以"某种军事及外交威胁"为中心的特定预期经不起经验研究的检验(Stepan 1999;Ziblatt 2006),但同样真实的是,通过集中关注政治家的动机,他在两个方面为所有关于联邦起源和稳定性的后续研究奠定了基础(Filippov 2005)。首先,里克尔率先将政治家视为某种策略行为者,他们的偏好来自于对现状和未来替代性制度的预期之间的平衡。其次,这些替代性的制度之所以重要,是因为它们具有分配的功能,即它们"形成了对赢家与输家的不同分配"(Filippov 2005,99 页)。因此,里克尔的理论通过把有关联邦的交易理解为不同分配方案之间的选择,为关于联邦和政治联盟起源的理论奠定了新的基础。①

3.2　透过表象:内生性的联邦制度

大量关于内生性联邦制和政治联盟的文献探讨了这个主题。如果联邦制度和政治联盟如人们所知的那样有可观察的政治经济影响,那么行为体就会通过他们对这些影响的性质,以及他们可能的相对地位的预期形成自己的偏好。当然,他们可能会作出错误的判断,并基于错误的预期进行错误的选择,但这并不意味着他们的预期对制度选择无足轻重。

---

①　麦凯(McKay 1999)对欧洲一体化进程的分析就是对这一理论框架的直接运用。

这一逻辑关系的典型例证是联邦制、再分配与不平等之间的关系（Bolton and Roland 1997, Dixit and Londregan 1998；Alesina and Spolaore 2003；Beramendi 2007；Wibbels 2005b）。这一类研究把收入分配的形式和地域特征置于核心位置，用以分析现有联邦国家的政治整合、财政与政治分权，以及制度安排变革的决定因素。这里一个关键的直觉就是：联邦制和分权与某种特定分配结果的关系并非前者外生性地导致了后者，而是因为对分配的关注在制度选择和设计中扮演了重要的角色。

传统上对联邦制和分权起源的解释主要是围绕外部威胁和/或内部的文化和族群差异展开的（Riker 1975；Lemco 1991；Panizza 1999；Stepan 2001），关于内生性联邦制和分权的研究则提出了一种新的逻辑。更重要的是，它也进一步完善了最近关于政治与经济整合逻辑的分析，这类分析的基础是：为了应对要素、消费者和纳税人日益增长的流动性，必须设计出一些更具功能性的制度（Casella and Frey 1992；Casella and Weingast 1995）。这在马特里（Mattli 1999）关于区域整合的研究中尤为明显。马特里认为，可以通过经济外部性对整合的需求而非其供给作出解释。要形成对整合的有效供给，原有的成员体就必须克服主要由对分配的关注导致的集体行动的问题。因此，地区整合要获得成功，就必须妥善处理整合过程中潜在受损者的分配问题，否则他们会反对。也就是说，主导成员中的关键角色愿意担当"出纳员"来推进整合。①

内生性在最近关于联邦稳定性问题文献中也处于核心的地位。法条主义理论家处理这个问题的方式是试图创造使联邦制得以自我施行的条件。也就是说，联邦在这些条件下能够达成平衡，中央和地方都把对盟约目标的追求视为满足它们各自利益的手段（De Figueiredo and Weingast 2005）。贝德纳（Bednar 2004, 2005）则认为，联邦制是一个关于公共品提供的复杂问题，在某些制度环境下它会有利于机会主义行为。贝德纳指出，通过一系列相互补充的强化服从的制度，机会主义可以得到遏制，但不可能被消除。在这些制度中，他特别强调了宪法保护、政党制度和司法系统三个方面（参见 Bednar, Eskridge, and Ferejohn 2001）。这些制度可以分别克服某些类型的机会主义，因而能够相互强化彼此的有效性。但是，单靠它们中的每一种都不足以维护联邦的稳定性。虽然上述分析在说明联邦不同制度互为补充方面非常具有启发性，但它们并没有论述这些具有稳定作用的制度形成的条件。

相反，菲利波夫、奥德修克和施韦佐夫（Filippov, Ordeshook, and Shvetsova 2004）则把稳定理解为被选举动员的精英之间围绕分配产生的冲突。为此，他们把宪政约束视

---

① 马萨诸塞州结构与团结基金（Structural and Cohesion Fund）的扩展可以作为经济整合过程中对潜在的受损者进行单边支付的一个很好案例。

为党派竞争的内生因素。如果整合的政党制度为政治精英创造了让他们在体制内表达其需求的政治与分配动机，那么就会出现反对联邦制度内核的动员。反过来，如果政治竞争无论是横向还是纵向都是非结构化的，那么关于谁得到什么的冲突会很快转变为关于博弈规则的冲突。在这种情况下，由于政治竞争加剧了族群分野和经济差距，所以很有可能爆发经济和政治危机。这样，当政治冲突的社会、种族和经济基础已经具备的情况下，政党制度作为一种机制最终会对宪政规则的存续或者崩塌发挥影响。

然而，还有一个困难来自于以下的事实，即政党制度本身是它们在其中运转的国家结构和结构断裂的内生产物。迪亚斯—卡尔罗斯（Diaz-Cayeros forthcoming）在对拉美联邦国家进行比较分析基础之上进一步证明，要把制度选择、选举问题以及分配政治区分开很困难。他对墨西哥联邦制度运转方式的创新性研究表明，政党制度的集中和税收政策的集中是一种连带内生的关系。在这个案例以及拉美的其他案例中，税收政策集中是联邦与地方政治精英交易的结果。这个过程的关键是让富裕地区更加富裕，同时利用中央的再分配来收买落后地区领导者的支持。迪亚斯—卡尔罗斯指出，这种贫困地区与富裕地区领导人的联盟是由全国层面上政党制度的运行造就的。①

更普遍地看，最近关于内生性联邦制和分权的文献倒转了从结果推知原因的传统因果链条，认为人们所观察到的联邦制度和某些结果之间的关系是一种历史自我选择过程的结果。这一点在对联邦制、分权和收入不平等之间的关系进行分析时表现尤为明显，但类似的逻辑也可以被延展到不同的研究领域（Srinivasan and Wallack forthcoming；Aghion，Alesina，and Trebbi 2004）。这就提出了一个方法论上的巨大挑战。如果联邦制度（及其作用）是，至少部分是自我选择，那么联邦制真的很重要吗？或者说得更和缓一点，在什么情况下我们可以说联邦制的影响是外生性的，而非自我选择过程的结果？回答这个问题是未来数年间联邦制比较政治经济学面临的最大挑战。下面我将对回应这一挑战的一些可能的方法进行讨论。

3.3　未来之路

在分析联邦制的起源和影响时，如何解决内生性和选择问题？首先，一种比较激进的方法是主张无论制度是否具有内生性，其效果都是自我选择的，因此本质上说两者并不相关。联邦制度不过是使相关政治联盟的利益和主张不断地再生出来，所以它们本身实际上并不重要。另外，从有关内生性的财政分权或者政党的文献来看，要对联邦制

---

①　齐贝尔和科尔曼（Chhibber and Kollman 2004）进一步增加了财政联邦制和政党制度之间因果关系的分析层次。他们通过对加拿大、印度、美国和英国经验的研究认为，财政和行政集中化是政党制度集中化的重要原因。

的外生性效果加以确认会是一个相当困难的任务,因为根本就没有合适的工具。这么做的话,我们其实是通过一种不同的路径,又回到了早期的、令人非常困惑的里克尔对联邦制意义的评价方法(Riker 1964)。

其次,对这个问题一种不那么乐观的解决方法是划分制度分析的不同层次,同时假定其中某些制度相比之下具有更强的外生性。形成联邦制的过程显然是多方面的。本章指明了与联邦制的起源、动力机制和结果相关一些要素,它们在三个层面上发挥作用:外部环境(族群—地区流动性、收入分配)、宪政制度和结构(州的权力,司法审查),非宪政制度(政党制度、联邦财政安排),以及财政、政治和行政分权的实际程度。当然,并非所有这些方面都会同时随时间和空间发生变化。例如,司法审查有助于在某些特定问题上修改宪法,但上院议席的分配方式在联邦国家的历史上长期保持不变(即使有时被少数派质疑)。

作为历史的产物(Przeworski,本卷),这种同时性的缺乏留下了一个窗口,使部分均衡分析得以发挥作用。本章的一个重要结论,就是不可能建立关于联邦制的一般均衡理论。由于联邦制与其环境之间的互动具有动态性和双向性,所以对联邦制某些特定方面的起源和影响的局部均衡分析可能更现实、也更有成效。所谓局部均衡分析,指的是把长期的、动态的过程切分为一些独立的片断,在每一个片断,有些问题是不变的,而另一些问题在变化。这里的一个基本直觉是,我们可以回溯寻找好制度的历史过程,即寻找那些使联邦制(或者联邦制的某些方面)得以被采纳、而其自身又的确并非联邦制结果的因素。一方面是在时间点 T 上联邦制或者分权被采纳,另一方面是可以被视为联邦制在时间点 T+n 上产生的结果的社会、政治或经济条件,如果能证明两者的确无关,那么对内生性与自我选择问题的解决方案就呼之欲出了。①

在追寻这些外生性环节的过程中,对外部冲击的认定与分析是一种有希望的方法。比如,在评价收入分配对现存的财政联邦制造成的影响时,人们应该找到那些收入分配的突然变化与现行联邦制度的分配效果无关的例子。从这个角度来看,大萧条对北美联邦国家的影响,或者统一对德国财政制度的影响都是两个可以被视为外生性环

---

① 例如,日布拉特(Ziblatt 2006)超越了传统上关于必须建立一种"混合安全共同体"的观点(Deutsch 1957;Lemco 1991),把联邦制视为一种既存的、能够抵御来自大规模政体的强制的制度化的、高度基础性的政体妥协的结果。奥尼尔(O'Neill 2005)则把国家的分权解释为国家层面的精英为得到最大多数的选票而进行选举算计的结果。她认为,"当执政党相信自己不能继续掌控集中在国家层面的权力,同时又相信通过次国家层面的选举很有可能获得相当部分分权的权力"时,分权就"很可能出现"(2005,5)。这样从本质上说,分权乃是具有长期政治眼光的政党的一种选举策略。因此,如果说选举的或者地缘政治的考虑使得联邦制度被采纳的话,那么就有从外生性的角度考虑它们的社会经济效果的可能性。相反,就对选举和联盟的关注与对分配的预期相重叠而言,选举策略就不再是外生性的了。

节的历史关节点,在这些节点上,可以清楚分析收入分配的变化对联邦制度的影响。

更一般地说,要提供一个可信的案例,那么那些外生性的环节应该在理论上和方法上都得到恰当的认定。理论上,需要继续把联邦制的形式化模型与联邦制比较政治学对制度复杂性的注重结合在一起。① 这样可以使联邦制的多面性成为值得深入开发的资源。② 进一步说,我们还必须接受一个基本前提,那就是联邦制中任何因素的内生性(甚或是自我选择性),并不必然意味着随着时间推移它不会对自己产生影响。基于这个前提,不同联邦制要素之间的关系,以及它们与其环境的关系,都可以在假定其他因素/方面不变的情况下进行理论分析。使用这种方法的最新成果包括阿列西娜、安杰罗尼和艾特罗(Alesina, Angeloni, and Etro 2001),哈发和林达(Hafer and Landa 2004),以及(Volden 2005)对联邦国家共同提供公共品问题的分析,迪亚斯—卡尔罗斯(Diaz-Cayeros 2004)关于联邦制对税收集权的影响分析,以及贝拉门蒂(Beramendi 2006)对不平等与地方利益的代表之间互动关系的研究,他认为,这是财政分权的决定因素。然而真正的障碍在于,根据某些假设,利益上的理论关系已经得到确认,那么如何提出一种研究设计,使之适应于这些假设。这又回到了方法论的问题,但目前还没有完美的解决方案。

最好的,即使不是唯一的方法,是通过替代性的途径避开那些不完善的设计,希望它们能够得到共同的结果。通过精心建构的历史性案例研究,可以对那些被认为确定不变的因素进行讨论,进而找到外生性环节。但这类研究只能补充(而不是代替)通过对证据进行更具普遍性和系统性的考察所得出的结论。就此而言,关于联邦制和非集中的现有数据库,其质量和数量都需要极大的提升。虽然取得了一些进展,但该领域在政党制度整合、财政分权,或者族群分裂等方面所使用的测量标准仍然颇有争议。只有在时间和空间两个方面提高数据的质量与数量,才有可能运用大量的经验发现对关于可观察因素产生过程的不同假设加以检验(Przeworski,本卷)。通过这种方式,可以使理论和经验研究的进展互为补充,并且把联邦制在不同层面受到的影响与联邦制的根源或者在时间进程中决定其演变的条件区分开来。如果不能积累更好的数据,则会阻碍学者们对该领域的基本问题提供切实可信的回答,从而使理论上的进展成为不完整的,无果而终的努力。

---

① 关于联邦制市场保护功能的更具规范性的模型与对财政联邦制的财政影响的比较研究的进展相结合,已经提供了大量例证,说明突破传统界限能够获得丰硕的成果。相当有趣的是,在挑战了联邦制市场保护模型的有限适用性之后,联邦制的比较经验研究证明,如果联邦的实际设计与这一模型的假设相符,则联邦的经济表现的确更好。

② 例如法雷蒂(Falleti 2005)证明,不同类型的分权(财政、政治、行政)互为条件的动态顺序在相当大程度上决定了联邦国家实际的权力结构。

四、结　论

对联邦制比较政治学的回顾给我们留下了一个悖论。尽管我们对于联邦制和联邦国家不同方面运作的知识在过去二十年中有了巨大的扩展,但形成一种关于联邦制起因和影响的普遍理论这一长期以来一直被人们所追逐的目标却依然遥不可及。一方面联邦制的秘密已经越来越少,但另一方面建立一套能够预言联邦国家的产生及其本质和作用的方向的理论却成为一个越来越严峻的挑战。

现有发现仅支持对联邦制和分权的有条件的、概率上的,而非确定的论述。联邦制和分权本身并不能为政治整合或者经济繁荣提供任何秘方。有时候它们能做到,有时则未必如此。这就涉及更多规范性的问题。最近对于联邦制的研究已经不再为任何意义上的联邦幻想预留空间。① 学者们在联邦制和分权方面的发现越多,他们在预言联邦制的结果或者推动人们采纳这种制度方面就越谨慎。特莱斯曼(Treisman forthcoming)在从法条意义上强调分权的政府的复杂性之后总结道:"在某些特定的时间和地点,分权政府就像是一场赌博。"

必须承认,联邦制和分权的许多细节还有待探索。但也正因为如此,所以把进一步研究联邦制在不同环境下如何运作的需要,与不可能对政治分权(或整合)的影响进行可信的判断这两者等同起来还为时尚早。换言之,情景约束性并不必然意味着不可预见性。类似地,要求人们小心谨慎也并不意味着宣称人们没有可能进行有意的宪政设计。在未来数年,联邦制比较政治学更有希望的发展道路并不是全盘放弃这种可能性,而是正面接受以下的挑战,即系统性地断开联邦设计的某些具体因素与它们周边的经济和社会条件的联系。这要求*机运*和*德性*。② 前者有求于历史,有赖于它愿意为我们提供足够的外生性环节。后者则要依靠我们自己,依靠我们找到把分析工具正确地结合到一起的能力。

参考文献

AGHION, P., ALESINA, A., and TREBBI, F. 2004. Endogenous political institutions. *Quarterly*

---

① 当然,不能把这种情况与对中央集权的辩护相混淆。即便是在联邦制不能带来更好的经济表现的情况下,由于高度的文化、经济和政治异质化水平,更为集中的体制也未必是一种更好的选择。

② "foutuna and virtu",这是意大利政治思想家马基雅维利喜欢使用的两个概念,指政治家获得成功必需的两个方面的条件。——译者

Journal of Economics,119:565-612.

ALESINA,A.,and SPOLAORE,E.2003.*The Size of Nations.*Cambridge,Mass.:Harvard University Press.

——ANGELONI, I., and ETRO, F. 2001. Institutional rules for federations. Unpublished paper. Department of Economics,Harvard University.

AMORETTI,U.,and BERMEO,N.eds.2004.*Federalism and Territorial Cleavages.*Baltimore:Johns Hopkins University Press.

ARZAGHI,M., and HENDERSON, J. V. 2005. Why countries are fiscally decentralizing? *Journal of Public Economics*,89:1157-89.

BARDHAN, P., and MOOKHERJEE, D. 2005. Decentralization, corruption and government accountability:an overview.In *Handbook of Economic Corruption*,ed.S.Rose-Ackerman.Cheltenham: Edward Elgar.

——2006.Decentralization and accountability in infrastructure delivery in developing countries.*Economic Journal*,116:101-27.

BEDNAR,JENNA.2001.Shirking and stability in federal systems.Unpublished paper.Department of Political Science,University of Michigan.

——2004.Authority migration in federations:a framework for analysis.*PS:Political Science and Politics*, 37(3):403-408.

——2005.Federalism as a public good.*Constitutional Political Economy*,16(2):189-204.

ESKRIDGE,W.,Jr.and FEREJOHN,J.2001.A political theory of federalism.Pp.223-70 in *Constitutional Culture and Democratic Rule*, ed. J. Ferejohn, J. N. Rakove, and J. Riley. New York: Cambridge University Press.

BERAMENDI,P.2003.*Decentralization and Income Inequality.*Madrid:Juan March Institute.

——2004.Decentralization and redistribution:North-American responses to the Great Depression.Paper presented at the Annual Meetings of the American Political Science Association,Chicago.

——2006.Fragmented solidarity:distributive politics on multitiered systems.M/S.

——2007.Inequality and the territorial fragmentation of solidarity.*International Organization*.

BERMEO,N.2004.Conclusions:the merits of federalism.Pp.457-86 in *Federalism,Unitarism and Territorial Cleavages*,ed.U.Amoretti and N.Bermeo.Baltimore:Johns Hopkins University Press.

BEWLEY,T.F.1981.A critique of Tiebout's theory of local public expenditures.*Econometrica*,49(3): 713-40.

BOIX,C.2003.*Democracy and Redistribution.*Cambridge:Cambridge University Press.

BOLTON,P.,and ROLAND, G. 1997. The breakup of nations:a political economy analysis. *Quarterly Journal of Economics*,112:1057-90.

BOWIE,R.R.,and FRIEDRICH,C.J.eds.1954.*Studies in Federalism.*Boston:Little,Brown and Company.

BRENNAN,G.,and BUCHANAN,J.1980.*The Power to Tax.*Cambridge:Cambridge University Press.

BRETON,A.1996.*Competitive Federalism.*Cambridge:Cambridge University Press.

BUCHANAN,J.1995.Federalism as an ideal political order and an objective for constitutional reform.

Publius:*The Journal of Federalism*,25(2):19-27.

BUNCE,V.2004.Federalism,nationalism and secession:the communist and postcommunist experience. Pp.417-40 in *Federalism*, *Uriitarism and Territorial Cleavages*, ed. U. Amoretti and N. Bermeo. Baltimore:Johns Hopkins University Press.

CAI,H.,and TREISMAN,D.2004.State corroding federalism.*Journal of Public Economics*,88:819-43.

——2005a. Does competition for capital discipline governments? Decentralization, globalization and public policy.*American Economic Review*,95(3):817-30.

——2005b.Political decentralization and policy experimentation.Unpublished paper.Department of Economics,University of California,Los Angeles.

CAREAGA,M.,and WEINGAST,B.2000.The fiscal pact with the devil:a positive approach to fiscal federalism,revenue sharing,and good governance.Working paper.Hoover Institution,Stanford University.

CASELLA,A.,and FREY,B.1992.Federalism and clubs:towards an economic theory of overlapping political jurisdictions.*European Economic Review*,36:639-46.

——and WEINGAS T,B.1995.Elements for a theory of jurisdictional change.Pp.11-41 in *Politics and Institutions in an Integrated Europe*,ed.B.Eichengreen,J.Frieden,and J.von Hägen.New York:Springer.

CHHIBBER,P.,and KOLLMAN,K.2004.*The Formation of National Party Systems*.Princeton:Princeton University Press.

CREMER,J.,and PALFREY,T.R.1999.Political confederation.*American Political Science Review*,93(1):69-83.

——2000.Federal mandates by popular demand.*Journal of Political Economy*,108(5):905-27.

CHRISTIANSEN,V.,HAGEN,K.P.,and SANDMO,A.1994. The scope of taxation and public expenditure in an open economy.*Scandinavian Journal of Economics*,96:289-309.

DAHL,R.1983.Federalism and the democratic process.Pp.95-108 in *Nomos XXV*:*Liberal Democracy*, ed.J.R.Pennock and J.C.Chapman.New York:New York University Press.

DAVIS,R.S.1978.*The Federal Principle*:*A Journey through Time in Quest of a Meaning*.Berkeley and Los Angeles:University of California Press.

DEFIGUEIREDO,R.J.P.,and WEINGAST,B.2005.Self enforcing federalism.*Journal of Law*,*Economics and Organization*,21(1):103-35.

DEUTSCH,K.1957.*Political Community in the North Atlantic Area*.Princeton:Princeton University Press.

DIAZ-CAYEROS,A.2004.The centralization of fiscal authority:an empirical investigation.Unpublished paper.Department of Political Science,Stanford University.

——Forthcoming.*Federalism*,*Fiscal Authority and Centralization in Latin America*.Cambridge:Cambridge University Press.

——MCELWAIN,K.,ROMERO,V.E,and SIEWIERSKI,K.A.2003.Fiscal decentralization,legislative institutions and particularistic spending.Unpublished paper.Department of Political Science,Stanford University.

DIXIT,A.1997.*The Making of Economic Policy.*Cambridge,Mass.:MIT Press.

DIXIT,A.,and LONDREGAN,J.1998.Fiscal federalism and redistributive politics.*Journal of Public Economics*,68:153-80.

DUCHACEK,I.D.1970.*Comparative Federalism:The Territorial Dimension of Politics.*London:University Press of America.

EICHENGREEN,B.,and VONHAGEN,J.1996.Federalism,fiscal restraint,and European monetary union.*American Economic Review*,86:134-8.

ELAZAR,D.1987.*Exploring Federalism.*Tuscaloosa:University of Alabama Press.

——1994.*Federal Systems of the World.*London:Longman.

ENIKOLOPOV, R., and ZHURAVSKAYA, E. 2003. Decentralization and political institutions. Unpublished paper.Moscow:Center for Economic and Financial Research.

EPPLE,D.,and ROMER,T.1991.Mobility and redistribution.*Journal of Political Economy*,99:828-58.

FALLETI,T.2005.A sequential theory of decentralization:Latin American cases in comparative perspective.*American Political Science Review*,99(3):327-46.

FEARON,J.D.,and VANHOUTEN,P.2002.The politicization of cultural and economic difference.Unpublished paper.Department of Political Science,Stanford University.

FILIPPOV,M.2005.Riker and federalism.*Constitutional Political Economy*,16(2):93-111.

——ORDESHOOK,P.C,and SHVETSOVA,O.2004.*Designing Federalism.*Cambridge:Cambridge University Press.

——and SHVETSOVA,O.2005.Federalism and democracy in Russia.Paper presented at the conference Postcommunist state and society:transnational and national politics.Syracuse University.

GABSZEWICZ,J.,and VANYPERSELE,T.1996.Social protection and political competition.*Journal of Public Economics*,61:193-208.

GIBSON,E.,CALVO,E.,and FALLETI,T.2004.Reallocative federalism:overrepresentation and public spending in the western hemisphere.Pp.173-96 in *Federalism and Democracy in Latin America*,ed.E.L.Gibson.Baltimore:Johns Hopkins University Press.

GLATZER,A.,and KONRAD,K.1994.Intertemporal commitments problems and voting on redistributive taxation.*Journal of Urban Economics*,36:278-91.

GRAMLICH,E.1973.State and local fiscal behaviour and federal grant policy.Pp.21-57 in *Selected Essays of Edward M.Gramlich.*Cheltenham:Edward Elgar,1997.

——1987.Cooperation and competition in public welfare policies.Pp.309-27 in *Selected Essays of Edward M.Gramlich.*Cheltenham:Edward Elgar,1997.

HAFER,C,and LANDA,D.2004.Public goods in federal systems.Unpublished paper.Department of Political Science,New York University.

HALE,H.2004.Divided we stand:institutional sources of ethnofederal survival and collapse.*World Politics*,56(2):165-93.

HAMILTON,A.,MADISON,J.,and JAY,J.*The Federalist.*Cambridge,Mass.:Hackett Publishing.

HOOGHE, L., and MARKS, G. 2003. Unraveling the central state, but how? Types of multi-level govern-ance. *American Political Science Review*, 97(2): 1118–40.

HUG, S. 2005. Federal stability in unequal societies. *Constitutional Political Economy*, 16(2): 113–24.

INMAN, R. P., and RUBINFIELD, D. L. 1996. Designing tax policy in federalist economies: an overview. *Journal of Public Economics*, 60: 307–34.

——1997a. The political economy of federalism. In *Perspectives of Public Choice*, ed. D. C. Mueller. Cambridge: Cambridge University Press.

——1997b. Rethinking federalism. *Journal of Economic Perspectives*, 11(4): 43–64.

KELEMEN, D. 2003. The structure and dynamics of EU federalism. *Comparative Political Studies*, 36 (1–2): 184–208.

——2004. *The Rules of Federalism: Institutions and Regulatory Policy in the EU and Beyond*. Cambridge, Mass.: Harvard University Press.

KETCHAMP, R. ed. 1986. *The Antifederalist Papers and the Constitutional Convention Debates*. New York: Penguin Books.

KOTSOGIANNIS, C, and SCHWAGER, R. 2004. Policy innovation in federal systems. Unpublished paper. Department of Economics, University of Exeter.

LEIOUR, A., and VERBON, H. A. A. 1996. Capital mobility, wage bargaining and social insurance policies in an economic union. *International Tax and Public Finance*, 3: 495–514.

LEMCO, J. 1991. *Political Stability in Federal Governments*. New York: Praeger.

LEVI, M. 2000. The economic turn in comparative politics. *Comparative Political Studies*, 33: 822–44.

LIJPHART, A. 1999. *Patterns of Democracy*. New Haven: Yale University Press.

LIVINGSTON, W. 1956. *Federalism and Constitutional Change*. Oxford: Oxford University Press.

LINZ, J. J. 1997. Democracy, multinationalism and federalism. Working Paper 103. Madrid: Juan March Institute.

LUCAS, R. E. 1990. Why doesn't capital flow from rich to poor countries? *American Economic Review*, 802: 92–6.

MCKAY, D. 1999. *Federalism and the European Union*. Oxford: Oxford University Press.

MCWHINNEY, E. 1962. *Comparative Federalism*. Toronto: University of Toronto Press.

MATTLI, W. 1999. *The Logic of Regional Integration*. Cambridge: Cambridge University Press.

MIGUE, J. L. 1997. Public choice in a federal system. *Public Choice*, 90: 235–54.

MUSGRAVE, R. 1997. Devolution, grants and fiscal competition, *Journal of Economic Perspectives*, 11 (4): 65–72.

MYERSON, R. B. 2006. Federalism and incentives for success. *Quarterly Journal of Political Science*, 1 (1): 3–23.

OATES, W. 1972. *Fiscal Federalism*. New York: Harcourt.

——1991. *Essays in Fiscal Federalism*. Cheltenham: Edward Elgar.

——1999. An essay on fiscal federalism, *Journal of Economic Literature*, 37: 1120–49.

——and SCHWAB,R.M.1988.Economic competition among jurisdictions:efficiency enhancing or distortion inducing.*Journal of Public Economics*,35:333-54.

OBINGER, H., LEIBFRIED, S., and CASTLES, F. eds. 2005. *Federalism and the Welfare State.* Cambridge:Cambridge University Press.

O'NEILL,K.2005.*Decentralizing the State.*Cambridge:Cambridge University Press.

PANIZZA,U.1999.On the determinants of fiscal centralization:theory and evidence.*Journal of Public Economics*,74:97-139.

PERSSON,T.and TABELLINI,G.1996a.Federal fiscal constitutions:risk sharing and redistribution.*Journal of Political Economy*,104(5):979-1009.

——1996 k Federal fiscal constitutions:risk sharing and moral hazard.*Econometrica*,64(3):623-46.

PETERSON,P.,and ROM,M.1990.*Welfare Magnets:A New Case for a National Standard.*Washington, DC:Brookings Institution.

PIERSON,P.1995.Fragmented welfare states:federal institutions and the development of social policy. *Governance*,8(4):449-78.

PRUD'HOMME, R. 1995. The dangers of decentralization. *World Bank Research Observer*, 10 (2): 201-20.

QIAN,Y,and WEINGAST,B.1997.Federalism as a commitment to preserving market incentives.*Journal of Economic Perspectives*,11(4):83-92.

RIKER,W.H.1964:*Federalism.*Boston:Little Brown and Company.

RIKER,W.H.1975.Federalism.Pp.93-172 in *Handbook of Political Science*,v:*Governmental Institutions and Processes*,ed.N.W.Polsby and F.I.Greenstein.Reading,Pa.:Addison-Wesley.

——1980.Implications from the disequilibrium of majority rule for the study of institutions.*American Political Science Review*,74:432-46.

——and LEMCO,J.1987.The relations between structure and stability.Pp.113-34 in *The Development of American Federalism*,ed.W.H.Riker.Boston:Kluwer Academic Publishers.

RODDEN,J.2002.The dilemma of fiscal federalism:grants and fiscal performance around the world.*American Journal of Political Science*,46(3):670-87.

——2003. Reviving Leviathan: fiscal federalism and the growth of government. *International Organization*,57:695-729.

——2004.Comparative federalism and decentralization:on meaning and measurement.*Comparative Politics*,36(4):481-500.

——2005.And the last shall be the first:federalism and soft budget constraints in Germany.Unpublished paper.Department of Political Science,Massachusetts Institute of Technology.

——2006a.*Hamilton's Paradox:The Promise and Peril of Fiscal Federalism.*Cambridge:Cambridge University Press.

——2006b.The political economy of federalism.In *Oxford Handbook of Political Economy*,ed.B.Weingast and D.Wittman.Oxford:Oxford University Press.

ESKELAND, G. and LITVACK, J., eds. 2003. *Fiscal Decentralization and the Challenge of Hard Budget Constraints*. Cambridge, Mass.: MIT Press.

——and ROSE-ACKERMAN, S. 1997. Does federalism preserve markets? *Virginia Law Review*, 83(7): 1521-73.

——and WIBBELS, W. 2002. Beyond the fiction of federalism: macroeconomic management in multi-tiered systems. *World Politics*, 54(4): 494-531.

——2005. Retrospective voting, coattails, and accountability in regional elections. Paper presented at the Annual Meetings of the American Political Science Association Meetings, Washington, DC.

ROEDER, P.G. 2000. The robustness of institutions in ethnically plural societies. Unpublished paper. Department of Political Science, University of California, San Diego.

ROSE-ACKERMAN, S. 1980. Risk taking and re-election: does federalism promote innovation? *Journal of Legal Studies*, 9: 593-612.

—— 1981. Does federalism matter? Political choice in a federal republic. *Journal of Political Economy*, 89(11): 152-65.

—— 1983. Beyond Tiebout: modelling the political economy of local government. In Zodrow 1983: 55-84.

SCHNEIDER, A. 2003. Who gets what from whom? The impact of decentralization on tax capacity and pro-poor policy. Working Paper 179. Institute of Development Studies, Brighton.

SEABRIGHT, P. 1996. Accountability and decentralization in government: an incomplete contracts model. *European Economic Review*, 40: 61-89.

SHEPSLE, K. 1986. Institutional equilibrium and equilibrium institutions. In *Political Science: The Science of Politics*, ed. H. Weisberg. New York: Agathon.

SRINIVASAN, T.N., and WALLACK, J.S. eds. Forthcoming. *The Dynamics of Federalism*. Cambridge: Cambridge University Press.

STEIN, E. 1999. Fiscal decentralization and government size in Latin America. *Journal of Applied Economics*, 2 (2): 357-91.

STEPAN, A. 1999. Federalism and democracy: beyond the U.S. model. *Journal of Democracy*, 10(4): 19-34.

——2001. *Arguing Comparative Politics*. Oxford: Oxford University Press.

STIGLITZ, J.E. 1983. The theory of local public goods twenty years after Tiebout: a perspective. In Zodrow 1983: 17-53.

STRUMPF, K. 2002. Does government decentralization increase policy innovation? *Journal of Public Economic Theory*, 4: 207-43.

SWENDEN, W. 2004. *Federalism and Second Chambers: Regional Representation in Parliamentary Federations: The Australian Senate and German BundesratCompared*. Brussels: PIE-Peter Lang.

TAYLOR, B. 2005. Force and federalism: controlling coercion in federal hybrid regimes. Paper presented at the conference Postcommunist state and society: transnational and national politics. Syracuse University.

THEIL, H. 1971. *Principles of Econometrics.* New York: Wiley.

TIEBOUT, C. 1956. A pure theory of local expenditures. *Journal of Political Economy*, 64: 416-24.

TOCQUEVILLE, A. DE 1835/1964. *Democracy in America.* New York: Washington Square Press.

TREISMAN, D. 1999. *After the Deluge.* Ann Arbor: University of Michigan Press.

——2000. Decentralization and inflation: commitment, collective action or continuity? *American Political Science Review*, 94(4): 837-57.

——Forthcoming. *The Architecture of Government.* Cambridge: Cambridge University Press.

VOLDEN, C. 2004. The politics of competitive federalism: a race to the bottom in welfare benefits? *American Journal of Political Science*, 46(2): 352-63.

——2005. Intergovernmental political competition in American federalism. *American Journal of Political Science*, 49(2): 327-43.

WATTS, R. L. 1999. *Comparing Federal Systems.* Institute of Intergovernmental Relations. Kingston, Ontario: Queen's University.

WEINGAST, B. 1993. Constitutions as governance structures: the political foundations of secure markets. *Journal of Institutional and Theoretical Economics*, 149(1): 286-311.

——1995. The economic role of political institutions: market preserving federalism and economic development. *Journal of Law, Economics and Organization*, 11(1): 1-31.

——2002. Rational choice institutionalism. Pp. 660-92 in *Political Science: State of the Discipline*, ed. I. Katznelson and H. V. Milner. London: Norton and Company.

——MONTINOLA, G. and QIAN, Y. 1995. Federalism, Chinese style: the political basis for economic success in China. *World Politics*, 48(1): 50-81.

WHEARE, K. C. 1946. *Federal Government.* New York: Oxford University Press.

WIBBELS, E. 2000. Federalism and the politics of macroeconomic policy and performance. *American Journal of Political Science*, 44(4): 687-702.

——2001. Federal politics and market reform in the developing world. *Studies in Comparative International Development*, 36(2): 27-53.

——2003. Bailouts, budget constraints, and Leviathans. *Comparative Political Studies*, 36(5): 475-508.

——2005a. *Federalism and the Market.* Cambridge: Cambridge University Press.

——2005b. Decentralized governance, constitution formation, and redistribution. *Constitutional Political Economy*, 16(2): 161-88.

WILDASIN, D. 1991. Income redistribution in a common labor market. *American Economic Review*, 81(4): 757-74.

——ed. 1997. *Fiscal Aspects of Evolving Federations.* New York: Cambridge University Press.

ZIBLATT, D. 2006. *Structuring the State: The Formation of Italy and Germany and the Puzzle of Federalism.* Princeton: Princeton University Press.

ZODROW, G. R. ed. 1983. *Local Provision of Public Services: The Tiebout Model after Twenty-Five Years.* New York: Academic Press.

第三十二章　联盟理论和政府形成[①]

卡雷·斯特罗姆（Kaare Strøm）

本雅明·奈布雷德（Benjamin Nyblade）

一、联盟谈判、政府形成和代议民主

联盟指为了共同目标联合在一起的一些个人或群体。比如一群可能来自一个或者多个政党的政治家，为使政府得以运转而联合起来。联盟成员共同把广泛而分散的社会需求转化为一系列可操控的公共政策。这只是结盟政治可能采取的形式之一，但在民主社会，这可能是最重要的形式。

政治行为体成功结盟的能力对代议制民主至关重要。在民主政体中，没有人能够在没有他人支持的情况下制定法律或行使权力。开放社会的特点之一，就是促成多种多样的政治行为体，而他们要有所行动，就必须共同努力。民主规则一般要求，所有决定都得到由人民选举产生的代表中简单多数或者特定多数的同意。

尽管联盟成员为共同的目标协作，但他们也可能在某些重要的问题上出现分歧。有些分歧出自对特定选区要求的回应。比如，代表城市的成员提出的政策要求，就与出自农村地区的代表不同。在多个成员竞争重要而稀缺的政治利益或者政府职位（比较总理人选）时，冲突也会发生。联盟成员如何追求他们的共同利益、协调其内部冲突，会影响他们所建立的联盟的命运和效率。

研究联盟谈判不仅能够帮助我们了解政府决策，而且也能帮助我们了解谁最先进入政府，对议会制民主来说尤其如此，因为在这种制度下，政府（行政部门）有赖于议会

①　我们要感谢卢比亚（Arthur Lupia）和米切尔（Paul L.Michell）对本章所依据的其他学术成果的贡献。

的支持。虽然总统制之下不同政党间的联盟谈判也很重要(Amorim Neto 2006;Cheibub 2002;Cheibub,Przeworski,and Saiegh 2004),但它对于谁控制最高行政职位不会产生直接影响。因此,本章主要关注的,是议会民主制之下的政府形成。

在议会制政体下,政府中的联盟一般通过政党,并由政党组成。政党本身就是政治家的联盟,他们在同一面旗帜之下参加竞选。但是,在为政府的控制权而谈判的时候,各政党会表现得相当团结一致。因此,本章与大量有关政府形成的文献一样,仅讨论统一政党之间的联盟谈判(参见 Laver and Schofield 1990;Müller and Strøm 1999 对于统一党假设的论证)。① 从某种意义上说,议会制之下各政党之所以会团结一致,正是因为政府始终需要得到议会的支持(至少是容忍)。在总统制下,政府相对独立,结果政党的一致性通常也就比较低。

在议会制民主国家政府生命周期的每一个阶段,都会通过谈判形成联盟决定。参与谈判的政党必须同时瞻前顾后。当下的谈判,不仅会受到过去的谈判的影响(因为后者决定了谈判者拥有的资源以及他们行动的条件),而且也会受到未来的选举以及政治对手持续存在的威胁的制约。

谈判理论,或者广义的博弈论传统,自里克尔(Riker 1962)的奠基性著作发表以来,一直是理解联盟形成的主要分析框架。在本章中,我们不仅要说明谈判理论如何帮助我们理解政府形成的主要方面,而且还会表明,我们对结盟谈判的认识,是怎样逐步超越了这些理论早期阶段的简单化假设。我们重点考察三个方面的问题。首先,在什么条件下会形成联合政府? 其次,什么因素决定了联合政府的类型? 换言之,政府在议会中可能仅得到少数派的支持,也可能是一个最小获胜联盟,还可能是一个超额联盟②,那么是什么因素决定了这些不同的结果? 最后,我们要考察那些影响特定政党,或者特定类别的政党进入政府的因素。

二、稳定的还是暂时的联盟?

关于联盟的形成,一个最根本问题却很少被提及。联盟可以因一时一事而立,也可以(至少从意愿上说)持久而广泛。那么什么因素决定了人们是选择暂时的还是持久的联盟? 如果说政党是政治家的稳固联盟的话,那么这个问题我们可以一直追问到议

---

① 不过应该指出,联盟研究中一个正在成长的领域就是对党内动力机制的研究(Strøm 1994;Druckman 1996)。

② Surplus coalition,指参与联盟的政党数超过了组建政府最低要求的联盟,即比最小获胜联盟更大的联盟。——译者

员个人的层面。为什么政治家有可能以独立自主的决策者的身份,根据不同的议题选择不同的可能的同盟者? 可另一方面,为什么政治家有时(其实是经常)会服从政党的权威,并支持政党领袖青睐的政策和盟友? 同样,这些政治家所属的政党也可能会结成暂时而流动的,或者稳固而正式的同盟。

这些决策可以在交易成本政治学的框架内得到最好的解释(Dixit 1996;Strøm,Müller,and Bergman 2007)。自由而流动的同盟有其优势。它们允许更多自由,而且也更有效,因为参与其中的政党或议员无须为他们并不真正支持的提案投赞成票,也无须为他们也许根本无从预见的议题承诺共同的立场。但另一方面,和更稳定更正式的联盟相比,短期性的暂时性同盟有一系列缺陷,诸如:

● 交易成本更高。自由流动的多数迫使参与者就每个决定都重新讨价还价。这种方式花费的时间和精力会耗尽政党的资源,削弱其达到广泛而多样的目标的能力。稳定同盟的一个重要理由就是它们能够降低交易成本。

● 政策影响和延续性更低。如果没有正式的联盟,政治决策有可能难以完全贯彻,从而也难以产生重要的影响。在缺乏稳定的政党或同盟的情况下,立法方面的胜利也可能难以持久。周二上午形成的多数完全可以推翻周一晚上的统治者通过的法律? 这种不稳定将大大降低执政同盟作出的任何决策的价值。如果对自己作出的决定是否会立即被推翻一点把握都没有,统治的意义何在呢? 这种不确定增加了另一类交易成本。

● 忠诚的执行者更少。即便一个自由流动的多数维持到能够任命自己的内阁成员,而其决定也没有立即被推翻,也不能指望政府中的其他人会接受这些决定的束缚。实际上,官僚们只要能够抗拒那些他们不喜欢的行政指令而不受处罚,他们就会对其置之不理(参见 Huber 1998;Huber and Lupia 2001)。换言之,只要领导权不稳定,反抗就有利可图。

● 政策可信度更低。政策的可信度问题不会因其付诸实施而结束。很多政策要产生实效,都需要政府之外的人配合。公民必须遵守法律,企业必须履行合同,国家必须信守条约。如果政府领导人今天签署的协议,到明天就无法得到有效履行,那么任何与之打交道的人都不会对其加以信任并与之合作。在一个完全由自由流动的多数领导的国家,公共政策不会有长期的可信度。这反过来会在很多方面对公民产生影响。假如基本物权变动频繁且不可预期,则买房或者投资股票就不堪想象了。对那些试图把自己重要的社会、政治和经济计划建立在政府政策基础上的人来说,自由流动的多数意味着灾难。可预期性的缺乏,可能导致经济上的无效和其他严重的社会问题。

● 选民可靠的支持更少。在民主国家,政治家只有通过选举获得公民们赋予他们的决策制定权,才能在政府中谋取职位。选举,即选民最终要对联盟成员进行判断的威胁,决定了政治家的行为。因此,如果选民希望政府行为至少在某些方面是可预期的,那么具有明显倾向性的政治家比暂时的联盟获胜的机会就要大;而稳定联盟的成员也更容易确立"政策品牌",以减少选民对其为某位候选人投票的政策后果的疑虑(Cox and McCubbins 1993)。与自由流动的多数相比,稳定的联盟确实使选民更容易确保政府官员对他们的行为负责。

总的来说,选择正式而稳定的联盟是一种生存策略。它使政治家得以影响政府决策、获得非政府行为体的信任,并且以相对较低的交易成本与选民长期保持良好关系。对于在议会机构中供职的政治家而言,这是一种集体利益。只要与自由流动的联盟提供的政策自由相比,稳定的关系与较低的成本更重要,那么政治家就会选择稳固的联盟。

不过,政治家并不总选择稳固的联盟。在某些政治系统中,比如斯堪的纳维亚国家,高度的信息确定性和相对较低的风险,使议会的很多决定都可以通过暂时的或者短期的谈判联盟作出。在总统制民主国家,政党一般都比较松散,暂时的决策同盟也更常见(Cheibub,Przeworski,and Saiegh 2004)。而且总的来说,稳固的联盟能够带来集体利益这一事实并不意味着立法者必定选择这种联盟形式。而且,即便是在没有正式的行政联盟的情况下,也常常存在稳定的立法联盟(参见 Warwick 1994;Bale and Dann 2002)。因此,是否存在正式的行政联盟,除交易成本之外,还受到政府之外潜在的支持政党导致的相对成本和收益的影响,特别是它们在不为政府领导带来可能比较高的选举成本的情况下,获得政策让步的能力的影响。(Strøm 1994,1990b;Laver and Shepsle 1996;Mitchell and Nyblade 2006)。

三、政府类别

内阁官员彻底轮换的情形较少见,一成不变的稳定也不太可能。在总统制民主国家,行政官员的任期是固定的(除了辞职、死亡,或者受到弹劾之外),而这种刚性或者说可预期性也会影响内阁的构成。但是,总统内阁的党派构成,与议会制之下的一般情况相比,会更具灵活性,因为总统可以通过改组内阁,提高国会或者民众对他们的支持率;而且在这么做的时候,总统较少受到内阁党派构成的限制(Amorim Neto 2006)。

由于议会制民主国家执政联盟相对稳定,此类政府研究者最主要的关注是了解所结成的联盟的类别。学者们发现,可以根据议会对参政党的支持程度,把政府区分为仅得到少数派支持的政府、构成了最小获胜联盟,以及得到超额支持的政府几种类别,而这种区分具有一定的意义。有的时候,单一政党得到议会中的多数席位,因而单独执政。但大多数议会制民主国家,特别是在欧洲,由于实行比例代表制,所以通常没有一个政党能够得到法定多数。针对这样一种全是少数的情形,传统上一般认为应该形成多数派联盟,而少数派的政府则是需要得到解释的、对常态的偏离。这是因为在议会制之下,政府必须得到议会多数(或明或暗)的支持(Müller,Bergman,and Strøm 2003)。

里克尔影响深远的著作(见下文)把上述考虑简化为最小获胜联盟的问题。如果一个群体需要对某种有价值之物加以分配,而决定又必须根据简单多数原则作出,那么最小获胜联盟能够让群体中大多数的潜在回报最大化(Riker 1962)。由于参政通常会被视为有价值之事,因此最小获胜联盟应该是可取的选择。

尽管最小获胜联盟可能是谈判的"自然"结果,但实际上,至少在欧洲,这并非最常见的结果。表 32.1 列出了联合政府的一些基本特征,而它们所处的背景,也是人们通常研究最多的,就是:欧洲议会制国家的全国性政府。表中的样本涵盖了 1945—2000 年间西欧 17 个议会制或半总统制民主国家中的 424 届政府。其中,只有 13% 是单一政党多数派政府,22% 是单一政党少数派,44% 是多数联盟,而 18% 是少数联盟。多数联盟中,大约五分之三是最小获胜者联盟,其余的规模要大一些。因此,如果我们只考虑全是少数的情形,那么大约 25% 的内阁是单一政党少数派政府而非正式的执政联盟;①而几乎同样数量的联盟由于规模过大而偏离了我们的预期。因此,在全是少数情况下,最常见的是少数派政府,然后是最小获胜联盟,最后是超过最小多数的政府。西欧多数国家都经历过所有这三种政府类别,但每一种类别在不同国家又表现出不同的特点。

表 32.1　西欧国家的联合政府:1945—1999 年

国家	数量	非党派		单一政党多数		单一政党少数		联盟		最小获胜联盟		超过最小多数		少数	
		数量	百分比	数量	百分比	数量	百分比	数量	百分比	数量	百分比	数量	百分比	数量	百分比
奥地利	22	0	—	4	18.2	1	4.5	17	77.3	14	63.6	3	13.6	1	4.5
比利时	33	0	—	3	9.1	2	6.1	28	84.8	14	42.4	12	36.4	4	12.1
丹麦	31	0	—	0	—	14	45.2	17	54.8	4	12.9	0	—	27	87.1
芬兰	44	7	15.9	0	—	4	9.1	33	75.0	7	15.9	20	45.5	10	22.7
法国	23	0	—	1	4.3	5	21.7	17	73.9	7	30.4	8	34.8	7	30.4
德国	26	0	—	1	5.8	3	11.5	22	84.6	17	65.4	5	19.2	3	11.5

①　这些数据来自 Müller and Strøm (2000);Strøm,Müller,and Bergman (2007);且本节与下文中的分析都是基于 Mitchell and Nyblade (2007)。

续表

国家	数量	非党派		单一政党多数		单一政党少数		联盟		最小获胜联盟		超过最小多数		少数	
		数量	百分比	数量	百分比	数量	百分比	数量	百分比	数量	百分比	数量	百分比	数量	百分比
希腊	11	1	9.1	7	63.6	1	9.1	2	18.2	1	9.1	1	9.1	1	9.1
冰岛	26	0	—	0	—	4	15.4	22	84.6	17	65.4	4	15.4	5	19.2
爱尔兰	22	0	—	6	27.3	6	27.3	10	45.5	5	22.7	0	—	11	50.0
意大利	51	1	2.0	0	—	14	27.5	36	70.6	4	7.8	23	45.1	23	45.1
卢森堡	16	0	—	0	—	0	—	16	100.0	15	93.8	1	6.3	0	—
荷兰	23	0	—	0	—	0	—	23	100.0	9	39.1	11	47.8	3	13.6
挪威	26	0	—	6	23.1	12	46.2	8	30.8	3	11.5	0	—	17	65.4
葡萄牙	14	3	21.4	2	14.3	3	21.4	6	42.9	3	21.4	3	21.4	3	21.4
西班牙	10	2	20.0	2	20.0	6	60.0	0	—	0	—	0	—	6	60.0
瑞典	26	0	—	2	7.7	17	65.4	7	26.9	5	19.2	0	—	19	73.1
英国	20	0	—	19	95.0	1	5.0	0	—	0	—	0	—	1	5.0
合计	424	14	3.3	53	12.8	93	21.9	264	62.3	125	29.5	91	21.5	141	33.3

数据来源:Mitchell and Nyblade 2006。

四、谈判理论与政府形成

为解释上述事实,我们首先需要讨论谈判理论的贡献。里克尔的《政治同盟理论》一书(Riker 1962)是把谈判理论运用于政治联盟问题上的经典之作。里克尔把诺依曼和摩根斯坦(von Neumann and Morgenstern 1944)的逻辑延展到政治领域,得到的结果就是著名的"规模原则",并推断了最小获胜联盟的产生。里克尔借鉴合作博弈论,将政治联盟的形成模型化为总量固定的谈判博弈,其中参与者必须就如何分配对他们各方都有价值之物(对我们而言就是政府职位)达成一致。里克尔明确指出:"在类似提供补偿支付的 N 人零和博弈的社会环境下,参与者会建立其规模足以保证他们获胜的联盟,但不会更大"(Riker 1962,47 页)。

从根本上说,规模原则基于另两项原则,里克尔称之为"策略原则"和"非均衡原则"。规模太小的执政联盟会增加成员,因为被排除在政府之外的多数既希望,也能够推翻少数派政府(策略原则)。另一方面,如果联盟规模过大,则参与方会发现他们作为政府一员只能分到极小量的利益,因而会选择逐出联盟中多余的成员(非均衡原则)。

当然,从策略上说,联盟的形成并不总与提供补偿支付的 N 人零和博弈相一致。

现实中的联盟形成与里克尔模型的近似程度显然各不相同。两者之间的偏离越大，模型的解释力和预测力就越弱。实际情况可能在很多方面偏离里克尔的模型，不过有几个方面尤其值得注意：回报、参与方能够得到的信息，以及他们身处期间的谈判环境。

4.1　回报

里克尔假设，联盟谈判的回报总量固定，一方所得必为另一方所失，另外仅联盟成员能够得到这种回报。这些假设并非总是不言自明。在现实世界，政党有时会拒绝参加政府（例如，1957 年瑞典的农民运动和 1981 年挪威的基督教人民党，爱尔兰工党则多次这么做，参见 Bale and Dann 2002）。如果政党总是能够通过参政得到好处，而作为反对派则一无所获，那么这类情况就不会发生。至少在西欧议会制民主国家，参政的实际成本之所以可能很高，是因为作为政府一员更像是选举负债而非资产（Rose and Mackie 1983；Narud and Valen 2006）。在选举中特别容易遭到失败的小党，可能需要慎重考虑，在联合政府中分一杯羹所得到的好处，是否能够抵偿选举中可能付出的代价。另外需要注意的是，由于政府持续时间的长短随形成的政府类别不同而不同，所以回报的总量也并非总是固定不变。比如，多数派政府一般会比少数派政府持续更久。因此，需要谈判的不仅是各方能得到多少个政府职位，还有被分享的蛋糕的价值，这会使谈判局势更加复杂（参见 Diermeier，Eraslan 和 Merlo 2002，2003）。

如果参政的价值会有变化，那么可以推断，政府"价值"越高，则越有可能形成最小获胜联盟。这事实上就是里克尔规模原则最重要的依据。什么因素能够影响参政的价值？有三个方面：（一）参政带来的利益是否丰厚，（二）参政带来的决策的机会，以及（三）参政对选举带来的预期损益（Strøm 1990b；Müller and Strøm 1999）。在其中每一个方面，职位的价值都需要参照在野的可能加以考虑（参见 Strøm 1990a，42 页）。参政带来的额外好处越多，则参与执政联盟价值就越高，对选举表现的影响就越积极，政策结果与联盟成员的偏好也更趋于一致（Müller and Strøm 1999）。因此，斯特洛姆（Strøm 1984，1990a）在解释少数派政府时考虑了两个主要因素：选举结果和政策影响。如果在政策影响和预期的选举回报方面，参政与在野相比获利越少，则参加执政联盟的吸引力就越小，出现少数政府的可能性就越大。

现有研究主要侧重于上述考虑的第二个方面，即政策影响。阿克塞罗德（Axelrod 1970）和德·斯万（De Swaan 1973）率先把政策作为联盟谈判研究的核心要素。德·斯万假定，行为者总是试图使政策的一致性最大化。也就是说，效用的最大化，要求各方在偏好的政策上达成一致，并且维持联盟的长期和谐。因此，行为者倾向于参加政策偏好方面可能的分歧最小的获胜联盟("最小圈子"理论)。① 总体的行为假设是:意识形态基础上的联盟利益冲突会更少,对其成员来说政策价值更高,因而也更易于结成和维持。

在最近的研究中,大多数学者在建构谈判对局模型时,倾向于超越里克尔(Riker 1962)和莱瑟森(Leiserson 1966)简单化的职位回报理论,而追随阿克塞罗德(Axelrod 1970)和德·斯万(de Swaan 1973)的做法,综合考虑政党的政策偏好。这些学者通常采用布莱克(Black 1958)和唐斯(Downs 1957)的空间对局逻辑,强调在一维或多维议题空间内居中型政策偏好的优势(参见 Schofield 1993;Crombez 1996;Laver and Shepsle 1990,1996)。

这些模型强调的是,相对规模和居中型政策偏好如何共同增强了政党的谈判能力。这并不是里克尔方法的延伸,后者只是根据谈判环境与他们所提出的模型的接近程度,对联盟形成提供一般性的说明,而前者则根据资源(议席份额)和谈判偏好来解释联盟的类型。虽然这些模型在注重政策还是职位方面有所差别,但从根本上说,它们都强调谈判权力的不同而非谈判环境的不同对联盟形成的影响。

这些谈判权力模型背后的逻辑相对直观,但由于它们试图把多重的议题维度与议席份额、有时还有其他因素结合起来,所以在实际推演过程中会变得相当复杂。以多数派的情况为例,假定简单多数就可以获胜,单一政党能够单独组建政府。虽然政府形成的研究一般都忽略出现多数的情形,但是因为在这种情况下,谈判权力不成比例地集中在一个政党手里,所以它们的极端性仍具有启发意义。在出现多数的情况下,根据定义,多数党可以形成一个最小获胜联盟,它同时也是每一个议题上的居中政党,这使它无论从资源还是职位的角度上看都获得了巨大的优势。

不过,即便是在没有出现多数的情况下,有些政党也会拥有巨大的谈判权力。一个拥有众多潜在盟友的居中大党可能会自行组建政府。一般来说,不结盟的代价在这种情况下可以最小化。如果没有出现多数,联盟谈判中占支配地位的一方谈判权力越大,政府的规模会越小。也就是说,谈判权力的集中,会使少数派政府比最小获胜联盟更容易出现,形成超额联盟的可能性就更低了。这一基本观点是由克隆贝兹(Crombez 1996),以及拉维尔和谢普索(Laver and Shepsle 1996)以最明确的方式提出的,它成为几乎所有关于联盟形成的政策/规模理论的逻辑基础。

因此,谈判权力越是集中在单一政党手中,联盟就越不容易形成。这意味着比如一

---

① 德·斯万对其核心行为假设阐述如下:"行为体力求结成这样一种包括自己在内的获胜联盟,其采取的政策,在一系列政策选择中与自己偏好的政策尽可能地接近。"(de Swaan 1973,88 页)

个接近多数的政党更有可能组建少数派政府,因为在每一次议会投票时它仅需要再随便争取几位议员的支持即可。同样,一个政党如果能够长期得到并没有参加政府的议会中盟友的支持,就占据了比没有这类盟友的政党更优越的谈判地位。一般来说,居中的大党拥有更大的谈判权力,因为它们可以与其左臂两翼的政党结盟(Laver and Schofield 1990;Crombez 1996;Laver and Shepsle 1996)。与议会制政府相比,在总统制,特别是分权政府之下,谈判权力要更为分散。

4.2 信息

里克尔承认,他的模型中的其他假设与现实甚至差距更远,其中也许最重要的就是信息完整性假设。现实中的政府来自讨价还价的谈判,参与各方通常对他们对手的真实偏好、下次选举的情形,以及一系列其他相关问题了解非常有限。政党数量越少、内部越团结,其历史记录越久远、越连贯,则联盟谈判的情形越接近里克尔模型近乎苛刻的要求。参与者得到信息越差,他们越会寄希望于扩大联盟的规模。正如里克尔(Riker1962,88—89页)所说:"信息越不准确、越不完整,组建者就越是试图结成更大的联盟,实际形成的获胜联盟就越有可能大于最小规模。"多德(Dodd 1976)运用一组政府样本验证这一命题,并得到了肯定的结果。

政党可以尝试通过对未来行动作出可信的承诺以降低不确定性。但是,在不具备作出此类当承诺的能力,或者能力不足时,联盟成员就有可能以弄垮政府的威胁互相"勒索",来换取对方让步。为了避免这种威胁,联盟可能会增加更多成员作为"保障"。卡卢巴和沃尔登(Carrubba and Volden 2000)通过一个关于议会联盟形成的形式模型推断,为了建立一种更稳定的"滚木头"机制(并且避免个别成员进行勒索),政党会创造出一种"最小必要联盟",它会比最小获胜同盟更大。他们在随后的一篇文章(Carrubba and Volden 2004)中指出,如果行动者数量众多且差异巨大,或者议案难以通过,或者立法成本太高,对联盟成员利益不明显,这种超额联盟就特别易于出现。在操作上,他们认为最适合这些条件的是拥有众多政党和议会成员、实行上下两院制、议会高度极化,而且政府规模较小(按税收在 GDP 中所占比重衡量)的国家。

艾利希·布朗及其助手 20 世纪 80 年代中期发现的一系列成果(Browne,Frendreis,and Glieber 1984,1986)对现有的联盟理论提出了相当尖锐的批评,同时强调不可预测事件在联盟政治中的重要性。他们提出,最好把政府更替理解为偶发的"极端事件",或者政府受到的外部冲击的结果,而非政党领袖之间正式而理性的谈判的产物。虽然鲜有学者完全认同这一观点,但后来的研究已经尝试在经验上把外部冲击引入内阁存续的模型中(King et al. 1990),并在理论上解释外部冲击对选举预期的影响(Lupia and

Strøm 1995；Diermeier and Stevenson 1999,2000)。可以预见,对于信息影响的研究,会在未来联盟政治的文献中继续占据重要的位置。

4.3　决策规则、制度以及谈判环境

学术界对里克尔的联盟政治概念加以完善的第三种、也是最后一种方式,是对谈判环境,包括政治制度影响的认识。要全面评价此类影响,就必须对理论假设加以调整。里克尔的研究基于合作博弈论,而对于具体的谈判过程并没有建模。这类模型一般假设政党能够作出可靠的承诺,最"有效"的政府也能随之产生。不过,最近大量的研究成果都以非合作博弈论模型为基础,它们关注单个政党的动机,并坚持对谈判过程的每个阶段进行如实的描述。政府形成的非合作模型通过对政府形成的过程建模,力图解释合作模型未能说明的谈判动态机制。对于认识与联盟谈判相关的制度规则的重要性来说,它们也提供了更好的途径。

能够影响联盟谈判的政治制度范围极广,而政治学家们才刚刚开始系统考察此类影响(关于这方面调查,参见 Laver and Schofield 1990；Strøm,Budge,and Laver 1994；Strøm,Müller,and Bergman 2003)。制度有助于界定执政联盟必须满足的正式要求、组建过程、决策方式,以及它们被解散和替代的条件。

首先,宪法对待任政府的要求不一样。部分国家,如德国和西班牙的宪法规定制造建设性不信任投票,这意味着只有待任政府得到议会中多数成员的支持性(授权)投票,政府更迭才会发生。其他国家实行正式的授权投票,但并没有多数的要求(意大利),还有另一些国家根本无须授权投票(丹麦)。伯格曼(Bergman 1993)探讨了积极的(待任政府必须获得多数的明确支持)和消极的(没有类似要求)的议会制度,并分析了它们对联盟谈判的影响。在需要正式授权投票的情况下,联盟更易于形成。由于授权投票迫使议会中的政党对每一届待任政府表示"赞成"或者"反对",少数派政府因而面临更大的风险,正式联盟也因此更容易形成。在需要正式授权投票的情况下,某政党要暗地支持一个少数派政府会更为困难,而必须与之保持一定的距离,以免为政府政策承担责任,并且在未来的选举中与当权者展开竞争。

政府要在联盟谈判中"获胜",可能不仅需要赢得国会某个院的简单多数。因为在一些国家中,政府必须同时对议会两院负责,所以一个院的多数在另一个院就有可能变为少数。德鲁克曼、马丁和泰斯(Druckman,Martin,and Thies 2005)指出,在第二个院获得多数的需要,增加了出现超额联盟的可能性。

行政部门的决策环境也可能会影响联盟谈判。因此,拉维尔和谢普索(Laver and Shepsle 1996)根据强调结构诱导型均衡的研究成果(Shepsle 1979；Shepsle and Weingast

1981），认为内阁组成及其相应的权限，从根本上限制了任何联盟能够同意的可行政策选择，因为很难阻止任何职位的担当者在相应的政策领域推行自己最偏好的政策。要对拉维尔和谢普索的模型进行适当检验，所需数据与在他们的研究工作之前收集的、关于政府形成的数据根本不同，所以对他们的方法严格的经验验证还受到限制（但可参见 Warwick 1999；Laver and Shepsle 1999；Martin and Stevenson 2001）。不过，最近学者们已经开始在职位分配方面努力采集数据，因此对职位分配模型进行进一步的验证已经指日可待。随着对职位分配问题的研究兴趣的增长，对甘森的职位均衡法则（Gamson's law concerning portfolio proportionality）的研究（参见 Druckman and Warwick 2005；Warwick and Druckman 2001；Ansolabehere et al. 2005），以及对副部长角色的研究（参见 Thies 2001；Manow and Zorn 2004），都已经展开。

虽然多数模型假定联盟参与者只包括议会政党（或其领袖），但制度现实可能更复杂。在半总统民主制国家，政府可能不仅要对议会或立法机关负责，而且同时也要对总统负责，这会明显改变谈判环境（Amorim Neto and Strøm, forthcoming）。政府也会致力于那些需要更广泛的支持，而不仅仅是议会中简单多数认可的行动。例如，政府可能希望对宪法进行修订，这就需要立法机关绝对多数的支持。因为简单多数不能满足联盟成员的要求，所以形成超额联盟的可能性就增加了。

另外，规范联盟谈判过程的制度规则可能至关重要。有关指定组阁专员（formateur），即受托进行联盟谈判的人的规则尤其如此。巴伦（Baron1991）模拟了这一过程（确认规则）。他通过对固定的和偶发的指定顺序的考察，证明不同的组阁专员指定顺序会对联盟结果产生重大影响。随后的研究表明，组阁专员一般会得到极大份额的职位回报（Warwick and Druckman 2001；Ansolabehere et al. 2005），如果不仅考虑他们得到的职位数，同时也考虑到这些职位的相对重要性，情况就更是如此。

五、对联盟形成和政府类别的解释

谈判模型通过聚焦两类不同的因素，即与谈判环境相关的因素和与谈判权力相关的因素，增进了我们对联盟形成的了解。两类因素在解释议会制民主国家政府形成方面都发挥了重要作用。一项建立在相当广泛的数据基础之上的、关于西欧国家全是少数的情况下联盟形成的最新研究（Mitchell and Nyblade 2006）发现，无论是在解释暂时的议会联盟，或者比较正式行政联盟的组建方面，还是在解释形成的政府类别的方面，这两类因素都非常关键。

如果参政可能为政党带来较高的成本，则正式的行政联盟就不大容易形成，在选举波动性较高,而且上届政府因某种突发事件而倒台的时候更是如此。类似地,随着反对派力量的增强(此时因参政而在政策影响方面带来的相对收益会下降),联盟形成的可能性也会降低。如果谈判拖延不决(此时政党会明确拒绝某个潜在的联盟,这表明决定它们行为的不仅仅是参与政府),则形成联合政府的可能性更小。

上述变量反映了谈判环境的性质,另一方面,各政党的谈判权力对联盟形成至少也会发挥与之同等重要的影响。如果谈判权力过度集中在某个政党手中,那么即使该党在议会中不占多数,也会增加一党执政的可能。联盟研究的历史上有一个不变的事实,那就是接近多数的政党尤其有可能组建少数派政府(Strøm 1990a; Laver and Schofield 1990; Crombez 1996)。米切尔和奈布雷德(Mitchell and Nyblade 2007)发现,根据最大政党的谈判权力(用班茨哈夫指数衡量),可以比根据它的议席份额更好地推断联盟形成的可能性。[1] 如果最大政党的谈判权力特别大(它自己拥有众多可以形成获胜联盟的潜在伙伴,而没有它则很难结成获胜联盟),那么它就很可能自己组建政府。如果最大党同时也是议会内的中间党,这种效应就更明显。即便是没有广泛的联盟,政策中心这个位置本身就对持这种政策的政党有利。

尽管有大量研究成果关注出现少数派和/或超额政府的可能性,并将其视为对最小获胜联盟这一正常现象的偏离,但同样值得追问的是,为何最小获胜联盟更容易出现。基于里克尔的结论,我们预期在谈判环境最接近简单合作博弈模型时,最小获胜联盟出现的可能性也最大。因此,在一个一院制国家,当不确定性较低、参政的价值较高,且决策规则是简单多数制的时候,最小获胜联盟出现的可能性最大。另外,按照克隆贝兹(Crombez 1996),以及拉维尔和谢普索(Laver and Shepsle 1996)等提出的非合作博弈模型的逻辑,出现最小获胜联盟的条件,是谈判权力既没有过度集中在某个政党手里(否则它会以较低的代价组建一个少数派政府),也没有过度分散,以至为避免出现勒索行为必须组建超额联盟。总统制可能导致谈判权力分散在更多行为者手里,从而使谈判复杂化。因此,如果其他条件相同,半总统制或总统制之下出现最小获胜联盟的可能性也相对较小。

经验分析总体上支持这些观点(Mitchell and Nyblade 2007)。在全为少数的情况下,只有参与政府有利可图,才会出现最小获胜联盟。具体说就是反对派的影响较小、

---

[1] 班茨哈夫权力指数(Banzhaf Power Index)衡量的是具有不同权重的选票份额的行为者影响投票结果的能力(Banzhaf 1965)。这一指数可以计算出对每位选民而言,与其他行为者改变选票投向的能力相比,该行为者能够加以改变的投票组合的比例(从赢到输)。假定议会的议席数量为100,其中有4个政党,它们分别占有45、26、25和4席。如果采取简单多数制,则占据4席的政党没有任何谈判权力,因为它不能改变任何一次投票的结果,也无助于组建任何形式的最小获胜联盟。

选举形势较为明朗，而上届政府亦非因"突发事件"而下台。最小获胜联盟也与议会中谈判权力的分布明显相关。假如存在一个较小且谈判权力较弱的"事事居中的政党"（参见 Laver and Shepsle 2000），则非常有可能出现最小获胜联盟。

与最小获胜联盟不同，传统上一直认为，少数派政府独立性较差，效率也较低（Johnson 1975；Powell 1982）。但如上所述，少数派政府并不必然是反常现象，而且其表现在很多方面与多数派政府相当，甚至优于后者（Strøm 1985）。那些导致少数派政府出现的因素，与阻碍了正式同盟出现的因素大致相同，这并不奇怪，因为大多数少数派政府都不是执政联盟。经验分析表明，除斯特罗姆（Strøm 1984）指出的两个主要因素（选举的决定性和反对派的影响）之外，其他衡量职位相对价值的指标也很重要，比如最大政党的规模和谈判权力。

另一方面，人们一般认为，超额联盟是政党彼此之间不能作出可信承诺的结果。最小获胜联盟可以被任何一个成员打破。所以，如果政党之间不能相互信任，或者不能在任期内保证相互支持，那么它们会发现吸纳新成员较为有利，因为这会使任何一个成员都更难于"勒索"政府。这一关于超额联盟的观点可以直接追溯到里克尔（Riker 1962）在关于立法机构滚木头的理论中被模型化（Carrubba and Volden 2000），尤其被用来解释议会制民主国家的超额政府（Carrubba and Volden 2004）。当谈判权力广泛分散于各政党之间的时候，勒索的威胁最为有效，超额政府也更易于形成。米切尔和奈布雷德（Mitchell and Nyblade 2007）发现，如果参政的价值并不太高，比如在选举波动性较高、上届政府因突发事件或者政治冲突倒台的情况下，超额联盟就较少出现。

总之，谈判环境，以及谈判权力在政党间的分布，在决定政府类别方面都具有重要影响。如果谈判权力集中在一个政党手里、形成暂时联盟的成本较低，且各政党认为参政的价值并不太高，则出现少数派政府的可能性最大。如果各政党认为参政的价值比作为反对派更高，不确定性较低，且各政党相互之间能够作出可信的承诺，政治决定的规则是简单多数制，且谈判权力的分布既不太集中、也不太分散，则出现最小获胜联盟的可能性最大。如果谈判需要在议会各政党之间广泛进行，政治决定的要求高于下议院中的简单多数，而参政的价值既不太高也不太低时，则超额联盟出现的可能性最大。

六、参 政

从对联盟政府的学术研究开始之日起，学者们的兴趣就不仅在于推断联盟是否能够形成，以及联合政府是何种类别，而且在于哪些政党能够参政。里克尔认为，最终出现的会是得到议会最少支持的少数获胜联盟,即最小获胜联盟;而莱瑟森(Leiserson 1966)则认为,最终出现的应是参与者最少的最小获胜联盟。从经验上说,这两种具体的主张都不太可靠。

联盟形成的经验研究在推断具体的政府构成方面获得了巨大的成功。它们较少关注联盟形成的职位谋取模型,而更多关注政策偏好的聚合。总的来说,20世纪70年代第一批关于"谁入围了"的分析得出的是一些自相矛盾的结果。富兰克林和麦基(Franklin and Mackie 1984)最早引入了多元检验,以评估政党规模和政策偏好的相对重要性,并且声称已经调和了早期的研究成果。他们认为,早期研究结果之间相互龃龉的状况,可以通过它们所采取的不同方法得到解释。比如通过"对普遍策略和重点策略进行简单调整"(Franklin and Mackie 1984,681页),同时承认国家的强烈影响,布朗(Browne 1973)和德·斯万(De Swaan 1973)的研究成果就可以与泰勒和拉维尔(Taylor and Laver 1973)的发现相互吻合。他们甚至认为,在当时为止的研究中,"国家的选择比决定研究结果的其他任何假设都远为重要"(Franklin and Mackie 1984,671页)。①

不过,随着政治学家统计方法的不断成熟,富兰克林和麦基的回归方法也受到了批评。马丁和斯蒂文森(Martin and Stevenson 2001)采用目前最合适的方法,对先前大量有关联盟的论断进行检验。他们指出:"(类似富兰克林和麦基那样早先的方法的)主要缺陷在于回归的框架……每个形成中的潜在联盟都是作为孤立的案例被观察。这样,对类似意大利或者丹麦这样在任何时候都存在大量政党的国家来说,就意味有数以千计的样本会进入观察,从而完全淹没在其他国家发现的关系"(Martin and Stevenson 2001,38页)。他们认为,答案只是一个最大限度上的可能性框架,它把政府形成模拟为"一个无序而离散的选择问题,每一次形成政府的机会(而非每个可能的联盟)都代表一个案例,而所有离散的选择方案,就构成了能够形成政府的各政党所有潜在的组合方式"(同上)。马丁和斯蒂文森采用了麦克法登的条件对数模型,这是多项对数回归的一个特例。这样,潜在的联盟就是因变量可取的离散值,而每个潜在的联盟都与政党规模、意识形态和制度变量等一系列自变量相关。

马丁和斯蒂文森为传统的谈判权力变量(规模和偏好变量)和谈判环境变量(授权投票的要求、选举协议和当权者的地位等)的影响找到了证据。总体说来,他们的模型具有令人印象深刻的预测能力(从过去研究的标准来看)。运用他们最好的模型,有大

---

① 在一项关于内阁存续的研究中,格罗夫曼也认为:"影响内阁存续的主要变量可能来自国家间效应,而后者则是像有效政党数这类政党体系变量的函数。"(Grofman 1989,297—298页,斜体为原文所有)

约40%的时候能够(从数十个甚至数百个潜在的可能性中)准确预测最终形成的特定联盟,其准确度大大高于此前的经验研究(如 Laver and Budge 1992)。

近来关于"谁入围"的研究都以马丁和斯蒂文森的方法为基础。华威(Warwick 2005)借助一次广泛的专业调查,表明除政党简单的理念要素之外,其政策偏好的相关信息也有助于增进我们对联盟政治的解释。华威从多重维度考察了政党的"政策视域"。这类视域由政党通常不可能妥协的边界决定。贝克与杜蒙(Bäck and Dumont 2004)也以条件对数框架为起点,并运用这些模型作出的预测决定需要进一步深入研究的案例。他们希望通过这些案例明确因果机制,同时反过来找到那些能够改善经验模型预测能力的变量。

七、结 论

联盟政府研究是比较政治学中最活跃的领域之一,也是理论和经验知识都获得了最明显的进步的领域之一。议会制民主国家政府形成的研究一直与谈判理论密切相关,从里克尔(Riker 1962)和莱瑟森(Leiserson 1966)的开创性工作,到阿克塞洛德(Axelrod 1970)和德·斯万(de Swaan 1973)的政策偏好统合理论,再到人们提出更为复杂的模型,以同时兼顾上述两个方面(Austen-Smith and Banks 1990),并且涵盖更多的谈判环境因素,如选举的影响(Austen-Smith and Banks 1988),或者对联盟结果的其他制度和行为约束(参见 Strøm,Budge,and Laver 1994),虽然成就卓著,但未来的研究还有很大空间。

首先,需要更细致的理论研究,以整合谈判环境(制度)和谈判权力(规模、政策)变量。奥斯丁—史密斯和班克斯(Austen-Smith and Banks 1988)是这方面的先驱,但还有很多工作要做。一条比较有前景的研究路线是由迪尔梅尔及其同事开始的。迪尔梅尔和莫罗(Diermeier and Merlo 2000)提出了一个考虑到未来偶发冲击的联盟形成模型,根据这个模型,政党会通过重新分配利益作为回应。迪尔梅尔、伊拉斯兰和莫罗(Diermeier,Eraslan,and Merlo 2002,2003)模拟了联盟形成过程中,政党如何在不同形式联盟的规模与持久性之间进行取舍,以及某些制度规则和特征(如两院制、授权投票和建设性不信任规则)如何影响这些取舍,并决定形成不同联盟的可能性。

其次,与社会科学各领域一样,关键性的测量标准仍然是个挑战。虽然有越来越多的证据表明政策偏好影响了联盟谈判,但学者们能够利用的政策偏好的测量手段却极其粗陋,它们要么是基于主观排序,要么可能来自它们本身需要解释的行为。在近期的研究中,主要有两种克服上述缺陷的方法,即或者通过专业调查(如 Laver and Hunt

1992,以及 Warwick 2005),或者通过诸如竞选纲领(宣言)等政策文件形成政策评估。后一种方法可以追溯到罗伯特森(Robertson 1976)的影响,但已经由纲领研究小组(参见 Budge et al. 2001)延伸并规范化了。至于根据这些数据评估政党政策立场(参见 Gabel and Huber 2000)和确定议题维度(Warwick 2002;Nyblade 2004;Stoll 2005)面临的挑战,则存在激烈的争论。

最后,经验检验方面也存在挑战。联盟谈判研究一直重点关注西欧稳定的议会制民主国家全国性的政府。这些数据被反复使用,以检验和支持这个领域的主要假设。但是,这些论断几乎没有在它们据以得出的样本之外受到检验。未来的研究显然必须克服这一缺陷。因此,几项对议会制国家地方和区域联盟的出色研究尤其值得欢迎(Bäck 2003;Downs 1998)。我们也预感到,一些新的议会制民主国家的出现,特别是在中东欧地区,会提供更多的机会对现有成果进行严格的检验。

经验验证面临的挑战不止于样本和案例选择,还包括统计的问题。例如,马丁和斯蒂文森提出的条件对数框架,建立在无关选择独立性(IIA)的统计假设基础之上,但这个假设在许多案例中可能会有问题。[①] 另外,由于同盟形成只是议会制政府生命周期的一个阶段(Strøm,Müller,and Bergman 2007),而政党则既有过去又有未来,因此可能有必要在统计分类中考虑政府的其他阶段及其选择的影响,像迪尔梅尔、伊拉斯兰和莫罗(Diermeier,Eraslan,and Merlo 2003)的结构评估法所做的那样。

尽管存在这些理论上和经验上的挑战,我们依然保持乐观。鉴于过去 40 年联盟研究的进展,以及该领域持续的活力和创新,没有理由怀疑我们对于联盟政治的认识在未来几十年不会继续快速发展。

参考文献

AMORIM NETO,O.2006.The presidential calculus:executive policy-making and cabinet formation in the Americas.*Comparative Political Studies*,39(10):1292-8.

——and STROM,K.2006.Breaking the parliamentary chain of delegation:presidents and nonpartisan cabinet members in European democracies.*British Journal of Political Science*,36:619-43.

ANSOLABEHERE,S.,SNYDER,J.M.,STRAUSS,A.B.,and T I N G,M.M.2005.Voting weights and formateur advantages in the formation of coalition governments.*American Journal of Political Science*,49:550-63.

AUSTEN-SMITH,D.,and B A N K S,J.1988.Elections,coalitions and legislative outcomes.*American Po-

---

① 多项概率单位无须ⅡA假设,正确限定这种评估技术的条件可以解决这一问题。

litical Science Review,82:405-22.

——1990.Stable governments and the allocation of policy portfolios.*American Political Science Review*, 84:891-906.

AXELROD,R.1970.*Conflict of Interest*.Chicago:Markham.

BACK,H.2003.Explaining coalitions.Ph.D.dissertation.Uppsala University.

——and DUMONT,P.2004.A combination of methods:the way forward in coalition research.Paper presented at the Annual Meetings of the American Political Science Association.

BALE,T.,and DANN,C.2002.Is the grass really greener? The rationale and reality of support party status.*Party Politics*,8:349-66.

BANZHAF,J.F.1965.Weighted voting does not work:a mathematical analysis.*Rutgers Law Review*,35: 317-43.

BARON,D.1991.A spatial bargaining theory of government formation in parliamentary systems.*American Political Science Review*,83:1182-206.

BERGMAN,T.1993.Formation rules and minority governments.*European Journal of Political Research*, 23:55-66.

BLACK,D.1958.*The Theory of Committees and Elections*.Cambridge:Cambridge University Press.

BROWNE,E.1973.*Coalition Theories:A Logical and Empirical Critique*.Beverly Hills,Calif.:Sage.

——FRENDREIS,P.,and GLEIBER,D.1984.An events approach to the problem of cabinet stability. *Comparative Political Studies*,17:167-97.

BROWNE,E.FRENDREIS,P.,and GLEIBER,D.1986.The process of cabinet dissolution:an exponential model of duration and stability in western democracies.*American Journal of Political Science*,30: 628-50.

BUDGE,I.,KLINGEMANN,H.-D.,VOLKENS,A.,BARA,J.,and TANENBAUM,E.2001.*Mapping Policy Preferences: Estimates for Parties, Electors and Governments 1945 - 1998*. Oxford: Oxford University Press.

CARRUBBA,C.,and VOLDEN,C.2000.Coalition politics and logrolling in legislative institutions.*American Journal of Political Science*,44:261-77.

——2004.The formation of oversize coalitions in parliamentary democracies.*American Journal of Political Science*,48:521-37.

CHEIBUB,J.A.2002.Minority governments,deadlock situations,and the survival of presidential democracies.*Comparative Political Studies*,35:284-312.

——PRZEWORSKI,A.,and SAIEGH,S.2004.Government coalitions and legislative success under presidentialism and parliamentarism.*British Journal of Political Science*,34:565-87.

Cox,G.,and MCCUBBINS,M.1993.*Legislative Leviathan*.Berkeley and Los Angeles:University of California Press.

CROMBEZ,C.1996.Minority government,minimal winning coalitions and surplus majorities in parliamentary systems.*European Journal of Political Research*,29:1-29.

DESWAAN, A. 1973. *Coalition Theories and Cabinet Formations.* Amsterdam: Elsevier.

DIERMEIER, D., ERASLAN, H., and MERLO, M. 2002. Coalition government and comparative constitutional design. *European Economic Review*, 46: 893–907.

——2003. A structural model of government formation. *Econometrica*, jr. 27–70.

——and M E R L O, A. 2000. Government turnover in parliamentary democracies. *Journal of Economic Theory*, 94: 46–79.

——and STEVENSON, R. 1999. Cabinet survival and competing risks. *American Journal of Political Science*, 43: 1051–68.

——2000. Cabinet terminations and critical events. *American Political Science Review*, 94: 627–40.

DIXIT, A. K. 1996. *The Making of Economic Policy.* Cambridge, Mass.: MIT Press.

DODD. L. C. 1976. *Coalitions in Parliamentary Government.* Princeton: Princeton University Press.

DOWNS, A. 1957. *An Economic Theory of Democracy.* New York: Harper 8c Row.

DOWNS, W. 1998. *Coalition Government Subnational Style: Multiparty Politics in European Regional Parliaments.* Columbus: Ohio State University Press.

DRUCKMAN, J. 1996. Party factionalism and cabinet durability. *Party Politics*, 2: 397–407.

——MARTIN, L., and THIES, M. 2005. Influence without confidence: upper chambers and government formation. *Legislative Studies Quarterly*, 30: 529–48.

——and WARWICK, P. 2005. The missing piece: measuring portfolio salience in western European parliamentary democracies. *European Journal of Political Research*, 44: 17–42.

FRANKLIN, M., and MACKIE, T. 1984. Reassessing the importance of size and ideology for the formation of governing coalitions in parliamentary democracies. *American Journal of Political Science*, 28: 671–92.

GABEL, M., and HUBER, J. 2000. Putting parties in their place: inferring party left-right ideological positions from party manifesto data. *American Journal of Political Science*, 44: 94–103.

GROFMAN, B. 1989. The comparative analysis of coalition formation and duration: distinguishing between-country and within-country effects. *British Journal of Political Science*, 19: 291–302.

HUBER, J. 1998. How does cabinet instability affect political performance? Portfolio volatility and health care cost containment in parliamentary democracies. *American Political Science Review*, 92: 577–91.

and LUPIA, A. 2001. Cabinet instability and delegation in parliamentary democracies. *American Journal of Political Science*, 45: 18–32.

JOHNSON, N. 1975. Adversary politics and electoral reform: need we be afraid? In *Adversary Politics and Electoral Reform*, ed. S. E. Finer. London: Wigram.

KING, G., ALT, J., BURNS, N., and LAVER, M. 1990. A unified model of cabinet dissolution in parliamentary democracies. *American Journal of Political Science*, 34: 846–71.

LAVER, M. and BUDGE, 1. 1992. *Party Policy and Government Coalitions.* New York: St Martin's Press.

——and HUNT, B. 1992. *Policy and Party Competition.* New York: Routledge Press.

——and SCHOFIELD, N. 1990. *Multiparty Government: The Politics of Coalition in Europe.* Oxford: Oxford

University Press.

——and SHEPSLE, K. 1990. Coalitions and cabinet government. *American Political Science Review*, 84: 873–90.

——1996. *Making and Breaking Governments: Cabinets and Legislatures in Parliamentary Democracies.* New York: Cambridge University Press.

——1999. Understanding government survival: empirical exploration or analytical models? *British Journal of Political Science*, 29: 395–401.

——2000. Ministrables and government formation. *Journal of Theoretical Politics*, 12: 113–24.

LEISERSON, M. 1966. Coalitions in politics. Ph.D. thesis. Yale University.

LUPIA, A., and STROM, K. 1995. Coalition termination and the strategic timing of parliamentary elections. *American Political Science Review*, 89: 648–65.

MANOW, P., and ZORN, H. 2004. Office versus policy motives in portfolio allocation: the case of junior ministers. Max Planck Institute for the Study of Societies Discussion Paper 04/09.

MARTIN, L., and STEVENSON, R. 2001. Government formation in parliamentary democracies. *American Journal of Political Science*, 45: 33–50.

MITCHELL, P., and NYBLADE, B. 2007. Government formation and cabinet type in parliamentary democracies. In Stram, Miiller, and Bergman 2006.

MULLER, W.C, BERGMAN, T., and STROM, K. 2003. Parliamentary democracy: promise and problems. In Stram, Muller, and Bergman 2003: 3–32.

——and STROM, K. eds. 1999. *Policy, Office or Votes?* Cambridge: Cambridge University Press. eds. 2000. *Coalition Governments in Western Europe.* Oxford: Oxford University Press.

NARUD, H. M., and VALEN, H. 2006. Coalition membership and electoral performance in western Europe. In Strom, Muller, and Bergman 2006.

NYBLADE, B. 2004. The effective number of issue dimensions: a measure with application to West Europe. Paper presented at the Annual Meetings of the Midwest Political Science Association.

POWELL, G. B., Jr. 1982. *Contemporary Democracies: Participation, Stability and Violence.* Cambridge, Mass.: Harvard University Press.

RIKER, W. 1962. *The Theory of Political Coalitions.* New Haven: Yale University Press.

ROBERTSON, D. 1976. *A Theory of Party Competition.* London: John Wiley.

ROSE, R., and MACKIE, T.T. 1983. Incumbency in government: asset or liability? Pp. 115–37 in *Western European Party Systems: Continuity & Change*, ed. H. Daalder and P. Mair. London: Sage.

SCHOFIELD, N. 1993. Political competition and multiparty coalition governments. *European Journal of Political Research*, 23: 1–33.

SHEPSLE, K. 1979. Institutional arrangements and equilibrium in multidimensional voting models. *American Journal of Political Science*, 23: 27–60.

——and WEINGAST, B. 1981. Structure-induced equilibrium and legislative choice. *Public Choice*, 37: 503–19.

STOLL, H. 2005. What's on the political agenda: cleavage salience and issue dimensionality in comparative perspective. Paper presented at the Annual Meetings of the Midwest Political Science Association.

STROM, K. 1984. Minority governments in parliamentary democracies: the rationality of nonwinning cabinet solutions. *Comparative Political Studies*, 17: 199–227.

——1985. Party goals and government performance in parliamentary democracies. *American Political Science Review*, 79: 738–54.

——1990a. *Minority Government and Majority Rule*. Cambridge: Cambridge University Press.

——1990k. A behavioral theory of competitive political parties. *American Journal of Political Science*, 34: 565–98.

——1994. The Presthus debacle: intraparty politics and bargaining failure in Norway. *American Political Science Review*, 88: 112–27.

BUDGE, I., and LAVER, M. 1994. Constraints on cabinet formation in parliamentary democracies. *American Journal of Political Science*, 38: 303–35.

MULLER, W. C. and BERGMAN, T, eds. 2003. *Delegation and Accountability in Parliamentary Democracies*. Oxford: Oxford University Press.

——eds. 2007. *Cabinet Governance: Bargaining and the Cycle of Democratic Politics*. Oxford: Oxford University Press.

TAYLOR, M., and LAVER, M. 1973. Government coalitions in western Europe. *European Journal of Political Research*, 1: 205–48.

THIES, M. E 2001. Keeping tabs on coalition partners: the logic of delegation in coalition governments. *American Journal of Political Science*, 45: 580–98.

VONNEUMANN, J., and MORGENSTERN, O. 1944. *Theory of Games and Economic Behavior*. Princeton: Princeton University Press.

WARWICK, P. 1994. *Government Survival in Parliamentary Democracies*. Cambridge: Cambridge University Press.

——1999. Ministerial autonomy or accommodation? Contested bases of government survival in parliamentary democracies. *British Journal of Political Science*, 29: 369–94.

——2002. Towards a common issue dimensionality in west European policy spaces. *Party Politics*, 8: 101–22.

——2005. Do policy horizons structure the formation of coalition governments? The evidence from an expert survey. *American Journal of Political Science*, 49: 373–87.

——and DRUCKMAN, J. 2001. Portfolio salience and the proportionality of payoffs in coalition government. *British Journal of Political Science*, 31: 627–49.

第八部分

比较视野下的治理

第三十三章 经济和投票比较研究

雷蒙·M.杜赫（Raymond M.Duch）

经济投票普遍吗？有证据表明，这种投票方式在民主国家公民的大脑中已经根深蒂固。（Norpoth 1996）

经济投票意味着选民们在决定为某一政党投票时对经济表现所赋予的重要性（Duch and Stevenson 2007）。这种经济投票，是社会科学家们似乎一致认同的、罕见的有规律的经验现象之一。正如赫尔穆特·诺尔波斯（Helmut Norpoth）在上述引文中所言，经济是影响个人投票最重要的因素之一，这实际上已经成为一条社会科学的法则。经济投票吸引了许多政治科学家的注意，是因为它有助于说明到底是什么驱动了个人的投票决定，而了解这一点对民主责任理论不无影响。

学者们在对经济投票将近五十年的研究中得出了四个主要的发现。大致可以说，经济投票研究最重要的贡献是理论性的。经济投票——与"堕胎"投票和"绿色"投票相反——可以相对明确地通过这一领域的主要模型，即投票选择的理性模型加以说明。这一模型的早期支持者之一，安东尼·唐斯（Anthony Downs 1957）认为，选民根据有关执政党表现的信息（或期望）来决定他们的投票选择。一个可以理解的假设是，关于经济表现的信息对于一般选民来说非常关键，因此如果选民不能以理性的方式运用有关经济表现的信息，那么这一理论就会受到严重的质疑。但是，在20世纪60年代到70年代，学者们把选民理解为追求功利最大化的政治"消费者"，这在很大程度上是偏离了主要从社会心理学文献中借鉴而来，而且被广为接受的对投票选择的解释（Berelson, Lazarsfeld, and McSee 1954; Campbell et al.1960）。因此就有必要提出一种关于选民如何以理性的方式、利用关于经济的信息进行投票选择的形式化描述；克莱默（Kramer 1971），巴洛（Barro 1973），菲尔约翰（Ferejohn 1986）和菲奥瑞纳（Fiorina 1978）等人比较好地完成了这一任务。

第二个重要的发现是经济投票的经验证明。虽然在过去四十年的时间内经验研究的大多数成果考察的都是美国的经验投票,但也有越来越多的经验研究开始关注美国之外的经济投票。[①] 虽然在如何证明经济投票存在这个问题上可能会有不同意见,但就它的确存在这一点上人们大致已达成共识。这些经验研究、特别是比较研究方面的努力,引出了第三个重要的发现:经济投票在不同的国家、不同的选举,甚至在同一个国家不同的群体之间也存在巨大的不同。

经济投票中的这种不稳定性是经济投票研究中第四个重要发现产生的基础。不稳定的、多变的经济投票并不很好地与已有的关于经济投票的理论相符,这促使一些学者质疑并重新思考(或者至少是呼吁人们重新思考)关于经济评价如何进入投票者功利算计的理论。比较研究者在解释环境变化对经济投票的影响方面具有特殊优势。原因很简单,虽然在单一国家,比如美国,也可以研究环境变化对投票的影响;但对经济投票的跨国研究,理应能够比仅限于单一国家的研究得到更多、也更有说服力的成果。

比较研究要对我们关于经济投票的认识作出贡献的话,尚需要应对三个方面的重要挑战。最重要的是,需要提出一种严格而有说服力的理论,以对经济投票的环境因素加以确定,并对多数人认定的经济投票的不稳定性加以解释。对不同国家,或者同一国家不同时期个体层面经济投票模式的比较观察,发现了经济投票很多有意思的不稳定性。在过去的四十年中有几百项关于个体层面的研究,它们都明确指出了经济投票中的不稳定性。因此,比较研究面临的第二个挑战就是对庞大的数据进行分析,以便对在个体层面的观察中发现的环境与经济投票之间的关系加以检验。第三个挑战是要回应这样一种观点,即经济投票是由将经济评价的内生性导致的一种人为测量的结果。虽然对党派属性和投票偏好会影响经济评价这一点大致没有什么疑问(Duch,Palmer,and Anderson 2000),但几乎没有任何证据表明内生性在多大程度上影响了经济投票的比重。比较研究者既然进行了大量个体层面的研究,应该有可能针对内生性的问题,确立经济投票的稳健性。

本章第一部分首先简要回顾对美国经济投票的研究,然后总结经济投票研究中四个重要的发现。对美国经济投票的研究使我们把经济投票视为一种理性的惩罚行为;有强有力的经验证据表明经济投票确实存在;但经济投票也表现出明显的不稳定性。然后我将简要回顾对经济投票的比较研究,这些研究进一步证明了经济投票中的不稳定性。另外,它们同时也强调了制度和政治因素在解释这种不稳定性方面的重要作用,

---

① 近来有一些著作对这类经验研究的贡献进行了总结,包括 Duch and Stevenson(2007) ;Hibbs (2006) ;Lewis-Beck and Stegmaier(2000)等。

尽管它们基本上没有为这些对变化的解释提供理论上的依据。

本章第二部分表明,对大量个体层面的选民偏好研究的比较分析,为理解环境因素对经济投票的影响提供了一种特别有希望的研究策略。这一部分提出一种方法论的路径,用以分析大量现有的调查结果、测量经济投票的比重,并说明它在不同国家之间的变化。通过利用这些方法,我总结了杜赫和斯蒂芬森(Duch and Stevenson 2007)提出的证据,它们表明,经济投票虽然不稳定,但占据很大比重。然后,我还将根据杜赫和帕尔默的研究(Duch and Palmer 2002)证明,经济投票所占的这种比重并不仅仅是人为测量的产物。

第三部分简要总结杜赫和斯蒂芬森(Duch and Stevenson 2007)提出的经济投票环境理论,它建立在选民根据工具理性投票的假设基础之上。投票选择的理性假设意味着,选民对经济表现的反应是有条件的,是以理性的方式进行的,是受制度环境约束性的。理性投票选择模型还进一步假定:选民了解不同政党(包括执政联盟和反对党)影响经济表现的能力;也了解制度、政治和经济环境如何影响这些政党实施其经济政策的能力;他们在经济投票中会掺杂策略投票的考虑。这一部分除简单勾画经济投票的理性情景理论之外,还为从这一理论导出的一些假设提供了证据。

一、美国理性经济投票研究的理论遗产

早期美国学者对经济投票研究的贡献主要表现为采用了投票选择的功利模型,这种模型把经济投票视为一种惩罚性的行为。唐斯的《民主的经济理论》为经济投票研究提供了理论基础和基本概念:选民是根据工具理性行动的行为体,他们进行投票选择的基础是对相互竞争的各政党预期效用的比较。但真正推动了早期经济投票研究的,是克莱默的努力(Kramer 1971),他试图从经验上测定经济福利在选民功利函数中的重要性。[1] 费尔(Fair 1978)对经济表现如何进入选民的功利考虑提供了一种形式化的说明,从而进一步发展了克莱默的观点。[2] 这是一个重要的理论进步,以此为基础,可以从理性功利最大化的角度建立一种投票选择模型,并把经济福利纳入功利函数。

正如费尔(Fair 1978)所强调的那样,在确定经济如何进入功利函数方面,理论是必要的指导。选民在进行投票选择时,仅仅以回溯的方式思考问题,而且像克莱默

---

[1] 这并不是说在此之前不存在对经济与选举之间关系的研究。实际上,克莱默对这方面的早期努力进行过很好的总结(Kramer 1971)。

[2] 如希布斯(Hibbs 2006)所指出的,这一贡献另一方面的重要意义,是它从可以通过经验方式测定的个人层面的功利函数,推导出了积累层面的投票等式。

(Kramer 1971)在早期所发现的那样,主要由一种惩罚性的反思所驱动吗? 或者他们会像唐斯(Downs 1957)和斯蒂格勒(Stigler 1973)所暗示的那样,收集关于过去经济结果的更为广泛的信息,并据此评判相互竞争的潜在的管理"团队"在未来可能的表现? 这两种观点依据的是同一种个人决策模型,它假定选民遵从工具理性主义原则,其目的就是使选民功利函数最大化。

这种惩罚性的视角至今还被许多研究经济投票的文献采纳。克莱默(Kramer 1971)和费尔(Fair 1978)在其早期开创性的著作中提出,影响投票选择的,主要是当政者近期的经济表现,而非对相互竞争的政党当选之后可能的经济表现的比较。他们认为,经济以一种简单的方式进入选民的功利函数:惩罚不佳的表现,奖励好的结果。V. O.基(V.O.Key)对经济投票的描述常被引用,而且看上去也很有道理:"选民可能会拒绝他们已知的东西,或者会赞同他们已知的东西,但他们中的大多数不大可能被那种关于新奇的或未知的东西的承诺所吸引。"(1966,61 页)菲奥瑞纳(Fiorina,1981)的经典作品《美国全国选举中的回溯型投票》中给出了一种更具普遍性的预期效用投票模型,经济评价也被包括在内。[1] 虽然在菲奥瑞纳的投票决定模型中,对当政者(和挑战者)表现的回溯性评价和未来预期都具有重要意义,但他认为,在很大程度上,对未来的预期仅仅是一种从现在趋势出发进行的推断。这就为回溯性的、惩罚性的视角提供了进一步的支持。因此,在对经济投票的早期研究中,这种选民行为的惩罚模型——或隐或显地——成为连接经济和投票选择之间的主导模型。

惩罚模型假定理性选民的关注相对比较狭隘:仅集中在过去和当政者。巴洛(Barro,1973)和菲尔约翰(Ferejohn,1986)证明,如果假定候选人如企业一样,为利润最大化原则所驱动,则回溯式的经济投票有可能是一种完全理性的投票策略。但是根据这一模式,选民在决定投票支持当政者而非反对党时会面临一个道德难题。他们认为,如果选民们不对不良的经济表现进行惩罚,他们给当政者提供一个信号,即糟糕的经济表现可以被容忍,从而会让那些追逐自我利益的政治候选人有机可乘,这是一种冒险。按照这种模式,选民们不会对相互竞争的政治候选人带来的效用收入进行比较评判——他们只是建立了一个表现水平的门槛,把跨过这个门槛的当政者再次选举出来,或者惩罚达不到这个要求的当政者(Ferejohn 1986)。这一点使大多数对经济投票的说明带上了惩罚的特征。也就是说,促使当政者不至逃避责任的原因,仅仅是对未来再次当选的关切;因为他们清楚,如果表现不佳,肯定会在未来受到选民们的惩罚。从选民的角度来说,为了使这种惩罚真实可信,他们会在政府的经济表现低于他们的预期

---

① 菲奥瑞纳没有提出一种把回溯型经济投票视为理性行为的形式模型。

时,通过投票惩罚当政者。

采取这样一种理性投票的惩罚视角对经济投票模型的具体特征具有重要影响。经济投票纯粹的惩罚性模式完全是回溯型的——选民们完全不理会候选人的承诺(因此这些承诺不会进入效用函数),他们关注的仅仅是当政者任职期间最近的经济表现。

二、美国理性经济投票研究的经验遗产

理性经济投票研究的一个重大贡献,是它刺激了严格基于经验推演的投票选择理论的产生。在很大程度上由于这方面的研究,学者们获得了一些得到广泛接受的概念,用以描述选民们如何利用有关经济结果的信息形成他们的投票决定。在这一坚实的理论基础之上,经济投票研究根据美国的实际,得到了大量明确的经验发现,并且证实了在经济与投票选择之间的确存在一种稳健的经验性联系。有三种在20世纪70年代出现的学术流派,分别为形成这种共识作出了贡献。

穆勒(Mueller,1970)对于总统人气的经典研究提供了一条重要的分析路线:可以通过总统人气的积累层面的模型测定经济投票,而总统的人气又是通过每个月公众对行政首脑的认可度来加以衡量的,衡量的指标则是作为自变量的客观经济表现(特别是实际的失业率和通胀率,以及GDP的真实变化)。虽然人们对总统人气函数的具体细节还有一些争论,但几乎所有对总统人气函数的评估都证实,经济是影响总统人气的一个重要因素(如 Norpoth 1985;Beck 1991)。而且,不同的测评对这类影响的重要性(基本上)都持一致的看法。例如贝克(Beck,1991)估计,通胀率一个单位的变化,在长时期内(以四年为一个周期)对总统人气的影响是4%。穆勒(Mueller 1970)则估计,如果失业率上升一个百分点,总统人气就会大约下降三个百分点(Mueller's 1970,29页)。虽然人们对总统人气函数应该包括哪些具体的积累性经济指标尚有不同看法,但一个基本的共识是,积累性经济变量的某些组合能够预示公众对政府认可程度的变化,而且这些变量的一般性变化对总统人气的影响大概在三到十个百分点之间。

第二类经验性研究考察了实际的选举结果与客观经济表现之间的关系。引领这一类研究是塔夫特(Tufte,1978),他使用从1948年到1978年8个总统大选时间点的数据,证明年度实际可支配收入与总统所在政党的得票率呈正相关。后续研究运用更多的数据和更精细的模型,证明了塔夫特最初的发现(如 Bartels and Zaller 2001;Erikson 1990;Hibbs 2002,2006)。巴特尔和扎勒(Bartels and Zaller 2001)对大量不同的总统选举投票模型指标进行分析,并认为最好的工作指标是那些结合了实际可支配收入的加权分配差异,并以此衡量经济表现的指标。他们特别提到希布斯(Hibbs 2000)的"面包

与和平"模型,认为它在使用中特别有效。

这些研究不仅证明了经济投票在积累数据层面上的存在,而且就经济投票在美国总统选举中所占的*比重*也近于达成了共识。比如说,研究者们相信,年度实际可支配收入一个百分点的增长,会使现任总统所在政党的支持率上升二到四个百分点。这一结果,与上述研究所发现的经济投票的影响方向相一致,虽然后者关注的是总统的人气而非得到的票数。

早期从积累层面对美国经济与投票的研究还考察了国会选举中的竞争。克莱默(Kramer 1971)对1886年到1964年美国国会的选举进行了影响深远的分析,他首次发现,选举年实际可支配收入的变化预示着总统所属政党可能会赢得国会选举。这一结果被塔夫特(Tufte 1975,1979)随后发起的研究所证实,该研究采用了新近由雅各布森和康奈尔(Jacobson and Kernell 1983),列维斯—贝克和赖斯(Lewis-Beck and Rice 1992),基尔维特和乌戴尔(Kiewiet and Udell 1998)所提供的支持性证据。然而与总统选举的结果不同,这一发现受到一些学者的挑战,因为他们认为在积累数据与议会选举之间并不存在有意义的关联(如 Marra and Ostrom 1989;Erikson 1990;Alesina, Londregan, and Rosenthal 1993)。但是,支持国会选举中的确存在经济投票的证据也在增加,虽然两者之间的关系几乎肯定要比在总统选举中微弱得多。

第三类经济投票研究的学术渊源可以追溯到 V.O.基(Key 1966),他考察了公众对当政者表现的评价对实际投票决定的影响。早期类似使用个人层面的调查数据探讨经济投票的研究,主要依靠向选民们提出"个人财务状况"如何的问题。后来(也是最为持久的)美国在个人层面的经济投票的证据,则基于向回答者提出的有关一般经济状况,或者国家的"经济处境"的问题。菲奥瑞纳(Fiorina 1981)率先对这些调查数据进行了一次意义深远的分析,他证实选民对国家经济的感知极大地影响了美国选举(包括总统选举和国会选举)中的投票选择。此后不久,基尔维特(Kiewiet 1983)用更充分的数据和更严密的统计分类证实了菲奥瑞纳的结论。他并且证明,对总体经济状况的评价,与人们对个人收入的考量(如对个人财务状况的感知)相比,在形成投票选择时发挥着更为重要的作用。菲奥瑞纳和基尔维特的经验结论很快进入了美国政治科学的词汇库,而且仅在经过一些很小的修正和扩展之后,得到了广泛的验证(一些重要的例子包括 Alvarez and Nagler 1998;Duch, Palmer, and Anderson 2000;Markus 1988,1992)。

经济投票的累积研究非常有助于测量选举中经济投票单一的、平均的影响,与此不同,如果我们能够得到不同选举个案层面的调查数据,则可以通过它们来测量(并比较)每一次选举中经济投票的强度。在某种意义上说,基尔维特(Kiewiet 1983)是这方面的先行者,他明确地对一系列美国选举研究(从1958年到1980年)进行了经济投票的测量。虽然在他的样本中选举调查的数量相对较少(只有四次包括全国经济评价的总统选举调查,),但他还是强调了国会与总统选举之间一般性的区别,并对其作出了解释(与上述累积性研究的成果一致,他也发现国会选举中经济投票相对较弱)。

在美国,对选举的个案研究与日俱增,学者们已经开始记录不同选举之间经济投票的强度所发生的变化。比如,菲奥瑞纳、亚布拉姆和波普(Fiorina, Abrams, and Pope 2003)考察了总统选举中经济投票的强度,而且解释了这种影响在不同选举之间的变化。而且,对一个相当长的时间段内美国选举的个案研究,能够帮助我们更好地理解宏观与微观层面经济投票之间的联系(或者联系的缺失)(Erikson 2004; Duch, Palmer, and Anderson 2002)。

虽然学者们已经对经济投票进行了大量的个案研究,但在美国的相关文献中,对采用何种方法测量每个选举个案中经济投票的强度,仍然缺乏明显的共识。基尔维特、菲奥瑞纳,以及阿尔维雷兹和内格勒(Alverez and Nagler 1998)采用的方法都各不相同。因此,他们对美国总统选举每个个案中经济投票的强度作出了相当不同的测量。例如,基尔维特估计经济方面的考虑对当政者竞选支持率的影响是13%(Kiewiet 1983, 35页)。相反,阿尔维雷兹和内格勒的估计近于38%。[1] 在使用调查数据测量经济投票的强度方面缺乏统一的方法意味着,我们不清楚测量结果的变化是反映了经济投票影响的真实变化,还是说它们仅仅是不同计算方法的结果。

总的来说,在美国,经济投票已经受到广泛而细密的研究,而且这一努力已经得出一些重要的成果。[2] 美国总统得到的选票会受到经济表现的强烈影响。在累积层面,我们已经精确测量了累积性的经济变化对总统得票率和总统支持率的影响。在个案层面,研究成果证实选民关于国家经济状况的评价会对总统选举发生重要影响,虽然对这种影响的程度测量方式相当不同,而且也缺乏得到普遍同意的测量方法。

五十多年美国经济投票的研究成果充分证明了经济投票确实存在。同时,从一些个案层面的调查(Kiewet, 1983)到对8次选举的分析(Tufte, 1975),学者们证实从一个时间点到另一个时间点,或者在不同类型的选举之间,美国经济投票的强度会发生极大变化。《美国国家选举研究》(American National Election Studies)中的一些分析,记录了每次总统选举之间经济投票影响的变化(Blais et al. 2004; Fiorina, Abrams, and Pope

---

① 基尔维特(Kiewiet 1983)的结论基于把"普通"选民对经济的评价方式从"比一年前更坏"改为"比一年前更好";阿尔维雷兹和内格勒(Alvarez and Nagler 1998)的研究结果则把对全国经济的评价从更糟变为更好。

② 艾利克森在1990年指出,经济表现与选举之间的关系可能是投票行为与选举方面人们接受最广的一个假设,在这里他显然是以美国为例。

2003；Alvarez，Nagler，and Willette 2000；Duch，Palmery，and Anderson 2000）。

美国经济投票的不稳定性表明，环境因素，如总统选举的竞争性或者经济环境的变化，可能会影响经济结果的重要性。应该把什么样的环境因素纳入投票选择模型，以及如何评价它们的影响，是经济投票研究者面临的重大挑战。我认为，要真正解开这些经验上和理论上的谜团，就必须把研究延展为一种跨国比较。对经济投票的跨国研究将会让我们进一步了解因制度、政治和经济环境产生的不同影响，这对于理解经济投票的不稳定性具有重要意义。

三、比较经济投票中的未解之谜

研究表明，在美国之外的经济投票更是变化无常。如在美国一样，比较研究包括对经济与政府人气的累积研究、对经济和选举结果的累积研究，以及对经济认知与投票选择的个案研究。这三种研究的每一种都表明经济投票的存在，但是它的影响明显地随着时间和国家的不同而变化。

比较视野中的累积层面研究 塔夫特（Tufte 1978）和后来的希布斯（Hibbs 2000）表明，美国那种经济与投票偏好之间在累积层面的相关性，并不一定会在其他国家的背景下重现。实际上，这一关系在不同国家表现非常不同。在某些国家，对政府人气与经济的累积研究表明两者之间存在非常明显的关系。法国就是很好的例子，很多测量证明，存在着一种明显的累积性经济影响（Lafay 1977；Lewis-Beck 1980；Hibbs and Vasilatos 1981），虽然雷卡容（Lecaillon 1981）是个例外。在英国，研究成果也倾向于支持经济投票的存在，虽然也有一些反面的证据。古德哈特和班萨利（Goodhart and Bhansali 1970）首先对政府人气进行了累积性研究，证明了英国政府的人气程度受到积累经济效果（失业率和通胀率）的明显影响。虽然这些早期研究受到批评（如 Frey and Garbers 1971，Miller and Mackie 1973），但近期的研究似乎再次证实英国存在经济投票，争论在于如何确定经济变量（比如是客观经济变量还是主观经济评价），以及如何控制政治突发事件，如马岛战争的影响（Whiteley 1986；Sanders，Marsh，and Ward 1991；Clarke and Stewart 1995；Clarke，Stewart，and Whiteley 1997；Price and Sanders 1993）。

对其他国家的累积性研究表明，政府人气与选举结果之间的关系体现出了更大的变化性。对丹麦的测量结果开始是否定的，后来则是混合的（如 Paldam and Schneider 1980；Nannestad and Paldam 2000）。克奇盖斯那（Kirchgaessner 1991）发现，1982 年之前，就业率对德国政府的人气程度有影响，但是在 1982 年之后就没有。弗雷（Frey 1979）对丹麦、挪威和瑞典 67 年间的执政党进行了研究，得出了带混合性的结论。麦德森(Madsen 1980)对丹麦、挪威和瑞典政府的人气程度进行了类似的细致研究,发现没有证据证明丹麦和挪威存在经济投票,但在瑞典则可以发现相关证据。

致力于将不同国家累积性的(政府人气与选举结果)数据结合起来的比较分析,得出的结论是混合型的。不同研究对经济投票影响的测量,在性质和程度方面都表现出巨大的变化。帕尔达姆(Paldam 1991)分析了战后17个国家的选举数据,发现几乎在任何一个国家都不存在经济投票。莱维斯—贝克和米切尔(Lewis-Beck and Mitchell 1990)研究了5个欧洲国家27次选举的累积数据,发现失业率和通胀率确实影响了执政党的得票情况。但是,查培尔和维加(Chappell and Viega 2000)对更长时段、更多欧洲国家样本的分析,却发现没有任何一项常用的经济指标对执政党的投票率产生了影响(虽然他们发现,通胀率相对于欧洲平均水平的变化确实与投票分布有着重要的联系)。虽然这些差异当中的一部分,可以通过所分析的样本国家的不同,或者采用的测量方法的不同而得到解释,但基于这些发现,我们还是很难得出经济投票在发达民主国家普遍存在的结论。

对于累积性经济投票的这种不稳定性有一个比较有说服力的解释,那就是不同国家治理机制的性质各不相同。鲍威尔和惠顿(Powell and Whitten 1993)假定,制度性的"责任明晰度"——即政治制度在多大程度上允许执政者分散对经济结果的责任——也许能够解释经济投票随环境而发生的变化。在对109次选举的分析中,他们把责任明晰度指标与经济表现指标相关联,结果发现"民众对政府集中控制决策的感知度越高,他们对政府为经济和政治结果承担责任的要求也越高"(Powell and Whitten 1993,398页)。然而这一结论的可靠性受到罗伊德、莱登和鲍莱利(Royed, Leyden, and Borrelli 2000)的质疑,他们认为,关于政府责任明晰程度的理论缺乏支持,它实际上不过是认为,相对于一党执政而言,对联合政府的经济投票成分要更高。

比较视野中的个案研究 从20世纪60年代起,经济评价就已经事实上成为所有选举偏好个案研究的一个标准考察项目。例如,巴特勒和斯托克斯(Butler and Stokes 1969,392页)通过他们早年对英国选民的研究认为,"选民对经济的反应是,出现了他们欢迎的情形时对政府进行奖励,而出现了他们厌恶的情形时对政府进行惩罚。"[1]但是,随着在其他国家进行了更多个案研究,人们逐渐得出了与累积层面的国别研究类似的结论——在个案层面,经济投票的程度和性质也存在高度差异。例如,虽然法国和英国的个案研究支持经济投票的存在,但米勒和李斯特豪格(Miller and Listhaug 1985)发现,在挪威基本上不存在个案层面的经济投票,贝卢西(Belluci 1985)证明在意大利也是如此。

---

[1] 引自 Lewis-Beck (1988,34页)。

类似地,南尼斯塔德和帕尔达姆(Nannestad and Paldam 1997)的发现也与其他很多人不同,他们证明,与对全国经济的评价相比,个人的经济状况对丹麦人的影响要大得多。①

那些得出了否定的结果,或者发现较少见的经济投票形式的比较政治学者,通常都把这些情况归因于一个国家政治和经济背景的独特特征。例如,到 20 世纪 80 年代早期,意大利已经被基督教民主党统治了将近四十年(所以没有发生真正的权力交替)。这一点把意大利与其他众多西方民主国家区别开来,而且根据贝卢西(Belluci 1985)的研究,也可能压制了意大利的经济投票。与此相似,米勒和李斯特豪格(Miller and List-haug 1985)认为,国际经济形势对挪威经济的高度影响,也许可以解释他们所发现的这个国家个人对经济的微弱影响。情况可能是,挪威的选民发现他们的政府对经济结果几乎负不了什么责任,所以也就不把经济表现作为影响其投票决定的重要因素。南尼斯塔德和帕尔达姆(Nannestad and Paldam 1995)则发现,丹麦选民之所以认为政府应对个人的经济状况负责,是因为丹麦作为一个广泛的福利国家,已经在政府政策与个人的经济状况之间建立了联系,而这种联系在很多别的国家并不存在。②

总的来说,不同国家经济投票的多样性所带来的一个重要结果,就是它鼓励学者们去思考国内政治与国民经济的不同,如何导致了国家间经济投票的差异。但是,正如列维斯—贝克和欧劳(Lewis-Beck and Eulau 1985,Lewis-Beck 1988)所强调的那样,如果学者们仅仅对数量相对较小的一些研究结果加以比较,而且这些研究用来测量经济投票的统计模型又差异巨大的话,那么他们在认识政治经济环境对经济投票的影响这一问题上得到的收获不会太大。

四、希望之地:多国比较研究?

在过去 50 年间,个案层面的选民偏好研究增长迅速,这使得列维斯—贝克倡导的那种比较研究成为可能。大多数发达国家定期举行民意调查,其中就包括一些设计好的问题,以测量经济评价对投票选择的影响。除了一些值得注意的例外(如世界价值观调查,欧盟民调处的调查,以及选举制度比较研究的调查),这些调查并未标准化。比如,它们并不包含一套具有可比性的变量,以测量某个选举选择模型中可能出现的所有变量。不过,数量巨大的个案研究通常还是包含了必要的核心变量,以及适当的控制

---

① 这一结论受到希布斯(Hibbs 1993)和鲍尔(Borre 1997)的质疑。

② 莱维斯—贝克(Lewis-Beck 1983)认为,在法国的经济投票中,个人财务状况具有重要影响。这是他之前为这一发现提供的解释。帕切克和拉德克里夫((Pacek and Radcliff 1995)则通过累积层面的数据对这一观点提供了证明。

变量。对于那些揭示环境变量如何影响个人层面关系的模型,研究者可以利用这些变量加以评估。

当比较政治学者从根据一个或者几个国家的选民偏好研究经济投票,转向同时为 50 个或者 100 个民意调查中反映的经济投票建模的时候,方法论方面的一系列问题就出现了。首先,在如此多样的背景之下,我们如何测量"经济投票"? 每一位竞选公职的候选人对选民的效用,会受到诸多潜在因素的影响,经济只是其中之一。对每一个个体来说,经济投票的强度,取决于人们对经济结果感知上的变化,在多大程度上改变了选民眼中每一位竞争公职的候选人的效用(如果对理论上相关的其他因素进行适当控制的话)。这样,所有参与竞选的政党都会面对"经济投票",因为任何政党对选民的效用都会因人们经济认知的变化而受到或者正面,或者负面的影响。比如说,经济认知的变化,可能不会影响执政联盟中新加入成员对选民的效用,但可能会明显影响他对执政联盟中主要政党的偏好。一个政党的经济投票,就是选区(或者某个随机概率样本)中每一位公民投票概率变化的平均数。[1]

杜赫和斯蒂芬森(Duch and Stevenson 2005)提出了一种方法,用以测量大量的、多样的民意调查中政党的经济投票,而且为环境对经济投票的影响建模(他们称之为"两步走的方法")。他们的方法可以通过是否为出任行政首脑的政党投票的决定加以说明,写出来就是如下的对数函数:

$$v_{ik} \sim Bin(\pi_{ik})$$

$$logit(\pi_{ik}) = \beta_{ok} + \beta_{1k}X_{ik} + \sum_{j=1}^{jk}\phi_{jk}Z_{jik} \tag{1.1}$$

在这个等式中,v_{ik} 表示选民 i 在 k 次选举调查中每次都为行政首脑所属政党投了一标票,$i = 1 \cdots n_k$。X_{ik} 是在个体层面测量的回溯性的经济评价,Z_{jik} 是影响自述投票决定的其他个人特质,J_k 则表示每 k 次选举研究中相关控制变量的数目。在任何一次个别的调查中描述经济投票的两个系数是 β_{ok} 和 β_{1k},它们可以随着调查的不同而变化。这一方法假设,在任何一次被研究的调查中,都存在一组可以用类似方法加以测量的核心变量。对经济投票来说,就是一个投票选择的问题(典型的,如"如果选举今天进行,你会为哪一个政党投票?")和一种对国家经济总体状况的回溯性评估(在我们的案例中,标准的问题是询问被调查者,他们认为在过去的十二个月中,经济是变好了还是变坏了)。除此之外,这一测量方法还要求,投票选择等式中所有相关的控制变量都是确定的,以确保经济评价对投票选择的影响能够得到统一的测量。这些控制变量与两个核

---

[1]　以三人投票为例做一个假设,如果经济改善使三位选民为议会中执政的社会党投票的概率分别变化了 2.5%、3% 和 1.5%,那么社会党的经济投票就是 2.3%(这三个数字的平均数)。

心变量不同,可以随不同的调查而变化——举例来说,对于收入这个变量,在法国的调查和荷兰的调查中就可能以不同的方式加以测量。关键只在于,一个以适当方式加以明确的投票选择模型,应对每一次调查进行测量,这样才能确保对投票选择受到经济评价的影响的测量具有一致性。

选民 i 在调查 k 中为行政首脑所在政党投票的概率如下:

$$\hat{\pi}_{ik} = \frac{e^{\bar{\beta}_{ik}(X_{ik}) + \sum\limits_{j=1}^{l} \hat{\phi}_{jk} Z_{jik}}}{1 + e^{\hat{\beta}_{ik}(X^{ik}) + \sum\limits_{j=1}^{l} \hat{\phi}_{jk} Z_{jik}}} \tag{1.2}$$

这些模型中的系数,可用来测量样本中每一个个体的经济评价对其为行政首脑所在政党投票的概率的影响。对这一个体而言,经济投票的强度就是其经济认知的变化(从 X_{ik} 到 X'_{ik})导致的 $\hat{\pi}_{ik}$ 的变化:

$$EV_{ik} = \frac{e^{\hat{\beta}_{ik}(X_{ik}) + \sum\limits_{j=1}^{l} \hat{\phi}_{jk} Z_{jik}}}{1 + e^{\hat{\beta}_{ik}(X^{ik}) + \sum\limits_{j=1}^{l} \hat{\phi}_{jk} Z_{jik}}} - \frac{e^{\hat{\beta}_{ik}(X'_{ik}) + \sum\limits_{j=1}^{l} \hat{\phi}_{jk} Z_{jik}}}{1 + e^{\hat{\beta}_{ik}(X'_{ik}) + \sum\limits_{j=1}^{l} \hat{\phi}_{jk} Z_{jik}}} \tag{1.3}$$

在杜赫和斯蒂芬森(Duch and Stevenson 2005)的案例中,样本中每个个体的经济评价从其实际值向负的方向移动了一个单位(典型的经济评价值在一到三个单位之间)。

对样本中行政首脑所在政党经济投票的平均影响程度的测量,是通过利用等式(1.3)去计算所有样本中的个体来完成的(即使用 Z_{jik} 和 X_{ik} 的测定值设定 X'_{ik} 为较 X_{ik} 更糟的类别)。如果选民的经济认知已经在最糟的类别,我们就不再改变它们。① 然后,对每个个体的经济投票取平均值,以求得样本中的平均经济投票值,即 EV_k。预期变化的标准误差,则使用金、托姆兹和詹森·魏腾伯格(King, Tomz and Jason Wittenberg 2000)给出的程序加以模拟。

根据同样的逻辑,我们采用多项离散选择模型估算我们所分析的选民偏好调查中,每个参与竞争的政党得票的概率(每次调查中平均有四个政党)。与样本中的平均经济投票 EV_k(根据行政首脑所在政党的得票)不同,多项离散选择模型得到的是 EV_{kp},这里 p 代表在 k 次调查中的特定政党。杜赫和斯蒂芬森使用这一方法,得到了 678 个经济投票影响程度的估值(每一个值对应 165 次被分析的调查中的一个政党)。

图 33.1 给出了杜赫和斯蒂芬森(Duch and Stevenson 2007)根据 165 次选民偏好调查得出的行政首脑所在政党的经济投票及其标准误差(请注意,测量的基础是经济评价恶化了一个百分点,因此对当政者投票的影响是负面的)。这是一个重要的经验性

---

① 我们也计算相反的变化,即除那些经济认知已经最好的人之外,每一位选民的认知都向更好的类别变化。比较两种测量结果,发现经济投票中并不存在不对称性——在两种情况下行政首脑经济投票的规模是一样的(虽然符号相反)。这本身就是一个重要的发现,它证明了在个体投票模式中寻找不对称性的错误(Lewis-Beck 1988)。

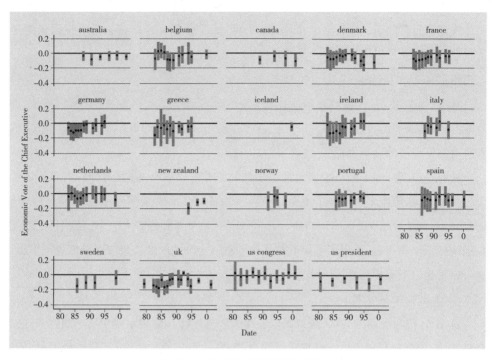

图 33.1 各国行政首脑的经济投票

结论,它非常明确地证明,在发达民主国家中存在经济投票。经济投票的中间值已接近5%,这表明在一般情况下,随着选民对经济表现回溯性认知的波动,执政的行政首脑所在政党会增加,或减少5%的选票。

如果我们将注意力放在国家之间的区别之上,我们会发现有一组国家,它们的行政首脑所在政党的经济投票通常接近于零,如意大利、荷兰、美国的国会选举就是如此。我们也可以发现一批行政首脑所在政党经济投票值非常高的国家,如英国、美国总统选举、爱尔兰、新西兰和西班牙。

但是经济投票的强度在同一个国家的不同时期也变化非常明显。例如,美国的经济投票就变化巨大,在1996年高至10%,而在2000年的选举研究中又跌至为接近0。对法国的研究结果提供了另一个例子,它们似乎证明了政治中的共栖现象会影响这个国家经济投票的观点(Lewis-Beck and Nadeau 2000)。研究指出,1987年(第一个共栖的整年)以前法国经济投票的强度在6%到8%之间变化,随后在1987年和1988年骤然减少到3%。1991年经济投票的强度恢复到5%,而在1993年和1994年即第二个共栖时期再度下降。

第二个、但对比较政治学者可能更为有趣的问题,是如何对影响经济投票的环境因素建模。换言之,我们如何解释图33.1中经济投票在不同时间和不同国家的不稳定性？从上面的例子来看,如果我们假定行政首脑所在政党的经济投票可以很好地模拟整体性经济投票的话(Duch and Stevenson 2007 就是这么做的),那么环境性因素对经济投票的影响就可以用这样一个简单的回归方程加以表达：

$$EV_k = a_0 + a_1 C_k + \nu k \tag{1.4}$$

其中,因变量 EV_k（行政首脑所在政党的经济投票）就是上述测量环境因素（C_k）影响的测量值, k 仍然代表特定的选民偏好调查,它决定 EV 的值。C_k 也可以反映全球经济对国家经济的影响程度。

还有些模型反映了经济投票对特定政党的影响。比如有些模型预期,当经济评价发生变化时,联盟中老资格成员的得票率受到的影响,要大于联盟中的新成员(Duch and Stevenson 2007, Anderson 1995)。因此等式(1.4)须要施展到 EV_{kp},以反映特定政党的经济投票。相应地,利用多项离散选择模型对特定政党的经济投票测量值进行模拟,就可以得出以下表示环境因素作用的公式：

$$EV_{kp} = a_0 + a_1 C_k + a_1 P_{kp} + \nu kp \tag{1.5}$$

这里 C_k 仍与上面的一样,测量国家层面的环境特征。P_{kp} 表示描绘某一政党的独立环境变量,如竞争首相职位。这里重要的是,需要运用某些方法,以区分经济评价对竞争这一职位的各主要政党得票率的影响,并在此基础上检验投票选择模型。

经济投票研究中真正有意思的挑战,是如何提出某种理论去指明等式(1.5)中的 P_{kp} 和 C_k,并将它们付诸经验检验。这一尚未完成的任务指出了比较政治学者未来在理论和实证方面可能走的路,当然前提是他们仍然采用两阶段的方法为环境因素建模。

五、经济投票：一种人为的测量结果吗？

在个人层面测量经济投票发现的不稳定性提出了一个有意思的理论挑战,但正如我下面会论证的,这毕竟是一个能够驾驭的挑战。一个更严峻的挑战来自一些学者,他们认为这些基于调查的经济投票测量受到严重的度量错误的影响。这一挑战意味着,图 33.1 体现的个体层面经济投票的变化,在很大程度上并不能反映客观经济认知对投票选择的影响,而是一些人为的测量结果。

经济投票模型一般把经济评价视为外生变量,其暗含的假设是它们会反映出客观经济表现的某些方面。但是,对经济的评估说到底还是种态度,对态度形成的研究认为,选民的个性特征会影响"客观的"信息如何形塑他们的经济评价。经济投票的早期研究者之一杰拉德·克莱默(Gerald Kramer 1983)认为,对个人层面经济投票的研究可能有问题,因为个人对经济结果变化的认识,会夸大真实变化中政治的影响。他还指出,如果个体层面的认知误差与党派偏见或投票偏好结合在一起,那么经济投票的强度还会被进一步夸大。扎勒(Zaller 2004)也在最近重复了上述担忧,他认为,虽然对经济表现不那么带有党派偏见的评估会更容易被媒体接受,但政治老手和党派活动家会拒绝与其党派立场不一致的经济信息。这当然意味着,对民众中的一部分人来说,经济的评价会受到党派偏见的影响。由于政治老手和党派活动家在人群中的分布不同,在某种环境下经济投票的强度可能会被夸大,也可能会被低估。

对个人层面的调查结果进行的分析表明,这可能是经济投票研究中一个严重的问题。杜赫、帕尔默和安德森(Duch,Palmer,and Anderson 2000)认为,美国总统选举中的经济投票研究可能就属于这种情况,因为对国家经济的评估已经受到党派倾向的强大影响。埃里克森研究了美国选举研究(ANES)个体层面的调查数据,认为“受调查者对国家经济状态认知的截面差异大部分是随机的,与政治评价无关”(Erikson 2004,5页)。并且他认为,经济评价和投票选择之间任何可以观察到的关系,都是投票偏好的人造物,它决定了个人的经济认知。伊万斯和安德森(Evans and Anderson 2006)分析了英国个体层面的数据集,他们的结论是选民偏好对经济评价的影响,要大于经济评价对投票选择的影响。最后,维莱泽恩、富兰克林和推格斯(Wlezien, Franklin, and Twiggs 1997)在对四个国家经济投票的研究中也发现,选民的投票偏好对他们的经济评价具有强烈影响。因此,经济投票中无疑存在内生性的问题,但如何全面认识这一问题对个体层面测量的经济投票强度的影响,则还没有任何一致性的结论。

根据杜赫和帕尔默提出的方法(Duch and Palmer 2002),我们可以通过以下方法认识经济评价(X_i)

$$X_i = \lambda_i X^O + X_i^S + \epsilon_i \qquad (1.6)$$

$$X_i^S = f(W)$$

这里 X^O 代表对经济的客观评估,X_i^S 则反映因信息和主观因素(即 W)造成的系统性差异,ϵ_i 是随机因素。在这个形式化的定义中,个人层面的评估包含两种形式的“误差”,即主观考虑和随机性的波动,这两种形式的“误差”都是非态度性因素的来源。正是这种对全国经济评价的系统测量误差可能会人为夸大经济评价与因变量之间的关系。正如克莱默所说(Kramer 1983,95页):“我们真正感兴趣的,只是真实的经济结果如何影响了投票决定,而不是关于经济的议论或认知中的想象。”关于经济的议论和认知中的想象所造成的扭曲,可以通过 X_i^S 反映出来。

如果我们在经济投票模型中纳入对全国经济的评价,且不对系统测量误差(X_i^S)加以控制,那么这种评价会直接受到党派倾向的影响,从而得到一种被夸大的经济认知与投票决定之间的关系。正是因为注意到了这些,上述形式化的定义通过 λ_i 和 X_i^S 的变化,以及变量 ε_i 体现群体差别的存在。经济乐观主义或经济悲观主义层面上的群体差异由 X_i^s 的变化体现。但是,个体对于经济结果中特定因素的关注也会造成一些群体差异。确切的经济结果(X^o)当然能够包括经济表现的不同方面(如实际可支配收入的增加,失业率,等等)。实际上,我们可以把 X^o 视为反映客观经济结果的一个矢量,并根据权重因素 λ_i 把它纳入经济评价(X_i)中。这一权重因素可以反映经济政策的重点或者倾向性之间的差异,也可以反映选民对经济的知识或感受方面的不同。

在传统的经济投票模型中,经济评价的系统性测量误差被定义为影响 X_i 的那些因素,但从根本上说与经济政策的结果无关——换言之,这就是 X_i^s 与 X^o 之间的区别。在极端的内生性情况下,系统测量误差(X_i^s)中的大部分会影响 X_i,并且与投票选择高度相关,但与经济政策的结果没有特别的关系。例如,有大量的证据表明党派偏见影响了经济评价。由于党派偏见也与投票选择高度相关,因此很难说测量误差的问题源自经济评价与因变量之间的关系被夸大(或被低估)。

一些学者由此得出的结论就是干脆忽略个人层面的经济投票研究。累积层面的公众舆论分析假定,通过累积的方法可以消除大众政策态度中个体层面的误差(Page and Shapiro 1992,MacKuen,Erikson,and Stimson 1992)。更确切地说,这类累积层面的分析假定等式(1.6)中的 X_i^s 和随机因素(ε_i)的中值都为零。根据上述这些假定,并使 $\lambda_i = \lambda$,则个人层面的 X_i 的均值就是"完全"从累积层面对民意的测量,它构成了潜在的客观评价。杜赫、帕尔默和安德森(Duch,Palmer,and Anderson 2000)认为,这种方法也并非万能药。他们证明,个人的经济评价包含了系统变化中的主观因素,故而累积不可消除个人层面的误差(即 $E(X_i^s) \neq 0$)。

因此重要的是去理解在何种程度上,内生性问题影响了我们对经济投票强度的测量。通过控制经济评价中系统性和随机性的测量误差,我们可以评估这些误差是否严重影响了对个人层面经济投票强度的测量。有一种方式是从经济评价 X_i 中剔除系统测量差错(X_i^s),这样对经济评价的测量就只包括能够导致经济评价有意义波动的因素(X^o),以及随机测量误差(ε_i)。结果就是对 X_i^{Purged} 进行测量,即去除系统性测量误差之后的经济评价。

杜赫和帕尔默(Duch and Palmer 2002)认为,经济评价中的测量误差有一种系统构成,其要素主要包括三个方面。第一,经济评价受党派影响。杜赫和帕尔默(Duch and Palmer 2002)证明,对国家经济的评价在很大程度上由党派倾向所决定——这在美国和欧洲都一样。除政治党派之外,受调查者还可能依据自己的个人经历和区域经济状况对国家经济情况进行评价。从个人和地方经验推断全国性的状况的公民,更容易以主观的而非客观的方式进行经济评价。第二,与此相似,对国家经济的评价还会因为个人对信息掌握程度的不同,以及对政府政策和经济结果熟悉程度的不同而变化。第三,社会阶级的差异会系统地影响经济评价。不同社会经济环境中的个人会以相当不同的方式看待同一种经济状况(MacKuen and Mouw 1995)。同样地,不同性别和种族的公民,因其对经济和政治体系的总体态度不同,对经济的看法也会各不相同(参见关于性别与经济投票的研究,参见 Welch and Hibbing 1992)。

在等式(1.6)中,系数(λ_i)随个体不同而变化。变化的原因,是由不同个人组成的不同群体,关注的是经济表现中不同的方面。这些不同由 λ_i 表示。这一"与政策相关的变量"显示了经济评价中的差异,它表明利益不同,则对经济表现的评价标准也不同;或者说,因个人对经济政策或者经济重点的理解不同,他们的经济评价也会不同。例如,那些更注重降低通胀率而非维持较低失业率的个人(如有固定收入的退休人员),在对国家经济进行评价的时候,会更强调物价的稳定而不是工作机会的增加。

由此我们可以确定,有三个因素造成了系统性测量误差:政党认同(PID)、信息及社会经济地位(SES)。这样, X_i^{Purged} 可以表示如下:

$$X_i = a_1(PID) + a_2(Information) + a_3(SES) + a_4(Policy) + \varepsilon_i$$

$$\hat{X}_i^s = \hat{a}_1(PID) + \hat{a}_2(Information) + \hat{a}_3(SES) \tag{1.7}$$

$$X_i^{Purged} = x_i - \hat{x}_i^s$$

投票概率是等式 1.1 的修改版:

$$Vik \sim Bin(\pi_{ik}) \tag{1.8}$$

$$logit(\pi_{ik}') = \beta_{ok} + \beta_{1k} + X^{Purged} + \sum_{j=1}^{J_k} \phi_{jk} Z_{jik}$$

根据这个等式,经济投票的强度是 EV'_{ik}。图 33.2 比较了分别根据等式(1.8)和(1.1)得到的经济投票强度,前者运用了去除系统性主观因素(EV'_i)后的经济评价,后者则采用了 X_i。根据杜赫和斯蒂芬森(Duch and Stevenson 2007)的经济投票测量样本,几乎没有证据可以证明,由主观因素带来的、与客观经济无关的系统性测量误差,对经济投票强度的测量产生了重要影响。当然也有一些测量,其中主观因素发生了影响,但总体结果仍然表明,在 EV'_{ik} 与 EV_{ik} 之间并没有太大区别。

我们研究经济投票,是因为它使我们了解个人是如何作出投票决定的。我们的兴趣并非单纯地推断选举结果。关于内生性问题的争论在于,是否政策结果上的短期波动对主观评价产生了某些独立的影响,或者是否党派倾向从根本上决定了公众意见(至少是民意测验中表达的公众意见)。如果在个人层面对经济评价进行测量存在根

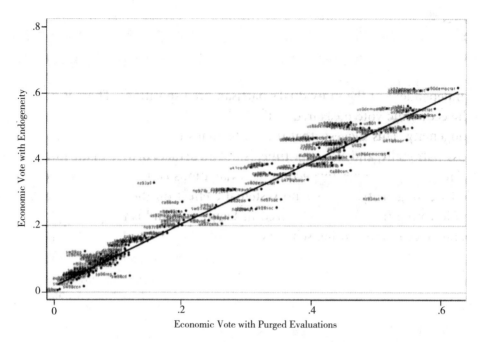

图 33.2　去除系统性测量误差之后的经济选举

本无法解决的内生性问题(如埃里克森所言),那么这对于了解个人如何运用信息作出投票决定来说也是一个重要洞见。它表明,对于大多数选民来说,在形成有关经济表现的意见的过程中,政党倾向或者其他的主观因素从根本上扭曲了他们关于经济结果的"客观"信息。

这一部分提供的证据实际上反驳了这一观点。因为大多数选民关于经济的"客观"信息的确在超越党派倾向的情况下影响着他们经济的评价。没有证据表明,内生性问题使个体层面经济投票的测量成为一件不可能的事情。这也说明,我们在跨国和跨时段研究中发现的经济投票的环境差异,并非系统性测量误差的人造物。总的来说,虽然内生性问题确实在一定程度上影响了主观经济评价,但从图 33.2 表明的情况来看,它对经济投票随环境产生的变化并不形成系统性的影响。因此,经济评价仍然是研究比较经济投票的学者们首要的关注对象。

六、调适回溯性模型

杜赫和斯蒂芬森(Duch and Stevenson 2007)对 163 个选举调查的分析清楚地证明了经济投票的重要性。他们确认了经济投票强度随环境发生的变化,但同时也驳斥了那些认为内生性问题使经济投票强度无法测量的观点。对于比较政治学者们来说,挑战在于如何解释这种由环境性因素导致的变化。在很大程度上,经济投票方面美国的研究和比较研究都是一种对回溯性模型进行反复调适的过程,目的是说明环境对经济表现的认知所产生的"噪音"。

希布斯(Hibbs 2006)指出,经济评价中克莱默(Kramer1983)所谓的"变量误差"概念,如等式(1.6)所体现的,可以用来模拟当政者经济表现信噪比中的环境性变化。根据这一思路,环境因素随着经济结果中与政治相关的成分的多少而变化。就等式(1.6)而言,它意味着经济评价(X_i)中系统测量误差(X_i^S)的比率较高。当经济结果中与政治相关的成分(X^o)与(X_i^S)相比较小时,选民偏好函数中通常的经济评价测量方法就会包含相当程度的错误。因此,在执政联盟特别复杂的时候,或者宏观经济受到较大外部冲击的环境下,选民的经济评价中与政治相关的部分所占比重就会降低。如希布斯(Hibbs 2006)所证明的,在对经济评价进行测量时较高程度的误差,会导致投票等式中经济评价系数向下偏倚。因此,当宏观经济结果中与政治相关的成分较少时——反映在使用总体经济评价时出现了较高的测量误差——经济评价与投票选择之间的相关性就较低。

有相当多的证据表明,信噪比的变化确实影响经济投票的强度。鲍威尔和魏腾(Powell and Whitten 1993)提出了一种制度"责任明晰化"测量的手段,用来观测政治制度在多大程度上允许当政者逃避经济结果的责任(主要政党投票的一致性,立法机构在多大程度上允许反对党分享权力,两院制,联合政府以及少数派政府)。通过采用这一责任明晰化指标,再结合累积投票分享模式中对经济表现的测量,作者得出结论认为:"人们对政府统一控制决策过程的感知度越高,他们把经济和政治结果的责任归于政府的可能性也就越高。"(Powell and Whitten1993,398 页)

帕塞克和拉德克里夫(Pacek and Radcliff 1995)研究了 27 年来 17 个西方民主国家福利政策对经济投票的影响。他们发现,较高程度的福利支出会压缩社会层面的经济投票。黑尔维格(Hellwig 2001)分析了一组由 9 个个人层面的选举调查构成的样本,并引入了包括经济环境(经济独立性)和鲍威尔与魏腾(Powell and Whitten 1993)所使用的制度变量在内的环境测量。他证实,政治制度在调节经济投票强度时扮演了重要的角色,现实也证明,一些经济变量,如国家经济全球化的程度,也扮演着类似的角色。与黑尔维格相反,谢夫(Scheve 2004)发现,世界经济一体化的增强缓和了外部冲击对国家经济的影响,这让选民在投票决定中更注重经济因素。艾贝德和罗登(Ebeid and Rodden 2006)近期的工作解释了美国经济投票中的环境性变化。他们发现,如果国家经济的结构性特征使它们特别容易受到国际商品市场的影响,那么这些国家经济投票的强度就会降低。

另一方面,一些试图扩展或者在经验上证实责任明晰度的努力却并不成功,它们得到的经验发现或者互不关联,或者变动不居。例如,查佩尔和维加(Chappell and Veiga 2000)考察了1960—1997年间136次欧洲议会的选举结果。他们发现通胀(与欧洲的平均水平相比)会影响投票结果,但并未发现责任明晰度有同样的影响。罗伊德、莱登和鲍雷利(Royed,Leyden,and Borrelli 2000)特别质疑鲍威尔和魏腾的研究结果,他们认为几乎没有任何证据能够支持政府责任明晰度的理论——他们宣称,实际上联合政府经济投票的强度比单一政党政府还要高。[①]

不过更重要的是,从经验上证明责任明晰度理论的努力表明,环境条件可能并不仅仅是简单地放大了经济评价中的噪音部分(X_i^s)。对经济投票中环境变化的经验研究说明,选民对经济表现的反应要比回溯性模型反映的更为微妙。这方面一项重要的发现来自安德森(Anderson 1995),他把明晰性概念用于每月人气数据,而非选举数据。虽然他只对五个国家进行了研究,但他的经验分析明确显示,"经济变化中政府的责任越明显,对政党支持率的影响就越强"(Anderson 1995,210页)。看来,经济投票强度的变化并不仅仅是信噪比的函数,而更是选民对各政党达成经济结果方面的能力进行非常细致的区别的结果。

所有这些广义上的比较研究的努力表明,选民并不仅仅如经济投票的道德风险模型所预示的那样,通过奖励或者惩罚政府进行政治参与。实际上我倾向于认为,这些经验研究,在运用类型各异的累积和个体层面的数据的基础上,证明了选民信号提取的努力更集中于政党产生某些经济结果的能力上面。费尔龙(Fearon 1999)以逻辑的方式令人信服地证明,一旦我们承认选民对政党能力有所考虑,那么选择动机就会主导投票决定。这表明,要对信噪比的变动,或者责任的明晰度进行解释,仅仅依靠调适回溯性模型进行是不够的。这也正是最近一系列学者相继表达的观点(Duch and Stevenson 2007;Fearon 1999;Cheibub and Przeworski 1999),下一部分将对此进行详尽的论述。

七、理性以及对经济投票的再思考

至此,讨论已经触及投票选择中一个经验之谜的某些有趣的方面。经济评价显然或多或少会发挥作用,虽然这要取决于政治环境。上述经验模式中有一些证据表明,环境影响了选民将经济结果的责任归于某个特定的政党。而且,最终也有证据支持,选民

---

① 当然,Palmer and Whitten 2003a和2003b的研究有力地反驳了罗伊德、莱登和鲍雷利的观点。

们进行着信号提取,并通过利用环境因素确定当政者促成经济结果的总体能力。我认为对比较政治学者来说,最重要的挑战在于如何找到某种方法,把这个谜的片断拼合到一起。这是一个理论上的挑战,须研究者们重新考虑投票选择的微观模型,旨在理解环境特性是怎样影响投票选择功能的。

人们可以想象出各种不同的方法来实现这一目标。杜赫和斯蒂芬森(Duch and Stevenson 2007)提出了一种与上述回溯性模型不同的方法。这是一种经济投票的环境模型,它假定选民是理性的,他对政治和经济环境有充分的了解。根据这一方法,他们设计了一个严格的微观模型,以确定在影响投票选择方面哪些信息是相关的,它们又如何被使用。他们认为,为理解经济投票的不稳定性,我们需要一种更为清晰的理论来说明选民是如何把他们的经济投票与政治和经济环境联系起来的。杜赫和斯蒂芬森(Duch and Stevenson 2007)提出的经济投票模型建立在三个重要的理性假设基础之上:选民有合理的预期、他们对政治和经济环境非常了解、个人是策略性的而非真诚的或表现型的选民。

理性预期理论表明,同样的理性假定应该与预测相关,后者则典型地与静态决定相关。换言之,理性预期用同样的方式处理面向未来的决定和静态的决定,特别是在个人使用信息的形式方面。[1] 正如我们已经看到的,传统的经济投票模型具有很强的回溯性特征。选民预期的功利算计很大程度上,如果不是全部的话,取决于对当政者表现的回顾性评价。但如果选民依据理性行动的话,他们应该在信息已定的情况下,使自己的预期效用最大化,并以乐观的方式形成他们的预期。佩尔森和塔贝里尼(Persson and Tabellini 1990),以及阿利西娜和罗森塔尔(Alesina and Rosenthal 1995)提出的经济模型都明确包含了理性预期的因素,并非常好地展示了经济投票模型中理性预期的影响。最为重要的是他们的结论,即经济投票的刺激因素是选民们所具有的如下关注:如何选择或者认定一位候选人管理宏观经济的能力。

他们的结论可以用如下等式表示:

$$E[u_{t+1} | v_i] = \left(\frac{\sigma_\mu^2}{\sigma_\mu^2 + \sigma_\xi^2} \right) (y_{it} - \bar{y} - \mu_{it-1}) \tag{1.9}$$

其中,$E[u_{t+1} | v_i]$是在给定经济条件下,理性的投票者为执政党 i 投票所获得的效用;y_{it} 是政党 i 执政的 t 时间段中的经济增长率;$\bar{y}$(上划线)是自然增长率;σ_μ^2 是执政者能力影响下的经济变化(我们可以将其设想为与政策制定者的行为相关的、对宏观

---

[1] 如 Cukierman and Meltzer 1986;Rogoff and Sibert 1988;Rogoff 1990;Persson and Tabellini 1990;以及 Alesina and Roubini 1999。

经济造成的预料之外的震动）；σ_ξ^2 则是在没有政治影响的情况下发生的变化（我们可以设想一种未曾预见的外部冲击，它超出了政治决策者的控制之外）。

这一结果表明，选民在什么时候能够从以往的经济变化中提取信息，以对当政者当下的能力进行判断，并且进行经济投票。$y_{it} - \bar{y} - \mu_{it-1}$ 一项表示所观察到的经济表现减去其原因能够被选民得知的那一部分经济增长，它反映的是当政者"最近为选民做了什么"（比如，去除当政者在前一个阶段已知的能力水平对经济所发生的影响之后，现阶段的经济情况与自然增长率有何不同）。我们可以将该项的系数，即 $\dfrac{\sigma_\mu^2}{\sigma_\mu^2 + \sigma_\xi^2}$ 理解为选民能够从经济中观察得出的"能力信号"。这一"能力信号"永远是正值，当随机（非政治的）变化对经济的冲击，即 σ_ξ^2 为 0 时，它将接近于 1。在这种情况下，选民能够了解，高于或者低于自然增长率的增长完全取决于当政者的能力。因此，除去自然增长率的数据能够准确反映政府是有能还是无能。一般来说，如果 σ_μ^2，即能力项 μ_{it} 的变化，与增长中非政治的成分 σ_ξ^2 高度相关，那么经济变化就会成为当政者能力的强信号，选民在进行效用计算时，就会更加看重过往的经济状况。或者说，如果观察到的经济增长更有可能来自非政治的影响而非当政者能力，即当 σ_ξ^2 与 σ_μ^2 高度相关时，高于或者低于自然增长率的增长就只能为当政者的能力提供微弱的信号。

选民的经济预期中当政者能力信号的存在表明，他们能够使用相关信息进行判断，在经济结果的变化 $y_{it} - \bar{y} - \mu_{it-1}$ 中多少是由当政者的能力而非外部冲击造成的。这是一个重要的结论，因为它从理性行为者模型出发，解释了经济投票强度的变化。正如上一部分所指出的那样，研究经济投票的比较政治学者面对的困惑就是如何解释经济投票强度的巨大变化。人们在解释这些变化时，把更多的注意力放在选民方面的信息匮乏或者信息混乱上面。能力模型则认为，经济投票的强度之所以会发生变化，是因为政治的、非政治的，以及外部的因素对宏观经济结果的相对重要性发生了变化，即环境发生变化。选民们能够抽取这类信息，并以理性的方式利用它来衡量经济结果。

杜赫和斯蒂芬森（Duch and Stevenson 2007）证明，能力信号 $\dfrac{\sigma_\mu^2}{\sigma_\mu^2 + \sigma_\xi^2}$ 完全能够涵盖与经济投票的跨国变化典型相关的主要环境因素，特别是经济、政治和制度性的环境效果。这些环境因素如何影响了选民将外部冲击与政治能力对宏观经济的作用区分开来？环境特征系统影响了或者政治能力的变化，或者外部因素的变化。人们是否接受这一理论另当别论，它毕竟相当好地表明，理论，特别是与选民一方个体层面的理性思考相关的理论，能够（我认为是必须）为经济投票环境变化的经验研究提供指导。因此,认为政治或者经济环境的某一具体特性对经济投票发生了什么样的影响是一回事,认为环境会有助于,或者有碍于选民提取信息是另一回事。比如,一个政党把责任完全集中于自己手里就能够增加经济投票吗? 杜赫和斯蒂芬森理论(Duch and Stevenson 2007)的优势就在于,这只是从他们的能力信号模型导出的诸多假设之一:执政联盟的权力分享减弱了经济因素在投票选择中的重要性,这不过是因为它让选民把他们观察到的经济变化更多地归因于外部因素的作用。实际上,杜赫和斯蒂芬森(Duch and Stevenson 2007)的模型解释了三个主要的环境变量是如何影响经济投票的:对经济的政治管控、管理责任,以及策略性投票。

7.1　对经济的政治管控

正如我在本章开端处所言,我对经济投票的兴趣受到一种更为广泛的理论和经验兴趣的激发,那就是环境如何影响了选民对政党表现(显然包括执政当局)的评价和投票选择之间的联系。理解这一"影响"对于政治经济学中的一系列关键问题都很重要,对那些探讨不断变化的政治对经济控制的特性,以及它对民主回应制的影响的学者来说更是如此。关于全球化,或者国有经济私有化对民主回应制的影响,人们常常提出一些比较宽泛的观点,包括环境因素(经济的结构性特征)如何影响了选民评价与投票选择之间的关系。这类观点中有很多都暗含了一个微观的模型,以说明什么因素影响了投票决定,以及这些因素在投票选择中的重要性又如何受制于制度和政治环境的影响。这些微观机制很少得到澄清,并且接受经验验证。经济投票的环境变量模型可以说在这方面发挥了很大作用。它们关注普遍认为对投票选择具有重要影响的经济认知;它们也具体说明了选民们如何利用关于环境的信息,来决定这些经济评价在投票选择中的重要性。下面的例子是有关全球化和民主回应制之间关系的论点。

关于全球化与民主治理的观点认为,选民们非常关注的一件事,是经济结果的产生到底是来自经选举产生、并且对他们负责的决策者的行为,还是来自他们无法通过选举使之负责的经济和政治行为体的推动。这类观点假定,选民们能够判断国民经济所受到的冲击是来自选举产生的决策者行为(如减税),而非与国家政府官员无关的决定(外部经济体施加的贸易壁垒)。这暗示了一种经济投票模型,据此,选民将运用他们使用关于这一环境的信息(对国内经济的全球性影响)调节他们的经济投票。与典型的经济投票模型相比,这一模型中的选民能得到更多的信息。这里的挑战是提出一种具体的模型,以说明这些环境因素以何种方式进入了一位受工具理性支配的选民的选择过程。

杜赫和斯蒂芬森(Duch and Stevenson 2007)采用的方法是从等式(1.9)中导出另一个方程,以包含制度环境对选民能力认知的影响。这一修正区分了两种类型的决策者,他们分别称之为"依赖选举的决策者"(EDDs)和"不依赖选举的决策者"(NEDDs)。第一类(EDD)指通过选举产生的官员,他们组成国家政府以及对政府负责的官僚机构。第二类(NEDD)可以指除此之外的任何人,只要他们的决定能够对经济产生影响,具体包括个人、企业、利益集团、不受选举影响的官员、外国领袖、WTO,等等。能力冲击仅与依赖选举的决策者的决策相关,而外部冲击则与其他任何人的决策相关。

杜赫和斯蒂芬森(Duch and Stevenson 2007)导出的与等式(1.9)类似、能够包含制度环境对当政者能力信号的影响的算式是:

$$E\left[\sum_{l=1}^{\alpha}\mu_{ilt+1}\,|\,v_i\right]=b\left(\frac{\alpha\sigma_\mu^2}{\alpha\sigma_\mu^2+\beta\sigma_\psi^2}\right)\left(y_{it}-\bar{y}-\sum_{l=1}^{\alpha}\mu_{il,-1}\right) \tag{1.10}$$

当等式(1.10)中预期效用为正时,选民们会更倾向于为当政者投票。$y_{it}-\bar{y}\sum_{l=1}^{\alpha}\mu_{ilt-1}$这一项与上面类似,表示经济表现中减去选民了解其来源的部分,不同之处在于,这里有一个针对每个lEDD(依赖选举的决策者)的独立效用项,对其加总就是α EDDs。我们可以把这一项的系数,如$\left(\frac{\alpha\sigma_\mu^2}{\alpha\sigma_\mu^2+\beta\sigma_\psi^2}\right)$理解为"能力信号",它表示选民从可观察的总体经济运行能够得到多少有关当政者能力的信息。这一能力信号的分子表示整体能力冲击的变化,它由与单个决策相关的能力冲击分布情况的变化与依赖选举的决策者的决策数量相乘而来($\alpha\sigma_\mu^2$)。我们在分母中增加了一项,以反映外部冲击的整体变化,它是与单次决策相关的外部冲击分配情况的变化与由不依赖选举的决策者的决策数量相乘的结果($\beta\sigma_\varphi^2$)。

假设σ_μ^2和σ_φ^2在所有环境下不变,那么政治和经济制度对能力信号强度(以及最终对经济投票)的影响必然通过上述等式中α和β的差异体现出来。能力信号的分子反映能力冲击的整体变化($\alpha\sigma_\mu^2$),这意味着如果扩大EDD作出的导致某种经济后果的选择的数量,则这一项的值就会增加。更为重要的是,在那些EDDs作出了更多能够影响其经济增长道路的决定的国家,外部冲击的整体异化会更大。类似地,在影响增长的决定更多由NEDDs作出的国家,外部冲击的整体变化也会更大。

在对不同环境下整体能力信号进行比较时,每个环境下NEDDs与EDDs的比例能够决定他们的能力信号的相对大小。杜赫和斯蒂芬森(Duch and Stevenson 2007)证明,当α和β取自能力信号较强的环境(有更多的EEDs),而α'和β'取自能力信号较弱的环境(有更多的NEEDs)的时候,能力信号较强的环境中NEDDs与EDDs的比例一定

小于它们在能力信号较弱的环境中的比例[①]:

$$\left(\frac{\beta}{\alpha}<\frac{\beta'}{\alpha'}\right) \qquad (1.11)$$

要确定政治和经济环境对整体能力信号的相对影响,只需要了解这些比例的数值。

这一结论清楚地表明,全球性的变化是怎样进入个人层面与投票选择相关的考量的。选民们能够区分出两类决策对国内经济增长的相对影响,一类来自国内依赖选举的决策者,另一类来自不依赖选举的决策制定者,他们中的一部分与国际环境相连(其他国家选举的官员、跨国公司,或者国际组织与国际协议)。全球化影响了民主治理,是因为它减弱了当政者的能力信号,并因此降低了经济因素在投票选择中的重要性。

可以以贸易开放为例。日益增加的贸易流减弱了 EDDs 对宏观经济政策结果的控制,也使国内经济的结果受到 NEDDs,特别是外国的决策者的影响。严重依赖出口市场的经济体累积起来的需求受制于外部需求,也受制于国际市场价格的影响,而后者并不受国内决策者的影响。大量进口商品的经济体会受到通胀(或紧缩)的冲击,而这也在国内政府官员的控制范围之外(Cameron 1978)。开放经济体的生产结构往往比封闭经济体更为集中,这也增加了外部冲击对国内经济的影响程度,并使在任的决策者难以控制(Rodrik 1998;IMF 2005)。罗德里克(Rodrik 1998)提供的经验数据清楚地表明,经济越开放,GDP 增长的不稳定性就越大。[②]

因此,在开放经济体中,影响宏观经济的 NEDDs 的数量应该大于封闭经济体(即 $\beta_{cl} < \beta_{op}$),同时在开放经济体中 EDDs 的数量应该保持恒定,或者小于封闭经济体(即 $\alpha_{op} \leq \alpha_{cl}$)。这样我们可以预期,在封闭经济体中,NEDDs 与 EDDs 的比值会更小。

$$\frac{\beta_{op}}{\alpha_{op}}>\frac{\beta_{cl}}{\alpha_{cl}} \qquad (1.12)$$

它表明,在受全球经济影响的经济体中,整体能力信号较弱;而开放经济体中,较微弱的能力信号则将导致较低水平的经济投票。[③]

---

① 这一结论得自以下推演

$$\left(\frac{\alpha\sigma_\mu^2}{\alpha\sigma_\mu^2+\beta\sigma_\psi^2}\right)>\left(\frac{\alpha'\sigma_\mu}{\alpha'\sigma_\mu^2+\beta'\sigma_\psi^2}\right)$$

$$\left(\frac{\beta\sigma_\psi}{\alpha\sigma_\mu^2}<\frac{\beta'\sigma_\psi}{\alpha'\sigma_\mu^2}\right)$$

$$\left(\frac{\beta}{\alpha}<\frac{\beta'}{\alpha'}\right)$$

② Gavin and Hausmann 1996 提供了关于发展中国家这一效应的证据。

③ 艾伯德和罗登(Ebeid and Rodden 2006)令人信服地证明,由于各省或州的结构性特征不同,这一效应在次国家层面可能有所不同。

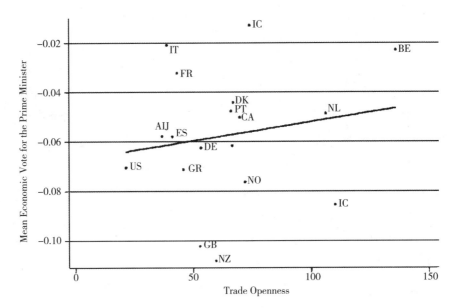

图 33.3　贸易开放性与议会政党的经济投票

　　杜赫和斯蒂芬森（Duch and Stevenson 2007）使用世界银行对贸易开放性的测量标准，即贸易总额与国内生产总值（GDP）的比例（World Bank 2004），检验了上述观点。图 33.3 反映了根据这一贸易开放性标准得出的*行政首脑的经济投票情况*（请注意较高的经济投票负值表示高水平的经济投票）。首先，非常清楚没有证据证明开放经济体的经济投票水平较高，这否定了一些学者的看法（如 Scheve 2004）。实际上，经济的开放性会大大降低经济投票的水平。这也支持了如下的论断，即开放经济体的能力信号比封闭经济体更弱，并因此导致了较低水平的经济投票。

　　随着全球化的扩展、经济一体化的增强以及国内经济结构特征的变化，对民主回应制的测量变得日益重要。经济投票是多种投票选择模型中的一种，它能够用于探知民主回应制。通过对环境因素如何影响投票选择进行严格的理论和经验考察，研究经济投票的比较政治学者能够对这一论题作出极其重要的贡献。

7.2　管理责任

　　上一个小节认为，选民能够了解对选举负责和不对选举负责的决策者之间责任是如何分摊的。这有助于说明一般选民如何提取信号的问题，而且最终也可以解释经济投票依环境而发生的变化。在很多（如果不是大多数的话）发达民主国家，多个政党分担了管理，或者说行政责任。其他合法政党对管理责任的分担也会对能力信号，乃至于经济投票的强度发生影响。

　　在比较经济投票的研究文献中有一个得到广泛接受的观点，认为与一党执政的简单情况相比,联合执政的"复杂性"至少可以部分解释经济投票的跨国变化(Powell and Whitten 1993)。但是,除了把联合执政的环境下较弱的经济投票归因于选民无法分清责任所在之外,学者们并没有对这些经验上的发现提供较好的理论基础。用责任明晰度来解释经济投票强度的差异,意味着选民缺乏足够的信息,或者说在某种程度上对决策的责任并不清楚。杜赫和斯蒂芬森(Duch and Stevenson 2007)模型中的理性假设排除了选民方面存在任何困惑或信息不足的情况。或者说,他们假定选民完全了解联合政府中管理责任的分担状况。因此他们认为,选民在政府能力方面得到的并非模糊不清的、甚或错误的信号,相反,在不同政党之间如何分担管理责任的问题上,他们已经得到了相当准确的信息。在他们的模型中,管理责任的分配比例由 $\lambda_{i,t}^2$ 来代表,是每个政党承担的管理责任值的平方。测量这个数值的一种方法就是计算某个政党所占内阁席位的百分比。这样,在一党多数政府中,λ 等于1;而在一个由 n 个政党平均分享席位的内阁中,λ 就等于 $1/n$。[①]

杜赫和斯蒂芬森(Duch and Stevenson 2007)由此得出一种包括"责任"因素在内的能力信号,它以下方式通过被感知的政府经济表现影响选民的效用:

$$E[\mu_{g,t}|y_{g,t}] = \left(\frac{\sigma_\mu^2 \sum_{i \in g} \lambda_{i,t}^2}{\sigma_\xi^2 + \sigma_\mu^2 \sum_{i \in g} \lambda_{i,t}^2} \right) (y_{g,t} - \bar{y} - \mu_{g,t-1}) \qquad (1.13)$$

这一结论假定,政府在给定时期的总体能力(g),就是各执政党能力的加权平均数,权数即政党承担的管理责任的量。每个执政党在时段 t 的权重是 $\lambda_{i,t}$,权重相加等于1。杜赫和斯蒂芬森(Duch and Stevenson 2005)证明,当管理责任高度集中,即由一个政党管理经济政策时,能力冲击一项会达到最大值;而在管理责任由内阁中各政党平均分担的情况下,政治冲击这一项,即 $a_\mu^2 \sum_{i \in g} \lambda_{i,t}^2$ 会达到最小值。

这一结论给出的预期,与"责任明晰度"理论类似,虽然这里提出的责任加权的能力信号理论的基础,是选民完全了解议会内各政党管理责任的分担情况。据此,单一政党多数政府的经济投票水平将会是最高的——典型的例子如英国、美国和加拿大。联合政府,特别是内阁席位由各政党分享的政府,其能力信号会比较弱,因此经济投票的水平也会比较低。[②] 图 33.4 以图 33.1 反映的行政首脑经济投票强度为基础,它把管

---

① 杜赫和斯蒂芬森(Duch and Stevenson 2007)实际上还提出了一种广义的管理责任测量方法,它包含了与立法机关中的反对党相关的管理责任,但是为了简化讨论,我这里仅讨论基于内阁席位的狭义的方法。

② 管理责任除了被表达为政党在内阁中所承担的责任之外,还有更为广义和宽泛的表达方式。它可以包括例如反对党在一个有效的立法委员会系统中承担的管理责任。杜赫和斯蒂芬森在2007年总结了包括执政党和反对党在内的所有政党所分担的管理责任的程度,并得出了上述结论。

理责任的集中程度,即等式中的 $\sum_{i\in g}\lambda_{i,t}^2$ 项,分为 4 个级别,并对它们相应的经济投票强度进行了比较。这里能够得到某些具有启发意义的结论,在管理责任高度集中——即管理责任集中度较高(大于.7)的情况下,经济投票的水平也比较高。如果管理责任被较大数量的政党分担,即集中度低于.7,则经济投票水平就会比较低。

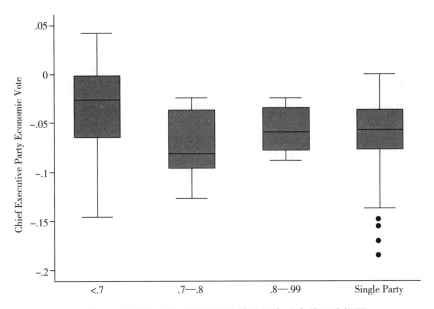

图 33.4 管理责任集中度和行政首脑所在政党的经济投票

7.3 竞争和策略投票

学者们普遍认为,候选人之间相互竞争的性质,以及策略投票的动机(当然它们都会随政治环境而变化),都会对在选举中竞争的政治的投票效用产生影响。因此比如说,为德国自由民主党投票可能会影响选举后形成的政府形式,这种可能性的存在是选民在考虑投票选择的效用时会注意的一个重要的方面。假定选民们从工具理性的角度考虑问题(这一假定与对经济投票的大多数研究相一致),那么他们就会对选择制度,以及各政党相互竞争的性质作出策略性的反应。麦克凯维和奥德舒克(McKelvey and Ordeshook 1972)提出了一个决策理论模型,以反映以效用最大化为目标的选民的考量:

$$E[\mu|v_j]-E[\mu|v_o]=\sum_{j'\in J}P_{jj'}(\mu_j-\mu_{j'}) \tag{1.14}$$

在此,J 是立法机构中所有政党的集合,$E[u|v_j]$ 是为政党 j 投票的预期效用,$E[u|v_o]$ 则是弃权的预期效用,u_j 和 $u_j{}'$ 分别代表政党 j 和 j' 赢得选举后的效用。$P_{jj}{}'$ 是"中轴概率",它被定义为政党 j 和 j' 在多党竞争中为胜出而结盟的概率。请注意,加号下面标注的是参与竞争的所有政党。选民会为 $E[\mu|v_j]-E[\mu|v_o]$ 值最大的政党投票。

这意味着为一个政党投票的行为,只能通过改变选举结果来改变选民的效用。某一政党得到的每张选票改变选举结果的可能性,通过这张选票在该政党与其他任何政党的竞争中发挥决定作用的概率加以表示。这样,选民为某一政党投票的预期效用,就是他的那一票能够发挥关键作用的所有形式的和乘以每一种关键投票能够带来的效用的积。

杜赫和斯蒂芬森(Duch and Stevenson 2007)认为,选民与他们所感知的相互竞争的政党的经济表现相联系的预期效用(这是经济投票模型的典型特征),必须通过类似等式(1.14)的方式,由一张选票发挥决定性作用的概率加以限定。这也就是说,在等式(1.9)表达的预期效用计算中,加入一个反映中轴概率,或者说每张选票的决定性意义的项目,这就得到了为政党 j 投票(而非弃权)的预期效用:

$$E[\mu|v_j]-E[\mu|v_0]=b(y_{g,t}-\bar{y}-\mu_{g,t-1})\sum_{g'\in A}(p_{j,gg'}-p_{j,g'g}) \tag{1.15}$$

在这个简化的例子中有两个可能的结果:在任政权(g)或者挑战者(g')。假设选民对与挑战者相关的预期经济结果没有任何信息,即 $E[\mu_{g',t+1}]=0$。我们应该记得如果 $y_{g,t}-\bar{y}-\mu_{g,t-1}$ 为正值,这表明选民在选举周期 t 时段内感受到了一种对经济的正向冲击。等式(1.15)右边加总符号后面的最后一项,反映的是这一被感知的经济表现对策略性投票的影响程度。$p_{j,gg'}$ 表示 g 和 g' 两个内阁联合参选,然而选民只为 j 党投票从而仅选择 g 内阁的概率;$p_{j,g'g}$ 则表示 g 和 g' 联合参选,然而选民只为 j 党投票从而仅选择 g' 内阁的概率。

如果选民感到与现政权 g 相联系的积极的经济冲击,那么为政党 j 所投的票会打破联盟,并对 g 而非 g' 有利,同时这一积极的经济冲击会使为政党 j 投票而非弃权产生积极的效用。当然需要注意的是,如果现任执政联盟 g 一定会取胜(或者反对党联盟 g' 一定会取胜),即上述表达式中的"中轴概率"为零,那么经济情况就不会对选民为 j 党投票而非弃权的效用产生影响。最简单的例子就是一党执政。例如,在 2002 年法国总统选举的第二轮投票中,由于当时的在任总统希拉克一定会取胜,所以经济评价肯定不会对投票选择产生影响。与此类似,在 2001 年的英国选举中,人们普遍认为工党能够轻易获胜,这意味着我们很难在其中发现经济投票的迹象。

这一理论上的结果也可以引申到多党环境下某些特定政党得到的经济投票。结论之一就是,那些长期执政的党,如比利时和荷兰的基督教政党、爱尔兰共和党,或者德国自由民主党得到的经济投票,会比它们的内阁伙伴更低。这里暗含的逻辑,是对每次选举后政党构成都不变的内阁,与选举后会发生变化,但有一个或者有可能是多个政党始终参与的内阁进行区分。正是在后一种情况下我们可以发现,长年执政的党总是能够进入执政联盟。比如说,至少在 1994 年之前,如果没有荷兰基督教民主党(或者它在 1977 年之前的前身)的参与,任何内阁都没有可能组建起来。由于为此类政党投票不会对政府的组建发挥决定性作用,因此从理论可以预期,它们得到的经济投票水平会相当低。

　　这一策略投票理论导致的一个有趣的结果,是它得出的预期经济投票的强度,与只关注执政党管理责任的理论并不一致。上一节的讨论表明,分担管理责任会带来更高程度的经济投票,而其他学者,如安德森(Anderson 1995)也认为,一个政党的经济投票应该与它在执政联盟中为经济结果承担的责任相关。但是,对那些长期执政,而且在联合政府中占据了大量职位的政党——如荷兰的基督教党和爱尔兰共和党来说,杜赫和斯蒂芬森(Duch and Stevenson 2007)的理论预期它们只能得到非常低水平的经济投票,而政党责任理论的结论则相反,即它们会得到高水平的经济投票。这一点非常有意思,因为它凸显了能够对杜赫和斯蒂芬森理论进行关键性检验的环境因素。当然有这样的情况,一些政党承担了较多的管理责任,所以理应得到较高水平的经济投票,至少按照那种强调管理责任或者责任明晰度(如 Anderson 1995 年)的理论情况会是这样。但是,很多承担了较多管理责任的政党,正是那些长年参与执政的党,它们的中轴概率接近于零,因为为它们投票不会影响执政联盟的构成。

　　回到荷兰基督教党的例子。如果我们仅考虑政党管理责任的分担如何影响了投票选择,那么我们得到的结论将会与关注政党责任的理论一样,即这个党将得到高水平的经济投票。荷兰基督教党至少在 1994 年之前在所有执政联盟中毕竟都是一个重要的参与者。然而我们的理论包含了一种策略投票的考量:理性的选民,会根据他为该党所投的这一票能够决定执政联盟构成的概率,来调整他的经济投票。对于荷兰基督教党这一特殊的案例来说,理性的选民会发现他们的中轴概率接近于零——无论他们如何投票,荷兰基督教党都会参与执政联盟。因此我们预计,荷兰基督教党几乎得不到经济投票;而传统的责任理论由于忽视了策略投票的因素,预计它能得到高水平的经济投票。

　　策略投票的考量影响了政党得到的经济投票这一思想意味着,在竞争决策权力和经济投票之间存在着一种曲线关系:非常可能或者几乎没有可能进入选举后执政联盟的政党,得到的经济投票都不多,而那些进入执政联盟的概率中等偏上的政党会得到最高水平的经济投票。我们可以回顾图 33.1 中总结的杜赫和斯蒂芬森经济投票数据来解释这一观点。杜赫和斯蒂芬森(Duch and Stevenson 2007)提出了一种衡量竞争性的指标,即从 1960 年开始,某个政党获得总理职位的年份所占的百分比(因此,如果要测量 1988 年某个党的经济投票,那么就要计算该党获得总理职位的年份在 28 年中的百分比)。我将这一竞争性指标分为 4 组(1960 年以后获得总理职位的年份少于 50%、51%—75% 之间、76%—99% 之间,以及 100% 的政党)。图 33.5 用箱型图反映了这 4 种类型中各政党经济投票的强度。图中的情况与竞争理论的结论相当一致:即的确存在一种曲线关系,而得到最多经济投票的,是那些 1960 年以后获得总理职位的年份在 50% 到 75% 之间的政党。毫无疑问,选举之后一定会加入执政联盟的政党(即 1960 年后获得总理职位的年份比例为 100% 的政党),其经济投票的水平最低(这一组经济投票的中值接近于零)。使这一结论更加具有说服力的是,被归于这一类别的政党,正是那些如果我们只考虑其承担的管理责任,也会得到最高水平的经济投票的政党。

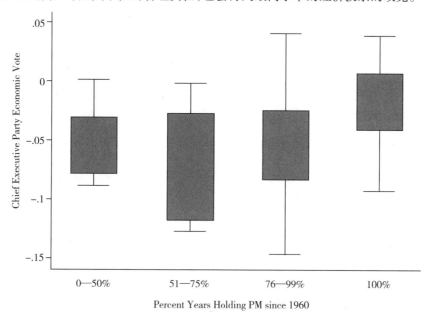

图 33.5　获得总理职位的历史与联合政府中行政首脑的经济投票

　　理性投票选择研究得到的一个重要发现,是选民们会考虑,他们的选票在决定选举中谁胜谁负,以及谁会进入政府方面是否能够发挥影响。通常的理解是,理性的选民不会为注定失败的候选人"浪费"他们的选票,但同样的逻辑也可以应用于注定会获胜的政党或者候选人。因此在多党和联合内阁的情况下,真正重要的是,对决策权的"竞争分布状况"将影响策略投票的动机,并决定投票选择中经济评价的重要性。在很多情况下,单个选民的投票几乎不会对选举之后决策权力的分配产生任何影响(因为无论选举结果如何,总是同样一些政党进入政府),因此在这类选举中经济评价只能发挥微不足道的作用。①

──────────

　　①　相当多的学者已经指出,策略投票的动机会随环境性而发生变化,而这会影响选民的效用计算,因此在一种环境下是一些因素和事件左右了投票选择,而在另一种环境下情况就会有所不同。例如迈尔森(Myerson 1993,1999)证明,按照复数投票的杜维吉尔法则,当政党们为意识形态而战时,策略投票的考量会让选民们为腐败的候选人投票,尽管他们的偏好是使寻租现象最小化,而且事实上也存在一些候选人,他们的意识形态立场能够为选民接受,同时又没有寻租的包袱。

八、总　结

在比较投票的研究领域有一个得到普遍承认的事实,即经济投票——不论是在个人层面还是在累积层面——在不同国家间和不同时段(或者说不同选举之间)都表现出相当的不稳定性。正如本章所强调的,解释这种变化是经济投票的比较研究者们面临的一大智识挑战。测量结果在国家间的不稳定性不只限于经济投票。实际上有相当多的证据可以表明,投票选择模型中一般会涉及的诸多效应,在国家之间都会发生变化。经济投票的强度在国家间各不相同,这与投票选择模型中很多其他要素类似。比如凯达尔(Kedar 2005)雄辩地证明,选民投票选择中的议题偏好会随制度环境而变。在投票选择模型中,党派倾向的影响也随制度环境而出现相当明显的不同(Huber, Kernell, and Leoni 2005;Kayser and Wlezien 2005)。阶级(Alford 1963)和意识形态(Kim 和Fording 2003)对投票选择的影响,也可能会随环境不同而表现出巨大的差异。

本章粗略介绍了为澄清环境对经济投票的影响而进行的研究。我认为,它们对于考察环境如何影响投票选择的其他决定因素来说,也提供了学者们可以遵循的某种路线图。在投票选择模型的研究方面,比较研究者之所以能够拥有一个厚实的理论基础,这完全受益于另一些学者对美国选举行为的研究。但是离开了美国的环境,这些理论就不那么适用。因此,比较投票行为的研究者的比较优势,就在于通过理论创新,把环境因素纳入个体层面的投票选择模型。这里的挑战,是必须严格模拟环境特征如何决定了每个变量(如意识形态、党派倾向、经济上的感受和阶级等)对投票选择产生的影响。最后,数据的可获取性和建模技术使我们能够以严格的方式对这些模型加以检验,因为我们拥有相当多样的政治经济环境下个人层面的数据,也有相当发达的多层建模技术,它们为开创性的经验研究提供了可能。这样我们就能够更好地了解,一般而言,环境(包括政治、制度和经济)如何决定哪些因素被纳入投票计算,选民们又分别为这些不同的考虑赋予了多大的重要性。

参考文献

ALESINA, A., LONDREGAN, J., and ROSENTHAL, H. 1993. A model of the political economy of the U-nited States. *American Political Science Review*, 87: 12-33.

——and ROSENTHAL, H. 1995. *Partisan Politics, Divided Government, and the Economy*. Cambridge: Cambridge University Press.

——and ROUBINI, N. 1999. *Political Cycles and the Macroeconomy.* Cambridge, Mass.: MIT Press.

ALFORD, R. 1963. *Party and Society: The Anglo-American Democracies.* Westport, Conn.: Greenwood.

ALMOND, G. A., and VERBA, S. 1963. *The Civic Culture.* Princeton: Princeton University Press.

ALT, J., and LASSEN, D. 2004. The electoral cycle in debt is where you can't see it: fiscal transparency and electoral policy cycles in advanced industrialized democracies. Mimeo. Harvard University.

ALVAREZ, R. M., and NAGLER, J. 1998. Economics, entitlements and social issues: voter choice in the 1996 presidential election. *American Journal of Political Science*, 42: 1349–63.

——and WILLETTE, J. R. 2000. Measuring the relative impact of issues and the economy in democratic elections. *Electoral Studies*, 19: 237–53.

ANDERSON, C. J. 1995. *Blaming the Government: Citizens and the Economy in Five European Democracies.* Armonk, NY: Sharpe.

BARRO, R. 1973. The control of politicians: an economic model. *Public Choice*, 14: 19–42.

BARTELS, L. M., and ZALLER, J. 2001. Presidential vote models: a recount. *PS: Political Science and Politics*, 34: 9–19.

BECK, N. 1991. The economy and presidential approval: an information theoretic perspective. Pp. 85–101 in *Economics and Politics: The Calculus of Support*, ed. H. Norpoth, M. Lewis-Beck, and J.-D. Lafay. Ann Arbor: University of Michigan Press.

BELLUCCI, P. 1985. Economic concerns in Italian electoral behavior: toward a rational electorate? In *Economic Conditions and Electoral Outcomes: The United States and Western Europe*, ed. H. Eulau and M. S. Lewis-Beck. New York: Agathon.

BERELSON, B., LAZARSFELD, P., and MCFEE, W. 1954. *Voting: A Study of Opinion Formation in a Presidential Campaign.* Chicago: University of Chicago Press.

BLAIS, A., TURGEON, M., GIDENGIL, E., NEVITTE, N., and NADEAU, R. 2004. Which matters most? Comparing the impact of issues and the economy in American, British and Canadian elections. *British Journal of Political Science*, 34: 555–64.

BORRE, 0. 1997. Economic voting in Danish electoral surveys 1987–1994. *Scandinavian Political Studies*, 20(4): 347–65.

BUTLER, D., and STOKES, D. 1976. *Political Change in Britain*, 2nd College Edn. New York: St Martin's Press.

CAMERON, D. R. 1978. The expansion of the public economy: a comparative analysis. *American Political Science Review*, 72: 1243–61.

CAMPBELL, A., CONVERSE, P. E., MILLER, W. E., and STOKES, D. E. 1960. *The American Voter.* New York: Wiley.

CHAPPELL, H., and VIEGA, L. G. 2000. Economics and elections in western Europe: 1960–1997. *Electoral Studies*, 19: 183–97.

CHEIBUB, J. A., and PRZEWORSKI, A. 1999. Democracy, elections, and accountability for economic outcomes. Pp. 222–50 in *Democracy, Accountability, and Representation*, ed. A. Przeworski, S. C. Stokes, and

B. Manin. Cambridge: Cambridge University Press.

CLARKE, H., and STEWART, M. C. 1995. Economic evaluations, prime ministerial approval and governing party support: rival models considered. *British Journal of Political Science*, 25: 145–70.

——and WHITELEY, P. 1997. Tory Trends: party identification and the dynamics of conservative support since 1992. *British Journal of Political Science*, 27: 299–319.

CUKIERMAN, A., and MELTZER, A. H. 1989. A political theory of government debt and deficits in a neo-Ricardian framework. *American Economics Review*, 79: 713–33.

DOWNS, A. 1957. *An Economic Theory of Democracy*. New York: Harper and Row.

DUCH, R. M., and PALMER, H. 2002. Heterogeneous perceptions of economic conditions in cross-national perspective. In *Economic Voting*, ed. H. Dorussen and M. Taylor. New York: Routledge.

——and ANDERSON, C. J. 2000. Heterogeneity in perceptions of national economic conditions. *American Journal of Political* Science, 44: 635–49.

——and STEVENSON, R. T. 2005. Context and the economic vote: a multilevel analysis. *Political Analysis*, 13(4): 387–409.

——2007. *Voting in Context: How Political and Economic Institutions Condition the Economic Vote*. Cambridge: Cambridge University Press (forthcoming).

EBEID, M., and RODDEN, J. 2006. Economic geography and economic voting: evidence from the U. S. States. *British Journal of Political Science*, 36: 527–47.

ERIKSON, R. S. 1990. Economic conditions and the congressional vote: a review of the macrolevel evidence. *American Journal of Political Science*, 34: 373–99.

——2004. Macro vs. micro-level perspectives on economic voting: is the micro-level evidence endogenously induced? Paper prepared for the 2004 Political Methodology Meetings, July 29–31 2004. Stanford University.

MACKUEN, M. B., and STIMSON, J. A. 2002. *The Macro Polity*. Cambridge: Cambridge University Press.

EVANS, G., and ANDERSEN, R. 2006. The political conditioning of economic perceptions. *Journal of Politics* (forthcoming).

FAIR, R. C. 1978. The effect of economic events on votes for president. *Review of Economic Statistics*, 60: 159–73.

FEARON, J. D. 1999. Electoral accountability and the control of politicians: selecting good types versus sanctioning poor performance. In *Democracy, Accountability, and Representation*, ed. A. Przeworski, S. C. Stokes, and B. Manin. Cambridge: Cambridge University Press.

FEREJOHN, J. 1986. Incumbent performance and electoral control. *Public Choice*, 50: 5–25.

FIORINA, M. 1978. Economic retrospective voting in American national elections: a microanalysis. *American Journal of Political Science*, 22: 426–43.

——1981. *Retrospective Voting in American National Elections*. New Haven: Yale University Press.

——ABRAMS, S., and POPE, J. 2003. The 2000 U. S. presidential election: can retrospective voting be saved? *British Journal of Political Science*, 33: 163–87.

FREY, B. 1979. Politometrics of government behavior in a democracy. *Scandinavian Journal of Economics*, 81:308–22.

——and GARBERS, H. 1971. Politicio-economics: on estimation in political economy. *Political Studies*, 19:316–20.

GAVIN, M., and HAUSMANN, R. 1996. Sources of macroeconomic volatility in developing economies. MS. Washington: Inter-American Development Bank.

GOODHART, C. A. E., and BHANSALI, R. J. 1970. Political economy. *Political Studies*, 18:43–106.

HELLWIG, T. T. 2001. Interdependence, government constraints, and economic voting. *Journal of Politics*, 63(4):1141–62.

HIBBS, D. A., Jr. 1993. *Solidarity or Egoism?* Aarhus: Aarhus University Press.

——2000. Bread and peace voting in U.S. presidential elections. *Public Choice* 104(1–2):149–80.

——2006. Voting and the macro-economy. In *The Oxford Handbook of Political Economy*, ed. B. Weingast and D. Whittman. New York: Oxford University Press.

——and VASILATOS, N. 1981. Economics and politics in France: economic performance and political support for Presidents Pompidou and Giscard d' Estaing. *European Journal of Political Research*, 9: 133–45.

HUBER, J. D., KERNELL, G., and LEONI, E. L. 2005. Institutional context, cognitive resources and party attachments across democracies. *Political Analysis*, 13:365–86.

INTERNATIONAL MONETARY FUND. 2005. *World Economic Outlook April 2005: Globalization and External Imbalances*. Washington, DC: IMF.

JACOBSON, G. C, and KERNELL, S. 1983. *Strategy and Choice in Congressional Elections*, 2nd edn. New Haven: Yale University Press.

KAYSER, M. A., and WLEZIEN, C. 2005. Performance pressure: patterns of partisanship and the economic vote. Paper presented at the Annual Meeting of the American Political Science Association, Washington, DC.

KEDAR, O. 2005. When moderate voters prefer extreme parties: policy balancing in parliamentary elections. *American Political Science Review*, 99(2):185–99. KEY, V. 0. 1966. *The Responsible Electorate*. New York: Vintage Books.

KIEWIET, D. R. 1983. *Macroeconomics and Micropolitics: The Electoral Effects of Economic Issues*. Chicago: University of Chicago Press.

——and UDELL, M. 1998. Twenty-five years after Kramer: an assessment of economic retrospective voting based upon improved estimates of income and unemployment. *Economics in Politics*, 10:219–48.

KIM, H., and FORDING, R. 2003. Voter ideology in western democracies: an update. *European Journal of Political Research*, 42:95–105.

KING, G., TOMZ, M., and WITTENBERG, J. 2000. Making the most of statistical analyses: improving interpretation and presentation. *American Journal of Political Science*, 44(2):341–55.

KIRCHGÂSSNER, G. 1991. Economic conditions and the popularity of West German parties: before and after the 1982 government change.Pp.103-22 in *Economics and Politics：The Calculus of Support*,ed. H.Norpoth,M.S.Lewis-Beck,and J.-D.Lafay.Ann Arbor：University of Michigan Press.

KRAMER,G.H.1971.Short-term fluctuations in U.S.voting behavior,1896-1964.*American Political Science Review*,65：131-43.

——1983.The ecological fallacy revisited：aggregate-versus individual-level findings on economics and elections,and sociotropic voting.*American Political Science Review*,77：92-111.

KYDLAND,E,and PRESCOTT,E.1977.Rules rather than discretion：the inconsistency of optimal plans. *Journal of Political Economy*,85：473-90.

LAFAY,J.-D. 1977. Les Conséquences électorales de la conjoncture économique：essaie de prévision chiffrée pour Mars 1978.*Vie et sciences économiques*,75：1-7.

LECAILLON,J.1981.Popularité des gouvernements et popularité économique.*Consummation*,3：17-50.

LEWIS-BECK,M.S.1980.Economie conditions and executive popularity：the French experience.*American Journal of Political Science*,24：306-23.

——1988.*Economics and Elections：The Major Western Democracies*. Ann Arbor：University of Michigan Press.

——and EULAU, H. 1985. Introduction：economic conditions and electoral outcomes in trans-national perspective.In *Economic Conditions and Electoral Outcomes：The United States and Western Europe*,ed. H.Eulau and M.S.Lewis-Beck.New York：Agathon.

——and MITCHELL, G. 1990. Modelos transnacionales de voto economico：estudio de un conjunto de paises europeos.*Revista del Instituto de estudios economicos*,4：65-81.

——and NADEAU,R.2000. French electoral institutions and the economic vote.*Electoral Studies*,19：171-82.

and RICE,T.1992.*Forecasting Elections*.Washington,DC：Congressional Quarterly Press.

——and STEGMAIER,M.2000.Economic determinants of electoral outcomes.*Annual Review of Political Science*,3：183-219.

MCKELVEY,R.,and ORDESHOOK,P.1972.A general theory of the calculus of voting.In *Mathematical Applications in Political Science*, vol. vi, ed. J. F. Herndon and J. L Bernd. Charlottesville：University Press of Virginia.

MACKUEN,M.B.,ERIKSON,R.S.,and STIMSON,J.A.1992.Peasants or bankers? The American electorate and the U.S.economy.*American Political Science Review*,86：597-611.

——and Mouw, C. 1995. Class and competence in the political economy. Typescript. University of Missouri,St Louis.

MADSEN,H.1980.Electoral outcomes and macro-economic policies：the Scandinavian cases.In *Models of Political Economy*,ed.P.Whitely.London：Sage Publications.

MARKUS,G.1988.The impact of personal and national economic conditions on the presidential vote：a pooled cross-sectional analysis.*American Journal of Political Science*,32：137-54.

——1992.The impact of personal and national economic conditions on the presidential vote：a pooled cross-sectional analysis.*American Journal of Political Science*,36:829-34.

MARRA,R.E,and OSTROM,C.W.1989.Explaining seat change in the US House of Representatives, 1950-1986.*American Journal of Political Science*,33:541-69.

MILLER,A.H.,and LISTHAUG,0.1985.Economic effects on the vote in Norway.In *Economic Conditions and Electoral Outcomes:The United States and Western Europe*,ed.H.Eulau and M.S.Lewis-Beck.New York:Agathon.

MILLER,W.L.,and MACKIE,M.1973.The electoral cycle and the asymmetry of government and the opposition popularity:an alternative model of the relationship between economic conditions and political popularity.*Political Studies*,621:263-79.

MUELLER,J.1970.Presidential popularity from Truman to Johnson.*American Political Science Review*, 65:18-34.

MYERSON,R.1993.Effectiveness of electoral systems for reducing government corruption:a game theoretic analysis.*Games and Economic Behaviour*,5:118-32.

——1999.Theoretical comparison of electoral systems.1998 Joseph Schumpeter Lecture.*European Economic Review*,43:671-97.

NANNESTAD,P.,and PALDAM,M.1995.It's the government's fault! A cross-section study of economic voting in Denmark,1990/93.*European Journal of Political Research*,28:33-62.

——and PALDAM,M.1997.From the pocketbook of the welfare man:a pooled cross-section study of economic voting in Denmark,1986-1992.*British Journal of Political Science*,27:119-37.

——2000.Into Pandora's Box of economic evaluations:a study of the Danish macro VP-function 1986-1997.*Electoral Studies*,19:123-40.

NORPOTH,H.1985.Politics,economics and the cycle of presidential popularity. In *Economic and Electoral Outcomes*,ed.H.Eulau and M.S.Lewis-Beck.New York:Agathon.

——1996.The economy. Pp. 219 - 38 in *Comparing Democracies: Elections and Voting in Global Perspective*,ed.L.LeDuc,R.G.Niemi,and P.Norris.Thousand Oaks,Calif.:Sage.

PACEK,A.C,and RADCLIFF,B.1995.Economic voting and the welfare state:a cross-national analysis. *Journal of Politics*,57(1):44-61.

PAGE,B.I.,and SHAPIRO,R.Y.1992.*The Rational Public.*Chicago:University of Chicago Press.

PALDAM,M.1991.How robust is the vote function? A study of seventeen nations over four decades.Pp. 9-31 in *Economics and Politics:The Calculus of Support*,ed.H.Norpoth,M.Lewis-Beck,and J.-D. Lafay.Ann Arbor:University of Michigan Press.

——and SCHNEIDER,F.1980.The macroeconomic aspects of government and opposition popularity in Denmark,1957-1978.*National Okonomisk Tidsskrift*,118:149-70.

PALMER,H.D.,and WHITTEN,G.D.2003a.Questionable analyses with no theoretical innovation:a response to Royed,Leyden and Borrelli.*British Journal of Political Science*,33:139-49.

——2003b.Ignorance is no excuse:data mining versus theoretical formulation of hypotheses.*British Journal of Political Science*,33:159-60.

PERSSON, T, and TABELLINI, G. 1990. *Macroeconomic Policy, Credibility, and Politics.* New York: Harwood Academic.

PRICE,S.,and SANDERS,D.1993.Modeling government popularity in postwar Britain:a methodological example.*American Journal of Political Science*,37:317-34.

RODRIK, D. 1998. Why do more open economies have larger governments? *Journal of Political Economy*,106(5):997-1032.

ROGOFF,K.1990.Equilibrium political business cycles.*American Economic Review*,80:21-36.

——and SIBERT,A.1988.Elections and macroeconomic policy cycles.*Review of Economic Studies*,55: 1-16.

ROYED,T.J.,LEYDEN,K.M.,and BORRELLI,S.A.2000.Is"clarity of responsibility"important for economic voting? Revisiting Powell and Whitten's hypothesis.*British Journal of Politics*,30:669-98.

SANDERS,D.,MARSH,D.,and WARD,H.1991.Macroeconomics,the Falklands War and the popularity of the Thatcher government:a contrary view.*British Journal of Political Science*,20:161-84.

SCHEVE.K.2004.Democracy and globalization:candidate selection in open economies.Mimeo.Yale University.

STIGLER,G.J.1973.General economic conditions and national elections.*American Economic Review*,63: 160-4.

TUFTE,E.R.1975.Determinants of the outcomes of midterm congressional elections.*American Political Science Review*,69:812-26.

——1978.*Political Control of the Economy.*Princeton:Princeton University Press.

WELCH,S.,and HIBBING,J.1992.Financial conditions,gender,and voting in American national elections.*Journal of Politics*,54:197-213.

WHITELEY,P.F.1986.Macroeconomic performance and government popularity in Britain:the short-run dynamics.*European Journal of Political Research*,14:45-61.

WLEZIEN,C.,FRANKLIN,M.,and TWIGGS,D.1997.Economic perceptions and vote choice:disentangling the endogeneity.*Political Behavior*,19:7-17.

WORLD BANK.2004.*World Development Indicators.*Washington,DC:World Bank.

ZALLER,J.2004.Floating voters in US presidential elections,1948-2000.In *The Issue of Belief:Essays in the Intersection of Nonattitudes and Attitude Change*, ed.P.Sniderman and W.Saris. Amsterdam: University of Amsterdam Press.

第三十四章　环境约束下的政治预算周期

詹姆斯·E.阿尔特（James E.Alt）

莎娜·S.罗斯（Shanna S.Rose）

　　人们早就相信政治会影响经济后果。对商业周期的政治学研究,即经济后果如何反映了一种产生于政治环境中的决策,也已经进行了一段时间。这一学科的历史,是一部理论研究和经验研究交替发展的复杂历史,它反映出人们对普遍性和简约性的追求。即便如此,从商业周期的这一广义政治学,到对"政治商业周期"进行更系统、更专业的研究,即探讨选举周期如何影响了真实经济的各个方面,如 GDP 的增长率和失业状况等,也算是学术发展的一小步。在最近的二十年间,这一学科的研究对象——或者如果你愿意的话,也可以称之为因变量——发生了显著的变化,从真实的经济结果转向财政和货币政策工具,其原因将在下面进行探讨。

　　所谓政治预算周期,指的是由选举周期导致的政府财政政策有规律的、周期性的变动。"财政政策"包括公共支出和收入的幅度、构成,以及它们之间的平衡,也包括财政平衡(或失衡)和公共债务。所谓"由选举周期导致"的事情,可以指能够观察到的各种不同情况,但一个共同的论题是,如果选举环境不同,那么关于财政政策的某些选择就会不尽相同。比如,如果距下一次选举还有很长时间,或者下一次竞选不那么竞争激烈,那么财政政策就会有所变化,从某种意义上说,这反映出当政者有意增加他们在下次选举中成功的机会。

　　但为何政治预算周期会受"环境约束"？难道在任官员不是怎样有助于他们在选举中获胜就怎样行事吗？的确如此,但简单来说,他们受到两个方面的约束：他们必须有动机,也有能力操纵政策。或者如塔夫特(Tufte 1978)所言,政客就如同杀手,他不仅需要武器,还需要动机和机会。所以,要系统解释选举环境差异与财政选择差异之间的关系,我们必须问"在什么环境下某种行为更可行？ 在什么环境下政治家们会更愿意采取此种行为?"在当下对重要环境因素的思考中,有两个因素占主要地位:一方面是政治制度和选民特性;另一方面是与下一次选举在时间上和在预期中的接近程度。

从广义上说,政治预算周期研究与对代表制、回应制和代理问题的研究共同拥有一些基本问题。曼宁、普列泽沃斯基和斯托克斯(Manin,Przeworski,and Stokes 1999)论述了"回应"代表制如何让当政者按他们(选民)的利益行事,当政者又如何选择那些使他们一定能够再次当选的政策。这就体现出了政治中的代理问题:选民们(委托人)希望政治家(代理人)以最符合他们的利益的方式行事,但又不能无所遗漏地监控代理人的行为。选民们为确保代理人的合作还必须为他们提供足够的补偿,但他们对后者实行控制的工具即选票却并非完全有效。因此,环境约束的政治预算周期提供了一个窗口,以研究不同的政治和制度环境中,选民在多大程度上能够对政治家进行选择、监督、惩罚和控制,以及政治家在多大程度上以选民的利益为代价追求他们自己的目标。[①]

本章考察美国各州影响当政者操控政治商业周期的能力和动机的环境性决定因素。[②] 这些州都是相对开放的政治经济体,人均收入较高,法治非常完善。把研究范围限定在美国的这些州,可以使我们发现丰富多样的社会、经济、政治和文化特性,但这些特性又相对稳定,不至于使我们的分析太复杂化。可以说,把这些州作为比较政治的实验室有几个方面的优势。

比如,政治学把立法权与行政权是否分离作为区分总统制和议会制的依据。有大量比较政治学的文献关注总统制政府相对而言的不稳定性。最近又有一批政治经济学文献假定总统制政府同时还会导致较少的再分配,以及较低的公共支出,但有较高的回应性,它们并且对此进行了经验验证。[③] 但是,对分权的经验研究也面临一些令人困惑的问题,一个最引人注目的事实就是总统制国家集中存在于第一世界之外。研究分权影响的一种方式,就是系统地研究美国各州,它们的制度具有明显的异质性,但在基本结构方面又具有广泛的相似性,这使它们之间的差异不同于国家与国家之间的差别。因此,这些州的确可以被视为一个虚拟的"世界样本",因为在此很多变量都可以得到控制。

另一方面,将美国各州作为研究重点可以让我们无需重新审查文献中的一些发现。例如,阿德赛拉、波瓦克斯和佩尼(Adsera,Boix,and Payne 2003)认为,在其他条件等同的情况下,资产流动性更强的经济体(即脱离这种经济体是一种更容易实现、且成本更低的选择)中,以市场为基础的、私人性的反应更容易抵消政治周期,并且减少政客们

---

① 制度要对行为产生影响,需要通过一个重要的中间变量,那就是选民和政治家得到的信息的不对称性。

② 罗斯(Rose 2005)证明在美国各州的总体支出中也存在政治周期。

③ 如参见 Persson and Tabellini 2003。

寻租的空间。关于浮动汇率也有类似的观点（Clark 2003）。这些观点我们就无需讨论了，不过，我们还是要考察一个相关的问题，它涉及债券市场和宪法性约束。

出于篇幅所限，我们不可能考察财政政策的每个方面，因此我们的分析就集中在公共支出水平（按净人均计算）这一个维度上面。这一重点的选择与学术界的普遍共识相一致，即与税收、赤字和债务相比，支出方面的政治预算周期要更明显。

本章其余部分的安排如下。我们首先进行简单的文献回顾，以说明政治预算周期理论是如何发展，以及为何如此发展的。然后讨论我们使用的数据和方法。为了让论述尽可能清晰易懂，我们自始至终只采用一种在学术界已经广为接受的测评方法，即动态面板分析方法。当然我们也并不认为，先进的方法一定能够得出更好的结论。我们相信的是，通过使用一种能够把我们一些清晰的直觉表达出来的方法，我们能够更有效地交流所得到的结论。随后讨论我们的研究成果。我将表明，在不确定的选举结果使政治操控更有价值的情况下，政治预算周期较为多见；而在制度规则排斥政治周期（如果不能使之完全不发生的话）的情况下，政治预算周期就会比较少见。最后是结论。

一、环境约束下的政治预算周期：理论与证据

在什么样的条件下，政治家会认为为了当选而操控财政政策是可能的、而且也是可欲的？这个问题乍一看来并不复杂，但它立刻会带来一些新的问题。可欲与可能的关系如何？这种关系又怎样依赖于其他选择的得与失？比如，假定一种行为是相对来说不可行的，那么它也就是不可欲的吗？或者反过来说，如果一种行为是可欲的，那么政治家们就不会试图创造（制度）使其变可行吗？如果回答是肯定的，我们就需要考察制度变化的原因，以理解在何种条件下当政者能够有效控制政策。实际上，可行性包括了控制与效力两个维度（Franzese 2002），而这又会使问题进一步复杂化。

在这里提出的问题很容易就超出了学者对各种关系进行系统模拟、收集数据和评测结果的能力。我们可以选择一种把行为与选择区分开来的方法，考查每一次在什么情况下替代性的选择更易于被接受，并对各要素之间的关系加以思考。或者，我们可以限定考查的范围，仅关注那些与手段、信息和代理人有关，并且反复出现，但无需在每一个新的环境中重新加以分析的问题。我们的讨论将始终诉诸读者的直觉，以帮助他们获得某些洞见，并自己在新的环境下加以运用。

1.1　问题与观点

结果与工具。 人们是应该从结果，如失业率和通货膨胀率，还是从政策工具，如支

出和利率来观察经济周期？以往的研究文献都是从结果入手。在一篇开创性的论文中,诺德豪斯(Nordhaus 1975)证明,那些以再次当选为目标的政治家,可以在通胀和失业之间权衡,或者说在体现两者关系的菲利普曲线上面找到一个最优点,在选举前后分别采取扩张和紧缩的经济政策。如果选民们采取一种"回溯性的"(或者说"适应性的")态度,即根据对近期经济表现的评价投票,那么当政者这么做能够得到好处。选民们会因为当政者的经济干预奖励他们,虽然事实上在选举结束后,生产和就业又会回到自然水平,而通货膨胀率会提高。

在后来的二十年间,学者们开始关注政策变量——特别是公共支出、税收和赤字——而非真实变量的选举周期。作为这类研究最早的代表之一,塔夫特(Tufte 1978)通过转移支付寻找(并发现了)了政治商业周期。塔夫特曾经提到现在人所共知的一件趣事,尼克松当政时,在1972年的选举前夕,政府向上百万社会保障的受益人发出一封信,提醒他们注意月收入的增加。

从分析结果到分析政策,这一转变的发生出于下述两个主要原因。首先,在真实变量中缺少关于选举周期的系统性经验证据:"任何人在阅读有关政治商业周期的文献时,都会明显感觉到支持性证据的不足"(Alt and Chrystal 1983,125页)。除海恩斯和斯通(Haynes and Stone 1989)的研究之外,试图为真实周期提供有力证据的研究少而又少;大多数学者发现,在真实的经济结果中,只能为政治商业周期的存在找到非常微弱的证据,或者干脆就找不到任何证据,其中有代表性的包括麦克卡隆(McCallum 1978)、拉齐勒(Lachler 1978)、戈登和泡特巴(Golden and Poterba 1980)、列维斯—贝克(Lewis-Beck 1988),以及阿莱西纳、鲁比尼和科恩(Alesina,Roubini,and Cohen 1997)等。

第二个原因(可能也是对上述证据缺乏的一种解释)是一般来说政治家们并不能完全控制真实的经济变量。首先,诺德豪斯的模型假设当政者能够控制财政政策,这与美国和其他很多国家中央银行的独立性不相符(Drazen 2001,80页)。实际上,贝克发现(Beck 1987),美国的货币手段不存在周期现象,或者说,财政政策不变,则货币供给量也不变。他认为,虽然联邦储备委员会可能对由总统或者国会导致的、从财政方面触发的宏观经济周期加以调节,但它自己并不制造周期。① 当然,也有越来越多的文献在研究这么一个问题,即中央银行并不那么独立的国家中,货币周期是否存在(如 Clark and Hallerberg 2000)。同时,还有另外一些研究关注汇率机制的灵活性问题(Clark and Hallerberg 2000,Dreher and Vaubel 2005)。哈勒伯格(Hallerberg 2002)指出,在否决者较

---

① 也有少量研究发现某些证据表明,在拥有独立的中央银行的国家,也存在货币政治商业周期(参见如 Soh 1986,Grier 1978,Lohmann 1998)。

少的国家,政治家们更倾向于实行货币而非财政扩张;而在否决者人数较多的国家,财政扩张的方法更容易被采用,也更有效。

其次,即便使用财政政策,当政者能够控制的政策工具也未必能够带来预想中的结果,其原因可能是政策工具不完善,也可能是它们没有得到准确的理解(下面还会提到这一点)。因此,现在人们更多从支出、税收和赤字这类财政政策变量,而非利率和货币总量等货币政策,或者增长、失业与通胀等经济结果的层面理解经济周期。在我们的分析中,假定选民接受用支出购买的公共品(尽管他们发现支出并不完全如他们所愿),当政者则能够控制支出(也许他们同样不能如其所愿地对其加以控制)。如果当政者有意再次当选,那么在选举前后,支出就会先上升后下降。[1]

虽然已经超出了本章的范围,但我们仍应该注意到另外一类由希布斯(Hibbs 1977,1987)和阿莱西纳(Alesina 1987,1988)倡导的研究。在他们看来,政治家们更多是党派分子而非机会主义者,因此真实经济中的变化应该发生在选举使政党交替之后。这些研究者并且指出,与右翼政党相比,左翼政党更明显地追求高增长和低失业的政策,甚至以通货膨胀为代价。他们和其他些作者(包括 Alt 1985, Alesina, Roubini, and Cohen 1997)在美国和经合组织(OECD)国家中发现了此类"政党周期"存在的证据。类似地,克劳斯(Krause 2005)也发现,在民主党政府治理下,收入增长较高,而共和党政府则往往在选举前扩大经济规模。

信息。如果说对诺德豪斯的回答有一部分是用工具替代结果,那么还有一部分就是假设的变化。最早政治商业周期模型假定选民是短视的,也就是如诺德豪斯所说,政客们能够反复玩弄选民,虽然选民们能够轻易地预见到下一次选举。近期的政治商业周期模型(如 Cukierman and Meltzer 1986, Rogoff and Sibert 1988, Rogoff 1990)已经摒弃了这种容易导致"卢卡斯批评"(Lucas 1976)的假定,这一批评认为,经济行为者能够最大限度地利用一切可以得到的信息预测未来,并在此基础上形成理性的预期。[2] 这些新的模型用信息不对称的假设替代了选民短视的假设。也就是说,建模者们一般假定选民对于当政者的能力没有充分的信息。这一假设是必要的,因为只有在选民们不能完全区分能力与竞选策略的情况下,政治预算周期才能"起作用"。换言之,"只有在执政党拥有信息优势的情况下,他们欺骗公众的图谋才会成功。"(Rogoff and Sibert 1988,第4页)

---

[1]　如果新上台的当政者要求以更低的成本创造出更多的产品,那么我们对赤字与支出可以进行同样的猜测,收入的情况则相反(选举之后提高,选举之前下降)。

[2]　如果选民拥有充分的信息并形成了理性的预期,那么由于选举成为一种可以准确预测的事件,选举之前的任何政策操控都不会产生真实的宏观经济结果。

在政治预算周期模型中,当政者越有能力,则他提供某一水平的政府服务需要的财政收入越少。政府面临的问题(以及有效管理需要的能力)会发生变化,当政者的效能也会随着时间逐渐改变。在这些模型中,选民虽然能马上察觉到公共开支和税收的变化,但要发现赤字或债务的变化却需要经过一段时间。因此,选民们不能立即把赤字开支与表现了当政者出色能力的有效支出区分开来。这样,政治家们就有可能在选举之前运用赤字政策,即增加支出、减少税收,或者两者并行,以展示他们的能力。如果政治家清楚了解他们自己的能力所在,他们会施行一些能够有效展示这种能力的政策,使自己与那些无能的政客们区分开来。即便当政者和选民从来都不清楚需要何种能力,那么只要当政者比选民更早或更准确地观察到经济状况或者债务水平,那么通过政治预算周期增加再次当选机会的动机仍然存在,而且制度也会影响竞选手段的效能。①

代理模型。为什么会存在政治预算周期?对于我们来说,这在很大程度上也许仅仅是代理问题的一部分,而后者则处于当代代表制和回应制问题研究中的核心地位。让我们进行如下假定:选民们看重的是当政者的能力,特别是在政府权力不断扩展,对经济状况的影响日益增大的情况下,毕竟经济是选民最为关心的方面。为了选举或留住更有能力的当政者充当他们的代理人,选民们可能必须通过让他们有更高的职位安全感来补偿他们。② 就此而言,政治预算周期就是间歇性的税收和支出调节,它反映着代理人关于何种行动能够增加其再次当选的机会的想法和选择。再次当选就是当政者因有效管理经济而收取的"回报"(选民们则为此付出某种代价)。在此情况下,如果较有能力的政治家发现管控支出和税收更为容易,那么政治预算周期就会成为"传播当政者管理能力的最新信息的有效社会机制",虽然这要以财政波动的增加为代价(Rogoff 1990,22页)。

因此,选民们要尽其所能选出最好的当政者。当政者则尽量满足选民,当然也同时"兼顾其他"。只要选民们不能完全控制当政者,这种情况就肯定会发生:"如果选民们希望通过选举挑出未来的好政治家,或者惩罚过去的当政者,他们就必须为当下执掌政权的人支付更高的酬劳"(Przeworski 2003,152—153页)。我们的目标则是在其他情况

---

① 很多人发现,罗戈夫—西贝尔特模型(Rogoff-Sibert Model)中的均衡假设并不成立,该假设认为,选民们通过观察即便能力较差的政治家都不会采取的行为,对能力进行正确的推断。当然,如果存在其他的方式保证有能力的政治家能够再次当选,那么选民们无须任何信号也乐于为他们投票。但是如果假定政治家对他们的能力有清醒的了解,那么在这个模型的结构中就会导致一个单独的均衡,即能力较差的政治家会发现,去做那些只有能力较强的政治家才能做的事毫无意义。当然,如果政治家们并不了解自己的能力,那么就不会有这样的均衡或者说推论。

② 对于此类问题影响最为广泛的研究包括 Przeworski(2003,4—8章);Adsera,Boix,and Payne (2003)。

相等同的条件下，测定这种酬劳的规模。

从经验上来看，这种酬劳是周期产生的"附加"选票。要测定这些附加选票，我们需要某种投票模型，使我们能够对实际投票与不存在政治预算周期情况下的"虚拟"投票加以比较。为此我们还需要某种关于周期本身的模型，以测定如果不发生选举的话，选举年的财政政策会有何不同。我们将在下面讨论这些问题。

1.2　情景和制度约束效应

在过去 20 年中，已经有大量经验证据表明政治预算周期的存在。例如，阿莱西纳（Alesina 1988）、凯奇和朴（Keech and Pak 1989）、阿莱西纳、科恩和鲁比尼（Alesina, Cohen, and Roubini 1992, 1997）等学者在发达国家发现了周期的证据，舒克内奇（Schuknecht 1999）、布洛克（Block 2001）、阿克迈多夫和朱拉夫斯卡娅（Akhmedov and Zhuravskaya 2004）、布兰德尔和德拉泽（Brender and Drazen 2005）等学者则在发展中国家发现了周期的证据。当然，上述研究中有相当部分表明，周期仅存在于样本时段的部分时期，或者仅存在于开支和税收的部分领域。实际上，也有一些学者试图寻找周期而未果（如 Besley and Case 1995）。不同证据的存在说明，周期的强度可能取决于"当选的、有党派倾向的当政者制定政策的制度、结构以及战略情景"（Franzese 2002, 370页），它同时也决定了当政者是否有更强的动机和能力去创造政治预算周期。

动机。首先，需要考虑当政者操控公共财政的动机。在比较研究中，有人认为内生性的选举时间有可能影响这些动机，虽然从表面上看周期本身并没有发生变化（参见 Smith 2004）。由于没有一个国家会允许其统治者要求提前进行选举，所以我们在此不对这一问题进行深究。但在另一个极端，由于制造周期的目的是为了增加再次当选的可能性，所以不可能再次当选的当政者，与可以再次当选的人相比，制造周期的动机就可能更少。实际上，百思利和凯斯（Besley and Case 1995）就是为了验证这一假设，研究了在美国各州的州长们任期届满之前，政治预算周期是否会较不明显的问题。但是，他们并没有发现任期限制的存在与否带来的影响，虽然如上文所述，他们实际上在所有州都没有发现周期存在的证据。①

但也有可能任期限制的影响并不那么明显。因为政党会发挥作为，所以那些即将离任、并受到任期限制的当政者，也会试图增加其所属政党在下一次选举中的几率，这样再次当选的动机就仍然存在。如果来自其他政党的高质量候选人为竞争那些"开放

---

① 这可能归因于作者们没有能够控制好财政积累的持续性。他们使用了一个固定的效果模型，而关于政治商业周期的大部分研究文献采用的都是阿雷拉诺—邦德方法（Arrellano-Bond Method），它能够对状态效应和财政持续性加以控制。

席位"相互协调(见 Cox and Katz 2002),任期限制的制度则会推动竞争对手之间的合作,再次当选的动机也会增加。在这种情况下,任期限制会削弱个人的动机,但会增强政党的集体动机;预期政治预算周期的强度就成为一个经验性问题。下面还会谈到这一点。

当政者操控支出和税收的动机也可能受到选举竞争性的影响;这一想法可以追溯到莱特(Wright 1974),塔夫特(Tufte 1978)和弗雷(Frey 1978)。竞争性可能是一个制度问题。例如,选举规则的差别或者政党相对实力的强弱,会使在一些地方再次当选在另一些地方更难。但在更多时候,竞争性被视为一种"策略"变量:一次被认为"势均力敌"的选举,会增加任何有助于增加当政者再次当选机会的行动的价值和可欲度。① 克林格梅尔和伍德(Clingermayer and Wood 1995)也确实发现,在"竞选竞争性"(通过选举年的模拟变量与州立法机关中多数党超出其他党的部分来衡量)与美国各州的债务之间存在正相关。当然,这一结论很难加以解释②,而且这种正相关可能不过是选举周期的结果,与选举是否势均力敌并没有关系。其他人则利用民意调查数据反映即将到来的选举的激烈程度(Schultz 1995,Carlsen 1998)。下面我们也以同样的方式使用有关州长工作被认可程度的数据。

能力。下面我们考察当政者操控政府财政的能力,这可能受到一系列不同因素的影响。在制度因素中,弗兰杰斯(Franzese 2002)指出,当多个决策者共同掌控政策时,"讨价还价、代理人、协调以及集体行动的问题都会让选举过程变得更为困难或更为复杂,而当这些决策者服务于不同的选民时就更是如此"(Franzese 2002,384 页)。持同样看法的柏森和塔贝里尼(Persson and Tabellini 2002)也发现,议会制政体比总统制政体更容易在选举前宣布减税。对该结果的一种可能的解释是:"与议会制政体相比,总统制政体之下拥有提案和否决权的决策者更多⋯⋯因此财政僵局有可能会较为严重,对分权政体来说更是如此⋯⋯但在议会制之下,一般是同一个多数既控制着行政权,也通过预算案,因此能够更方便地对财政政策进行微调以适应选举的需要"。(Persson and Tabellini 2002,12 页)

哈勒伯格(Hallerberg 2003)也发现,尽管各不相同,但集中的财政制度能够更为有效地作出有关税收和支出方面的决定。但是,虽然更有效能的财政政策可能削弱政治

① 这种看法有一个漫长的历史。弗雷认为(Frey 1978),虽然有些时候存在选举压力,但在另一些时候当政者在意识形态方面可以自由行动。舒尔茨(Schultz 1995)认为,当政者的前景越是不被看好,则其操控(在他的案例中是英国的转移支付)的动机就越强。另参见阿莱希纳和塔贝里尼(Alesina and Tabellini 1990)关于极化的研究:竞争者的偏好差别越大,他们全力以赴的动机就越强。

② 作者们只考虑了互相作用项(选举年乘以多数党与其他党的差额),却省略了回归中的两个变量,因此难以确定每个变量的约束效应。见 Brambor,Clark,and Golder 2005。

家们对政治预算周期的需要,但那些使财政政策更易于管理的因素,也会使它们更易于受到操控。这样看来,集中化的财政政策既可能与较明显的政治预算周期相关,也可能与较微弱的政治预算周期相关。

如果政策控制是被分享的,那么重要的问题就在于行为体的多样性如何与决策过程相适应。当存在着多个"否决者"(Tsebelis 2002),他们的同意又为支撑政治预算周期的决定所必需时,政治家操控政策的能力就会受到削减。但另一方面,关键人物众多而各不相同的偏好也可能妨碍他们协调一致,对政治家的行为加以监控,从而又增强了当政者操控政策的可能(Ferejohn 1999)。美国的各个州提供了分权政府之下政策控制破碎化、分散化和多样化的典型例证:政府的不同部门掌握在不同政党的手里。[①] 但令人惊奇的是,实际上没有人研究分权政府对政治商业周期强度的影响,我们将在下文中讨论这个问题。

另外一项对当政者操控政府财政以实现选举目标的重要的潜在影响因素,是政治家与选民之间信息不对称性的程度。当政者的信息优势可能取决于一系列原因。许多早期的研究主要关注民主化的程度,其假定是任何能够让政府"接近人民"的事情都会增加透明度,并减少信息的不对称性(Hallerberg 2003,398 页)。例如布兰德尔和德拉泽(Brender and Drazen 2005)认为,与发达民主国家相比,在新兴的民主国家,财政操控会更为有效,因此选举周期也会更明显,因为在这些国家,选民对于选举策略缺乏经验。他们发现,在过去 40 年包括 68 个民主国家的样本之中,正是那些新兴的但尚未稳固的民主国家,其赤字中存在政治预算周期;柏森和塔布里尼(Persson and Tabellini 2002)以及施和斯文森(Shi and Svensson 2002)也得出了相似的结论。阿尔特和拉森(Alt and Lassen 2006)认为,新兴民主国家之所以更容易出现政治预算周期,其可能的原因在于它们的财政透明度比成熟民主国家要低;在工业化国家中,他们也发现,如果财政制度的透明度较低,则政治预算周期就较明显。

如果我们认为透明度与有关财政政策的信息的可获取性相关,那么有一些因素就是重要的。首先是对预算过程的了解,它决定了当政者与选民双方能够得到信息量。实际上,我们常常听到立法者抱怨预算太复杂,以至难以了解;各式各样的拨款法案、对财政收入统计的有限认识、开支不封顶的拨款,这只是使当政者难以充分获知政策信息的例子。即便如此,当政者一般还是较公众更容易获得信息。使信息有效流向公众的

---

① 我们认为,分权政府削弱了当政者操控支出的能力,这也是关于协调、否决者,以及权力碎片化的理论所强调的,见 Saporiti and Streb 2003。当然,任何削减当政者能力的制度都是可以预期的,因此同样会削减他们的动机。

一个重要的潜在前提,就是完全市场化的、竞争性的媒体,[①]我们在下面讨论这一点,以及过程本身的透明性。

最后一个、也许是更明显的影响当政者制造政治预算周期能力的制度性因素,是限制或者禁止赤字的财政规则。[②] 可想而知,受此类规则约束的当政者要想在选举前增加支出或者减少税收,就会面临更大的困难。在美国各州存在大量此类规则,包括适用于预算案、预算立法,以及超出收入的支出方面的全民公投和完全禁止债务,以及"平衡预算"的规则。罗斯(Rose 2006)发现,在美国那些采用"禁止延期"的平衡预算规则——禁止州政府把财政赤字带入下一个新财政年度——的州,政治预算周期就不存在,而不采用这一规则的州刚好相反。但是,禁止延期的规则只有辅之以对借贷的限制,才能有效地减弱政治商业周期。因此,在禁止延期的规则并不太严格、政治家们能够通过借贷弥合预算缺口的州,政治商业周期还是会出现。我们会在下面深入讨论这一发现,并将给出一些理由,以解释平衡预算的规则在实践中为何确实对政策发挥了限制作用。

二、数据、方法和结果

在何种程度上政治和策略的环境影响了政治预算周期的强度? 为了回答这个问题,我们使用了美国 45 个州 1974 年至 1999 年间的面板数据。[③] 出于尽可能简化分析的目的,我们把真实人均总支出作为核心因变量,它涵盖了州一级几乎所有的支出。[④]我们为州长选举周期(四年)中的每一年设置一个虚拟变量,然后使这些选举周期的虚拟变量与上述六个不同的"环境"变量(州长的支持率,州长的任期限制,不同党派分掌的政府,财政透明度,媒体以及财政规定)交互作用,以观察支出在不同时期如何随这六个因素而变化。下面对这些关键自变量中的每一个都进行了细致的描述。表 34.1

---

① 阿尔特和拉辛(Alt and Lassen 2006)指出,国家控制下重要媒体的出现在与预算过程透明性无关的情况下,造成了 OEDC 国家中的政治预算周期。

② 有很多的研究文献是关于财政规则和原则的,但是在我们所知的范围内,没有专门针对政治过程的分析。

③ 样本始于 1974 年,是因为之前很多州还在实行两年一度的州长选举,终于 1999 年,是因为联邦统计局在 2000 年至 2001 年暂时停止了对州政府财政的调查。样本中没有包括阿肯色州、新罕布什尔州、罗得岛州以及佛蒙特州,则是因为在样本涉及的大多数时间,它们仍然实行两年一度的州长选举。阿拉斯加州没有在样本中出现,是因为它严重依赖开采税而成为"财政局外人"。

④ 我们可以、而且也应该考察财政赤字行为,它等于支出减去收入的差。这在很多情况下类似,虽然有些情况下也不是太清楚,因为把收入包含进来就意味着对观察到的周期性的支出行为增加了"噪音"。

汇总了对所有解释变量的统计。

表 34.1 统计数据

	中值	标准差	最小值	最大值
独立变量				
真实人均支出	4034.655	908.704	2471.321	7370.123
关键独立变量				
州长支持率	52.020	13.187	19	79.5
无任期限制	0.367	0.482	0	1
不限制连任两届	0.348	0.477	0	1
限制连任两届	0.207	0.405	0	1
限制仅任一届	0.078	0.268	0	1
分权政府	0.536	0.499	0	1
透明指数	0.467	0.167	0.111	0.904
媒体渗透程度	0.235	0.041	0.160	0.327
严禁延期	0.378	0.485	0	1
控制变量				
真实人均收入	22979.14	4106.3	13564.35	40594.95
真实联邦人均拨款	824.486	223.893	431.103	1958.288
失业率	6.258	2.108	2.2	18
人口(百万)	5.273	5.328	0.366	33.499
学龄人口百分比	20.238	2.44	7.0740	27.525
退休人口百分比	11.869	1.984	6.389	18.774
清一色共和党	0.112	0.315	0	1
清一色民主党	0.352	0.478	0	1

2.1 解释变量

支持率。没有任何机会再次当选的当政者,与一定能够再次当选的当政者一样,都不会有什么动机为竞选而操控支出。因此,我们把这两种极端情况与居间的更具"竞争性"的情况——中等程度的支持率加以比较。我们首先计算每位州长的年平均支持率(由于有时候在一年中会进行多次民意调查),然后再计算他们四年任期的平均支持率。① 在此基础上,我们把四年的州长任期分为三类:低支持率(少于40%)、中等支持率(40%—60%)和高支持率(大于60%)。这些数据来自工作满意度数据库(Beyle,Niemi,and Sigelman 2002)。

① 我们在样本中排除了任期不满四年的州长,因为如果只采用选举年或选举年前一年的支持率时,我们得到的是相似的结果。

任期限制。一些当政者没有机会再次当选,并非因为他们会失败,而是因为他们根本不能再次竞选。我们的任期限制虚拟变量把州长们分为四类。第一类——没有任期限制,他们总是能够参选,当然他们事实上可以选择放弃;第二类——两届任期中还剩一届(也就是说,他们可以再次参选,但如果他们获胜,最多只能再任一届);第三类——两届任期即将届满(他们已经再次当选,但不能再次参选);第四类——只有一届任期(这类当政者按规定不能再次参选)。暂不考虑州长们为本党连任行动的可能性,那么在前两个类别中会发现比较明显的政治预算周期。关于任期限制的数据由蒂姆·百斯利提供,并根据《美国州政年鉴》进行了更新。

分权政府。我们对分权政府的定义是:州长所属执政党与控制立法机构中一个或两个院的政党不一致。这一定义包括了独立州长。这些数据来自《美国州政年鉴》。我们的判断是,与分权政府相比,由单一政党控制的政府之下政治预算周期会更为明显。

财政透明度。关于财政透明度的数据来源于对二手材料的综合(National Association of State Budget Officers and National Conference of State Legislatures),以及我们对州预算官员的调查。根据下列九种对财政透明度的测评方法,我们用 9 项标准对透明度进行调查,透明则回答"是",在此基础上我们采用了一个相对简单的指标。① 9 项标准包括:(1)财政报告是否基于 GAAP(Generally Accepted Accounting Principles)(普通接受回应原则)标准? (2)是否备有多年支出预测报告? (3)预算周期是否每年一次(而非两年一次)? (4)收入预期是否有约束性? (5)对于收入预期立法机构是否承担(或分担)责任? (6)是否所有拨款都被纳入了一个单独的预算案中? (7)拨款法案是否由非党人士起草? (8)是否存在禁止开放式拨款的法律? (9)预算是否要求公开的行为测评方式? 每一年的透明度指数即回答为"是"的项目与其数据可得的项目总数的比值。为了简明扼要,我们将州分为规模相等的三个组,即在样本所调查的时期中,财政透明度平均值高的(指数大于 0.53)的州,中等的(指数在 0.40 与 0.53 之间)的州以及较低(指数小于 0.4)的州。② 我们的判断是,透明率越低,周期会越明显。

媒体渗透程度。媒体渗透程度或密度的测量标准是各州每人平均拥有的报刊量,即该州发行的报刊总量与州人口之比。③ 这一数据仅在 1983 年和 1995 年两年能够得

---

① 总的来说,任何能够增加信息、正当理由、可获得渠道以及可证实方式的努力都能够增加透明度。这 9 项标准的横断面数据首先是由阿尔特等(Alt,Lassen,and Skilling 2002)针对财政透明度对州政府及州长支持率影响的研究中加以搜集的。

② 用连续的方法对透明度进行测量,得出的结果是可靠的。

③ 卡尔斯·波瓦克斯向我们慷慨地提供了这些数据。

到。我们取这两年人均数据的平均值,作为样本覆盖的整个时段报刊发行量的断面指标。据此,我们把这些州分为数量大致相同的三个组:平均报刊发行量较高的州(发行量大于 0.25),发行量中等的州(发行量在 0.22 与 0.25 之间),以及发行量较低的州(发行量小于 0.22)。与财政透明度相似,假定较低水平的媒体渗透程度意味着较少的信息传递程度,那么它就应该导致较明显的政治预算周期。

平衡预算法。最后,我们采用罗斯(Rose 2006)的方法,把严格的"禁止延期"的规则定义为这样一些措施:它们禁止各州将财政赤字延续到下一个财政年度,而且由于它们要求公投或者禁止发行公债,所以也难以通过借贷来加以规避。[①] 十七个州拥有此类严格的规定,而且在我们获取数据的年份中这些规则没有发生变化。这些数据由政府关系咨询委员会和州财长全国联席会提供。

其他的控制变量。为了确保我们对周期的测量没有受到州一级可能会影响财政政策的其他变量偶然发生的影响,我们还考虑了其他一些控制变量。第一,我们控制了政府的资源:税收(由州人均收入计算)以及联邦政府提供的人均拨款。第二,因为经济低迷时期会增加对需求拉动的项目的需要,我们控制了失业率。第三,我们控制了人口变量——包括人口规模以及学龄儿童(5—17 岁)和老年(65 岁以上)所占的比例——以明确对政府服务的需要。最后,我们控制了政府中党派的构成,这一因素被证明会影响支出水平(如 Alt and Lowry 2000)。这些数据——包括人均支出的数据——来自联邦统计局和《美国州政年鉴》。在必要的时候,我们会把它们的时间跨度由财政年度转换为自然年度。

2.2　测量问题

我们的兴趣所在,是政治预算周期的强度。对这一数值的测量方法,是对不同州以及不同的选举周期之间选举年(其年末进行选举的自然年)与选举年之后第二个自然年度(下次选举之前的第二年),亦即四年周期的中间点的支出进行对比。如果支出存在选举周期,那么两次选举之间支出的时间进程会表现为 V 字形;如果没有周期,这一进程就是平直的。测量周期强度的一个非常简单的方法,就是测量这个"V"的高度,也就是周期内支出在最高点和最低点之间的差异。如果环境变量在经验上"不造成任何差异"的话,那么罗斯(Rose 2006)指出的无约束的周期会在所有情况下出现。我们采用传统方法解决这一问题,但有所调整,即使支出对控制变量、环境变量和选举周期变

---

① 相反,在禁止延期的规则相对宽松的州,州长、立法机关或者像财长那样的公职人员都可以发行公债。

量进行回归,以测量环境约束效应,并对我们在这些方面的不确定性加以量化。

很清楚,与任何平板数据研究一样,重要是要控制州层面上不随时间变化的一些特征,如"自由主义文化"以及"发展主义的历史"等,因为它们可能影响财政政策,方法可以是在回归中增加某些固定效应。另外,某个州一个时期与下一个时期的财政积累会表现出很强的相关性,所以我们在等式的右侧加入了一个滞后因变量,以反映财政状况的持续性。不过经过四分之一世纪,人们已经很清楚,具有个别固定效应的面板数据模型,在存在滞后因变量的情况下,会产生偏倚的测量结果(Nickell 1981)。

因此,我们采用了已经被普遍认可的方法来处理这一问题,即由阿雷拉诺和邦德(Arellano and Bond 1991)提出的瞬时测量一般方法。这种方法采用一阶差分代替固定效应,并且包含了一个滞后因变量。① 采用一阶差分意味着我们既分析支出的变化,也分析单个州层面的固定效应带来的变化。不幸的是,这一方法又产生了新的问题,即因变量的滞后值与滞后干扰的相关性问题,幸好诊断性检验能够告诉我们这一问题的严重程度。

确切地说,我们使用的是如下的回归方法:

$$y_{it} - y_{i,t-1} = \beta C_{it}(E_{it} - E_{it-1}) + \lambda(X_{it} - X_{i,t-1}) + r(y_{i,t-1} - y_{i,t-2}) + (\delta_t - \delta_{t-1}) + (\mu_{it} - \mu_{i,t-1})$$

这里y_{it}代表i州t年的人均支出,E_{it}是虚拟变量中的矢量值,代表州长选举周期中的各年份,C_{it}是环境虚拟变量的矢量值(包括支持率、任职期限、分权政府、透明度、媒体或者财政规则)②,X_{it}是反映州政治和经济条件的控制变量的矢量值,δ_t是年份效应,μ_{it}是干扰项。由于这是一个一阶差分等式,所以因变量反映的是支出方面的年变化,同时公式左侧所有随时间变动的变量反映的也是年度变化。不随时间变化的变量(如州层面的固定效应)已经消失了(由于他们不改变),除非他们与随时间变化的变量相互作用。(差异化的)年度效应控制了某个特殊年份选举偶然集中产生的混淆。由于我们选择了一个苛刻的证明策略,我们的测量结果反映的可能是政治预算周期真实强度的下限。

三、测量结果

要说明我们采用的所有程序和测量技术,会使这一章的长度增加一倍。我们相信,

---

① 要消除$y_{i,t-1}$和$\mu_{i,t-1}$之间的相关性,因变量在时段$t-2$与较早的时段($y_{i,t-2}$,$y_{i,t-3}\cdots$)之间的滞后水平作为差异($y_{i,t-1} - y_{i,t-2}$)的工具变量。阿雷拉诺和邦德证明,如果干扰项μ_{it}中值为0,或者不具备特别的相关性,即干扰项($\mu_{it} - \mu_{i,t-1}$)的一阶差分与时段,$t-2$和更早时段之间因变量滞后水平的协方差为0,则这类滞后水平可以发挥很好的工具作用。

② 上文已经解释过,我们对透明度、媒体以及财政规定的测量不随时间变化,因此环境变量在这些情况下不是C_{it}而是C_i。

我们在此展示的结果是可靠的,因为它们可以用大多数方法得出,而且也是显著的,因为在必要的时候,我们已经进行过适当的显著性检验。在我们发现显著的政治周期的案例中,我们相信其他变量的加入也并不会使结果发生变化。为简化起见,我们为每个环境变量绘制一幅图,以表明此案例中测量得出的周期的强度。

3.1　动机

支持率。我们预期在中等支持率(40%—60%)的情况下周期最为显著,因为此时选举竞争最激烈。如图 34.1 所示,这一猜测得到了数据的证实。在支持率中等的时候周期最明显:假定其他条件相同,则选举年和选举周期中间点人均支出的差额为 38 美元。[1] 这类周期与得到高支持率的周期的差异(22 美元)显著度非常明显,达到了 10%。[2]

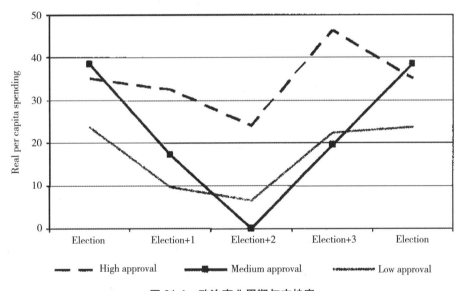

图 34.1　政治商业周期与支持率

任期限制。我们预期,如果州长们能够为再次任职参选,则周期会更为明显,因为受到任期限制的州长们可能没有足够的动机去表现自己的能力。但实际结果相反,图 34.2 表明,在没有任期限制的州,州长任期限制为两届,但还有连任机会的州,以及州

---

① 这 38 美元的强度测量就通常意义而言具有统计上的显著性。在中等支持率的情况下,显著性检验仅取决于选举年变量的系数误差和标准误差。

② 需要注意的是,当州长的支持率比较高时,平均支出水平也是最高的。这种平均支出水平的差异虽然非常有意思,但超出了我们这一章的范围。我们在此关注的仅是不同环境下周期的相对强度。这一案例中的显著性检验以测试两个系数是否相等为基础。

长两届任期即将届满的州之间,周期的差异并不明显。不过,在只能任职一届的州,周期要稍微明显一些,而且这一差别的显著度达到10%的水平。这一结果是令人困惑,原因可能如上文所提到的,是政党的力量推动着那些受到任期限制的州长们付出努力,这种可能性需要进一步的研究。

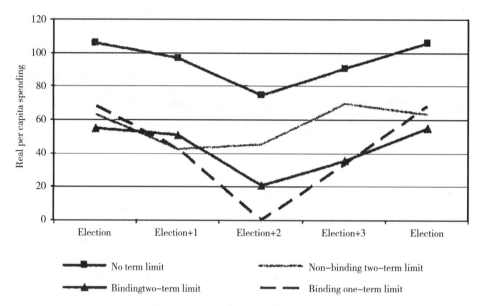

图34.2 政治商业周期与任期限制

3.2 能力

分权政府。如果政府部门由同一政党控制会增加操控政府财政的能力(和动机),那么由单一政党控制的政府会比分权政府表现出更明显的周期。我们确实也发现了在一党掌握的政府下存在明显周期的证据。但是,图34.3却表明,周期实际上在分权政府之下要稍微明显一些,虽然这种差异在统计意义上并不显著。[1]

透明度。如果政治家们能够通过信息不对称来愚弄选民,使他们相信自己的能力,那么透明度较低的情况下周期会更为明显。如图34.4所示,实际情况与我们的预期一样,透明度较低的情况下(32美元)周期最明显,随后是透明度中等的情况(30美元),最后是透明度较高的情况(28美元)。但是这些差异很小,也不具备统计意义上的显著性。

媒体渗透程度。按照同样的思路,如果强大媒体的存在能够通过增加信息流动间接提高财政透明度的话,那么我们可以预期,与报刊发行量较高的情况相比,报刊发行

---

① 换言之,这两种基本完全一致的周期类似不受约束的周期。

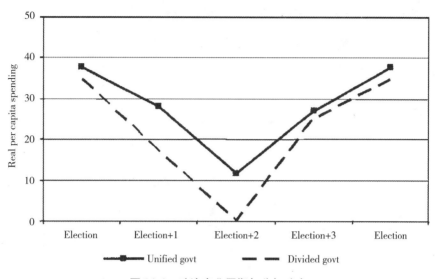

图 34.3　政治商业周期与分权政府

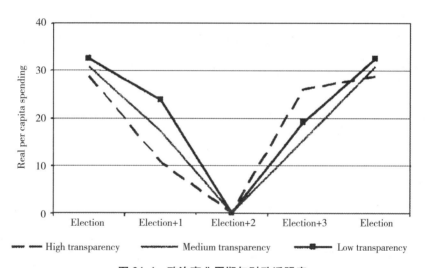

图 34.4　政治商业周期与财政透明度

量较低的情况下周期会更为明显。图 34.5 表明,正如我们预期的那样,预算周期在报刊发行量较低的情况下(47 美元)要比中等发行量的情况下(14 美元)更明显,这一差异的显著度达到 5%的水平。令人奇怪的是,在发行量最高的情况下,周期要比中等发行量的情况更明显。不过,这两种受约束的周期之间差别的显著度并不具有统计学上的意义。

　　财政规则。最后,如果财政规则能够有效地限制政治家实行赤字财政,并且为当选而控制支出的时间点的话,那么我们就应该在没有此类规则的州观察到比存在此类

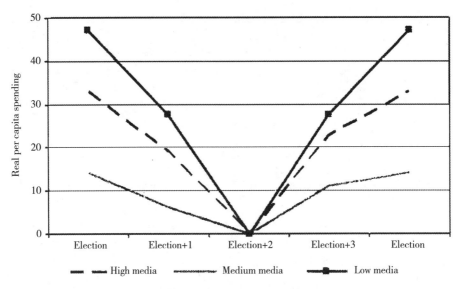

图 34.5　政治商业周期与媒体

规则的州更明显的周期。正如我们所预计的,在没有财政规则的情况下,周期非常显著(曲线顶部和底部的差距达 46 美元),而有财政规则的情况下,差距只有 6 美元,差异的显著度达到 1%的水平。在对政治预算周期强度的测量中,即使把其他一些不同的控制变量包含进来,这仍然是我们发现的单个环境差异中最大的一个。

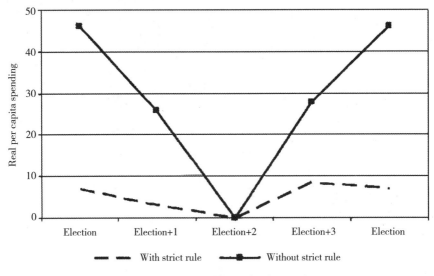

图 34.6　政治预算周期与财政规则

四、结论:回应与执行

我们对选举导致的支出波动的探讨始于两个问题:"在什么样的条件下它更容易发生? 又在什么样的条件下它是可欲的?"我们找到了一些答案。一方面,能够再次当选的可能性看来很重要;即将来临的选举的竞争性(体现为对州长工作的中等认可程度),都与选举前夕支出的大幅增长有关。导致这一结果的机制是由舒尔茨(Schultz 1995)发现的,它研究的是与美国非常不同的(国家层面的,议会制的,欧洲式的)英国案例。信息的流动似乎也是影响当政者能力的一个因素,他们可以利用信息优势加强政治预算周期:较低的报刊发行量与相当明显预算周期相联系。这一点与阿克梅多夫和朱拉夫斯卡娅(Akhmedov and Zhuravskaya 2004)在一个相当不同的地方,即俄罗斯地方政府,发现的结果类似。其他结果(如分权政府和透明度)并不明显,虽然它们在其他跨国研究中有所体现。

最明显的效应是由平衡预算的法律带来的。那些限制政治家通过发行公债弥补支出缺口的州,就没有出现政治预算周期。但这一结果既有趣,同时也是令人迷惑。它之所以有趣,因为从整体上看跨国研究并没有得出一致的结论;它之所以令人迷惑,则是因为虽然人们都同意此类法律能够产生实际作用,但并不清楚为何它们并没有被规避。在存在禁止延期的法律的地方仍然会出现赤字,但为何找不到支出方面存在周期的证据? 我们也没有观察到对错误行为的司法处罚。如果政治家有制造政治预算周期的强烈动机,为何他们还会遵守法律?

这里有一个可能的答案,也将为对回应制的研究提供某些启示。我们认为,透明度使选民们能够监督当政者的行为。据说,当透明度增加,政治家和选民之间的信息不对称就会减少。但假定问题并不在于缺乏信息:

> 信息并不缺乏:实际上,它非常丰富。但提取信号——关于事情的真相——很难。多维度的问题就更为复杂……对于选民来说,范围总是太大以至于他们很难在所有领域控制政府。(Przeworski 2003,157 页)

劳瑞和阿尔特(Lowry and Alt 2001)认为,平衡预算的要求让债券市场的参与者能够良好地解决这一信息提取问题,因此

> 它让原来没有获得充分信息的债券市场投资者,能够区分即便没有法院的直接强制也会遵循传统和期望保持平衡的政治家和不这样做的政治家。(Lowry and Alt 2001,50 页)

这就是说,在那些存在禁止延期的规则的州,如果政治连续推行赤字政策,那么投

资者会将他们的行为看作机会主义,并作出激烈反应。既然知道如此行动要付出很高的代价,当政者们就会避免这种行为。

但此类法律"起作用"并不仅仅因为它们有助于信号提取,而且也在于它们能够委托人们达成一致的评价标准。我们须要注意到,从代理人的角度看,这种一致并不一定是坏事:

> 试图增强其权力的代理人希望使他们的行为在一个单一的维度上受到控制……他们并不在意这个角度是什么,只要(委托人)能够在这个单一的角度上达成一致。这样,代理人就能将问题转变为单纯的协调性,而非讨价还价的博弈。(Ferejohn 1999,151 页)

因此,想要借贷和支出的代理人就可能会需要这类法规,而意见与利益各不相同的委托人也会发现,协调起来推行这类法律乃是一件对他们有利的事情。但即便如此,

> 协调问题给控制执政者带来困难……如果政治委托人只是投票者,很少参与到政治过程,那么很难指望公职人员在行使其代理责任的时候受到太多的约束。(Ferejohn 1999,150 页)

所以对政治预算周期的研究结论说明两个问题。其一,与债券市场不同,选民们很难有效监控机会主义政治家。即使有一定程度的协调,委托人之间太多的不一致性也是一个问题,而且选民多多少少总是比市场参与者更具多样性。再者,债券市场中的监控其实是市场参与者投资活动的"副产品"。其二,导致这一结果的机制,会让人们想到跨国研究中投资者发挥重要作用的其他案例。流动资产的所有者能够防止体现为腐败的寻租行为(Adsera,Boix and Payne 2003);浮动汇率市场上资本的流动,也会让市场参与者防止政治预算周期(Clark 2003)。

参考文献

ADSERA,A.,Boix,C,and PAYNE,M.2003.Are you being served? Political accountability and quality of government.*Journal of Law,Economics,and Organization*,19(2):445-90.

AKHMEDOV, A., and ZHURAVSKAYA, E. 2004. Opportunistic political cycles: test in a young democracy setting.*Quarterly Journal of Economics*,1301-38.

ALESINA,A.1987.Macroeconomic policy in a two-party system as a repeated game.*Quarterly Journal of Economics*,102:651-78.

——1988.Macroeconomics and politics.*National Bureau of Economic Research Macroeconomics Annual*,3:13-61.

——COHEN,G.,and ROUBIN I,N.1992.Macroeconomic policies and elections in OECD democracies.

Economics and Politics,4(1):1-30.

——ROUBIN I,N.,with COHEN,C.1997.*Political Cycles and the Macroeconomy.*New York:Cambridge University Press.

——and TABELLINI,G.1990.A positive theory of budget deficits and government debt.*Review of Economic Studies*,57:403-14.

ALT,J.E.1985.Political parties,world demand,and unemployment:domestic and international sources of economic activity.*American Political Science Review*,79:1016-40.

——and CHRYSTAL,K.A.1983.*Political Economics.*Berkeley and Los Angeles:University of California Press.

——and LASSEN,D.D.2006.Transparency,political polarization,and political budget cycles in OECD countries.*American Journal of Political Science*,50:530-50.

——and SKILLING,D.2002.Fiscal transparency,gubernatorial popularity,and the scale of government: evidence from the States.*State Politics and Policy Quarterly*,2:230-50.

——and LOWRY,R.C.2000.A dynamic model of state budget outcomes under divided partisan government.*Journal of Politics*,62:1035-69.

ARELLANO,M.,and BOND,S.1991.Some tests of specification for panel data:Monte Carlo evidence and an application to employment equations.*Review of Economic Studies*,58:277-97.

BECK,N.1987.Elections and the Fed:is there a political monetary cycle? *American Journal of Political Science*,31(1):194-216.

BESLEY,T.,and CASE,A.1995.Does electoral accountability affect economic policy choices? Evidence from gubernatorial term limits.*Quarterly Journal of Economics*,110(3):769-98.

BEYLE,T.,NIEMI,R.,and SIGELMAN,L.2002.Gubernatorial,senatorial,and state-level presidential job approval:the U. S. officials job approval ratings (JAR) collection. *State Politics and Policy Quarterly*,2:215-29.

BLOCK,S.2001.Elections,electoral competitiveness,and political budget cycles in developing countries. Working paper.Center for International Development,Harvard University.

BRAMBOR,T,CLARK,W.R.,and GOLDER,M.2005.Understanding interaction models:improving empirical analyses.*Political Analysis*,13:1-20.

BRENDER,A.,and DRAZEN,A.2005.Political budget cycles in new versus established democracies. *Journal of Monetary Economics* (forthcoming).

CARLSEN,F.1998.Rational partisan theory:empirical evidence for the United States.*Southern Economic Journal*,65(1):64-82.

CLARK,W.R.2003.*Capitalism,not Globalism:Capital Mobility,Central Bank Independence,and the Political Control of the Economy.*Ann Arbor:University of Michigan Press.

——and HALLERBERG,M.2000.Mobile capital,domestic institutions,and electorally induced monetary and fiscal policy.*American Political Science Review*,94:323-46.

CLINGERMAYER,J.C,and WOOD,B.D.1995.Disentangling patterns of state debt financing.*American*

Political Science Review,89(i):108-20.

Cox,G.,and K A T Z,J.2002.*Elbridge Gerry's Salamander*.New York:Cambridge University Press.

CUKIERMAN,A.,and MELTZER,A.1986.A positive theory and discretionary policy,the cost of democratic government,and the benefits of a constitution.*Economic Inquiry*,24:367-88.

DRAZEN,A.2001.The political business cycle after 25 years.*National Bureau of Economic Research Macroeconomics Annual 2000*,75-117.

DREHER,A.,and VAUBEL,R.2005.Foreign exchange intervention and the political business cycle:a panel data analysis.Unpublished MS.

FEREJOHN,J.1999.Accountability and authority:toward a theory of political accountability.In Manin,Przeworski,and Stokes 1999:131-54.

FRANZESE,R.2002.Electoral and partisan cycles in economic policies and outcomes.*Annual Review of Political Science*,5:369-422.

FREY,B.1978.*Modern Political Economy*.London:Martin Robertson.

GOLDEN,D.,and POTERBA,J.1980.The price of popularity:the political business cycle reexamined.*American Journal of Political Science*,24:696-714.

GRIER,K.1987.Presidential elections and Federal Reserve policy:an empirical test.*Southern Economic Journal*,54(2):474-86.

HALLERBERG,M.2002.Veto players and the choice of monetary institutions.*International Organization*,56:775-802.

HALLERBERG, M. 2003. Fiscal rules and fiscal policy. Pp. 393 - 401 in *Handbook of Public Administration*,ed.B.G.Peters and J.Pierre.London:Sage.

HAYNES,S.E.,and STONE,J.1989.An integrated test for electoral cycles in the US economy.*Review of Economics and Statistics*,71(3):426-34.

HIBBS,D.1977.Political parties and macroeconomic policy.*American Political Science Review*,71(4):1467-87.

——1987.*The American Political Economy*.Cambridge,Mass.:Harvard University Press.

KEECH,W.,and PAR,K.1989.Electoral cycles and budgetary growth in veterans' benefits programs.*American Journal of Political Science*,33:901-11.

KRAUSE,G.2005.Electoral incentives,political business cycles and macroeconomic performance:empirical evidence from post-war US personal income growth.*British Journal of Political Science*,35:77-101.

LACHLER,U.1978.The political business cycle:a complementary study.*Review of Economic Studies*,45:131-43.

LEWIS-BECK,M.S.1988.*Economics and Elections:The Major Western Democracies*.Ann Arbor:University of Michigan Press.

LOHMANN,S.1998.Rationalizing the political business cycle:a workhorse model.*Economics & Politics*,10:1-17.

LOWRY, R.C, and ALT, J.E.2001.A visible hand? Intertemporal efficiency, costly information, and market-based enforcement of balanced-budget laws.*Economics & Politics*, 13:49−72.

LUCAS, R.1976.Econometric policy evaluation: a critique.*Carnegie-Rochester Conference Series on Public Policy*, 1:19−46.

MANIN, B., PRZEWORSKLA., and STOKES, S.eds.1999.*Democracy, Accountability, and Representation.* New York: Cambridge University Press.

MCCALLUM, B.1978.The political business cycle: an empirical test.*Southern Economic Journal*, 44: 504−15.

NICKELL, S.1981.Biases in dynamic models with fixed effects.*Econometrica*, 49(6):1417−26.

NORDHAUS, W.1975.The political business cycle.*Review of Economic Studies*, 42(1):169−90.

PERSSON, T., and TABELLINI, G.2002.Do electoral cycles differ across political systems? Working paper.Stockholm.

——2003.*The Economic Effects of Constitutions.*Cambridge, Mass.: MIT Press.

PRZEWORSKI, A.2003.*States and Markets.*New York: Cambridge University Press.

ROGOFF, K.1990.Equilibrium political business cycles.*American Economic Review*, 80:21−36.

——and SIBERT, A.1988.Elections and macroeconomic policy cycles.*Review of Economic Studies*, 55 (1):1−16.

ROSE, S.2006.Do fiscal rules dampen the political business cycle? *Public Choice*, 128:407−31.

SAPORITI, A., and STREB, J.M.2003.Separation of powers and political budget cycles.MS.Queen Mary University.

SCHUKNECHT, L.1999.Fiscal policy cycles and the exchange rate regime in developing countries.*European Journal of Political Economy*, 15:569−80.

SCHULTZ, K.1995.The politics of the political business cycle.*British Journal of Political Science*, 25 (1):79−99.

SHI, M., and SVENSSON, J.2002.Political business cycles in developed and developing countries.MS. IIES.

——2003.Political budget cycles: a review of recent developments.*Nordic Journal of Political Economy*, 29(1):67−76.

SMITH, A.2004.*Election Timing.*Cambridge: Cambridge University Press.

SOH, B.H.1986.Political business cycles in industrialized democratic countries.*Kyklos*, 39:31−46.

TSEBELIS, G.2002.*Veto Players: How Political Institutions Work.*Princeton: Princeton University Press.

TUFTE, E.1978.*Political Control of the Economy.*Princeton: Princeton University Press.

WRIGHT, G.1974.The political economy of New Deal spending.*Review of Economics and Statistics*, 56 (1):20−9.

第三十五章 全球视野下的福利国家

马休·E.卡尼斯（Matthew E.Carnes）

伊莎贝拉·马尔斯（Isabela Mares）

在 20 世纪的最后几十年，对不同国家社会保障政策发展变化的研究，成为比较政治学内部最活跃的领域之一。社会学家、政治科学家以及经济学家为理解不同福利国家产生的原因和导致的结果，付出了持续的努力，并获得了丰硕的成果，它们在方法上不拘一格，理论上充满活力。这些研究成果有效地说明了现代国家最重要的成就之一，即在公民疾病、老年和失业时使他们免受贫困之苦的能力。

发达工业经济体一直处于社会保护政策经验研究的核心地位。这是一个自然的起点，因为在这些经济体中，福利国家的比重已经占到 GDP 的 30% 到 65%。比较研究根据这些案例得出了一些重要发现，即此类社会政策都集中出现在一个特别的"国家家族"或"福利资本主义世界"之中（Esping-Andersen 1990；Castles 1993；Huber and Stephens 2001）。但是，在解释所观察到的政策及其分配效果的多样性时，对于不同政治因素的相对重要性仍旧存在重要的理论争议。

我们在本章中认为，福利国家研究最令人振奋的机遇，来自对发展中国家社会保护政策多样性的考察。研究福利国家的学者需要扩展他们的分析范围。在最近几十年间，许多发展中经济体的社会保障政策经历了巨大变化。这种变化中有两大趋势需要予以系统解释。首先，发展中国家的福利政策并没有单方面地转向某种新自由主义的、残留式的社会保障模式，其特征是覆盖范围有限且以私营方式提供福利。虽然一些拉丁美洲国家的公民老年保险项目已经部分或全部私有化，但其他一些经济体——如中国台湾地区或韩国——却实行了向全体公民提供服务的全员社会保障计划（Wong 2004）。其次，我们发现这些政策的演变及其分配效应在不同政策领域明显不同。就分配效应来说，健康保障政策就比养老保障政策更为发达——这一结果在拉美和东亚的政策变化中都可以看出来。

这些新近的变化向研究福利国家的学者提出了一项重要挑战。基于发达工业经济体的经验得出的现有理论,能否解释发展中国家福利政策新近的变化?是否存在某种对发展中国家更为适用的解释变量?如果有这种变量的话,那又是为什么?如果已有的解释不能说明上述令人迷惑的结果,那么又如何寻找一些基本概念,以说明社会政策发展的多样性?本章将介绍福利国家研究中采用的一些主要方法,并分析它们在说明世界范围内社会政策变化不同轨迹的能力。

一、基础性结构条件:工业化和经济开放程度

最早关于社会政策起源的研究假定,经济增长和发展是解释现代福利国家出现和扩展的关键因素。因为经济增长与发展将提高制造业的就业人数和技术水平;就业人数的增加和技术水平的提高又将刺激政府对劳动者进行教育,并且对因年老而不能继续工作的人提供保护;教育和劳动保护则导致了社会支出水平的提高(Wilensky 1975)。也就是说,经济发展带来了新的社会需求和满足这些需求的能力,福利国家的发展因此被认为是现代化这一更广阔的进程的一个"副产品"(Huber and Stephens 2001)。

在经合组织国家对上述假设进行的量化检验表明,像工业化或者经济发展水平这些变量与社会支出的总量之间存在正相关的关系(Wilensky 1975)。相反,在更大范围内,即经合组织国家之外检验这一假设,则尚未得出确定的结论。经济发展和总支出或者总税入之间的关系相当微弱,而且经常达不到统计所要求的显著水平(Adsera and Boix 2002;Mares 2005)。

这一条研究路线意味着,东亚经济体——如中国台湾地区或韩国——社会政策投入水平的提高乃是它们经济发展的结果。东亚和拉美经济体在近几十年内经济发展道路的差别,在劳动力市场方面也产生了不同的结果,并进而形成了不同的社会福利体系。在拉美,战后一段时期制造业就业人数在总就业人数中的比例一直保持稳定。亚洲的情况则不同,这段时间制造业雇佣的人口一直在增加,这也就需要更多的措施为城市产业工人提供收入支持。经济增长与劳动力市场发展之间不同的结合方式,是各地区社会支出出现差异的前提。

强调"工业主义逻辑"的研究存在一个主要局限,那就是它们并没有对基础性结构经济变量的差异与社会支出政策的不同之间的联系机制进行准确的描述。它们也没有说明,在经济发展的不同阶段,国家将选择什么类型的社会政策。换言之,在类似的经

济发展水平上,为何一些国家选择了分配性的保障政策,而另一些却继续依赖残留式的、私人性的社会保障政策,这一问题并没有得到回答。此外,这些理论也不足以解释一个国家不同政策领域之间的差别。也就是说,它们很难解释为什么韩国或中国台湾地区在健康领域采取了普遍的社会保障政策,而在养老方面则仅提供了相当有限的社会保障。

第二种类型的观点把宏观的结构性基础因素与公共部门的规模联系起来,并强调更高的经济开放程度的影响。在一篇开创性的论文中,大卫·卡梅隆(David Cameron)证明,经济开放程度——以进出口总量在 GDP 中所占的比重来衡量——和公共部门的规模正相关(Cameron 1978)。卡梅隆的研究基于对 18 个经合组织国家的分析,时段从 1960 年到 1975 年。为了说明这些结果,卡梅隆假设在开放经济体中,政府之所以实行收入补贴和社会保障政策,是为了补偿外部竞争对工人就业和收入造成的威胁。另外一些学者通过定性研究补充了上述统计结果,他们考察了欧洲很多国家战后推行的产业和社会政策,说明这些经济体是如何"用国内的补偿性政策配合他们在国际经济中的自由主义追求"(Katzenstein 1985,47 页;Ruggie 1982)。杰弗里·加雷特(Geoffrey Garrett)和狄波拉·米切尔(Deborah Mitchell)根据 20 世纪 90 年代中期的情况更新了卡梅隆最初的发现,并且考察了其他的经济开放性指标(如金融市场的开放程度)与公共部门的规模之间的关系(Garrett and Mitchell 2001),阿里西亚·阿德赛拉(Alicia Adsera)与卡尔斯·波瓦克斯(Carles Boix)则考察了政体形式对经济开放性与中央政府收入之间的关系所产生的影响(Adsera and Boix 2002)。

近年来,越来越多的研究开始质疑,经济开放性与公共部门规模之间的正相关是否稳健,且能得到更大数量案例的支持。丹尼·罗德里克(Dani Rodrik)证明,经济开放性与公共部门规模之间的正相关并不仅仅存在于经合组织国家。但是,与卡梅隆和加雷特不同,罗德里克认为要对贸易造成的外部不安全进行测量,合适的标准并非经济开放程度,而是贸易的变化。罗德里克提出,贸易变化会导致收入变化,进而导致对能够抵御由此产生的负面冲击的社会保障政策更高的需求,他并且为此提供了一些初步的证据。而且,开放性对福利国家的规模也会产生一种压缩效应。在资本流动程度很高的环境下,政府难以通过提高对资本的税收补偿工人,其结果就是公共部门增长率的下降(Rodrik 1997,90 页)。[1]

虽然这一研究领域在经验上表现出较强的规律性,但它还是存在一些明显的局限。

---

[1] 此句原文为"government are unable to and the result is a increase taxes on capital to compensate labor, and the result is a dampening...",疑有误。——译者

首先是因变量的累积性太强。卡梅隆采用的是政府总收入,罗德里克使用的是政府支出数据,阿德赛拉和波瓦克斯使用的则是中央政府的货币收入数据(Cameron 1978, 1244;Rodrik 1998;Adsera and Boix 2002,239页)。这些宽泛的观测值——将所有的政府收入和支出混在一起——并不能确切反映为缓解由贸易变化带来的经济不稳定所花费的专门支出。比如罗德克认为,军事开支,或者政府对资本品的采购,在防范外部风险方面发挥了重要作用,但这个观点存在漏洞,且无法回答这一问题,即为何一些政府选择了这些特殊的支出而非社会政策支出来保护工人防范外部风险。

其次,以支出为基础的测量方法回避了政策设计的问题,而这是一些在政治上重要、在分配方面具有决定性的问题。对福利国家的很多数量研究中所采用的这样一种测量方法,艾斯平—安德森(Gosta Esping-Andersen)进行简单明了的批评。他指出:"对福利国家的理论本质来说,支出只是表面现象。很难想象某个人会只为支出而战。"(Esping-Andersen 1990,19—21页)。

最后,支出分配与花费水平同等重要。对因经济衰退而失去工作的工人来说,重要的并非"人均社会政策支出"这一人工统计数据,而是他们受社会政策覆盖的实际情况,包括社会政策福利的水平及其具体规定,获益资格标准的严格程度,等等。福利花费水平相等的国家,往往不均衡地在不同群体的公民,或者不同的社会政策计划之间分配支出。一些国家可能制定非常高的支出目标以减少政治受益者的人数,而另一些国家则可能使福利惠及全体国民。与此相类似,在社会政策支出水平相近的国家,公共服务与社会政策转移的组合也相当不同。因此,如果仅使用累积性的支出数据,有关很多社会政策分配效果的重要信息就会被掩盖。在近期的研究中,马尔斯(Mares)设计了一套指标体系,以反映一百多个国家在保险覆盖率及风险再分配方面的政策差异,目的就是为了避免过分依赖基于支出的测量方法(Mares 2005,2006b)。

此类将较高的经济风险与较大规模的福利国家关联起来的论断,能够解释最近几十年发展中国家福利国家的另一种发展轨迹吗? 考夫曼(Kaufman)和萨格拉—尤比哥(Segura-Ubiergo)通过对14个拉美国家1973年至1997年社会支出变化的分析,发现经济开放性的增加伴随着社会政策支出的下降(Kaufman and Sagura-Ubiergo 2001,578页)。与此相反,有几项研究证明,在近期的金融危机中亚洲经济体受到的巨大冲击导致了公共部门规模的扩大。虽然这些研究与罗德里克的观点一致,即经济开放对公共部门规模的影响并不一定是单向的,但在什么样的环境下会出现什么样的结果,还需要进行更细密的理论推断。

可以说,近期对经济不安全与较大规模的福利国家之间关系进行检验的文献,表明人们在整合针对发达国家与发展中国家的研究成果方面付出的重要努力。未来这一方向的研究应该关注以下的问题。首先,需要进行更多的研究,以检验这些观点在微观层面的影响。更高的外部风险是否与更强的社会支出需求系统相关? 在预测个人对社会支出的需求方面,外部风险的结果与其他变量相比意义有多大? 正如上面所讨论的,当前研究中所采用的因变量累积性太强。今后的研究需要确定,哪些政策的确是对更大程度的开放性的应对措施,并且采用更为准确的因变量测量手段检验开放性与社会支出之间的关系。最后,当前的研究仅只关注对社会保障的*需求*(以及外部开放性的变化如何影响了这种需求),但同样重要的,是对政策制定者*提供*不同社会政策的能力的变化情况加以研究。我们将在本章的下一节分析导致社会政策供给产生差异的那些变量。

二、权力资源的视角

强调国家间宏观的结构性差异的解释存在一个内在的局限,它们缺乏一种将这些变量与较大规模的公共部门或社会政策(其特点是更广的覆盖面和更高水平的再分配)关联起来的政治机制。从 20 世纪 70 年代起,一种新的研究方向,即所谓的权力资源的研究方法,开始着力克服这一内在局限(Esping-Andersen 1985;Korpi and Shalev 1979;Stephens 1979)。这一视角将社会支出的差异归因于劳工组织与代表保守政治力量的组织之间权力平衡的差异。以劳工为基础的政党组织能力的上升,或者雇主力量的下降,都会导致社会支出的增加。对于权力资源视角之下社会政策的形成方式,斯考切波(Skocpol)与阿曼塔(Amenta)进行了如下简明的总结:

> 领取工资、最后是薪金的工人中很大一部分被组织到集中化的工会中,而这些工会又在经济上滋养了受同样一批作为选民的工人支持的社会民主党或工党。由于此类工人阶级的组织力量同时存在于市场和政治领域内,因此人们假定,通过把阶级斗争引入政治领域,国家的税收、支出和行政能力都能够得到扩展,因为在民主国家,工人由于其数量上的优势更乐于在政治领域解决问题。这一种模型认为,工人们越早、越充分地被组织到集中化的工会和社会民主党中,且社会民主党控制国家的时间越长,现代福利国家发展也就越早、越"充分"。(Skocpol and Amenta 1986)

最早对权力资源视角下得出的预测进行检验的研究考察了战后欧洲社会政策的发展。艾斯平—安德森和科皮(Korpi)认为,德国和奥地利"工人阶级政党在政治上和社会上高度集中",而这种集中是斯堪的纳维亚国家从未到达的,这可以解释上述国家社会保障计划在广度和深度方面的重大差别(Esping-Andersen and Korpi 1984,203 页)。以这一定性研究为基础,一系列定量研究也证明,以各种方式展现出来的劳工的力量——从工会的密集程度到工资谈判的集中化程度,再到社会民主党所占的席位数——与累积性社会支出之间存在正相关(Huber and Stephens 2001)。权力资源的研究者还指出,政府中强大的社会民主党不仅与较为庞大的公共部门相关,也与福利国家的不同类型相关。为系统检验这一观点,艾斯平—安德森设计了一项指数,以测量劳工政策使工人的"商品地位"得以减轻的程度,结果发现,在左翼力量的大小与去商品化的水平之间存在正相关(Esping-Andersen 1990,52 页)。

虽然权力资源研究与过往解释相比是一个巨大的进步,但这一研究路径也面临着一些理论上的局限。首先,它对劳工在社会保障中的利益作出了一个相对简单的假设,而没有区分部门的(或者个人层面的)变量,以说明不同的工会或者工人在社会保障政策设计方面的不同立场。其次,这一研究路径认为在劳工和雇主之间存在一种零和的冲突。它假定,劳工之所以需要新的社会政策,是为了补偿他们在劳动力市场中的不得地位(Korpi 1983)。相反,雇主们则反对任何新政策的扩展。这一社会政策问题上零和分配冲突的假设,内在于权力资源研究者所采用的社会政策的定义之中。既然社会政策的目标是通过"去商品化"把"工人从市场依赖中解放出来",那么雇主必然会拒绝一切使他们对工人的绝对权威受到削弱的政策(Esping-Andersen 1990)。尽管权力资源的视角从未检验其假设的有效性,新一波的研究已经证明,不能没有根据地假定雇主会反对任何新的社会政策,而且他们对新社会政策的偏好实际上也表现出很大的差异性。

再次,权力资源研究把社会民主党视为铁板一块,但实际上它们在不同时间和不同国家表现出很大差别,而且甚至在党内也会出现分裂。此类研究也未能充分考虑选举对这些政党的活动施加的限制。近来的研究则已经证明,政治竞争的激烈程度与左翼政党挑战者的身份认同影响了政策选择的时机和特点(Kitschelt 2000)。而且,社会民主党也未曾全体一致地要求为所有工人提供普遍的保护。在这些政党刚刚出现的年代,社会政策是它们赢得选民支持的重要资源(Shefter 1977);而在战后的很多时候,这些政党仅致力于服务其"内部成员",即构成政党基础的拥有稳定的工作的工人(Rueda 2005)。

最后,此类研究中大多数采用两种可以互换的方法衡量工人的力量,即左翼政党的力量与工会组织性。但是,并不能够假定这些行为者在偏好和政治影响方面的一致性。选举策略对于左翼政党来说非常重要,它会影响这些政党推行不同的转移和服务组合的动机。与此相反,工会首先考虑的是其成员实际收入的最大化;社会政策方面的考虑虽然重要,但仅占据比较次要的位置。近来的一些研究,已经摒弃了较早时候关于工会与社会民主党政府之间可替换性的假设。它们开始关注这些行为体之间的交易、在各种交易中的政策得失,以及工会和政府针对某些特定的社会政策进行的政治交易能够持续的条件。这些研究表明,原有的对福利国家规模的承诺,以及社会服务与转移之间的混合,都会影响工会调整其收入要求以换取社会政策转移的意愿(Mares 2004, 2006b)。如果税收负担增加,或者非工会成员得到的社会政策服务和转移增加,那么工会降低工资要求的动机就会减小。至于工会的工资政策对就业状况的影响,则取决于工资谈判系统的集中化程度。

正如上面所指出的,要了解世界其他地区以劳工为基础的政党的偏好及其采取的策略,权力资源视角的研究只能提供比较有限的指导。政党在意识形态的考虑与选举策略之间是如何权衡得失的?既然劳工仅仅是此类政党众多不同的选民群体之一,那么社会政策在协调这些异质的联盟方面又发挥了怎样的作用?拉丁美洲以劳工为基础的政党,如墨西哥的革命制度党(PRI)以及阿根廷的贝隆主义党所推行的政策,都不符合权力资源理论的预期。在二战刚刚结束的时候,这些政党都拒绝了它们的领导人提出的普遍主义的社会政策,它们的目标只是让其阶级基础中组织起来的那一部分受益。穆里洛(Murillo)和卡尔沃(Calvo)令人信服地证明,贝隆主义党实行的竞选策略,是承诺为其劳工选民提供一种具有裙带主义性质的私人产品(Murillo and Calvo 2004)。

因此,权力资源视角并不能充分说明世界范围内社会保障政策新近的变化。韩国和中国台湾地区,这两个既缺乏有力的社会民主政党,也没有强大的公会的地方,率先推行了全民健康保险(Wong 2004)。其次,这种解释也不能说明拉美和东亚近期改革所涉及的政策领域之间的巨大差异,比如医疗保障改革导致的更明显的再分配效应。最后,如穆里洛指出的那样,要理解拉美最近几十年间劳工政党的策略,以及劳工政党与工会运动之间的关系得以维系的条件,人们不仅需要了解劳工政党的竞选力量和政治力量,还需要寻找其他的变量。这些变量包括选举竞争的层次和性质,以及工会内部争夺领导权的竞争(Murillo 2000,2001)。

三、跨阶级联盟

近年来出现了新一波对发达工业经济体社会政策演变的研究,它对权力资源理论的理论假设和经验性结果两个方面都提出了有力的批判。这些批判表现为两种形式:一类研究试图确认社会保障为行为者而非工人带来利益;另一类研究则挑战了雇主和工人在引入新的社会政策时零和冲突的假设,并且试图指明在什么样的情况下,雇主们也支持新的社会政策,以及能够推动跨阶级联盟形成的更广泛的政治因素。

彼得·鲍德温(Peter Baldwin)对欧洲五个国家社会保障的历史起源进行了研究,

其中他有力地批判了将社会民主党的力量与普遍主义纲领的起源联系起来的理论（Baldwin 1990）。他发现，在丹麦和瑞典，普遍主义的、以税收作为财政支持的社会保障并不是在二战之后、而是在二十世纪初开始推行的，那时社会民主党还没有取得在政治上的压倒优势。在这一时期，普遍主义纲领最强大的推动者是代表农民和中产阶级的政党，如丹麦的自由党或者瑞典的农民党。普遍主义的纲领之所以赢得这些行为者的支持出于一系列的原因：它们让数量更多的民众分摊了税收负担，降低了许多小农户的非工资劳动成本。由于农业劳动力具有高度异质性，既包括小农户也包括工资劳动者，一种由税收支持的、普遍主义的选择比分配政策更具吸引力。

这一对权力资源视角的经验挑战具有重要的理论意义。除阶级地位之外，鲍德温还明确了另外一些影响社会行为者对社会保障的偏好的变量。在这样一种对社会政策发展的叙述中，针对新的社会政策的引入而进行的重要的政治斗争，就不再是永远处于不利地位的无产者和他们握有资本的政治对手之间的斗争。鲍德温指出：

> 虽然一般来说，为社会政策而战的行为者与社会阶级相互交错，而且常常彼此重合，但事实上就更一般的意义而言，它们是两个不同的实体……由于通过社会保障进行的第二次再分配直接根据保险精算标准重新分配了灾难的成本，而不是根据第一次经济分配中具有重要意义的社会划分，所以这类行为者一直是最初的、最直接的风险承受者，他们只能间接地、而且不确定地由通常采用的阶级和社会群体的概念加以概括（Baldwin 1990, 11—12）。

在这一叙述中，两个新增的变量反映了一项新的社会政策导入时社会分裂的显著程度：风险概率及"一个群体自我依靠的能力"（它由一个群体的价值观和经济前景所决定）。鲍德温估计，风险概率比较高且自我依靠能力较低的群体，会倾向以保障形式的再分配，如集资形式的社会保障，或者普遍主义的社会政策。相反，风险概率较低、且自我依靠能力较强的群体，会倾向于覆盖面较小的政策，而且他们通常也能够（且愿意）实行这种政策。

通过明确社会保障其他方面利益的来源，这一理论视角为理解劳工运动较弱的经济体中围绕社会政策产生的分配争端的重要工具。韩国和中国台湾地区社会保障的逐步扩展——从仅覆盖大公司内部很少一部分工人到汇合了所有保障资金的全民健康保障——在已被保险覆盖的行为者与试图获得此类保障的新群体之间导致了重大的分配争端（Lin 1997）。被社会政策覆盖的人和未被社会政策覆盖的人的相对风险，可以在很大程度上预示政策制定过程中这些群体的政治要求。如果已经享受社会保障的群体与尚未享受社会保障的群体相比面对的风险较低，他们就会倾向反对政策扩展，或者要求国家以补助金或者降低保障基金缴纳份额的方式为他们作出补偿。相反，如果未受益者风险相对更高的话,已受益者就会倾向于社会保障的扩展。

对权力资源视角的第二个批判挑战了雇主和工人在引入新的社会政策时零和冲突的假设,或者彼得·斯文森(Peter Swenson)所说的"固定阶级利益均衡假设"(Swenson 2002,9页)。近来一系列新的研究指出,这一假设并不符合历史事实。雇主们并没有铁板一块地反对新的社会政策,也并非仅仅支持由企业实施的外包型社会政策。历史上有很多时候,商业领域中的关键部门都选择了覆盖面较广、而且再分配风险较大的社会政策。这些实例提出了两个系列的问题。其一有关偏好。社会保障中商业利益的来源是什么?有哪些因素可以解释企业社会政策偏好的差别?其二,在正确认识雇主的偏好的基础上,这些研究提供了一些新的视角,以理解新社会政策引入时出现的博弈过程,以及在这个过程中产生的政治联盟。

在什么样的条件下,追求利益最大化的企业才会对社会政策感兴趣?对企业来说社会政策意味着什么?这类政策能够为雇主提供什么样的制度便利?在什么样的条件下这些利益能够超出社会政策加诸企业的"成本"(此类"成本"可能以投保或劳动力市场规制的形式出现,它们可能会减少企业在劳动用工方面的弹性)?以雇主为中心的新的研究为上述疑问提供了一些答案。其中的一类解释关注雇主对劳动力市场的需求。使收益与收入相关的政策为高技术的工人提供了相对更多的利益,这就减少了他们接受与他们的技术能力不相匹配的工作的动机。在此情况下,社会政策就成为"保持技术的工具"(Mares 2003,2005)。其他研究则把雇主们对社会保障的支持与他们在生产市场上与其他企业竞争的努力联系起来(Swenson 2002)。

这些研究结合鲍德温早期的发现,并且证明相对风险预期不仅决定了工人,也决定了雇主对社会政策的偏好。引入社会政策立法的历史中有大量例证,表明高风险与低风险部门雇主之间在分配问题上的冲突。工作场所中意外事故发生率较高的工业行业更倾向于采用强制性的意外伤害保险;意外发生率较低的行业就会强烈反对这种政策提议。失业风险较高的行业会倾向于统一投保的政策;失业风险较低的行业则会反对此类政策。我们在近年提前退休政策的演变过程中也能看到类似的分配机制在起作用。相对高龄的工人较多的企业会充分利用现有政策提供的可能对这些工人提供保护(Mares 2003)。

近来以企业为中心的研究,在解释企业对不同社会政策结果的偏好的变动方面取得了重要进步。反映企业对社会政策结果的偏好变动的几项重要指标,包括企业规模、劳动力的技术构成、产品市场中的竞争程度,以及企业相对的预期。这些研究不仅成功破除了企业铁板一块地反对新社会政策的假设,同时也更关注不同行为者围绕新社会政策引入而进行的博弈过程中的策略考虑。这类研究的一个重要论题是"策略性联盟",即不同的行为体根据其次优偏好形成联盟。在某些情况下,人们采用博弈论指明政治环境中的其他因素(如议会中政治构成的变化)如何影响了工会和雇主的策略谋划,以及支持那些对他们来说仅是"次优选择"的意愿(Mares 2001,2005)。

这类以企业为中心的解释能否帮助我们说明近几十年来世界不同国家在社会政策改革方面走过的不同路径?这些研究的一个重要发现是企业对社会政策的支持与劳动力的技术强度有关。因此,一个自然的结论就是,在企业主要依赖低工资劳动的发展中国家,雇主对强制性的社会保障政策并不热心。人们也能推知,在东亚经济体中有可能发现企业对社会政策零零星星的支持,因为技术工人的增加是这些国家经济增长的前提(Haggard and Kaufman 2006)。以企业为中心对社会政策发展的研究在说明这些地区的发展时具有强大解释力。一些学者开始研究考韩国福利国家的发展及近期政策变化过程中雇主所扮演的角色(Yang 2004)。另外一些考察失业保障在东亚国家的引入过程的比较研究,则试图探明不同企业技术强度的差别是否能够说明它们对这类政策不同程度的支持(Choung 2006;Song 2006)。

四、国家中心的视角

无论是强调劳工运动政治资源,还是强调跨阶级联盟的研究,都仅为国家官僚追求的利益和战略保留一种边缘性的位置。对一些学者来说,官僚仅在"无足轻重的"缝隙之中,即那些强有力的社会行为体对新的计划设计达成共识之后,才发挥作用(Baldwin 1990)。对另一些研究者来说,官僚不过是其政治主人驯服的工具。正是在这种智识环境之下,斯考切波(Skocpol)和伊万斯(Evans)关于"找回国家"的呼吁开启了一条有价值的研究道路(Evans, Rueschemeyer, and Skocpol 1985)。这方面的研究具有两个方面的贡献。首先,它对官僚政治偏好的来源提出了一些解释。其次,它考察了国家结构及既有政策对后续政策发展的影响。

官僚对不同社会政策的偏好从何而来?哪些因素能够对这些偏好的不同加以解释?一些研究认为,国家的偏好来自于官僚行为者对过往政策的经验。玛格丽特·韦尔(Margaret Weir)和特达·斯考切波(Theda Skocpol)通过分析英国、瑞典及美国引入凯恩斯主义政策的过程,对这一逻辑提供了某种说明(Weir and Skocpol 1985)。美国和瑞典采取了自动调节公共支出的政策,以应对大萧条时期的就业冲击。韦尔和斯考切波尝试解释的是,为何在大萧条时期英国没有采取凯恩斯主义的宏观经济政策,尽管英国劳工和工会的力量都与瑞典相当。她们将这一政策差异归因于过往政策的经验。她们认为,英国政策制定者对于一种更为有限的失业保障政策(在1911年引入)的经验,使英国的公务员不愿意尝试更大规模的公共项目的实验,而这正是凯恩斯主义复兴计划的核心。与此相反,瑞典和美国的官僚缺乏相似的历史遗产,对更为激烈的政策调整持开放态度,因而能够接受公共工程项目支出的大幅增长。

其他对官僚政策偏好变化的解释强调观念因素以及不同政策理念的影响(Hall 1989,1993)。海克罗(Heclo)有一个著名的说法:"国家官员不仅运用权力(或者无论这种研究用哪个词来表达),他们还制造谜团"(Heclo 1974,305页)。一些学者从认知心理学的角度认为,这种思想变化并不来自于从成本—收益角度对最佳行动方案进行的理性计算。发挥作用的是认知捷径。政策制定者并会不权衡所有相关信息,他们只注重眼前发生的事情,并且根据某些狭隘的观察得出一般性的结论(Weyland 2005,forthcoming)。维兰德(Weyland)运用这一理论解释智利的养老金私有化模式为何能够迅速扩展到全世界。他的发现说明了某些与私有化进程相关的经验规律,即相邻国家同时采用了某种政策模式,以及发生同一变革的国家的逐渐趋同化。这种理论不仅可以说明近来养老金私有化的扩展,也可以解释战后初期大多数拉美国家对集资型保险政策的接受,以及这种政策在俾斯麦率先立法之后在欧洲的普及。

国家中心的理论,为理解许多发展中国家社会政策的改革进程提供了一些非常重要的工具。由于在许多经济体中工会、雇主联盟以及其他社会行为者力量弱小,官僚部门作为日程设定者就能够在政策制定过程中发挥巨大影响(Shmuthkalin 2006)。不过,这些解释也存在明显缺陷。一些研究认为官僚的偏好具有连续性(源自他们对过往政策的经验),另一些研究则认为官僚的偏好会迅速改变(因为他们依赖认知捷径);只有极少研究指明具体是哪些因素导致了连续性、又是哪些因素引起了变化。霍尔(Hall)在早期的一篇开创性论文中认为,与过往政策和实践的决裂(用库恩式的比喻称之为"三阶式"的政策变化),可能是一种由官僚体系之外的因素导致的过程(Hall 1993)。但至今为止,还没有任何研究对这种观点进行系统检验,维兰德近期的研究发现了一些由官僚独自促成的急剧变化的实例。最后,几乎没有任何研究表明,在何种一般化的条件下,官僚偏好的变化对新政策的引入具有相对重要的意义。在很多拉美国家,大量由官僚提出的私有化方案都被挫败了。因此,要提出一种更完备的解释,以更准确地推断改革的时机和内容,就需要更详尽地把握政策制定过程的机制,既需要考虑官僚之外的其他行为体,也要辨明这些行为体对官僚的选择施加的限制。

国家中心的视角还有另外一条不同的研究路径,试图探明现有社会政策对后续的政治发展产生独立影响的条件。皮尔森(Pierson)对英国和美国政策收缩的研究,为这种"政策反馈"的逻辑提供了一项很好的佐证(Pierson 1994)。在这两个国家,两位右翼政治家——罗纳德·里根和玛格丽特·撒切尔——着力要废除已有的收入支持政策。

但他们的继任者却把关注的焦点系统性地转向了其他的政策领域。如皮尔森所言,不同的政策设计(它会影响政治家隐藏不受欢迎的措施的能力)可以解释在不同领域的政策收缩。基于皮尔森的发现,一系列其他研究开始系统探索"政策制造政策"的机制(Pierson 1994,2001,2004;Campbell 2002,2003)。这些研究证明,既有的政策对于利益集团的力量和动员、选民的投票率,以及政策实施者帮助政策制定时未被考虑的团体解决集体行动问题的能力都会产生影响。此外,还有大量研究揭示了福利国家的设计对劳动力市场变化的影响,包括女性和高龄人口的劳动力市场参与率(Esping-Andersen 1990;Scharpf and Schmidt 2000)。

这些研究对认识发展中的国家社会政策改革也具有若干启示。在这些国家,既有政策的不同设计,也会影响政策改革过程中不同行为体的偏好和相对的博弈力量。在一些经济体中(如阿根廷和中国台湾地区),工业或手工业的工会在社会政策实施过程中扮演着重要角色。这一政策实施的特点影响了相关行为者的偏好,任何将政策实施的责任从他们那里转移到国家身上的提议,都会遭到他们的反对。政策制定者则常常以从工会手中拿走政策实施责任相威胁,换取他们对其他方面政策变化的配合,如养老制度的私有化等。因此,虽然这样一种政策制定的特点在某些方面增强了工会的作用(作为一种重要的政治恩惠的来源),但它同时又在博弈过程中削弱了工会,得到了工会在其他政策领域的顺从。

强调"政策反馈"的理论也为解释近二十年来养老和健康政策方面差异巨大的变革路径提供了某些帮助。拉美和东欧的许多国家都通过改革,增强了老年保障中私营部门的作用,这往往使低收入的人群更难于受益。相反,健康保险改革的特点则是明显增加针对贫困人口的社会政策支出,甚至那些收入差距极大的国家(如玻利瓦尔、秘鲁和哥伦比亚)也都推行了一系列为赤贫者提供健康补助的项目,且增加了在基本医疗方面的投入。养老和健康保障方面政策设计的差异,既导致了引入这些政策时的分配冲突,大概也能够说明结果方面的差异。政策设计方面有两点明显的不同。首先是公共品外部性的大小。公共健康政策(如免疫计划)会产生非常明显的外部性,即便对那些在经济意义上纯粹对此类计划做贡献的群体来说也是如此。这样就可以缓和分配冲突,也使高收入群体乐于接受贫困者收益的增加。在养老和健康保障领域政策设计方面第二个重要的不同是时限的不同。就健康保险来说,当下的投入就能在极短的时间内收获利益,但养老保障要等很长时间以后才有收益。这一差异也可能导致这两类项目扩展时的支持水平,以及分配冲突的程度有所差别。

我们在考察发展中国家社会政策的演变时,不仅需要了解政策制定方面的差异,也要注意政策实施方面的不同,后者在两个方面影响后续政策的变化。税收能力的弱小

（这主要是、但不必然是社会安全管理资源弱小的结果）影响了不同项目财政方面的可持续性。国家执行能力总体上的弱小可能会增加私有化作为一种政策选择的吸引力。但国家并非仅在征税能力方面有差别,在税收的均等性方面也会有所不同。各类收入群体对社会政策的贡献度差异极大。在许多发展中国家,社会安全管理部门缺乏关于小店主或其他就业不稳定的群体的收入信息,而且在决定不同职业应缴纳的社会保障基金时往往采用不同的标准。这类在政策实施中的分配的不均,会引起其他部门质疑现有社会政策是否"公平",也会影响它们对以公私混合的方式提供社会福利的偏好。玛尔斯基于这种逻辑认为,政策实施过程中的差异影响了支持不同政策的政治联盟的构成。一些群体即便能够从社会保障的扩展中获益,但如果它们发现社会政策的实施中存在不公正,也会撤回对具有再分配性质的社会政策的支持(Mares 2005,2006b)。

总的来说,关注行政官僚的偏好变化和政策反馈的研究路径,为我们理解近年来社会政策改革的机制增加了非常重要的元素。它们为我们理解不同地区和不同政策领域之间的差异提供了必要的工具。在发展中国家,这些理论得出的预期目前为止仅在累积数据层面上得到了验证。今后的研究应该对各种谈判过程进行更具体细致的描述,以充实这些初步的发现。这将使我们能够对有关不同的过往政策影响下不同部门策略缺陷的预测进行检验。最后,要说明不同政策的支持联盟的变化情况,还需要基于个人的调查数据(包括个人对累积性社会支出的支持度,以及个人对以何种方式混合公共部门和私营部门提供的福利的态度)。

五、结　论

本章开篇之初就指出,比较福利国家研究在方法论上的兼收并蓄和累积进步是其明显的优势。现有的研究已经为我们理解这一重大的政治成果,即那些帮助工人和社会上的弱势群体战胜暂时的或永久的经济困难的措施,提供了重要的参考。

二十年前,斯考切波和阿曼塔在对这一研究领域的评论中,呼吁研究者们"严格遵循*历史的逻辑*"(Skocpol and Amenta 1986,152 页,斜体字部分为原文所有)。过去二十年中出现的大量的研究文献遵循了这一劝告,并从中获益。细致的历史研究(通过历史背景了解关键行为者的偏好,但同时也密切关注现有制度安排的政治结果)为我们认识社会政策的起源和结果提供了重要的参考。比较福利国家的文献不仅在"历史制度主义者"的研究议程中处于核心地位,而且对关于制度变迁及转型过程这一更广泛的理论争论作出了巨大贡献(Streeck and Thelen 2005)。

我们在本章中认为,现在已经到了社会政策研究明确转向*比较研究*的时候。我们对经合组织成员之外国家社会政策差异的认知似乎还停留在 16 世纪的水平,有大片领域处于未知状态。福利国家研究者们未来几十年的目标,就是说明并解释这些差异。在这方面,对发达工业民主国家社会政策发展轨迹的现有研究成果能够为我们提供重要的参考。

参考文献

ADSERA,A.,and Boix,C.2002.Trade,democracy,and the size of the public sector:the political under-pinnings of openness.*International Organization*,56(2):229-62.

BALDWIN,P.1990.*The Politics of Social Solidarity:Class Bases of the European Welfare State,1875-1975*.Cambridge:Cambridge University Press.

CAMERON,D.R.1978.Expansion of the public economy:comparative analysis.*American Political Science Review*,72(4):1243-61.

CAMPBELL,A.2002.Self-interest,social security and the distinctive participation patterns of senior citizens.*American Political Science Review*,96(3):565-74.

——2003.*How Policies Make Citizens:Senior Citizen Activism and the American Welfare State*.Princeton:Princeton University Press.

CASTLES,F.G.ed.1993.*Families of Nations:Patterns of Public Policy in Western Democracies*.Aldershot:Dartmouth Publishing Library.

CHOUNG,J.2006.The political economy of labor protection.MS.University of California San Diego.

CROUCH,C,and STREECK,W.1997.*Political Economy of Modern Capitalism:Mapping Convergence and Diversity*.London:Sage.

ESPING-ANDERSEN,G.1985.*Politics against Markets:The Social Democratic Road to Power*.Princeton:Princeton University Press.

——1990.*The Three Worlds of Welfare Capitalism*.Princeton:Princeton University Press.

——1999.*Social Foundations of Postindustrial Economies*.New York:Oxford University Press.

——and KORPI,W.1984.Social policy as class politics in post-war capitalism:Scandinavia,Austria and Germany.Pp.179-208 in *Order and Conflict in Contemporary Capitalism:Studies in the Political Economy of Western European Nations*,ed.J.Goldthorpe.New York:Oxford University Press.

EVANS,P.,RUESCHEMEYER,D.,and SKOCPOL,T.eds.1985.*Bringing the State Back in*.New York:Cambridge University Press.

GARRETT,G.1998.Global markets and national politics:collision course or virtuous circle?*International Organization*,52(4):787-824.

——and MITCHELL,D.2001.Globalization,government spending and taxation in the OECD.*European Journal of Political Research*,39(2):145-77.

HAGGARD,S.,and K A U F M A N,R.2006.Recrafting social contracts:welfare reform in Latin America, East Asia and Central Europe. MS.

HALL, P. A. ed. 1989. *The Political Power of Economic Ideas: Keynesianism across Countries.* Princeton: Princeton University Press.

——1993. Policy paradigms, social learning and the state: the case of economic policy-making in Britain. *Comparative Politics*, 25(33): 275–96.

——and SOSKICE, D. W. 2001. *Varieties of Capitalism: The Institutional Foundations of Comparative Advantage.* Oxford: Oxford University Press.

HECLO, H. 1974. *Modern Social Politics in Britain and Sweden; From Relief to Income Maintenance.* Yale Studies in Political Science 25. New Haven: Yale University Press.

HUBER, E., and STEPHENS, J. D. 2001. *Development and Crisis of the Welfare State: Parties and Policies in Global Markets.* Chicago: University of Chicago Press.

KATZENSTEIN, P. J. 1985. *Small States in World Markets: Industrial Policy in Europe.* Cornell Studies in Political Economy. Ithaca, NY: Cornell University Press.

KAUFMAN, R. R., and SEGURA-UBIERGO, A. 2001. Globalization, domestic politics, and social spending in Latin America: a time-series cross-section analysis, 1973–97. *World Politics*, 53: 553–87.

KITSCHELT, H. 2000. Partisan competition and welfare state retrenchment: when do politicians choose unpopular policies? Pp. 265–302 in *The New Politics of the Welfare State*, ed. P. Pierson. New York: Oxford University Press.

KORPI, W. 1983. *The Democratic Class Struggle.* London: Routledge *Ik* Kegan Paul.

——and S H A L E V, M. 1979. Strikes, industrial-relations and class conflict in capitalist societies. *British Journal of Sociology*, 30(2): 164–87.

LEVITSKY, S., and MURILLO, M. V. 2006. Variation in institutional weakness: causes and implications from a Latin American perspective. MS.

LIN, K. 1997. From authoritarianism to statism: the politics of national health insurance in Taiwan. Ph. D. dissertation. Yale University.

MADRID, R. L. 2003. *Retiring the State: The Politics of Pension Privatization in Latin America and Beyond.* Stanford, Calif.: Stanford University Press.

MALLOY, J. M. 1979. *The Politics of Social Security in Brazil.* Pittsburgh: University of Pittsburgh Press.

MARES, I. 2001. Firms and the welfare state: when, why, and how does social policy matter to employers? Pp. 184–212 in *Varieties of Capitalism*, ed. P. Hall and D. Soskice. Oxford: Oxford University Press.

——2003. *The Politics of Social Risk: Business and Welfare State Development.* Cambridge Studies in Comparative Politics. Cambridge: Cambridge University Press.

——2004. Wage bargaining in the presence of social policy transfers. *World Politics*, 57(1): 99–142.

——2005. Social protection around the world: external insecurity, state capacity, and domestic political cleavages. *Comparative Political Studies*, 38(6): 623–51.

——2006a. *Taxation, Wage Bargaining and Unemployment.* Cambridge Studies in Comparative Politics. New York: Cambridge University Press.

——2006b.The great divergence in social protection.Unpublished MS.Columbia University.

MURILLO,M. V. 2000. From populism to neoliberalism: labor unions and market reforms in Latin America.*World Politics*,52:135-74.

——2001.*Labor Unions,Partisan Coalitions and Market Reforms in Latin America.*Cambridge Studies in Comparative Politics.Cambridge:Cambridge University Press.

——and CALVO,E. 2004. Who delivers? Partisan clients in the Argentine electoral market.*American Journal of Political Science*,48(4):742-57.

PIERSON,P.1994.*Dismantling the Welfare State? Reagan,Thatcher,and the Politics of Retrenchment.* Cambridge Studies in Comparative Politics.Cambridge:Cambridge University Press.

——2000.Three worlds of welfare state research.*Comparative Political Studies*,33(6-7):791-821.

——2001.*The New Politics of the Welfare State.*Oxford:Oxford University Press.

——2004.*Politics in Time: History, Institutions, and Social Analysis.* Princeton: Princeton University Press.

RODRIK,D.1997.*Has Globalization Gone too Far?* Washington,DC:Institute for International Economics.

——1998.Why do more open economies have bigger governments? *Journal of Political Economy*,106: 997-1032.

RUEDA, D. 2005. Insider-outsider politics in industrialized democracies: the challenge to social democratic parties.*American Political Science Review*,99(1):61-74.

RUGGIE,J.1982.International regimes,transactions and change:embedded liberalism in the postwar economic order.*International Organization*,36(2):379-415.

SCHARPF,F.,and SCHMIDT,V.2000.*Welfare and Work in the Open Economy.*New York:Oxford University Press.

SHEFTER,M.1977.Party and patronage:Germany,England,and Italy.*Politics & Society*,7(4):403-51.

SHMUTHKALIN,W.2006.Political regimes and welfare state development in East Asia:how state leaders matter to social policy expansion in Taiwan,Thailand and China.Ph.D.dissertation.Stanford University.

SKOCPOL,T,and AMENTA,E.1986.States and social policies.*Annual Review of Sociology*,12:131-57.

STEPHENS,J.D.1979.*The Transition from Capitalism to Socialism.* New Studies in Sociology.London: Macmillan.

STREECK,W,and THELEN,K.2005.*Beyond Continuity:Institutional Change in Advanced Political Economies.*New York:Oxford University Press.

SONG,J.2006.Enterprise unions and the segmentation of the labor market:labor,unions and corporate restructuring in Korea,Paper presented at conference on System Restructuring in East Asia.Stanford University.

SWENSON,P.1991.Bringing capital back in,or social-democracy reconsidered:employer power,cross-class alliances,and centralization of industrial-relations in Denmark and Sweden.*World Politics*,43

(4):513-44.

——2002.*Capitalists against Markets: The Making of Labor Markets and Welfare States in the United States and Sweden*.Oxford:Oxford University Press.

THELEN,K.2001.Varieties of labor politics in the developed democracies.Pp.71-103 in *Varieties of Capitalism*,ed.P.Hall and D.Soskice.Oxford:Oxford University Press.

WEIR,M.,and SKOCPOL,T.1985.state structures and the possibilities for"Keynesian"responses to the Great Depression in Sweden,Britain,and the United States.In Evans,Rueschemeyer,and Skocpol 1985:107-63.

WEYLAND,K.2004.*Learning from Foreign Models in Latin American Policy Reform*.Washington,DC:Woodrow Wilson Center Press.

——2005.Theories of policy diffusion:lessons from Latin American pension reforms.*World Politics*,57 (2):262-95.Forthcoming.*Bounded Rationality and Policy Diffusion:Social Sector Reform in Latin America*.

WILENSKY,H.L.1975.*The Welfare State and Equality:Structural and Ideological Roots of Public Expenditures*.Berkeley and Los Angeles:University of California Press.

WONG,J.2004.*Healthy Democracies:Welfare Policies in Taiwan and South Korea*.Ithaca,NY:Cornell University Press.

YANG,J.2004.Skill formation and the origin of the Korean welfare system:a reinterpretation of the authoritarian industrialization period [in Korean].*Korean Political Science Review*,38(5).

第三十六章　不良民主国家的不良表现[①]

菲利普·基弗(Philip Keefer)

　　因为所有富裕国家都是民主国家,因此发展和民主之间模糊的关系已经让研究者们困惑了很久。不过,如果考虑到政体的异质性,则这种模糊性倒也不太令人惊奇。尤其是在考察政治的政策选择时,异质性问题更为明显,它不仅体现在穷国与富国之间,而且在体现在贫穷的和富裕的、年轻的和老牌的民主国家之间。一般意义上的民主和发展理论的概念工具,并不能为这诸多差异提供解释。例如这种理论一般假设,民主制面临的主要困难,是平民出身的政客们试图通过再分配精英的既得利益,以取悦平民选民。但是,在不良的民主国家,不仅再分配程度较低,而且腐败盛行,这就意味着平民选民仅有非常有限的可能,要求他们的平民领袖对其行为加以回应。

　　本章对近期的一批研究成果加以总结。它们通过分析政治市场的不完善性,为政体类别与经济表现之间的反常关系,特别是为何贫穷民主家的表现与富裕民主国家的表现如此不同提供某种解释。政治市场很容易陷入不完善,因为公民在决定支持哪位政治竞争者时,只能依靠他们的承诺。如果人们无从观察政治家是否信守承诺,或者对失信者无从处罚,从而使政治家可以为选票更改承诺,那么政治市场就会失效。在这一点上,民主和发展理论一般认为,平民政客可以对平民选民作出可信的承诺。但是,研究发展中国家政治的学者们已经找到充分证据,表明真实情况远非如此。

　　这里的关键之处在于,强调影响政体表现的内生性因素,不等于轻视外部因素对政府表现的潜在限制。这些限制包括富国对资本、商品和劳动力流入,特别是流出穷国的影响,以及对国家安全的外部威胁。然而,目前几乎没有证据表明,这些因素能够为穷

---

　　① 本章的所有观点、解释和结论由作者负责,它们并不必然反映世界银行及其执行委员会,或者它们所代表的国家的立场。

富民主国家之间的差异提供系统解释。同时,下文分析的贫穷民主国家的政策选择,也并非是对这些因素最佳的回应。

一、穷国以及其政策

理解国家间政策异质性的根源,是从一种更广阔的视野认识民主、政治经济以及发展的重要环节。这一部分将用充分的证据表明,富国和穷国,以及贫穷民主国家与富裕民主国家之间,在一系列政策领域都存在明显不同。这些差别中大多与经济发展(包括宏观经济与在华盛顿共识影响下市场导向的经济改革),以及教育、公共设施、产权保障和财政再分配有关。虽然上述因素中没有一个能够为经济发展提供充分解释,但也没有人会怀疑如果它们全都运转不良,经济发展一定会受到严重阻碍。可以看到,穷国与富国在这些政策领域的选择非常不同,而且这种不同并不能简单地通过政体类别加以解释。与民主与发展之间的模糊关系类似,贫穷的民主国家与贫穷的非民主国家的政策选择也并没有太大区别(见表 36.1)[1]。

表 36.1 贫穷民主国家与贫穷的非民主国家表现类似

	贫穷的非民主国家 (no.)	贫穷的民主国家 (no.)	富裕的民主国家 (no.)
中间消费物价上涨率,1985	9.41(40)	8.49(13)	7.05(40)
中间消费物价上涨率,%,2000	3.91(38)	4.31(32)	3.12(60)
平均政府债务/GDP,%,1998	71.3(14)	53.3(16)	47.38(28)
海关滞留时间	6.8(15)	8.15(16)	5.23(17)
履行一项合同的时间	410(37)	416(30)	331(50)
政府总支出/GDP,%,1998	.25(21)	.23(21)	.32(38)
中学入学率(%入学学龄儿童总数),1998	39.8(34)	45.7(25)	95.8(48)
铺设道路/全部道路,1998	44.8(11)	38.9(14)	69.7(22)
腐败程度(0—6,最低=6),1997	2.7(25)	2.9(34)	4.1(49)

---

[1] 在这一节中,我们简单地把民主国家定义为具有竞争性选举的国家,这与政治制度数据库(Beck et al. 2001)的定义相一致,它反映了这样一种观念,即民主和发展理论高度重视选举制度。

续表

	贫穷的非民主国家 （no.）	贫穷的民主国家 （no.）	富裕的民主国家 （no.）
官僚素质（0—6，最 高＝6），2000	2.3（28）	2.4（30）	4.6（51）
法治水平（0—6，最 高＝6）	3.7（28）	2.9（30）	4.6（51）

注：腐败、官僚素质和法治水平的数据来自政治风险服务，即《各国风险指南》，其他数据来自世界银行《世界发展指标》。

1.1　华盛顿共识：宏观经济政策与国家所有制

在 20 世纪 80 年代的大部分时候及至 90 年代，被冠以华盛顿或"新自由主义"共识之名的一系列政策，都是对增长失败的回应。虽然这些政策与经济增长之间的关联尚未得到普遍认可，但无论穷国还是富国基本上都在 90 年代接受了这一共识。然而，到90 年代末，穷国和富国之间一个巨大的政策鸿沟已经明显表现出来。①

1985 年，富国和穷国的贸易量分别是 83% 和 67%②，到 2000 年，两类国家的贸易量分别都增长了将近 25%。③ 两者之间在贸易量方面的差距只是稍稍增大了一点；但在2000 年，68 个年人均收入（按购买力调整之后）超过 5385 美元的国家，其进出口商品和服务达到了 GDP 的百分之百，而 68 个低收入国家这一比例仅达 81%。④ 从 1985 年到2000 年，所有国家的通货膨胀率中值也都下降了，但同样的，2000 年较穷国中的这一数值还是高出了将近 25%。在 2000 年 62 个数据完整的国家中，31 个富国政府平均债务占 GDP 的 39%；而 31 个穷国政府平均债务要高出很多，占 GDP 的 64%，与 1985 年的同一数据即 45% 相比，这是一个巨大的增长。

政体类别对于改革的选择，特别是贫困的民主国家与非民主国家来说似乎没有产生系统性的影响。在 2000 年，贫穷的民主国家与非民主国家的通货膨胀并没有太大差别；在穷国中，无论是 1985 年还是 2000 年，政体和贸易总量都并不相关。只有负债额方面，民主制度造成了一些差别：至少在 2000 年，民主国家，包括贫穷的民主国家，其负债额要明显少于非民主国家。

———————————

① 参见 Zagha（2005）的回顾性研究。

② 原文如此，疑为 27% 之误。——译者

③ 贸易政策可能是有关全球化政策选择的一个较好的指标，但使用它们进行国际比较容易产生误导。一个国家可能设置了低关税和高配额，另一个国家则可能相反；一个国家可能对进口商品征税，另一个可能对农产品进口征税。在实践上，国家的排名会因人们选取的贸易政策或者贸易政策指数而产生重大变化（Pritchett 1991）。

④ 产品与服务的出口加进口；数据来源于《世界发展指标》。

1.2 管治

继华盛顿共识之后,政策建议再次发生转向,并把改变扭曲的管治环境作为基本目标。同样,在管治效果对增长的影响强度,以及广义的社会收益是否超出了管治成本方面并没有基本的共识。但是,如果不论与增长质量相关的那些重要问题(比如增长在各国造成的不同环境后果),人们一般会认为,管治会限制企业的投资意愿,并进而限制经济增长。与富裕的国家和贫穷的民主国家相比,穷国在管治问题上会采取一种明显不同的立场,它们会比其他所有国家竖立更多的管治壁垒。

根据世界银行"经营"项目(2004)和世界银行投资环境调查(从 2001 年到 2004 年的多种数据)而得出的《世界发展指标》数据从三个方面证实了这一点。在 32 个穷国中和 20 个富国中,海关滞留时间分别是 6.3 天和 3.8 天;在 68 个穷国和 60 个富国中,履行一项合同分别需要 377 天和 294 天;在 64 个穷国和 60 个富国中,解决一项破产平均需要的时间分别是 3.6 年和 2 年。与像通货膨胀和贸易流动等宏观经济结果相比,政府能够更为有效地控制这些管治变量,因而它们也能更为清晰地反映出富国与穷国政府在决策方面的差异。人们可能会认为,穷国难以维持有效管治所需的行政机构。但实际情况并非如此,因为在人均收入从 500 美元到 10000 美元的区间内(占国家总数的 75%),收入与管治表现之间并不存在相关性。

恩格尔曼和索科洛夫(Engerman and Sokoloff 2002)发现,在 19 世纪的拉丁美洲,那些实行竞争性选举的国家准入门槛较低,管制也较为宽松。实际上,所有民主国家执行一项契约所用的时间都比非民主国家少 10% 的天数,而在处理破产事务时甚至要少用将近一年的时间。但是,在比较贫穷的国家,竞争性选举在执行契约和处理破产方面并没有什么影响,而且实际上它们还造成了更长的海关滞留。

1.3 政府规模与再分配

政府的再分配角色在研究民主制度与发展之间关系的文献中占有核心位置。例如,普列泽沃斯基和李蒙奇(Przeworski[1]and Limongi 1993)认为,选举会使穷人更容易地对富人的收入进行再分配,但同时也会降低投资的回报和发展速度。[2] 阿克莫格鲁和罗宾森(Acemoglu and Robinson 2006)则得出了相反的结论,认为民主与收入正相关,但他们同样高度关注再分配和财产权的保障问题。

但是,几乎没有证据表明,穷国,无论是否采用民主制,进行了较多的再分配。政府

---

[1] 原文为 Przeworksi,疑为 Przeworski 之误。——译者
[2] 另外一些学者认为,政治不稳定以及政府的机会主义行为都会对发展带来严重挑战,但实际上它们也许能够通过再分配得到缓解(Keefer and Knack 2002;Svensson 1998)。

的总体规模是再分配的一个指标,而贫穷国家的政府规模都非常小。1998 年,有 84 个国家提供了统一的中央政府支出数据,其中 42 个比较贫困的国家平均政府支出仅占 GDP 的 24%,而其他 42 个国家的平均政府支出要高出整整 8 个百分点。① 社会安全是再分配的一种潜在形式;1988 年有 64 个国家提供了社会安全税收的数据,其中 32 个最穷的国家社会安全总税收(由工人和雇主支付)的平均值为零;而 32 个根据购买力平价调整的人均收入超过 6635 美元的国家,这一数值占到了 GDP 的 6%。

民主与再分配之间的关系有其微妙之处。波瓦克斯(Boix 2003)与阿克莫格鲁和罗宾森(Acemoglu and Robinson 2006)认为,如果政治和经济精英预料到会出现实质性的再分配,那么他们根本就不会允许民主化。因此,在所有国家,竞争性选举都与政府支出无关这一点就不足为奇了。波瓦克斯(Boix 2003)进一步认为,公民对代际转移和失业补助的要求会与国家的收入一同增长,但只有在民主国家这一要求才会转变为政府政策。与此相一致,他发现民主与人均收入之间存在显著且正向的关系(Boix 2003)。②

但是,贫穷国家的情况与这些理论就一致了,竞争性选举对于政府支出具有较大的负面影响。无论是否控制人均收入,具有竞争性选举的贫穷国家在政府支出方面都要比非民主的贫穷国家至少低 5 个 GDP 百分点。即使我们同意对再分配性支出的需求会随收入发生剧烈变化,且当精英们预料到要进行较高水平的再分配时会阻止民主化,但贫穷民主国家的支出仍然大大小于贫穷的非民主国家,这仍然令人惊奇。

贫穷国家的税收更少,且方式也不同。与波瓦克斯(Boix 2003)的观点相一致,在 1998 年(这一年有 80 多个国家提供了数据),贫穷国家平均税收总额占 GDP 的 18%,而富裕国家的这一数据达到了 GDP 的 31%。然而,穷困民主国家的税收总额又比非民主的贫穷国家低了 3.6 个 GDP 百分点。贫穷国家较少依赖所得税与社会安全税,它们更多依赖非税收带来的收入(这一收入在富裕国家平均占 GDP 的 2%,在贫穷国家占 3%)。但是,与贫穷的非民主国家相比,贫穷的民主国家所得税收入要低两个 GDP 百分点。

已经有相当多的论文讨论了瓦格纳定律(Wagner's law)。后者认为,较富裕国家的公民会要求更大的政府,并以此解释穷国的政府为何都比较小。但是,瓦格纳定律并没有解释为何政府总支出和再分配对政体类别并不敏感,即为何贫穷民主国家的支出比贫穷的非民主国家更少。本章的例证,以及马里甘、吉尔和萨拉—伊—马丁

① 这一组根据购买力平价调整的人均年收入平均值是 6101 美元。
② 这一结论需要如下假设:国家观察的误差项不随时间而变化,且不足以改变这个假设(考虑到累积误差)。但是,如果控制住累积误差的话,那么工业附加值与民主之间存在着重要且显著的关系,这也许能够直接验证波瓦克斯的假设。

(Mulligan,Gil,and Sala-i-Martin 2004)都表明了这一事实。这一现象挑战了有关民主与发展的理论,对此我们将在下文继续探讨。

1.4 公共品及政府支出的构成

学者们认为,有关人力资本和基础设施的政策选择在发展过程中具有决定性作用(如 Easterly and Servén 2004)。贫穷国家这方面的供给明显要差得多。1998 年,59 个提供数据的贫穷国家,其中平均入学率要比 59 个富裕国家低 54%。2000 年,在中等贫穷国家,只有 20.9% 的人能够用上电;但在中等富裕国家,这一比例达到了 92.9%。1999 年,经过购买力平价调整的人均收入达到 4626 美元以上的 69 个国家,经铺设的公路占道路总量的 69%,而在 70 个没有达到这一收入标准的贫穷国家,这一比例仅达 21%。①

收入并不能解释贫穷国家低水平的供给。与富裕国家和贫穷国家入学率方面的巨大差别形成对照的是,它们在教育支出方面的差距要小得多。1998 年(在那些能够得到有效数据的国家中),39 个富裕国家平均教育支出是 GDP 的 2.9%,而 40 个贫穷国家的这一数值是 2.6%。与以前的发现相一致,贫穷民主国家的教育支出,要少于没有竞争性选举的国家。

在贫穷国家,工资是教育支出中的大头,相对而言数额较小。两类国家教育支出大致相同,但入学率却差异巨大,对此最合理的解释无非有两种,或者是贫穷国家对教育的需求较低,或者教育开支被挪用到别处。高支出、低入学率的国家众所周知的腐败模式就支持后一种解释。福斯特和罗森茨威格(Foster and Rosenzweig 1996)认为,(印度)对教育的需求与教育的回报有关,这是一种不同的解释。

整个 20 世纪 90 年代,贫穷国家公共投入水平实际上要高一些。在 37 个提供了数据的贫穷国家中,这一投入平均占 GDP 的 3.9%,而在 36 个富国中,这一数值是 2.8%。特别是在这十年的初期,两者之间的差距十分明显。1990 年贫穷国家公共投入平均占GDP 的 5.1%,而富裕国家平均只占 2.7%。也许可以把这种高投入归因于发展中国家基础设施的欠缺,以及大规模投入产生的高回报。如果情况的确如此,那么我们可以预期经过一段时间以后,穷国和富国的基础设施水平会趋于接近。但是,尽管连续多年进行了额外的投入,两类国家基础设施之间的差距仍在扩大。1990 年是能够获得公路信息的第一年,从那时起到 1999 年,富裕国家平均道路铺设率从 61.3% 增加到 69%,而贫

---

① 如果仅对 49 个同时提供了公共投资和铺设道路信息的国家进行比较,我们会发现,富裕国家的平均道路铺设率达到 85%,而贫困国家的道路铺设率仅达 35%。

穷国家的这一数值基本没有变化,仍然停留在21%。

如果为裙带关系或者其他特殊目的投资比提供高质量的公共服务在政治上更有利可图,那么政治动机就会在投资与收效之间打入一块楔子。具有这些特征的公共投资其实早就有了自己的标签:"猪肉桶"。从公共就业支出的情况可以看出,追求特殊利益的动机发挥着重要作用。在人均收入(根据购买力平价调整后)高于6101美元的42个国家中,薪金支出的平均值是GDP的4.5%,但在42个收入没有达到这一标准的贫穷国家,这一比例高达5.6%。

竞争性选举对是否能够用上电,能否铺设公路和公共支出方面都没有影响。无论是否控制收入,贫穷国家的竞争性选举与道路铺设率都呈显著的*负相关*。冯(Feng 2003)发现,无论是否控制收入,实行竞争性选举的国家入学率都比较高。但是,这一比例完全靠富裕民主国家拉上来的。事实是,无论是否控制收入,25个贫穷民主国家与34个非民主国家的入学率相差无几。仅仅在薪金支出方面,政体效应较为明显。无论在穷国还是富国,它都随民主的进程而下降。

1.5 治理:官僚素质、腐败及产权保护

很多学者的经验研究认为,法治、腐败、官僚的素质,以及其他治理因素都对增长具有重要影响(早期文献参见Keefer and Knack 1997),主要原因是它们可以降低个人投资的风险调整回报率。所有这些治理因素都具有公共品的特性,这将它们与之前讨论的政策联系在一起。根据定义,一个为所有公民平等服务的政府就不是专制的。当法治、一致性或者官僚的素质开始下降时,政府以一部分人的利益为代价满足另一部分人的利益的可能性就会增加。可以想见,那些不能提供充分的教育或基础设施的政府,同样不能充分提供像官僚的素质这样的公共品。毫不奇怪,贫穷国家在所有治理维度上都比富国差得多。如果采用《世界各国风险指南》的标准,它们几乎属于两个完全不同的范畴。

冯(Feng 2003)发现,类似的治理变量与民主之间存在正相关。但是,如果使用政治制度数据库(Database of Political Institutions)的民主测评标准(选举的竞争性),而且考虑贫穷国家的情况,那么我们会发现,在腐败或官僚素质方面,贫穷的民主国家与非民主国家之间没有区别;而法治的状况在贫穷的民主国家的确要比贫穷的非民主国家差很多。

二、解释民主与增长关系中的含混之处

政策扭曲的常见特征是,它们会使普通公民受损,而使少数特殊利益群体从中获

益。快速通关手续与倾向于拖延海关滞留时间的政策相比，对普通人更为有利。从定义上看，官僚的高素质、政府的一致性以及法治都对普通人有利。如果普通人的利益受损，唯一的制度性补救措施似乎就是竞争性的选举。但是，上文述及的关系并不支持这一猜想，因为贫穷国家竞争性选举导致的政策结果，与没有竞争性选举的贫穷国家并无不同，甚至更糟。

但无论如何，发展政治经济学的一个核心争论还是转向分权与制衡，以及竞争性选举的作用问题，这些都是定义民主制的核心的制度安排。这一争论关注的是同一个政策硬币的两面：民主在多大程度上能够保护公民不受政府机会主义行为的损害，又在多大程度上鼓励了对增长具有控制作用的再分配。

政府并不能向民众提供充分的保证，使他们的投资不被政府或其他民众侵吞，因此长期以来，人们一直认为政治的分权与制衡乃是解决这一问题的主要制度手段。诺斯和文加斯特（North and Weingast 1989）考察了不存在竞争性选举的情况下政治分权与制衡所发挥的作用。他们表明，英国王室的财政需要如何使它越来越多地剥夺英国贵族和外国债权人的利益，英国精英对此加以抗拒的努力如何最终导致了光荣革命，以及作为革命结果拥有无上权力的英国议会又如何向英国主权债务的购买者们担保，英国一定会履行它的义务。[1]

然而也另有一些研究发现，仅仅依靠政治上的分权与制衡就能够为财产权提供充分强大的保护这一论点，缺乏足够的经济证据加以支持。基佛和科奈克（Keefer and Knack 1998）发现，对政治分权与制衡的主观测量（来自政治体 II 的行政约束），对产权保护来说具有统计意义，但实际效果有限。基弗（Keefer 2004）指出，如果控制竞争性选举的话，那么对分权与制衡的客观测量所发现的重要作用就会大大减弱。

斯塔萨维奇（Stasavage 2003）在对光荣革命的重新考察中强调，真正发挥作用的是否决者的动机。情况可能是选举为政治分权与制衡提供了必要的补充，因为它迫使多个否决者去满足更大多数选民的意愿，从而增加了比如剥夺的政治成本。一旦民主缺失，绝大多数公民失去否决的渠道，那么就只有在拥有否决权的少数精英恰好与他们的利益一致的时候，他们才能免受机会主义行为的保护。基弗（forthcoming）发现，在银行危机的时候情况就是如此，因为当选政府拒绝为失败的银行注资。贝茨（Bates 1983）对独立后非民主非洲国家的研究证明，那里相当缺乏针对机会主义行为的保护措施。由于民主的缺失，那些特殊的利益集团能够随心所欲地侵害在人口中占多数的小农的

---

[1] 斯塔萨维奇（Stasavage 2003）表明，这一保障出现在英国商人能够在议会中行使否决权的那些年。

利益。

与民主优势论相对，另一种观点认为，民主因为加剧了从政治与经济精英向平民的再分配，所以会迟滞经济发展。普列泽沃斯基和李蒙奇（Przeworski and Limongi 1993）认为，由于这些抵消性因素的存在，民主与增长之间不会存在明显的关联。与此相一致，他们所回顾的早期文献在民主对增长的影响问题上并没有得出明确的结论，很多论文甚至否认这种影响。马里甘、吉尔和萨拉—伊—马丁（Mulligan, Gil, and Sala-i-Martin 2004）则提供证据表明，民主会带来更多的递减税和更少的支出，他们的结论是制度根本不重要。他们认为，各国的政策差异，是其社会利益差异的结果。但是，如果制度与社会政策无关，那么就很难解释人们为了改变或者维护制度而付出的努力（甚至要以生命和金钱为代价）了。

20 世纪 90 年代以来，为说明民主与增长之间关联性的缺乏，学者们除了指出更多的财产安全和更多的再分配之间相互抵消的作用之外，还注意到另外两种可能的解释。一个是数据。测量民主的混乱方式也会掩盖民主与增长之间任何重要的联系。但是，即便使用更为精确的对民主加以测量的方法，两者关系中的含混之处仍然存在。第二个是概念。研究者认识到，民主并非外部赋予的国家特性。因此，只有当我们考虑到不同社会选择民主的条件之后，才可能在民主与增长的关系问题上得出可靠的结论。虽然这一思路较好地说明了民主与发展关系中的模糊性，但仍然不能令人满意地解释贫富民主国家的不同表现。

2.1　数据、民主与发展

早期关注民主与发展问题的研究者们主要依据的，是"自由之家"（Gastil 1998）关于政治自由与公民自由的数据，以及班克斯（Banks 1971）和"政治体"（Polity）的数据（Gurr, Jaggers and Moore 1990），后者基于对一国的行政机构是否受到约束，以及政治参与是否开放等方面的专业评估（参见 Bollen1993 的讨论）。但这些指标的使用面临两个方面的问题。

首先，这些数据在被编制时已经包含了对政体表现的评价，从而导致了内生性问题。也就是说，在评价者认为表现比较好的国家，评测结果自然就会比较好。"自由之家"的数据就是一个明显的例子，因为对公民自由和政治自由的保障是制度安排、而非制度安排的指标的结果。虽然戈尔、雅格和摩尔（Gurr, Jaggers, and Moore 1990）的"政治体"关于民主的测评指标可以部分地免于上述批评，但也不是没有问题。例如，即使某些国家不存在政治上正式的制约与平衡，"政治体"的测评体系仍然可以认为它们的行政专权受到了实质性的约束。由于民主与发展理论关注的是规范化的民主制度，所以使用"政治体"数据就会产生解释和内生性方面的问题。

第二个方面的困难在于我们缺乏衡量不同制度相对重要性的清晰标准(像竞争性选举相对于政治上的制约与平衡)。比如,根据政治体 IV 的数据,研究者们在判断政治参与是否开放时无法确定竞争性选举的权重,而前者又恰恰是这组数据中民主制的一项标准;另外研究者们也不能确定,对行政权的约束,是来自制度性的制约与平衡,还是不那么制度化的对行政专权的限制。

为克服这些困难,贝克等人(Beck et al. 2001)在政治制度数据库中,利用客观标准(不论有多少个政党参与竞争,没有一个政党或候选人获得 75% 以上的选票),对立法和行政机构选举的竞争性分别进行测量。利用这些数据,基弗(Keefer 2004)认为定期竞争性选举的引入可以解释 1975—2000 年这一时期的增长,但前提是对内生性加以控制。① 普列泽沃斯基等人(Przeworski et al.2000)结合了从 1950 年以来的数据,它们根据同等透明的标准对民主国家加以界定,即领导人通过竞争性选举产生、而且至少进行了一次领导人改选(Boix and Rosato 2001 把这一变量延伸到了 1800 年)。但是,把 1950年以后国家和年份的变量放到同一个面板上加以评估,他们仍然发现民主并没有带来更快的增长。虽然令人失望,但显然更精确的数据也未能解开为何民主表现不佳这个谜团。

2.2 历史,民主与增长

阿克莫格鲁、约翰逊、罗宾逊(Acemoglu, Johnson, and Robinson 2002)和波瓦克斯(Boix 2003)认为,民主与增长之间之所以存在一种暧昧关系,是因为只有当关键行为者相信民主能给他们带来好处的时候才会选择民主。当然,这又取决于行为者对民主制之下再分配效果的预期,它们形成于行为者们不能就未来的再分配达成可信协定之时。阿克莫格鲁、约翰逊和罗宾逊(Acemoglu, Johnson, and Robinson 2002)认为,最初精英控制了政府与经济,但他们面临着一种双重的信任困境。首先,他们不能令人信服地承诺不对平民进行剥夺。平民因此不再投资,增长就会迟缓。然而,如果精英们能够为平民提供民主制度并且确保其财产安全,并以此从平民那里换取可信的承诺,为他们提供收益中相当一部分份额的话,精英就能因此获得巨大的收入。但是,第二重信任困境会破坏这个契约,因为失利者不能保证,在他们掌权之后,不会进行大规模的再分配。

因此,只有当精英们在旧有的环境下获取极少、因而再分配的代价极低的情况下,

---

① 此句原文为"Using these data, beginning of period competitive elections explain growth…",疑有误。——译者

才会接受民主化。在此情况下,我们会看到民主、财产保护与经济增长相互伴生;而在精英们的统治有利可图之时,它们全都不会出现。

上述逻辑实际上让民主与增长之间没有紧密相关这一问题更加令人迷惑,因为它预期民主国家应该增长更快。不过在补充分析中,阿克莫格鲁和罗宾逊(Acemoglu and Robinson 2001)认为,以及罗森多夫(Rosendorf 2001)认为,平民以革命相威胁。在这种情况下,精英们会让步,允许政治上的开放,即使他们并不情愿。如果不平等程度较低,民主和增长便会较早实现;而如果不平等程度相对较高,他们的让步会导致政治不稳定,以及较低的增长。在此类民主国家,再分配的水平会很高,以至精英起而反对革命,从而引发政治不稳定。这种情况下,民主与增长就不必然相伴发生,政体也会反复动荡。

这些观点意味着,如果不考虑初始阶段精英允许民主出现的条件,而过于匆忙地考察民主对增长的影响,就有可能得出这种影响并不存在的错误结论。正如普列泽沃斯基和李蒙奇(Przeworski and Limongi 1993)及其他很多研究者所指出的,问题不在于民主制之下的再分配抵消了产权保护所带来的积极成果,而在于一些民主国家的精英更愿意接受民主化。在那些精英们不愿意接受民主化的国家,就会出现革命与反革命、政治不稳定,以及相对较高水平的再分配。如果把这两类不同的民主国家混为一谈,人们自然会低估民主对增长的影响。

阿克莫格鲁、约翰逊和罗宾逊(Acemoglu,Johnson,and Robinson 2002)从经验角度考察了两种不同的民主化形式。首先,他们考察了前殖民地国家。在这些国家,精英们在宗主国支持之下,非常有可能控制民主化,因此民主化在很大程度上取决于他们的收益而非平民革命的威胁。其次,他们使用移民的死亡率直接控制了精英的收益(这是阻碍民主化的因素)。只有在收益足够大,并且能够抵消较高的死亡风险时,人们才会移居死亡率比较高的国家;同时这些移民基本上也不会有任何动机去建立那些能够开放政治和经济参与的制度。他们发现移民的死亡率可以解释收入和民主之间的关系,这与三个变量同时变化时人们的预期相一致(Acemoglu et al. 2005)。

恩格尔曼和索科洛夫(Engerman and Sokoloff 2002)的结论与此相似,他们并且提供了精英采取行动保护自身利益的更为直接的证据。他们发现,最适合矿业开采和农业种植的那些拉美国家,在扩大选举权提供公共教育方面进展最为缓慢;而且这些国家总是采用更为苛刻的规定,限制平民进入各种经济活动。在说明民主、财产权和增长相伴出现、而且必定相伴出现的历史条件方面,他们的证据至关重要。

2.3　平等、分配与不成功的民主国家:二十世纪晚期的畸形民主

上述观点虽然成功地从理论上和经验上把历史因素与当下的发展经验关联起来,

但由此得出的一些结论仍然不能很好地得到数据方面的支撑。特别是这类研究的核心论点，即由不平等导致的高水平的再分配和政治不稳定，导致了民主国家的不良表现。有大量（虽不完善）证据表明，贫穷的民主国家并不一定存更严重的收入不平等和更高水平的再分配。

与上述研究的结论相一致，缓慢的增长、不良的民主制度的确伴随着严重的不稳定。普列泽沃斯基等人（Przeworski et al. 2000）通过一份图表总结了1950—1990年间30个放弃民主制的国家的情况，其中26个是贫穷的民主国家。政治制度数据库反映的情况与此相似。从1980年往后的20年间，拥有竞争性选举制度的国家中，贫困的一半里有13个国家放弃了民主制；而富裕的一半里只有一个国家发生了这种变化。但是，从富有的精英向贫穷的平民的再分配，似乎并没有导致政治不稳定。相反，早期的证据显示，与贫穷的非民主国家或者富裕国家相比，贫穷的民主国家政府较小，也较少地进行再分配。

即便是在围绕这些制度变迁的政治活动中，也很难觉察到对再分配的关注。大多数民主理论预期，右翼的、精英控制的政府将会被具有再分配性质的、左翼的政府代替。表36.2所示，自1975年以来，发生过91次从非竞争性选举或非选举制向竞争性选举的过渡，其中只有两次是从右翼政府转变为左翼政府。事实上，向竞争性选举的转变造成了更多的右翼政府（31个）而非左翼政府（25个）。相似地，在36次从竞争性选举向非竞争性选举的转变中，人们原本预期右翼政府将替代左翼政府。但是，在转变发生一年之后，有一小半的国家（16个）是左翼执政，只有一个国家从左翼政府转变成为右翼政府，在另外的10个国家（没有列出），政治变迁是从一个左翼政府转向了另一个左翼政府。

与政治不稳定一样，不同政体间不平等程度（基尼系数）的差异也与理论上的预期相一致：贫穷的民主国家会比富裕的民主国家更不平等。但是，与那些从未经历过政体变迁的国家相比，发生过政体变迁的国家的不平等程度仅仅稍高一点点（四个百分点），而且在贫穷的民主国家，这点微弱的差异也消失了。另外米兰诺维克（Milanovic）（2000）的研究提醒我们，围绕再分配的社会冲突，是由市场中的不平等，以及政府再分配之后的收入不平等所导致的，而且再分配前后基尼系数会发生巨大变化。许多跨国数据库提供的不平等指标，如世界发展指标（World Development Indicators）所提供的基尼系数，是再分配之后的数据。由于富裕民主国家再分配水平比较高，所以很可能民主穷国和民主富国市场不平等的程度相差不大。正确的不平等数据可能会告诉我们，成功的民主国家比不成功的民主国家更不平等。无论如何，在较低的人均收入、民主、不平等、再分配和政治不稳定之间缺乏明显的关联，这刺激我们为贫穷民主国家的政治选择和增长记录寻找其他解释。①

表 36.2　意识形态与政体变迁，1975—2004

变迁总数	民主制向非民主制	非民主制向民主制
1975—2004	36	91
转向左翼	12	25
转向右翼	4	31
从左翼转向	16	29
从右翼转向	8	21
从左向右	2	5
从右向左	1	2

注:信息来自政治制度数据库(Beck et al.2001)。立法与行政机构选举都具有高度竞争性的国家即民主国家
　　(LIEC-EIEC-7),反之则为非民主国家。意识形态分野也来自政治制度数据库,根据最大执政党的立场
　　为右翼、左翼、中间还是非意识形态所决定。

三、政治市场的不完善以及不同的民主表现

如果不平等及针对再分配的争端不足以解释不同民主国家的不同表现,以及贫穷国家民主制度为何难以影响其政治结果,那么还需要考虑什么因素? 一个有用的起点来自上面提到的政策扭曲,它包括了以牺牲全体社会利益为代价而为特殊利益服务的结果。教育以及公共投入的资源并没有转化为更高的教育水平或者更好的基础建设,而是注入了教育管理部门因裙带关系指定的承办人,或者关系较好的承包商的口袋。后者可以绕开妨碍着普遍企业家的官僚机构,确保他们的合同即使是在不可能的情况下也得以履行(以及他们对合同的违反能够得到许可)。

从 1965 年奥尔森的《集体行动的逻辑》(Olson 1965)开始,大量研究支持这样一种观点,即特殊利益的存在可以解释民主制的不同表现。关于发展问题上国内政治的作用最强有力的证据,集中在贫穷国家政策决定过程中利益集团扮演的角色。贝茨(Bates 1981,1983)揭示某些非洲国家灾难性的农业政策形成过程中特殊利益发挥的作用;弗里登(Frieden 1991)表明,利益团体的不同特征如何影响了国家对债务危机的反应;在美国政治的经验研究中,分析不同选区的经济利益也是一个主要的方法。对民主与增长之间关系的研究提出的问题是:为何一些民主国家相比之下更容易受到特殊利

————————————

①　有学者认为,精英与平民的冲突围绕的是再分配之外的其他问题,如管制或者公共品的获取等,但早期关于贫穷的民主国家和非民主国家政策相似性的讨论并不支持这一观点。

益(精英)的影响。

一种回答强调政治竞争的机制以及政治市场的不完善,认为它们使政治家无须为其过分照顾某些特殊利益,或者追求其自身利益的行为对选民负责。基弗与克马尼(Keefer and Khemani 2005)指出政治市场存在两个方面的不完善:政治信任的缺乏与公民信息的不完备。如果选民不能监督影响到他们的政治行为,或者不能相信政治竞争者的承诺,则竞争性选举在阻止政治家利用政策满足特殊利益或个人私利方面,其有效性就会大打折扣,甚至有可能毫无作用。

精英与平民政治不能对彼此作出可信的承诺,这是民主与发展研究着力点。但是,此类研究排除了其他一些重要的不完善性,如假定精英和平民政治家能够分别对精英和平民成员作出可信的承诺;而后者反过来也都能严格地监督"他们各自的"政治家们采取,并且清楚这些行动如何影响了他们的福利。贫穷民主国家公共政策的质量(几乎不比贫穷的非民主国家更好,甚至更糟)对后一个假设的有效性提出了质疑,因为平民成员似乎完全不可能要求平民的政治家有稍好的表现。

更为一般地说,在不同的国家,要转达可信的承诺、通过服务选民得到信任,并且动员选民的支持,这些挑战的难度相当不同。把政治竞争的细节带入发展政治经济学的视野,为我们提供了一种有用的方式,以解释为何许多民主国家的确表现较差,而有些威权国家却潜在地做得相对较好。

3.1 选举(选择)前低度信任的政策后果

用政治信任度来解释不同民主国家政策选择的差异,以及非民主国家和贫穷的民主国家之间政治选择的相似性,其有效程度取决于我们如何理解在政治信任缺失的情况下,公民和政治家们如何反应。研究文献提供了三种可能:政治家和选民对解决信任问题无能为力;选民们至少能够通过相互协调,为失信的政治家设定某种行为门槛;或者政治家的确花了本钱,从而影响了他们的受信任程度。前两种情况在此类研究中受到了较多的关注。基弗与伏莱古(Keefer and Vlaicu 2005)着重研究了后一种情况。他们明确指出,缺乏政治信任不仅对公民,而且对政治家也是个问题,因为如果后者不能对前者作出可信的政治承诺,就难以为他们的候选人动员足够的支持。

3.1.1 在政治家和公民都无能为力时缺乏信任的后果

如果公民和政治家对于政治信任的缺失都无能为力,那么即使完全拥有选举权的公民也不可能对政策决定者施加任何影响。对于当政者来说,由于政治上的竞争对手不能可信地承诺可以做得更好,所以他们基本上可以免于挑战。政治承诺,包括关于收入和资产再分配的承诺,都变得毫无意义。这样一种选举前关于信任度的看法会带来极端的政策预期:政府将肆无忌惮地剥夺、尽可能多地征税,并将所有的收益用于私人目的。

尽管贫穷国家的政治动荡不安,而且在很多民主国家人们都相信政治竞争者并不会对选民守信,但当选政府对民众的要求完全置之不理的情况却也比较罕见。教育投资确实让一些学生有学可上,政府的大多数收入也并没有存入政治家们在瑞士银行的私人账户。显然,政治家和选民在信任问题上完全无能为力的假设还是太过极端了。

3.1.2　公民能够相互协调影响投票规则时缺乏信任的后果

菲尔约翰(Ferejohn 1986)认为,选民们会相互协调,以构成某种行为门槛。如果当政者们的表现低于这个门槛,选民就会换掉他们,而无论挑战者是谁(因为挑战者同样不可信)。如选民们的努力取得成功,政府就不能再如以前一样放肆地寻租。柏森和塔贝里尼(Persson and Tabellini 2000)对菲尔约翰的模型进行扩展,用以说明这些投票之后的规则如何影响了公共与私人产品的供给。在所有的案例中,虽然这种投票之后的规则提高了公民福利,但对选举的回应性影响不大。

能够实施投票后规则的条件很严苛,要求选民协调行动形成某种表现门槛时就更是如此。例如,基弗(forthcoming)认为,当政策失败很快被人们所知晓,并且选民对这一失败所导致的结果认知比较一致时,选民协调最容易发生。但是,就效果更为复杂的其他政策,如教育政策来说,选举对政治家的表现只能施加非常有限的影响。因此毫不奇怪,在贫穷的民主国家,由于选民更多地依赖投票后的规则,其教育成果并不比贫穷的非民主国家更好。另一方面,就银行管控而言,其政策失误的后果(即金融危机)短期内就能被所有选民觉察到,他们协调行动维持行为门槛就比较容易。正因为这类情况下投票后规则更为有效,所以在存在竞争性选举的国家,对濒临破产的银行进行财政转移的情况就很少发生。

但是,穷国易于依赖投票后的回应规则这种猜测,并不能够解释穷国与富国之间的政策差异。柏森和塔贝里尼(Persson and Tabellini 2000)认为,在主要依赖这类规则约束政治家的国家,寻租和腐败会很严重,公共品的供给可能处于中等水平(但还是积极的),但向特殊选民群体的转移应该是零。但贫穷民主国家的政策记录特别与最后一点极为不合。在表现不良的民主国家,为特定的选民群体谋利是竞选中支配性的因素,我们可以从薪金支出和公共投资的密集程度上看出这一点(猪肉桶问题)。

有一种观点认为,在低信任度的国家,向特定群体输送利益的情况并不那么严重。但是对贫穷民主国家政治行为的直接观察同样不支持这一预期。布莱顿和凡·德·威尔(Bratton and van de Walle 1997)之所以把民主化之后的非洲政治称为"新世袭"政治,就是为了反映非洲的政治家们为特定利益群体提供好处的严重程度。维尔德

（Wilder1999）引用巴基斯坦国民议会中一位来自旁遮普的前议员的话说，"人们现在认为国会议员和省议会议员的工作就是治理贫民区，让他们的孩子能够上学，为他们找工作……（这些事）占用了你整天的时间"（1999，196 页）。"你看，我们被选出来是因为我们在当地的能力。人们选我是因为他们相信我可以帮助他们"（1999，204 页）。

3.1.3 当信任为内生性时缺乏信任的后果

由于得到信任可以在选举中大有收获，假如政治家们不为信任而投入就是一件不可思议的事情了。基弗和伏莱古（Keefer and Vlaicu 2005）提出了一个模型，表明有两种方法可供不受信任的政治家选择，以增加相信他们承诺的选民人数。他们可以通过投入建立起一个相信他们承诺的选民网络（例如建立某种利益分配的机制，在葬礼上发钱等等）；或者他们也可以依赖现有的利益交换网络，向委托人作出承诺，后者则承诺为委托人投票。如果政治家依照以上两种策略中任何一种行事，我们就可以看到更严重的腐败，更多特定物品的供给，以及除某些特定物品之外更低的供给。这正是我们在贫穷民主国家中观察到的现象。

研究裙带主义的文献证实这两种策略相当常见。斯科特（Scott 1972）曾谈到菲律宾的政治家们为创造对个人的忠诚而坚持为私利服务，他也描述了 1960 年的缅甸选举，这完全是一场为争夺控制着票仓的委托人而非选民进行的竞选。斯托克斯（Stokes 2005）详尽地记述了阿根廷庇隆党的运行机制，通过它选民能够直接满足个人利益。无论政治家们遵循什么样的行动路线，他们最后总是诉诸那些相信他们承诺的特定选民群体的支持。这使他们更倾向于提供有利于这些群体的私人物品，而非使全体公民受惠的公共品。

有大量间接证据表明，贫穷国家的政治家很难向大范围内的公民作出可信的承诺。首先，大范围内的再分配在政治信任度有限的国家不太可能。与此一致，政治制度数据库（Beck et al. 2000）记录了世界各国能否在经济上被区分为左、中、右及难以判断四类的情况。在 2000 年，46 个存在竞争性选举的贫穷国家中 72% 的政党都可以被归入其中某一类；与 48 个富裕国家 92% 的政党相比，标准差是一。基弗（Keefer 2005b）也发现，存在纲领性政党的国家，腐败程度较低，为特定对象提供的物品比较少，而不区分对象提供的物品则比较多，但贫穷民主国家的党不大可能是纲领性政党。其次，人们可能会认为老旧的政党一直有更多的机会围绕再分配问题提高政策声誉。政党获取政策声誉的间接途径之一就是它的历史。政治制度数据库的资料显示，在富裕的民主国家，使用现有名称的政党平均存在的时间是贫穷国家的两倍，分别为 47 年和 23 年。

布厄诺·德·梅斯基塔等人（Bueno de Mesquita et al. 2003）也发现，信任的不足会导致政策扭曲。不过,他们采用的研究方法与基弗和伏莱古(Keefer and Vlaicu 2005)相反。他们允许当政者和挑战者都可信地向全体选民允诺一项有关税收和公共品的计划,但也允许政治家仅向一个与他们具有特殊联系的群体作出为其谋取私利的承诺。这就提升了当政者的优势,并会有碍于向(这些选民)提供私人利益。罗宾逊和托尔维克(Robinson and Torvik 2002)提出了一个更有说服力的假设:在发展中国家中,没有政治家能向选民们作出可靠的承诺。不过他们也认为,特殊的密切关系会使当政者对一部分选民作出可靠的承诺,这也将造成政策的扭曲。

虽然特殊关系在很多情况下发生作用,比如有种族问题牵涉其中的选举,但并不能简单地把穷国与富国之间巨大的政策差异归因于不同国家这种特殊关系的不同。同时,正如基弗和伏莱古(Keefer and Vlaicu 2005)所指出的,政治家用以动员支持的很多策略,恰恰与使他们向选民作出的承诺更为可信这一目标有关。放宽政治信任的外生性假设,不仅可以把这些政治行为纳入政治竞争的分析,而且也能够使我们的政策预期更接近观察到的结果。[①]

四、信任、民主化及历史的作用

有大量证据表明,贫穷民主国家的政治家更难在大范围内作出可信的承诺。由于缺乏信任,他们推行的政策也只能得到某种特定的回应:诉诸他们的委托人以及选民中的特殊群体。信任理论不仅与经济发展有关,也与政治发展和民主化有关。一方面,新兴民主国家的政治家一般难以对所有公民作出可信的承诺,而这会阻碍民主化进程;另一方面,那些拥有更可信的政治竞争者或者社会结构的新兴民主国家,会使诉诸委托人付出相对更高的成本,而这就可能是一种优势。

基弗(Keefer 2005a)提出的大量证据表明,新兴民主国家推行的政策与较低的政治信任度有关,因而寻租现象更普遍、为特殊群体提供的服务更多,而面向全民的公共品较少。这些国家持续进行选举的时间越长,作为公共品的中学入学率就越高,法治就越稳定、官僚素质也越高;同时,公众获取信息所受的限制(新闻业国有化,信息成为公共品)会更少;腐败会减轻;公有部门的薪酬,以及更容易为少数人谋利的公共支出和投资也会减少。基弗(Keefer 2004)、柏森和塔贝里尼(Persson and Tabellini 2006)发现,即使使用不同的民主测评标准、不同的民主经验累积标准、在不同的时间段进行测评,结

[①]　这一部分标题排序有误,只有 3.1,没有 3.2。——译者

果都表明,民主制的历史是解释增长的一个关键变量。①

关键的问题是新兴的民主国家是否以及如何能够得以稳固。基弗和伏莱古(Keefer and Vlaicu 2005)表明,在没有委托人的情况下,政治竞争促使政治家越来越多地为自己的可信度投入,从而使相信他们承诺的选民不断增加,而政治家为所有公民无差别地提供公共品的动机也会加强。但是,这一过程并非必然,因为历史遗产(与前面回顾的民主与发展理论注意到的不同的历史遗产)会起阻碍作用。

在那些社会结构使诉诸委托人相对容易的新兴民主国家,政治家会倾向于依赖委托人,而不是为他们在选民中的声望投入。布莱顿和范·德·威尔(Bratton and van de Walle 1997)在讨论非洲民主的兴起时,强调了世袭主义遗产发挥的重要作用。在这里,更容易出现的不是良性循环,而是一种政治发展的陷阱。受托人对公共品毫无兴趣,因为他们难以说服委托人他们的介入有助于这类物品的供给。② 因此那些诉诸委托人的政治家不仅不会致力于增加相信其承诺的选民的数量,甚至不愿提供公共品。由于政府质量较差,其可信度又很低,人们的反对很容易导致政府的倒台,因此这种政体往往比较短命。因此,缺乏信任的民主国家常常同时也是年轻的民主国家。

另一项可能的遗产是纲领性政治竞争者的存在。如基弗和伏莱古(Keefer and Vlaicu 2005)所发现的,在像英国这样的国家实行普选和竞争性选举的时候,政治竞争者已经具有完备的纲领立场。但在其他国家,如多米尼加共和国,前民主政体残酷地压制这种纲领化的趋势。基弗(Keefer 2005b)表明,在大多数调查期间拥有纲领性政党的国家,此类政党一开始就存在了。某种历史遗产,这次是纲领性的政党,再度影响了后继的政治和经济发展。

五、信任及民主研究中的未解之谜

在此讨论的信任问题为民主研究中的三个难解之谜提供了线索。首先是贫穷民主国家再分配的稀少。比如,阿克莫格鲁和罗宾逊(Acemoglu and Robinson 2006)认为,平民的集体行动会推进民主化,也会造成了再分配的压力。但是,只有当可信赖的政治行

---

① 柏森和塔贝里尼(Persson and Tabellini 2006)运用这些发现证明,民主制的历史会增加民主的资本,即公民赋予民主制的价值。公民们得到的经济利益越多,他们越愿意捍卫民主制;企业在民主制之下生产效能更高,但只有它们确信民主制已经稳定下来,才会进行更多的投资。因此,民主制越长久,增长就越快。本章讨论的信任理论得出的结论与此相一致,不过对新兴的和传统的民主国家之间的政策差异给出了更为直接的解释。

② 此句原文为"Patrons have no interest in...to convince clients that—"疑有误。——译者

为体存在并代表平民（和精英）的利益时，集体行动才有可能出现。被裙带政治渗透的社会不太可能出现这种集体行动。当它们民主化时，再分配的政治压力也会相应地比较微弱。

其次，贫穷民主国家的不稳定程度比较高，但与富人和穷人之间围绕再分配的冲突无关。当我们考虑到在裙带政治盛行的民主国家，政治竞争总是围绕着向特殊的选民群体输送利益而进行时，上述情况也就不难理解。虽然是被选举出来、但得不到信任的政治家几乎什么动机为公共利益制定政策。实际上，由于他们总是热衷于为特殊利益提供私人物品，这类政府制定的政策已经与众多非民主国家任人唯亲的政治相差无几。相应地，当政体受到威胁时，公民们不仅很少有起而捍卫民主制的动机，而且更有可能听信反民主的挑战者的承诺（Keefer 2006）。

最后，现有研究尚未澄清，民主化是精英之间，还是精英与平民之间冲突的结果。阿克莫格鲁与罗宾逊（Acemoglu and Robinson 2006）与其他很多研究者一样（如 Dahl 1971），认为是精英与平民之间的斗争推动了民主化；科利尔（Collier 1999）和其他一些研究者则认为，民主化的是精英群体之间斗争的结果，因为他们当中的一部分把全民选举作为实现其特殊利益的手段。正如罗宾逊（Robinson forthcoming）所言，这两种观点在分析方法上有相似之处，因为它们都预期，群体之间围绕政策发生的冲突将会导致制度变迁。政治市场的不完善能够解释为何这两种情况在实践中往往难以区分。科利尔（Collier 1999）提到的精英动员平民的努力，与达尔（Dahl 1971）提到的平民领袖组织平民民众联盟的努力，都有可能在信任缺失的沙滩上搁浅。在这些努力遭到失败的情况下，民主化看上去的确与普通民众相去甚远，而制度变迁更像是小集团之间斗争的产物。

六、政治市场其他方面的不完善性：信息不完全

大量研究表明，公民信息的不完全会对发展产生重大影响。对政治市场这一关键的不完善性，本章一直没有提及。不过，在很多方面，上述讨论同样适用于信息问题，因为信息不完全导致的严重结果，就是公民无从确认政治家是否履行了他们的承诺。没有确认，承诺就是空话。[①] 选民信息的不完全至少会以两种方式扭曲政治决策。首先，政治家会花费资源控制信息不全的选民，让他们在这个过程中服务于某种特殊利益

---

① 斯托克斯（Stokes 2001）分析了相反的情形，信息比选民完全的政治家向选民们承诺实行后者认为对其有利的政策，但并没有履行诺言，他推行的是自己认为有利于选民的政策。这种情况不会在选举中为政治家带来负面影响，因为选民们可以确认政治家是在为他们的利益行事。

（Grossman and Helpman 1996）。其次，政治家会根本无视那些信息不全的选民而变得更为腐败（Adserà，Boix，and Payne 2003），或者更不愿意让他们了解政府的计划（Besley and Burgess 2002；Stromberg 2004）。

上文对信任问题的讨论也与此相关，因为公民的信息直接受到政府的影响。政府可以限制新闻出版机构了解国家机密、可以让支持者掌控媒体，也可以进行新闻出版审查，甚至可以干脆把媒体收归国有。信息问题之所以非常重要，是因为在这个领域的大多数研究中，学者们必须使用报刊发行量作为选民信息量的一个替代指标。报刊发行量当然与发展相关：1995 年，在实行竞争性选举的国家中，富裕国家的报刊发行量要明显高于穷国。不过，基佛（Keefer，2005a）发现，在那些政府控制的报刊占据市场比例较高的国家，报刊发行量明显偏低。

信息量与上文讨论的信任问题直接相关。信息是一种公共品。像所有公共产品一样，在政治竞争者不能对选民作出可信承诺之时，它最不可能被提供（或者更可能被限制）。如果这样，那么报刊发行量就可以补充，或者替代不同国家和不同时期选民信息方面的外部指标，反映选举前政治承诺的潜在可信度。与此一致的是，基佛（Keefer 2005a）指出，如果报刊发行量反映了政府影响公众信息的努力，那么这一数量就会与政府的特殊利益输送（如政府的薪酬支出）成反比，而事实的确如此。

七、结　论

虽然已经有数十年的探讨，民主与经济发展今天仍然是一个重要的研究论题。为什么一些国家实现了民主化而另一些国家并没有，为什么在一些国家民主带来了快速的经济发展而另一些国家并不能，以及为什么一些民主国家的政策选择推进了发展而另一些国家却做不到？换言之，为什么平民总不能从他们选出的政府政策中获益？对于这些问题，现有的研究已经给出了丰富的解释。

本章的结论是，在上述每一步的进展中，可信的承诺都是一个核心问题，但承诺的具体作用各不相同。民主与发展研究认为，精英与平民之间无法达成相互信赖的协议，是一些国家成功实现了民主化的原因。但同样的观点并不太好解释民主国家的不同表现。一些表现不佳的民主国家似乎并没有像此类研究预期的那样，表明出精英与平民之间的不平等、再分配的倾向，以及围绕再分配的冲突。

另外一些关注政治家向其支持者（比如平民领袖向平民）作出的承诺的可信度的观点可以填补这一空白。一些民主国家之所以表现不佳，并不是因为精英与平民之间的冲突难以解决，而是因为政治竞争者首先就不能对选民作出可信的承诺。历史传统也对民主化产生重要影响。在一些国家，传统上政治竞争者就能够向选民作出可信的承诺；而在另一些国家，世袭主义使政治家拒绝在选民中建立广泛的信誉。这两类国家的民主化迥然不同。这一事实又与关注精英与平民关系的研究有关。因为只有当政治竞争者能够作出可信的政治承诺，平民才有可能通过集体行动迫使精英让出权力。富裕的民主国家试图深化世界上贫穷国家的民主化，要让这一努力获得成功，非常关键的是要更好地理解政治信任与成功的民主化之间的历史联系。

参考文献

ACEMOGLU, D., and ROBINSON, J. A. 2006. *Economic Origins of Dictatorship and Democracy.* New York：Cambridge University Press.

——2001. A theory of political transitions. *American Economic Review*, 91(4): 938–63.

——JOHNSON, S., and ROBINSON, J. 2002. Reversal of fortune: geography and institutions in the making of the modern world income distribution. *Quarterly Journal of Economics*, 117(4): 1231–94.

——and YARED, P. 2005. Income and democracy. Mimeo. Department of Economics, Massachusetts Institute of Technology.

ADSERA, A., BOIX, C, and PAYNE, M. 2003. Are you being served? Political accountability and governmental performance. *Journal of Law, Economics and Organization*, 19: 445–90.

BANKS, A. S. 1971. *Cross-Polity Time Series Data.* Cambridge, Mass.: MIT Press.

BATES, R. H. 1981. *Markets and States in Tropical Africa: The Political Basis of Agricultural Policies.* Berkeley and Los Angeles: University of California Press.

——1983. *Essays on the Political Economy of Rural Africa.* Cambridge: Cambridge University Press.

BECK, T, CLARKE, G., GROFF, A., KEEFER, P., and W A L S H, P. 2001. New tools in comparative political economy: the database of political institutions. *World Bank Economic Review*, 15(1): 165–76.

BESLEY, T, and BURGESS, R. 2002. The political economy of government responsiveness: theory and evidence from India. *Quarterly Journal of Economics*, 117(4): 1415–51.

BOIX, C. 2003. *Democracy and Redistribution.* New York: Cambridge University Press.

——and ROSATO, S. 2001. A complete data set of political regimes, 1800–1999. Mimeo. University of Chicago.

BOLLEN, K. 1993. Liberal democracy: validity and method factors in cross-national measures. *American Journal of Political Science*, 37(4): 1207–30.

BRATTON, M., and VANDEWALLE, N. 1997. *Democratic Experiments in Africa: Regime Transitions in Comparative Perspective.* Cambridge: Cambridge University Press.

BUENODEMESQUITA, B., MORROW, J., SIVERSON, R., and SMITH, A. 2003. *The Logic of Political Survival.* Cambridge, Mass.: MIT Press.

COLLIER, R. B. 1999. *Paths Towards Democracy: The Working Class and Elites in Western Europe and South America.* New York: Cambridge University Press.

DAHL, R. 1971. *Polyarchy: Participation and Opposition.* New Haven: Yale University Press.

EASTERLY, W, and SERVEN, L. 2004. *The Limits of Stabilization: Infrastructure, Public Deficits and Growth in Latin America.* Stanford, Calif.: Stanford University Press.

ENGERMAN, S., and SOKOLOFF, K. 2002. Factor endowments, inequality, and paths of development among New World economies. *Economia,* 3(1):41-88.

FENG, Y. 2003. *Democracy, Governance, and Economic Performance: Theory and Evidence.* Cambridge, Mass.: MIT Press.

FEREIOHN, J. 1986. Incumbent performance and electoral control. *Public Choice,* 50:5-26.

FOSTER, A., and ROSENZWEIG, M. 1996. Technical change and human-capital returns and investments: evidence from the green revolution. *American Economic Review,* 86(4):931-53.

FRIEDEN, J. A. 1991. *Debt, Development and Democracy.* Princeton: Princeton Lmiversity Press.

GASTIL, R. 1988. *Freedom in the World: Political Rights and Civil Liberties 1987-88.* New York: Freedom House.

GROSSMAN, G., and HELPMAN, E. 1996. Electoral competition and special interest politics. *Review of Economic Studies,* 63:265-86.

GURR, T. R., IAGGERS, K., and MOORE, W. H. 1990. The transformation of the western state: the growth of democracy, autocracy, and state power since 1800. *Studies in Comparative International Development,* 25:73-108.

KEEFER, P. 2004. All democracies are not the same: identifying whether institutions matter for growth. Paper presented at American Economic Association meetings.

——2005 a. Clientelism, credibility and the policy choices of young democracies. Mimeo. Development Research Group, World Bank.

——2005 b. Programmatic parties: where do they come from and do they matter? Paper presented at the 2005 meetings of the International Society for New Institutional Economics, Barcelona.

——2006. Insurgency and credible commitment in autocracies and democracies. Mimeo. World Bank Development Research Group.

——Forthcoming. Elections, special interests and financial crisis. *International Organization.*

——and KHEMANI, S. 2005. Democracy, public expenditures, and the poor: understanding political incentives for providing public services. *World Bank Research Observer,* 20(1):1-28.

——and KNACK, S. 1997. Why don't poor countries catch up? A cross-national test of an institutional explanation. *Economic Inquiry,* 35:590-602.

——1998. Political stability and economic stagnation. Pp. 136-53 in *The Political Dimension of Economic Growth: Proceedings of the IEA Conference Held in San Jose, Costa Rica,* ed. S. Borner and M. Paldam. New York: St Martin's Press.

——2002. Polarization, politics and property rights: links between inequality and growth. *Public Choice,*

111:127-54.

——and VLAICU,R.2005.Clientelism,credibility and democracy.Mimeo.Development Research Group, World Bank.

MILANOVIC,B.2000.The median voter hypothesis,income inequality and income redistribution:an empirical test with the required data.*European Journal of Political Economy*,16(3):367-410.

MULLIGAN,C.,GIL,R.,and SALA-I-MARTIN,X.2004.Do democracies have different public policies than non-democracies? *Journal of Economic Perspectives*,18(1):51-74.

NORTH,D. and WEINGAST, B. 1989. Constitutions and commitment: the evolution of institutions governing public choice in seventeenth-century England.*Journal of Economic History*,49:803-32.

OLSON,M.1965.*The Logic of Collective Action:Public Goods and the Theory of Groups.*Cambridge,Mass.: Harvard University Press.

PERSSON, T., and TABELLINI, G. 2000. *Political Economics: Explaining Public Policy.* Cambridge, Mass.:MIT Press.

——2006. Democratic capital: the nexus of political and economic change. NBER Working Paper W12175.

PRITCHETT,L.1991.Measuring outward orientation in developing countries:can it be done? Policy,research and external affairs working papers,WPS 566,World Bank.

PRZEWORSKI,A.,and LIMONGI,F.1993.Political regimes and economic growth.*Journal of Economic Perspectives*,7(3):51-70.

——ALVAREZ,M.E.,CHEIBUB,J.A.,and LIMONGI,F.2000.*Democracy and Development:Political Institutions and Weil-Being in the World,1950-1990.*Cambridge:Cambridge University Press.

ROBINSON,J.A.Forthcoming.Economic development and democracy:a perspective on recent research. *Annual Review of Political Science.*

——and TORVIK,R.2002.White elephants.CEPR Working Paper 3459.

ROSENDORF,B.P.2001.Choosing democracy.*Economics and Politics*,13:1-29.

SCOTT,J.C.1972.Patron-client politics and political change in Southeast Asia.*American Political Science Review*,66(1):91-113.

STASAVAGE,D. 2003. *Public Debt and the Birth of the Democratic State: France and Great Britain 1688-1789.*New York:Cambridge University Press.

STOKES,S.2001.*Mandates and Democracy:Neoliberalism by Surprise in Latin America.*New York:Cambridge University Press.

——2005.Perverse accountability:a formal model of machine politics with evidence from Argentina.*American Political Science Review*,99(3):315-25.

STROMBERG,D.2004.Radio's impact on public spending.*Quarterly Journal of Economics*,119(1): 189-221.

SVENSSON,J.1998.Investment,property rights and political instability:theory and evidence.*European Economic Review*,42:1317-42.

WILDER, A. 1999. *The Pakistani Voter: Electoral Politics and Voting Behavior in the Punjab.* Karachi: Oxford University Press.

ZAGHA, N.R. 2005. *Economic Growth in the 1990s: Learning from a Decade of Reform.* Washington, DC: World Bank.

第三十七章　回应与政府的存续[1]

约塞·玛丽亚·马拉瓦尔(José María Maravall)

一、导　论

如果公民能使政府对其行为负责任,并且相应地能够在选举时通过他们的选票对其加以处罚或者奖励,则这个政府就是可回应的。民主会导向代表制这一论断最核心的理由,就是由于政府必须对民众加以回应,所以它可能在选举中失败。之所以说人民在统治,是因为如果当政者的表现达不到人民确定的再次当选标准,他们就会被赶下台。作为一种奖惩措施的选举并非随意进行,它们反映了选民在投票时对政府的回溯性判断。正是选举时民众的反应保证了民主制的代表性,因为如果政治家们想要留任,就应该预想到这种反应,并且为公众利益、而非他们自己的利益服务。

简而言之,这就是民主回应制的内容。它是对政治家的过往行为、而非未来立场的判断。民治就体现在每隔四年或五年,选民对当政者的这样一种回溯性控制。这种控制是垂直的,是委托人与代理人、当政者与选民之间的关系。用麦迪逊的话来说(Madison 1961,352 页),这使当政者们形成一种"习惯性的记忆:他们信赖人民"。正如多年之后基(Key 1966,10 页)所说的:"对于失去公众支持的恐惧有力地约束了政府的行为。"

这样一种关于民主和选举的观点,能够避免其他一些关于选民如何能够控制政治家的观点的重大缺陷,因而已经被主流的政治科学所采纳。因此有一种观点认为,如果

———————————

①　除卡尔斯·波瓦克斯(Carles Boix)和苏珊·斯托克斯(Susan Stokes)之外,我还想感谢几位对本章初稿作出过评论的人。他们是 Ignacio Urquizu,Andrew Richards,Sonia Alonso,Sandra León,及 Henar Criado。Braulio Gómez 提供的数据库为本研究提供了重要的帮助。我要特别感谢 Alberto Penadés,Adam Przeworski 和 Ignacio Sánchez-Cuence 对本章提供的帮助。

仅仅把选举视为对最佳候选人的前瞻性选择，以及让他们实施一系列政策的授权的话，选民们随后就会失去对当选者的任何控制。曼宁（Manin 1995,209—214 页）曾经描述过，自 18 世纪末以来，现代民主的"奠基人们"是如何拒斥了让这种控制得以实现的机制：如紧急授权、绑定指令，或者直接罢免代表。此外，战后的经验性民主理论也放弃了对民主制之下公民的理想化理解。无数关于公民的调查数据反映出他们的政治冷漠、对政治的不信任，以及政治上的无力感在扩大，而不是拥有信息、积极参与。这些公民进行投票，并不是因为对候选人及其纲领有充分的了解，他们只是为意识形态、党派偏见和阶级惰性而投票。如果选民们并不充分了解，而且也不太关心政治，那么对当政者施以控制的最简单的方法就是回溯性的。诚如里克尔（Riker 1982,244 页）所言："一切选举所做到的，或者必须做到的，就是允许民众罢黜统治者。"选民们不需要认真地选择最好的候选人，并在日后密切监督他们的任职表现，他们只需要在选举的时候回顾以往，根据自上次选举以来情况是有所改进还是变得更糟而奖励或者惩罚他们。由于当政者害怕选民们未来的判决，并且希望继续任职，所以他们会做那些选民们如果拥有同样的信息也会去做的事情。这就是弗里德里希（Friedrich 1963,199—215 页）所说的"预期反应法则"。

基于政府回应性的选举观在很多方面并不令人满意。首先，在严格的回溯性投票中，公民们需要忽略未来，因为他们的决定与谁将统治他们无关。但是，公民们并不会像罗得的妻子那样，只是站下来往后看，然后成为盐柱。[①] 也就是说，这一观点并未如实反映选举到底意味着什么。其次，学者们反复强调（Przeworski 2003,156—157 页；Manin,Przeworski,and Stokes 1999,10—16 页），要为过去的结果厘清责任，选民们需要大量的信息。最后，惩罚主要不是由选民，而是由政治家进行的。切巴布和普列泽沃斯基（Cheibub and Przeworski 1999,231—235 页）指出，从 1950 年到 1990 年共发生过 310 次政府总理的和平更替，其中 148 次（占 48%）不是由于选民的惩罚，而是政治家的决定——或是来自其所属政党，或是来自执政联盟。这些首相们会像恐惧选民的判断一样，恐惧他们的同僚的阴谋。当然，政治家们抛弃这些总理，也完全可能是因为他们已经预见到选民未来的判决。如果情况真的是这样，他们就不过是实施回应的附加工具。但是如果政治家与选民的标准不一致，那么政治命运就不仅仅由选民的意志所支配，当政者代表选民的动机也会消失。这是本章将重点讨论的理论问题，我将根据 1945 年到

---

① "当时，耶和华将硫磺与火从天上耶和华那里降与所多玛和蛾摩拉，把那些城和全平原，并城里所有的居民，连地上生长的，都毁灭了。罗得的妻子在后边回头一看，就变成了一根盐柱。"（《圣经创世纪第十九章》）——译者

2003 年,23 个议会制民主国家①的 1109 个观察年份首相的任免情况来进行研究。

二、选举与对政治家的回溯式控制

选举和民主按以下方式运行。(一)政治家们相互竞争,同时传递有关他们未来政策设想的信息,以及关于他们自身能力的信号。(二)选民选择那些更接近他们理想的政策立场、并且更有能力逐行其政治纲领的候选人。(三)政治家执掌权力之后,把他们的政策提上日程,并努力加以实施。(四)在特定的外部环境下,政治家的政策和努力产生实效,改变了公民的福利状况。(五)在下一轮选举时,选民对这些结果进行回溯式评价,分别把将它们归因于政策、当政者的努力以及外部条件的影响。(六)选民更新他们对于政策和候选人的偏好。(七)选民再次选择或者拒绝当政者。因此,选举既是选择也是评价。公民们为他们的未来做决定(谁将会治理他们),同时也为他们的过去做决定(再次选择或者拒绝当政者)。麦迪逊同时强调了这两个方面:选举的目的,"首先是让那些最为睿智之人去判断社会的共同利益所在,并让品德最为崇高之人对这种利益加以追求;其次是采取最为有效的措施,使他们在得到公众信任之后继续保持他们的德性"。(Madison 1961,350 页)

我将讨论关于选举的第二个方面:它们能否对政府施以回溯性控制。凯特别强调,选举就是对当政者的奖励或惩罚,而全体选民不过是"对过去事件、过去表现和过去行为的评判者"(Key 1966,61 页)。回应的原始模型把选民们放在一个信息完全的世界里,在选举时他们知道一切。政治家们则拥有一个无限的视域,②这样他们在任期的最后阶段不会受到未来选举的约束(Barro 1973)。巴洛模型最根本的问题在于,对于一项由自身利益牵涉其中的当政者通过税收提供的公共品,选举是否能够发挥约束作用。如果不存在再次当选的前景,政治家会选择一种比选民代表要求更高的水平提供公共品。相反,在重复选举中,选民们会设定一项标准,如果这一标准得到满足,政府可以再次当选,否则政府就会落选。不过这一标准需要足够高,以保证当政者不会依从他们自己偏好的替代选择——如果离职的代价不够大,情况多半就会如此。选民最终选择的标准取决于授权时限的长短、当政者再次当选的价值、未来不确定性的概率,以及当政者留任和去职时收益的差别。

---

① 这些国家是:澳大利亚、奥地利、比利时、加拿大、丹麦、芬兰、法国、德国、希腊、爱尔兰、冰岛、以色列、意大利、日本、卢森堡、荷兰、新西兰、挪威、葡萄牙、西班牙、瑞典、土耳其和英国。

② 此处原文为"finite horizon",疑为"infinite horizon"之误。——译者

与其他形式的代表相反,世界各国当选的政治家事先都没有一份清楚的激励清单,为他们的各种行为列出明确的回报。奖惩都是事后进行。下一次选举时,选民们再决定是否继续授权给当政者。如果当政者还不太愿意在未来放弃权力的话,他们就会约束自己,并且照顾选民的利益。在两次选举之间选民对政府的控制并不存在。

在信息充分的情况下,对政府的民主控制主要依赖政治家们这一间歇的利益权衡。如果当政者倾向于限制当下的收益以求再次当选,而不是使自己在当下的收益最大化并且在下次选举中出局,那么这种控制就存在。选民们也在权衡,因为只有他们允许当政者获得某种收益,参与的限制才会被克服。再次当选依据一项投票法则:如果人们获得了届满福利,当政者就能继续留任;否则他们就会被替换。这种届满福利取决于政府的政策,也取决于政府难以控制的外部条件。信息完全的公民们会知道如何根据政策结果评判政府的责任,而政治家们也清楚对他们的要求。

如果公民们不能为其福利的变化追究责任,选举就很难对当政者施以控制,因为糟糕的政府有可能继续留任,而有能力的政府则可能会被赶下台。选民将无从了解政府的行为,无从了解它是否为他们的利益行事,也无从了解他们的福利变化是否出于政府的政策。如选举承诺未能兑现,选民们也无从知晓这是出于外部条件的变化,还是当政者的寻租行为。选民们还可能被政治家所操纵。在一个多维的政治空间,选票的奖惩作用并不太明显,即便选民之间存在分配差异,它们也很可能被当政者抹平。

菲尔约翰(Ferejohn 1986)使用一个不完全信息情况下的委托—代理模型,模拟对政府纯粹的回溯性选举控制。当政者具有一个无限的视域,因为不存在一个选举起不到制约作用的最后任期。这一模型只考虑"道德风险":什么样的系统动机会防止选民回避对政府过去的表现进行回溯性评判。选民们希望使自己的福利最大化,并且设定一个福利门槛值(κ)作为投票原则。这个门槛必须足够高,以刺激当政者花代价去努力;但也不能太高,以至让他感到没有成功的希望而放弃努力。这样一种届满福利取决于政府的努力(ε)和不在其控制之下的随机的外部条件(θ)。这些条件可以被表达为一种概率分布。这样,选民们的效用就是$\cup_v(\varepsilon,\theta)=\varepsilon\theta$。在信息不完全的情况下,选民们不清楚政府的努力和外部的条件,他们所知道的只有结果,它取决于θ和ε。由于这个模型是严格的回溯性的,它不考虑作为民主控制工具的选举,并且假设在"好"与"坏"的政治家之间没有能力或意识形态的差别。政策差异无关紧要,唯一需要考虑的只有当政者付出的努力。反对派也并不发挥积极作用:它只是当政者的镜像。如菲尔约翰(Ferejohn 1986,14页)所说:"挑战者之所以重要,就因为他们存在。正因为权力追逐者存在,选民们才获得了某种能够作用于当政者的杠杆"。

职位的价值(政治家希望连任或者替代当政者)就在于能够实现对政治家的民主

控制,并且促成代表性。如果 β 表示任职的价值,那么执政者的效用就是 $\cup^{in}(\varepsilon)=$ $\beta-\varepsilon$,而 $\cup^{out}(\varepsilon)=0$ 则是不任职的效用。菲尔约翰(Ferejohn 1986,19 页)指出:

当任职的价值相对较高,且当政者对未来的期望也还没有明显降低的时候,选民对任职者的控制就多一些……任职价值的提高,不仅意味着需要付出某些东西,而且也会提高未掌权者为获得公职进行竞争的程度。

正因为当政者希望连任,所以他们才会"在其任职期间进行政策选择时,尽可能争取未来人们会为其表现投票"(Ferejohn 1986,7 页)。如果 κ①代表执政者对未来期望下降的比率,那么且仅当 $\beta-\kappa/\varepsilon+\delta\cup^{in}>\beta+\delta\cup^{out}$ 时,当政者会付出努力 κ/ε。菲尔约翰结论的,在均衡情况下,能够使选民的预期效用最大化的最佳再次当选门槛值是 $\kappa=\delta(\cup^{in}-\cup^{out})/2$。当外部条件值(θ)大于门槛值(κ)除以在任而非去职的预期的下降率时,政府会为连任付出努力。也就是说,当 $\theta>\kappa/\delta(\cup^{in}-\cup^{out})$ 的时候。如果我们替换 κ,那么 $\theta>\delta\dfrac{\cup^{in}-\cup^{out}}{2}\delta(\cup^{in}-\cup^{out})$,或者 $\theta>1/2$。这样,如果外部环境 θ 的取值为 0 到 1 之间,则当它大于 0.5 时,当政者为达到 κ 只需做出最小必要的努力。在选举时,选民会评判届满门槛 κ 是否被达到,并以此决定是留住当政者还是将其赶下台去。

具有异质性的选民可以被当政者操纵。当选民对福利分配产生不同偏好的时候,是由政府决定哪个特定的群体将会受益;如果选民们为此相互竞争,政府就可以利用某些群体反对另一些群体。假设有 N 个选民,他们中每一个都只关心其个人的福利 ν_i,而不在意累积结果 θ_ε(ν_i 到 v_n 的和即是 θ_ε)。他会设定一个个人的福利门槛 κ_i,如果 $\nu_i\geq\kappa_i$,他就会投票给政府。当政者则会通过分配 θ_ε 造就一个简单的选民多数,以保证自己连任,同时使这个多数中成员利益的总量最小化;至于选民中其他部分的利益则被放在一边了。在这种情况下,少数群体的任何一个成员愿意接受 $\nu_i<\kappa_i$,然后加入多数;否则他就会一无所获。最后的结果是,选民们的要求一个经一个低,直到对所有人来说 $\kappa_i=0$。当政者的努力在极限情况下也会被降到 $\varepsilon=0$。可见,如果选民都是自我中心主义者,那么政府就不可能被他们所控制,不过这只有在 κ 根据累积福利标准设定时才会成立。

这一严格的回溯性模型假设相当苛刻,后续的模型因此以不同的方式对其进行了修正。其中一个例子是奥斯丁—斯密斯和班克斯(Austen-Smith and Banks 1989)建立的模型。除当政者的努力、外部条件和结果之外,他们把选举时的承诺也引入了回应机制。他们的投票模型是立体的,包括两届任期、两位候选人,以及一个同质的、但面临道

---

① 此处原文疑有脱漏。——译者

德风险的选民群体。这也是一个严格回应的模型,所以并不包括选择问题,也就是假定所有政治家在任何一个相关方面都完全一致。反对党同样被视为政府的镜像。他们不带有政策偏好,只是纯粹的职位追求者。对任期也没有限制,当政者可以继续竞选。这样,在均衡条件下,选民在每次选举中对两位候选人都不会有任何特殊的倾向。相反,他们关心的只是政策、未来的结果,只希望通过回溯性的投票策略影响当政者的决定。正如奥斯丁—斯密斯和班克斯(Austen-Smith and Banks 1989,122 页)所说:"既然当政者的偏好是由选民对政策结果的潜在偏好所决定的,那么在每一次选举中,选民们就会设法推断哪一位候选人会付出他们所希望的那种程度的努力。"

届满结果并不取决于执政前的竞选承诺。但在选举时两位候选人都宣示了他们的施政纲领,因此第一次选举的结果完全取决于这两个纲领本身(χ_{11}, χ_{12})。然后新的当政者选择付出一定程度的努力(ε),这选民们无从观察。政府第一任期的立法表现是其努力和随机外部变量的结果($\lambda_t = \varepsilon_t + \theta_t$)。选民控制政府的回溯性策略由每一任期子博弈的纳什完全均衡逆向解决。选民为第二次选举设定投票法则 $\kappa(\chi)$,这取决于第一阶段的执政成果与当初竞选纲领的接近程度。也就是说,由于选民看重的是竞选承诺的可信度,所以他们的回溯性投票策略,就取决于当政者的表现与当初的政策承诺之间有多大的差距。因此,如果候选人在第一次选举中提出施政纲领时预想到这一投票法则 $\kappa(\chi)$,他们就应该清楚,如果希望连任的话需要付出多大的努力。第二次选举中的回溯性投票既保证了选民在第一次选举后的收益最大化,也保证了竞选承诺的可信度。

另一个例子是柏森、罗兰和塔布里尼(Persson, Roland, and Tabellini 1997)的模型。他们引入了两个而不是一个行为体,且都关心未来的选举:一是政府(G),二是议会(L)。它们的收益都不能为选民所知(r_g=政府的收益;r_l=立法机关的收益)。由于 r_g 和 r_l 之间是零和博弈的关系,因此 G 和 L 之间存在利益冲突。选民们可能了解也可能不了解世界的状况(θ),但清楚自己消耗的公共品(c)。他们的投票是回溯性的。如果 θ 已知,他们会据此设定一个连任门槛(κ),否则就根据 c。在分权制衡的情况下,G 和 L 在后继阶段政策制定的负责是分开的,但最终的决定需要 G 和 L 达成一致。否则现状就会持续。这一模型用预算制定作为例子。G 和 L 必须对预算的整体规模和内部构成(r_g、r_l 和 c 各占多大比例)达成一致。由于 G 和 L 之间存在分配冲突,而且最终结果需要双方同意(否则就维持现状),在均衡情况下,弱势的那一方把有关 θ 的信息告知选民。结果是选民将不仅根据 c(公共品的消费)、而是根据 θ 来设定门槛,信息不对称不会带来任何收益,而且 G 和 L 都会连任。这一模型的一个问题是,它需要政府和立法机构之间不存在共谋,而且也不存在把这两个机构连接起来的政党。

三、一些经验证据

回溯性选举模型影响了一大批关于经济投票和政治商业周期的经验性研究。正因为当政者们能够预料选民对经济的反应,他们才会对增长和就业率进行操控。如果一个政府被认为是具体回应性的,那么选民们必然会对经济情况的变化作出反应。菲尔约翰(Ferejohn 1986,7页)认为:"经济表现对当政的行政官员选举中的命运具有重要影响。"如果经济结果较好,那么政府就可以连任;如果经济结果很糟,那么他们就会在选举中失利。基尔维特和李伏斯(Kiewiet and Rivers 1985,225页)强调:"对于表现不佳的当政者选民会加以惩罚,这一论断不容置疑。"当然,为了使政府可控,个人应该以社会中心而非个人中心的立场投票。也就是说,应该对整体经济状况作出反应。

很多经验证据表明,两种假设都能够得到支持。累积的和个人层面的数据都显示,政府的支持率会因其过去的经济表现不佳而下降(参见 Kramer 1971;Shaffers and Chressantis 1999;Lanoue 1994;Monardi 1994;Svoda 1995)。个人调查数据也表明,公民会根据总体的经济状况,而非个人的经济处境投票。但是,经济投票研究的结论就不那么明确:很难说公民在投票时仅仅评判过去而不考虑将来;更进一步说,也很难断定政府经济表现的好坏是否与其在选举中的命运相关。

菲奥瑞纳在其对美国全国选举的研究中希望发现的就是回溯性投票:"选举更多是反映了一种对社会过往的评价,而非社会应该遵循的方向。"(Fiorina 1981,6页)。但是,1952年到1976年间的国会和总统选举都表明,不仅是回溯性的评价,而且对未来的期望也对选民的决定产生了直接影响。列维斯—贝克(Lewis-Beck 1998)不仅在美国,而且也在英国、西班牙、德意志联邦共和国、法国和意大利发现了这种混合模式的投票。经济性投票确实存在,选民对经济的看法会影响他们对政府的支持。但这种看法不仅仅针对过去,也关乎未来。然而菲奥瑞纳和列维斯—贝克认为,选民对未来经济形势的期望不过是根据过去的某种外推,"回溯性评价对形成关于未来的期望具有直接影响"(Fiorina 1981,200页)。这一关于受回溯影响的前瞻性投票的观点,得到许多经济投票研究的认可(Uslaner 1989;Bratton 1994;Keech 1995)。

但是,其他研究却提供了相反的证据。有些学者认为,投票主要取决于对未来经济表现的期望,而非对过去的评估(Kuklinski and West 1981;Lewis-Beck and Skalaban 1989;Lockerbie 1992;MacKuen,Erikson,and Stimson 1992;Price and Sanders 1995)。还有一些学者质疑是否存在经济投票这种现象。帕尔丹(Paldam 1991,9页)指出,比较经验的证据不一致。选举的奖惩作用在一些国家存在,在另一些国家就没有。鲍威尔和惠顿（Powell and Whitten 1993）研究了 1969 年到 1988 年之间 19 个国家的 102 次选举，他们发现经济增长、通货膨胀和失业对选举结果都没有影响。切巴布和普列泽沃斯基（Cheibub and Przeworski 1999, 226—230 页）通过 1950 年到 1999 年 99 个民主国家、1606 个年份观察值，研究了政府总理连任的概率。他们的结论是，过去的经济状况对这一概率并无影响。

如果公民的投票不受过往经济状况的影响，政治家就无需为他们的任职表现负责。如果过去的表现与未来的政治生命无关，政府也就无须费心经营政治商业周期。如果选民的预期可以调整（Tufte 1978；Nordhaus 1975），或者这些预期是理性的（Gukierman and Meltzer 1986；Rogoff and Sibert 1988；Rogoff 1990；Persson and Tabellini 1990；Alesina, Roubini, and Cohen 1997），那么政治家们的策略就取决于选民们是否对经济状况的变化进行回溯性的反应。只有当政治家们相信回应制真正起作用时，他们才会在选举前人为地扩大经济规模。

政治商业周期包含道德风险。政客们都一样，他们只希望赢得选举。选民们也都一样，他们希望通过选举奖励有能力的当政者。在柏森和塔布里尼（Persson and Tabellini 1990）看来，选民的预期效用取决于经济增长率和物价稳定程度。由于双方信息不对称，选民们会忽视政府的能力，在选举之前也不知道通货膨胀率，他们能够了解的只有 GDP 增长水平及失业状况。在包含能力因素的菲利普斯曲线描述的经济中，政府会在选举前人为提升增长率和就业率，以证明自己的能力，且使选民的效用最大化。这样一来，通胀率将会高于选民们的预期，但对此他们只有在选举之后才会知道。由于选民们清楚当政者的动机，而工资制定方也清楚这一扩张策略及随之而来的通胀，所以他们会增加工资。也就是说，一切都在理性预期之中。选举之后，经济会以较高的通货膨胀率回到自然水平。在其他模型中（Rogoff 1990），政府能够操纵的是预算的构成。由于信息不对称，当政者在选举前会通过一些人人都能看到的行动表明自己的能力（如减税、社会转移支付），其代价是那些只有在选举之后其效果才能被看出的计划（如公共投入，财政赤字）。OECD 国家的经验证明，政治商业周期会导致选举后的通胀，但增长和失业率不受影响（Alesina, Roubini, and Cohen 1997）。难以理解的是：如果选举结果并不奖励选举前的经济增长，为何执政者还要采用这种机会主义策略呢？

因此回溯性投票模型中的某些方面需要得到澄清。首先，它们假定投票中不存在选择问题，所有的政治家彼此类似，反对派也不发挥积极作用，选民们仅仅对政府过去的记录进行奖惩。其次，信息不完全的选民能够根据政府过去的表现设定一个连任门槛值，并以此控制政府。最后，如费尔隆（Fearon 1999）所指出的，对于什么样的人才是代表性的政治家，人们有一种得到广泛认同的观点，即政治家是有原则的人，他们所关心的并不仅仅是保住自己的饭碗,而严格的回溯性回应模型与这种观点相冲突。因此,我们下面的研究,就要考虑到政治家之间可能有所不同,而且选举也关乎未来。

四、回应论的局限

让我们从连任门槛的设定开始。当政者连任的动机取决于这一门槛。如果门槛太高,他会预感将输掉选举。这样就不会有两次任期间的权衡来约束他的寻租行为。相反,如果门槛太低,当政者就可以毫不费力地实现自己的目标。这个门槛还要求选民关注外部状况,否则投票就有失武断,结果是好政府可能下台。假定最后的结果是(ω),它将根据连任门槛(κ)决定,后者又同时取决于政府的努力(ε)和外部环境(θ),但选民能够观察到的只有(ω)。如果当选政府发现外部状况良好,则只要 $\omega_1(\varepsilon_1\theta_1)>\kappa_1$,它就不会付出太多努力。相反,如果外部状况不佳,政府再努力也只能让 $\omega_2(\varepsilon_2\theta_2)<\kappa_2$,那么它将最终下台。如果选民难以判断 ε 和 θ 对 ω 的相对影响,则回溯性投票就不会让选民产生选择他们的代表的动机。

当选民们判断执政者努力对其福利造成的影响时,他们会区分政府不同的政治责任。这是"个人要求政府对其行为负责的主要机制"(Rudolph 2003a,700 页)。也正因此,选民需要信息。要让选举选出民众的代表,选民们就不能一无所知。他们必须了解当政者的行为、这些行为是否改变了他们的福利、外部情况是好还是坏,以及另外一个政府或者另一套政策是否会取得更好的成果。如果政府的所作所为与它是否连任无关,那么选举就不可能保护选民们的利益。

艾琛和巴特尔斯(Achen and Bartels 2004,37 页)却有不同的看法:"没有一种一般性的政治回应理论能够解释什么时候,以及为什么需要担当或者回避某些特定的责任。"他们研究了不受政府控制的自然灾害对美国大选的影响(如 1916 年的鲨鱼袭击事件,1918 年的流感,1868 年到 2000 年的干旱和洪水),得出的结论是:"回溯是盲目的。只要选民感到不快,他们就会踢开政府,然后随便找一套方便的理由为自己的行为辩护。"(Achen and Bartels 2004,7 页)

选民们可能不是对事件,而是对政府的回答作出反应。虽然政府可能无法对自然灾害、外部经济冲击,甚至孤立的腐败事件负责,它仍然可以选择是否及时应对。这种应对比与具体事件及其结果相联系的其他因素更容易评价。一项关于选民对 1982 年到 1996 年西班牙社会党政府政治的投票反应的研究发现,"对公众来说重要的并非是出现腐败,而是一旦腐败发生,政府是否能够采取措施查明真相,并追求相关责任。在很大程度上,腐败丑闻的发生难以预料,因为政府不可能完全控制其成员和其他高级官员的活动。政府能做的,是当这些事件曝光之后,以某种方式加以应对。"(Sánchez-Cuenca and Barreiro 2000,74 页)

制度会影响选民分辨政治责任承担的能力。经验研究特别考察了少数派政府和联合政府对经济投票的影响。无论是在政府还是议会中,如果有多个党派介入决策过程,要厘清责任就比较困难。鲍威尔和惠顿(Powell and Whitten 1993)对 1969 年至 1988 年间 19 个工业国家进行了研究,结论是经济投票的差异与所谓的"清晰度指数"相关,即在多党分掌权力的时候、政府仅得到少数支持的时候、政党不够团结的时候、反对派控制了议会或议会委员会的时候,选民分辨责任的能力就会被削弱。这些结论得到了广泛讨论(Anderson 1995,2000;Bengtsson 2004;Leyden and Borrelli 1995;Lowry, Alt, and Ferree 1998;Mershon1996,2002;Nadeau, Niemi, and Yoshinaka 2002;Powell 2000;Royed, Leyden,and Borrelli 2000;Rudolph 2003a,2003b;Strom, Muller, and Bergman 2003;Whitten and Palmer 1999)。但仍有一些问题是开放的。联盟中的政党清楚地了解政府的行为,只要它们不形成共谋且相互之间保持竞争,那么它们可能就愿意向选民提供信息。多党体制下可能提供信息的渠道比较少、而逃避责任的机会比较多(Hirschman 1970;Fiorina 1981),但前提是联盟限制投票反对政府。虽然一党制之下责任更分明,但两党竞争和单一选区制也可能有碍于对任职者的控制(Ferejohn 1986)。

无论在何种情况下,要使政治家相信支持当政者的门槛的确存在,它就必须自动发挥作用,而无论执掌权力的是谁。否则,政治家会采用各种策略操纵政策,以规避这个门槛(Maravall 1999)。如果他们成功了,就可以减少责任的范围。意识形态是推行此类政策的主要工具。如菲奥瑞纳(Fiorina 1981,194 页)所说:"如果公民们不问政策内容,仅仅习惯性地根据政党认同来投票,并且不太愿意接受改变的话,那么选举人的责任在哪里呢?"

意识形态通常与前瞻性而非回溯性的投票相关。当公众根据过去决定如何对待当政者的时候,他们评价的是他的表现;而当公众希望选择最好的候选人管理国家的时候,他们考虑的是他的意识形态与自己是否接近。回应有关具体的结果,选择则涉及意识形态意义上的希望。不过,如桑切斯—昆卡(Sánchez-Cuenca 2003,2 页)所说:"不应假定选民由两类不同的生物构成,一类仅关注意识形态,一类仅关注政府的表现。更可能的情况是,选民根据意识形成投票,但同时对政府的表现保持敏感。"政党的意识形态可以帮助选民推断未来的政策,但也可能影响回溯性投票,因为过去的政策可能会被视为对意识形态的背叛,或者在履行意识承诺方面的无能。根据英国、德国、葡萄牙,特别是西班牙的数据,桑切斯—昆卡证明,政治在一段时间内政党维持支持率的能力,与这种意识形态可靠性方面的回溯性评价相关。"如果考虑到以下两个问题,即意识形态的一贯性和履行意识形态承诺的能力,则意识形态投票可能与回应论并无冲突。"
(Sánchez-Cuenca 2003,32 页)

如果以回溯的方式评价意识形态,那么选民就不会认为政治家们全都一样;而如果
政治家们并不一样,公众就会用他们的选票选出最好的候选人。用丹恩(Downs 1957,
40 页)的话来说,"在决定如何投票忽视未来……这当然是不理性的,因为投票的目的
就是选出未来的政府"。如果投票真的与选择相关,那么在信息不充分的情况下,选民
可以通过过去推知未来的预期。换言之,过去的经验有助于对政治家的选择。

选举因此成为一个逆向选择的问题,通过它,过去与未来相连。回溯服务于选择。
在费尔隆(Fearon 1999)的模型中,过往的任职是对两位候选人质量进行判断的标准。
由于信息不充分,选民会预期,选出一位好候选人的概率是 α,则选出一个坏候选人的
概率就是 $1-\alpha$。选民无从了解政策(χ),但了解他们的福利所受到的影响(ω),而且
$\omega = -\chi^2 + \theta$($-\chi^2$ 代表对选民来说政策的效用 χ,θ 是随机的外部的环境)。在重复的选举
中,对候选人的选择取决于回溯性的门槛。选民们通过结果 ω 来推断当政者的能力,
并设定一项门槛值为 κ 的投票规则。下一次选举时,选民们更新他们对于 α 的认识
(选出一个好候选人的概率)。如果干扰项 θ 是对称且单向的,则当 $\omega > \kappa(-\chi^2)/2$ 时,
选民会认为政府具有能力。也就是说,当政者的记录高于选民对好坏候选人表现预期
50%。如果 θ 值增加,那么两位候选人获胜的概率会趋近一致;而在监督政府行为变得
困难之时,干扰项 θ 的值就会增加。

过去与未来之间的关系也有可能颠倒过来,也就是说,人们不是根据过去,而是根
据未来选择政治家。这同样是一个逆向选择的问题:政治家们因其政策而不同,选民对
于候选人真实的政策意图信息不充分。哈林顿(Harrington 1993)的模型考察了两个候
选人和两次选举的情况。由于候选人可以预知选民对其政策实施的反应,那么在均衡
条件下,他们的最佳选择是向选民披露他们的政策意图。这增加了他们连任的机会,因
为如果他是第一次当选,他会坚守竞选时的诺言。

这个模型运行方式如下。在第一次选举中,无须对当政者进行回溯性评价。只有
两位候选人在某一政策领域 Ω 就不同的政策(χ_1, χ_2)向选民传达信息(μ_1, μ_2)。候选
人不清楚中间选民的立场,他们只能推测后者支持两种政策之一的概率。如果候选人
对这一概率的估计一致,则他们传递的竞选信息会趋同。如果信息不同,选民们会将它
们归于不同类别的政治家。比如,信息 μ_1 代表第一种类型的候选人;μ_2 代表第二种类
型的候选人。候选人在传递信息时既会推测中间选民的立场,也会表达他们对政策 χ_1
和 χ_2 的有效性的信念。第一次选举的结果会揭示中间选民的立场。然后,当选的政治
家会在政策领域 Ω 执行政策 χ。这一政策可能与竞选信息相符,也可能与其不符。如

果当政者选择政策 X,那么选民们的收入是 $\gamma = \omega_x + \theta$,在其中 ω_x 是 X 的组成部分,θ 表示外部因素。政客们想不断赢得选举,同时又对政策效果具有教条式的信任,因为他们不从经验中学习。他们面临两种选择:(一)根据他们对政策效果的信念及中间选民持有某种特定立场的概率,决定在竞选中要传达的信息;(二)根据已经作出的承诺,以及在增加选民福利方面政策效果的信念,决定当选之后推行的政策。虽然选民们也许会自发地偏爱某些政策,但对其有效性并不确定,也无从了解外部的随机情况。只有到这一阶段的末期,他们才会发现自身福利状况的变化,以更新其关于政策有效性的信念。

在第二次选举中政治家们不作出新的承诺。选票取决于第一次选举的承诺是否兑现,以及选民关于政策有效性的已经被更新的信念。选民们设定一项投票规则:如果当政者偏离了当初的承诺,那么他再次当选的门槛就会更高。当然,如果新政策的效果足以弥补这一背叛,那么这一门槛还是可以被达到。第二次选举中的投票规则,促使政治们在第一次竞选中传递真实的信息。那时他们不清楚中间选民的立场,但确信他们选择的政策会带来实效。因此,对于第二类政治家来说,在第一次选举中传递信息 μ_1、并把自己装扮为第一类政治家就没有什么意义。如果当选,他只能像第一类政治家那样表现,但不会因为背离承诺受到惩罚;或者偏离选举信息 μ_1,尽管他明知只有实现更高的福利,才能满足因这一偏离而变得更苛刻的标准。如哈林顿(Harrington 1993,93—94页)所言:"未来连任的考虑会让政客们努力兑现竞选诺言……候选人在竞选中多大程度上展示出他们真实的政策意图,就成为一件需要权衡的事情。"

当政者会出于不同原因背叛竞选承诺。对于为何在尽管当政者背离了当初的承诺而仍然得到选民信任的问题,斯托克斯(Stokes 2003)提供了某种解释。她的模型与哈林顿模型的不同之处在于,政治家在政策问题上不持教条主义态度,相反他们能够从经验中学习。斯托克斯没有采用空间模型解释政策上的重大变化,根据这种模型,政治家没有理由扩大他的政策与选民们理想的政策立场之间的差异。政策转向初看上去没有什么差别,但是其中一些仅出于机会主义的策略和寻租行为,而另一些则是出于当政者对选民最佳利益的考虑。在外部条件发生变化的时候,政治家也会修正先前关于政策相对有效性的判断,而且认为只有改变承诺,才能更好地增进选民们的福利。选民们因而会在下一轮选举中为支持当政者设定更苛刻的投票原则(如更高的门槛),因为关注的是结果而非政策。因此"好"政治家和"坏"政治家都会偏离最初的承诺,但其原因和结果并不相同。政治家并不都一样,因此为了对其加以控制,选民设定了选择性的回溯标准。

如果选举包含了选择的问题,那么过去对未来的影响就非常清楚。但未来的影响更微妙,在此意识形态开始发挥作用了。斯托克斯(Stokes 2001)指出,选民对经济的反应不仅是对过去的表现施以赏罚,而且也会采用某种比较的,或者赦免的标准。尽管过去的情况很糟,但选民们可能认为它预示着光明的未来,是一个通向光明的黑暗隧道。他们也可能相信,糟糕的情况并不是由当政者,而是由 IMF、全球化,或者哈罗德·威尔逊(英国工党首相)所说的"苏黎世大银行家"所带来的。因此这些选民会继续支持政府。在超过 15 年的时间内,158000 名位西班牙选民对经济状况的反应表明,他们中的相当部分采取了比较的,或者赦免的态度(Maravall and Przeworski 2001)。在困难时期,保守党(UCD)和社会党(PSOE)有超过 50% 的选民找到了继续支持政府的理由,尽管其表现不佳。因果关系在此被颠倒过来:"在很多时候,出于某种原因,选民们似乎已经预先决定了是支持政府还是反对党,他们需要做的,只是为自己的选择找到理由。"(Maravall and Przeworski 2001,74 页)。

与唐斯的观点相反,人们并不从过去推知未来。他们对过往状况的评价是现实的,它受到 GDP 增长、通货膨胀和失业率等客观因素的影响。但是,他们对于未来的预期却总是更为乐观,而这种乐观主义大多源自意识形态。因此人民总是戴着政治的有色眼镜思考未来的经济状况。基(Key 1996,113 页)正确地指出:"一般的选民和我们一样,并不可能以水晶般的明澈,从当下的混沌中透视未来。"由于意识形态引导着人们对于未来的思考,而预期中也掺杂了回溯性的评价,当政者的续存就成为一个非常复杂的问题。

如果公民对政治了解有限且带有偏见,那么选举就很难有助于对政府的民主控制。首先,他们会随意地为当政者设定连任门槛,也会为政治家制造一些不适当的动机。其次,如果严格的回溯性投票是使政府回应的唯一方式,那么它只能在一个奇怪的世界发生,在那里政治家们彼此没有差别,选民们在选举政府时也不会考虑未来。如果选民们相信候选人之间存在区别,而且对未来抱有期望,那么意识形态就能使政治家逃避回应。

五、非选举的威胁:选民对政治家

我首先重复一下主流的观点:回应和代表性取决于选民对当政者施加的选举威胁。正因为政治家预期到下一次选举时选民的反应,所以他们不大可能逃避责任。如果说民主制生产了对民众之爱,那是因为掌权者们的政治生命有赖于选举时公众的认可。

但是我们知道,在议会制民主国家,有 48% 的首相失去职位并非出于选民的决定,而是政治家的阴谋。在 1946 年到 1994 年的意大利、1945 年到 1958 年的法兰西第四共和国、1945 年之后的比利时、芬兰,或者日本都是如此。这种一批政治家被另一批政治

家放逐的情况,被玛格丽特·撒切尔苦涩地称为"滑稽的旧世界"。她本人于 1990 年
11 月被保守党内的大佬们撤换。在议会制民主国家,此类阴谋一直是政治的一个重要
组成部分。

可以看看以下一些例子,它们既包括一党政府也包括联合政府,有在议会中得到多
数支持的政府,也有仅得到少数支持的政府。第一个例子是单一政党在议会中获得多
数的政府更换首相的情况。撒切尔被自己党内的政治阴谋赶下台,领头的是前任内阁
大臣赫塞尔廷(Michael Heseltine)、杰弗里·豪(Geoffrey Howe)和奈杰尔·劳森(Nigel
Lawson)。撒切尔的政党在议会中占多数,而尼尔·金诺克(Neil Kinnock)领导的工党
仅构成弱弱的反对力量。在撒切尔执政的最后两年,经济增长降低到 1.4%,而她整个
执政时期的增长平均增长率是 2.3%。① 撒切尔的支持率从 1990 年开始下滑,在三四
月间达到最低点,但在春夏之间又有所上升——她的支持率在 1981 年、1982 年冬和
1986 年春夏之间也发生过类似变化。② 然而,党内选举最终让约翰·梅杰(John Major)
替换了她。撒切尔对这一阴谋作出了如下反应:"让我感到悲哀的,是那些我一直视为
朋友和同盟的人的背离,以及他们用来把背叛装扮成坦诚的建议和对我命运的关心的
那些滑头的言辞。"(Thatcher 1993,855 页)

第二个例子是单一政党少数派政府对首相的替换。1981 年 1 月,苏亚雷斯(Adolfo
Suárez)辞去西班牙总理的职务。他领导了从专制向民主的转变,并为宪法和一项广泛
的经济改革方案争取了跨政党的支持。他两次连任,组成一党执政的少数派政府。在
他执政的最后两年,经济陷于停滞,平均年增长率仅达 0.7%,而同期欧共体的平均年
增长率是 2.8%。在他最后一次成功当选一年后,由天主教会和联邦商业组织联盟策
划,党内不同派别开始密谋反对他,因为他们在离婚、教育和经济问题上持有完全不同
的政策立场(Powell 2001,279—291 页)。党内的分裂,特别是党内重要人物 1980 年 12
月签署的"200 人宣言",表明苏亚雷斯已经无力维持民主中间同盟的统一。因此,在苏
亚雷斯执政的最后阶段,并不是他的支持率下降导致了党内分裂,而是党内的阴谋影响
了他的支持率。

下面两个,是联合政府的首相被本党政治家们罢黜的例子。勃兰特(Willy Brandt)
自 1969 年 10 月至 1975 年 5 月作为德国社会民主党人出任总理。德国社会民主党是
在他领导之下获得政权的,首先是从 1966 年到 1969 年作为少数党与基督教民主党联
合执政,随后经 1969 年选举作为多数党与自由党联合执政。勃兰特在 1972 年再次连

---

① 这些例子使用的经济数据来自《欧洲经济》,2001 年第 72 期(表 10,132—133 页)。GDP 数据
根据 1995 年的市场价格计算。

② 满意率的数据来自于 www.mori.com/polls/trends/satisfac.shtml。

任,而两年后终结他的总理职务的,是本党的其他领袖,特别是赫伯特·魏纳和赫尔穆特·施密特(Rovan 1978,383—423 页)。勃兰特所受到的批评是,面对主要由青年社会主义工会联盟挑战的社民党内部冲突,他缺乏足够的权威。尽管受到 1973 年石油危机的冲击,勃兰特最后两年执政时期的年平均增长率是 2.5%,这要高于欧共体的整体水平,而通货膨胀率则低于欧洲的大多数国家。危机的爆发始于一个政治丑闻:勃兰特的首席幕僚君特·纪尧姆(Günther Guillaume)被证明是一位东德间谍。勃兰特仍然担任社民党的领袖,但他的总理职位被施密特接替了。

下一个例子也是关于联合政府总理被替换的。1954 年 6 月,在奠边府战役失败后,皮埃尔·孟德斯—弗朗斯(Pierre Mendès-France)当选法国总理,仅此一次政府中出现了四个政党。孟德斯—弗朗斯终结这一次持续近 7 年的灾难性战争,而且对经济进行了有效的管理(Tarr 1961,186—234 页)。但是他仅在任七个月,因为他关于欧洲防卫同盟、德国再军事化和经济改革方面的立场,受到本党及执政同盟,特别是人民共和运动(MRP)的反对。由于未能通过国民议会的信任投票,孟德斯—弗朗斯辞去职务,接替他的是本党即激进党的另一位领袖埃德加·富尔(Edgar Faure),而该党则继续领导执政同盟。

在最后一个例子中,总理被执政联盟另一个政党的政治家替代,而他本人所在政党则继续参与执政。贝迪诺·克拉克西(Bettino Craxi)从 1983 年 8 月到 1987 年的 4 月领导了意大利由五个政党组成的联合政府。他所在的政党——意大利社会党——自1963 年以来先后参加过由 11 位基督教民主党总理领导的联合政府。克拉克西出任意大利社会党领袖时,社会党的得票率不到 10%,在议会中仅占五分之一的席位。克拉克西采取了坚守"生活第一"信条的策略,目标是扩大社会党的政治影响力,并与意大利两大政治力量,即基督教民主党和意大利共产党竞争选民的支持。在 1983 年的选举中,社会党的得票份额稍稍上升,而基督教民主党的得票率则下降了 5%,为 32.9%,是1948 年以来表现最差的一次(Ercole and Martinotti 1990)。在得到广泛支持的共和国总统、社会党人佩尔蒂尼(Sandro Pertini)支持下,基督教民主党接受克拉克西担任首相,执政四年。在此期间,GDP 年平均增长率是 3.0%(欧盟的平均值是 2.1%),通货膨胀率则从 15%下降到了 4.8%,贸易与支出平衡也得到了恢复。但是基督教民主党失去了耐心。他们首先在 1986 年 6 月使议会对克拉克西表示不信任,然后迫使他辞职,并由范方尼(Amintore Fanfani)领导过渡政府,最后在 1987 年的选举中重新得到了足够的支持(得票率达 34.3%)。社会党参与了此后连续 3 届由基督教民主党人担任总理的联合政府,直到 1994 年意大利政治中发生的戏剧性变化。

对此类阴谋一个可能的解释是,"党内政治家之所以替换政党领袖,或者决定离开执政联盟,是因为他们预见到了选民的判断"(Cheibub and Przeworski 1999,232页)。这也是瓦维克(Warwick 1994,92页)的观点:"与经济失败无关的考虑也会鼓励政党或议员个人不再支持现政府"。如果情况的确如此,那么回应制仍在运行。施行密谋的政治家的标准应该与选民相同,因为弗里德里希(Friedrich)的"反应预期法则"仍然能使民主具有代表性。当政者仍须对选民们负责,这表现在为了最可能减少本党或者执政联盟在选举中受到的损失,其他政治家会毫不犹豫地撤换一位不受欢迎的总理。

但是,如果事实并不真的如此,而施行密谋的政治家的标准与选民也并不一致,情况又会如何呢?执政党或执政联盟之所以替换首相,并非出于避免投票时受到惩罚的预防策略,而是出于政治野心。如果这是真的,那么在赢得下一轮选举的可能性比较大的时候,一个有野心的政治家必定跃跃欲试。只要得到高选票的支持,而情况又对其有利,他就会实施其策略。

假定有一位潜在的挑战者。他在选举时领导本党能够获得的预期效用(我们称之为 L)为:

$$EU(L)=p_e W+(1-p_e)D$$

该挑战者必须估计出现三种可能结果的概率:挑战成功并随后赢得选举胜利(W)、挑战成功但选举失败(D),以及挑战失败(F)。最后一种可能意味着回到原先的状态(Q)。不过,由于我们假定政治家们不仅追求公职,也追求对本党的领导权,所以他的偏好顺序为:$W>D>Q>F$。

挑战的预期值是

$$EU(C)=p_c[p_e W+(1-p_e)D]+(1-p_c)F$$

其中 C 是对首相的内部挑战,p_c 和 p_e 是赢得内部挑战和赢得大选的概率。挑战能否成功,就取决这个值是否大于原先状态的值(Q)。即是否

$$EU(C)>Q$$

我们假设原先状态的值要大于挑战失败的值($Q>F$),否则无论结果如何都会出现挑战。随着回报的值(或者成功的概率)增加,挑战的预期效用也增加。所以进行挑战的条件就是:

$$p_c[p_e W+(1-p_e)D]+(1-p_c)F>Q \tag{1}$$

只要公式左边任何一个变量的值增加,政治家都会更倾向于发起挑战。如果 $p_c>0$,不等式(1)反映的关系就可以表达为竞选成功的概率条件:

$$p_e>\frac{1}{p_c}\quad\frac{Q-F}{W-D}\quad\frac{D-F}{W-D} \tag{2}$$

由于概率取值在 0 和 1 之间,在变量的某些取值条件下挑战就不会发生,例如

$$p_e < 1 \Rightarrow p_c > \frac{Q-F}{W-F} \tag{3}$$

除非内部挑战获得成功的概率大于比值$(Q-F)/(W-F)$,否则为满足不等式(2),选举成功的概率就必须大于1。也就是说,如果$p_c \leqslant (Q-F)/(W-F)$,则无论选举获利的概率如何,都不可能导致内部挑战。

同样,如果$D<Q$,则竞选获胜的概率p_e取值必须足够大,才会形成发起内部挑战的动机,即

$$p_c < 1 \Rightarrow p_e \frac{Q-D}{W-D} \tag{4}$$

如果竞选获胜的概率较小,那么即便内部挑战获得了成功,它的值也要比维持现状的值低。但是,如果$Q \leqslant D$,则无论选举获胜的概率如何取值,内部挑战获得成功的可能性都存在,那么挑战就会发生。

选举获胜的概率(p_e)大到什么程度才足以引发内部挑战?这个值不需要太高。我们来考虑一个量化的例子,其中$W=1,F=0,D=0.5,Q=0.3$。那么根据式(3),如果$p_c \leqslant Q=0.3$,则内部挑战不会发生。但是,如果根据式(2),当p_c达到0.4时,只要$p_e \geqslant 0.5$挑战就值得一试。如果p_c为0.5,则只要$p_e \geqslant 0.2$时挑战就会发生。进一步,如果$p_c \geqslant 0.6$,则无论下一步选举获胜的概率如何,都一定会出现内部挑战。

W和D的取值越接近,p_c(内部挑战成功的概率)对是否挑战总理的决定影响就越大。在Q值已定的情况下,W和D的取值越接近,p_e(获得选举胜利的概率)对是否发起挑战的决定影响就越小。让我们继续前面的例子,如果$D=0.75$,那么只要$p_c \geqslant 0.4$,则无论p_e如何取值,挑战都会发生(如果p_e小于0.3,即Q的值,则挑战永远不会发生)。实际上,只有当p_c的取值在0.3和0.4之间,是否发起挑战才取决于下一次选举获胜的可能性。在0.3这个门槛值以下,挑战永远不会发生。在0.4以上,p_c对决定的影响力就会下降。不过,即便p_c的值非常低,挑战还是值得一试的。

我们不再进一步讨论促内部挑战获得成功的条件(p_c)。我已经在其他地方(Maravall 2003)指出,如果候选人名单是封闭的、同时议会候选人的选择又是非集中化的,那么政党执政的时间会更长一些,而总理的任职情况也更具可预期性。不过针对总理的密谋,既可能出自分裂政党的某些派别,也可能出自纪律良好的政党的中央机构。就ρ_e而言,如果经济状况影响了赢得选举的概率,则在满足以下条件的情况下,政治家更有可能采取措施替换总理:

$$p_e(\Delta_\gamma(\theta^C)) > p_e(\Delta_\gamma(\theta^B)) \tag{5}$$

θ反映经济状况的好坏,γ为选民的收入,$p(\Delta_\gamma)$是在选民收入增加的情况下获胜的概

率。即便很多次挑战都失败了,有野心的政治家在条件良好的情况下还是有可能站出来。结果是,在经济表现糟糕的时候选民们会通过选票惩罚政府;而政治家们正好相反,会在经济增长的时候替换他们的总理。

下面的分析基于 23 个议会民主国家,以及大约从 1945 年到 2003 年 1109 个国家—年份观测值。表 37.1 是这些观测值根据政府类型的分布情况。①

总理去职的情况发生过 312 次,其中 123 是由于选举失败(共举行过 329 次选举),189 次是因为政治危机,或者来自本党内部(124 次),或者来自执政联盟(65 次)。与首相相比,政党执政的时间要长一些,平均分别为 3 年 7 个月和 7 年 5 个月。任期最长的首相是塔格·艾尔兰德(Tage Erlander),从 1946 年到 1969 年,他在瑞典连续赢得 7 次选举,领导了社会民主党政府 22 年。执政时间最长的政党是意大利的基督教民主党,在 48 年掌权的过程中经历了 26 位短命的首相。政府经常在选举中间失去选票(平均为-1.84%),也在 68%的选举中失去席位。但此类损失并不必然导致政府下台。

表 37.1　政府类型

议会支持	构　成		总　数
	执政联盟	单一政党	
多数	571	167	871
少数	71	300	238
总数	642	467	1109

选票和执政表现之间的反差对联合政府来说表现得尤其明显。一般来说,它们失去的选票比单一政党政府要少:前者是-1.4%,后者是-2.5%。② 不过,联合政府中总理的平均任期并不比单一政党政府更长,它们分别为 3 年 6 个月和 3 年 10 个月。总理们的政治生命可能更取决于其他政治家的操纵,而非选票和席位。如果情况的确如此,那么制度就会影响回应,因为它们可能会增加或者减少"责任透明度"。一方面,区分联盟中不同成员的责任往往比较困难;另一方面,在时间点 t 赢得选举的政党或总理并不总会在时间点 t+1 发起选举,因为在 t 和 t+1 之间可能由不同的政党联盟执政。如果出现这种情况,选民们就不清楚在 t+1 时应该奖励或惩罚谁。因此,当

---

① 多数政府和执政联盟都是虚变量。多数政府被标注为 1,少数派政府则标注为 0。它们反映的是议会对政府的支持情况,无论这个是联合执政还是一党执政。联合执政被标记为 1,一党执政则标记为 0。它们在议会中可以是多数,也可以是少数。

② 这验证了鲍威尔(Powell 2000,54 页)的数据,即单一政党政府会比联合政府失去更多的选票。这与斯特罗姆(Strom 1999,69—70、124 页)的结论相反。

议会政治成为"无规则的抢凳子游戏"(Warwick 1994,134页)时,制度就会影响政府的生存。

我首先考察使首相和政党失去权力的原因。一个政党失去权力,我指的是它失去了总理的职位,因为在政党的一个执政周期内可以有若干位属于这个党的总理任职。表37.2使用了三种不同的回归模型,这主要是因为能够得到的指标变量的观测值不同。这可以从国家—年度观测值的数目看出,它从1109下降到了891,然后再下降到399。第二个模型的观察数据始于1960年,第三个则从1970年开始。这些变量既反映了制度性特征,也反映了一些重大事件。正如金等人(King et al.1990)所证明的,这两类变量可以同时在持续分析中得到研究。① 在第一个和第二个模型中,制度指的是多数派还是少数派政府,抑或单一政党政府还是联合政府。在第三个模型中,有效政党的数目代替了执政联盟,②因为虽然这两者高度相关③,但新的变量对模型有所改善。另外,单一选区制也被加入了模型。④ 在第一个模型中,唯一随时间变化的变量是执政后期两年GDP的平均增长率;第二个模型中加入了最后一年的通货膨胀率;⑤第三个模型中则加入了政治丑闻。⑥

表 37.2 丧失权力的风险:总理与政党

	总　理			政　党		
	1	2	3	1	2	3
事件	1,035	818	399	1,011	794	386
删失数⑦	74	73	0	98	97	13

---

① 这与仅关注政府和议会中的制度特征(Blondel 1968;Taylor and Herman 1971;Laver 1974;Dodd1976;Sanders and Herman 1977),或重大随机事件(Browne,Frendreis,and Gleiber 1986)的解释不同。

② 有效政党数根据Laakso and Taagepera(1979)的计算,它反映的信息与Rae (1968)分裂指数是一样的,并通过这一指数计算出来,即$1/1-Rae$。$Rae=1-\sum_{i=1}^{m}t_i^2$。其中$t_i$是政党$i$的得票率,$m$是政党数量。

③ 执政联盟与有效政党数的相关系数是.436;而多数派政府与单一选区制的相关系数是.194。

④ 单一选区制计为1,否则为0。资料来源:Huber,Ragin,and Stephens dataset(1997)。

⑤ 通货膨胀和GDP增长的数据来源于Michael Alvarez,Jose Antonio Cheibub,Fernando Limongi,and Adam Przeworski dataset,以及世界发展指数(*World Development Indicators*)。

⑥ 政治丑闻是指每年发生的腐败事件,有强大公共影响力的道德事件,或者与国家安全相关的事务(如1963年英国的普罗富莫事件;1975年德国的纪尧姆事件)。赢得和失去权力的数据来源于Woldendorp,Keman,and Budge(1998),以及www.keesings.com。

⑦ 删失数:因信息不完全而未计入的事件数。

续表

	总　理			政　党		
	1	2	3	1	2	3
总数	1,109	891	399	1,109	891	399
多数派	-.173[c] (.081)	-.199[c] (.090)	-.208[c] (.118)	-.126 (.082)	-.128 (.092)	-.086 (.124)
执政联盟	.129[c] (.067)	.150[c] (.074)	—	.058 (.068)	.020 (.077)	—
有效政党数	—	—	.066[c] (.034)	—	—	.144[b] (.036)
单一选区	—	—	-.163 (.149)	—	—	.483[b] (.157)
最后两年的增长率	-.005 (.012)	.002 (.001)	-.010 (.025)	-.054[a] (.013)	-.056[a] (.015)	-.082[b] (.026)
通货膨胀率	—	.006[a] (.001)	.060[a] (.013)	—	.007[a] (.001)	.025[c] (.011)
政治丑闻	—	—	.077 (.179)	—	—	-.200 (.181)
Chi^2	6.424[c]	21.956[a]	34.842[a]	20.298[a]	37.195[a]	39.655[a]
-2 对数可能性	12,752.611	9,724.142	4,080.652	12,215.934	9,232.265	3,869.950

注:括号中是标准误差
　[a]显著度为 1% 或更少
　[b]显著度为 5%
　[c]显著度为 10%

　　这些模型与科克斯回归有相似之处。它们都以比例分配的方式评估失去权力的相对风险。风险函数 h(t) 反映是某个特定时间点上单位时间内可能的风险比例,当然前提是总理或者政党在此之前一直掌握政权。由于风险函数并非概率,所以它可以超过 1,它的取值可以在 0 与无穷大之间。① 从表 37.2② 可以看出,总理除任职时间比政党

---

　　① 因变量实际上就是执政时间的指标,即执政的年份。状态指标表明因总理或政党在被考察时段结束时仍然执政而被删除的年份观测值,因为导致他们执政终结的原因(选举、政治危机)尚未被观察到。如果 $h_0(t)$ 表示随机函数的基准(不带指示变量的失去权力的预期风险),e 是自然对数的基础,$X_1…X_n$ 是指示变量,$B_1…B_n$ 是回归系数,则这一模型就可以写为 $h(t) = [h_0(t)]e(B_1 X_1 + B_2 X_2 … + B_n X_n)$。指示变量对失去权力的风险的影响,与随机基准区别开来了,后者假定在不同情况下不发生变化,且只与执政时间相关。随机性整体上由指示变量和随机基准决定。
　　② 每个不同回归系数的效果是 $100x[exp(B)-1]$。它反映的是自变量发生一个单位的变化时,风险(增加或减少)变化的百分比。

更短之外,对特定的制度环境也更敏感,不过他们的表现与他们的去留关系并不大。如果他们在议会中得到多数的支持,则他们任职的风险就会少一些。在三个模型中,这一风险分别下降了 15.9%、18% 和 18.8%。相反,在联合政府的情况下,且有效政党数目增加,那么在模型一和模型二中风险会分别上升 12.1% 和 16.2%,而在模型三(其中有效政党数替代了执政联盟)则会上升 6.8%。单一选区制并没有产生具有统计意义的影响。通胀率越高,风险也越大。从模型二到模型三,无论对政党还是对首相来说,系数值都明显增加了。这表明,自 1970 年之后,即模型三反映的时间段,通货膨胀对任职的影响增强了。但是,经济增长和政治丑闻①对于首相的去留并没有影响。

政党任职的时间要更长一些,但同时对执政表现也更为敏感。与总理的遭遇相反,经济增长可以延长政党的执政周期。在三个模型中,经济增长时政党失去权力的风险分别下降了 5.2%,5.4% 和 7.9%。另外与总理面临的情况一样,高通货膨胀率对政党执政也会产生负面影响。政治丑闻同样对政党没有影响。至于制度环境、议会中的多数,以及是否参与执政联盟,对于失去权力的风险都不产生具有统计学意义的影响。但在单一选区制之下,由于职位轮换更容易,这一风险会明显增加,另外在有效政党数量增加的时候也会如此。在第一种情况下,风险增加了 62.1%;在第二种情况下,风险增加了 15.4%。两种情况都与模型三相符。

需要注意的是,在表 37.2 中任何原因(选举失利或政治危机)都会导致失去权力。现在集中讨论总理的问题。根据回应理论,他们会对下一轮选举时选民的反应进行预测。表 37.3 展示了导致政府终结的不同原因。② 首先是选举失败,这会使总理和他所在的政党下台。其次是政治危机,总理由本党内部另一位政治家取代。再次是另一种类型的危机,总理由来自执政联盟中另一政党的政治家取代,但他所属的政党继续执政。表 37.2 中政府终结的最后一种原因不能被视为一个政党失去了权力。

---

① 在模型三所反映的时间段,我记录了 72 个政治丑闻(来源是 www.keesings.com)。这一案例数很难解释为何政治丑闻从未会产生具有统计意义的影响。

② 利用选举年数据库中 Woldendorp,Keman,and Budge(1998)的信息和 www.keesings.com 网站,我建构了三种政府终结的原因。在表 37.4 中以选举年记录总数为背景分开分析了三种终结原因,也根据模型 1、2、3,并对其中的自变量有所回应。案例关注了上一次失去权力之后的那几年——失去权力的原因有选举失败,被同一个政党之中的另一个政客替代,或者被政党同盟中的另一个政党的政客替代。

表 37.3　总理去职的原因

去职的原因	政府类别			
	支　持		构　成	
	多数%	少数%	执政联盟%	单一政党%
选举失败	36.7	45.7	36.0	44.7
被本党议员替代	41.7	35.1	34.9	47.2
被党外议员替代	21.6	19.2	29.1	8.1
原因总数(N)	(218)	(94)	(189)	(123)

　　表 37.4 反映的是对三种政府终结的原因进行回归的结果。指示变量与表 37.2 相同。如果我们首先考察制度的影响,那么会发现它是支配性的。首先考虑多数派的政府。无论是通过选举,还是执政联盟中的密谋,它们失去权力的风险都要小一些(在三个模型中分别下降了 15.6%、19.3%、25.8% 和 48.9%,52.3%、52.1%)。此类风险在党内政治中就有所增加:被本党成员取代的危险在三个模型当中分别上升了 61.9%、75.4% 和 72.6%。执政联盟似乎既能保护当政者免受选民的惩罚,也能保护他们免遭本党成员的算计。在此情况下,选举带来的去职风险下降了 13.2% 和 17.9%,而政党内阴谋带来的去职风险则下降了 22.5% 和 26.9%。不过执政联盟也使总理更容易受到联合政府中其他政党政治家的威胁:根据模型一和模型二,联合政府中总理被替换的风险分别上升了 65.5% 和 51.6%。随着有效政党数量的增加,首相被本党或者执政联盟中的伙伴替代的风险也会相应增加(分别增加了 19.4% 和 25.5%),而且后一种情况更容易发生。然而这些都与选民无关,因为选举失败的威胁并没有增加。单一选区制的情况则相反。它对选举失败会造成强烈影响,但是与政党内部的替换无关。①

　　如果我们转向重大事件,我们会发现选民们并不总是接受政治家奖罚当政者的标准。有两种例外情况:政治丑闻和通货膨胀。选民和政治家都不在意丑闻,②因为它不关乎丢失权力的风险。但在通货膨胀率上升时,无论是通过选举还是阴谋,总理失去权力的风险都会增大。模型三中的风险系数明显上升了,它反映的是 1970 年之后的观察。通胀造成的最大影响是让风险增长了 5.7%,这与政党内部的替换相对应。选民与政治家的重要区别在于:经济增长时,总理在选举中受到惩罚的风险会下降;与此相反,

　　① 考虑到联盟危机,我在分析中排除了这个变量,因为单一选区不会形成执政联盟,因此政府中也不存在来自同盟者的威胁。观察值的数目从 399 个上升到了 561 个。

　　② 请注意注 14 的说明。除政治丑闻之外,我还从《各国风险指南》中引用了一项腐败指标,即政治体系中的腐败。但结果在统计上也不具显著性。

政治密谋成功的可能却增加了。当选民们看到自己的福利得到改善而倾向于奖励当政者时,去职的风险在三个模型中分别下降了5.1%、5.1%和7.1%。相反,政治家却倾向于在情况良好的时候撤换他们的总理——总理本人所在的政党和政党联盟之中的其他政党都曾如此行事。在模型一、二、三中,同一政党内部替换的风险分别上升了7.9%、8.9%和12.4%;被同盟党替换的风险则分别增加了15.6%、17.6%和13.6%。增长的经济刺激了对权力的欲望,因为继任者们希望能够把握赢得下届选举的机会。但他们可能高估了这种机会。切巴布和普列泽沃斯基(Cheibub and Przeworski 1999,232—233页)指出,在任期内取代当政者的总理中,只有30%的人赢得了下次竞选的胜利。

在本项研究中,取代当政者的政治家的未来并不太令人担忧。在189次因政治危机而非选举导致的总理更替中,86位总理在新的选举中当选(占总数的45.5%),72位失败(38.1%)。其他人(16.4%)则根本没有机会参选,因为他们在能够面对选民之前又被替代了。如表37.5所示,政党内部发生的总理替换,较之执政联盟内部的替换,为新总理提供了更多赢得选举的机会。在本项研究覆盖的329次选举中,仅有37.4%的当政者竞选失败。

表 37.4 去职的风险:选举和非选举的威胁

	赢得选举(政党与总理)			克服政治危机—1(政党继续执政,总理由其他政党出任)			克服政治危机—2(政党继续执政,本党推举另一位总理)		
	1	2	3	1	2	3	1	2	3
事件	983	766	364	509	353	210	809	593	315
删失数	126	125	35	600	538	351	300	298	84
总数	1,109	891	399	1,109	891	561	1,109	891	399
多数	-.170[c] (.081)	-.214[c] (.090)	-.298[a] (.124)	-.671[a] (.103)	-.741[a] (.121)	-.736[a] (.144)	.482[a] (.095)	.562[a] (.110)	.546[a] (.146)
联盟	-.142[c] (.068)	-.198[c] (.078)	—	.510[a] (.096)	.416[a] (.114)	—	-.255[b] (.075)	-.313[a] (.087)	—
有效政党数	—	—	.018 (.036)	—	—	.227[a] (.053)	—	—	.177[c] (.044)
单一选区制	—	—	.688[a] (.159)	—	—	—	—	—	.194 (.157)
最后两年的增长率	-.052[a] (.013)	-.052[b] (.016)	-.074[b] (.027)	.145[a] (.018)	.162[a] (.022)	.128[a] (.030)	.076[a] (.015)	.085[a] (.018)	.117[a] (.028)
通货膨胀	—	.009[a] (.001)	.022[c] (.011)	—	.005[a] (.001)	.046[a] (.006)	—	.006[a] (.002)	.056[a] (.014)
政治丑闻	—	—	-.260 (.185)	—	—	-.105 (.243)	—	—	-.063 (.215)

续表

	赢得选举(政党与总理)			克服政治危机—1(政党继续执政,总理由其他政党出任)			克服政治危机—2(政党继续执政,本党推举另一位总理)		
Chi²	26.510ª	54.469ª	40.135ª	125.139ª	103.190ª	123.231ª	54.254ª	61.826ª	41.277ª
-2 对数可能性	11,861.960	8,879.659	3,636.638	6,289.737	4,181.727	2,228.535	10,036.433	7,125.982	3,165.192

注:括号中是标准误差

ª 显著度为1%或更少

ᵇ 显著度为5%

ᶜ 显著度为10%

因此,发生总理更替的原因不同,未来当选的前景也会相当不同。选民会考虑政党认同。如果认同没有改变,那么即便总理被新人代替,他们还会保持对政党的忠诚。但是,无论从选民还是政治家的角度来看,执政联盟中候选人的变化都会导致更高的风险,因为这更容易导致选举失败以及替换当选总理的密谋。

选民和政治家之间的区别因而很重要。政治家们通常并不在意选民的裁决。瓦维克(Warwick 1994,75页)曾写道:"尽管在议会政体下,政府的生存更多地依赖于议会议员而非选民,但可以预期的是,议会对政府的支持也会随经济状况而变化,而后者对公众来说非常重要。说到底,议员还是要对选民负责。"然而,这并不是表37.4展示的结果。如果经济状况不佳,总理们会在竞选时受到选民的威胁;如果经济状况良好,他们则会在两次选举之间受到来自同僚们的威胁。由于政治家惩罚当政者的标准与选民不同,所以在议会民主制之下,当政者代表民众的动机会受到扭曲。

表37.5 非选举产生的当政者赢得下次选举的情况

	获胜(%)	失败(%)	在下次选举前被替换(%)	总计
党内替换	62.9	33.1	4.0	100(124)
被联盟内另一党替换	12.3	47.7	40.0	100(65)
总计	45.5	38.1	16.4	100(189)

六、结 论

主流的政治科学认为,人民以回溯的方式进行统治。萨托利(Sartori 1987,30、71页)认为,"民主就是人民对人民行使权力";"在代议制政府中,人民通过控制和撤换掌权者实际行使权力(政治权力)"。因为在民主国家,当政者会顾及下一轮选举中选民的回溯性反应,所以政府会照看人民的利益。如果政府是回应性的,那么一次次的选举就会导致代表性。

　　这一理论存在几个方面的缺陷。其一,它假定公民能够为再次选举当政者设立一个门槛,从而使政府具有代表性。为此,公民们就必须能够明确什么人对过去的结果承担什么样的责任。在缺乏信息的情况下,没有理由认为他们能够辨别到底是政府行为,还是外部条件对此类结果产生了影响。其结果是,坏政府可能继续当政,好政府却会失去权力。一种最低限度的回应理论,必须由有关公民所需信息的理论加以补充,因为公民需要它来区分好政府与坏政府。

　　回溯性回应理论还有两个假设非常可疑。首先是所有的政治家都彼此相似,因此选举时不涉及选择问题。其次,选民投票时从不考虑未来,也就是说,选举仅仅是根据回溯性标准施行奖惩。大量经验证据表明,公民们会根据理性的预期尝试选取最优秀的候选人,而且他们会把未来作为选举中必须考虑的一个部分。还有证据表明,当选民考虑选择、思考未来之时,意识形态就会影响投票。选举并不仅仅由对政府行为的回溯性评价所左右,而是也为具有意识形态色彩的希望所影响。因此,当政者有广泛的活动空间。他既可以逃避过去的责任,也可以燃起人们对未来的希望。

　　最后,我们已经知道,在议会民主国家,有一半的总理不是因为选民,而是因为政治家的决定失去了职位。本党的同志,或者执政联盟中的同僚可能决定在选举到来之前罢黜总理。经验的民主理论认为,这类决定是因为预见到下次选举时选民的判决,换言之,就是通过寻找替罪羊的策略使政党或者执政联盟受到的惩罚最小化。但这个假定要成立,选民和政治家就应该采用同样的标准来惩罚这些总理。但这不是事实。特别是,经济条件会导致相反的反应。当经济状况糟糕的时候,选举失败的可能固然会增加;但当经济状况好的时候,总理成为阴谋牺牲品的可能也会增加。如果促使总理具有代表性的动机是再次当选,那么这种非选举的威胁会削弱这一动机。议会民主国家的总理必须花费相当多的时间来防备各种阴谋,特别是在经济状况还不错的时候。

　　因此,如果选民得不到充分的信息,则选举很难导致代表性。如果密谋代替了选举,政治家的标准又代替选民的标准,则政府依照选民利益行事的动机就会遭到侵蚀。最低限度的理论①并没有告诉我们民主为何会就产生对人民的热爱。

　　① 指本章所论及的回溯性民主理论,与参与民主(participatory democracy)理论,或者慎议性民主(deliberatvie democracy)理论相比,这是对民众参与要求最小的民主理论。——译者

参考文献

ACHEN, C, and BARTELS, L. 2004. Blind retrospection: electoral responses to drought, flu, and shark attacks. Working Paper 2004/199. Madrid: Instituto Juan March.

ALESINA, A., ROUBINI, N., and COHEN, G. 1997. *Political Cycles and the Macroeconomy*. Cambridge, Mass.: MIT Press.

ANDERSON, C. 1995. *Blaming the Government*. Armonk, NY: M. E. Sharpe.

——2000. Economic voting and political context: a comparative perspective. *Electoral Studies*, 19: 151-70.

AUSTEN-SMITH, D., and BANKS, J. S. 1989. Electoral accountability and incumbency. Pp. 121-50 in *Models of Strategic Choices in Politics*, ed. P. Ordeshook. Ann Arbor: University of Michigan Press.

BANKS, J., and SUNDARAM, R. 1993. Adverse selection and moral hazard in a repeated elections model. Pp. 295-311 in *Political Economy: Institutions, Competition, and Representation*, ed. W. Barnett, M. Hinich, and N. Schofield. New York: Cambridge University Press.

BARRO, R. 1973. The control of politicians: an economic model. *Public Choice*, 14: 19-42.

BENGTSSON, A. 2004. Economic voting: the effect of political context, volatility, and turnout on voters' assignment of responsibility. *European Journal of Political Research*, 43: 749-67.

BLONDEL, J. 1968. Party systems and patterns of government in western democracies. *Canadian Journal of Political Science*, 1: 180-203.

BRATTON, K. 1994. Retrospective voting and future expectations: the case of the budget deficit in the 1988 election. *American Politics Quarterly*, 22: 277-96.

BROWNE, E., FRENDREIS, J., and GLEIBER, D. 1986. The process of cabinet dissolution: an exponential model of duration and stability in western democracies. *American Journal of Political Science*, 30: 628-50.

CHEIBUB, J. A., and PRZEWORSKI, A. 1999. Democracy, elections, and accountability for economic outcomes. Pp. 222-50 in *Democracy, Accountability, and Representation*, ed. A. Przeworski, S. Stokes, and B. Manin. New York: Cambridge University Press.

CUKIERMAN, A., and MELTZER, A. 1986. A positive theory of discretionary policy, the costs of democratic government, and the benefits of a constitution. *Economic Inquiry*, 24: 367-88.

DODD, L. 1976. *Coalitions in Parliamentary Government*. Princeton: Princeton University Press.

DOWNS, A. 1957. *An Economic Theory of Democracy*. New York: Harper Collins.

ERCOLE, E., and MARTINOTTI, G. 1990. Le basi elettorali del neosocialismo italiano. In *Vent' anni di elezioni in Italia*, ed. M. Caciagli and A. Spreafico. Padua: Liviana.

FEARON, J. 1999. Electoral accountability and the control of politicians: selecting good types versus sanctioning poor performance. Pp. 55-97 in *Democracy, Accountability, and Representation*, ed. A.

Przeworski, S. Stokes, and B. Manin. New York: Cambridge University Press.

FEREJOHN, J. 1986. Incumbent performance and electoral control. *Political Choice*, 56: 5-25.

FIORINA, M. 1981. *Retrospective Voting in American National Elections*. New Haven: Yale University Press.

FRIEDRICH, C. J. 1963. *Man and his Government: An Empirical Theory of Politics*. New York: McGraw-Hill.

HARRINGTON, J. 1993. The impact of reelection pressures on the fulfillment of campaign promises. *Games and Economic Behavior*, 5: 71-97.

HIRSCHMAN, A. 1970. *Exit, Voice, and Loyalty*. Cambridge, Mass.: Harvard University Press.

HUBER, E., RAGIN, C, and STEPHENS, J. 1997. *Comparative Welfare States Dataset* www. lissy. caps. ln/compwsp. htm.

KEECH, W. 1995. *Economic Politics*. New York: Cambridge University Press.

KEY, V. 0. 1966. *The Responsible Electorate*. New York: Vintage Books.

KIEWIET, D. R., and RIVERS, D. 1985. A retrospective on retrospective voting. Pp. 207-31 in *Economic Conditions and Electoral Outcomes: The United States and Western Europe*, ed. H. Eulau and M. Lewis-Beck. New York: Agathon Press.

KING, G., ALT, J., BURNS, N., and LAVER, M. 1990. A unified model of cabinet dissolution in parliamentary democracies. *American Journal of Political Science*, 34: 846-71.

KRAMER, G. 1971. Short-term fluctuations in US voting behavior, 1896-1964. *American Political Science Review*, 65: 131-43.

KUKLINSKI, J., and WEST, D. 1981. Economic expectations and voting behavior in United States Senate and House elections. *American Political Science Review*, 75: 436-47.

LAAKSO, M., and TAAGEPERA, R. 1979. Effective number of parties: a measure with application to western Europe. *Comparative Political Studies*, 12: 3-27.

LANOUE, D. 1994. Retrospective and prospective voting in presidential-year elections. *Political Research Quarterly*, 14: 193-205.

LAVER, M. 1974. Dynamic factors in government coalition formation. *European Journal of Political Research*, 2: 259-70.

LEWIS-BECK, M. 1988. *Economics and Elections*. Ann Arbor: University of Michigan Press.

——and SKALABAN, A. 1989. Citizen forecasting: can voters see into the future? *British Journal of Political Science*, 19: 46-53.

LEYDEN, K., and BORRELLI, S. 1995. The effect of state economic conditions on gubernatorial elections: does unified government make a difference? *Political Research Quarterly*, 48: 275-300.

LOCKERBIE, B. 1992. Prospective voting in presidential elections: 1956-88. *American Political Quarterly*, 20: 308-25.

LOWRY, R., ALT, J., and FERREE, K. 1998. Fiscal policy outcomes and electoral accountability in American states. *American Political Science Review*, 92: 759-74.

MACKUEN,M.,ERIKSON,R.,and STIMSON,J.1992.Peasants or bankers:the American electorate and the U.S.economy.*American Political Science Review*,86:597-611.

MADISON,J.1961.*Federalist Papers* no.57.New York:New American Library.

MANIN,B.1995.*Principes du gouvernement représentatif.*Paris:Calmann-Lévy.

——PRZEWORSKI,A.,and STOKES,S.1999.Introduction.Pp.1-26 in *Democracy,Accountability,and Representation*,ed.A.Przeworski,S.Stokes,and B.Manin.New York:Cambridge University Press.

MARAVALL,J.M.1999.Accountability and manipulation.Pp.154-96 in *Democracy,Accountability,and Representation*,ed.A.Przeworski,S.Stokes,and B.Manin.New York:Cambridge University Press.

——2003.The political consequences of internal party democracy.Working Paper 2003/190.Madrid:Instituto luan March.

——and PRZEWORSKI A.2001.Political reactions to the economy.Pp.35-77 in *Public Support for Market Reforms in New Democracies*,ed.S.Stokes.New York:Cambridge University Press.

MERSHON,C.1996.The cost of coalition:coalition theories and Italian governments.*American Political Science Review*,90:534-54.

——2002.*The Cost of Coalitions.*Stanford,Calif.:Stanford University Press.

MONARDI,F.1994.Primary voters as retrospective voters.*American Political Quarterly*,1:88-103.

NADEAU,R.,NIEMI,R.,and YOSHINAKA,A.2002.A cross-national analysis of economic voting, taking account of the political context across time and nations.*Electoral Studies*,21:403-23.

NORDHAUS,W.1975.The political business cycle.*Review of Economic Studies*,42:169-90.

PALDAM,M.1991.How robust is the vote function? A study of seventeen nations over four decades.Pp. 9-31 in *Economics and Politics:The Calculus of Support*,ed.H.Norpoth,M.Lewis-Beck,and J.-D.Laffay.Ann Arbor:University of Michigan Press.

PERSSON,T.,ROLAND,G.,and TABELLINI,G.1997.Separation of powers and accountability. *Quarterly Journal of Economics*,112:1,163-202.

——and TABELLINI,G.1990.*Macroeconomic Policy,Credibility,and Politics.*New York:Harwood Academic Publishers.

POWELL,C.2001.*España en democracia,1975-2000.*Madrid:Plaza y Janes.

POWELL,G.B.2000.*Elections as Instruments of Democracy:Majoritarian and Proportional Visions.*New Haven:Yale University Press.

——and WHITTEN,G.1993.A cross-national analysis of economic voting:taking account of the political context.*American Journal of Political Science*,37:391-414.

PRICE,S.,and SANDERS,D.1995.Economic expectations and voting intentions in the U.K.,1979-87:a pooled cross-section approach.*Political Studies*,43:451-71.

PRZEWORSKI,A.2003.*States and Markets.*New York:Cambridge University Press.

RAE,D.1968.A note on the fractionalization of some European party systems.*Comparative Political Studies*,1:413-18.

RIKER,W.1982.*Liberalism against Populism.*Prospect Heights,111.:Waveland Press.

ROGOFF, K. 1990. Equilibrium political budget cycles. *American Economic Review*, 80:21-36.

——and SIBERT, A. 1988. Elections and macroeconomic policy cycles. *Review of Economic Studies*, 55: 1-16.

ROVAN, J. 1978. *Histoire de la social-démocratie allemande*. Paris: Seuil.

ROYED, T., LEYDEN, K., and BORRELLI, S. 2000. Is "clarity of responsibility" important for economic voting? Revisiting Powell and Whitten's hypothesis. *British Journal of Political Science*, 30:669-98.

RUDOLPH, T. 20030. Who's responsible for the economy? The formation and consequences of responsibility attributions. *American Journal of Political Science*, 47:698-713.

——2003ÍJ. Institutional context and the assignment of political responsibilities. *Journal of Politics*, 65: 190-215.

SÁNCHEZ-CUENCA, I. 2003. How can governments be accountable if voters vote ideologically? Working Paper 2003/191. Madrid: Instituto Juan March.

——and BARREIRO, B. 2000. *Los efectos de la acción de gobierno en el voto durante la etapa socialista 1982-1996*. Madrid: Centro de Investigaciones Sociológicas.

SANDERS, D., and HERMAN, V. 1977. The stability and survival of governments in western democracies. *Acta Política*, 12:346-77.

SARTORI, G. 1987. *The Theory of Democracy Revisited*. Chatham, NJ: Chatham House Publishers.

SHAFFERS, S., and CHRESSANTIS, G. 1991. Accountability and U.S. Senate elections: a multivariate analysis. *Western Political Quarterly*, 44:625-39.

STOKES, S. 2001. Introduction: public opinion of market reforms: a framework. Pp. 1-32 in *Public Support for Market Reforms in New Democracies*, ed. S. Stokes. New York: Cambridge University Press.

STOKES, S. 2003. *Mandates and Democracy*. New York: Cambridge University Press.

STROM, K. 1990. *Minority Government and Majority Rule*. New York: Cambridge University Press.

——MÜLLER, W., and BERGMAN, T. 2003. *Delegation and Accountability in Parliamentary Democracies*. New York: Oxford University Press.

SVODA, C. 1995. Retrospective voting in gubernatorial elections: 1982 - 1986. *Political Research Quarterly*, 48:117-34.

TARR, F. de. 1961. *The French Radical Party*. Oxford: Oxford University Press.

TAYLOR, M., and HERMAN, V. 1971. Party systems and government stability. *American Political Science Review*, 65:28-37.

THATCHER, M. 1993. *The Downing Street Years*. London: Harper Collins.

TUFTE, E. 1978. *Political Control of the Economy*. Princeton: Princeton University Press.

USLANER, E. 1989. Looking forward and looking backward: prospective and retrospective voting in the 1980 federal elections in Canada. *British Journal of Political Science*, 19:495 - 513. WARWICK, P. 1994. *Government Survival in Parliamentary Democracies*. New York: Cambridge University Press.

WATKINS, A. 1991. *A Conservative Coup: The Fall of Margaret Thatcher*. London: Duckworth.

WHITTEN, G., and PALMER, H. 1999. Cross-national analysis of economic voting. *Electoral Studies*, 18:

49-67.

WOLDENDORP,J.,KEMAN,H.,and BUDGE,I.1998.Party governments in 20 democracies:an update. *European Journal of Political Research*,33:125-64.

第三十八章　经济转型与比较政治

蒂莫西·弗莱(Timothy Frye)

实际上,转型最难的部分绝不是经济,而是政治。(Sachs 1993,3 页)

过去 15 年,指令性经济的转型引发了比较政治学者极大的兴趣。得以实时研究民主政治、利益团体,以及欧盟在创造市场经济方面的影响,这一机会吸引了经济学和政治学中最优秀的人们,而在过去,他们只在别的领域施展才华。[①] 对区域研究有深入了解的学者与其他领域的专家一道,使对后共产主义世界的研究尤其引人注目。

本章着重介绍指令性经济转型的研究对广义的比较政治学作出了何种贡献。首先是描述过去 15 年间不同国家非常不同的经济改革。从 20 世纪 80 年代后期一个(大致)相似的起点开始,从具有活跃的市场经济的欧盟成员国,到今天仍然具有高度国家控制的封闭的经济体,都卷入了这一过程。然后讨论政体类型、利益团体、治理质量和欧盟如何影响了经济改革。一些新近的研究表明,民主并不像过去理解的那样会成为障碍;从改革中获利的集团可能不会支持进一步的改革;欧盟能够成为经济改革的发动机;有效的制度,尤其是国家,对于市场经济的建设至关重要。这些观点已经被广泛接受:但我认为,它们往往缺乏微观基础。比较政治学中经常出现的情况是,中层理论更容易受到微观研究的挑战,因为它们提出了多种因果解释路径。在讨论每一种解释的时候,我将尝试寻找相应的途径,以建立中层因素与经济改革之间的因果联系。

明确中层理论与现有结果之间的因果关系之所以重要,是因为从很多方面看,民主、国家能力与经济改革之间都存在高度的相关性。此外,令人满意的解释不仅要说明结果本身,更要说明产生这些结果的过程。到目前为止,关于后共产主义国家经济改革

---

① 在政治学家中,Raymond Duch,John E.Jackson,James Gibson,Stephen Holmes,David Laitin,Juan Linz,Alfred Stepan 和经济学家 Andrei Shleifer,Jeffrey Sachs 和 Joseph Stiglitz 对指令性经济转型的学术争论作出了重大贡献。

的研究在前一方面做得要比后一方面好。另外,一些学者注意到,这些中层变量与经济改革很可能是同一些原因的结果。因此,在经济转型的研究中依然存在诸多关于因果关系的问题。这一微观基础薄弱的问题不仅限于后共产主义世界,而且也是主导比较政治学的中观研究中一个共同的缺陷。

在指出中观理论缺乏微观基础之后,本章从另一个角度回顾对中层理论的批判,即缺乏因果解释的深度。基切尔特(Kitschelt 2003)非常具有代表性地提出了这个方法论同时也是本体论方面的问题,认为好的解释不仅应该寻找人类行为之间密切的因果联系,而且还必须明确那些在时间上相距遥远的因果联系,以尽可能避免套套逻辑的出现。为此,一些学者通过更深远的历史因素解释后共产主义世界经济改革的差异,包括国家建构的时机和本质、大众教育的时机和本质、地理状况和规范扩散所扮演的角色,以及共产主义制度的遗产,等等。这些解释不仅努力确认那些与当前经济结果相关的历史因素,而且尽可能厘清使这种历史影响得以流传的机制。对因果机制的关注带来了历史制度主义的发展。在结论部分,我将简要介绍我自己把时间上远近不同的因素结合起来,对改革的结果加以解释的尝试。我强调的,是行政机构的党派属性、民主制度,以及1989年之前共产党与国家主权之间的关系所造成的影响。

这个文献回顾未能涵盖经济转型研究的所有重要成果。在这样一个简短的回顾中,要囊括过去15年的大量工作,几乎是一件不可能的事情。本章也不准备像通常的文献回顾所做的那样,重点突出某种具体的方法、概念或研究途径。① 它的目标,是澄清争论的焦点;指出研究中亟待解决的问题;并且证明对指令经济转型的研究,已经为比较政治学研究者提出了一些具有普遍性的问题。

一、经济转型

经济转型针对指令性经济而言。没有两种指令性经济完全相同(正如没有两种市场经济完全相同),但它们的确有一些共同点,即国家拥有财产并且决定其用途;计划者而非市场为大多数商品制定价格,公司仅受到软性而非硬性的预算控制。这意味着,管理者受到的约束更多来自资源短缺而非市场竞争(Kornai 1992)。尽管指令性经济具有诸多不合常规的特性,但它也能够维持均衡(Ericson 1992)。计划者、管理者、工人和消费者对指令性经济提供的刺激作出理性反应,而且每个参与者都不会偏离计划者的

① Djankov and Murrell(2002),Campos and Corricelli(2002)都是极好的文献回顾。它们主要关注的是经济改革和市场建构,而非经济表现,如经济增长和通货膨胀率。

策略。由于指令经济处于均衡状态,所以它不受边际变化的影响。施罗德(Schroeder 1979)一针见血地指出,它们是"被诱骗进行改革的"。也就是说,指令性经济很难从内部加以改变,虽然中国和越南是这个规则的例外。本章后面的部分,将讨论使中国和越南能够"走出计划"的制度创新(Naughton 1995;Qian 2003;Malesky 2005)。

前苏联和东欧的 27 个国家很明显属于转型经济的类别,且具有大致相同的制度起点。中国、蒙古和越南也常常被包括进这一类研究之中。在对亚洲的这三个转型经济体与前苏联和东欧国家进行比较时,一定要注意到这两组国家之间的差别。中国和越南开始转型的时候,收入水平非常低,而且具有强大的一党统治,虽然在政府的较低层次存在不同程度的竞争。此外,中国和越南中央经济计划涉及的产品种类,要远远小于前苏联和东欧国家(Naughton 1995)。是否应该借鉴亚洲转型经济体的经验,并把它们运用到前苏联和东欧国家,对此存在激烈的争论。但对这两组国家进行比较研究,想必有助于对某些问题的认识(Qian 2003)。①

在研究过去 15 年市场经济建设方面的进步时,一些国家取得的巨大成就让人印象深刻,如果考虑到改革起步时恶劣的条件、变革的广度,以及 20 世纪 90 年代全球市场的风云变幻,就更是如此。欧洲复兴开发银行对 8 个不同领域的经济改革进程加以测评,其中 1 表示指令性经济几乎没有变化,而 4.3 则表示达到了发达市场经济的标准。改革的领域包括大规模私有化、小型私有化、贸易自由、物价自由化、公司治理改革、银行改革、证券市场改革,以及竞争政策的改革。改革的最高评分承认现代资本主义经济在制度上的多样性,且并不必然向某种理想模式趋同。绝大多评分设定的表现基准点,都可以在发达市场经济体中找到。

表 38.1 的第一列,是 2004 年欧洲复兴开发银行 8 个方面未经加权平均的改革指数,它表明很多国家此前 15 年都取得了重大进展。波兰、捷克共和国、匈牙利、斯洛文尼亚、爱沙尼亚和拉脱维亚在建立类似发达市场经济体制度框架的方向上大步迈进。其他国家,如阿尔巴尼亚、亚美尼亚、保加利亚、罗马尼亚、俄罗斯和乌克兰在某些领域一直努力引进广泛的经济改革,但在另一些领域也获得了可观的成效。最后一组国家,白俄罗斯、乌兹别克斯坦和土库曼斯坦,也已经去除了一些指令性经济的因素,但还保留了广泛的管制,高水平的国家保护,以及较大的国有成分。

后共产主义国家的改革提醒我们,改革是多层面的。一个国家往往同时进行不同类型的改革。这些国家不同类型的经济改革往往高度相关,但在经济改革不同领域取

---

① 在其他研究中,Sachs and Woo(1992),以及 Mau(2000)是对这种比较持怀疑态度,Naughton(1995),Stiglitz(2000)和 Roland(2000)较为支持这种比较。将这两个体系国家进行比较的一个难点是缺少可以用来比较的数据。

得的进展也存在普遍差异。例如,表38.1 的后三列提供了 2004 年三种类型改革的得分数。第二列表明,大多数国家明显提高了经济的对外开放程度,但第三列和第四列则显示,它们在工业私有化和改善公司治理方面进展有限。①

表 38.1　2004 年经济改革

	8 类政策领域的平均得分 1	贸易自由化 2	大规模私有化 3	公司治理 4
阿尔巴尼亚	3.00	4.3	3.0	2.0
亚美尼亚	3.06	4.3	3.3	2.3
阿塞拜疆	2.71	3.7	2.0	2.3
白俄罗斯	1.88	2.3	1.0	1.0
保加利亚	3.41	4.3	4.0	2.7
克罗地亚	3.49	4.3	3.3	3.0
捷克共和国	3.78	4.3	4.0	3.0
爱沙尼亚	3.78	4.3	4.0	3.3
马其顿共和国	3.08	4.3	3.3	2.3
格鲁吉亚	3.04	4.3	3.3	2.3
匈牙利	3.86	4.3	4.0	3.3
哈萨克斯坦	2.95	3.3	3.0	2.0
吉尔吉斯斯坦	3.08	4.3	3.7	2.0
拉脱维亚	3.63	4.3	3.7	3.0
立陶宛	3.62	4.3	3.7	3.0
摩尔多瓦	2.89	4.3	3.7	1.7
波兰	3.69	4.3	3.3	3.3
罗马尼亚	3.16	4.3	3.7	2.0
俄罗斯	2.99	3.3	3.3	3.3
斯洛伐克	3.70	4.3	4.0	3.3
斯洛文尼亚	3.41	4.3	3.0	3.0
塔吉克斯坦	2.43	3.3	2.3	1.7
土库曼斯坦	1.34	1.0	1.0	1.0
乌克兰	2.86	3.0	3.0	2.0
乌兹别克斯坦	2.15	1.7	2.7	1.7

---

① 这些国家在小范围私有化和国内价格自由化方面取得的进步比在其他领域要多,后者如银行改革、证券市场改革和竞争政策方面。

续表

	8 类政策领域的 平均得分 1	贸易自由化 2	大规模私有化 3	公司治理 4
样本中值（标准 方差）	2. 40 （76）	3. 79 （. 92）	3. 14 （. 83）	2. 38 （. 71）

来源：欧洲复兴开发银行。

　　不同类型的经济改革进程的差别会产生什么样的影响，这是一个引起争论的问题。一些学者认为，经济改革不同方面在很大程度上是相互补充的，也就是说，一种类型的经济改革有助于其他类型的经济改革（Fisher，Sahay，and Vegh 1996）。例如，自由贸易会使国内价格自由化变得容易。另一些学者认为，不同类型经济改革速度的差异，为政治家组建改革早期受益者的联盟，以支持转轨后期的进一步自由化提供了机会（Roland 2000）。这就意味着，不同类别改革进展的差异，可能与更为成功的改革努力相联系。还有一些学者认为，不同类别经济改革进展的差异，可能会使从一种类别的经济改革中获益的经济行为体阻碍其他类型的经济改革的进展（Murphy，Shleifer，and Vishny 1992；Hellman 1998）。无论如何，虽然这些讨论尚处于初级阶段，但它已经促使学者们更细密地考察不同类别的经济改革之间可能的相互影响，从而把改革政治经济学的研究推进了一步。

　　随时间而发生的变化讲述了一个同样有趣的故事（见图 38.1）。一些国家，如波

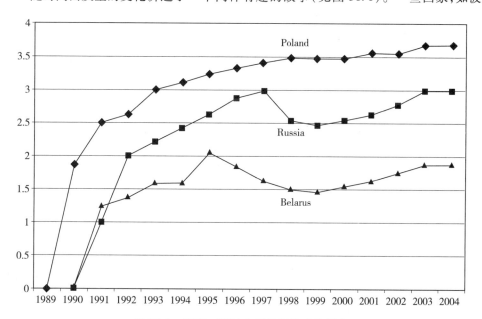

图 38.1　1989—2004 年平均经济改革得分

兰,从转型一开始就进行了大规模的经济改革,并且在整个后共产主义时代都保持了高度的经济自由。相反,白俄罗斯在此前的 15 年中遵循的是一条渐进的经济改革路线。俄罗斯的经济更是走走停停。在初期的自由化阶段之后,俄罗斯在 1998 年经历了经济改革的逆转。经历这一倒退之后,俄罗斯正努力让市场发挥更为重要的角色。

二、中层理论与经济改革:政体类别

如何解释不同国家、不同时期经济改革的差异,这一直是政治学家与经济学家的一个中心课题。大多数研究者注重中层理论,它们强调的是政体类别、利益团体的权力、管治机构的质量,以及欧盟吸引力的影响。这方面的每一种观点都能够给人以重要的启示,但它们的微观基础却往往并不牢靠。

早期的分析受到拉美研究中产生的经济改革政治学传统智慧的影响,主要把政体类别作为经济改革的一种可能的解释(Lipton and Sachs 1990;Przeworski 1991;Williamson 1994)。这种观点强调,经济改革在短期内产生了集中于少数特定群体身上的代价,但从长期来看却可以使整个社会受益。因此,寻求经济自由化的统治者应该以最快的速度,在广泛的政策领域推进经济改革,并且在改革全面推开之后使他们免于必然出现的民粹主义反弹的威胁。经济转型中主要的政治挑战是创立一套制度,以保护改革取向的政治家在穿越"泪谷"时掌握政权,直到经济重新焕发活力,并使他们在政治上受益(Przeworski 1991)。那些行政权力特别容易受到民众压力影响(一般是通过选举)的国家,经济改革的进程也最为缓慢。[1]

然而,对后共产主义世界的研究所获得的发现挑战了这一论点。有证据表明,在后共产主义世界,民主的水平与经济改革的水平呈正相关。众多研究表明,"自由之家"评测的民主水平,与欧洲复兴开发银行的经济改革指数之间存在双变量相关的关系(Hellman 1998;EBRD 1999)。在对前苏联的成员身份、执政党的党派和初期的财富水平进行控制之后,回归分析表明,民主与经济改革之间仍然存在显著的相关性。[2]

尽管"民主促进了经济改革"这一观点在最近几年得到了证实,但要大张旗鼓宣扬

---

[1] 学者们一般来说不至于主张独裁统治更有利于经济改革,但他们中很多人认为,能够抵御大众压力的制度更可取,他们同时也对政治和经济自由化能够互相支持的观点持怀疑态度。

[2] 由于研究涉及的时间段相对比较短,存在着内生性偏差的可能以及测量的误差,对后共产主义世界的经济改革按时间段进行剖面研究应该持慎重态度,但无论如何这些研究还是提供了一些重要的启示。

它还为时尚早,因为这一论断的微观基础仍有待厘清。① 民主可能以多种方式影响经济自由化,但其间的因果路径还有待确认。一些研究者认为,民主通过把选举权赋予经济改革的失利者而强化了回应制,从而使强势群体难以绑架国家(Hellman 1998)。根据这一观点,任期较短且必须承担责任的统治者不太可能被俘获,因为经济行为体与特定的统治者建立个人关系所获甚少。但是,从均衡状态来看,政权交替并不必然与经济改革相关。失去权力的威胁既可以阻止负有责任的当权者假公济私,也能够阻止利益团体来获取特殊利益。由于丧失权力的威胁足以削弱权力寻租,因此对频繁的政府更替和广泛的经济改革的经验观察,并不具有特别的说服力。②

一种略有不同的观点认为,民主国家的权力更为分散,比如有更多的否决点,因此比较难于被俘获。这可能是真的,但对于说明改革为何发生却贡献不大。其他领域的研究表明,分散的权力,使政府在引入经济改革时更难以克服集体行为和分配问题,而在后续阶段它又会使经济改革的维持变得更为复杂(Haggard 1990;Haggard and Kaufman 1995;Roubini and Sachs 1989)。③ 如果不考虑主要利益群体的党派偏好,就很难了解民主制度本身为何有利于经济改革的引入。

民主可能通过选举周期推进经济改革。有一些证据表明,贸易自由化很有可能在选举后的一年、而不太可能在选举之前的一年推行(Frye and Mansfield 2004)。其他研究者也发现了俄罗斯不同政策领域存在选举周期的证据(Treisman and Gimpelson 2001),不过,这些结论尚未在不同国家更为广阔的政策领域得到验证。

转型之外的跨国研究表明,作为民主制基本特征的媒体自由对经济改革可能具有非常重要的作用(Adsera,Boix,and Payne 2003)。麦克米兰和左多(McMillan and Zoido 2004)利用秘鲁官员间相互行贿的详尽收据和录像证明,由于贿赂媒体的代价要远高于贿赂当选官员和官僚,所以媒体是减少腐败的关键。在俄罗斯,享有更多出版自由的地区,经济表现也较好(Yanovskiy et al.2001)。也许民主通过出版自由发挥了作用,但这一结论尚未得到整个后共产主义世界的验证。更一般地说,民主制度也许不能替代、而只能补充经济自由化,而且只有在民主制各项因素同时出现的时候下才能推进这一进程。换言之,对于推进改革来说,选举的压力、权力的分散和自由的媒体都必不

---

① 应该注意的是,民主更多的是与经济改革的水平,而非经济改革中的增长水平相关。经济改革中增幅最大年份的民主水平与经济改革带来的增幅之间的相关度是 0.26,这个关系没有统计意义(p=0.21)。很多国家在转型初期的经济改革中获得了最大幅度的增长,但民主程度都相当低。

② 经济改革可能带来民主,这种正向的关系可能强于反向的关系(Fish 2005)。

③ 哈加德和考夫曼(Haggard and Kaufman1995)认为,集中的政治权力让经济改革的推行更为容易,但是这让下面的问题更加困难,即一旦经济改革推行它如何得到巩固。

可少。如果情况的确如此,那么要让民主对经济改革发挥人们所期望的影响,它的每一个部分就都必须到位。

还有两个环境因素也可能使民主在后共产主义世界比在其他地方更有利于经济改革。民主在后共产主义国家可能与经济改革密切相关,是因为组织起来的劳工力量非常弱小。① 在拉美,由于劳工一直以来组织程度更高,与政党的关系更紧密,所以民主与经济改革就没有太大的关系。在拉丁美洲,经济改革的失利者似乎更成功地(当然其实也不是太成功)利用民主制度阻挠了经济改革。看来,转型国家民主之所以与经济改革发生关系,原因可能是组织起来的劳工力量普遍较弱。

此外,与其他地区相比,作为民主制基本特征的权力分散化,在后共产主义世界可以也更有助于推动经济改革。由于在转型开始时政治权力高度集中,经济也高度国有化,进入政治领域的新的群体可能比原来的当权者更倾向于自由经济。因此在后共产主义世界,出于一种此消彼长的关系,权力从当政者手中分散出去,会增加市场导向的群体对政策的影响力。一项基于1990年到1998年数据的研究发现,无论政治权力是否集中,民主国家都实行开放经济;而政治权力分散的非民主国家,也实行高度开放的经济。只有政治权力集中的专制国家才才维持了较高程度的贸易保护(Frye and Mansfield 2003)。

总的来说,目前尚不十分清楚民主的水平如何影响了经济改革。厘清政体类别与经济改革之间的因果作用具有重要意义,因为民主同样与自由政府、欧盟准入条件,以及某些历史因素相关。在此,转型经济的研究者与民主和平论者站在同一条船上(Rasato 2003)。在民主的水平与某种特定的利益输出之间可能存在相关性,但其中的因果路径仍然有待争论。需要进行更多的研究,以发现民主与经济改革关联的过程。另外,还有一种可能性,那就是某些更深层的结构性因素同时导致了民主制度和经济改革。现在就无保留地接受后共产主义的世界民主与经济改革必然相伴发生这一个正在形成的(在规范意义上是令人愉悦的)共识,似乎还为时尚早。

三、利益集团:好赢家、坏赢家,以及经济改革

学者们同样考察了经济转型中利益集团扮演的角色。在世界的其他地区,人们一直以一种直截了当的方式用利益集团解释经济改革,并把它作为一个重要的影响因素。

---

① 很多学者注意到,有组织的劳工力量在后共产主义世界弱小得惊人。关于这个问题,Crowley (2004)有一篇很好的文献回顾。

从经济改革中受益的群体不仅得到了实实在在的利益,而且把改革向前推进,而为了进一步的经济自由化,对经济改革中的失利者则必须加以补偿,或进行压制(Garrett 1998;Haggard 1990)。罗德里克(Rodrik 1996,29 页)在总结通行观点的基础上指出:"改革要持续发展,就必须创造出这样一批人,他们的利益就在于改革的继续。"在后共产主义世界,由于经济改革可能的受惠者,即私营企业在很多国家转型之初根本不存在,所以为经济改革创造政治支持就尤为重要。这一考虑为快速的经济改革提供了一种比较容易为人们接受的解释。① 很多学者认为,私有化会让企业内部人员,首先是公司管理者获益,他们会支持后续的经济改革持续下去(Shleifer and Vishny 1998,11 页)。

但是,后共产主义国家的证据表明,对于经济获益者的行为应该进行更为细密的观察。经济转型研究中最出人意料的发现之一,就是一些从经济改革中获益的团体可能意欲阻碍进一步的自由化。最典型的就是赫尔曼的观点(Hellman 1998)。他认为某些经济改革使一些特殊群体独享利益,而他们为了维护这种利益,会阻挠随后的改革。比如,要是在国内价格完全自由化之前放宽对外贸易限制,就会让出口商按照国家补贴价格购买商品,又在海外市场以国际的价格出售,以赚取两者之间的差价。与此相似,如果在建立产权保护制度之前进行工业企业的快速私有化,会让企业内部人员为个人利益侵夺公有财产。诸多研究表明,这类所谓"部分改革"的受益者都成了继续改革的阻碍。

学者们早就注意到,享有经济特权的群体会颠覆改革,是赫尔曼(Hellman 1998)进一步发展了这个观点,认为改革进程本身会让某些群体获利,而它们出于既得利益又会阻挠改革。这一观点基于穆菲、施莱费尔和维施尼(Murphy,Shleifer,and Vishny1992)较早的研究,强调从经济转型中获益的群体会成为下一步经济改革的首要阻碍。②

还有其他一些学者推进了这个方面的研究。索宁(Sonin 2003)提出一个形式化的模型,指出通过私有化致富的公司管理人员更倾向于维持软弱的法治状态,因为这使他们能容易使用私人手段保护自己的财产,包括贿赂政府官员和雇佣私人保安。霍夫和斯蒂格利茨(Hoff and Stiglitz 2004)认为,经过私有化控制了企业的管理人员面临着集体行动和协同问题,这削弱了他们为下一步的机构改革进行游说的动机。作为一个群体,管理人员本来应该能够从法治的完善中获利,但由于机构改革具有分配效应,因此无法保证管理人员会采取某种共同策略,以增进他们的个人所得。实际上,有可能寻租的管理人员更倾向于延迟法治的建立,直到他们的资源被耗尽。

---

① 艾雅尔、泽列尼和唐斯利著作(Eyal,Szelenyi,and Townsley 1998)的书名《创造没有资本家的资本主义》敏锐地抓住了这个问题。

② Schamis(1999)对拉美的研究得出了相似的结论。

这种观点得到了普遍认可,但对这个问题仍需要进一步研究,特别是对俄罗斯以外国家的研究(Ganev 2001)。在最早几轮经济改革中获利的大赢家肯定是未来改革最明显的反对者,但他们是否构成了改革最强有力的障碍则尚不清楚。在俄罗斯,1998年8月的金融危机极大地削弱了寡头控制下银行的政治权力,但在此后的7年间金融领域内的改革仍然进展迟缓。如果寡头银行是改革最大的障碍,那么在它们倒台后改革进程应该会更快的。[①]

相似地,如果经济改革的早期获利者拥有足够的权力俘获国家,那么当改革触犯到他们的利益时,他们会逆转改革的方向,而经济改革也会后退。但是,经济改革后退的情况很少发生,而且更容易发生在改革的初期阶段。另外,一些国家好像已经绕过了"部分改革均衡",而如果早期获利者拥有太大的政治权力,这个结果就不大容易出现(Malesky 2005)。[②] 不过无论如何,的确有证据表明,一些在转型经济中致富的群体的确阻碍着进一步的改革。

3.1 好赢家

不过,并非所有赢家都是坏赢家。有些群体是因改革过程本身出现扭曲而致富,另一些则是受益于更多的贸易机会,因而会支持进一步的经济改革。杰克森、克里希和波兹南斯卡(Jackson,Klich,and Poznanska 2005)发现,在波兰那些转型初期创造了更多新型私营企业的地区,1993年和1997年两次全国大选中,市场导向的政党都得到了更多的选票份额。这项研究追溯了新型私营企业进入和退出的时间进程,证明了为何众多新型私营企业的存在,迫使各政党采取了扩展市场的政策,从而推进了此领域的讨论。类似地,菲德马克(Fidrmuc 2000)和塔克(Tucker 2006)发现,在中东欧国家那些改革受益群体较多的地区,自由主义政党的得票率也更高。弗莱(Frye 2004)发现,在俄罗斯1999年的议会选举中,新型私营企业的管理人员特别愿意为那些支持改革的政党投票。

这些研究结果表明,改革进程本身会改变改革中受益者和失利者群体之间的权力平衡,只是其具体作用机制难以通过统计分析的方式加以把握。那些创造了活跃的新型私营部门的改革,同时也创造了进一步自由化的支持力量;而那种把利益集中分配给某些占据特殊地位的群体的改革,则可能会停滞于未来的某个时刻。这表明了与通行

---

① 当然,其他经济领域的巨头仍然对政策发挥着巨大影响。

② 古利耶夫和拉钦斯基(Guriev and Rachinsky 2005)发现,一般来说,俄罗斯寡头控制的公司保持了较高的利润率,但很难断定他们强势的表现是与公司的性质相关,还是与所有者更大的政治权力相关。

的研究相比，一种动态性的转型政治学和经济学所具有的优点。① 此外，这些结果要求我们更细致地对待经济改革中受益者的政治行为。重要的是明确在什么样的条件下，不同类型的受益者群体会成为下一步经济改革的支持者或者反对者。

可能更为重要的是，这些研究表明，在研究政治和经济变化时，从跨期契约的角度出发思考问题会有所助益（Diermeier et al.1997）。在经济改革之获益的政治家和群体面临着一个可信承诺的问题。当政者选择那些希望某受惠者能够为其提供政治支持的政策。但是，有些受惠者在获利之后，可能并不提供他们曾经许诺的政治支持。事实上，那些在转型经济中致富的早期受惠者，可能会撤出其对改革的政治支持，以换取更好的谈判地位。

如果我们意识到公共官员也可能会违反他们在博弈中的目标，那么随时间而发生的变化这个问题就显得更为重要了。在通过提供某些选择性的利益以换取政治支持之后，国家行为者可能又会撤销这些利益。在 2000 年的总统选举中一些寡头曾支持普京，现在他却发起了反对他们的斗争，这一变化非常好地说明了上述动态过程。这一事实提醒研究者们注意经济改革过程中立场变化的问题，同时也为未来的研究提出了一些有趣的议题。为什么在某些情况下私有化会停滞不前？私有化的公平性是否有助于巩固财产权？牵涉外国公司的私有化更容易还是更难被逆转？为什么在一些情况下执掌权力的政治家会尊重他们前任的私有化决定，而在另一些情况下就不这样？经营者在获得企业的控制权之后，如何能够相信国家官员们会尊重他们的所有权？

这一问题并不仅限于转型经济，它多多少少存在于所有的政治和经济转变中。对经济转型和比较政治的研究者来说，一项迫切的任务是明确在什么样的政治和经济条件下，当政者和经济获益者之间的交易更容易发生。在此，分配政治学中固有的、却又常常被忽略的可信承诺的问题，再次在转型经济学中凸显出来。

四、治理、国家角色与经济改革

治理和国家的经济角色是比较政治学中第三个经久不衰的话题，而对于经济转型

---

① 这些结论以一种新的视角描绘了新型私有部门。这一观点指出，新型私营经济中的小企业远非边缘性的政治行为者，它们本身虽然游说能力有限，但在选举时却可以成为一支重要的政治力量，因此对于推动机构改革和民主化来说发挥着关键性的作用。这一区分让人们回忆起巴林顿·摩尔在《专制与民主的社会起源》中对好的资本主义商人和坏的土地资本家之间的区别，后者常常被研究者们引用。正是因为新型私营企业剥夺资产和获取租金的能力有限，所以出于自身利益的考虑才会支持进一步的改革和民主化。

来说,它就是一个核心论题(Offe 1991;Grzymala-Busse,Jones-Luong 2002)。早期研究强调全面收缩共产主义国家的利维坦,但研究者们很快意识到,一个较弱的国家在推进经济改革方面同样无所作为(Sachs 1994;Holmes 1996)。后共产主义转型提供的一条经验,就是一个有能力的国家在创生市场方面非常重要。

一种常见的观点是,快速经济自由化的提倡者忽视了国家制度的改革,但更符合实际的情况是,他们相信国家制度的构建首先需要稳定的宏观经济环境。他们很可能是对的,因为宏观经济不稳定的情况下进行制度建设是一种值得怀疑的主张。① 不过,同样真实的是,国家的能力的迅速下降、非正规经济的出现,以及建设市场经济基本制度所要求的高速度,往往使观察者们措手不及(Roland 2000)。

关于国家制度对市场进行治理的性质和能力的争论,在后共产主义转型研究中处于核心地位。有三个方面的问题需要澄清。一种得到广泛接受的观点认为,后共产主义国家已经崩溃了,但在很多情况下,与其他中低收入的国家相比,这些国家仍然保留了较大的税收和支付能力。表38.2反映的是世界银行关于1995年一系列国家的税收和国家支出在GDP总量中所占比例的数据。总体上看,相对于它们的经济规模,大多数后共产主义国家的这两个比例都偏高,且保持着较强的税收能力。

表 38. 2　1995 年拉美国家和后共产主义国家的税收和国家支出

	税收(%GDP)	支出(%GDP)
阿根廷	13	14
玻利维亚	11	21
巴西(1994)	20	34
墨西哥	13	16
拉丁美洲/加勒比地区平均值	12(1994)	14
阿尔巴尼亚	17	31
保加利亚	36	42
爱沙尼亚	36	31
欧洲/中亚平均值	23	31
所有中等收入国家平均值	12	15

来源:世界银行发展指南 2005。

---

① 一项研究发现,在转型开始几年之后,制度对经济增长的影响开始增加。这表明,在宏观经济条件稳定之后,制度的重要性增强了(Campos and Corricelli 2002)。

还有一种广为流行的观点,认为后共产主义国家应该削减支出,特别是社会性支出,以"解放"市场。但是,拥有最活跃的市场经济的国家,其社会支出的比例也比较高。事实是,人均健康支出滞后值与欧洲复兴开发银行计算的市场经济改革得分中间值呈正相关(.55)(World Bank 2002;EBRD 2003)。

在这个方面中国和越南情况有所不同。它们的国家较小,转移支付规模也不大,却实现了相当程度的经济自由化。中国在这方面尤其令人感兴趣。1978 年政府财政总收入大约占 GDP 的 40%,但到 1996 年这一比例下降到 17%(Qian 2003,320 页)。这一变化并非出于支出的巨减。事实上,这段时间内政府收入翻了一番。这一比例的下降很大程度上是因为快速的经济增长,它让分母增加了五倍。

最后,人们普遍认为后共产主义国家在近十年的治理相当糟糕,但是一些研究发现,实际情况与其他中等收入国家大致相当。马雷尔(Murrell 2003,1 页)使用世界银行1990—1997 年的数据对治理情况进行测量,发现"在人均收入已定的情况下,制度质量基本上与预期相同"。特雷斯曼(Treisman 2003)使用透明国际指数(Transparency International Indices)对治理进行测量,得出的是相同的结论。国别研究也有类似发现。虽然俄罗斯作为后共产主义世界无法无天的代表而声名狼藉,但是亨得利、马雷尔和里特尔曼(Hendley,Murrell,and Ryterman 2001)的调查表明,俄罗斯的法治制度没有那么糟。[1]

争论部分出自测量问题。在过去十年,学者们提出了一系列研究治理和腐败的新的方法,包括田野调查和案例研究。但是,正如安东·契诃夫所言,"如果针对某种疾病出现诸多疗法,说明这一疾症尚未治愈"[2]。因此,不应低估衡量治理质量方面存在的困难。[3]

4.1 蓝图和本土知识

人们都同意,"好制度"很重要,但各国如何才能拥有好制度却是一个争论中的问题。粗略地说,关于好制度的来源有两派观点,而后共产主义国家的情况则处于争论的核心。蓝图学派强调,我们清楚哪些制度在发挥作用,因此没有必要如俄国老百姓所戏称的那样"重新发现美洲大陆"。资本主义的基本制度已经得到了很好的

---

① 如果采用其他标准的话,我们甚至可能会发现这些国家的治理水平要高于现有的评价。很多研究者认为,东亚四小虎官僚机构效能较高的原因,就在于它们社会不平等程度较低,且劳动力教育水平较高,而这些因素在后共产主义国家中早已存在(Rodrik 2000)。

② 契诃夫是一位医生,所以他的话值得重视。引文出自《樱桃庄园》。

③ 对单个国家制度变迁的案例研究非常少见,而国家制度跨国比较的案例研究就更少(见Johnson 2000;Meaney 1995;Easter 2002)。

理解,只需稍加发动就可以适应各地的具体环境。现有制度的移植,可以使这些国家避免在其他地区创造市场时所经历的昂贵的试错过程。这一观点主张直接借鉴那些在国际上已经被实践证明,且多多少少为人们所共知的最佳方案,包括公司治理制度、银行法规以及破产制度,等等(Kaufmann 2005)①。蓝图派的观点经常与"休克疗法"的经济改革方案相伴而生(虽然并不必然如此),因为后者的一个方面,就是快速引入新的制度。

人们很容易把蓝图学派丑化为以华盛顿作为大本营的官僚,他们践踏本土规范,把千篇一律的方案强加于经验丰富的当地公共官员,后者则在服从指令之外几乎毫无选择的余地。不过,蓝图学派观点并不那么简单粗暴,而且随着时间的流逝也有所变化。这一学派的支持者强调的是善好制度设计方面的普遍原则,而不是法律的直接移植。他们不仅将透明性和回应性原则视为好制度的核心,同时也承认要解决治理问题,不同的制度可能都有用武之地。

这一观点的支持者强调欧盟对转型经济的影响。一些研究表明,欧盟管理规范的引入提高了一些转型经济体的治理水平,也减少了腐败(Mattli and Plumper 2003;Kaufmann 2005;Vachudova 2005)。那么问题是:如果所有国家都可以直接借鉴现成的管理制度,并把它们运用于当地的市场环境,它们为何还要尝试新的发展道路?

另一些人则认为,地方性知识才是成功制度的基石(Berkowitz, Pistor, and Richard 2003;Rodrik 2000)。这一观点置疑"得到最好实践"的制度能够从其他背景下引入,这部分是因为各项制度之间存在一种高度相互补充的关系。有效的制度信赖于政治与经济行为者之间的内在一致性,他们对本土的环境与条件具有深刻的了解和认识(McDermott 2002)。也就是说,制度是特殊环境的产物,它们经历不断的试错过程,具有路径依赖的特征。这一观点通常与经济自由化中的渐进路线相伴随(虽然也不一定必然如此),因为后者注重的是可能需要时间来加以评判的实验。

不过,关于蓝图还是本土知识对制度发展更重要的争论,忽略了经济转型中的一个重要问题,即使制度选择成为关键因素的政治条件。比如,钱(Qian 2003)认为,中国成功的部分原因,就在于创造了一种"过渡性的制度",它们在政治上可行,且能够提高效率,虽然离蓝图派提倡的最佳方案尚有距离。② 这些制度固然保护了有权势的部分获取某些特殊利益,但也扩展了他人的机会。价格双轨制允许企业依照一种价格生产计

---

① 当然,学术界仍然在激烈争论这些问题,虽然它们已经被政策建议者们广泛接受(Easterly 2003)。

② 一种通常的政策分析方法是确认在经济上有效的政策,然后再揭示政治为其披上的美丽伪装。另一种方法是从政治上有效的政策出发,然后揭示人们如何调整经济政策以提高效率。

划产品,又可以根据市场价格出售超出计划的产品。价格"在边缘部分被自由化了,而中心部分的计划价格以及生产指标也得到了维持"。乡镇企业的出现也与此类似。它们是国有制和私有制的结合,一方面使中央和地方政府获利了稳定的财政收入,另一方面也使乡镇企业主在完成计划之后有利可图。与蓝图学派强调的全面放开的价格与清晰界定的产权相比,这类制度显然有所不同。

此外,银行账户非实名制的出现虽然有违蓝图派关于透明性的主张,但也可以对中国政府有所约束。非实名制限制了政府能够得到的信息,也使对特定储户的掠夺变得困难。政府之所以接受这种制度,部分原因则在于它可以通过对利率和资本流动的控制,从它自己的银行储蓄中获利(Qian 2003,306页)。因此,非实名制有助于减少国家对市场的盲目干预,从而也增加了其承诺的可信度。这类过渡性的制度之所以有效,并不因为它们乃是适用于成熟市场经济的"运行最好的"制度,而是因为它们适应了中国的政治环境。

施莱费尔和特莱斯曼(Shleifer and Treisman 2000)的观点类似。他们认为,俄国私有化和税收改革的目的是保护强势集团的特殊利益,但同时也希望借此提高效率。根据这一观点,俄罗斯政府通过使用国家财政换取铸币权,一方面保护了政治上强势的银行部门的利益,另一方面也减少了原先通过通货膨胀维持的大规模财政赤字带来的社会代价。他们认为,考虑到政策选择的政治可行性,统治者们会引入一些只能附带提高经济效率的改革。一些人认为这种策略对寻租者过于慷慨,但其支持者则将这些妥协视为在缺乏理想条件的情况下,为推动经济改革必须付出的代价(Stiglitz 2000;Zhuravskaya 2006)。

总的来说,后共产主义世界的经济改革突显了制度和治理对市场经济的重要性。[①]但是,制度的有效性部分取决于政治和经济行为体的动机。我们需要更多的研究,以更准确地说明为何政治家提供了那些有助于增强效率的制度,而强势的政治行为者为何又需要它们。

五、欧洲联盟

欧亚大陆、中国和越南指令性经济的转型就发生在世界经济动力源的周边。显而易见,欧盟在经济转型过程中发挥了重要作用。欧亚大陆的8个转型经济体于2004年加入欧盟,还有另外3个站在欧盟的门槛上。欧盟成员的身份为新成员国家提供了可

---

① 著名制度经济学家诺思(Douglass North)在1994年,即前苏联和东欧经济转型过程中获得了诺贝尔经济学奖,这也许并不出人意料。

观的经济利益,而且这些国家的民众对加入欧盟的支持率也相当高。对经济改革研究
而言,欧盟是一个极其重要的因素。罗兰(Roland 2000)认为,东欧入盟国家展开了一场
"改革锦标赛",并推动潜在的成员国争先恐后加入欧盟。竞争的动力和被遗弃的恐惧刺
激了欧盟东临近国家的经济改革。瓦胡多娃(Vachudova 2005)认为,入盟的前景使欧盟在
中东欧国家1990年到1994年的经济改革中发挥了一种"消极影响力"。到20世纪90年
代中期,随着入盟要求变得越来越迫切,欧盟即开始发挥"积极影响力",即推动要求入盟
的国家依据欧盟法律进行相应的经济改革。在她看来,欧盟不仅提供了经济改革不会逆
转的可信承诺,同时也增强了这些国家内部支持改革的利益团体的力量。

　　虽然关于欧盟影响的现有研究正在不断推进,但这些观点的微观逻辑还可以进一
步厘清。毫无疑问,扩张带来的潜在收益非常高。作为供应方,欧盟成员国希望通过扩
张换取边界的稳定、为他们的投资创造更安全的财产保护,并且管控来自东方的劳工
潮。作为需求方,潜在的成员国希望得到欧盟的转移支付、成员国高收入的工作,以及
大大扩展的出口机会。① 仅仅用成员国的收益进行解释会冒功能主义的风险。出于各
种原因,很多对成员国有益的协议未能达成,尤其是涉及分配后果的时候。而且,如果
只有成员国身份是唯一重要的因素,那么所有国家都会寻求加入欧盟,但该地区各国政
府对入盟的支持并不一致。②

　　研究欧盟对经济改革的影响,一个附带的考虑是因果作用的方向。欧盟成员国身
份的拉力是否比转型经济体的推力更强大? 换言之,在党派偏好不变的情况下,哪些经
济改革是出于欧盟的要求,哪些又是出于各国原本就会推行的政策? 至少是直到20世
纪90年代中期,欧盟内部关于扩展的效果一直存在不小的争议(Mattli and Plumper
2002,551页)。对于后共产主义世界中哪些国家有资格成为潜在的成员国,争论尤为
激烈。人们可能会认为,只有东欧国家的经济和政治改革取得实质进步之后,欧盟才能
更为主动地推进扩展。或者人们也可能会认为,即便欧盟对扩展仅采取半心半意的态
度,加入欧盟的前景也刺激了经济改革。欧盟成员国身份与国内改革之间的因果关系
可能从两个方面都说得通,而这大大加深了分析的难度。普朗佩尔、施耐德和特罗格
(Plumper,Schneider,and Troeger forthcoming)讨论了这个问题。他们使用一种选择模
型,来说明随机情况下某些国家不申请加入欧盟的可能性。他们发现,民主和市场改革
的程度影响了申请加入欧盟的决定,而在一个国家提出入盟申请后,欧盟的条件在推进

---

　　① 即便缺乏欧盟成员国资格,这些目标中有一部分也可以通过政策工具得到满足,如双边贸易
协定、自由贸易区以及移民政策。
　　② 以规范为基础对欧盟成员国资格的研究,也难以说明为何那些有入盟意向的国家仍然采用了
不同的策略。

经济改革方面就会发挥更为重要的作用。

在反思欧盟影响的时候，考虑到一些假想情况可能有助于问题的澄清。欧洲各强大的经济体是否具有足够的吸引力推动经济改革，甚至是在没有欧盟的情况下也能如此？如果 20 世纪 90 年代初中东欧的经济改革失败了，情况又会怎样？欧盟还会支持扩张吗？这些问题不可能得到明确回答，但它们指出了某些方向，使欧盟形塑该区域经济改革的因果逻辑能够得以澄清。

六、中层理论与因果联系的深度

上面介绍的各类中层理论都已经得到了长足的发展，但还存在两个方面的缺陷。首先，它们缺少微观基础，因而不能具体说明不同国家之间政策结果如何不同，以及为何不同。现有研究在捕捉中层因素，比如政体类型与国家制度之间的相关性方面已经有所进展，但尚不能充分解释这些因素为何如此发挥作用。需要进行更多的理论研究和经验调查，以说明强大的经济和政治行为体所作出的决定。

另外还有一些学者认为，这类中层理论缺乏因果联系的深度。也就是说，它们可能只是真正创造了市场经济的深层历史过程的某种反映。基切尔特（Kitschelt 2003，16 页）非常雄辩地表达了这一观点，他指出，"一方面是毫不妥协的结构主义，它过分强调深层解释而忽视人的行动；另一方面是纯粹的环境分析，它仅关注最肤浅的、最近的跨时段社会机制"，而学者们则必须在这两者之间找到平衡。他特别针对本章所提及的那些研究表示："后共产主义国家政治比较研究中的因果分析，不应肤浅到混淆了*解释者*和*被解释者*之间的分别，但也不至于深刻到抹杀了一切可以通过人类行为实现，并可通过偏好、技术和期望加以确认的因果机制。"遵循这样一种思想路线，部分学者已经考虑进一步回溯因果链条，以找到导致后共产主义世界改革结果的结构性的深层原因。

这些分析并不总是试图为经济改革的结果正名，它们的目标，是要发现那些影响了建立市场经济的不同道路的结构性因素。例如，基切尔特和梅尔斯基（Kitschelt and Malesky 2000）对转型国家经济改革的制度性解释提出了批评，因为它们忽视了制度自身可能存在的内生性问题。他们指出："在很多情况下制度的独立影响可能十分有限，而且在很大程度上被制度选择之前的权力结构所支配。"[1]基切吉尔特（Kitschelt 2003）

---

[1]　更具体地说，他们将后共产主义世界总统制与议会制的制度选择追溯到两次世界大战之间政治动员、国家形成的时机，以及地理因素。反过来，在现存结构性条件的约束下，总统制还是议会制对经济改革的影响既小且不确定。强有力的总统在具有明显裙带关系的专制政体下能够推动经济改革；但在结构性条件不利于裙带关系，或是在民主政体之下，其作用就会非常有限。

在另外一个地方提到,国家形成的时机,以及共产主义的统治形式(无论是官僚管理,还是全国协商,或是家长制),都会影响民主制和经济改革的前景。例如,前苏联大多数加盟共和国的家长式共产主义和较晚的国家形成,为下台的共产党领导人提供了动机与资源,以建立一种对民主并不友好的政治制度,同时推行体现了他们的支持者利益的渐进经济改革。相反,像波兰和匈牙利那样经历过全国协商式共产主义的国家,在进入 20 世纪 90 年代之后,就形成了更适宜于建立市场经济和民主制度的、更具活力的国家机构和人力资本。在上述情况下,是国家建构的性质和共产主义统治的遗产制约了制度和人力资本的形成,它们穿越时空,影响着当下政治和经济改革的前景。

类似地,柯普施坦和雷利(Kopstein and Reilly 2000)认为,欧洲和日本这些市场导向的民主国家,可以通过精英们得当的行为传递规范,从而推动相邻地区民主制度的建立和经济改革的展开。他们的观点是:"地理上与西方的邻近,对共产主义国家的转型发挥了积极影响。"为了提供更充分的因果解释,他们指出,地理通过两种类型的扩散效应影响着政治和经济结果。一是近邻效应,即一个国家会受到其邻居的影响。二是开放效应。当然,一个国家对"观念交流"的接受程度会不同,"统治机构允许与周遭国家互动,以及接受交通、通信,以及技术影响的意愿与能力也不同。但是,这些因素会潜在地改变人们的态度与行为。"(Kopstein and Reilly 2000,36 页)。在这里,扩散效应对经济改革发挥影响的因果关系仍不是特别清晰,但有一点是明确的,即地理因素可以推动经济和政治改革。

费什(Fish 1998)认为,后共产主义国家的第一次选举乃是经济改革的决定性因素,而达登和吉尔泽马拉—布斯(Darden and Grzymala-Busse 2006)则把这一选举的结果归之于大众识字和国民教育的结果。[①] 他们相信,在大众教育得到普及时所教授的内容影响了以后世代的价值观和态度,后者又塑造了后共产主义时期的政策偏好。他们写道:"是什么导致了共产党下台? 我们认为最终的根源是前共产主义的民族主义,它通过国民教育得到激励和强化。数十年间培育出来的民族主义仇恨、让人充满失望的对比,以及精心培育的对共产主义的敌视(它被视为一种外来的、令人屈辱的强制),这一切堆积到顶点就导致了共产主义的崩溃。"他们通过多变量剖面分析发现,带有民族主义内容的大众教育得以普及的时间点,与第一次后共产主义选举中非共产主义派别所占的席位数高度相关。具体来说,就是通过国民教育在较早阶段实现了全民识字的国家,为民主政府和市场经济的创生提供了极为良好的条件。这一理论最大的优势,就

---

① 这当然并不排除制度遗产直接影响经济改革的可能性。政治学家认为,指令经济的制度遗产决定民主化的前景;经济学家也认为,改革的初始条件和制度遗产对于经济结果具有重要影响(DcMelo,Denizer,and Gelb 1996)。

是找到了某种使那些在时间上相距较远的因素(全民识字普及的时间),得以对当下的政治结果(第一次自由公正的选举)产生影响的途径(民族主义教育)。

与过往的研究成果相比,这些工作揭示了更有深度的因果路径。它们也为人们寻找某些工具变量,为解决某些内生性问题提供了机会。而且,与那些仅仅试图把过去的制度性或者结构性特征(共产主义统治的时间或者过往的市场经济经验)与当下的结果关联起来的理论不同,这些工作同时还尝试寻找那些使时间上相隔久远的因素作用于当下的政策选择的途径。可以理解的是,这些研究的长处是能够更好地说明推动经济改革的结构性环境变量,但难以解释经济改革一旦起步之后的具体进程,但无论如何,它们的确为转型研究提供了一个必需的时间维度。

在我自己的工作中,我尝试通过两个步骤把时间上相距远近不同的因素整合起来。首先,在考察不同国家行政权的党派属性为何彼此不同之前,我研究了执政党与民主制度的相互关系,以及政治反对派的性质。[1] 我认为除经济全球化所带来的同质化压力之外,执政党也影响着经济改革的程度。[2] 不过,执政党并不对经济改革施予直接影响;它通过与政治极化和民主制的相互作用影响经济改革。[3] 如果政治极化程度比较低,即议会中的政党分野并不构成对政府太大的反对力量,行政机构就能够推行他们偏好的政策。在波兰、匈牙利和爱沙尼亚,自由派政府仅面临各前共产主义政党的微弱反对,所以能够推行大规模的改革;而在乌兹别克斯坦、白俄罗斯和阿塞拜疆,由于自由派政党的反对力量较小,前共产主义政党掌握的行政权就得以推行极为有限的、渐进的经济改革。

但是,如果政府垮台的话,那么议会中自由派政党和前共产主义政党之间的对立增加政策逆转的可能性。在那些政治极化程度比较高,即自由派与前共产主义政党的力量大致旗鼓相当的国家,如俄罗斯、保加利亚和罗马尼亚,政策的不确定性就比较大。这种由政治极化导致的未来政策的不确定性,减少了经济行为体预期的投资回报;反过来,在极化的政治环境中,由于投资相对较少,当政者只能获取较少的税入购买政治上

---

[1] 另外一些学者认为,政治权力的党派平衡影响了经济改革。费什(Fish 1998)通过对 1991 年到 1995 年经济改革的断面分析发现,在第一次自由选举中,由共产党转变而来的各政党占有的议席数可以十分准确地预示经济改革的水平。阿斯兰(Aslund 2002)同样强调了精英的党派属性在经济改革之中的重要性。

[2] 自由派执掌的行政权由于与国家或政党机构几乎没有联系,也很难控制旧政权任命的政府官员,所以会选择依赖市场的经济策略。由共产党转化而来的政党控制的行政权,则主要信赖党和国家的机构,以及受到经济改革威胁的社会群体,因此在某些情况下,会对可能威胁到其力量基础的经济自由化持怀疑态度。

[3] 在此,政治极化的测量指标是在前共产主义政党(自由派政党)掌控行政权时,最大的自由派政党(前共产主义政党)所占席位的百分比。

的支持,因而会向那些阻挠改革的强势团体提供特殊利益,以图继续执掌权力。在民主制之下,自由派与前共产主义政党之间这种政治极化的效应会增强,因为政治竞争增加了政府更替的可能性。

作为这一观点的微观基础,我使用了一组1999年世界银行和欧洲复兴与开发银行对20个国家4000位公司管理人员进行调查得出的数据。通过多层统计模型,我发现极化政治系统中的商业人士普遍认为政策的可预期性较低,投资率也因而较低。在此,要点是确立某种因果路径(政治不稳定),通过它,中层变量(政治极化)得以对结果(经济改革)产生影响。

我认为,后共产主义世界中自由派和前共产主义政党之间政治力量的党派平衡,受到更深层的因素的影响。更具体地说,我把政治极化问题一直追溯到共产主义阵营中国家认同形成时间点,以及本国共产党的立场。在一些国家,如白俄罗斯、乌兹别克斯坦和阿塞拜疆,国家认同形成的时间比较晚,出现在共产主义者政权建立之后。在这些国家,后共产主义时期本国共产党领导人仅面临微弱的民族主义反抗,而且能够依赖既有的机构,把自己装扮为"国家的捍卫者"而继续维持手中的权力。同时,由于前共产党领导人基本上维持了他们的政治统治,因而极化的水平也相对比较低。

在另一些国家,如波兰、爱沙尼亚和匈牙利,国家认同早在共产主义政权建立之前就形成了,而本国共产党又仅在共产主义阵营中扮演一种从属的作用。在这种条件下,本国共产党会面临强烈的民族主义压力,而且极难取得公众的信任。这些国家的前共产党领导人很快让位于主导着政治光谱的自由派政党,因而政治极化水平也不高。①

第三组国家包括俄罗斯、阿尔巴尼亚和罗马尼亚。在这些地方,国家认同的形成也早于共产主义政权,但本国共产党维持了一种相对独立的地位。这使得1989年之后接替共产党执掌政权的党派能够可信地声称,他们一直独立于"外部"压力制定政策。在这些国家,共产党领导人有较高的信任度,而且可以借助共产主义时期的成就要求获得信任,同时轻描淡写地对待共产党统治时期那些最让人难以忍受的特征。这种办法在社会中的某些部分管用,但在其他部分则不然,因而导致了自由派与前共产主义政党之间的极化政治。

这样一种双向策略,一方面试图通过往后回溯因果链条,为理论寻找更深层的因果路径,另一方面也试图寻找使中层因素与经济结果相关联的微观基础。当然,要探究制度遗产与经济改革之间的关系,这绝不是唯一的策略。另外一种选择是对各国的不同

---

① 与大量二手文献一样,我把波兰、匈牙利、斯洛文尼亚和立陶宛的前共产主义主义政党视为市场取向的政党(Ishiyama 1997;Grzymala-Busse 2002)。

制度加以比较。人们也许能够通过比较越南、中国、乌兹别克斯坦和吉尔吉斯斯坦的经济改革,发现认识制度遗产的新视角(Qian 2003;Malesky 2005)。虽然它们都是贫穷的农业国,亦非民主政体,但它们开始改革时的制度遗产各不相同。① 还可以对越南和摩尔多瓦进行比较,虽然它们都是贫穷的农业国,但后者却有令人吃惊的民主化水平(Way 2003)。②

最后,学者们也可以通过对那些难以理论化的案例进行研究而获益。比如,从乌克兰和白俄罗斯的结构性条件来看,人们期望它们的经济改革能够取得比较大的成就,但实际情况并非如此。这两个国家在开始转轨的时候都相对比较富裕,人口教育水平也比较高,且邻近欧洲,但它们在引入市场制度方面却遭遇了极大的障碍。类似地,保加利亚虽然有健全的民主制,但其经济转轨却相当困难。反过来,民粹主义者梅恰尔(Meciar)治下的斯洛伐克,其经济改革的得分却又高于人们的预期。事实上,尽管斯洛伐克在改革之初各方面条件并不乐观,且由一个民粹主义色彩较浓的政府领导,但根据20世纪90年代欧洲复兴开发银行的改革评分,其成就基本与捷克共和国齐平。

七、结论和未来研究的领域

总的来说,后共产主义国家的案例为关于创生市场经济的实质性讨论作出了重要贡献。过去15年的研究表明,无论是民主不会阻碍经济改革的论断,还是人们常常提起的民主化与经济改革之间的张力,都有失夸大。此外,与经济改革政治学的一般性发现相比,对后共产主义世界的研究也使人们对利益集团政治学得到了更为细微的认识。与通常的预期相反,从经济改革中获益的群体有可能更倾向于阻挡而不是推进经济自由化。本章提及的例子也反映出,对一些国家来说,欧盟一直是支持经济改革的关键因素之一,但对另一些国家来说就未必如此。最后,这些例子提示我们,强有力的国家对于经济自由化至关重要。

当然,在为上述理论提供更为坚实的微观基础和更为深层的因果链条,以丰富现有的发现方面,学者们还有大量的工作可以做。比如,民主到底如何推动了经济改革?政治与经济行为者在什么时候会进行交易?在什么条件下国际组织能够影响政策?在什么时候政治家会支持更强有力的国家机构的建立?在什么时候私人利益又会提出同样的需要?

---

① 威权统治的形式也有所差别,比如乌兹别克斯坦和吉尔吉斯斯坦的威权统治具有明显的个人特征,而中国和越南却由党发挥强大的领导作用。这会使比较变得复杂化,但也会富有成果。

② 另一种研究路径重点关注具有不同制度遗产的国家地方层面的问题。这种方法的长处,是可以避开频繁变动的国家边界的影响。

对这些问题的回答有助于我们在中层理论和经济改革结果之间建立更为紧密的联系。

此外,还需要更深层次的理论,在时间上回溯因果链条,以保证转型研究中关于经济改革的中层理论不仅仅是对简单因果关系的反思。探究前共产主义和共产主义时代的遗产如何影响了后共产主义时代的制度选择和政策结果,已经成为一个富有创造性的研究课题(Pop-Eleches 2006)。

本章认为,对经济转型的研究已经得出了一系列经验和理论方面的发现,它们挑战了现有的结论,扩展了比较政治学研究者的视野。通常的逻辑是,经验上的发现始终主导着这一领域的研究课题,因此对未来的研究方向提出建议也许并不明智。不过,以下三个具有潜在研究价值的领域还是值得一提。

7.1 跨区域比较

普列泽沃斯基的《民主与市场》,为拉美和后共产主义世界经济转型的比较研究提供了广阔的基础,但对这两个地区进行明确比较的研究并不多。此乃一大憾事。当然这种比较会面临很多困难,有趣的谜团仍然有待探索。为什么经济自由化在后共产主义世界似乎带来了更强劲的经济表现,而在拉美情况就有所不同(Aslund,Boone,and Johnson 1996;Remmer 2001)? 为什么拉美的政策摇摆比后共产主义世界要普遍得多(Stokes 2001)? 为什么与拉美相比,民主制在后共产主义世界似乎更有利于经济改革? 总的来说,在跨地区,乃至全球视野下研究经济转型大有前途。

7.2 制度遗产

未来的另一个研究领域,是评价共产主义统治的制度遗产在不同时期对经济和政治转型的影响。是否这些制度遗产对民主制和经济结果的影响在转型初期较为明显,但随着时间的推移会逐渐减弱? 如果是这样,那么伴随改革的进程,具有不同制度遗产的国家会越来越彼此趋同。或者,这些遗产的影响会不断增加? 如果是这样,那么在未来前苏联共和国与东欧国家的差别会越来越大。在某些方面,这一研究课题与阿克莫格鲁、约翰逊和罗宾逊的观点(Acemoglu,Johnson,and Robinson 2001)类似。他们认为,19世纪殖民遗产的影响一直持续到20世纪后半期,它把发达国家和发展中国家一分为二。这方面的研究,将有助于丰富比较政治学领域关于制度遗产对经济和政治结果的影响的讨论。

7.3 社会制度与市场经济

学者们花费了大量精力,研究正式的国家制度对经济改革的影响,但关于社会制度对市场影响的研究却不多见（Bruszt and Stark 1998；McDermott 2002；Ganev 2001）。这同样是一件憾事，因为市场经济既依赖国家制度（法院、官僚和立法机构），也依赖社会制度的复合体（网络、商业联盟和信誉机制）。有几位学者对黑帮（类似黑手党那样在国家能力弱小的地方提供保护的组织）的影响进行过研究，但对其他良性的社会组织却鲜有涉及（Varese 2001；Volkov 2002）。商业组织是阻碍还是推动了经济改革？为什么国家机构控制着某些部门，而另一些部门则受社会制度支配？在什么条件下社会网络会妨碍或者推进市场发育？国家与社会制度的混合，在保护所有权、形成行为规范和影响交易成本方面的作用都值得进一步研究。

那些从指令性经济和共产党统治之下转型的国家会有一个什么样的未来？对这个问题比较政治学的研究者才刚刚开始触及。的确，指令性经济体的转型，与欧盟的兴起和东亚国家惊人的增长一样，在未来若干年内会一直是政治学家和经济学家关注的焦点。本章讨论了比较政治学中一些具有普遍意义的重要问题，但远远没有穷尽经济转型研究的全部内容。

参考文献

ACEMOGLU, D., IOHNSON, S., and ROBINSON, J. 2001. The colonial origins of comparative development: an empirical investigation. *American Economic Review*, 91：1369–401.

ADSERA, A., BOIX, C, and PAYNE, M. 2003. Are you being served? Accountability and the quality of government. *Journal of Law, Economics and Organization*, 19(2)：445–90.

ASLUND, A. 2002. Building *Capitalism: The Transformation of the Former Soviet Bloc*. Washington, DC：Brookings Institution.

——BOONE, P., and JOHNSON, S. 1996. How to stabilize: lessons from postcommunist countries. *Brookings Papers on Economic Activity*, 1：217–313.

BERKOWITZ, D., PISTOR, K., and RICHARD, J.-E 2003. Economic development, legality, and the transplant effect. *European Economic Review*, 47(1)：165–95.

BRUSZT, L., and STARK, D. 1998. *Post-Socialist Pathways: Transforming Politics and Property in East Central Europe*. Cambridge：Cambridge University Press.

BUNCE, V. 1999. The political economy of post-socialism. *Slavic Review*, 58(4)：756–93.

CAMPOS, N., and CORRICELLI, F. 2002. Growth in transition: what we know, what we don't, and what we should. *Journal of Economic Literature*, 40(3)：793–836.

COLTON, T.J. 2000. *Transitional Citizens: Voters and What Influences Them in the New Russia*. Cambridge, Mass.：Harvard University Press.

CROWLEY, S. 2004. Explaining labor quiescence in post-communist Europe: historical legacies and comparative perspective.*East European Politics and Society*,18(3):394-429.

DARDEN,K.,and GRZYMALA-BUSSE,A.2006.The great divide:pre-communist schooling and post-communist trajectories.MS.New Haven.

DEMELO,M.,DENIZER,C,and GELB,A.1996.From plan to market:patterns of transition.Washington, DC:World Bank Policy Research Paper.

DIERMEIER, D., ERICSON, J., FRYE, T., and LEWIS, S. 1997. Credible commitment and property rights:the role of strategic interaction between political and economic actors. Pp. 20 - 42 in *The Political Economy of Property Rights*,ed.D.Weimer.Cambridge:Cambridge University Press.

DJANKOV,S., and MURRELL, P. 2002. Enterprise restructuring in transition: a quantitative survey. *Journal of Economic Literature*,40(3):739-92.

DUCH,R.1993.Tolerating economic reform:popular support for transition to a market economy in the former Soviet Union.*American Political Science Review*,93(3):590-608.

EASTER, G. M. 2002. Politics of revenue extraction in post-communist states: Poland and Russia compared.*Politics and Society*,30:599-627.

EASTERLY,W.2003.*The Elusive Quest for Growth:Economists' Misadventures in the Tropics.*Cambridge, Mass.:MIT Press.

ERICSON,R.1992.Economics.Pp.49-83 in *After the Soviet Union:From Empire to Nations*,ed.T.J. Colton and R.Legvold.New York:W.W.Norton & Company.*European Bank for Reconstruction and Development Transition Report.*Various years.London:EBRD.

EYAL,G., SZELENYI, I., and TOWNSLEY, E. 1998. *Making Capitalism without Capitalists:The New Ruling Elite in Eastern Europe.*London:Verso.

FIDRMUC,J.2000.Economics of voting in postcommunist countries.*Electoral Studies*,19:199-217.

FISCHER,S.,SAHAY,R.,and VEGH,C.1996.Stabilization and growth in transition economies:the early experience.*Journal of Economic Perspectives*,10(2):45-66.

FISH,M. S. 1998. The determinants of economic reform in the post-communist world. *East European Politics and Society*,12:31-78.

——2005.*Democracy Derailed in Russia:The Failure of Open Politics.*Cambridge:Cambridge University Press.

FRYE,T. 2004. Markets, democracy and new private business in Russia. *Post-Soviet Affairs*, 17 (4): 309-31.

——2006.Partisan politics in transition economies.MS.New York.

——and MANSFIELD,E. D.2003. Fragmenting protection:the political economy of trade policy in the post-communist world.*British Journal of Political Science*,33:635-57.

FRYE,T.,and MANSFIELD, E. D.2004.Timing is everything:elections and trade liberalization in the post-communist world.*Comparative Political Studies*,37(4):371-98.

GANEV,V.2001.The Dorian Gray effect:winners as statebreakers in postcommunism. *Communist and Post-Communist Studies*,34:1-25.

GARRETT,G.1998.*Partisan Politics in the Global Economy.*Cambridge:Cambridge University Press.

GIBSON,J.L.1998.Political and economic markets:changes in the connections between attitudes toward political democracy and a market economy within the mass culture of Russia and Ukraine.*Journal of Politics*,58:954-84.

GRZYMALA-BUSSE,A.2002.*Redeeming the Past:Hie Regeneration of Communist Parties in East Central Europe.*Cambridge:Cambridge University Press.

——and IONES-LUONG,P.2002.Reconceptualizing the state:lessons from post-communism.*Politics and Society*,30:529-54.

GURIEV,S.,and RACHINSKY,A.2005.The role of oligarchs in Russian capitalism.*Journal of Economic Perspectives*,19(1):131-50.

HAGGARD,S.1990.*Pathways from the Periphery:The Politics of Growth in Newly Industrializing Countries.*Ithaca,NY:Cornell University Press.

——and KAUFMAN,R.1995.*The Political Economy of Democratic Transitions.*Princeton:Princeton University Press.

HELLMAN,J.1998.Winners take all:the politics of partial reform.*World Politics*,50(2):203-34.

——IONES,G.and KAUFMANN,D.2003.Seize the state,seize the day:state capture and influence in transition economies.*Journal of Comparative Economics*,31(4):732-50.

HENDLEY,K.,MURRELL,P.,and RYTERMAN,R.2001.Law works in Russia:the role of legal institutions in the transactions of Russian enterprises.Pp.56-94 in *Assessing the Value of the Rule of Law in Transition Economies*,ed.P.Murrell.Ann Arbor:University of Michigan Press.

HOFF,K.,and STIGLITZ,J.2004.After the big bang:obstacles to the emergence of the rule of law in transition societies.*American Economic Review*,94(3):753-63.

HOLMES,S.1996.Cultural legacies or state collapse? Pp.22-76 in *Perspectives on Postcommunism*,ed. M.Mandelbaum,New York:Council on Foreign Relations.

ISHIYAMA,J.1997.The sickle or the rose? Previous regime type and the evolution of ex- communist parties.*Comparative Political Studies*,30:299-330.

TACKSON,J.E.,KLICH,J.,and POZNAŇSKÁ,K.2005.*The Political Economy of Poland's Transition: New Firms and Reform Governments.*Cambridge:Cambridge University Press.

JOHNSON,J.2000.*A Fistful of Rubles:The Rise and Fall of the Russian Banking System.*Ithaca,NY:Cornell University Press.

KAUFMANN,D.2005. Myths and realities of governance and corruption. *Global Competition Report.* Davos:World Economic Forum.

KITSCHELT,H.2003.Accounting for postcommunist regime diversity:what counts as a good cause? Pp. 49-88 in *Capitalism and Democracy in Central and Eastern Europe:Assessing the Legacy of Communist Rule*,ed.G.Ekiert and S.Hanson.Cambridge:Cambridge University Press.

——and MALESKY,E.2000.Constitutional design and post-communist economic reform.Paper presented at the annual meeting of the Midwest Political Science Association, Chicago.

KOPSTEIN, J.S., and REILLY, D.2000. Geographic diffusion and transformation of post- communist Europe. *World Politics*, 53(1):1–30.

KORNAI, J.1992. *The Socialist System: The Political Economy of Communism.* Princeton: Princeton University Press.

LINZ, J. J., and STEP AN, A. 1996. *Problems of Democratic Transition and Consolidation: Southern Europe, South America, and Post-Communist Europe.* Baltimore: Johns Hopkins University Press.

LIPTON, D., and SACHS, J. 1990. Creating a market economy in eastern Europe: the case of Poland. *Brookings Papers on Economic Activity*, 1:75–147.

MALESKY, E.2005. At provincial gates: the impact of foreign direct investment on provincial autonomy and economic reform. Ph.D. dissertation. Duke University.

MATTLI, W., and PLUMPER, T.2002. The demand-side politics of EU enlargement: democracy and the application for EU membership. *Journal of European Public Policy*, 9:550–74.

MAU, V.2000. *Russia's Economic Reforms as Seen by an Insider: Success or Failure?* London: Royal Institute of International Affairs.

MCDERMOTT, G.2002. *Embedded Politics: Industrial Networks and Institutional Change in Postcommunism.* Ann Arbor: Michigan University Press.

MCMILLAN, J., and ZOIDO, P.2004. How to subvert democracy: Montesinos in Peru. *Journal of Economic Perspectives*, 18(4):69–92.

MEANEY, C. S. 1995. Foreign experts, capitalists, and competing agendas: privatization in Poland, Hungary and Czechoslovakia. *Comparative Political Studies*, 28(2):275–305.

MURPHY, K., SHLEIFER, A., and VISHNY, R.1992. The transition to a market economy: the pitfalls of partial reform. *Quarterly Journal of Economics*, 107:889–906.

MURRELL, P. 2003. Relative levels and the character of institutional development in transition economies. In *The Political Economy of Transition and Development: Institutions, Politics, and Policies*, ed. J. Fidrmuc and N. Campos. Boston: Kluwer Academic.

NAUGHTON, B.1995. *Growing out of the Plan.* Cambridge: Cambridge University Press.

OFFE, C.1991. Capitalism by democratic design? Democratic theory facing the triple transition in east central Europe. *Social Research*, 58(4):865–92.

PLUMPER, T., SCHNEIDER, C, and TROEGER, V. Forthcoming. The politics of EU eastern enlargement: evidence from a Heckman selection model. *British Journal of Political Science.*

POP-ELECHES, G. 2006. The long arm of the past: historical legacies and political development in eastern Europe. Unpublished paper. Princeton.

PRZEWORSKI, A.1991. *Democracy and the Market: Political and Economic Reforms in Eastern Europe and Latin America.* New York: Cambridge University Press.

QIAN. Y.2003. How reform worked in China. Pp.297–333 in *In Search of Prosperity*, ed. D. Rodrik. Princeton: Princeton University Press.

REMMER, K. 2001. The politics of economic policy and performance in Latin America. *Journal of Public Policy*, 22: 29–59.

RODRIK, D. 1996. Understanding economic policy reform. *Journal of Economic Literature*, 34: 9–41.

——2000. Institutions for high quality growth: what are they and how to acquire them. *Studies in Comparative and International Development*, 35(3): 3–31.

ROLAND, G. 2000. *Transition and Economics: Politics, Markets, and Firms.* Cambridge, Mass.: MIT Press.

ROSATO, S. 2003. The flawed logic of democratic peace theory. *American Political Science Review*, 97(4): 585–602.

ROUBINI, N., and SACHS, J. 1989. Government spending and budget deficits in the industrial countries. *Economic Policy: A European Forum*, 8: 101–27.

SACHS, J. 1993. *Poland's Jump to a Market Economy.* Cambridge, Mass.: MIT Press.

——1994–Russia's struggle with stabilization: conceptual issues and evidence. *World Bank Research Observer*, 57–80.

SACHS, J., and Woo, W. T. 1992. Structural factions in the economic reforms of China, eastern Europe, and the former Soviet Union. *Economic Policy*, 9(18): 101–45.

SCHAMIS, H. 1999. Distributional coalitions and the politics of economic reform in Latin America. *World Politics*, 51(2): 236–68.

SCHIMMELFENNIG, F. 2001. The community trap: liberal norms, rhetorical action, and the eastern enlargement of the European Union. *International Organization*, 55(1): 47–80.

SCHROEDER, G. E. 1979. The Soviet economy on a treadmill of "reforms." Pp. 65–88 in *Soviet Economy in a Time of Change.* Washington, DC: Joint Economic Committee, US Congress. SHLEIFER, A., and TREISMAN, D. 2000. *Without a Map: Political Tactics and Economic Reform in Russia.* Cambridge, Mass.: MIT Press.

——and VISHNY, R 1998. *The Grabbing Hand: Government Pathologies and their Cures.* Cambridge, Mass.: MIT Press.

SONIN, K. 2003. Why the rich may favor poor protection of property rights. *Journal of Comparative Economics*, 31: 715–31.

STIGLITZ, J. 2000. Whither reform: ten years of transition. Pp. 27–56 in *Annual World Bank Conference on Economic Development*, ed. B. Pleskovic and J. E. Stiglitz. Washington, DC: World Bank.

STOKES, S. 2001. *Mandates and Democracy: Neoliberalism by Surprise in Latin America.* Cambridge: Cambridge University Press.

STONE, R. 2003. *Lending Credibility: The International Monetary Fund and the Post-Communist Transition.* Princeton: Princeton University Press.

TREISMAN, D. 2003. Postcommunist corruption. In *The Political Economy of Transition and Development: Institutions, Politics, and Policies*, ed. J. Fidrmuc and N. Campos. Boston: Kluwer Academic.

——and GIMPELSON, V. 2001. Political business cycles and Russian elections, or the manipulations of "Chudar." *British Journal of Political Science*, 31: 225–46.

TUCKER, J. 2006. *Regional Economic Voting in Russia, Poland, Hungary, Slovakia, and the Czech Republic, 1990–1999. Cambridge*: Cambridge University Press.

VACHUDOVA, M. A. 2005. *Europe Undivided*: *Democracy, Leverage, and Integration after Communism.* New York: Oxford University Press.

VARESE, F. 2001. *The Russian Mafia*: *Private Protection in a New Market Economy.* Oxford: Oxford University Press.

VOLKOV, V. 2002. *Violent Entrepreneurs*: *The Use of Force in the Making of Russian Capitalism.* Ithaca, NY: Cornell University Press.

WAY, L. A. 2003. Pluralism and weak states: the case of Moldova. *East European Politics and Societies*, 17 (3): 454–82.

——2005. Authoritarian state building and the sources of political competition in the fourth wave: the cases of Belarus, Moldova, Russia, and Ukraine. *World Politics*, 57(2): 231–61.

WILLIAMSON, J. 1994. In search of a manual for technopols. Pp. 9–48 in *The Political Economy of Policy Reform*, ed. J. Williamson. Washington, DC: Institute for International Economics. WORLD BANK.

2002. *World Development Indicators.* Washington, DC: World Bank.

YANOVSKIY, K., KOCHETKOVA, O., MAZHUGA, A., CHERNY, D., JAVORONKOV, S., SVOIE, D., HOBSON, P., and DESIARDINS, P.-M. 2001. *Political-Economic Problems of the Russian Regions.* Moscow: Consortium for Economic Policy Research and Advice.

ZHURAVSKAYA, E. 2006. Whither Russia: a review of Andrei Shleifer's *A Normal Country. Journal of Economic Literature* (forthcoming).

译 后 记

　　2011 年，经十余年的酝酿、论证、准备和协调之后，北京大学国际关系学院终于成立了比较政治学系。建立这个系的目的，既是为了推动中国比较政治学的发展，也是希望为本院的世界政治和国际关系研究提供一个比较扎实的政治学基础。其间，人民出版社的编辑忽晓萌女士找到我，约请我组织翻译这部《牛津比较政治学手册》，我当即欣然应允，心想正好可以作为比较政治学系成立的纪念。

　　这部《手册》比较全面地反映了英语国家，特别是美国比较政治学研究的最新进展，而绝大多数撰稿人也都是活跃在美国比较政治学研究第一线的代表性学者，每一章都比较系统地介绍了比较政治学这个研究领域的基本历史、研究现状和成果、存在的问题，以及未来可能的发展方向。在美国，是比较政治学研究者和学生的必读书。从该《手册》的内容可以看出，研究领域的进一步扩展、方法论的自觉以及研究方法的多样化，以及理论上对西方中心论的突破，是当前国外比较政治学发展的一个基本趋势。由此可以认为，比较政治学已经从第一个阶段单纯的制度和法律研究，经过第二个阶段以政治发展为中心的研究，进入了第三个新的发展阶段。这也会是一个真正富有成果的阶段。中国的比较政治学研究刚刚起步。相信这部《手册》的翻译和出版，对于这个学科的发展，应该能够提供一个较高的起点。

　　接受了该《手册》的翻译任务之后，我找了几位英语水平相对比较高的在校研究生，请他们分头开始翻译工作。一年后，翻译初稿陆陆续续交到我的手里，之后就是持续了将近两年的校改过程。在此期间，我几乎为这部《手册》用上了我全部的业余时间，感觉上并不比自己写一部学术著作轻松。

　　翻译的确不是一件容易的事。由于该《手册》的读者主要会是比较政治学的研究者和学生，而且是一部比较重要的参考文献，所以文字表达的准确严谨是我最基本的追求。当然，原作者的写作习惯相差甚远，有的作者文字简洁明快，但也有的艰深费解。

作为学术著作,我想最重要的考虑不是保留原作的风格,而是清楚明白地传达作者的思想。这样一来,译文在文风上反倒比较统一了。这种翻译方法是否可取,当然可以讨论。另外,为便于读者理解,译文中适当增加了一些注释;对于原文文字和表达上可能的错漏,也以译者注的形式标注出来。

本书各章的翻译者为:郭小雨第一、第八部分,张冲第二部分,邱晨曦第三部分,谢若莎第 13、14、15 章,韩毅第 16 章,贾力楠第五部分,马嘉鸿第 21、22 章,赵心知第 23、24、25、26 章,陈宇慧第七部分,全书由我统一校正。当然,虽然我自认为尽了最大努力,译稿实际上仍然具有进一步完善和改进的余地,甚至错误之处也在所难免,但校译的工作毕竟不能无限期地拖延下去,所以还是勉强交稿了。另外,一些术语在国内尚无定译,比如 accountability、clientelism 等等都只能提供尝试性的译法。所有错误与不妥之处,尚乞方家教正。

唐士其

2015 年 12 月 22 日

于北京大学国际关系学院

策划编辑:阮宏波
责任编辑:忽晓萌
封面设计:汪　莹
责任校对:张红霞

图书在版编目(CIP)数据

牛津比较政治学手册/(美)戈定(Goodin,R.E.)主编;(美)波瓦克斯(Boix,C.),
(美)斯托克斯(Stokes,S.C.)编;唐士其等 译. -北京:人民出版社,2016.4
(2020.12 重印)

ISBN 978-7-01-015764-1

Ⅰ.①牛… Ⅱ.①戈…②波…③斯…④唐… Ⅲ.①比较政治学-手册
Ⅳ.①D0-62

中国版本图书馆 CIP 数据核字(2016)第 014749 号

书名原文:The Oxford Handbook of Comparative Politics

北京市版权局著作合同登记号:01-2011-4645

牛津比较政治学手册
NIUJIN BIJIAO ZHENGZHIXUE SHOUCE

[美]罗伯特·E.戈定 主编　　[美]卡尔斯·波瓦克斯

[美]苏珊·C.斯托克斯 编　唐士其等 译

人民出版社 出版发行
(100706　北京市东城区隆福寺街 99 号)

北京盛通印刷股份有限公司印刷　新华书店经销

2016 年 4 月第 1 版　2020 年 12 月北京第 3 次印刷
开本:787 毫米×1092 毫米 1/16　印张:61.5
字数:1201 千字

ISBN 978-7-01-015764-1　定价:128.00 元(上、下册)

邮购地址 100706　北京市东城区隆福寺街 99 号
人民东方图书销售中心　电话 (010)65250042　65289539